DISCLAIMER

The author and publisher are providing this book and its contents on an "as is" basis and make no representations or warranties of any kind with respect to this book or its contents. The author and publisher disclaim all such representations and warranties, including but not limited to warranties of merchantability. In addition, the author and publisher do not represent or warrant that the information accessible via this book is accurate, complete, or current.

Except as specifically stated in this book, neither the author nor publisher, nor any authors, contributors, or other representatives will be liable for damages arising out of or in connection with the use of this book. This is a comprehensive limitation of liability that applies to all damages of any kind, including (without limitation) compensatory; direct, indirect, or consequential damages; loss of data, income, or profit; loss of or damage to property; and claims of third parties.

Extra Graphic Material From: www.freepik.com
Thanks to: Alekksall, Starline, Pch.vector, Rawpixel.com,
Dgim-studio, Upklyak, Macrovector
& Freepik.com Designers

This Book Offers Free Bonus Puzzles

Available Here:

BestActivityBooks.com/WSBONUS20

Ready, Set... Go!

Did you know there are around 7,000 different languages in the world? Words are precious.

We love languages and have been working hard to make the highest quality books for you. Our ingredients?

One part easy-to-read print, three parts entertainment, then we add some challenging words and a pinch of rare ones. We brew them with care to serve you lots of fun and an opportunity to solve the best puzzles.

Your feedback is essential. You can be an active participant in the success of this book by leaving us a review. Tell us what you liked most in this edition!

Here is a short link which will take you to your Amazon orders review page.

BestBooksActivity.com/Review50

Thanks for your fidelity and enjoy the Game!

Delta Classics Team

Puzzle 1

Л	Ф	О	С	М	О	Т	Р	Ю	У	Л	Т	П	Л	Р	И	П
П	П	Р	П	О	Р	Е	А	П	И	Е	М	И	Е	С	О	Т
О	Е	Д	И	В	М	Г	М	П	И	П	П	А	В	Р	О	У
П	Т	С	У	Т	У	Н	Е	И	Ш	Д	У	Х	С	И	Б	И
Е	И	А	У	С	Ь	Е	Ч	Т	А	В	О	У	М	И	У	П
Р	Д	И	Л	Е	Т	Л	М	О	У	У	Ц	П	Т	Д	В	Р
Е	Е	Д	Л	Ч	А	Л	О	Б	Щ	Е	С	Т	В	О	Ь	О
К	В	М	М	А	Т	Н	Р	Г	О	Н	У	О	Л	Н	У	З
Е	В	Р	У	К	С	Я	Г	М	У	Т	К	А	А	Ч	Х	Р
Д	В	И	Г	А	Т	Ь	С	Я	Р	У	М	К	П	Е	О	А
В	Е	В	П	Т	О	А	У	Н	Т	П	С	Л	К	Н	Ч	Ч
Х	О	Р	О	Ш	О	А	Л	Н	Т	П	О	А	И	О	Е	Н
Р	О	Е	И	Н	Л	Е	У	О	С	И	У	П	И	К	Т	А
О	И	У	В	Т	Т	О	Е	У	Р	С	О	Т	Т	С	А	Я
Е	С	Р	Е	Д	А	С	Р	У	Е	М	С	У	С	С	М	У

ЛАПКИ
ХОРОШО
КОНЕЧНО
ХУДШИЕ
СМОТРЮ
ЕДА
ДВИГАТЬСЯ
УТКА
УГОЛЬ
ПОПЕРЕК
СТАТЬ
ОБЩЕСТВО
ВВЕДИТЕ
ХОЧЕТ
ПАЛКА
ОБУВЬ
ГРОМЧЕ
КАЧЕСТВО
ВИДЕО
ПРОЗРАЧНАЯ

Puzzle 2

ОБЩАЯ
КОПЕЙКИ
ИГРЫ
УЖИН
ЛОЖКУ
ЗАМОРОЗИТЬ
ПЕРЕХВАТ
БАНАН
НАДЕЖДА
ВКЛЮЧАЮТ
ПТИЦА
УДАЧИ
ЯЙЦА
ЯГНЕНОК
ВЕЩЕСТВО
ЗВЕЗДЫ
ЗАРЯД
ФИНАНСОВЫЕ
СТЕНД
ТАКОЙ

А	В	З	Я	О	Е	И	Я	И	Р	С	И	Н	У	Р	Г	Е
Ц	Е	И	А	Ф	Н	Л	Й	О	У	О	Т	П	Е	П	А	Ы
Е	Щ	О	Щ	М	У	Д	Ц	И	Т	Р	А	Е	Е	И	Е	В
О	Е	Т	Б	Е	О	Я	А	У	Т	У	В	Р	Н	О	Е	О
Р	С	С	О	А	Ф	Р	Ф	Ы	У	Д	Х	Н	И	Д	Л	С
Т	Т	О	И	Н	И	А	О	Д	О	А	Е	У	У	Ж	И	Н
А	В	Н	С	Р	О	З	М	З	И	Ч	Р	П	Т	И	Ц	А
К	О	Т	И	А	Т	А	И	Е	И	И	Е	У	Б	М	Е	Н
О	Т	О	У	Т	О	Я	Б	В	И	Т	П	Е	И	Т	В	И
Й	О	О	Е	С	У	Г	А	З	О	В	Ь	А	С	О	У	Ф
Р	Т	В	А	Н	И	Н	Н	Н	А	Д	Е	Ж	Д	А	Е	Р
И	Т	У	Н	Л	Т	Е	А	К	О	П	Е	Й	К	И	Е	Л
Ф	Г	О	А	В	О	Н	Н	В	К	Л	Ю	Ч	А	Ю	Т	С
Н	О	Р	И	И	А	О	С	А	П	М	И	Р	Р	М	И	И
П	О	Р	Ы	И	У	К	Ж	О	Л	П	В	П	Е	Е	Л	М

Puzzle 3

```
П Н Е З А В И С И М Ы Е Й А Е П Н
З В Е З Д У И Т У Е С М Ы Н А Р Е
Ж Р А Н О О Е Г И С И М Н Е П И П
Х И Р Е Е Ш Ч У Л А Е Р Н У Е Х Р
О С Д Р У И У А Р А Т С О Р П О А
Л У А К И О О Е О П В Т Х П И Д В
О М Ю Л О Я Л И Ц О Н А У Ц В Я И
Д М Б Н Н С Т Т Б Д И К У О Т Л
И И К А Р Ь Т Я С Е Д И Р О И М Ь
Л Р А О И Т А И С К О Р О С Т Ь Н
Ь О Е Е Р Я И С Н С И У С У С О А
Н В Ц А В Н А С П Н П Е У У Е С Я
И А Т В И Д Б И Т О Р У Т П Е Е И
К Т У С Е О И М О Е Л М А С У Т О
Д Ь Р Е И П У И И Е П А А Т С И С
```

ГЛАВА
НЕЗАВИСИМЫЕ
РОСТА
ЮБКА
ПОДНЯТЬСЯ
КУХОННЫЙ
ХОЛОДИЛЬНИК
ДЕСЯТЬ
ПИВО
МИССИЯ
НЕПРАВИЛЬНАЯ
ПОЛА
ЛУЧШЕЕ
СУММИРОВАТЬ
СКОРОСТЬ
ЛИЦО
РАНО
ПРИХОДЯТ
ЗВЕЗДУ
ЖИДКОСТИ

Puzzle 4

ДУМАЛ
БЕСПОКОЙСТВО
СНЕЖИНКА
ОСТАВЬТЕ
ТОЛКНУЛ
ПОЛНОЕ
ГЛУБОКИЙ
ПЛАТЬЕ
НОС
ОНИ
РАД
СВОБОДА
ГРАНД
ПЛОХО
ЗООПАРК
ЭВАКУИРОВАТЬ
ВСЕГДА
МЕДНЫЙ
ЗАВИСИМЫЙ
ВИДЕЛ

```
Р П Т М О О С М С И Й П С Э С В И
А А Е Р О О Е П Е Т Ы С И В Н И И
Д Ц П А И М О А Н У М Д О А Е Д Р
П Л У П М Р Л Е Е Н И О Т К Ж Е Е
С О В Т С Й О К О П С Е Б У И Л В
М В Л С О Т Е Л Г Т И Л Р И Н А С
Е Е О Н И И У Л Л П В З Ф Р К М Е
Д В Т Б О М Д И У В А О Т О А У Г
Н У Е У О Е М А Б П З О О В Е Д Д
Ы О М П В Д О Х О Л П П Л А М А А
Й Т Т Л М И А Б К А Е А К Т И И И
О С Т А В Ь Т Е И Т И Р Н Ь Р А Л
М Д Н А Р Г О Т Й Ь У К У Е И У О
Т Д Р О С Е У У У Е С Т Л А П М А
У Д П Е С О Т Е О Н И Р Т И У У С
```

Puzzle 5

```
К И Ш С П А С И Б О С Н О Т Г Б
У Т Й Е Т Е И Е Р Б П С К И Л Е А
К Т Ы Н В Т О Ч К А У Т И Е А М Г
У М Н Н И Е Т Л П О С В С М З А Л
Р П Д Е У П Л У И И К О Р Т У Д А
У И О О М Л А И А Н А Т Е Н О М З
З Ф Р И У У С С Т И Ю Т П О М Л А
А И А О У А А У П Ь Т Е С Ч У Д С
О Б Н О В Л Е Н И Е С О И Е Н И У
Е Ф У А И У Е И И Е Я У Р В Е И П
П О Д А Л Ь Ш Е У С Н Д В И Т У Р
И Л Ж А В Т О М О Б И Л Ь Д А А О
С Е Е К Р Ы Ж О В Н И К О Н Т Л К
И Е М Н Ф Е А Т Р В У О Т О Р И Т
Е Н А П Р А В Л Е Н И Е Т Н Е Л Д
```

ГЛАЗА
ШЕВЕЛИТЬ
ГЛАЗ
ПОДАЛЬШЕ
СПАСИБО
ОБНОВЛЕНИЕ
НАПРАВЛЕНИЕ
ТОЧКА
КРЫЖОВНИК
НЕТ
МЕЖДУНАРОДНЫЙ
МИСС
ОЧЕВИДНО
СПУСКАЮТСЯ
АВТОМОБИЛЬ
ПЕРСИК
ТЕМА
КУКУРУЗА
МОНЕТА
КОРПУСА

Puzzle 6

КАРТА
ВЫРАСТИТЬ
НАКОНЕЦ
ИСТИННОЕ
ЗАПОЛНИТЬ
КРАБ
БОИТСЯ
РОВ
ОБЕРНУТЬ
МОМЕНТ
СТАЛЬ
ШУМ
КОМПАКТНЫЙ
ПРОВОДИТЬ
ПОМОЧЬ
ТЕТЯ
ЗАЧЕМ
ПРИХОДИТ
ДЖЕНТЛЬМЕН
ПОДДЕРЖКИ

```
Р Т А О О М Ц М У Ь З Р И Н Е М Д
Л Е У С Б Л Й Ы Н Т К А П М О К Ж
К Р А Б Е П А Е И И Д С Ч У Е П Е
Н С А Д Р Л У Е М Д У С Е Е Н Н
Т Е Т Я Н Е Т Е С О Е М С О М У Т
М О Л Е У У Е А М В Н Ь Н Д У М Л
О А И С Т Т О С О О М Л Ч Е Ш И Ь
Б С И В Ь Е О Т Е Р Е А Н О Г Д М
П О Е Т А Б О М И П С Т А Н М И Е
Д О И К Ж Р Е Д Д О П С К Н О О Н
О У У Т И Д О Х И Р П Т О И М Р П
Ь Т И Т С А Р Ы В Е Е А Н Т Е О Е
И М С У Л Я М Е И М Р И Е С Н В Р
З А П О Л Н И Т Ь И Р Р Ц И Т В Н
Д В Е Т Р О Р М Р А У К А Р Т А У
```

Puzzle 7

```
Р З М М И Р Е М С З И У К Н И Г З
П Е А С Е Б Е Н Р А З Ч О Е З Р А
О О Г В У Р Т П Е Щ В А Н З М У Н
Т П Д У О А М Л Ш И Е С Т А Е С И
Н У Е В Л Е И А И Щ С Т А В Н Т М
О Р И Т И И В Е Т А Т В К И И Н А
Ш Е Н П С Г Р А Ь Т Н У Т С Т О Е
Е И Т Д Е И О О Л Ь Ы Е Н И Ь Т Т
Н Й У Ф Е М Т И В Т Й Т Ы М У Е Н
И Ы А Е Е О Р К И А Р М Й О С И О
Я Н О С С Е А Р Н Т Н Ф У С М И И
Е Е Р Я Р И Н У У И Ф И С Т А Р Т
А Л Я С М И Е Г О Ч В А Е Ь Е И Л
М Е Д С Е С Т Р А Ш У Р Г Т Р М И
М З Э К С П Е Д И Ц И Я И Н И И Е
```

РЕГУЛИРОВАНИЕ
ЗАНИМАЕТ
УЧАСТВУЕТ
КРУГ
ЗАВОЕВАЛ
ОТНОШЕНИЯ
РЕШИТЬ
НЕБЕСА
ИЗМЕНИТЬ
МЕДСЕСТРА
ЗАЩИЩАТЬ
НЕЗАВИСИМОСТЬ
КОНТАКТНЫЙ
ГРУСТНО
ПОДВИГ
ЗЕЛЕНЫЙ
ЭКСПЕДИЦИЯ
ИЗВЕСТНЫЙ
ГРУША
ЧИТАТЬ

Puzzle 8

РОБ
ХАРАКТЕРИСТИКА
ПРАВКА
ТЕПЛЫЙ
ПЛИТА
ГРАВИТАЦИЯ
ФАКТОР
ЕДЫ
СОННЫЙ
МЕЧ
СТОЯЛА
ПРЕВРАТИТЬ
МОНИТОР
КОШКА
ОСТАЮТСЯ
ПРАКТИЧЕСКИЕ
СПОСОБНЫЙ
КАРТИНКА
ВЕЛОСПОРТ
НЕСМОТРЯ

```
Л У У Т Р П Р А К Т И Ч Е С К И Е
М М Е А К Ш О К Т Ф Т М И И Е Р Я
П Р С С А Ь Т И Т А Р В Е Р П И Р
Р Ф О Н Р Е И Т В О С Т А Ю Т С Я
А А Т Б Т М Н С П Е У Т Р С И И Т
В К Е Е И Е О И У Л Л С И М Л Р А
К Т П О Н Й М Р В Р И О Е А И Р С
А О Л И К Ы Д Е Я И А Т С Т Н М Л
У Р Ы Т А Н А Т Е Ц Р В А П Т С Е
Е М Й И Е Н Н К С Т О Я Л А О Н И
С Е Ф Р М О О А О Р Н Е Е М И Р У
Е И Т Б А С М Р Н Е С М О Т Р Я Т
Я И Ц А Т И В А Р Г Т Т М Т О И Р
Т Р П Н Т Ф Е Х У Р И А Е Н Т Т И
И П С П О С О Б Н Ы Й Ф Ч Е С И П
```

Puzzle 9

```
Е Н А А О Ф Н И У Ч Я Щ И К Н И О
Д Т Е Н Е Ц Е Т О А Д Ю Л Б Р Е В
Д Л И И Е М Й У Н Ш И И Е А У П Н
Ш О И Р М О Е Ь А В Е Р О А С П
Е У П Н С Р Н Б М Р И И В З Р Ы В
Л Т Л П А А Ч С Е Ы Н Т С Е М Р С
К Е И О Р С Е П С Щ И Р А Е И О А
О И Я Ь З У Р Д О Т А Е Ч Е М И И
В Т О Н С Т О Е В Ф Я Н О И О А У
И Н П О Д Д Е Р Ж К А Т И Е Л М Е
С Т Н А Р У Ш А Ю Т Т Р Л Е О Т У
Т В Ы Р Е З А Т Ь Д С А А Р Т Н Ф
Ы С С О Е Н И У О А О П В Т О Т И
Й О В О Г У Р К П Д Р О А Т К Т С
С У И Ф И Т М О О Б П И Д Е Т Е А
```

ЯЩИК
ЧАША
ШЕЛКОВИСТЫЙ
МОЛОТОК
КРУГОВОЙ
ДАВАЛИ
ДЛИНА
МЕСТНЫЕ
ПРОСТАЯ
ВЕРБЛЮДА
ПАРТНЕР
ВЫРЕЗАТЬ
ЧАС
ВЗРЫВ
ОБЕЩАНИЕ
ВОСЕМЬ
РЕЧНОЙ
ДРУЗЬЯ
НАРУШАЮТ
ПОДДЕРЖКА

Puzzle 10

ОГРАНИЧУСЬ
ДУРАК
МАЙОР
ФОТОГРАФИЯ
ДУМАЮ
УПОМИНАНИЕ
ГАРДЕРОБ
КОРОНА
КИПЯТИТЬ
ДИВАН
ГНЕЗДО
ЧАЙНИК
ЛЕДИ
ПОСЕЛИЛАСЬ
ПАЛЕЦ
ГОЛОСОМ
ПУСТЫНЕ
БРОККОЛИ
БУДУЩЕЕ
АРКТИКА

```
Ь О И Т Д И Н Ь Е Е Т П У О Д С У
С Т И О У Я Р Т С Е С У М А Й О Р
У Д Е А М И Р И Р О У С Г И К У М
Ч П И И А К И Т К Р А Т А У О Т Р
И Л О В Ю Т Е Я Р А М Ы Р Ф Р О Е
Н Г Е М А Т Я П Р Т П Н Д О О И Е
А О Г И И Н И И О И О Е Е П Н Ч М
Р Л Н У Л Н Ф К Т О С Н Р И А А Е
Г О Е Б О И А О П Р Е О О Е Ц Й Р
О С З У К П Р Н Е У Л Д Б Т С Н А
Ф О Д Д К А Г Е И Т И У Е У Л Н Н
Т М О У О Л О И Д Е Л Р О Т И К Н
У У У Щ Р Е Т И С Е А А И Н Г Н О
М И И Е Б Ц О М П А С К М Н Е Л Е
У С Ф Е И У Ф Н Е Т Ь Е Н В Т Н М
```

Puzzle 11

М	М	В	Ф	И	Е	Е	А	О	Р	Н	П	Е	Л	Б	У	Д
О	О	О	Л	Т	О	Р	И	В	Р	Е	У	И	Е	А	Р	У
Д	А	Т	И	А	К	Л	А	Б	Ы	Р	Я	П	Б	Г	Т	Б
Н	Р	О	О	Т	Д	Т	У	И	Л	Т	И	С	Е	А	Р	Л
Е	Ф	Р	Ю	Ц	У	Е	О	Р	О	Т	В	Е	Д	Ж	П	И
Р	Р	У	И	М	И	Е	Л	У	В	И	У	М	Ь	Н	Н	К
С	М	И	Н	И	С	К	Ф	Е	С	М	У	Ь	О	И	Е	А
А	Р	О	А	Т	А	С	Л	Ц	Ц	Е	Я	В	К	М	Т	
Й	И	Е	П	С	Ы	Е	У	А	В	А	Г	О	Н	Д	М	Р
И	Н	Т	М	Е	Р	У	Ч	Н	О	Г	О	Е	Е	О	О	И
К	И	О	О	В	Г	А	Л	С	Т	У	К	Е	Т	С	Е	Е
Д	И	Б	К	В	У	В	Н	Р	С	Ф	Т	Т	Н	Т	П	У
А	И	И	Н	Т	У	Б	Ф	П	Т	И	Р	Е	М	И	Р	П
Л	С	У	Д	П	О	И	Р	Т	В	Т	И	Е	У	Г	Е	Р
С	П	О	С	О	Б	М	И	Д	У	И	Т	Л	Т	П	А	Л

ВАГОН
СЛАДКИЙ
ВВЕСТИ
ЛЕБЕДЬ
ВЛАДЕЛЕЦ
КОМПАНИЮ
ДОМ
МОТОЦИКЛА
РУЧНОГО
ГАЛСТУК
РЫБАЛКА
ВТОРОЕ
ПРИМЕР
РОТ
ФУНТЫ
ДУБЛИКАТ
СЕМЬЯ
ДОСТИГ
БАГАЖНИК
СПОСОБ

Puzzle 12

ЧАСТЫЕ
ЧУВСТВО
СЧАСТЛИВАЯ
БАБОЧКА
ВОЗДУХА
КОРЗИНА
ЦЕНТР
КОЖА
КРИК
ПАРК
НЕСКОЛЬКО
БУМАГИ
ГРОМАДНЫЕ
МИЛЛИОН
ЛИСТ
КОНФЕТЫ
ВЕСЕЛЬЕ
ПОСЛЕ
ДОСТАТОЧНОЕ
ЗАХВАТИТЕ

Ц	К	О	Ж	А	В	А	О	А	П	В	Е	С	Е	Л	Ь	Е
Е	Е	О	Н	Ч	О	Т	А	Т	С	О	Д	Р	Ц	Т	И	Р
Н	И	В	П	Е	З	Н	Ф	Т	К	Ы	С	У	И	У	П	Л
Т	И	Т	С	О	Д	И	Е	Л	И	С	Т	Л	И	Л	Т	Р
Р	П	С	У	М	У	Б	Г	С	Р	М	Т	Е	Е	В	Е	У
У	Е	В	Я	Н	Х	А	Р	О	К	Р	О	С	Ф	А	О	А
Д	У	У	А	С	А	Б	О	Л	У	О	С	А	У	Н	О	Т
Т	Е	Ч	В	Е	И	О	М	А	Е	Т	Л	У	О	И	О	М
Д	Я	Б	И	Р	С	Ч	А	И	Л	Е	О	Ь	Т	З	М	К
Л	С	О	Л	С	С	К	Д	И	И	В	М	Е	К	Р	А	П
Е	Е	Е	Т	Р	Я	А	Н	О	И	Л	Л	И	М	О	М	И
П	У	О	С	Е	Н	П	Ы	Т	Н	О	И	И	С	К	Т	О
Б	У	М	А	Г	И	П	Е	Т	И	Т	А	В	Х	А	З	Р
А	Е	У	Ч	Ч	А	С	Т	Ы	Е	Р	Е	П	Е	Н	Т	Е
О	О	О	С	Е	С	Б	О	Н	С	И	Р	Т	И	С	И	П

Puzzle 13

```
У С У Г А Е Р К О Т С А Ч Е В П С
М У А Т Р М А М О Р Т У У Т О Р Е
О Т П О О Н Б Ц У М Б У Ф И П Е Л
А У У У О О О У У О Б И М М Р И Ь
А П С С Т Г Т П А Н Р А Т Ж О М Д
Л И Л Л А О Ы С О Л О В Й А С У Е
Н У М Д О Ч Н Д А Е Р О И Н У Щ Р
С Е Р Р Я И Ф А Р Г О Ф Р О С Е Е
П И У Т Ь С Ы Р И У Т П М Н Р С Й
А О О Д Д Л П П Р А В А Я У Т Т Н
В Н Ф Р Ц Е Н О К О Д С Р У И В О
М Н О Г О Н Л Е С Т Н И Ц У И О С
Р Е В О Е Н И С П У Г А Н Н Ы Й К
Е Р М А Т Ы М Н У Е Д Т А И Л У И
Е Т О И Р Е С П Е Ш И Т Ь Б Е У Л
```

ИСПУГАННЫЙ
МНОГО
МНОГОЧИСЛЕННЫЕ
ВОЛОСЫ
РЫСЬ
РАБОТЫ
ПРАВАЯ
КОНЕЦ
СЕЛЬДЕРЕЙ
ЛЕД
ЧАСТО
ОРФОГРАФИЯ
ВОПРОС
ОРБИТА
НАЖМИТЕ
ЛЕСТНИЦУ
ПРЕИМУЩЕСТВО
СПЕШИТЬ
КОМБАЙН
НОСКИ

Puzzle 14

MAMA
НАПОМИНАЕТ
УДОБНАЯ
КРАТКОЕ
СОЛНЦЕ
ВЫЖИТЬ
ТОП
ДЕЛАЮТ
ШАБЛОН
ДЕСЯТИЧНЫЙ
ЧЕЛОВЕК
ПРИСЛАТЬ
СЮДА
МОЩНОСТЬ
ФЛАГ
СКЛАДКУ
ОПРЕДЕЛЕНИЕ
ЗВУЧАТЬ
ОКАЗЫВАТЬ
АКТЕР

```
Е П Р И С Л А Т Ь Ц Н С В О П И У
А И И У Н Л Т Н О Я А Н Б О Д У О
И У А И И П С Ф О Д П С Ю Д А К О
З В У Ч А Т Ь И И О О Р Е М Е Д С
Т Р Р Е Е И Р Е Б Т М М Л М С А О
И Н Л С П И Р М У И И А И С О Л П
Р Л У О С О Л Н Ц Е Н Ф К Е Т К Р
М О Щ Н О С Т Ь Д Л А Л Ш Т У С Е
К Р А Т К О Е Е Е Е А Е А А Ч Е И Д
И Б Т Е М В Ц М Л У Т Г Б Е Р Р Е
С И Н Р Т Т Н А А М И Д Л Л М Е Л
Е С Р Е Н А С Л Ю И А Р О О Р П Е
В Ы Ж И Т Ь П Н Т О Е М Н В В С Н
Д Е С Я Т И Ч Н Ы Й У М А Е И Т И
О Н П О К А З Ы В А Т Ь Д К С В Е
```

Puzzle 15

```
Е О Е Н Т Л И Д У И Е О Н Д А Л Н
Е Я Е У Е У С Е Л Х Л И М Р М И Р
Д У Ю С А Р Т Ш И Е О У С У Е И Е
О О И С Л У Н Е Т Р Н Д Е Г П Т Е
Л Я Г У Ш К А В Л П О Н И М А Л А
С А О Т И А Ь Ы С И Л П Д Е С С Н
А Р Л А И Ы Т Е У П Л Е Ч О Т Т И
Е В О Т Н В И Д Е Н И Е Е Р А Р В
А У И М У Т В Р Е Д И С К А Т А О
С С Б У В Т А Л И Т Ф У У У Ь Н К
А В О Р И А Л П С Е Р Н Р П Я Н А
Т И О П Н Н П С С Е Д Л У О Л О Р
А А П Л И С С Я А Т У Н А У Е Е Е
К У И П К И А Л Ю Б О П Ы Т Н О С
А С С У Н Л Р О С С Е Ф О Р П С С
```

АТАКА
ДЕШЕВЫЕ
ВИДЕНИЕ
ПРОФЕССОР
ЛАДНО
ПЛЕЧО
РЕДИСКА
ЛЯГУШКА
БИОЛОГИЮ
ЛЮБОПЫТНО
РАСПЛАВИТЬ
СТРАННОЕ
УХОД
ВЫ
ДРУГ
ВОЛК
ЛИСЫ
РАКОВИНА
ПОНИМАЛА
СТАТЬЯ

Puzzle 16

СКРОМНЫЙ
БЫВАЕТ
ПОЧВА
ОБРАЗОВАНИЕ
УЧЕНЫЙ
КОФЕ
ПЫЛЬНЫЙ
СИЛЫ
СУММА
ЭКСПЕРИМЕНТ
ОЖОГОМ
КАМПАНИЙ
НОВЫЙ
ВЫЗОВ
ПУТЕШЕСТВИЕ
ЛОСЯ
ОСНОВНЫЕ
ПРОЕКТ
ОПАСНЫЙ
ЛЫЖИ

```
В А Л В М Е Т П Е Т М Т О И У У Е
Л И Т И Й Ы Н Ь Л Ы П Л С И М С Е
Т И С О У А Е И В Т С Е Ш Е Т У П
Л О С Я С Р М О Г О Ж О А О У В И
И У М А С Л И М Н О В Ы Й Б М Л М
П Р О Е К Т Р Р У Е П Г С Р О Т О
С И Л Ы И Й Е Р П С А Р У А М О Т
С Й Е У О Ы П А Н М Е Н У З К А М
Е Ы Н В О Н С О В К О Ф Е О А Д П
Е Н Т О У Е К И Ч Ы Н Т И В М У С
Т М Л Н Т Ч Э Р Б В З У М А П Е А
Т О В У А У И Е Т О А О Е Н А П Е
У Р О П А С Н Ы Й С О М В И Н М С
Р К В У Р Б Ы В А Е Т Р Ф Е И Р И
О С Р Л Ы Ж И И Л Т Е У И С Й И И
```

Puzzle 17

```
О В О Л С Е И Т П О Н М И Е И Ь У
В Г Ф С А П Н А Р О Т С Е Р Т Т Ч
А М У О Е Г У Л О Г У Р М О Р А А
Р И Н Р Е У Ц Н Б О А И Е И Е В С
Е К А Л Е И И У Н Т О З В Е Т О Т
Ж С Д С Д Ц Н М Ы Я Р Н У И И Р Н
К Е Е Е Г Т Е С Й Н Е Е С У Й И И
И Ч У Л Ц Ц Ь Т И П У Е И А З К
Е И И А Р Е Л С И Р А Е И Т А О О
Я П И И Р Е У П Н П У Е У Д Е Н В
К О Р О Л Е В С К И Й М У И Н Г А
М Р И Ф И Е Й И Щ Я Т С Е Л Б О Л
Ь Т А Р Б М Т А Ж Е Л Д А Н И Р П
И Д С Г А У Л О Ф Н Я С Р С Т П О
И И Н Т Н Е М У А М И Т И Е И Н П
```

БЛЕСТЯЩИЙ
ПРИНАДЛЕЖАТ
КОРОЛЕВСКИЙ
ВАРЕЖКИ
РЕСТОРАН
ПРОБНЫЙ
УГОЛ
ПРОГНОЗИРОВАТЬ
ГАЗ
ГДЕ
ПОПЛАВОК
ПРИНЯТО
ИНСТРУМЕНТ
БРАТЬ
ОГУРЕЦ
ПИТЬ
СЛОВО
ТРЕТИЙ
ТРОПИЧЕСКИМ
УЧАСТНИК

Puzzle 18

РАЗГОВОР
ДЕВЯТЬ
ОСЕНЬ
КРАСКА
ВЕС
МНОГОРАЗОВЫЕ
ПРОДАТЬ
СЕРЬЕЗНЫЙ
ЭЛЛИПТИЧЕСКИЙ
МОТЫГА
УВОЛИТЬ
КОЛЛЕКЦИЯ
КОКТЕЙЛЬ
ДОЖДЛИВЫЙ
СМЕЯЛАСЬ
РОДИТЕЛИ
ШЕРСТЬ
КОНЕЧНАЯ
БАРАБАН
РАДОСТНО

```
М К О Н Е Ч Н А Я У Т С Л А Н Ф Д
Ш О Н И Д Е В Я Т Ь В Е У Т У П О
О Е Т Р Е Ы В О З А Р О Г О Н М Ж
С О Р Ы Т В О И А У С И Л Я Е М Д
Е С Р С Г Е М С С Е М А О И М Ф Л
Н Е А К Т А С О М И Е Р И Ц Т М И
Ь Р Д Р М Ь Л Й Е Т К О К К Е Ь В
С Ь О А С А И Л Я О М Т И Е С Д Ы
С Е С С Т Л Е П Л И Т О Т Л В Е Й
Н З Т К М Е П Р А А У И И Л Е Е И
Н Н Н А Р У У О С И П Т М О С С Н
У Ы О Н А И А Д Ь Р И Е М К Р Р У
С Й С В Е С О А Р А З Г О В О Р Е
Й И К С Е Ч И Т П И Л Л Э Ф И Р
Б А Р А Б А Н Ь О Р О Д И Т Е Л И
```

Puzzle 19

А	Ф	Н	Н	Е	У	Р	С	Т	И	Е	Е	Т	Л	О	Х	У
Д	М	Р	Е	Т	О	Т	У	И	Т	О	Т	Н	И	Е	О	И
Н	А	С	М	Е	Ш	К	А	У	Л	И	Ч	Н	Ы	Е	Л	У
М	И	Г	Р	И	Р	О	В	А	Т	Ь	У	П	Р	Р	О	Т
И	Д	М	А	А	П	Н	П	Т	С	Е	А	Н	П	П	Д	В
М	И	Л	Е	С	Е	А	П	Т	Н	Ф	А	Т	М	У	Н	Е
И	Р	В	С	Е	И	Н	Е	Ч	А	Н	З	И	У	Я	О	Р
Т	Е	В	О	А	Т	А	Л	Т	М	Т	Р	В	Т	И	Д	Ж
И	К	А	С	П	Т	С	З	Н	А	К	О	М	Ы	Й	Т	Д
Р	Т	У	Н	А	У	Б	Е	Д	И	Т	Ь	С	О	У	С	А
О	О	С	Г	К	Т	О	И	О	Е	А	Р	Т	Ы	Т	Е	Ю
В	Р	И	Т	Р	О	Т	С	Н	А	Ш	У	У	А	В	У	Т
А	М	А	С	О	У	Е	Е	А	Е	И	Н	Ш	А	М	О	Д
Т	Р	Е	Т	Б	А	Б	П	А	Р	У	Т	Т	И	Г	Т	М
Ь	И	Т	О	С	Е	Й	О	Л	И	Н	Г	Л	О	С	Е	С

ХОЛОДНО
УБЕДИТЬ
УТВЕРЖДАЮТ
МИГРИРОВАТЬ
ДИРЕКТОР
НАСМЕШКА
ДОМАШНИЕ
ИМИТИРОВАТЬ
ВЫСОТА
СБОРКА
ПАРУ
ЛЕС
ШАНС
ЗНАЧЕНИЕ
НЕ
ЗНАКОМЫЙ
УЛИЧНЫЕ
ТОРТ
ГРУБО
ГНИЛОЙ

Puzzle 20

ДОВОЛЬНО
СТЕПЕНЬ
ДОСТИЖЕНИЕ
ЗАНАВЕС
ПОЯВЛЯЮТСЯ
НЕПРАВИЛЬНОЕ
ПРОИЗВОДСТВО
УМ
ДЛИННЫЙ
ЗНАКОМСТВА
ПЛАКАЛ
ПРИЧИНА
ПЕРЕВОД
МАТЕРИАЛ
СТАКАН
ПРАЧЕЧНАЯ
КЛАСС
ОРАНЖЕВЫЙ
КОЛОНКИ
УТОЧНИТЬ

К	С	М	О	З	А	Н	А	В	Е	С	Е	А	М	У	У	М
Н	Л	И	В	Д	О	В	О	Л	Ь	Н	О	Н	М	Т	И	А
Е	А	А	Т	А	И	Я	С	Т	Ю	Я	Л	В	Я	О	П	Т
П	К	Н	С	П	Е	Р	Е	В	О	Д	А	М	М	Ч	Е	Е
Р	А	И	Д	С	С	Т	Е	П	Е	Н	Ь	Е	А	Н	Л	Р
А	Л	Ч	О	З	Н	А	К	О	М	С	Т	В	А	И	Т	И
В	П	И	В	Т	У	А	О	И	М	Д	П	Е	Д	Т	Л	А
И	Ф	Р	З	Н	С	Н	Р	У	С	Т	Л	Е	О	Ь	Н	Л
Л	С	П	И	Л	П	С	Е	И	Н	Е	Ж	И	Т	С	О	Д
Ь	Т	У	О	К	И	У	С	Й	Ы	В	Е	Ж	Н	А	Р	О
Н	Г	Е	Р	Е	Н	Д	А	Ц	Е	Д	Ц	У	А	Н	Е	Н
О	О	Т	П	У	Т	О	У	П	У	М	Р	Р	К	Е	Ы	М
Е	У	И	Р	П	Е	Р	Л	У	И	У	Т	О	А	Ф	Р	Й
Е	А	И	О	У	У	Л	Р	О	И	Р	Д	О	Т	Е	О	И
П	Р	А	Ч	Е	Ч	Н	А	Я	К	Н	Е	О	С	Т	А	Р

Puzzle 21

```
Т И Р Е Я Т У С Н И П Е А М Г О Ф
У О И А И М Л О Ь В О Р К Е У Н О
К И У Я С Б О Л И Т Л И П Д А Е И
С Т Е А И П Н И А О И А Т С Р М П
К Е О К З Е Р Т Т Р Т Е А Н У О Р
Р С О С Е Д А Е И И И А Н А Л И З
У Р Б Т М У А Т Д В К Е О И С А О
Т Е Л Е О Л Е И С Е А К Ж О Л Б О
О Д А Д У С Т И Е Я Л М Е З Ч Е Н
Т А К Е Е С Г Е Л Д О И И П А О Ш
Л М О П М Е К И О С П И Т Т С Г А
И М Т Д Е О И У К Ы З У М Ь Т О Р
О О Ц Е Р С И В Ч У И Л Т Е И О Т
О У Т А Е О М Й Ы Н Ж Е Н С Ц У С
П Е Р Е Г О В О Р Ы О Р П Е Ы Е У
```

НЕЖНЫЙ
АНАЛИЗ
РЕЗКОЕ
ДЕТСКАЯ
СКУЧНО
ПЕРЕГОВОРЫ
ЗЕМЛЯ
КРУТО
КРОВЬ
КТО
ОБЛОЖКА
ОБЛАКО
ДА
БОЛИТ
РАСПРЕДЕЛИТЬ
СТРАШНО
ПОЛИТИКА
ЧАСТИЦЫ
СРЕДА
МУЗЫКУ

Puzzle 22

МАЛО
РАССМОТРИМ
ОБЪЕМ
ДЕРЕВО
МЕХАНИК
ДЕНЬГИ
ПОЖАЛУЙСТА
ПОЛИЦЕЙСКИЙ
ЛИ
МОРОЗ
СОХРАНИТЬ
ПРОТИВ
ПРЕКРАСНЫЙ
ОТКРЫТЬ
ПРЕДМЕТ
МОТЕЛЬ
БРОСАТЬ
УКАЗАТЬ
ЗНАМЕНАТЕЛЯ
ПАЛАТКА

```
П Д В Т И О М С М Р С П М Б У П Д
А А А О Н Р Е И А И С Р О Р К О Е
Л И М Ц И У Р П У Л Л О Т О А Л Р
А С П И Т Е П У О М У Т Е С З И Е
Т Ф С И Р А У А Т С О И Л А А Ц В
К Л И Е Ь Т Ы Р К Т О В Ь Т Т Е О
А Т Я Л Е Т А Н Е М А Н З Ь Й Т
И И Р В Е К И Н А Х Е М А М П С А
П Р Е К Р А С Н Ы Й Ц М Р О Н К С
У Т А Т С Й У Л А Ж О П О Р Т И М
Г И М Л Д П Н О У Р П Т Л О Н Й Р
М Л И С И Н У Е С Е Х Е Р З М Т Р
Т А И Г Ь Н Е Д С Л М О О Б Ъ Е М
М И Л Н И Т М И Р Т О М С С А Р Р
Е С Д О Е Р Д С П Р Е Д М Е Т И А
```

Puzzle 23

```
И Е И С С П Е Н У Р О У Ф И С Ж Н
С Т Р А Т Е Г И Я М Б С Т Я Ч Е Е
П Р И К Р Е П И Т Ь Ы А Й Л А Н С
Ц С О Н В А Д Е Н Н Ч С И Р С Щ Ч
М Е П Т Р Ы Н И А В Н Е К А Т И А
Н А Е Р Т М П Т Б С О П С Б Л Н С
И У В А А П С Е Р Н С И Е О И А Т
Л И Н И Я И И О Ч Б Т Д Ч Ч В О Ь
А Н Е М О Н М М А К Ы Я И И Ы Е Е
Д В И Н И Н Г С Р А И Л М Й Й Р Е
Г О Г Р О М Н О Е К С Г О С Р О К
О В И С А Р К Т Т А З Н Л Т Ц Р
Т Р С У Л Е Е Р И У О В О Л Н С Е
М И Е П Р Е П А Р А Т Е К М У М А
Л У М Л С Е Т У У М У Л Э И О М М
```

ВЫПЕЧКИ
СЧАСТЛИВЫЙ
ПРЕПАРАТ
СТРАТЕГИЯ
НЕСЧАСТЬЕ
ТОГДА
НЕДАВНО
ЖЕНЩИНА
ПРИКРЕПИТЬ
КАК
БЫЛО
СРОК
РАБОЧИЙ
ВЗГЛЯД
ЭКОНОМИЧЕСКИЙ
ОБЫЧНО
АНЕМОН
ЛИНИЯ
КРАСИВО
ОГРОМНОЕ

Puzzle 24

БАНК
ГРАФИК
УСЛЫШАТЬ
ЛАСТИК
КАПУСТА
КАПИТАЛ
УЧЕНИЕ
МИНУТА
ПРИЯТНО
ПРАЗДНИК
БОЛЬШАЯ
РАЗРАБОТКИ
КОМПЬЮТЕР
УРОВЕНЬ
ВЕСЬ
РЕБЕНОК
ЧЕТКО
ИЗБЕЖАТЬ
ДАЛЕЕ
ГУБКА

```
Н А У Н О Л М Д К Т М С В Б Я Е С
Р Р В Е С Ь И А А К Б У Г Т А Ь И
И С Р И У Е З Л П И М Р С Е Ш Н Д
К И Т С А Л Б Е У А С Р Т Ь Е К
Р А Е Н А С Е Е С Б О Р И Е Л В К
А У П О Н П Ж Р Т Н М Ц У Р О О О
З Ч П И Р М А Е А И С Т Е Р Б Р М
Р Е Р С Т С Б П Р И Я Т Н О У П
А Н А Г У А Ь Е М А О В С С С Е Ь
Б И З И Р Е Л Н У С Л Ы Ш А Т Ь Ю
О Е Д У Т А Е О К Т Е Ч М О Е О Т
Т И Н Т Т И Ф К М И Н У Т А Е А Е
К Р И Т П О М И Р С А У И О Е М Р
И Е К И М Т У Е К Е Р Р М Н И И Л
Е О А Я Н С Е И М С И Т А Т С П И
```

Puzzle 25

С	Р	А	У	Е	В	И	Б	У	Т	Н	У	С	У	С	М	С
С	Ю	А	А	О	Н	У	Е	У	Е	Т	И	М	У	У	П	И
О	М	Р	З	Л	И	Е	З	Ц	Т	И	П	С	О	М	О	У
П	И	Е	П	Д	З	Н	О	О	В	И	Е	Е	М	К	Л	У
Р	Й	Ы	Н	Р	Е	В	П	Т	У	И	М	Е	Ь	А	О	А
О	О	А	О	Р	И	Л	А	У	Л	А	Н	М	Т	Ф	В	С
Т	К	Е	Ъ	Б	О	З	С	С	С	Ы	Н	С	А	Л	И	С
И	Д	О	И	Т	А	О	Н	Т	Ф	Ц	Д	И	К	С	Н	М
В	Н	И	Я	А	У	Н	О	А	Н	И	Т	Н	Е	Л	А	В
Л	Е	Т	О	Л	С	Т	О	Е	Ц	Т	И	У	Л	И	У	Е
Я	Ж	Б	Л	О	К	Р	Т	Т	О	П	Л	М	В	И	М	П
Т	Н	С	Е	Н	С	О	Р	Н	Ы	Й	Н	Е	И	И	Н	С
Ь	О	А	Г	О	Л	О	С	О	В	А	Т	Ь	Р	У	Л	Л
С	Е	С	С	И	С	Р	У	У	Р	Ь	Н	У	П	М	А	Ш
Я	О	У	Р	А	Л	И	Е	Ф	О	С	Р	П	О	С	Т	Р

СЕНСОРНЫЙ
ШАМПУНЬ
БЛОК
СОПРОТИВЛЯТЬСЯ
ПРИВЛЕКАТЬ
СУМКА
ПОЛОВИНА
САММИТ
ТОЛСТОЕ
ВАЛЕНТИНА
ПОСТ
ПТИЦЫ
СЮРПРИЗ
ОБЪЕКТ
ВНИЗ
РАЗДЕЛ
НЕЖНО
БЕЗОПАСНО
ВЕРНЫЙ
ГОЛОСОВАТЬ

Puzzle 26

КУЗНЕЧИК
ВСЛУХ
КАРЬЕРА
ДЕВУШКА
ФОРМА
ЭЛЕКТРИЧЕСКИЙ
ГИБКИЙ
ЖИВОТНЫХ
ФИЛЬМ
ВПЕРЕД
ОБОРОНЫ
СУЩЕСТВИТЕЛЬНОЕ
СТОИТ
ПОЛОТЕНЦЕ
ОПАСНЫЕ
ПРАКТИКА
ОСНОВНОЙ
РЕШЕНИЕ
НАСЛАЖДАЙТЕСЬ
ХЛОПОК

К	Т	Н	А	С	Л	А	Ж	Д	А	Й	Т	Е	С	Ь	П	Т
У	А	Д	Б	Т	В	Т	А	А	С	Н	А	Ц	Р	С	О	М
Д	Е	Р	Е	П	В	О	Е	А	Б	Т	Р	Т	Л	Р	Л	Е
О	Ц	Р	Ь	Т	Т	П	П	Л	Г	А	Т	Е	У	Е	О	Е
Б	О	Т	Е	Е	Р	Т	Х	А	Е	Х	У	Л	С	В	Т	Н
О	В	У	У	А	Р	В	Л	М	С	Ы	Р	Н	Е	С	Е	Г
Р	Ф	И	Л	Ь	М	А	О	Р	В	Н	Ф	Е	Т	А	Н	И
О	А	Т	М	А	И	С	П	О	О	Т	Ы	П	И	Е	Ц	Б
Н	Л	Т	У	Т	Е	Д	О	Ф	Е	О	О	Е	А	И	Е	К
Ы	С	В	О	Т	П	А	К	Ш	У	В	Е	Д	М	Н	Р	И
Н	И	О	С	Н	О	В	Н	О	Й	И	Е	М	Е	Е	Л	Й
К	У	З	Н	Е	Ч	И	К	Т	Т	Ж	С	П	Г	Ш	Т	С
С	У	Щ	Е	С	Т	В	И	Т	Е	Л	Ь	Н	О	Е	Р	С
Э	Л	Е	К	Т	Р	И	Ч	Е	С	К	И	Й	И	Р	М	И
С	Т	О	И	Т	С	О	Т	Т	П	Р	А	К	Т	И	К	А

Puzzle 27

П	О	Ч	Т	А	Л	Ь	О	Н	С	А	М	И	Р	Н	Я	А
Р	Л	И	Л	Т	У	О	Р	И	Е	И	Н	С	Р	И	Т	Б
Б	Е	М	Е	А	Н	Е	Д	Н	О	Е	Т	Р	Е	Ф	Т	Б
А	О	Е	Г	Ф	Х	У	С	Л	У	Ч	А	Й	Н	Ы	Й	Р
З	П	А	К	С	Я	Н	Й	Ы	Н	Н	Е	Р	Е	В	У	Е
А	А	Н	О	Е	Р	Т	Е	И	Я	А	Л	Е	С	Е	В	В
П	Р	А	Е	У	Т	Г	И	Р	Е	С	Е	Н	А	И	И	И
О	Д	Й	Р	О	С	Т	О	Ф	О	Л	Ь	К	Л	О	Р	А
Л	С	Т	О	М	В	У	Л	Р	Т	Т	Л	У	О	И	Е	Т
Н	Т	И	П	И	Ц	Ц	А	С	О	С	В	О	И	Е	М	У
О	А	Р	Е	Е	Н	Н	С	Т	О	Х	А	С	А	Д	З	Р
С	Е	И	Г	Н	О	Р	И	Р	О	В	А	Т	Ь	Т	А	А
Т	И	Р	М	А	Л	С	П	А	Т	И	П	Я	Ф	И	Р	Р
Ь	И	Е	А	К	А	Д	Е	М	И	Ч	Е	С	К	А	Я	В
Ю	У	П	Р	Т	О	Д	Ф	И	И	Л	О	Е	О	Р	И	О

БАЗА
ЛЕОПАРД
ИГНОРИРОВАТЬ
СЛУЧАЙНЫЙ
ДНО
ПИЦЦА
НАЙТИ
ЛЕГКО
САМ
УВЕРЕННЫЙ
РАЗМЕР
ФОЛЬКЛОР
ВСТРЯХНУЛ
ВЕСЕЛАЯ
ПОЛНОСТЬЮ
ПОЧТАЛЬОН
ОКЕАН
ГОРОХ
АКАДЕМИЧЕСКАЯ
АББРЕВИАТУРА

Puzzle 28

ЛИМОНАД
ГОСУДАРСТВО
ВЫБОР
ГОВОРЯЩИЕ
СЕМЬ
ЗАПРОС
АРЕСТ
БЛОКИ
НАЗАД
ОЦЕНИТЬ
СТУДЕНТ
ПОПУГАЙ
ЧЕЛОВЕКА
БЕЗОПАСНОСТЬ
СВЕДЕНИЯ
РАЗДРАЖЕННО
СТРУКТУРА
РОДИТЕЛЬ
ШКОЛУ
ПЕСНЯ

Г	У	У	Е	У	Е	Т	А	С	О	Р	П	А	З	Е	Н	С
О	М	Р	Т	С	И	И	М	Е	Т	Е	Т	Т	Л	У	Т	Л
В	Р	О	Д	И	Т	Е	Л	Ь	Т	У	М	О	Ц	Ь	Е	Д
О	О	Ш	А	И	Е	В	Н	О	У	И	Д	Е	У	М	И	М
Р	Б	К	У	К	Н	У	Е	Л	Я	И	Н	Е	Д	Е	В	С
Я	Ы	О	П	О	П	У	Г	А	Й	Я	Е	Я	Н	С	Е	П
Щ	В	Л	Г	Л	Е	С	О	Ц	Е	Н	И	Т	Ь	Т	Н	П
И	П	У	О	Б	Ц	И	Т	С	А	Р	Е	С	Т	Е	Е	С
Е	А	О	Н	Н	Е	Ж	А	Р	Д	З	А	Р	С	Е	Е	О
Ф	И	И	Т	А	В	С	Н	Н	У	Л	И	М	О	Н	А	Д
Т	С	Л	И	С	У	Г	А	С	А	К	Е	В	О	Л	Е	Ч
Г	О	С	У	Д	А	Р	С	Т	В	О	Т	Е	Е	В	Е	О
Б	Е	З	О	П	А	С	Н	О	С	Т	Ь	У	И	И	Д	Р
У	Т	Р	У	Ф	Т	Т	М	И	П	Е	И	В	Р	С	Н	С
П	И	А	А	П	А	И	Ц	Р	Ф	Д	А	З	А	Н	А	

Puzzle 29

```
К Л О Р Н А С Р Н Б У И Т Н Д У Э
М А С П О И О Л У Л О Е С У Ю Е К
О Ь Т И О Р Т С А Н Е Г Т Т Й А О
Л О Е А С О О Б Щ Е С Т В О М С Н
А Р И С Н С У Д Ь Я Ч А С Ы О В О
Г И С Е Я И Н Е Ж И Т С О Д В О М
У И Р Н Т Р Е Т Ф Р О Е Т И О М И
П Р Е Д С Т А В И Т Ь Т Я М А П К
Д П Р Р С Т Л У Е И П Н Е М С Р А
У Т Т Р С Е Г О Д Н Я Р Т П С А У
Ш О Е Е И Е Н У У А Н О И Ю Г И Е
С И Н З Н О С Р С Н И И Н А А У
Т Н М С И М Р П И К Р У Т П Я О А
М О Щ Ь Р М Т Д А В О И С У Н Т Е
Н Е И Н К Н Р А Б И И В Л И Л Л Ь
```

СУДЬЯ
ЧАСЫ
ДЮЙМОВ
ДОСТИЖЕНИЯ
МОЩЬ
НАСТРОИТЬ
САНИ
ПРИНЯТЬ
ДУШ
СЕГОДНЯ
СООБЩЕСТВО
ОНА
ЮГ
ПРЕДСТАВИТЬ
ПУГАЛО
КАТАНИЕ
ВОКРУГ
ЭКОНОМИКА
КРИЗИС
ПАМЯТЬ

Puzzle 30

ДАЙДЖЕСТ
ЗАПАСАЮТ
ВПЕЧАТЛЕНИЕ
ПОСЛЕДНЯЯ
НИЧЕГО
ГОВОРИТЬ
КЛЮЧ
РЕЛИГИОЗНЫЕ
МГНОВЕННОГО
ВЫЗЫВАЮТ
ЛОДКА
РЫЧАНИЕ
ПОЛУЧИТЕ
МЯЧ
ПРИСОЕДИНЯЙТЕСЬ
УЛИТКА
ПЕРЕЛОМ
НОСОК
ТАКЖЕ
ДЕВОЧКИ

```
В Р И Р У М У П З И О Д И У И С Т
П А Е Д И Н Л Е А Т С Е Ж Д Й А Д
Е П М Ф О Л И Р П А И В Л О Д К А
Ч Н Н Г С У Т Е А Е Р О Т Г Е Ф Т
А А О Ф Н К К Л С Р Т Ч Р М О Л Е
Т П С Е П О А О А С В К Р Л С И Р
Л М О И И С В М Ь Т И Р О В О Г
Е У Я Л П О Е Е Т И И И Р У И Г Н
Н А П Ч У Н Е Ы Н З О И Г И Л Е Р
И Е У И У Ч Е Т Е Н Л Е Е П А Ч Е
Е Ж К А Т Т И Е Л Е О Е П Е С И И
Р Ы Ч А Н И Е Т Р С О Г И И О Н И
В Ы З Ы В А Ю Т Е И У Д О С Н Е А
К Л Ю Ч П О С Л Е Д Н Я Я Т Р Р Е
П Р И С О Е Д И Н Я Й Т Е С Ь П И
```

Puzzle 31

Т	Ц	Р	Е	Т	Я	П	У	Р	Ц	П	К	О	В	Е	Р
И	П	Н	Е	В	И	Д	И	М	Ы	Й	Р	Л	Т	Ц	А
П	Е	Р	И	Б	У	О	Н	И	Ф	Е	П	О	Е	Б	М	Г
Б	Р	А	Ц	Т	Д	У	О	С	С	Н	П	И	Й	Ф	Е	Н
Л	И	О	И	И	Е	Ы	Н	Н	О	Ф	Е	Л	Е	Т	М	З
А	П	Т	С	А	Л	Л	Н	Д	М	У	Т	Р	Л	Е	И	Л
С	Р	О	Ь	Т	И	Л	Е	Д	Е	Р	П	О	У	Т	Р	О
С	И	Т	Т	С	Р	О	Б	М	А	Н	Ы	В	А	Ю	Т	С
О	З	Ч	Т	И	Т	А	Л	А	М	Т	Р	Е	З	А	У	Т
П	И	Щ	Е	В	О	Й	Н	С	Т	О	О	Т	О	Ф	Н	Р
Т	А	Ц	А	Н	С	А	Я	С	Т	Е	Ж	А	К	Ф	В	О
И	Л	Н	У	М	У	У	О	О	Т	Р	С	С	Е	Е	И	В
У	Н	И	Ч	Т	О	Ж	И	Т	Ь	В	Е	Т	Р	К	П	О
О	М	Р	И	С	И	Т	Д	Л	С	Н	О	Е	Т	Т	Р	Е
А	Д	П	И	Д	Е	В	Ы	М	Е	Р	Л	И	С	И	И	С

ЛАССО
ПИЩЕВОЙ
НЕВИДИМЫЙ
ПРОСТРАНСТВО
ОБМАНЫВАЮТ
БЕЗ
ТЕЛЕФОННЫЕ
ВЫМЕРЛИ
СТРЕКОЗА
ОПРЕДЕЛИТЬ
КАЖЕТСЯ
АФФЕКТ
КОВЕР
ПРИНЦ
ПРИЗ
ОСТРОВ
ВНУТРИ
ПРОЙТИ
УНИЧТОЖИТЬ
ЧТО-ТО

Puzzle 32

МОРЕ
БРАТ
РУЧКА
ЛУК-ПОРЕЙ
КОНЦЕНТРАТ
СОБЛЮДАЯ
КОГДА
МЕНЬШЕ
СЫН
ПРОВЕРЯТЬ
САМЕЦ
НЕСЛА
ОТРАЖАТЬ
ЦЕРКОВЬ
ДОСКУ
ВЕРСИЯ
СТАРЫЙ
ГОТОВ
РЕПУ
ОГРОМНЫЙ

У	Е	В	Л	Ц	Е	Р	К	О	В	Ь	Л	Г	В	Е	Т	У
Р	Е	А	У	П	Е	Р	А	У	Т	Р	У	О	Е	Л	О	Т
С	Ь	Т	Я	Р	Е	В	О	Р	П	М	К	Т	Р	Е	М	Л
М	Е	Н	Ь	Ш	Е	С	Н	М	О	Т	П	О	С	Т	Р	С
К	О	Г	Д	А	О	О	А	М	А	Р	О	В	И	Е	А	О
Н	С	С	Н	К	П	М	Н	М	Н	В	Р	С	Я	А	Л	К
И	Т	И	У	Ч	Я	Р	Р	С	Е	П	Е	Р	Л	Н	У	О
Е	А	О	М	У	Т	И	Т	В	О	Ц	Й	Р	Е	О	С	Н
С	Р	И	А	Р	Ф	У	Н	Р	Ф	Б	А	О	Р	С	У	Ц
У	Ы	О	Т	Р	А	Ж	А	Т	Ь	М	Л	П	О	У	Б	Е
К	Й	Ы	Н	М	О	Р	Г	О	Н	И	У	Ю	О	И	Р	Н
С	Ы	Н	С	Р	У	М	О	М	Е	У	О	Л	Д	Е	А	Т
О	Я	Т	Н	Е	Е	Т	С	С	С	Б	Т	В	И	А	Т	Р
Д	Е	Е	Р	Р	Л	У	С	А	Л	Н	Д	О	Н	С	Я	А
Р	Р	Р	Н	Р	У	У	Н	У	А	Д	Н	Т	О	И	Е	Т

Puzzle 33

```
П П Р Е Д Л О Ж И Т Ь Т С Е Ъ С Т
О У Е Е С В Б Р А З Л О Ж Е Н И Е
Д Р Л И Н Г Ф В Н Е З А П Н Ы Й Р
С К И А Ф И Р А Д В П Н С М У Т Е
О А Ш И Т О Е А Р Л Е О Т И О К Е
Л К И Л Е Ч А К И И Л М Ц И М Р Н
Н А Т С Е Т А Р М Н Ж Р Ф Е О Е Н
У О Ь Т Ы Р К С О Е Д З Е В Л М Я
Х О С Т А У Л О Ц Й Я У Б У А У У
Е Е Е О И У И Е Н К Е О С Т О Т Й
О Е Е Л А Д В Т М У М Т У Р О У А
С Е Т У У Л У Р А С С Т О Я Н И Я
Б Е И Н Д Е Л С О П М Ф Е С О П И
Р О Д С Ц Г М А Б Л И Е Н И И Е М
Л У И У Д Т Ф М Н О Л М Р Е А И Ф
```

ПОСЛЕДНИЕ
ЛИНЕЙКУ
КАКАО
ОБСУДИТЬ
ЛИШИТЬ
ПРЕДЛОЖИТЬ
КРЕМ
ЖИРАФ
РАЗЛОЖЕНИЕ
КАЧЕЛИ
ВНЕЗАПНЫЙ
СКРЫТЬ
ВЕЗДЕ
ПОДСОЛНУХ
ВИЛКА
ЯЙЦО
ТЕСТ
СЪЕСТЬ
ПОЦЕЛУЙ
РАССТОЯНИЯ

Puzzle 34

ЩЕДРОСТЬ
СИРЕНЕВЫЙ
ЖУРНАЛ
БЫЛ
ДЛЯ
ИСТОЧНИК
ОТВЕТИТЬ
ЖДАТЬ
МАЛЬЧИК
ИМ
ПО
АККУРАТНЫЙ
ОБИЛЬНОЕ
ИЗУЧИТЕ
ФАЗАН
ПРИЗНАТЬСЯ
ПЕСОК
ПРОБКА
ОЧЕНЬ
БЕСПЛАТНЫЙ

```
Б П Д Л М И С У Н С С Б Л А Р У И
Е Р Ж У Р Н А Л У И М У С А М Т С
С И А Д Л А О У С Р С Е Е У Е И Т
П З О Е В З Е В А Е Т Т Т Р Н О
Л Н Т П Н А А Е Р Н И Р У С Т Р Ч
А А В И Р Ф У О Й Е З Ж Д А Т Ь Н
Т Т Е О А О П Я Ы В У Я М Е А Т И
Н Ь Т О О У Б У Н Ы Ч О Е Т М С К
Ы С И Ч Н С Н К Т Й И Б И Р Е О О
Й Я Т Е Т С А И А А Т И Е У И Р С
Р Л Ь Н Б Е Н Ч Р М Е Л И Т Е Д Е
Н Д Е Ь Ы С Е Ь У И Е Ь О С Р Е П
И Я О И Л И Н Л К Я М Н О У В Щ Р
Е Р О Е И И Е А К И Н О Р П Р Е О
Л П И М Е М Н М А Е Т Е Р У Т И Р
```

Puzzle 35

```
З С С Е И О У М О Т И В А Ц И Я И
С А А У Ю А Т И Ч О П Д Е Р П Р Б
П У Р М Й Ы Р Б А Р Х С Т Р О Е М
Н О У А И П А А Т М И Т С А Л Б О
П К Д Р Б Р В И Е В О Р Я Р И О О
О Р Р Н Р О А Т П И О Е И Е Т Б С
Т Ы Р Я И В Т Г О Е М Л В Л И Е Б
О Т С Е И М Н А Л В У Я Т Ю Ч С У
М А И У П Е А И Т Я Е Т С Б Е П Л
У Я Е М У И Е Т Т Ь Н Ь Е О С Е О
П Е О Б Т М И А Ь Ц А Ц Ш Е К Ч Ч
Ч Р Е З В Ы Ч А Й Н Ы Х Е Р О И К
Д О М И Н И Р У Ю Щ У Ю Т В Е Т И
М М Е Й Ы Н Ь Л А К Ы З У М Ы Ь Р
П Е У У О И Л Е Д Е С О П О О Й И
```

БУЛОЧКИ
ПОДНИМАТЬ
ПОТОМУ
ПРЕДПОЧИТАЮ
ХРАБРЫЙ
СТРЕЛЯТЬ
МОТИВАЦИЯ
ЗАРАБОТАТЬ
ОБЛАСТИ
ПОСЕДЕЛИ
ПОЛИТИЧЕСКОЕ
ОБЕСПЕЧИТЬ
ЧРЕЗВЫЧАЙНЫХ
МУЗЫКАЛЬНЫЙ
ЛЮБОЕ
ПУТЕШЕСТВИЯ
ТРАВА
ГЛЯНЦЕВЫЙ
ДОМИНИРУЮЩУЮ
КРЫТАЯ

Puzzle 36

МОЛОТЫЕ
ВИШНЯ
НЮХАТЬ
ВСПЫХНУТЬ
ПОЧТИ
УВИДЕТЬ
ИДЕЯ
НОСИТЬ
СМЫСЛ
ДЕТИ
ЧЕТВЕРТЫЙ
РОК
ПОЛУЧАТЬ
СОСТОЯНИИ
РОДНОЙ
ФИЗИЧЕСКИЕ
ДВЕНАДЦАТЬ
ЛЕНИВЫЙ
ПОВЕДЕНИЕ
ТАЙНА

```
О О Ч Е Т В Е Р Т Ы Й И М П О У У
Д В Е Н А Д Ц А Т Ь Т И С О Н И В
С О С Т О Я Н И И С М Ы С Л О М И
Л С П В С П Ы Х Н У Т Ь М Н П Л Д
Ь Т А Ч У Л О П О В Е Д Е Н И Е Е
Н Д Н А Е С Ф Ф Е Р Л Н В О Т М Т
И М Й О Е Т А Р И С У Е Р Е Ч Ь
П Е А О В С Б У Н З И Е У С О Л И
Т И Т У Т Е Н Р Ю Т И В Ф У П О У
Д Л Р И А Е И С Х У И Ч Л У С Т Т
И Е А О И Д Е Я А А Е С И Е Д Е Ы Т
М Н Т Р Д Я Б Т Т П О И О С Е Е Е
А Р Л И Л Н В И Ь В И Ш Н Я К Я М
А М Е М С И О Л Е Н И В Ы Й О И О
И У О П И У И Й А Р М У П Е Р М Е
```

Puzzle 37

```
Р П Е И П О С Т Е П Е Н Н О Е Е Н
М Ы Р А Л С Р С У Ф И С У У М Ж Н
О Е Ц О Н Т Р Т Е И П Т И У И Л Р
Г Т С А Щ У Л Е О В Е О П Е Н Н Д
О Т О Т Р А К Л Е Д С Л Н А И И И
М У И Т С Ь Й И С К Л Ю Ч Е Н И Е
И З В И Н Е Н И Я М И М Б И Р Ь О
Д Л Е Й Ы Р Д У М П И А И И Е Л
И Е Е Ц А Н Х И В Н А П И С А Т Ь
В Г И Е Е З О Е Ы Н Ч И Т Н Е Д И
О К С И А А М А С А И М У Р С Л М
Н О Е И У Р Я Ь Т С О М И О Т С Т
И С И О С А К С Р М П Ф С Р Е В О
Ь Т Е Р Т О М С Е И Н А В А Л П И
У Ь Д О М Р М Л Л И Т С О И Е С Д
```

ВЫСТРЕЛ
ЛЕГКОСТЬ
ИЗВИНЕНИЯ
СДЕЛКА
ХОМЯК
ПОСТЕПЕННОЕ
РЫЦАРЬ
ВИДИМОГО
ИСКЛЮЧЕНИЕ
МУДРЫЙ
РАЗНЫЕ
ЕЖ
СТОЛ
ПРОЩАЙ
НАПИСАТЬ
ИДЕНТИЧНЫЕ
ПЛАВАНИЕ
СМОТРЕТЬ
СТОИМОСТЬ
ИМБИРЬ

Puzzle 38

ПОНЯТНО
ПРОВЕРЕНО
ПОВЕРХНОСТЬ
ЖАБА
ВСТРЕЧА
ШИРОКИЙ
ШАРФ
РОЗОВЫЙ
СПОКОЙСТВИЕ
ЖЕЛУДОК
БЕЛКА
УДАЛИТЬ
ЦВЕТЫ
ИЗУЧИТЬ
ХОДЬБА
СТИЛЬ
ШОССЕ
ДОЖДЬ
ПРАВОПИСАНИЕ
РАЗВЛЕКАТЬ

```
Ж Р П С С Л Р У У Т Т Т Р Т М У А
Е М Н О Т И Л А Т Д У Е О Ф Т У А
Л Л Т Т В И Ц У Р Т А Ч Е Р Т С В
У Ь Т А К Е Л В З А Р Л Й А Р И С
Д Е Р К У С Р Ь И Р Р Д И Ш Т Е П
О Н У Л П С Г Х Е Е Н Е К Т И Д О
К Л Т Е Р О Т У Н Р Е А О Ц Ь О К
Н В Д Б О Ш Л Т Л О Р У Р В И Ж О
М Т И Н В У И Т О Д С У И Е С Д Й
А И Т А Е Х О Д Ь Б А Т Ш Т Е Ь С
П Г С Л Р Р О З О В Ы Й Ь Ы О У Т
Е И Н М Е П Т Н Е У У Т У А Е И В
У П Д О Н Т Я Н О П М В Н П М У И
М Р С Е О И З У Ч И Т Ь М М Т Р Е
П Р А В О П И С А Н И Е А Ж А Б А
```

Puzzle 39

О	Т	Л	О	Ж	И	Т	Ь	С	Н	А	О	А	Р	И	О	П
Н	И	У	Р	О	Е	Р	Й	И	К	О	С	Ы	В	М	И	Р
Е	Ф	С	И	М	У	Т	О	Т	Р	Б	Г	М	Л	У	М	О
Г	Ь	Т	Ы	Р	К	С	А	Р	С	Е	С	Т	Д	Р	Р	М
А	И	Е	А	А	И	У	Е	С	С	Д	Р	Е	Е	М	Р	Ы
Т	А	Л	Е	Ч	П	Е	П	Т	Х	Н	А	И	Е	Й	Н	Ш
И	К	Е	О	Я	Р	Т	С	С	Т	Ы	П	Р	Е	Й	С	Л
В	Й	Ф	М	С	М	Б	И	А	О	Й	Н	У	Е	О	М	Е
Н	О	О	Е	Ы	Н	Ч	Е	Н	Л	О	С	В	С	Г	У	Н
Ы	Т	Н	Р	Т	Т	У	У	И	П	Е	О	А	О	П	Н	
Е	С	Н	С	Е	И	О	Е	Е	А	Н	Г	Е	Л	Р	О	О
Н	Е	Б	О	Р	Г	Р	М	Е	Е	О	Т	Т	М	О	И	С
Е	Ш	А	Т	К	И	Й	М	О	Т	Ы	Л	Е	К	Д	С	Т
У	У	А	Е	У	У	Н	Н	У	М	И	Е	А	Д	С	К	Ь
Р	А	Р	Ф	И	А	Т	Н	М	И	М	Р	М	Е	И	И	О

БЕДНЫЙ
ДОРОГОЙ
СТОЙКА
ШАТКИЙ
РАСКРЫТЬ
ОТЛОЖИТЬ
НЕГАТИВНЫЕ
ТЫСЯЧА
НОГТЕЙ
НЕБО
ЕЕ
ТЕЛЕФОН
МОТЫЛЕК
РАВНЫХ
ПРОМЫШЛЕННОСТЬ
СОЛНЕЧНЫЕ
АНГЕЛ
ПЧЕЛА
ПОИСК
ВЫСОКИЙ

Puzzle 40

ОБЩИЙ
ВЫДЕРЖИВАЕТ
ОСТОРОЖНЫЙ
МАСЛО
ИНТЕРВЬЮ
ПЕТЬ
ДОВЕРИЕ
ЩЕНОК
СКОРЕЕ
ВЫБОРЫ
ПОКАЗАЛ
РЕЗУЛЬТАТ
ПРИВОД
ХУДОЖНИК
СОЛНЦЕЗАЩИТНЫЕ
ПРАВИТЕЛЬСТВО
ОРИЕНТИРУЙСЯ
СООТНЕСТИ
ЗЛОЙ
БРЮКИ

У	П	Д	С	П	А	У	Р	Е	Р	И	Т	Я	Т	А	У	С
Т	О	Е	О	С	С	Ф	Е	Е	Р	О	К	С	И	С	Л	Н
А	К	Т	Л	В	О	Л	Ф	М	Ю	Щ	И	Й	И	А	О	С
Т	А	Е	Н	Е	И	О	И	С	Ь	Е	Т	У	Л	О	О	Л
Д	З	А	Ц	Ц	Е	Р	Т	Ф	В	Н	Ы	Р	О	Б	Ы	В
Д	А	В	Е	Р	О	Т	П	Н	Р	О	Е	И	М	Б	С	Ф
О	Л	И	З	С	И	М	Ф	П	Е	К	У	Т	М	Р	Н	М
В	Н	Ж	А	С	Е	М	А	Р	Т	С	И	Н	Л	Ю	Т	Н
Е	В	Р	Щ	О	Т	У	Т	П	Н	Ь	Т	Е	П	К	Р	С
Р	И	Е	И	И	М	Е	С	О	И	С	П	И	Г	И	С	С
И	У	Д	Т	А	Т	Ь	Л	У	З	Е	Р	Р	М	П	О	С
Е	Й	Ы	Н	Ж	О	Р	О	Т	С	О	И	О	Л	С	А	М
М	Р	В	Ы	Е	Н	С	Х	У	Д	О	Ж	Н	И	К	Е	В
Т	Ц	У	Е	П	Р	А	В	И	Т	Е	Л	Ь	С	Т	В	О
З	Л	О	Й	И	Щ	Б	О	Е	Ф	М	У	Е	Л	М	О	Т

Puzzle 41

```
Р А З Н О Р О Д Н Ы Х О И Г О П И
К У Р Т К А Е Т Р О Ф М О К Е И Т
М М Е И Т У Я А Э Р А Т А О И Т Г
О Т С Е Е А И Н С Е П У Р Т Л А О
Р У У В Н Е Ц У В А Р А Р Т Л Т Л
А У Ь Т С О Н Н Е Ч О Б А З О Е О
Л С И Р М Т А О Ж Е М О К Т Б Л В
Ь Д Т О О Е Т Т И П П Н Р Т Ь А
Н Ы С Л М Е С М Е Е С П А И Е Н Г
Ы Р Е Ь З Е Р К А Л О Е Л И К Ы Е
Й А М Н Е Н И Я Е О Е А Б С С М Т
С У Щ Е С Т В У Ю Т Т Ж А Е А И О
Л А Р У Н Ф В А М П И Р С Е Б О Е
О Б С Л Е Д О В А Н И Я Я А Л С М Л
Т У И Ц Р С Т И Е И С С К Н Р Н М
```

РОЛЬ
СТАНЦИЯ
ВАМПИР
СУЩЕСТВУЮТ
ПИТАТЕЛЬНЫМИ
ОБСЛЕДОВАНИЯ
КАСАБЛАНКА
ЖЕЛЕ
РАЗНОРОДНЫХ
ГОЛОВА
ЗЕРКАЛО
СВЕЖИЕ
СЭР
БАСКЕТБОЛ
МОРАЛЬНЫЙ
МНЕНИЯ
КУРТКА
ОЗАБОЧЕННОСТЬ
ДЫРА
КОМФОРТ

Puzzle 42

ВМЕСТО
ДОБРОВОЛЬНЫЙ
НИЧЬЯ
СГОРЕЛ
УЧЕНИК
МЕДИЦИНУ
КОГДА-НИБУДЬ
ВАННА
ДРУЖЕЛЮБНЫЙ
ОСТОРОЖНО
ОСОБАЯ
КОНДОР
ИСПОВЕДЬ
МЕСТО
ТЕРМОМЕТР
СТОМАТОЛОГ
ЗАКЛИНАНИЕ
КОЛОКОЛ
ЛЮДИ
ПАН

```
С П М П В С О З О Е Д Н Т У О О О
И Е С А И Е М А С У Р О И Т А Р Ц
М Е П Н И О Е К О У У Ь Т М В П Т
Е Е Т О Н Р Д Л Б Ч Ж Д У М С Е Е
А С С Т М И И И А Е Е У Н Р С И Р
С Т А Т А С Ц Н Я Н Л Б И Е Н Ь М
Р О Д Н О К И А А И Ю И И Л Н Д О
С М О О И И Н Н Е К Б Н И Е И Е М
У А К Е А О У И Л И Н А Т М Ч В Е
В Т А О Б Е Е Е Е О Ы Д Р Т Ь О Т
А О Р Т Л У О Л Р У Й Г У М Я П Р
Н Л У Н У О У С О Н Ж О Р О Т С О
Н О Р Н Т О К Р Г А И К Л Ю Д И Е
А Г Е О Е С Т О С В М Е С Т О Н М
И Е П А Й Ы Н Ь Л О В О Р Б О Д Е
```

Puzzle 43

```
О Р Л Д Т Р И М Е Н К К Н Б Т И Т
Е Щ У Е В А А А Ф А Л Р Р Л П Е Е
В Е У У Ь А К И П О И Ы Т А В Я Н
Е О И Щ Т А Ж С Т Я П Ш Т Г М И Л
Д Т У Т А Т М Д И Щ Ы К В О Р Р Р
Н Л У Е Д Е О С Ы Е Д А И П Е Р У
О Р И И А Щ Т А И Р И И Я Р С Е О
Г О В О Р И Т С А И А К Л И Ч О Т
И Р Н С Т Н П О Я Ц П С С Я Б Е С
У Е Е Н С А С Л Т А А Ц М Т Р О Я
П Е Р Е М Е Н Н А Я З С Е Н Е П И
Ь Т А Ч И Н Д У Р Т О С Х О Т Н П
С А М А З А С У Х А Н А Л Е Т Т О
Б О Л Ь Ш И Н С Т В О Е У И Н Я М
Р Д Е А И И Р И Р Т Л И Д С У Р Р
```

СТРАДАТЬ
ДИАПАЗОН
ГОВОРИТ
ЯЩЕРИЦА
НИЩЕТА
КЛИПЫ
САМА
СЕБЯ
БЛАГОПРИЯТНОЕ
ОЩУЩАЕТСЯ
ЗАСУХА
СМЕХ
ПИК
СОТРУДНИЧАТЬ
ПЕРЕМЕННАЯ
ТОЧИЛКА
ДВАЖДЫ
КРЫШКА
БОЛЬШИНСТВО
ТАКСИ

Puzzle 44

КТО-ТО
АНТИЧНЫЙ
ТРАГИЧЕСКИЙ
УСПЕХА
ТЕКСТ
КРЕСС-САЛАТ
МЫЛЬНОЙ
СЕБЕ
ПЛАЧЕТ
ПРИНИМАЯ
ТОЛЧОК
ТЕМПЕРАТУРА
ШИТЬ
ШЛЯПА
ЛИЧНЫЕ
ТРЕВОГА
ИССЛЕДОВАНИЯ
ПРЕДКА
СОЗДАТЬ
БОЛЬНО

```
Н М Т С Д М У А Т Н А С Т П Р Р Л
Т Р А Г И Ч Е С К И Й Е О Р Т Р И
И Е И Х Р С И У У Е М Б Л И Е У Н
К Е И Ш Е О С Е У Л И Е Ч Н М И Н
Т П У А И П П Р Е Д К А О И П С И
О С А М Т Т С К Е Т И И К М Е С Е
Т Р С Т Р И Ь У М Р У Е Е А Р Л О
О О А С Е А Н Т И Ч Н Ы Й Я А Е Т
О Н У Г В Б Н Р П С И С В С Т Д И
Т П А У О О С О З Д А Т Ь Т У О Л
Р Л М С Г Л Е Т У И С У Т У Р В Т
М А М Ф А Ь Л И Ч Н Ы Е М М А А У
Т Ч Л Ф Р Н Ш Л Я П А У И Е Т Н С
М Е О Н Й О Н Ь Л Ы М Р У Т У И Н
О Т А Л А С С С Е Р К Е И Е А Я У
```

Puzzle 45

```
П С Р Е Н Ж Ф П Е Л М О И А С С И
Л О Ц И О Ю И С Е С Л А И И С С А
Е Н Т Е Ь Р А М Е И Р С П Р Е П М
П Ь А Р Н И Ы Ц И Н Е Ш П Н С С Д
Е Л М И А А И Д У Л Е Ж И У У К Т
О Е Р П П Ч Р А И О Н Ж Н Л И О Н
К Т О О М А Е И Р С Е Н Н А У М Ц
Р И Ф Ч О Д И Н Й У Е У Е А У М И
О В Р И К А Т Ч О П М Е С Р Я Е П
Л Т Н Н Е З Н У Т Е И П У С Л Н П
И С М И Т Р Ю К А А Л Н Т Т И Т М
К Й Е Т Й У Д Е Л С С И И У М А К
П Е П Ь Т И Ч А Н З А Н Е У У Р И
Р Д Р У М Е Н Т А Л Ь Н Ы Й Д И Т
Е Д И Ф М Н Т Б У Л Л Т Д С Е Й С
```

НЕЖНАЯ
ИССЛЕДУЙТЕ
НАЗНАЧИТЬ
МИЛЯ
ПОЧТА
ПОЧИНИТЬ
ФОРМАТ
ПШЕНИЦЫ
КОМПАНЬОН
КИТ
МЕНТАЛЬНЫЙ
ЖЕЛУДИ
ДЕЙСТВИТЕЛЬНО
СЦЕНАРИЙ
ЖЮРИ
ЗАДАЧА
ПОТРАЧЕНО
КРОЛИК
ТРЮК
КОММЕНТАРИЙ

Puzzle 46

ПОРТАТИВНЫЙ
ИСПОЛНИТЕЛЬНЫЙ
ПРЕДОТВРАТИТЬ
САЙТ
ВИД
УЗЕЛ
ЛЮБИМОЕ
ПАРА
ДАЖЕ
ТОРГУЙ
РАССЧИТАТЬ
ВИНА
ПАУЗА
УСПЕШНЫЙ
ИСПОЛЬЗОВАТЬ
СИГНАЛ
ПОРЦИЯ
ГОРОДСКОГО
ТЕЛЕВИДЕНИЕ
АРБУЗНАЯ

```
А У М Л И Ь Т А Т И Ч С С А Р И Р
Р Н Й Ю И Т И О С И А О И З Е С О
Б С Ы Б У А У Н Р И Е И Т У И П И
У А Н И В В Е С Т Г В О В А Н О Р
З Л Ш М С О М Я Т Т У О Ц П Е Л Т
Н Н Е О М З Г И Р Т Р Й И Т Д Н Н
А Р П Е О Ь О О Д А Ж Е Р И И И С
Я Р С И Е Л У П Р Р С У Р Н В Т С
Н Р У Ф Н О Т Е У О О С В У Е Е И
Ф Я М Ф Е П В Д П Ц Д У З Е Л Л Г
С И Т П И С С И М У Р С П О Е Ь Н
Е Ц И Л Н И Е Н Д И Е Н К Т Т Н А
П Р Е Д О Т В Р А Т И Т Ь О О Ы Л
П О Р Т А Т И В Н Ы Й О И А Г Й Т
П П И П С А Й Т П А Р А О П И О Р
```

Puzzle 47

П	Н	И	Р	О	Т	П	Т	Н	Л	И	Н	П	Л	П	В	Т
О	И	У	Г	Ы	Р	А	М	Ь	Л	А	К	Л	Е	Е	У	Л
С	П	М	И	М	С	И	Н	Т	Р	К	О	А	У	Л	Ф	И
Е	И	О	Т	Т	К	О	М	А	З	С	Е	Т	У	О	Т	С
Л	С	Е	Л	Е	А	У	И	В	У	А	Е	И	И	М	Е	Т
Е	Ь	С	М	К	З	Е	Е	Р	Т	Л	А	Т	Р	З	У	Ь
Н	М	А	Е	У	А	Р	Е	М	В	И	Д	Ь	И	А	Б	Я
Ц	О	А	Т	Щ	Л	С	Р	Е	Д	Н	Е	Е	С	Д	С	Н
Ы	А	Н	И	И	Е	И	Н	И	И	Е	П	Р	Т	Н	В	И
С	М	У	У	Й	Р	О	М	О	Н	Н	У	У	Ж	Ю	А	И
К	А	Л	Ь	К	У	Л	Я	Т	О	Р	Е	Н	И	Ю	Ж	П
С	Н	С	Т	А	С	В	У	М	Т	Т	А	П	З	И	Н	И
И	П	И	И	Л	И	Е	С	Е	Е	Ф	А	И	Н	Е	О	О
Е	С	Л	Б	У	П	У	У	С	М	Я	П	Т	Ь	У	И	Е
С	Л	М	С	У	М	И	М	Т	С	И	И	О	Т	О	У	Ф

ВАЖНО
СМИ
СКАЗАЛ
ЛАСКА
ТЕКУЩИЙ
ПОСЕЛЕНЦЫ
КАЛЬМАРЫ
ПЛАТИТЬ
КАЛЬКУЛЯТОР
РВАТЬ
ЗАДНЮЮ
ЛИСТЬЯ
ЖИЗНЬ
СЫР
СРЕДНЕЕ
ПИСЬМО
ТИГР
ИРИС
ПЕНИЕ
ЗАМОК

Puzzle 48

ГОДОВОЙ
ИДЕАЛЬНАЯ
ОТЕЦ
МОЛОДОЙ
ТЮРЬМЫ
СУХАЯ
ОДАЛЖИВАТЬ
РЕСУРС
УМНОЖИТЬ
ВО
ЗВОНИТЕ
ПОНИМАЮ
ПЛАСТИКОВЫЕ
ВЫИГРАЛ
НОЧЬ
ПОНРАВИЛОСЬ
БОГАТЫХ
СТАТЬИ
ЗАПАХ
ВЫДЕЛИТЬ

В	Ы	И	Г	Р	А	Л	П	Т	М	Р	О	И	П	П	У	Я
А	С	В	А	У	И	Ц	О	М	О	Т	Р	О	О	Т	И	Н
Е	С	У	И	Ц	У	С	Н	И	Е	Т	Е	Е	Н	Е	И	О
П	Й	Е	А	Е	М	Т	И	С	У	З	С	Р	Р	И	Е	Ч
Б	О	Г	А	Т	Ы	Х	М	У	Г	В	У	У	А	Е	П	Ь
Н	Д	Е	В	О	Е	П	А	Х	И	О	Р	М	В	Е	Б	Т
Е	О	Т	Р	О	Р	С	Ю	А	О	Н	С	Н	И	С	Н	И
Р	Л	Т	Ю	Р	Ь	М	Ы	Я	Д	И	Р	О	Л	Е	И	Л
А	О	И	Л	М	Л	Ц	С	Я	Д	Т	И	Ж	О	А	А	Е
И	М	Л	З	С	Е	Ф	Р	Т	Т	Е	Ц	И	С	С	О	Д
А	Л	Ь	Т	А	В	И	Ж	Л	А	Д	О	Т	Ь	И	Е	Ы
Е	Т	М	О	О	П	И	И	А	Е	Т	Е	Ь	И	Т	А	В
Ф	Л	А	О	А	И	А	Н	Я	А	Н	Ь	Л	А	Е	Д	И
Г	О	Д	О	В	О	Й	Х	Ц	С	Т	В	И	И	Т	Т	М
П	Л	А	С	Т	И	К	О	В	Ы	Е	О	С	Д	Д	Е	И

Puzzle 49

```
В О П М А К О С И П С О Н Е Д У С
Д С У Ф Ы Р Р Т М И У Д С И Е А Т
Р М Т У Ф Ш У А Ц С Р Н Н Н Й С Е
Т Е И Р Е У Ь А С А М А С В С П Ы
Н Ы Т Н Е Р Е В У И С К О Е Т Р Н
У Н У Н Т Т Д А П С В О Р С В О Н
И Н Ш Н И А И Л Л Т С Ы Л Т И Б О
Н Е Д С Т У О Л В С Я Е Й И Е Л И
М В С О А Р У Ф И С М М О Ц С Е Ц
И Т С Т Р И А Р Л С Т Т С И Н М И
А С И С К У Р Т А Я Ь И М И Т А Д
Т Е У О О В Т С Н И Ш Ь Н Е М Р А
Р Щ Е Т С О Б Н Я Л А И С А У Д Р
М Б Е Р С Т В О У И С Ч Е З А Ю Т
Д О Ч Ь Е М Р М С В Е Т Л Я Ч О К
```

ПРОБЛЕМА
МЕНЬШИНСТВО
ОБНЯЛА
ШУТИТ
СПИСОК
ВСТРЕТИЛИСЬ
ИСЧЕЗАЮТ
ВСЯ
ОДНАКО
УВЕРЕН
МЫШЬ
КРАСИВЫЙ
СВЕТЛЯЧОК
ДОЧЬ
ИНВЕСТИЦИИ
СОКРАТИТЕ
ТРАДИЦИОННЫЕ
ДЕЙСТВИЕ
ОБЩЕСТВЕННЫЕ
МОНСТР

Puzzle 50

СЛАБЫЙ
БЛЕСК
СБИТЬ
ПРОСНУЛСЯ
КРОВАТЬ
ДАТЬ
СВАДЬБА
ЛУГ
ДЕЛО
САД
РЕАЛЬНЫЕ
ТРИДЦАТЬ
ГРУППА
ВКУС
ОБЫЧНЫЕ
КАТЕГОРИЯ
КРИВАЯ
ЗАПАС
СУЩЕСТВО
ВНИМАНИЕ

```
Л Н П Т О И Л О Т О Я Н В И В И Р
Р С Р П У О У У Ь Т А В О Р К Д Е
Н О О С П Б А С Г Д В Т Р М У Е А
Б М С Е У Ы Н У Е Т И М С Я С Л Л
Л И Н Л Е Ч В Щ Т Й Р П О И А О Ь
М Т У О Ф Н Н Е Е Ы К А Н Р П О Н
И Я Л Т Е Ы И С Д Б Р Б В О А Е Ы
И Т С Ф Л Е М Т Г А Д И Л Г З У Е
С Т Я П С Е А В Р Л Т Т Н Е Л А У
В Р Б И И Д Н О У С Т Ь И Т С И С
А С Б И Т Ь И Т П Н Р О С А Д К И
Д Е Ц Р Т Л Е И П О Р Н Л К Е Е С
Ь Т А Ц Д И Р Т А И И П Т А Е И Е
Б У Е Е Е Н И Р Е И Е И Т И Н Т А
А Р Л С П И Д С Г У У М С Р У Н С
```

Puzzle 51

```
К Р Р У К О Я Т К А У В Л У Е О И
Е О А Р Е Щ Е П С С Т Е И Н А Н И
Т П Т Д Е Е У Р Й Ы Т С И Н Т Я П
Б Р О О У А И А Ы О Н И Т И З И В
Н У Е И Р Г А З В О Е Т С Е О А И
Д Е Л А Я Ы А Р О Е И Е О Т Е О Ф
Е И Б И Т Ь Й У Р Е Д У Н Е Е И Л
Н Т О Е С Е С Ш О Т Е П Б Т О Н О
Т Ы И М У С О Е Д Н Р Л О Т Н Л Ь
В Б С О Н А Г Н З М Г И С Н Т С У
Л О Р У О Т Л И С Е Н Г О С С П Т
У С М О Р П А Е С О И И П И А Ф Р
К И Ч З А К С С А Р В Р С М Ч С А
Л И Т Е И Н Е Д Ж Е Р П У Д Е Р П
Е С И И Е Е Н П О Л О Ж Е Н И Е М
```

РУКОЯТКА
ПЯТНИСТЫЙ
СОБЫТИЕ
РАЗРУШЕНИЕ
БИТЬ
ПРЕДУПРЕЖДЕНИЕ
ИНГРЕДИЕНТ
ЗДОРОВЫЙ
КОТОРЫЙ
ВЕСИТ
СОГЛАСЕН
СПОСОБНОСТИ
ПОЛОЖЕНИЕ
ТЕНЬ
ПЕЩЕРА
ВИЗИТ
ЧАСТНОЕ
РАССКАЗЧИК
РАДУГА
ДЕЛАЯ

Puzzle 52

ВДОХНОВЛЯЮТ
ЗАПОВЕДНИКИ
ЭКСПОНАТ
КЕКС
АКТ
ОБЛАСТЬ
ВАМ
ПРОСТИТЬ
ВНЕ
ВЫДАЮЩИЙСЯ
СВЕТ
ЗАЛ
ПРОЦЕДУРА
ЖЕНА
ПРИЕХАТЬ
КАБИНА
НАБЛЮДАЮ
ГРЕБЕНЬ
ВНЕЗАПНО
ПРЫЖОК

```
Т Т Р Е Е В Т И З Е Н Я Ж П Н О Н
Э В Т Р Е О И М А В Т С О Е Р И Р
Я К О Ж Ы Р П Е Л Е У Й К С Н Е И
Е Л С О Б Л А С Т Ь В И И Е А А Е
М С П П Е Т С У П В Н Щ Е И К Б С
Е Л И И О Ь С П Н Д Е Ю Е К М Ю Е
У Р С Л Т Н С И Е О З А Н И Б А К
И Ь О С С Е А Ь А Х А Д С Н Р Д С
У Т К А А Б А Т Н П Ы Р Д Т Ю О
И И Е С У Е И А Р О Н В С Е Д Л П
И Т У М У Р П Х Т В О Н Т В С Б П
Р С В Е Т Г Н Е Р Л Е Е Л О Т А Т
Т О П Р Р У С И И Я М И С П Н Н Е
А Р У Д Е Ц О Р П Ю Т О У А Е У Р
Т П Р Ц М Т С П Е Т О Е И З С Т Д
```

Puzzle 53

```
П М У Г И Н Ц О И А К С Е Р Ф Б З
Р О В О Г И Р П П Ь Л Ш У Р У Е Н
М Г Н Й У К О П Ы Т О Р Т Д У Р А
Е О М И О О И И М Я М О У О Р Е Ч
М Н А Ш М У Т У П П Р Н А У Р Г И
У Д С Р О А К Й О Р Е Л М Е З Ы Т
И О Е А И Е Н Р И А И Л А М П А Е
Р Х А Т Е Р С И Л Л Н О И Р А З Л
М Ы Е С У Ч И Л Е С Е Т Е И Н А Ь
А В Т Л Л П Л М И Е Щ У Е Н Г Б Н
М Е Д Л Е Н Н Ы Й Л Б Р Е Е Л Ы Ы
Р У С И М П С Н Ь Ш О К С О Р Т Е
И Е А Л У У А Г У Р О Р И Р Е Ь У
Е М С И А А С У О И С О У У О Н А
И Е Ц Н Е У П А С Е И Н Е Ч Е Л О
```

ЛАМПА
ПОНИМАНИЕ
ПАСЕ
РОСКОШЬ
МЕДЛЕННЫЙ
ЗНАЧИТЕЛЬНЫЕ
СТАРШИЙ
ФРЕСКА
КОПЫТО
СУД
УЧИЛ
ПРИГОВОР
СООБЩЕНИЕ
БЕРЕГ
ШТОРЫ
ЗАБЫТЬ
ЛЕЧЕНИЕ
ЗЕМЛЕРОЙКА
ПЯТЬ
ВЫХОДНОГО

Puzzle 54

АДМИНИСТРАЦИЯ
ПОДГОТОВИТЬ
ВНЕСТИ
ЗАМЕНИТЬ
СВЕРНУТОГО
ОБЪЯВИТЕ
ЕСТЕСТВЕННЫЙ
ПРОГРАММУ
ЗАБРОНИРОВАТЬ
СОК
УВЕРЬТЕ
ТИХИЙ
ПОВСЮДУ
КОНТРОЛЬ
ПЕРЕДАВАТЬ
КУРИЦА
ВЫСОКАЯ
ГОРШОК
ПОЛЕЗНОЕ
УЧАСТИЕ

```
С О А Г П П О Д Г О Т О В И Т Ь К
Г А У А И Е Т Ь Р Е В У П Л М Р О
Т О Я И Ц А Р Т С И Н И М Д А К Н
Т Е Р С Т Е П Е О Н З Е Л О П У Т
И Н Р Ш И Т О Т Д Е Т Р О Р Ь Р Р
В С М А О М В И С А У В Т М Т И О
И Ы С А Т К С В Р Е В И И А И Ц Л
Ф Е С Р Н Д Ю Я Л Е Я А Т М Н А Ь
М С И О М М Д Ъ Е У Р И Т С Е Н В
Р У Н О К И У Б С Т Ф А Т Ь М Г Т
О Т У Ь Т А В О Р И Н О Р Б А З И
М А Т А М Т Я У Ч А С Т И Е З М Х
С В Е Р Н У Т О Г О Л Л Т С О К И
Е С Т Е С Т В Е Н Н Ы Й Т С Р С Й
И Е М Е С П Р О Г Р А М М У Т С Н
```

Puzzle 55

С	Е	С	Д	О	С	П	Р	О	М	Д	П	М	П	А	С	Т
Е	И	Ш	Ь	Л	О	Б	Н	И	А	Р	О	К	Ф	Е	С	О
Й	Ы	Л	Е	С	Е	В	Д	А	К	А	Д	В	Р	А	Т	С
Ч	Н	Ф	Н	А	И	Е	У	Л	С	М	Д	Ы	У	Е	Е	В
А	А	М	С	С	А	Р	Е	У	И	А	Е	Т	Д	И	С	И
С	С	Т	Л	И	Т	О	Л	М	Т	Р	Е	О	Н	З	Т	
Н	М	М	Н	Л	Р	Т	И	П	У	И	Ж	С	Х	Е	А	У
В	С	Т	Р	Е	Т	И	Т	Ь	М	Ч	И	Н	У	Ш	Б	И
Е	С	У	А	О	Ж	А	Т	Е	Т	Е	В	Я	Д	А	О	Ф
Д	И	Ф	О	М	Л	У	Е	А	Д	С	А	Т	И	Л	Р	И
М	Н	О	И	У	О	Е	Н	Г	Р	К	Т	Ь	З	Г	Р	Т
И	А	Е	В	Ы	Б	Р	А	Т	Ь	И	Ь	О	А	И	С	С
Е	У	Е	М	О	Т	У	С	П	И	Й	И	Ч	Й	Р	О	А
Б	Л	И	Ж	А	Й	Ш	И	Е	Е	Е	М	К	Н	П	Л	Е
Т	М	О	М	Н	Е	Ы	Н	Ч	А	Р	З	И	Р	П	Е	С

КРЕСТ
ДИЗАЙН
СЕЙЧАС
БЛИЖАЙШИЕ
ОЧКИ
ПОДДЕРЖИВАТЬ
БОЛЬШИЕ
ВЫТЕСНЯТЬ
ПРИЗРАЧНЫЕ
НО
УХО
ДНЕМ
ВСТРЕТИТЬ
ДРАМАТИЧЕСКИЙ
ВЫБРАТЬ
ЗАБОР
ПРИГЛАШЕНИЕ
ВЕСЕЛЫЙ
НУЖЕН
МАКСИМУМ

Puzzle 56

СВИНЬЯ
ЗАКЛЮЧЕНИЕ
ЭКСПЕРТ
УЗКАЯ
УСТАЛЫЕ
ТЕЛЕСКОП
ВЫВЕСТИ
ОТКЛОНИТЬ
МЕЖДУ
МЕНЕДЖЕР
ПАРЕНЬ
СЪЕДОБНЫЕ
ЛЕЧАТ
ДОЛЖЕН
ТРЕНЕР
БЛЮДО
СИСТЕМА
РАЗОЧАРОВАННЫЙ
КАНДИДАТ
ИССЛЕДОВАНИЕ

А	У	П	О	К	С	Е	Л	Е	Т	Р	И	К	И	Р	Е	М
Е	Р	А	А	М	Е	Т	С	И	С	М	Е	А	С	А	И	Р
М	Т	Ф	Т	Р	Е	П	С	К	Э	А	О	Н	С	З	Н	С
У	Т	А	О	Р	Е	Е	Р	С	Т	И	О	Д	Л	О	П	Е
Т	Г	О	Ь	Т	И	Н	О	Л	К	Т	О	И	Е	Ч	М	У
С	В	И	Н	Ь	Я	Т	Ь	Т	О	С	Д	Д	А	Е	И	
М	Т	У	Л	Р	А	Т	О	Е	Н	Е	Ю	А	О	Р	Н	М
П	О	Л	Е	Ч	А	Т	Е	И	Т	В	Л	Т	В	О	Е	У
Я	А	Е	У	И	И	Т	С	С	А	Ы	Б	Д	А	В	Д	С
У	С	У	Р	У	Р	Ц	П	С	Д	В	Т	У	Н	А	Ж	Т
Д	О	Л	Ж	Е	Н	Е	Н	Л	И	Я	У	Т	И	Н	Е	А
Ж	Е	М	Е	И	Н	Е	Ч	Ю	Л	К	А	З	Е	Н	Р	Л
Е	Ы	Н	Б	О	Д	Е	Ъ	С	У	В	Л	К	Т	Ы	И	Ы
М	Ф	В	Е	М	У	С	Р	Т	А	Е	О	Т	З	Й	Т	Е
П	Г	М	Ц	Е	Е	Е	Е	Е	Т	Т	П	Т	М	С	У	М	Е

Puzzle 57

Т	У	Е	И	В	Е	Е	Т	У	П	Е	М	М	Т	У	О	Р
Е	К	О	В	У	И	Р	Н	И	Р	Е	Л	Т	А	И	Т	А
Х	У	У	Т	М	Е	И	Т	С	И	К	Ь	Л	У	С	О	С
Н	Л	Д	С	Г	Е	Н	С	С	Х	И	Д	И	Т	П	Ь	Б
И	Ь	С	К	О	Б	С	П	С	О	Н	У	С	А	В	Д	И
К	Т	В	И	А	Р	О	Т	А	Ж	К	Б	О	Н	С	А	Б
У	У	З	М	Д	И	Т	Ф	Е	А	С	И	Р	М	Р	Щ	Л
Е	Р	Я	Ф	Е	Е	У	У	П	Я	У	Н	П	О	А	О	И
П	А	Т	У	У	Д	Н	Е	Ц	Т	П	О	С	К	В	Л	О
О	Л	Ь	Р	Ц	Г	Е	И	И	У	Ы	Т	О	И	Н	П	Т
У	Л	И	Т	Н	Т	С	И	Е	Р	В	К	Т	Е	И	У	Е
Я	С	Ь	Т	А	Щ	Б	О	И	У	П	Е	О	И	Т	У	К
Е	Е	Л	Й	Ы	Н	Р	Ю	Т	Н	А	В	А	С	Е	Н	А
Т	И	П	Р	О	Н	С	Р	С	Е	С	Т	И	И	И	С	С
Т	Н	У	И	Р	П	А	Т	Е	Т	Р	П	Е	Р	Е	Р	С

ВМЕСТЕ
СОСУЛЬКИ
ТЕХНИКУ
КТО-НИБУДЬ
БОКС
ВЫПУСКНИК
АВАНТЮРНЫЙ
ПЛИТЫ
ДВА
КУЛЬТУРА
СПРОСИЛ
КОМНАТУ
СНЕГ
ОБЩАТЬСЯ
БИБЛИОТЕКА
ПЛОЩАДЬ
ПРИХОЖАЯ
СИДЕНИЕ
СРАВНИТЕ
ВЗЯТЬ

Puzzle 58

ЭКСПОРТ
ГРАФ
КРОВОТЕЧЕНИЯ
ВЫДРА
ОТВЕТ
БУХАТЬ
ГОВОРИ
СНЕГОВИК
ПАДЕНИЕ
ВОЗМОЖНОСТЬ
ЗАВОД
НАЗВАНИЕ
СИТУАЦИЯ
СОРОКА
МОРЩИНА
ТОЧНЫЙ
ЖУК
ДРУГИЕ
УВЕЛИЧЕНИЕ
ПОЗДРАВЛЯЮ

Д	Р	Е	У	Е	И	Г	У	Р	Д	Э	А	Р	Д	Ы	В	У
Т	О	Ч	Н	Ы	Й	Р	Ц	И	Р	И	К	У	Ж	Т	Н	Е
М	Д	С	Я	И	Ц	А	У	Т	И	С	О	С	Т	П	А	И
Л	О	Р	В	М	Н	Ф	П	Е	В	И	Р	П	П	М	Е	У
А	В	Р	Т	Е	И	Р	О	В	О	Г	О	А	У	О	Л	Е
Л	А	Е	Щ	К	Л	Е	З	Т	З	Е	С	Д	В	О	Р	Ь
И	З	П	О	И	Е	Р	Д	О	М	Д	С	Е	Е	А	М	Т
О	Ф	Г	У	В	Н	А	Р	У	О	С	Е	Н	Л	Т	В	А
Р	Е	О	Е	О	И	А	А	Т	Ж	Н	А	И	И	Р	С	Х
И	Т	П	Р	Г	Т	Р	В	И	Н	О	Р	Е	Ч	Е	И	У
В	М	Т	Н	Е	О	Р	Л	У	О	Е	М	Ф	Е	И	С	Б
П	Д	Н	У	Н	М	Р	Я	П	С	С	Т	П	Н	С	Т	Н
Е	Л	Р	Т	С	П	Ф	Ю	Д	Т	С	Т	С	И	У	М	Е
Н	А	З	В	А	Н	И	Е	Ф	Ь	И	Н	П	Е	С	М	У
И	У	Т	Е	К	Р	О	В	О	Т	Е	Ч	Е	Н	И	Я	Е

Puzzle 59

```
Я С Ь Т И Н Е Ж У Н О Т Н Р И И О
М Е О Д А Т С И И Д Е Е Т У У Л Й
Е Р И П О Н У Д А Т Т Е М Ф Т Р Ы
А Д Н Е Р Й Ы Н Р Я Л У Г Е Р Е Н
Е А Ь Т С О Н Ч О Т Н М Л О М Ч Ь
Т П Р А И Н В Л Е Я С Т Р Е Б А Л
Г У У Ч Р М Й О Н Ь Л О Б А Т Й И
Е С П А Е О Т О Ж Д У У М Ц О Р С
И П Е Б Е Т С Е А Д С П Л И Т Е О
Т Е У Ы П А И Е С И А К Л Е Д Т О
У С Т Р А И В А Е Т З Т Т И Н Р
У А П Р О С Т И Т Е Л И Ь М Т Л О
У И Ж Е С Т К А Я О М Т Е Т И Т М
К Л У Б Н И Ч Н У Ю Н У Н У М И Н
Е М А Р О С Т А Н Д А Р Т Н А Я Е
```

БОЛЬНОЙ
АДРЕС
ПРОСТИТЕ
РЫБАЧАТ
НЕРЕГУЛЯРНЫЙ
АТОМНОЙ
КЛУБНИЧНУЮ
СТАНДАРТНАЯ
ИЗ
СТАДО
СУПА
ОТДЕЛКА
ЧАЙ
ЖЕСТКАЯ
СИЛЬНЫЙ
УСТРАИВАЕТ
СОПРОВОЖДАТЬ
ЯСТРЕБ
ЖЕНИТЬСЯ
ТОЧНОСТЬ

Puzzle 60

ПРИМЕНИТЬ
ЧЕТЫРЕ
РЕКРЕАЦИОННЫЙ
ДВИГАТЕЛЬ
БЕГЕМОТ
ТЯЖЕЛОЕ
ХОТЯ
ХОЛМ
ФЕРМЕР
ЖЕ
АБСОЛЮТНАЯ
НАЗЫВАЕТСЯ
МУДРОСТЬ
СПОРТ
СЛОМАННЫЙ
СПАЛЬНЯ
ПОЛЕВКА
ГЕОГРАФИЯ
УЛЫБКА
РВАНУЛА

```
М Р Е К Р Е А Ц И О Н Н Ы Й Ч Е С
И У И Е Р М С С О Е Н Е Т И Е Т Л
А М Д Н Л Д П Д У У Д И О С Т А О
К Б М Р П Е О Л Е Ж Я Т С О Ы Р М
В Н С Н О Н Р У Л Ы Б К А Я Р Т А
Е Ф Р О А С Т А Р Я С Д Н И Е Т Н
Л Е В Н Л З Т А Н М О Е М Ф Р С Н
О Р А М И Ю Ь Ь О Я Н Ь Л А П С Ы
П М Н Н С С Т В М Р Р Т О Р И Е Й
М Е У П И И О Н А С Л А Х Г Л О Р
И Р Л Л У М М А А Е Н Ж О О Т О А
Т У А С У О Е С Л Я Т Е Т Е И У Л
С А М С О Е Г Е Е Р Т С Я Г Н М Н
Т Р Ь Т И Н Е М И Р П Т Я У У Р С
О Е С Т С М Б Д В И Г А Т Е Л Ь А
```

Puzzle 61

```
У И Т С С П А П У П О А Е П Л Б
П Э Л Ь Ф П И Е Н Р И П Т Р У Р Е
Ч А С Т Ь И Р П Ю Ю Н Д З О П О С
М С М Ы М И Д О Х Б О Е Н И А В С
И Е П Т О А Т Р С О Е Д Ф З М Е М
М И Т Е У С М Б С Ф И И Р В Е С Ы
И З М Е Р И Т Е Л Ь Н Ы Й О Р Т С
Н Л П О А У Н Р У Р Е П П Д И И Л
Н В У О О С Д Е М С Щ Е О И К У Е
Е П Т Ч Л Е Р С Е А А Р М Т А Т Н
П У Л Е Ш И Р И Н Р Р С Н Ь Н Л Н
О Т У С У Е Т Е И Ф В О И О С С Ы
О В Т О Е М У И Е Г З Н Т У К Л Й
Н И П А П Е С Р К А О А Е Т И Р И
О П А С Н О С Т Ь И В Ж Е П Е Т Т
```

УМЕНИЕ
ПОЗДНЮЮ
ИЗМЕРИТЕЛЬНЫЙ
СЕРЕБРО
ПАПУ
ЧАСТЬ
ВОЗВРАЩЕНИЕ
АМЕРИКАНСКИЕ
ПРОВЕСТИ
БЕССМЫСЛЕННЫЙ
ПЕРСОНАЖ
СПРОС
ПРОИЗВОДИТЬ
ПОЛИТИКИ
ПОМНИТЕ
ОПАСНОСТЬ
ЛУЧШЕ
ПЕННИ
ЭЛЬФ
НЕОБХОДИМЫМ

Puzzle 62

ЯБЛОКО
ТКАНЬ
ЗАКЛАДКИ
ПРЫГНУЛ
АМУР
МЕБЕЛЬ
ЖИТЕЛЬ
ДЕРЖАТЬ
ПОСМОТРИТЕ
УСТАЛИ
РАЗБУДИТЬ
ПЛЯЖ
ЮЖНЫЙ
ХОЗЯИНА
ТЮЛЕНЬ
КОСТЬ
ВЫСОКОЕ
ЗНАК
ГОНКИ
СОБСТВЕННОГО

```
И О Е И Н Р М А Е И Ь Н А К Т З Х
Г О Н К И О У Р О Р Н И А О Ц А О
П Л Я Ж Н К О С Т Ь Е Е М Г Е К З
Т Р Р И У О А И С Л Л Т У О Е Л Я
Н Е Т И Т Л О Н О Е Ю Е Р Н И А И
Т Л Е У И Б У А З Т Т О Б Н Л Д Н
У Н Е В Й Я И И У И Г К Н Е С К А
Г О Ц У Ы И Т С Р Ж У О И В М И Р
П Р Ы Г Н У Л Д П И И С О Т Р Е У
М М Т Р Ж Н Е И Е П М Ы Р С Р Н А
И Е Н У Ю Л И М Р Р Е В Р Б М В Р
П О С М О Т Р И Т Е Ж И И О С А И
Р А З Б У Д И Т Ь И Л А Т С У Л А
Л Ф О У В Т И С Р А П Н Т Я Т М Т
И А П Н Д У Т Е И Е Т Р Т Ь Ц Т М
```

Puzzle 63

Т	Ф	Т	Р	П	Б	Л	Р	Т	Ч	П	Н	К	П	О	А	А
И	О	Г	С	Н	Ы	А	С	Л	Е	Р	П	О	У	О	Т	Е
У	Е	Д	Д	Т	Л	М	Е	М	Р	Е	О	Р	С	Ц	Л	И
С	М	Е	О	С	И	И	О	М	Е	Д	П	О	Е	О	Л	Е
Л	Т	Т	Е	С	М	Н	К	Т	З	С	И	Т	У	Н	И	М
А	У	О	И	А	Т	Е	С	П	Т	Т	С	К	Т	И	М	О
Р	Е	Е	Л	Е	Е	И	Е	И	Н	А	А	И	Э	А	У	Т
А	К	Н	Е	Б	Е	Р	Ч	М	О	В	Т	Й	Т	О	Т	А
З	А	Н	Т	У	Ц	В	И	Ь	А	Л	Ь	О	Т	О	Т	Л
В	У	Р	У	И	Н	Е	Д	А	О	Я	О	И	Т	Т	Б	А
И	А	Р	Т	О	А	Р	И	Б	Е	Ю	Т	И	Т	С	Е	С
В	М	Я	С	Ь	Т	О	Р	О	Б	Т	У	Т	Б	Ф	У	И
А	Д	О	В	О	Р	П	Ю	С	Л	А	Д	О	С	Т	И	П
Т	Л	Е	Т	И	М	Л	Я	Р	О	С	Т	Н	А	Я	В	Р
Ь	Ф	Е	Д	Е	Р	А	Л	Ь	Н	Ы	Й	Н	С	Т	Л	С

ЮРИДИЧЕСКОЕ
САЛАТОМ
ДОСТИЧЬ
БЫЛИ
ЛЕТ
ОПИСАТЬ
ПРОВОДА
СЛАДОСТИ
РЕБЕНКА
ПОЛЕ
ПУСТОТА
БОРОТЬСЯ
ЧЕРЕЗ
РАЗВИВАТЬ
ЭТУ
КОРОТКИЙ
МИНУТ
ФЕДЕРАЛЬНЫЙ
ПРЕДСТАВЛЯЮТ
ЯРОСТНАЯ

Puzzle 64

ЦИТАТА
КАНАРЕЙКА
КОРОБКА
ТОНКУЮ
МАЛОЛИТРАЖКА
ЕГО
АРЕНА
РАЗНООБРАЗИЕ
НОЖ
ВЧЕРА
ОБВАЛА
СЛИВЫ
ПРАВИЛЬНОЕ
НАКЛОН
НЕТЕРПЕЛИВЫЕ
СЛАЙД
УПАЛО
КОРАБЛЬ
БАССЕЙН
ПОЗЖЕ

К	Е	Т	Е	О	Н	Ь	Л	И	В	А	Р	П	С	И	У	Е
Н	А	Т	Г	Н	С	И	С	И	Л	М	П	Е	У	О	Р	С
Е	М	Н	О	О	А	К	Ж	А	Р	Т	И	Л	О	Л	А	М
Т	В	М	А	Ж	Т	П	О	Т	А	Ы	В	И	Л	С	Л	У
Е	М	У	М	Р	П	У	Е	А	З	Д	П	Т	А	Р	А	В
Р	С	Ь	И	М	Е	Р	С	Т	Н	У	С	П	П	И	В	Ч
П	Л	Л	Е	И	У	Й	Л	И	О	С	Г	И	У	И	Б	Е
Е	М	Б	А	Д	Т	Р	К	Ц	О	А	Р	Е	Н	А	О	Р
Л	И	А	Н	Й	Е	С	С	А	Б	Т	И	Т	П	Е	И	А
И	И	Р	И	Н	Д	С	Р	М	Р	П	О	Р	Т	И	Н	К
В	М	О	Н	А	К	Л	О	Н	А	О	У	Н	Г	Ц	Е	Б
Ы	Н	К	У	Е	Т	О	П	Е	З	З	И	Н	К	И	И	О
Е	И	Е	О	С	И	Д	Ф	М	И	Ж	Т	И	Е	У	П	Р
А	П	И	Н	И	С	И	Е	Р	Е	Е	И	Н	Л	О	Ю	О
О	Я	И	Е	Д	И	С	Е	Л	И	Т	А	М	Р	М	Е	К

Puzzle 65

М	А	Г	С	Б	С	Р	Л	Ю	Б	О	Й	Ш	Т	Н	О	Л
У	А	И	О	И	Е	У	А	Е	А	А	Т	Е	М	Е	П	Е
Н	П	Г	Б	З	З	Б	Е	О	Т	О	А	Я	П	Д	Е	У
У	Е	А	И	О	О	А	Л	П	И	А	М	С	И	Е	Р	Т
Р	Т	Н	Р	Н	Н	Ш	Т	Ю	Л	Ь	П	А	Н	Л	А	У
Н	Е	Т	А	А	П	К	А	М	М	С	П	Т	Т	Я	Ц	О
Т	Т	С	Т	П	Л	А	С	О	Ф	Ф	Е	Р	П	Д	И	О
И	С	К	Ь	И	С	О	А	И	Н	Т	У	Т	О	Н	Я	Л
У	С	И	Н	И	П	М	Г	Т	Р	М	Н	О	Т	С	О	И
Т	И	Е	М	А	С	Л	У	Ш	А	Т	Ь	В	С	П	Т	А
О	Г	О	Н	Ь	Б	И	А	А	Г	С	Ф	Ц	А	О	Т	О
М	Е	И	Д	А	Д	О	Р	И	Р	П	И	Ы	А	И	С	И
Е	А	И	Е	И	У	Е	Р	Р	И	К	Л	Е	Й	Б	Л	И
У	Л	О	О	О	П	О	И	И	Б	А	Е	Р	Р	Л	П	Р
П	О	Д	К	Л	Ю	Ч	Е	Н	И	Е	Н	Е	Т	И	И	Е

НАБОР
НЕДЕЛЯ
ГРИБ
РУБАШКА
КЛЕЙ
ТЮЛЬПАН
СЛУШАТЬ
ПРИРОДА
ШЕЯ
ЛЮБОЙ
СОБИРАТЬ
ПРОСТО
ОПЕРАЦИЯ
СЕЗОН
БИЗОН
ОГОНЬ
ПОДКЛЮЧЕНИЕ
ОВЦЫ
ГИГАНТСКИЕ
РИСК

Puzzle 66

БЫСТРО
СОСТРАДАНИЕ
ОППОНЕНТ
ИНОСТРАННЫЙ
ПРИМЕЧАНИЕ
ВСЕ
ГАЗОН
ОЛЕНЬ
УПРОСТИТЬ
ЗАПУТАЛАСЬ
ПОЗВОЛЬТЕ
ЗРЕЛЫЙ
НОГА
ГАЗЕТА
ОТЕЛЬ
БОБ
ГЛАГОЛ
ТРАНСПОРТНАЯ
ЧУЛОК
ДВОЙНОЙ

П	Р	С	П	У	С	М	П	Г	М	У	Д	Е	Е	М	М	Е
Д	Ф	Г	Е	Е	Й	Ы	Н	Н	А	Р	Т	С	О	Н	И	Н
В	А	Е	Т	Ц	М	Ь	Е	У	Г	З	С	В	Л	Н	И	Е
О	Р	И	М	У	Р	Л	Л	О	О	Н	Е	Ц	О	Е	Е	Н
Й	У	П	Р	И	М	Е	Ч	А	Н	И	Е	Т	Г	И	Е	Т
Н	И	У	Ь	Т	И	Т	С	О	Р	П	У	Ф	А	О	Е	О
О	О	Р	О	О	С	О	З	А	П	У	Т	А	Л	А	С	Ь
Й	С	О	С	Т	Р	А	Д	А	Н	И	Е	Р	Г	Т	У	Н
Б	О	Б	М	Н	Р	М	Т	О	Н	Е	П	Ч	Д	О	О	Е
Й	Ы	Л	Е	Р	З	Р	У	Е	Е	Т	А	У	Р	С	Т	Л
И	Е	С	О	П	П	О	Н	Е	Н	Т	Н	Л	А	О	А	О
Я	А	Н	Т	Р	О	П	С	Н	А	Р	Т	О	Р	С	Н	В
Н	С	С	М	Р	О	М	Р	Е	О	Е	У	К	З	О	С	С
Е	Е	Т	Ь	Л	О	В	З	О	П	Е	Т	Л	Н	А	У	Л
Р	М	М	Ф	Д	Е	Т	Р	С	О	Ц	Р	П	Е	М	Г	Л

Puzzle 67

```
Н Т Г Г С Е Т Х Е Р О Е Г И Т С Г
Е Е Ф Л У Е М О Е Г Е Е Ц Л У И О
М Л Б Т О С Т Ч Р С У Е О О В У Т
Л О Р О И С Ь У Т У И Н Е Й О Я О
И Т Е Е Л Я С У С Т К А Ф И У Я В
Ц Р Н Ф П Ь Р А И Е Д Р А К О Н И
А Е И М О У Ш У Р В Л Е М Т Е Ш Т
П В Д И Р И С О Ю И И У Р С Н Е Ь
Л С М Е Л Ы Й Р Й Р Й Ф Е Е У Н Ц
Я П О Т Е Р Я Т Ь П И У Ф Ж Е В Н
М Л Е Р Л П В И Р Т У А Л Ь Н У Ю
Н Е З Н А Ч И Т Е Л Ь Н Ы Е Т С Е
С Л Е Д У Й Т Е Е Т Н П Т С Л П С
Л Ф Е Т Т И У И У Е Г О Н С У Т А
И Л Д А Е Т А Т Н Ц А М У Е О Г Ц
```

ВИРТУАЛЬНУЮ
ЦАПЛЯ
ЮРИСТ
ОРЕХ
ГУСЬ
НЕБОЛЬШОЙ
ГОТОВИТЬ
ХОЧУ
ВНЕШНЯЯ
ГЛОССАРИЙ
ФЕРМА
ДРАКОН
СМЕЛЫЙ
ВЕРТОЛЕТ
ЖЕСТКИЙ
ПРИВЕТ
ПОТЕРЯТЬ
ФАКТ
СЛЕДУЙТЕ
НЕЗНАЧИТЕЛЬНЫЕ

Puzzle 68

ПОЛОСА
МУКА
СОЛДАТ
ИМЕЛ
УЧРЕЖДЕНИЕ
НЕСЧАСТНАЯ
ЗАПУСТИТЬ
ПРИЕМ
ФУНДАМЕНТАЛЬНЫЕ
СТУЛ
ВЗЯЛ
РАЗНИЦА
САМОЛЕТ
ПРЕДПОЛОЖИМ
ЗНАЮТ
ОШИБКА
ПОТОК
КРУЖКА
ТАЛАНТ
УВАЖЕНИЕ

```
У П И Т П Р Е Д П О Л О Ж И М Е У
А О Р П Р И Е М Е М У Т В О Е Е Ч
А Т М Е О У И Д И Т Т У И С И Р Р
В О Н У У Е Н А Е В С П Е Н А И Е
М К А П К М А Ц И Н З А Р С И А Ж
Ь П Е Т С А К Т С Е И Я Р Л Т И Д
Т А Л А Н Т Б Е С И Л И Л О Р О Е
И В А Г Т И И И М М Е Д А Е Т И Н
Т А Д Л О С Ш К Р У Ж К А Л М У И
С Е Е Н С О О Р О П И И С Г Т И Е
У З Н А Ю Т Е Л О М А С У М Т О Д
П Ф У Н Д А М Е Н Т А Л Ь Н Ы Е А
А Т Л И О Т О Р Т У В А Ж Е Н И Е
З Н Е С Ч А С Т Н А Я П О Л О С А
И Г Н Е Р Л Т Р А С П С И О О Р О
```

Puzzle 69

```
А С С О Р Т И М Е Н Т У П Т У Т И
В И Е Л И О Л Е Д О У Л О Д М М Н
Е Е С Б Е Д А Е С Б Р Т Д А Р Г А
Ю О Л И М Е Ы Н Д У К С Р Р О П У
Б Н И И Т С Б О В В Е У Я О Н И О
И Р И М К Л У Е О И Е Р Д К У У С
Л Е М Е О И З Е Р Е Л А Ш Ы Л С Е
Е Ч Б С Н С Е С Т Ь Т А З А К С М
Й Е И П Е У О Е М П Я Т Н М Е Н Ь
И Л Р Е Л Н У Н И Т П У Е З У У И
Б В Т Е П А У П Т О Р Т Е М П И У
О Л Т Р Ы Д О С Т У П А У И М И Т
А Т А Р Ц Е А П Г С Я Е Р М Е А У
С Т И Г И Ф А Т У Е Е П О Е И Т И
О И И Й О Н И Л А М О Е П У У Н И
```

ЗУБЫ
БЕДА
СКУДНЫЕ
ГРАД
БЛАГО
ДОСТУПА
КОРА
ПОДРЯД
СЛЫШАЛ
МАЛИНОЙ
СКАЗАТЬ
ЗНАЛИ
ОБУВИ
СЕМЬИ
ЮБИЛЕЙ
АССОРТИМЕНТ
ЦЫПЛЕНОК
ВЕЛИКИЕ
НОРМУ
ЧЕРНОЕ

Puzzle 70

ИЗОЛИРОВАННЫЕ
ЗОЛОТО
ЧЛЕН
УРАГАН
СОДЕРЖАТЬ
ГОД
ПАЛЬТО
ОБВИНЯТЬ
ЗУБ
КОЗИЙ
ОБЛАЧНО
ВЕТВЬ
КАЛИТКИ
ФАЗА
ПУТЬ
ДАЛЬНИЙ
ДЫШУ
ДЯДЯ
ЗИМА
МЯГКИЙ

```
П Т К А Л П Б С С Н Е А У М П В Т
М Н А Г А Р У Р Я О Т Ь Л А П Е Б
Е Е Л Л Н О З О Д Е Д О Г З У Т Е
Т Л И З Е Ф У И Я Ы Т Е И А И В О
Т Ч Т П О А М И Д Н Ш О Р Ф И Ь Е
Б Т К И Н Л Е Т И Н Т У Ф Ж О И А
Е Н И О А Е О Н Е А М И З П А А Т
Д А Л Ь Н И Й Т Е В Ф У А У С Т С
Ф С М У Н Ф И Е О О Л Т Т Т М Н Ь
М У Т М Г Т З О Н Р И И И Ь Н А Т
Т Е Н О У М О Т Ч И Е Н В Ф М У О
М Я Г К И Й К Е А Л Р О У У У Я Р
У Л У Р И М У П Л О Н Т Т М Е Р И
О Б В И Н Я Т Ь Б З Н Т Р Е Е Я А
У Т И Т Н И У У О И Я Д Н Е Е Е Д
```

Puzzle 71

```
С Т Л Е И С Н Н А П Л П Н М У С П
Й О Т С О Р П Р У Т И О У О Е Я П
О Р Б Е З Е Б Р А О И П Ж Т А У С
Н Ы Н И Ч Ж У М И Н М Л И Ь А П О
Щ И С Р Н Н О Н Е П А У К А Т П
О Й Ы Н Н А В О Н Л О В З В И Р Ь
В В И Я Р Р Е О В О Т С О М Е И И
О И Е А У И Е Т Т К У С Р А Б И О
В Л И Н Р Е Р Т С И С И У Р У И Е
Ц М Н В И Д Т И Е Я И И Р Е С Е С
У П Р А Ж Н Е Н И Я Л Р О Н А С Т
С С С Л Д Е О Н С Т И Д О Х Д О П
Е У Т Г И В У Е И Н Е Л Ш Ы М Д Т
И Л Л Ю С Т Р И Р О В А Т Ь Н А У
И С У Р М У И М М Е Л Н О Н И М Н
```

УСИЛИЕ
УПРАЖНЕНИЯ
МОСТОВОЕ
ОВОЩНОЙ
ПОДХОДИТ
ИВУ
ПРОСТОЙ
БАРСУК
ВЗВОЛНОВАННЫЙ
СОБИРАЕТСЯ
СОДА
ИЛЛЮСТРИРОВАТЬ
КОЛЕНО
ПАУКА
МУЖЧИНЫ
МЫШЛЕНИЕ
ЛОЖЬ
ПУТАТЬ
ЗЕБРА
ГЛАВНАЯ

Puzzle 72

ЭФФЕКТ
ФАНТАСТИКА
ВЕДЬМА
НАДЕЖНЫЙ
ОСТРОГО
БЕССМЫСЛЕННО
СОЧЕТАНИЕ
МАШИНЫ
УКУС
ПРЕДСТАВЬТЕ
ПАЦИЕНТ
ВЕЩЬ
БОЛЕЗНИ
ЭТИ
ШТОРМ
ЧУВСТВУЮТ
ЛОВИТЬ
ТРУДНО
РЕДКО
ПОХОЖИЕ

```
О О Р И Н Б Е Т Ф И Т Е П Е Г П Т
К С У К У Н Е А К И Т С А Т Н А Ф
Д А Т А Н И О С П П И С Ц У О Н С
Е Л Е Р М П Т О С Л Е Л И Т Э А О
Р М О П О В У Ь А М Ь Д Е В Е Д Ч
М Е У О Е Г Е Щ М Н Ы У Н Л И Е Е
Т Р У Д Н О О Е У И Л С Т Е У Ж Т
П Р Е Д С Т А В Ь Т Е М Л И И Н А
Ч У В С Т В У Ю Т Э М Р А Е С Ы Н
П О Х О Ж И Е У И Ф О О О Ш Н Й И
М С Т П Т С Е Е В Ф И Т Н И И Н Е
Н И Н Т М С И И О Е Д Ш П А М Н О
С Е И Е Е Н И У Л К А С Р У У Н Ы
С Ф М У У Т Е Т И Т И Е И Ц Л Р Т
Л С И И Б О Л Е З Н И Р О А Н В А
```

Puzzle 73

```
С У Л Е У Е Н П Л У Е П С П М Н Т
Р Т С Ю С Н Н И О Е Т У Е О Е О И
П М Л Е Б Е У Р С К М С Т Д Е М Е
П О И У У О И Е Е С О Е Ь Х С П Л
О О Е С Т Е В О Р И Н Л И О И Е Е
П Т Т З А Е О Ь Д С С О Е Д И О А
У К У Т Д Т П И Ц П Н Н С Н Ц Я Л
Л Р Р Р Н Н Ь Л Е Т А С И П И И Н
Я Ы Е О Н Н Е Д И В У Е Т И Б Я И
Р В А К Ш У Р Т Е П В О И Т М Л К
Н А К П Т У И А И Т М Е Ч Т А О О
А Л Ц Д О Б А В И Т Ь И У М Е А Г
Я К И Л А Ж Р Е Д П И Р Ц М О Р Д
М А Я А Н Н А Р Т С П Л А Н Е Т А
Д О К А З А Т Е Л Ь С Т В А С П А
```

УВИДЕННОЕ
РЕАКЦИЯ
СЕРДЦЕ
ОТКРЫВАЛКА
ДЕРЖАЛИ
ПОДХОД
СЕТЬ
СТРАННАЯ
ДОБАВИТЬ
ПИСАТЕЛЬ
ПЛАНЕТ
МЕЧТА
ДОКАЗАТЕЛЬСТВА
АМБИЦИИ
ПЕТРУШКА
ЛЮБОВЬ
ПОПУЛЯРНАЯ
ПОКОЛЕНИЯ
НИКОГДА
ПОЕЗД

Puzzle 74

КАРТЕ
КЛИМАТ
РАВНИНЫ
ПАРТИЯ
МАТЕРИЯ
ИМЕЯ
ОТКРЫТИЕ
СЛЕДУЕТ
ВЗРОСЛЫЙ
КУКЛА
ПОЯС
ПРИЗНАТЬ
ЧЬИ
АККУРАТНАЯ
РОДИЛСЯ
НАОБОРОТ
НАЛИТЫЕ
ВСТРЯХИВАНИЕ
ДВИЖЕНИЕ
ПРЕЗИДЕНТ

```
Д Е И Н А В И Х Я Р Т С В М Р Л Д
Р С Ь Е И Г Й Ы Л С О Р З В Е И В
А Е Ч С Н Р Л У М С О Д Р Н Н П И
А И Т Е И Б Р Е А И Л О И П С О Ж
А К К У Р А Т Н А Я С Т Е Л Ц Я Е
А Р Л Е У Т Е Р О Е Р К В Р С С Н
П И С Н А Е К У К Л А Р И С С Я И
Н Р Т Ь И П Н С И Ы Н Ы Е М С У Е
А Т Е Ы Т И Л А Н Н И Т А М И Л К
О Р У З М А Т Е Р И Я Я И Т Р А П Т
Б У Д Н И Е Н Т И Н П Е С Е У М Н
О Н Е Т Н Д Е З Л В И Т М С Л Е М
Р Р Л Н И Я Е М И А Н Р И П И Е М
О Е С Т Н Т Л Н Р Р Е А Л О Л Д Н
Т И Н И С М Н С Т С П К И Е О Л Т
```

Puzzle 75

Р	Д	Е	Е	В	У	А	И	Ф	И	Т	Е	Р	М	Б	У	В
М	Р	Е	С	И	Ф	П	О	У	И	С	С	М	Ч	Е	Д	О
В	Е	С	Н	А	Ф	О	Л	П	Е	Т	Т	Л	И	Н	А	З
Л	И	Т	А	А	У	Р	Р	Е	С	О	Ь	О	С	З	Ч	Р
О	Н	Т	Н	В	М	А	Е	М	И	Е	М	Г	Т	И	Л	А
С	И	У	Я	И	Д	А	Т	С	А	Л	Р	О	Ы	Н	И	С
М	А	Т	Ь	Т	А	Р	М	С	К	Л	Л	М	Е	О	В	Т
К	В	М	С	А	У	А	Е	У	С	Н	Ь	И	Т	В	Ы	Т
О	Р	Г	А	Н	И	З	О	В	А	Т	Ь	Н	У	Ы	М	И
Т	Е	И	К	Р	Я	Е	О	О	М	М	Д	Е	О	Й	И	М
Е	Я	И	Н	Е	Ш	Е	Р	З	А	Р	З	А	Д	А	Т	Ь
В	Д	Р	С	Т	О	С	Т	А	Т	О	К	М	Е	Н	Л	И
Ц	В	И	Д	Ь	Т	С	А	О	М	И	Е	И	И	Л	О	Е
Л	Е	Т	О	Л	И	Д	С	У	У	Е	С	О	У	С	Н	У
Т	Е	Ц	С	А	Р	Т	М	Л	У	Е	Р	М	С	М	О	С

АЛЬТЕРНАТИВА
МАТЬ
ЯРКИЕ
ВОЗРАСТ
ЕСТЬ
ТЕПЛО
БЕНЗИНОВЫЙ
ФОРМАЛЬНО
ОСТАТОК
МАСКА
ОРГАНИЗОВАТЬ
УДАЧЛИВЫМИ
ВЕСНА
ОРЛА
ЛЕТО
СТАДИЯ
РАЗРЕШЕНИЯ
ЗАДАТЬ
ЧИСТЫЕ
ЦВЕТОК

Puzzle 76

ДЕМОКРАТИЧЕСКИЙ
ЗЕМЛИ
ПРОГУЛКА
ПЛЕЕР
ПРОДОЛЖАЙТЕ
ШОКОЛАДНАЯ
НИЗКАЯ
ПОГЛОЩАТЬ
СИЛУ
ТРУДОВЫЕ
УЧИТЬ
ОТ
ФУРГОН
ОГРАЖДЕНИЕ
ЧТО
МЕТОД
ЛОСЬ
ЗАПРЕЩАЮТ
ПРИСУТСТВОВАТЬ
ОПАСНО

П	О	Ц	О	А	У	Ш	Р	И	А	Н	П	И	Е	Й	П	О
Р	Р	П	А	Г	Ь	С	О	Л	О	В	Л	А	А	И	О	П
О	У	Н	А	Р	Р	Т	С	К	У	Е	Е	Ф	О	К	Г	Р
Д	С	Л	Т	С	Е	А	Ф	А	О	У	Е	Р	Р	С	Л	И
О	У	М	У	Р	Н	Д	Ж	И	И	Л	Р	Т	Р	Е	О	С
Л	У	А	Л	Ф	И	О	Ц	Д	И	М	А	И	Р	Ч	Щ	У
Ж	И	С	М	М	С	Р	Л	Е	Е	Н	Т	Д	А	И	А	Т
А	К	Л	У	Г	О	Р	П	Л	И	Н	С	О	Н	Т	Т	С
Й	А	Ч	Р	Р	И	Р	Н	Е	И	У	И	Т	О	А	Ь	Т
Т	Е	Т	З	Е	М	Л	И	С	И	Л	У	Е	Г	Р	Я	В
Е	П	О	О	Т	Е	Н	С	Ь	И	Р	Н	М	Р	К	А	О
З	А	П	Р	Е	Щ	А	Ю	Т	Е	У	О	Р	У	О	К	В
И	Р	Н	О	М	А	П	Т	И	А	А	О	Я	Ф	М	З	А
Т	И	Е	Т	М	И	И	О	Ч	А	С	Т	У	В	Е	И	Т
Е	Д	У	Е	Ы	В	О	Д	У	Р	Т	Л	Е	Е	Д	Н	Ь

Puzzle 77

```
В У Т И С М С П Р И Н Е С А Р Е У
Е Е А О В Е И Р О У А П О Р Ы В С
Д Е Е И Н Е Н А Р Т С О Р П С А Р
Е Р Е М У Й А В И А Р Т С У К И А
Т Т А Й Н Ы П И Е У О Д Н Н А Н Б
Б О Р Р С Е О И И С В У Р Е Р Т И
М О О И И У М О Т Э О П И В Т Е У
О О Г Е М Е Н Д С О Г У А Н О Р Л
Р М Е А Т У И О Л Е О Р Т Р Ф Е Т
Е О Т К Т П Т Г Т И Д С Т Т Е С Р
М М И А Н Ь Ь И О Т Е Р Р А Л Н Е
Е Е О Б Т Н Й Н Е Р У Ф Е Е Ь О У
У У П О У Е Б И Л Т О Н Т Н С Ф Е
Р А С С Л А Б Л Я Е Т Д П И И О Д
Т Е Р П Е Т Ь Д А Д Е В Н И З У Р
```

ДОРОГИЕ
ВНИЗУ
ВЕДЕТ
БАР
РАССЛАБЛЯЕТ
РАСПРОСТРАНЕНИЕ
ТЕРПЕТЬ
КАРТОФЕЛЬ
МОЕ
ПРИНЕС
ДОГОВОР
НАПОМНИТЬ
ИНТЕРЕСНО
НУ
ПОЭТОМУ
СОБАКА
ПОРЫВ
БОГАТЫЙ
УСТРАИВАЙ
ТАЙНЫ

Puzzle 78

ЗАХОТЕЛ
ЗНАНИЯ
УЧИТЫВАЯ
ИГРАТЬ
ВЛАГА
ОПЫТ
СОРТИРОВАТЬ
ВЫБЕРИТЕ
РИФМА
ВИНОВАТУЮ
НОВОСТИ
ХОББИ
КУЛЬТУРНЫЕ
ЛИХОРАДКУ
СОВРЕМЕННАЯ
ТРАТИТЬ
ПОСТОЯННОЕ
РАЗРЕШЕНИЕ
ВОДИТЕЛЬ
СОСИСКИ

```
Р А И А Н Я М У У М Р И Н О И В Т
З А С С И О А Ч В О Д И Т Е Л Ь Р
Л А Т М А Р Е И О И Ф Е А Р П С А
М И Х Ф Т И Ь Т И Т А Р Т И О О З
Е Н Х О А У У Ы Р О А С М Ф С В Р
И Ю Ю О Т Е П В Н О И Е С М Т Р Е
И В У Х Р Е А А С Т А Ц И А О Е Ш
И О Т И О А Л Я В У Н М Н О Я М Е
У С А С Р Б Д З Н А Н И Я П Н Е Н
И Т В Р Е В Б К А У М Р С Ы Н Н И
Г И О Т Т А Р И У С И О О Т О Н Е
Р А Н К У Л Ь Т У Р Н Ы Е М Е А И
А О И О А П У С О С И С К И Д Я Ф
Т И В Л А Г А В Ы Б Е Р И Т Е Н Т
Ь С О Р Т И Р О В А Т Ь О У И Н Т
```

Puzzle 79

```
Ф С И Й Е О У Т М У П П О З Н Б П
Т О С Ы С У Е О В И Р О Б О Т У Р
Р Р Р Н С А Р Е Р И И П Н Н Е Р О
У Е О Т С У К О Ф Н В Р А Т Т Е С
Е З М А Е Л У И И Е Л О Р И И В Л
И О Н К Н П М В О И Е Б У К Р Е У
У С И С З Н И П Р Н К О Ж А Н С Ш
О А П У И С О А У Е А В И М А Т И
И М А Б В Е И Н Ж Т А Т С С Н В
С Е К Р Е Т А Р Ь О Е Т Ь К Е И А
П О В Т О Р Я Ю Т Л Л Ь В Е П К Н
М Е Л К И А М Н Ц Д Ь О У Д С И И
Г О Р Я Ч Е Е С Е Е Н М У Н О И Е
Т А У Е Т П Н И Т Р А Ф М И М Л И
О Л А Т М М Р И А П Я А О Т А У Ь
```

ВДОЛЬ
ПРИВЛЕКАТЕЛЬНАЯ
ПОВТОРЯЮТ
ПОПРОБОВАТЬ
МУСКАТНЫЙ
ГОРЯЧЕЕ
БУРЕВЕСТНИК
ЗОНТИКА
УМНЕЕ
БИЗНЕС
ФОКУС
СЕКРЕТАРЬ
НА
ФОРТЕПИАНО
ИНДЕКС
ОБНАРУЖИТЬ
ПРОСЛУШИВАНИЕ
ОЗЕРО
МЕЛКИ
ПРЕДЛОЖЕНИЕ

Puzzle 80

СОСЕДИ
СОТНИ
ДИКАЯ
ОТДЕЛЬНЫЙ
ХЛЕБ
КУПЕ
ЖИТЬ
КОНКУРС
ВЕРЮ
ПОНИ
КЕНГУРУ
ПРАВО
ПЕРИМЕТР
ЦЕНТРАЛЬНЫЙ
УТЕНОК
РЕЗУЛЬТАТ
СЛОЖНАЯ
ВЕЧЕРОМ
ДЕРЕВЬЯ
ОГРАНИЧИВАЮТ

```
Н Е И Е О У М О Р Е Ч Е В У И У Т
Л Р Д Е О В М Т Р М П И С С Е Т У
С А Е Р О В Д Д С И Е У Е Б И Р Ц
С О С Е Д И В Е И Ц А О К А И М О
Д Е Р Е В Ь Я Л Е П Л П О Е Е Й У
Е Е М А С Р А Ь Е С О М Л О Л Ы Т
Т С И С Ц Т К Н А Р О Н У В М Н А
П Р А В О Н И Ы У У Ь Т И Ж М Ь И
П Б О Н Д Ю Й Т К Я А Н Ж О Л С
К Е Н Г У Р У С Е Н И Е Р И И А О
Н Л Т О И Е С Т Н О У Л Т О Р Р А
У Х А О Д В С Ц О К П А Ц Д Е Т О
П Е Р И М Е Т Р К Т Н П Т Е Н Н Е
Т Е Н Е В И И Р Т А Т Ь Л У З Е Р
О Г Р А Н И Ч И В А Ю Т Е И А Ц Л
```

Puzzle 81

```
М У М Н Т С М И Т Э О М О Т Е Р О
Р У А П И Р М Ц Н А К Ш А Ч Л Е Б
П О Ж А Р Н Ы Й Е Р Ф С А У К Ч Ы
Т А П И Е О М П М Н Е И П И О Ь Ч
А К С О У М Е У Г В А Р И Р Ж Р Н
О З Т Т В З А П А Д Н Ы Й У Е У Ы
Т У У Т М Е С Ф Р С О Т М Т Н С Й
И Л И Л Е Е С М Ф П Р О Ц Е С С С
О Б И Ж А Ю Т И П Т Е Т У Р Е Л Р
О Р Д П И И Р Д Т П Т И Е Ф П У
П Р О В Е Р И Т Ь Ь С И Ф Т Р П Р
Е А С Е Е О А Р Е Ш А Д Н А Р А К
Н Е Н А В И Ж У А Т М Н Р У Д П Т
П О Д С Н Е Ж Н И К И Р У О П Р И
И С П О Л Ь З О В А Н И Я У Л С Е
```

ОБИЖАЮТ
ПОВЕСИТЬ
ЭКСПРЕСС
ФРАГМЕНТ
ЧАШКА
МАСТЕР
КАРАНДАШ
ПОДСНЕЖНИКИ
ПОЖАРНЫЙ
РИС
СНЕЖОК
ПРОЦЕСС
ЦЕНА
ОБЫЧНЫЙ
ИСПОЛЬЗОВАНИЯ
НЕНАВИЖУ
БЛУЗКА
ЗАПАДНЫЙ
ПРОВЕРИТЬ
РЕЧЬ

Puzzle 82

ВЕЛИКОЛЕПНЫЙ
ПОГИБНЕТ
КНИЖНЫЙ
ГРАЖДАНСКИЙ
ПЕРЕМОТКА
ПОЛОСТЬ
ПОМИДОР
МЫЛО
ДЕЛАЕТ
ИСКАТЬ
ВЕЩИ
ИНТЕРЕС
СЕВЕРНЫЙ
БУТЫЛКИ
ПРИВЫЧКА
ЧЕРВЬ
ПРИГЛАШАЕМ
ГОРНОСТАЙ
ПОГОДА
РАСТЕНИЯ

```
Г Р А С Т Е Н И Я Е У И Е К В Д Т
Р Р Д М Е А Ш А Л Г И Р П Н Е Е У
А А О О С К И И Т М Е Р Е И Л Л Р
Ж У Г Т П Т И Т С Т О О А Ж И А Р
Д Л О Р Б О Л С Р К Т О Т Н К Е И
А Е П А П М Г Т А И А Д Е Ы О Т И
Н Т У Р А Е Н И Щ Е В Т С Й Л Л М
С И Н Ь В Р Е Ч Б М У И Ь И Е О С
К Б М Т И Е Т И Л Н Л И И М П П Е
И Р Л У У П Р И К Е Е И А О Н О В
Й Н Ц Е И Б С М Ы Л О Т П П Ы Л Е
П О М И Д О Р У Д Е Ы С И Р Й О Р
П Р И В Ы Ч К А В У М Т С Л С С Н
И Н Т Е Р Е С Т У С Т Л У И Р Т Ы
Г О Р Н О С Т А Й Я Г Т О Б У Ь Й
```

Puzzle 83

О	В	Й	Т	Н	П	Б	Е	И	Т	И	И	О	Н	С	У	А
Н	В	И	Е	А	У	У	Р	М	О	А	С	Р	Е	М	У	У
О	Н	К	М	У	Ж	Н	И	Р	У	Т	С	И	О	О	В	И
К	С	С	Е	Е	Й	О	В	О	К	Ы	З	Я	С	Р	И	Р
О	И	О	К	Н	П	М	О	Р	Т	У	С	Р	Т	О	С	Е
Н	О	Л	С	Е	Р	К	Р	И	О	В	И	Б	О	Д	Р	Е
И	Н	П	Л	С	Л	Е	О	И	Т	Т	Р	Ы	Р	И	Н	М
Д	О	Л	Ж	Н	О	Е	Н	Е	Р	Р	Н	В	О	Н	А	Г
О	Е	Н	Е	У	Е	М	Т	Р	Н	Е	С	Ш	Ж	Ы	Ч	М
Р	А	З	Д	Р	А	Ж	А	Т	Ь	Ж	О	Е	Н	Е	А	П
У	С	Л	У	Г	И	Ч	Е	М	Ш	М	И	Г	О	С	Т	И
А	М	Л	О	Р	О	О	О	И	М	Т	Г	О	Е	Т	Ь	М
У	Л	Я	С	Ь	Т	А	В	И	К	Л	А	Т	С	О	Р	И
О	У	О	И	Е	Е	Е	Т	И	И	Н	У	М	П	П	И	П
С	Т	И	И	О	У	Н	Л	У	М	Т	С	И	П	У	С	Т

НЕОСТОРОЖНОЕ
СМОРОДИНЫ
УТРОМ
ПЛОСКИЙ
БЫВШЕГО
ЖЕРТВУ
ЯЗЫКОВОЙ
СТАЛКИВАТЬСЯ
ШТАМП
МУЖ
УСЛУГИ
ОДИНОКО
СТОП
ЧЕМ
СКЕЛЕТ
ДОЛЖНО
РАЗДРАЖАТЬ
НАЧАТЬ
КРЕСЛО
ВОРОН

Puzzle 84

РОСА
НОЖНИЦЫ
ИЗНОШЕННЫЙ
ПОТЕРЯ
ИНЦИДЕНТ
ГОРЯЧАЯ
РАКЕТА
АРМИЮ
РОЖДЕНИЕ
ДЕТАЛЬ
ЦВЕТЕНИЕ
КАМЕННАЯ
КОЛЕСА
БУТЫЛКА
ВХОД
ЛИЧНО
ОСОБЕННО
ДАЛЕКО
ПИСТОЛЕТ
ФИШКИ

П	О	О	Ц	М	Т	И	И	Р	И	У	Е	Л	Т	Д	У
И	С	О	Н	В	И	Т	И	А	С	О	Р	И	У	Т	Е	П
С	О	Ф	О	У	Е	А	И	З	Р	П	Ж	М	И	И	Т	У
Т	Б	А	К	Л	Ы	Т	У	Б	Н	Д	О	Д	А	И	А	Ц
О	Е	С	Е	И	Е	Е	Е	О	Е	О	М	У	Е	И	Л	И
Л	Н	Е	Л	У	Е	К	И	Н	С	Х	Ш	М	В	Н	Ь	Т
Е	Н	Л	А	О	П	А	О	Ч	И	В	Ф	Е	Е	И	И	А
Т	О	О	Д	И	Е	Р	Т	И	К	Е	И	Г	Н	А	И	Е
Т	С	К	А	Р	М	И	Ю	Л	Ш	Н	Т	О	Н	Н	Р	Т
Р	А	С	П	Т	Е	Т	С	Н	И	И	Д	Р	Е	Р	Ы	А
П	О	Т	Е	Р	Я	Е	Е	М	Ф	Е	С	Я	М	О	М	Й
Н	О	Ж	Н	И	Ц	Ы	Т	Д	М	Р	И	Ч	О	И	И	Н
Р	М	Н	Н	И	М	Я	А	Н	Н	Е	М	А	К	Л	Н	Е
Р	М	П	М	С	О	Е	Е	У	И	А	Р	Я	П	У	Н	Е
И	Н	Ц	И	Д	Е	Н	Т	У	У	О	Е	О	И	У	П	П

Puzzle 85

В	Ы	Г	Л	Я	Д	Е	Л	Е	Л	С	О	Р	Л	С	У	Н
Д	У	П	И	И	Л	А	Т	А	М	Е	Е	И	М	И	Т	Ф
С	Ф	М	Р	Т	Е	И	Й	Ы	Л	Г	У	Р	К	А	Р	Б
Г	К	Е	Е	М	Т	П	П	Р	А	И	И	И	Л	И	Д	
З	Р	Р	М	И	Е	М	М	О	Т	Ш	Н	М	А	Я	А	Т
А	Т	А	О	В	Т	Е	О	Г	О	Р	О	С	О	Н	М	Т
В	И	Р	Н	М	Ь	И	Н	И	Л	Н	И	Е	Р	А	И	Е
Т	И	Н	Е	И	Н	Е	Ш	О	Н	Т	О	М	Л	С	Е	О
Р	С	И	О	Л	Ц	А	Т	И	Н	С	У	И	И	Т	Ф	Л
А	Х	О	Н	Е	Т	Ы	Я	С	О	Т	Р	У	Д	Н	И	К
Ш	О	К	О	Л	О	М	О	И	Н	Ф	А	О	О	Ц	Д	
Н	Д	Е	И	И	Л	С	С	У	П	О	У	Е	К	М	А	Е
И	В	Т	Л	И	П	С	А	Е	М	М	Е	Н	О	Е	Л	Р
Й	Н	Л	С	А	Л	Л	И	Ф	И	Л	А	В	Р	Р	Р	А
М	Р	У	И	И	Д	К	О	Р	О	В	А	И	К	Е	С	Т

ГОРЫ
СКРОМНАЯ
ВЫГЛЯДЕЛ
СОТРУДНИК
СЕРИЯ
КОРОВА
БРАК
КРУГЛЫЙ
ОТНОШЕНИЕ
МИР
ЛЕТЕТЬ
ИСХОД
НОМЕР
ШАГ
НОСОРОГ
РЕМОНТ
МОЛОКО
ЗАВТРАШНИЙ
ГРАНИЦЫ
КРОКОДИЛ

Puzzle 86

РОСТ
БЫСТРАЯ
КОРИЧНЕВАЯ
МИРУ
КАМИН
РУТИННАЯ
ОЖИДАЕМЫЙ
ПРИШЕЛ
ЧЕТВЕРТЬ
ДВЕРЬ
МОРКОВЬ
ТРЕУГОЛЬНИК
НИ
УВЕДОМЛЕНИЕ
ЦВЕТА
ТЕРРОР
ЖЕЛАЮ
ЗМЕЯ
РАССЛЕДОВАНИЕ
ПЕРВЫЙ

У	Р	И	М	С	О	Ч	И	Т	П	И	Е	М	И	И	П	М
У	В	Т	У	М	П	Т	Е	Р	У	Т	И	Н	Н	А	Я	Н
Е	О	Е	С	И	Т	Е	А	Т	Е	В	Ц	Л	Е	Р	Е	И
У	Ф	М	Д	Л	Н	Р	Л	А	В	К	А	М	И	Н	Е	П
Р	Т	Т	С	О	Р	О	Ю	А	Л	Е	Ж	В	Т	О	Е	О
П	У	Р	П	Т	М	Т	Е	Р	А	Ь	Р	Е	В	Д	Л	Ж
Р	Е	Е	Ь	Е	А	Л	Е	Ш	И	Р	П	Т	И	Н	Н	И
И	Й	Ы	В	Р	Е	П	Е	Е	Р	Л	У	И	Ь	Л	Р	Д
Л	Е	Т	О	У	У	Л	Н	Н	Л	Т	П	С	М	У	Б	А
М	У	У	К	П	Ф	О	О	Е	И	И	Т	Н	А	Ц	Ы	Е
И	В	Р	Р	О	Р	Р	Е	Т	О	Е	А	Е	Р	Р	С	М
Р	И	З	О	Т	Р	Е	У	Г	О	Л	Ь	Н	И	К	Т	Ы
М	Н	М	М	Е	Е	Т	С	Н	О	С	И	А	О	О	Р	Й
И	Р	Р	У	Е	И	Н	А	В	О	Д	Е	Л	С	С	А	Р
Т	П	И	Е	Г	Я	А	В	Е	Н	Ч	И	Р	О	К	Я	Ф

Puzzle 87

```
Г О Л А Н Т И О У Ж Ж Е Д У Н М Е
Р Л М Л Т М Т О В Е И Ш М А Г И У
Я Л Е Д Т О И Л Н Л Р А А Е О М Т
З Е И Ж Т И Р Е К А Ц В А Д О Р П
Н Б Л Д А Ь Т С О Н Ч И Т Н Е Д И
Ы Ю Н В Е Л У П Т И И А И М С Ф С
Е Л О Д И Т Е Т С Е Е Е Н Е Т О С
Е Б Е Р У С О С О А А М О Р М Б Е
М У Я И Г Е Л И В И Р П Т П Ф Е Т
А Л В О Р У Ж И Е В Р Т И У Л Й С
П К О У У С Т О Р О Н Ы Н О Н И
П Р Е Р В А Т Ь Л У Е У О К И Е Р
С И Б Е Л Ы Й М М С А С Е Т А П С
О М Л Н Л Т И Н С М М Е Р М И У Е
Н О Т И Л И Е У Д У О Т Е Н О У У
```

ГРЯЗНЫЕ
БЛЮБЕЛЛ
ПУНКТ
ПРИВИЛЕГИЯ
ЖЕЛАНИЕ
ИДЕТ
ОТДЕЛ
БЕЙ
КЛУБ
ВАШ
ЖИР
ПРЕРВАТЬ
ОРУЖИЕ
НАЛОГ
ЛЕЖАЛ
СТОРОНЫ
БЕЛЫЙ
ПРОДАВЦА
ИДЕНТИЧНОСТЬ
ВОСТОК

Puzzle 88

ИСТОРИЯ
ПРАВИЛО
РЕЗИНОВЫЙ
ПОШЕЛ
ХОРОШИЙ
ЧЕРЕПАХА
ЗАПУСКА
ВИНОГРАД
РОКОВОЙ
КРОМЕ
ЧИСЛИТЕЛЬ
КЛЕТКА
ЛУКОВИЦЕ
ФУТБОЛ
ХОП
СОКРОВИЩЕ
НОГИ
НОУТБУК
ПОСТРОИТЬ
УСТАНОВИТЬ

```
И О В А И М У Р Ч Е Р Н Р А К М Ч
М С Я Р И Р И И У Е П Е А Е Р Н И
У Ь Т И О Р Т С О П Р Х О П О У С
Р Е И О П Б У С Л У О Е Е Е М Т Л
Н О Г И Р Б Р Е И С С У П Д Е Р И
Е Р О Я И И Л Х В Т Р Т У А Е Т Т
Л О Б Т У Ф Я О А А М У Т Р Х Р Е
Е У А П Р У М Р Р Н С С Л Г М А Л
Ш Н К Е У А А О П О У А Е О О К Ь
О О С О В О У Ш Е В И А Р Н Р Т У
П У У В В Е И Л И Я Т Т И И Е Н
М Т П Я Т И И Й М Т П У М В И Л Л
Е Б А О А У Ц А Р Ь И Н Р Е О К Л
П У З У Я Я У Д Е Щ И В О Р К О С Е
П К Р Е З И Н О В Ы Й Й О В О К О Р
```

Puzzle 89

```
Ц У Р Н А А О Е С Л О Й К Р М С Н
И У Ф У Т В Т Б Р У С Ы Р Е У В Е
У Р Т Л Т Т С Ф Ъ Е М В А Ф М О К
М У З Е Й О Е А Н Я М И С О И Б О
П Н Е И Ы М П А Т Т С Ч К Р Я О Т
А Е И Н Н О И Р Е Б Е Н И М Р Д О
С У И В Ч Б Е П А О Р Е И У О Н Р
Т М И Е Е И А Т Т Л И Т С Т А Ы Ы
Е Ц С Р Ш Л Т Р Р Ь Н С А Н Ь Й Е
Р Т С Д О Ь Т А З А К А З Е Р С О
Н Е Е Т Р Н У С А И Р З И Г П П Т
А П Т Е К Ы Е У О Т У Т И А Н А Т
К О Д М Т Е Ы Н Ь Л А И Ц О С Т Е
К А Р М А Н Н Ы Й Д О О У У О Ь И
Ч А С Т Н О С Т И Р Е Е Е У П О Е
```

ЗАСТЕНЧИВЫЙ
ПАСТЕРНАК
ЗАКАЗАТЬ
КРАСКИ
БОЛЬ
АГЕНТ
ЧАСТНОСТИ
СВОБОДНЫЙ
СПАТЬ
СОЦИАЛЬНЫЕ
АВТОМОБИЛЬНЫЕ
КРОШЕЧНЫЙ
НЕКОТОРЫЕ
РЕФОРМУ
КАРМАННЫЙ
ТЕАТР
МУМИЯ
ОБЪЯСНИТЬ
ДРЕВНИЕ
МУЗЕЙ

Puzzle 90

ВОССТАНОВЛЕНИЕ
ПЫТАЕТСЯ
НАПРЯЖЕНИЕ
НАУКА
ТРЕВОЖНО
ГОЛОДНОЕ
ОСТАЛЬНОЕ
ЗАЛИТЬ
ПЕРЕЧЕНЬ
ВОЕННЫЙ
ПОБЕГ
ВОЙНА
ПЕРСОНАЛ
РАССТРОЙСТВО
НАВЕРНОЕ
ВЫШЕ
ГОРОД
ЛОШАДЬ
ЩЕТКУ
САРАЙ

```
Н Е Н Е С И Н У С И И А С Т П Н М
Й А Р А С Е Е У Е У С С О Р О А Т
Е В У А О С Т А Л Ь Н О Е Е Б П П
И М Н К С У И С У И Р И Ш В Е Р Ы
П О Т М А С Е Р С У И С Ы О Г Я Т
Л О Ш А Д Ь Т И Л А З И В Ж У Ж А
А Н У А О П У Р П И О И Н Н Д Е Е
Н Е Т Е Р У Е Т О С В В А О М Н Т
О М И У О Е С Р У Й Щ Е Т К У И С
С П Е Т Г П А С Е Т С А М Р Р Е Я
Р Т В О Е Н Н Ы Й Ч И Т Е Н Ф М У
Е О Н Д О Л О Г С С Е У В Р Е У Ф
П А Н А В Е Р Н О Е А Н Й О В И У
О П У Е А И М В М А Ц И Ь Т С У Н
У У В О С С Т А Н О В Л Е Н И Е С
```

Puzzle 91

```
Т К Т М О П С И П Д Е И Т П С О С
О О Т Ц С М Н Е Р О П А Т О И Б О
О Н И Я Н Н Т Т А С Т О Е М И Е Б
В Т Н А И Р А В В Т Т Т Д О Р С И
О А У З У А Р А Д У И М И Г О П Р
Т К Е А М Е М С А П О Л Д И О О А
Р Т Л Ц А А И О Р Е Т Е В Т П К Ю
И А У З А П И С Ь Н К Е О Е Р О С
Т Р Д Л Д И К С А И И У М У Ц Е Ь
О Н У И О С Т Т Т Ф Л И П Д У Н Т
М П Я У О А Е И Г Ь Ф Д И И Л Н Т
Л А Г Е Р Ь Л Р В Л Н О И И Л Ы И
Д О Л Я А Т Б К А Е О И С П Е Й О
О У И Т У И А А Р Д К М Е С Л Т У
У Т В И И С Т У М М И Т М О О А И
```

ПОМОГИТЕ
СОБИРАЮСЬ
УДАР
ПРАВДА
ДОСТУПЕН
ПОД
СТИРКА
ОБЕСПОКОЕННЫЙ
КУПИЛ
ВЕТЕР
ТАБЛЕТКИ
ДОЛЯ
ВАРИАНТ
ЗАПИСЬ
ЛАГЕРЬ
КОНТАКТ
РАДИО
ЗАЯЦ
ДЕЛЬФИН
КОНФЛИКТ

Puzzle 92

ОДНОРАЗОВЫЙ
ВЕЛОСИПЕД
КИНО
КУПИТЬ
АРЕНДА
СУШЕНЫЕ
ПОКАЗАТЬ
СЛОН
ЕЗДИТЬ
ЯД
ВОЛНА
ЦВЕТ
ЗАБЫЛ
ДОСТАТОЧНО
ФОРМУЛУ
ЧИСТАЯ
СЕДЬМОЙ
ЛОЖНАЯ
ПЛАВАТЬ
ГРУЗОВИК

```
Г В В О И И С И В О Л Н А Л С П К
Р Е Т Д К И Н О Е У Ы И А Р Е О У
У Л И Н С Ф М И Т О Б У У И Д К П
З О Е О А Р Е Н Д А А Л Т У Ь А И
О С П Р Е З Д И Т Ь З И Т Д М З Т
В И Я А Н Ж О Л Е П Т Т Е Л О А Ь
И П И З Е У У У В Н Н В П С Й Т Д
К Е М О Л А Р Ь Ц Н А И И О Л Ь С
С Д О В Д О С Т А Т О Ч Н О Ф О П
У У И Ы Т И М А И Л Ф Р Д У О Т Н
И И Ш Й Ф О Е В Ч И С Т А Я Р И Ц
Т Д Я Е Р И Т А Ф А М С С Т М И Р
С Д И Д Н В И Л И Р Т У С О У А И
Е Р П Ц С Ы И П У Е Н М Н И Л С Р
Е Л Е Р Е Е Е Е П Т Е Е М Т У Т И
```

Puzzle 93

```
Ж И В О П И С Ь Е О Р С У Ь Р А В
С Р Е Д Н И Й Е Ц Ы М И М Т А Е О
Р Н И Т О Н И И Д Н О Ф Р С С Л С
Р А С Ш И Р Ь Т Е А С Л М О П Н Е
Л Л Т Т Л И У М Т К С О Н Р А М
Ф П П О Н Т М М О Ш И Л Л Н О Б Ь
Т И Д А М М П Ы В А Т У Р Е С Л Д
С И С С Е Е М Р М К Н Ж И В Т Ю Е
И У П О П Р Н Т О У А И У Т Р Д С
Л И М О Н У В С С И Я Т Е С А А Я
С А Н У Р В У Е Р А З Ь У Т Н Е Т
Н Д В И Т Р М С У И А О Ц Е И М У
М З Ш Е С Т Ь А А Б М А Й В Т Ы Н
Т Е Р Е Л У Е О Е И И М П Т Ь Е Е
С И В С И С Р И У Т Е А Р О И С С
```

ЖИВОПИСЬ
ВОСЕМЬДЕСЯТ
КАШТАНЫ
РАСШИРЬТЕ
БИТ
РАСПРОСТРАНИТЬ
НАБЛЮДАЕМЫЕ
СЛУЖИТЬ
ТИП
ПЛАН
ПРОИЗОЙТИ
ШЕСТЬ
СЕСТРЫ
СРЕДНИЙ
СЛЕВА
ОТВЕТСТВЕННОСТЬ
ФОНД
ЕЗДА
МОСКИТНАЯ
ЛИМОН

Puzzle 94

КОРОЛЕВА
ОКНО
ДЕРЖАЛ
УМНОЖЕНИЕ
КРОКУС
СМЕШНО
ЕЩЕ
СОВА
ОБУЧЕНИЕ
СДЕЛАНО
СНОВА
ШОК
РАСПИСАНИЕ
ОБЯЗАТЕЛЬСТВА
ЖЕЛЕЗО
ДИСКУССИОННЫЙ
БЛАГОРОДНЫЙ
ЛЕСТНИЧНОГО
КУРИТЬ
ПУБЛИКАЦИЮ

```
Л У Р У Е Ж Д Р С А А П М К О Ш Б
А Е М О А В Е Л О Р О К П Д Б Р Л
Ж Щ С Н В С М Л О У А У Т И Я А А
Р Е Л Т О Н А Л Е Д С О А С З С Г
Е С Н У Н Ж О Т Е З И О Е К А П О
Д С Е О С И Е И П С О Я К У Т И Р
Р М Т С Л Е Ч Н П У Т К У С Е С О
С Е У О С О И Н И Ц Т Р Р С Л А Д
Е Ш Д С Ц М О М О Е С О И И Ь Н Н
О Н К О Н С Е И Л Г С К Т О С И Ы
Т О И В Р Г Л Р Т Р О У Ь Н Т Е Й
Ю И Ц А К И Л Б У П А С А Н В С С
О Б У Ч Е Н И Е О И Е П О Ы А И А
О У И Т С О У Р Е Т Р Т Р Й Л С Р
Е Е Ц П И Е Т Л Ф Е Н Е Н И И И Е Е
```

Puzzle 95

```
П О К У П К А С К Л Т Н Е Н Р И А
М Т Й У И У Е У О Б О М Е Ж Л Н В
В У Ш Ы О У И Б Н У Т Т Ш И М Е Т
И С А Д Н А М О К Д Т Ц Й В Л И О
М И Н О Ь С Т Р Е Е Р Е О Т Т М
Е И Е Д Л Л В Е Т М Д Н Т И М А
Л Л Е А А Е П А Т Ф У О П Н Р Е Т
Ь Т С Е Н Ц О Т Н М У Т У О А И И
Н И Н О О Л Е Т Ы О Н Н Р Е Т О Ч
И П Т М И У Л И Е Ц И А К И М У Е
Ц И Я Ф Ц Н О Г Ц Ь Р Ц С Ц Е Т С
А Ч У С О А И Е И Л Р Т А И И А К
Ц Н Т Н М Р М Е А О С Е Т Н Л Ю И
Р Ы С Р Э Т И М А К Е С Р Т И И Й
О Е Н Р В С Т А В И Т Ь С Д И М Е
```

НАСИЛИЕ
АВТОБУС
ЭМОЦИОНАЛЬНО
НАЦИОНАЛЬНЫЙ
КОЛЬЦО
ПОКУПКА
НАШ
ЦЕЛЬ
АВТОМАТИЧЕСКИЙ
ЖИВОТНОЕ
МЕЛЬНИЦА
КОМАНДА
КРУПНЕЙШЕЕ
КОНКРЕТНЫЕ
ТЕЛО
ФУНКЦИЮ
ТИПИЧНЫЕ
СТРАНУ
ВСТАВИТЬ
БУДЕТ

Puzzle 96

ВНУТРЕННЯЯ
КАТАСТРОФА
СОБСТВЕННОСТИ
БЕЗОПАСНЫЙ
ЗДОРОВЬЯ
ВИТАМИНЫ
ПОЛИЦИЯ
МЯСО
УПРАВЛЕНИЕ
ПРОДУКТ
ДЕСЯТАЯ
АГРЕССИВНЫЙ
ЖЕЛТЫЙ
ШТРАФ
ПУСТЫНЯ
ПРИВЯЗАН
УТЕЧКА
ДЕСЯТИЛЕТИЕ
СОЛО
ДРАГОЦЕННОЙ

```
П И С Т Е Ц В Н У Т Р Е Н Н Я Я Д
У П Р А В Л Е Н И Е С Т Н Д И Р Е
А Г Р Е С С И В Н Ы Й Е И Ф Ц О С
Д Е С Я Т И Л Е Т И Е Е Т Ц И М Я
Д М Н Л О Т С Е Е А Т Н А Л Л А Т
В Р С М Е С Е С О Л А П Ц А О К А
И Ф А Р Т Ш И Е А Р Т У У О П Ч Я
Т Р И Г У И И Й Ы Н С А П О З Е Б
А И Т С О Н Н Е В Т С Б О С Н Т С
М Е К С Л Ц З Д О Р О В Ь Я М У Е
И И У У О Е Е Ж Е Л Т Ы Й М И Г Ц
Н Т Д Т С Я Т Н П Р И В Я З А Н В
Ы Н О А Р Р Л Я Н Ы Т С У П Н У Е
М У Р Р И Н А А Ф О Р Т С А Т А К
Е И П Р С М И И Е Р Й О М Е Л Д Л
```

Puzzle 97

П	З	П	Р	С	Н	И	Ж	Е	Н	И	Е	О	Л	И	У	С
Р	А	Р	И	Р	Д	С	Р	Д	М	Р	Т	Е	Е	З	А	Н
И	Я	Е	Т	Е	С	Е	Д	С	О	А	Л	Д	М	О	Т	И
С	В	С	У	О	И	А	О	У	Д	В	Т	Е	А	Б	Н	У
У	Л	Т	С	Ж	И	Е	Д	Р	О	Т	Е	И	О	Р	У	С
Т	Е	У	И	А	Е	Р	Е	Н	Р	Б	И	П	О	А	М	Т
С	Н	П	Е	К	Ж	Н	Ж	Н	М	Т	Е	С	И	Ж	Р	А
Т	И	Л	Л	Ш	О	О	Д	О	А	И	Т	Д	О	Е	Л	А
В	Е	Е	А	У	Т	Ч	У	Р	Е	О	Е	В	Б	Н	Ц	К
У	У	Н	П	Д	Т	Т	А	Г	О	Р	О	Д	А	И	И	Р
Е	О	И	Е	Е	А	А	Р	Н	Е	А	Р	Е	Н	Я	К	А
Т	У	Е	У	Д	И	М	Е	А	З	Т	У	Т	А	О	Л	С
О	М	Е	С	В	И	Н	Ц	А	И	К	И	Т	Н	А	М	Н
У	Р	И	О	П	Р	У	Д	С	М	Е	Т	О	А	П	Р	Ы
М	С	Г	О	И	Т	И	А	Т	Я	Н	А	З	С	Т	И	Й

МАТЧ
СВИНЦА
АНАНАС
ПРИСУТСТВУЕТ
НЕКТАР
ЗАНЯТА
ДОРОГА
СНИЖЕНИЕ
ЗАЯВЛЕНИЕ
ДЕДУШКА
УЖЕ
ИЗОБРАЖЕНИЯ
ПРУД
ЦИКЛ
ОДЕЖДУ
ЗНАЧОК
КРАСНЫЙ
ОБЕД
ТОЖЕ
ПРЕСТУПЛЕНИЕ

Puzzle 98

ПОЛОЧНОГО
ПОСВЯТИТЬ
МАКЕТ
ШИРИНУ
МОДЕЛЬ
ПРЕКРАТИТЬ
КРАСОЧНЫЕ
ИЗМЕРЕНИЕ
НЕМЕДЛЕННО
ШЕСТОЕ
ЗРЕЛИЩЕ
РАСШИРИТЬ
СДЕЛАНА
ВОДА
ВКУСНЫЕ
КОВБОЙ
ПЕТУХ
ЭЛЕМЕНТАРНО
ТЕМНЫЙ
СРОКОВ

П	О	К	И	Э	Е	Т	Н	Е	М	Е	Д	Л	Е	Н	Н	О
О	А	Н	Р	Ь	Л	Е	Д	О	М	И	Р	Т	О	О	Р	С
С	С	И	И	А	П	Е	О	Т	С	Е	Ш	Н	Н	О	И	И
В	И	Т	С	Е	С	О	М	С	Д	Е	Л	А	Н	А	А	У
Я	М	У	В	Л	Р	О	И	Е	Н	У	М	Р	Т	В	О	П
Т	Е	А	С	О	А	Г	Ч	И	Н	К	О	В	Б	О	Й	Р
И	Т	Т	К	Т	А	О	О	Н	Р	Т	Н	Т	Е	К	Л	Е
Т	Х	И	У	Е	Р	Н	Л	Е	Ы	Р	А	А	Д	О	В	К
Ь	У	И	Е	У	Т	Ч	Т	Р	Р	Е	Р	Р	У	Р	К	Р
О	Т	С	О	Д	Н	О	Р	Е	У	В	М	Е	Н	С	У	А
Т	Е	М	Н	Ы	Й	Л	П	М	М	Д	И	Т	И	О	С	Т
Е	П	И	А	Е	А	О	Е	З	В	У	М	И	Р	А	Н	И
Е	Т	П	Я	У	Т	П	И	И	М	Е	И	Р	И	Т	Ы	Т
З	Р	Е	Л	И	Щ	Е	И	И	В	М	В	Е	Ш	Р	Е	Ь
П	Е	Ц	О	Е	М	О	Т	Р	А	С	Ш	И	Р	И	Т	Ь

Puzzle 99

О	Б	Е	Ф	И	П	С	К	А	Ж	И	Р	Т	Т	О	Б	Ф
Е	Л	А	Я	Ь	Д	Е	В	Д	Е	М	А	Е	О	Б	О	Ц
Е	Е	Ц	Л	А	И	О	Р	А	Р	Л	Б	С	Л	Я	Л	Д
А	Л	И	И	К	А	Г	Р	Е	Л	Р	О	О	Ь	З	Ь	Н
Н	А	Р	Б	Н	О	О	С	И	Р	Е	Т	Ж	К	А	Ш	Н
Е	Д	О	О	Е	Н	Н	Ф	Н	И	Ы	А	И	О	Н	О	У
Е	С	К	М	Ц	Ь	Н	Е	Е	У	Е	В	Д	В	Н	Й	Р
В	У	О	О	О	Л	Е	Л	Ш	Н	Л	Е	А	Т	О	Х	О
Ф	Е	Н	Т	И	Е	Л	П	О	О	И	Н	Т	Ц	С	Т	Н
Е	У	И	В	И	Т	Е	И	Н	Т	О	Ж	Ь	И	Т	Е	Р
Л	У	Л	А	И	А	Д	Л	З	А	Т	У	Е	Т	И	Е	И
О	И	Т	Т	Н	Щ	Е	Р	И	П	О	Е	З	Д	К	А	М
Н	Е	Р	Т	И	Т	Р	Т	О	Н	И	И	М	М	С	И	И
О	Ц	А	Ф	Н	И	П	И	Р	И	С	И	Н	П	С	Т	Р
М	О	Т	Й	О	В	О	Л	П	Е	Т	Н	О	О	Е	А	Р

ОЦЕНКА
ПОЕЗДКА
ПРОИЗНОШЕНИЕ
СКАЖИ
РАБОТА
ОХОТА
ТЩАТЕЛЬНО
КОРИЦА
ОПРЕДЕЛЕННОГО
БОЛЬШОЙ
БАЛКОН
ТОЛЬКО
НИЖЕ
АВТОМОБИЛЯ
ОЖИДАТЬ
МИРНО
ТЕПЛОВОЙ
МЕДВЕДЬ
ОБЯЗАННОСТИ
ПЕРЕРЫВ

Puzzle 100

ПУСТЬ
ИНОГДА
ОПУСТЕЛИ
КАЖДЫЙ
МАГАЗИН
ПУШИСТЫЕ
ВПЕРЕДИ
ОТВЛЕКАЕТ
ТЕННИС
ГОВОРЮ
ДАВЛЕНИЕ
ПОРТРЕТ
ЛИДЕР
ПОКА
ВЕЖЛИВЫЕ
ШКАФ
ШТУКА
ПОСПЕШИЛ
БОЛЬШЕ
РОБКУЮ

Р	Л	Л	С	Р	Д	Е	И	И	А	Н	Т	О	У	П	С	У
У	С	Т	Р	Л	И	С	И	М	И	Н	О	П	Е	У	Р	Е
Г	А	И	Д	М	И	Н	Е	И	Л	А	А	У	Т	С	Ц	О
Е	О	П	У	Ш	И	С	Т	Ы	Е	С	Д	С	М	Т	Н	Е
У	Р	В	Т	Е	Н	Н	И	С	И	Т	И	Т	Л	Ь	А	О
Р	М	М	О	Ш	К	А	Ф	Р	А	Т	Д	Е	У	Л	Е	П
М	А	А	О	Р	Т	П	Е	Н	У	О	А	Л	Л	И	У	Л
Я	Е	О	С	Б	Ю	У	К	Б	О	Р	Е	И	М	Ш	А	И
И	М	Л	И	А	М	Н	В	Е	Ж	Л	И	В	Ы	Е	П	Д
Т	И	Й	Е	Т	Е	И	Н	Е	Л	В	А	Д	Р	П	О	Е
Н	Р	И	Ы	У	Л	З	И	П	А	О	М	К	С	С	Р	Р
И	Н	О	Г	Д	А	А	К	У	Т	Ш	Ц	Е	О	О	Т	У
М	Л	Л	И	Т	Ж	Г	А	Т	Ц	Т	Т	Е	Т	П	Р	Е
С	Е	Е	И	Т	Е	А	К	Е	Л	В	Т	О	П	Е	Е	Е
Б	О	Л	Ь	Ш	Е	М	К	В	П	Е	Р	Е	Д	И	Т	М

Puzzle 101

Ф	Н	У	М	Г	Я	А	У	Е	П	И	Х	Ф	Н	А	Р	Н
Р	Р	О	У	И	Н	Д	Т	О	Е	Л	И	Б	О	О	Р	У
Е	М	Ф	Р	М	Е	А	Н	О	Р	О	В	Е	А	О	Х	Л
З	К	О	М	У	Л	О	С	Н	Е	У	Г	Р	О	З	А	Е
И	П	Ы	Л	Ь	Х	П	Е	Н	П	Ь	С	А	Т	И	Р	В
Я	И	М	А	С	О	К	Н	Е	Е	Т	С	С	О	Н	Т	О
П	И	И	Е	Ф	К	Р	И	Л	Л	А	М	О	Л	С	С	Й
Д	Е	И	Т	О	К	Г	О	В	Т	Ч	У	Е	О	У	Е	У
Ф	П	И	И	П	Е	И	И	И	И	А	О	О	Е	Р	У	О
Л	С	У	С	С	Й	Т	Н	Д	З	А	И	Е	У	Е	И
Р	Е	Т	И	И	И	И	Ю	У	Н	И	Д	Е	Е	И	С	С
А	В	Т	О	Р	И	Т	Е	Т	О	Б	О	С	С	С	А	Т
Е	Т	Д	В	З	А	И	М	О	Д	Е	Й	С	Т	В	И	Е
К	О	Л	И	Ч	Е	С	Т	В	О	Е	О	Е	М	Л	И	Е
Т	И	И	С	Ф	Е	Е	Е	П	Л	И	Ф	А	Р	Т	У	К

ФАРТУК
ВЗАИМОДЕЙСТВИЕ
ЗАЧАТЬ
НУЛЕВОЙ
КИВИ
КОМУ
ФРЕЗИЯ
ХОККЕЙ
УГРОЗА
КОЛИЧЕСТВО
СЛОМАЛ
ИХ
ЛИБО
ПЫЛЬ
АВТОРИТЕТ
СТРАХ
ПЕРЕПЕЛ
ЕДИНУЮ
УДИВЛЕННО
ВОРОНА

Puzzle 102

ИМЕЕТ
ОБЕЗЬЯНА
МЕРУ
ШПИНАТ
ИГРИВЫЙ
ОТХОДЫ
СЧЕТА
ЗАВТРАК
ВЕЧЕРИНКИ
ТЕЗИС
ЛУННЫЙ
ОБРАТНАЯ
АКТИВНЫЙ
КАТАЕТСЯ
СОСТОЯНИЕ
ГРАЖДАНИН
ПОТЕРЯННЫЙ
ТЯНУТЬ
ТЕОРИЮ
СРЕДИ

О	И	Л	Т	И	Т	Н	В	Е	В	М	П	У	Т	М	Ш	К
Т	О	У	О	Б	Р	А	Т	Н	А	Я	О	Е	Я	Е	П	А
У	О	Н	С	З	А	В	Т	Р	А	К	Т	У	Н	Р	И	Т
Е	И	Н	Я	О	Т	С	О	С	И	З	Е	Т	У	У	Н	А
Г	И	Ы	Т	М	Е	П	М	Е	С	У	Р	И	Т	А	А	Е
В	Р	Й	А	А	Ч	Н	Р	Р	Е	Е	Я	Ф	Ь	А	Т	Т
И	Е	А	А	К	С	О	Р	Е	М	Л	Н	И	У	У	О	С
Г	Т	Ч	Ж	М	Т	Т	О	Н	А	Ц	Н	Р	И	И	И	Я
Р	В	Н	Е	Д	Ю	И	Р	О	Е	Т	Ы	Д	О	Х	Т	О
И	С	Н	Л	Р	А	Д	В	Е	Т	Л	Й	И	М	Е	Е	Т
В	Р	Т	А	Е	И	Н	И	Н	О	Б	Е	З	Ь	Я	Н	А
Ы	Е	У	О	С	Т	Н	И	Д	Ы	М	Р	Д	С	С	И	П
Й	Д	В	О	О	Е	Е	К	Н	Ф	Й	А	Т	Т	М	Т	Р
А	И	И	У	О	Р	Н	У	И	Ф	И	И	М	О	М	П	У
И	У	У	Е	М	И	О	Ф	И	И	М	А	Е	Р	Е	Л	У

Puzzle 103

```
С У Р С Е Ф Я О П И П Ф С Р У Е О
П Т Р О Е Е Т Т У Н А А А О А Н С
Р Я С Ь Т А Л Ы С С Л К П М Н Т Т
И И Ы Ц И Н А Р Т С А Е Т А Т Н А
Н И Д О Я А Н Д О Б О В С Р Е Е Н
О К О Т Е Н О К Й Н Т Е Е О Е Н О
С Т У С Е Р Т Н Л Я С Е А Т У С В
И И У О М Е Е Е Е И Н Е Ч Е В С И
Т Л Ы Т К У Р Ф В Н С В С Е У А Л
Я Л Т Т О М У О П Р Е Д Е Т С И И
У Д О И Ь Ч И Л О Р К М О Р О М С
О Е Т Н Й Ы Н Ч И Л З А Р О Е Т Ь
Б Е Й С Б О Л О А Р С А Н Т С Д Т
Р И С Е И Р Р У О У О Д Р Р Ф М Е
А Е О У А С И Р Е А Л Ь Н О С Т Ь
```

БЕЙСБОЛ
КРОЛИЧЬИ
ССЫЛАТЬСЯ
РАЗЛИЧНЫЙ
СТРАНИЦЫ
СВОБОДНАЯ
ПРИНОСИТ
ПАПА
СВЕЧЕНИЕ
ТОЧНО
КОТЕНОК
ОСТАНОВИЛИСЬ
ТЕ
ВЕКА
РЕАЛЬНОСТЬ
ФРУКТЫ
ДЕРЕВНЯ
ЛЕВ
ОДИН
ПУСТОЙ

Puzzle 104

ЭНЕРГЕТИЧЕСКУЮ
СИДЕЛ
АВТОР
ПИЛОТ
СМЕСЬ
СОВЕТЫ
КОМИТЕТ
ИНТЕРЕСНЫЕ
ФИОЛЕТОВЫЙ
РАБОТАТЬ
ПРЕДЫДУЩЕЕ
ЖЕНАТУЮ
СОГЛАШЕНИЕ
ТАМ
ВЛАЖНЫЙ
УШЕЛ
СВЕЧА
ОФИЦЕР
НАСЕЛЕНИЕ
УЧИТЕЛЬ

```
С О В Е Т Ы К М Н П И О Е С Ф Д Т
Й А Р А Е И С О Б И С У Е О И О Э
Ы У Ч И Т Е Л Ь М А Ю Р Е Г О Ф Н
Н А С Е Л Е Н И Е И У А И Л Л И Е
Ж А Е Р Е Л Т М С О Т Е А А Е Ц Р
А С В У Ш Н М Е Ф Ф А Е Е Ш Т Е Г
Л О И Т У Т Н С Я Т Н Р Т Е О Р Е
В И Н Д О Т Р А А И Е А О Н В С Т
Е Ы Н С Е Р Е Т Н И Ж Б Л И Ы В И
У Е У П Е Л М Р А С И О И Е Й Е Ч
Р И Б С Т А М У Р Т Н Т П С И Ч Е
Н Р Е И Л У И Т Е У М А Н М Е А С
Р У Н Т Т И П С И М А Т Е Е Т Л К
П Р Е Д Ы Д У Щ Е Е Р Ь Е С Т О У
У А Т У О М С И О П Р Т И Ь Т О Ю
```

Puzzle 105

```
П В Е С Т С А С И П С Р Е У С А А
Л О О М И С С М У И С Т У Ф Н Н Л
А З П Ю У Д Н Е М О К Е Р Т С О Б
М М У Е Ь Т А В Ы М У Д И Р П В А
У О Л М Р Е Н Ь Т И Т И Щ А З Т Б
М Ж Г И Н Ж И Ы О Т Ц Я С Е М С У
И Н У Т Т О М П Й О О О И Р М С Ш
Е О Б Ф Т М Е Т О У А У Д Т У У К
Е С Ы А М Т Н Н К И Ц О Е О И К А
Й Ы Н Ь Л А У Д И В И Д Н И Т С К
О Д И Н Н А Д Ц А Т Ь О Ь Л Н И Т
У С А И В Ц М У О Л А П Е А Е П Ы
Е С У Н Т Е К Р И Т И К А У А Т П
О Е А Е Т М С У Т О Л Е И Е Ф О
М Е В С Н Р И Е Е Л С К О Р О Н П
```

КРИТИКА
ОДИННАДЦАТЬ
ГЛУПОЕ
МУТНЫЙ
ИСКУССТВО
ГУБЫ
ИНДИВИДУАЛЬНЫЙ
КОЙОТ
КУРС
ЗАЩИТИТЬ
УМНОЕ
ПОПЫТКА
СКОРО
ВОЗМОЖНО
БАБУШКА
РЕКОМЕНДУЮ
МЕСЯЦ
ПРИДУМЫВАТЬ
МОЖЕТ
СИДЕНЬЕ

Puzzle 106

ПОДАРОК
КОРОЛЬ
СКУТЕР
ХОРЕК
ЛЕНТА
ЖЕНЩИНЫ
СИДЕТЬ
ТРЕБУЕТСЯ
ДЕНЬ
ВНИМАТЕЛЬНЫЙ
РЕБЯТА
ТРИ
СЕСТРА
РЯДОМ
НАЧАЛ
СМЕЯТЬСЯ
МИЛЫЙ
ПОЛЕТ
ДОКТОР
ОТЧЕТ

```
Е Л О И Т М Е К У О В С Р Т Т Т
Ф Н Е И И О М О Е Т Н И Е М А У С
М Р Е Л Р С И Р Т Ч И Р Т С Я К С
И Н Д С Т Е Л О П Е М О У Т Т О П
С И Д Е Т Ь Ы Л С Т А Т К П О Р П
О А Е С В Л Й Ь Е И Т К С А Е А А
П С Т М О Д Я Р И Т Е О Т Н В Д В
Х М Л Е Н Е Я Б Н У Л Д Ф Е Р О У
О В Е Я А Т Я Б Е Р Ь Л О М С П Н
Р О Н Т Ч М Д У С Р Н О Н Т Н М В
Е Т Т Ь А Е А У М Д Ы Н И Щ Н Е Ж
К Е А С Л И О Ц У И Й М С Д Т И Т
О И Н Я Т Р Е Б У Е Т С Я О П Т Е
О Д Е Н Ь А Е Т И И И Л Р А И И Т
О И А С У И Т Е О Л Б Е Т И Л Ц У
```

Puzzle 107

```
К О Р У О О У П С Л С Р Е Т И И Н
М Р В Ы Й Т И Е У Е Е Е И У М Р А
А П А М Р С И Н О М И Д И К И Й К
А П Т С М Г Т Ф Л И С О О Д К И А
Е У Р С И О И Е И И Т Н Т М О К З
У И С Л И В С П Н Р Е Д С Р М С А
П И О Ц Е Р Е П М А М У У Е М Е Т
Д В Т М Т Е И Е Е В П А Т Е Е Ч Ь
С А Х А Р Н Ы Й Т А О Н С У Р И Т
Н Е С Т А Б И Л Ь Н А Я Т И Ч Т А
У К О М П Л Е К С Е С У В О Е И Ц
Д Е П Р Е С С И Я Н Л О И Т С Р Д
У М У У Е С У А О Р Е У Е Р К К А
Ф О Н Т А Н У Е И М П О Р Т И О В
Е Е О Р М П Л З А У С Н А М Е Н Д
```

KOMMEРЧЕСКИЕ
АВАРИИ
ДИКИЙ
НАКАЗАТЬ
ДВАДЦАТЬ
КОМПЛЕКС
НЕСТАБИЛЬНАЯ
УРОК
КРИТИЧЕСКИЙ
КРАСИВЕЕ
ЗА
ИМПОРТ
ОТСУТСТВИЕ
ФИРМА
ВЫЙТИ
ДЕПРЕССИЯ
САХАРНЫЙ
ПЕРЕЦ
ФОНТАН
СТЕНА

Puzzle 108

РАССВЕТ
ОСЕЛ
ПОЛНЫЙ
ЛУНА
ДЕД
НАРОД
СИНИЙ
ГЛОБУС
КОЛЕБАТЬСЯ
МОТАТЬСЯ
КОЛЫБЕЛЬ
ТИШИНА
ПАРУС
МНОГИЕ
ПЛОТНАЯ
ДИСКУССИИ
ПОСТАВИТЬ
ВОРОВАТЬ
ПРАВИЛЬНО
ПОСТАВКИ

```
М А П М А Т М А С П С У Л Н Г А В
О Н Н С А С И Н И Й Л И П С С В О
Н Т О Н Ь Л И В А Р П О С Е У Н Р
П И Ь Г О О М С И Н Е Е Т Е П Т О
А Д Т М И А С П О Л Н Ы Й Н У Н В
Р О И Е Р Е К О Л Ы Б Е Л Ь А И А
У Р В С М Т У Е С Т И Р С Т Н Я Т
С А А У К П О С Т А В К И Е У А Ь
С Н Т Б О У Л В Е М П Н Т В Л Е У
Л Е С О Т Т С М О Т А Т Ь С Я М А
Т П О Л Е О М С О О Н Т Т С О Ц Е
Л Е П Г И С С У И Т И И Д А У Р Т
Н А Е У Т Ц У Е П И Ш С Л Р М И И
А Д О Е У С М П Р И И И Д Е Д И П
Ф У Д Р И Л И Я С Ь Т А Б Е Л О К
```

Puzzle 109

Е	Е	И	Е	Т	Т	Р	Д	Д	Ф	Т	У	Н	Н	Т	Н	У
Д	Д	И	К	И	Й	Л	А	Е	И	Ы	Р	Е	У	Е	Т	Е
О	О	И	Л	Р	О	И	Й	Д	Л	Б	С	Н	У	Д	У	Р
С	В	К	М	П	И	У	Д	Е	Л	У	К	О	В	И	Ц	Е
Т	Т	И	А	С	О	Ц	Ж	И	А	З	О	У	Е	М	Н	Ю
Р	С	П	З	Ь	Л	Е	Т	И	Ж	П	П	Н	И	Л	Р	
О	Н	О	Р	К	А	Р	С	Р	О	Д	И	М	О	П	И	И
Г	И	Т	О	О	У	Т	Т	Д	У	М	У	Д	Р	Ы	Й	Д
О	Ш	В	Б	Ч	В	С	Ь	С	У	Г	Р	Е	А	Е	С	И
Н	Ь	Е	Е	Я	Х	Е	Р	О	Е	И	О	С	Т	П	Р	Ч
А	Л	Т	З	Л	Н	Р	У	Т	У	Р	О	К	И	А	Е	
У	О	И	Ь	Т	Т	О	П	Я	О	Т	А	У	Е	С	В	С
О	Б	Е	Я	Е	А	Е	А	Т	Т	Е	Ц	Г	Н	М	Ц	К
Д	Ц	М	Н	В	Н	О	Е	У	О	Ь	Р	И	Б	М	И	О
М	Л	Т	А	С	И	Е	Д	Т	М	Е	Л	М	У	Т	Р	Е

ДОКАЗАТЬ
ОГУРЕЦ
ДАЙДЖЕСТ
ПРОВЕРЯТЬ
ИМБИРЬ
МУДРЫЙ
БОЛЬШИНСТВО
СВЕТЛЯЧОК
ОТВЕТ
ЖИТЕЛЬ
ЮРИДИЧЕСКОЕ
ОРЕХ
ЗУБЫ
ОСТРОГО
ПОМИДОР
ЛУКОВИЦЕ
НЕКТАР
ОБЕЗЬЯНА
ДИКИЙ
ДЕД

Puzzle 110

НАКОНЕЦ
ВЛАДЕЛЕЦ
МНОГО
ФЛАГ
ВНИЗ
СЕБЕ
ВО
ГОДОВОЙ
АМУР
ПОСТОЯННОЕ
ЗНАНИЯ
ФОКУС
МОРКОВЬ
КОРОЛЕВА
ВОДА
СКАЖИ
ПОСПЕШИЛ
ПУСТОЙ
СВЕЧА
ПРИДУМЫВАТЬ

С	У	К	О	Ф	З	К	С	П	Л	А	Р	А	А	Л	П	С
И	К	У	Т	И	Н	В	О	Н	Г	О	Д	О	В	О	Й	Ф
Р	П	А	Е	У	А	Н	О	Р	У	М	А	И	У	О	Е	Л
М	О	Ч	Ж	Я	Н	И	Т	Д	О	Р	С	Е	Р	Ь	О	А
Н	С	Е	С	И	И	З	Д	Т	И	Л	С	Д	У	Т	Н	Г
О	П	В	А	А	Я	С	Ф	Г	Д	П	Е	Ь	У	А	Н	О
Г	Е	С	П	У	С	Т	О	Й	У	О	Б	В	О	В	Я	И
О	Ш	Н	А	К	О	Н	Е	Ц	Я	О	Е	О	А	Ы	О	П
У	И	У	П	И	И	И	С	Е	М	И	С	К	Е	М	Т	Д
И	Л	У	Р	Р	У	С	Е	Л	Д	Н	А	Р	Н	У	С	М
Л	Л	А	П	С	П	И	Т	Е	М	Е	Е	О	А	Д	О	В
У	И	И	Р	Т	И	Р	И	Д	Е	О	Р	М	Т	И	П	И
О	В	У	Е	О	С	Н	И	А	Н	И	Р	И	У	Р	А	О
М	Е	Т	П	Р	У	Е	И	Л	У	Т	И	И	С	П	Е	М
Т	М	Е	Е	Я	И	У	С	В	П	Е	М	А	В	Л	Ф	Е

Puzzle 111

```
Р А М У И А В В О М М М С Н И М А
М А Е У И Р Н А Р А С У М М А О Т
И Г З И Л Р И Р И Т С И Р С С С С
К У П М Е И М Е П Е Т А Д С У К Й
М Р И С Е А А Ж Р Р А Т Л О Е И У
Е Д Е С Т Р Т К И И Ц Н Р И И Т Л
П М И С П С Е И Л А Т С У Т С Н А
А Т Н И Л Н Л Д И Л И Ч У Е О А Ж
Р Л Е Д Т О Ь О И Е М Я Т У О Я О
Т Н Д Д А Р Н И М О И И Р Р И Е П
И Н Ж Т Е С Ы Я И Н Е Ш Е Р З А Р
Я Т О О С С Й Н Р А Ж О П О Ф И
Т В Р Ф И Г Я А К З И Н У Т Е А Ш
О Г О Н Ч И Н Т С Е Л И П Т М У Е
С М Ц П Н Т Е О Ь Е Л Е С Т О Л Л
```

ДЕСЯТЬ
ДРУГ
СУММА
ВАРЕЖКИ
МАТЕРИАЛ
ПОЖАЛУЙСТА
РАЗМЕР
УЧИЛ
УСТАЛИ
ПАРТИЯ
РАЗРЕШЕНИЯ
НИЗКАЯ
ПОЖАРНЫЙ
КРЕСЛО
РОЖДЕНИЕ
ПРИШЕЛ
ОТДЕЛ
МОСКИТНАЯ
ЛЕСТНИЧНОГО
ВНИМАТЕЛЬНЫЙ

Puzzle 112

СТОЯЛА
АРКТИКА
ЧАСТО
ЧЕЛОВЕК
ДЕТСКАЯ
ПТИЦЫ
КРЕМ
ОСОБАЯ
ЯЩЕРИЦА
ПЛАЧЕТ
УЗЕЛ
РВАТЬ
ОДНАКО
МИНУТ
ВЗЯЛ
НУ
ПРОСЛУШИВАНИЕ
ВЫШЕ
КОНКРЕТНЫЕ
ТЯНУТЬ

```
С П И Я Е Р А Р К Т И К А С И Ц Д
К О А В П П В Е О О Д Н А К О У У
Р И Е Я Е И Н А В И Ш У Л С О Р П
Е Ф С Ф Т Е П Е Т И И Ф Л И Т И С
М Р И Е П О И П Н Ь Т У Н Я Т Б Т
Л Л У Е С О И Д У П Е Н Л Е Е С О
П Л А Ч Е Т С Е М О Р В И И А Ф Я
Е А Т О Л С И О Т И М Ы Ц И Т П Л
В П С Л С А Д Е Б Н О Ш Т У Т Л А
З У М У Р Ч В И В А К Е В О Л Е Ч
Я А К С Т Е Д У Е Н Я О Е С Г И П
Л М Н У У К О Н К Р Е Т Н Ы Е М С
С И И Н Н З Т Е И У И Л С П Р У Т
Н У А Ц И Р Е Щ Я Т Е Н П И У Р Е
О И С А М Т С Л Н Р Ф Н Б Г И М У
```

Puzzle 113

```
Е Е Б Д К С Т Р А Н И Ц Ы С П П О
М Ф Р Е А А И Л У О А Л А Т Е У Е
Н П О В Т Т Л Е Д Я Л Г Ы В Р Б Ц
О П К Я М О Е Ь Ф М У Н У Е В Л Е
Г А К Т Е С Т П М Е Н Е С Л Ы И Н
И Т О Ь Л Ы С А О А Е Т Т Е Й К А
Е Е Л С Ь В У Д Р Т Р О Л Е Р А Е
И Т И У Н И П П Е М Т Ы А С О Ц Ф
Н М У Е И У О Р Ч Е А И П Р С И И
Е И И И Ц П О С Е Н Е О А И У Ю И
Ж Г Т А А Е М Л В У Т И А М Я М Л
И Р О И И И У Р Т А Р У В Т У И
Н Л Ф Р С Е О У Г У О Р Е М О Н Т
С А М Р О Р П О А И Н Ж Ф О Р Т И
Е Р И Е О Д А Р Г Е Р У Е Н М С М
```

БРОККОЛИ
ДЕВЯТЬ
ВЫСОТА
КАЛЬМАРЫ
ГРАД
ВЕЧЕРОМ
ЦЕНА
РЕМОНТ
ВЫГЛЯДЕЛ
ПЕРВЫЙ
ТЕАТР
ГОРОД
ПУБЛИКАЦИЮ
МЕЛЬНИЦА
ТОЖЕ
СНИЖЕНИЕ
ОПУСТЕЛИ
ЛЕВ
СТРАНИЦЫ
МНОГИЕ

Puzzle 114

КОНЕЦ
ОПАСНЫЕ
ОБМАНЫВАЮТ
ТАЙНА
ДВЕНАДЦАТЬ
ФИЗИЧЕСКИЕ
ЕЖ
ДОЖДЬ
ТЕЛЕФОН
УСПЕХА
ПОНИМАЮ
УХО
СПОРТ
НОЖ
ГЛАГОЛ
УРАГАН
ИЛЛЮСТРИРОВАТЬ
РАЗРЕШЕНИЕ
ДЕЛАЕТ
ОСТАНОВИЛИСЬ

```
И С И С Ф И З И Ч Е С К И Е И П Р
Н Л А У Т И Р У С Ф Е С Л А А У А
О О Л Ь С И Л И В О Н А Т С О Т З
Т Г Т Ю М П Т А Й Н А И М О Х У Р
О А И А С Т Е Р М С М И Ф Б У А Е
Ь Л О М Р Т У Х Н О Т Т И М Т У Ш
Т Г Д И О Р Р А Л Н А Г А Р У Е
А И О Н Н О М И Л П П Д И Н К У Н
Ц П У О А П И Л Р Н А Н Д Ы О Е И
Д М Т П Ф С О Т Т О И О Л В Н А Е
А О О П А С Н Ы Е Ф В Ж Е А Е П Л
Н У Ж Е И П Ф У О Е С А В Ю Ц Е М
Е Р О Д И С Р Р Т Л Е В Т Т И И Т
В Р С М Ь А Е У А Е С П Е Ь Р С Е
Д Т И А Н М Т М Р Т Е А Л Е Д М Л
```

Puzzle 115

```
Р М А О П Ь С Р С К О Б У С О Л Н
В Н А И Р Т О О А Т Р К Е Р О П Ш
Е Е А Е Т С Ч Д Л О У Е И Н Е М У
Е Р Д М Е О Е И А Д Ю Л Б Р Е В Т
Е У М Ь И Н Т Л М Г Т Ы И У И Ц И
И И О Т М С А С И О И Т М И Р У Т
Н Т Т И А А Н Я И И Л О С С У И О
У Л Е М С П И И Т М С М И М У Д С
С Р В И Р О Е У И Д Е Т У У П О Р
М Ш А Р Ф З О Е У К Т Н Е А Ц С Н
М М А Р А Е С Е О Н Ч Е Н О К Т И
У Е Т С И Б С А И С Е Е Э Т У У А
О Е У П У В А Ж Е Н И Е П О Т П С
А О С Т Е Т П Ф Т У Л Е Д Ы А А Р
Р В О Ц Н А Т П Е У В У Ф Ф В С В
```

КОНЕЧНО
ВЕРБЛЮДА
ВЫПЕЧКИ
САМ
БЕЗОПАСНОСТЬ
ИМ
ШАРФ
МОТЫЛЕК
ШУТИТ
БОКС
УМЕНИЕ
ЭТУ
УВАЖЕНИЕ
СТУЛ
ДОСТУПА
СОЧЕТАНИЕ
ВЕДЬМА
РОДИЛСЯ
МИРУ
ИДЕТ

Puzzle 116

СМОТРЮ
КОПЕЙКИ
РОБ
УПОМИНАНИЕ
СПЕШИТЬ
ЧЕЛОВЕКА
САНИ
ЦЕРКОВЬ
МОРЕ
ХОМЯК
СПОКОЙСТВИЕ
ЕЕ
ПИК
ГОНКИ
ЗАПУТАЛАСЬ
МЕТОД
УТЕНОК
БЕЛЫЙ
РАДИО
ДЕСЯТИЛЕТИЕ

```
С П Е Ш И Т Ь В О К Р Е Ц А Б С Ч
Д А Е С К К О П Е Й К И П И Е М Е
С Е А Т Н М И Е Р В И Р Е М Л О Л
Е Е С Б О Р Д У О Р У О Т Р Ы Т О
И С Р Я Г О А У М Е Р Ф Л З Й Р В
А Е П Д Т Е Р Ц О Н И Т И А М Ю Е
П И К О П И И Р Р А Р В Е П И Д К
В Н Е Т К М Л О С У Е М А У Т Л А
Р А У Е К О Н Е Т У С О И Т И Ф С
М С Х М Е Н Й О Т Р Н С Е А Е Л О
Т У А О И М Е С И И М И О Л У Р Л
Н Д И П М Т О И Т И Е Ц Н А С У Р
О О С А И Я И Т Л В И Е Н С А И М
Н У Л Р Р Л К Б П Е И С И Ь Ц М С
У П О М И Н А Н И Е Е Е Е Т М С М Е
```

Puzzle 117

```
М И Т Е А Б Р А М О Р Т Е И Ц М С
Е С И М Л Л А Н О Н В Е С И И Т И
Н И В Л П И З И П С Е И Ш Т Р И О
Ь Т А Р Б У Б Е Т П Е Н Т Е Л И Т
Ш Б Д Е И Е У З Ю Т А О Е М Н Ф И
И Р Ы У И С Д Н Л О Ц Т М И В И И
Н Т Л В У Р И А Ь Е Е И С Н И И Е
С М Т Н Ш Н Т К П Ч Я М А О Р А Р
Т С Т П С Е Ь Е А К И М О Н О К Э
В Л Е З А Л Г Н Н И Р А Ч А Ш А Е
О Е Е Р С С Е О И Т Л С С С М Т Л
И И М О Е Ы Н Ч И Т Н Е Д И Е А С
П Л И Т А Б П Р О З Р А Ч Н А Я С
П И С Ь М О Р И С С Л Е Д У Й Т Е
П Е Я А Н Т С О Р Я У С И Е Р О О
```

ПРОЗРАЧНАЯ
ГЛАЗ
ПЛИТА
ЧАША
АТАКА
БРАТЬ
САММИТ
РЕШЕНИЕ
ЭКОНОМИКА
МЯЧ
ИДЕНТИЧНЫЕ
ИССЛЕДУЙТЕ
ПИСЬМО
МЕНЬШИНСТВО
СЕРЕБРО
ЗНАК
РАЗБУДИТЬ
ЯРОСТНАЯ
ТЮЛЬПАН
БЫВШЕГО

Puzzle 118

УХОДЯЩИЕ
НОС
МЕЖДУНАРОДНЫЙ
СТЕПЕНЬ
ПОДСОЛНУХ
ПО
ОБЕСПЕЧИТЬ
ШАТКИЙ
ОБЩИЙ
СЫР
СТАТЬИ
БИБЛИОТЕКА
ДОСТИЧЬ
ПОЗВОЛЬТЕ
СОЛДАТ
ЗАПАДНЫЙ
ФИШКИ
КОЛЕСА
БЫСТРАЯ
ИЗОБРАЖЕНИЯ

```
С Т М Н С Д Н Д Р М Р Т Р Е Ь Л П
С Ы Е И Р У О А П О Д С О Л Н У Х
Т Т Р И И Е Н К Е Ш Т А П У Е З И
А Я Р Л Н Н А Е У А А Н О С П А Д
Т И К Ш И Ф И Т Е Х Л Т О Д Е П О
Ь Н О Е Т Ь Л О В З О П К С Т А С
И Е О Б Щ И Й И Р Н Д Д М И С Д Т
М Ж Л С С М А Л С У И А Я В Й Н И
П А С Е Л О К Б О П И И А Щ А Ы Ч
Н Р В Р Е Л Е И Т Р Б П Р Н И Й Ь
Е Б И М И У Н Б П Е Н М Т И Т Е И
С О Л Д А Т Ь Т И Ч Е П С Е Б О И
Я З В У А С Н Е Р Р Л С Ы О Е Е Л
М И И М И Т Г А У Т Е И Б Л М Т Т
Т И М Е Ж Д У Н А Р О Д Н Ы Й О М
```

Puzzle 119

```
Е М У А О Н Е Ч А Р Т О П У Т В П
О У В Е Н Б Е А Т Е А Р А И Е С И
И З У А Ш П Щ П О К А З А Т Ь Ф О
Т Е Р М Е А Т Е Я Л Б А Л С С А Р
З Й Т М М А А Н С С Ф Р Л Е И Р И
В Е А Л С Й И Р Ь Т Р О П М И Т Р
Е Е М К Л И М А Т И В И С Е Р Ш А
Е И П Л Ф К Л У А М Л Е Т Т М Н З
Р Я М Р И О Л Е Ж У Н О Н О Р И Н
С У П А Л С Е С А З У А П Н Б Е И
О Е П Е О Ы У И Р С У Т Й А Ы Н Ц
И Т Р Т А В У С Т Е Д У Б Т Б Е А
С Л А Б Ы Й С С О М М Н Е О И Н О
Н Е С К О Л Ь К О Н Е И Н Е У Р Е
А М Н М Е Т У М М И И Е Т О Р Е О
```

НЕСКОЛЬКО
НЕ
НАЙТИ
ОТРАЖАТЬ
ВЫСОКИЙ
ПОТРАЧЕНО
ПАУЗА
ОБЩЕСТВЕННЫЕ
СЛАБЫЙ
СУПА
РАЗНИЦА
КЛИМАТ
ЗЕМЛИ
РАССЛАБЛЯЕТ
МУЗЕЙ
ПОКАЗАТЬ
СМЕШНО
БУДЕТ
ШТРАФ
ИМПОРТ

Puzzle 120

ИЗВЕСТНЫЙ
ОСТАЮТСЯ
РУЧНОГО
ЛИСЫ
ПОПЛАВОК
ОТКРЫТЬ
ПОЛОВИНА
БАЗА
ГОТОВ
ДОМИНИРУЮЩУЮ
ИСПОЛНИТЕЛЬНЫЙ
ЧАЙ
ЛУЧШЕ
СОБСТВЕННОГО
МАСКА
НЕОСТОРОЖНОЕ
ОТНОШЕНИЕ
СЛОН
ЕЩЕ
БОЛЬШЕ

```
М А У К Б О Л Ь Ш Е Д Л Т О О Л Д
А Н С О Б С Т В Е Н Н О Г О Т И О
С О Б В А И Р Е Н Р О И Т О К С М
К П И А Е И И И Е Е И З С С Р Ы И
А С М Л Р У Ч Н О Г О В С Т Ы Р Н
Н А С П Л А Р Е Н Т Е Е Т А Т М И
О И П О У Ф Р Ш Р О И С П Ю Ь Р Р
С М П П Ч У У О У Р В Т О Т Т Н У
С Л О Н Ш Д Н Н С М С Н Л С И И Ю
И И И С Е М Т Т Ч А Й Ы О Я Л С Щ
Г О Т О В У Л О О О И У Й В Е Р Н У
И Е Е Е И Е С Н С У А О И Щ У П Ю
Р Е О Н Ж О Р О Т С О Е Н Е М С Р
Б А З А И М Т Д У Е У А А Н Е И Т
И С П О Л Н И Т Е Л Ь Н Ы Й И О О
```

Puzzle 121

```
В П Р И К Р Е П И Т Ь И Р И Ж У С
Р П С У П В Т А У Р Л И А У У С Р
У А Е И Н А Л Е Ж Р И О С С Р У К
Е Н И Ч И Т О У Г О Л А С М Н Б Ю
Е Л О О А М Д Я Р Д О П Л Х А О Р
Р Т Р И К Т И Ь Н О Г О Е О Л Т Т
С Т О И Л С Л В И Е Р А Д Р Р В А
К Е Р Н Е П П Е Л Е Т Е О О Е А В
Р О У Е Д Е А Р Н И У О В Ш А Е Х
С Ф Р М Т П А Е О И О И А И И Ф Е
Е Е М О О И У Д М Т Е Р Н Й Ф Т Р
Р В Е П Б М И Е Н И И И С Е Е Е Е
Т Ф С М Т К И У Л Ф У З Е И У Д П
Б Л А Г О Р А С И У А Н У А Р И П
И С С Л Е Д О В А Н И Я Т Б Т П И
```

ПЕРЕХВАТ
УГОЛ
ПРИКРЕПИТЬ
ВПЕЧАТЛЕНИЕ
ЖУРНАЛ
ИССЛЕДОВАНИЯ
ТРЮК
ОТДЕЛКА
КОРОБКА
ОГОНЬ
ПОДРЯД
БЛАГО
ЗУБ
ДЕРЕВЬЯ
РАССЛЕДОВАНИЕ
ЖЕЛАНИЕ
ХОРОШИЙ
ЛИМОН
АВТОБУС
КУРС

Puzzle 122

ВТОРОЕ
НАПОМИНАЕТ
КРИЗИС
МГНОВЕННОГО
ЧРЕЗВЫЧАЙНЫХ
ВИНА
ПЕНИЕ
ПРИЗРАЧНЫЕ
СИЛЬНЫЙ
ХОЛМ
КАНАРЕЙКА
ЧУЛОК
ЗАПРЕЩАЮТ
БОГАТЫЙ
ПРОЦЕСС
СЕВЕРНЫЙ
ИНЦИДЕНТ
ЧЕТВЕРТЬ
КОЛИЧЕСТВО
РЕАЛЬНОСТЬ

```
У И О В Т С Е Ч И Л О К О Ц Х П З
И Й Ы Т А Г О Б О Е Х Е И Б О Р А
Д Е Е О Р Н Т С И Е Ы И У А Л О П
С Г П Р Н А П О М И Н А Е Т М Ц Р
К Е Т О П Е И П Р К Й Р Ы Н М Е Е
О Р В Е Ф Е Е Р Ь А А Е Н Е Г С Щ
Л Т И Е П Т Н У Т Н Ч А Ч Д Н С А
У У У З Р О И И Р А Ы Л А И О С Ю
Ч У М Т И Н Й С Е Р В Ь Р Ц В Н Т
С С П А У С Ы И В Е З Н З Н Е У М
Р Н Т С П Т Н Й Т Й Е О И И Н И Д
Е И Н У С М Ь О Е К Р С Р И Н И Е
У Б Р Е Ц Е Л Р Ч А Ч Т П С О У И
С Т И Ф У У И В И Н А Ь Ф М Г Т И
С Т Л Я С Е С Н О Е Е Е А У Я О О Я
```

Puzzle 123

```
Е А К Л У Г О Р П П Ф Г А Л Г Е А
С Я О Н И Л Е С Р В А Е С Ю У И У
П И М И П У Е Н Е Е Ы Р Л Б Б С О
А Г П У М Я Е С С Л С С Ь О К Н П
С О Ь Р А Н О Е Т С К И Т Й А С Р
П У Ю Е Е Ф Е М У У Е Т С Р Н Т Е
Р Т Т А И И И И П И Л П О Р Е Т И
У Т Е И Н А В А Л П Е М Н Ф Т Л М
О А Р В Е Ф Т Е Е И Т Т Х О Т Р У
З М Е А А И С И Н Р М М Р Е А С Щ
Е М Б И Л И Й Е И Н Е Ч Е Л К Р Е
Ц М Е Р Н М Е Р Е О Н О В Л О Т С
Т Р Е Я А Т Д П О Ч Т И О Н Й Н Т
М И О С У К И Я О Е Р М П И С Н В
С О Л Н Ц Е З А Щ И Т Н Ы Е О В О
```

ТАКОЙ
РАНО
ПРЕИМУЩЕСТВО
ГУБКА
КОМПЬЮТЕР
ПОЧТИ
ПЛАВАНИЕ
СТОЛ
ВЫСТРЕЛ
ПОВЕРХНОСТЬ
СОЛНЦЕЗАЩИТНЫЕ
ДЕЙСТВИЕ
ЛЕЧЕНИЕ
ЛЮБОЙ
ПРОГУЛКА
СКЕЛЕТ
БРАК
ЗМЕЯ
ПРЕСТУПЛЕНИЕ
ТАМ

Puzzle 124

ГРАНД
ТОЛКНУЛ
ДАВАЛИ
ВОПРОС
УТОЧНИТЬ
ЧЕТКО
ЛЕГКО
ИДЕЯ
РОЗОВЫЙ
ДРАМАТИЧЕСКИЙ
СЕЙЧАС
БУХАТЬ
УПРОСТИТЬ
ЗОЛОТО
РАВНИНЫ
БОЛЬ
ТАБЛЕТКИ
ФОРМУЛУ
ОТХОДЫ
КРАСИВЕЕ

```
С С А О М С О Р У Е У С У Р Т Т Ф
Е О Е Р Е В С И П А С У Т А Р А О
Й О Ц Л Н У Ц Д Е Л Е О О В Е Б Р
Ч К И А В Т П Ф С Р А Е Ч Н О Л М
А Р Т Е Е Е О Т Х О Д Ы Н И Р Е У
С А П О К Г Е Л З И И Ц И Н О Т Л
У С Н К Л И Ц Я Р О У Р Т Ы З К У
П И Я Т С К Б О Л Ь Л Н Ь А О И Ц
Р В Я Е Д И Н У В Р У О С И В О С
О Е Л Ч О Е Д У И М И Е Т Н Ы А Н
С Е У Н У У Н Б Л Н Н Е Т О Й С Т
Т Т А О Д Р А М А Т И Ч Е С К И Й
И У И М У С Р Л В И М Ф В Л И А И
Т И С С О И Г И А А И И О О Е Е Т
Ь Т А Х У Б Я И Д В О П Р О С И О
```

Puzzle 125

```
Г Р А В И Т А Ц И Я Е Н Н Т П Е А
Е И Р Е А Е Н Е Р Н А О С Б Р С И
Е Е С В Т В Т А Е Ш Р Р М О И У Л
М О Л О Д О Й Д З И У У О Е М К А
И С И Е Н К Ы Е П В Т Л С Е Е А У
Д Ф С И Т О Н Р О Е А Р Я А Ч З Е
В С В Н Е Р Т С П М Р Н Т Е А А Н
И Ы И Е О С А Е И У Е С И С Н Т Е
В О Х Ж С Р К М С У П Н О Е И Ь П
З А Л О С Т С В Е А М А Т Н Е Е Р
Н Е Т Л Д О У П А У Е Ш У Р А М И
П Р О З О Н М Я С Ь Т Я Е М С Л Н
Л Е Н А И Р О О С Е Н Ь Е Р Р А Я
П Н Е Р У И Е Г Е П О Л О С Т Ь Т
Ф О Р М А Р П А О И У М Т Е П Т Ь
```

ГРАВИТАЦИЯ
ОСЕНЬ
ШАНС
СРЕДА
УКАЗАТЬ
ФОРМА
ПРИНЯТЬ
РАЗЛОЖЕНИЕ
ВИШНЯ
ТЕМПЕРАТУРА
МОЛОДОЙ
ЗАЛ
ВЫХОДНОГО
НАЗВАНИЕ
ПРИМЕЧАНИЕ
МУСКАТНЫЙ
ПОЛОСТЬ
ПЕРСОНАЛ
СРОКОВ
СМЕЯТЬСЯ

Puzzle 126

ШУМ
БУДУЩЕЕ
ДОСТАТОЧНОЕ
КОМБАЙН
МОРОЗ
ВЕРСИЯ
БЕСПЛАТНЫЙ
АРБУЗНАЯ
ВЫДЕЛИТЬ
УВЕЛИЧЕНИЕ
ДЕРЖАТЬ
ФЕДЕРАЛЬНЫЙ
СМЕЛЫЙ
УКУС
ВОЗРАСТ
ЦЕНТРАЛЬНЫЙ
ЧЕРЕПАХА
ХОРЕК
ЗА
КОМПЛЕКС

```
И С О С Е Р И М У Ш У М У О К Ц И
В И О И У Р Т О Ц Н Х С И Т О Е Т
К Е В Ы Д Е Л И Т Ь О Л И Е М Н Д
У О Р Т Г У Н Т С А Р З О В Б Т У
К С М С Р Ь Т А Ж Р Е Д Е Т А Р Ф
У Т П П И О Г Ф У Е К Р Е А Й А Е
С П У С Л Я С П И Р Е У У А Н Л Д
М О Р О З Е Т М Т И У И И М М Ь Е
И В У И У Н К Д Е Е Щ У Д У Б Н Р
С А С Р А Т Е С У Л Е Т И Н А Ы А
У В Е Л И Ч Е Н И Е Ы З А А О Й Л
Ч Е Р Е П А Х А Е С М Й Е О Е С Ь
А Р Б У З Н А Я Е Т Ф Е Д Е И Р Н
Б Е С П Л А Т Н Ы Й У О С Д У Д Ы
Д О С Т А Т О Ч Н О Е Е Р У А Р Й
```

Puzzle 127

```
О М О О Н И И Е И С С З А О Д С В
К А Ш Т А Н Ы П М Д К А А Ч Н Л Т
Е Т Р У Т И Н Н А Я А Д М Е У У Р
Й Ы В И Ч Н Е Т С А З А А Н Е Ч Е
Н Я С У Р И И И И Н А Ч К Ь И А Т
А И И Е О В К Р У Г Т А П Т Е Й Т
Л П Н Г Т Л С И У Е Ь А У Р О Н Й
И Р Н Е Е О Е П Р О Д У К Т Т Ы Ы
Т Е Е У О Л Ч У Е Е Л Р О У Ы Й Н
Ы Е Т И Д Е И О Л П С И П Е Т П Р
Е А Ц С У О Т В Е Р Е Н М Л Р С О
Г О Р Ш О К К Р И Т О Е Р Н А Л С
Я М П Т С Я Я Н Т Р А Д Н А Т С Н
О У И Н А А Р Т Р Е П С К Э Е А Е
М А Е Р Т И П О И Е С Е Р И А Н С
```

КРУГ
ПРАКТИЧЕСКИЕ
КТО
СЕНСОРНЫЙ
СЛУЧАЙНЫЙ
ОЧЕНЬ
ЗАДАЧА
ГОРШОК
ЭКСПЕРТ
СТАНДАРТНАЯ
СКАЗАТЬ
НАЛИТЫЕ
ОПЫТ
РУТИННАЯ
ПРИВИЛЕГИЯ
ЗАСТЕНЧИВЫЙ
КАШТАНЫ
ПОКУПКА
ПРОДУКТ
ТЕННИС

Puzzle 128

ШВЕД
РОВ
СЮРПРИЗ
ПРИЗ
ОБЛАСТИ
РАЗВЛЕКАТЬ
ТЕРМОМЕТР
ЕСТЕСТВЕННЫЙ
ПРИМЕНИТЬ
ОВЦЫ
НЕЗНАЧИТЕЛЬНЫЕ
АККУРАТНАЯ
БУРЕВЕСТНИК
ПЕРИМЕТР
ПЕРЕМОТКА
НАЧАТЬ
ИДЕНТИЧНОСТЬ
ПОЕЗДКА
ПЕРЕПЕЛ
АВТОРИТЕТ

```
Н М И М И С Ц П С О Б Л А С Т И И
Е О П А Н Е А Д Р К Т С У Б И А Д
А У Е Ы Н Ь Л Е Т И Ч А Н З Е Н Е
У М Р Н У Р Л В Е Н М Р Й И У С Н
Г С Е А П Т О Ш Т Т Р Е Ы Р И А Т
Ф И П Ч И Е Т В И С Л А Н П А А И
П А Е А Н М А У Р Е С К Н И К Л Ч
Е О Л Т Н И И О О В Ю К Е И Т И Н
И У Е Ь Е Р О Т Т Е Р У В Л О Ь О
Р А М З У Е В У В Р П Р Т Е М А С
О В Ц Ы Д П Е Р А У Р А С И Е М Т
А Е М Ц Т К О Т И Б И Т Е А Р М Ь
Т Н С Т И И А И И О З Н Т Г Е Е О
Т Е Р М О М Е Т Р Р Е А С Т П Р Н
Р А З В Л Е К А Т Ь А Я Е С Н Е О
```

Puzzle 129

```
С Е Т О О А И Н И П М Л Н П Н Н М
Т Т И Й Ы Н Н А В О Р А Ч О З А Р
Ф Т Е Е О М М Р У Е Л Й Ы Н Н О С
Е П О Н Е О Н А П Б О А Ь Я В М Н
П Л Е О А А А И А Е Ч И Л Т С Е А
О Р О Т У Б А Л К О Н Е О Н И Д Б
У Я И Ф А Р Г О Т О Ф И Р О Е И Л
Р А С Н Р Т Р Е М Т С Ф Т Е М Ц Ю
И Н К У А Т Р А К О И И Н И З И Д
О Б А Т К Д М Е Ф Т С О О А П Н А
Е О Т О О П Л Е Т Ч Р А К И Д У Е
Е Д Н Е Р Ф Е Е Ф Л П У Е Е Е Н М
С У Т А О У У Р Ж Н А Л О Г М О Ы
У С Ц В С О И Н У А К Т Ы П О П Е
Ф О Р М А Л Ь Н О Ь Т Е Т Е Л А О
```

КАРТА
СОННЫЙ
ФОТОГРАФИЯ
УДОБНАЯ
ПРИНАДЛЕЖАТ
ЧТОТО
ПОНЯТНО
МЕДИЦИНУ
ТАКСИ
КОНТРОЛЬ
РАЗОЧАРОВАННЫЙ
СОРОКА
ЧЕРЕЗ
ФОРМАЛЬНО
ЛЕТЕТЬ
НАЛОГ
НАБЛЮДАЕМЫЕ
БАЛКОН
ПОПЫТКА
СТЕНА

Puzzle 130

ЗЕЛЕНЫЙ
ДРУЗЬЯ
ДОСТИГ
МИЛЛИОН
СУМКА
РОДИТЕЛЬ
ГОВОРЯЩИЕ
ПРИНЦ
КОВЕР
КОПЫТО
ТРЕНЕР
ГОТОВИТЬ
ИВУ
ЗОНТИКА
КАРМАННЫЙ
ВАРИАНТ
ТЕЛО
СДЕЛАНА
СТРАХ
МОТАТЬСЯ

```
Г У Х А Р Т С Т А З Е У Н В П У З
О А О К О И Е Т Е Д О Т Р Б Р Р Е
Т Е Т М Д Т Р А С Л О Н У В И И Л
О О П У И Р Ы Н И Е О О Т Л Н У Е
В У С С Т И О П У Е Н И Н И Ц С Н
И М Ф А Е С И А О С А Л А К К И Ы
Т Е С И Л С У Е У К В Л И А О А Й
Ь Г И Я Ь З У Р Д В У И Р Р В С У
Ф И Г О В О Р Я Щ И Е М А М О У Л
А Т О У Р Е М В О Я Л Р В А Т Т Р
Я С Ь Т А Т О М И И И С Р Н А М Р
Р О С С И Т Р О И Ф С П П Н О У В
С Д Е Л А Н А Е А И С У Ц Ы Е О Е
Р М И С С И С С Ф О Е О У Й С И П
К О В Е Р Е Н Е Р Т И И Т Т Е Т Р
```

Puzzle 131

Р	С	Р	Е	Д	Н	Е	Е	Д	Д	С	З	В	К	К	У	Ж
Б	О	Б	О	Д	С	Т	Е	У	А	А	А	О	Р	О	Е	У
А	Т	С	Д	И	О	С	Д	М	Л	М	К	Й	Е	Л	Н	С
Л	У	О	К	Д	Б	Т	Е	А	Ь	О	А	Н	С	Ы	Л	О
М	И	Р	М	О	Т	Е	Р	Ю	Н	Л	З	А	С	Б	Д	Т
Е	И	Е	М	Л	Ш	О	П	И	И	Е	А	М	С	Е	Е	Р
С	Т	О	И	Т	Е	Ь	П	М	Й	Т	Т	У	А	Л	С	Н
А	П	С	Р	Я	У	Л	Л	Р	У	Е	Ь	Т	Л	Ь	Я	Н
Р	Т	О	Ф	О	А	Е	И	О	Ы	О	И	М	А	И	Т	Т
Я	Т	А	О	И	Л	Т	Т	И	Г	Р	У	Т	С	А	И	
У	О	М	М	И	И	А	В	Ш	С	Е	Н	Р	С	Ц	Я	Д
А	И	Е	Л	М	У	С	Р	С	А	У	Н	У	Р	Д	С	Н
П	О	Ч	Т	А	У	И	Т	С	Л	М	Н	У	Л	Н	Д	О
О	У	Е	М	О	Н	П	Л	О	И	У	Т	Е	Н	А	Ф	Р
В	С	Т	А	В	И	Т	Ь	И	Е	И	Х	Н	У	Т	Ф	П

ДУМАЮ
СТОИТ
ВСЛУХ
ДНО
КРЕССАЛАТ
ПОЧТА
СРЕДНЕЕ
РОСКОШЬ
ЖУК
ПРЫГНУЛ
БОБ
САМОЛЕТ
ДАЛЬНИЙ
ШТОРМ
ПИСАТЕЛЬ
ЗАКАЗАТЬ
ВОЙНА
ВСТАВИТЬ
ДЕСЯТАЯ
КОЛЫБЕЛЬ

Puzzle 132

БЕСПОКОЙСТВО
ТОЧКА
КОНТАКТНЫЙ
ТРЕТИЙ
БЛЕСТЯЩИЙ
ОСТОРОЖНЫЙ
СОЗДАТЬ
КИТ
ГОРОДСКОГО
ЧАСТНОЕ
СИСТЕМА
СТАДО
ВЕТВЬ
ЛЮБОВЬ
СОБАКА
ВИНОВАТУЮ
КРАСОЧНЫЕ
ТЩАТЕЛЬНО
УДИВЛЕННО
АКТИВНЫЙ

У	Е	Н	И	Е	И	Е	С	У	Н	С	И	А	С	В	Т	О
В	И	Н	О	В	А	Т	У	Ю	Д	Й	О	Н	Т	Е	О	У
А	И	А	Ц	П	Р	У	С	П	Е	И	Ь	И	А	Т	Ч	О
Е	Е	М	С	Т	И	Н	С	Е	М	Щ	В	У	Д	В	К	Г
С	Т	Е	С	Ф	А	Т	С	А	А	Я	О	Л	О	Ь	А	О
О	С	Т	О	Р	О	Ж	Н	Ы	Й	Т	Б	Т	Е	О	Й	К
О	О	С	М	И	С	А	К	А	Р	С	Ю	Р	Л	Н	Ы	С
Е	М	И	Л	С	Е	Т	И	Р	С	Е	Л	Е	Т	Ь	Н	Д
Ч	А	С	Т	Н	О	Е	Т	С	О	Л	Н	Т	О	Л	В	О
О	С	К	О	Д	О	И	Е	У	О	Б	Е	И	У	Е	И	Р
Е	У	Е	А	С	Е	Л	У	Т	И	З	А	Й	С	Т	Т	О
О	П	В	У	Б	Т	Л	И	А	Т	Е	Д	П	С	А	К	Г
О	В	Т	С	Й	О	К	О	П	С	Е	Б	А	Н	Щ	А	А
Л	Е	Ы	Н	Ч	О	С	А	Р	К	Е	Е	О	Т	Т	Е	Е
К	О	Н	Т	А	К	Т	Н	Ы	Й	П	Т	Е	Т	Ь	Е	С

Puzzle 133

Д	О	В	Т	А	У	М	В	Д	И	Л	С	Р	В	М	Т	И
С	В	С	Т	И	Р	К	А	О	Р	М	А	О	Н	О	Е	М
Е	Н	О	М	О	С	С	Т	У	С	Т	Е	Д	Е	Т	Н	Е
Р	Р	Н	Р	Е	У	Р	Р	Д	Т	У	Р	И	З	И	Е	М
С	И	Т	Н	А	Л	А	Т	Т	Я	И	Н	Т	А	В	Н	Е
О	Я	Ы	Е	С	М	П	У	Т	В	Д	И	Е	П	А	П	С
Ф	П	П	С	В	А	Е	Ф	Т	Ы	У	Я	Л	Н	Ц	И	Л
С	М	О	И	О	С	С	И	Р	С	Р	П	И	Ы	И	Р	Н
И	О	Б	С	У	М	О	Т	Э	О	П	М	В	Й	Я	П	М
О	Ь	Ю	Е	И	А	К	Т	У	К	Р	А	Б	О	Ч	И	Й
Е	Ш	Л	И	М	О	А	В	Л	А	А	В	Т	А	М	С	В
В	Ы	З	Ы	В	А	Ю	Т	И	Я	У	О	И	Е	А	В	Е
Е	М	Н	Р	И	Е	И	Н	Е	Ш	А	Л	Г	И	Р	П	А
Б	Л	И	Ж	А	Й	Ш	И	Е	И	И	О	И	Е	У	С	У
И	Р	И	А	Р	С	Б	Т	В	Е	Т	Г	С	Е	Я	У	Т

ДВОР
ЛЮБОПЫТНО
РОДИТЕЛИ
РАБОЧИЙ
ВЫЗЫВАЮТ
ВНЕЗАПНЫЙ
ПЕСОК
МОТИВАЦИЯ
ГОЛОВА
МЫШЬ
СВЕТ
ВЫСОКАЯ
ПРИГЛАШЕНИЕ
БЛИЖАЙШИЕ
ТАЛАНТ
ДЯДЯ
ПОЭТОМУ
РИС
СТИРКА
ПРУД

Puzzle 134

РАЗГОВОР
ЗНАКОМСТВА
НЕЖНО
ОГРОМНЫЙ
ВИЛКА
ПОСТЕПЕННОЕ
ЗЕРКАЛО
УВЕРЕН
СВАДЬБА
СБИТЬ
ЗЕМЛЕРОЙКА
МЕДЛЕННЫЙ
МЕНЕДЖЕР
МОРЩИНА
ЗАКЛАДКИ
ПОТЕРЯТЬ
БОЛЕЗНИ
СЕТЬ
ПРИЗНАТЬ
ЖИТЬ

Е	И	В	С	У	У	М	С	М	У	У	И	Ц	М	С	Б	О
О	Ж	И	Т	Ь	И	В	У	Т	Е	П	Е	У	Е	Е	О	Г
И	И	Н	С	И	Е	Е	А	Б	Ь	Д	А	В	С	Т	Л	Р
Е	Е	М	Н	Е	С	А	К	М	Е	Е	Л	Р	Е	Ь	Е	О
Н	А	К	Й	О	Р	Е	Л	М	Е	З	Л	Е	Л	Т	З	М
З	Е	С	И	М	Л	И	И	И	Р	Т	Е	Ж	Н	А	Н	Н
А	А	Ж	В	У	А	Е	В	М	Е	В	И	Д	Е	Н	И	Ы
К	С	Ф	Н	П	О	Т	Е	Р	Я	Т	Ь	Е	Р	З	Ы	Й
Л	И	Б	У	О	М	О	Р	Щ	И	Н	А	Н	Е	И	С	Й
А	И	Н	И	Л	У	Р	О	Р	Т	С	Н	Е	В	Р	Е	У
Д	М	Е	И	Т	Т	Н	И	О	О	И	Т	М	У	П	Н	С
К	Н	Т	М	Р	Ь	П	О	С	Т	Е	П	Е	Н	Н	О	Е
И	Н	М	Т	С	Е	П	Е	Р	А	З	Г	О	В	О	Р	О
О	И	У	С	Я	А	З	Е	Р	К	А	Л	О	С	П	И	Е
З	Н	А	К	О	М	С	Т	В	А	И	Р	И	Б	У	Т	Е

Puzzle 135

```
У З С Л Е Т И Р И Т Е Р Д У К Б О
О А Н Е О И Ю Т Е Х Н И К У Р П С
М П Е А К Е У Г А И Л М П Т А Е Т
М А С Н Р Р П О Д А Р К И В Б О А
В С И А Т О Е В Е А Ф Е Р У Т А Т
С А О Р И Р Ь Т И В А Т С О П С О
И Ю И У А Р Ч С А С Л А Д К И Й К
И Т М Н М Е О Е Т Р И И Т И П И А
М Е Е Т И Т Н Щ П У Ь П Н Р Е И И
О О Т О Т К Т Е А М Т О С В И А Е
М Е Щ Т Т Ю А В И Ч И Н А Р Г О Л
У Я С Ь А О У У С П Т Е О У Е И А
С К Р А С И В О Т И А Л О Р У И Т
Р А С С Ч И Т А Т Ь Р О А М Т Л У
Н О Т У Р Т Н И Е И Т К Л Е О Ф Е
```

ПОДАРКИ
ВЕЩЕСТВО
КРАБ
СЛАДКИЙ
КРАСИВО
ЮГ
МОЩЬ
ЗАПАСАЮТ
КТОТО
РАССЧИТАТЬ
НОЧЬ
ТЕХНИКУ
ЛЕТ
КОЛЕНО
ОСТАТОК
ТРАТИТЬ
СЕКРЕТАРЬ
ОГРАНИЧИВАЮТ
ТЕРРОР
ПОСТАВИТЬ

Puzzle 136

СПОСОБНЫЙ
НАРУШАЮТ
МУЗЫКУ
ПОЛИЦЕЙСКИЙ
РЕБЕНОК
ФИЛЬМ
КАЧЕЛИ
БУЛОЧКИ
УМНОЖИТЬ
СПИСОК
ВНИМАНИЕ
КАБИНА
СПАЛЬНЯ
ПРАВИЛЬНОЕ
ПРАВИЛО
ВОСЕМЬДЕСЯТ
ДИСКУССИОННЫЙ
НАСИЛИЕ
БОЛЬШОЙ
ДЕПРЕССИЯ

```
У К Ы З У М Л Т У Т У У П Н К П Д
И М Я У М Б У Н Т М Е Б Б А А О И
Й Ь Н П Р А В И Л О Ц О У С Б Л С
Ы Л Ь О В С Т У С У Н Л Л И И И К
Н И Л У Ж Т Е П Н Е Е Ь О Л Н Ц У
Б Ф А Д И И Л Е Ч А К Ш Ч И А Е С
О О П С О Т Т Р Н Л Л О К Е С Й С
С Ц С У У Т И Ь Е А О Й И П П С И
О В Н И М А Н И Е Б Р М Т А И К О
П Р А В И Л Ь Н О Е Е У Я Е С И Н
С Д Е П Р Е С С И Я Д Н Ш С О Й Н
В О С Е М Ь Д Е С Я Т Ц О А К У Ы
Е Н Е Т Т А И И Р Г Т Р Р К Ю О Й
О И Н Н Е Р И С Т У Т Е С Е Е Т О
П М У У Т И С Т У О И Ф Р И Т П О
```

Puzzle 137

И	С	Я	Н	И	Е	Е	У	С	У	У	Б	Е	Е	Т	А	Л
С	Л	В	Т	С	Е	Е	Т	Г	Е	С	В	Т	Е	Р	Е	И
А	Б	Л	О	К	И	М	С	Ф	О	Р	Т	И	А	Д	С	Ч
М	У	О	О	Е	Т	М	Р	А	И	Л	А	В	Е	Т	А	Н
С	С	Д	И	И	Ы	С	В	З	Л	Т	Ь	Я	Е	М	И	Ы
М	Ю	Н	С	Е	Б	Т	Е	А	У	Е	М	Ъ	С	Д	И	Е
В	И	Д	И	М	О	Г	О	Н	Я	В	Р	Б	Л	С	У	Ф
Л	Р	Н	О	И	С	С	Н	З	Б	И	З	О	Н	Н	С	У
С	О	Е	О	В	М	Р	О	А	И	Ь	Н	О	И	У	Е	Е
Д	Е	П	Е	Н	И	М	Г	Д	Т	Ч	Р	И	А	Р	И	Е
Е	Т	Л	А	Т	Е	Р	И	А	О	И	А	О	Л	М	Ф	П
Л	Т	А	Н	О	Е	С	П	Т	А	Т	Ь	Л	У	З	Е	Р
К	С	Н	С	С	Т	Л	О	Ь	Р	О	Н	И	И	М	М	О
А	У	З	В	О	Н	И	Т	Е	Ы	Т	О	Л	О	М	И	Г
Е	К	О	М	М	Е	Р	Ч	Е	С	К	И	Е	У	Ф	У	Т

УГОЛЬ
ЛИНИЯ
БЛОК
ФАЗАН
МОЛОТЫЕ
ВИДИМОГО
СДЕЛКА
ПРИВОД
РЕЗУЛЬТАТ
ЛИЧНЫЕ
ЗВОНИТЕ
СОБЫТИЕ
ОБЪЯВИТЕ
БИЗОН
ЧЬИ
ЗАДАТЬ
НОГИ
ПЛАН
ТЕОРИЮ
КОММЕРЧЕСКИЕ

Puzzle 138

ВВЕДИТЕ
ЗВЕЗДУ
МЕДСЕСТРА
УЧАСТНИК
РАДОСТНО
ТОРТ
СКУЧНО
НЕСЧАСТЬЕ
СТРАТЕГИЯ
МОНСТР
ЧЕРНОЕ
ОРЛА
УДАЧЛИВЫМИ
ФРАГМЕНТ
ПИСТОЛЕТ
БУТЫЛКА
ГОРЫ
РАСПРОСТРАНИТЬ
ЗАЯВЛЕНИЕ
СОГЛАШЕНИЕ

Т	М	Л	И	М	Е	Д	С	Е	С	Т	Р	А	Е	П	Н	З
С	Б	У	Т	Ы	Л	К	А	О	И	И	Р	И	И	У	Р	А
П	И	С	Т	О	Л	Е	Т	Н	М	Я	Р	О	Т	И	А	Я
У	И	О	И	Е	Ц	И	Н	Р	Ы	Р	С	Т	Т	Н	С	В
Е	С	А	Ф	Т	С	М	Е	Е	В	И	З	Л	М	Е	П	Л
Т	Т	Е	У	Р	Е	О	М	Ч	И	И	В	С	Т	С	Р	Е
Р	Р	П	М	К	Т	Л	Г	О	Л	В	Е	К	Т	Ч	О	Н
Л	А	Т	О	И	С	Н	А	Л	Ч	Т	З	У	Е	А	С	И
Е	Т	В	А	Н	Е	И	Р	П	А	Т	Д	Ч	О	С	Т	Е
А	Е	Я	И	Т	Т	С	Ф	И	Д	Ш	У	Н	Р	Т	Р	Г
У	Г	Д	И	С	И	С	Т	Т	У	С	Е	О	Е	Ь	А	О
И	И	Е	Р	А	Д	М	О	Н	С	Т	Р	Н	Я	Е	Н	Р
У	Я	Е	Е	Ч	Е	И	Е	Д	О	П	М	М	И	О	И	Ы
Л	Е	А	И	У	В	Е	И	Д	А	Л	Р	О	Р	Е	Т	У
Т	Т	Т	И	Е	В	П	Н	С	У	Р	Е	Л	Е	О	Ь	И

Puzzle 139

```
У И А Е Н З А И А М Д Е Т Е Ч О Х
К П Т Ь Ь Т Е С И Т У А Ц И Я К П
Ж И Р Т Т Е С Б М О А Н С Н Е О Р
О И И А А Т Е И Р У Ф Е А А Р Н И
Л Д Л Р В Т Е Л И А Ц Ж В В Р Ц С
А П У И И Л П О Р Ц И Я О О Л Е У
С Р Б Б В О Е Р Г Я О И Е Р Р Н Т
Р И Е О З Е С Н И А А Б Ф И У Т С
Д Р Д С А О Г Т И З Н И А Л Н Р Т
Р Р И И Р А Л Е И Е Ш А Г У И А В
Н С Т В Н У Т Р Е Н Н Я Я Г Е Т У
П Л Ь В О У У Т Е Р А К С Е Л Б Е
М О Р У Ж И Е М И Е О М М Р А С Т
Е А П Т Д П Е И Е М И У О У А С П
Т С С И И П А К У З Н Е Ч И К П О
```

ХОЧЕТ
ЛОЖКУ
РЕГУЛИРОВАНИЕ
УБЕДИТЬ
КУЗНЕЧИК
КОНЦЕНТРАТ
ПОРЦИЯ
САД
БЛЕСК
ЖЕНА
СИТУАЦИЯ
РАЗВИВАТЬ
СОБИРАТЬ
ЗЕБРА
ШАГ
ОРУЖИЕ
ЗАЯЦ
УПРАВЛЕНИЕ
ВНУТРЕННЯЯ
ПРИСУТСТВУЕТ

Puzzle 140

МИСС
ХАРАКТЕРИСТИКА
ОБЕЩАНИЕ
ВЗРЫВ
БЫВАЕТ
ПРИЧИНА
ЗАНАВЕС
ДАЛЕЕ
ТЕЛЕФОННЫЕ
СГОРЕЛ
ТОЧНЫЙ
СНЕГОВИК
УЧРЕЖДЕНИЕ
ПРЕЗИДЕНТ
ВЕСНА
ЛОСЬ
РЕЧЬ
КНИЖНЫЙ
ОЖИДАЕМЫЙ
НОУТБУК

```
Н Л У К А Е И О Л Е Т Е А В Ы Б О
О М С И Н Е Н А Ж Р Н Т Н Ц М С А
У П С В И И И И Н И Е Т С Т А Р К
Т Т И О Ч Н Ж У О М Д И Е Е С Р И
Б Т Ц Г И А А Н И Е И А В О Е Т Т
У Ь Ч Е Р Щ В Р Ы С З Л Е Р О Г С
К Е П Н П Е С Т П Й Е А Ы М Ф Е И
Е Ц А С И Б Е П О Е Р Т Н Р Ы О Р
В Д Т И П О С Р И Д П А Н У Н Й Е
В З Р Ы В Т Р С А А И М О Т Л Ы Т
З А Н А В Е С С О Л О Р Ф П Т Н К
М О Т М Е М И М Ф Е Ц Т Е Р Н Ч А
Т В Д Л О С Ь А И Е Т Н Л М Л О Р
У Р И П А Е Т С Т С Т С Т О Е Л Е Т А
У Ч Р Е Ж Д Е Н И Е С Н Т М И О Х
```

Puzzle 141

```
П М З М Е О У П И С И Л Е М Б О А
П Р Н А Н И Л Д О Х С И В Ф У П Т
Е Р Е П В Д О Р О Г И Е А Ь Е Т А
Р Ь Т Д А О Б У Р Г О Т В Т Т П Т
Е Н И Е У С Е Р П Р О Г Р А М М У
Л Е П Н О П Л В Т Е Л П Т Д О У Н
О Л У И А О Р Р А И А О Т А Д В Н
М Ю Р У О З М Е М Л Г Т И Р Е О С
С Т О Й К А Н М Ж Н О Е Ь Т М Л Л
В О И У Р Е Р А П Д В Р Т С О И Т
Й Ы В И Л Т С А Ч С Е Я Е С А Т Т
И Т Т О И О Е И Е И Р Н Д Е С Ь Е
У И И Я И Н Е Ш О Н Т О И А У Л С
П Р Е Д П О Ч И Т А Ю Ь В Е Л М Б
Ц П С И Т С А Р И П Е С У Р И С Т
```

ОТНОШЕНИЯ
ЗАВОЕВАЛ
ДЛИНА
ДОМ
УВОЛИТЬ
ГРУБО
СЧАСТЛИВЫЙ
ПЕРЕЛОМ
ПРЕДПОЧИТАЮ
УВИДЕТЬ
СТОЙКА
СТРАДАТЬ
ТРЕВОГА
НАЗНАЧИТЬ
ПРЕДУПРЕЖДЕНИЕ
ПРОГРАММУ
ТЮЛЕНЬ
ДОРОГИЕ
ПОТЕРЯ
ИСХОД

Puzzle 142

РЫБАЛКА
ОСНОВНЫЕ
АКАДЕМИЧЕСКАЯ
СМЫСЛ
ОРИЕНТИРУЙСЯ
МОРАЛЬНЫЙ
ОСТОРОЖНО
ДВАЖДЫ
БОЛЬНО
ПАРЕНЬ
КЛУБНИЧНУЮ
ПРОСТО
ЗРЕЛЫЙ
ПРИВЕТ
ВЕЛИКИЕ
МЫШЛЕНИЕ
ОТКРЫТИЕ
ПОДСНЕЖНИКИ
КРОКОДИЛ
НАСЕЛЕНИЕ

```
П О Д С Н Е Ж Н И К И С М Ы С Л М
У О П Е М Л И О С Т О Р О Ж Н О О
М Л С Р Е В Е И Т Ы Р К Т О К Т Р
Е Т С О О Р О У Е Н И Т Й О Л В А
У И Е Н Р С Е Д В А Ж Д Ы Р У В Л
Б О Л Ь Н О Т И И П П К Л И Б С Ь
О В У О Л О У О Р А Н Р Е Е Н Н Н
С Е Е Р А Ф С И П Р Е О Р Н И А Ы
Н Л У Е Ы У Д И Е Е И К З Т Ч С Й
О И Е Ф Е Б Н П Т Н С О Л И Н Е С
В К А М Н М А Л П Ь У Д Е Р У Л Т
Н И Д Е И Н Е Л Ш Ы М И С У Ю Е Е
Ы Е И М И Е У И К С Л Л А Й Д Н Л
Е Т Е Е Ц П У И Ф А Р О С С Е И И
А К А Д Е М И Ч Е С К А Я Я Я И Е М
```

Puzzle 143

```
Р С У Р П О И С У У Б И О А О У Т
М А Я А В И Р К С О Т Е С Е О Т А
В И С И Л Ы Б Р О Н И Т Т Е О Д И
И У Т С Н Ц А П Л Я Т Е У Р Х Е Г
Л О Ю Е Т Т З А Н И М А Е Т У Т И
Е Н Я Е О О Е И Ж Е В С О П Д И И
Н И Л Р А И Я Р М П Г Т К О Ш И У
Т У В В В У М Н Е Е О Е О Я И Н О
А М Я А Ц С А А И С Р Т С С Е Е Р
У С О У О О К И И Я Я Р Ы Т Р Е А
И Т П И С А Я А С Я Ч У В М У С У
Й Ы Н Т А Р У К К А Е Ч Е И Е А О
П О Л Е В К А Е С А Е К И Е С Р И
Р Е Д И С К А У С Т О А М Р А А А
М Н И О Р Т М С О Ф И У Т У И Й А
```

ХУДШИЕ
ЗАНИМАЕТ
РЕДИСКА
ПОЯВЛЯЮТСЯ
РУЧКА
РАССТОЯНИЯ
КАКАО
АККУРАТНЫЙ
ДЕТИ
СВЕЖИЕ
КРИВАЯ
ПОЛЕВКА
ВЫСОКОЕ
БЫЛИ
ЦАПЛЯ
ПОЯС
ГОРЯЧЕЕ
ИНТЕРЕС
САРАЙ
ЛЕНТА

Puzzle 144

ЗАМОРОЗИТЬ
УЧАСТВУЕТ
ГАРДЕРОБ
ЛАДНО
НОВЫЙ
ОБЛАКО
ОСНОВНОЙ
ПИЦЦА
РЕЛИГИОЗНЫЕ
ПОЛИТИКИ
ПОСМОТРИТЕ
ОБВАЛА
ГЛАВНАЯ
ЭФФЕКТ
ДВИЖЕНИЕ
ОРГАНИЗОВАТЬ
ЕСТЬ
УЧИТЫВАЯ
СОКРОВИЩЕ
КОМУ

```
Т П С О С Н О В Н О Й О Н О М А Н
Р О У И Е Э Е Щ И В О Р К О С Г О
М С И С Ы Е Ф П М М И Г О О Л С В
П М Р И Н Е С Ф Н У У А Д Е П Е Ы
И О А М З Т Н Т Е У О Н Д А Л О Й
Т Т О М О С И А Ь К А И В М Т О А
Е Р И К И Т И Л О П Т З И И Е У М
Е И Т И Г С У Р С И Е О Ж О У Е У
Е Т Н Е И С А Е П Е У В Е Л Ф Р Н
Е Е О Б Л А К О С У В А Н О П О И
М И Т Е Е Н У И Б Е Т Т И Т С О О
У Р Б О Р Е Д Р А Г С Ь Е Л М Р О
У Ч И Т Ы В А Я Г Л А В Н А Я Е Р
З А М О Р О З И Т Ь Ч О Б В А Л А
П И Ц Ц А У Д Н Л Е У М О К Н Ф Л
```

Puzzle 145

```
Ф У Н Д А М Е Н Т А Л Ь Н Ы Е Д З
О К О М А Н Д А Ч В Л Я Л И Т И А
Б И Т И П Л Т И Р А Ы С Е В И А К
С Н Т Я Д Е Р Е В О С Д Т И Т П Л
У А Т Р О Ф М О К О Ф Ы Р П С А Ю
Д Х О К П М Н Е А О И Н У А О З Ч
И Е Р И Д О Н М И И Л Р А И Р О Е
Т М Л Е Т В Б О Л Ь Н О Й И П Н Н
Ь У Т У У И Т Й О З И О Р П О И И
И У И Л О Л О Г А Е И Л С Р Е А Е
У Р Т О О М Т У А И Е С П С Т С Р
И И А Д А И М В И Т Р У О У Е В О
К Р У Г О В О Й О М Ь У С Т У У У
С С Н Р Р У Н С И Р С А О С И Т
Т Е С Р Т О У З К А Я Е Я И Т Е С
```

ДВИГАТЬСЯ
КРУГОВОЙ
РОТ
МЕХАНИК
ДЕРЕВО
ЧАСЫ
ОБСУДИТЬ
КОМФОРТ
ДИАПАЗОН
УЗКАЯ
ЗАКЛЮЧЕНИЕ
ВЫДРА
ПРОСТИТЕ
БОЛЬНОЙ
ФУНДАМЕНТАЛЬНЫЕ
ЯРКИЕ
ПОД
ПРОИЗОЙТИ
ТИП
КОМАНДА

Puzzle 146

ТЕТЯ
ГАЛСТУК
ПРЕПАРАТ
ПРАВИТЕЛЬСТВО
НУЖЕН
ЛЕЧАТ
ХОЗЯИНА
ГИГАНТСКИЕ
ПЛЕЕР
ХОББИ
СОРТИРОВАТЬ
ЖЕРТВУ
ПРАВДА
ЖЕЛЕЗО
ПУСТЫНЯ
АГРЕССИВНЫЙ
ТЕПЛОВОЙ
ВЕЧЕРИНКИ
РАЗЛИЧНЫЙ
НАЧАЛ

```
Т Е П Л О В О Й Р Ф Т С П Р Л В Т
Н Л С Г А П М Е А А О П Л М И Е С
Т С О И Н Ч Р Е З У И А Т Т В Ч О
Г Е Р Г Р Л А Е Л В С И Н Е У Е Р
А П Т А Г Е Е Н И Т А Р А П Е Р П
Л Л И Н М О Р Л Ч Р Д Н О Л С И Е
С Е Р Т Л Ц Р Л Н Е В П И Т О Н И
Т Е О С Ж О Т И Ы Ж А У Б Я Е К И
У Р В К Е Л А А Й Р Р С Б Т З И С
К Т А И Л Л Е Ч А Т П Т О И Е О А
С Р Т Е Е Т Е Т Я И Е Ы Х Р Е С Х
Т Н Ь Т З И Л А С И Т Н Е Ж У Н Я
И Р Ф Е О С У Д У Т Р Я Л У Т М Е
Е П С С П Р А В И Т Е Л Ь С Т В О
А Г Р Е С С И В Н Ы Й Т А И Ф И У
```

Puzzle 147

```
М А Н Т И Ч Н Ы Й А У Р Л П У И Э
Т А Г У О А У Т Е Р А Б О Т Ы З Л
Е У К Т М И У Е У У В У Ц Н А Б Л
Д Н О С З А П У С К А П А Р У Е И
Р И Ц С И С П И Т Л Р И Н Е Р Ж П
А И М Е Е М С И Р Е О Т С Е Е А Т
К Е Р Р Д М У И Н А Н М А О Д Т И
О Р Т П Ы И М М О И И С И Д К Ь Ч
Н С О Р Т Н И Ч Е Г О Н У Е О Е Е
Р Д О С Т И Ж Е Н И Е И Д С Н У С
И О Е Е Е Т У М У Д Ф Н Т Е Л С К
Т Р С С И Т Т А С Н Л В И Е К И И
Е Е Ь Т У Н Р Е Б О Т Т З У Т С Й
Е Ы Н Н А В О Р И Л О З И О Н Ц Р
М Н О Г О Р А З О В Ы Е В А Г О Н
```

ПРЕСС
РОСТА
ОБЕРНУТЬ
ЕДЫ
ВАГОН
РАБОТЫ
ЭЛЛИПТИЧЕСКИЙ
МНОГОРАЗОВЫЕ
ПАРУ
ДОСТИЖЕНИЕ
ИЗБЕЖАТЬ
НИЧЕГО
АНТИЧНЫЙ
ВИЗИТ
МАКСИМУМ
ДРАКОН
ИЗОЛИРОВАННЫЕ
РЕДКО
ИНДЕКС
ЗАПУСКА

Puzzle 148

ИЗМЕНИТЬ
РЕЧНОЙ
ДА
ОКЕАН
ПУГАЛО
ВНУТРИ
КРЫТАЯ
ПУТЕШЕСТВИЯ
ПИТАТЕЛЬНЫМИ
ВКУС
АДМИНИСТРАЦИЯ
ВСТРЕТИТЬ
ТЕЛЕСКОП
СИДЕНИЕ
КОРОТКИЙ
ПОЕЗД
ЧЕРВЬ
ТРЕВОЖНО
УЖЕ
НАРОД

```
К Т Т Н С Т П Т Т Е И О П Л Т С К
О Д И А И Е И П Н Р С М С О Н В Р
Р Т Е Р Д Л Т Р Т А Е Е Е Г И М Ы
О П И О Е Е А Е Т И Е В Е А Т Е Т
Т С Ц Д Н С Т А О У М Р О М Т В А
К Е И У И К Е П Ч М Н И И Ж Л Е Я
И А Е И Е О Л Т Е Ж У В Н А Н Н Ф
Й П О М Н П Ь С Р Ф Е И М М Т О А
Е О Л Р Р С Н И В И З М Е Н И Т Ь
Т Н А Е К О Ы Н Ь Т И Т Е Р Т С В
Ф О Г Т Р Н М Т И И У Р О М П Н И
В К У С С М И Е П П О Е З Д О М А
Р С П У Р П У Т Е Ш Е С Т В И Я Р
А Д М И Н И С Т Р А Ц И Я Д А С О
У Р М У Р Е Ч Н О Й Т Н Ф Л Е Л О
```

Puzzle 149

```
Н И Ф Ь Л Е Д С П Н Л А С К А В Т
Я А Ч Я Р О Г И О Р У Н О Е И О П
З Ц П У О Т С Н Л О Н Л О Е М И С
А К Д О Л Я У И У Ц Т Ц Е С С Р Р
Б Г Р Е М Я П Й Ч Е У Е Т В К И С
Р О П Н У Н К П А В Е Л С Н О И С
О М Р Д С Д И А Т И П Р Я У Л Й И
Н Ф И И И Е Р Т Ь В И Н О Г Р А Д
И У Т П С Л К О Ь Т С Р Е Ш У А Б
Р У О Р Т С Ы Б Д П О В Е С И Т Ь
О Н И Н О О М И Е Л Т В Т Ц С А А
В М И С Ц П О Ж В Т Т Е И У Л Н О
А К Л Е Т К А А Д М Р М П С С Я Ф
Т М М Л О М Т Ю Е А О Е Т Б И Ф Б
Ь Н М Т Г А Т Т М У Г М У О И Е О
```

КРИК
НОСКИ
ШЕРСТЬ
ЛОДКА
ПОСЛЕДНЯЯ
ПОЛУЧАТЬ
ЛАСКА
ЗАБРОНИРОВАТЬ
БЫСТРО
НАПОМНИТЬ
ПОВЕСИТЬ
ОБИЖАЮТ
ГОРЯЧАЯ
КЛЕТКА
ВИНОГРАД
ДЕЛЬФИН
СЛЕВА
МЕДВЕДЬ
НУЛЕВОЙ
СИНИЙ

Puzzle 150

ОНИ
КРЫЖОВНИК
ПРИМЕР
СТРАННОЕ
МИГРИРОВАТЬ
КЛАСС
МОТЕЛЬ
ХЛОПОК
ГОСУДАРСТВО
МУЗЫКАЛЬНЫЙ
ПОТОМУ
КУРТКА
ЗАПУСТИТЬ
ПРОДОЛЖАЙТЕ
ЧАШКА
ГРАЖДАНСКИЙ
СТОП
ЖИВОТНОЕ
ВЛАЖНЫЙ
ДЕНЬ

```
Г З Т Т Р М М Ь Л Е Т О М П Р И М
О В А О Р П Н Т Е О Н Н А Р Т С У
С И У П Я Б М И Н Н О И Л О М В З
У Г В П У Ц Л А Ц Т И Е О Д И Л Ы
Д И Р Р Е С А Н Т О Ч О У О Т А К
А И Б А Е В Т П О В А Т П Л И Ж А
Р Е И П Ж С Л И И И Ш П Т Ж Ф Н Л
С К И Р С Д П У Т Ж К О С А Н Ы Ь
Т Л Т И У Т А М Л Ь А Т К Й Д Й Н
В А И М Т С О Н Т С С О У Т Е Т Ы
О С М Е А О Р П С Ф Н М Р Е Н Е Й
Т С И Р Т М Ф Т А К Т У Т Д Ь И Б
К Р Ы Ж О В Н И К У И У К М Т И Р
М И Г Р И Р О В А Т Ь Й А Т С Т О
Р А Н Х Л О П О К Д Е О Р Р Н А Л
```

Puzzle 151

```
Е Д В Й Г Е С О Т Т И М Т Е Р Д П
Н Ж У Ы Е Н Д М А И У П О Ь А Ы Р
П Е С Т Б И И Т Е А Р Е С Т С Р И
Т Н И С О Е Е Л М С Р О Е А П А В
С Т В И Т О Р П О Т Ь Т И В Р М Л
Н Л Е Н О П О И Т Й О Е М Р О И Е
Е Ь Н Т Е О Р Т Т Е П Ц А Е С Т К
М М Ц Я И Л Т А Д Е Б Н А Р Т М А
С Е С П Н Е У И И Ф Ф И Л П Р У Т
Е Н О И Л Ч П У К Т Е Щ Ф С А Р Е
Н Т Р П Е М Е Р А Н Л О В О Н С Л
Е М Н А И О Е Р Я М Л Т Е М Е Н Ь
М И У И Е Р Т Н Е И Д Е Р Г Н И Н
О Н У И Д Г О В М Т Е Е У И И И А
И С М Л Ф У Р Д Е Т У И М И Е О Я
```

ГРОМЧЕ
ДЖЕНТЛЬМЕН
ГНИЛОЙ
ПРОТИВ
АРЕСТ
ДЫРА
ОТЕЦ
ИНГРЕДИЕНТ
ПЯТНИСТЫЙ
ПОЛЕ
БЕДА
РАСПРОСТРАНЕНИЕ
ВЫБЕРИТЕ
НА
ПРИВЛЕКАТЕЛЬНАЯ
ДИКАЯ
ПРЕРВАТЬ
ЩЕТКУ
ВОЛНА
СМЕСЬ

Puzzle 152

СТЕНД
КРАТКОЕ
ПРОФЕССОР
КРУТО
БЫЛО
УЧЕНИЕ
РАССКАЗЧИК
ЗАПОВЕДНИКИ
УВЕРЬТЕ
ЗАМЕНИТЬ
ВЫВЕСТИ
НЕРЕГУЛЯРНЫЙ
ГЕОГРАФИЯ
ОБЛАЧНО
КАРТЕ
ГОРНОСТАЙ
ЖЕЛАЮ
ПОСТРОИТЬ
РЕФОРМУ
ТЕ

```
Г И З А П О В Е Д Н И К И У Т И Г
Н Е Т М У В Ц А У И Е П О Н И Д У
Е Т О Н Ч А Л Б О Е О Р Б Т П С Н
Р Ь Л Г У М У П И О Н Е М О О С И
Е Р Ы Г Р Ю П Р Т Т М Т Л П М Л У
Г Е Б О К А А И Ь Т И О Р Т С О П
У В Р Р Р Л Ф И Т О А А Т Е И Е Р
Л У И Н У Е К И Ч З А К С С А Р О
Я М П О Т Ж И Т Я О Е Е Е Р У Р Ф
Р Р А С О М И С З А М Е Н И Т Ь Е
Н О М Т Ф Д Н Е Т С У А Т О А Е С
Ы Ф Д А О А Ф В Д Е Р Е Р Р П Ц С
Й Е Е Й Л В Е Ы М И Р Е С Т А О О
Т Р Т М И П В С Н И Н О Т Р К Р
О Ф У У Ч Е Н И Е О К Т А Р К Т А
```

Puzzle 153

```
И Р А С П Р Е Д Е Л И Т Ь Л Т Т М
К З П Р О И З Н О Ш Е Н И Е К Н А
А И В Е Н И Л Л М Я И У Й П А Е Л
М С С И С П Ю И Ч А С Т Ы Е Н И О
П И Н И Н О Д М Т Ш Р И Н Р Ь З Н
А Е С Е И Е И Е И Ь У У Н Т С П Ж
Н В И С П К Н Н И Л О А Е Н М Т О
И С Н Т Р О Т И Д О У Г О Р И Л М
Й Т Т И О Т В М Я Б М Е К Е Е И З
В Р Е З К О Е С С Е Т Т О Р М Е О
А Ы А А Л Н Е Ю Л Н А П О С И В
А С З Р И О Р А С Д Н У С Е О Р И
Т У У О У М Е У Ы Е У Я Е У А И С
О О И И В О И С Н И Е Е Б Ф Т Р А
П О Х О Ж И Е Е Л П Т И О К Е К С
```

МОЛОТОК
ЧАСТЫЕ
ВЫЗОВ
КАМПАНИЙ
РАСПРЕДЕЛИТЬ
РЕЗКОЕ
МАЛО
БОЛЬШАЯ
СЫН
ИЗВИНЕНИЯ
ЛЮДИ
СМИ
КЕКС
ПОВСЮДУ
ИЗ
ТКАНЬ
ПОХОЖИЕ
ОБЕСПОКОЕННЫЙ
ПРОИЗНОШЕНИЕ
ВОЗМОЖНО

Puzzle 154

ТРУС
КОРОНА
ЛЕБЕДЬ
ШАБЛОН
РАССМОТРИМ
ШАМПУНЬ
ПРОСТРАНСТВО
РЕПУ
ДОВЕРИЕ
МЕНТАЛЬНЫЙ
САЙТ
ПРЕДОТВРАТИТЬ
ЛОВИТЬ
ТЕПЛО
ГРЯЗНЫЕ
ДОСТАТОЧНО
СУШЕНЫЕ
ФУНКЦИЮ
ПРЕДЫДУЩЕЕ
ПЕРЕЦ

```
Г О М Е С О К Н П Е Р Г А Ь С И А
П Р С Н А С Е О Н Ч О Т А Т С О Д
Р Л Я Р Е П У В Р Р А М Д И Р Е М
Е Е И З С А И Т И О Л П Е Т П Н Е
Д Б Е Л Н У Т С Т И Н Ф Л А Л П Н
Ы Е А Е Р Ы Е Н О Л Б А Ш Р Л Е Т
Д Д С Т Е С Е А М О С С Т В С Р А
У Ь Ф С А Й Т Р Е Т И И Е Т С Е Л
Щ Е О О О Ф Ь Т И В О Л Ш О У Ц Ь
Е М И Р Т О М С С А Р Т А Д Ш М Н
Е И Р У С О Е О Р Л П Р М Е Е Е Ы
Д О В Е Р И Е Р Б Е Р У П Р Н Е Й
Ф М И Е О Н Т П Р И Н С У П Ы И Л
О М И Д Т Б С Т Р И С А Н И Е У И
Т О О И А Ф У Н К Ц И Ю Ь Л Р Е Н
```

Puzzle 155

```
А И Е М Ч И С Т Ы Е О К С И Т Д С
Т Н М У И М С П У Л Б О Е Л О С К
И В А Ж Е П И Р О У С Н М А Е П Л
Е Я Ф Ч У Т Е И И О Л Т Ь А И Н А
Д Н А И У Т О Н Н Е Е А Е М Б Р Д
К И Р Н Е С Н И И М Д К Т Н Е С К
О Р Г Ь Ь О Ь М Н О О Т Т У Т И У
Ш М А Е Е Л Л А А Н В О Д Е Ж Д У
И У Г С О Т И Я Д Е А Л А Г Е Р Ь
О М В С И С Б Ж Т Н У У И О У С
О О Т П Л В О Л А А И М Н Н Л И Ф
О А Т Л У П Ы М Р Т Я Е И С Е Н О
У С Д Н Е И Е Й Г Р С И О У Ж Е О
У И Е Р У Б А Ш К А Е Е М Т Я Т Р
С Т Т Л В Ы Ж И Т Ь У В Н В Т Т Д
```

МОНЕТА
СКЛАДКУ
ВЫЖИТЬ
СЕМЬ
ОБИЛЬНОЕ
ОБСЛЕДОВАНИЯ
ПРИНИМАЯ
КРАСИВЫЙ
ГРАФ
ТЯЖЕЛОЕ
РУБАШКА
МУЖЧИНЫ
ЧИСТЫЕ
КОНТАКТ
ЛАГЕРЬ
ШОК
ОДЕЖДУ
ГРАЖДАНИН
НЕСТАБИЛЬНАЯ
ОСЕЛ

Puzzle 156

ТЕМА
СПОСОБ
ЛЕСТНИЦУ
РЕСТОРАН
ЗНАМЕНАТЕЛЯ
ГОЛОСОВАТЬ
ЛИМОНАД
НЕСЛА
ПОЦЕЛУЙ
НЮХАТЬ
ЗАМОК
МЕБЕЛЬ
НАБОР
ПОЛОСА
ОВОЩНОЙ
ПРИВЫЧКА
РАКЕТА
СОЦИАЛЬНЫЕ
ЕЗДИТЬ
СОЛО

```
А Е М А П Л М Т С О Е И С Н А Н Н
Т Р Н Й У Л Е Ц О П С П С Д М Е А
Л И М О Н А Д С Л Л Б О С О П С Б
Е Т У Н А С С О Т М Е Б Е Л Ь Л О
С Е М Щ Р О Р О В Н И Ц И Р Т А Р
О М О О О Л Р А Ц О И О О Н И Р А
Л А П В Т О Р О К И Н Ц У Т Д М А
О Б Н О С П Е И О Е А Е У Р З И С
С Е А А Е Т В Р М С Т Л М Л Е М Н
М Н П О Р Ф Н М А Е С А Ь М Е О А
Л У Н Б А И А Н З Е Л Е Т Н А М Е
Т У Г О Л О С О В А Т Ь С Р Ы И У
Л И О П О Т И Р У С У А Е Л Б Е Е
З Н А М Е Н А Т Е Л Я Н Ю Х А Т Ь
П Р И В Ы Ч К А С Е Н М И Е Т У Ф
```

Puzzle 157

```
П Н С Р С Ф Т Е П О Е П Т А П Р Ш
П О Т Т У П В С Ф Й Г Е Б О П А К
О М С О А Е Т И И Ы Р Р И Р Р З О
Д Е А В П Р И Я Т Н О Е И А А Р Л
Н Н П И Я Ь О А М Ж Т Ч В М К А У
И А А П Л Т Е Б И Е И Е Р У О Б С
М В З Н О Я И З Р Н М Н В Т В О М
А О Т М Д Н К Т А А А Ь Р П И Т Н
Т С Е А Р С Н Т Ь Л Т С А М Н К С
Ь А Р Н Р Е О Е Т Р И Н У У А И А
О П Р Е И Т Л Т О С Ь Т А В О Р К
Е О П А С Ы О В Л М Т С Ь Я М М Р
У И О Е А В К О Ч Л О Т Е Н Е У И
С Р Е Д И Р И Е Ц Т Т Р Р О И Н Б
И Р Н П Ф Р Н И М Л Т Т И Е Т Н И
```

РАКОВИНА
КОЛОНКИ
НЕЖНЫЙ
АНЕМОН
РАЗРАБОТКИ
ПРИЯТНО
ШКОЛУ
ПОДНИМАТЬ
ТОЛЧОК
ЗАПАС
КРОВАТЬ
ВЫТЕСНЯТЬ
ПОБЕГ
ПЕРЕЧЕНЬ
ЗАЛИТЬ
ДОЛЯ
СОВА
ПОСВЯТИТЬ
СРЕДИ
ОБРАТНАЯ

Puzzle 158

ЗАЩИЩАТЬ
КОШКА
ГОЛОСОМ
ЛЕДИ
ФУНТЫ
ИСПУГАННЫЙ
ИМИТИРОВАТЬ
ОБЪЕКТ
КОНДОР
ЖЮРИ
ПОНИМАНИЕ
ВМЕСТЕ
СЛАЙД
ВНИЗУ
ИСКАТЬ
ЧИСЛИТЕЛЬ
УДАР
КРАСНЫЙ
МЕРУ
ИНДИВИДУАЛЬНЫЙ

```
Е Р Г И Я С О С У С Т К О И И Р Ц
И И О С С Т Д Б Т Р Н О М Н С М Н
Т У Л М Л П Р Т Ъ С Н Ш Е Д К Е Л
У Ь О А Л А У И Д Е Л К И И А У П
Е Т С Ф С У Й Г И Е К А Н В Т Д С
П А О Л О О Ы Д А И Л Т Е И Ь А Т
С В М У З И Н В И Н Е В Л Д Н Р Л
Г О О С Л И С Д У А Н Е Р У Р Е М
И Р Т И И Ц А Т У М А Ы О А О Т У
И И Д Е Л А Р И И И У Т Й Л Д С У
А Т М Е У М К Т В Н С Н Т Ь Н Е Т
Ч И С Л И Т Е Л Ь О П У Г Н О М С
Л М П Л У М Е Е Е П Е Ф Т Ы К В С
П И А У Ж Ю Р И Н Е И Р Л Й И И Р
Е Л В С З А Щ И Щ А Т Ь Е А Н Р М
```

Puzzle 159

```
В М Е И П У Н К Р И Т И К А Л Л П
Е Д О И У А М А К Е В Е У О Р Р О
И А О Е Н Р О К К Т С М Т М Е И Е
А И Н Х И Д Е Б Е А Г Л А В А Е И
Н Р К С Н Л П О И С З Р С Т С Е Н
М У О М И О У Р Б Ш Е А Т У Л К С
К Р О Л И К В П Е У А И Т Т И У Е
П О Д Х О Д Е Л И Д Е Т Н Ь В П О
Р Г И Т Е У В С Я П С Р М М Ы Е С
О У В А У Н Л А Я Ю Ь Т И Н Е Ц О
В К Л Ю Ч А Ю Т Я П Т Р А Е Ф П П
О Н Л П И Р С Н Д О У Р Я В С М А
Г С С И А М И О С З С У А М Ь Ф Т
О В И С Е Е У Т Е Ж Е О Н О М Т И
Д Й Ы Н Ч И Т Я С Е Д И У Р И Р Е
```

ВКЛЮЧАЮТ
ГЛАВА
ДЕСЯТИЧНЫЙ
ОЦЕНИТЬ
ДУШ
ПРОБКА
КРОЛИК
ТИГР
ВДОХНОВЛЯЮТ
ПОЗЖЕ
СЛИВЫ
ПРЕДСТАВЬТЕ
ПОДХОД
ДОГОВОР
КУПЕ
ЯД
ОКНО
ВЕКА
КРИТИКА
НАКАЗАТЬ

Puzzle 160

ЭВАКУИРОВАТЬ
ОСТАВЬТЕ
ВВЕСТИ
КОЛЛЕКЦИЯ
ТОЛСТОЕ
ФОЛЬКЛОР
НОСИТЬ
ПРОЩАЙ
НО
ПРИХОЖАЯ
СПРОСИЛ
РЕБЕНКА
МУКА
ПУТАТЬ
ПРОСТОЙ
СЛЕДУЕТ
ЛИБО
СЧЕТА
БЕЙСБОЛ
ЛУНА

```
Т У Р С Э У М А К У М Е В Н Т Ф И
Е О Т И В Т Т П О А Р О И Б И О И
И У Ь Т А Т У П Л С Е О И Р Е Л Е
Д М Т Е К У И Т Л Е Л Я Т В О Ь С
У И И У У Т Т О Е О Я Е Р Н О К П
А Л С Д И И Е У К Б Е Е Л У О Л Р
М С О Е Р П И Д Ц Б С М С Н Е О О
Л Ф Н Л О Т Р О И Т С Е В В А Р С
Е У О С В О С О Я А Ж О Х И Р П И
С Р Н Т А Л И Б Щ И Е И Т Я У И Л
А Н И А Т С Н И М А К Н Е Б Е Р А
И Н О Т Ь Т Т Л А Е Й О Т С О Р П
Т Е М Е Е О У Б Е Й С Б О Л В Т М
О Р Т Ч У Е Т Ь В А Т С О Л Р Р Р
И Е У С И Л И Е С С Р Т Т Е Е
```

Puzzle 161

```
К Э Л Е М Е Н Т А Р Н О А О Н М В
Е Л О В У Д С Е О У О Н Е Е Р А З
У С У П А П В М Т С Е Ч А Е И О А
У Е О Б О Т Л Б О И И Ы Е Е Т Б И
Д А В Л Е Н И Е Т Т Й Б У И Л Щ М
П О Л О Ч Н О Г О О Ы О И М Е Е О
Е Ы М И С И В А З Е Н Д И С Т С Д
З А П А Х Р У Е И М Н Е О У И Т Е
Н А У К А С Е А Ф Ф Е К Т Х О В Й
О С О И У Е И Р О Е О Н Е А Д О С
Н Е Е Н И Д Е Р Е П В И В Я Ю Ф Т
А П Е Л О О А Р П У Я Д Л М Л Р В
О И О Н Ь Л А Н О И Ц О М Э Б Д И
Т О П О У Н Т Е В С Д Ц С А И Я Е
У Р И У А Р Р М И И Н Н М Е И И Т
```

ОБЩЕСТВО
НЕЗАВИСИМЫЕ
ОБЫЧНО
АФФЕКТ
ДЛЯ
ЗАПАХ
СУХАЯ
ВНЕ
БЛЮДО
ПАПУ
КЛУБ
ВОЕННЫЙ
НАУКА
ЭМОЦИОНАЛЬНО
ЭЛЕМЕНТАРНО
ПОЛОЧНОГО
ДАВЛЕНИЕ
ВПЕРЕДИ
ВЗАИМОДЕЙСТВИЕ
ОДИН

Puzzle 162

КАЧЕСТВО
СЕМЬЯ
ПОЛОТЕНЦЕ
ПОЛУЧИТЕ
КОЛОКОЛ
СРАВНИТЕ
КОМНАТУ
МАЛОЛИТРАЖКА
ВИРТУАЛЬНУЮ
ДЫШУ
ДОБАВИТЬ
ВОДИТЕЛЬ
ПЛОСКИЙ
КАМЕННАЯ
КОРИЧНЕВАЯ
СПАТЬ
ТОЛЬКО
ПОКА
КОРОЛЬ
КОЛЕБАТЬСЯ

```
М Е И С Р М Л Р П П Т П Р Я П У У
Р Е Р П У Ф Е У Е Л Н Т У А О П Е
А К Ж А Р Т И Л О Л А М И Н Л О М
Е К И Т Ф М Т С У В У Р Е Н У Л И
И Т О Ь Л О Р О К Н И Н Е Е Ч О Т
С О И П И О К Ь Л О Т Р Н М И Т М
Н Т О И А Н В С М П Н Р О А Т Е В
И Т Ф С Я С Ь Т А Б Е Л О К Е Н О
Н Е И У Е П Л О С К И Й Л С А Ц Д
М С А А М С Я Ь М Е С Н С Р О Е И
К О Р И Ч Н Е В А Я Ч Д А О М И Т
Д Ы Ш У Н Д М Д Ц У Т А Н М О К Е
В И Р Т У А Л Ь Н У Ю А К Е А О Л
С Р А В Н И Т Е Д О Б А В И Т Ь
П Е Р К О Л О К О Л Р М Т И Д У О
```

Puzzle 163

У	И	Т	Е	Д	О	С	А	Н	И	С	Л	У	Р	У	Ф	С
Е	Е	Е	Л	Е	Е	О	П	У	Л	Г	И	Е	Д	Т	О	К
П	Р	Ф	У	И	К	Л	Ы	Т	У	Б	Т	О	А	Р	Р	Р
И	Р	А	О	Й	И	К	О	Б	У	Л	Г	С	И	О	Т	О
М	О	Н	И	Т	О	Р	Т	У	М	О	Е	Б	М	М	Е	М
Л	Р	В	У	Л	Ь	С	О	Л	И	В	А	Р	Н	О	П	Н
Е	И	М	Е	Я	Н	А	З	А	Д	С	Л	И	Е	У	И	А
А	М	И	Ь	Т	И	В	О	Т	О	Г	Д	О	П	Д	А	Я
У	С	Л	У	Г	И	Н	Н	С	Р	Е	П	У	О	Е	Н	М
А	А	С	Т	Л	О	З	Е	Р	О	Р	Р	У	Т	Л	О	Е
И	Д	Д	Т	И	И	Ц	И	Т	С	Е	В	Н	И	А	Д	О
П	У	М	И	И	Л	С	У	Р	С	И	И	С	М	Я	Р	О
К	Т	О	Н	И	Б	У	Д	Ь	И	А	О	И	Р	У	У	Л
Т	М	Й	И	К	С	Е	Ч	И	Т	А	Р	К	О	М	Е	Д
Д	С	Н	И	Н	А	Ц	И	О	Н	А	Л	Ь	Н	Ы	Й	У

ГЛУБОКИЙ
МОНИТОР
ТОП
НАЗАД
ПОНРАВИЛОСЬ
ИНВЕСТИЦИИ
ДЕЛО
ДЕЛАЯ
ПОДГОТОВИТЬ
КТОНИБУДЬ
ДЕМОКРАТИЧЕСКИЙ
ОЗЕРО
ФОРТЕПИАНО
РАСТЕНИЯ
БУТЫЛКИ
УСЛУГИ
УТРОМ
СКРОМНАЯ
НАЦИОНАЛЬНЫЙ
ГЛУПОЕ

Puzzle 164

БАНАН
БОИТСЯ
ФАКТОР
ЛЫЖИ
ОЖОГОМ
ПРЕДСТАВИТЬ
КОГДА
ЯЙЦО
ВЫИГРАЛ
ТОНКУЮ
СЕРДЦЕ
СОВРЕМЕННАЯ
ОБЫЧНЫЙ
ДАЛЕКО
ПРОДАВЦА
ИХ
ИНТЕРЕСНЫЕ
ПИЛОТ
ЗАЩИТИТЬ
ПОЛЕТ

П	А	Л	М	П	Б	О	И	Т	С	Я	У	Е	Е	Е	Е	У
И	М	Р	Н	О	А	О	К	Е	Л	А	Д	П	Е	Р	П	О
Л	А	У	А	Л	Ц	И	Т	Ы	Ц	М	Т	Ф	Г	Д	У	М
О	У	П	У	Е	Л	Й	Н	Н	И	Д	А	Р	Т	Е	Я	Р
Т	М	Р	Б	Т	И	Т	Я	С	С	О	Р	О	Т	К	А	Ф
И	Е	О	А	Д	Г	О	К	Е	С	И	Е	Е	Д	Л	Н	И
Р	И	Д	Н	И	Е	Т	С	Р	А	У	Н	С	С	П	Н	Л
В	Е	А	А	Р	Ф	Е	Т	Е	М	С	Ф	Е	У	Н	Е	О
Ы	Е	В	Н	З	А	Щ	И	Т	И	Т	Ь	М	Е	И	М	Ц
И	Е	Ц	Н	А	Ю	У	К	Н	О	Т	У	М	Б	И	Е	Л
Г	У	А	О	Р	Ф	Ь	Т	И	В	А	Т	С	Д	Е	Р	П
Р	Е	О	Б	Ы	Ч	Н	Ы	Й	И	Л	Ы	Ж	И	Е	В	С
А	У	Р	А	Д	Н	А	Т	Д	Т	Х	О	Ж	О	Г	О	М
Л	В	О	Л	Т	И	Т	Е	С	Г	Т	Е	О	А	П	С	У
Е	И	Е	У	Т	И	Н	Н	И	И	Т	Т	Н	Т	Т	Л	Н

Puzzle 165

П	Е	И	Е	У	Д	А	С	И	А	С	Е	Ф	Ф	П	Н	И
И	Л	Я	И	Е	С	О	О	О	У	И	И	Е	Б	Т	Р	Т
Г	П	А	М	И	З	У	Л	С	С	У	У	Р	Р	И	И	М
Н	О	Т	С	У	А	П	Ж	О	Л	У	М	А	У	Е	Е	
О	Л	С	Е	Т	У	С	Н	А	Е	С	О	Е	Р	Е	Т	У
Р	И	И	Е	Щ	И	Л	Е	Р	З	Н	М	Р	Т	У	С	О
И	Т	Ч	Д	С	О	К	В	С	О	О	Т	Н	Е	С	Т	И
Р	И	О	Т	В	Т	Е	О	Т	П	И	Е	Я	И	Ц	Т	К
О	К	Т	О	Р	А	Р	Р	В	Т	Е	У	Г	И	Т	Р	Ч
В	А	Н	Н	А	И	Е	У	Е	Ы	И	У	Н	Н	С	И	О
А	Ц	Н	И	В	С	П	И	И	Р	Е	А	Е	И	Т	У	У
Т	А	Л	Ь	Т	С	О	М	И	О	Т	С	Н	А	А	О	А
Ь	У	Е	М	И	Р	П	А	Р	Б	Е	Е	О	Т	Л	О	У
П	Р	О	С	Н	У	Л	С	Я	Ы	Е	А	К	Т	Ь	С	Н
Л	Е	М	А	Г	А	З	И	Н	В	Е	Е	Л	И	С	У	Т

ПОПЕРЕК
ЯГНЕНОК
СТАЛЬ
ПОЛИТИКА
УРОВЕНЬ
ИГНОРИРОВАТЬ
СТОИМОСТЬ
СООТНЕСТИ
ВЫБОРЫ
ПЛАСТИКОВЫЕ
ПРОСНУЛСЯ
ОЧКИ
ДОЛЖЕН
ДВА
ФЕРМЕР
ЗИМА
ЧИСТАЯ
СВИНЦА
ЗРЕЛИЩЕ
МАГАЗИН

Puzzle 166

ГОРДО
ВЫ
ЛЯГУШКА
СБОРКА
ОПРЕДЕЛИТЬ
БЕДНЫЙ
ЖЕЛЕ
БОГАТЫХ
ПЯТЬ
ИССЛЕДОВАНИЕ
ЖЕСТКАЯ
ОШИБКА
УПРАЖНЕНИЯ
НАОБОРОТ
ИГРАТЬ
ЭКСПРЕСС
ПОГИБНЕТ
ОДНОРАЗОВЫЙ
АВТОМОБИЛЯ
РЕКОМЕНДУЮ

А	В	Т	О	М	О	Б	И	Л	Я	Т	Р	И	Т	Н	Б	Л
О	И	С	С	Л	Е	Д	О	В	А	Н	И	Е	Т	Ж	О	Я
Р	П	В	О	Е	Г	Е	Д	М	И	М	У	С	Е	Е	Г	Г
Н	А	Р	С	Л	И	Н	Р	Т	Б	У	Р	А	Н	Л	А	У
Л	А	М	Е	Р	Е	К	О	М	Е	Н	Д	У	Ю	Е	Т	Ш
Р	Н	О	Е	Д	Е	У	Г	О	В	Ы	О	Р	О	Т	Ы	К
Н	С	Т	Б	И	Е	П	О	Г	И	Б	Н	Е	Т	И	Х	А
С	П	Н	И	О	Е	Л	С	П	Т	А	М	Н	У	О	П	Ж
Н	Б	С	И	О	Р	Я	И	Н	Е	Н	Ж	А	Р	П	У	Е
О	Т	О	Л	И	Н	О	Т	Т	О	Е	Е	Н	С	Т	А	С
О	И	Ф	Р	У	С	П	Т	Н	Ь	Т	А	Р	Г	И	О	Т
И	В	Н	А	К	Б	И	Ш	О	Т	Т	А	И	П	О	Ц	К
И	С	У	Т	О	А	О	Е	А	Я	Р	Т	Р	А	П	У	А
О	С	Д	Т	В	И	Э	К	С	П	Р	Е	С	С	И	И	Я
О	Д	Н	О	Р	А	З	О	В	Ы	Й	Ы	Н	Д	Е	Б	Н

Puzzle 167

```
Е С Д О В Т С Д О В З И О Р П П Д
Б О Р Б Е А У П Б Е М А Л М Р К И
З С Е С Е У Ф Я Н Д О Г Е С Т А С
Е А Т Я Н А З У О К У П И Л У Т К
С Д Р О Е Х Д С В Д П С И И Л Е У
О О С А О О У О Л О В И Ф С Е Г С
У С С Е Б П Л Н Е А И О Д Т Ж О С
Й О Ш Ь Л О Б Е Н Е Я Р Й Т А Р И
О Н Т Т И У Т И И А Т Е Н Н Л И И
П И Р Н Я И Е А Е И Е А Л О О Я Е
А У Г И И Е У Е Т Р Ф В У Ш Е Й Е
С Р М Р О М И Л Л Ь Т И Л А Д У А
Н В А А Ы И Н С Т Р У М Е Н Т Е У
Ы О Т Т Е П А В И Д Е О У Р И П Н
Й Н Т Н Н О С О Л Н Е Ч Н Ы Е И А
```

ВИДЕО
ИГРЫ
ОБНОВЛЕНИЕ
ОПАСНЫЙ
ИНСТРУМЕНТ
ПРОИЗВОДСТВО
СЕГОДНЯ
ЗАРАБОТАТЬ
УДАЛИТЬ
СОЛНЕЧНЫЕ
КАТЕГОРИЯ
ДВОЙНОЙ
НЕБОЛЬШОЙ
СОДА
ЛЕЖАЛ
ХОП
КУПИЛ
НАШ
ЗАНЯТА
ДИСКУССИИ

Puzzle 168

ОЧЕВИДНО
ПРОДАТЬ
ГИБКИЙ
САМЕЦ
ПРИЗНАТЬСЯ
НИЧЬЯ
КРЫШКА
СЕБЯ
ТРАГИЧЕСКИЙ
ЛЮБИМОЕ
ПРОБЛЕМА
ВНЕСТИ
АТОМНОЙ
ОПИСАТЬ
ОТЕЛЬ
ХОЧУ
ВХОД
ДВЕРЬ
РОКОВОЙ
СЛОМАЛ

```
И Т Е Р Б Н С Б Н Е Д О Х В А А Е
И И О И С Н М Й Е У В В Т Е А А Ь
Х О Ч У С Е Т И С И Е О М И Б Ю Л
В Е У Т Р С М К И Я Р Т И А П Т Е
О Н Т Е И О Я Б Е С Ь О И А Р С Т
Т С Е О Ч Е В И Д Н О Ч Р Е О А О
Й И К С Е Ч И Г А Р Т О И Т Б М Д
У Е Е Ь Т А Д О Р П Ц П Н Н Л Е А
Р А Р М И И И М О И Р И Г Е Е Ц И
Е К Т У И Р Н С Ф Е С С Е Е М О Р
Д Ш И О Е С С М У Г У А И Е А Е Т
Ц Ы Л А М О Л С И Е Н Т Р О Т Л О
У Р С Г Т Н И О В Б У Ь И У И Т У
Е К С А С О О П Р И З Н А Т Ь С Я
С М Е У Р Е Й О В О К О Р М Л Л
```

Puzzle 169

```
А Р Т И В С А Е П О М В П Р М Д А
У Т С Е О Р Н О Е Б Д Л Ц О Е Е Р
Л С Н Р Ф О Ф Н У Е В П Е Е И Р Е
Л Н Р Я Н А И Д М Г А К Т У А Е Е
С Ь Т С О Н Ч О Т Е Д А Е С Т В Г
С Е Ж Т Е Е Р Л Ц М Ц И Ц Р Е Н Л
К Р З Е И Н У О Н О А Л О П С Я А
О У А А Н Р Н Г С Т Т М И Т Р Е З
М Л Х В А Щ С О О М Ь С Н Ц П Л А
П У В Ы Н У И Т Т М Е И У Е О Е Д
А Ч А З И Т Ш Н С Л У У Е Е А Н И
Н Ш Т А Л И У Е Ы С У Щ Е С Т В О
И Е И Н К И Ф Г Я Л Е Д Е Н Т А И
Ю Е Т Е А Т И А В П И Ц Е Н Р С У
М И Е Е З П Р Е Д П О Л О Ж И М М
```

УТКА
ЛИЦО
ЛУЧШЕЕ
ПОЛА
ГЛАЗА
КОМПАНИЮ
ЗАХВАТИТЕ
ЗАКЛИНАНИЕ
СУЩЕСТВО
ТОЧНОСТЬ
НАЗЫВАЕТСЯ
БЕГЕМОТ
ШЕЯ
НЕДЕЛЯ
ПРЕДПОЛОЖИМ
АГЕНТ
ГОЛОДНОЕ
ДЕРЕВНЯ
ЖЕНЩИНЫ
ДВАДЦАТЬ

Puzzle 170

МОМЕНТ
МАМА
ЗНАЧЕНИЕ
УМ
ДЮЙМОВ
ПРОМЫШЛЕННОСТЬ
БРЮКИ
ПЛАТИТЬ
УЛЫБКА
ПОМНИТЕ
ОППОНЕНТ
АРМИЮ
КРОМЕ
МУМИЯ
СРЕДНИЙ
СДЕЛАНО
ОБЕД
ЗНАЧОК
РАБОТАТЬ
МУТНЫЙ

```
В Л Р Л Ф Р Т Г И Т Н Р Р О О Ц П
О Т С Ю С Т М М Е И А Д Л П У М Р
М У М И Я Р С Д Е Л А Н О П Р Е О
Й И У М И Р Е Е Н М В М И О Т И М
Ю О У Р Е Л У Д Е Б О Е Т Н О Т Ы
Д С С А Е И Е Н Н Р Т Р И Е Я П Ш
И А Д К Б Р Ю К И И Т С К Н С Т Л
Л Т Р Б М У Т Н Ы Й Й И И Т Е П Е
Р И В Ы З Н А Ч О К Ь Е Е Е И Т Н
У Н С Л Т Е М Р А Б О Т А Т Ь Н Н
Е П И У З Н А Ч Е Н И Е И А И Р О
И У П Е М О М О М М Т О И Т В Д С
О И П О М Н И Т Е Т О Е Т Р А Т Т
У А М О М Е Н Т Д У А Е С А Ц Л Ь
С Я Н Р И У Е О Т С С Е Т И М Т П
```

Puzzle 171

```
А А П А Д Е Б Д Р Е Т С Ж Ф И Д О
Л М У Е Е Т Е А З А Ф У Е Ф У О Е
А Е О О Р Т М Л С У Е У Л О Р Ж Ф
О Н Д У С С Р Т Т К М Т У И Т Д М
Ф Р Е З И Я И О С Р Е У Д Б М Л Р
У И О Р А О А К Л Е Б Т И Ы Т И О
П Р Е Д Л О Ж Е Н И Е П Б Л Р В О
Б Л Ь Д У Б И Н А Д Г О К О А Ы Ж
М М Т К Р И Т И Ч Е С К И Й Л Й И
М Н А В О Н С П О К О Л Е Н И Я Д
И В Л М А К Е Т Е У Н Е Н Ф Е Т К
И П П Ц Е Л Ь О Б И Б Ц Е Т Д И О
Н Е П Р А В И Л Ь Н А Я Н И Т Ф С
С О С Т О Я Н И И Е И М С М Р М Т
Е Т М Е Е Т У М Е С И С И Д И А И
```

ЖИДКОСТИ
НЕПРАВИЛЬНАЯ
ПЛАТЬЕ
ПЕРСИК
ЛЕД
ДОЖДЛИВЫЙ
БЫЛ
СОСТОЯНИИ
БЕЛКА
БАСКЕТБОЛ
КОГДАНИБУДЬ
ЖЕЛУДИ
ФАЗА
ПОКОЛЕНИЯ
ПРЕДЛОЖЕНИЕ
СНОВА
ЦЕЛЬ
МАКЕТ
ФРЕЗИЯ
КРИТИЧЕСКИЙ

Puzzle 172

ПРОВОДИТЬ
ЧИТАТЬ
ЯЩИК
ПОСЛЕ
ГРАФИК
ПРАКТИКА
ГОРОХ
НАПИСАТЬ
КОММЕНТАРИЙ
БОРОТЬСЯ
АРЕНА
ОБВИНЯТЬ
НАДЕЖНЫЙ
КУКЛА
ПОГЛОЩАТЬ
ОТДЕЛЬНЫЙ
ВЕЛИКОЛЕПНЫЙ
ФОНД
ТЕЗИС
УШЕЛ

```
О Н Л Р Е У У Я Е У Р П И Е У А Ф
О Б В И Н Я Т Ь Щ С М Р Й М С Е Е
О Т Ц Д И Р И И Н И И О Ы У О М Й
Е Е А Л Р У В И А А К В Н Ш Д Д Ы
Е М У А Н М Т Е П Т М О Ж Е П Н Н
П С М Д У И Ф С И Р В Д Е Л С О П
П Р А К Т И К А С С Р И Д А У Ф Е
Н В Ф О М Н В Н А Г И Т А Е У Т Л
Т О Б М А Н И Е Т Е Р Ь Н Т С Е О
К У К Л А О Е Р Ь Т А Т И Ч З К
Х П О Г Л О Щ А Т Ь У С Ф С С И И
Б О Р О Т Ь С Я Т Е У И А И П С Л
А И Р К О М М Е Н Т А Р И Й К Р Е
У Н И О М У И О Е И Е Р Р Е Е Е В
У А Л И Г О Т Д Е Л Ь Н Ы Й Е Е У
```

Puzzle 173

```
Г Н Ж Е С Т К И Й Я У Б И Д И Е Ц
Р О Е Е И В Ф Е У Ь О Е У И А П Р
А Ж И П И Е С Р Е Т М Р С М О С И
Н И С Н Р В П Е Р Е Д Т И О А Л И
И Д О О О А Л А У Д М Т П Т Р Г Е
Ц А М Т Н Д В Е И И У Р О А П С И
Ы Т Т Д У Г М И С С В Н Ь Л О Р С
М Ь Е И Н Е Ч Ю Л К С И Е А Л У С
Е Р Р М Т С Т Р Т Ь В В И С И Н Ф
Р Р М Н О В П Т С Т Н Г Е И Ц Т У
Э К С П Е Р И М Е Н Т О Р О И М Т
И З Н О Ш Е Н Н Ы Й Е С Е У Я И Б
Б Л А Г О П Р И Я Т Н О Е Р Ш Р О
Н О У Е О С О Б Л Ю Д А Я Я И А Л
Б Л А Г О Р О Д Н Ы Й О С Н М Е Л
```

ВСЕГДА
ГРУША
БУМАГИ
ЭКСПЕРИМЕНТ
НЕПРАВИЛЬНОЕ
ВПЕРЕД
СОБЛЮДАЯ
ИСКЛЮЧЕНИЕ
РОЛЬ
БЛАГОПРИЯТНОЕ
САЛАТОМ
ЖЕСТКИЙ
ОТ
ИЗНОШЕННЫЙ
ГРАНИЦЫ
ФУТБОЛ
БЛАГОРОДНЫЙ
ПОЛИЦИЯ
ОЖИДАТЬ
СИДЕТЬ

Puzzle 174

ЛИСТ
ВОЗДУХА
СЛОВО
ПЕСНЯ
СКРЫТЬ
ЛЮБОЕ
ШИРОКИЙ
МНЕНИЯ
СТАНЦИЯ
ПАРА
ПОРТАТИВНЫЙ
ЗНАЛИ
СМОРОДИНЫ
РОСТ
ИСТОРИЯ
ШЕСТЬ
ОЦЕНКА
СОВЕТЫ
ОТСУТСТВИЕ
ТИШИНА

```
Е Е Е Я В А П Е И И У Р И Ф М В С
П И З Я И Ц Н А Т С И А Ц Н Е Ф Л
О М О Н М Е С Ы Н И Д О Р О М С О
Р Е С С А И Е С М И Ф У Р О С Т В
Т И О Е К Л Л И Т С Ш П Н С Н Р О
А Р А П Н Т И Е А И Д И О М В Т В
Т М И М Е О Б Ю Л Е Д Р Т Е Л П О
И У Е В Ц М Н Е Н И Я Ш И Е И Н З
В Т С И О С К Р Ы Т Ь А Е О С В Д
Н О Т С У Т С Т В И Е У О С Т П У
Ы Т Е В О С М И С Т О Р И Я Т С Х
Й И К О Р И Ш Е Т М Ф В Е И Н Ь А
И И С У М Т М Л У Е Л Н С Н У Я Л
Е У Е Т Д Т О У О Ф П Н А Н Е Т В
С У О Е Е И Е О Л С А Т И Л Д В Р
```

Puzzle 175

О Т О Р Б Т Л Ф Е И У Н Т И Т Т
Б М Г Б Б Е С С М Ы С Л Е Н Н Ы Й
Н О О И Ъ И Ф Т О С П Р Ы Ж О К У
А С В Н О Е М У Р Р Л О Т Е В Л М
Р Т О Т Т М И Р В У Е Л Е Л Р Т
У О Р Е А Й Р Р Н Р Е У С Т О А И
Ж В Ю Р И У М И Ь Т А С О Р Б П
И О Н Е И Д У Е С Ф Е А Е Н Е Р И
Т Е Л С А Е И А Р А Е Е Р С Т Н Ч
Ь Е И Н К Л Е П О И С К И З С Л Н
Н А М О Л С Ц Д С Т Е М Я А А Е Ы
Т К У Р И Т Ь Е И Л О С Я Р М А Е
Г У Б Ы Ч Н С Н Н Н С И У Я П Т У
Е Е А И О И Т Л У Т У Т У Д Т Л Ц
О Т В А Т Л С П Я И Р Ю И С Е Р Ф

ЗАРЯД
ЦЕНТР
ЛОСЯ
БРОСАТЬ
ОБЪЕМ
ПОИСК
ТОЧИЛКА
ПРЫЖОК
БЕССМЫСЛЕННЫЙ
СЛЕДУЙТЕ
МОСТОВОЕ
ИНТЕРЕСНО
ОБНАРУЖИТЬ
МАСТЕР
СЕРИЯ
КУРИТЬ
ТИПИЧНЫЕ
ГОВОРЮ
ЕДИНУЮ
ГУБЫ

Puzzle 176

ПРИХОДИТ
КОМПАКТНЫЙ
ОГРАНИЧУСЬ
ЧУВСТВО
ОБЛОЖКА
ВЫБОР
ТЕСТ
ИЗУЧИТЕ
РАЗНОРОДНЫХ
РУКОЯТКА
ПРИЕХАТЬ
ПРИГОВОР
СВЕРНУТОГО
ВЫБРАТЬ
ЭКСПОРТ
НЕСЧАСТНАЯ
ШТАМП
ЯЗЫКОВОЙ
ПАСТЕРНАК
ПУШИСТЫЕ

С П П У С М Р Т Л О Д Ш Т Т Н П
Я А Н Т С А Ч С Е Н М Р С Т Л У С
Е С Н У С Е Н У П Е Е Я Т М А Н О
Ь Т А Х Е И Р П Э К С П О Р Т М У
А Е И Е Ы Т С И Ш У П Е Р Т С И П
В Р Е О У С И Я З Ы К О В О Й И Е
Т Н М О П Е Т Ч М Т Д Е Л Т Е Л А
П А А О В Т С В У Ч Р Т Р Н А Н Н
А К Ж О Л Б О Р Д З У Р Д А А Е Т
С Р У К О Я Т К А Т И Д О Х И Р П
Р А З Н О Р О Д Н Ы Х Т И И О О И
В Ы Б Р А Т Ь П Р И Г О В О Р Б Т
И К О М П А К Т Н Ы Й Ц И Т М Ы О
С В Е Р Н У Т О Г О Т А Н Н Д В Е
У Т С О Г Р А Н И Ч У С Ь П П С И

Puzzle 177

```
Ж Н И Е Л Л Т О Б О Е З И У Д Ц Д
Е Д А М Н Т Г Р И М Е М Е С У Р О
Л Н А И Г У Р К О В Т Т Р М И Е С
К А К Т Р У Й Ы Л С О Р З В Л Е Т
Т А Т П Ь М О Е О М Т И С Р И Я У
И К Р Ь Н И С А Г Е Ь Н О Р М У П
Е Ч П Т Е С Р М И Р Л Е Д И С Р Е
У Е М А И Т О О Ю И А Т У Б Р С Н
А Т Р Ч Н Н С Е И П Р Я А И Е В
Е У А У Н Н К С П У С К А Ю Т С Я
И О П В С А Я А В И Л Т С А Ч С Р
Т А Е З Т О Е А Е Н Е Л Т Т Е Н Т
С О П Р О Т И В Л Я Т Ь С Я Г А Л
Н Е Т Е Р П Е Л И В Ы Е К И Н О У
К А П И Т А Л С Р А С Ш И Р И Т Ь
```

СПУСКАЮТСЯ
КАРТИНКА
СЧАСТЛИВАЯ
ЗВУЧАТЬ
БИОЛОГИЮ
ЗЕМЛЯ
КАК
КАПИТАЛ
СОПРОТИВЛЯТЬСЯ
ВОКРУГ
ЖДАТЬ
НЕТЕРПЕЛИВЫЕ
НОРМУ
ПАЛЬТО
ВЗРОСЛЫЙ
ДОСТУПЕН
КИНО
УТЕЧКА
РАСШИРИТЬ
СИДЕЛ

Puzzle 178

ПРИСЛАТЬ
СОЛНЦЕ
ПЛЕЧО
ПРОБНЫЙ
МОТЫГА
СЕРЬЕЗНЫЙ
ДИРЕКТОР
ЛИ
МИНУТА
ПРИСОЕДИНЯЙТЕСЬ
НОГТЕЙ
ВЫДЕРЖИВАЕТ
РАДУГА
ПОЛЕЗНОЕ
ДОКАЗАТЕЛЬСТВА
ОТКРЫВАЛКА
ПОГОДА
ОТВЛЕКАЕТ
КОМИТЕТ
РЕБЯТА

```
П К Р С Т М И И Л Е С Т Д Т Р В О
О О М Р В У Т Е П Ф Л П Е Р А Ы Т
Л М У Е Б Е Т Е А К Е Л В Т О Д К
Е И Л Р С С О Р Т С Е Е В О О Е Р
З Т Н Н С А Е Н Р У Д Ч Р Р И Р Ы
Н Е И О Л П Н Н П У А О У А Т Ж В
О Т У Е Т Р О Т К Е Р И Д Г Ц И А
Е Е Ц Н Л О С Е Р Ь Е З Н Ы Й В Л
Г С Д Е С Б И У А М Т О А Т А А К
Л У И Р И Н Л И И Т Е А Т О А Е А
Е И И Е О Ы Р Е Б Я Т А Л М Т Т Д
У М Т С А Й Е Т Г О Н Е О С А А О
Д О К А З А Т Е Л Ь С Т В А И М Г
О Р А Д У Г А Т У Н И М Н О Р Р О
Р П Р И С О Е Д И Н Я Й Т Е С Ь П
```

Puzzle 179

У	П	И	И	Н	Р	О	В	С	Е	Е	О	В	Т	О	Т	Б
О	Ч	Н	Т	У	Т	Х	П	Е	И	Т	Б	И	Ф	У	Е	А
А	Т	Е	Щ	И	Н	О	И	Р	В	Е	Щ	И	Л	Т	В	Р
И	У	Е	Н	И	С	Л	Т	В	Е	Р	И	И	У	Е	А	С
Е	У	У	Я	Ы	А	П	С	И	И	Д	З	А	В	О	Д	У
Ф	П	Е	В	О	Й	Н	О	О	О	Т	Е	Т	Е	Т	А	К
К	О	Т	О	Р	Ы	Й	Н	М	П	Р	В	Л	Г	К	Т	Р
З	Д	И	Т	Э	Н	У	Н	Е	М	П	Т	С	Е	И	А	А
А	И	Т	П	Р	И	В	А	Ш	Е	О	Ц	А	С	Н	Т	О
Х	Л	А	Т	Н	Ш	Е	З	С	И	Е	Е	Н	В	Ж	И	Т
О	М	Р	Ф	У	А	О	Я	Н	У	С	С	А	И	О	Ц	Е
Т	Т	К	С	Е	М	У	Б	П	Ц	П	У	С	Н	Д	С	И
Е	В	О	М	И	Р	П	О	Р	Т	И	Р	И	Ь	У	П	Р
Л	Е	С	Т	Н	Д	Е	В	У	Ш	К	А	О	Я	Х	Р	В
О	Г	Р	А	Ж	Д	Е	Н	И	Е	Н	Т	У	К	Е	Н	Е

ПЛОХО
КОРПУСА
ОПРЕДЕЛЕНИЕ
УЧЕНЫЙ
ДЕВУШКА
ХУДОЖНИК
НИЩЕТА
СОКРАТИТЕ
КОТОРЫЙ
СВИНЬЯ
ЗАВОД
ЦИТАТА
БАРСУК
ЭТИ
МАШИНЫ
ОГРАЖДЕНИЕ
ЗАХОТЕЛ
ВЕЩИ
ВАШ
ОБЯЗАННОСТИ

Puzzle 180

ПОСЕЛИЛАСЬ
ПОПУГАЙ
ВЫМЕРЛИ
ВЕЗДЕ
ЛИНЕЙКУ
СКОРЕЕ
ТЕЛЕВИДЕНИЕ
СЛОМАННЫЙ
СЛАДОСТИ
ПРИЕМ
ЮБИЛЕЙ
ПУТЬ
ЦВЕТЕНИЕ
ЖИР
ВИТАМИНЫ
ШИРИНУ
КИВИ
ЗАЧАТЬ
ДОКТОР
ТРИ

А	В	И	Т	А	М	И	Н	Ы	П	Т	Ю	И	Ф	Т	С	Л
С	Л	О	М	А	Н	Н	Ы	Й	О	Ц	Б	Т	Р	И	Р	И
П	Р	И	Е	М	И	А	Н	Ц	С	Е	И	Е	М	И	С	Н
П	У	Т	Ь	Т	Т	Е	О	В	Е	Т	Л	И	П	Т	Е	Е
В	М	С	С	И	Р	Н	А	Е	Л	А	Е	Д	З	Е	В	Й
З	А	Ч	А	Т	Ь	Н	В	Т	И	П	Й	М	Е	Н	М	К
С	Р	Е	С	Т	И	У	И	Е	Л	Ш	И	Р	И	Н	У	У
Л	М	И	К	П	Е	И	Н	Н	А	Е	И	Н	Б	У	Л	Т
А	И	Т	О	Н	Т	П	Р	И	С	В	Ы	М	Е	Р	Л	И
Д	И	А	Р	Ж	У	Г	О	Е	Ь	Н	Р	Р	И	С	Р	Т
О	Л	И	Е	С	И	У	Т	П	А	К	И	В	И	Е	Ф	Т
С	Е	Е	Е	С	М	Р	К	С	У	Ц	Т	Т	Е	И	А	И
Т	О	Е	Е	Р	И	Я	О	И	Е	Г	У	Р	Е	И	Т	С
И	Т	С	О	С	У	О	Д	И	М	И	А	Н	И	Т	У	У
И	Т	Е	Л	Е	В	И	Д	Е	Н	И	Е	Й	Т	У	И	И

Puzzle 181

```
Т Е Т Т Н Н О Й Ы Н Р Е В М С Н С
И М А В П И Н Ц Р И Е У П Л Л Е Т
А В Ч О П М Ш М П О К Н Е Н С Т О
П Н Т Н Н Ф А М Е И О О А У М С Р
О И А Н Р Т Р Р С И В Б Д В И Н О
П С К Л К Р Т У М Р Б Ы И Т И Т Н
Р П О У И Р С С К Ь О Ч З М Н Ж Ы
О О М Д Ч З Т Т О Т Й Н А Р Т Р У
Б В П Ф Ь Е Е С Т А Ы Ы Й Т О Я В
О Е А И Л Е Т А Е Д И Е Н Е С Т Е
В Д Н С А Н А Н В П Е Р Е В О Д О
А Ь Ь И М Л Т Т Ц К У К У Р У З А
Т У О Л Е О П А Н И Т Т О П Е Л С
Ь И Н Ф П У Е Е И Я Т Ф И Я Т Д Ц
Н Ф С М Т Е Т М Л С И Т Е П Р А М
```

КУКУРУЗА
НЕТ
ПОЧВА
ПЕРЕВОД
СТРАШНО
АНАЛИЗ
ВЕРНЫЙ
МАЛЬЧИК
ИСПОВЕДЬ
КОМПАНЬОН
ОБЫЧНЫЕ
ДАТЬ
ДИЗАЙН
ЦВЕТОК
ПОПРОБОВАТЬ
СОТНИ
НЕНАВИЖУ
СТОРОНЫ
КОВБОЙ
ФРУКТЫ

Puzzle 182

ИНДЕЙКА
ПАЛКА
НАДЕЖДА
БАРАБАН
УЛИТКА
ОСТРОВ
МЕНЬШЕ
ПОВЕДЕНИЕ
МАСЛО
СТОМАТОЛОГ
ВСЯ
СПРОС
КАЛИТКИ
ГОД
МЕЛКИ
СОСЕДИ
УВЕДОМЛЕНИЕ
ПЫТАЕТСЯ
РАСПИСАНИЕ
ССЫЛАТЬСЯ

```
Р У Е Н О А В Г О Л О Т А М О Т С
С Т О Р Е А Р Я С Т Е А Т Ы П Л Н
С Е Е Ф П Р Т Л Т У М Н Т Е П А М
Ы Н Е Т П Т С У Р Н С И П И Р И Т
Л У Р Т Д О У В О Л С А М Н О И Б
А О Е О С У Л Е В Л М А М Е Л Т А
Т Р Е Т О У И Д С А Д Ж Е Д А Н Р
Ь М Е Л К И Т О О К И Н Н Е Р У А
С Р Е И О К К М С Й М С Ь В У О Б
Я С Г И Е Т А Л Е Е П Т Ш О С У А
С Е Е Т Н И М Е Д Д Т Н Е П Т Я Н
П П У Н М Л М Н И Н Ц Т М Ц Г Д В
Р С Д Л Л А Т И С И Р Е Е А О Т А
О А Р Т У К Ц Е П А Л К А М Д Е Е
С Е Е Р И Н Т Р А С П И С А Н И Е
```

Puzzle 183

```
У Н Е О О Г О Н Н Е Л Е Д Е Р П О
А Ч Д Л М Д П Ш Е Н И Ц Ы И Ф У М
У Е И Ц Ь Т И Н И Ч О П Р О Т С Е
И Д У Т Ф Н У И У Л О Е Ф Р Т
Е Е С М Ь Д Л А Н Т М Е Т М Т С У
Е В В А Н Н А Н В А Р С Ш У И Т Е
И О П А Ц И Е Н Т Т Д П И О Т Е Ф
Ч Ч П Р О С Т А Я Р О Ц У Д А Ч И
А К П П Ц А У О Р Т А Р А Д И Ю М
С И И И Г Л Я Н Ц Е В Ы Й Т О Л У
Т С В Щ О Л В Ы Р Е З А Т Ь Ь К Ф
И Е О Е И Б Е С С М Ы С Л Е Н Н О
Ц Е Т В А В Т О М О Б И Л Ь Н Е И
Ы Е В О Е М М И Н Д И Ф И У О У Ц
Е И Е Й Б Е У Л У У И Л П О Р Ц Р
```

УДАЧИ
ПИВО
АВТОМОБИЛЬ
ВЫРЕЗАТЬ
ПРОСТАЯ
ЧАСТИЦЫ
ДЕВОЧКИ
КЛЮЧ
ПИЩЕВОЙ
ГЛЯНЦЕВЫЙ
ВАННА
ПШЕНИЦЫ
ПОЧИНИТЬ
ШТОРЫ
ПАЦИЕНТ
БЕССМЫСЛЕННО
УЧИТЬ
ОПРЕДЕЛЕННОГО
АВТОР
ОДИННАДЦАТЬ

Puzzle 184

УЖИН
МЕДНЫЙ
ЗООПАРК
БАБОЧКА
ОРБИТА
ОКАЗЫВАТЬ
ПРИВЛЕКАТЬ
ШЛЯПА
КАЛЬКУЛЯТОР
АКТ
АВАНТЮРНЫЙ
РАЗНООБРАЗИЕ
ВЕДЕТ
РАЗДРАЖАТЬ
ДОЛЖНО
МУЖ
ПОШЕЛ
ИЗМЕРЕНИЕ
ШТУКА
КАТАЕТСЯ

```
Е У Р Ш П У А У У И А Р Ф М К Р У
Р Н Е Т С О У Н Т З Н Н Д Е А А Т
О Е Е У Е П Ш С О М Н И К Д Л З М
Е И Я К Я Л Р Е Н Е А П Р Н Ь Д И
Р М Т А К Д Е Е Л Р О У А Ы К Р М
У Ж И Н Ц А П Р Р Е С И П Й У А У
Т Е И Е И Т Т А О Н Ж Л О Д Л Ж Р
Т И Т Б М Т К А А И И И О И Я А И
Е О Р Б И Т А И Е Е Е А Ф З М Т Т И
Б А Б О Ч К А П Е Т Д И У М О Ь Ц
Т И И Л В Т И Е Я Р С С Н И Р С С
О К А З Ы В А Т Ь Л И Я В Е Д Е Т
А В А Н Т Ю Р Н Ы Й Ш И Р А О М Р
Р Р Т О М Р И П Р И В Л Е К А Т Ь
Ф А М У Ж Р А З Н О О Б Р А З И Е
```

Puzzle 185

```
М И Р И Е Е Ф Ф П И М П И О К Р О
Л Н О М В М О А Е У М И Т Р Р Е Т
И Ш О С Т А С Е М Р Н П Ю Т О Т К
Е О И Г Н О С И О О М И У О В И Л
Е Б Р Т О М Я Г К И Й А В Л О У О
Р Н Т О Ь Ч Б Р Д И Р Т Т Е Т О Н
И Я Т Т А Ц И Р У К В Е С Ь Е П И
И Л Т М П Т Т С И Т Н Л В Л Ч А Т
Т А Д Г О Т О З Л Н Я И У Ы Е Р Ь
А И Т Ц С Л Р А Е Е А Н Ч П Н К Т
В Н Л А Л О Г Б А Л Н А Л С И С Р
О П А С Н О У Ы Т Р Ж Н П И Я Л Е
Ш Е С Т О Е Й Т Т О О В Ы Р О П С
Р А З Н Ы Е Ф Ь А Л Л И О Е Н У М
А Т И Е М В И А Ц М С С О И Е Е У
```

ПАРК
МНОГОЧИСЛЕННЫЕ
ТОГДА
ВЕСЬ
РАЗНЫЕ
ШИТЬ
ТОРГУЙ
ОБНЯЛА
ЗАБЫТЬ
КУРИЦА
ОТКЛОНИТЬ
КРОВОТЕЧЕНИЯ
ФЕРМА
МЯГКИЙ
ЧУВСТВУЮТ
ОПАСНО
ПОРЫВ
СЛОЖНАЯ
ШЕСТОЕ
ПЫЛЬ

Puzzle 186

ЕДА
ШЕВЕЛИТЬ
ЗАЧЕМ
ЭКСПЕДИЦИЯ
НАЖМИТЕ
УХОД
СМЕЯЛАСЬ
БЕЗОПАСНО
ВАЛЕНТИНА
ЖИРАФ
ДРУЖЕЛЮБНЫЙ
ДОБРОВОЛЬНЫЙ
ЗАСУХА
ЗАБОР
СОСУЛЬКИ
УСТРАИВАЙ
ЧАСТНОСТИ
ЗАБЫЛ
КАЖДЫЙ
ПРАВИЛЬНО

```
Ж И Е Б О Д У Р И Т Е Л Н Т Е Д Э
И О И Е Е Р Е С Ь И У О И С З О К
Р А Р З Л У А Е Т И М Ж А Н А Б С
А М Р О О Ж Б Р И Р Т О Д П Б Р П
Ф О У П Н Е Р А Л У А М Е С Ы О Е
Е П Х А Е Л Л Б Е М Н И О Е Л В Д
С У О С О Ю А Е В М И Т В Н А О И
С О Д Н О Б А С Е Е Т С Е А С Л Ц
Р М С О Ц Н Т И Ш Н Н О М Х Й Ь И
Т М Е У М Ы Д И Т И Е Н У У П Н Я
О В О Я Л Й Л И О М Л Т О С Н Ы О
И Н О И Л Ь Л М О У А С Т А И Й Р
О Й Ы Д Ж А К Р И И В А Л З И М Н
З А Б О Р У С И М М Е Ч А З У Е Е
Л Е Ф Т И В Б Ь П Р А В И Л Ь Н О
```

Puzzle 187

И	Д	Х	У	И	С	С	И	О	М	У	Т	Е	И	П	К	Т
С	У	П	Р	Н	А	К	И	Т	С	А	Т	Н	А	Ф	Л	Р
Е	О	У	Е	А	Р	Е	Ь	Р	А	К	Т	И	И	У	Е	У
У	Е	П	Р	Е	Б	У	О	И	Т	М	Е	Е	А	С	Й	Д
Е	Р	Й	О	Г	О	Р	О	Д	У	Е	Ы	С	Р	Т	П	О
Т	С	Ф	К	Л	Т	С	Ы	Т	Р	И	Н	О	С	И	У	В
Ь	Т	С	О	К	Г	Е	Л	Й	Ы	Н	Н	У	Л	Н	Я	Ы
П	У	Н	Т	Е	Е	С	Н	М	Е	А	О	И	Л	О	С	Е
Т	Т	Р	С	Е	Е	Т	А	Ф	Д	Д	И	О	Т	Ж	В	Ы
И	У	Е	О	С	Т	Р	В	Ь	Р	А	Ц	Ы	Р	Н	О	Н
Л	О	М	В	А	О	Ы	Е	Е	Л	Р	И	И	Р	И	Б	Т
В	Е	С	Е	Л	Ы	Й	Р	М	Е	Т	Д	У	П	Ц	О	С
Р	Е	С	О	Ф	Е	У	Н	Ф	Е	С	А	П	С	Ы	Д	Е
М	Н	У	И	О	О	П	О	Т	И	О	Р	Т	Н	У	А	М
И	Т	В	Е	Л	П	Ц	Е	И	О	С	Т	Е	И	М	Л	У

СВОБОДА
МЕСТНЫЕ
КАРЬЕРА
ХРАБРЫЙ
РОК
РЫЦАРЬ
ЛЕГКОСТЬ
ДОРОГОЙ
ТРАДИЦИОННЫЕ
ВЕСЕЛЫЙ
КЛЕЙ
СОСТРАДАНИЕ
ФАНТАСТИКА
МАТЕРИЯ
ТРУДОВЫЕ
НОЖНИЦЫ
ВОСТОК
НАВЕРНОЕ
СЕСТРЫ
ЛУННЫЙ

Puzzle 188

ГРОМАДНЫЕ
СЕЛЬДЕРЕЙ
ВЕС
ПРЕДМЕТ
ПОСТ
ИСТОЧНИК
СИРЕНЕВЫЙ
СМОТРЕТЬ
ЖЕЛУДОК
РАВНЫХ
ВМЕСТО
ЗАДНЮЮ
МУДРОСТЬ
ДВИГАТЕЛЬ
ИЗМЕРИТЕЛЬНЫЙ
ВОССТАНОВЛЕНИЕ
ВЕЛОСИПЕД
БИТ
ЖИВОПИСЬ
ПОДАРОК

И	В	Ц	Н	Д	Е	П	И	С	О	Л	Е	В	О	С	М	С
З	О	С	Б	И	Т	О	Т	М	Т	С	О	Т	П	Л	У	М
М	С	Е	Е	Н	Е	С	Т	Р	Т	Е	Е	М	Р	И	Д	О
Е	С	Р	Р	Е	М	Т	Е	Т	Д	З	У	В	Л	Т	Р	Т
Р	Т	Р	У	О	Д	С	О	В	Н	Е	А	Н	Л	И	О	Р
И	А	А	У	К	Е	П	Р	Н	Н	А	О	Д	Р	О	С	Е
Т	Н	В	К	О	Р	А	Д	О	П	Ф	Т	У	Н	О	Т	Т
Е	О	Н	А	Д	П	С	О	О	Д	И	П	Н	И	Ю	Ь	Ь
Л	В	Ы	У	У	С	В	Р	Е	И	Л	Д	О	Т	Ю	У	
Ь	Л	Х	И	Л	У	О	И	М	И	С	Т	О	Ч	Н	И	К
Н	Е	П	С	Е	Т	Е	Ц	Й	Е	Р	Е	Д	Ь	Л	Е	С
Ы	Н	Е	Т	Ж	П	Е	У	Д	Ь	С	И	П	О	В	И	Ж
Й	И	Д	В	И	Г	А	Т	Е	Л	Ь	Т	У	И	О	П	Т
Ф	Е	Г	Р	О	М	А	Д	Н	Ы	Е	У	О	У	И	О	Н
А	Р	С	И	Р	Е	Н	Е	В	Ы	Й	У	М	Л	И	Е	И

Puzzle 189

Г	О	В	О	Р	И	Т	Ь	И	Г	У	У	И	П	В	П	Л
Н	Н	И	С	Е	С	И	О	Т	Н	Ч	Т	П	А	Е	Л	Ф
О	Т	Е	У	Е	Н	П	Е	И	Е	А	Т	И	Д	У	О	М
Б	С	О	Л	В	М	О	О	У	З	С	А	Е	Е	Н	Т	Б
У	У	У	И	Е	П	Ь	Ь	Ь	Д	Т	Р	Е	Н	О	Н	И
В	Р	Р	Ч	Ж	С	Т	И	Т	О	И	Е	С	И	Е	А	И
И	Г	Г	Н	Л	М	И	О	А	И	Е	Н	А	Е	Ь	Я	С
О	Л	А	Ы	И	А	Т	Е	Ш	Н	Т	Д	К	М	Т	Е	И
Я	И	О	Е	В	Р	С	А	У	М	Р	А	Ж	И	А	Р	Л
Ж	А	Р	Е	Ы	У	О	Ц	Л	М	С	Б	Р	Е	Ж	Р	Б
Е	И	А	Р	Е	И	Р	М	С	Е	Н	Ь	Е	К	Р	У	Е
С	О	З	Н	Е	И	П	Т	П	Е	Р	Д	Д	О	Е	О	Й
Е	Е	О	Н	Е	У	Л	И	О	Л	Т	О	Д	Т	Д	Р	С
С	Т	Я	С	Ь	Т	А	Щ	Б	О	Н	Х	О	П	О	Е	П
У	Л	М	Л	В	И	М	Ф	А	С	У	Л	П	Р	С	О	Е

ГРУСТНО
ПОДДЕРЖКА
ГНЕЗДО
УЛИЧНЫЕ
ГОВОРИТЬ
ХОДЬБА
ЖИЗНЬ
ПРОСТИТЬ
УЧАСТИЕ
ОБЩАТЬСЯ
ПАДЕНИЕ
СЛУШАТЬ
СЕМЬИ
ОБУВИ
СОДЕРЖАТЬ
БЕЙ
АРЕНДА
ПРЕКРАТИТЬ
ВЕЖЛИВЫЕ
ПЛОТНАЯ

Puzzle 190

ЯЙЦА
ТЕПЛЫЙ
УТВЕРЖДАЮТ
ПАЛАТКА
СТРЕКОЗА
ФРЕСКА
ЯСТРЕБ
КРУЖКА
ИМЕЛ
УСИЛИЕ
ПЕТРУШКА
ИМЕЯ
КУЛЬТУРНЫЕ
ЛИЧНО
ДЕРЖАЛ
ЗДОРОВЬЯ
СОБСТВЕННОСТИ
ШПИНАТ
СВОБОДНАЯ
АВАРИИ

Т	Д	С	В	О	Б	О	Д	Н	А	Я	О	Ш	И	П	Т	У
А	Е	Е	И	Л	И	С	У	Р	И	А	М	П	О	Е	П	Т
В	И	П	Р	А	И	Д	У	Р	Н	Т	У	И	И	Т	И	В
А	Т	У	Л	Ж	П	А	Л	А	Т	К	А	Н	Я	Р	М	Е
Р	К	Т	Е	Ы	А	К	С	Е	Р	Ф	И	А	Й	У	Е	Р
И	У	Е	М	У	Й	Л	У	С	С	Р	И	Т	Ц	Ш	Я	Ж
И	Л	М	И	Р	М	О	О	Я	С	Я	С	М	А	К	П	Д
И	Ь	Я	С	А	И	П	С	П	Е	Ь	Д	Л	М	А	Р	А
А	Т	С	И	Т	С	О	Н	Н	Е	В	Т	С	Б	О	С	Ю
К	У	Т	Т	Н	Р	Р	Н	Ц	Р	О	Т	Т	Р	Т	Е	Т
Р	Р	Р	И	И	И	Е	Р	Т	С	Р	Р	П	С	М	П	Р
У	Н	Е	Т	С	И	А	К	И	У	О	Р	Р	У	М	П	О
Ж	Ы	Б	П	Е	О	О	О	О	В	Д	Ц	Ц	У	Е	О	У
К	Е	У	И	А	И	Н	Е	И	З	З	У	Ф	Р	Т	М	Е
А	Л	И	Ч	Н	О	И	Т	Я	С	А	Е	И	У	Д	Е	Л

Puzzle 191

```
У Д Т И А С О Т Е У Г С Н Т У П П
Р Р О Б К У Ю М М О А У О О Т О Л
Т Е М Н Ы Й И У Е Т З Т М И М Е О
П У П П Е Е Е О У Ч Е М Е Т А В Щ
Е Т Д А Е Р Ы Т Е Ч Т У Р Я И О А
О А И О О О Ь Т И В А Л П С А Р Д
Р Б Е Ц М П Ж С И Ф М О И Т Е И Ь
У О Л У А К О К О Л О М Т Е Ц О С
С Р Т А М У Л Ц У Р Е И И Ж У А Ю
И Т И А С Л Н В У С П Т Е А Е Ф А
У О А С Д Т И Е Е Т Е П Д К Т Д Р
И Й Р Т О А Ь Т Р А Л Н У А И Р И
Д О Е Т Ь Ш О К О Л А Д Н А Я Л Б
Ц К Д Р А Я Н А К Л О Н О П С И О
Б У В М Л Р Е И И С М Р И И Р А С
```

ПТИЦА
МЕЧ
СТАТЬЯ
РАСПЛАВИТЬ
КАЖЕТСЯ
ЛУКПОРЕЙ
ОБЛАСТЬ
ПЛОЩАДЬ
ЧЕТЫРЕ
НАКЛОН
ГАЗЕТА
ЛОЖЬ
ШОКОЛАДНАЯ
МОЛОКО
НОМЕР
СОБИРАЮСЬ
ЦВЕТ
ТЕМНЫЙ
РОБКУЮ
КОЙОТ

Puzzle 192

ПОДАЛЬШЕ
ДУРАК
ВИДЕНИЕ
КОРОЛЕВСКИЙ
КРОВЬ
МИЛЯ
СОК
ПРЕДСТАВЛЯЮТ
ПРОВОДА
НОГА
КОЗИЙ
ПОДХОДИТ
НИКОГДА
ЧЕМ
КРУГЛЫЙ
ТРЕУГОЛЬНИК
ПРИНОСИТ
ЖЕНАТУЮ
УМНОЕ
ИСКУССТВО

```
П У Н Ь М О А Л У И М У А С П М А
А О А П В Р Н Ф С Е О Р К А Р У Д
Т Р Е У Г О Л Ь Н И К И О Г И К О
Ю М Ш Н О К Р У Г Л Ы Й С О Н О В
Я В Ь Т Р О С К Р Т О Н Д Н О Р О
Л И Л И С К У С С Т В О Т Л С О Р
В Д А П О Д Х О Д И Т И С Р И Л П
А Е Д П П Ж Е Н А Т У Ю И Т Е Н
Т Н О Е С П М М Р А У И У У С В И
С И П У П У И Е М И И У Е Т Ф С К
Д Е У У М Е С М Р У О М Е Ч Н К О
Е С Н Д О П Т У М У И Н В С Я И Г
Р О Т М Т В И И Й И З О К У О Й Д
П И Л И И Т У И С Т Л Е Д Г У И А
Ц Е М О С Т С Т Е Е Н Я Л Е У Е В
```

Puzzle 193

```
М И С Н М И П Ж Р О С С И О О Л А
А А А М О И О Е Р Н Т А Р Ф И И М
М О Т А Р Р Т Н Р Д Н В У И О О Т
С М Е Ь У У О Щ И П Е А Е М У А И
О И О О И Е С И Г Ь Н Е Д Т О У Н
Т Й Н Л М И Т Н А Р И С Е Т И Г И
Р Ы И Е Т Л А А И У Д Т А Р П Т Я
У Н К Н А Б Р Й И Р А С С О Л Г Ь
Д Н С Ь Ш Е Ы А В М И Д У А И И Т
Н И Н Е О А Й Е К К О Х К С Т П С
И Л Р С И У Р У Г Н Е К О И Ы У И
Ч Д И М У Р Н Т У У У Р Р Ф А С Л
А А С Б Т И И М В Т Е Т К Е У М А
Т С К А Н Г Е Л Л А Р О Д Н О Й Т
Ь Т И Т Я П И К Н С З О Н И Т Т Т
```

КИПЯТИТЬ
ДЛИННЫЙ
ДЕНЬГИ
ЖЕНЩИНА
БАНК
СТАРЫЙ
ОТВЕТИТЬ
РОДНОЙ
АНГЕЛ
СОТРУДНИЧАТЬ
ЛИСТЬЯ
ПЛИТЫ
РИСК
ОЛЕНЬ
ГЛОССАРИЙ
МАТЬ
КЕНГУРУ
ЗАВТРАШНИЙ
КРОКУС
ХОККЕЙ

Puzzle 194

СТАТЬ
ПУТЕШЕСТВИЕ
КОНЕЧНАЯ
КОКТЕЙЛЬ
ДОВОЛЬНО
ВЕСЕЛАЯ
ЖАБА
САМА
ВСТРЕТИЛИСЬ
ТРИДЦАТЬ
ХОТЯ
ЧАСТЬ
ЮЖНЫЙ
ВЕЩЬ
ВСТРЯХИВАНИЕ
НОВОСТИ
НОСОРОГ
НИ
МЯСО
ПЕТУХ

```
П Е Е О С Е Т С О Л Е П О Е О Е А
Н У Л Б Е Т Е О П Е Т И Е Т Р Н Ф
Е О Т И Р У А П Е Т Ф Р Н Ь У В Ф
Л С В Е У Е О Т М В Е Е С Т Е М Д
В Ь Г О Ш П Т Т Е О С О С А Б А Ж
Т С О С С Е Р Т И А Я П Е Т У Х Т
В И Р Я В Т С У У Т А М А С С Е Т
И Л О М И Е И Т Ц Ь Л Й Е Т К О К
В И С С Т Е Щ У В И Е Ы У Е А М М
Я Т О Х О Р У Ь А И С Н О О М И Н
И Е Н С Л У А М М Н Е Ж У Т П Е М
А Р Ч А С Т Ь Т С И В Ю Т М Р А Б
Ь Т А Ц Д И Р Т К О Н Е Ч Н А Я Л
В С Т Р Я Х И В А Н И Е И Р О И У
П В Д О В О Л Ь Н О Т Е У С И Т О
```

Puzzle 195

```
Т Р О П И Ч Е С К И М У Н Д О А А
В Н Е Ш Н Я Я С А Т А У Л И Т Е М
Р А З Р У Ш Е Н И Е Т М Н У У О О
Т Е О Р О С С И И Т С Р И С И Т Щ
М Е Н Д Е Т А Л Ь И Е О У И Б Н Н
С Н Е Ж О К У У Л Т Р О И Д Т Н О
М Е И Р Д Г Н М О О К Р Л Е Н П С
У Г Р О З А Е Л Д П Е Н Н И П О Т
Р Т У Н Н М М Р В С И С О Т Р Л Ь
У М Н О Ж Е Н И Е Т Н П Д М О И А
О Д И Н О К О Л Е У А А Р М В П У
Т И И Т У Л У И Е Д Т С И Е Е И Р
А М Р И Е Р Т Ф И Е А Е О С С Т У
О С О А Л Е С Т И Н К Е И Р Т Ь О
Е У С У Я А П В Р Т С Т М Р И Н И
```

МОЩНОСТЬ
ТРОПИЧЕСКИМ
ПИТЬ
СТУДЕНТ
КАТАНИЕ
РАЗРУШЕНИЕ
ПАСЕ
КРЕСТ
ПЕННИ
ПРОВЕСТИ
ЕГО
ВНЕШНЯЯ
ТРУДНО
ВДОЛЬ
СНЕЖОК
ОДИНОКО
ДЕТАЛЬ
РОСА
УМНОЖЕНИЕ
УГРОЗА

Puzzle 196

ФИНАНСОВЫЕ
ПРАВКА
ЛАСТИК
ОБОРОНЫ
ТАКЖЕ
ПРЕДЛОЖИТЬ
ПЧЕЛА
ПЕТЬ
ПЕРЕМЕННАЯ
НЕЖНАЯ
ПОДДЕРЖИВАТЬ
ГАЗОН
СИЛУ
РИФМА
ДРАГОЦЕННОЙ
ШКАФ
КРОЛИЧЬИ
МОЖЕТ
ТРЕБУЕТСЯ
СКУТЕР

```
Е Ы В О С Н А Н И Ф П Т М П У С П
Т Е Р Л Б И С С М Ф У И Л В Т М Р
Р У Л У Й О Н Н Е Ц О Г А Р Д Л Е
А М Л У С Н Р Р Е Н П М И И П Т Д
Н Н И Р И Т Т О С М О Т Е Е Р К Л
Е Р Р П П С Т И Н А Д З Я Р А Р О
Ж А Р Е И К Ф О И Ы Д П А М В О Ж
Н О О Т Т У Л И С С Е Ч Н Г К Л И
А Ш М Ь У Т И Л Т Е Р Е Н Р А И Т
Я К Р О Я Е М Л М У Ж Л Е И У Ч Ь
Л А М Д Ж Р Т Е Т У И А М Ф О Ь С
А Ф С Е Е Е Ж К А Т В Е Е М Р И Е
И У У П К И Т С А Л А С Р А Е А С
А М Я С Т Е У Б Е Р Т Т Е Е О Т С
И А И В С О Ф О Р Е Ь Р П Е Н Д Т
```

Puzzle 197

П	У	Я	А	Н	Р	Я	Л	У	П	О	П	И	У	Е	В	П
У	Р	Н	А	Р	О	У	Ц	В	П	О	Н	И	Т	Т	С	О
Т	М	А	И	О	Й	У	У	Е	Ы	В	Е	Ш	Е	Д	П	Ч
Л	Р	П	В	И	А	Г	О	Р	О	Д	А	А	У	Н	Ы	Т
У	Е	Т	И	А	М	У	А	Е	А	Н	С	И	П	М	Х	А
В	Н	У	Н	А	Я	П	О	Н	С	С	Ь	Е	И	И	Н	Л
У	М	И	Т	Р	У	Р	М	Н	С	О	П	Ж	П	У	Ь	
Г	В	Е	С	Е	Л	Ь	Е	Ы	О	Б	О	А	А	О	Т	О
И	С	Ч	Е	З	А	Ю	Т	Й	Р	И	М	О	Н	Т	Ь	Н
В	Р	Е	П	Н	М	М	А	Д	Т	Р	О	Е	О	Т	С	С
Д	П	М	Н	Р	С	Т	С	Ф	И	А	Г	У	С	Н	У	О
О	Е	Е	Е	И	О	С	У	М	М	Е	И	С	Р	Т	О	С
П	И	У	В	П	Р	И	Р	А	Е	Т	Т	М	Е	Е	С	О
П	С	Н	М	П	Н	П	У	М	Н	С	Е	Т	П	Р	Н	Л
С	Ъ	Е	Д	О	Б	Н	Ы	Е	Т	Я	С	Ц	Л	Е	П	Ь

СОЛЬ
ПОДВИГ
МАЙОР
ВЕСЕЛЬЕ
ПРАВАЯ
ДЕШЕВЫЕ
ПОЧТАЛЬОН
УВЕРЕННЫЙ
ВСПЫХНУТЬ
ИСЧЕЗАЮТ
СЪЕДОБНЫЕ
ПЕРСОНАЖ
АССОРТИМЕНТ
СОБИРАЕТСЯ
ПОПУЛЯРНАЯ
ПРИНЕС
ПОНИ
ОСТАЛЬНОЕ
ПОМОГИТЕ
ДОРОГА

Puzzle 198

ЛАПКИ
ВЫРАСТИТЬ
ПРОЕКТ
КОФЕ
ГАЗ
ПЛАКАЛ
СТРУКТУРА
КАСАБЛАНКА
СЦЕНАРИЙ
ИРИС
ТЮРЬМЫ
ЯБЛОКО
ЮРИСТ
БЕНЗИНОВЫЙ
АЛЬТЕРНАТИВА
СОСИСКИ
РЕЗУЛЬТАТ
ПРИГЛАШАЕМ
КУПИТЬ
СОСТОЯНИЕ

А	Л	Ь	Т	Е	Р	Н	А	Т	И	В	А	Т	П	К	Б	И
Ю	Ф	М	С	В	Е	И	Т	Н	Е	А	У	Р	Е	А	Е	С
Н	Р	С	И	Р	И	Р	М	Р	Е	П	Ы	С	У	С	Н	А
Л	С	И	О	И	Е	Н	И	Е	Д	М	М	П	Е	А	З	С
Т	П	Ф	С	К	О	Ф	Е	Т	Р	Г	Ь	Н	О	Б	И	Ц
Н	А	О	Е	Т	Ь	Т	И	Т	С	А	Р	Ы	В	Л	Н	Е
С	О	С	И	С	К	И	К	С	Е	З	Ю	Т	О	А	О	Н
И	К	Т	Н	Е	Н	У	П	Е	Т	Д	Т	Т	Н	В	А	
Р	О	М	Я	С	О	И	А	У	О	Р	Ф	И	Е	К	Ы	Р
И	Л	Е	О	Е	Л	М	Л	О	Р	Р	У	С	С	А	Й	И
И	Б	Т	И	П	У	К	О	П	Д	П	К	Н	С	С	Й	
М	Я	М	С	П	Л	А	К	А	Л	Р	И	И	Т	А	О	Р
О	Т	Е	О	У	А	Е	Т	У	И	Т	О	Е	Т	У	У	С
А	С	Т	С	Р	Е	З	У	Л	Ь	Т	А	Т	С	Т	Р	Е
П	Р	И	Г	Л	А	Ш	А	Е	М	Е	С	Е	Н	И	С	А

Puzzle 199

У	М	Ц	И	М	И	У	Ф	Т	Т	И	И	О	У	М	К	В
С	Г	Л	Н	Е	П	У	Г	И	О	М	Т	Е	У	Л	О	А
П	Г	У	С	С	Е	Т	Р	О	П	С	О	Л	Е	В	Е	М
Е	Т	С	С	У	Е	С	Е	Р	Д	А	А	М	У	О	И	П
Ш	Е	И	Ш	Ь	Л	О	Б	Н	Р	М	Е	С	Т	О	Ц	И
Н	Р	Н	И	В	И	С	Е	К	О	Т	Е	Н	О	К	А	Р
Ы	О	П	У	Т	К	О	Н	Р	Т	А	М	О	М	В	А	Е
Й	Р	М	А	Р	М	У	Ь	Т	И	Ж	О	Т	Ч	И	Н	У
М	О	И	Д	Е	М	Т	С	О	П	Е	Р	А	Ц	И	Я	У
Ю	У	И	Т	В	С	Н	С	Н	Т	Н	А	Н	Р	У	У	Е
Т	Б	Т	Ю	А	Л	Е	Д	Й	Ы	В	О	Н	И	З	Е	Р
Т	И	К	Ж	Р	Е	Д	Д	О	П	Е	Л	О	Ш	А	Д	Ь
Т	Е	Н	А	Н	Е	З	А	В	И	С	И	М	О	С	Т	Ь
В	Р	У	А	Т	А	Н	Т	Р	Л	Ц	Е	И	Д	И	Р	И
О	Е	П	Т	Е	А	Е	С	Л	Н	В	У	Л	Я	Е	Р	И

ЮБКА
ПОДДЕРЖКИ
НЕЗАВИСИМОСТЬ
ВЕЛОСПОРТ
ДЕЛАЮТ
УНИЧТОЖИТЬ
ВАМПИР
МЕСТО
УСПЕШНЫЙ
ГРЕБЕНЬ
БОЛЬШИЕ
АДРЕС
ОПЕРАЦИЯ
ГУСЬ
ПУНКТ
РЕЗИНОВЫЙ
ЛОШАДЬ
ВКУСНЫЕ
КОРИЦА
КОТЕНОК

Puzzle 200

СНЕЖИНКА
ПРЕВРАТИТЬ
ВОСЕМЬ
ОБРАЗОВАНИЕ
РАЗДРАЖЕННО
НАСТРОИТЬ
ТЫСЯЧА
ОТЛОЖИТЬ
СУД
ВЗЯТЬ
СНЕГ
ЖЕ
СЕЗОН
ЧЛЕН
ВЗВОЛНОВАННЫЙ
ХЛЕБ
ПРОВЕРИТЬ
УСТАНОВИТЬ
СЕДЬМОЙ
АВТОМАТИЧЕСКИЙ

Е	В	У	С	Т	А	Н	О	В	И	Т	Ь	Я	И	В	У	О
Н	О	З	Е	С	В	П	У	О	Л	Д	С	С	А	З	У	Н
У	Е	Т	Я	Д	М	П	П	Р	Р	О	У	Е	Е	В	Л	Н
Е	Д	У	А	Т	М	Е	Т	Н	В	С	Н	Т	Т	О	С	С
Н	Ь	Р	Д	С	Ь	Е	Е	О	Г	П	О	П	Р	Л	Ч	Н
И	Т	О	У	О	Ц	Н	П	Н	У	М	Е	Е	Т	Н	Л	Т
Й	И	К	С	Е	Ч	И	Т	А	М	О	Т	В	А	О	Е	С
В	Ж	И	Р	Ж	Р	Т	И	И	Л	П	Л	И	Д	В	Н	Е
Х	О	Н	Н	Е	Ж	А	Р	Д	З	А	Р	С	Е	А	Н	Д
Л	Л	С	Т	Р	Ф	М	М	А	К	Н	И	Ж	Е	Н	С	Ь
Е	Т	С	Е	И	Н	А	В	О	З	А	Р	Б	О	Н	У	М
Б	О	И	Н	М	П	Р	О	В	Е	Р	И	Т	Ь	Ы	С	О
Е	У	Е	П	Е	Ь	Т	И	О	Р	Т	С	А	Н	Й	У	Й
Т	Р	Е	Т	С	Г	А	Р	Е	М	Е	Т	Ы	С	Я	Ч	А
П	Р	Е	В	Р	А	Т	И	Т	Ь	Е	Е	П	Н	О	Р	О

Puzzle 201

Р	С	Л	Т	С	Д	П	В	Б	И	С	П	О	М	О	Ч	Ь
Д	И	Е	Н	И	С	О	Р	А	О	Т	М	Е	В	А	С	Ф
В	Е	Т	Е	Р	У	С	А	Р	М	А	У	П	Б	С	И	Р
Т	Б	И	Р	Г	П	Е	К	Е	Д	К	М	А	М	С	Ф	Л
М	И	А	П	Е	Е	Л	Т	Т	Е	А	У	Е	А	С	Е	Я
И	Т	Ф	И	У	Р	Е	Е	Р	Т	Н	О	А	О	О	А	Т
С	Ь	Й	Р	И	У	Н	Р	С	С	Ц	Е	Т	А	Х	Е	Д
З	А	П	И	С	Ь	Ц	С	Ф	А	Р	Т	У	К	Р	Ж	С
Р	П	П	Р	Щ	С	Ы	Т	М	Р	Т	А	М	О	А	Е	К
Т	Е	Р	О	Е	У	Д	У	И	Л	Т	О	Е	Д	Н	Л	У
М	Т	О	Е	Н	О	К	А	Р	Е	Е	И	О	Е	И	Т	Д
А	Е	Л	У	Д	М	Т	Е	Л	И	Ш	И	Т	Ь	Т	Ы	Н
Р	Я	Д	О	М	К	С	Ф	Т	В	О	Р	О	Н	Ь	Й	Ы
М	У	Е	Т	Т	Е	А	В	И	А	Р	Т	С	У	М	М	Е
А	М	Е	Р	И	К	А	Н	С	К	И	Е	Р	С	И	Н	Р

ПОМОЧЬ
АКТЕР
СТАКАН
СОХРАНИТЬ
ЛИШИТЬ
ПРЕДКА
ПОСЕЛЕНЦЫ
ТЕКУЩИЙ
БИТЬ
ВАМ
УСТРАИВАЕТ
АМЕРИКАНСКИЕ
ГРИБ
СКУДНЫЕ
ВОРОН
ЗАПИСЬ
ВЕТЕР
ЖЕЛТЫЙ
ФАРТУК
РЯДОМ

Puzzle 202

КОНФЕТЫ
ВОЛОСЫ
ОРАНЖЕВЫЙ
КАПУСТА
БЛОКИ
ДОСКУ
ИЗУЧИТЬ
НЕГАТИВНЫЕ
МЫЛЬНОЙ
ЛУГ
ЛЕТО
ФУРГОН
МЫЛО
КАМИН
БЛЮБЕЛЛ
КРАСКИ
ПЛАВАТЬ
ВОРОНА
ФОНТАН
ПОСТАВКИ

П	Т	Н	Т	Т	Ф	М	П	М	Р	Е	П	Г	Е	И	А	Б
Л	А	Н	Е	И	Н	У	Ц	О	Е	Р	Д	О	С	С	Ф	Л
А	С	О	И	Г	Л	У	У	С	С	Ц	О	О	И	Л	Р	Ю
В	Е	Л	И	Р	А	П	И	С	Ь	Т	И	Ч	У	З	И	Б
А	Р	И	У	К	Н	Т	О	Т	У	О	А	А	Е	Д	У	Е
Т	И	И	Е	А	О	И	И	Е	Р	У	И	В	У	О	Н	Л
Ь	О	С	Г	П	Р	А	К	В	П	Л	Е	Н	К	Р	К	Л
Т	Р	Т	А	У	О	Д	О	И	Н	Н	О	П	С	И	А	М
Е	Г	П	У	С	В	М	Л	Т	А	Ы	Т	С	О	У	М	Р
У	К	Р	И	Т	У	У	Б	В	Т	О	Е	У	Д	О	И	В
М	Р	А	Ф	А	Т	А	Й	О	Н	Ь	Л	Ы	М	Е	Н	Л
Ы	А	Ф	У	Р	Г	О	Н	Л	О	К	О	Н	Ф	Е	Т	Ы
Л	С	О	Р	Р	Л	Т	О	О	Ф	Е	М	Л	О	Т	М	У
О	К	Е	Т	М	У	Л	А	С	У	Р	Т	П	М	А	Т	Т
Л	И	Р	У	Р	Г	Л	Й	Ы	В	Е	Ж	Н	А	Р	О	С

Puzzle 203

```
С В С К М А Л И Н О Й У Е С И М Р
К А П В У П У С Т О Т А Я О О О У
О Ж О Л А Л М Я Р Т О М С Е Н Д Е
Р Н С Е С Е Ь Е С Ц Т П Т Л Л Е Р
О О О Н О Д Т Т Ж М Л И Е И Р Л У
С Е Б О Е И И Е У Д У Н А Е Т Ь Г
Т Е Н Н Е В Е Н Т Р У М Щ У Л Р Л
Ь И О И У Р С А Ф А А Т У С Е К О
И Л С Е А Е М Л Е Е Т С Щ М О У Б
У У Т Р М А Е П З А П Р О С П Х У
Н Й И Ш Р А Т С И Н М Т С А А О С
З Н А Ч И Т Е Л Ь Н Ы Е М Е Р Н Ц
О Е И С Н М И С Л Д О И Е Н Д Н С
Р Т Р У У Т Т В В О О У Х У М Ы Т
П Р И С У Т С Т В О В А Т Ь Д Й М
```

СКОРОСТЬ
КУХОННЫЙ
ВИДЕЛ
НЕСМОТРЯ
ЛЕОПАРД
ЗАПРОС
СМЕХ
ОЩУЩАЕТСЯ
ВАЖНО
СПОСОБНОСТИ
СТАРШИЙ
ЗНАЧИТЕЛЬНЫЕ
МЕЖДУ
КУЛЬТУРА
ПУСТОТА
МАЛИНОЙ
ПЛАНЕТ
ПРИСУТСТВОВАТЬ
МОДЕЛЬ
ГЛОБУС

Puzzle 204

ОБУВЬ
ЗВЕЗДЫ
ОБЩАЯ
НЕБЕСА
КОРЗИНА
ЭЛЕКТРИЧЕСКИЙ
АББРЕВИАТУРА
ОНА
ПРАВОПИСАНИЕ
РЕСУРС
ОДАЛЖИВАТЬ
ВЫДАЮЩИЙСЯ
ДНЕМ
ФАКТ
ТАЙНЫ
УМНЕЕ
ПОВТОРЯЮТ
РАСШИРЬТЕ
ЗАВТРАК
МИЛЫЙ

```
О Н Э И У И П П А Л Р У Н Ц И З У
Д У Л И Н Ы Р О У М Н Е Е П А А И
А С Е Б Е Н А В А Т Т И И И Б В К
Л Т К А Т Й В Т С Е Е Е У У Б Т О
Ж М Т Н Ь А О О Л И Е Л Е У Р Р Р
И С Р М Р Т П Р И С М Я И П Е А З
В М И Е И И И Я С Р У С Е Р В К И
А Д Ч Л Ш Р С Ю Л Н Н Й Ы Л И М Н
Т О Е И С В А Т У Е А И Ь С А Е А
Ь Б С М А И Н С А Т Е Щ У В Т Н А
О Щ К Ф Р И И М С П С Ю М Р У Д Р
С А И Е С Т Е Е У Н И А О Л Р Б М
Р Я Й З В Е З Д Ы Ф Е Д Н У А А О
М С Т Е И М Т Т С Т У Ы А Ф А К Т
О Т Н Д Л И М Т Е У Е В Л И А У О
```

Puzzle 205

```
Н М Ь Т С О К Б П И П В И О Е У П
Е Л С Л Р И Т Т П А Й Р З А Т Т И
О С Е Е О Р О К С Ф Ы Л И Г М С И
Б У С А К О Г Р О М Н О Е Н Л Р И
Х Т Т О Р Ш М А Н У М М Р М Я Я О
О Н У О Ш О И Е Ч О О П Т Е И Т Д
Д Е И Е Л Р Р В О Л Р Ф И Е Д Т О
И А О А У О И С Т Л К П С А А С Б
М О Н П У Х С Т Р А С В Е И Т А Н
Ы У П А Л О У Р У З С О А В С И М
М У Д Л С Р С Е К А Р А Н Д А Ш Л
Р А З Д Е Л У Ч О К С Л И И М И П
Г О В О Р И Т А Д О Р И Р П Р М И
Н Г О Т Ф М У С И П Е Е У Ф И Е Ц
Т Л Р И У Т Т Н И С И И Е Р Ф М С
```

ХОРОШО
СКРОМНЫЙ
ПРИНЯТО
ОГРОМНОЕ
ВЗГЛЯД
СРОК
РАЗДЕЛ
ШОССЕ
ВСТРЕЧА
ПОКАЗАЛ
ГОВОРИТ
НЕОБХОДИМЫМ
КОСТЬ
УПАЛО
ПРИРОДА
СТАДИЯ
КАРАНДАШ
ТОЧНО
СКОРО
ФИРМА

Puzzle 206

ЗАПОЛНИТЬ
ПЕРЕГОВОРЫ
ЭКОНОМИЧЕСКИЙ
ДОСТИЖЕНИЯ
НОСОК
БЕЗ
ИНТЕРВЬЮ
УЧЕНИК
ВНЕЗАПНО
СОПРОВОЖДАТЬ
АБСОЛЮТНАЯ
АМБИЦИИ
КОНКУРС
ЦВЕТА
ДРЕВНИЕ
НЕКОТОРЫЕ
НИЖЕ
ЛИДЕР
ИГРИВЫЙ
УЧИТЕЛЬ

```
С Р У К Н О К З О Е Е Е О И Ф У А
Э О Т У В У В Е А Р И Н С М Р Е Б
К Е П Н Е В С Б Р П Р Н Е И Е Н С
О Т Н Р Ф М Т Е Ы Р О Т О К Е Н О
Н Ф С Е О Р П П М С Р Л Е С Т Р Л
О У Ц Й Ы В И Р Г И С О Н Я О Т Ю
М Т Ы Р О В О Г Е Р Е П А И Р К Т
И Л И Д Е Р Е Ж И Н У М М Н Т Ю Н
Ч Ц В Е Т А И У Д А Р Е Б Е У Ь А
Е Е С А Е Р Н Ч Н А И М И Ж Ч В Я
С С Е Р Н С В Е Т С Т У Ц И И Р О
К О И М У Н Е Н У У У Ь И Т Т Е Н
И Е О С Р Ц Р И О У Н Ф И С Е Т Т
Й С У У Е Р Д К Я М Р И Е О Л Н Т
В Н Е З А П Н О Р Л И Д И Д Ь И Е
```

Puzzle 207

```
Р С У О П Д Р Л Т О Е Н Н Ч У И
Ф И Ф Х В Р С Е Б Р А Е Т А Т Е С
Ш И О О Ю У Т Н С А М П А Й У О П
З Е Т Т Ь Г Т И Е В С Т У Н А П О
А Д Л А Т И Я В П О Т С У И У О Л
В Г Л К С Е Д Ы С Р И Р Е К М М Ь
И П И М О Т О Й Е О А Н П Й А О З
С У Х Р Н В Х А И К А Ч И Р Н У О
И Н О А Л Р И У А И Ф В Е С Н Р В
М П Р Е О У Р С Ь Л И Т С Ч Т О А
Ы Л А Н П И П Е Т Е Н Е И С Н К Т
Й У Д Т П Т Л И И Ы А И У Е Р А Ь
Р Т К У Е С А Ф Ш А Й М М Т Д Т Я
О И У Н О С Е Т Е И К О Л Ь Ц О И
В Ы Й Т И И Е У Р С П И О Н Е Л И
```

ПРИХОДЯТ
ЗАВИСИМЫЙ
РЕШИТЬ
ШЕЛКОВИСТЫЙ
ЧАЙНИК
ГДЕ
ПРАЧЕЧНАЯ
ПОЛНОСТЬЮ
ЛЕНИВЫЙ
СТИЛЬ
ПАН
ИСПОЛЬЗОВАТЬ
ДРУГИЕ
БАССЕЙН
ЛИХОРАДКУ
КОРОВА
КОЛЬЦО
ОХОТА
ВЫЙТИ
УРОК

Puzzle 208

ДУБЛИКАТ
ПРОГНОЗИРОВАТЬ
ЛЕС
СУЩЕСТВИТЕЛЬНОЕ
СЪЕСТЬ
ПОСЕДЕЛИ
ЩЕНОК
ВИД
РЕАЛЬНЫЕ
ГОВОРИ
РВАНУЛА
ВОЗВРАЩЕНИЕ
ПОЗДНЮЮ
ПАУКА
ВЛАГА
ОБЪЯСНИТЬ
БЕЗОПАСНЫЙ
ИМЕЕТ
ПАРУС
ПОЛНЫЙ

```
Е О Б Г К Р С Е Р М М А Р О Т П Е
Е М Е Л О Н В В П М Т Ц Е В Е Р И
Б В З Р Н В О А К У А П А Д П О Н
П Н О В Е А О У Н И У С Л У О Г Е
А Т П М Щ У О Р И У И О Ь Б З Н Щ
Н А А О И Е Ф Е И Т Л У Н Л Д О А
И Н С У Р А П С М О Е А Ы И Н З Р
У В Н В В П В Е Ъ У Д А Е К Ю И В
С О Ы Д И Е О Л Н Е Е И О А Ю Р З
И О Й И Д А Т А Н П С И Д Т П О О
Е А Ь Т И Н С Я Ъ Б О Т Е Р И В В
У И У И Л Й Ы Н Л О П Л Ь И Л А Л
У М И О Р И М Е Е Т А И Т Т О Т А
С Щ Е С Т В И Т Е Л Ь Н О Е Ь Г
Р Т Е П Е И Т Р Р У Д У С С Т М А
```

Puzzle 209

```
М Л И Ф О Т У З О Д И А Л Н И О А
О О А Е Ц Е И С Д Е О Л А С Т Р Е
Т Р П Т А Р И Т Н О Л Т М П Т Ф И
О Р И О А Ы Э Л Ь Ф Р У П У Е О И
Ц Р Б Н Ф С М Е П С У О А А Л Г Р
И Е И А Е Ь Т И Ж У Л С В У О Р Е
К Т Е П Г Д И И Н О Г Д А Ы Т А М
Л И Н П Т А А Д Е Р Ж А Л И Й Ф Е
А С О У И Д Ж В Ц Л Л В П Р А И У
А Е И Р Т Ю Р Н Н С Р Ч У Л И Я Е
А Т М Г П С П Е И О Т Е П Р А В О
Д Е Д У Ш К А И Т К Ч Р И И Н С Н
М В С И Е Ф Й И Х И Т А Т И Р И Е
А М Р У Е О Т Ь Т С О Н С А П О Р
Г Р У З О В И К Н Т И И Е Е Е Е А
```

БАГАЖНИК
МОТОЦИКЛА
ОРФОГРАФИЯ
РЫСЬ
СЮДА
НЕДАВНО
ГРУППА
ЗДОРОВЫЙ
ЛАМПА
ТИХИЙ
ЭЛЬФ
ОПАСНОСТЬ
ВЧЕРА
ДЕРЖАЛИ
ЧТО
ПРАВО
ГРУЗОВИК
СЛУЖИТЬ
ДЕДУШКА
ИНОГДА

Puzzle 210

МИССИЯ
СУДЬЯ
ЗЛОЙ
КЛИПЫ
ИДЕАЛЬНАЯ
ПЕЩЕРА
НАБЛЮДАЮ
УСТАЛЫЕ
ВЫПУСКНИК
ЖЕНИТЬСЯ
РЕКРЕАЦИОННЫЙ
ПРОИЗВОДИТЬ
ПОТОК
КОРА
БАР
СВОБОДНЫЙ
КОНФЛИКТ
ПРИВЯЗАН
АНАНАС
ПАПА

```
О Е Е Т И Р И С Е К Е Е Н П Т Ж И
Н Н А Б Л Ю Д А Ю З О У У Р У Е М
М Е П У Е Е И Н У Л Ф Р Я О С Н М
И О А В С М Т А И О О С А И Р И П
П Я П Т Т У Н Т Й П В Н З Т Т М
Н Т Т Е Т К А А О Е Е О Ь В И Ь У
С У Д Ь Я И Л Л М Т Щ Б Л О М С И
Т Т А Е У Н У И Ы Е Е О А Д Н Я М
М К О Т И К Е О П Е Р Д Е И Е Л И
В И С Т У С П У Р Ы А Н Д Т Д С С
И Л С Л Р У У О И А И Ы И Ь С У С
А Ф И О Р П О Н Б Е Т Й Е М У У И
Ц Н М Е И Ы Е Е Е А С Е О Т О О И Я
П О Т О К В С А Р П Р И В Я З А Н
О К С И Р Е К Р Е А Ц И О Н Н Ы Й
```

Puzzle 211

```
У Е У П Е С А К С А Р К А А У Е В
С У Е А Е О Н Н И Т С И Н А Р Ф О
М У Б Ь Т А В А Д Е Р Е П Т С Т З
А Н Щ У Л М И У Е И Н Ш А М О Д М
Т А Т Е А Д О Ь Н Е Т Е Ч Т О Т О
Ч С М И С А И М Ь Т Я М А П Д Б Ж
Т М Е Д Ь Т Я Л Е Р Т С К О Е Е Н
Т Е Л Е Й Ы В О Т Е Л О И Ф Р Р О
Р Ш Т У И А Е У И О Т А Н А В Е С
Т К Е Р Е Л А О Ю С Н Е Д Б С Г Т
Р А Й Ы Н Н Я Р Е Т О П З У Е М Ь
Е Т Н У С С О Т И Е Д А Ц Т М Р
У Ч П С О Т Р У Д Н И К Р У Н В Л
А Е Ц Е Е Е Р С Т Т С У П М С С Т
С М Т Т М У Т О Р О Б О О Т Е В С
```

ИСТИННОЕ
КРАСКА
ДОМАШНИЕ
НАСМЕШКА
ПРАЗДНИК
ПАМЯТЬ
СТРЕЛЯТЬ
СУЩЕСТВУЮТ
ТЕНЬ
БЕРЕГ
ПЕРЕДАВАТЬ
ВОЗМОЖНОСТЬ
ВСЕ
МЕЧТА
СОТРУДНИК
МАТЧ
ПОТЕРЯННЫЙ
ФИОЛЕТОВЫЙ
СИДЕНЬЕ
ОТЧЕТ

Puzzle 212

ПОДНЯТЬСЯ
ПОЛНОЕ
ДУМАЛ
ПАРТНЕР
ЗНАКОМЫЙ
ЖИВОТНЫХ
НЕВИДИМЫЙ
ПОЛИТИЧЕСКОЕ
ДАЖЕ
ПЛЯЖ
ЦЫПЛЕНОК
УВИДЕННОЕ
ТЕРПЕТЬ
ИСПОЛЬЗОВАНИЯ
КРОШЕЧНЫЙ
ЕЗДА
ОТВЕТСТВЕННОСТЬ
КРУПНЕЙШЕЕ
ЭНЕРГЕТИЧЕСКУЮ
МЕСЯЦ

```
О И О Т В Е Т С Т В Е Н Н О С Т Ь
П Я С Ь Т Я Н Д О П Р Т В С Н А Е
П А Л П У С Ц Ы П Л Е Н О К С С Т
Л Е Р Л О С В О Й Ы М И Д И В Е Н
Я И Е Т С Л С С Ы Т Е Р П Е Т Ь
Ж И Е Т Н Н Ь М Т М М Н М О К С И
И Н А И Р Е Л З И П Ц О С Т Р М О
Р Н Р А У А Р И О Р С И К Р У О Д
Ж И В О Т Н Ы Х Т В Е Н О А П Т А
П К Р О Ш Е Ч Н Ы Й А П У Д Н В Ж
О Н А М Е С Я Ц С Е Б Н С З Е З Е
Л А М У Д С Ф Р Р У Н У И Е Й Г И
Н П О Л И Т И Ч Е С К О Е Я Ш А А
О С Н Ю У К С Е Ч И Т Е Г Р Е Н Э
Е О Н Н Е Д И В У У Р И Я А Е Р С
```

Puzzle 213

```
П Н Э Д О Б У Ч Е Н И Е П С О Т М
У М А К О Т С Е С О С О О Т З А И
И Т Ж С С Ч Р Е Е А И А Л Р А И М
П Е О Т Л П Ь Е В А Г Л О А Б А С
Е К К М А А О М Е О Н А Ж Н О Н Т
Р С Е С Ш Е Ж Н Е И А Р Е Н Ч Щ Т
Е Т М М Ы Е Е Д А Е Л М Н А Е Е А
Р О Р У Л А О И А Т О И И Я Н Д Т
Ы О Т Т С К Б Н Ф Й Н Ф Е Е Н Р И
В У С Б И З Н Е С У Т И Р М О О У
У Б Л Л А У Я И Ц К А Е Р Е С С Ф
У Т У Е У Л С К А З А Л С Р Т Т Т
О Е М Е А Б Е Е И П У Л У Ь Ь Ь Н
О К А Т А С Т Р О Ф А В О Л К С И
О Б Я З А Т Е Л Ь С Т В А Ц О И А
```

КОЖА
ВОЛК
НАСЛАЖДАЙТЕСЬ
ЩЕДРОСТЬ
ОЗАБОЧЕННОСТЬ
ТЕКСТ
СИГНАЛ
СКАЗАЛ
ДОЧЬ
ПОЛОЖЕНИЕ
ЭКСПОНАТ
СЛЫШАЛ
СТРАННАЯ
РЕАКЦИЯ
БИЗНЕС
БЛУЗКА
ОБЯЗАТЕЛЬСТВА
ОБУЧЕНИЕ
КАТАСТРОФА
ПЕРЕРЫВ

Puzzle 214

СУММИРОВАТЬ
ЧАС
ДИВАН
СИЛЫ
ПРЕКРАСНЫЙ
ВСТРЯХНУЛ
СВЕДЕНИЯ
РЫЧАНИЕ
ЛАССО
ПРОВЕРЕНО
ВЕСИТ
ТРАНСПОРТНАЯ
СТАЛКИВАТЬСЯ
ОСОБЕННО
НАПРЯЖЕНИЕ
ЦИКЛ
НЕМЕДЛЕННО
ПУСТЬ
СЕСТРА
САХАРНЫЙ

```
Н П Р Е К Р А С Н Ы Й Р Л И М Л О
С А Р Т С Е С Е Е Л Т Ы Р Р О У С
И У П С У Р Н Е Р И У Ч С О Т О О
П У М Р П А Н Л У У Е А Я И И Р Б
Л И Ь М Я О С У С Р И Н А В И Д Е
К А Т У И Ж С И Л Ы У И Н Л И П Н
И О С М С Р Е Т Е А Н Е Т О Л Л Н
Ц С У С М Н О Н С А Х А Р Н Ы Й О
И В П А О Т И В И И О И О Е Ч А С
И Т А С В А А У А Е М И П Р И А В
С С Ф М Е С Е О Н Т Т И С Е В И О
Н Е М Е Д Л Е Н Н О Ь Ц Н В Т П М
С Т А Л К И В А Т Ь С Я А О И У С
В С Т Р Я Х Н У Л А И Е Р Р У О О
С В Е Д Е Н И Я В Е Т Л Т П Т У И
```

Puzzle 215

```
И П Е Е П А И И Т Р О Ф П И И С Н
О С Н И Е О Ц Р А С К Р Ы Т Ь Д О
И С Е Н О Н Д О Л О Х Т У Д Е С Т
Р С Б Е И М И К Е Е У Т Б Р А П М
Е А О Щ Е Ы Н Ь Л И Б О М О Т В А
Н Н Д Б О О О И О Ю М Я У О А Р Л
И Е И О М Ф И П Г Л Ч И Е У Р П Ц
С У О О Р Ю О Н У И Т Е Р П Б А В
И Н О С Т Р А Н Н Ы Й Л Н Н Г Л Е
П А О Д Р Е Н Ы Т С У П Р И О Е Т
Р Р Г Е С В У С Л Ы Ш А Т Ь Е Ц Ы
О Т А Д И Д Н А К П С О Д М Р П Н
Й С Е И Т Е Е А П О С Л Е Д Н И Е
Т И О О У М М Г О Л И Е М Р А Е Л
И Е Р Т Н Е М О Т О О С Ф Т Р О О
```

РАД
ПУСТЫНЕ
ПАЛЕЦ
ХОЛОДНО
УСЛЫШАТЬ
ПРОЙТИ
БРАТ
ПОСЛЕДНИЕ
ЦВЕТЫ
НЕБО
РАСКРЫТЬ
СООБЩЕНИЕ
КАНДИДАТ
ПОДКЛЮЧЕНИЕ
ИНОСТРАННЫЙ
МОЕ
ВЕРЮ
АВТОМОБИЛЬНЫЕ
СТРАНУ
МИРНО

Puzzle 216

ЗУБНАЯ
ПОЛОЖИТЕЛЬНЫЕ
НАПРАВЛЕНИЕ
СПАСИБО
ПОНИМАЛА
ПЫЛЬНЫЙ
БОЛИТ
СООБЩЕСТВО
ФОРМАТ
СОГЛАСЕН
ПОЗДРАВЛЯЮ
КАРТОФЕЛЬ
МИР
РАССТРОЙСТВО
РАБОТА
ПОРТРЕТ
СВЕЧЕНИЕ
ОФИЦЕР
БАБУШКА
ВОРОВАТЬ

```
С Р А Б О Т А С С М И Н Е Т Е В П
В И О В Т С Й О Р Т С С А Р Е О Ы
Е М Т М О С Т О И О Е Т У И И Р Л
Ч Н М С П Т Т Б Л С В И Л У У О Ь
Е О С И Е Ц Е Щ П Е Е Р Л Р Р В Н
Н Ь Е Ы Н Ь Л Е Т И Ж О Л О П А Ы
И Л С Т С И Л С Е Н П Т У Б У Т Й
Е Е М Г П С И Т А Е И О Т У Е Ь Б
О Ф И Ц Е Р Е В У Л Н Е Р У И У О
У О У В Е И Р О Т В И Л И Т Е У Л
М Т А Л П О З Д Р А В Л Я Ю Р Н И
С Р С П А С И Б О Р Е Н У М С Е Т
У А Л А М И Н О П П З У Б Н А Я Т
А К Ш У Б А Б Р Т А М Р О Ф Т М У
С О Г Л А С Е Н О Н Л И И О И Р О
```

Puzzle 217

П	О	Т	П	Т	Д	О	Ф	Е	И	Д	А	Т	У	А	Р	Т
О	А	Ц	Р	Р	В	Т	Н	Р	О	В	О	Г	И	Р	П	С
З	И	М	Е	Т	Е	С	У	Е	У	М	Л	Е	Е	Т	Т	М
Ж	С	П	З	И	Л	А	Т	С	У	К	С	У	М	С	У	В
Е	П	П	И	У	Е	Й	И	Б	Е	А	Т	А	Ф	Е	Ч	М
И	Л	С	Д	Р	С	Т	О	Р	Р	У	Е	Ы	Е	С	А	П
Ы	Д	З	Е	В	З	И	Т	О	Л	О	А	А	Т	Д	С	Е
О	О	С	Н	И	С	Е	С	И	С	С	К	И	Д	Е	Т	И
М	П	М	Т	Р	И	Т	М	И	У	В	Е	К	Б	М	Н	Л
Т	П	М	Е	Л	П	У	Й	О	К	А	Т	О	О	Е	И	С
П	Л	Р	И	А	Е	М	Г	В	П	Д	Н	У	У	Л	К	Б
У	У	С	У	М	Р	Т	М	Е	С	Ь	И	Р	Л	М	И	И
Н	Р	Е	Ш	И	Т	Ь	Д	Т	Н	Б	Л	У	Е	Т	И	Т
М	А	Н	Ю	Х	А	Т	Ь	Е	Е	А	С	О	У	В	Р	А
Л	П	Н	Е	Т	М	С	У	Р	Г	Л	Л	О	С	И	Т	А

УСТАЛИ
БРОККОЛИ
ТАКОЙ
СТОИТ
СВАДЬБА
УЧАСТНИК
МЕДСЕСТРА
ПРЕЗИДЕНТ
ПАРУ
САЙТ
НЮХАТЬ
ПОЗЖЕ
ТОП
ПРИГОВОР
ФРУКТЫ
СОЛЬ
СНЕГ
ВЕТЕР
ЗВЕЗДЫ
РЕШИТЬ

Puzzle 218

ПОСТОЯННОЕ
ГОДОВОЙ
НИЗКАЯ
МОРЕ
БЫСТРАЯ
НАЧАТЬ
СТИРКА
ДВИГАТЬСЯ
ХЛОПОК
ВЫЖИТЬ
ТОЛЧОК
ПРОЩАЙ
МУМИЯ
БАСКЕТБОЛ
РАЗНООБРАЗИЕ
ВЕЖЛИВЫЕ
РЕЗУЛЬТАТ
ЭКОНОМИЧЕСКИЙ
КОЛЬЦО
СУММИРОВАТЬ

Э	А	Р	Е	З	У	Л	Ь	Т	А	Т	М	Т	О	П	Р	М
Р	К	Е	А	Й	О	В	О	Д	О	Г	Ф	М	У	И	Т	У
А	Р	О	Я	А	Р	Т	С	Ы	Б	Н	М	У	М	П	О	У
З	И	Н	Н	Щ	Н	Т	И	О	Л	Т	С	О	Н	И	И	А
Н	Т	Н	Л	О	Б	Т	Е	К	С	А	Б	Р	О	У	Л	Т
О	С	Я	М	Р	М	В	Е	Ж	Л	И	В	Ы	Е	Р	О	М
О	К	О	Н	П	У	И	Р	С	Т	И	И	Р	С	Ф	У	А
Б	О	Т	Л	А	У	Р	Ч	В	Н	И	З	К	А	Я	Л	М
Р	Л	С	М	Т	Ч	Е	М	Е	Д	Ф	И	С	А	Ц	А	Е
А	Ь	О	Т	Е	О	А	И	Я	С	Ь	Т	А	Г	И	В	Д
З	Ц	П	Т	И	М	Л	Т	Л	С	К	О	П	О	Л	Х	М
И	О	Р	Е	И	Н	А	Ч	Ь	А	О	И	И	Е	А	У	У
Е	М	У	М	И	Я	Т	О	О	Т	И	П	Й	У	У	О	М
Л	В	У	Т	М	О	Т	У	С	К	И	М	С	У	С	О	С
С	У	М	М	И	Р	О	В	А	Т	Ь	Т	И	Ж	Ы	В	С

Puzzle 219

```
М О Н Д П Е Т Ь И Т Н С С О Р И П
О П Е О П И Ц М Л Р О Е М С А В Р
Р С М К С Я Ь Т С И Л Р С О З Н Е
Е А Е А Е С И О Е У Т Н Л Б В Л Д
Х И Д З Н У Е Н Ж Е Е И А Е Л И Л
П С Л А Т И В Н Е Т Е Т И Н Е У О
О У Е Т О У Е О Л Т Б А И Н К Е Ж
Р Т Н Е Ц С С Е Т М С У М О А А Е
Е Р Н Л О О Т А Ы М Т А О О Т О Н
Р О О Ь Л У О Л Й А А М Р И Ь Р И
И П Д С О О П А С Н О П Е Р Т О Е
О М И Т Ч А С Т И Ц Ы Т Ч Т Ц Д О
П И М В Х У Д Ш И Е М Е Е Е С Н М
Т Р Т А Т Е М Н Ы Й И Е В Е О О С
Д А В Л Е Н И Е У Н И Щ Е Т А Й Е
```

ОРЕХ
ВЕЧЕРОМ
ИМПОРТ
РАЗВЛЕКАТЬ
ХУДШИЕ
ДАВЛЕНИЕ
РАСТЕНИЯ
ПРЕДЛОЖЕНИЕ
ЦЕНТР
ДОКАЗАТЕЛЬСТВА
НИЩЕТА
ЧАСТИЦЫ
ОПАСНО
ТЕМНЫЙ
ЛИСТЬЯ
РОДНОЙ
ПЕТЬ
ЖЕЛТЫЙ
НЕМЕДЛЕННО
ОСОБЕННО

Puzzle 220

ЗНАНИЯ
ЧЕЛОВЕКА
ЖУРНАЛ
РОЗОВЫЙ
ВВЕДИТЕ
СОСТОЯНИИ
ПОСЛЕ
СИДЕТЬ
ЛЮБОЕ
ДОСТУПЕН
РАЗНЫЕ
ЛУННЫЙ
ДЕРЖАЛ
КРОВЬ
ЯБЛОКО
ГАЗ
ДНЕМ
СКРОМНЫЙ
РАСКРЫТЬ
СОГЛАСЕН

```
Л А Н Р У Ж С Р Т Ф У И С Н Н З Я
Е Ю С Й Ы Н М О Р К С Т Е М Е Н Д
С Т Б Ь Т Ы Р К С А Р Н У У П А Е
А И О О С О П О У Т А Ц У Л У Н С
О Т А К Е В О Л Е Ч О Е Е Я Т И У
Е Е У М М Т О Б Т Р А Я У И С Я О
М Р Т С Н О С Я И О Д Н Н И О Й И
Г А О О С О Р Р Д З Р Е И И Д Ы С
М У В Д И У Н Я Е О М С Р М И Н Т
Е Т А Р Д Е Е Е В В И А И Ж П Н Е
Н А И М Е И О С В Ы И Л Н И А У Н
Ц А А Т Т У И П Б Й Т Г И С С Л И
Т С И А Ь В О Р К С Р О П О С Л Е
У И А С И Р Н М И Е П С И Г А З С
Р А З Н Ы Е Н М Е С Н С Е Т М Т И
```

Puzzle 221

```
Ф Д Л И К Т Е Л Б А Т Т И Р Р Л Э
Д О И О В Ы Р Е Р Е П У А О А Н В
К В Р И М У Л Е П Е Р Е П Ж М О А
О И Е Т И С Н Н В Т О М У Д Е Е К
К Р У У Е В И Б А О Н А Т Е Н Т У
Т П Р Т И П А У И М Г Р С Н У Т И
Е Т У Е Н Р И Т Р Е Е А О И А И Р
Й Л Е П Е Д К А А Н П Н Д Е О П О
Л Р М О Ж О Ь Т Н Р Е Т Ь Н Е Д В
Ь П И Л И Д Л Т Р О И Т У Ш О Е А
Л Н И О В Х У Т Е П Р И Т Т Е Т Т
О Е Т Т Д В С Р У Т И Н Н А Я И Ь
У Ф М Н Т Т О Ж И В О П И С Ь Х Н
Я Н Е Т У Е С П У Б Л И К А Ц И Ю
П Р Е Д С Т А В И Т Ь Т Е Е Р М Г
```

РОЖДЕНИЕ
ПУБЛИКАЦИЮ
ДОСТУПА
ТАБЛЕТКИ
РУТИННАЯ
ПЕРЕПЕЛ
ПРИВОД
ТРЕВОГА
ДВИЖЕНИЕ
ДЕНЬ
ЭВАКУИРОВАТЬ
ФОРТЕПИАНО
ИХ
ПРЕДСТАВИТЬ
МЕНЬШЕ
СОСУЛЬКИ
ЖИВОПИСЬ
ПЕТУХ
КОКТЕЙЛЬ
ПЕРЕРЫВ

Puzzle 222

ПИК
РАССЛАБЛЯЕТ
ОБЩЕСТВЕННЫЕ
ИДЕНТИЧНОСТЬ
КОММЕРЧЕСКИЕ
АККУРАТНЫЙ
ОБЛАКО
ГОРЯЧАЯ
ОБЕСПОКОЕННЫЙ
НЕЖНЫЙ
ИССЛЕДОВАНИЕ
ПОЛА
ЭТИ
СТОРОНЫ
РАВНЫХ
ПОДХОДИТ
ПЛИТЫ
СКУТЕР
СКАЗАЛ
БРАТ

```
Р Е П И Е М И Т И Д О Х Д О П И Р
М А У С П Т С И Е Е М Н М Б Р Д А
П О В П И О Н М Р У П И Е Щ У Е С
Й Ы Н Н Е О К О П С Е Б О Е Л Н С
М Л У О Ы И Э Т И А Т П Т С П Т Л
Т О Н О Т Х С Т О Р О Н Ы Т Л И А
С К У Т Е Р Н Г И Е М И Н В И Ч Б
О А И Л И О И Е О Т Т С С Е Т Н Л
И Л А З А К С У Ж Р И Н У Н Ы О Я
Р Б И М У Р И Р И Н Я Р М Н Б С Е
Т О Е И И У И Л У Д Ы Ч И Ы Р Т Т
И А С А А М О Е Н Л М Й А Е А Ь П
И С С Л Е Д О В А Н И Е О Я Т Н О
А К К У Р А Т Н Ы Й В Е Р Л Р Л Л
К О М М Е Р Ч Е С К И Е П И К В А
```

Puzzle 223

```
Л Е М Р И Д Е Т Н И С А Я И Е З В
Е Н Р И М А П У Н Р Р У И О С Е Н
Н С У Е С Е У В М Г Р О Ц Т Е Б У
У Л И У М Е С О Т О М И И К Р Р Т
Р Ч Е Р Ы М Л П Р И Х О Д И Т А Р
Е Е Е Ж С В Ы З А Е Т О Е Н У М Е
М Р О Н Л Т Ш А У Б Р А П Ь Н П Н
В А П И И Е А П С И А И С Л Я И Н
Ф О Е А У Е Т У Р З М И К О Т Т Я
А Л Й Е О Л Ь С У О Е О Э Г Л О Я
Т А У Н Д В Н К Р Н У У Ф У У У О
О П У Ф А Ь Т А С И П О И Е Т Е О
К У Л Ь Т У Р Н Ы Е М Е Н Р П М Д
Н Е С Ч А С Т Ь Е О Е Ы Н Т С Е М
П Р Е И М У Щ Е С Т В О И А М О Т
```

ТЯНУТЬ
ЕЖ
ПРЕИМУЩЕСТВО
ВОЙНА
БИЗОН
НЕСЧАСТЬЕ
ВНУТРЕННЯЯ
ЗЕБРА
СМЫСЛ
ЗАПУСКА
УЧЕНИЕ
ОПИСАТЬ
ПРИХОДИТ
ЭКСПЕДИЦИЯ
МЕСТНЫЕ
КУЛЬТУРНЫЕ
ТРЕУГОЛЬНИК
ЖЕ
УПАЛО
УСЛЫШАТЬ

Puzzle 224

РАЗМЕР
ЗМЕЯ
ФОРМАЛЬНО
ТАКСИ
СКУЧНО
КАКАО
ГАРДЕРОБ
СЧЕТА
ОЖОГОМ
СУЩЕСТВО
БЕЛКА
ПОГОДА
ВЕЛОСИПЕД
УЧАСТИЕ
ПРОЕКТ
ИНТЕРВЬЮ
НОСОК
УРОК
ПРАВО
ВОРОВАТЬ

```
Е И И Е К О Р У Ф И С К А Т Н К С
П Р А В О В Е Д О О Н Ч У К С А Е
Я Е М З С Е Е Р Р О Е П Е И Р К С
И М О П О Л У П М У Т Е А Т Т А И
Е З Г О Н О Ч О А Д О Г О П А О С
М А О Е М С А П Л Т У Р Е У А И Т
И Р Ж С Е И С А Ь Т А В О Р О В Р
Г Н О Е И П Т Р Н С К Я С У О П А
А Е Т И Е Е И Н О И Е Е Б Е Л К А
Р Е Л Е М Д Е Е Р М А У О В А А Р
Д И П И Р С У Щ Е С Т В О Р У Р Е
Е В Е М М В И С Т Е Р В А Н П И Р
Р Ф С Е М Л Ь Е У Т Н Т Н У У Р Т
О С У П Р У Т Ю О И У Е И У С У И
Б С У О И С Л Н А Т И С А Ц Е О Е
```

Puzzle 225

И	Н	П	О	Д	Е	Т	Т	Е	Ф	Е	М	И	Л	И	И	С
Е	И	О	Е	Н	И	С	Т	У	И	Л	А	В	А	Д	У	Т
П	У	Е	Щ	Р	Н	Р	Е	Е	Р	Л	Р	Е	П	Н	Е	С
У	Р	А	Л	У	Е	Т	Е	И	М	А	У	И	Р	А	Т	Н
С	Е	З	Г	Л	Щ	В	Н	К	А	Т	И	Л	П	У	Е	Е
С	Б	О	Р	К	А	А	О	Г	Т	У	А	М	М	К	У	Р
М	О	Р	К	О	В	Ь	Е	Д	Е	О	С	Я	М	А	О	Е
Т	Р	Г	Б	И	О	М	Т	Т	И	У	Р	В	Р	Е	Т	Г
И	Т	У	П	О	Е	Ы	М	И	С	И	В	А	З	Е	Н	У
Б	Л	Е	С	Т	Я	Щ	И	Й	И	Я	И	Л	П	О	Р	Л
Н	Е	Ж	Н	О	М	А	Л	И	Н	О	Й	У	Е	Е	О	Я
П	О	С	Т	А	В	И	Т	Ь	Н	Р	И	Ч	Ф	Е	А	Р
Б	Л	И	Ж	А	Й	Ш	И	Е	Ф	И	Т	Ш	С	Е	Е	Н
П	Р	А	К	Т	И	Ч	Е	С	К	И	Е	Е	Л	Д	И	Ы
Л	Р	М	Р	Б	Е	У	Д	И	Ц	Р	И	И	А	И	В	Й

МОРКОВЬ
ПЛИТА
ЛУЧШЕ
ДАВАЛИ
ПРАКТИЧЕСКИЕ
БЛЕСТЯЩИЙ
БЛИЖАЙШИЕ
НЕЖНО
ПОСТАВИТЬ
НЕРЕГУЛЯРНЫЙ
НАУКА
НЕЗАВИСИМЫЕ
СБОРКА
ДИРЕКТОР
ПЕРЕВОД
МЯСО
УГРОЗА
МАЛИНОЙ
ОЩУЩАЕТСЯ
ФИРМА

Puzzle 226

ОСТРОГО
ФОКУС
ПОДРЯД
КАШТАНЫ
ЕСТЕСТВЕННЫЙ
ТЩАТЕЛЬНО
ТОРТ
ЗАВОЕВАЛ
НОВЫЙ
МЕХАНИК
ОДЕЖДУ
ЛЫЖИ
ХОЧУ
КЛЮЧ
СМЕЯЛАСЬ
ПРАВАЯ
ПОСЕЛЕНЦЫ
ПЛАНЕТ
ВСТРЕЧА
ПРОЙТИ

Е	Т	О	О	Л	Т	И	О	П	Е	И	Е	Р	Л	И	Е	Р
Р	Н	А	У	Д	Ж	Е	Д	О	Г	О	Р	Т	С	О	С	М
А	Ф	М	А	Е	И	Ф	Б	Д	О	И	О	Р	А	М	Т	С
К	М	А	У	Т	Ж	С	У	Р	Й	С	П	О	С	Л	Е	Е
И	И	М	Ы	И	Ы	У	А	Я	Ы	М	О	Т	Х	О	С	М
Ф	Е	Н	Н	К	Л	Ю	Ч	Д	В	Е	С	Т	О	О	Т	У
У	Т	Щ	А	Т	Е	Л	Ь	Н	О	Я	Е	Ф	Ч	Т	В	А
В	С	П	Т	Х	З	Ц	Н	Н	Л	Л	А	У	П	Е	У	
С	П	Р	Ш	М	Е	А	И	Т	Е	А	Е	Ф	Р	Р	Н	Т
Т	Е	Н	А	Л	П	М	В	И	П	С	Н	О	М	Т	Н	М
Р	Р	О	К	Р	О	А	Е	О	С	Ь	Ц	К	Н	А	Ю	О
Е	П	Р	О	Й	Т	И	Т	И	Е	Е	Ы	У	Е	С	Й	Р
Ч	Е	Р	И	П	С	Р	И	С	Л	В	Е	С	Л	И	В	М
А	И	Т	У	И	Е	А	Р	Е	Р	Т	А	А	У	Я	М	И
Н	Н	Б	В	П	Р	А	В	А	Я	С	С	Л	Е	И	Е	Н

Puzzle 227

А	Л	Г	И	У	М	К	Е	И	О	С	Ь	Т	Ь	В	Е	О
В	Я	Л	П	Л	Р	У	О	Е	О	О	Т	И	В	Е	У	Р
Т	Г	Я	И	З	Е	Р	Ф	М	Ц	Ф	А	А	О	Ь	Е	Г
О	У	Н	А	И	М	Е	И	Н	П	О	Р	Е	К	Т	Н	А
Б	Ш	Ц	У	У	Р	Н	С	С	М	А	Б	О	Р	А	Ь	Н
У	К	Е	Е	О	С	Р	Т	Е	Е	Р	Н	Е	Е	Р	Н	И
С	А	В	О	Е	Т	И	Е	Р	Ф	М	М	И	Ц	И	Е	З
Р	И	Ы	В	М	Р	Т	Т	И	П	Л	О	М	Ю	Б	Б	О
У	Л	Й	Т	М	А	С	К	А	Щ	М	Л	Е	И	О	Е	В
Е	Т	В	С	Т	А	В	И	Т	Ь	Я	О	С	Р	С	Р	А
М	А	Т	Е	Р	И	А	Л	С	У	Р	Д	П	О	Е	Г	Т
П	Е	Н	Щ	Ф	М	С	Т	Т	Ц	Т	О	О	Т	Р	М	Ь
Ь	Д	У	Б	И	Н	А	Д	Г	О	К	Й	Н	Х	У	Е	У
У	Т	О	О	Г	О	Л	О	С	О	М	Е	М	А	У	И	И
С	С	И	О	А	Б	Л	И	Х	О	Л	О	Д	Н	О	О	М

МАТЕРИАЛ
ЦЕРКОВЬ
БРАТЬ
УХОДЯЩИЕ
МАСКА
АВТОБУС
МОЛОДОЙ
ВСТАВИТЬ
СОБИРАТЬ
ОРГАНИЗОВАТЬ
ГОЛОСОМ
ОБЩЕСТВО
ЛЯГУШКА
КОМПАНИЮ
ФРЕЗИЯ
КОГДАНИБУДЬ
ГЛЯНЦЕВЫЙ
ГРЕБЕНЬ
СТАКАН
ХОЛОДНО

Puzzle 228

КОРОБКА
СРОКОВ
ЗРЕЛЫЙ
НАПОМНИТЬ
МИГРИРОВАТЬ
МЕНТАЛЬНЫЙ
РАССМОТРИМ
СОВА
ОБЫЧНО
УСЛУГИ
НАШ
ЧУВСТВО
ССЫЛАТЬСЯ
УДАЧИ
ПРЕДМЕТ
ШПИНАТ
НАКЛОН
ТЕКУЩИЙ
СВОБОДНЫЙ
СУЩЕСТВУЮТ

Н	Н	З	С	Н	Т	М	П	У	А	М	Ш	Н	М	И	М	М
Т	И	Р	В	В	М	И	Е	П	О	С	П	А	Е	И	Р	И
О	У	Е	О	В	Т	С	В	У	Ч	С	И	И	Н	С	И	Г
Е	Е	Л	Б	О	М	Е	Л	Ф	П	Ы	Н	С	Т	Р	И	Р
Е	С	Ы	О	С	У	М	Е	И	Т	Л	А	У	А	О	В	И
А	И	Й	Д	Т	Т	М	Т	Р	Р	А	Т	Щ	Л	К	А	Р
Т	У	О	Н	О	Б	Ы	Ч	Н	О	Т	Я	Е	Ь	О	У	О
И	М	Р	Ы	В	И	Н	Т	М	Т	Ь	Н	С	Н	В	Т	В
Т	О	Т	Й	О	Т	В	Р	Н	Е	С	А	Т	Ы	Е	Е	А
Р	А	С	С	М	О	Т	Р	И	М	Я	К	В	Й	В	У	Т
У	С	К	О	Р	О	Б	К	А	Д	С	Л	У	О	О	У	Ь
М	И	О	У	Й	И	Щ	У	К	Е	Т	О	Ю	Ф	А	Д	Т
Е	Н	Т	В	Н	Н	А	П	У	Р	Т	Н	Т	Р	О	А	С
И	Е	О	У	А	О	У	И	Т	П	О	С	Н	У	Т	Ч	И
Н	А	П	О	М	Н	И	Т	Ь	У	С	Л	У	Г	И	И	У

Puzzle 229

```
П И Г М О С Н Ц З Н А Ч О К П М С
И П О Ы Т О М А И Н В У Е Р О Е Л
С У В Л В Б П К З К И О А И Т М Е
Т А О Ь Ы Е Ж Т В Л Е П Д Е У Д
О Е Р Н Т Т В Р Е У А Т С С Р Л У
Л Л И О С И С Е Н Н Р Н К Ы Я Р Й
Е Т О Й Т Е Е Д Е Е О Е И Т Т А Т
Т Е Т Р В У Т Д Л Н Р М В Е Ь З Е
Е А К Д Е Р П О Е И Н У О Ф Р Р Б
О У Е С Н Ф Е П Д О М Р З Н Е Е О
И Е О Т Н Н О Е И О М Т У О Г Ш Г
У О Н А О Т Ц Р И Е Е С Р К А Е А
П Е С Е С Н Р Т М Е О Н Г М Л Н Т
Т С М Н Т С Н М Р А С И Е У М И Ы
И Н О О Ь Е Е Р Н И Т У Т И М Я Х
```

РАЗРЕШЕНИЯ
НАЗВАНИЕ
ПОТЕРЯТЬ
СОБЫТИЕ
ПИСТОЛЕТ
ЛАГЕРЬ
ЛЕДИ
БОГАТЫХ
ИНСТРУМЕНТ
ЗНАЧОК
СЛЕДУЙТЕ
ПОДДЕРЖКА
ПРЕДКА
МЫЛЬНОЙ
КОНФЕТЫ
ГОВОРИ
ГРУЗОВИК
ОТВЕТСТВЕННОСТЬ
ЦИКЛ
ФОРМАТ

Puzzle 230

ЛЕСТНИЧНОГО
ЧЕТВЕРТЬ
СТОЛ
ЦЕНТРАЛЬНЫЙ
ЧЕРНОЕ
ВЕСНА
ВЕЧЕРИНКИ
БЫСТРО
КРЫЖОВНИК
ЗАПАХ
ЗНАЧЕНИЕ
ГРАФИК
ОЖИДАТЬ
ОГРАНИЧУСЬ
ЛИШИТЬ
ИГРИВЫЙ
СОПРОВОЖДАТЬ
БАССЕЙН
ЩЕДРОСТЬ
ПАЛЕЦ

```
З Н М С О С К О Г Р А Н И Ч У С Ь
У А И В О И Н Р Й Т Ф Ф С Т Р Л Б
Е Н П Е Е И Щ З Ы У А Н Т О И И А
А С И А О Л Е Н Н Ж Б Ы С Т Р О С
Н Е Р О Х Р Д А Ь Л О Т Р И А Л С
Е В Т Е Л Р Р Ч Л Е В В Р Е Д Е Е
Л Р Р Д У Ч О Е А Е Е А Н Н Ц С Й
Т Е И Й С Е С Н Р Н Ч О Е И Т Т Н
С О Е И Ы Т Т И Т О Е Ц Ь К К Н С
П А Л Е Ц В Ь Е Н А Р Ь Т И Ш И Л
Е Н О О О Е И Н Е Т И Р А Ф Р Ч Е
У И Т Н И Р А Р Ц С Н С Д А М Н П
П Т С Р Ф Т Е Е Г У К Л И Р О О Р
И Т И Е Р Ь Т Т И И И О Ж Г С Г П
Т Д А Ч М Ь Т А Д Ж О В О Р П О С
```

Puzzle 231

```
Э К С П О Н А Т А И З Е М Т У Р С
Т М И Н Л Я И О С К Б А З И Н В Б
О Д Н А А В А О М Т О Е В Н Л М И
А Я Е И Н А Ч Е М И Р П Т О И Я Т
В Ы М Е Р Л И Б М Л Б У Д М Д Т Ь
М Н О Г О П Д Е Т А Е И К У Т С Т
О М А Й О Р Т С Е К Р Т А Т М У Е
С Л О С Е А О И Ц О Е В М Т У Т У
Т А М И Л К Н Е М Е С А Т Й С Р А
А О Я М Д О Р О Ч А С Т Н О Е Е А
Л П Р И С У Т С Т В У Е Т Ш М С А
Ь М Ф С Т С У И Т Е Г Л М Ь Е И О
Н П Л И Л Р Л И Т С В О Н Л С С В
О О Н К Т О Т О Н Н Н П А О И И Т
Е У У О М И У И Е А Р Р Н Б Р С Н
```

СЕБЕ
ВНИЗ
МНОГО
СЕРЕБРО
КЛИМАТ
ПРИМЕЧАНИЕ
ЧАСТНОЕ
СБИТЬ
КТОТО
БОЛЬШОЙ
ПРИСУТСТВУЕТ
ПОЛЕТ
ЗАВОД
ВЫМЕРЛИ
КАЛИТКИ
МИЛЯ
ОСТАЛЬНОЕ
МАЙОР
СТРУКТУРА
ЭКСПОНАТ

Puzzle 232

СВЕЧА
ПОЧТИ
РАНО
ТЕРМОМЕТР
КОЛЫБЕЛЬ
МЕДЛЕННЫЙ
РАЗГОВОР
ВЗРЫВ
ЛАДНО
ГИГАНТСКИЕ
НУЖЕН
ДОСТИЖЕНИЕ
ЧИСТЫЕ
ЗАКЛИНАНИЕ
ЦЕЛЬ
ТОГДА
ДОРОГОЙ
СОСТОЯНИЕ
ПЛАКАЛ
ЧТО

```
И У Г Д П О О Р М У С Р Л У А Д Т
Л А В Т Л М М И О И И И С Л Ц Р Е
И Т С Н А Д Г О Т Т С Г Т И А У Р
М А С Д К Е Н Н К Ч Р Т У М А Г М
С Е Т Ф А И У Д Р О В О Г З А Р О
О И Д Т Л К Ж А Н П Л У Б Р Ч Е М
С Н А Л М С Е Л У Т Т Ы У И Е У Е
Т Е У О Е Т Н Ф О Д Т Т Б И В О Т
О Ж М И Ы Н Д О Р О Г О Й Е С У Р
Я И Р И Т А Н Ц Е Л Ь Т С Е Л М С
Н Т У О С Г Н Ы И Н Е С Л Т Н Ь М
И С Е Д И И Т С Й О Е П С Т Р М В
Е О Н П Ч Г Н З А К Л И Н А Н И Е
И Д А О Е Д В З Р Ы В И У Д Н О С
У Р А Н О И С Е Е Р Н Ч Т О Р И Т
```

Puzzle 233

```
С О О О Р И Е Н Т И Р У Й С Я А К
И Е Б Б С К О Н Ц Е Н Т Р А Т Р О
Д А О Н Н О С Н П П Е Е Р С М Н
Ф Е Л Т С О А Е Н О П П Р О С И Е
О А Ь Т Е С В Т Т И С Р Т С Т Я Ц
У А И П С Е Т Л Д И Е Т П Ф Е Ь Н
Г У Р К Ь Т И Т Е Р Т С В Е С Д У
Е О В И Т Р О Л Т Н А И Е О И У М
С Н Т Ф М Е И Н А В И Х Я Р Т С В
Н У Р О Л Я Н Е Т Е Н Е О П У М М
Д О О Д В О А О В К П Б С О Е Т П
С М Ф А Е И Л И С А Н Е М Е О М М
И Ь М Е С В Т У П О Т Е Р Я Р Н У
П С О И У И Т Ь Т А К Е Л В И Р П
У И К И З О Л И Р О В А Н Н Ы Е С
```

НУ
КОНЕЦ
БОЛЬ
КРУГ
ГОТОВИТЬ
СЕТЬ
НАСИЛИЕ
КОНЦЕНТРАТ
ПОТЕРЯ
ОРИЕНТИРУЙСЯ
КОМФОРТ
ИЗОЛИРОВАННЫЕ
ВСТРЕТИТЬ
ВЕКА
НО
ОБНОВЛЕНИЕ
ПРИВЛЕКАТЬ
СЕМЬИ
ВСТРЯХИВАНИЕ
СУДЬЯ

Puzzle 234

ЗНАЮТ
НОЖ
БЕЛЫЙ
ХОМЯК
ЭКСПЕРТ
ПОЕЗДКА
ПОДСНЕЖНИКИ
СЕМЬЯ
ОБЫЧНЫЙ
ЗАРАБОТАТЬ
НАДЕЖНЫЙ
ЛИЧНО
КОРОЛЕВСКИЙ
НЕГАТИВНЫЕ
СТИЛЬ
ПРАЧЕЧНАЯ
АНАНАС
ПРОИЗВОДИТЬ
РЕКРЕАЦИОННЫЙ
СОТРУДНИК

```
П И М С С И М У О Н Т Л С Л З С У
Т С П Р А Ч Е Ч Н А Я Е У Л А Е У
О Б Ы Ч Н Ы Й И К С В Е Л О Р О К
Е М С И А Е Е Ы М С И О Н И А С И
Р У В Л Н П О У Н С Е М Ь Я Б Э Н
Ь Т П Л А Г Л И С Ж Н С Е Д О К Д
Л З Н А Ю Т П Е О Х Е О Л И Т С У
И К И Н Ж Е Н С Д О П Д Ж И А П Р
Т Н Р Е Т Б У И А М М Г А А Т Е Т
С О У У У Т И И Р Я С И Ц Н Ь Р О
Л Е Л Р Т Н М М А К Д З Е О П Т С
И Б Е Л Ы Й Н Е Г А Т И В Н Ы Е Ф
Ч Р Е К Р Е А Ц И О Н Н Ы Й С П Н
Н Р Т И П Р О И З В О Д И Т Ь И Р
О Р Т Т М М М Н Н Д М А У Р А А У
```

Puzzle 235

Е	Е	Р	И	У	Л	О	К	Ш	Р	О	Я	П	Г	П	Е	Н
З	Е	И	С	У	Д	Т	А	К	Т	И	Л	У	Р	Л	М	Е
М	А	Ц	И	Р	У	К	Р	Е	Е	Ь	П	Е	У	А	У	С
Е	О	Б	Р	С	Е	С	А	Л	В	Т	А	А	С	Т	Р	Ч
О	И	У	О	Н	Д	А	Н	О	И	А	Ц	А	Т	Ь	Е	А
П	П	И	С	Р	Н	М	Д	Р	Р	Т	С	У	Н	Е	Е	С
Х	О	Р	О	Г	А	Ц	А	А	П	С	Т	У	О	Т	И	Т
О	Д	Ф	А	Н	Р	Т	Ш	Х	Е	И	Е	М	Е	С	А	Н
П	Д	Н	Е	Е	Г	Л	Т	Т	О	Д	У	Ф	В	Е	И	А
С	Т	Е	А	А	И	И	И	И	Н	Ч	М	Ф	Т	М	Ф	Я
М	Е	Л	Р	Р	П	П	У	Т	Н	П	Е	Е	Н	В	В	М
У	И	О	С	Ж	У	Е	Н	М	И	Л	С	Т	У	Е	И	С
Е	Р	А	Р	С	А	К	Р	И	Т	И	Ч	Е	С	К	И	Й
Р	А	Н	Ф	О	А	Л	Е	М	С	Т	Ф	И	И	А	О	Р
И	Д	У	И	И	В	У	И	Т	И	И	Д	О	О	Е	П	П

СТАТЬИ
ГРАНД
ДНО
ХОЧЕТ
ПРИВЕТ
ЦАПЛЯ
ШКОЛУ
ВМЕСТЕ
ХОП
КРИТИЧЕСКИЙ
ПЛАТЬЕ
ГОРОХ
НЕСЧАСТНАЯ
УЛИТКА
КУРИЦА
ЗАБОР
ГРУСТНО
КАРАНДАШ
ДЕРЖАЛИ
ИСТИННОЕ

Puzzle 236

ТАЙНА
ВЫПЕЧКИ
СЛАБЫЙ
ЧАЙ
АРБУЗНАЯ
ЗАСТЕНЧИВЫЙ
РОДИТЕЛИ
ЛИНИЯ
МИСС
МОРАЛЬНЫЙ
ИНТЕРЕС
СМИ
ВВЕСТИ
КОЛЕБАТЬСЯ
МАКЕТ
СВЕРНУТОГО
ОБЩАТЬСЯ
ДЕНЬГИ
КРЕСТ
СКОРО

М	З	С	С	И	М	Н	М	Т	О	Р	У	Р	Е	Н	И	А
Р	О	А	В	Р	А	С	С	М	Ф	Н	И	О	Т	Е	Е	Р
Е	Р	Р	С	Е	К	О	Л	Е	Б	А	Т	Ь	С	Я	С	Б
Л	О	Ц	А	Т	Р	В	В	Е	С	Т	И	С	Е	С	Л	У
С	К	А	Е	Л	Е	Н	М	Е	П	С	Г	М	Ф	Ь	А	З
Т	С	М	У	У	Ь	Н	У	О	С	Е	Ь	И	Р	Т	Б	Н
И	В	Е	Т	Т	Е	Н	Ч	Т	У	Р	Н	И	О	А	Ы	А
В	Ы	П	Е	Ч	К	И	Ы	И	О	К	Е	Н	Д	Щ	Й	Я
О	О	У	К	О	У	В	О	Й	В	Г	Д	Т	И	Б	А	А
М	С	Т	А	Л	И	Н	И	Я	У	Ы	О	Е	Т	О	Ч	Д
У	И	И	М	Т	А	Й	Н	А	Ц	Р	Й	Р	Е	О	Л	Ф
Е	Т	А	Н	С	Д	И	И	М	Е	О	И	Е	Л	Ц	М	Т
П	Г	Ф	С	А	С	Н	У	С	Е	И	У	С	И	О	Р	О
У	С	Е	У	С	Ц	Д	П	С	Р	Е	А	Т	У	И	И	Е
А	Л	Н	У	Т	Р	Е	А	И	М	И	С	М	У	А	Т	Т

Puzzle 237

```
В Е М Г А П Ф К У Б Т У О Н Д И С
О Ы Л О Р С Л М С У М Т П Н Р У П
Е У Й Ь У О О А М М У С А О У У А
О Л И Т М Б Е К В Р Е М С С Ж Т Л
О О М И С Т Т В А С Т Н Т Е А Ь
Ф И Ф Р В Т М Е Ф Т Н Е Ы У Л С Н
Н А О У А В И Л Н О А И Й В Ю Е Я
У Е М К Н Е Т К Ц Б З Щ Е А Б Н Н
А О О Т И Н О Е О А А Я О Г Н О У
С И Е Е А Н А В И Р Ф Р И О Ы Л Е
М Е У О У О О Е Ф Д С О И Н Й Р Е
П И Н Е Р Г О С У А Т В Н В Е М И
М С Е П У О Т Ы П О К О А Н С О С
К О М М Е Н Т А Р И Й Г П Л Т Е И
Ш Е Р С Т Ь А В Т С М О К А Н З И
```

СУММА
СОБСТВЕННОГО
ВТОРОЕ
ПЛАВАНИЕ
КОПЫТО
ГОВОРЯЩИЕ
ЗНАКОМСТВА
СПАЛЬНЯ
ФАЗАН
НОУТБУК
ВАГОН
КЛЕТКА
ШЕРСТЬ
ОПАСНЫЙ
КОММЕНТАРИЙ
КУРИТЬ
ДРУЖЕЛЮБНЫЙ
ВЕС
ВЫЙТИ
РАБОТА

Puzzle 238

ДАЛЬНИЙ
БЫВАЕТ
ЕСТЬ
СЫН
МУЖЧИНЫ
ЭЛЕМЕНТАРНО
КОРОЛЬ
КОРИЧНЕВАЯ
ВЫ
СЛОМАЛ
ЗАРЯД
МОТЫГА
ПИВО
ЗАБЫТЬ
ПОСТ
ОЛЕНЬ
КИПЯТИТЬ
ИРИС
АББРЕВИАТУРА
НАСМЕШКА

```
Н А С М Е Ш К А И Е С Т О И Н М А
О Е И У Т Д Е Ц Е А М Е Т О Е Т Б
М Е Р П С У Н Т С О П О Е Е П И Б
Б У И О Н Ф С С Ь Л О Р О К Д Р Р
Е Ы Н И Ч Ж У М Р Р О Е М А Е Д Е
С И В Н О Н Р А Т Н Е М Е Л Э А В
В Ы Я А В Е Н Ч И Р О К А Т Т Л И
О Г И С Е Ь Т И Т Я П И К Л У Ь А
А А П М Ь Т Ы Б А З Т Я О У О Н Т
З А Р Я Д С С Р О Т Р И Е С Е И У
Р С Р Ь Н Е Л О Н С У Т Р С Ы Й Р
М Т А Д А П П М Р Р А Т А Б И Н А
И Ф С О И О И Ц У М О Т Ы Г А Д Т
Е У У И У Е В Т И И Р С Н Д Р М О
М Ф О О И М О О Т Е И Т Е Е У У И
```

Puzzle 239

```
С У И С И Е Р У Т М И У В В А П К
О У В Т П У Т О Е Т И Ч П Л О П О
Б У Ц М П Р С Т Н С Е И Е Ш Ы В В
И У И У Е И П П С У Т Т Ч Ш С И Б
Р О У К Р А С И В Е Е Ы А Е А Т О
А Р И З А В Т Р А К Р В Т А М Г Й
Е Ь Н Е Д И С Л У И С А Л Е З У И
Т А Р А П Е Р П С М Р Я Е А И Е И
С Т Ф О Т О Г Р А Ф И Я Н Л З Р О
Я Е С О О У Е Т Ь Т А В И В З А Р
С Т О В Т С Й О К О П С Е Б О С У
С Я Н Е Б О Л Ь Ш О Й Т С И М Т Н
Ж Е С Т К И Й Е И И Р А Е И Ф И И
У У Т О У Е О Р М Л И Е Н И И Е Ф
Е М И Е И М О Н Е Е Л М С П Ы Л Ь
```

ВЫШЕ
УЗЕЛ
ВПЕЧАТЛЕНИЕ
КРАСИВЕЕ
ЗАЛ
ФОТОГРАФИЯ
БЕСПОКОЙСТВО
ШАГ
РАЗВИВАТЬ
УЧИТЫВАЯ
ПРЕПАРАТ
ТЕТЯ
АРЕСТ
НЕБОЛЬШОЙ
ЖЕСТКИЙ
КОВБОЙ
ПЫЛЬ
СОБИРАЕТСЯ
ЗАВТРАК
СИДЕНЬЕ

Puzzle 240

СПОРТ
ЧРЕЗВЫЧАЙНЫХ
РАВНИНЫ
ЛЕТЕТЬ
РУЧКА
ВЫТЕСНЯТЬ
НЕДЕЛЯ
СОПРОТИВЛЯТЬСЯ
ПРИСЛАТЬ
СЛОМАННЫЙ
ВИДЕНИЕ
ВСТРЕТИЛИСЬ
ФИНАНСОВЫЕ
ПОМОГИТЕ
ОПЕРАЦИЯ
АБСОЛЮТНАЯ
ПОЛНОСТЬЮ
ЧАЙНИК
ТЕНЬ
ПРЕКРАСНЫЙ

```
П О С И Е Ч П Е И Т Т С Н Ф С Ф С
Е Е Ф М У Р Р Р О В Е К Е Р Л И Е
Е У Е Н Р И О Е И С М И Д М О Н П
Е И М С С И Е Л З С Р Н Е М М А О
И М У Е Т Е О Р Р В Л Й Л М А Н Л
В Ы Т Е С Н Я Т Ь У Ы А Я Т Н С Н
В И Д Е Н И Е Е С И Ч Ч Т М Н О О
Ь С И Л И Т Е Р Т С В К А Ь Ы В С
И О Т Я А Н Т Ю Л О С Б А Й Й Ы Т
С О П Р О Т И В Л Я Т Ь С Я Н Е Ь
И У О Е И Р Г М Ы Н И Н В А Р Ы Ю
Е М И О Т О О Л Т Т Н Е И Е Н А Х
И Р И Т Ф П М У П Р Ь Т Е Т Е Л Е
Е И Т Р У С О П Е Р А Ц И Я М И А
М А О М Т И П П Р Е К Р А С Н Ы Й
```

Puzzle 241

```
И Е Р И У Р И Г В И Р П Н У У П М
С Ф Ц Е О Н Н З Р М Т П Т О А У У
У И М Е У Е В Р О О И У И В У С К
З О Н Т И К А Н Л Б М Е Е М Р Т А
Н Т А И У Ж В Н О Т Р А А Р Е О И
И Н Ф А С Е У М У У О А Д И Е Т Б
А А Ф А Н Е И К Л П П Ж Н Й А И
М П Е Ы Н Д У К С Л Т Е Е Е Ы У Б
Б Р К И Н Р Д П Р И Н Я Т Ь Н Е И
М Я Т Я А Н Т Р А Д Н А Т С Р И Т
Л Ж У Д О Б Н А Я А С Н Л О А О Я
А Е Е П И Е А Я С Я Н Ж Б М Ж Н О
О Н Ь Л И В А Р П Й Е О Н Л О П Е
Р И В Е Щ Ь Ф Р Ф Ц А Л Т О П Т С
Т Е А Д Т М И Р С А Ц И Н Ь Л Е М
```

ЛОЖНАЯ
ПОЖАРНЫЙ
МЕЛЬНИЦА
ИЗОБРАЖЕНИЯ
ПРИНЯТЬ
СТАНДАРТНАЯ
УДОБНАЯ
ЗОНТИКА
ЖУК
МУКА
АФФЕКТ
ПРАВИЛЬНО
БИТ
ГРОМАДНЫЕ
ЯЙЦА
ВЕЩЬ
СКУДНЫЕ
ПУСТОТА
ПОЛНОЕ
НАПРЯЖЕНИЕ

Puzzle 242

КАБИНА
УВИДЕТЬ
ПОЛИТИКИ
ОТЕЦ
КРАТКОЕ
СЛАЙД
ЛИБО
НОСИТЬ
ПРИСОЕДИНЯЙТЕСЬ
БАРСУК
КИВИ
КАТАЕТСЯ
ПОШЕЛ
МУЖ
СТАРЫЙ
МОЩНОСТЬ
ПЧЕЛА
СОСИСКИ
ОНА
НАПРАВЛЕНИЕ

```
К И Т Ь Н М Т Л А П Р П О П У Е И
С Р Л С У А М У И С О М У Ж Ц О Р
М Б А Е Т О П С О С О Ш П Ч Е Л А
О У Н Т И Н И Р И Я С Т Е А Т А К
Щ Л И Й К А М Б А Е Т У Т Л О Ц Е
Н Е Б Я С О М А С В Я Р Е Д Р П П
О Ц А Н И С Е Р В С Л У Н И И О У
С У К И С Р У С И Е В Е Н Т Л Л В
Т Л И Д О М А У С Т И Р Н Ц Д И И
Ь Е Д Е С С М К Т И В И М И П Т Д
Е И И О М И Н Н М А Е Я Е Л В Е И Е
Л Т М С Е У С И Р Л И Б О И Н К Т
А А Е И У В С А Ы Н У Е А К Н И Ь
Е Н М Р С Т В Д Й А Л А С А Н А Е Г
В П М П Н О С И Т Ь И А М С Р И Е
```

Puzzle 243

```
И Щ И И П М С С У К А М И Н Н А Г
Л Е Ы Н Ч И Л И Л У С Н Н М Т А О
И Т И И Е Й Е Р С О Л М М М С Р В
Т К Д И М Е М И О Т Ж Т Р С Т В О
О У К Ж О Л И У С Е Е Н Е Е О О Р
О Т В Л Е К А Е Т В Т М А Н Е Ц И
П Р И З Н А Т Ь С Я О Т А Я Е В Т
П Р И М Е Н И Т Ь И П Б А Л Л О Ь
О С Т А Ю Т С Я Е Е Т Т О Н Е Д Н
П О С П Е Ш И Л У И И Е Н Д Ы А И
Т Н Н Н О С С Л Е И Н А М И Н О П
С Е У М И С Т Т У Е Е Т М Е С А О
Т Е Н И О Д А А О Д Т У Т П А У Я
Е И М Р У Д М М У С С В В М П Е У
Е В О П Р О С И М Т Е И М О О А С
```

ПОСПЕШИЛ
ВОДА
ЦЕНА
ОПАСНЫЕ
НОС
ОСТАЮТСЯ
ВОПРОС
ПРИМЕНИТЬ
СИСТЕМА
ЛИЧНЫЕ
ЛОЖКУ
ЩЕТКУ
ПОНИМАНИЕ
ПРИЗНАТЬСЯ
ОТВЛЕКАЕТ
СЛОЖНАЯ
КЛЕЙ
ГОВОРИТЬ
СВОБОДНАЯ
КАМИН

Puzzle 244

ДИКИЙ
ОТРАЖАТЬ
ПОПЛАВОК
КУРС
ЛЮБОВЬ
ПЛАН
САД
МУЗЫКАЛЬНЫЙ
ВЫЗОВ
ДОСТАТОЧНО
ПРОСТРАНСТВО
ПАЛКА
УХОД
ПРОСТИТЬ
ПРИГЛАШАЕМ
ЛАПКИ
ПРИСУТСТВОВАТЬ
ПОВТОРЯЮТ
ОТЧЕТ
ФИОЛЕТОВЫЙ

```
У И У И Е С О О А Р П Е Л Й Р И П
П Р И Г Л А Ш А Е М Р Б Р Ы П П Р
И П К Н Ф С Т Р И В И О Р Н В Р О
С Л П К Е Т У Т И Ц С У У Ь Ы О С
Е У А О М Е И Е О П У Р И Л З С Т
Е П Л В М Н У Е И Т Т Е У А О Т И
О Ц И А К Л А П И Т С Е Е К В Р Т
Ф И О Л Е Т О В Ы Й Т С Н Ы Ф А Ь
Е Е Е П Р Е С А П И В А И З Е Н В
С И Е О Л Ч И С Т К О У А У Е С О
М И Т П А Т А С Т И В М Х М И Т Б
Н Ф И О С О О П М Д А С И О М В Ю
О Т Р А Ж А Т Ь Л Е Т У О И Д О Л
П О В Т О Р Я Ю Т А Ь С Р Е Н И Р
Д О С Т А Т О Ч Н О Н Р А И И О Е
```

Puzzle 245

```
О У В С О Е Е Т А С М И Л С Б О С
У Б О Ю Ю Н Д А З С Т У Н И Р Ч Л
Б Е И М С Л А Ш Ы Л С А Е Р Ю Е Р
Б А П Л Т С Д Б Т Р У Р А Е К Н Р
Е Р Г Е Ь И Е Е О Н Р И М Н И Ь А
Н У Р А А Н Б Л Б Р И Т И Е У Т З
З Р И У Ж Р О У У Е И О Т В Е Т Н
И У Т К А Н Ц Е Р В М Д Е Ы И Е О
Н Е Д Л У Т И Е Г Е Т Т У Й Т Л Р
О Л У И М С П К Ж Е Н Щ И Н Ы С О
В М Н П С Ф Л П Е Н И Е И Т Т Р Д
Ы Е Р Ы О Б Р А З О В А Н И Е А Н
Й У Н М Г Р У Т Л Ф Н О А А Е Р Ы
П Р И Х О Ж А Я И М Т У А И О Л Х
И Е Т У С Т К О М П А Н Ь О Н Е Л
```

ПЕНИЕ
ОЧЕНЬ
ГРУБО
БЕДА
ОБИЛЬНОЕ
НАБОР
ПРИХОЖАЯ
ЖЕНЩИНЫ
БРЮКИ
РАЗНОРОДНЫХ
КОМПАНЬОН
АКТ
ЗАДНЮЮ
СИРЕНЕВЫЙ
БЕНЗИНОВЫЙ
ОБРАЗОВАНИЕ
БАГАЖНИК
КЛИПЫ
СЛЫШАЛ
МИРНО

Puzzle 246

УХО
БОЛЬШЕ
ДЕЙСТВИЕ
ОГРАНИЧИВАЮТ
ВОСЕМЬДЕСЯТ
ОЖИДАЕМЫЙ
ДОМ
КУРТКА
ТЕЗИС
БЛАГОРОДНЫЙ
ПАЛЬТО
ПАЦИЕНТ
ШЛЯПА
ОРБИТА
СОБСТВЕННОСТИ
НОГА
СТАРШИЙ
ПРОГНОЗИРОВАТЬ
ДОЧЬ
СПАСИБО

```
С У Е Р О Р Е П Т С Н Т Т С О Х У
А П М Р М И Н Т И У А Р М С Ж С Р
Ь Т А В О Р И З О Н Г О Р П И О И
Д Т Я С Е Д Ь М Е С О В У Б Д Б О
О О Р Л И Р Р О Е Ф Н О Е Л А С Г
Ч Т Р Р Е Б С Ш Л Я П А И А Е Т Р
Ь М Е Б Е М О Б О Л Ь Ш Е Г М В А
Т П П З И Д О М И Р Ф Л К О Ы Е Н
П Е И М И Т Е С И У О Н У Р Й Н И
Р И С Е Т С А Ф Л У А Ф Р О И Н Ч
У У Ф Н Е П А Ц И Е Н Т Т Д Ш О И
П А Л Ь Т О Я Б М С Р И К Н Р С В
Ц А Т И А Р О Р С Р С А А Ы А Т А
Т Р Е С И Р Е О Т А Р И Д Й Т И Ю
Д Е Й С Т В И Е Л У С Т Н Е С У Т
```

Puzzle 247

```
А В Т О Р И Т Е Т Ь Н О К Л А Б С
П Е П С А М О Л Е Т Е И С И Р Т Ф
М У Р Н Т Н М П И И З Т О Н Д С И
А Н Е У Р У И Р Н Т Н У У М Ы М Е
Л Н Д П И У Н Ы В Я А Т Р И В Р О
Ц Е О М И В Т Ж Е В Ч Н М М Т У Н
К У Т С Л А Г О Р С И Н А С С В Ь
Р И В У И Ф О К Д О Т Н Е Л И А Л
М Е Р И В О Т О А П Е Р Р Д А Р И
И Л А С В Н Е С Т И Л П Р О Т И В
Н Ь Т И Л Е В Е Ш У Ь Т Н О Н Л А
А О И У С Т У Р Т А Н И Я З О Х Р
М А Т Р Л Р Д А А Ы Ф Т Т И У П
М Н Ь М И О У А С Б Е У Г О Л У Е
У В Е Д О М Л Е Н И Е Е Л А У Е Н
```

САНИ
УГОЛ
АВТОРИТЕТ
НЕЗНАЧИТЕЛЬНЫЕ
БАЛКОН
САМОЛЕТ
ВЫДРА
ХОЗЯИНА
ГАЛСТУК
ПРОТИВ
ПРЕДОТВРАТИТЬ
ПОСВЯТИТЬ
ВНЕСТИ
НЕПРАВИЛЬНОЕ
ПРЫЖОК
УВЕДОМЛЕНИЕ
ШЕВЕЛИТЬ
АДРЕС
ДРЕВНИЕ
ЛАМПА

Puzzle 248

СЭР
ЛИМОН
ЗАКАЗАТЬ
СТРАТЕГИЯ
БОЛЬНО
БЫЛИ
ДЕТИ
КАРТЕ
КРУТО
ФУНКЦИЮ
ОСЕЛ
ПРЕДСТАВЬТЕ
ВЫБОРЫ
АТОМНОЙ
ДВАДЦАТЬ
ТРЕБУЕТСЯ
БОЛЬШИЕ
ПЕРЕДАВАТЬ
ПАМЯТЬ
ПУСТЫНЕ

```
Г Д Н Д Н М И Л Е М О Н Ь Л О Б П
Е Е Д Ф Т И Ф О О Е С О Е Т Т Т Р
Д Р М Е Т И С У Б Е Е М Т С У Р Е
Р Я Т Н Т О В И П О Л И Р Р Р Е Д
Е И Е Ы И И Ь П Е С Л Л Р Л К Б С
О Г Т Т У Р Т П О Т Т Ь И М Л У Т
А Е Й С Д В А Д Ц А Т Ь Ш Ю Т Е А
П Т О У И К В Р Е М О В Е И А Т В
Р А Н П А А А Л М И И Ы Л Ц Е С Ь
У Р М С Н Р Д О Т Т Л Б С К Т Я Т
Р Т О Я Р Т Е Б Ы Л И О М Н Р С Е
Е С Т С Т Е Р И С Е М Р О У М Э М
Д С А И У Ь Е С Т Р Т Ы О Ф Л Р И
О А Н Е М О П З А К А З А Т Ь Е У
Е С И П Е И Т Е Л Д У У С У О У Т
```

Puzzle 249

```
П О В С Ю Д У Н З В Н П О Л Е О О
Д Т Л Е М Р Г Е Н П Ш М И С Р В Л
А У Т С С И О Н А О А Й И С А М У
Ф А М О И А Ф А Ч С Р Ы Т Н Ь Р О
З М У А И И У В И Ц Ф Н А П С М У
А Е С Е Л Т С И Т И Ф Н К Н С Д О
Д Б О И Т С Я Ж Е Т О О Е А У Е Е
А К Н Е Б Е Р У Л А Л И Т Р М Р Т
Ч Н Е Е И В У Е Ь Т Ь С О И Е Е В
А К М У С О П А Н А К С И М Е В П
Т Е С С И Р О А Ы Ц Л У Л О О О У
П Р О С Н П Т Т Е И О К Б И Н И М
Т Е А М Р Е О У И Т Р С И М О П Т
Б У Х А Т Ь М П Е П А И Б А У П Е
Т У С Г У Н У С Е И Е Д Л А М И Н
```

ШАРФ
ПИСЬМО
БИБЛИОТЕКА
БУХАТЬ
ЗАДАЧА
СУМКА
УВЕРЕН
ДИСКУССИОННЫЙ
ДЕРЕВО
ПОТОМУ
ПОВСЮДУ
РЕБЕНКА
ФОЛЬКЛОР
БОИТСЯ
ЦИТАТА
НЕНАВИЖУ
ПТИЦА
ПРОВЕСТИ
ЗНАЧИТЕЛЬНЫЕ
ДУМАЛ

Puzzle 250

ДЕД
ОТВЕТ
АРКТИКА
КОМПЛЕКС
ПИСАТЕЛЬ
ЭФФЕКТ
ТЕПЛОВОЙ
ПОСТРОИТЬ
ПЕРЕЦ
МЕБЕЛЬ
ПОДХОД
ЛУНА
ПРОСТОЙ
РОКОВОЙ
ВЫБОР
КУКУРУЗА
СКОРОСТЬ
ЗАПОЛНИТЬ
ДУБЛИКАТ
ПОЛОЖЕНИЕ

```
С Р И Е Р А К З Л М И Е Р Н Т Д У
Е И У И Ф У О А О У Е М Ф Д У У К
Т Ц Е О О У М П У Т Н Б И Р Ц Б У
К Е Т У Н Т П О И И В А Е Е С Л К
Е Р П С У А Л Л У Е Е К Р Л О И У
Ф Е Т Л Й И Е Н Е Е Е И И В Ь К Р
Ф П Т В О М К И Т У Е Т Р У А А У
Э П Е Ы В В С Т С Т У К У И С Т З
У Р С Б О Л О Ь Т С О Р О К С М А
С О Д О К У Д Й Е Р А А О Т В Е Т
У С Е Р О П О С Т Р О И Т Ь Е М И
Л Т Д П Р Е Х П И С А Т Е Л Ь Т С
И О С И Д Л Д Л У Е Т Р И Т Р Е М
У Й И П С П О О И И И С Т И Т Е А
Ц П У Т Е И П П О Л О Ж Е Н И Е С
```

Puzzle 251

```
К У И Т А И Е М Н Б Е Е Е А П Е М
Э А К С И Д Е Р Т З Б Е Е Т Е Е О
Л С П С Т П В П П О Р Е О И М Н Р
Л М У И Т С Е П У Р Й Е Л И Б Ю Е
И Н О Ф Т Д П У А О У О Л К И Е П
П У О Н И А О У Р М Е Н С И Е П У
Т У И А М С Л Е У Е Е Н М Н Щ У О
И Т С О В О Н Т С О С Е Е Д И Е У
Ч Н Н Ь Т И Д У С Б О Д С Е Т Е А
Е Е А Н Т Л Т Л И У О И И В Р Т Т
С Б Ш С У И И Р Д С А В Е О Е Е И
К У Ч И Т Ь Ж У Е Р Т У О П К И Т
И А Н И У И Е У Я Ф Е И И А Р Т Е
Й Ы Н Н А В О Н Л О В З В З И Е И
П М У Й Ы Н В И С С Е Р Г А Р О Б
```

РОБ
ИДЕЯ
ШАНС
МОРОЗ
КИТ
РЕДИСКА
ОБСУДИТЬ
АГРЕССИВНЫЙ
ЭЛЛИПТИЧЕСКИЙ
ОНИ
ЗАПОВЕДНИКИ
РЕПУ
ЗРЕЛИЩЕ
КАПИТАЛ
ЮБИЛЕЙ
УЧИТЬ
НОВОСТИ
ВЗВОЛНОВАННЫЙ
СЛУЖИТЬ
УВИДЕННОЕ

Puzzle 252

ГОРОД
РАЗРЕШЕНИЕ
МЕНЬШИНСТВО
БЛАГО
ЛЮБОПЫТНО
ЗАНАВЕС
НАЧАЛ
ДЫРА
ЧАСТЫЕ
ПРОИЗВОДСТВО
ЖИР
ШТУКА
ФАНТАСТИКА
СЕЛЬДЕРЕЙ
ХОККЕЙ
СЕЗОН
ПРЕВРАТИТЬ
ОБУВЬ
ПОТЕРЯННЫЙ
ЦВЕТЫ

```
О Е У Ш Н И И Е С Р Т Р С Т С Н О
М С А Т Ц О М Н О У Б А Е Й Е С Е
Е С П У П О Б Ф Ц Д Т И З Ы Л П Н
Н Р Р К С Е В А Н А З О Н Ь Т Ц
Ь И О А Ц В Е Т Ы Н Т Н Н Д И О
Ш Е И Г Я И Ь Е Ц П Т Л Т Я Е И Б
И Т З И А С В В А Т Р А У Р Р Л У
Н О В С Д Л У Х У Т Е М С Е Е М П
С Д О Р О Г Б Д О И С Т Е Т Й Р А
Т В Д Ж И Р О М И К О М Р О И Ф У
В И С Ч А С Т Ы Е И К И Д П У К Р
О Ь Т И Т А Р В Е Р П Е Р У М Н А
Р О В Д Ы Р А Н А Ч А Л Й Е О О Б
С Л О Н Т Ы П О Б Ю Л И И Т О О Т
Р А З Р Е Ш Е Н И Е Т С Е А Л М У
```

Puzzle 253

```
И Ь Р О О М Р П Ш О Е И Ф У Л Ц А
И Т Е Я И Е Н О О И Б Е С Т А Т Ь
О И Н Е Д Ц Е М С Р И Л Л Т Д О Н
Я Т И Р И О У Л С У К У А Н В Т Е
И С Д Ф Л С М У Е Л С Е П Ч И А В
Н А Б Л Ю Д А Ю О Т Р Т И Е Н Т И
Е Р В В О З М О Ж Н О С Т Ь Х О Д
Н Ы Т О Б А Р П Г И И Л У Б О Р И
И В П И Н Р Е З У Л Ь Т А Т Д Н М
В О Р Р А С Л Г М Е Ж Д У А Ь Е Ы
З Т Р Е И Р Т П Р О И М А И Б Т Й
И Т Е Ф С У В Н Е П У Н Т Е А Т И
В С П Ы Х Н У Т Ь У Т С Т А У А Н
К Р О Ш Е Ч Н Ы Й Л Р С И Д Т И П
Л И Х О Р А Д К У Г Е Б О П Е Л Е
```

УКУС
РЕЗУЛЬТАТ
РАБОТЫ
ОБЛАЧНО
ИЗВИНЕНИЯ
ПОБЕГ
ГЛУПОЕ
СНОВА
ХОДЬБА
СТАТЬ
ВСПЫХНУТЬ
ВЫРАСТИТЬ
РЯДОМ
МЕЖДУ
ШОССЕ
ЛИХОРАДКУ
НАБЛЮДАЮ
ВОЗМОЖНОСТЬ
КРОШЕЧНЫЙ
НЕВИДИМЫЙ

Puzzle 254

ХОЛОДИЛЬНИК
МИНУТ
КАЛЬМАРЫ
ЗАПУТАЛАСЬ
РАЗБУДИТЬ
ХОРЕК
ОПЫТ
ШТОРМ
ЗАКЛАДКИ
БЛЕСК
СОКРОВИЩЕ
РЕДКО
ГРЯЗНЫЕ
ДВЕРЬ
ВХОД
ЛОСЯ
ПРИЕХАТЬ
МИНУТА
ЧУВСТВУЮТ
БЕРЕГ

```
Т У Ч У В С Т В У Ю Т О Ц У Т С Т
Р А З Б У Д И Т Ь Р Е Д К О А У Т
Л Н Т О Т Д Н Е А О М У М Я С Ь Т
И Я У И П А Е О И О И О С Л О С Я
Л О Ф У Л Е С И П С Н А И М Ь А Т
Г Е Р Е Б Е У Ф Т Ы Е И Р И Т Л У
М Щ И У Т Е И Т И М Т Н М Л А А О
Р И Е Н С Р М Д В Е Р Ь Н П Х Т Е
О В Н А О А Т И Г Р Я З Н Ы Е У С
Т О У У И У Н М Н Б Л Е С К И П Е
Ш Р Е А Т Е А У М У Р Н А Ф Р А Н
П К И Д И А Р И Е Е Т Р Д Ф П З Р
А О В Х О Д С У И Е У Х О Р Е К Р
Е С Х О Л О Д И Л Ь Н И К Т Е О И
З А К Л А Д К И К А Л Ь М А Р Ы Т
```

Puzzle 255

У	Т	Р	П	Т	У	О	О	С	О	С	Р	Н	Н	В	О	И
М	У	О	Г	О	М	И	Д	И	В	Л	О	Ц	А	Д	Б	У
С	К	С	В	У	С	Р	М	О	С	Т	Д	И	Е	Ф	Л	С
Д	И	З	А	Й	Н	Е	П	Р	А	Ц	И	Р	О	К	А	С
О	Н	Ь	Т	С	О	Р	Д	У	М	Р	Т	К	С	И	С	О
Б	Ч	С	Ч	А	И	О	Е	Е	И	Т	Е	И	Л	Т	Т	О
Е	О	О	Е	М	У	Т	Л	Л	Л	О	Л	О	У	У	Ь	Б
С	Т	Л	М	У	У	К	М	О	И	И	Ь	Е	М	Е	Б	Щ
П	С	Е	В	П	И	А	К	Б	Ю	Г	С	Р	Ф	П	Т	Е
Е	И	М	М	Р	Ц	Ф	У	Е	И	И	И	П	Т	О	Р	С
Ч	П	Р	А	З	Д	Н	И	К	Е	А	П	О	В	М	П	Т
И	О	Б	Е	З	Ь	Я	Н	А	И	У	Е	Е	З	Е	П	В
Т	Е	Т	Е	И	У	К	У	Х	О	Н	Н	Ы	Й	Н	О	О
Ь	В	М	Т	О	У	У	Л	И	Л	П	У	М	Р	М	Ы	Я
М	С	П	О	С	М	О	Т	Р	И	Т	Е	М	И	Е	И	Е

ОБЕЗЬЯНА
ОБЕСПЕЧИТЬ
РОДИТЕЛЬ
ВИДИМОГО
ЛОСЬ
ПОСМОТРИТЕ
РЕЛИГИОЗНЫЕ
КЛУБ
ФАКТОР
ДИЗАЙН
МУДРОСТЬ
ИСТОЧНИК
ОБЛАСТЬ
КОРИЦА
ЮБКА
КУХОННЫЙ
ПОСЕДЕЛИ
МЕЧТА
ПРАЗДНИК
СООБЩЕСТВО

Puzzle 256

ЛУКОВИЦЕ
ИЛЛЮСТРИРОВАТЬ
ЭТУ
ДЕСЯТИЛЕТИЕ
ЯРОСТНАЯ
ИНЦИДЕНТ
ЗАПРЕЩАЮТ
СЛУЧАЙНЫЙ
ПРУД
ЛЕТ
ИГНОРИРОВАТЬ
ЛЕД
ЖЕЛУДОК
НЕЖНАЯ
ПРАВКА
ПЕРСОНАЖ
КОФЕ
ВОРОНА
ИСПОЛЬЗОВАТЬ
ОБЯЗАТЕЛЬСТВА

П	Е	И	И	Л	Л	Ю	С	Т	Р	И	Р	О	В	А	Т	Ь
Е	И	С	Д	Е	С	Я	Т	И	Л	Е	Т	И	Е	Е	Я	И
Р	Г	П	Н	С	Л	У	Ч	А	Й	Н	Ы	Й	И	Т	Р	О
С	Н	О	Е	Т	И	О	Т	А	А	Е	Р	Р	М	У	О	О
О	О	Л	С	Р	Т	Р	М	Е	И	Ф	Е	Л	Т	П	С	Т
Н	Р	Ь	Т	Я	У	О	Л	Е	О	О	Е	У	Т	Э	Т	Л
А	И	З	З	А	П	Р	Е	Щ	А	Ю	Т	К	О	И	Н	М
Ж	Р	О	С	Н	К	Р	И	Ф	А	У	И	О	С	П	А	У
А	О	В	О	Ж	Г	В	С	Т	Р	М	А	В	Л	А	Я	А
О	В	А	А	Е	М	Д	А	О	Е	П	Т	И	Н	Т	Е	Н
И	А	Т	И	Н	У	Н	М	Р	О	О	А	Ц	Е	О	В	О
П	Т	Ь	А	Л	П	Т	С	О	П	О	Т	Е	С	Е	Л	Р
Р	Ь	И	И	А	В	Т	С	Ь	Л	Е	Т	А	З	Я	Б	О
У	К	О	Ф	Е	У	С	Е	Т	Н	Е	Д	И	Ц	Н	И	В
Д	И	Ц	М	С	И	Т	И	Л	К	О	Д	У	Л	Е	Ж	С

Puzzle 257

```
Ш И Р И Н У П Э Е Д Л И И Н У Л Р
С Е О О П М Т О Л Н О Т Л О И В М
Н Р Р У О И У Т С Ь Е И С С У Р У
Д О Р Е Л Ф С С И Т Ф О Е Ц Ц И
А И Е Л У Е Т О Т Т Е Ы Н С У К В
Ж М Т Н Ч А Т Р И П Ц П С Т М Н И
Е Ц Е М И М П П Е Р И Р Е Р Р И П
П А Р К Т А Я Р А Е Т А А Н Н А В
М Р Д С Е П О Ч О У Н И П А Н Й Р
Н Е О С Т О Р О Ж Н О Е В Ы Р О П
П О В Е Д Е Н И Е О Н М О Д Е М Е
Н А Б Л Ю Д А Е М Ы Е С И О О Ь П
М Е М Е Л К И Т А С С О Ф Х О Д Н
П Р О Г Р А М М У А С С Я Т Е Е А
Р О М Я И А О Е У Ч Д С М О И С С
```

МЯЧ
НЕОСТОРОЖНОЕ
ОТХОДЫ
НАБЛЮДАЕМЫЕ
ПОСТЕПЕННОЕ
ТЕРРОР
ПРОГРАММУ
ПРОСТО
ЧАСЫ
ПОЛУЧИТЕ
ШИРИНУ
МЕЛКИ
ПОВЕДЕНИЕ
ВАННА
ПОРЫВ
ПАРК
ВКУСНЫЕ
СЕДЬМОЙ
ЭЛЬФ
ДАЖЕ

Puzzle 258

ИДЕТ
САММИТ
ЛЕГКО
СРЕДА
ДОСТАТОЧНОЕ
НАЛОГ
НОЧЬ
ДАЛЕЕ
ДРАКОН
ОБЕРНУТЬ
ОБРАТНАЯ
ОШИБКА
ДЕРЕВНЯ
ДЮЙМОВ
СМОРОДИНЫ
НОМЕР
КЕНГУРУ
ДОРОГА
ЛОШАДЬ
КОРЗИНА

```
Ь Ь А Р Е Р Д И К И А Ф С Л И Е Р
Д Ч М И Р О Р У Е У Б Л И Л А Р А
А О Т И М М А С Н А О Ф П Е У П А
Ш Н Р Е И С К У Г О Б Р А Т Н А Я
О У М О Д И О Ф У И К О Р З И Н А
Л Д У С Г И Н А Р Е С Д А Л Е Е К
О Е Н Ф Е А В Н У Н Н Т Е М Е П Б
Б Р С М О Р О Д И Н Ы О И Н И Д И
Е Е Н А Л О Г О О С Т И М М Т Ю Ш
Р В М М Т И Т Е Т Р П Р И Е Д Й О
Н Н Д О С Т А Т О Ч Н О Е Л Р М И
У Я А Е В Н Д Т Т Е Я Р Е Е П О М
Т О А И И Б Е П О И Б С М Г О В Т
Ь У О Н Е И Р Т Т Е И Н П К Л У М
У Т М А Л Л С А О Т М О Т О У Ф У
```

Puzzle 259

В	П	Е	У	В	А	Т	Я	М	О	М	С	Т	Е	И	С	Р
А	О	Д	Ю	Л	Б	Т	И	М	И	С	Л	М	Т	П	М	А
С	К	Е	И	Н	А	В	О	Д	Е	Л	С	С	А	Р	Е	С
Г	А	К	Ц	С	Т	И	Х	И	Й	Ы	И	И	М	Е	С	П
А	Л	Л	И	Т	К	И	Ф	У	С	Б	Д	О	Е	И	Ь	Р
Л	С	О	И	Н	Е	У	Т	С	Т	А	Н	Ц	И	Я	П	О
С	М	Г	Б	О	О	М	С	О	Р	Е	Б	Е	Н	О	К	С
Л	Т	П	Е	У	Т	Н	Е	С	Е	О	И	Н	Е	С	С	Т
Г	У	С	Ь	Р	С	У	Л	Е	И	И	Е	М	Р	Н	И	Р
С	М	Е	Я	Т	Ь	С	Я	А	Н	И	Д	А	Р	А	А	А
П	Л	А	Т	И	Т	Ь	У	Л	И	И	Я	И	Т	А	А	Н
О	Т	Л	О	Ж	И	Т	Ь	Ц	Ы	П	Л	Е	Н	О	К	И
Е	П	Л	П	О	Л	И	Ц	И	Я	В	Г	И	А	Н	С	Т
М	Е	А	Л	И	Д	Е	Р	С	П	У	З	У	Р	Е	Т	Ь
Т	Ф	У	И	М	С	М	Е	Т	Е	А	В	Е	Е	С	О	Е

РАССЛЕДОВАНИЕ
СМЕЯТЬСЯ
РЕБЕНОК
РАСПРОСТРАНИТЬ
СМЕСЬ
БЛЮДО
ПОКА
ДИСКУССИИ
ПЛАТИТЬ
БЫЛ
ПОЛИЦИЯ
СТАНЦИЯ
КИНО
ГУСЬ
ОТЛОЖИТЬ
ГЛОБУС
ВЗГЛЯД
ЛИДЕР
ТИХИЙ
ЦЫПЛЕНОК

Puzzle 260

ФЛАГ
ПЕРЕХВАТ
ГОРШОК
БОЛЕЗНИ
ФИЛЬМ
ДОРОГИЕ
ВЫСОКОЕ
ПОД
ВЛАЖНЫЙ
ШОК
СКЛАДКУ
КУПЕ
ВИРТУАЛЬНУЮ
ГИБКИЙ
СОЛНЦЕ
ДОКТОР
БАБОЧКА
ЗАБЫЛ
НАСТРОИТЬ
МОДЕЛЬ

М	С	Р	В	Ф	И	Л	Ь	М	И	Г	О	М	М	Е	У	Е
Ю	У	Н	Ь	Л	А	У	Т	Р	И	В	И	Т	М	Н	И	А
Б	У	Р	С	Т	А	В	Х	Е	Р	Е	П	Б	Е	Р	Р	Е
А	Е	И	Ь	Л	И	Ж	Р	У	К	Д	А	Л	К	С	Т	С
Б	М	А	Т	О	Б	Е	Н	М	У	У	О	С	И	И	Е	С
О	Д	Т	И	И	П	С	Н	Ы	М	Ц	П	Ш	О	К	Й	В
Ч	Л	М	О	Д	Е	Л	Ь	Е	Й	Т	Р	Е	И	Е	Л	Ы
К	О	С	Р	О	Т	К	О	Д	Ф	А	А	Ц	О	С	С	С
А	У	У	Т	Г	О	Р	Ш	О	К	С	О	Н	О	А	Н	О
О	С	У	С	Р	Д	О	Р	О	Г	И	Е	Л	Т	И	А	К
З	У	С	А	Б	О	Л	Е	З	Н	И	Ф	О	Н	Е	П	О
А	Е	М	Н	П	О	Д	О	Е	Н	У	Л	С	П	Р	У	Е
Б	Н	Т	Т	И	И	И	У	И	Н	С	А	Н	Е	Н	И	Л
Ы	Л	Р	Е	Е	Т	И	Н	Е	Р	С	Г	И	П	У	М	А
Л	У	М	Н	У	И	С	М	У	П	У	Т	У	П	У	О	Е

Puzzle 261

```
Ч И Л П Е И Т Е В И Т С С Н Я Т И
Е А Т Е З А Г Д Ы З Е Е Т Н И Е Р
П У С В Е Е Е И Б М Е Р К И В А У
У К И Т С А Л Н Р Е С Т В Е Т В Ь
Е Е А И О В Е У А Н У Е И У С И Т
Е О А М Т А Ы Ю Т И У В Т Р Е Ж И
Ч Е Т Ы Р Е Р Г Ь Т Е Е Л И Ш Р Т
С И Н Е Е Д О Н Л Ь Е И У М Е Е С
Р Н Е С Н И С Т А Я Ш У М Е Т Д О
Т Е Л Р Е О А Р И Н Д П Р Р У Ы Р
В И Р А С Р О Е У П Т Е И Я П В П
И Т Н И Е Л Е И П П И Л Л Е А У У
Н У Е И Р Е О В Т С С У К С И И Р
И Р У И О Е И Н Е Д Ж А Р Г О Р И
М Н Л У М Н О Т Р Е И Л И Л М О И
```

КРЕМ
ЧАСТО
ВЫГЛЯДЕЛ
СЛОН
УПРОСТИТЬ
ШУМ
ВЕТВЬ
ЛЕНТА
ЖЕРТВУ
ПУТЕШЕСТВИЯ
ИЗМЕНИТЬ
ЕДИНУЮ
ВЫБРАТЬ
ВЫДЕРЖИВАЕТ
ОГРАЖДЕНИЕ
ГАЗЕТА
ЧЕТЫРЕ
ИСКУССТВО
РОСА
ЛАСТИК

Puzzle 262

ФИЗИЧЕСКИЕ
СИЛЬНЫЙ
КРИЗИС
ВЫЗЫВАЮТ
ОБВАЛА
ЯРКИЕ
ПРОСТИТЕ
ВКУС
ВКЛЮЧАЮТ
ВЗАИМОДЕЙСТВИЕ
КРЫШКА
УШЕЛ
ВЗРОСЛЫЙ
ИСПОВЕДЬ
ВЕРНЫЙ
ВОСТОК
МОЖЕТ
ИЗУЧИТЬ
ДРУГИЕ
СИЛЫ

```
Е В Ы З Ы В А Ю Т У Е И М Ф Т Б Р
С Т У Л Н Е Н П Р О С Т И Т Е Р Р
Т А Т О С И С П О В Е Д Ь У П Е С
Д П И А С О Д В У И А Л М Л Р Ф И
Т У Е А И В И Р К О Т С О В К И Л
В З Р О С Л Ы Й С Л В И А Е Р З Ы
В С У Н Т Е Ж О М И Ю О С Р И И О
О Е Е И С Ш И А М Н Л Ч Л Е З Ч Б
И И Р В С У К В Н И Я Ь А Л И Е В
Р Г И Н К Р Ы Ш К А Р Т Н Ю С С А
У У Т Т Ы М Д М У М К И У Ы Т К Л
С Р А У О Й О С В О И Ч Т П Й И А
У Д Е С Р И М О И И Е У Е М О Е Н
И Л Р Е М И О Е Е Р С З П О А Р Т
С Е И В Т С Й Е Д О М И А З В О У
```

Puzzle 263

```
С Ф А М М Т П С Р Е О Л У Т А О И
Ч О Н Е Ч А Р Т О П Г Л С А Р Е Г
А Р М И Р У Н И П Т Р И Р Л А С О
С М В О Р О Н О Р Ф О О Н А П И Т
Т А З А Б Л Р С Д В М Т Д Т Е Р А
Л Ш У И Е Е П М Е Ы Н Б О Д Е Ъ С
И А Н О Р О К Е Д И О Н И Т Р У Н
В Т Е Х М Н Е О К С Е Ч И Д И Р Ю
А К Ы И О О Р Ф О Г Р А Ф И Я Р С
Я И Т И Т Т М Р Т П О К А З А Л А
М Й И С И Е Я З И М А Д Л Р Е О Л
О И Л Л Р Е У Е Н Т У Р У О И Г А
У Ч А С Т В У Е Т Н У У Ф И У А Т
Р Т Н М У Т А И Р Ж И Р А Ф И Л О
М А Е П С Т У Я А И П Е Т Ф И Г М
```

ЮРИДИЧЕСКОЕ
ГЛАГОЛ
ШАТКИЙ
ПОТРАЧЕНО
БАЗА
ФОРМА
НАЛИТЫЕ
УЧАСТВУЕТ
КОРОНА
ЗИМА
ОТ
САЛАТОМ
СЧАСТЛИВАЯ
ЖИРАФ
ХОТЯ
СЪЕДОБНЫЕ
ВОРОН
ПОКАЗАЛ
ОГРОМНОЕ
ОРФОГРАФИЯ

Puzzle 264

МОСКИТНАЯ
ВИНА
ЛЮБОЙ
ВИШНЯ
УВЕЛИЧЕНИЕ
СВЕЖИЕ
ЧАШКА
ВЫИГРАЛ
СОЛНЕЧНЫЕ
ПРЕДПОЛОЖИМ
ЗНАЛИ
ИЗМЕРЕНИЕ
ТРАДИЦИОННЫЕ
ПЕРЕМЕННАЯ
АКТЕР
СТРЕЛЯТЬ
КРАСКА
ЗНАКОМЫЙ
ПАРТНЕР
ЛАССО

```
В С С М О Н В Н И С Л И Е Р С Т С
В Ы И З М Е Р Е Н И Е И Ы И Л Е О
Р Е И Н Е Ч И Л Е В У Т Н Т Ю О Л
М У И Г В И У Ф У И Т У Н Р Б Т Н
Е Т Р И Р Е Н Т Р А П Р О П О У Е
Т Е Б В Л А Н И В А Е И И А Й И Ч
Т И Е Н С А Л А Е Е Р М Ц А А Е Н
А Я А Н Т И К С О М Е В И Ш Н Я Ы
Ч А Ш К А Л А С С О М С Д О У А Е
О Ф И В У А М И Н У Е К А Ц Н К И
И В М И Л Н Т И Н И Н Т Р С И Т Ж
И Т Р С А З Ц У Н Ц Н М Т А А Е Е
З Н А К О М Ы Й С М А У Т Р С Р В
С Т Р Е Л Я Т Ь М А Я Л Т С Л К С
П Р Е Д П О Л О Ж И М Т И Р П Н А
```

Puzzle 265

С	Е	Д	Ц	О	А	Е	С	М	Р	К	Е	В	Д	О	Л	Ь
Н	Л	И	М	Т	У	П	Е	О	О	О	П	И	Е	Т	И	Е
Я	У	Н	Т	В	И	У	Л	Л	И	Т	С	Т	А	Д	О	Е
С	Ч	И	Т	Е	Р	О	Ф	О	Е	О	Е	Р	К	Л	И	Т
Л	Ш	Т	С	Т	С	Ц	И	К	О	Р	С	Д	Ч	С	Е	И
У	Е	М	Е	И	И	Г	У	О	Ф	Ы	Л	У	Е	М	П	Т
Н	Е	У	Я	Т	Б	У	О	Т	У	Й	А	М	Т	В	Р	А
С	Е	У	И	Ь	Т	Б	М	У	Т	О	Д	Н	У	И	О	С
О	С	П	Т	Л	У	К	О	С	И	И	О	О	Ф	С	Р	И
Р	И	М	П	Б	С	А	Р	Х	Е	О	С	Ж	И	Н	И	С
П	Р	О	Д	О	Л	Ж	А	Й	Т	Е	Т	И	О	Р	Е	Р
И	В	Н	И	М	А	Н	И	Е	И	О	И	Т	Ш	В	Е	Д
Е	И	А	В	Т	О	М	О	Б	И	Л	Я	Ь	С	И	Н	А
У	И	Т	Г	Т	М	О	А	Н	И	Р	Т	Ц	А	Е	Н	Д
И	Т	Р	Е	Т	Р	А	Р	Е	Н	А	Н	Р	Е	О	С	Е

ГУБКА
ШВЕД
СТАДО
ВНИМАНИЕ
УМНОЖИТЬ
ХОББИ
ПРОДОЛЖАЙТЕ
ТЕ
ПРОСНУЛСЯ
АВТОМОБИЛЯ
ЛУЧШЕЕ
АРЕНА
УТЕЧКА
КОТОРЫЙ
СЛАДОСТИ
ВЕДЕТ
МОЛОКО
ОТВЕТИТЬ
ВДОЛЬ
МИР

Puzzle 266

ПОЖАЛУЙСТА
КОНКРЕТНЫЕ
ЧУЛОК
РЕЧЬ
ДЖЕНТЛЬМЕН
ТЕПЛО
КРИТИКА
СЛЕДУЕТ
УПРАЖНЕНИЯ
НАПИСАТЬ
СОБЛЮДАЯ
ПРОБНЫЙ
ШЕСТОЕ
ЕДА
СВОБОДА
ПОПУЛЯРНАЯ
ШЕЛКОВИСТЫЙ
УСТАЛЫЕ
ПЛЯЖ
ОЗАБОЧЕННОСТЬ

Н	Т	П	А	О	Л	Е	П	О	С	К	Р	И	Т	И	К	А
Е	Е	П	Н	И	И	Л	Р	О	Л	П	Е	Т	И	О	У
О	М	Т	И	А	И	Е	Я	О	У	И	Е	О	Е	С	Л	С
Р	У	Е	Р	И	П	Ц	Ж	В	А	У	П	Д	О	С	У	Т
П	Р	О	Б	Н	Ы	Й	Р	П	А	С	П	А	У	А	Ч	А
У	П	Р	А	Ж	Н	Е	Н	И	Я	И	Р	О	М	Е	Е	Л
К	О	Н	К	Р	Е	Т	Н	Ы	Е	У	Е	Е	М	М	Т	Ы
М	Е	У	Л	Л	Е	Н	Е	М	Ь	Л	Т	Н	Е	Ж	Д	Е
В	Т	Р	С	У	Н	Л	Ш	Е	С	Т	О	Е	Е	Е	А	Е
Ш	Е	Л	К	О	В	И	С	Т	Ы	Й	А	М	С	А	Р	У
С	О	Б	Л	Ю	Д	А	Я	У	О	О	Д	С	Р	Л	Т	Е
П	О	Ж	А	Л	У	Й	С	Т	А	П	Е	М	И	У	Р	Т
Л	Р	Я	О	Р	У	А	Я	А	Н	Р	Я	Л	У	П	О	П
И	Е	Р	А	Р	Е	Ч	Ь	С	В	О	Б	О	Д	А	А	И
О	З	А	Б	О	Ч	Е	Н	Н	О	С	Т	Ь	И	М	У	Н

Puzzle 267

```
А Е П С Л Р Т Т Ц О Д Н Н Т А Е П
И Й Ы В О З А Р О Н Д О И У С М Р
О И Е Л Ь В Е У В М И С Н Б Б С И
Я А Д Ю Л Б Р Е В В О О П А А У З
И Л Р Л А У Н Е М Н С Н Р Н Б И Н
М К Л Ф Т Я У Ц М П А Т И А У Ш А
И У И О С М Л Д Т Е Т М Н Н Ш А Т
У К С О Д У У Р П М Н Р Е Я К Б Ь
С К А Ж И Т Н Е У Л А Н С Л А Л И
Б Л Ю Б Е Л Л С Р Л А Т А Е А О П
К О Р А Б Л Ь А Е С Л Ч А Я Н Н Ф
В Д О Х Н О В Л Я Ю Т Е Е Н И М С
Н А Р У Ш А Ю Т Ь Т Ы Р К Т О Т А
И И Е Е С П О С О Б Н Л У М Л П Т
У Т А Р Н Е Р М У Т О Р П П И Т Т
```

КОРАБЛЬ
СКАЖИ
ПЛАЧЕТ
ВЕРБЛЮДА
ОТКРЫТЬ
ПРИЗНАТЬ
НАРУШАЮТ
ШАБЛОН
СПОСОБ
ВДОХНОВЛЯЮТ
СОВРЕМЕННАЯ
СЕРДЦЕ
БАНАН
СТАЛЬ
ОДНОРАЗОВЫЙ
КУКЛА
ПРИНЕС
БЛЮБЕЛЛ
ДОСКУ
БАБУШКА

Puzzle 268

МУДРЫЙ
ОСТОРОЖНЫЙ
ТИП
СТОП
ТРУС
СЛИВЫ
ТОЛСТОЕ
ПЛОСКИЙ
ОППОНЕНТ
ВСЕГДА
ОЦЕНКА
УЧЕНЫЙ
ЗАЧАТЬ
НАЖМИТЕ
РАСПЛАВИТЬ
ГЛОССАРИЙ
ТЮРЬМЫ
ДЕДУШКА
ОПАСНОСТЬ
ЖИВОТНЫХ

```
У И Т Е В О У Т И И М Т В П Д О Р
У Т О Ы И Ф Н И А У У У Н Л Е И А
М О Т Е В Т Л О Л Т Д Е Е О Д Е С
У Я Р Р Т И Г Р Е О Р Т Р С У У П
Р И С Р Н С Л М У Л Ы И Т К Ш С Л
Н А У У Е М О С Т С Й М С И К И А
М И Т Е Н И С Е Л Т Е Ж Ь Й А Т В
Т Ь Т С О Н С А П О Е А М Р С Р И
Н Р С Т П Н А Е О Е С Н Е Л Ю Е Т
В О У Я П Р Р Р Т Р З Т И П Л Т Ь
У С У С О Е И И С Н А О Ц Е Н К А
В С Е Г Д А Й И О С Ч Е Е Е О М С
У Ч Е Н Ы Й С А Л Р А Р А Р М Т Н
С И У А П Т У Х Ы Н Т О В И Ж А Р
О С Т О Р О Ж Н Ы Й Ь Ц В Р В И
```

Puzzle 269

Е	Д	С	И	М	Н	Г	И	Д	С	П	Р	Е	М	С	У	П
С	Л	О	В	О	У	А	И	О	Ц	И	Л	Л	Е	М	К	У
Е	М	В	У	М	И	З	Д	Б	Р	М	Е	П	Ж	Е	А	Ш
У	И	С	С	Р	Т	О	Т	Р	Н	У	Р	Н	Д	О	З	И
И	Г	Р	Ы	Й	О	Н	Щ	О	В	О	А	П	У	Е	А	С
В	У	М	М	И	О	И	И	В	Ь	Е	Т	Г	Н	Ф	Т	Т
Т	Я	Й	Ц	О	У	Ж	Е	О	Т	Е	В	С	А	С	Ь	Ы
П	Р	С	О	Т	О	У	С	Л	Я	В	М	О	Р	Л	Р	Е
И	Р	Е	Й	Ы	Н	З	Е	Ь	Р	Е	С	Б	О	Р	В	О
У	А	И	В	И	М	Е	С	Н	Е	А	Е	И	Д	С	С	У
Н	И	С	В	О	П	Е	И	Ы	В	И	О	Р	Н	Т	О	Н
Е	Т	А	Б	Я	Ж	А	Я	Й	О	П	П	А	Ы	У	Р	У
Н	Е	С	Н	Т	З	Н	И	Ц	Р	Т	И	Ю	Й	Л	О	Н
И	В	С	С	Т	Е	А	О	Ф	П	У	И	С	В	М	К	П
И	Р	С	Л	Т	И	У	Н	Р	С	С	И	Ь	Н	С	А	А

ПРОВЕРЯТЬ
ВО
СТУЛ
МЕЖДУНАРОДНЫЙ
УКАЗАТЬ
СОРОКА
ТРЕВОЖНО
ОВОЩНОЙ
ЯЙЦО
ИГРЫ
ЛИЦО
СЛОВО
ПУШИСТЫЕ
СЕРЬЕЗНЫЙ
УЖИН
ДОБРОВОЛЬНЫЙ
СОБИРАЮСЬ
ГАЗОН
ВЛАГА
ПРИВЯЗАН

Puzzle 270

ЗУБЫ
ЖЕЛАНИЕ
ПОВЕРХНОСТЬ
РАЗЛОЖЕНИЕ
МОРЩИНА
ОСТАТОК
ЛИМОНАД
РАЗРАБОТКИ
КРАСНЫЙ
КОМНАТУ
НАЗАД
КУПИЛ
ОБЯЗАННОСТИ
СПРОС
ПЛОТНАЯ
СОТРУДНИЧАТЬ
СМЕХ
ВЫПУСКНИК
СТАЛКИВАТЬСЯ
РЫЧАНИЕ

М	Р	О	Б	Я	З	А	Н	Н	О	С	Т	И	Т	Т	П	С
С	О	Ы	У	М	И	И	П	Е	У	С	И	А	Т	П	О	О
Т	Р	Р	Ч	И	И	М	Т	М	Я	М	У	У	И	Е	В	Т
А	А	Р	Щ	А	Л	Н	М	Е	А	У	У	Т	В	И	Е	Р
Л	З	А	О	И	Н	О	Р	О	Н	Р	Ф	М	Т	Д	Р	У
К	Л	З	У	Ф	Н	И	М	У	Т	А	Н	М	О	К	Х	Д
И	О	Р	Н	Т	И	А	Е	С	О	О	А	П	И	Б	Н	Н
В	Ж	А	Е	М	И	О	О	С	Л	У	И	Е	А	О	О	И
А	Е	Б	У	С	Т	И	Л	И	П	У	К	А	Й	Ц	С	Ч
Т	Н	О	У	О	И	К	И	Н	К	С	У	П	Ы	В	Т	А
Ь	И	Т	И	П	Х	Е	М	С	Н	П	У	У	Н	Б	Ь	Т
С	Е	К	П	Д	Е	С	О	Р	П	С	Е	С	С	Т	У	Ь
Я	И	И	А	Н	Е	И	Н	А	Л	Е	Ж	Т	А	А	Л	З
О	С	Т	А	Т	О	К	А	Е	И	И	Р	Н	Р	И	М	Т
Е	Ф	Е	П	Т	Р	Е	Д	А	З	А	Н	М	К	Т	С	У

Puzzle 271

В	В	Т	Р	У	И	Р	О	Е	У	И	М	Н	З	Е	И	Э
Л	И	Е	Л	Ю	Д	И	К	С	О	Н	К	А	А	М	У	Л
Р	О	М	С	М	Я	О	У	З	Л	У	Т	Д	Х	И	М	Е
О	П	И	Д	Е	С	Н	В	О	Т	Н	О	Е	В	К	У	К
Р	Ф	У	Е	Т	Л	Е	Т	О	Х	А	З	Ж	А	О	У	Т
И	Р	А	С	С	Т	Ь	У	П	Е	И	У	Д	Т	Н	Е	Р
Р	А	А	Е	Т	О	Т	Е	А	Р	М	В	А	И	К	Ц	И
Л	Б	А	Б	И	О	Н	И	Р	И	Е	Н	Е	Т	У	Е	Ч
У	Е	П	О	Е	У	Й	Ф	К	И	У	А	У	Е	Р	У	Е
О	А	Н	Е	П	Р	А	В	И	Л	Ь	Н	А	Я	С	Е	С
У	А	З	И	Л	А	Н	А	М	А	Ш	И	Н	Ы	У	М	К
О	К	Е	А	Н	И	М	И	Т	И	Р	О	В	А	Т	Ь	И
У	О	Н	У	Л	П	Р	Е	Д	Л	О	Ж	И	Т	Ь	У	Й
И	И	Е	Т	И	Г	И	Е	Е	О	М	И	А	А	С	Е	И
П	Р	А	В	О	П	И	С	А	Н	И	Е	П	Р	П	О	И

ПУСТОЙ
КТО
ОКЕАН
НОСКИ
ЛЮДИ
ИМИТИРОВАТЬ
ЯД
ЗАХВАТИТЕ
ГЛАЗА
НЕПРАВИЛЬНАЯ
ЗАХОТЕЛ
МАШИНЫ
АНАЛИЗ
НАДЕЖДА
ЗООПАРК
ПРЕДЛОЖИТЬ
ВЕСЕЛЬЕ
ПРАВОПИСАНИЕ
ЭЛЕКТРИЧЕСКИЙ
КОНКУРС

Puzzle 272

НАКОНЕЦ
ПАРТИЯ
ЧЕЛОВЕК
ШУТИТ
ШТРАФ
ФОРМУЛУ
ПОРЦИЯ
КРИВАЯ
ПРАВДА
ПРИНИМАЯ
ТЕМА
НАКАЗАТЬ
БОРОТЬСЯ
ЭКСПЕРИМЕНТ
ТИШИНА
СОВЕТЫ
ШЕСТЬ
КРОКУС
ЕГО
РАЗДРАЖЕННО

Д	С	М	Т	Е	Ь	Т	С	Е	Ш	Ф	И	С	У	Б	И	Н
П	И	Т	Н	Е	М	И	Р	Е	П	С	К	Э	Р	О	У	А
С	О	У	Д	Т	Т	Ш	П	Т	П	А	Р	Д	А	Р	А	К
И	Р	Р	Т	С	Т	И	Л	Н	Р	Л	М	С	З	О	П	А
Ч	Ф	И	Ц	Т	У	Н	У	М	С	Р	Ф	Т	Д	Т	Р	З
Р	Е	У	Г	И	Ф	А	Р	Т	Ш	А	Р	У	Р	Ь	А	А
Д	Е	Л	П	Е	Я	И	Т	Р	А	П	У	У	А	С	В	Т
М	У	Т	О	Р	М	О	Е	Б	М	В	Н	М	Ж	Я	Д	Ь
И	Л	И	И	В	И	Н	А	К	О	Н	Е	Ц	Е	Е	А	С
Ш	У	Т	И	Т	Е	Н	К	Р	И	В	А	Я	Н	Г	К	О
У	М	С	И	О	П	К	И	Т	Т	И	Р	С	Н	О	Р	В
Т	Р	И	Н	А	А	О	С	М	Н	Н	Е	Л	О	А	О	Е
Л	О	У	П	М	Т	И	Т	С	А	М	Е	Т	А	Е	К	Т
Т	Ф	С	Н	У	Р	И	А	Е	Т	Я	С	О	И	М	У	Ы
С	Н	Е	И	Н	С	Л	Е	Р	У	М	М	У	Е	И	С	А

Puzzle 273

Г	У	Р	К	О	В	И	Е	И	Н	Р	О	М	Д	У	У	Т
П	Л	У	Л	Е	Д	И	С	Т	С	Е	Е	А	Е	Е	Т	М
В	Т	А	О	Е	Е	Н	Е	П	Д	У	Л	Р	В	Т	Е	М
Б	Е	Л	В	Т	Е	О	Н	О	У	Е	И	И	О	О	Т	М
Ь	Т	А	З	А	К	С	С	И	М	Г	Т	Е	Ч	Р	Е	Е
В	Ц	М	Е	Ч	А	З	С	Л	Т	Н	А	С	К	И	М	Н
У	Т	И	О	Т	Т	Е	Р	С	Е	Е	О	Н	И	И	С	А
Т	С	Н	Н	У	С	Б	Л	Е	Б	Е	Д	Ь	Н	С	У	П
Л	Т	О	Ь	У	У	С	П	Е	Ш	Н	Ы	Й	У	Ы	Т	О
О	А	П	Л	Е	П	У	С	М	Т	П	Ц	Ы	О	О	Й	М
И	С	А	И	П	А	Е	П	С	Е	П	И	Н	М	У	Т	И
В	Е	Р	В	О	К	У	Е	Е	О	И	Н	Д	Е	О	О	Н
Т	И	И	А	Р	Е	Ш	Е	Н	И	Е	А	Е	Е	А	М	А
Р	Е	Т	Р	О	П	С	К	Э	У	У	Р	Б	П	О	И	Е
Н	С	Е	П	В	Е	Д	Ь	М	А	У	Г	П	У	У	И	Т

ВЕДЬМА
РЕШЕНИЕ
НАПОМИНАЕТ
СКАЗАТЬ
ПРАВИЛЬНОЕ
ЛЕБЕДЬ
ИСПУГАННЫЙ
ГЛАВА
БЕДНЫЙ
ГРАНИЦЫ
ЭКСПОРТ
СИДЕЛ
ВОКРУГ
ДЕВОЧКИ
ЗАЧЕМ
УСПЕШНЫЙ
КАПУСТА
БЕЗ
ВОЛК
ПОНИМАЛА

Puzzle 274

ЛЕВ
ПОНИМАЮ
ПРОГУЛКА
СЕНСОРНЫЙ
ДВОР
СДЕЛКА
РЫБАЛКА
ПУСТЫНЯ
МАЛО
ИНДИВИДУАЛЬНЫЙ
ВНИЗУ
ПОДГОТОВИТЬ
ФЕРМЕР
ЭКСПРЕСС
ТОЧНОСТЬ
ПУНКТ
СНЕЖИНКА
НЕОБХОДИМЫМ
ДОМАШНИЕ
КАРТОФЕЛЬ

Р	М	Т	О	Ч	Н	О	С	Т	Ь	В	П	У	И	Е	Д	Э
П	О	Д	Г	О	Т	О	В	И	Т	Ь	Н	Н	Р	О	В	К
Е	С	В	Н	У	И	Е	В	Т	О	И	П	И	Т	Р	О	С
О	С	И	Ф	Д	Т	В	И	С	Р	Р	Ц	С	З	И	Р	П
И	Н	Д	И	В	И	Д	У	А	Л	Ь	Н	Ы	Й	У	Н	Р
Т	Р	А	М	В	П	П	С	С	Т	Р	С	П	И	Н	Е	Е
И	И	М	О	И	А	Р	У	С	В	У	Д	У	И	П	О	С
Т	Л	Е	В	И	Е	С	О	Н	О	М	Е	С	О	О	Б	С
С	Н	Е	Ж	И	Н	К	А	Г	К	Р	Л	Т	Ф	Н	Х	Р
О	Т	А	Т	Р	А	Е	А	М	У	Т	К	Ы	Е	И	О	Ы
Д	О	М	А	Ш	Н	И	Е	М	М	Л	А	Н	Р	М	Д	Б
С	Е	Н	С	О	Р	Н	Ы	Й	С	Т	К	Я	М	А	И	А
С	Р	Д	Ь	Л	Е	Ф	О	Т	Р	А	К	А	Е	Ю	М	Л
Т	А	Е	Т	А	О	Н	Т	И	М	Е	И	Л	Р	Н	Ы	К
И	У	Т	М	М	У	Е	У	Р	П	А	Р	П	И	М	М	А

Puzzle 275

С	Щ	Н	Д	С	С	М	П	О	Е	У	А	Е	И	Т	Й	У
У	Е	Е	М	Т	О	О	Р	Н	Н	И	Р	О	Т	У	Ы	И
А	Н	Е	И	Р	Ч	Е	О	Н	И	Н	Е	Д	А	В	Н	О
М	О	Т	Т	А	Е	Р	З	С	Т	О	М	М	Д	И	Ж	И
Б	К	П	И	Н	Т	И	Р	С	Т	В	О	Т	У	И	Ю	Н
О	О	Т	А	И	А	М	А	М	И	Ц	С	Т	Л	С	Т	Е
И	Т	Г	Е	Ц	Н	О	Ч	Е	О	Ы	А	С	С	Е	М	У
Т	П	И	А	Ы	И	В	Н	Й	Ы	Н	Р	Е	В	Е	С	Т
Н	М	С	Х	Т	Е	Б	А	Ы	Ф	И	С	У	И	Р	У	Т
Е	И	Н	Е	О	Ы	А	Я	Л	Т	О	Р	Т	И	М	Ф	Е
С	Л	И	П	С	И	Й	Т	П	Е	С	О	У	Р	Е	С	О
Л	Л	С	С	Р	Т	А	Л	Е	Т	Р	Е	Н	Е	Р	С	Р
А	И	Н	У	И	Н	Е	О	Т	К	И	Ч	Е	Н	З	У	К
У	О	Е	Е	Е	Т	В	М	Ь	Т	А	М	И	Н	Д	О	П
Е	Н	А	Т	А	А	П	О	Д	Д	Е	Р	Ж	К	И	В	С

СТРАНИЦЫ
УСПЕХА
СОЧЕТАНИЕ
ПРОЗРАЧНАЯ
СЕВЕРНЫЙ
БОГАТЫЙ
ОВЦЫ
ТРЕНЕР
МИЛЛИОН
МОНСТР
КУЗНЕЧИК
РАКЕТА
НЕСЛА
ПОДНИМАТЬ
ТЕПЛЫЙ
НИ
ЮЖНЫЙ
ПОДДЕРЖКИ
ЩЕНОК
НЕДАВНО

Puzzle 276

ОТДЕЛ
ГРАД
БОКС
ДЕРЕВЬЯ
ИССЛЕДОВАНИЯ
ТАМ
ИВУ
КОЛЕНО
УГОЛЬ
ЗАНИМАЕТ
ЗАКЛЮЧЕНИЕ
МАКСИМУМ
БЫЛО
ИСКАТЬ
ПОЛИТИКА
ИНТЕРЕСНО
ПОПРОБОВАТЬ
ДОЛЖНО
РОК
ТРИДЦАТЬ

Т	Е	О	Е	Т	И	Т	Т	Е	А	М	И	Н	А	З	М	Д
И	У	И	П	Т	Т	С	Н	А	К	И	Т	И	Л	О	П	О
О	О	Ф	Р	Ь	С	И	М	У	М	И	С	К	А	М	И	Л
В	И	Я	О	Т	Д	Е	Л	Б	О	К	С	Р	Е	Н	С	Ж
И	С	И	Н	А	Р	Е	В	С	Р	У	Г	Т	Ь	А	И	Н
В	Л	Н	С	К	И	И	М	Р	О	С	Ь	Р	Т	С	Р	О
У	М	А	Е	С	Е	И	Н	Е	Ч	Ю	Л	К	А	З	О	Я
С	И	В	Р	И	Е	А	Е	А	М	Н	О	В	В	Д	К	И
Е	В	О	Е	И	И	Т	П	Л	И	У	Г	И	О	Е	Е	А
Б	Л	Д	Т	У	У	Е	И	С	Н	М	У	П	Б	М	О	О
О	Ы	Е	Н	Н	С	У	Н	У	А	Л	Е	С	О	Е	И	Е
Н	И	Л	И	С	Е	И	У	И	Я	Ь	В	Е	Р	Е	Д	Т
Т	Е	С	О	Н	Е	Л	О	К	Р	С	Я	С	П	М	Е	О
И	С	С	С	И	Л	Н	И	У	С	Е	С	Л	О	У	Б	Е
У	Г	И	Т	Р	И	Д	Ц	А	Т	Ь	М	Т	П	У	П	В

Puzzle 277

```
У У У И Т Й М А Т Ч Е П П Т П Т И
Ч А Т Н С К Ы Т А Д П И М А Е С Е
И Е Р Ф И С Р Н Е Л А Н О С Р Е П
Л А Т И О Ц Т У Н М П Т В Р Е Ы Д
С А У Е Е Л Е О Г А У М А Т М Н О
Т П Т С С Т О Р Й Л М В У Г О В Л
Е О С Е Ф И С Ф Е К Ы Р И Т Т О Я
Т Ч Л Ь Т И Д Е Б У А Й А Т К Н М
С В А Т О В Т С Е Ч И Л О К А С Е
Е А Е С Л Р Е З И Н О В Ы Й Н О Е
Е Н У А Ь П О Э Т О М У Д П Р О С
Е И О Ч К С П Р О С И Л П О А Т В
Л Л Е С О П О М И Д О Р М У С С Е
П Р А В И Л О И И С Т О Я Л А Т Е
Л С Е Е О Т Н И А Л У О С Л Е Е О
```

ПОМИДОР
УЧИЛ
СТОЯЛА
КОЛИЧЕСТВО
ПЕРСОНАЛ
ПЕРЕМОТКА
КАРМАННЫЙ
ПОЭТОМУ
ПРАВИЛО
УБЕДИТЬ
СТОЙКА
ОСНОВНЫЕ
ДОЛЯ
СПРОСИЛ
ТОЛЬКО
ПОЧВА
КРУГЛЫЙ
ЧАСТЬ
РЕЗИНОВЫЙ
МАТЧ

Puzzle 278

ПРИДУМЫВАТЬ
ТЕМПЕРАТУРА
КРЕССCАЛАТ
ЗАЯВЛЕНИЕ
СГОРЕЛ
ГОРЯЧЕЕ
ПОЕЗД
ЗАЩИЩАТЬ
ДВОЙНОЙ
НИЧЬЯ
КАК
ВЕЩИ
УСТРАИВАЙ
РОБКУЮ
МАТЬ
ЖЕНЩИНА
ДЛИННЫЙ
СРОК
АМБИЦИИ
СЮДА

```
З Г А О Р У К А К Т М У Р И Щ Е В
А О Й А В И А Р Т С У В О И С Н Е
Щ Р О Н И А Д З Е О П Р И Ц У Т Р
И Я Н И И М Я С Е С Т У О И М Ф О
Щ Ч Й Щ О Р А У Е Е С Р М Б И У С
А Е О Н И С У Т Н В О С А М К Т И
Т Е В Е Н Г О Я Ь Ч И Н А А И У У
Ь И Д Ж Т О М Р Й Ы Н Н И Л Д Е Ю
М С Е И Р Р М Е Е У Л Н С Р А Р С
Я Е Н О П Е И Н Е Л В Я З А З С Т Ю
Н С Р П Л Л И И Н Д О У И Н И Р Д
Т Е М П Е Р А Т У Р А М И Е Т У А
П Р И Д У М Ы В А Т Ь Е Е О Е У И
Е У У О И У М И В С С Р О К Л Л М
Л Е А П У Н Т И И Р Т Т У Т И И Н
```

Puzzle 279

```
У М С И У Е Е Д С Л Т У И Е У А М
У С Г П Н И Я И Ф А Р Г О Е Г Р Е
Т Т И Н О Л Н К Е Н Т А Р Т С Е С
В Р Н Л О К У А Е Е А Е Е А П Н П
Е А Р И И В О Я С М Е У М С С Д Ы
Р Г И Е П Е Е Й И Т Е Р Т Е Н А Т
Ж И У Е У О У Н С И Н Д Е К С В А
Д Ч Т Г Р Н С С Н Т Ф М И П Р О Е
А Е Е Т Т М Е У А О В М Т Т О Р Т
Ю С Е П О У С Ш И У Г И Е Р Д О С
Т К Е Е Е М И Е Н М И О Е Н И К Я
И И У Ф А Б Е Н С В И Н Ь Я Л С Е
Л Й П Н М Е Т Ы Д Е Р У И М С Е О
У Н Н А Р Ь Т Е Р Т О М С М Я Т И
И З М Е Р И Т Е Л Ь Н Ы Й Р С С Г
```

РОДИЛСЯ
СПОКОЙСТВИЕ
МГНОВЕННОГО
ТРЕТИЙ
ИНДЕКС
ЕДЫ
ДИКАЯ
ГЕОГРАФИЯ
СУШЕНЫЕ
ТРАГИЧЕСКИЙ
СВИНЬЯ
ПЫТАЕТСЯ
ИЗМЕРИТЕЛЬНЫЙ
СМОТРЕТЬ
АРЕНДА
УСИЛИЕ
УТВЕРЖДАЮТ
УМНОЕ
КОРОВА
СЕСТРА

Puzzle 280

ОГУРЕЦ
ЛЕЧЕНИЕ
ЗАПАСАЮТ
ОРЛА
ХАРАКТЕРИСТИКА
КЛУБНИЧНУЮ
ПУГАЛО
НУЛЕВОЙ
ЗНАМЕНАТЕЛЯ
ЗАЛИТЬ
ОСТАВЬТЕ
МАМА
ОТКРЫВАЛКА
РАСПИСАНИЕ
ДОВОЛЬНО
УВЕРЕННЫЙ
ПАРУС
МИССИЯ
ВЕРЮ
ПОЛОЖИТЕЛЬНЫЕ

```
П П О Л О Ж И Т Е Л Ь Н Ы Е У О Е
У Т В Н А И Р Р С З У А Г О В Т Е
Г Е И С Й Е О И Р А Л Р О О Е К И
А М А М О У Н Е В П А Е П Т Р Р О
Л У Е М В Ц И У Т А Ц Р М У Е Ы С
О С Е Е Е Е У Я Н С Е Н С Т Н В Т
С С Р О Л Р Р У Е А У М У О Н А А
С У И О У У Р Ю Т Ю И Р И И Ы Л В
И С Т Д Н Г Н Р А Т Е Е А С Й К Ь
Е О Е У Р О Н Ь Л О В О Д П С А Т
К Л У Б Н И Ч Н У Ю Т М Б И У И Е
З Н А М Е Н А Т Е Л Я О С С И М Я
Х А Р А К Т Е Р И С Т И К А Н Т П
Р А С П И С А Н И Е Л Е Ч Е Н И Е
Н И А И Е З А Л И Т Ь О Д П Е Е Л
```

Puzzle 281

```
Н О С Т Е Н Ц У С Н В О В М П У У
А Р П В Й О М Т Т И О Т Б П Л С Т
З А Л Г Н Ы М Е Е А Е О Т У И О О
Ы Л М Р С С Н А Н Н Н Т В М В Е Ч
В А Т К О Т О П Д И Н Ч Р Т Д И Н
А К Ч О Т О О П А О Ы У С С М И И
Е Т Е М У П Д Е В З Й В Е М Т Т Т
Т У М А Н Е О Е Е Н Е Т Е Л Е И Ь
С И П З А С У М Н П Е Н И Я О Т О
Я И Е Н Т О И Ц А Т Б З В Е Р У И
П А Р П Ф К Н Е Б Е С А А Н И О Т
В А М П И Р Р У Ч Н О Г О П Р С Е
Ф А Ц Н К О Н Т А К Т Н Ы Й Н С О
У Д А Ч Л И В Ы М И Т Т Е Ф Е О Е
О О В Р Т Ф И И У Е Н М С Е И У И
```

ГЛАЗ
РУЧНОГО
УТОЧНИТЬ
ЧТОТО
КОНТАКТНЫЙ
ТОЧКА
ПЕСОК
ВНЕЗАПНЫЙ
УДАЧЛИВЫМИ
НА
СТЕНД
ЗАМОК
ВОЕННЫЙ
НАЗЫВАЕТСЯ
ЛИ
ОБУВИ
ВАМПИР
НЕБЕСА
ВНЕЗАПНО
ПОТОК

Puzzle 282

ОСОБАЯ
ИССЛЕДУЙТЕ
ЕЩЕ
КОМБАЙН
КОНТРОЛЬ
МЕДВЕДЬ
ПОЛУЧАТЬ
ВОЛНА
ИНГРЕДИЕНТ
ЗАПАС
ОБЪЕКТ
ПИЛОТ
ПОКОЛЕНИЯ
КОМПАКТНЫЙ
БЕЗОПАСНО
ЛЕТО
НЕСМОТРЯ
ПРИХОДЯТ
ВЧЕРА
БАР

```
К П Е И Т Б Я П Д Н Н И И О М П Т
О У В О Л Н А У О С Е М У А Е О М
М М А Л Н У Б У З Л Е И Т Т Д К К
Б П У Т О И О Р А Т У Р О С В О О
А П Е И А Т С Е П А М Ч М И Е Л М
Й Д С С А В О У А Н И Р А И Д Е П
Н Е Т Й У Д Е Л С С И У П Т Ь Н А
О Л К К Б Е З О П А С Н О Е Ь Н К
Е Е Е О О П Р И Х О Д Я Т П Т Я Т
Е Т Ъ Л М Н Л У С Я Р Т О М С Е Н
В О Б И Т Т Н Е И Д Е Р Г Н И Ы
И Ч О Е И И О Р Р Ц Е Щ А Д Т М Й
И Ф Е И С У Л Н О Е И Е Б И Е Е Н
Д С У Р Е С И Т М Л А Л Ф Р Е Л И
Е Ф Т С А С П П У Б Ь О А Е И М И
```

Puzzle 283

```
У Р С Б И Н Е С Р Р М А П А Д О Е
Е А А Е И Н Е Д Ж Е Р Ч У Р О С С
Р О Е С Р Т П О С Т А В К И К П О
Р О О И С Н Ь К О Ш К А У М А Е М
А С М С Р Ч Т А Ь Т И Ч А Н З А Н
З Е И Е И Н И Т Е Л Е Ф О Н А С Е
Д Н Б С С И И Т П У Б У У Ц Т В Ж
Е Ь Ю Н М Т Р Е А Т Е Е И И Ь Л Л
Л У Л П Р Ф О Н Е Т И М Т Ф Л Т О
М Б Е Е М Е М Л Е Е Ь М В Е О Т Д
Е Б Р А К П Е Л С У О У Е С Ц Т У
Ф С И С Ч Е З А Ю Т С З О Т С С О
Р Л Т Н Т Е А С С М В Ы Г Е Л В Т
И Н А Г М Р Е А Е О Н К И Н Е Ч У
В Ы С О К А Я А Х У С У Е У В А А
```

ДОКАЗАТЬ
ТЕЛЕФОН
БРАК
ОСЕНЬ
ВЫСОКАЯ
РАССЧИТАТЬ
МУЗЫКУ
УЧРЕЖДЕНИЕ
НАЗНАЧИТЬ
КОШКА
СУХАЯ
ДОЛЖЕН
ЛЮБИМОЕ
НЕТ
ИСЧЕЗАЮТ
МЕСТО
БИТЬ
ПОСТАВКИ
РАЗДЕЛ
УЧЕНИК

Puzzle 284

ПРОЦЕДУРА
ИМБИРЬ
ОДНАКО
РЕМОНТ
КОНЕЧНО
СМОТРЮ
КОЛЕСА
ГОЛОВА
РАБОЧИЙ
ДОВЕРИЕ
ВНЕ
МАЛОЛИТРАЖКА
ОБВИНЯТЬ
БЛАГОПРИЯТНОЕ
ВПЕРЕД
ОБЪЕМ
ВЫРЕЗАТЬ
ПАЛАТКА
ЛОЖЬ
ПОСЛЕДНИЕ

```
М А Л О Л И Т Р А Ж К А У С И Р П
О Ц Л У Л Т Е О С Н В А Т М У Е И
Л И Н М О Т С Р И М Т И Е Л У М К
Ц Е О И Е Н Т Т С О О Е И П А О О
Д Е Р Е П В Е А В М Н Т Н У К Н Н
О О М С М П М Н Р С Т Р Р П Т Т Е
Б А В О Л О Г И М Б И Р Ь Ю А С Ч
В С А Е О Н Т Я И Р П О Г А Л Б Н
И И Е Н Р Й Т О Р К О Л Е С А Т О
Н И У В Е И Н Д Е Л С О П У П Т С
Я М М Н Е Ч Е О Б Ъ Е М С Т М Е М
Т Л С С У О П Р О Ц Е Д У Р А Е У
Ь А У О М Б М У И Б Ц Л Р С Е У М
Р О Ф С М А С Н О Д Н А К О Е Д П
Ь Т А З Е Р Ы В Н Я Е Л О Ж Ь А О
```

Puzzle 285

Е	Т	Ь	Л	О	В	З	О	П	У	Х	В	С	Я	Д	М	С
Ж	Л	Ь	Н	В	Р	П	У	Ь	Т	А	Р	Г	И	О	В	О
У	Р	Т	М	П	У	А	А	Р	Е	Р	М	Н	Н	Ж	А	Д
М	Я	И	С	И	Н	Ц	Н	С	М	Т	И	О	Я	Д	М	Е
И	Т	П	М	А	У	И	О	Ж	С	С	П	Р	О	Л	С	Р
Л	Г	Е	Р	Р	Ы	Р	Т	С	Е	С	Н	М	Т	И	И	Ж
Д	Ц	Р	У	О	И	Е	И	Е	К	В	И	У	С	В	А	А
А	А	К	Е	И	С	Щ	Е	М	О	Р	Ы	Е	С	Ы	Р	Т
Г	Н	И	Л	О	Й	Я	Р	А	Д	В	Ы	Й	А	Й	А	Ь
Е	И	Р	Б	Т	Н	А	У	Д	У	М	Б	Т	Р	Е	Н	Е
Н	Е	П	Г	Н	Е	З	Д	О	Е	Р	И	Н	А	У	У	Л
Д	Р	А	М	А	Т	И	Ч	Е	С	К	И	Й	У	Я	И	В
М	О	Т	О	Ц	И	К	Л	А	М	Р	Е	Л	Л	С	С	А
И	О	О	О	Б	М	И	Р	Д	Т	Е	У	С	И	Е	У	Н
И	У	Н	И	Т	И	С	Е	Я	У	Е	С	А	О	Ц	И	Р

ЯЩЕРИЦА
ПОЗВОЛЬТЕ
ПРИКРЕПИТЬ
ДРАМАТИЧЕСКИЙ
СТРАХ
РАССТОЯНИЯ
УЖЕ
КРЫТАЯ
ГНИЛОЙ
ИГРАТЬ
ДОЖДЛИВЫЙ
НОРМУ
ТРИ
СЕСТРЫ
СОДЕРЖАТЬ
ГНЕЗДО
ВАМ
ОРАНЖЕВЫЙ
МОТОЦИКЛА
РАД

Puzzle 286

ДРУГ
НАЙТИ
РОВ
КРАБ
ОБЪЯВИТЕ
ПРОИЗОЙТИ
РОТ
МОТЕЛЬ
ГРОМЧЕ
БУТЫЛКИ
ГЛУБОКИЙ
СТОИМОСТЬ
ПОГЛОЩАТЬ
РУКОЯТКА
РАДУГА
МНОГОЧИСЛЕННЫЕ
МАТЕРИЯ
ПРЕКРАТИТЬ
ПИТЬ
КУПИТЬ

Г	Л	У	Б	О	К	И	Й	М	Р	Р	О	У	А	О	Р	М
В	У	Е	С	Е	Б	А	М	И	О	И	Е	Л	Е	Б	А	Н
Е	Е	Р	С	С	А	П	И	О	С	Т	У	П	Н	Ъ	Д	О
О	Е	И	Д	И	С	О	У	И	Д	Й	Е	Е	И	Я	У	Г
Е	И	И	Е	И	С	Р	А	Е	И	О	Е	Л	Е	В	Г	О
Т	Т	И	С	И	О	М	И	Я	Я	З	М	Ц	Ь	И	А	Ч
Л	А	Е	П	М	Н	У	В	Н	И	И	У	Е	В	Т	Е	И
Л	Е	Т	И	Л	Т	Г	О	И	Р	О	Н	Т	А	Е	О	С
И	Е	Ь	Т	И	Т	А	Р	К	Е	Р	П	Т	Т	Р	Р	Л
Т	А	У	П	Т	К	Р	У	О	Т	П	М	Р	О	Т	Т	Е
О	Е	С	М	Й	Л	Л	Ь	Т	А	Щ	О	Л	Г	О	П	Н
И	О	О	Е	А	С	М	Ы	Е	М	К	У	П	И	Т	Ь	Н
М	И	Е	Н	Н	Д	У	Ь	Т	И	П	И	И	Н	Р	Е	Ы
Г	Р	О	М	Ч	Е	Р	И	Р	У	К	О	Я	Т	К	А	Е
С	Т	О	И	М	О	С	Т	Ь	И	Б	А	Р	К	Е	П	О

Puzzle 287

```
Ц А М И А К С С И И П С П А М Е П
Р Н П С Я О П Е Р У О Н Е М С О Е
П И О П У М У Т Е Г С Р Д Т У И Р
П О А Т У А Ч Е Т В Е Р Т Ы Й С И
Р Т Л И О Н Ф Р В О С Е М Ь Д П М
О С Е Н А Д В Т Ч И С Т А Я Я О Е
Д А М И Ы А П Р О В Е Р И Т Ь Л Т
У Е И С Р Й Р О О И Р Е Ю З Е Р
К Т И В И У Н П О Т У Ф И А У Е Р
Т М О Т А Т Ь С Я Б В И Р Ж Н Т
Г О Л О С О В А Т Ь О А Н И Д И А
П Р О В О Д И Т Ь Е И Р Д Б Р Р И
У М О Р О Л Н А Н Р С Е О О Е С С
Б Е С С М Ы С Л Е Н Н О Д Н Е И Е
И С П О Л Н И Т Е Л Ь Н Ы Й Ы Р Р
```

ЧЕТВЕРТЫЙ
ИСПОЛНИТЕЛЬНЫЙ
ПРОДУКТ
ПЕРИМЕТР
МОТАТЬСЯ
ДРУЗЬЯ
ПОЯС
КОМАНДА
ОБИЖАЮТ
ПОЛЕ
ГОЛОСОВАТЬ
ЧИСТАЯ
ПРОВОДИТЬ
АВТОР
БЕССМЫСЛЕННО
ОБОРОНЫ
ПРОВЕРИТЬ
ВОСЕМЬ
ПОЛНЫЙ
ПОРТРЕТ

Puzzle 288

БОЛЬШИНСТВО
ДЕВЯТЬ
ДОЖДЬ
ОБЩИЙ
СЛАДКИЙ
ЗАЯЦ
ПЕРЕЛОМ
РЕСТОРАН
ДОГОВОР
ДЕСЯТИЧНЫЙ
ОДИН
ИСКЛЮЧЕНИЕ
ОПРЕДЕЛЕНИЕ
СТОМАТОЛОГ
КАЖЕТСЯ
ЗАВТРАШНИЙ
ТРУДНО
ПАСЕ
ТРОПИЧЕСКИМ
НИЖЕ

```
У Е А У Р О В О Г О Д С Ц М О И Т
И С К Л Ю Ч Е Н И Е О Т В Е П Т С
Г О Л О Т А М О Т С Ж У Р А А И У
Р В Р П Т Р М Д О М Д Т Ф Т И О Т
О Т С И Й Т О Е Р У Ь Н С С Р П У
Е С И Д И Ы И П Н Н Т О У Е Е Р Р
И Н У Т К Н Н Н И Д Я С О О П Е Е
Е И И Р Д Н И Ч Р Ч В П Р О С Д С
У Ш Н У А Я Д Я И М Е Ж И Н С Е Т
Е Ь О Д Л С О Д Е Т Д С Н Т И Л О
И Л Е Н С Т И Е З А Я Ц К У Л Е Р
О О М О Л Е Р Е П Ф С С Б И П Н А
У Б Н Т Д Ж О Ф Т А У А Е О М И Н
З А В Т Р А Ш Н И Й С П И Д Е Е У
Р Т Т Р П К О Б Щ И Й Е И Е Т П О
```

Puzzle 289

```
Р А С С Т Р О Й С Т В О С О Е Т У
Р А С П Р Е Д Е Л И Т Ь М Е С Н А
О Л И Е Ы Н Т И Щ А З Е Ц Н Л О С
П С С Ф Т О О Н С У О У И И П С О
Й О Н Ь Л О Б Е Т И К Й Е П О К У
М Т Д Л Р Т Р Л Р Т А Х У Д З О В
Е А С С Е А Е Е Л З Т Р О И Д У
Д П С Л О Т Р С К Й Ы Н Д Е М Е С
И У Я Т Н Л Е А О К В Р Т Я О Р М
М С У С Е Ф Н Н З О А А Е Л И Ж Е
О И Е И Е Р Р У А М Т С Л Л В А Т
С А В Л Н Т О У Х Ь С А П С Т О
У Н Н Е М Т Д Л С Т М В Е Т Н Ь Е
Л М С О У Е У О Т У И Е И П Я У А
П Ы Л Ь Н Ы Й У Р Е Р Т Г Ц Т Б Е
```

РАССВЕТ
КОПЕЙКИ
ПОДСОЛНУХ
СУПА
СОЛНЦЕЗАЩИТНЫЕ
ДЕРЖАТЬ
НАСЕЛЕНИЕ
КОМУ
БОЛЬНОЙ
РАСПРЕДЕЛИТЬ
СЕМЬ
ВОЗДУХА
ЛИСТ
МАСТЕР
ОКАЗЫВАТЬ
МЕДНЫЙ
СТРЕКОЗА
УМНЕЕ
РАССТРОЙСТВО
ПЫЛЬНЫЙ

Puzzle 290

ПРИШЕЛ
УВАЖЕНИЕ
ИЗВЕСТНЫЙ
ЧЕРЕПАХА
РИС
КРОКОДИЛ
РЕФОРМУ
УДАЛИТЬ
ЖЕЛУДИ
ИСТОРИЯ
ВИТАМИНЫ
ОСТРОВ
ФЕРМА
ПУТЕШЕСТВИЕ
СНЕЖОК
ДЕЛАЮТ
БЛОКИ
ТОЧНО
ВСЕ
НАСЛАЖДАЙТЕСЬ

```
Р Р Р С У П У С И Р С Ф О М Т О И
У И Р Н Д У И П А З Т У О М У Л Н
О Н С Е А Т А Е М А В Т Е Е Р Р Д
П А М Ж Л Е О А И В С Е Б Л О К И
Е С П О И Ш Т Т Р У С Т С Е И О Л
Е Л И К Т Е О П О В С Е Т Т И У С
И А Р И Ь С Ц Е А И А О О Ю Н Т Н
С Ж Е Д В Т О С Т Р О В Ч А С Ы И
Т Д Л Т И В Т Т А У Е Е Н Л В Н Й
О А Ж Т М И И М У И А П О Е И И Д
Р Й Е И Н Е Ж А В У У С Р Д Л М А
И Т Л Е Ш И Р П Р Е Ф О Р М У А Л
Я Е У Ч Е Р Е П А Х А С М О Е Т Т
О С Д Р С К Р О К О Д И Л У Р И П
П Ь И У Ф Е Р М А А Е С Р Р Е В Т
```

Puzzle 291

```
В Л Е У О С Р Д Ц И О А П З Г И Н
Ц О Т И Т О М Е Г Е Б И В Е О К Л
О В З Л Г И Т С О Д С Й Т М Р А М
О В Е В И Т И Я С А Д У О Л О Н У
О М О Т Р А Ь Т А В А Л П Е Д А О
Н А О Е Е А И А О М Е Е И Р С Р У
Е Г К О И Н Щ Я К П Е Ц Д О К Е И
Т А И Л И У И Е О Р М О Н Й О Й Д
Р З С Е Ы А Т Е Н О М П Н К Г К О
А И Р М У Т Е А И И И М Е А О А Л
Е Н Е Р Н П У У Д З Е В З Т Р Ю К
Е Т П М Е А Т Б О П Р А К Т И К А
С О Г Л А Ш Е Н И Е М У Т Н Ы Й Р
И Ф С У Д И Т Т О П П Ц Р В О Н
Я Р Е Е У У И И Р Т И С С И М Н М
```

ТРЮК
КАНАРЕЙКА
ДОСТИГ
ДЕСЯТАЯ
ГОРОДСКОГО
ЗЕМЛЕРОЙКА
СОГЛАШЕНИЕ
БУТЫЛКА
ЗВЕЗДУ
МОНЕТА
ПОЦЕЛУЙ
МАГАЗИН
БЕГЕМОТ
МУТНЫЙ
ПЕРСИК
ПРАКТИКА
ЦВЕТЕНИЕ
ОДИНОКО
ПЛАВАТЬ
ВОЗВРАЩЕНИЕ

Puzzle 292

ОГОНЬ
ГРАВИТАЦИЯ
ПРИГЛАШЕНИЕ
УПРАВЛЕНИЕ
ПРОФЕССОР
ВОЗМОЖНО
РЕЗКОЕ
КАМПАНИЙ
СОЦИАЛЬНЫЕ
КАМЕННАЯ
КТОНИБУДЬ
СВИНЦА
ЖЕЛЕ
ОТЕЛЬ
ПРОМЫШЛЕННОСТЬ
ПОПУГАЙ
СОХРАНИТЬ
РАСШИРЬТЕ
ПРИНЯТО
РЫСЬ

```
П Ь Н О Г О Ь Д У Б И Н О Т К С С
Р Т С О Х Р А Н И Т Ь О Н К А О С
О С П Е Т Т И П Р Т А Е Ж А М Ц У
Ф О И О С В И Н Ц А Я М О М П И Р
Е Н П У П М А М Т У И П М Е А А У
С Н Р Т Н У Л Т И С Ц Р З Н Н Л П
С Е А А С И Г Н А И А И О Н И Ь Р
О Л А О С Р У А С Р Т Г В А Й Н Е
Р Ш Ж П Г Ш Е Р Й Е И Л П Я Т Ы З
У Ы Е И У Е И Н Е Л В А Р П У Е К
У М Л Р Р М Е Р Г У А Ш Е Е О М О
И О Е О Ц И М Р Ь И Р Е Т Р Е И Е
Т Р Ы С Ь Л Е Т О Т Г Н Р С Н Ц И
Е П П Р И Н Я Т О Ф Е И У И И С Н
Л Е И И У И М Е Н А О Е С В М У П
```

Puzzle 293

```
О Б Е Н Ь Т А Ш У Л С М Е С О Т О
С Д Е Т Щ Е И Н Е Ж О Н М У М И С
А Р А У О К П О П Е Р Е К И Р И Н
А П Е Л М С Т Р И Г О Р О С О Н О
Т Т У Д Ж Т Р Е Е Е П Т Л П С Е В
П Ь С С Н И Е Ф О С Ф К Б Е П Т Н
Н Т И О М И В А И Н М О Р Т М О
К А Ж Д Ы Й Й А Д З Е Н И Р В Е Й
С Ц Е Н А Р И Й Т Т С Ф О У Ы У С
У Д Ф О О Р Н Л С Ь И Л И Ш С И И
М А У А Л В Р О С А С И О К О М Е
П Н Ж Д А Т Ь Н У Л Н К Т А К О Е
Т Е Т У У У С Е И Е Т Т С У И С Н
О В У Р А Ф А Е М И Р И Р С Й В О
С Д С С Е И М Е И Е С С Т Е У У М
```

ДВЕНАДЦАТЬ
ИМ
ВЫСОКИЙ
МОЩЬ
БЛОК
ОСНОВНОЙ
ПОПЕРЕК
СРЕДНИЙ
ЖДАТЬ
КАЖДЫЙ
СЛУШАТЬ
ПЕТРУШКА
НОСОРОГ
УМНОЖЕНИЕ
СЦЕНАРИЙ
ОДАЛЖИВАТЬ
КОНФЛИКТ
ЕЗДА
ТЕКСТ
НЕБО

Puzzle 294

НЕКТАР
КОРОЛЕВА
ТЕАТР
ХОРОШИЙ
ПРИЗРАЧНЫЕ
СРЕДНЕЕ
ДЛИНА
ПИТАТЕЛЬНЫМИ
ДЕЛЬФИН
РУБАШКА
ПАСТЕРНАК
ОБЛОЖКА
ТРУДОВЫЕ
ПРЕДСТАВЛЯЮТ
ВНЕШНЯЯ
ОБЩАЯ
ПЕРЕГОВОРЫ
ЗАВИСИМЫЙ
ИДЕАЛЬНАЯ
АВТОМОБИЛЬНЫЕ

```
М Е О С Т Н М У Т Е У Е А О Е С Т
С У Н У Е Е Ы Н Ч А Р З И Р П Т Ф
Р Д У О А К Д Л И Н А К Ш А Б У Р
Е К Е Н Т Т Ю Я Л В А Т С Д Е Р П
Д В О Л Р А А Я Х О Р О Ш И Й У Е
Н О З Р Ь Р И Н Т Р У Д О В Ы Е У
Е Б А Ф О Ф О Ш Т Е Т И И Т У Р Н
Е Л В Р А Л И Е Е Ф П Е А Р С С Р
Д О И С У И Е Н П А С Т Е Р Н А К
Е Ж С И Е Т У В Н С А О Н Р И Н Т
Е К И У Т Т Г И А И Е Т А Р Е Т М
Е А М П Е Р Е Г О В О Р Ы Р Р Р Л
С П Ы А В Т О М О Б И Л Ь Н Ы Е Я
Е О Й В М П И Т А Т Е Л Ь Н Ы М И
О Б Щ А Я А Н Ь Л А Е Д И М И Т Т
```

Puzzle 295

```
П Р О И З Н О Ш Е Н И Е Ю Е Д Н С
П Р Д Е О В О Т С О М Е У С Н О Е
Э М О Ц И О Н А Л Ь Н О К Е У У П
В Н Г С М Н Я В Е Р Р М Н Р Е У Т
Р Е И С Ь Т А В О Р И Н О Р Б А З
А М Л Е М Е К В С Е А Р Т И Е Е М
З Р О О У Н З И И Ь Ч И Л О Р К Е
Р О И Н С У У Е Т Ш Т Ы С Я Ч А С
У Л Ф А Р П Р П С И У Р Т А О М С
Ш У Р Л А О О Т Е Н Д Л Е Р О А И
Е Н Д Е Р Б У Р Н Д Е Т С С О О А
Н Т Т Д Т Е Л Е Т Е В О И О У М М
И Р Е С Е Д Р О О Й А Т С Р Р Р Т
Е С О Р М Ч Ь И О К К О В Е Р П С
П Е Р Е Ч Е Н Ь С А М У У Т Ц Т Н
```

ПРОСЛУШИВАНИЕ
КОВЕР
ЧЬИ
УЗКАЯ
ЗАБРОНИРОВАТЬ
ПРОИЗНОШЕНИЕ
ПЕРЕЧЕНЬ
ЭМОЦИОНАЛЬНО
ТОНКУЮ
СООТНЕСТИ
ОБЕД
СДЕЛАНО
МОСТОВОЕ
ГОД
ИНДЕЙКА
РАЗРУШЕНИЕ
КРОЛИЧЬИ
ВЕЛОСПОРТ
ТЫСЯЧА
РЕСУРС

Puzzle 296

ТРАВА
УТЕНОК
ПРОЦЕСС
ТЕННИС
ДЯДЯ
СВЕТ
ЗВОНИТЕ
СИТУАЦИЯ
ЛЕЧАТ
ДА
СИНИЙ
ДОБАВИТЬ
ЧИТАТЬ
ОБНАРУЖИТЬ
ХРАБРЫЙ
БЕЙ
РИСК
ДЕШЕВЫЕ
КУЛЬТУРА
САХАРНЫЙ

```
С Т И А Ь Я Д Я Д Ч Т О П А О Р Т
А В А Р Т У Е С Т И Е Б С Е Е У О
Д Т Е У И С Ш У И Т Н Н С У А Р И
Ц А Н Т В П Е Е О А Н А И И Е Р М
Н В А Ь А Р В П Е Т И Р Н И С У О
С Я К Л Б О Ы У А Ь С У У И Е И О
С И О У О Ц Е Т Е П Н Ж Н О Р С С
А Ц Н К Д Е Е Е Н Е И И Р И М П О
Х А Е И К С И Р О Р Р Т У С С Т С
А У Т Б Й С С О П А М Ь И Е П М О
Р Т У О Н И О М Т Т Е Л Т Б И И М
Н И А З В О Н И Т Е Х Р А Б Р Ы Й
Ы С Н Ч Е Н Н О И О П М У Е И А Е
Й М А П Е П Р М Е М И Р Р Е М Р Б
Т И С Л Е Л С О Л И М Д Б С У С Б
```

Puzzle 297

```
Е Л Ф Л Р Б И И О И Р И И Ф Е Е М
О Ц О П Т О П И А Й С И О А С Е Т
Н М Н С С А Ж О К Ы Ш И Р О К И Й
Д С Т Е Я Д М У Т Н Ц О П Р О О М
О Г А С Т Г Е Е М Т Е Ц У Е Е М Н
Л Е Н И Н О С Т Р А Н Н Ы Й Е Я У
О Н Е Ц Д Н Л Т С К Л Т И Ц Е С Н
Г Е Е В Е И С О С С Ф Я О И И Ь Р
С Е С Е У А И П У Т Е Е Г Ф Т У
К З Ю Л Р О Я О И М Ф О Н А В И П
О Н С И М Ц О Е Г Р У П П А А Н Л
Р А И К М О Е Р К О З И Й Л Е Е У
Е К Д И Н Р В Ы Б Е Р И Т Е В Ж М
Е Ф Е Е И Н А В О Р И Л У Г Е Р Е
В Ы Д А Ю Щ И Й С Я Ф И Ш К И Е Ц
```

ПТИЦЫ
ЗНАК
ФИШКИ
МУСКАТНЫЙ
РЕГУЛИРОВАНИЕ
ВЕЛИКИЕ
ВЫБЕРИТЕ
ПОЛОТЕНЦЕ
ГОЛОДНОЕ
АРМИЮ
ШИРОКИЙ
СКОРЕЕ
КОЗИЙ
ФОНТАН
ВЫДАЮЩИЙСЯ
ИНОГДА
ГРУППА
ЖЕНИТЬСЯ
КОЖА
ИНОСТРАННЫЙ

Puzzle 298

ВОЗРАСТ
БУЛОЧКИ
ГОРЫ
ГЛАВНАЯ
ФУНДАМЕНТАЛЬНЫЕ
ПРИМЕР
ОКНО
ФАЗА
СЕРИЯ
ЗЕМЛЯ
ТЕЛЕВИДЕНИЕ
СОСЕДИ
ПРОСТАЯ
АВТОМОБИЛЬ
ТОРГУЙ
СОСТРАДАНИЕ
КРУЖКА
ПОДДЕРЖИВАТЬ
УНИЧТОЖИТЬ
МИЛЫЙ

```
П К Е О О Ц Ф А В Т О М О Б И Л Ь
О Р Р Н И Й У Г Р О Т У И Е С Т Ь
Д У Н Р Д Ы Н Е Е У И Н Н О С Я Т
Д Ж О И У Л Д Т С А Р З О В К А И
Е К Е С У И А Е О Б Е И О А Т Н Ж
Р А С Р И М М Л С Т У Г О Р Ы В О
Ж А Т Е У П Е Е Т Я Я Л М Е З А Т
И Р О У Т Е Н В Р И Д Н О О Д Л Ч
В Е И Е Т О Т И А Р А И Е Ч С Г И
А М Е И Т Ф А Д Д Е Н И Л Е К П Н
Т З Е С О С Л Е А С О С Е Д И И У
Ь Е А Л Н Ф Ь Н Н П Р О С Т А Я О
У У У Ф О М Н И И У У Т С Л Е Л И
М Е У Е И Л Ы Е Е А О В О Н Ц М С
С У С Ф М Р Е М И Р П Р А Н И И Н
```

Puzzle 299

```
Ф И О М М С И Д Е У С М С С С П П
С У И Р М Ц И М Т Е Р Б П П Ю О О
Т Р Н Е И В Г Р А Ф О П Р Р Р С Л
М М Е Т Р Е Т И Ч У З И И О П Е О
О Н А Е Ы Т Е Л Е К С Е Н В Р Л В
М В И Е Е О П Я Е А Р И О Е И И И
С С С Т Р К Х О Р О Ш О С Р З Л Н
С Н П Р Е Д Ы Д У Щ Е Е И Е Е А А
Т Е Е Е Ш Й Е Н П У Р К Т Н И С У
С М Т Г Ж Е Н А О Й П А О М Ь Л
П Е Н Н О У Е И Г У Ы Е Р А Т И Г
Е Р М Н О В Б О П У В Е С И Д Е Е
И И Т А О С И Ы И О Р Г И Т Р Н Е
О Т Т О У Й И К С Й Е Ц И Л О П Е
У И Ц С Т Ь Т И Ш Е П С М А О Л О
```

ПЕРВЫЙ
СПЕШИТЬ
ПОЛОВИНА
СКЕЛЕТ
СЮРПРИЗ
ПОЛИЦЕЙСКИЙ
ЖЕНА
СНЕГОВИК
ПРЕДЫДУЩЕЕ
ГРАФ
ФУНТЫ
ТИГР
ГУБЫ
ИЗУЧИТЕ
ПОСЕЛИЛАСЬ
ЦВЕТОК
ПРИНОСИТ
ХОРОШО
КРУПНЕЙШЕЕ
ПРОВЕРЕНО

Puzzle 300

ОСТАНОВИЛИСЬ
ЭКОНОМИКА
СТЕПЕНЬ
ПАУЗА
ПОЯВЛЯЮТСЯ
ДИАПАЗОН
ИЗБЕЖАТЬ
ГОСУДАРСТВО
БОЛЬШАЯ
ЕЗДИТЬ
ОЗЕРО
ДЕЛО
УЛЫБКА
РОЛЬ
ВАШ
ФРЕСКА
ШКАФ
ПОНИ
КАТАСТРОФА
ОФИЦЕР

```
У С Ц В У Ц О Е П Е М Н О Е Э О С
Г К Р Т И Н М У А К Б Ы Л У К У Т
И О А К С Е Р Ф У С Е И Г Д О С Е
Н Л С Т Т И Р У З Р О Л Ь И Н Я П
Т Е Н У А Т У Н А С С А Р А О С Е
Ф Д С Р Д С Б О Л Ь Ш А Я П М Т Н
Н Т У Т М А Т Р А И О Р И А И Ю Ь
Р С Н Р Р С Р Р В А Ш Е С З К Я Т
Е Е Л И О П С С О Р Е З О О А Л А
Ц З И Е Н Л С И Т Ф А К Ш Н И В Ж
И Н Д С И А Т М М В А Т Е М М Я Е
Ф М В И Ь С И Л И В О Н А Т С О Б
О И С Н Т Н М Л Н У О И Е П С П З
Т П М О Н Ь Т И С У О Р Т М Т М И
У Р Р П Е С У О И Г М М А Л Е С Ц
```

Puzzle 301

```
Д Е Т И Д Р О А Л О С У А И Ц Т Д
К А Т А А М П Т Е М Т М Р Е Т М Е
А М Й У И М Е Л С С У К Л Г Т И В
Л А О Д С Е У О М А Д О Р И Р П У
Ь С В Д Ж Ю Р И М Е Ь Н Ы Е Е Ш
К У Я И Н Е Ч Е Т О В О Р К Т У К
У Л Д Г А А С С Е С И У Т А Т И А
Л А П О Ь Л Е Т И Ч У Л С Н Ц В Е
Я О Т Н С Ф Т Ф О Л Р П У Р С Ы И
Т Т А П Т Е И О Н Т М Е Р П И О Р
О Ь Т Ы Р К С П О Д Н Я Т Ь С Я Н
Р Н Т М М П М Ч Е Р Е З Г У С У Р
В А Л Е Н Т И Н А У М Л А С Е Е Р
М К О И О Д А Т Ь В Е С И Т Е Р Н
О Т Л Е А Е И М У Р С П Е И С И Т
```

ДАЙДЖЕСТ
САМ
ЧЕРЕЗ
НОГИ
ОТКРЫТИЕ
ТКАНЬ
ЖЮРИ
СКРЫТЬ
ДЕВУШКА
ДАТЬ
КАЛЬКУЛЯТОР
КРОВОТЕЧЕНИЯ
ВАЛЕНТИНА
РЫЦАРЬ
ИМЕЛ
САМА
ПРИРОДА
УЧИТЕЛЬ
ПОДНЯТЬСЯ
ВЕСИТ

Puzzle 302

МНОГИЕ
ВСЛУХ
ТЕОРИЮ
РОСТА
РАКОВИНА
КОНДОР
ОЧКИ
ТЕСТ
СТРАШНО
АВАНТЮРНЫЙ
ВМЕСТО
ЗДОРОВЬЯ
ЦВЕТ
МЕЧ
БАНК
ФАРТУК
ПОМОЧЬ
ОХОТА
КОРА
ЧАС

```
У У А П Р Н И Л Н В Р М П Р С И Н
О С И Р П О Т П Л С С Д Л И Т Е В
Т Ч П Д П Б С И Е Л И М У М Р И Е
С Е К Р Ц Т Е Т Л У О С Т Е А С Т
Е М А И Б В Т С А Х С М Е Т Ш С Ф
М С В Н А Н Е Е Р О Д Н О К Н Е Р
В Я А М Н О А Т О Х О Ф Н Е О С С
Т И Н И К Р У И К З Д О Р О В Ь Я
Л М Т М Р И М Н О Г И Е И У А Ч Л
Е С Ю Т Е О Р И Ю Т Р О Е Н Е О Р
У И Р Р Т Т И С Т Е И С Р Ф В М Р
О Л Н Ф С А И И П Ч Р Т И У У О Т
С Ц Ы М Е Р С М М А Ц О О Ф И П Е
О О Й П Р У О Ц А С Е У Н М И О У
Ф А Р Т У К Р А К О В И Н А Т Т Т
```

Puzzle 303

```
Я Л П М И С И С Л Р В Т Д О М П А
И М О У У Т Ф С С У Ы А С Л Е А Д
Е Т В В Д А Л Е К О В Е Р С Я У И
У О И Т И И Р А В А Е О Н А Н Р Е
Е Е Е О О И Т А П М А С Н Н М И П Т
И А И И М А Ь П Ц О Т Ф Е Т У А П
С М Е У О Ч Е Л П О И И П У Н Д С
О И У А Т Н Е М И Т Р О С С А Е Р
Е Т П Т С Ь Т А В Р Е Р П К Р Н Е
Т С И С Р И П Я П Р Р Л С Е Т И Д
И Т И А Р Й Ы В И Н Е Л С К С Е И
П О К У П К А П А Р А Л Я Н Б О В
А Ц И Н З А Р Р С П П С Н И Е Р И
О У Р Л У Е Е С О В Н М Ц О Е Л О
П С К Е Р О Л Л Т Н А О Л О М У П
```

РАЗНИЦА
ПОКУПКА
КРИК
ПРЕРВАТЬ
ВЫВЕСТИ
КЕКС
ЛОВИТЬ
СРЕДИ
ПРИЯТНО
ДЛЯ
ДАЛЕКО
ПАРА
ПЛЕЧО
МАСЛО
ОБНЯЛА
ПАДЕНИЕ
АВАРИИ
АССОРТИМЕНТ
ЛЕНИВЫЙ
СТРАНУ

Puzzle 304

ДЕСЯТЬ
ТЮЛЬПАН
ДОМИНИРУЮЩУЮ
РЕАЛЬНОСТЬ
ЗОЛОТО
БУРЕВЕСТНИК
ОБЛАСТИ
САРАЙ
ТЯЖЕЛОЕ
МЕРУ
ПРОБКА
ИНВЕСТИЦИИ
ЗАЩИТИТЬ
ПОИСК
СОКРАТИТЕ
НАВЕРНОЕ
НИКОГДА
ДЕТАЛЬ
НЕЗАВИСИМОСТЬ
ГДЕ

```
Е Ф Т Ь Т С О Н Ь Л А Е Р З К О П
П С У Р П И Т С А Л Б О Т О И О Р
Т Н А П Ь Л Ю Т Д В Н Н О Л Н Ц О
С Е Т Р И Ф Ь Т Я С Е Д В О Т С Б
Т А А И А У Т Т И П Л Р Е Т С О К
А М Е Р И Й В Р Р О Ф Н Н О Е П А
Г У О У И У И У Е Л А З Р О В О В
Е Д Л Т Р Т Т П Н С А У А Е И У
И Т Е Т Н И К О Г Д А Щ П Е Р С Б
У М Ж М П У Е Л М Р О И С П У К П
У Е Я Е А О П Р Т У И Т А С Б Р Л
У Л Т П И Ю У Щ Ю У Р И Н И М О Д
А Е И Н М Ф Р О Е Т И Т А Р К О С
И И Ц И Т С Е В Н И Т Ь Л А Т Е Д
Ф Б Ь Т С О М И С И В А З Е Н Е В
```

Puzzle 305

С	Я	С	Т	Р	Е	Б	П	О	У	Р	И	О	Ч	Л	Е	Н
В	Т	М	П	Т	Е	Ц	Е	И	Д	Е	Р	Т	Е	К	Ы	С
Е	И	Н	Е	Л	П	У	Т	С	Е	Р	П	К	П	О	Н	О
Д	О	У	О	Н	В	Я	Н	Р	Е	Т	Р	Л	О	Р	Ч	Б
Е	У	У	Ь	Л	Е	Т	А	Г	И	В	Д	О	Л	О	И	А
Н	Р	Г	У	Д	И	В	Л	Е	Н	Н	О	Н	Е	Т	П	К
И	Е	И	А	В	Р	И	А	У	Л	Ц	С	И	З	К	И	А
Я	Ц	С	Р	К	С	О	Т	О	Н	М	И	Т	Н	И	Т	П
Н	О	Д	И	Н	Н	А	Д	Ц	А	Т	Ь	Ь	О	Й	И	Р
М	Ы	Ш	Л	Е	Н	И	Е	Д	С	С	Т	Ч	Е	М	И	О
О	В	Н	О	Ь	Л	А	Т	Ч	О	П	И	И	О	П	А	В
Г	Р	Е	Н	С	И	А	И	Р	И	О	Л	Т	Е	П	П	О
Р	П	Е	М	Н	Т	Н	Р	И	А	Н	О	С	М	Ц	Т	Д
М	Я	Г	К	И	Й	Е	Р	И	Н	К	В	О	Р	Т	В	А
Р	С	И	М	О	П	О	Т	Р	М	Е	У	Д	Л	Е	С	Т

ДОСТИЧЬ
ПРЕСТУПЛЕНИЕ
УДИВЛЕННО
СОБАКА
ТАЛАНТ
УВОЛИТЬ
МЫШЛЕНИЕ
КОРОТКИЙ
ТИПИЧНЫЕ
КАРТИНКА
ПОЛЕЗНОЕ
ОДИННАДЦАТЬ
МЯГКИЙ
ОТКЛОНИТЬ
ДВИГАТЕЛЬ
ЯСТРЕБ
ПРОВОДА
ПОЧТАЛЬОН
ЧЛЕН
СВЕДЕНИЯ

Puzzle 306

ВНИМАТЕЛЬНЫЙ
МОТЫЛЕК
НЕ
ВЫСТРЕЛ
БЕСПЛАТНЫЙ
ТЕЛО
МЫШЬ
ДЕПРЕССИЯ
АКАДЕМИЧЕСКАЯ
ОБСЛЕДОВАНИЯ
УТРОМ
ПОНРАВИЛОСЬ
ЛЕЖАЛ
ПЕСНЯ
ГОВОРЮ
ВСЯ
ВЕСЕЛАЯ
ПОДВИГ
УСТРАИВАЕТ
ПОДКЛЮЧЕНИЕ

Н	И	П	Т	П	Е	П	И	Т	Н	Е	А	Д	М	Т	А	Ф
Р	Д	А	Е	Т	О	Л	Е	Ж	А	Л	С	М	В	И	К	У
А	Е	М	П	С	Н	Н	Е	И	Н	Ф	И	Т	У	У	А	Я
Т	Я	Е	И	Е	Н	А	Р	У	Т	И	И	О	Т	В	Д	И
Г	И	В	Д	О	П	Я	У	А	М	С	О	М	Р	У	Е	Н
Е	С	Н	Ю	Р	С	Е	И	У	В	А	Ф	Р	О	С	М	А
У	С	Т	Р	А	И	В	А	Е	Т	И	С	Р	М	М	И	В
В	Е	М	О	Т	Ы	Л	Е	К	Б	С	Л	О	Т	П	Ч	О
Ы	Р	И	В	С	А	Т	И	Е	Т	О	Р	О	Е	С	Т	Д
С	П	П	О	Д	К	Л	Ю	Ч	Е	Н	И	Е	С	Е	С	Е
Т	Е	У	Г	И	И	У	У	Д	Л	И	Е	М	Ц	Ь	К	Л
Р	Д	Г	Ф	С	Д	М	О	А	М	Р	Е	Е	В	Ш	А	С
Е	В	Н	И	М	А	Т	Е	Л	Ь	Н	Ы	Й	С	Ы	Я	Б
Л	Е	У	А	И	В	Я	А	Л	Е	С	Е	В	Я	М	И	О
В	П	О	М	У	А	С	Й	Ы	Н	Т	А	Л	П	С	Е	Б

Puzzle 307

С	Н	В	У	М	С	Н	И	У	У	Т	Н	У	Т	Е	В	С
Л	У	В	Е	Т	Г	М	И	Р	У	С	И	З	А	Д	Ы	О
С	У	А	И	Р	Ф	О	Е	Д	А	Д	И	А	Т	О	Х	З
И	Я	Н	У	И	Т	С	О	К	Д	И	Ж	П	О	С	О	Д
С	Т	У	Т	С	О	О	Л	С	Е	Р	К	Р	Б	Т	Д	А
Т	И	Я	Я	Н	Д	Е	Л	С	О	П	О	О	Е	И	Н	Т
Т	У	Н	У	Р	П	И	У	Е	А	М	Ц	С	Й	Ж	О	Ь
П	А	Р	Е	Н	Ь	В	Н	С	Т	П	Е	Е	С	Е	Г	С
С	О	Д	А	И	О	Т	Г	А	Н	А	Н	А	Б	Н	О	А
П	У	Т	А	Т	Ь	С	Ы	Л	Л	М	И	М	О	И	Р	С
И	М	Р	П	И	У	Т	Р	М	Е	Ц	Т	Н	Л	Я	Е	О
О	Р	Н	Ф	О	И	У	П	Е	Т	С	Ь	И	О	О	Т	Т
А	Д	М	И	Н	И	С	Т	Р	А	Ц	И	Я	Р	Р	Х	Н
М	С	А	Н	Ф	Р	Т	П	Л	О	Щ	А	Д	Ь	О	Н	И
Р	Л	И	С	А	Л	О	Б	Т	У	Ф	Н	Н	Б	И	П	Т

ВЕРТОЛЕТ
КРЕСЛО
ХОЛМ
ВЫХОДНОГО
ПРЫГНУЛ
СОЗДАТЬ
ПАРЕНЬ
АДМИНИСТРАЦИЯ
ПОСЛЕДНЯЯ
ОЦЕНИТЬ
БЕЙСБОЛ
ПУТАТЬ
СОДА
ЖИДКОСТИ
ФУТБОЛ
ОТСУТСТВИЕ
СОТНИ
ПЛОЩАДЬ
ЗАПРОС
ДОСТИЖЕНИЯ

Puzzle 308

АТАКА
ЧАША
ЗУБ
ВЕРСИЯ
БОБ
ВИНОГРАД
ГОРНОСТАЙ
КОНТАКТ
ДУШ
НАЦИОНАЛЬНЫЙ
ИНТЕРЕСНЫЕ
ГОРДО
ПРОБЛЕМА
ОТДЕЛЬНЫЙ
БИОЛОГИЮ
ВОССТАНОВЛЕНИЕ
КАТАНИЕ
ВОЛОСЫ
РВАНУЛА
ТЕРПЕТЬ

О	Ь	У	Л	Т	Е	О	А	О	Ю	А	Д	Н	С	Р	Н	Т
Г	Т	Е	Т	Д	Р	П	И	Н	И	Л	У	У	С	Ф	И	В
О	Е	Д	Е	С	Е	У	А	О	Г	У	Ш	Е	Т	И	Т	И
Р	П	Т	Е	И	Н	Е	Л	В	О	Н	А	Т	С	С	О	В
Н	Р	О	З	Л	Т	Т	И	Ч	Л	А	В	О	Л	О	С	Ы
О	Е	Р	С	У	Ь	Е	М	А	О	В	Е	Р	С	И	Я	К
С	Т	К	Н	Е	Б	Н	И	Ш	И	Р	А	Т	А	К	А	О
Т	Г	М	А	С	Р	Т	Ы	А	Б	П	М	Т	И	У	У	Н
А	О	И	М	Т	А	М	Ц	Й	П	Р	О	Р	С	Л	Е	Т
Й	Р	С	Е	И	А	И	Н	Т	Е	Р	Е	С	Н	Ы	Е	А
Е	Д	У	Л	Й	Ы	Н	Ь	Л	А	Н	О	И	Ц	А	Н	К
А	О	Л	Б	М	И	Р	И	И	И	Ф	Н	М	У	П	А	Т
О	С	Г	О	С	Д	С	Е	Е	Б	М	У	П	Д	Ф	А	Н
Н	Д	А	Р	Г	О	Н	И	В	О	С	Е	С	Р	Е	И	Н
И	Е	У	П	И	И	Е	И	А	Б	И	Л	Н	Н	Т	И	Е

Puzzle 309

```
И Р И О А И У У П О У О Ж Н С О И
Е Ы В О З А Р О Г О Н М Е Л В П У
О А И И Д Е Р Е П В А Т Л Н Е Р И
У И Р С З Т У Р И Т Е О Е О Т Е И
Н Е У М С И Т У П Е Д Е З Я Л Д Б
Е Д С И К О Т О Л О М А О В Я Е Ы
Г Р У Ш А И Е С Ж П У С Т Ь Ч Л В
У В Е Р Ь Т Е О Е Е Ч Е М Т О И Ш
М Т Р Т П З Н И Р А И Т А А К Т Е
О Ф У У Н У А Р Е Щ Е П А З Л Ь Г
Н П Н Е Е Н Б Н Р Ф Д У А А Т О
И Т Л Т И И А Е Я Т И Б А К Н Л Н
Т А У Р М Е Ж Е В Т Я Н Д О Г Е С
О Г В У С О Т П Р М А О М П И И Т
Р И М М Е Е Т П Н Р Р И О И С У И
```

СВЕТЛЯЧОК
ТОЖЕ
БЫВШЕГО
ПОКАЗАТЬ
ЖЕЛЕЗО
ВИЗИТ
МНОГОРАЗОВЫЕ
УВЕРЬТЕ
МОЛОТОК
ВПЕРЕДИ
МОНИТОР
ОПРЕДЕЛИТЬ
ЗАНЯТА
СЕГОДНЯ
ГРУША
ЧЕМ
ЖАБА
ПЕЩЕРА
СИГНАЛ
ПУСТЬ

Puzzle 310

ВЗЯЛ
ОПУСТЕЛИ
БЕЗОПАСНОСТЬ
ЗЕМЛИ
ОТНОШЕНИЕ
СМЕЛЫЙ
ОГРОМНЫЙ
ВНУТРИ
РАССКАЗЧИК
ПРОДАВЦА
УТКА
ФОНД
СОК
ДУРАК
СУД
ЛЕОПАРД
ТАЙНЫ
ФАКТ
БЕЗОПАСНЫЙ
БЛУЗКА

```
И М Н О В С Т К А Ф М У Ф Е Е С Е
Е Т О С Р М Ф А И Т М С В И Д Р О
Д У Р А К Е О Ц Й С П М А Т И И И
У О Р К А Е Н В У Н Р В У Т Р Т Т
С П А З Е И Д А Р С Ы Н Т И И Л Т
М У С У Т Н И Д Р А П О Е Л Я З В
Е С С Л Б Е З О П А С Н О С Т Ь В
Л Т К Б Т Ш Л Р О О Т У Р С О У Н
Ы Е А О Ф О С П А М О Т Т О Г А У
Й Л З П Е Н Т Р И И Р К Д Е Р И Т
О И Ч У И Т В Е А И Е А Я Л О И Р
В Е И Е У О О М А З Е М Л И М М И
А Ф К У Т Р И Е Н С И Т Е Р Н С А
Е Е И Б Е З О П А С Н Ы Й Е Ы И Ц
С О К Е Н М М У М С Т А О У Й М Т
```

Puzzle 311

```
И И С А Ц П У Р Л Т О Л К Н У Л Б
О Т Т П О О Т Е П Е Ы Н Ч И Л У Е
Л И О А Н Р Б И Ц Я С Е М М Т П С
Т С У У Е Т И М Т А С Т И Е У Р С
Ц Е Л Е Д А Л В З Я Т Ь Н Н Г Е М
О О А Е М Т Т О Ч И Л К А И Т С Ы
Н О У У Р И Р Ы Б А Ч А Т Т Ц С С
М Ы Л О А В Р А С Ш И Р И Т Ь У Л
М И Т Е О Н Ш Е М С О И У С М Р Е
Ч Е Р В Ь Ы Е Т И О М Ф С М И Н Н
Б Е А И Е Й О Т Р Л У Л Е У Е Е Н
О Т И Е Н Е Т Е Р П Е Л И В Ы Е Ы
Л Р А Д О С Т Н О Т У В Т Е С Ц Й
И Т С О Н Б О С О П С С Л Н Р М И
Т Е Е Н Р Н П О Л О С Т Ь Р И Н Н
```

РЫБАЧАТ
ВЛАДЕЛЕЦ
СМЕШНО
ТОЛКНУЛ
ПОЛОСТЬ
РАДОСТНО
ПРЕСС
ЧЕРВЬ
ЛЕСТНИЦУ
ПОРТАТИВНЫЙ
БЕССМЫСЛЕННЫЙ
ТОЧИЛКА
РАСШИРИТЬ
НЕТЕРПЕЛИВЫЕ
УЛИЧНЫЕ
ВЗЯТЬ
МЫЛО
СПОСОБНОСТИ
МЕСЯЦ
БОЛИТ

Puzzle 312

МУЗЕЙ
ЛИСЫ
ЗЕЛЕНЫЙ
ИСХОД
ПИЦЦА
ЛАСКА
ПЯТНИСТЫЙ
УДАР
РЕКОМЕНДУЮ
ШЕЯ
РАБОТАТЬ
БРОСАТЬ
ПЛОХО
ПШЕНИЦЫ
ЖЕНАТУЮ
АНГЕЛ
КАСАБЛАНКА
ГРИБ
ВИДЕЛ
ОБЪЯСНИТЬ

```
П Е Р О Н М Р Н У И О Л Е Г Н А Ш
Т Я И П Ю У Т А Н Е Ж И Т Р Т К Е
В Т Т А У З Ф Т О А Л О А И Д С Я
Р П И Н В Е Ь Т И Н С Я Ъ Б О А Л
Е У Р О И Й Ы Н Е Л Е З Т Л Л И
А Т Н Б С С О У Н С Т А Т Р В С
С М М Л У Е Т П Г Д О Х С И А Я Ы
П Ы Н Л И С Р Ы А С А А И Е Б Т Е
М Ц А Н Н Н И Т Й П Н Р С Т О Е У
С И К А С А Б Л А Н К А Е И Т Н И
А Н У М Н Р А П О Е И В Е И А О Л
Л Е Д И В Л Р О И С Ф У Л Т Т Е Т
И Ш Б Р О С А Т Ь Ц Л А Е О Ь Я Р
Р П Л О Х О Н Е О С Ц И А А М О О
Р Е К О М Е Н Д У Ю Т А Е Р С У Н
```

Puzzle 313

```
Л С И Е Е Щ У Д У Б Я Л С О П О Д
У Р О Ы Н Р П П Т К Н И Ж Н Ы Й
К С Б Р Ь Д А О Т Е Т В Е Д С Р М
П А М О Т К П В Ы Д Е Л И Т Ь Р С
О Н Р Т И И Д Ы Ш У Е Т Н О Т О К
Р И И О Н Н Р Т У Б А И Е А И С Р
Е Т Л К Е Ж Ф О Т Ф М И Ч Е Т К О
Й И Л Е М О А И В Е Р Л Е Е С О М
Т С П Н А Д У Р Е А Д У В Ц У Ш Н
С И И И З У Е М О Р Т Е С Е П Ь А
Е М Е Г Р Х П С Н А Е Ь Е А А Р Я
Р А З Л И Ч Н Ы Й Н А Р О Д З И А
Л М П О Н Я Т Н О И Р О Е А И И С
Е Д И Е Е М К Р А С О Ч Н Ы Е Е Т
Р И Ф М А С С Т Е Е Т С И С У В М
```

БУДЕТ
ВЫДЕЛИТЬ
БУДУЩЕЕ
ПОНЯТНО
РОСКОШЬ
КРАСОЧНЫЕ
КНИЖНЫЙ
РАЗЛИЧНЫЙ
СОРТИРОВАТЬ
НАРОД
ЗАПУСТИТЬ
ЗАМЕНИТЬ
ПАПУ
ДЫШУ
СКРОМНАЯ
ХУДОЖНИК
ЛУКПОРЕЙ
РИФМА
НЕКОТОРЫЕ
СВЕЧЕНИЕ

Puzzle 314

РВАТЬ
ЕЕ
СЫР
ФЕДЕРАЛЬНЫЙ
КАРТА
ВАРИАНТ
ЖИТЬ
ПЛЕЕР
ИЗ
КОЛОНКИ
СПАТЬ
КАТЕГОРИЯ
АГЕНТ
УМ
ПУТЬ
ОБЫЧНЫЕ
ОПРЕДЕЛЕННОГО
ЧАСТНОСТИ
ХЛЕБ
БИЗНЕС

```
Х И Р Р М И И А И П У Р У П Е Е П
К Л У М В К Л Е У М Е О А В У Е Т
А А Е Ь Т А П С Л Т У Г Е Е В Т Н
М Н Т Б Р Р Ы С У Р Р О Ь Т И Ж Р
М Р Н Е Е Т В А Р И А Н Т Т Е О У
Е В Е Ы Г А Т Ф В К С Н У Н У А И
Т И Г Н Д О У О Е Н И Е П П Н И У
Т Б А Ч О Л Р У Р О Л Л П П А Л Е
И А И Ы Н Л Н И О Л Е Е Р Л С П Е
Р А У Б Б А О С Я О Е Д Н Т Е С И
Т С Т О Р А С Р Р К Н Е Н Е С Е У
Ф Е Д Е Р А Л Ь Н Ы Й Р Н У Е П Р
Б И З Н Е С С Р А А М П Р В А Т Ь
Е Л И Т С О Н Т С А Ч О И У Т М Д
А Т П Е Т Р Б Р Д Е У Н О И П Р У
```

Puzzle 315

```
Д Е Й С Т В И Т Е Л Ь Н О Т М П П
Р А З О Ч А Р О В А Н Н Ы Й Т Л О
С У Щ Е С Т В И Т Е Л Ь Н О Е А Х
С Р А В Н И Т Е П Р У Е И Т Р С О
Е И А Р У Н Е У В Р Н О Е Р О Т Ж
Л Е Г К О С Т Ь А Т И Т Д А Д И И
С У Я И Ц К Е Л Л О К Н О Н Ф К Е
М У У Щ Н Ш Ю С Р Н С С Ц С Т О Л
Т Е Т Я Е И П А И Е Р В А П У В С
О У П М Е Т А Д Л О С И Р О С Ы Н
С Л Е В А Ь С И Д Е Н И Е Р Е Е И
К Р О В А Т Ь Р И П Ж У У Т Е Р И
Е Т М О Е Е Т А Ж Е Л Д А Н И Р П
М Т П О М Н И Т Е Д С И У А У Н Е
Е П Е Е В А Н Ф А Р С Т О Я У Е Е
```

ДЕЙСТВИТЕЛЬНО
СОЛДАТ
РАЗОЧАРОВАННЫЙ
ПРИНАДЛЕЖАТ
ПРИНЦ
СИДЕНИЕ
СЛЕВА
ЖЕЛАЮ
ПОХОЖИЕ
КРОВАТЬ
КОЛЛЕКЦИЯ
СРАВНИТЕ
ПЛАСТИКОВЫЕ
ПОМНИТЕ
ЯЩИК
ШИТЬ
ЛЕГКОСТЬ
СУЩЕСТВИТЕЛЬНОЕ
ТРАНСПОРТНАЯ
МОЕ

Puzzle 316

РАДИО
ГОНКИ
ПРИВИЛЕГИЯ
ПОЧТА
ЗЕРКАЛО
ТРАТИТЬ
ЗАДАТЬ
ТЮЛЕНЬ
ДВАЖДЫ
ПОЛЕВКА
КРУГОВОЙ
ЖИВОТНОЕ
ПОЛОСА
ЖЕСТКАЯ
ВИДЕО
ИЗНОШЕННЫЙ
ПРИЕМ
РАЗДРАЖАТЬ
КОЙОТ
ЛЕС

```
З А Д А Т Ь С Т Ж Е С Т К А Я И П
З Е Р К А Л О Р И И М О Е Е У З О
У Е С Р И М О А Е О О С Т Д У Н Л
П Е С М Е У Е Т Д В А Ж Д Ы И О Е
М П С У О Е О И Т М С И И Р Н Ш В
С Е Е О Н Л М Т Р П А Г Л А И Е К
С С Е У Т С О Ь Л П О Л О С А Н А
К Р У Г О В О Й Е А Р И А А Т Н К
У Л У П В О Е Е С М Е А У О Ч Ы О
П Р И В И Л Е Г И Я И И Р Р О Й Й
П Ь Т А Ж А Р Д З А Р И У С П Е О
Г О Н К И Р М А И Т Т Ю Л Е Н Ь Т
Е Т Н У И А Е И Д В И Е О С Е У А
П С В Т Г П М Е С И И Е Е И Е И А
Ф Е М Н И Ц Б Т Т Т О Т А И Е Н Ф
```

Puzzle 317

```
Ь У М Д Р А Г О Ц Е Н Н О Й У Е С
Ф Н С О Л А Е А А Е Р М Л Ы И П Ъ
П Р Е Д П О Ч И Т А Ю И Т Ц В О Е
М М Ф В Е Д Р К Г О В О Р И Т Д С
А Р У М О Е Л Р О О П О Е Н Р А Т
Т У У М У Р Е А У С И Е М Ж Р Л Ь
Ш Е И Д И М У Д Т Н И Р О О М Ь М
Д Т Л М С И У О И Б Д П С Н А Ш Е
У Е М Т Н Р И П С А И М С З Л Е Т
О И Л К А Р Ь Е Р А В М И В Ь И О
Т Р Т А К Л Е Д Т О А Ф М У Ч Л Д
О Е Р С Я А И Е У И Н Е Н Ч И У И
Ш А М П У Н Ь У А Т Л О Л А К Я Р
В Е Л И К О Л Е П Н Ы Й Т Т Е Г И
Ш О К О Л А Д Н А Я Н С И Ь А Ф Е
```

МЕТОД
ОТДЕЛКА
ПОДАРКИ
СПИСОК
ПРЕДПОЧИТАЮ
ШАМПУНЬ
ДЕЛАЯ
УРОВЕНЬ
ВЕЛИКОЛЕПНЫЙ
ШТАМП
ЗВУЧАТЬ
МАЛЬЧИК
НОЖНИЦЫ
КАРЬЕРА
ШОКОЛАДНАЯ
ПОДАЛЬШЕ
ДРАГОЦЕННОЙ
ГОВОРИТ
СЪЕСТЬ
ДИВАН

Puzzle 318

УРАГАН
ЗАПАДНЫЙ
ПО
МЕДИЦИНУ
ВИНОВАТУЮ
ВЕЩЕСТВО
ПРИЧИНА
ОТНОШЕНИЯ
ОСТОРОЖНО
ЗАМОРОЗИТЬ
КЛАСС
ПРИВЫЧКА
ДЕМОКРАТИЧЕСКИЙ
ДВА
ПОГИБНЕТ
ПИЩЕВОЙ
СТУДЕНТ
ФУРГОН
РЕАЛЬНЫЕ
ПОЛИТИЧЕСКОЕ

```
Р Е А Л Ь Н Ы Е Р У З У О П П О Л
О С Т О Р О Ж Н О Т А Р М Р Р Ф О
У С Н У И Л О О О С П А Е И И У Т
З А М О Р О З И Т Ь А Г Д В Ч Р П
И Н Г М П Ф М И О Д Д А И Ы И Г И
В Е Щ Е С Т В О М Т Н Н Ц Ч Н О Щ
С В И Н О В А Т У Ю Ы Т И К А Н Е
Т Е Н Б И Г О П Р А Й И Н А Н Я В
У С У А У Л И А Е И Е И У С Р О О
Д Д Е М О К Р А Т И Ч Е С К И Й Й
Е П О Л И Т И Ч Е С К О Е К Ф Д А
Н Е О Т Ф Ц С Д Ц А С Т И Л О Т Л
Т У Р И С С П Д В О Е Е Т А Б П Н
О Т Н О Ш Е Н И Я А П И А С П У А
С И И Р Ц И П И Е О И У Д С С Р И
```

Puzzle 319

```
П Ф К О С Т Ь Е У С У О А М К Д М
Р Р Р О А Ц Р Т И Е П О К У О М Р
А И Е А Т Е В Ц П К О Б К С М У У
М Е И Д Г Ю Т М М Р М М У Н П Е И
О У Ж М У М С П И Е И А Р М Ь П Е
О Н У П О П Е А В Т Н Н А А Ю О Р
Е И Р Л А Л Р Н У А А Ы Т А Т З С
С Н О А С О О Е Т Р Н В Н Т Е Д Т
Б А Р А Б А Н Т Ж Ь И А А И Р Р Р
Т Д Б У М А Г И Ы Д Е Ю Я Е У А Т
Е Ж К А Т Е Р А У Е Е Т Л Е Л В С
М А Ч И С Л И Т Е Л Ь Н З М Т Л Л
П Р Н У И Н Л М Н М Е О И П Е Я У
А Г С Р И Е И И Р У И Е Р Е Т Ю П
С Т Р А Н Н О Е У В И С П С И А Л
```

ОБМАНЫВАЮТ
УПОМИНАНИЕ
КОМПЬЮТЕР
АККУРАТНАЯ
ПРИЗ
СЕКРЕТАРЬ
ЮГ
МОЛОТЫЕ
ФРАГМЕНТ
ОРУЖИЕ
ПРЕДУПРЕЖДЕНИЕ
СТРАННОЕ
ГРАЖДАНИН
ЧИСЛИТЕЛЬ
БУМАГИ
БАРАБАН
ТАКЖЕ
КОСТЬ
ЦВЕТА
ПОЗДРАВЛЯЮ

Puzzle 320

ДЕЛАЕТ
ИДЕНТИЧНЫЕ
НЕСКОЛЬКО
СЕЙЧАС
ЧЕТКО
ПОПЫТКА
МЕНЕДЖЕР
ТЕЛЕФОННЫЕ
СЧАСТЛИВЫЙ
РЕЧНОЙ
КАЧЕСТВО
ОЧЕВИДНО
КРОМЕ
ВЕСЬ
КОНЕЧНАЯ
КОТЕНОК
АВТОМАТИЧЕСКИЙ
КРАСКИ
ПАН
ЗДОРОВЫЙ

```
Н О У Е Т В Т У Н Р Ф Н У С Р П Л
А Е М Е Н Е Д Ж Е Р Е С П М Е А В
П Т С У С А И Н Д Р М Ч Т А Д И Р
У У Т К С С И Я Е У О И Н П И И Е
Т А Л Б О И Н И Л Т Р Е Т О Е Д Т
И И Д П И Л О У А Е К Т Т И Й Е Е
О Н И Е И Н Ь Т Е Е М Р О У Ы Н Л
С К О Н Е Т О К Т А М Н Н Е В Т Е
С Е В У Ф У Е С О У Ь Ц Д В О И Ф
А В Т О М А Т И Ч Е С К И Й Р Ч О
Ч Л С Т Л Е С Е К М Е Е В Ч О Н Н
Й Е Е Е И Д М С С С В О Е Е Д Ы Н
Е Л Ч П О П Ы Т К А А А О Ч Т З Е Ы
С Ч А С Т Л И В Ы Й Е Р О К И А Е
Б М К К О Н Е Ч Н А Я Г К О И Ф Т
```

Puzzle 321

```
К Ю П М С П П Н А М С Р П У У А К
А А Е Н С А А О Я О Р Е Р И Н Л Р
Н М Н Ф У У Т С Т О В Е З Д Е Ь А
Т У А Д О К И О П Р М И Ц Н А Т С
И Д Ш В И А У О М Т Н Н Л Р Р Е И
Ч У Т А К Д П Л Н У П Е Ф Т Н Р В
Н М О Р А Г А В И Д С Щ У И У Н Ы
Ы Е Р Е Ч П Е Т О Р О Б О А Н А Й
Й Н Ы Ж Е Н Т Т А Л К О О Ф Р Т И
Е И Р К Л Е Е Е А Р У О И П Р И Т
Т Е Л И И З А П И С Ь С Н И О В С
И С П О Л Ь З О В А Н И Я Е Н А Н
Е О И Т У С Т А Н О В И Т Ь Н Т М
Г Р А Ж Д А Н С К И Й С Г Е В Г А
В О Д И Т Е Л Ь П У Я Р М Ф Т Н Я
```

ВАРЕЖКИ
УМЕНИЕ
ДУМАЮ
КАЧЕЛИ
АНТИЧНЫЙ
ГРАЖДАНСКИЙ
КРАСИВЫЙ
ВОДИТЕЛЬ
ЯГНЕНОК
НАОБОРОТ
ВЕЗДЕ
ШТОРЫ
АЛЬТЕРНАТИВА
УСТАНОВИТЬ
ЗАПИСЬ
ПАУКА
ВИД
ИСПОЛЬЗОВАНИЯ
КАНДИДАТ
СООБЩЕНИЕ

Puzzle 322

МОТИВАЦИЯ
ВИЛКА
ТЕХНИКУ
ТОЧНЫЙ
НИЧЕГО
ПОЛОЧНОГО
СЕБЯ
МНЕНИЯ
ЛИНЕЙКУ
ЖИЗНЬ
ЮРИСТ
АМЕРИКАНСКИЕ
ЛУГ
ВАЖНО
СТАДИЯ
ПОЗДНЮЮ
ПАПА
ОБУЧЕНИЕ
СТРАННАЯ
ВСТРЯХНУЛ

```
Е Л У Е У Г У Л Т Е П У Я Б Е С О
А В К Р Т М У К Ж Л С У И Н И П Т
О М Й И Е П Т С И Р Ю И Ц И Н О Т
С И Е Г Е Е Е Ц З Н Н Ф А П Е З М
И Т Н Р Я И Н Е Н М Х А В Т Ч Д М
И У И А И Р И И Ь И Е Е И Т У Н С
О Е Л Р Д К П В А Ж Н О Т А Б Ю Т
А Т О Е А А А А Й Ы Н Ч О Т О Ю Р
Р Е С Е Т Е М Н П А О В М И Т Т А
Я И Т А С С У Л С А М Р Н В А Н Н
В С Т Р Я Х Н У Л К Н Н У А Р И Н
О Л П Р И О В Т Т Л И Е И Е У Ч А
И Т И Л С И И Ф Л И Е Е Л Т О Е Я
А С У С Р Р Л Н Е В И Е Р Т Н Г С
Р И М У Д Р Б Н О Г О Н Ч О Л О П
```

Puzzle 323

```
К Е Н О М Е Н А В В Н П С С В Я С
И О Е Е Е Т Т И Ы Е Т О Т П Е З О
Л Л Р У С Р Т М С С Т В Р О У Ы Н
О О П П Д Т Е Л О Е О Е А С У К Н
Р С А Х У С А З Т Л Е С Д О Р О Ы
К Р У О Ф С Р Б А Ы Л И А Б Т В Й
Т Е У Е А Ц А И И Й Е Т Т Н И О О
Е Ж И Л О У С О С Л Я Ь Ь Ы А Й Л
У У И Н И Е Р Р Е Т Ь И О Й Т У З
О У О Т С П Н О В Л Т Н Е М О М О
А Е И Т Е Р Е И С А А Е А Е Р Н В
Ц О И П С Л А Д Т Л Т Т Т Я И Н Г
М О М О Н Р Ь П О К С Е Л Е Т Е И
Р Е Б Я Т А М В М Т Н Д М Е Т Л Ф
И О И Ф Р Н И С У Д Л О Д К А Т Е
```

ЖИТЕЛЬ
ВЫСОТА
СОННЫЙ
СПОСОБНЫЙ
СТРАДАТЬ
ТЕЛЕСКОП
ПОВЕСИТЬ
ЛОДКА
НЕСТАБИЛЬНАЯ
СОЛО
АНЕМОН
КРОЛИК
МОМЕНТ
ЯЗЫКОВОЙ
РЕБЯТА
КОРПУСА
ЗАСУХА
ВЕСЕЛЫЙ
СТАТЬЯ
ЗЛОЙ

Puzzle 324

АМУР
ДЕТСКАЯ
ГОТОВ
ЗА
АКТИВНЫЙ
КРАСИВО
ПРАВИТЕЛЬСТВО
ПРИВЛЕКАТЕЛЬНАЯ
КОЛОКОЛ
КОГДА
САМЕЦ
ПРОДАТЬ
СПУСКАЮТСЯ
КОМИТЕТ
ПОДАРОК
ПЕННИ
СИЛУ
ИМЕЕТ
ЭНЕРГЕТИЧЕСКУЮ
РЕАКЦИЯ

```
П Я С Т Ю А К С У П С С Э У С Е П
Р А О Е Ь К Р Л Е Т С Н Н Е О О Е
А Н Т Е М Т Р Е Е П Е Ц Е М А С Н
В Ь Т М В И А Д Г О К А Р У М А Н
И Л Д И К В А Д У Д А И Г И С С И
Т Е Е Б Р Н Н С О А В В Е С И Л У
Е Т Т С А Ы Е Е М Р Н Н Т О Н И И
Л А С И Й А Я О О П П И О Е О Р
Ь К К Т И У К С О К И Е Ч М П П В
С Е А М В Л О К О Л О К Е М О И З
Т Л Я Н О Р М Г О Т О В С О А Т А
В В А О И Ф И П О Е Р И К И Р У У
О И О Е Р О Т М А М Д У У С Е Е А
А Р Т Р С С Е А С Е У И Ю Т О С Т
И П У Н В А Т Р Е А К Ц И Я Р Т Т
```

Puzzle 325

```
У М П Р А Р Я С Т Ю А Т С О Р И Г
О Д Е С И У И К М Я И У У Н Н У О
Б А А И Е С А А Е Т Д О А Е М Т Л
И С Е Л И Ф Е З Ф Т Д О М М А У О
Л Ф М О И Т Н А С Т С С Х Е А У С
Ь О Е И С Т И Л Е Ч А К Р И Е С О
Н Е О О М Р Ь П Р И Р А Д Й Р С В
О Е Е Н Е Р Е Г У Л Я Р Н Ы Й П А
Е Ь С О Л И В А Р Н О П Т Л Ы Н Т
У А И Ф Н П О Г И Б Н Е Т Е Д О Ь
М Я А Н Ь Л И В А Р П Е Н Б Ж М Г
М И Г Р И Р О В А Т Ь О Т У А С М
З В О Н И Т Е П Т М У Р Р П К Е И
П О Д Н И М А Т Ь О П О Т М С И Н
Е И В Т С Й О К О П С Т И Л Ь С И
```

СКАЗАЛ
НЕРЕГУЛЯРНЫЙ
МИГРИРОВАТЬ
СТИЛЬ
БЕЛЫЙ
ПОЛНОЕ
ОСТАЮТСЯ
ОБИЛЬНОЕ
НЕПРАВИЛЬНАЯ
ПОДНИМАТЬ
СПОКОЙСТВИЕ
ПРИХОДЯТ
РАД
ГОЛОСОВАТЬ
УДАЛИТЬ
КАЖДЫЙ
ЗВОНИТЕ
ПОНРАВИЛОСЬ
ПОГИБНЕТ
КАЧЕЛИ

Puzzle 326

СТИРКА
АНАНАС
ДЕРЖАЛИ
КРАТКОЕ
ПОЛИТИКИ
КАПИТАЛ
КУХОННЫЙ
КЛУБ
ПРЕДПОЛОЖИМ
СЛЕДУЕТ
СТАЛЬ
ВЛАГА
НИ
КРУГЛЫЙ
СЕСТРА
СОДЕРЖАТЬ
БЕССМЫСЛЕННЫЙ
РЫБАЧАТ
ЛИСЫ
ЖИТЕЛЬ

```
Н Л К Н Л Д Е М Ц Т Т Е А Д Е Е Л
Н М Р У Е Е О К Т А Р К И Е Т Л О
Н Н У П Т Р У И И Е У Ц Р П К В Т
Е А Г О Л Ж У Р Т Е И С Л Е Л Л В
Р С Л И Р А Р Т С Е С О А Л У А Н
Ы Т Ы Л К Л О Е Е Е О Д Т Н Б Г И
Б А Й М Л И О Р У С Е Е И У А А Р
А Л М Т Б Ы Т В Т С Н Р П У Е Н Л
Ч Ь И Е Р С Т И Р К А Ж А Р С С А
А О Н О Т И Л Г Л Т У А К И Л С И
Т Ж И Т Е Л Ь С Д О Л Т С У Е Н Т
Е К У Х О Н Н Ы Й Р П Ь И Н Д М Ц
П Р Е Д П О Л О Ж И М Р И А У А Р
Е Д Е Р И С Е П Р А Н Р М У Е О Е
Б Е С С М Ы С Л Е Н Н Ы Й А Т Е Л
```

Puzzle 327

В	Е	П	Р	И	Е	И	Р	А	П	А	В	С	М	Ч	Л	П
В	О	И	М	Л	Л	Д	О	Л	С	И	Е	О	О	Е	Н	У
Н	С	С	У	А	Е	Ю	Р	О	О	О	Т	Г	С	Т	И	Е
Д	А	С	Т	К	А	П	У	С	Т	А	В	Л	Т	В	О	Е
З	Л	О	Н	О	У	А	А	Т	Р	Р	Ь	А	О	Е	Р	И
А	У	У	Е	С	К	И	Н	Й	А	Ч	И	С	В	Р	Е	Х
В	Н	О	З	А	Г	А	О	М	О	Н	С	Е	О	Т	А	О
Т	А	И	О	Д	О	С	С	Е	Н	Л	Е	Н	Е	Ь	О	К
Р	В	А	И	Н	Е	И	В	Л	Р	О	А	Ж	О	Я	У	К
А	Р	Е	С	Е	Е	И	С	О	С	Т	О	Я	Н	И	И	Е
К	Р	М	М	Р	Н	Е	Н	Е	А	С	И	Е	Ц	С	О	Й
Е	М	У	Т	А	Д	О	Г	О	П	Н	С	В	Р	Р	Б	С
А	Л	С	Т	Н	О	О	Р	А	П	Р	У	С	Т	Е	Ъ	Е
И	И	О	У	Е	И	И	Е	А	Е	Т	А	П	Е	В	Е	Т
Т	П	И	О	Т	Д	Я	С	Е	П	У	С	Т	О	Й	М	Т

СОГЛАСЕН
СОСТОЯНИИ
ПОГОДА
ЧЕТВЕРТЬ
ЗАВТРАК
ЧАЙНИК
САД
ХОККЕЙ
ВЕТВЬ
ВОСТОК
ГАЗОН
ПУСТОЙ
КАПУСТА
АРЕНДА
НА
ОБЪЕМ
МОСТОВОЕ
РВАНУЛА
ВЕРСИЯ
ЖЕНАТУЮ

Puzzle 328

ОГРАНИЧУСЬ
ЧЕРНОЕ
ПРОГНОЗИРОВАТЬ
ДЕТИ
ЮБИЛЕЙ
РАБОТЫ
ДОРОГА
НОМЕР
УТЕЧКА
ШЕЛКОВИСТЫЙ
ПРОБНЫЙ
ТОЛСТОЕ
КОМНАТУ
МАТЬ
ОБОРОНЫ
ОТЕЛЬ
ШКАФ
ПАУЗА
ДОСТИЧЬ
ОТСУТСТВИЕ

Ш	О	И	Р	У	М	А	С	С	Ь	Ф	Р	Н	Я	Й	Ь	У
Е	Д	Н	Е	Е	Е	Е	Н	Е	С	У	А	К	Ч	Е	Т	У
Л	Е	К	О	М	Н	А	Т	У	У	И	Б	К	А	Л	А	Р
К	Т	Н	О	О	Н	У	С	О	Ч	Р	О	И	Ш	И	В	И
О	И	С	Т	Е	В	У	Е	Д	И	И	Т	Ф	Я	Б	О	О
В	С	Ь	Л	Е	Т	О	С	Ф	Н	И	Ы	С	М	Ю	Р	Л
И	Е	Т	Т	Д	О	Р	О	Г	А	З	У	А	П	Ь	И	Е
С	Е	А	Е	У	Н	Н	А	П	Р	Р	Е	Н	И	Ч	З	П
Т	М	М	И	Е	М	О	Р	У	Г	С	А	Р	У	И	О	Р
Ы	Н	О	Р	О	Б	О	М	Е	О	Т	С	Л	О	Т	Н	О
Й	М	Е	С	У	И	М	А	Е	Ч	Р	И	И	Н	С	Г	Б
О	У	Л	И	У	И	Н	А	Ц	Р	У	Р	У	С	О	О	Н
О	Т	С	У	Т	С	Т	В	И	Е	Т	Р	Н	Д	Д	Р	Ы
Д	Е	О	У	О	И	Р	М	А	У	А	Н	Е	Т	У	П	Й
Н	У	П	П	Р	Р	Н	М	Р	Е	Е	Е	У	У	Е	Е	М

Puzzle 329

Р	И	Р	Щ	Е	Д	Р	О	С	Т	Ь	Т	А	Ч	А	З	У
Е	Е	И	Н	А	В	И	Х	Я	Р	Т	С	В	Л	М	У	З
П	Е	З	А	Т	Е	Ф	О	Е	В	М	Е	И	У	У	Н	К
С	У	Ц	И	Н	Т	С	Е	Л	И	Т	Т	Р	Е	И	С	А
С	И	И	Е	Н	О	М	Е	Н	А	В	О	С	Ф	Н	У	Я
Р	Л	И	И	О	О	Н	Н	Е	Л	С	Ы	М	С	С	Е	Б
А	О	А	М	Е	С	В	У	Е	О	У	Ц	М	М	Е	Л	М
З	Б	В	Й	Е	И	Й	Ы	Т	Р	Е	В	Т	Е	Ч	О	А
Н	У	О	С	Д	Е	М	В	Й	И	У	И	У	Н	Р	П	Р
И	В	Л	С	О	П	Р	О	В	О	Ж	Д	А	Т	Ь	Л	М
Ц	Ь	О	Н	Е	О	Б	М	А	Н	Ы	В	А	Ю	Т	Т	И
А	М	Г	Л	Е	Н	И	В	Ы	Й	Р	У	Т	Д	Р	И	О
П	О	Л	О	Т	Е	Н	Ц	Е	Р	Т	Ц	В	П	С	П	А
Т	Е	Е	У	Ф	Н	Л	У	Р	Е	Р	И	А	И	У	О	Е
У	Е	А	Е	С	Р	Н	У	Н	Т	И	Н	Е	Т	С	М	С

СОВА
ЩЕДРОСТЬ
СОПРОВОЖДАТЬ
ВЫМЕРЛИ
ВСТРЯХИВАНИЕ
СЛАЙД
ОБУВЬ
ЗАЧАТЬ
РЕЗИНОВЫЙ
ГОЛОВА
БЕССМЫСЛЕННО
ПОЛЕ
ЧЕТВЕРТЫЙ
УЗКАЯ
ПОЛОТЕНЦЕ
ЛЕНИВЫЙ
РАЗНИЦА
ЛЕСТНИЦУ
ОБМАНЫВАЮТ
АНЕМОН

Puzzle 330

СВАДЬБА
ВЕЖЛИВЫЕ
ПЕТЬ
ПРИВОД
ПРОЕКТ
ОБЫЧНО
ВЕКА
МЕНЬШИНСТВО
ЛАССО
СКАЖИ
НАЗАД
ПОЭТОМУ
УДАЧЛИВЫМИ
СТРАХ
ОБЩАЯ
ТЕЛЕВИДЕНИЕ
ПУТАТЬ
РОСКОШЬ
КАТЕГОРИЯ
КАРТА

М	Т	Е	Ц	Т	В	О	П	И	У	М	Ц	И	И	Р	Н	М
Р	Е	Е	А	О	О	Б	У	Р	О	Ф	Е	А	Н	Е	А	В
О	Т	Н	Ц	М	П	Ы	Е	Н	И	Ж	А	К	С	Л	Е	Е
С	Д	С	Ь	Ф	И	Ч	Е	М	И	В	Ф	Е	И	В	И	Ж
К	О	П	И	Ш	А	Н	А	И	Л	А	О	Л	С	Е	Н	Л
О	Б	Г	Е	В	И	О	Л	П	И	М	М	Д	В	К	Е	И
Ш	Щ	Ф	И	Т	Я	Н	М	Я	Р	Е	И	Т	А	А	Д	В
Ь	А	И	И	П	Ь	В	С	Н	И	Т	Т	Н	Д	И	И	Ы
П	Я	Я	И	Р	О	Г	Е	Т	А	К	И	А	Ь	И	В	Е
П	О	Э	Т	О	М	У	С	У	В	Е	С	З	Б	С	Е	С
У	Д	А	Ч	Л	И	В	Ы	М	И	О	М	А	А	Х	Л	Л
Л	А	С	С	О	У	Ф	У	У	А	Р	У	Д	Т	А	Е	Т
Т	П	Ф	Л	С	Ь	Т	А	Т	У	П	И	К	А	Р	Т	А
В	С	О	М	И	О	Р	И	А	Г	Н	И	О	И	Т	В	И
М	И	Е	Ц	У	П	М	Е	С	Н	С	Л	Н	Р	С	Е	Ф

Puzzle 331

```
И И У И М О Д Е Е Т А П С Р П Е С
П Ь И П О Т Т Й Т Р О И Л А А Ф Т
П Л М И Т Е П Ы А Е Е С У С Е П А
Е О А П А Н И В К И У А Ж Ш О О Л
Д Р В К Л С Е И И Н А Т И И Е Т К
О О Е Е А Ч И С Т А Я Е Т Р Е Р И
П К И И С Л П А И В И Л Ь Ь А А В
У Д Н Щ Д И Н Р Р О Ц Ь Е Т К Ч А
У О В Я П У Т К К Р И Т Т Е Ш Е Т
И Е Т Р Н Т Л Ь И И Л И Е А У Н Ь
С О А О Н И И Т И Л О М С Н Д О С
Л У М В И Ф Е О У У П Е У Д Е Ж Я
П Т Т О И Е И В В Г И Я Я Т Д О С
М М М Г Е У Т Л Е Е И Н Ф М А Н М
Р Ы Ч А Н И Е И Ы Р О Б Ы В М Т Е
```

ПЛАКАЛ
НОЖ
ГОВОРЯЩИЕ
КОРОЛЬ
ВЫБОРЫ
ПИСАТЕЛЬ
СЛУЖИТЬ
ПОЛИЦИЯ
САЛАТОМ
ПОТРАЧЕНО
КРИТИКА
ДЕДУШКА
РЫЧАНИЕ
СТАЛКИВАТЬСЯ
ЧИСТАЯ
РАСШИРЬТЕ
ЖДАТЬ
РЕГУЛИРОВАНИЕ
КРАСИВЫЙ
ПОВЕСИТЬ

Puzzle 332

НЕЖНЫЙ
МЯСО
ПОДДЕРЖКА
ПРОТИВ
ПРОВЕСТИ
ШАРФ
ВДОХНОВЛЯЮТ
УЧЕНЫЙ
СОВЕТЫ
ДВОР
ПИТЬ
ФИШКИ
ТИГР
АССОРТИМЕНТ
ЧЛЕН
МЫШЛЕНИЕ
ОТДЕЛЬНЫЙ
ЗАПУСТИТЬ
ИДЕНТИЧНЫЕ
ПРОДАТЬ

```
П Е А Е П Л В Е Е И С Н О А Н Т А
У Р Д В О Р Е Е Т Д О Е С Т О И С
О Т О Т Е Е О О И Е Т Ж И Т И И С
С Р М Т И Ф И У И Н Д Н Ш А Р Ф О
Я М О У И Г И И Т Т Е Ы С У В И Р
М В И Г К В Р Т Р И Л Й И В Д Р Т
Р Ы Е У Ш П Е С Р Ч Ь Е З Н О Е И
Н Т Ш У И Е Н Е А Н Н П А Ц Х С М
А Р И Л Ф С С В Т Ы Ы Р П С Н М Е
А К Ж Р Е Д Д О П Е Й О У О О У Н
О И Е Л М Н У Р С Л Н Д С В В С Т
С И М М Ь Т И П Л А Т А Т Е Л О П
О Ч Л Е Н Е О Е И С Ф Т И Т Я А Т
Т Т Р Н Т С Т Т Н С И Ь Т Ы Ю Т П
У Ч Е Н Ы Й А И Н Т Т О Ь Е Т Е Б
```

Puzzle 333

```
М Н С В У Т П Я У Л О Р В С Ч С П
Д А Я А Д Ю Л Б О С Б А З О Р П Е
О С Л Я Е М И Л Т А Щ З В Б Е В Р
Р И З О В Л Т О И М Е М О С З И Е
О Н У Н Л Г Ы К Н И С Е Л Т В И Д
Г У Т Т А И О О Т П Т Р Н В Ы Е А
И А П У Н Ч Т Л Е М В Р О Е Ч М В
Е Т Е О Н С И Р О Е О Н В Н А К А
Е О М Я А Л Т Т А С С Е А Н Й Р Т
М Н П И Н А Т И Е Ж О Т Н О Н О Ь
Е О Е О О Д Н Д Е Л К М Н Г Ы К Р
Н Я И Е Ж К А Т С И Ь А Ы О Х У Р
Е Е И Т С И З И Р К О Н Й С Р С Л
И П С Е Н Й И О П Л Е В Ы Р З В Т
П Р Е Д С Т А В Ь Т Е С У Е В У Д
```

ИМЕЯ
ЯБЛОКО
ПЛИТЫ
РАЗМЕР
ОБЩЕСТВО
ГОЛОСОМ
ВЗРЫВ
СОБСТВЕННОГО
ЧРЕЗВЫЧАЙНЫХ
ПЕРЕДАВАТЬ
ПРЕДСТАВЬТЕ
ЗНАЧИТЕЛЬНЫЕ
ВЗВОЛНОВАННЫЙ
ДОРОГИЕ
КРИЗИС
СОБЛЮДАЯ
КРОКУС
МАЛОЛИТРАЖКА
СЛАДКИЙ
ТАКЖЕ

Puzzle 334

ПЕРЕПЕЛ
СБОРКА
МНОГО
СЫН
НОВОСТИ
СЕЛЬДЕРЕЙ
МЕЛКИ
ПУТЕШЕСТВИЯ
ВЗРОСЛЫЙ
ПОЖАЛУЙСТА
БАБУШКА
ВОЕННЫЙ
МАТЕРИЯ
СРЕДНИЙ
ВАШ
УЛИЧНЫЕ
НАРОД
УМ
ЖИТЬ
ПРИЗ

```
Т О А А Т И Е С Е Ф Д С В Т Д И В
П У Е Е И И И У Е Л Е Р Ф У Г У С
Т У Е В И Т Г М И В Т Т Е Е Е З Н
Е Р Е Е М О А Н Р А М А Т Е Р И Я
П О Ж А Л У Й С Т А М Т С Р М Р И
Й В Е А П У Ж С Б О Р К А Е Ц П С
Е И З Р С В И К Л Е М И С Е П Т Е
Р П С Р Л А Т Б А Б У Ш К А С С Е
Е О Е С О Ш Ь Н О В О С Т И У А О
Д Г О Р Р С П У Т Е Ш Е С Т В И Я
Ь О Е О Е Н Л Н В О Е Н Н Ы Й О И
Л Н Р О Е П Е Ы Ц Е П Ы О И И Е С
Е М М А Т В Е М Й Т И С П Н М А С
С Р Е Д Н И Й Л Ф У Л И Ч Н Ы Е Т
У Р Е Е Т Л О Е С А Н А С Р О Е Е
```

Puzzle 335

Ф	Е	С	У	Е	Т	У	У	Д	Б	Т	Д	Т	А	А	Е	Ф
Ч	И	С	Т	Ы	Е	А	Ь	Т	И	О	Р	Т	С	О	П	И
С	У	Ш	Е	Н	Ы	Е	С	В	П	Е	Л	Т	Н	Е	М	Н
И	С	С	А	Л	К	Е	У	С	Р	П	М	Ь	Е	Т	У	А
Е	В	П	А	Р	Т	Н	Е	Р	О	И	Я	Ш	У	Н	Н	
И	У	Р	О	О	Г	Ь	О	Ы	Е	П	Т	И	И	О	Р	С
Т	Е	О	Е	Я	Е	Р	К	Н	А	У	Н	Ц	Р	Е	Й	О
О	С	С	П	Е	Т	Е	Л	Ь	Л	Б	А	Р	О	К	В	
Т	С	И	М	А	С	В	А	Е	Р	Я	И	В	Н	М	О	Ы
А	Р	Л	О	И	С	У	Б	Р	А	Р	И	И	М	Е	Ш	Е
Е	Р	У	Е	О	Р	Е	М	К	Ц	Н	Е	Т	Т	Р	Н	Л
И	Н	Н	П	Е	У	Н	Е	Н	Ы	А	С	О	Е	Н	Е	Ф
З	А	Д	А	Т	Ь	М	О	О	Р	Я	Л	М	И	У	П	Е
З	В	Е	З	Д	У	Т	И	К	М	О	М	С	Т	С	О	И
Я	Е	А	Е	Р	Т	Н	Р	С	У	У	П	Е	М	Т	М	В

БОЛЬШОЙ
ЧИСТЫЕ
ФИНАНСОВЫЕ
МИРНО
БАЛКОН
ПОСТРОИТЬ
ШОК
ПАРТНЕР
ПОПУЛЯРНАЯ
КОНКРЕТНЫЕ
КОРАБЛЬ
СПРОСИЛ
СУШЕНЫЕ
ПАСЕ
ЗВЕЗДУ
РЫЦАРЬ
УВЕРЬТЕ
ЗАДАТЬ
КЛАСС
МОТИВАЦИЯ

Puzzle 336

ТОЛЧОК
МАСКА
ЧТО
КОЛЫБЕЛЬ
ЛИЧНО
ВЫРАСТИТЬ
МИНУТ
ВИДИМОГО
ОБЕСПЕЧИТЬ
СМЕСЬ
ПОТОК
ПОЛУЧАТЬ
РАССЧИТАТЬ
АВТОР
ОБИЖАЮТ
ВМЕСТО
СВЕТЛЯЧОК
ЧАСТНОСТИ
ФРАГМЕНТ
СОННЫЙ

В	П	П	Р	Л	Е	Ф	Р	Т	П	М	Е	С	Н	Е	Т	И	
У	М	Р	Н	Т	И	О	В	Л	О	Ф	А	Е	Н	С	Ь	Г	
Ь	Л	Е	Б	Ы	Л	О	К	И	Л	О	Е	С	Л	У	Т	И	
Т	Ц	Т	С	М	Т	У	Е	Н	У	Т	М	Ф	К	Е	И	С	
А	И	К	О	Т	О	П	И	О	Ч	У	М	Т	С	А	Т	Е	
Т	А	Н	Г	Н	О	Б	Т	Ю	А	Ж	И	Б	О	И	С	Л	
И	Ч	Т	О	Е	Н	Т	Е	И	Т	С	О	Н	Т	С	А	Ч	
Ч	И	У	М	М	У	У	Р	С	Ь	Т	С	И	С	В	Р	Т	
С	О	Н	И	Г	С	Я	С	Т	П	Н	Д	С	М	Р	Ы	Р	
С	Т	И	Д	А	Л	Т	Н	Р	У	Е	С	П	Е	Р	В	Т	
А	И	М	И	Р	О	Т	В	А	О	О	Ч	С	С	И	А	Н	
Р	М	С	В	Ф	Т	О	Л	Ч	О	К	Т	И	Ь	Т	Е	И	
С	В	Е	Т	Л	Я	Ч	О	К	С	Е	И	П	Т	У	И	Р	
И	М	С	А	А	С	О	Н	Н	Ы	Й	М	С	Т	Ь	Н	А	
Ц	Д	Е	М	Р	О	Т	И	О	У	И	Л	И	Ч	Н	О	О	

Puzzle 337

```
П Н М О С У Т П Е Г Т Ф И Е П И К
О О А У И Ф М У Л О Г А Л Г В О О
Д Е З Ц О Р Е Р Ш Т А П П Е Е С Н
С Р Н Д И У П Т Т О У О Р А Т И Т
Ф Е А Р Р О У Е А В Т Л Е А И И А
И И З Г Й А Н Н М Е А О З Е И С К
О Щ П П О И В А П Р А С И Т И И Т
Л Я Р И В Ц Р Л Л Н А Д Е Е А Д
Е Д А В О С Е П Я Ь О Е Е Е С А Е
Т О З О Г Н Е Н И Ю Н А Н У Т К А
О Х Д Л У И Ф И Н П Е Ы Т И У М Ф
В У Н У Р Л А Л С О Л П Й Е А У И
Ы Е И Р К С А М Е Ц Й И С Е Н Т У
Й А К У М И Ф Т М А Е Л И И Т Р Е
А В Т С Ь Л Е Т А З А К О Д И И Р
```

ПРЕЗИДЕНТ
ДОКАЗАТЕЛЬСТВА
ПЛАНЕТ
УХОДЯЩИЕ
ПИВО
ФИОЛЕТОВЫЙ
КЛИПЫ
ПРАЗДНИК
ГЛАГОЛ
НАЦИОНАЛЬНЫЙ
КОНТАКТ
УТКА
ИЗ
ПОЛОСА
КРУГОВОЙ
ДРАГОЦЕННОЙ
ШТАМП
ПОЗДРАВЛЯЮ
САМЕЦ
ГОТОВ

Puzzle 338

ОПАСНО
ВНИЗ
ЗАЛ
АДРЕС
ПРАВКА
ГАЗЕТА
КРЫШКА
МОСКИТНАЯ
ЖИВОТНЫХ
КРАСНЫЙ
ЗАХВАТИТЕ
ВЕДЬМА
КЛУБНИЧНУЮ
КОШКА
ЗНАК
МНОГИЕ
ГДЕ
ТЮЛЬПАН
ПИЦЦА
СООБЩЕНИЕ

```
С У З М У М Г Т Н Н Р А Р И Ф З Е
И П Н А И П О Д О Е М Ю Е И Н А Р
О У Е М Л Р Н С Е А И У О Д У Х С
А У Р Ь О А С Е К У Р Н И И Т В И
Е Ц Т Д С В А Р Е И Е Ч С Т Ю А Л
Ф М Е Е Е К П Д Е Е Т И Е О Л Т С
П П У В Е А О А Е У Е Н Р О Ь И Е
Н М Н О И К Т Б М М Р Б А Е П Т Р
С А С А Е Ш Е В К А А У И Я А Е Е
Т Т Г О Й Ы Н С А Р К Л У Р Н Е Т
П Е М И Р Р М А Н О М К Т О Р М Я
В Н И З Р К Г А З Е Т А Е Е У И О
С О О Б Щ Е Н И Е К О Ш К А В О С
М Н О Г И Е Ж И В О Т Н Ы Х Ц Н Ф
Н О Ф П И Ц Ц А Р Т Ф Т Н У У Р А
```

Puzzle 339

```
О Е С А И Т И Л Ц Д И Е А У О С У
С И Р Е Н Е В Ы Й П З Е Е У Ф А Т
А Р У Ь П В Т В Й О В О К Ы З Я В
У С Ц Л О Ы У И М Т И Г Н Л Т И Е
О Р Е Е Л В Р Р Р Е Н Ь Ч О Д Ц Р
З О Л С Е Е Р Л Е Р Е Т Р А К А Ж
В А Ь Е В С И Р С Е Н Я Т Е А Р Д
О Н Р В К Т У С П П И Н Р Р У Е А
Л Е В Я А И А Н М Р Я И Н У С П Ю
К С Р Ы Д Н Т М Д Л С В Д П К О Т
И М С Т С В Е Д Е Т О Б Т Е Р У Т
Д О Н Е П О Р Л Е О В О Ф И Н С С
А Т У С П И К К О Р О Н А А А Р П
Е Р Е Р С Т Ю А Ч Ю Л К В О Т А С
С Я У Р И И Е А Я И С О Е Д И Р И
```

ЦЕЛЬ
ЗАРЯД
ОПЕРАЦИЯ
СИРЕНЕВЫЙ
ДОЧЬ
КАРТЕ
ИЗВИНЕНИЯ
УКУС
ВКЛЮЧАЮТ
КОРОНА
ВЕДЕТ
ВЕСЕЛЬЕ
ВОЛК
УТВЕРЖДАЮТ
НЕСМОТРЯ
ВЫСОКАЯ
ОБВИНЯТЬ
ВЫВЕСТИ
ПОЛЕВКА
ЯЗЫКОВОЙ

Puzzle 340

КРОВЬ
ВВЕДИТЕ
ФОРМАЛЬНО
ССЫЛАТЬСЯ
НАЗВАНИЕ
ЛАДНО
СЕТЬ
ПРОИЗВОДИТЬ
ЯЙЦА
ЛИМОН
ЛЕБЕДЬ
ИССЛЕДУЙТЕ
КРЫТАЯ
ЗАВТРАШНИЙ
ГРАВИТАЦИЯ
ПЛОЩАДЬ
ПШЕНИЦЫ
МУЗЕЙ
ЗАПАДНЫЙ
ПОЗДНЮЮ

```
П Р О И З В О Д И Т Ь И Т Ф М К Е
Р И А Р Е Н М Е Т Р Р Е М О У Р С
Г Е Л И М О Н У П А Е Р Р Р З Ы И
В У У Е С С Ы Л А Т Ь С Я М Е Т Т
И Н О И П О З Д Н Ю Ю Л Е А Й А У
Г Р А В И Т А Ц И Я У М Т Л Н Я Т
Т У М Ц П Ш Е Н И Ц Ы Р Й Ь Т Е С
А И О М Й О М Й У С Ь Н У Н Е Е Т
Н В С М Т Я И Ы У Е Я Д Д О Е М С
З А В Т Р А Ш Н И Й В В Е Д И Т Е
М В В Е И В И Д Е И Т Н Л Б У И К
А М И С Е И Н А В З А Н С У Е Т Р
Л А Д Н О М У П Ц Ц И М С А Т Л О
П Л О Щ А Д Ь А С А О И И Н Р В
В Л У Н О Ф С З Д С О И О Л У А Ь
```

Puzzle 341

Я	С	Р	Н	У	П	Л	С	М	М	Н	Н	И	С	А	Ц	О
Й	Т	Л	Ю	И	Р	О	Е	Т	С	П	Н	В	Н	Е	Е	Г
Ц	Е	Ы	У	Н	М	У	Д	А	И	Т	П	Т	Л	Т	Н	Р
О	А	Б	И	Ч	И	Е	Т	А	М	А	С	У	О	О	Т	А
Д	Е	А	У	О	А	Н	Т	Т	Л	С	У	М	М	А	Р	Н
О	П	З	С	Я	Р	Й	О	К	А	Ь	Т	С	Е	Ш	А	И
Е	М	Л	О	Л	И	Р	Н	У	А	Е	Ш	И	И	У	Л	Ч
К	А	Н	Д	И	Д	А	Т	Ы	Ь	Т	С	Е	Ф	О	Ь	И
И	М	А	И	М	О	Р	С	Т	Й	И	А	И	П	У	Н	В
Н	О	О	С	А	И	У	А	Д	И	М	О	Н	Т	Е	Ы	А
Щ	Е	Т	К	У	И	О	Т	Л	Е	Ж	Т	Л	И	Е	Й	Ю
Ц	А	В	Л	Т	А	И	О	Н	С	А	П	О	З	Е	Б	Т
Р	Е	П	Л	У	О	Т	О	А	О	Н	Е	Л	О	К	М	И
П	Р	И	Г	Л	А	Ш	Е	Н	И	Е	С	И	У	И	И	Т
Р	А	С	П	Р	Е	Д	Е	Л	И	Т	Ь	Л	У	Е	Н	М

ЦЕНТРАЛЬНЫЙ
МИЛЯ
СУММА
ЕСТЬ
ЩЕТКУ
ОГРАНИЧИВАЮТ
СЛУЧАЙНЫЙ
ЗАБЫЛ
НАЖМИТЕ
ЯЙЦО
ШЕСТЬ
КОЛЕНО
БЕЗОПАСНО
РАСПРЕДЕЛИТЬ
ПРИГЛАШЕНИЕ
САМА
ТЕОРИЮ
КАТАНИЕ
ПОДАЛЬШЕ
КАНДИДАТ

Puzzle 342

ПОСТОЯННОЕ
КОМПАНИЮ
СВЕРНУТОГО
МЕЖДУ
ДЕРЕВНЯ
БЫЛ
ЯРКИЕ
ОДНОРАЗОВЫЙ
ОСТАТОК
ДОЛЖНО
КАРМАННЫЙ
ИНГРЕДИЕНТ
УЧРЕЖДЕНИЕ
БУЛОЧКИ
ЕЗДИТЬ
САМ
ПЕЩЕРА
БИЗНЕС
ОТДЕЛКА
ПРИВЫЧКА

Б	Ы	Л	И	М	Е	Ц	Б	О	П	К	К	И	А	С	Л	И
П	Е	Щ	Е	Р	А	Б	И	Д	Р	О	А	Н	И	А	Б	Н
М	И	Т	П	А	Л	С	З	Н	И	М	Р	Г	И	Л	С	С
О	К	О	У	И	Е	Ф	Н	О	В	П	М	Р	Р	И	Л	О
Е	Р	А	Ф	М	И	Д	Е	Р	Ы	А	А	Е	И	И	П	Л
У	Я	Р	А	Е	О	К	С	А	Ч	Н	Н	Д	Т	П	М	И
Д	Е	Р	Е	В	Н	Я	Ч	З	К	И	Н	И	Е	С	С	Т
Ж	М	И	У	У	Ж	И	Е	О	А	Ю	Ы	Е	Т	Е	Н	С
Е	Т	Т	И	О	Л	А	И	В	Л	Т	Й	Н	И	В	Т	М
М	Е	И	Д	Р	О	У	С	Ы	П	У	Ь	Т	И	Д	З	Е
Т	Е	А	Т	А	Д	Ц	Р	Й	Е	А	Б	И	О	А	С	О
А	Н	С	Е	У	Р	П	О	С	Т	О	Я	Н	Н	О	Е	Л
С	В	Е	Р	Н	У	Т	О	Г	О	О	Т	Д	Е	Л	К	А
И	Д	Е	Р	А	Е	О	С	Т	А	Т	О	К	А	С	И	И
Т	Г	И	У	Ч	Р	Е	Ж	Д	Е	Н	И	Е	С	Д	И	Н

Puzzle 343

Я	И	Ф	А	Р	Г	О	Т	О	Ф	В	О	Е	С	Р	Д	У
А	И	Н	Р	И	Е	Т	И	Ш	И	Т	Ь	Р	В	Е	К	А
Н	П	С	Е	Ы	Т	И	Л	А	Н	У	И	Р	О	К	О	Е
Ж	И	И	Н	Ш	С	П	И	С	О	К	Н	И	Б	О	Л	М
О	Л	О	А	М	Е	П	О	Р	Т	Р	Е	Т	О	М	Е	Е
Л	Р	И	У	С	Р	В	П	Е	Т	Л	У	О	Д	Е	Б	И
С	В	Е	Т	Д	О	О	Е	С	И	М	Р	Т	Н	Н	А	О
М	И	И	А	Е	М	Л	А	Л	И	И	О	Н	Ы	Д	Т	М
И	И	А	З	О	У	Е	А	А	И	Д	С	О	Й	У	Ь	И
У	Т	У	С	И	А	Е	М	Н	Т	Т	О	Ш	Р	Ю	С	Т
Л	Р	Т	Р	О	Т	М	У	Г	М	М	Ь	Е	Ф	Е	Я	У
И	А	О	Р	Е	Р	М	Е	И	Р	У	Н	Н	Е	Н	У	Р
Л	Е	О	К	Д	В	А	И	С	Л	Л	М	И	А	И	С	Н
И	О	Н	С	Т	Й	Ы	Н	С	А	Р	К	Е	Р	П	Т	А
П	Р	И	М	Е	Ч	А	Н	И	Е	О	Б	Л	А	С	Т	Ь

МОРЕ
УРОК
СВОБОДНЫЙ
ПРИМЕЧАНИЕ
КОЛЕБАТЬСЯ
ФОТОГРАФИЯ
ПРЕКРАСНЫЙ
СЛОЖНАЯ
ШЕВЕЛИТЬ
ОБЛАСТЬ
НАЛИТЫЕ
АРЕНА
ПОРТРЕТ
СИГНАЛ
ВИЗИТ
ОТНОШЕНИЕ
РЕКОМЕНДУЮ
ШИТЬ
СПИСОК
ДВА

Puzzle 344

ДНЕМ
ВЕЛОСИПЕД
УДАЧИ
ЗНАЧОК
РАЗГОВОР
НЕГАТИВНЫЕ
КАРАНДАШ
ТРЕБУЕТСЯ
ОСЕЛ
ВСПЫХНУТЬ
СНОВА
ГУСЬ
ЗНАЛИ
СВОБОДА
ОТКРЫТЬ
ЖЕНИТЬСЯ
УЛЫБКА
ВОЛОСЫ
ШОКОЛАДНАЯ
НЕСКОЛЬКО

М	Р	О	Т	Т	Е	Н	М	В	Н	О	С	Е	Л	З	К	У
О	У	О	Т	П	О	М	Е	Н	Д	И	Г	И	С	Н	А	Л
Е	В	С	Н	А	Е	И	П	Г	М	Ц	У	Л	Н	А	Р	Ы
Р	А	З	Г	О	В	О	Р	Т	А	М	С	Б	О	Ч	А	Б
У	Д	З	О	К	И	Н	О	Т	Р	Т	Ь	Д	В	О	Н	К
П	О	Н	Т	Ь	И	Т	Е	Ь	У	Е	И	О	А	К	Д	А
В	Б	А	Е	Л	Е	М	В	Т	Т	Е	Б	В	Т	Т	А	Ф
О	О	Л	Б	О	П	М	С	Ы	Е	Л	И	У	Н	Н	Ш	Р
Л	В	И	И	К	Н	Е	Л	Р	У	И	М	Н	Е	Ы	Л	Р
О	С	Ф	О	С	Д	Л	Т	К	Т	Д	Р	О	И	Т	Е	И
С	Т	И	Т	Е	У	О	Е	Т	Е	Е	А	Н	И	Т	С	О
Ы	У	Я	А	Н	Д	А	Л	О	К	О	Ш	Ч	У	И	Т	Я
В	С	П	Ы	Х	Н	У	Т	Ь	Я	С	Ь	Т	И	Н	Е	Ж
С	П	И	У	В	Е	Л	О	С	И	П	Е	Д	Н	И	Р	С
М	Е	И	Т	Е	Н	Л	С	Е	П	Н	Н	И	Р	О	В	А

Puzzle 345

```
П В Л И О А Ф Е О Р Т Т О О О З И
О О К Т Е Ч У У Н Р Т И Е И Р А Е
И Р П И Й Ы Н Н Е Л Д Е М Р Е В Е
М Б Г Л Р Ь Т И З О Р О М А З И О
П Е Р Л А Й Ы Н Ч И Т Н А Е И С Т
О Р Е Е Л В У П Р О С Т И Т Ь И Н
С Е Б О Й Й О Т М У С Д Т А С М В
Л С Е Т Т Ы У К И Н Ч О Т С И Ы Л
Е Н Н В А Н Н А А Н И О Е Е Р Й А
Д Т Ь У Е Р Е О Д Т И И М И И М Д
Н П А О Л Е Ц А П Л Я М Т Д И С Е
И Е С С Е В Н Р П В О Б Н Я Л А Л
Е Е Д Ц Р Е И Н Т Е Р Е С С М Н Е
П Е С О К С И Л Я Н И И Н В Э С Ц
П Т В У О О Е М В Л Е Ц Т У Е Р Е
```

ГРЕБЕНЬ
СЕРЕБРО
МЕДЛЕННЫЙ
ЦАПЛЯ
ИНТЕРЕС
ПОПЛАВОК
СЭР
ИСТОЧНИК
ВАННА
УПРОСТИТЬ
СЕВЕРНЫЙ
ПЕСОК
ПОСЛЕДНИЕ
ЗАВИСИМЫЙ
ФУНТЫ
ОБНЯЛА
ВЛАДЕЛЕЦ
ЗАМОРОЗИТЬ
ЧЕТКО
АНТИЧНЫЙ

Puzzle 346

НАЧАТЬ
ВНУТРЕННЯЯ
ОЩУЩАЕТСЯ
ВЫ
ОПАСНЫЕ
ФОЛЬКЛОР
ЛУКОВИЦЕ
ЦЫПЛЕНОК
СЛОН
УЧАСТВУЕТ
КОТОРЫЙ
КРОЛИЧЬИ
КУЛЬТУРА
ТРАВА
МОТЫЛЕК
ОПРЕДЕЛИТЬ
ЗЕМЛИ
ТЮЛЕНЬ
ТОЧНЫЙ
ВЕСЕЛЫЙ

```
О Ц Й Ы Л Е С Е В О Т Т И Е М О Н
П К Ы Е С С И У П П Н Е О Е Т И И
Р У Р П В У У У Л У Е М Т А Л Р И
Е Л О Н Л Н И С Е Л У К О В И Ц Е
Д Ь Т Т А Е У С А У С Е О Н С М О
Е Т О М В Ч Н Т Т О Ч Н Ы Й Т О П
Л У К С А А А О Р С Л О Н О О Т А
И Р М И Р Д О Т К Е У Ф Л О Ф Ы С
Т А Е Е Т Л Е Т Ь И Н В Ы А О Л Н
Ь О Щ У Щ А Е Т С Я М Н Е Е Л Е Ы
Р Р А Н А З Е М Л И Н И Я П Ь К Е
У Ч А С Т В У Е Т И Л У П Я К Л Р
Т Ю Л Е Н Ь А Р Р Т С М Б В Л Т С
М Е И Е О Л Т Ф Ф И Ь Ч И Л О Р К
Л Т И М Д Е Е Е У О В И Д Е Р Р П
```

Puzzle 347

```
И С Л Е Р А Е Е О У И Р Л Б О Р П
Э К О Н О М И Ч Е С К И Й С Р С М
У С У Р Т Д Ь Т И Л Е Д Ы В Ф А Л
Е М Р П У А З М К К И О Е И М Л К
О У Н Т Р Е Е Е И И Н Б Т Н А С И
М У Р О Р Ц Р Е Н Ц Ш Р Е Ь Е Е Т
П А Н В Ж Е Р И Ж Г А О Т Я Ф Н С
В И Д Т А И В Н Е О М С Т О Ч К А
О У Ф С Е М Т С Н И О А И Л И П Л
У О Л В М П А Ь С В Д Т Е Е М У Б
Р О Е У И Р И О Д Ф С Ь Т Ф И Н О
Л У Т Ч С М П Р О С Н Е Ж И Н К А
Т О А О Т Е А И П А В А Р И И У Л
П Р И В Л Е К А Т Ь Е Р Т Е В Р О
К О Л Л Е К Ц И Я П Д М У Н Л У О
```

ЭКОНОМИЧЕСКИЙ
ЧУВСТВО
ЦИКЛ
ПРИВЛЕКАТЬ
ПОДСНЕЖНИКИ
РОБ
УМНОЖИТЬ
ДОМАШНИЕ
СНЕЖИНКА
НЕСЛА
СВИНЬЯ
ТОЧКА
БРАК
ГНЕЗДО
АВАРИИ
ОБЛАСТИ
БРОСАТЬ
ВЫДЕЛИТЬ
КОЛЛЕКЦИЯ
ВИД

Puzzle 348

ФОРМАТ
КАЛИТКИ
АБСОЛЮТНАЯ
ВЫЗОВ
ИДЕЯ
ЖЕЛУДОК
ПРОГРАММУ
РЕЧЬ
ПРИЗНАТЬ
УКАЗАТЬ
ИМИТИРОВАТЬ
ФОРМУЛУ
ОВЦЫ
СРЕДНЕЕ
ВАЛЕНТИНА
ЧАС
ЗАПРОС
ПУСТЬ
НЕТЕРПЕЛИВЫЕ
КНИЖНЫЙ

```
И Л К Л Н С Е Т Н М У О П М Р Д Е
Т Д А Н И Т Н Е Л А В А Р С Н Р П
Т Р Е Т И Е Я Е И Е О О О А С И И
Р О Е Я С Ж А У Е С О Е Г М О И Т
У Т Н Ь Т А Н З И Р П У Р С И В С
Т П Д И Ц И Т Ы Р Н Н Т А М Р О Ф
О О Е М И Р Ю Ж Й Е Т С М И Р Е А
Р Т Р И Д О Л Е А О С И М У Е В Е
Л И С А Ч И О Л Р Е М О У Р М Ы Ф
Р У Е Р У М С У Ф О Р М У Л У З Р
И Е С Т Ф Н Б Д З А П Р О С М О Т
М А Ч Е Т П А О К А Л И Т К И В О
А В Е Ь Е А Б К У К А З А Т Ь А В
П У С Т Ь Т А В О Р И Т И М И У Ц
Н Е Т Е Р П Е Л И В Ы Е Т О Е Е Ы
```

Puzzle 349

И	З	М	Е	Н	И	Т	Ь	М	Р	Л	М	А	Р	П	О	П
Т	Р	У	Ц	Е	У	У	В	Т	У	И	Е	И	М	И	Р	Р
А	Е	М	И	И	И	Е	Р	М	Ч	Р	О	И	Н	Д	Н	И
У	Е	Р	Е	Л	И	Т	Е	И	Н	А	М	И	Н	О	П	Е
М	П	Т	М	Т	И	Р	Ч	О	О	О	И	И	А	Т	О	М
Г	Е	Б	О	П	С	М	У	Л	Г	У	О	М	Г	О	Е	О
Й	Ы	Н	Р	О	С	Н	Е	С	О	И	Е	Н	Е	Т	Л	А
Е	Л	Ь	Ц	С	А	Щ	Е	Н	И	А	Т	Н	К	Л	К
С	А	У	У	Ш	М	Н	И	Р	Е	С	У	И	Т	М	М	Л
И	Т	И	П	М	Е	У	В	К	Д	С	Т	К	Е	Ф	Ф	А
Н	Е	Б	О	Л	Ь	Ш	О	Й	Е	У	Т	А	О	У	Т	Б
Б	О	Л	Ь	Н	О	Р	Р	А	Л	К	Т	И	Д	М	П	Ы
И	У	И	О	Е	Н	И	К	А	Я	С	Н	Н	П	О	М	Р
С	И	О	О	И	Д	Ц	О	М	Т	И	П	Б	Е	А	П	Т
У	Р	М	Ц	Р	А	Ц	С	А	А	Д	Ж	Е	Д	А	Н	М

МЕНЬШЕ
КТОТО
НЕБОЛЬШОЙ
НЕДЕЛЯ
АФФЕКТ
ПОНИМАНИЕ
БОЛЬНО
ПОБЕГ
СОКРОВИЩЕ
ДИСКУССИИ
ИЗМЕНИТЬ
СТАДО
НАДЕЖДА
РЫБАЛКА
СЕНСОРНЫЙ
РУЧНОГО
КРЕСЛО
ЧЕРВЬ
АГЕНТ
ПРИЕМ

Puzzle 350

ЛЮБОЕ
ЧЕЛОВЕКА
ДИРЕКТОР
ПРИСУТСТВУЕТ
ГИГАНТСКИЕ
ВЫЙТИ
ПРИГЛАШАЕМ
ОГУРЕЦ
УТОЧНИТЬ
УМНЕЕ
МАСТЕР
КОМУ
ХРАБРЫЙ
ОТКРЫТИЕ
ДУРАК
СОРТИРОВАТЬ
СПАТЬ
ЖЕСТКАЯ
ПРИЧИНА
ТЕХНИКУ

Т	О	Ц	М	Т	С	Д	Н	О	В	А	Е	А	А	Ч	С	А
У	М	Н	Е	Е	О	Н	И	Е	Г	Ы	Т	Д	О	Е	А	А
К	Е	Е	Й	Ы	Р	Б	А	Р	Х	У	Й	Е	С	Л	М	У
И	А	Я	А	К	Т	С	Е	Ж	Е	С	Р	Т	О	О	К	Г
Н	Ш	П	У	П	И	Д	М	О	И	К	Е	Е	И	В	О	И
Х	А	Р	Р	П	Р	У	С	Т	И	Е	Т	С	Ц	Е	М	Г
Е	Л	И	А	О	О	Р	П	У	У	У	С	О	М	К	У	А
Т	Г	Ч	Т	М	В	А	У	Н	Р	Т	А	И	Р	А	И	Н
С	И	И	А	А	А	К	Е	О	Р	О	М	Т	Т	Р	И	Т
П	Р	Н	И	М	Т	И	Т	Н	А	Ч	Ф	Е	Т	Е	Е	С
Е	П	А	У	А	Ь	Н	И	А	М	Н	Е	П	У	И	Т	К
О	Т	К	Р	Ы	Т	И	Е	С	С	И	Л	Ю	Б	О	Е	И
У	Д	С	Е	Т	Е	У	В	Т	С	Т	У	С	И	Р	П	Е
М	С	П	А	Т	Ь	О	О	А	У	Ь	Н	Р	Е	Т	У	О
Т	А	Е	О	М	В	Р	И	Т	Т	О	У	Н	У	Н	Е	И

Puzzle 351

```
Е Н В П Ь И Т Н И Н В У Л М Е У Р
П О Е Р Т И У Е Ц Н Л Р Б С Н М Р
О Ж С О С Е И К С Н А К И Р Е М А
Л Н Е З А И В Ф Н Р Ж У Е П О Р И
Е И Л Р Ч Н П С С И Н И И М П П И
З Ц А А Р Е С О Я Т Ы М И У У Е Л
Н Ы Я Ч У Т Н И Л А Й Е Е У Л У Е
О У С Н Л Е У О Д О Е О Н Т Г Ц Ф
Е П Л А А В О Я Е Е С В О Р О Н Р
Л А Е Я А Ц С И И У Н Т К Е Ъ Б О
Л Е О П А Р Д А Н Е С Ь Ь И И У Д
Л Й Ы Н Д О Р А Н У Д Ж Е М М Д Н
И Н Т Е Р Е С Н Ы Е И Д С С И П О
О Б Щ Е С Т В Е Н Н Ы Е Т У И Е Й
Е Е Н О Б Е Щ А Н И Е О У В Е Н Е
```

ОБЕЩАНИЕ
РОДНОЙ
ОБЩЕСТВЕННЫЕ
СИДЕНЬЕ
ГЛУПОЕ
ВЛАЖНЫЙ
ВОРОН
МЕЖДУНАРОДНЫЙ
ПРОЗРАЧНАЯ
ЧАСТЬ
ОБЪЕКТ
ЦВЕТЕНИЕ
СВЕТ
ПОЛЕЗНОЕ
ВЕСЕЛАЯ
ИНТЕРЕСНЫЕ
ЛЕОПАРД
ПОЛОСТЬ
НОЖНИЦЫ
АМЕРИКАНСКИЕ

Puzzle 352

ПОЗЖЕ
НЕМЕДЛЕННО
МОЛОДОЙ
КЛЕЙ
ЗАДНЮЮ
БЫЛИ
ПИСЬМО
ЭТУ
ОБРАТНАЯ
СРЕДА
ВЫПУСКНИК
ГРАД
МАМА
ОКАЗЫВАТЬ
ГОРОДСКОГО
УПРАВЛЕНИЕ
ПОДДЕРЖИВАТЬ
ПРЕСТУПЛЕНИЕ
ТРАНСПОРТНАЯ
ГРАЖДАНИН

```
Г П М М У Ф И С Р Г С Р Р М М Т У
О О О Ь П П И В Т Т Р И О М Д У Е
Р Д Л Т Р Т Р Л Н И Н А Д Ж А Р Г
О Д О А А О Р Е Т Д Е М Д Т Н Р Л
Д Е Д В В С П А С Р У А Э Т У У Е
С Р О Ы Л Ф С Д Н Т Р М Т С А Я А
К Ж Й З Е Ф С Е Л С У З А Д Н Ю Ю
О И Я А Н Т А Р Б О П П П О З Ж Е
Г В О К И Е Я С С М Л О Л У С Е У
О А У О Е Ф А М О Ь Е Е Р Е О Л П
И Т Е Н Л Й С Т А С Б Н Л Т Н Н И
О Ь И Л Т Е И У Р И Ы У С С Н И Р
С П М У Т Л Р Е Д П Л М О И Е А Е
В Ы П У С К Н И К А И С Т Е Т Е Я
О И И М Н Е М Е Д Л Е Н Н О Т П М
```

Puzzle 353

```
П К Т У Е Я И Н А В О Д Е Л С Б О
П Р А К Ш Е М С А Н Р Р И Б И Л Л
С Е И С С И С О И Н А А В У З Е А
А И Р Д А М Е А В О Б М Т Х Е О П
Е Н Т Е У Б А Р А И О А С А Т Б У
Г Е И О Л М Л Ф И О Т Т Й Т С Н П
У П Е Р У О Ы А Е У А И Е Ь Л А Е
И И Л П У Р М В Н И Т Ч Д Р У Р Р
С М Н А В И У Е А К Ь Е О Е Е У Е
Р И Е В Е Р Р Д А Т А С М А И Ж А
Т Е И А Т Е С Н М А Ь К И К Е И М
И О О П У Т Р Н Ф Н Л И А Ц Л Т С
М Н А Й Т И Е Е Г И Е Й З И М Ь О
Ь Т А В О З Ь Л О П С И В Я Ц О Д
Е Т Т Ь Н У П М А Ш О О Р Н О О А
```

УПАЛО
ШПИНАТ
НАСМЕШКА
ПЕНИЕ
ТЕЗИС
БУХАТЬ
РЕПУ
ИСПОЛЬЗОВАТЬ
ВЗАИМОДЕЙСТВИЕ
ПРИДУМЫВАТЬ
ДРАМАТИЧЕСКИЙ
НАЙТИ
ПЕРЕЛОМ
ОБНАРУЖИТЬ
ОБСЛЕДОВАНИЯ
СОДА
КАСАБЛАНКА
РАБОТАТЬ
ШАМПУНЬ
РЕАКЦИЯ

Puzzle 354

РОЖДЕНИЕ
УЧЕНИЕ
НОСОК
НАКЛОН
СОСТОЯНИЕ
ВЫДРА
ВХОД
ОБЕРНУТЬ
КУПЕ
ОГРОМНОЕ
СНЕЖОК
БЕГЕМОТ
ОГОНЬ
ВЕЛОСПОРТ
ДЕЛО
ПОЯВЛЯЮТСЯ
ЦВЕТ
ВИНОГРАД
ПАПУ
СЧАСТЛИВЫЙ

```
Н И Е П В М У М У Е У Е Е П О С Н
О О У С Е Е О Н М О Р Г О О Г Ч Н
Л Б С Е Н П Л И О Н И И С Я О А Б
К В Е О У У Е О И О Ф М Н В Н С Е
А Т Т Р К К Д Н С М Т Л Е Л Ь Т Г
Н В И Е Н П У О Л П И Р Ж Я Т Л Е
Е О М А Е У С Т С И О Д О Ю А И М
Т Е И Н Я О Т С О С Т Р К Т Р В О
Л И Е Р Т Т Е Ь Е С И С Т С Е Ы Т
Р О Ж Д Е Н И Е П А П У Е Я У Й Е
У Ч Е Н И Е У М Е Л Т В В Р Л У Л
Т Л Е Е Р Е Е А С Я М Ы Ц О И Т И
У У Н Т С Р Е Л Е И Н Д О Х В Ф С
Ф У И И Е Р Б Л С Д А Р Г О Н И В
Г Т Н Н Е О Т С Г Р С А Т Ф Р И Р
```

Puzzle 355

```
О Т Н Е А Е Т Л О Д С Т Л Р Я М А
И И В И Н Е Т Л Д О Л У П И Р Л Т
И Т С А Ч Н Р Е И С Е О Р О Т В Н
И Й Т И Е Е Ц И Н Т Д Ж Р И Н О С
С О Р П С Т Г О О А У С О И И С С
И Р Я Л П Р М О К Т Й И К Т А Ш Е
Ф П Х О М Е Ц О О О Т Д Е С Я Т Ь
У Н Н С И Г Н У О Ч Е Р О С А И С
Р М У К О Б Р Н Ы Н И М А Т И В Н
П О Л И О Л И О И О Е А Я С А О Н
О А И Й О Д И Н Н А Д Ц А Т Ь П О
Н С Р Е О С Н И У Л О А Х Т О М Т
У М Л С Й Ы Н Н Е Р Е В У А И И Р
Е А П С И А Р Т П О У Е С Р Р У О
М О Р У Ц Н В О Ж И Д А Т Ь И Р Д
```

ПРОЙТИ
СЛЕДУЙТЕ
ОЖИДАТЬ
ВТОРОЕ
ДОСТАТОЧНО
РОСА
ШАТКИЙ
ПЛОСКИЙ
СПРОС
УВЕРЕННЫЙ
ОРЛА
СУХАЯ
ВИТАМИНЫ
ОДИНОКО
ДЕСЯТЬ
ОДИННАДЦАТЬ
ТОЖЕ
ВСТРЯХНУЛ
НИЧЕГО
ПЕННИ

Puzzle 356

ТАБЛЕТКИ
СТОРОНЫ
ПРАКТИЧЕСКИЕ
ЗАВОД
НО
КОПЫТО
ГРЯЗНЫЕ
СОВРЕМЕННАЯ
РАСПЛАВИТЬ
ТРЕВОЖНО
НАКАЗАТЬ
МОНСТР
СОЧЕТАНИЕ
КОЛИЧЕСТВО
ОСНОВНОЙ
ПОМОЧЬ
ПРОВОДА
БЫВШЕГО
ВЗЯЛ
КАЧЕСТВО

```
Т П Р А К Т И Ч Е С К И Е С Н С К
Н Р М Т А С Т Р И А М М В О А Т О
О Г Е Ш В Ы Б А Н У Р О У В К О Л
В П Т В Й О У С А Н С Н Б Р А Р И
Т Т У У О Р М П Т Л Т С Д Е З О Ч
С М Т Ц Н Ж Е Е Е Т И Т Ь М А Н Е
Е Р П У В Р Н О Ч Р И Р Т Е Т Ы С
Ч О М И О Н О О О У Е Н И Н Ь Р Т
А О О И Н И М Т С Ц Л Т В Н Л П В
К Р И И С Е С Ы А Т В А А А И А О
Е А Ь Ч О М О П Л Р Т Н Л Я З В Р
З А В О Д А Д О В О Р П П И Е А Ф
Г Р Я З Н Ы Е К И И Р Е С Р М Ф И
Т А Б Л Е Т К И Н У А О А П У Е Ц
Л Р Л В И Ф Р Д О Р И У Р Н У Т Е
```

Puzzle 357

```
Б М Н А Р С А Е Е К С Е Е Т И Ф С
П Р О В Е Р Я Т Ь Г У С Г Н У У И
И И Е Ч О Д Н Л М Н О Р О Т Т Н Е
И Т С О Н Б О С О П С Д И У И Д Т
А С И П Т В Е Р Т О Л Е Т Т Е А Л
Е О Т Е Я Р О С Н О В Н Ы Е Ь М Е
А Л В И И Е А О Т В Е Т И Т Ь Е Ф
А П А И Р С Е З Л И М О Н А Д Н П
С С И М П С И А В Д О Н Н М Е Т О
У С У Н О О Т Т С Л И П Р Н Р А Л
С А П У Г Д О Л Я О Е С Н О О Л О
М Е Е О А В Е Л О Р О К У Г В Ь В
Н У М Р Л К О Л Ь Ц О Л А И Т Н И
Н Т И О Б П У Ш И С Т Ы Е Т М Ы Н
Ф А Н Т А С Т И К А П Е Ц У Ь Е А
```

КОЛЬЦО
РАЗВЛЕКАТЬ
КУРИТЬ
ФАНТАСТИКА
ОТВЕТИТЬ
ПУШИСТЫЕ
ПРОВЕРЯТЬ
ЛИМОНАД
ЕГО
ПОЧВА
ДОЛЯ
ОСНОВНЫЕ
БЛАГОПРИЯТНОЕ
КОРОЛЕВА
ГОД
ФУНДАМЕНТАЛЬНЫЕ
ПОЛОВИНА
НОГИ
ВЕРТОЛЕТ
СПОСОБНОСТИ

Puzzle 358

ПОСЕЛЕНЦЫ
СТРУКТУРА
ПЛАТЬЕ
ТЕТЯ
МУЖ
ПОСВЯТИТЬ
ПАМЯТЬ
ИЛЛЮСТРИРОВАТЬ
СЧАСТЛИВАЯ
КОНКУРС
ЗАПАСАЮТ
ДЕРЖАТЬ
ФОНТАН
ПРИМЕР
ГОВОРЮ
ПОКАЗАТЬ
БЕЗОПАСНЫЙ
ПОМНИТЕ
СРАВНИТЕ
ЖЕЛАЮ

```
Р А У С Е Т Е Р Ф О Я О Т И Т Т Е
У Н Е Т И Н М О П И Е В Р Л Р С Е
М Н О Р Е М И Р П П Г Т А Л А Ч В
И О Т У Т П О П Н Р Н А А Ю У А У
Л Т Н К Е Ф Л П Д Н М А Е С Е С Ц
Ц Ф Р Т М О Е А А У У У С Т С Т Г
С С Р У К Н О К Т М Н П Ж Р З Л О
Р Т П Р О Т М А Е Ь Я Т Е И А И В
А Е О А П А О У И О Е Т Т Р П В О
В Т К Ы Ц Н Е Л Е С О П Ь О А А Р
Н Я А Б Е З О П А С Н Ы Й В С Я Ю
И И З Д Л С Е У У Е У Е И А А Р А
Т Т А У И И Б Е Т У Ф У М Т Ю Р Л
Е Ь Т И Т Я В С О П Ф Р Т Ь Т С Е
И Л Ь Р П Д Е Р Ж А Т Ь И Ц И С Ж
```

Puzzle 359

С	С	М	Ь	Т	А	Ч	И	Н	Д	У	Р	Т	О	С	У	В
О	Л	У	Е	А	П	Л	А	Ч	Е	Т	У	Л	М	О	Е	Е
Л	Ч	Е	Т	Ы	Р	Е	Л	Е	Ы	Т	Ч	Т	И	М	М	Л
Н	Н	И	Р	Е	Т	У	А	И	Т	О	К	С	Е	Н	М	И
Ц	Т	У	У	О	П	П	М	К	О	С	А	Т	Д	Г	Л	К
Е	М	А	И	Н	Р	Е	Р	Н	Л	О	Л	Т	Л	М	О	О
З	И	М	О	Ь	Й	О	Е	И	О	М	К	С	Й	А	Ш	Л
А	Т	Е	П	Л	О	Д	Л	Р	М	Й	И	Н	И	С	А	Е
Щ	Р	А	Е	А	Л	О	А	Е	У	У	Ц	У	К	М	Д	П
И	Е	Т	И	Т	И	Л	Ф	Ч	Г	Л	О	У	О	Н	Ь	Н
Т	М	Т	У	С	Н	Ж	М	Е	И	К	Т	М	С	У	Е	Ы
Н	О	Е	Р	О	Г	Е	М	В	Д	О	О	С	Ы	У	У	Й
Ы	Н	П	М	С	И	Н	П	Л	Е	М	М	С	В	Р	О	О
Е	Т	В	П	П	О	Й	Ы	Н	В	И	Т	А	Т	Р	О	П
Р	С	С	И	С	Г	О	Р	Ш	О	К	Л	Т	Д	Ь	Л	П

ВЕЧЕРИНКИ
ОСТАЛЬНОЕ
РУЧКА
ЛОШАДЬ
ГОРШОК
ЧЕТЫРЕ
ТЕПЛО
ПЛАЧЕТ
СОТРУДНИЧАТЬ
ДОЛЖЕН
РЕМОНТ
МОТОЦИКЛА
ГНИЛОЙ
СОЛНЦЕЗАЩИТНЫЕ
ВЫСОКИЙ
СИНИЙ
ПОРТАТИВНЫЙ
ЛЕГКОСТЬ
ВЕЛИКОЛЕПНЫЙ
МОЛОТЫЕ

Puzzle 360

КОРОБКА
МАЙОР
НАДЕЖНЫЙ
ЗАСТЕНЧИВЫЙ
СВОБОДНАЯ
ОРБИТА
НЕНАВИЖУ
НАПИСАТЬ
ГЛАЗА
ПОДДЕРЖКИ
ИЗМЕРИТЕЛЬНЫЙ
ФЕРМА
ЗАБРОНИРОВАТЬ
ОЗЕРО
КАЛЬКУЛЯТОР
ПАРА
ПРЫГНУЛ
АТАКА
КАРЬЕРА
АККУРАТНАЯ

Ф	П	И	Т	Н	П	И	К	О	Р	О	Б	К	А	Н	Я	Р
Е	Е	Е	О	А	О	З	О	М	И	А	Р	Е	Ь	Р	А	К
Р	У	Т	А	Д	Д	М	П	А	Р	А	Е	Н	И	С	Н	М
М	Д	Р	О	Е	Д	Е	Н	И	И	О	И	И	О	Е	Т	Е
А	Т	Т	Е	Ж	Е	Р	О	Т	Я	Л	У	К	Ь	Л	А	К
О	И	Р	Е	Н	Р	И	Н	Е	Т	П	Ф	И	П	У	Р	П
П	Т	Т	Ы	Ж	Т	Ф	А	Л	О	Р	Е	З	О	У	М	
О	Д	Т	Т	Й	К	Е	Н	Т	П	Р	С	Ы	Ц	А	К	А
Г	Л	А	З	А	И	Л	М	Е	С	И	С	И	Г	У	К	Й
Е	Ф	И	Л	Т	Д	Ь	А	А	Н	Н	С	У	М	Н	А	О
Р	Й	Ы	В	И	Ч	Н	Е	Т	С	А	З	А	А	Н	У	Р
П	И	И	М	Б	У	Ы	И	М	Н	К	В	С	Т	Р	С	Л
Л	А	И	Н	Р	Н	Й	У	У	А	А	А	И	Ь	У	Л	Л
С	В	О	Б	О	Д	Н	А	Я	Л	Т	Е	Р	Ж	Л	Р	Т
З	А	Б	Р	О	Н	И	Р	О	В	А	Т	Ь	И	У	Л	В

Puzzle 361

Г	О	С	Б	В	О	З	М	О	Ж	Н	О	С	Т	Ь	О	Р
Е	Л	А	П	О	С	И	Л	У	К	П	О	Р	Е	Й	И	С
О	И	А	Е	И	Л	Н	С	Е	Ь	Е	М	Р	Я	Н	М	О
Н	Г	Е	В	С	О	Ь	У	С	Т	Е	В	С	С	А	Р	Т
М	И	Т	Е	Н	Т	Е	Е	М	А	М	О	Ж	Е	Т	И	Т
С	Е	О	Ф	М	А	О	П	Е	З	Я	И	В	Т	С	Й	Е
С	Н	Е	О	О	М	Я	И	З	Е	Р	Ф	В	Е	Щ	И	Д
Д	О	К	А	З	А	Т	Ь	У	Р	М	И	Р	У	Н	Ш	Л
Р	С	И	С	А	Л	Ф	Д	Л	Ы	М	С	Р	У	Т	Р	И
И	М	Н	И	К	И	С	П	О	В	Е	Д	Ь	Н	Т	А	Н
П	Е	В	Л	Ф	У	К	У	К	У	Р	У	З	А	Р	Т	Н
Е	Р	И	Т	Р	Е	Т	Г	Ш	Н	Е	Е	Е	С	Е	С	Ы
Ц	Н	О	И	О	У	У	Е	И	А	И	С	О	И	Н	О	Й
Ч	И	Т	А	Т	Ь	Е	Н	Р	П	У	С	О	И	Е	Н	М
Е	О	Т	У	П	Е	Р	С	И	К	А	А	Л	Ф	Р	И	И

СНЕГ
СКУТЕР
ФРЕЗИЯ
БОЛЬ
ШКОЛУ
СТАРШИЙ
КУКУРУЗА
ВОЗМОЖНОСТЬ
МОЖЕТ
ИСПОВЕДЬ
ТРЕНЕР
ДЛИННЫЙ
ВЕЩИ
ДОКАЗАТЬ
ВЫРЕЗАТЬ
РАССВЕТ
ПЕРСИК
ЧИТАТЬ
ГЛАВНАЯ
ЛУКПОРЕЙ

Puzzle 362

ХЛОПОК
СКРОМНЫЙ
ПЕРЕРЫВ
УЧИТЫВАЯ
ПРИХОЖАЯ
НАБЛЮДАЕМЫЕ
ШАБЛОН
ОПАСНОСТЬ
ВО
ПРАВОПИСАНИЕ
ЧЕЛОВЕК
ОСОБАЯ
КОЛЕСА
УНИЧТОЖИТЬ
СНЕГОВИК
ЯСТРЕБ
ПОДВИГ
ЗВУЧАТЬ
ЗАПИСЬ
УСТАНОВИТЬ

С	Н	Е	У	Ч	И	Т	Ы	В	А	Я	И	С	Ш	Н	Т	Н
Т	Н	М	Е	П	О	Д	В	И	Г	Е	Т	К	А	А	Н	Р
Ц	З	Е	А	У	У	У	Е	Н	А	Р	Р	Р	Б	Б	Р	А
Р	В	У	Г	Ь	Т	С	О	Н	С	А	П	О	Л	Л	Х	Р
И	У	С	И	О	У	Ь	А	Б	С	Т	У	М	О	Ю	Л	Е
П	Ч	Т	С	П	В	Т	Н	О	Е	Т	И	Н	Н	Д	О	В
Р	А	А	У	Т	Ы	И	Л	Е	Б	Р	Е	Ы	П	А	П	О
И	Т	Н	П	Т	Р	Ж	К	С	С	Е	Т	Й	С	Е	О	О
Х	Ь	О	Р	Л	Е	О	Е	З	А	П	И	С	Ь	М	К	К
О	О	В	М	Е	Р	Т	В	Р	С	М	Ф	И	Я	Ы	П	О
Ж	Ф	И	Т	П	Е	Ч	О	Т	Е	И	Т	Т	А	Е	Т	Л
А	У	Т	Т	Е	П	И	Л	У	Ф	П	И	И	Б	М	Е	Е
Я	Н	Ь	Е	Р	Т	Н	Е	О	П	М	О	И	О	Н	С	С
М	О	О	И	Т	С	У	Ч	И	Т	Р	Ф	Р	С	Т	У	А
П	Р	А	В	О	П	И	С	А	Н	И	Е	О	О	Т	С	И

Puzzle 363

Г	В	Ы	И	Г	Р	А	Л	С	Т	А	Л	С	Т	С	Х	С
И	О	И	Т	Р	А	Г	И	Ч	Е	С	К	И	Й	У	О	И
И	Ф	С	И	Р	У	У	У	У	М	Л	Г	Т	Ц	Н	Л	Р
П	А	Н	У	С	Р	Т	Т	П	И	Е	Е	П	Р	Д	О	С
И	М	Е	Е	Д	У	Я	Я	Н	Д	Е	Л	С	О	П	Д	И
О	Н	И	В	Л	А	Ш	У	Р	Г	Е	Л	Л	Е	Д	И	С
Е	И	Н	Е	Ш	Е	Р	З	А	Р	С	Л	И	М	Л	Л	И
О	П	П	Т	М	С	Ь	С	В	М	А	К	А	Ф	Т	Ь	Е
У	С	Л	Ы	Ш	А	Т	Ь	Т	Е	С	П	А	Е	У	Н	А
С	Т	И	Р	И	Е	Е	Л	Т	В	Т	О	П	З	Т	И	У
Р	Л	У	О	О	Л	Р	И	С	Н	О	Е	И	Т	А	К	О
Е	С	Л	Г	Т	Ь	Т	И	О	Р	Т	С	А	Н	О	Т	И
И	К	А	К	С	У	О	П	Р	И	Е	Х	А	Т	Ь	Я	Ь
Б	Л	Е	С	К	О	М	Х	О	Л	О	Д	Н	О	Н	М	П
Е	У	П	С	А	И	С	Р	А	С	Т	Е	Н	И	Я	А	О

РОСТ
РАСТЕНИЯ
УСЛЫШАТЬ
ХОЛОДНО
РАЗРЕШЕНИЕ
ПРИЕХАТЬ
БЛЕСК
ХОЛОДИЛЬНИК
НАСТРОИТЬ
ВЫИГРАЛ
СИДЕЛ
СКАЗАТЬ
КАК
СМОТРЕТЬ
ТРАГИЧЕСКИЙ
ГОРЫ
ГОСУДАРСТВО
ПОСЛЕДНЯЯ
ГРУША
ДЕЛАЕТ

Puzzle 364

УЧАСТНИК
МУМИЯ
ГАРДЕРОБ
ЗАКЛИНАНИЕ
НОГА
ЦИТАТА
НАБЛЮДАЮ
НЕОБХОДИМЫМ
ПОДГОТОВИТЬ
ВНИЗУ
ОТДЕЛ
ГОРЯЧЕЕ
ПОГЛОЩАТЬ
ВОЗДУХА
ПЛАВАТЬ
ТОНКУЮ
ПОЧТАЛЬОН
МЯГКИЙ
ГОВОРИТ
ОТНОШЕНИЯ

О	Т	Н	О	Ш	Е	Н	И	Я	Г	Д	Л	В	И	Н	О	У
С	М	С	У	Л	Р	Т	А	И	А	Р	О	М	Л	А	Р	У
П	О	О	Р	Т	Е	М	Е	С	Р	В	У	М	А	Б	М	У
П	Л	Н	О	Г	А	Р	Е	М	Д	Е	У	Д	А	Л	Р	А
Р	О	А	Т	А	Т	И	Ц	Т	Е	Е	Я	О	Х	Ю	М	У
С	С	Д	В	И	А	И	У	А	Р	Ч	У	А	У	Д	У	Ч
М	О	Т	Г	А	И	Н	Т	М	О	Я	Е	Л	Д	А	С	А
А	Т	О	Н	О	Т	И	Р	И	Б	Р	У	А	З	Ю	М	С
Т	Е	Н	О	О	Т	Ь	Т	А	Щ	О	Л	Г	О	П	У	Т
Й	И	К	Г	Я	М	О	Д	И	С	Г	У	Е	В	И	М	Н
Р	А	У	З	И	Н	В	В	Н	И	Т	Д	И	Д	Ц	И	И
Т	П	Ю	Е	И	Н	А	Н	И	Л	К	А	З	Т	Т	Я	К
Е	О	И	Н	Т	И	И	О	Л	Т	Т	И	Р	О	В	О	Г
Т	Н	Е	Д	Е	Т	М	Г	Н	О	Ь	Л	А	Т	Ч	О	П
Н	Е	О	Б	Х	О	Д	И	М	Ы	М	У	Д	Е	Е	И	Т

Puzzle 365

```
Б П У О С Т О И М О С Т Ь Н Д Г Я
О Р П Б У Д У Щ Е Е Д Р Л Е Е Р С
Л И М А Р Е Ч В Р М А Н Р П О В Л
Е К Д А У И Л Е И И Р И А Р Л Ф У
З Р И Е Т К В Ф А З А Н П А М А Н
Н Е Т Т Б О А Т К А Н Ь У В Р Е С
И П О Т К Р Ы В А Л К А Й И Щ Б О
Я И Г Е Л И В И Р П З Ю Д Л С О Р
Ь Т И Т А Р В Е Р П А Ж В Ь А П П
Т Ь О П Ц Р Т У Т Е М Н О Н С У М
Н Т А Л В Л С У Е И Е Ы Й О У С Д
У Н Р Е Е Е И А И С Н Й Н Е И Т И
И Л П М Т О А Н В М И О О Е С Е Я
О Л С Т Ы Т О М Р У Т А Й М Т Л Ц
К Р О Ш Е Ч Н Ы Й Г Ь Р Е Т В И Н
```

ФАЗАН
НЕПРАВИЛЬНОЕ
ЦВЕТЫ
ПРЕВРАТИТЬ
КРОШЕЧНЫЙ
БОЛЕЗНИ
ПРОСНУЛСЯ
ЮЖНЫЙ
ДВОЙНОЙ
ОТКРЫВАЛКА
ВЧЕРА
ПРИКРЕПИТЬ
СТОИМОСТЬ
ОБЩИЙ
ТКАНЬ
ОПУСТЕЛИ
ЗАМЕНИТЬ
БУДУЩЕЕ
ПРИВИЛЕГИЯ
ПАУКА

Puzzle 366

ВЕТЕР
АВТОБУС
ЛАМПА
ИГНОРИРОВАТЬ
СИЛЫ
ПЕРЕМЕННАЯ
ЗООПАРК
ПРАВДА
КАРТОФЕЛЬ
ВНЕЗАПНО
НОРМУ
ПЕРИМЕТР
НАСЕЛЕНИЕ
ДОСТИГ
КАНАРЕЙКА
СЕРИЯ
РОЛЬ
ТЕСТ
ЧАША
ЗЕЛЕНЫЙ

```
А А Д В А Р П М К П Н А Ч С Р Е Л
С К Т Л И Е У И С А П М А Л С О С
П Й С И Т У Л М О Л Р Н Ш Н И Е И
И Е П У И Т П Е Е И Т Т А Е Л С Е
Г Р Р С А Н Д Я И Р Е С О Т Ы Т Р
Н А Р Е А С С М Н Я М Е Н Ф Л Е Н
О Н А Д М П Г И Е М И Т П З Е Р М
Р А Р О Е Е Т И Л И Р А А Е Н Л П
И К П С Р С Н А Е О Е В З Л П С Ь
Р М С Т Ф Н Т Н С И П Т Е Е И А Л
О В С И Н Н Р У А А С О Н Н Е У О
В И Е Г Е Т У М Н Я Т Б В Ы О У Р
А Е С Т З О О П А Р К У И Й Р А Е
Т О И М Е Е Е У У А И С Н О Р М У
Ь И И А Н Р А Т У Н С И С Р О Н И
```

Puzzle 367

```
Е Е У Г Т Н М В П О О Е А У С Ч Л
Т Н Л М О К О Ж Ы Р П И И У М А О
И Е Ж И Н Д С Е У Х О А Е Р Е С С
С П О С О Б О Н Т Р О В Е Е Ш Т Р
Е У Р О С Т А В Д У Ш Д Е Т Н И О
П Т У С Л Н К И О Т В Н Н Р О Ц И
Р С В А М П И Р У Й Р Д М О И Ы Л
Р О М Л Б У Н И Е А С Н У В Г Т Р
Н Д Р Е И А Ж Е Т В Д У З О Т О Ь
С И Б Ч Н А А Т П И Н О Ы Г М О Л
П Н Р П Р Д Г Л А А С П К И Н Ц Т
Е С У П А Т А У С Р С А У Р А М Р
Н С П Р И И Б У В Т Т И Н П П Т Ю
Э К С П О Р Т Т Т С У И П А П У К
И Е С Е Н Н Е И С У М Е Е А Е Е В
```

ПРИГОВОР
ГОДОВОЙ
ЧАСТИЦЫ
ДОСТУПЕН
ПЧЕЛА
БАГАЖНИК
ПРЫЖОК
СПОСОБ
ЭКСПОРТ
УСТРАИВАЙ
ВАМПИР
МУЗЫКУ
ПРОВЕРИТЬ
НИЖЕ
СУПА
ТРЮК
РОСТА
ВЫХОДНОГО
ДУШ
СМЕШНО

Puzzle 368

ЖУРНАЛ
ВОЙНА
ЗАВОЕВАЛ
РЕБЕНКА
ИГРЫ
ТРИДЦАТЬ
МАКСИМУМ
ДОВОЛЬНО
ПУТЕШЕСТВИЕ
СДЕЛАНО
МУСКАТНЫЙ
СЮРПРИЗ
ОХОТА
СТРАНУ
РИФМА
ФЕДЕРАЛЬНЫЙ
ФУРГОН
СЕКРЕТАРЬ
КОМПЬЮТЕР
КОРПУСА

```
Ф К О А У И Т П О М Р П И И И П В
Е Н О Ф П Е Е Е Р А С М О Л Е У О
Д Е А Р Т М З И Р П Р Ю С У Д Т Й
Е Н С В П О Н А Л Е Д С И О О Е Н
Р У Е И А У Е Е В У М Н Й Х В Ш А
А С Л М Т Л С Т С О Н О Ы О О Е И
Л У П О У А И А У У Е Ф Н Т Л С М
Ь Н Т Р И Д Ц А Т Ь П В Т А Ь Т А
Н А Н Ф У Р Г О Н И Т А А С Н В К
Ы Р Е Т Ю Ь П М О К М С К Л О И С
Й Т И С Е К Р Е Т А Р Ь С А Т Е И
Н С М Ф И Г Р Ы Р С С Р У Н П Н М
Н У С Л М А Н О И С Н М М Р Т Т У
Р П А Н О А К Н Е Б Е Р С У П И М
Р И Р Г Е У Ц М Т А Н Е У Ж Т Е Н
```

Puzzle 369

```
Н Ь Е Н А А А Т Н Е Д И Ц Н И Б М
И О С И Е Е О С Р С О В Н Н К Е У
Р Е Ц Е Н А Л Е Н У Н И М Р Т С Н
О Б Ъ Я В И Т Е Е М С У Я Т О П П
Р Т А А Т П С Т Ф Е Е Е А Е Б О Е
Ь Т А В О З И Н А Г Р О Т Е А К И
А Я Р А И С Р Е Д И Е М С Е Р О И
Т А Е Р Ф А З А Т О Т Р Е А З Й А
Т Е С П А Т А У Р С Н Т Е Е А С Р
И Л Р С С О И У И Е И Е П П Р Т Т
В Е И Р У У У О П Я Т Ь Т Р Р В В
М Л О Г О Л О Т А М О Т С Л Е О С
А У Н С П Р С И Д Е Н И Е И Е У М
О С Б О Л Ь Ш И Е Р Е И Н Ф М У М
Л О Е О И Е Е О О Д Е Н Ь И С С Н
```

ПЯТЬ
ДЕНЬ
ПРАВАЯ
ОРГАНИЗОВАТЬ
БЕСПОКОЙСТВО
ЦЕНА
БОЛЬШИЕ
ИНЦИДЕНТ
ТЕРРОР
ТРУС
РАЗРАБОТКИ
ИНТЕРЕСНО
ТРИ
ОБЪЯВИТЕ
СТОМАТОЛОГ
ДА
ФАЗА
СРЕДИ
СИДЕНИЕ
ВЕСЬ

Puzzle 370

ХУДШИЕ
РОЗОВЫЙ
УЛИТКА
КАМИН
СЛЫШАЛ
ДЕРЕВО
ЗАПОЛНИТЬ
АКТЕР
ПРИНЕС
ТЮРЬМЫ
КРИВАЯ
ФЕРМЕР
СТОЯЛА
ТЕМПЕРАТУРА
УСИЛИЕ
ДЕЛАЮТ
БЕЙ
КЕКС
ДОСТИЖЕНИЯ
ОБУЧЕНИЕ

```
О Р Л М Е Д Ф А Т Т Т А Л Я О Т С
И С И Е О Я Е И Е П И К А С Е А Е
У С И Л И Е Р А М Е И Т Ш У Р Т У
А М О Р Т У М О П А П Е Ы Е Л Й М
Д Е Е У И П Е Н Е Т Т Р Л Н С Ы Т
Н О Р У Я Т Р Р Р И Е И С А С В П
У И С Е А О Т Ю А Л Е Д У Е С О Р
Р Л О Т В Е Т Ь Т И Н Л Ю П А З И
Е М И Е И Н Е Ч У Б О Т В Е О О Н
С С К Т Р Ж А П Р У Р Б Е Й Р Р Е
Е Е Е Е К Т Е О А Р Р М Р Т У М С
Я О К Т Н А Л Н О И П И Е Е Р Е Е
Р И С Т С Н У Р И М У С Д Е И Е Ф
Х У Д Ш И Е С Т О Я К А М И Н П Л
А Д Т Ю Р Ь М Ы П И Н И И У И У У
```

Puzzle 371

```
К О П Е Й К И Д Л Б У Р М Р С В У
Б М Е С Р М И Р А Т И С Н П М П Р
Л Ц Д Р Е А Е У П П Л Т М О Л Е П
Ю И И О Д Т С Г К Р И П Ь Д П Р И
Б О И Ц И О К С И И И И Р А Д Е Т
Е С Р С Л У Н О Т Р И Ф И Р Е Д А
Л С Е Е Б А З А Н Р С Л Б К Т А Т
Л Е Е В О И М А М Ф О А М И А С Е
Р У С А И П Е Е М Т Е Й И Т Л А Л
О И Р Н А А Н И Р А С Т С О Ь М Ь
П О Л А Г Л У Б О К И Й Ы Т Р У Н
И М С З У Л Д И И П Т В Т Т В У Ы
Э Ф Ф Е К Т Е В Т О М А У Р Т О М
Л Е В Т Ц Р М Е С Т У Е А Р А П И
М Л Е М У А Т У И У И И А Ц Л У М
```

ПОЛА
КОНФЕТЫ
ЛАПКИ
ЭФФЕКТ
ОТВЕТ
ЗАНАВЕС
ЛИДЕР
БАЗА
БЛЮБЕЛЛ
ЛЕВ
БИТЬ
ВПЕРЕД
ИМБИРЬ
ГЛУБОКИЙ
ДРУГ
РАССТРОЙСТВО
КОПЕЙКИ
ПИТАТЕЛЬНЫМИ
ДЕТАЛЬ
ПОДАРКИ

Puzzle 372

АККУРАТНЫЙ
ЖЕ
НАПОМНИТЬ
ТЕРМОМЕТР
ВЫПЕЧКИ
НАБОР
КИТ
МОРОЗ
ЛОСЯ
СДЕЛКА
СГОРЕЛ
РИС
ДОБАВИТЬ
ЦВЕТОК
УСТРАИВАЕТ
БЕСПЛАТНЫЙ
ФОНД
ЕЕ
ПО
ПАПА

```
А Д О Б А В И Т Ь Р Р Ц О И М И Е
К К А С Я У И И У Л У Р В Ф О Н Д
Л Е К Т Т У Е К В Н П С И Е Ж Р Т
Е И П У О О У А И М Ф М М Е Т Р П
Д Ц М Р Р Е М С К Е С М Е И У О Т
С Р И Е Т А П С Ч У Л С С С И У К
С Ь М Ф Е Р Т Б Е С П Л А Т Н Ы Й
Л Т Я И М Т И Н П А П А Н А Б О Р
Р И С З О Р О М Ы Р С Т Е И Я Л А
Н Н О С М Е Н У В Й Л Р С О А Е Е
И М Л С Р С О У Е Е Е И О П И О А
Р О У И Е М С Н О П Р Л Т Т У Т В
М П У М Т Л Т С У О О И Т П Р Т М
С А Е У И Ц А М С И Г И Д И О И Т
Н Н Т Е А В И А Р Т С У М У Е П Я
```

Puzzle 373

```
Р У С У Р А С К Р Ы Т Ь Е Н В О Р
А П Н Ш Ф Е И Е И И Е Р Д И Н А Л
П В Р Е Ж Д Е Н Е М Л Е И У И П Л
О Т А Л Е М О С П М Е В Н У М Т О
Е У Е Н Е Г Р А Ф И К Д У О А А В
Д П В И Т З В И Т Л С М Ю А Т У И
С О А Р А Ю У О С Е Е Й Р И Е Л Т
Р И Ж Т И И Р С М Е Л Ы Й Д Л Ю Ь
Р У Н А Р Я Я Н И О Ф Н У Е Ь Б Т
П У О Л И С И У Ы Т Н З И В Н И С
Е Е Е Н Л К Е М Й О Е Р Я Ы М Р
О И Н Е Е И О Р Н Р С Ь Е Т Й О Е
И М М П Ф Д Е И Ы О Е Р О Ь П Е Ш
М Б Н М С О И Т А Т Л Е У О О Е М
Я С Т Е А Р И Б О С Ь С Н С О А Н
```

РАСКРЫТЬ
ГРАФИК
ШЕРСТЬ
СОБИРАЕТСЯ
УЗЕЛ
ДВЕРЬ
ЕДИНУЮ
УШЕЛ
СЕРЬЕЗНЫЙ
РОДИЛСЯ
ЛЮБИМОЕ
ДЕВЯТЬ
СКЕЛЕТ
СКРЫТЬ
АВАНТЮРНЫЙ
ЛОВИТЬ
ВНИМАТЕЛЬНЫЙ
СМЕЛЫЙ
МЕНЕДЖЕР
ВАЖНО

Puzzle 374

ТАКОЙ
ЦЕНТР
ЖИВОПИСЬ
БЛИЖАЙШИЕ
ИГРИВЫЙ
СЕМЬИ
СОСИСКИ
СПАСИБО
НЕЖНАЯ
МЯЧ
КУПИЛ
РАДУГА
ЭМОЦИОНАЛЬНО
ДЕШЕВЫЕ
ГРАФ
СВЕДЕНИЯ
СКРОМНАЯ
РАЗОЧАРОВАННЫЙ
ПАН
СТАДИЯ

```
С Р Э М О Ц И О Н А Л Ь Н О Б Н Н
И Т Ф Р А З О Ч А Р О В А Н Н Ы Й
М Н А Г У Д А Р У У С Н Н И Ф Е О
Ь Е Р Д И И С М Н Н А С С А Д Л К
С Ц Г Б И Ь М Е С Е Р П М С Т Т А
И К С Т Ч Я М О И П С Й С В Г Е Т
П В Р М М И П В И И Е Ы В Е Ш Е Д
О Е И О Б И С А П С И В Т Д П А Н
В Т У М М А У У С И Ш И А Е Л Е Б
И Е У Ф Т Н Я У С Г Й Р И Н О И О
Ж Н Е Е У И А А И И А Г С И С А И
Т А И Н А Т Н Я Р П Ж И М Я И У И
П И А М С У Ж У Ф М И К С И С О С
Р М Е Е И М Е Б А Т Л И П У К Я А
О О И И П У Н И С Т Б А Д А О И Т
```

Puzzle 375

```
Е Б И Н М Е У У У Г О Л У Я Т О Е
Т Д О Р Т Е М Н Ы Й У С У Р А П Н
Е М К И М Р И С О Ь М Ы М Л И О У
О И О С Т Н Е Д У Т С М Е Т Е И И
Й Ы Н Б О С О П С И В С Ф Е У И У
Ы П Е К Н Л Я Р Е Т О П И А О Т В
В Р Б Е О А О И Т А Т Ь Л У З Е Р
Е О Е И Е Н З Е Е Л П П У Ф Ц Р Г
Ж В Р М Я И Ц Ы А П У С П Е Х А Б
Н Е У А С Т Н Е В Т Т И А Т К А О
А Р Е О У Н П Л Н А О Л С А О Е Л
Р Е И В Ы Ш Е У Е Т Е П У Н Р О Ь
О Н Т П Д Е П У У И Р Т А А О П Ш
М О Р А Н Е Л М С У У А С Ш В М А
Е О Т С У С И С А Е Л П Т Я А О Я
```

РЕЗУЛЬТАТ
ТЕМНЫЙ
СМЫСЛ
НАШ
ПОТЕРЯ
КОНЦЕНТРАТ
ВЫШЕ
УГОЛ
БОИТСЯ
ПЛАТИТЬ
РЕБЕНОК
УСПЕХА
КОРОВА
ПАРУС
НАЗЫВАЕТСЯ
ОРАНЖЕВЫЙ
ПРОВЕРЕНО
БОЛЬШАЯ
СТУДЕНТ
СПОСОБНЫЙ

Puzzle 376

УСТАЛИ
ПИК
ГРУЗОВИК
МЫЛЬНОЙ
КОМПАНЬОН
КРУТО
ЛЕГКО
ОРФОГРАФИЯ
ХОББИ
ПРАВИЛО
ЗАЩИЩАТЬ
КОМПАКТНЫЙ
УМНОЖЕНИЕ
КРУЖКА
СТЕПЕНЬ
ЭКОНОМИКА
КОНДОР
МНОГОРАЗОВЫЕ
ЛИНЕЙКУ
ЗАСУХА

```
О Т И А Н Я Е Т И О К М Н С С Ц П
М О Е М Д И Р Т С А Р Е О Т Р Ц Е
Е Х О Б Б И М С У Н У О Ь Е М У П
Ы У М Н О Ж Е Н И Е Ж О Н П В Й Г
В Г Р У З О В И К С К У А Е Ц Ы У
О Р Ф О Г Р А Ф И Я А С П Н М Н О
З К П С Р Е О У П Е С Л М Ь И Т Н
А К Г Р И Е И Д Э К О Н О М И К А
Р Р А Е А Н Г Ф Н О П И К М Л А Х
О У С Р Л В С С П О Р Т М Ы А П У
Г Т С И Е А И И И И К С И Л Т М С
О О Н Т М О О Л А У В Е Е Ь С О А
Н Л И Н Е Й К У О Н Д М Т Н У К З
М З А Щ И Щ А Т Ь М Т С П О Р О Е
А Е О Т Н Е С О М И Е Ф Н Й Н О Т
```

Puzzle 377

```
У Е П Т Н Т Й М Е И Ф Н Р С И У Л
Т Р И Ф О М И В М О Н М Г О В И Е
С А Л Е В О Р Т С О А С А С У Н Ч
С С Т Ц Н А С Л М М С У Р С П А А
С Л И В Ы Е С У У И И С Т С И О Т
К В К Е Т Е С Р А С С Т О Я Н И Я
О Е О Т И Е О С О Б Е Н Н О Р У Ф
Н Л Р Р А Л Л Т Б И Р О В О Г О Д
Е И О Н У М Г О Ш И Р О К И Й Н О
Ч К Т Я И Ц А Р Т С И Н И М Д А Д
Н И К П О Т О М У С Н Е У Р И Е Е
А Е И С Ю У Щ Ю У Р И Н И М О Д Х
Я Е Й Е У У О Е О С Т П Л Т Е Т О
К О М М Е Р Ч Е С К И Е Р Е М И Ч
П Р Е Д Л О Ж И Т Ь Е П О Ч Т И У
```

ОСОБЕННО
КОММЕРЧЕСКИЕ
ХОЧУ
ПИСТОЛЕТ
ПОЧТИ
ОНА
ПОТОМУ
ГЛОССАРИЙ
СЛИВЫ
ПРЕДЛОЖИТЬ
РАССТОЯНИЯ
ДОГОВОР
ОСТРОВ
ЛЕЧАТ
ШИРОКИЙ
ВЕЛИКИЕ
ДОМИНИРУЮЩУЮ
КОРОТКИЙ
АДМИНИСТРАЦИЯ
КОНЕЧНАЯ

Puzzle 378

ТЯНУТЬ
ТАКСИ
ЗРЕЛЫЙ
ЛЕТЕТЬ
ГРОМАДНЫЕ
ВОСЕМЬДЕСЯТ
ОБСУДИТЬ
ИЗМЕРЕНИЕ
АВТОМОБИЛЯ
БЕДНЫЙ
УГОЛЬ
КОМАНДА
КОНФЛИКТ
ТРУДОВЫЕ
ПРОИЗНОШЕНИЕ
СИТУАЦИЯ
ВЫБЕРИТЕ
ДЫШУ
МНЕНИЯ
МОМЕНТ

```
Л Й Ы Л Е Р З О Р С Е Е Л М Й А В
В М С Т И Л М Ц Е Т И Р Е Б Ы В О
К О И Я Н С С И С Т Л О Т Р Н Т С
Т О И И Е О Ц Е Е М Н И Е Е Д О Е
Р О М Ц Ш Т А К С И О У Т У Е М М
У Е У А О Б С У Д И Т Ь Ь Д Б О Ь
Д Г Е У Н У И Р С Т Н И Е Ы А Б Д
О Р Л Т З Д Г М И Е Е З Е Ш И И Е
В О Т И И Р А О Т Р М М Л У П Л С
Ы М Я С О С П А Л Е О Е М А С Я Я
Е А Н О Р С У И Р Ь М Р И Т Л И Т
У Д У И П Р Т И Г У У Е Е М Р Н М
Е Н Т Р М И С Л И Ф О Н Е А Е Е С
У Ы Ь С П Е Р О У Д Т И Р Е И Н Л
Е Е К О Н Ф Л И К Т Е Е Е У И У М И
```

Puzzle 379

```
М Т А Р Н Л С П А В И Е Е С П Р И
Р Е Г Е А В И Л У Е И А О Е Р А Н
Т М Л О К Н И Ц А Р О Н Р Р И О О
И О Т У О Д О М О Б Е Л Х С Н Е С
О Е Н Р Н Е Н О О Л А Й У Ф И Р Т
М Б В Е Е Т М О И Ю И И У С М И Р
О У Щ С Ц С У Е Д Д С Р М Т А К А
Н П Л А О В Н И З А Г А М О Я О Н
И Н У Н Т Б С Т Н Т Е Н П Л У М Н
Т Б Г И О Ь И Н П М И Е Н А П Ф Ы
О П И Щ Й М С Р П И Е Ц А М О О Й
Р М Е Р О Е Т Я А Л С С Т У Л Р С
Р Е С О К С И Е Е Ю Е А Р Д Е Т Л
С Н И М Е И Т С Н Н С И О И Т М Л
Р Е Е И Т Е Т У И Т С Ь Т С У А П
```

СТОЛ
ПОЛЕТ
КОМФОРТ
ОБЩАТЬСЯ
ДОМ
ДУМАЛ
ВЕРБЛЮДА
СОБИРАЮСЬ
ЛИЦО
МОРЩИНА
ПРИНИМАЯ
НАКОНЕЦ
СЕМЬ
МАГАЗИН
СЦЕНАРИЙ
ИНОСТРАННЫЙ
МОНИТОР
ХЛЕБ
КОЙОТ
ЛУГ

Puzzle 380

БАССЕЙН
МАКЕТ
КОММЕНТАРИЙ
МОТЫГА
ШАГ
ВЫТЕСНЯТЬ
ПАЛКА
ЗАПРЕЩАЮТ
ИДЕТ
СЪЕДОБНЫЕ
ДОВЕРИЕ
МОЩЬ
САХАРНЫЙ
ПЕРВЫЙ
ФУТБОЛ
ВИДЕЛ
СУЩЕСТВИТЕЛЬНОЕ
ПРЕДПОЧИТАЮ
БАРАБАН
ОЧЕВИДНО

```
В Ы Т Е С Н Я Т Ь М Е И Й Е П О У
Т С Д С С Ф И А Ь Р А П Ы О Е З С
Е Е С Н О У И А Щ Е О И Н У Р А В
У П П Ю А Т И Ч О П Д Е Р П В П К
И Л Е И П Б О И М П В Ы А А Ы Р О
С Д Е Р А О А Т Б Е Л Н Х М Й Е М
Б И Е М Л Л Ц Р М Н И Б А И И Щ М
И А А Т К Е О И А И Р О С Т Е А Е
У П С Л А Д Ш А Г Б Я Д С М С Ю Н
Н С И С И И Н Ф И У М Е О М Е Т Т
Т Е И Р Е В О Д С Н Е Ъ О Н О Е А
О А А Е А Й Н П М Н Р С Н Р А К Р
М О Т Ы Г А Н О Ч Е В И Д Н О А И
С Щ Е С Т В И Т Е Л Ь Н О Е М Й
У Т Е Ф Е А Н У О П Д Д С У Л С Т
```

Puzzle 381

```
Ж Е Т Р О В Т С Е Щ Б О О С В С Р
Н Е Н А Н Б П У И М И Я Т А А Д А
Т О Р А М А Е Ц Н Л О С Х П Р Ю З
О О Ч Т Н Н Ы С Н Т В Ь О Р И Й Н
Т У Е Ь В О Н П П Е И Т Д И А М О
У И О Ф А У Ч Р Г О Р А Ы Я Н О О
Б У Д Е Т А А О Л С К Т П Т Т В Б
У Л Р У О Н Р Ц Я И О О С Н С Н Р
Е Д А Н С С З Е Н И Р М Е О Р О А
Е Р Т А Ы Т И Д Ц Т А С Ц Н Л С З
В У С А В П Р У Е Г Д Е Л Н Н Т И
Ш Т Р А Ф И П Р В Е О Н У И У Ы Е
Е О Р П Л У С А Ы У П Р П У О Ц Й
У О И Е С И Е И Й У С Н Р С П Р И
П О Л О Ж И Т Е Л Ь Н Ы Е П Т У И
```

RAЗНООБРАЗИЕ
ОБЕСПОКОЕННЫЙ
ГЛЯНЦЕВЫЙ
СООБЩЕСТВО
ОТХОДЫ
ДЮЙМОВ
НОЧЬ
СОЛНЦЕ
ЖЕРТВУ
ЕДА
ШТРАФ
ПОЛОЖИТЕЛЬНЫЕ
ПРОЦЕДУРА
МОТАТЬСЯ
ПРИЗРАЧНЫЕ
ПРИЯТНО
БУДЕТ
ВАРИАНТ
ВЫСОТА
ПОДАРОК

Puzzle 382

ВЕЧЕРОМ
КЛИМАТ
КУРС
БЕНЗИНОВЫЙ
УВЕДОМЛЕНИЕ
ЗАКАЗАТЬ
ХОДЬБА
ЯРОСТНАЯ
ВКУС
ПОВЕРХНОСТЬ
КУЗНЕЧИК
ИССЛЕДОВАНИЯ
БАР
БУТЫЛКИ
ДЕЛЬФИН
КОЗИЙ
ФРЕСКА
ПРОБЛЕМА
ПОНЯТНО
КОГДА

```
А Ь Т К И У В А А С М Н Д С И С О
И Т П М О Ц С А У Р С И Е В У Т Е
У С У К В Г Р М Р Т О Е Л П С Н И
В О С У И О Д П С А И У Ь И Е Р А
Е Н Е Л М Е Т А И П И Й Ф С А Н И
Д Х А М Е Л Б О Р П А И И И Н Т У
О Р С В У Д У Т Н Т Л З Н П М О У
М Е Т Е Е Д О Н Т Я Н О П П И У Е
Л В А Е И М Ф В Р З А К А З А Т Ь
Е О М Е Л У Т Т А В Е Ч Е Р О М Е
Н П И К Л Ы Т У Б Н О Д О М С И Е
И И Л У Б Й Ы В О Н И З Н Е Б И Т
Е А К Р Н С У Ф М Т М Я Т М Т И Р
М Е Т С Т И Х О Д Ь Б А К С Е Р Ф
К У З Н Е Ч И К Я Р О С Т Н А Я С
```

Puzzle 383

```
Т Т Е Т О В Т С Н А Р Т С О Р П П
Н О И А О А М О Р Т У Н И Р И Ш Р
П И И И Т Д У Б И Е И Ф О У Е Г Е
Д Е С Е С О Л А Г У П В Н Е Е Е Д
А У А Е В К Е К Т Ф У И Н О И О С
Н К Б А Ф И А А О Н Е Б Е С А Г Т
О С Т Л М М Р Т Т П М Р Ж В К Р А
Р Р Р И И У У Р Ь Ш Ы М А Е С А В
О И У Р В К Т О И С Л М Р Т А Ф И
В У Е Т Е Н А Т Е В Н Е Д Т Р И Т
А С У О Е У Ы Т Е Б С А З Л К Я Ь
П О П У Г А Й Й И Р О Т А Л С Е И
А И Д Р Н Э Л Ь Ф Е О Е Р Р Т Р В
У О М У М Р М Т В У Е М И Р Т М У
П О Д С О Л Н У Х П У О С Т Т И Ц
```

ПРЕДСТАВИТЬ
ТОРТ
ПРОСТРАНСТВО
ДУБЛИКАТ
ВОРОНА
ЭЛЬФ
ШИРИНУ
КРАСКА
РАЗДРАЖЕННО
ИСКАТЬ
ГЕОГРАФИЯ
ПУГАЛО
НЕБЕСА
ВНЕ
ПОДСОЛНУХ
ПОПУГАЙ
СОБАКА
УТРОМ
МЫШЬ
АКТИВНЫЙ

Puzzle 384

ПРОЩАЙ
ФОРТЕПИАНО
ПЛИТА
ОБНОВЛЕНИЕ
ГРУСТНО
СТАНДАРТНАЯ
ПЛАН
ОТРАЖАТЬ
ВИРТУАЛЬНУЮ
МУДРЫЙ
АНАЛИЗ
ПЕРСОНАЛ
ПЫТАЕТСЯ
ПОЗВОЛЬТЕ
МУТНЫЙ
ПРИНЯТО
КАТАСТРОФА
ИЗНОШЕННЫЙ
ЧИСЛИТЕЛЬ
ЗЛОЙ

```
К Т Р Р У П А О И И А Е П М Ч Я В
А Р Н С С Ф О Н А П О Ц Р У И С И
Т С Е М И М М З А А С И И Т С Т Р
А С О Ф У О Я О В Л И Н Н Н Л Е Т
С А П Р О Щ А Й Ф О И А Я Ы И А У
Т И О Е Н О Н Ы О У Л З Т Й Т Т А
Р П М И Т Т Р Р И Ц Ь О И Е Ы Л
О Е С Н С Р Р Д Т И Р А Т И Л П Ь
Ф Р М Е У А А У Е Д Е М Н Е Ь Е Н
А С У Л Р Ж Д М П З Л О Й Н Е И У
И О Т В Г А Н О И Н У В Е Р А С Ю
У Н Е О Р Т А С А С А Т Е Л И Т В
Е А О Н У Ь Т Е Н А Л П Д С И П О
У Л Т Б О Т С О О М Н Т Т Р Н И И
И З Н О Ш Е Н Н Ы Й С Е А Е Е И У
```

Puzzle 385

Й	Ы	Н	Ь	Л	А	К	Ы	З	У	М	Е	С	Е	И	Ф	В
Е	М	С	Е	Е	К	Г	Р	А	Д	О	С	Т	Н	О	И	С
И	А	Е	Т	Д	Т	О	Р	Р	Е	Р	П	О	Е	С	О	Т
М	Е	С	Я	Ц	А	Е	Н	Е	С	О	С	Е	Д	И	Б	Р
Р	У	О	С	Л	Л	В	И	У	С	С	Д	М	М	С	Л	Е
Е	Е	В	О	А	А	И	Н	И	Р	С	О	А	С	М	О	Т
З	Е	Т	Р	Р	П	Т	Р	О	П	М	И	К	А	И	Ж	И
К	М	Е	И	Н	Е	Л	Т	А	Ч	Е	П	В	Е	Е	К	Л
О	Е	С	Н	И	А	Д	Ф	О	У	И	Ы	У	Н	А	А	И
Е	В	Е	Е	И	С	П	У	Г	А	Н	Н	Ы	Й	Ы	Н	С
Е	М	Ы	Л	О	И	Т	Р	Е	П	Е	И	С	Е	Р	Й	Ь
К	О	М	Б	А	Й	Н	Е	С	Т	Ч	Н	Ц	И	Е	Е	И
У	Д	О	Б	Н	А	Я	И	М	М	Е	В	Т	М	Е	Т	Е
М	Е	С	Т	Н	Ы	Е	И	У	М	В	А	Н	И	Е	А	М
И	Н	О	А	Д	Д	И	Е	О	Т	С	Р	Е	Л	О	Р	О

ИМПОРТ
МЕСТНЫЕ
ВПЕЧАТЛЕНИЕ
ВСТРЕТИЛИСЬ
РАВНИНЫ
УДОБНАЯ
МУЗЫКАЛЬНЫЙ
АГРЕССИВНЫЙ
ОКЕАН
ИСПУГАННЫЙ
НЕДАВНО
КОМБАЙН
ПАЛАТКА
РЕЗКОЕ
ОБЛОЖКА
СОСЕДИ
МЕСЯЦ
МЫЛО
РАДОСТНО
СВЕЧЕНИЕ

Puzzle 386

ЛИШИТЬ
ОРИЕНТИРУЙСЯ
ЗАБЫТЬ
ПРИМЕНИТЬ
ПОВТОРЯЮТ
УХО
УЧИТЬ
ДАЖЕ
ФЛАГ
ШВЕД
УСТАЛЫЕ
СОРОКА
ЗАХОТЕЛ
ТЕМА
ПРОГУЛКА
ЕЩЕ
МИЛЫЙ
ОКНО
ИМЕЛ
КОЛОНКИ

Г	И	М	Л	П	Р	И	Н	Я	Е	Ц	Е	В	С	М	Ш	П
У	У	Н	П	Р	К	Е	Е	С	О	Р	О	К	А	И	В	Р
Ф	Л	А	Г	О	О	Н	У	Й	П	Н	И	З	Е	Л	Е	И
Т	Т	А	Д	Г	Л	М	А	У	Н	Т	И	А	О	Ы	Д	М
М	Т	Н	Л	У	О	Т	А	Р	П	О	Г	Б	У	Й	Т	Е
А	Т	С	С	Л	Н	Д	М	И	У	Т	Р	Ы	О	Н	Р	Н
С	З	Ц	О	К	К	У	Ь	Т	И	Ч	У	Т	И	М	Е	И
Л	И	А	Б	А	И	Х	Р	Н	С	Н	Д	Ь	С	Е	И	Т
Н	И	Н	Х	И	Т	О	Н	Е	Ы	Л	А	Т	С	У	И	Ь
М	И	Ш	У	О	У	Р	Р	И	О	К	Н	О	У	Ф	М	Т
Е	Р	Р	И	С	Т	Ю	Я	Р	О	Т	В	О	П	С	Е	Л
Б	Т	М	П	Т	И	Е	У	О	У	Р	Е	И	Р	Е	Л	О
И	М	Е	Н	Л	Ь	Ж	Л	М	Е	А	П	Т	О	А	И	П
А	Е	Т	М	И	У	А	П	С	Щ	Р	С	Т	Р	И	Н	У
О	М	Е	Н	А	И	Д	М	И	Е	И	А	Е	П	Е	И	Т

Puzzle 387

```
П Е О С Ф С Е Т Т В Р Р О М У Н О
Р О Н Ш А Р Т С И Е И Е Д М И А Д
Р Н Д С У П Е М М Л И Г А М У Б И
П Н Е Н С С О Ф А Е Е Е Л П И Е Н
Н А И Т Я У О П У И Р Р Ж О Р Н С
И Р Н М Е Т К О Ы И Ф Е И Т В Т У
П Т Т Н У С Ь О Е Т Н Б В Е А В Щ
Ж С Т М Л Т Л С А Е К М А Р Т С Е
О Е Т И О Е О Т Я И Е А Т Я Ь Т С
Е Б Л П У С Т Ы Н Я Е Ц Ь Н Е А Т
А Е У У И И Т И С Ц И И М Н Л В В
С С Р Ы Д З Е В З О Е Р Л Ы Н И У
У И А О П И Е С О Н А Е П Й Е Т Ю
И Н А У П Е И Й О В Е Щ И П И Ь Т
П Л А С Т И К О В Ы Е Я Е П Е Ц Р
```

ЗВЕЗДЫ
ВСТАВИТЬ
СУЩЕСТВУЮТ
СЕБЕ
ПОТЕРЯННЫЙ
БЕРЕГ
ПУСТЫНЯ
ТОЛЬКО
ЯЩЕРИЦА
ОДИН
ЖЕЛУДИ
ОДАЛЖИВАТЬ
ПОДНЯТЬСЯ
СТРАШНО
РВАТЬ
ПЛАСТИКОВЫЕ
ПИЩЕВОЙ
БУМАГИ
СТРАННОЕ
ПОПЫТКА

Puzzle 388

БРОККОЛИ
ПУБЛИКАЦИЮ
ТЕКУЩИЙ
ВОПРОС
ДЫРА
ДАЛЕЕ
СМЕЯТЬСЯ
ИСКУССТВО
ШЕСТОЕ
ОЦЕНКА
УСПЕШНЫЙ
СТОЙКА
РОБКУЮ
НОСОРОГ
ИНОГДА
КРУПНЕЙШЕЕ
БАНК
МАЛЬЧИК
РЕАЛЬНЫЕ
УПОМИНАНИЕ

```
Т Д О Е А Д Г О Н И Й Д Ф П Р Т Н
И Н В И О Л О Т О Р Ы С А Л Е М Е
М А Л Ь Ч И К Н С С Н О Е Л Е М А
С П Ц Ф М Д Е Н О Е Ш О С О Е Н Р
Л Е Л Р И Т М Т Р Ш Е С Т О Е Е В
С О И О Т С Т У О Ф П Р О В И Ы О
Т Т В Е Б Н Д О Г Б С С Ц Т С Н П
Т Т О О А С О Е С М У Р Е С Р Ь Р
С Е У Й И Щ У К Е Т Р У Н С О Л О
Ю И Ц А К И Л Б У П С С К У Б А С
Е И Е И Н А Н И М О П У А К К Е О
Ф П Е С А И Р Л Т Р И Н Т С У Р Е
И Е Л Е Б О Р Ы Е П И Е Е И Ю С Т
Б Р О К К О Л И Д С М Е Я Т Ь С Я
К Р У П Н Е Й Ш Е Е М Т Е И И М О
```

Puzzle 389

```
О Р П О О Э Х О Л М С И С У Е И Т
П А О Ф Е Л У Л М М И Ф У Ф Т А Е
Н С С У А Л П С Ф Т И О М С Ц Н И
Т П Т Т С И Н Е А Д П Е К Е У С А
С Р Е Е И П Т И П Р С Т А П А Т Т
И О П Е В Т Е Т М У Л А Т Т О С А
С С Е В Р И Р М И З Ю М Я Л Р Н Н
Б Т Н И О Ч Р Р С Ь Б Б Б Т У Б И
Л Р Н С Л Е М П С Я О В Е А Т У Л
О А О А О С Р И И Р Й А Р О И С У
К Н Е Р У К Е А Я И И Р Н И Ч Ь Я
И И И К О И Л Е Е Е Т Е Ч М О Р Г
Р Т Е А Р Й И А О У Е Ж Е М В И И
У Ь Т Е Х С А С И П Р К Л Н Т М П
Е Е У Е Д И З А Й Н Т И А И Е И С
```

ИХ
ЕЖ
ПРИВЕТ
КРАСИВЕЕ
СУМКА
ЭЛЛИПТИЧЕСКИЙ
ДИЗАЙН
ПОСТЕПЕННОЕ
РАСПРОСТРАНИТЬ
ЛЮБОЙ
НИЧЬЯ
ТРЕТИЙ
МИССИЯ
ГРОМЧЕ
ДРУЗЬЯ
БЛОКИ
ПОНИ
ХОЛМ
ВАРЕЖКИ
РЕБЯТА

Puzzle 390

СТАКАН
НАПРЯЖЕНИЕ
ПРИЗНАТЬСЯ
АКТ
АТОМНОЙ
БИБЛИОТЕКА
ЮБКА
ПОД
ПАРТИЯ
ЗАКЛЮЧЕНИЕ
УБЕДИТЬ
ОБУВИ
ЧТОТО
ИЗВЕСТНЫЙ
РЫСЬ
ОСТАНОВИЛИСЬ
МЕРУ
РАЗЛИЧНЫЙ
ВЕЩЕСТВО
СПУСКАЮТСЯ

```
Е И В У Б О М Р И Е Т Е П С П П О
Т А З Е Г У И О А С У Д М Т А Е П
О Я Е В Д Е О С К З О Е Е А Р Н Р
В С И С Е Е С У Б Н Л Р Р К Т С И
Т Т Т У Й С Т А Ю С В И У А И У З
С Ю О А О Ь Т И Д Е Б У Ч Н Я О Н
Е А Т Т Н Д Н Н Н С И Ф М Н И С А
Щ К О И М О Л У Ы Ч Т О Т О Ы Е Т
Е С Е М О П В С С Й А К Т М О Й Ь
В У Р Ц Т Т Е И Н Е Ч Ю Л К А З С
И П И Л А Р Т С Л Е П Д Е М И Р Я
Л С Н У Н П Г И И И В П Н С М В Е
Б И Б Л И О Т Е К А С Е С Т П Т У
Н А П Р Я Ж Е Н И Е Н Ь С Ы Р Т И
Е Т О Е Ф Н С Е Т Т Е А Н П Т Ф У
```

Puzzle 391

```
Р Е У С Т Ц И Е Е С С Е П П В М К
П О Р Ц И Я О У И Л Т А В Р Н Н О
М Н С П Н М Т В Л А С К А О Е П Р
М Т О М Р Д Т У О М Е Н Т И Ш Р О
Н Ф У Л Н О Ц О Б Щ Л И С З Н Е Л
С Р Н С И Т С С И И Н У С О Я И Е
С Т А Н Ц И Я Т Е Т С О Т Й Я В В
К О К Т Е Й Л Ь А Т О Т Й Т И О С
Е У А О Ы А И Т Т Я Е Д Ф И И З К
Е Е Щ У Д Ы Д Е Р П О М И Т А Р И
Г Т У Е Ж У С Л У Г И Т А Г Т А Й
Е Л И Л А М С И О Е В Д О Л Ь С М
И И А Р В Р А К О В И Н А Е И Т У
П Р У З Д О К Т О Р Р С О В А Л С
Я В Е П Л О Х О С Т Р А Т Е Г И Я
```

КОКТЕЙЛЬ
УСЛУГИ
КОРОЛЕВСКИЙ
СТРАТЕГИЯ
СТАНЦИЯ
ДОКТОР
ВДОЛЬ
ОВОЩНОЙ
ПОРЦИЯ
ГЛАЗ
ПРОИЗОЙТИ
ВНЕШНЯЯ
ПРОСТАЯ
ВОЗРАСТ
ПРЕДЫДУЩЕЕ
РАКОВИНА
ПЛОХО
ЛАСКА
ЛЕС
ДВАЖДЫ

Puzzle 392

НОГТЕЙ
ИДЕНТИЧНОСТЬ
ЛЫЖИ
БАРСУК
ЖЕНЩИНЫ
ПАЛЬТО
ЧАСЫ
РАССЛЕДОВАНИЕ
ОГРАЖДЕНИЕ
СТУЛ
ТИШИНА
ПОНИМАЛА
РАСПИСАНИЕ
ЛОЖЬ
ПЫЛЬНЫЙ
ЧЬИ
ЖЕЛЕЗО
ТОЛКНУЛ
КОСТЬ
НАОБОРОТ

```
Т О Р О Б О А Н Л У Т И У И М А Т
Б О К О С Т Ь Е Е О С Т У Л А В И
А Т Л Н О И Т У О М Ж М И Т П И Ш
Р Ь И К А Ц О Е О Т М Ь А И Ь Ч И
С Л Е И Н Е Д Ж А Р Г О У Д Ж М Н
У А И В Е У С Ц П С И Ф Н Е Ф Ы А
К П П С У Д Л Н С Н Р С М Н Р Н Л
Р А С П И С А Н И Е Т Е И Т И И П
Р А С С Л Е Д О В А Н И Е И О Щ О
Р В Н И Е С А З С Е В П М Ч У Н Н
С Т О Е Т С Ф Е И И Н И М Н В Е И
Н И У У Е Е У Л А И Н Е У О У Ж М
Ц Т У О О У И Е П Л Ц Л Ы С А Ч А
Т А Г О Р Е И Ж С А Л О О Т У Е Л
Н О Г Т Е Й Ы Н Ь Л Ы П А Ь И У А
```

Puzzle 393

```
Т Н И С Н П Р Е В У У Н О У Р Д Т
П О Е У И Е Р Е Д К О Е Е Т В Е О
Р А Г Р О Р О И И Т И Р О Г С Й С
О И С Д Я Е Е П С П И Д Р Д Т С С
Д Р Р Е А Ц У О А Т О Б А Р Р Т Т
А Е Й О Н Ь Л О Б О О И Р Т Е В Р
В Н Е Е Б Л О С П П К И Ф А Т И А
Ц С М Я У У Е И Н И Е Л Т Л И Т Н
А А М Р З Т О Ч Н О Л Е У А Т Е Н
Н Е С Ч А С Т Н А Я А З У Н Ь Л А
М Е Д И Ц И Н У Р В Д М У Т С Ь Я
В Р П О Л И Ц Е Й С К И Й Б М Н Л
П Р О В О Д И Т Ь Е Л В Т Л Г О Ц
Т Е Л Т И Т И Е Н Т Р Е Ф М П У И
П Е Д В И О Н В Н О О О О А У Н И
```

ЗУБНАЯ
СТОИТ
ТОГДА
ВСТРЕТИТЬ
НЕСЧАСТНАЯ
РАБОТА
ПЕРЕЦ
РЕДКО
ПРОВОДИТЬ
БОЛЬНОЙ
ТОЧНО
ПОЛИЦЕЙСКИЙ
ДАЛЕКО
ТАЛАНТ
НЕ
ЗУБ
ПРОДАВЦА
ДЕЙСТВИТЕЛЬНО
МЕДИЦИНУ
СТРАННАЯ

Puzzle 394

СВЕЧА
ЛИБО
ВЫБОР
ОНИ
РЯДОМ
МИНУТА
ЖЕЛАНИЕ
ЯД
ТЕПЛЫЙ
БОГАТЫЙ
ОСТАВЬТЕ
КОНЕЧНО
ТЫСЯЧА
АРМИЮ
ТЯЖЕЛОЕ
ЧЕМ
ГРИБ
РАЗДРАЖАТЬ
ЖИВОТНОЕ
ПОЛОЧНОГО

```
Е Л Т Р М Е Ч Н Р И Р И Л Т Н И М
Т Я Ж Е Л О Е У Ф Е С Б О Е И С Е
Р Ф Т Е Ф Р Д Я И П С Т Н Н Т У А
А Й Ы Л П Е Т Я У Ф О Н И П И У У
З Б С Н Е Ф И Р Р Т И А У Е Е М С
Д О Я О С Т А В Ь Т Е У И Е Р И П
Р Г Ч Н Б Е В С О Г О Н Ч О Л О П
А А А Ч Ю И М Р А У Н Н П Т Р С С
Ж Т Т Е И М Л Т Н С Т Т Т Т Р Т С
А Ы У Н М Г Р И Б М О В Г Н Н Е У
Т Й Н О Р Л В О И Ф В Н О И Ф Т Ф
Ь О И К С А Т В Б Н И С В Е Ч А О
Р Т М Ф Р Т Р С Т Ы Ж Л С И И Н Т
Ж Е Л А Н И Е И М Е В Я Р Н У Р М
С Е О С О Т О М Л Е У Е Т У О Е И
```

Puzzle 395

П	Р	О	С	Л	У	Ш	И	В	А	Н	И	Е	Ц	Р	П	Л
Н	Е	К	Р	О	Л	И	К	Н	А	Т	И	Е	Р	М	У	И
Р	Е	О	Я	И	Т	М	Р	Е	Е	У	М	Е	А	С	С	У
М	Б	З	И	П	О	Д	Р	Я	Д	К	Б	О	Б	А	Т	Т
Р	А	Л	Н	О	О	Н	Ж	О	Р	О	Т	С	О	У	О	У
Е	С	А	А	А	Ч	А	Д	А	З	М	Е	А	Т	Е	Т	М
А	К	С	В	Е	Ч	Е	Р	О	Л	Н	С	И	Р	С	А	Л
Е	Е	Е	О	У	О	И	Н	С	О	Б	И	Р	А	Т	Ь	У
Л	Т	Е	З	М	У	Е	Т	Ь	Е	П	И	Т	Р	Ю	Е	А
И	Б	Е	Ь	М	Е	И	Т	Е	У	Т	Т	У	И	А	И	Ф
Н	О	И	Л	Е	Г	Н	А	У	Л	Е	У	Н	Т	Н	Е	Р
С	Л	Е	О	В	М	Е	С	Т	Е	Ь	Т	В	О	З	Е	Р
С	Х	А	П	А	З	Р	Е	М	Н	Т	Н	М	С	Л	И	У
С	Е	А	С	Д	В	А	Д	Ц	А	Т	Ь	Ы	И	Е	И	Л
О	Е	Д	И	М	О	Р	А	Л	Ь	Н	Ы	Й	Е	У	Т	Н

БАСКЕТБОЛ
ПОДРЯД
СОБИРАТЬ
ЗАПАХ
ЗНАЮТ
ВМЕСТЕ
МОРАЛЬНЫЙ
ПУСТОТА
ОЧЕНЬ
НЕЗНАЧИТЕЛЬНЫЕ
ДВАДЦАТЬ
ЗАДАЧА
НЕКТАР
ПРОСЛУШИВАНИЕ
БОБ
ВНУТРИ
АНГЕЛ
ОСТОРОЖНО
ИСПОЛЬЗОВАНИЯ
КРОЛИК

Puzzle 396

СДЕЛАНА
ДОСТУПА
ПОСТАВИТЬ
МОРКОВЬ
СБИТЬ
ОЛЕНЬ
НАПРАВЛЕНИЕ
ФУНКЦИЮ
АРКТИКА
СЕДЬМОЙ
ПРОСТО
ПРОСТИТЕ
НЕТ
ОСЕНЬ
ВОЗМОЖНО
НЕБО
ВЕСИТ
НЕЗАВИСИМОСТЬ
ТЕЛЕФОННЫЕ
КОЛОКОЛ

У	М	Ц	А	С	О	У	С	Н	Е	Б	О	У	Д	И	Л	Т
Р	О	С	Н	Е	С	О	У	В	Т	Д	П	Л	Р	Е	Т	Г
Н	Р	В	Е	Д	В	И	Р	И	И	С	О	Р	С	Е	О	Т
Е	К	Е	И	Ь	Н	Е	Л	О	Т	Е	Н	С	О	Л	Д	О
З	О	С	Н	М	С	У	И	О	С	Е	Н	Ь	Т	С	М	Р
А	В	Д	А	О	Н	М	Т	Н	О	Н	И	Е	Т	У	Т	Е
В	Ь	Е	П	Й	Е	А	Е	А	Р	И	О	Б	И	И	П	О
И	Ф	Л	Р	Т	У	И	Л	В	П	О	Н	И	С	П	Б	А
С	У	А	А	Н	Н	У	Е	Р	О	Т	И	Л	Е	Т	М	С
И	Н	Н	В	Н	А	С	Ф	П	О	С	Т	А	В	И	Т	Ь
М	К	А	Л	Н	А	Ц	О	Н	Ж	О	М	З	О	В	Е	Т
О	Ц	В	Е	И	Е	Е	Н	А	Р	К	Т	И	К	А	И	Н
С	И	Т	Н	Н	И	И	Н	К	О	Л	О	К	О	Л	И	Ф
Т	Ю	Е	И	Ц	Т	У	Ы	И	Т	Н	Е	Н	М	А	Е	П
Ь	А	Н	Е	У	Р	У	Е	Н	Р	М	Т	Т	Н	М	И	Т

Puzzle 397

В	Р	Й	У	А	И	Е	Т	С	П	Л	О	Т	Н	А	Я	Е
Э	И	Ы	Т	О	И	С	И	Т	М	Н	Е	М	Е	С	С	А
В	В	Н	О	К	А	Р	Д	О	А	И	П	Д	С	У	Т	Е
А	Н	Ь	О	О	Е	Т	Т	П	Р	Н	Р	И	Р	И	Ц	А
К	О	Л	И	В	Л	О	Т	Л	Б	Л	Л	У	И	Е	И	П
У	Е	И	Т	Т	А	К	Л	Ы	Т	У	Б	А	Н	Л	Е	Е
И	У	С	У	С	Ж	Т	А	У	Г	У	Р	К	О	В	А	М
Р	А	Л	О	Е	Е	Л	У	Е	П	Л	Е	А	С	Д	Т	С
О	Т	Е	В	Щ	Л	О	О	Ю	У	Ф	М	Н	К	И	Е	Е
В	У	И	С	У	З	Д	О	Р	О	В	Ь	Я	И	М	Н	О
А	И	У	И	М	М	У	Ж	Ч	И	Н	Ы	Ь	П	Т	М	В
Т	И	Ы	Н	И	Д	О	Р	О	М	С	Т	З	М	Ч	Е	И
Ь	И	Л	Н	Е	Н	Ы	Т	С	У	П	О	Е	И	Ф	А	Н
Г	О	В	О	Р	И	Т	Ь	Л	А	П	Е	Б	П	Л	У	Й
С	О	О	П	П	И	П	Т	О	Р	Р	П	О	Д	Ф	Р	Т

МИРУ
ЭВАКУИРОВАТЬ
ПРЕИМУЩЕСТВО
ЧАЙ
МУЖЧИНЫ
ГОВОРИТЬ
ПУСТЫНЕ
ОБЕЗЬЯНА
СМОРОДИНЫ
ДРАКОН
СИЛЬНЫЙ
СТОП
ПЛОТНАЯ
НОСКИ
ВОКРУГ
ВАМ
БУТЫЛКА
ЗДОРОВЬЯ
ЛЕЖАЛ
ВИНОВАТУЮ

Puzzle 398

ДВИЖЕНИЕ
ЭТИ
ПРИХОДИТ
ВЕСНА
ХОЧЕТ
СИСТЕМА
ВОДА
УХОД
ОБРАЗОВАНИЕ
ПЕРСОНАЖ
КЕНГУРУ
ЧАСТО
ПОЛИТИКА
ВНЕЗАПНЫЙ
ЗЕМЛЕРОЙКА
ПОПЕРЕК
ПРЕСС
ПУТЬ
ЛОДКА
ТЕЛЕСКОП

В	Н	Е	З	А	П	Н	Ы	Й	С	П	Т	Т	Е	Е	У	Е
У	Д	С	О	Е	Т	Н	Л	Э	А	И	О	Т	С	А	Ч	Т
П	Р	И	Х	О	Д	И	Т	Т	Е	Р	С	П	Т	Т	Р	В
Е	О	Р	А	О	И	В	У	И	Т	С	С	Т	Е	У	П	Ф
С	Е	И	Е	И	Н	Е	Ж	И	В	Д	С	Т	Е	Р	С	У
Д	С	Ф	С	Ь	И	П	А	К	Й	О	Р	Е	Л	М	Е	З
И	С	У	А	Т	О	П	Л	М	А	Х	М	Р	Р	М	А	К
К	Е	Н	Г	У	Р	У	Е	Е	Е	У	Р	С	И	Р	И	Х
Т	Р	А	И	П	И	М	А	Р	У	С	Е	Д	Р	Н	Е	О
И	П	В	Е	С	Н	А	Е	Т	С	А	Р	С	Е	Я	О	Ч
А	Н	И	Л	С	Е	И	Н	А	В	О	З	А	Р	Б	О	Е
Т	Е	Л	Е	С	К	О	П	К	И	Л	Н	Р	Л	Т	Е	Т
П	О	Л	И	Т	И	К	А	Д	О	Р	М	А	Т	У	Т	Т
Л	Т	Т	М	А	Р	Т	Ц	О	В	О	Д	А	Ж	У	С	И
И	И	И	А	И	Т	С	У	Л	С	С	В	Н	М	Д	А	Т

Puzzle 399

```
Н Т П М М Л З А Н И М А Е Т П Е И
И И М И С Е Е Р И Н Е У О О У Т О
М М С Е Р Н Н К Т Е У У М Е Д Ы Е
Т С М В Е Т Д Е Т С К А Я Р И П У
П У М О С А М Р П Е О П У С О М Т
Е У Т Ь Т И Л О В У Ю Р Е В С О И
П Е У Л О Р Р Х Ф С И И Е Н О Т И
И Е Р П Р Е У Ь А Т А С Ю Е К Е Т
М О Р М А Е И Т Н У Т Л Р Н Н Е А
С Ь И Е Н Л И С И Ц П А И Л Е С И
М Р О Л В М Е О Е Н Т Т С А Н О Н
И Е О Н О О С Н М И Н Ь Т И С М Е
С Г А К И О Д Щ А Р И А С И М Е А
Р А О И О И Е О П П И Д Я Р Ф И Б
Е Л О П Е В И М Е С Е Р Д Ц Е Т И
```

РУТИННАЯ
ПЕРЕВОД
СРОКОВ
ЛАГЕРЬ
ПРИСЛАТЬ
МОЩНОСТЬ
ХОРЕК
ЛЕНТА
СЕРДЦЕ
ЗАНИМАЕТ
ЕДЫ
ВЕРЮ
ЛИ
РЕСТОРАН
УВОЛИТЬ
СОК
МОЕ
ПРИНЦ
ЮРИСТ
ДЕТСКАЯ

Puzzle 400

ПАРУ
ИССЛЕДОВАНИЕ
МАЛИНОЙ
ПОМОГИТЕ
ЛОЖНАЯ
ДРЕВНИЕ
БЛАГО
КОРЗИНА
САММИТ
ГИБКИЙ
ХОТЯ
СОЦИАЛЬНЫЕ
СЛУШАТЬ
УТЕНОК
ГРУППА
ИЗБЕЖАТЬ
БУРЕВЕСТНИК
ПАРЕНЬ
БЛУЗКА
АВТОМАТИЧЕСКИЙ

```
Б Е С Т О Б Т Е И Т Б Т П М Г С Е
Х У П Л И И Р Н Н Т Е М Р Р Р Л Т
Е О Р Р Е С П У С С Е П С О У У О
Т Е Т Е Д Р Е В Н И Е Е Е И П Ш С
О Р Е Я В У У Е Т И Г О М О П А О
Р Я Д Р Б Е Е М А Л И Н О Й А Т Ц
П А Р У Л У С П К С Н П И И Б Ь И
О Н О В У Р А Т О М В А С К Л Т А
Л Ж А М З М С О Н Е М Р А Б А А Л
Г О Т У К И Е Т Е И М Е М И Г Ж Ь
Т Л М Т А П Т Р Т Е К Н М Г О Е Н
К О Р З И Н А Т У В О Ь И Л Е Б Ы
И С С Л Е Д О В А Н И Е Т И Р З Е
А В Т О М А Т И Ч Е С К И Й С И Е
Е Ф Е И М Е О Е Р П Т А Р А Т И А
```

Puzzle 401

```
И Л Е М М А С В П А Т С Р А С И О
С И Р Н О А У Н Д Р У Г И Е П Е Н
П Х П О Т С С И А Т В Ф С Е И Е Р
О О Л Г О Е Ы М И С И В А З Е Н И
Л Р Р О М А Т А У Р А Е Т В И У Н
Н А Е Ч К А Е Н Р Т С А У Ш М О С
И Д Р И О Р А И В И Л М К О Л У Ч
Т К В С Н Т С Е Ж Д Й А Д С С К Е
Е У О Л Т Е У С П О Р Т О С М Р В
Л А Л Е Р И К С А М У О И Е И О С
Ь С Н Н О А О Б Л О К В Р Р А К Л
Н Е А Н Л А Ф М С Т Л С А Е Л О У
Ы И М Ь Ь П Е Т У Х Е А У Т Т Д Х
Й М А Е Н И И П Р И Т Г И О Л И Е
Т И И А П О Е С У Б О Л Г О Н Л У
```

ПЕТУХ
НЕЗАВИСИМЫЕ
ФОКУС
СМИ
СПОРТ
ЛИХОРАДКУ
ШОССЕ
ГЛОБУС
ДРУГИЕ
ВНИМАНИЕ
ЧУЛОК
ЛЕТО
ВОЛНА
КОНТРОЛЬ
МНОГОЧИСЛЕННЫЕ
ИСПОЛНИТЕЛЬНЫЙ
КРОКОДИЛ
БЛОК
ДАЙДЖЕСТ
ВСЛУХ

Puzzle 402

ТОП
ДЕРЖАЛ
ТРЕВОГА
ЛЕДИ
КРЕСТ
ЭЛЕМЕНТАРНО
КАБИНА
ЛЮБОПЫТНО
ГОРОД
ЖИРАФ
ТРАДИЦИОННЫЕ
СЛАДОСТИ
ГРАНИЦЫ
НАПОМИНАЕТ
ИНДИВИДУАЛЬНЫЙ
УВАЖЕНИЕ
СОХРАНИТЬ
ОБЪЯСНИТЬ
ШТОРЫ
ЖИЗНЬ

```
С Н О Т И И Е И Н И С О А Р Е Р И
Л Л А О Н Н И Т Н М И У Т Е Й Н Е
А Р Н П Ж И З Н Ь С И И И Р Ы Р С
Д И И Т О О Б Ъ Я С Н И Т Ь Н Р П
О Н Б Г Н М Ж И Р А Ф П Е Р Ь С И
С С А Р Т Е И С Н Г П Т Е Н Л П Ь
Т Н К А Ы Е Ы Н Н О И Ц И Д А Р Т
И Т С Н П Т О П А В С Ш Н С У А И
С У Е И О И Г И И Е Н Т Е У Д Т Н
Ф Л Т Ц Б У Л О Т Р Т О Ж У И Т А
Т П Е Ы Ю П А Д Р Т У Р А О В Т Р
О Л Л Д Л О Ж Т У О Е Ы В Н И И Х
У Р А Р И К Р Е С Т Д У У Т Д А О
У А Э Л Е М Е Н Т А Р Н О А Н Е С
А Н Д Л А И Д Е Д У Д М Р Ф И Б О
```

Puzzle 403

```
Л Т Е М У М А Т Е Р И А Л Л П С У
Р Е Л И Г И О З Н Ы Е Р М И Р К В
Т П О П А Ц И Е Н Т Л И И Е О Л Е
Л Р И Т С П К Р С У С Ю Н В Д А Л
И О Т Н Е И Н Т Е И П А Д Л У Д И
Н Д В С Е Н О Н И А Е И Е И К К Ч
И О И Т И В Г И С Е Л Л Р А Т У Е
Я Л Г Е Н Е Е У О С П Ь Т Я З В Н
О Ж С Л Е С Р Ц С И Е И Н И Р У И
М А Т Р Ж Т Е С Е А Т Г Е О М Н Е
Т Й С Т О И С Р О К Р Р Т А С С И
М Т И О Л Ц У С Ф Б У А О И Т Т Р
Е Е И Р З И О П С И Ш Т Т М В С Ь
Н Н И Т А И Р И Ф Ш К Ь Р У С В Т
С Е Е Я Р Р П П У О А К Л И В А Н
```

MATEРИАЛ
ЛИНИЯ
ПАЦИЕНТ
РЕЛИГИОЗНЫЕ
ОШИБКА
СКЛАДКУ
УВЕЛИЧЕНИЕ
ПРОДОЛЖАЙТЕ
РАЗЛОЖЕНИЕ
ЛЮДИ
СРОК
ИГРАТЬ
ПРОДУКТ
ВСЕ
ПЕТРУШКА
ИНВЕСТИЦИИ
РЕАЛЬНОСТЬ
ВЗЯТЬ
ГОНКИ
ВИЛКА

Puzzle 404

ЗАПУСКА
ТЩАТЕЛЬНО
ОТВЕТСТВЕННОСТЬ
СУДЬЯ
ЗАБОР
КУРИЦА
ДРУЖЕЛЮБНЫЙ
ПРИСУТСТВОВАТЬ
ВЫСОКОЕ
ТОЧНОСТЬ
ИВУ
ПЕРЕМОТКА
ЗАЯВЛЕНИЕ
УЧИТЕЛЬ
ФАРТУК
ПАДЕНИЕ
ПОДКЛЮЧЕНИЕ
ЖИДКОСТИ
МЕТОД
ЭНЕРГЕТИЧЕСКУЮ

```
В К У Р И Ц А У Ч И Т Е Л Ь Д Э П
З Ы Т О Ч Н О С Т Ь И Т А А Р Н Р
А Ж С У Р Ф Р Е Е Р С В Н А У Е И
П И А О Н Т О И О Е Т С У Е Ж Р С
У Д О М К Е И Н Е Л В Я А З Е Г У
С К П А У О М Е Ь М С Ц В Я Л Е Т
К О Е Т Т И Е Ч М Л У Р М Ь Ю Т С
А С Р И Р Е У Ю И М Е Т О Д Б И Т
Д Т Е И А Р Л Л Е О И Т С У Н Ч В
И И М С Ф И П К Д И Н Е А С Ы Е О
Т О О М У И У Д Е И Е О А Щ Й С В
У Е Т И Р Т Г О Е А Д У М У Т К А
С У К Е Н О Е П И О А Р И С Е У Т
И Т А З А Б О Р У И П Е А Р Ю Ю Ь
О Т В Е Т С Т В Е Н Н О С Т Ь Н М
```

Puzzle 405

Р	Р	У	С	А	М	Л	Т	О	Н	Е	Н	А	А	М	Л	Е
У	О	Е	И	З	О	Л	И	Р	О	В	А	Н	Н	Ы	Е	Е
И	П	Д	Я	Т	П	Е	Р	У	С	И	И	В	Е	И	Т	Т
Н	О	Й	И	К	С	Е	Ч	И	Т	А	Р	К	О	М	Е	Д
Т	У	И	Р	Т	Ф	А	Е	О	А	О	И	И	Д	О	У	Б
С	В	У	О	Ж	Ь	Т	И	Т	А	Р	К	Е	Р	П	А	
В	О	И	Т	У	Н	Л	Е	Б	Е	А	И	У	Т	Е	И	Н
С	Ш	О	С	К	Р	Е	И	К	А	Р	Т	И	Н	К	А	А
Е	И	Т	И	Й	А	Т	С	О	Н	Р	О	Г	И	Т	Т	Н
Г	З	Т	У	Н	К	О	Н	Е	Т	О	К	С	А	А	Я	П
Д	У	Н	Е	К	Ш	М	И	С	Т	И	Н	Н	О	Е	Е	О
А	Ч	М	С	Е	А	В	Н	Е	С	Т	И	И	У	Р	Н	Д
О	И	С	Е	О	Б	И	У	И	О	Б	Ы	Ч	Н	Ы	Й	Х
Л	Т	А	Е	М	У	У	П	И	О	Е	И	М	И	Ф	Р	О
С	Ь	И	И	П	Р	Ф	А	П	Е	Е	Т	А	О	У	У	Д

ИЗОЛИРОВАННЫЕ
ОБЫЧНЫЙ
ИСТИННОЕ
РОДИТЕЛИ
ЖУК
ВНЕСТИ
ПОДХОД
ШТУКА
ИЗУЧИТЬ
БАНАН
ВСЕГДА
ПРЕКРАТИТЬ
МОТЕЛЬ
КРАБ
ИСТОРИЯ
РУБАШКА
КАРТИНКА
ГОРНОСТАЙ
ДЕМОКРАТИЧЕСКИЙ
КОТЕНОК

Puzzle 406

СТЕНА
ТРЕУГОЛЬНИК
КАКАО
ФИРМА
ПОТЕРЯТЬ
ПЫЛЬ
ПОСПЕШИЛ
ПРЕДОТВРАТИТЬ
ПОЛУЧИТЕ
ЮРИДИЧЕСКОЕ
ЗНАКОМЫЙ
МИЛЛИОН
ДИКАЯ
НАЗНАЧИТЬ
ДЛИНА
РЕСУРС
ПРИРОДА
ВЫСТРЕЛ
ЗАНЯТА
УРАГАН

Ю	А	И	С	И	А	С	С	П	Р	И	Р	О	Д	А	К	П
Р	О	П	У	А	Д	П	О	С	П	Е	Ш	И	Л	Л	А	О
И	Е	Л	А	Н	Ф	И	Ц	А	О	М	Ф	С	И	М	К	Л
Д	С	О	М	И	М	Е	К	В	Р	Е	Р	О	П	Р	А	У
И	М	И	Л	Л	И	О	Н	А	С	Е	Р	У	И	Ь	О	Ч
Ч	Р	Е	С	У	Р	С	У	Н	Я	Ф	П	Й	И	Т	Е	И
Е	Ф	Т	Р	А	И	С	Н	Т	Н	И	Ф	Ы	Т	Я	Е	Т
С	С	Е	В	М	Е	Н	Н	Л	Р	У	М	М	И	Р	У	Е
К	С	Т	П	Ь	Т	И	Т	А	Р	В	Т	О	Д	Е	Р	П
О	Н	А	З	Н	А	Ч	И	Т	Ь	А	Т	К	Л	Т	А	И
Е	К	И	Н	Ь	Л	О	Г	У	Е	Р	Т	А	Ф	О	Г	И
П	Ы	Л	Ь	И	С	Т	Е	Н	А	А	Р	Н	И	П	А	Л
У	А	М	А	С	Л	Н	Т	Л	О	А	Т	З	Р	А	Н	Р
Л	О	И	Е	М	Ц	Д	З	А	Н	Я	Т	А	М	Т	С	Е
В	Ы	С	Т	Р	Е	Л	Ф	У	У	Т	Е	Е	А	Р	С	Е

Puzzle 407

А	К	А	Д	Е	М	И	Ч	Е	С	К	А	Я	Н	Г	Е	Л
М	С	Е	Ф	Н	Е	Я	Ь	Т	А	Т	С	Е	Б	Я	П	Е
М	О	И	С	Н	Р	О	Д	Р	О	Г	Л	Т	Т	С	Л	Ч
О	К	А	Л	Б	О	Т	О	Б	И	О	Л	О	Г	И	Ю	Е
Г	В	С	И	Ц	М	К	Р	С	Т	А	Н	Я	Е	О	И	Н
Р	Ы	О	С	Ф	И	Л	О	С	В	Е	Р	Н	Ы	Й	Н	И
О	Р	Е	Л	М	С	О	Р	А	С	У	А	Ш	Р	О	Е	Е
М	О	Р	И	С	М	Н	Л	Т	Е	Т	Е	И	Д	Р	Р	Н
Н	П	Ф	Ч	Е	Е	И	Р	Д	Б	О	О	В	Н	Л	Н	О
Ы	И	С	У	Н	М	Т	Н	У	Т	Ы	С	Н	И	И	Е	И
Й	Л	О	И	М	Е	Ь	Ф	М	Н	М	В	Е	Е	В	У	П
П	П	П	Р	Е	З	У	Л	Ь	Т	А	Т	А	И	Т	Е	В
И	У	У	И	Ч	У	Л	Н	Т	П	И	И	О	Е	Р	И	Е
О	Р	Р	И	А	М	И	У	И	П	С	У	С	П	Т	Л	И
У	И	Н	У	З	Р	С	Е	И	Е	С	И	Л	Ц	О	И	У

ОБЛАКО
НУ
БЫВАЕТ
РЕЗУЛЬТАТ
ПОРЫВ
ВЕРНЫЙ
ВИШНЯ
ТЕ
СЛОВО
ЗАЧЕМ
УЧИЛ
ЛЕЧЕНИЕ
ОТКЛОНИТЬ
АКАДЕМИЧЕСКАЯ
БИОЛОГИЮ
ГОРДО
ОГРОМНЫЙ
СЕБЯ
СТАТЬЯ
СИЛУ

Puzzle 408

ВОРОВАТЬ
ПРАВО
ЗАРАБОТАТЬ
ГОРОХ
СЛОМАЛ
МЕЛЬНИЦА
ОТЕЦ
КУРТКА
РЕДИСКА
ПОВЕДЕНИЕ
ОТЛОЖИТЬ
УПРАЖНЕНИЯ
ОППОНЕНТ
РОТ
БОЛЬШИНСТВО
НАСЛАЖДАЙТЕСЬ
ХОРОШО
СОЗДАТЬ
ТЕРПЕТЬ
ДИВАН

С	У	У	Р	И	Е	С	Т	В	О	Б	Р	У	Р	С	Т	К
О	Ь	С	Л	О	М	А	Л	О	Т	О	П	П	Е	А	Н	У
З	С	И	А	И	У	О	Т	Р	Е	Л	О	Р	Д	А	И	Р
Д	Е	Г	Т	И	Т	Е	Е	О	Ц	Ь	В	А	И	Е	Н	Т
А	Т	А	У	Н	А	Е	И	В	И	Ш	Е	Ж	С	И	П	К
Т	Й	Л	М	Е	Е	Е	Р	А	Р	И	Д	Н	К	Е	Р	А
Ь	А	А	У	Р	У	Н	Г	Т	О	Н	Е	Е	А	Ф	А	И
М	Д	Т	Р	И	И	О	О	Ь	Т	С	Н	Н	Р	И	В	Р
И	Ж	Д	И	В	А	Н	Р	П	А	Т	И	И	И	И	О	Г
Н	А	О	М	Р	Н	П	О	И	П	В	Е	Я	Л	Е	Т	А
М	Л	Ш	Т	И	Г	С	Х	Ф	Н	О	А	М	Р	Л	И	С
Т	С	О	Т	Л	О	Ж	И	Т	Ь	Т	Е	Р	П	Е	Т	Ь
З	А	Р	А	Б	О	Т	А	Т	Ь	Т	П	И	Р	Р	У	И
М	Н	О	М	Е	Л	Ь	Н	И	Ц	А	Е	П	Н	И	Т	У
Н	М	Х	С	А	И	Ц	С	Т	О	Д	Т	П	У	С	М	В

Puzzle 409

```
У Р О В Е Н Ь О И Ь А Н С О Д Т У
И О П А С И Л И О Т Д Е У Ж И Н М
И У Р Й Р П И И Я И С С Е Р П Е Д
У С Х Ы Т А Г О Б Т С Ч И А О И С
Т А Д Б О Р О Т Ь С Я А Е З Ч О И
С И Н А А Я П Е Б О Т С З Р К Б П
И Т Т Л М В Н Р Т Р Т Т А У И Л И
М И А С М Н Т Р И П В Ь М Ш У А П
П И Р Т И О У О С Ш Р Е О Е Е Ч О
Ш А Н С Ь Е О М М Я Е Е К Н Я Н Л
У А Р Б Т И Р О В О Г Л Н И Г О Н
К О Н Т А К Т Н Ы Й Б О А Е Н У Ы
У И П И П Р О Р В Ф Л И Н А С Р Й
Е Е О О И Л Н Е В А Н С Л О Т И М
Н Д Н М О Е Е Е Е О Е О Я О Ь М С А
```

НЕСЧАСТЬЕ
ГОВОРИ
БОГАТЫХ
СТАТЬИ
СЛАБЫЙ
ПРОСТИТЬ
САНИ
ШАНС
ОБЛАЧНО
УЖИН
БОРОТЬСЯ
ЗАМОК
КОНТАКТНЫЙ
ПОЛНЫЙ
ПРИШЕЛ
РАЗРУШЕНИЕ
АВТОМОБИЛЬ
ОЧКИ
ДЕПРЕССИЯ
УРОВЕНЬ

Puzzle 410

СОБЫТИЕ
ПРЕПАРАТ
НОС
РАЗНОРОДНЫХ
ШЛЯПА
КОМПЛЕКС
ПРОИЗВОДСТВО
РОДИТЕЛЬ
ЗИМА
ЗУБЫ
КТО
ДЕВОЧКИ
КУПИТЬ
ДВЕНАДЦАТЬ
ОБЕД
СПЕШИТЬ
НИКОГДА
УДИВЛЕННО
ДЕЛАЯ
СОЛО

```
Т М В С О Ь Т А Ц Д А Н Е В Д Р Т
И Е У Т И Е И Е И Е Д З Н П О О Н
С Ц О С Р Ц У П Н Л Г У У А С Д Л
С О Б Ы Т И Е Р Н А О П А Б У И О
О Е Л Е Ф Т А Е Р Я К Р У Л Ы Т О
У Б П Л И Е У П Е М И О Л П И Е Н
У О Е С У Р Е А Н С Н И А Ф М Л Н
И И Л Д Н Р Р Р Р Н У З П Е У Ь О
Д Е В О Ч К И А Р М А В Р О А Т Т
В Н Л И Т И А Т И Д А О Т Н Т И О
Т О Е Т С К У П И Т Ь Д Т С Т Ш Е
Н З И М А П Я Л Ш Е И С О О О Е Р
О Н Н Е Л В И Д У О Р Т Т Л Р П Н
С К Е Л П М О К А И Е В С О А С О
С Е Г И Т Х Ы Н Д О Р О Н З А Р Е
```

Puzzle 411

```
Х П П О С Е Л И Л А С Ь И Б М Р З
Е А Я Е Л Т Ц Н Н Ф С С Я Ы Т О А
Р П Р Т С С Е О У Е Ф Е Т Л Т П П
О Е И А Н М Н И А М И Й И О У И О
Е И М Н К И Л У В М С Ч О Е Е Е В
Ф Е И Р Р Т С У Л А З А К О П Я Е
С Р Т И А С Е Т У Н М С Я Н И Т Д
К И У Н П М С Р Ы Ф И Р Р Д М Н Н
О Е Е К С Н И С И Й О Р У Ж И Е И
Р А Е С Т Т В Е С И Т М Л Л К
Е О Н У Н Ы К Р И К Т У С Е Т К И
Е М Е Д С Е С Т Р А М И С С Т Р Л
Т Т С Е И Е О В В М У Т К С А У М
Ф С М Л Д В И Г А Т Ь С Я Я М Г П
Б Л Е С Т Я Щ И Й У Р Ф Р Е Е Н Р
```

ФРУКТЫ
МЕДСЕСТРА
ДВИГАТЬСЯ
ОРЕХ
БЛЕСТЯЩИЙ
КРУГ
ДНО
ЗАПОВЕДНИКИ
ЛЕД
ПАРК
ПОКАЗАЛ
МИР
БЫЛО
ХАРАКТЕРИСТИКА
СКОРЕЕ
ПОСЕЛИЛАСЬ
КРИК
ПЯТНИСТЫЙ
ОРУЖИЕ
СЕЙЧАС

Puzzle 412

УЧАСТИЕ
СМЕЯЛАСЬ
ЗНАЧЕНИЕ
ДОРОГОЙ
ДОСТИЖЕНИЕ
НАСИЛИЕ
ПОЛОЖЕНИЕ
СЕЗОН
ЗАКЛАДКИ
ЗАЯЦ
СОГЛАШЕНИЕ
ДЯДЯ
ТЕННИС
ПРОЦЕСС
МАСЛО
ТИПИЧНЫЕ
СУД
ЗЕРКАЛО
ПОЛИТИЧЕСКОЕ
ИМЕЕТ

```
И К Д А Л К А З И Р У С П В У Т Н
С М Д С Е И Н Е Ш А Л Г О С Е Е М
Ф И Е О С М Е Я Л А С Ь Л В А Н М
П Е А Е С У С Р Е М Р Т О Ц Р Н И
Е Д С Р Т Т И П О Ы М У Ж З И И С
М И М Е Р Р И О И М Н У Е А В С Ф
П Р О Ц Е С С Ж Т Н М Ч Н Я Д Я Д
А У Л С П И О В Е Е У Я И Ц Е Г Д
З Н А Ч Е Н И Е Б Н Н Ц Е П Т О О
П Т К И Р Т Д О У Е И П О Е И У Р
Е И Р А Я И У Т Е Т Т Е Л Т И Т О
Т Н Е Р Ф Д С Е З О Н И Н И С Е Г
Р У З М А С Л О Н А С И Л И Е И О
П О Л И Т И Ч Е С К О Е У А Н Н Й
У Ч А С Т И Е А Н М М Т И Н Е Р Н
```

Puzzle 413

```
Н О З И Б Н О Т Е И М П Я Т Р Ф И
А Е О А И О К А Н Д О У А Д Р И Я Я
Ц М Ж Ц М З И И И И Т М Н У И З У
И Е Б Н Н А Н Т Э И О У Ь П У И Т
Р Е Е И О П Н Т К И Е М Л Ц У Ч И
О У Л В Ц А Ь М С Г С Н Е Н Ь Е Р
К Е С С Ф И Т П П Л М Е Т М Л С А
Р П О Е У Д И Р Е Х У О А О Е К С
М Т У О П О Д И Р О Н Ч К Л Т И С
У М Н О Е П У Н Т З Б П Е Ф А Е М
И Л Е С Е Т Б О И Я К Р Л Н Г А О
Е М П Е Л Т З С И И Л Е В С И О Т
С Л С У И И А И В Н Ю Л И С В К Р
С Т М Е Л У Р Т И А Ч С Р Н Д Е И
Г Р А Ж Д А Н С К И Й М П У Ц Е М
```

БИЗОН
НЕЖНО
КЛЮЧ
РАССМОТРИМ
ЭКСПЕРТ
КИВИ
ХОЗЯИНА
РАЗБУДИТЬ
КОРИЦА
ФИЗИЧЕСКИЕ
АМБИЦИИ
УМНОЕ
УЧЕНИК
ОДНАКО
СВИНЦА
ПРИНОСИТ
ДИАПАЗОН
ДВИГАТЕЛЬ
ГРАЖДАНСКИЙ
ПРИВЛЕКАТЕЛЬНАЯ

Puzzle 414

СОЛЬ
КУЛЬТУРНЫЕ
ЗМЕЯ
ДАВАЛИ
ДАЛЬНИЙ
ПОЛНОСТЬЮ
СКОРОСТЬ
ДОСТАТОЧНОЕ
КРЕМ
ВИНА
ПОМИДОР
ЗАПАС
КАМПАНИЙ
КОВЕР
СОСТРАДАНИЕ
ЗОЛОТО
РАСШИРИТЬ
УДАР
СЫР
ПРЕДУПРЕЖДЕНИЕ

```
Д Т А О С К О Р О С Т Ь П С Е С У
К А И У Е М С О Ы Л Е У Р А О Р О
А Н Л И О Е Т Д Т С С Н Е П Н Л У
М И У Ь Т И Р И Ш С А Р Д А Ч К Ь
П В Д Д Н А О М П С И С У З О У Р
А И А Р У И С О О О Л Т П О Т Л И
Н Е Р Т И Л Й П Л С П Т Р Р А Ь А
И Р А П О А Я А Н Т П И Е В Т Т Е
Й Е О Т Е В О Л О Р Е И Ж Е С У М
Т А Т И А А А Т С А Н З Д Е О Р И
И Д И С И Д И О Т Д Н О Е Ц Д Н А
О Р Е И И С Р Л Ь А М Л Н Е Т Ы П
В К Р Е М У Н О Ю Н И О И С П Е Е
З М Е Я М Н У Е И И Т Т Е Н М У И
Т О Л С М Н М Р Р Е В О К А С М С
```

Puzzle 415

```
Я У Р М Т Е Я Л Б А Л С С А Р Д С
Р Е Ш И Т Ь О Е О Р Е Я М Ч Е Е У
Н Н Н К И Щ Я В И К Н С П А Ш С Е
Н Т У С И Р Е В В Е С Т И Ш Е Я Е
М Е И А С П А Л Ь Н Я И Р К Н Т О
Ф Н И Р Я М Т Н Т Н Е С О А И И М
О Л Е К К А Н Р Е Т С А П П Е Л Е
Л Ж Е Т С Н Р Т А В Х Е Р Е П Е В
А О О Л Е Т У О К А У О Ф М Н Т И
У С Р Г З Н А М Е Н А Т Е Л Я И З
У А М И О Л Л Л Т У Н У И У Е Н
Е У Е У Т М Н М В Т Р П У М Т Т А
С О С У Л Ь К И Т Е С У Е М Ф И Н
И Е У И Н Д У Р О М Е У О У С Р И
У В И Д Е Н Н О Е П Р Е Д М Е Т Я
```

РЕШИТЬ
ЗНАНИЯ
СОСУЛЬКИ
РАССЛАБЛЯЕТ
ОЖОГОМ
ПРЕДМЕТ
ВВЕСТИ
СПАЛЬНЯ
ОТВЛЕКАЕТ
УВИДЕННОЕ
ДЕСЯТИЛЕТИЕ
ПЕРЕХВАТ
ЧАШКА
РЕШЕНИЕ
ПУНКТ
ЗНАМЕНАТЕЛЯ
ПАСТЕРНАК
ПОИСК
ЯЩИК
КРАСКИ

Puzzle 416

СЧЕТА
ЗНАКОМСТВА
ПРАВИЛЬНО
МУКА
ДИКИЙ
БОЛЬШЕ
ЗРЕЛИЩЕ
ЧУВСТВУЮТ
КАЛЬМАРЫ
РАКЕТА
ТАМ
ЕЗДА
ПЕРЕЧЕНЬ
ТОРГУЙ
ОФИЦЕР
МОЛОТОК
ФАКТ
ОПРЕДЕЛЕННОГО
ТРАТИТЬ
КРАСИВО

```
П Е У Н Т Я Т С Ч Е Т А Т А Т Е Ф
Р А К Е Т А О О Е Щ Ф Т Д Я А Р Ф
К Е Т Р У Т Р Е Т И Т Р У З М И А
Р Ц Р Р Т И Г У С Л Н Т Ц П Е О К
А Р Н И Т И У У И Е Р И И Т П У Т
С П Т И И А Й О Ы Р А М Ь Л А К О
И У Р И А Я Б М Р З И И О Р Т У И
В Д О У А У И О Н Ь Л И В А Р П М
О Е О Г О Н Н Е Л Е Д Е Р П О С М
Ч У В С Т В У Ю Т Ь Т И Т А Р Т О
М П Е Р Е Ч Е Н Ь И Ш Е Е Й С Ф Л
П У О П Е Т Д Е Н А Р Е Ц И Ф О О
А М К И А Ц М И У О А Т М К О Е Т
Е И Н А В Т С М О К А Н З И Т И О
П Р И М Е С Р Р Т О Н Е Р Д П О К
```

Puzzle 417

```
Б З С П Ф С М У Ф Р Р М М С С И О
А Д Е Й С Т В И Е И Н А С Т Е И Е
Б Н С Р О И М Т Е С Е Е Д Н А Р Г
О Л Е Т Е И Е У У К Н Ы Ц И Т П Н
Ч А Д Е Ф Ч П О Е З Д К А Т О У Е
К Ч С У К С О Д У Т С Т О Н К Н О
А А И Т М Е С И Т У П И А И О А С
Е Н И С Н А У С М Т И М А Е Л Г Т
С Е И Е М Б Ю А С В М Р Т У О Л О
А В Т О М О Б И Л Ь Н Ы Е С М Е Р
А Л Ь Т Е Р Н А Т И В А Р М Т Б О
Ж Э Л Е К Т Р И Ч Е С К И Й А Н Ж
А О Д Е И Т Ц Е О К О Р А И Т Ф Н
Б Т Е М И А П О С М О Т Р И Т Е О
А Т Т И Н С Л П Т Р О Е Е Р О Р Е
```

ПОЕЗДКА
ГРАНД
ДЕЙСТВИЕ
НАЧАЛ
ПОСМОТРИТЕ
НЕОСТОРОЖНОЕ
БАБОЧКА
МОЛОКО
ДОСКУ
ЭЛЕКТРИЧЕСКИЙ
АВТОМОБИЛЬНЫЕ
РИСК
ПТИЦЫ
ЧЕРЕЗ
КОРА
ТЕЛО
ЖАБА
РАДИО
АЛЬТЕРНАТИВА
ДУМАЮ

Puzzle 418

ХОМЯК
КРИТИЧЕСКИЙ
СКУДНЫЕ
БЕДА
ГРУБО
СОБСТВЕННОСТИ
РОКОВОЙ
ЖИР
ФИЛЬМ
ДОБРОВОЛЬНЫЙ
МАШИНЫ
ШУТИТ
МАЛО
ЗАЛИТЬ
ИСЧЕЗАЮТ
ТЕЛЕФОН
ЖЕНА
ПОХОЖИЕ
ВОДИТЕЛЬ
ПРАВИТЕЛЬСТВО

```
Ш У Т И Т И Т Н П Х П Е Е М Е К С
У Т О С С У Т И Й О О С Ц И Н Р О
И С Ч Е З А Ю Т Ы И Х М И Ц О И Б
Т О Р Р Е С А П Н Е М О Я П Ф Т С
Ж Е Н А М А Л О Ь И М М Ж К Е И Т
С Г Р У Б О З А Л И Т Ь Е И Л Ч В
К Л Ь Л Е Т И Д О В Р А Л С Е Е Е
У С Л Т Е С Р Е В Н И Т Л И Т С Н
Д Е Л О А Е Р Б О С Е Е М С Ф К Н
Н С Р О М Р О И Р М И Р А М О И О
Ы Л С И Е М И Е Б И Д Р Ш У А Й С
Е Г И А Т Й О В О К О Р И Ж О М Т
Е Ц Л Р Л Н Ц М Д Я Р Ф Н Т У И И
Е С Л Е Р И С У Т Е Н М Ы Г Н У Е
П Р А В И Т Е Л Ь С Т В О Р И С И
```

Puzzle 419

```
Н И Я З В О З В Р А Щ Е Н И Е Д М
Е У Ь Т А В О Р И М М У С Я Н А Е
И Р В Т И Щ Л О Ж К У П Р Л П Т Н
А И Е И У Т И Л М Е П П О М Л А Т
У И Р С С Е С Т Я Н Д О Г Е С Й А
М И Е О О А М И И М И Ц П З У Н Л
Ф Й Д П О Т Е Б Ь Т С Е Ъ С И Ы Ь
Е И А Ф Е О Х Ф П И Ь Л Р И И Ф Н
П Ш Л У Ч Ш Е Е У И М У С П Н С Ы
М О О Е У У У С Р Ч Т Й Е У О Е Й
Р Р Ч Т М М Т Е Т Я А Р Т С Ы Б Н
У О М Т Е Е И Л Л А С С С О Т Т Е
Е Х И Т А И Е И Л Т Е Т Т М Е У И
А Б Б Р Е В И А Т У Р А Т Ы Е Н Н
В О С С Т А Н О В Л Е Н И Е Е Е И О
```

СУММИРОВАТЬ
БЫСТРАЯ
МЕНТАЛЬНЫЙ
АББРЕВИАТУРА
БИТ
ЛОЖКУ
ЧАСТЫЕ
ЛУЧШЕЕ
СМЕХ
ДЕРЕВЬЯ
ВОЗВРАЩЕНИЕ
ПОЦЕЛУЙ
ХОРОШИЙ
ЗЕМЛЯ
ЗАЩИТИТЬ
ВОССТАНОВЛЕНИЕ
СЕГОДНЯ
ТАЙНЫ
ПОЧТА
СЪЕСТЬ

Puzzle 420

РАВНЫХ
ИНТЕРВЬЮ
НАУКА
ХОП
ПРИНЯТЬ
ГАЛСТУК
КИНО
ВЫБРАТЬ
ВЫЗЫВАЮТ
ОЗАБОЧЕННОСТЬ
ГЛАВА
МГНОВЕННОГО
МЕДВЕДЬ
СЕСТРЫ
ВОСЕМЬ
КРОВОТЕЧЕНИЯ
САРАЙ
ТОЧИЛКА
ПЛЕЕР
ЗДОРОВЫЙ

```
З Р Д М И П И И И Т Т В Л В М М
Т Д Н У Ь С Ц П Е Х Е Л С Р О Г Е
В П О Х Т С И У У Ы И О И О С Н Д
Ы И Т Р С А Е А Р Н Р Т С Ю Е О В
З Н Т Т О А Ф С А В М И Е Ь М В Е
Ы С Т И Н В Р Ь Т А Р Б Ы В Ь Е Д
В И Е Е Н А Ы И А Р И С И Р Т Н Ь
А Р Р Е Е Л П Й К А Ы П У Е Я Н С
Ю П У Т Ч Г П Ф Л И Н П С Т Н О М
Т Е Т С О И Е Ф И И Н Ф П Н И Г Т
О С А С Б Т М Н Ч Р Н О Н И Р О Р
С Е А П А Е П У О Н А У К А П А У
Н Т Е Р З Н О Ф Т Г А Л С Т У К А
П И К Р О В О Т Е Ч Е Н И Я Т П Р
Н Е С А Р А Й О И П Г Н М У М Д У
```

Puzzle 421

```
В Т Т Е Т М Л Н Е Ж У Н Ш Б И О П
С С И Е И У Т О Б И Л Т Т Б Р Я И
О Ь Т С О Р Д У М Ы Т А О Р О А Е
О П С Р И Л П Т П Л С Р Р А С Н Т
Т О К Ф Е Р Б Ц М У Т М Т Н Ч В
Н С Е И С Ч Р У Е А С Т Р Ь З Е О
Е Е Т У А И А К К О Н Е Ц О Е Ч Т
С Д Ж Е Н Щ И Н А А Н Т У Е Б А И
Т Е И Е М В Е Д Е В У Ш К А Р Р Х
И Л Ф Н И И С У Р С Т Е Т Ж А П И
С И А С Е М П М М И Е А А О Е И Й
Л И С Т М В О А О Е П Е У К С Е О
Е В Т О Т П С С Т М О В П И Т С Т
С О П Р О Т И В Л Я Т Ь С Я Ц Н С
И О О П Н Б Е А Ф Е И С Е И Т Я И
```

БРАТ
ЗЕБРА
ВСТРЕЧА
БРАТЬ
БЫСТРО
НУЖЕН
КОНЕЦ
ПРАЧЕЧНАЯ
НОУТБУК
СОПРОТИВЛЯТЬСЯ
ШТОРМ
ПОСЕДЕЛИ
МУДРОСТЬ
ТИХИЙ
ЖЕНЩИНА
ЛИСТ
ТЕКСТ
СООТНЕСТИ
КОЖА
ДЕВУШКА

Puzzle 422

НИЗКАЯ
ЭКСПЕДИЦИЯ
ЛЕСТНИЧНОГО
ЭКСПОНАТ
ГОТОВИТЬ
СЛОМАННЫЙ
САМОЛЕТ
СТАТЬ
СВЕЖИЕ
ОБЯЗАННОСТИ
ПРАВИЛЬНОЕ
ИНДЕКС
МЕДНЫЙ
ЧЕРЕПАХА
ДЕСЯТАЯ
КАМЕННАЯ
ИМ
ГОЛОДНОЕ
ЖЮРИ
ПРИНАДЛЕЖАТ

```
О П Л Е С Т Н И Ч Н О Г О Е Н А Ч
Б Р А Е Е И У О Е О Н Д О Л О Г Е
Я И Н Т Н Г Р И М А И П Р И П М Р
З Н К Т М Р Л И И Е З Р У И Н У Е
А А А Д Е С Я Т А Я К А Ю О М Е П
Н Д М Р О М И У Р А В Н Ж О М А
Н Л Е Е Д О П А Л С Я И Ц Л Е Л Х
О Е Н Д Е О Т Т И Т Е Л О М А С А
С Ж Н Н И П А И Е Е У Ь О У О Ф П
Т А А Ы Ж С Р М Й Ы Н Н А М О Л С
И Т Я Й Е Р С Е М Р И О О М Л Т М
Г О Т О В И Т Ь О С К Е Д Н И Р И
Л Н Э К С П Е Д И Ц И Я П М Л И Е
Т Н И И С Т А Т Ь Р О Ф Е У У Е
М Е Е Д Ф М Э К С П О Н А Т О И С
```

Puzzle 423

Р	А	З	В	И	В	А	Т	Ь	Ь	И	И	Е	У	Р	В	П
К	Т	О	Н	И	Б	У	Д	Ь	Т	Р	И	Р	С	А	Е	М
Т	Р	М	Р	Е	Е	С	Н	С	И	Н	Е	Т	Е	Е	И
Л	Т	Е	И	Н	Е	Н	А	Р	Т	С	О	Р	П	С	А	Р
П	Е	С	Н	Я	У	М	Ф	Л	Я	И	Л	О	У	М	У	Т
М	Е	Л	Р	Й	Л	С	О	И	П	Л	Е	Р	С	Н	У	Т
Е	О	И	У	Ы	И	И	В	Р	И	Т	Н	М	Д	О	У	Т
О	Б	Ы	Ч	Н	Ы	Е	Н	Р	К	Е	О	П	Л	Е	Ч	О
С	А	У	Л	Ч	Р	И	С	Р	И	Н	Р	Т	И	О	К	П
М	Т	М	Г	И	М	Н	А	К	Б	У	Г	О	Т	Ц	А	Р
У	С	У	Т	Т	Б	Е	Й	Ы	Н	С	А	П	О	С	Ш	О
П	Н	М	Е	Я	Л	Ж	Т	У	С	М	И	О	И	С	Т	С
А	Р	О	Р	С	Я	И	Н	Е	Ш	Е	Р	З	А	Р	А	Т
Е	О	У	О	Е	Ы	Н	Ч	О	С	А	Р	К	П	Г	Н	О
О	У	И	Д	Д	А	С	Р	А	Л	С	С	Е	У	Т	Ы	Й

СНИЖЕНИЕ
РАСПРОСТРАНЕНИЕ
САЙТ
КАШТАНЫ
РАЗРЕШЕНИЯ
ОПАСНЫЙ
ИРИС
КИПЯТИТЬ
РАЗВИВАТЬ
ПРОСТОЙ
ПРУД
ОТ
ГУБКА
ДЕСЯТИЧНЫЙ
КТОНИБУДЬ
ПЛЕЧО
ПЕСНЯ
КРАСОЧНЫЕ
ОБЫЧНЫЕ
КРОМЕ

Puzzle 424

ГАЗ
ПОДХОДИТ
ЛЯГУШКА
ПАЛЕЦ
РЕКРЕАЦИОННЫЙ
ВЕС
КОРИЧНЕВАЯ
ВИДЕНИЕ
УВЕРЕН
НЕВИДИМЫЙ
ВЗГЛЯД
МОДЕЛЬ
МЕСТО
РАБОЧИЙ
ДОЖДЬ
РЕФОРМУ
ИДЕАЛЬНАЯ
ИЗУЧИТЕ
ЯГНЕНОК
УМЕНИЕ

Д	Л	А	Н	М	И	У	М	А	Р	Т	П	М	И	У	Р	М
Е	О	Н	М	М	Д	Л	О	Е	У	Т	А	Е	Р	А	О	Т
П	Й	Ж	Т	И	Е	Я	Д	Н	Н	Р	Л	С	Е	С	Р	И
О	Ы	И	Д	Р	А	Г	Е	О	Я	Я	Е	Т	Е	Е	Г	Е
Д	Н	З	У	Ь	Л	У	Л	З	А	Г	Ц	О	Р	В	С	О
Х	Н	У	П	Н	Ь	Ш	Ь	Р	В	Н	В	З	Г	Л	Я	Д
О	О	Ч	О	С	Н	К	Н	М	Е	Е	И	Н	Е	Д	И	В
Д	И	И	Т	Е	А	А	О	М	Н	Н	У	В	Е	Р	Е	Н
И	Ц	Т	С	У	Я	О	У	У	Ч	О	Е	С	Ф	С	Т	О
Т	А	Е	О	М	О	Р	С	Д	И	К	У	Р	С	Е	У	Т
Н	Е	В	И	Д	И	М	Ы	Й	Р	Р	М	У	Е	С	С	У
А	Р	М	И	Н	Г	У	М	Р	О	Ф	Е	Р	Е	И	У	У
А	К	И	Н	И	Е	Т	И	Ц	К	Р	А	Б	О	Ч	И	Й
Н	Е	М	С	Ф	О	М	Е	У	У	У	А	У	Д	Т	Т	М
И	Р	М	Н	П	Н	Н	У	П	В	И	В	Ц	И	Е	Т	И

Puzzle 425

Р	П	Е	Н	Е	С	Л	Р	У	В	Е	Э	В	П	К	А	Т
Н	Р	Н	Е	И	М	Л	Р	И	Е	М	К	О	Р	О	К	С
П	О	У	Ф	П	А	Г	Е	Л	Щ	М	С	И	Е	Г	И	И
Е	Б	Е	Е	С	И	Р	Ч	В	Ь	С	П	Н	Д	Д	У	С
С	К	Л	И	У	Л	У	Е	Т	А	И	Р	Ю	Л	А	Е	К
О	А	М	Е	О	Н	Р	Е	В	А	Н	Е	Х	О	Н	Е	Л
Д	Б	Р	Р	Н	Р	У	Е	З	М	С	А	Ж	И	Я	Ю	
Р	Н	В	Л	И	Т	С	А	У	О	И	С	Т	Е	Б	Н	Ч
Т	А	П	А	О	А	Б	Л	С	Р	С	У	Ь	Н	У	К	Е
М	Т	У	Р	Л	Л	С	Ц	М	Г	С	Л	Л	И	Д	О	Н
И	Р	Н	Я	О	А	Е	Е	И	У	Л	М	О	Е	Ь	М	И
П	Р	Е	Д	С	Т	А	В	Л	Я	Ю	Т	Т	В	С	И	Е
О	П	И	С	А	Т	Ь	И	Н	Л	Е	У	Ч	У	И	Т	М
Е	Ш	У	М	Р	О	О	Р	И	И	А	Е	Е	С	Д	Е	С
Э	К	С	П	Е	Р	И	М	Е	Н	Т	Л	Т	Д	Б	Т	У

НЮХАТЬ
ПРЕДЛОЖЕНИЕ
ОПИСАТЬ
УГРОЗА
КОГДАНИБУДЬ
СКОРО
МИСС
ВЕЩЬ
ОТЧЕТ
ШУМ
ОБВАЛА
ЭКСПЕРИМЕНТ
ЭКСПРЕСС
МАТЧ
ИСКЛЮЧЕНИЕ
ПРЕДСТАВЛЯЮТ
НАВЕРНОЕ
ПРОБКА
СЛЕВА
КОМИТЕТ

Puzzle 426

ВЫЖИТЬ
ЛИСТЬЯ
РАЗНЫЕ
ОДЕЖДУ
КРЫЖОВНИК
РАНО
ПЛАВАНИЕ
ЛИЧНЫЕ
ОПЫТ
ЗАПУТАЛАСЬ
МЕЧТА
ЛОСЬ
ПОКА
ВЫГЛЯДЕЛ
КАЖЕТСЯ
СТРЕКОЗА
ДЛЯ
ОЦЕНИТЬ
ХУДОЖНИК
ЮГ

Е	У	А	С	О	Д	Ф	К	И	Н	В	О	Ж	Ы	Р	К	Р
И	Р	А	В	Ы	Ж	И	Т	Ь	А	У	П	Т	М	Н	С	А
З	Н	К	Л	Е	Н	Е	П	О	С	М	Ы	Д	Т	Н	Т	З
У	А	О	Ц	Е	Н	И	Т	Ь	Л	Е	Т	Е	Н	У	Р	Н
Е	Т	П	Ц	С	У	Н	И	И	У	О	А	А	А	Т	Е	Ы
Т	Ч	О	У	О	У	А	Л	Б	М	Н	С	Е	М	Р	К	Е
С	Е	А	Ц	Т	М	В	М	А	У	А	М	Ь	У	Т	О	Ы
Х	М	У	О	И	А	А	И	И	М	Р	Т	Е	Т	С	З	Н
С	У	И	Д	Д	Е	Л	Л	Е	Д	Я	Л	Г	Ы	В	А	Ч
Р	Е	Д	С	Н	Д	П	А	Л	И	С	Т	Ь	Я	Ю	Г	И
Л	А	Н	О	Е	А	Т	Е	С	С	Т	Ф	О	Л	И	Р	Л
Д	И	М	С	Ж	Т	Т	М	И	Ь	Е	И	Е	Д	А	И	О
Ф	М	И	Р	Т	Н	Б	А	И	У	Ж	Е	И	Л	М	Т	Е
С	Т	М	Л	М	С	И	Н	Н	Ф	А	Т	И	Я	У	В	Н
О	Д	Е	Ж	Д	У	Е	К	Т	Е	К	Р	Р	И	Т	И	Т

Puzzle 427

Л	Е	А	У	Т	В	З	Е	А	Р	Ц	Л	М	И	Я	А	М
Р	О	В	Е	О	С	О	Д	О	Р	В	Н	Е	С	Р	В	Е
Т	Н	Е	У	А	Я	Н	Ж	А	Я	Е	Ш	Ч	Р	Е	Т	А
Н	Р	Е	У	У	Р	Т	Е	Я	Ь	Т	Е	Д	И	С	В	Л
О	Т	Ы	С	У	Е	И	С	И	Л	А	А	С	М	Н	М	Н
С	Р	Н	У	Т	М	К	У	Л	Е	П	И	В	И	Е	Т	Е
М	У	С	Л	И	А	А	М	И	Б	У	М	У	А	М	У	С
О	К	У	Н	У	М	Б	И	И	Е	И	Е	С	Е	У	Т	Т
Т	О	К	В	Р	У	И	И	М	М	С	О	Л	Д	А	Т	Е
Р	Я	В	У	Е	С	Р	А	Л	М	Е	Х	А	Н	И	К	Н
Ю	Т	Р	И	Ч	Е	У	Д	П	Ь	Т	А	В	О	Р	К	Д
Т	К	Л	И	Н	Е	У	М	С	Т	Н	У	С	Д	Т	Р	Н
Ф	А	А	С	О	И	О	И	Ф	Л	И	А	У	Е	Е	И	М
Н	М	П	Р	Й	А	М	Т	Е	Л	Е	Ц	Я	С	И	Е	П
И	О	И	Н	С	Т	Р	У	М	Е	Н	Т	А	М	Т	Т	У

СИДЕТЬ
МЕХАНИК
ИНСТРУМЕНТ
ЗОНТИКА
ПТИЦА
МЕБЕЛЬ
ВКУСНЫЕ
ПЛЯЖ
СТЕНД
СМОТРЮ
РУКОЯТКА
РОВ
МЕЧ
ВСЯ
ШЕЯ
КРОВАТЬ
СОЛДАТ
ЦВЕТА
РЕЧНОЙ
НЕСТАБИЛЬНАЯ

Puzzle 428

ПОЧИНИТЬ
ПОСЛЕ
ГОРЯЧАЯ
СКУЧНО
НОВЫЙ
ПОЖАРНЫЙ
КАТАЕТСЯ
БЛАГОРОДНЫЙ
ДЖЕНТЛЬМЕН
БОКС
ПОКОЛЕНИЯ
РАЗДЕЛ
ТРУДНО
ИНДЕЙКА
ГУБЫ
ПРЕРВАТЬ
ПОКУПКА
ВПЕРЕДИ
БОЛИТ
СТРАДАТЬ

П	О	Н	П	П	В	М	Е	М	И	П	О	Н	Ч	У	К	С
О	У	И	О	И	О	Г	О	Р	Я	Ч	А	Я	Ц	Т	А	К
Ж	М	И	С	У	Н	Ч	И	Ц	И	У	Л	М	Р	Р	Т	О
А	М	О	Л	Т	У	Д	И	У	Н	Т	В	Р	Т	И	А	Б
Р	Т	Д	Е	Н	Е	Е	Е	Н	И	С	Е	Р	Р	Е	Е	П
Н	Е	И	Ж	Н	М	Р	У	Й	И	О	И	А	У	Е	Т	Р
Ы	Й	И	Д	Е	Р	Е	П	В	К	Т	А	З	Д	Е	С	Р
Й	Ы	А	У	Е	Н	И	Т	Т	У	А	Ь	Д	Н	И	Я	С
И	В	Г	У	Б	Ы	Т	И	Л	О	Б	Е	Е	О	Е	У	Т
П	О	К	У	П	К	А	Л	Я	И	Н	Е	Л	О	К	О	П
Л	Н	Н	У	Е	Я	С	Ф	Ь	Т	А	Д	А	Р	Т	С	С
Т	Н	А	С	Т	Т	Р	Н	С	М	П	М	У	Т	Е	Т	Р
У	Р	Т	А	Т	Ь	Т	А	В	Р	Е	Р	П	О	Е	О	И
Б	Л	А	Г	О	Р	О	Д	Н	Ы	Й	Н	Р	С	Е	И	Н
И	Н	Е	С	Т	И	Е	М	М	М	Р	О	С	Ц	И	Т	И

Puzzle 429

```
Й И К Т С Е Ж С Я О П О Ф П Т О П
О Е И А Е Ф О К Т М Т Д М С Т С Р
Б С И П Ы А К Н У Р Р О Е Л И Т И
В О И И Р Т Р Р О Е Д И В М О С
О И И А О Е П Р Е Т А Л С Р Е Р О
К О У Н Т Щ П О У С О И Я Л Р О Е
Д Е Д В О И Л У Н А С Л С Т Н Ж Д
У И А В К Н О Д Ь П И С О А Ь Н И
Т Я Л С Е Л А С Т И К П А С П Ы Н
А И М Е Н П И Е Е И Т Р В Л Л Й Я
О А С М И О С А Д Е Л П Л Е А Р Й
Е И Ю Ь Д Л И Б И И Р О С Е П Т Т
Я Т Д Я О У Н Е В У И Р Н У И У Е
Е О А Л Е А Ф З У Н М С С Т С П С
О Б Я З А Т Е Л Ь С Т В А С О М Ь
```

НИЩЕТА
СЕМЬЯ
КОВБОЙ
ЖЕСТКИЙ
ПРИСОЕДИНЯЙТЕСЬ
УВИДЕТЬ
ЛУНА
ДЕД
ОБЯЗАТЕЛЬСТВА
КОФЕ
ЛАСТИК
СТРЕЛЯТЬ
ОСТОРОЖНЫЙ
БЕЗ
СЮДА
КРЕСССАЛАТ
ПОЯС
ТЕАТР
НЕКОТОРЫЕ
ВИДЕО

Puzzle 430

ЖЕЛТЫЙ
БЕЛКА
ЦЕРКОВЬ
СОТРУДНИК
ПОСТ
АРЕСТ
ИЗОБРАЖЕНИЯ
СТАРЫЙ
ЛЮБОВЬ
БРЮКИ
ЛЕТ
ФОРМА
КУКЛА
НАРУШАЮТ
ТИП
ТРОПИЧЕСКИМ
ПРАКТИКА
ВЫДАЮЩИЙСЯ
СОТНИ
ИСХОД

```
А С Е М Л Т У С И Н У В М Н С М Л
Д М У Е М Е Т Т Н А Е Ы И К Ю Р Б
Ф О Р М А Р Г Т Т Р Л Д К У К Л А
О Я С У П Е В Л И У С А С Р У П И
А М С Р И Р М Р С Ш Л Ю Е Е Т Е З
Е К Т А Т Ф А Л И А Е Щ Ч Ц И А О
У М И И О С У К Е Ю В И И Е О Е Б
П С Г Н Т С Р Ц Т Т П Й П Р И М Р
С И У Д Д Л И И И И У С О К О О А
Л У О О Р У Е Й Р Н К Я Р О П П Ж
А Ю С С Е Л Р Ы Е Л М А Т В И Б Е
С Р Б О П О С Т С О Т Н И Ь П Е Н
М Н Е О И И Л Л О И С Х О Д Л Л И
Р Е А Р В Е Т Е Т С Е Р А П Е К Я
И Л Е Е С Ь Р Ж С Т А Р Ы Й Т А Е
```

Puzzle 431

```
П В М Ч И Й С М Д Н М А И У А П П
У А М А Е Ы Т Н А З Я В И Р П Е О
П Г Т С Т М Р О В М Е Т Р Т О Р П
С О А Т У Е С Й Л Т П У И Р С Е Р
П Н Т Н А А А Ы Е А Л Р О Ц Т Г О
С О С О А Д Т В Н М М О Е У А О Б
О Р Е Е А И Е И И Г Ь Н Е Д В В О
К Я С З Е Ж С Л Е Ж Ф М О А К О В
Р А К О Д О М Д Е М Р А И Р И Р А
А Н О С И Т Ь Ж И Р Е Е К У Р Ы Т
Т З Н В С У Н О О Е А У Д Т А А Ь
И У Е У М И Е Д Н С Р Н А Ы О У С
Т Б Щ В С А Т Т Т И Н Е А О В Р М
Е Р Н И С Б Е З О П А С Н О С Т Ь
И А П Р О М Ы Ш Л Е Н Н О С Т Ь Е
```

ДАВЛЕНИЕ
ЧАСТНОЕ
ДЕНЬГИ
АРБУЗНАЯ
ВАГОН
ТЕНЬ
НОСИТЬ
ОЖИДАЕМЫЙ
ФАКТОР
ВЫДЕРЖИВАЕТ
ПРИВЯЗАН
ЩЕНОК
ПОПРОБОВАТЬ
ПОЕЗД
ПОСТАВКИ
ДОЖДЛИВЫЙ
ПРОМЫШЛЕННОСТЬ
ПЕРЕГОВОРЫ
СОКРАТИТЕ
БЕЗОПАСНОСТЬ

Puzzle 432

ЛУННЫЙ
ЛУЧШЕ
ЕСТЕСТВЕННЫЙ
ОСТРОГО
ТАЙНА
КЛЕТКА
ПОШЕЛ
АВТОРИТЕТ
ПОВСЮДУ
ДИСКУССИОННЫЙ
ТЕПЛОВОЙ
НАЛОГ
БЛЮДО
СОЛНЕЧНЫЕ
ПОНИМАЮ
ПИЛОТ
ОПРЕДЕЛЕНИЕ
ДАТЬ
БЕЙСБОЛ
РАССКАЗЧИК

```
П И П Д И С К У С С И О Н Н Ы Й С
А Н Е О Н Т Е У Т В С С М Т Р И Д
С А И П Ш Е И Н Е Л Е Д Е Р П О Т
С Л Р О Т Е П Т Т А Й Н А И Р С С
Б О П В Ф С Л К И Ч З А К С С А Р
Е Г О С О С А Р Р Л Т О У Е Л Р И
Й С С Ю А М И Н О П О Л У Н Н Ы Й
С О С Д О О И У Т Б О Т Т О Л Н О
Б Л С У А С А О В Л Е Л Ф М Е Т В
О Н Д А Т Ь Т Р А Ю Т А Р Д У Ц О
Л Е Ш Ч У Л С Р С Д О О И И У В Л
М Ч Н С О У С П О О Е Т Н Т О Е П
И Н И И Е Р М Б М Г И М А И И Р Е
Т Ы К Л Е Т К А И Е О Н А Д Н Т Т
Р Е Е С Т Е С Т В Е Н Н Ы Й У Е У
```

Puzzle 433

```
С И Р И Е Р И О Е Г Т Т И Д С И У
Д Е Е Н Н Р И Е У Я И И Е В Н П Л
Т А Б У Д Е Т Т У С М М П О У С Ф
Я Т Л М М Я Е А Е Н Р А У Й У Т И
Н Т Е Ь Е И А Ц И Г П У К Н О Л С
У У С Б Н Е С Н Д У М А Ю О Т О С
Т К О Е В И О Е Т А Л У О Й О О Н
Ь Т Р З Д С Й Ц С И М Р О Е Т П О
Е О Е О О Т Р З И С К Е Е У К Ц О
К Н Е П Л С Н Е Ы В О С Н А Н И Ф
О И Л А Ь Н А Р Л Е М М О П С Е Е
Ш Б Н С С У Е Е Л С С Е Б М У И Т
К У Т Н О М О Ч С А К С Е Р Ф А А
А Д П О Н Т Ф Е Е М Р Ь Н И Е У С
С Ь А А И А И Т О Р С Н Г Л О Т Е
```

ФИНАНСОВЫЕ
СМЕСЬ
КОШКА
МОСКИТНАЯ
БЕЗОПАСНО
ОСЕЛ
СЛОН
КТОТО
КУПЕ
ДВОЙНОЙ
ТЯНУТЬ
БУДЕТ
ФРЕСКА
ВДОЛЬ
НЕБО
ТЕ
ДАЛЬНИЙ
ДУМАЮ
ЧЕРЕЗ
КТОНИБУДЬ

Puzzle 434

УЖЕ
ОБИЛЬНОЕ
ПОЛЕ
ГРАВИТАЦИЯ
ПРЕСТУПЛЕНИЕ
ОТВЕТИТЬ
РЕМОНТ
ЗАБРОНИРОВАТЬ
КОРОБКА
ДОКАЗАТЬ
БОЛЕЗНИ
ЗЕЛЕНЫЙ
ПРОИЗНОШЕНИЕ
ПОЛЕТ
ЖЕРТВУ
МИССИЯ
КОНЕЧНО
ЛЕД
ПОСЕДЕЛИ
РАССКАЗЧИК

```
П Н Р П С Б С С З С О Н М С С Т Т
Р Н Т С О Я И Ц А Т И В А Р Г С Т
О У О И Е Л Л У Б П О С Е Д Е Л И
И П Т Т Р М Е О Р Е Б И И В И Д
З Р В К Ц Е У Т О О Б И Л Ь Н О Е
Н Е Е О Л Е Ж Т Н О М Е Р П Т И М
О С Т Н Е У Е К И Ч З А К С С А Р
Ш Т И Е Д Н Ж И Р М Ц Е Т Р Е К Д
Е У Т Ч Т З Е Л О И И П Т Е Р Б О
Н П Ь Н С Е Р О В И Я С Р А Р О К
И Л Т О М Л Т С А О И И С О У Р А
Е Е Р Е Р Е В М Т П О Л Е И Н О З
О Н Р М Ф Н У Н Ь И Л У Н Л Я К А
Л И И Л Е Ы Н Р О Б О Л Е З Н И Т
М Е Н С И Й И Р С Р Е О Е С С М Ь
```

Puzzle 435

```
Ш Х О Л О Д Н О Р М Л С Ш Л И А И
Р Е Т К И Л Ф Н О К Г Е И У З В А
В Н С А К М А Ц И И С М Р К О А И
А А У Т Ч Е П Е В Е О Ь О П Б Н Н
Н Н Й О О И П С Т Ы М И К О Р Т Т
У Е Ы Х В Е Д А П У Б О И Р А Ю Л
Л С Н О Е Т О Л Ь К О О Й Е Ж Р Е
А О Н С Д В В Е Д И Т Е Р Й Е Н Г
П Р А В И Т Е Л Ь С Т В О Ы Н Ы К
П А М З А П У С Т И Т Ь С Е И Й О
Т Л Р П О С Т Е П Е Н Н О Е Я Т С
А С А О А Ц И Е М О С И Д Т В Р Т
С В К Н И Р Е Е О Р Г У Е Л Т Е Ь
О С Н И И Е Н Т И С В Т А Т Н В Т
А Е М У М Н Р С Е П М Т Е И У П Н
```

РВАНУЛА
ВЫБОРЫ
ЗАПУСТИТЬ
ВВЕДИТЕ
КАРМАННЫЙ
ЛЕГКОСТЬ
ЛУКПОРЕЙ
ХОЛОДНО
ОХОТА
АВАНТЮРНЫЙ
ШИРОКИЙ
КОНФЛИКТ
СЕМЬ
ПЛАН
ТОЛЬКО
ШЕСТОЕ
ПОСТЕПЕННОЕ
ДЕВОЧКИ
ПРАВИТЕЛЬСТВО
ИЗОБРАЖЕНИЯ

Puzzle 436

ЗА
СЛУЖИТЬ
ЛИЧНО
СООБЩЕНИЕ
ЕЗДИТЬ
ПУШИСТЫЕ
ГЛАЗА
ТРАГИЧЕСКИЙ
РАЗРЕШЕНИЕ
МУЗЫКУ
ДОВОЛЬНО
ПОЛА
ХОЧУ
СЕБЕ
ВНЕЗАПНЫЙ
ЛАГЕРЬ
РЕСУРС
ПТИЦА
ПОЧИНИТЬ
СТРЕЛЯТЬ

```
Е О У Г Р И А О Е А В М С Б Т Л У
Р Е У Л У О С С М Ф Н С Ь Е А Ц П
Д А К А О Л Х О Ч У Е Н Р У Б Т Р
Р Н Ы З М Е Е М М И З В Е У А Е Т
И М З А В М И У Р Й А Е Г Н С С Т
Д П У Ш И С Т Ы Е И П И А А О Е П
С О М О Ь П О Л А К Н Н Л Ц С И Р
Л А В Ь Т И Д З Е С Ы Е Л И Ч Н О
У С Л О Я Р М У Р Е Й Щ Е Т А Е М
Ж О Н М Л И Т Е О Ч М Б Л П А Ш И
И З А Н Е Ь Т И Н И Ч О П Н П Е С
Т Р Р Р Д Н У Н Г Р О Р О Е Р Е
Ь М И Е Т Н Е О И А С С У Р Л З Н
Н С А Т С У Н Е С Р У У Н П М А М
У Т И Р Л Р Т У Т Т Н У М М И Р Р
```

Puzzle 437

```
З Е Б С Е Е С П У Н М И У У П У Е
М Е О М Ъ Г В Е И Ь Д Х У Т Е П П
Ф Л Е Л У Е Т Е Е Т Й А С О Т Л И
А А О А Б Е Д У И А С П С Й Р Т Т
С Д Р Н И П А О Т Ч И И С Ы У В М
А Е И Т А Ж О К Б И Е Д Е В Ш Т В
Е Е Е Е У Н Е Н О Н Й П О О К Р Е
О Ц Л У Ц К М А А Д Ы Р Т Р А Т С
О С У Д Я Л И Б О У Б Е Б О У А Е
Е Е М Е П И М Е Я Р А Р И Д М Е У
А Е У Л У Л Д И Н Т Л О Е З А Я Ц
В Т Т С Е Д Б Е М О С О И О У М Н
Е С И А О Ф Ы П В С У М И Н П Н Р
С В И Н Ц А Л Н А П Р Я Ж Е Н И Е
Г А П Е Т Т И Р У Б О Л Ь С А Т Т
```

СЛЕДУЕТ
БЫЛИ
СОТРУДНИЧАТЬ
БОЛЬ
ОНА
СЪЕДОБНЫЕ
БАНК
ДАЛЕЕ
НАПРЯЖЕНИЕ
МОЕ
ПЕТУХ
ПЕТРУШКА
ФАРТУК
СЛАБЫЙ
ЗАЯЦ
СВИНЦА
ЗДОРОВЫЙ
КОЖА
САЙТ
БЕЗ

Puzzle 438

КУХОННЫЙ
САД
ПРЕЗИДЕНТ
САМА
ВИД
СРАВНИТЕ
ГНИЛОЙ
ТЕСТ
ДОСТИГ
ЭФФЕКТ
НАБОР
ПАН
РОБКУЮ
ВАРЕЖКИ
ЧЬИ
ЗУБ
СКЛАДКУ
ВЗГЛЯД
ВЕС
МЕЧ

```
В О О П У Ц Э Р П М М М О Б З Р О
З И Ф Р С Е Ф Я И Т Р Е Н О У О Е
Г М У Е Т И Ф Д А Н О Ю У К Б О Р
Л Е Р З А Т Е У Е П Н И Е С М С О
Я Ч С И Н Е К Б Т Л У О И П П Р М
Д В П Д П А Т Е С С А Д И Т Л А Е
Е А П Е Е М Б Й Ы Н Н О Х У К В И
О Р А Н И А И О Р Е Т П В И Ф Н А
А Е Н Т М С Н Л Р Е Е У Д Е Е И Ц
Р Ж Е М У Е Е И С И С Р Р М С Т Т
Н К Е И Л М Р Н Р Ф Т С А Р М Е Л
Е И И О М Е Е Г И Т С О Д Т Ф Е Е
С К Л А Д К У П Е О Е Ч С Т Н Р Н
Р Т Р Б У В М Л Е А Т Е Ь Н Т У У
Г А Д О С О С О А И Н Е Д И В М Е
```

Puzzle 439

```
М О Д В Ы Т Е С Н Я Т Ь Н Е Ж Н О
Е О К З Е Р Т С В С О Т М М У С П
И М Т В И Е И Н Е Л В А Р П А Н О
Е Р М Ы Е М Е Ц С О С В П Л О Е С
Л Е М И Г Л А С Е У Р О В Е Н Ь Т
О О Р И Ч А Д У Л М М З У И О Р Р
З А П А С А Ю Т Ь О П И Л Т Ь Е О
О С И З Л О Й У Е К О Н О Ы Л В И
У С И Д Ц Н С Е Е А Л А Е Б А Д Т
Н Н П С Е Е Т С Е И И Г Ф О Т А Ь
С В У Е О И О И О Т Т Р Т С Ч У М
Б Т О Б И Ж А Ю Т И И О О У О Ц А
У Е Е Н Р Н А У М О К С Я Н П Д И
О Н Р Н О Т Т П О О И У О В С Е Е
С И Ц Т Д Е П О Н А С М О Л М Н Д
```

ПОЛИТИКИ
ПОСТРОИТЬ
ОБИЖАЮТ
ВЕСЕЛЬЕ
УДАЧИ
КОМУ
ЗАПАСАЮТ
ПОЧТАЛЬОН
ОРГАНИЗОВАТЬ
ДВЕРЬ
ДОМ
ВЫТЕСНЯТЬ
МОТЫГА
ЗЛОЙ
РЕЗКОЕ
НАПРАВЛЕНИЕ
УРОВЕНЬ
СОБЫТИЕ
НЕЖНО
СТЕНД

Puzzle 440

ВЕКА
СПРОСИЛ
КОРАБЛЬ
ДЕЛО
ОДИННАДЦАТЬ
СТОРОНЫ
ЧАША
ИГРЫ
ВАРИАНТ
АКТИВНЫЙ
ВСЕ
СУДЬЯ
ТЩАТЕЛЬНО
ИЗОЛИРОВАННЫЕ
ОТВЛЕКАЕТ
ЗАЛИТЬ
РОКОВОЙ
ХОРОШИЙ
КОМИТЕТ
ЛИСТЬЯ

```
М У У Н И Р И К Т Г И Р С Л В И И
Е И Т И Т О У Т О Н О У Е О Е Т З
С И Г Р Ы К М Т Л Р Р Р Ь Д К О О
Р П С И Н О Р Е Е М А П Т С А Т Л
Х Н Р О И В И Е Д Т А Б И М М В И
О У И О Т О Е М Р Е А Т Л С М Е Р
Р А С И С Й Ы Н В И Т К А Ь У Е О
О Т А Т И И С У Д Ь Я Е З И С М В
Ш О Н Е О Р Л О Т В Л Е К А Е Т А
И А Н С О Р М Л И С Т Ь Я Е С М Н
Й Р Т С А И О К О М И Т Е Т В Е Н
В А Р И А Н Т Н Ч А Ш А Ф Р Т В Ы
У А Ф О И Т Н Т Ы Д О А С Н А Р Е
О Д И Н Н А Д Ц А Т Ь С Л С У Е Н
Т Щ А Т Е Л Ь Н О С Н Л У У Т А И
```

Puzzle 441

Л	Е	У	Т	Т	О	Т	У	Ф	Е	С	Е	А	И	Ф	Е	М
М	И	П	И	С	Р	М	Л	В	Ы	Р	О	П	Н	Р	И	Т
И	О	О	Н	И	К	М	О	Л	Р	И	Й	Н	И	Р	И	Е
И	Т	Л	К	У	Р	Т	К	А	О	Т	Ы	Т	Н	Е	Р	С
Й	Ы	Н	Т	А	Р	У	К	К	А	С	Н	У	И	Ы	О	А
У	И	Ы	Е	И	Н	Е	М	У	М	М	Н	Е	Н	О	Й	Г
С	И	Й	И	Д	П	С	Ь	Т	И	З	О	Р	О	М	А	З
С	П	И	А	У	У	М	Н	Р	М	О	И	Д	М	В	Р	Р
У	Л	Ы	Б	К	А	Т	И	Т	С	Р	С	Н	Е	Н	Н	Ц
С	С	Ы	Л	А	Т	Ь	С	Я	И	О	С	С	И	Л	Ф	Н
Б	О	Л	Ь	Ш	И	Е	П	Р	С	М	У	Д	У	Е	Ь	Н
П	О	К	А	З	А	Т	Ь	Е	Б	М	К	Т	Т	И	Р	Р
Б	Ы	С	Т	Р	О	О	К	Н	О	С	С	Н	Р	Л	И	О
Е	Н	Т	И	Т	П	Ф	Т	Н	О	И	И	Ц	И	Б	М	А
Л	Г	И	У	И	Я	Ь	В	Е	Р	Е	Д	У	О	А	Е	Н

СОННЫЙ
ССЫЛАТЬСЯ
УЛЫБКА
ЗАМОРОЗИТЬ
ПОКАЗАТЬ
БОЛЬШИЕ
МОРОЗ
АККУРАТНЫЙ
СТУДЕНТ
ОКНО
ПОРЫВ
КУРТКА
ПОЛНЫЙ
АМБИЦИИ
ДЕРЕВЬЯ
КИНО
БЫСТРО
УМЕНИЕ
МОДЕЛЬ
ДИСКУССИОННЫЙ

Puzzle 442

КРИЗИС
ВАШ
МОРЕ
ПРИДУМЫВАТЬ
НАКЛОН
ШКОЛУ
ПУТЕШЕСТВИЕ
ЗАВОЕВАЛ
ДЕНЬ
ПО
ХОББИ
ТРУДОВЫЕ
ПАЛКА
ПЛАСТИКОВЫЕ
ПЛОТНАЯ
ЖИЗНЬ
СКОРЕЕ
ГАЛСТУК
ТРОПИЧЕСКИМ
ПОСТАВКИ

Т	Т	П	Т	Л	М	С	В	А	Ш	Р	Е	И	Р	У	И	П
А	Р	Т	У	Л	О	К	Ш	К	С	И	Ь	Н	Е	Д	Д	Л
П	А	У	Е	Т	Т	О	У	Л	К	У	Т	С	Л	А	Г	А
Б	Л	О	Д	М	Е	Б	И	А	Г	А	А	О	Е	О	Ф	С
К	Н	О	Р	О	Е	Ш	А	П	Е	М	В	А	Т	Т	Т	Т
Р	С	А	Т	Р	В	Н	Е	Е	У	О	Ы	В	Т	П	Р	И
И	Е	Я	С	Н	У	Ы	И	С	Н	Р	М	Н	Ж	О	О	К
З	Н	Т	М	Р	А	Р	Е	С	Т	Е	У	Л	И	А	П	О
И	М	Р	Н	Е	Е	Я	Т	Т	П	В	Д	А	З	Н	И	В
С	С	К	О	Р	Е	Е	И	И	Е	И	И	В	Н	А	Ч	Ы
П	О	С	Т	А	В	К	И	Р	Е	У	Р	Е	Ь	К	Е	Е
Т	Т	О	Р	И	Л	У	Р	С	Е	Р	П	О	Л	Л	С	Л
А	С	Е	Е	Е	И	Л	У	Б	У	И	И	В	Ф	О	К	П
Н	О	М	Е	С	Л	Р	А	А	И	Ф	Н	А	М	Н	И	Г
Т	П	В	П	О	М	У	Х	О	Б	Б	И	З	У	Е	М	Е

Puzzle 443

```
В Е И Т Н И Е М У Т Е И Р Ж И И Е
Т Е И А М А М Е О С М И У Е У И У
Т Ш У Т И Т Т Ф А Л Л Н Л Н Л Т М С
Р О А Т Р Н Р Й С Е О О Л А М Ь Р
Ы Б Р Т Д Е Т Ы Ф Ш А Т Р Ю Т Т Е
Б Е У А С Е О Н М О Р Г О О З А У
А С Е Л Т Е А Е Ф П И Р С К А Н К
Л П С Т Ю И М Ч П А А Т М Р Щ З О
К Е О И А М Т У Т У Т А Р У И И К
А Ч Б М Щ О Л О Т М О С И И Т Р О
И И И Д Е О В В И М О Е Ф Е И П Н
У Т Р Е Р О Ф Е Р П П Л М П Т И К
О Ь А С П У М П Е И М С А И Ь Е У
Н И Т У А Т Г О Б Щ Е С Т В О М Р
Т П Ь И З П Р И М Е Ч А Н И Е П С
```

УЧЕНЫЙ
ОБЩЕСТВО
ОБЕСПЕЧИТЬ
КАТАНИЕ
ПРИМЕЧАНИЕ
ПРИЗНАТЬ
РЫБАЛКА
ОГРОМНОЕ
ЖЕЛАЮ
КОНКУРС
РИФМА
ДРУГ
ЗАПРЕЩАЮТ
ЛЕС
СОБИРАТЬ
МОЛОТОК
МАЛО
ШУТИТ
ЗАЩИТИТЬ
ПОШЕЛ

Puzzle 444

РЫЧАНИЕ
ДОКАЗАТЕЛЬСТВА
КАНДИДАТ
ОТНОШЕНИЕ
КНИЖНЫЙ
ПОЛЕЗНОЕ
ДЛИННЫЙ
МОЖЕТ
АВТОМОБИЛЯ
ПЫТАЕТСЯ
СВЕЧЕНИЕ
КОКТЕЙЛЬ
ЖЕЛЕЗО
ЛИНИЯ
ГОРНОСТАЙ
ИЗУЧИТЬ
ЖУК
НАЗНАЧИТЬ
ГОРДО
ЗЕМЛЯ

```
Е В Е Е Е Д Т С В Р Ь Л У М Р Р Н
П О Л Е З Н О Е В Т Т Ь И О Е П П
Н Т М У Н Т С Е М Е И Л О Н Р О У
А В Т О М О Б И Л Я Ч Й Й И Р М Р
И И Е М И И Т О Р И А Е Ы Ц С С Е
И У Ж У С Н И Е И Т Н Т Н Ж У У Г
М И О З Е Л Е Ж Р И З К Н И У Р О
М У М И З У Ч И Т Ь А О И Е Е К Р
Е С Р И И Е П П М Р Н К Л П Е Е Н
П Ы Т А Е Т С Я И Н И Л Д Т О Т О
А О С М С М Я К Н И Ж Н Ы Й И Т С
Е Р А В Т С Ь Л Е Т А З А К О Д Т
Г О Р Д О Д Ф С М Р Ы Ч А Н И Е А
М М Т У О Т Н О Ш Е Н И Е У Л Е Й
К А Н Д И Д А Т Е П З Р Т О О И И
```

Puzzle 445

П	О	М	И	Д	О	Р	П	О	Т	Р	С	Е	В	Я	Г	В
Е	С	М	Н	М	У	М	С	Е	О	У	М	Т	Ы	С	О	Т
У	Ь	М	И	Н	Н	Г	Л	У	П	О	Е	С	Д	Т	Л	Н
Р	Т	В	С	Ш	С	О	И	А	С	Л	А	Ю	Е	Р	О	А
И	И	Р	К	А	Л	М	Н	А	Р	О	Д	Ж	Л	Е	С	И
Е	Н	Д	О	М	Т	Я	О	Л	С	А	М	Н	И	Б	О	С
А	М	Е	Б	М	Н	В	П	Р	Ф	Н	У	Ы	Т	М	В	Ш
Т	О	И	Н	О	Г	Д	А	А	О	А	У	Й	Ь	А	А	Е
О	П	В	М	У	С	И	У	П	У	Д	Л	Л	О	Ж	Т	С
Н	А	Т	Е	М	Т	Е	О	М	В	Е	И	М	Т	Е	Ь	Т
Т	Н	О	Е	Р	Т	А	Е	А	Н	Е	Р	Н	И	Н	Е	Ь
И	Р	Е	И	Н	Е	Ж	О	Л	З	А	Р	И	Ы	Щ	Т	Я
В	Ы	И	Г	Р	А	Л	Н	И	У	О	Ф	Е	И	И	П	Р
И	Н	С	Т	Р	У	М	Е	Н	Т	Е	М	Ф	У	Н	И	Р
Т	Т	У	Н	И	О	Н	И	В	Т	Т	У	Д	Е	Ы	А	И

ГОЛОСОВАТЬ
НАРОД
ШЕСТЬ
ВЫДЕЛИТЬ
ГЛУПОЕ
ЯСТРЕБ
ВЫИГРАЛ
ЮЖНЫЙ
ЛАМПА
НАПОМНИТЬ
УТРОМ
ИНОГДА
ЖЕНЩИНЫ
СМОРОДИНЫ
РАЗЛОЖЕНИЕ
ШЛЯПА
МАСЛО
ПОМИДОР
ИНСТРУМЕНТ
БОКС

Puzzle 446

СУЩЕСТВО
МОСТОВОЕ
ХОККЕЙ
ЧЕТВЕРТЫЙ
КОЛЫБЕЛЬ
МЕЖДУ
НЕГАТИВНЫЕ
УМНЕЕ
ПОГЛОЩАТЬ
ПЯТЬ
ПРИНИМАЯ
ПРИЗРАЧНЫЕ
ИМЕЛ
РЯДОМ
КОРЗИНА
МОТЕЛЬ
УДИВЛЕННО
БАБОЧКА
ДОЖДЬ
ВИДЕНИЕ

Т	О	О	П	Н	С	У	Щ	Е	С	Т	В	О	Р	У	И	М
И	У	И	Р	С	Е	О	В	О	Т	С	О	М	Я	Е	У	У
О	Ф	Л	И	Ф	Ы	Г	У	И	Т	У	Е	Г	Д	П	И	М
Н	Ф	Е	Н	О	Н	Н	А	Ь	Д	Ж	О	Д	О	А	У	Е
М	Т	Т	И	Е	Ч	Р	Ь	Т	Я	П	Т	Т	М	А	С	М
С	О	Н	М	Т	А	И	Л	А	И	Н	И	О	Й	Е	Л	М
Ф	М	И	А	П	Р	И	Е	Щ	А	В	Е	Е	Ы	О	Н	Б
Е	Л	М	Я	У	З	Т	Т	О	Е	Е	Н	У	Т	Т	Е	Е
А	А	Е	Т	Ф	И	Р	О	Л	И	С	Н	Ы	Р	Р	И	М
И	Р	Л	Ц	О	Р	Х	М	Г	Е	Е	И	Н	Е	Д	И	В
М	Е	Ж	Д	У	П	О	С	О	Н	Н	Е	Л	В	И	Д	У
П	И	П	Р	Д	М	К	У	П	И	О	Т	Т	Т	Е	Т	У
У	М	Н	Е	Е	А	К	Ч	О	Б	А	Б	И	Е	Т	Л	С
П	У	С	Н	Ь	Л	Е	Б	Ы	Л	О	К	Л	Ч	И	Л	Е
Б	У	У	И	П	Е	Й	К	О	Р	З	И	Н	А	Д	Н	А

Puzzle 447

```
С А В И Л И И С Н Ф Н Л Р Т С Р Ч
Т К Р Т В С Т Я Л Е Е Е А Е Р А Е
В Ч О Т М Т З А М О К Ч Е У Е С Т
Р Ы А Р И И Т Р М Е Д А З А Н П К
П В Й Р О Н Е Е Л Е И Т Е З П Р О
Л И Т Т Л Н А Д Г О К Р Н О Е О И
С Р Т А И О Т Е Т М С Л Р К И С И
Е П И А Д Е Р Д В Е Т О А Е Н Т Ф
А А П Р О М Т У О О Н Т И Р О Р Р
П Л У С К С С И Р И Е Е С Т В А Е
В А У Н О Е Г П С У М Л Ф С Ы Н С
П Т Н М Р У Я Е Р Л Г Ь О Т Й Е С
С О М Е К Л У П И Р А Н С Л Б Н Р
Т Е Р Р О Р Т Н И А Р И Е С Т И У
В Е Р Т О Л Е Т Е Е Ф Т П К В Е О
```

ОТЕЛЬ
НАЗАД
УМ
ФРАГМЕНТ
ПРИВЫЧКА
ЧЕТКО
ВЫЙТИ
ВЕРТОЛЕТ
ТЕРРОР
ЛЕЧАТ
КОГДА
КЕНГУРУ
КРОКОДИЛ
ИСТИННОЕ
ЗАМОК
РАСПРОСТРАНЕНИЕ
СКОРО
СТРЕКОЗА
НОВЫЙ
ТЕАТР

Puzzle 448

КАЧЕЛИ
ЖИТЕЛЬ
АНЕМОН
СЛАЙД
ФИОЛЕТОВЫЙ
ВАЛЕНТИНА
ГОД
ВЕЧЕРИНКИ
НАСТРОИТЬ
СТОМАТОЛОГ
ПОДСОЛНУХ
НЕЗНАЧИТЕЛЬНЫЕ
АРКТИКА
ПОСТАВИТЬ
ОГРОМНЫЙ
РАЗРУШЕНИЕ
МУДРОСТЬ
ГОТОВИТЬ
ЛЯГУШКА
ЛИЧНЫЕ

```
Ж О А Т И А П О А Й П И Р О О Г М
У И Е Ы Н Ч И Л А Ы А И Л С Р О У
М Н Т Ы И У Д Р М В И Е А М М Т Д
Т И О Е Н А О Г Р О М Н Ы Й И О Р
Л Т Ф А Л Ь Г Ф Л Т У А И Ф С В О
С Л А Й Д Ь Л Р И Е И Н Н И С И С
А И А О Е М Т Е И Л Е Т Т Е Г Т Т
А Р К Т И К А Н Т О Е М Е И М Ь Ь
П О Д С О Л Н У Х И Л Е Ч А К О У
Н А С Т Р О И Т Ь Ф Ч Н А Р Е Л Н
Л Я Г У Ш К А Ь Т И В А Т С О П О
С И Е И Н Р А З Р У Ш Е Н И Е Я Л
С Т О М А Т О Л О Г И Р И З Д Т М
О С И Р В А Л Е Н Т И Н А А А Е Д Е
В Е Ч Е Р И Н К И Е А М Д Е А Н А
```

Puzzle 449

Е	О	Н	Т	Я	О	Н	С	К	Л	Т	И	Е	Е	Н	Е	В
А	Ч	Е	Р	Т	С	В	Р	И	О	Е	Д	Е	Ф	Н	А	Н
И	Р	О	Ф	Т	Е	С	О	И	И	Л	О	Е	И	О	А	Е
Н	Р	С	Т	О	Е	Т	Т	Р	А	И	Е	П	В	В	О	Т
И	А	Т	Ю	А	Д	Ж	Р	Е	В	Т	У	С	А	Я	У	А
И	Е	О	С	В	О	Б	О	Д	Н	А	Я	Р	А	Р	Т	В
А	А	Р	Д	Ы	В	А	У	Т	О	Ч	Н	И	Т	Ь	Д	Ь
С	Р	О	М	Ф	Г	Л	У	Б	О	К	И	Й	Е	У	О	Ш
М	Т	Ж	Т	Ц	О	Я	Р	У	Р	О	Д	И	У	П	У	А
О	С	Н	У	Е	Т	О	Т	А	И	У	О	К	А	И	Е	М
Л	Е	О	М	Р	С	Т	Т	У	Е	О	Р	Б	Е	У	Е	П
О	С	Е	О	Б	Т	С	С	Я	М	Т	Ы	И	Р	И	А	У
Т	Д	П	П	Я	М	О	И	Ж	А	К	С	Г	И	Е	И	Н
Ы	Е	С	П	О	С	О	Б	Н	Ы	Й	Ь	Ц	Т	С	О	Ь
Е	М	Е	А	Ш	А	Л	Г	И	Р	П	А	Е	Р	Т	И	Н

СКАЖИ
УТВЕРЖДАЮТ
УТОЧНИТЬ
ПРИГЛАШАЕМ
ЛЕОПАРД
ШАМПУНЬ
ВЫДРА
МОЛОТЫЕ
СВОБОДНАЯ
КОЛЕСА
СТОЯЛА
ГЛУБОКИЙ
ДЕВЯТЬ
СПОСОБНЫЙ
ОДИН
РЫСЬ
ГИБКИЙ
МЕДСЕСТРА
НЕОСТОРОЖНОЕ
ВСТРЕЧА

Puzzle 450

ДОРОГИЕ
ГОТОВ
УЧРЕЖДЕНИЕ
ПОСЛЕДНИЕ
ВЫ
СРЕДНЕЕ
ВЛАЖНЫЙ
РЕАКЦИЯ
ДЕСЯТЬ
ПРОЙТИ
ГОРШОК
ПЛАВАТЬ
ТОЛКНУЛ
ВОКРУГ
СИСТЕМА
БЛОК
УМНОЕ
ТАМ
ОБЫЧНЫЕ
ИРИС

Е	Т	У	Е	И	Ь	Т	Я	С	Е	Д	Е	И	У	Т	А	Е
С	И	П	И	Т	Е	К	О	Л	Б	В	Л	М	Т	О	Е	М
Е	Р	Л	П	У	И	У	И	Л	Н	И	Л	М	О	И	О	Е
Н	И	А	Л	И	Р	Т	И	М	К	Е	А	А	Р	Н	О	Р
А	С	В	О	Г	У	Р	К	О	В	Н	О	И	Ж	Н	Я	М
Т	О	А	В	О	Т	О	Г	О	О	Е	У	О	У	Н	М	У
П	Р	Т	Т	Р	Т	Е	М	Я	С	И	И	Л	Н	Т	Ы	В
И	О	Ь	У	Ш	И	У	С	И	С	Т	Е	М	А	А	Д	Й
И	П	С	М	О	И	М	А	Ц	У	Й	Е	И	С	М	О	Е
У	Р	О	Л	К	Н	Н	Р	К	И	О	Н	Я	Г	Л	Р	С
Л	М	Р	С	Е	А	О	М	А	Е	Р	Д	А	Е	Н	О	А
Е	Р	С	В	С	Д	Е	Н	Е	А	П	Е	А	О	С	Г	Е
Н	И	И	А	А	Е	Н	М	Р	С	У	Р	И	У	Е	И	Р
О	Б	Ы	Ч	Н	Ы	Е	И	Н	П	Е	С	Т	А	Н	Е	М
П	Е	М	И	И	Е	И	Н	Е	Д	Ж	Е	Р	Ч	У	П	С

Puzzle 451

```
К О М П А К Т Н Ы Й О П Е Р В М Н
С Г У Ф Т А О У И С Н Ы Р О Т Ш Ф
П Л Е Ч О И Р Б С И И Л О М У Т И
Г Р О М Ч Е Е Е И Щ Н И Ь Т А Т У П
И Г Р А Т Ь Д Л О А Р Н В Е Л Р Р
К Д Е Т Е И И О С А Я Ы У О Е Р И
Ш Н У Т Е Б С Д В Ф Г Й Н А Б Т Т
И О Я Л У Л К К Е Р А О О И Н Ю И
Ф Ф Л У Е Р А А Р М З Н А Н Т У Л
И С И О Л Ж И М Р У Е И М И Д С А
Т М Е Р О И П М Р У Т Р А В Н Ы Х
О Л Е Л Е У М П Н Н А Ц О Е И Л И
П А А А Т Е И Т Т Р Е Р М С Е С Н
Е Л О У У И Л Ш Е Р С Т Ь О Т И Р
Л Ц С У Т А Я Д Р С О Ц Е М А У Е
```

ПУТАТЬ
ОБЩАЯ
ФИШКИ
ГАЗЕТА
МИЛЯ
ФОНД
ШЕРСТЬ
КОМПАКТНЫЙ
ЖЕЛУДИ
ГРОМЧЕ
ПЫЛЬНЫЙ
ОНИ
ЛОДКА
ШТОРЫ
ТОП
ИГРАТЬ
РЕДИСКА
РАВНЫХ
ПЛЕЧО
ЛЮБОВЬ

Puzzle 452

КЛУБ
ОБМАНЫВАЮТ
ИЗ
ТОЖЕ
КУКУРУЗА
БУДУЩЕЕ
БЕСПОКОЙСТВО
СКЕЛЕТ
ОСОБЕННО
МЫШЬ
ПОЗВОЛЬТЕ
СОК
МОЩНОСТЬ
УЧИТЕЛЬ
ПРИРОДА
ОФИЦЕР
ПРИНЯТЬ
ЛИСТ
РАБОЧИЙ
ЩЕНОК

```
К О С Ь Т С О Н Щ О М С О Е М Т Б
Е У О Б Л И У Б Р А Б О Ч И Й Т Е
И П К Ф Т И У Н М Р У Т С Ф С Л С
П И Ф У И П И У О А М Ь С М М Е П
Н Я С И Р И П М С Д Н Ш П М Р С О
Д С Е Н Е У И Е О О С Ы О А О Т К
Б А Р Р Ц Щ З В Б Р М М В Л Т Т О
У У О Л И Е И А Е И Т М И А У А Й
Ч Е Д М Ф Н Л О Н Р К И О И Ю Ь С
И В С У О О Ц Г Н П Л П Е С Т Т Т
Т Р У И Щ К Л Р О А У И С Е О Я В
Е А И И Т Е Л Е К С Б У О М Е Н О
Л С У Т С Ж Е А Л Е Р А Н Т И И О
Ь Е И Е И О П О З В О Л Ь Т Е Р Ф
Н М Е И Л Т С Н И У Т С И М Р П Л
```

Puzzle 453

```
В Т В И И Е И М А К С И М У М Т Р
О П Н И Л О В Ц С С Д М У Ф С П И
М Ч Е М Д В А Ж Н О Н И У П Е О Р
Й Е Д Ч Т И П У Т Р Е В О Г А Т П
Ю Р Г М А Р М О Т А Д Е И М И Е О
Д Н О Р Т Т А О М И О П О С С Р Ч
Р О Т Д Е Д Л Н Г С Л И Л Р Н Я Т
У Е А Н А В А Е С О Я Р П Е И Н И
Н П Л И Л М Ш П Н П С Е Р Е Б Р О
У Е М С Д М Ы Т У И О К А Н Д О Р
М А У Р П А Л Е И М Е Р Т С Т И Л
С М Е Ш Н О С У Т Я С Ь Т О Р О Б
О Б Е С П О К О Е Н Н Ы Й Н Р У А
Д Е С Я Т И Л Е Т И Е И Н Т А М О
О Т Т Е Н В Л П А С М И О М Л Я М
```

ЧЕРНОЕ
ВИДИМОГО
ГДЕ
СЕРЕБРО
ТРАНСПОРТНАЯ
НО
ДОЛЯ
СМЕШНО
МАКСИМУМ
СЛЫШАЛ
ВАЖНО
ПОТЕРЯ
ПОЧТИ
ДЮЙМОВ
ОБЕСПОКОЕННЫЙ
ВПЕЧАТЛЕНИЕ
ТРЕВОГА
БОРОТЬСЯ
ОДНАКО
ДЕСЯТИЛЕТИЕ

Puzzle 454

РЫБАЧАТ
ДОРОГА
РЫЦАРЬ
КОНТАКТ
ЛИМОН
ЕСТЬ
ФОРМАТ
ДЕЛАЕТ
ПРИЕХАТЬ
КАРТОФЕЛЬ
КОРПУСА
РАЗОЧАРОВАННЫЙ
ТЕКУЩИЙ
ДИЗАЙН
ПОД
ПОМОГИТЕ
ПОВЕДЕНИЕ
ЗОЛОТО
РАССЛАБЛЯЕТ
НАРУШАЮТ

```
Р Й И Щ У К Е Т Ц У К А Н П О А Е
Т О И П Р А Г О Р О Д О Г О П Ф Т
Е У С У Ы Р Ф О Р М А Т Р Д М И У
Е Е Л И Б Т Н Й А З И Д Е П П М Е
З Е Е Л А О О А Р И Н Л Е А У Е Ь
У О Е А Ч Ф М У Р Р У М Н Р П С Т
Е И Л Е А Е И Т Е У Т О Е Е О П А
Ф Р О О Т Л Л К О С Ш И Л У В О Х
И О М С Т Ь Р А Ц Ы Р А Л Р Е М Е
О Л У Е Т О У Т Е С Т Ь Ю А Д О И
Т У А И П Т С Н О И В Е Т Т Е Г Р
Р А З О Ч А Р О В А Н Н Ы Й Н И П
О Т Т С Ц Н П К У Р Н Т Л М И Т И
Ц У И И М Е М О О Т Л С И О Е Е М
Р А С С Л А Б Л Я Е Т Е А Л Е Д Н
```

Puzzle 455

```
П Г У Б У О С Т А Р З Т Н П Р П И
К О И У А Р В Р О У А Т Р Л У О У
Р Я С У П О И И У Б Щ У Т И О Е Е
А С Н В И У Т Н Е Д И Ц Н И О И Ц
С Ц А Р Я Ь Н И В С Щ Е П С И Л П
К Е А Р У Т Ь Л У К А О М Е Н Д А
И Н Ф Д И И О С С Т И Р И И Н С
Ж А Г Е У У У Т У Р Ь Ф Т Т С Л Т
Е Р С О О Н В Ф Ь Т А Д А Р Т С Е
Л И О Т Л И Н Г Р Е Д И Е Н Т Н Р
А Й Р С С О С Ч А С Т Л И В Ы Й Н
Н А И Л Т Т С П О В Е С И Т Ь У А
И Т Н О А Т И О А В Т О Р Е Т Р К
Е А И Т И О Р Н М Р А К О В И Н А
О Г Р А Н И Ч И В А Ю Т Т А С Т Т
```

ТОЛСТОЕ
ПОВЕСИТЬ
ГОЛОСОМ
АВТОР
ОГРАНИЧИВАЮТ
ИНГРЕДИЕНТ
ДНЕМ
КУЛЬТУРА
СВИНЬЯ
СЧАСТЛИВЫЙ
ПОСВЯТИТЬ
ИНЦИДЕНТ
ЗАЩИЩАТЬ
СЦЕНАРИЙ
РАКОВИНА
ЖЕЛАНИЕ
КРАСКИ
ПАСТЕРНАК
МИСС
СТРАДАТЬ

Puzzle 456

АМУР
ОБВИНЯТЬ
ЗАБЫЛ
УЧАСТВУЕТ
ИНТЕРЕСНЫЕ
НОСОК
ПРИГОВОР
РАЗНООБРАЗИЕ
КУЗНЕЧИК
МУЗЫКАЛЬНЫЙ
ЮБКА
НОСКИ
СЪЕСТЬ
ГЛАВА
ОЗАБОЧЕННОСТЬ
ОТ
ОТЧЕТ
ПРЕРВАТЬ
ВЫДАЮЩИЙСЯ
БЕЙСБОЛ

```
Ф Л Л Т С П О О К О С О Н Т О М О
О Е С И Е И М Е Е Б Ф Н Ц У Ф О З
Ю Б К А С О У Р И В Р О Б Е Н И А
О А П Ф О С Т И К И Ч Е Н З У К Б
И Е Ы Н С Е Р Е Т Н И А Т Е Ф С О
У Ч А С Т В У Е Т Я Т М С И О О Ч
Е Т Т А Ф А М У Р Т О И И М И Н Е
П Р И Г О В О Р И Ь Т С Е Ъ С Н Н
М У З Ы К А Л Ь Н Ы Й Е М У Р Е Н
П Р Е Р В А Т Ь А А А Л Ч С С С О
Е Р А З Н О О Б Р А З И Е Т Н У С
Т О Р Т Г Л А В А М Т М Н И О В Т
В Ы Д А Ю Щ И Й С Я Л Р Р О Т Т Ь
О А П Б А С У О Л Е И Е Н О И Е Р
Б Е Й С Б О Л Ы Б А З Л Н И Т П О
```

Puzzle 457

```
Ц Е Т У П Е О И Т М Е С Г У О О О
В Ы Р Е Р Е П Б Е Т В Л Н С М Р Т
С И П Р И Ц Н А Ы Д О Х Т О У И К
Р С М Л Р Х О З Я И Н А Н Н М Е Р
У Ч И Л Е И З С У И Ь Т К Н Е Н Ы
Е А Л С И Н О А Е Н Л У Т Т О Т Т
У Р У А С С О М К И О М П Е У И Ь
И О С Т И О Е К О Л Б О Т Е И Р Л
Р Д Т С И Л И И И З И Е Ц М Е У Е
Л Т О У У О И Л Р А Е Н П И У Й Т
К О Л О Н К И Е Т Л У Т А А Н С И
З Н А Ч И Т Е Л Ь Н Ы Е К Н Е Я Д
Е М И В Т И С У И И Р И С О И Т О
И Т П Р М Ц С С М Т Д А А М О Е Р
О Н О Д А Л Ж И В А Т Ь М Е С О В
```

ЗНАЧИТЕЛЬНЫЕ
МАСКА
УТКА
ЗАЛ
ОТКРЫТЬ
ЦЫПЛЕНОК
БОЛЬНО
ПЕРЕРЫВ
ЗАКЛИНАНИЕ
ОТХОДЫ
КОЛОНКИ
ОРИЕНТИРУЙСЯ
ОДАЛЖИВАТЬ
НЕ
УЧИЛ
СОЛО
РОДИТЕЛЬ
ИМЕЕТ
ХОЗЯИНА
ВОСЕМЬ

Puzzle 458

ПРЕДПОЛОЖИМ
ПАСЕ
ОПЕРАЦИЯ
ГРЕБЕНЬ
ЗЕМЛИ
ЦИКЛ
СТАДО
ПРИЧИНА
ШПИНАТ
ПРИНЕС
ГЛОССАРИЙ
ОТРАЖАТЬ
ПЛИТА
ПРОЩАЙ
РЕАЛЬНЫЕ
МИРУ
УВОЛИТЬ
ЧУЛОК
НАЧАЛ
СМЕХ

```
П Л О С О Н У Р И М П У Ф Р Р Е О
Е Р О Д У И С Е Ь Т И Л О В У П И
Т М О С Е М Т А Н И П Ш Д Л И Р О
А М О Щ С М У Л Е Н Т Ц А Р Д И Л
С Т С У А У И Ь Б Д А О Т И Е Ч А
П М Т И П Й Н Н Е Е И Ч С И Л И Ч
М Р Р Р И З Ы Р Е Ф С А Л Е Н У
Н Ц И О В Р Е Е Г Х У А Р Л А А Л
Т А О Н Р А М О П Е Р А Ц И Я В О
Р У И Т Е С Л Ф П М У Ц Ц И К Л К
И И Е В Т С И Р О С М И Л И Р Д И
М И Ж О Л О П Д Е Р П П Л И Т А Д
Р И У С Е Л О Т Р А Ж А Т Ь Т Т И
М Л И Н С Г У О О О У И И Е У Я В О
О С У Е О Д М И П М Ф У Е С Е М Т
```

Puzzle 459

```
Д И Н У О О Р С Н С О Т Е Е Н Н С
Е Д Н Т И Ш Л Р Ф И Р У Н И А С Д
А М Е Т Ф Е И Н А В А Л П К П С Р
Ь Ч О Н П Г Ф Б У С Н С Н С О У Л
Т И С Т Ф О И А К З У Л Б Е М Л Е
С И Н С У О Л И И А К Ш А Ч И И Г
А И Х У В Т Р У Б А Ш К А И Н Ч Р
Ч К О И Т Д В Н Е А Е Е Ф З А Н А
Е П И Ц Й Е Ж З О П Н Е П И Е Ы Н
А В В Т Д Л И С М В С Л Т Ф Т Е И
Т Е М А П Ь С О Д Е Р Ж А Т Ь О Ц
М Т О П А Н И Щ Н Е Ж У Л Е А Е Ы
П Л Т С Р Ы С О Л О В Ф И Р Р У Р
М С М О Е Й Р А Н О И П П У И Е Л
И С П О Л Ь З О В А Н И Я Я О М Р У
```

СОДЕРЖАТЬ
ОТДЕЛЬНЫЙ
УЛИЧНЫЕ
ВОЛОСЫ
ЧАСТЬ
ПОЗЖЕ
КИТ
НОЧЬ
ИСПОЛЬЗОВАНИЯ
БЛУЗКА
НАПОМИНАЕТ
ГРАНИЦЫ
ОШИБКА
РУБАШКА
ФИЗИЧЕСКИЕ
ЧАШКА
ЖЕНЩИНА
ТИХИЙ
ПЛАВАНИЕ
РАНО

Puzzle 460

РАБОТЫ
СОВА
МНОГИЕ
ОБЛАСТЬ
ЗНАЛИ
ГИГАНТСКИЕ
СЛЕДУЙТЕ
ТЕМНЫЙ
СОЛНЦЕ
ОБУВИ
БОБ
ПРОСТИТЕ
ВСЛУХ
МИЛЛИОН
СЕЙЧАС
ВИНА
СНИЖЕНИЕ
НЕКОТОРЫЕ
ПОСТ
ТАЙНА

```
Е П Е О П О Р Н О И Л Л И М Т С С
М С И Т У И М Е С Л И М Р О Е И Е
Н Е Р И С Д Л К Е А Н И В А М С Й
О Ь Т С А Л Б О И Н Т А Р Е Н Л Ч
Г Е Г И Р Н У Т О З У Н В А Ы Е А
И Е И В Н Д Т О Р М Н Й Р О Й Д С
Е Л Г Р С У Т Р С Ф Т А Е У С У Ц
Т Я А Б Н Л Н Ы Е М Р Т Р С Н Й У
И Т Н И М И У Е О Б У В И В И Т Т
Т Ы Т О Б А Р Х М С Р Р Р А Ж Е Р
С И С П А И П С И П Е М У М Е Е Д
О Е К М О О М С Е И Р Р П Р Н О М
Р Г И М У С И Т Т Р П Е С Е И Ц Е
П Л Е С Б А Т Р О У И У Р Л Е Е Н
С О Л Н Ц Е Б О Б И И М У Ц Е А С
```

Puzzle 461

```
Н С И Е С П Р С Е О У Р Р П М Т Л
С О У А Т О Я Й Ц О У Е Е М Т В Е
О О Г У Е Н А Л Ы Б И У У А Л Н И
Ц С Е А Е Р Н Ь Т И Н Е М З И Е В
И И М Х М А Т Б Т С А Н А Н А З И
А С Е А В В С О Ф А А Л Е Т У А Д
Л В И П Р И О Л М П Ж Ф В А М П Е
Ь М Т Е А Л Р Ь У С Е Е Ф Л О Н Л
Н Д У Р П О Я Ш Е У А М Б Е У О С
Ы У М Е О С У И Н Г И О И З К У В
Е Т У Ч Ь О Н Р Л У Е И Т И Т И
Л Е В И О П И С Д И Р Е К Т О Р Е
Т У Н С Я А Р Т С Ы Б М Т А Е А Е
У Я С Ь Т Я Л В И Т О Р П О С М С
У М И И У И И О Е Е И Н Р У Г С Е
```

ПОНРАВИЛОСЬ
АНАНАС
ЯЙЦО
БЫЛ
ИЗМЕНИТЬ
АФФЕКТ
ДИРЕКТОР
НОГА
ВНЕЗАПНО
СПАСИБО
ВИДЕЛ
ЯРОСТНАЯ
ВАМ
ИЗБЕЖАТЬ
СОЦИАЛЬНЫЕ
БОЛЬШИНСТВО
БЫСТРАЯ
СОПРОТИВЛЯТЬСЯ
ЧЕРЕПАХА
ПРУД

Puzzle 462

КРАСИВЫЙ
ВЕДЕТ
ПОПЛАВОК
УКАЗАТЬ
КАЛИТКИ
РЕПУ
ПРЫЖОК
РЕБЕНОК
МОЩЬ
СОБАКА
ИСКАТЬ
АТОМНОЙ
ВОЗМОЖНО
ПОЛИТИКА
ВНИМАНИЕ
ПРОСТИТЬ
ДЕЛАЯ
ПРИВЛЕКАТЕЛЬНАЯ
ЗНАМЕНАТЕЛЯ
КОГДАНИБУДЬ

```
О И Т Е Д Е В П П О П Л А В О К П
П О А К А Б О С О Т Т О А А П И Р
Р Г Т О И О З К П Л Е О У У М Л И
И О Т Ж И Я М Р А Г И Д Д И Д П В
О Н У Ы И Л О А Е Л Н Т Р И С Т Л
А Е Т Р И Е Ж М И Е И А И Т И А Е
Й Р Ь П Ь Т Н Л Е Д Ь Т А К С И К
Ы Н Т О Т А О У Е Е Щ О К Е А А А
В Н И М А Н И Е М Р О Е Е И С Е Т
И С Т Л З Е Я П Р П М Л И Ц О М Е
С И С А А М У А Т О М Н О Й У О Л
А И О Н К А У В Л Р Е Б Е Н О К Ь
Р Е Р И У Н Л Т М Е И Р Р О У Л Н
К У П Е Р З У И И С Д Н Р И М Р А
К О Г Д А Н И Б У Д Ь А М Ц И Р Я
```

Puzzle 463

А	У	Р	А	Й	З	Г	Л	А	З	Т	Е	С	Т	З	С	С
У	Е	Е	Ы	Л	А	Т	С	У	Ф	П	Л	А	Р	А	Р	Н
Т	Т	Ц	Е	Й	К	Ч	Е	М	С	А	М	Х	Е	П	Л	М
Т	Т	И	У	Ы	А	В	Т	Н	С	Т	Р	А	Б	О	Н	Ц
Е	И	В	У	Н	З	А	И	Т	Б	У	А	Р	У	В	А	Я
К	Р	О	В	Ь	А	Н	О	Р	О	В	М	Н	Е	Е	И	У
С	С	К	С	Л	Т	И	Н	Н	Т	М	Е	Ы	Т	Д	А	Л
А	Е	У	Т	А	Ь	Л	С	У	О	У	Ч	Й	С	Н	И	Е
О	Е	Л	И	Р	П	Д	Е	О	Т	М	А	Н	Я	И	М	И
Ж	М	Е	Н	Т	М	Р	Т	Е	Ч	Ф	З	Л	И	К	У	С
И	И	М	О	Н	М	А	Т	О	Т	Е	Е	Р	Ь	И	О	Г
Д	И	Р	О	Е	П	О	В	Т	О	Р	Я	Ю	Т	Н	О	М
А	С	Т	О	Ц	С	О	С	Т	О	Я	Н	И	Е	Т	У	Р
Т	С	А	С	О	Т	Т	Т	О	Р	Г	У	Й	О	Е	И	Ю
Ь	В	Н	И	М	А	Т	Е	Л	Ь	Н	Ы	Й	Е	О	Е	И

КРОВЬ
ЦЕНТРАЛЬНЫЙ
ТРЕБУЕТСЯ
ЛУКОВИЦЕ
СОСТОЯНИЕ
ОЖИДАТЬ
ВНИМАТЕЛЬНЫЙ
САХАРНЫЙ
ЗАКАЗАТЬ
ВОРОНА
ВИРТУАЛЬНУЮ
УСТАЛЫЕ
ПОВТОРЯЮТ
ЧТОТО
ГЛАЗ
ЧАЙ
ДЛИНА
ЗАЧЕМ
ЗАПОВЕДНИКИ
ТОРГУЙ

Puzzle 464

РОК
КАПИТАЛ
ОПАСНО
ОВЦЫ
ИЛЛЮСТРИРОВАТЬ
ВЫСОКИЙ
ФАЗА
ОБЪЯВИТЕ
АКТЕР
УСПЕХА
ПРАВИЛО
ИЗНОШЕННЫЙ
СТРАННАЯ
БУТЫЛКА
ПРОДОЛЖАЙТЕ
УДАР
РАКЕТА
ДИКИЙ
ПТИЦЫ
ПИЛОТ

А	И	С	А	Л	И	З	Н	О	Ш	Е	Н	Н	Ы	Й	О	Б
Т	М	Е	И	С	Д	Н	Л	Ь	Р	О	Н	Е	У	П	Б	У
Р	И	М	А	Ф	И	Я	Л	Т	Т	Е	И	У	Е	С	Ъ	Т
У	Т	Р	Е	Т	К	А	З	А	Ф	О	И	Е	И	П	Я	Ы
И	Ц	А	Р	С	И	Н	Е	В	Т	Л	С	И	У	П	В	Л
Т	Т	Д	Е	Р	Й	Н	Т	О	Л	И	П	М	И	Ф	И	К
Т	И	У	И	Л	И	А	Й	Р	Р	В	П	Т	Е	И	Т	А
Е	Н	Л	Т	М	К	Р	А	И	А	А	И	А	А	А	Е	И
О	Н	С	А	П	О	Т	Ж	Р	К	Р	П	У	К	Е	Е	Е
У	Т	Е	Н	М	С	С	Л	Т	Е	П	М	Т	Т	П	Н	Д
Л	О	П	У	И	Ы	Е	О	С	Т	И	М	Е	И	Е	И	Т
О	В	Ц	Ы	И	В	С	Д	Ю	А	Г	Т	С	И	Ц	С	П
У	Ц	М	Л	Г	И	Т	О	Л	М	М	Р	С	А	А	Ы	С
Е	Е	У	П	О	С	А	Р	Л	Д	Р	А	У	С	П	У	Л
У	С	П	Е	Х	А	Г	П	И	Р	О	К	Е	И	Н	Р	У

Puzzle 465

Е	И	О	Г	Н	С	С	И	Б	У	Е	Т	А	И	А	Е	Л
З	М	Е	О	В	И	Н	П	И	У	Т	Е	И	Л	С	Р	У
Н	У	М	В	П	Р	И	Ш	Е	Л	А	О	А	А	Л	О	Й
А	В	Р	О	М	С	А	Е	С	П	Л	И	О	Ж	М	С	И
Ч	И	Р	Р	Й	И	К	С	Е	Ч	И	Т	И	Р	К	Т	К
Е	П	С	Ю	Ф	А	С	У	З	П	О	Т	В	Е	Т	Л	С
Н	Н	У	Т	Е	Н	У	К	Д	Е	О	М	А	Д	И	А	Й
И	С	Ц	М	О	Т	Т	О	А	Т	А	Л	С	И	В	Н	Е
Е	Е	И	Р	М	Т	Ф	С	М	Т	О	О	Н	А	Г	Ц	
С	О	В	Е	Т	Ы	И	С	О	И	О	Х	О	С	И	И	И
Я	Г	Н	Е	Н	О	К	Я	С	С	У	Л	Р	Л	Т	С	Л
С	Е	К	Р	Е	Т	А	Р	Ь	Т	А	Л	Д	Н	О	Ь	О
М	Н	О	Г	О	Ч	И	С	Л	Е	Н	Н	Ы	Е	М	Т	П
М	С	Н	М	С	А	П	Е	А	М	Н	Л	А	П	У	И	У
Т	М	И	У	Е	И	Е	Т	Р	Е	О	У	Т	И	С	М	С

ДЕРЖАЛИ
СОВЕТЫ
СИГНАЛ
ПОЛОСТЬ
ГОВОРЮ
ВО
РОСТ
СЕКРЕТАРЬ
ОТВЕТ
ВНЕ
ХОЛМ
ПОЛИЦЕЙСКИЙ
МНОГОЧИСЛЕННЫЕ
ФОКУС
ИСТОРИЯ
ПРИШЕЛ
ЗНАЧЕНИЕ
ЕЗДА
КРИТИЧЕСКИЙ
ЯГНЕНОК

Puzzle 466

КРАТКОЕ
СОСТОЯНИИ
ПРОВЕСТИ
ЛЕБЕДЬ
СЧАСТЛИВАЯ
РЕБЕНКА
МЯЧ
КОРОВА
РЕЗУЛЬТАТ
ФЛАГ
ЗВЕЗДЫ
СМЕЯТЬСЯ
ДЫРА
АНГЕЛ
КАРТИНКА
ДЕПРЕССИЯ
НАСИЛИЕ
ДОСКУ
СЮДА
ФОРМА

Р	Д	А	Н	И	Р	О	О	И	С	Г	Н	С	Р	В	Ф	Ц
Е	Е	О	К	Т	А	Р	К	Н	О	Т	А	М	Р	Е	О	С
С	И	З	С	Д	Ы	Р	А	М	И	У	С	М	А	Л	Р	Л
И	В	Ц	У	К	Т	И	С	Е	М	О	И	С	М	Т	М	К
У	В	Т	Р	Л	У	А	И	И	Т	С	Л	Е	Г	Н	А	А
Е	О	О	Я	С	Ь	Т	Я	Е	М	С	И	Б	Е	Т	И	Р
Я	И	И	Н	Я	О	Т	С	О	С	М	Е	А	О	Е	М	Т
И	К	О	Р	О	В	А	А	Д	Ю	С	И	Ф	Л	А	Г	И
С	Н	Е	О	М	Т	И	И	Т	С	Е	В	О	Р	П	З	Н
С	О	Я	В	И	Л	Т	С	А	Ч	С	М	И	Н	В	К	
Е	И	В	О	М	Т	Н	Е	И	У	Я	А	Т	А	С	Е	А
Р	Е	Б	Е	Н	К	А	Л	Б	Н	М	М	Е	Р	А	З	Р
П	Т	И	И	М	Е	С	О	О	Е	Р	И	И	Н	Р	Д	Е
Е	О	Е	У	Т	Ф	А	П	Л	И	Д	П	Е	Е	И	Ы	А
Д	И	Л	С	С	С	С	И	А	У	О	Ь	О	Н	И	А	П

Puzzle 467

```
Д Г Л А В Н А Я Я Р Т О М С Е Н Ш
О Е Г Д И Т И С А Е Е С О Р О В О
К У Р С Н А Л Е Р О Л Т Л И Н И К
Т Т Г О Р Я Ч А Я О Е Р Н Р Ч Н О
О Ц И Л Е И Л У И У В М Р А О О Л
Р Т О Г Л Н У Ч М А И Т М Т Т Г А
Г Н Н Р Р П Е И Щ Я Д О Х У А Р Д
Я Щ Е Р И Ц А Т Е Е Е Д Р А Т А Н
Ь Т И Т С А Р Ы В Е Н М У Е С Д А
С Н С Р И В И В Н Т И И Н С О З Я
Р О Д И Л С Я А А И Е С У Л Д А Т
Ы О Ф Н Л А У Я Т С Е И Е И Я Б Р
И С П О Л Н И Т Е Л Ь Н Ы Й С О И
У З А С Т Е Н Ч И В Ы Й С Р Р Р И
Н Н Н Ч П О Д Д Е Р Ж И В А Т Ь С
```

ТЕЛЕВИДЕНИЕ
ТИГР
ВЫРАСТИТЬ
УХОДЯЩИЕ
НЕСМОТРЯ
ШОКОЛАДНАЯ
ПОДДЕРЖИВАТЬ
ВИНОГРАД
ЗАСТЕНЧИВЫЙ
ГЛАВНАЯ
УЧИТЫВАЯ
РОДИЛСЯ
ЛИЦО
ЯЩЕРИЦА
ДОКТОР
ЧАСЫ
ИСПОЛНИТЕЛЬНЫЙ
ЗАБОР
ДОСТАТОЧНОЕ
ГОРЯЧАЯ

Puzzle 468

БЕССМЫСЛЕННО
ПОДДЕРЖКА
НАДЕЖДА
ОБНАРУЖИТЬ
ОСНОВНЫЕ
РАЗВЛЕКАТЬ
СОЛНЦЕЗАЩИТНЫЕ
ОСТАЛЬНОЕ
ПАУКА
КРОШЕЧНЫЙ
ПЛАТИТЬ
МОМЕНТ
МОРЩИНА
ГОРОХ
ОЖОГОМ
КРАСИВО
СЧЕТА
ПОЧТА
МЕДНЫЙ
ДЛЯ

```
О Н Н Е Л С Ы М С С Е Б О Т Р П О
С С Н Т Е Е Х О Р О Г Ц Е М А О Б
О О Т А А Т А Р О Ж О Г О М З Ч Н
Р С Л А Т М Е Щ Н Л Е А О И В Т А
С М Н Н Л Ь Т И Т А Л П С П Л А Р
Е Р И О Ц Ь О Н У О П Р И Ц Е К У
Р И Р О В Е Н А К У А П Л Н К Ж Ж
Ф Н А Ц О Н З О М О М Е Н Т А Р И
С А Ц М О Н Ы А Е С Д Р Е С Т Е Т
К Р А С И В О Е Щ Р И С М О Ь Д Ь
К Р О Ш Е Ч Н Ы Й И А У Т Я Л Д У
Н А Д Е Ж Д А М Р Р Т И Р А Н О М
У Е Е М Р Т О И Т Т Е Н О О М П О
Е Ф И Т Н Е У Е Ц Т Ч Й Ы Н Д Е М
П Н Е У Е Р С Н Е Е С П Т Е У У Р
```

Puzzle 469

```
Т Т П П Т П Р П М Ф У М Е Д И С Т
О Ю Р Т С Р В А О О М Т Т У И М Е
Н Р И О Л Е О Г З С О Г Е Ш В Ы Б
К Ь Е Н Ц Д И Е Т Г Т З А Д А Т Ь
У М М И Л О О С С М О О Е П Д У Р
Ю Ы Б Т Р В П Т Н П В Я С О Л Р
Й Ы Н Н Е В Т С Е Т С Е О Н Е Т Е
О О А Т Т Р С С М У М И Я Р Н П О
Ш У У С Н А И П Л И М О Н А Д О Т
К А Т С Т Т Е Ф Е С Е А Е С А И Е
А А Р Т Т И А Р С Ш О Т Н Е П Е У
Ф М М Т Е Т Т Е Е И И К Ч О Л У Б
И О О О У Ь Л А Т Е Д Т А У Р П И
П А Л Ь Т О Р Т И И М О Ь С И О Е
П Е Р Е М О Т К А Я З Ы К О В О Й
```

ШКАФ
ЗАДАТЬ
ЯЗЫКОВОЙ
БУЛОЧКИ
ПОСТОЯННОЕ
РАЗГОВОР
ПРИЕМ
БЫВШЕГО
ЛИМОНАД
ТОНКУЮ
МУМИЯ
ТЮРЬМЫ
ДЕТАЛЬ
ЛОСЯ
ПОТОМУ
ПАЛЬТО
ПЕРЕМОТКА
ПРЕДОТВРАТИТЬ
СПЕШИТЬ
ЕСТЕСТВЕННЫЙ

Puzzle 470

ЩЕДРОСТЬ
СЕНСОРНЫЙ
ДУРАК
ОБСЛЕДОВАНИЯ
ПЕРСИК
ЗВУЧАТЬ
НИЖЕ
ЛЕВ
ЗАНАВЕС
УЗЕЛ
НАШ
КРАСИВЕЕ
ЕЖ
СТАКАН
ЗАДАЧА
БАСКЕТБОЛ
ГРУППА
КОМПЛЕКС
СКУЧНО
ЛУЧШЕ

```
О Г У Р Т С И С Б Ш С Л Е В А Е Т
Б О Р Е Ц У И Е Ф А Ь Т А Ч У В З
С И П У О Е П Н А Н С О А Г Н И Д
Л Е З У П Н П С А К Е К И К Т О Р
Е С К Е Л П М О К Р В И Е Ь А М С
Д О Р П Ф М А Р С А А С Ш Т О Н У
О Н И Ж Е Т Ч Н А С Н Р Ч С Б Е П
В И Р Е О Е А Ы Л И А Е У О О О Р
А Е Т С Р У Д Й Е В З П Л Р Д Н Л
Н Е А П М И А Н Т Е Е А М Д У Ч Н
И Т Т Н Т У З И Ф Е Г Е Е Е Р У С
Я С М Т Е Е О Е М Л У О Е Щ А К Н
С О У М И Л Е Е Т И У Д П С К С Е
Т А Т И У О Е Р У Н У У О И Г Я С
И О С Ф Е И М Р А Е Ф О О С Т И Т
```

Puzzle 471

```
П Р О С Л У Ш И В А Н И Е Л П Н И
О О Р Д И Ж И М Г Л М Т И У Р А У
Н Ч Т Т А И К Ю Р Б О Г Н Н О С О
О О К С И В С У Р М Л О Е А Д Е И
Н Т Е И Я А Н Ч Е Н О К Ш А У Л Н
О К Е И Я Н Д О Г Е С Е А Ь К Е Е
Н Й У С Е Е О Н Д Ц А Е Л Т Т Н Н
Л Ы У К Н Н В Т В Т Т Л Г Я С И Б
О Н Н В Л И И С Й О Н Д О Р И Е С
Н Й Е А С А Р Е С С Т И С Е В А М
О А Д Л Р С П О Р И С О Л Т И В О
Е Ч П Р И Я Т Н О У Ф С Е О Т С С
П У Г А Л О Н С Л Н Е О У П У О Е
И Л Е Т С У П О Е О И Я А Ф М П Я
Т С В У И У И Р С У Е А Н У И Т Ф
```

ПРИВОД
СЛУЧАЙНЫЙ
РОДНОЙ
НЕНАВИЖУ
ОПУСТЕЛИ
НАСЕЛЕНИЕ
КОНЕЧНАЯ
ПРИЯТНО
ПУГАЛО
ПРОСЛУШИВАНИЕ
ВЕСИТ
СТОП
ПРОДУКТ
ПОТЕРЯТЬ
ОЧКИ
СОГЛАШЕНИЕ
СЕГОДНЯ
ЛУНА
КУКЛА
БРЮКИ

Puzzle 472

СЕСТРА
ПУСТОЙ
НОЖ
ИДЕНТИЧНЫЕ
СЕЛЬДЕРЕЙ
ПИЦЦА
СЭР
ОБЛАСТИ
СОКРОВИЩЕ
НЕДЕЛЯ
СМОТРЕТЬ
ЧАСТИЦЫ
СТАНДАРТНАЯ
КОМБАЙН
ПРОГУЛКА
БУМАГИ
ПИЩЕВОЙ
ПРЕДУПРЕЖДЕНИЕ
ТЕЛЕФОН
ВЫБРАТЬ

```
С И Т Т Н Е Е Т Е С Л П А М А С П
М Е Е П П Ц О У М Л И А Е Р К Т Р
У Л М У А Е А И И Т С А Л Б О А О
Т Б С С М А Р Т С Е С И М Н М Н Г
В Е Р Т Л Ц О Э Е А Ф У А И Б Д У
У А У О П Ц Ц О С Е А И О Ь А А Л
У Т Й Й П И Щ Е В О Й В М Т Й Р К
П Р Е Д У П Р Е Ж Д Е Н И Е Н Т А
Т Е Р Е Н В Ы Б Р А Т Ь Р Р И Н У
Е Т Е П Н О П Т У Т Ы Ц И Т С А Ч
Л Л Д Е Е Л Ж И А Ф Р У Е О С Я М
Е Ь И Д П М А И У И Г А М У Б Т
Ф У Л М Е Д Л У И А Р И Н С О Т О
О Л Е М Л И Д Е Н Т И Ч Н Ы Е Ф М
Н Ф С Е Я М С С О К Р О В И Щ Е Е
```

Puzzle 473

```
Д У Е О С У Н И П Ц У В Т П П С П
И Е Ц Б М Е С Н Р И Р Е У О О Ф О
А П С Т Н Г У И И Е Н О У Д Л Т Д
И М Л Я Д И Т Т М И Д Т Ч А О Р Н
С У Е А Т М О С Е В С И Ю Р Ж А И
А К Т Л К А Д Е Р Т Е И Л О И Д М
Т Е З И С А Я О Р С Р Т К К Т О А
Т Р О П С О Л Е В Й М Н Т Н Е С Т
Т Е П Л О С Д Р У О Е Т Р Н Л Т Ь
Н А К О Н Е Ц Е А К В А Р П Ь Н В
Ц С У С Е Д Е Т И О И С О С Н О Е
У Г Т Д Р И Л Т Р П А Е Т Р Ы Р Р
И М И Л У С И Т Ф С С С В Н Е Е Н
Э К С П Е Р И М Е Н Т Л Л М Т Е Ы
Л И П О В Е Р Х Н О С Т Ь Р Т В Й
```

СПОКОЙСТВИЕ
ПОДНИМАТЬ
ПЛАКАЛ
ПРАВКА
ТЕЗИС
ВЕЛОСПОРТ
ПРИМЕР
ТЕПЛО
ЛИДЕР
НАКОНЕЦ
ПОДАРОК
ПОЛОЖИТЕЛЬНЫЕ
ЕДА
ПОВЕРХНОСТЬ
РАДОСТНО
АКТ
ВЕРНЫЙ
КЛЮЧ
ДЕСЯТАЯ
ЭКСПЕРИМЕНТ

Puzzle 474

ПОГОДА
КОМНАТУ
ГРАД
РОЖДЕНИЕ
ПРОВОДА
ДОСТУПЕН
БЕЙ
РАССТОЯНИЯ
КОЙОТ
МАКЕТ
ТЕМА
ЗАКЛЮЧЕНИЕ
ПРОИЗОЙТИ
ВОДА
ЭЛЕМЕНТАРНО
ВЫСОКОЕ
ЗЕРКАЛО
ФИЛЬМ
ВОССТАНОВЛЕНИЕ
СОТНИ

```
В М Р Т Н М М В Ф Р З И Л В Е С Н
У Ы Т В Ц А А О И А О Е Ф И Т Т У
Е Р С Л О К Т С Л С Т И Р П Д Д А
Р Е О О Р Е Р С Ь С У Н К К Т Р У
Э Е Т И К Т Р Т М Т П Е О В А И И
Л Г Р А Д О М А З О О Д Й А П Л У
Е И П М М У Е Н А Я Г Ж О Н Р И О
М О У Т А Н М О К Н О О Т Н О П И
Е С Е Р И М Е В Л И Д Р М В В М У
Н Р Г Б Е Й Д Л Ю Я А Т Е О О У Т
Т Е У И Т Т Е Е Ч Т Т М Р Д Д П Е
А Р В И И Т Е Н Е У У О Е А А О А
Р Е С Т Т Н И И Н Т О С И Т В Т Е
Н Р И Н И С Е Е И Т Й О З И О Р П
О Е И М Е Е Е Н Е П У Т С О Д А М
```

Puzzle 475

П	Т	С	И	Н	К	И	П	Н	Т	Р	Е	Н	А	Е	Р	У
Р	Е	Р	Е	Н	Л	А	Т	У	И	И	Л	А	Т	С	С	Н
А	Н	Я	Ь	Т	А	Т	С	А	М	В	Т	А	А	У	С	И
В	Н	М	И	Е	С	Л	У	М	С	У	Е	И	О	М	С	О
И	И	И	Л	И	С	С	К	О	Р	О	С	Т	Ь	М	И	И
Л	С	Т	И	У	С	М	О	И	О	И	Е	Ф	Т	И	М	Р
Ь	Т	У	С	Й	Ы	Н	Ч	И	Т	Я	С	Е	Д	Р	П	А
Н	И	Е	Р	У	Ф	С	А	Ч	С	Д	Ф	Э	А	О	О	С
О	Л	А	Д	Н	О	Е	М	Д	Р	К	И	Т	Т	В	Р	Т
Е	О	Б	У	Ч	Е	Н	И	Е	Е	Т	Р	И	Б	А	Т	Е
Т	И	А	С	Т	Б	И	Г	У	Ф	Ж	А	Ы	Н	Т	Е	Н
У	У	У	Б	Д	Е	Н	Ь	Г	И	Н	Н	К	Т	Ь	Л	И
В	Ы	З	Ы	В	А	Ю	Т	Т	О	Р	Е	Ы	О	Ь	И	Я
Н	М	Т	С	О	У	У	Е	Ф	Е	О	Н	Т	Й	Й	Л	И
С	Л	Т	Р	У	Н	Р	Р	Е	Т	Е	И	П	А	И	Е	О

КЛАСС
ЛАДНО
ЧАС
НАДЕЖНЫЙ
РАСТЕНИЯ
ОБУЧЕНИЕ
СКРЫТЬ
ТАКОЙ
ПИК
ИМПОРТ
ЭТИ
ИВУ
СТАТЬЯ
ТЕННИС
СКОРОСТЬ
СУММИРОВАТЬ
ВЫЗЫВАЮТ
ПРАВИЛЬНОЕ
ДЕСЯТИЧНЫЙ
ДЕНЬГИ

Puzzle 476

НАЛИТЫЕ
УРОК
ПОБЕГ
ПАПУ
ПРЫГНУЛ
ХОЛОДИЛЬНИК
ТРЮК
ВОСЕМЬДЕСЯТ
УДОБНАЯ
НАОБОРОТ
СДЕЛАНА
ДЕТСКАЯ
ЗАПУСКА
ПЕРЕЧЕНЬ
ВОДИТЕЛЬ
СВЕЖИЕ
НЕВИДИМЫЙ
ПРЕДСТАВЛЯЮТ
КАЖЕТСЯ
СИДЕТЬ

В	П	Е	А	С	Х	С	Н	А	Л	И	Т	Ы	Е	С	П	В
Е	У	О	У	И	О	Н	В	Т	Е	У	И	Л	У	Д	Е	О
С	М	Ф	М	Р	Л	Ь	Т	Е	Д	И	С	У	А	Е	Р	С
П	О	Б	Е	Г	О	У	Л	И	Ж	Е	И	Н	Л	Л	Е	Е
Е	Я	Е	А	И	Д	А	Е	М	А	И	Н	Г	М	А	Ч	М
П	А	П	У	М	И	У	С	У	Р	Р	Е	Ы	П	Н	Е	Ь
М	Н	Т	Ю	Я	Л	В	А	Т	С	Д	Е	Р	П	А	Н	Д
У	Б	Л	Е	С	Ь	Е	Р	Н	Я	Н	Н	П	Т	И	Ь	Е
И	О	Р	А	Т	Н	А	Н	И	А	К	С	У	П	А	З	С
Ц	Д	С	И	Е	И	Р	М	Е	К	О	Т	Г	Р	С	У	Я
Л	У	О	И	Ж	К	У	Б	С	С	Р	Б	Р	Р	Н	Е	Т
С	Т	Е	Л	А	У	А	Ц	Е	Т	У	И	О	Ю	И	Р	Р
С	И	Р	М	К	Ц	Н	О	У	Е	Н	Т	О	Р	К	И	У
В	О	Д	И	Т	Е	Л	Ь	Е	Д	С	Р	И	И	О	Е	Е
Н	Е	В	И	Д	И	М	Ы	Й	И	У	Р	Е	И	С	Т	И

Puzzle 477

Ш	Е	У	Е	У	О	Р	О	В	Н	И	И	Т	Э	Ц	И	И
Ь	Т	И	Н	Е	Ц	О	П	Т	А	У	Т	Ц	Е	Т	О	О
Н	М	У	С	И	У	Р	А	С	Ц	Г	Р	У	Ш	А	У	Г
И	Е	Т	К	О	Е	Т	У	Е	И	Н	Е	П	Т	Р	С	Р
Д	Е	О	О	А	Л	Ь	Р	О	П	Б	Л	Ю	Д	О	А	
С	Б	О	Р	К	А	Д	Т	А	Н	О	К	П	Н	А	В	Ж
В	И	О	Т	И	Е	Н	А	Е	А	С	Р	А	Е	Т	Т	Д
Н	С	И	О	Ч	И	У	З	Т	Л	Е	О	М	Т	П	С	Е
Д	У	Р	Ь	В	У	А	Т	Ь	Л	Л	Я	Т	Е	С	Н	
И	И	У	М	Л	Е	Р	К	У	Н	Е	И	Т	П	О	У	И
Е	А	Т	М	А	Е	П	А	Д	Ы	Н	Ч	Ь	Д	М	К	Е
О	А	М	С	М	Е	Е	Н	Л	Й	Ц	Ь	И	Л	А	С	Е
М	Е	Л	Ь	Н	И	Ц	А	Л	Е	Ы	И	И	С	Е	И	Р
С	А	Т	М	П	О	Л	И	Т	И	Ч	Е	С	К	О	Е	И
С	И	С	С	Л	Е	Д	О	В	А	Н	И	Е	Т	Л	Т	А

СБОРКА
НАЦИОНАЛЬНЫЙ
КРОЛИЧЬИ
ЭТУ
ПЕНИЕ
НАКАЗАТЬ
ПАМЯТЬ
ПОСЕЛЕНЦЫ
ГРУША
МАЛЬЧИК
ИСКУССТВО
ОГРАЖДЕНИЕ
ИССЛЕДОВАНИЕ
ШТУКА
ОТЕЦ
МЕЛЬНИЦА
ПОЛИТИЧЕСКОЕ
ОЦЕНИТЬ
СОЛДАТ
БЛЮДО

Puzzle 478

ЛИСЫ
ЧЕТВЕРТЬ
ФУНТЫ
ЗАВИСИМЫЙ
ИНТЕРЕС
ВСТРЯХНУЛ
ГРЯЗНЫЕ
ХЛОПОК
ФЕРМЕР
ЭКОНОМИКА
СТОЛ
НЕСЧАСТНАЯ
УХОД
ЛИ
РУТИННАЯ
ПОДХОД
КАКАО
СМЕЯЛАСЬ
ПАЛЕЦ
НЮХАТЬ

У	Р	А	А	Л	Х	М	Т	С	С	Э	Е	Л	У	Ч	У	И
Т	Т	О	Е	М	Л	О	Т	С	М	К	Н	Р	Т	Е	У	О
М	И	И	Р	А	О	И	Е	В	Е	О	Я	С	Б	Т	Р	У
У	О	Н	Р	М	П	В	И	Я	Я	Н	А	Т	Е	В	О	В
Х	Г	Л	И	Д	О	С	И	А	Л	О	Н	С	Р	Е	Р	Д
О	М	У	У	И	К	Т	Т	Н	А	М	Т	О	Е	Р	Н	У
Д	М	У	В	В	О	Р	Е	Н	С	И	С	А	Р	Т	Ю	И
Ф	Е	Р	М	Е	Р	Я	П	И	Ь	К	А	Р	И	Ь	Х	Е
И	О	Ы	И	Я	У	Х	О	Т	Н	А	Ч	Т	А	Л	А	С
А	Л	Т	Н	Ф	М	Н	Д	У	М	Т	С	И	В	Е	Т	Т
Н	И	Н	Т	З	Е	У	Х	Р	М	Ц	Е	Л	А	П	Ь	Н
Р	С	У	Р	И	Я	Л	О	С	О	А	Н	Р	И	Н	Р	Е
Е	Ы	Ф	И	Е	М	Р	Д	К	А	К	А	О	Е	С	Ц	О
Е	Н	А	У	Т	И	Б	Г	А	У	Л	Т	П	М	С	С	Д
З	А	В	И	С	И	М	Ы	Й	Н	Д	А	У	И	Е	У	И

Puzzle 479

```
Б Л Ю Б Е Л Л К О П Е Й К И В З Б
П О Л И Ц И Я П Р О С Т А Я З Е Е
Н Т Д У И Е Н Л Л М Я А С У А М Л
И О О О У О Е Е Т Т Я С У Т И Л Ы
В М В Б Е С П Л А Т Н Ы Й Д М Е Й
Н Е Т С А Е Я А А С Н П О Ы О Р И
Е Е С П У Л Л М О У Е Е В Ш Д О Т
У С Д О А Щ Н И Е Т Р Н Е У Е Й С
Е О О П Е Р Е П Е И Т М Л Я Й К П
Б Ы В А Е Т Т С И О У Т У Ф С А У
Е Р З Е Е М Д Н Т Т Н Л Н С Т М Е
А П И Т О У Р П Е В В Т Р И В О Р
И Ф О А У О Н У Р У У С Е И У У
О Т Р В С Т А В И Т Ь Ю А А Е Т М
Е У П С О Ч Е Т А Н И Е Т О Ч Т С
```

НУЛЕВОЙ
БЕЛЫЙ
ПОЛИЦИЯ
ПАРТНЕР
ВНУТРЕННЯЯ
ВЗАИМОДЕЙСТВИЕ
СОЧЕТАНИЕ
КОПЕЙКИ
БЛЮБЕЛЛ
ЕЕ
БЕСПЛАТНЫЙ
ДЫШУ
СУЩЕСТВУЮТ
ВСТАВИТЬ
ПРОСТАЯ
ЗЕМЛЕРОЙКА
БЫВАЕТ
ПРОИЗВОДСТВО
РОВ
ЧАСТНОЕ

Puzzle 480

УДАЛИТЬ
МАЛОЛИТРАЖКА
УВЕРЬТЕ
ЦАПЛЯ
НЕБОЛЬШОЙ
СПОСОБ
ТРУС
УЛИТКА
СДЕЛКА
МЕНЕДЖЕР
ЛЮБОЙ
МОРАЛЬНЫЙ
КРИК
КРУГ
ЗАКЛАДКИ
СОЛЬ
КРОВОТЕЧЕНИЯ
ИСКЛЮЧЕНИЕ
ЮГ
ОСТОРОЖНЫЙ

```
Б И Н М А Л О Л И Т Р А Ж К А И И
С Н У И И Е В М Т М Б Т А Е У С Т
Е Е И Е Е М Л В В П О И С О Е К У
К Р У Г А Н Ц Д М Ц С Н А П Т Л О
М И К Н Е Б О Л Ь Ш О Й У П И Ю М
У О И В У У Е Н Е Т П Я Е Р У Ч Е
В Р Р О Е А К Л Е Д С С Е А Р Е Н
Е Е К А Е И К Д А Л К А З Е С Н Е
Р М П Р Л О С Т О Р О Ж Н Ы Й И Д
Ь Е И И И Ь Е О И Ц А П Л Я О Е Ж
Т С М Н О И Н Ц У Л С П М Р Б Р Е
Е М О О О С О Ы А О У М И О Ю Д Р
О П М Л Н Р И Д Й Р Р М Е М Л Р Ю
Т С Н В Ь И Ц Т С Ь Т И Л А Д У Г
С К Р О В О Т Е Ч Е Н И Я И И Н И
```

Puzzle 481

```
Е Ф В О Ж И Д А Е М Ы Й Л Л М А П
Н Ц И С А Й Е Т Р О М Й Н С М Б Р
Ш В Е Д Т Ы Ц Й Ы Н Д О Б О В С И
М Е М М Р Р А С М Л И Н Б Т О О М
А П Е У О А Е А Т О Е Ч У С П Л Е
С О Е О П Т Т С С Н Е И А А Ю Н
Т Н Е Р С С Е Е И Р Е Р С Ч С Т И
Е С С С К М С П И Т Т М Н Р Н Н Т
Р Е О У Э Л Д И Е Е Ь Е Ь С Ы А Ь
М О Н И Т О Р О Б Ъ Е К Т Я Е Я Т
Т Р О И Ц Е У Е З М Т Е Н О Т М А
К Р А С О Ч Н Ы Е Е И И Д О И Е Е
Д Ж Е Н Т Л Ь М Е Н Б Е У М И С Н
О У Е Ь Т А Д Ж О В О Р П О С О М
Т Ф М Е Е Е Ь С У Ч И Н А Р Г О Е
```

ОГРАНИЧУСЬ
СОПРОВОЖДАТЬ
СВОБОДНЫЙ
ОПАСНЫЕ
АБСОЛЮТНАЯ
МАСТЕР
ОБЪЕКТ
ЭКСПОРТ
МОНИТОР
ШВЕД
ПРИМЕНИТЬ
ВСТРЕТИТЬ
ЧАСТО
ЗЕБРА
КРАСОЧНЫЕ
РЕЧНОЙ
ДЖЕНТЛЬМЕН
СЕМЬЯ
СТАРЫЙ
ОЖИДАЕМЫЙ

Puzzle 482

ЧИСТАЯ
КЛУБНИЧНУЮ
НАЗВАНИЕ
ОСТАТОК
ТОЧКА
НЕПРАВИЛЬНОЕ
ФУРГОН
ЗАПОЛНИТЬ
РАСКРЫТЬ
ГРАФ
СОБИРАЮСЬ
РАСПИСАНИЕ
ДВИЖЕНИЕ
ЗИМА
ЗРЕЛИЩЕ
МУКА
ЗНАКОМСТВА
КОРИЧНЕВАЯ
ПРОБКА
ПОВСЮДУ

```
У Р А Р С С Р А П О И Н С А Н У Т
Е С О С Г О О А Т Н У Н И Е А П М
Т А И А Е Н З Б С Л Е С У М З К У
Я Р А С Т Е А Е И П У Д Ю С В О П
С Д Л О Е И П Д Е Р И Е Е М А Т Т
И Н М Т Е Н О Е О С А С И Т Н А П
Г Р А Ф Ф Е Л Н Е Е М Ю А Л И Т Р
И Р А А У Ж Н О Г Р У Ф С Н Е С О
С С И И Я И И Т О Ч К А Р Ь Ю О Б
Н У Е У А В Т С М О К А Н З И Е К
Р Н Л С Т Д Ь Т Ы Р К С А Р И Т А
С У У Т С К Л У Б Н И Ч Н У Ю М Р
О М Е Щ И Л Е Р З И Р Р Е Т А У А
А П Т Е Ч Н Е П Р А В И Л Ь Н О Е
К О Р И Ч Н Е В А Я М У К А Т Е Т
```

Puzzle 483

Е	Л	П	П	Л	О	У	М	Р	Т	Е	А	С	Е	Д	Л	П
И	Е	Е	Р	О	Т	Я	Л	У	К	Ь	Л	А	К	А	М	Р
А	Т	Р	И	И	Л	А	Т	С	У	О	О	У	И	Д	П	А
С	Д	Р	А	И	Е	Е	Б	Р	А	Т	Ь	И	Е	Ю	С	В
П	У	С	Т	Ь	Т	А	В	О	Р	К	С	К	А	Л	С	И
А	И	Т	Н	А	В	Р	Ц	К	О	Н	Ч	А	Л	Б	О	Л
И	З	М	Е	Р	Е	Н	И	Е	А	У	А	К	О	Р	Л	Ь
Р	У	Е	Е	И	Т	Т	П	Е	Н	И	Е	Ч	Е	Е	Ф	Н
О	Н	Ь	Л	А	М	Р	О	Ф	Е	У	М	Ш	А	В	Р	О
В	С	Р	А	Е	А	С	М	Е	Р	Е	Д	У	У	Т	Е	Е
О	Ц	В	Е	Т	Ы	Т	Р	И	И	Н	Е	У	О	М	Ь	А
Г	Т	Л	Я	А	Н	Р	Я	Л	У	П	О	П	А	Р	В	Р
Н	И	Ф	И	С	Я	А	Н	Ь	Л	И	В	А	Р	П	Е	Н
С	Е	Е	Т	Р	О	Х	Г	У	Т	О	Р	У	О	И	Р	Е
О	Т	В	Е	Т	С	Т	В	Е	Н	Н	О	С	Т	Ь	Р	Е

НЕПРАВИЛЬНАЯ
СТРАХ
ПОПУЛЯРНАЯ
ПОЛЕВКА
ФОРМАЛЬНО
НАЧАТЬ
ПУСТЬ
КАЛЬКУЛЯТОР
КАК
ЦВЕТЫ
УСТАЛИ
ИЗМЕРЕНИЕ
ВЕРБЛЮДА
ОТВЕТСТВЕННОСТЬ
ОБЛАЧНО
ГОВОРИ
ПРАВИЛЬНО
БРАТЬ
ШУМ
КРОВАТЬ

Puzzle 484

КРУГЛЫЙ
СТАЛКИВАТЬСЯ
ПЕРЕПЕЛ
ТЮЛЬПАН
ДВА
ПОНИМАНИЕ
ЦВЕТЕНИЕ
БУХАТЬ
СУПА
МЫЛЬНОЙ
ИДЕТ
ПОНЯТНО
ПРЕДСТАВИТЬ
СУМКА
ОЧЕНЬ
ДИКАЯ
ОРЕХ
СЕЗОН
НОУТБУК
УГРОЗА

Ь	Т	И	В	А	Т	С	Д	Е	Р	П	А	У	И	У	С	М
А	Ю	Т	М	Т	И	И	У	Т	С	Е	Е	Д	О	Г	О	Р
И	Л	С	Т	А	Л	К	И	В	А	Т	Ь	С	Я	Р	У	И
С	Ь	Т	М	М	Т	У	А	Т	У	М	И	Е	Е	О	Е	У
Е	П	А	Р	Й	Ы	Л	Г	У	Р	К	Е	И	П	З	Л	П
Я	А	К	И	Д	Ф	Л	И	Д	Е	Т	Д	В	А	А	Т	С
О	Н	Т	Я	Н	О	П	Ь	П	Е	Р	Е	П	Е	Л	А	И
О	Ч	Е	Н	Ь	С	К	П	Н	Н	Л	И	М	И	Ц	Е	Ц
Л	У	В	О	Т	И	У	И	М	О	Т	Н	О	Н	Е	М	Т
Л	У	М	З	А	А	Б	М	Т	М	Й	А	Р	Е	В	Т	О
О	И	Е	Е	Х	Д	Т	Т	К	О	Е	М	Е	Т	С	Е	Б
С	И	С	С	У	П	У	О	Н	А	И	И	Х	Е	У	Т	Т
П	Н	С	Р	Б	Е	О	Т	Е	Т	У	Н	Т	В	П	Ф	Р
Е	И	У	А	М	П	Н	Н	Р	Е	А	О	Ф	Ц	А	Е	М
У	Е	И	С	У	Е	Т	А	Л	Т	Г	П	Д	О	П	С	П

Puzzle 485

Я	А	А	Т	И	С	У	Д	А	Ч	Л	И	В	Ы	М	И	С
М	А	Р	М	И	А	Ю	Л	Е	Д	И	У	Е	И	У	В	О
Й	О	В	О	Г	У	Р	К	П	И	Е	Е	Р	Н	А	О	Б
М	М	Н	У	М	Т	Т	Р	Е	И	Ж	О	Х	О	П	З	С
Е	Е	У	Е	А	О	О	Н	Р	С	Е	Е	Н	К	И	Д	Т
А	Ч	Д	У	Т	Б	М	Т	Е	Т	Л	У	С	Д	Т	У	В
Т	Е	О	И	Е	А	С	С	М	Е	Т	И	А	Е	В	Х	Е
С	Л	Т	С	Ц	Ц	И	А	Е	Л	Е	Н	Ш	Р	М	А	Н
Й	О	Р	А	И	И	А	Е	Н	Е	Р	И	М	И	О	Н	Н
У	В	А	Т	Е	Н	Н	М	Н	Ф	У	Т	Н	В	Т	Т	О
Л	Е	Т	С	Т	З	Т	У	А	О	Л	Т	У	Р	И	Ь	С
А	К	Т	Р	О	А	И	И	Я	Н	Р	И	И	У	С	Т	Т
Ж	А	И	М	Д	Р	С	О	О	Н	А	Л	Е	Д	С	О	И
О	С	Т	А	В	Ь	Т	Е	Й	Ы	Л	Е	С	Е	В	М	Л
П	В	О	Е	И	А	Л	А	К	Е	Т	О	И	Л	Б	И	Б

МОНЕТА
РАЗНИЦА
УДАЧЛИВЫМИ
ПОЖАЛУЙСТА
КРУГОВОЙ
ВЕСЕЛЫЙ
ЧЕЛОВЕКА
ВОЗДУХА
ПЕРЕМЕННАЯ
СДЕЛАНО
ЛИШИТЬ
БИБЛИОТЕКА
МЕДИЦИНУ
РЕДКО
ОСТАВЬТЕ
ТЕЛЕФОННЫЕ
ЛЕДИ
ПОХОЖИЕ
СОБСТВЕННОСТИ
СМОТРЮ

Puzzle 486

ПРЕДКА
ЛЕСТНИЦУ
КРЫШКА
ЗАРЯД
УСТАНОВИТЬ
ПРАВОПИСАНИЕ
ПРАВДА
МУСКАТНЫЙ
РАДУГА
КРУТО
КРАСКА
ИХ
ТИШИНА
ПУСТОТА
ПУСТЫНЕ
ОБЪЯСНИТЬ
СТЕНА
ШАНС
КАМЕННАЯ
САМОЛЕТ

П	М	П	И	С	Р	О	Т	П	Р	Т	Е	К	К	Т	А	С
Р	У	Р	С	Х	Е	С	И	А	О	Д	Я	Р	А	З	У	Т
А	С	А	Н	И	Ш	И	Т	И	Н	А	Р	А	М	А	У	Е
В	К	В	П	Л	Е	Т	Е	Л	О	М	А	С	Е	С	У	Н
О	А	Д	И	Ь	Е	У	Т	А	М	Л	Д	К	Н	Е	С	А
П	Т	А	И	Т	А	С	Т	Р	Е	Т	У	А	Н	Е	Т	П
И	Н	Т	Д	И	П	И	Т	И	С	И	Г	Т	А	С	А	Р
С	Ы	Ш	А	Н	С	И	И	Н	О	Л	А	А	Я	Т	Н	Е
А	Й	О	Е	С	Е	П	Р	П	И	К	Р	У	Т	О	О	Д
Н	И	И	Ф	Я	Е	Н	А	У	С	Ц	И	Е	У	Е	В	К
И	Я	Е	Т	Ъ	У	Т	Ы	С	У	Е	У	С	У	С	И	А
Е	П	Р	Т	Б	С	И	О	Т	Е	О	Е	С	П	Р	Т	Н
Е	Т	И	О	О	О	Л	У	О	С	И	Е	М	Е	М	Ь	Р
К	Р	Ы	Ш	К	А	И	Т	Т	Д	У	И	Т	С	У	Е	У
Е	С	М	Л	А	И	И	М	А	С	А	П	И	М	У	Е	М

Puzzle 487

```
П П Н С Г Т К И В С С И В Т Т И П
С И М У Е Р Р Ж С Н Г Е М М Л Т А
О О Т Н Р И О Е Е А О Т В У О И О
Б Л У А Л С К Л Г О Р А Т К Е Н И
Л И Ф Р Т Т У Т Д Н Е Ц Д Р Е С Л
Ю Б М Т И Е С Ы А Т Л И И О О Е Ю
Д С Л С С Т Л Й Ы Н Н А М О Л С Д
А П Р О Р О Т Ь Т А Б Л Е Т К И И
Я А О Б К О Г О Н Н Е В Т С Б О С
С А М Н И И Л У Р Ы М О С О С У У
П Р И В И Л Е Г И Я М Я Р Б Т У А
У С П Е Ш Н Ы Й У Ф Е И Н Ъ А Р И
И З М Е Р И Т Е Л Ь Н Ы Й Е И Е И
Е Д О И Л Т Й И Р А Т Н Е М М О К
П А С С О Р Т И М Е Н Т С Е Т М Н
```

ОБЪЕМ
АССОРТИМЕНТ
КРОКУС
СОБЛЮДАЯ
СОБСТВЕННОГО
ТАБЛЕТКИ
ИЗМЕРИТЕЛЬНЫЙ
ПРИВИЛЕГИЯ
СТРАНУ
ПИТАТЕЛЬНЫМИ
СГОРЕЛ
КОММЕНТАРИЙ
УСПЕШНЫЙ
БЛОКИ
НЕКТАР
СЕРДЦЕ
ЛЮДИ
ВСЕГДА
СЛОМАННЫЙ
ЖЕЛТЫЙ

Puzzle 488

УЗКАЯ
ШАРФ
ВНИЗ
СНЕЖОК
ОБЕРНУТЬ
ФЕДЕРАЛЬНЫЙ
СТАДИЯ
ПРЕДЛОЖИТЬ
СУЩЕСТВИТЕЛЬНОЕ
БАССЕЙН
ОБРАЗОВАНИЕ
ЛИХОРАДКУ
КРЕСТ
ПАДЕНИЕ
ДЕМОКРАТИЧЕСКИЙ
РАЗБУДИТЬ
СООТНЕСТИ
ЛЕСТНИЧНОГО
РАЗНЫЕ
ВПЕРЕДИ

```
П П Р У Л М О Р П И И М У М И О Ф
А А У О Й И Р Б С А В П Е Р Е Д И
И У М С Ы О Б Н Е О Д Е П П Ф А Е
Р И Н А Н Я О Ф М Р О Е К Р Е С Т
А У Т В Ь А В Н И З Н Т Н Т Е С О
З И Ф Ф Л К О Ж Е Н С У Н И С У В
Б О Б Р А З О В А Н И Е Т Е Е Н С
У Р И А Р У Т Ф А Т О И У Ь С Е Т
Д А У Ш Е П Р Е Д Л О Ж И Т Ь Т Н
И З О Т Д Л И Х О Р А Д К У У И И
Т Н О Т Е Т О И Р С Т А Д И Я Ц Е
Ь Ы О Е Ф Л Е С Т Н И Ч Н О Г О Я
М Е П И Б А С С Е Й Н Н И П О М Ф
Д Е М О К Р А Т И Ч Е С К И Й Р Т
С У Щ Е С Т В И Т Е Л Ь Н О Е Л О
```

Puzzle 489

```
Р Е Е Л П Т Р А М Р О Ц И М Т Т П
И Е Р Т Е Ф У Н Т Е О Л Л Ю И Т Р
Р Т Б И А Ф Р Р В И С П Е Ю Т К Е
М М С Я П Л А Ч Е Т Е У Р Н И А Д
А А Ю И Т Е Н Р Л И Н С Е Д Ь Ш Ы
Ш Г Р М М А С Я Е И Ь Т Р З Т Т Д
И А П О И В И У О В М Ы С О А А У
Н З Р У О Н Е Л Е О И Н Н П Т Н Щ
Ы И И Р А Е Р Ж О И Ц Я Р И С Ы Е
Е Н З Й Ы Н Б Ю Л Е Ж У Р Д С Т Е
У В Р Е А Е Р О Й И Щ Б О Н Е Е В
И А М Н Р Е У И П В В П С И Ц О У
С О Р Т И Р О В А Т Ь Ы Т И О С О
Т Т Т Е К О Р А В Ч О П Е П Р У О
М Е Н Т Н Ц П О И Т У Т Ц Б П Я Е
```

ВЕЖЛИВЫЕ
ПОЗДНЮЮ
СОРТИРОВАТЬ
ПОЧВА
ПЛАЧЕТ
ОБЩИЙ
СЮРПРИЗ
МАГАЗИН
ПУСТЫНЯ
РЕБЯТА
ПРЕДЫДУЩЕЕ
ОСЕНЬ
ОЛЕНЬ
ДРУЖЕЛЮБНЫЙ
СТАТЬИ
ПРОЦЕСС
КОРА
МАШИНЫ
ПЛЕЕР
КАШТАНЫ

Puzzle 490

РАД
ВОЕННЫЙ
АТАКА
РАЗРАБОТКИ
МНЕНИЯ
ПОПУГАЙ
ОКЕАН
ПОДНЯТЬСЯ
БРОККОЛИ
ОСТАНОВИЛИСЬ
ЛАСКА
ВНЕШНЯЯ
СПОРТ
ВЗЯТЬ
ПЕРЕХВАТ
ЖЕНА
ИМ
ЛОСЬ
ПРИВЯЗАН
ВАГОН

```
И П П Е Р Е Х В А Т П Ц Е Я И О Т
Р У О С О И И У Е Т Р О П С М С Т
Е И Е П А Н Т П И М И Ь Т Ь В Т О
Ж Е Н А У С И О А В В Р Т Т Д А Р
О М С С О Г У С Е У Я Е И Я Е Н И
С Н Д Т М Р А У М О З Я Е Н З О В
Е Е Е Е Л А Н Й Д Е А Я С Д Т В М
Р Н М Е А З Е У С И Н Н И О М И И
О И У Е С Р Е Р А У А Ш С П Е Л У
Е Я Е А К А Т А И И Р Е Н У И И А
О М Т Ф А Б С Ц В О Е Н Н Ы Й С Р
У О Б М Н О О К Е А Н В О И С Ь Н
М Ц Р У Е Т Е И У Е Ф М Е Г М Е Р
Е Е У У Н К Л О С Ь А С Т П А Т В
Н Р И И С И Л О К К О Р Б И У В И
```

Puzzle 491

С	П	С	Д	А	Ж	У	Т	О	О	М	Ц	У	О	Т	Е	И
К	Р	Л	Т	О	И	П	П	И	Н	Е	У	Е	Е	Ь	С	Т
У	Л	Т	А	А	Р	О	Д	И	Н	О	К	О	Б	Р	А	К
Д	Р	И	Н	Т	С	И	Т	У	А	Ц	И	Я	Р	И	Т	Н
Н	Е	С	Н	Я	Ь	Л	О	Р	Н	Е	С	И	А	Б	У	И
Ы	И	Ф	А	Н	И	Е	И	Н	А	Щ	Е	Б	О	М	С	А
Е	Д	А	С	А	В	Т	О	М	О	Б	И	Л	Ь	И	Т	И
Л	Т	Н	Т	З	К	И	Е	С	Л	О	Ж	Н	А	Я	А	Р
У	Е	Т	Р	О	О	Н	В	Ы	З	О	В	Е	А	Т	Л	Т
П	У	У	У	Т	У	О	Е	В	О	П	Р	О	С	У	Ь	О
Н	А	У	К	О	Н	В	П	Ц	О	Т	У	И	И	С	Е	Н
Е	И	М	Т	М	С	З	П	Я	О	Е	С	И	Р	Т	И	А
С	У	П	У	У	Й	Ы	Н	Н	А	Р	Т	С	О	Н	И	И
У	Е	С	Р	О	Е	А	М	И	М	Т	О	С	Т	Н	Н	С
У	Т	У	А	П	М	М	И	С	Р	А	Р	Б	Л	Н	Ц	У

ЗВОНИТЕ
СТАЛЬ
СЛОЖНАЯ
БРАК
РОБ
ВЫЗОВ
ОБЕЩАНИЕ
ОДИНОКО
ПЛАТЬЕ
СТРУКТУРА
РОЛЬ
ИМБИРЬ
СИТУАЦИЯ
ИНОСТРАННЫЙ
ОЦЕНКА
ВОПРОС
ЗАНЯТА
АВТОМОБИЛЬ
ЖИР
СКУДНЫЕ

Puzzle 492

ПЕТЬ
ЧТО
НАЖМИТЕ
ТОЧНЫЙ
КРЕСЛО
УВЕРЕННЫЙ
ПАРА
ГОДОВОЙ
УГОЛ
ШИРИНУ
ДОСТУПА
ДЕРЖАЛ
УВЕЛИЧЕНИЕ
МАТЕРИАЛ
КУРИЦА
БЛЕСТЯЩИЙ
РАСШИРИТЬ
ТАЙНЫ
ДЕВУШКА
ПОЖАРНЫЙ

Е	Д	О	М	И	Н	Е	П	Д	О	С	Т	У	П	А	Ш	Р
О	Е	О	Н	Д	О	Л	С	Е	Р	К	Т	Ф	И	М	И	Е
Т	С	Й	А	П	Т	И	Д	Н	Т	И	У	С	Е	П	Р	Т
У	Г	О	Л	Р	Б	Е	М	Е	Н	Ь	О	Р	Е	Е	И	Б
Н	П	В	А	Р	А	С	Ш	И	Р	И	Т	Ь	И	Е	Н	У
А	А	О	И	У	У	И	Ы	Н	Й	А	Т	У	Ф	Ц	У	В
Ж	Р	Д	Р	Д	Е	О	Д	Е	Л	А	Д	О	У	С	А	Е
М	А	О	Е	С	Н	Т	Е	Ч	Л	И	О	Ф	И	А	О	Р
И	Л	Г	Т	Ч	Т	О	Р	И	И	У	Е	Л	М	М	Д	Е
Т	Т	Т	А	А	И	Р	Ж	Л	М	О	С	У	Р	Н	О	Н
Е	Я	О	М	И	С	И	А	Е	Д	Е	В	У	Ш	К	А	Н
П	Л	П	Ч	И	С	У	Л	В	О	М	Е	Е	Л	У	С	Ы
Р	И	И	Д	Н	А	О	Т	У	И	Ф	О	С	С	Д	П	Й
О	И	Е	У	Р	Ы	М	Б	Л	Е	С	Т	Я	Щ	И	Й	Е
М	И	Н	Е	Т	О	Й	Ы	Н	Р	А	Ж	О	П	С	Е	С

Puzzle 493

```
О Ц У Д У С Н Е Г О В И К Е Д И Р
В Т Е П Т У Ч Е Н И Е Т О Т Т Т А
М Р Н Я Е Д И У В Л М У Д С Р С С
Д И Е У Ч Е Т У Ы Ь Р Л У Л Р И С
А Т С М К Л Д О Р Т Н У Л И Е У Ч
Е И А Л А С Е Р Е И К М Е Л М И И
И С Т О Ч Н И К З Ж О Р Ж Е В Е Т
Б Т Л Ф У Е О М А О Л О А Г С Ц А
О Т У О Е Т Г И Т Т Е Ф Я С А Ф Т
Г Н Е Ж Н А Я О Ь Ч Е Т Й О Н З Ь
А Д О Б О В С С Л И И И Ц А Н Ы У
Т М Е И А Ь Т С О Н Ь Л А Е Р С Й
Ы О Ц Е У Е Я Ф Р У М П Ф И С М И
Й О Н Щ О В О О И У Т Т М Н Е П И
Я Д И Е У П С А А Н У Т И Н И М М
```

УТЕЧКА
РАССЧИТАТЬ
КРАСНЫЙ
ЯЙЦА
СВОБОДА
ИСТОЧНИК
ФОРМУЛУ
ЖЕЛУДОК
ИДЕЯ
УЧЕНИЕ
ЕГО
ВЫРЕЗАТЬ
СНЕГОВИК
УНИЧТОЖИТЬ
НЕЖНАЯ
ОВОЩНОЙ
БОГАТЫЙ
РЕАЛЬНОСТЬ
СУД
ГАЗ

Puzzle 494

КАЖДЫЙ
ПРОТИВ
СЛАДКИЙ
ПРИЗ
ЦЕЛЬ
СВЕРНУТОГО
УПАЛО
КОПЫТО
СКРОМНЫЙ
ИГРИВЫЙ
АДМИНИСТРАЦИЯ
КОМФОРТ
КОЗИЙ
ЭЛЛИПТИЧЕСКИЙ
ГРИБ
ВЕСНА
ПРЕКРАТИТЬ
ЗНАНИЯ
МАТЧ
НОСИТЬ

```
Н М О В Е С Н А Е С С М И Е А А П
И О А А Р М И У А Н Л З Т У Д У У
Л Л С Т Р О Ф М О К А Н У И М М М
С А П И Ч Е Ц Ф П О Д А П Б И Р Г
В П У Н Т Е Е С Р Т К Н У Т Н С А
Е У Р Т С Ь Л К Е И И И Р Т И У Н
Р О Д Д И В Ь Р К Р Й Я И П С Д Е
Н Е Е М Ф О Р О Р И Н У Е Й Т П И
У Е Н М А И Е М А У Й Ы В И Р Г И
Т О О Р И Н Л Н Т Ц Ы Р И З А К П
О П М О У Ф Л Ы И И Д Е Т О Ц О О
Г С Р А Р Р И Й Т М Ж Т О К И П А
О Н Н И Н Е А У Ь У А Р Р Е Я Ы И
Т О И С З Д У Г Е Е К И П Т У Т Т
Э Л Л И П Т И Ч Е С К И Й Т С О В
```

Puzzle 495

```
С Л Т Е И Н О Э Л Ь Ф Т С С Р Е С
Д О С П Е Н Т О Е Н У Ц О И Н Р Т
П Е И О Т И Р М О Л И А Т И М И И
О О Р Ь Т И Н А Р Т С О Р П С А Р
К Ф Р Е И М И В Ж У П Н У И Л Т Б
О А С Л В Т Ж С И И У О Д И М Н О
Л К Н И А О У Я Д С Т М Н Е Л Г Л
Е Т Л О П И К Е К Т Е Е И Е Т О Ь
Н О С О М С Р В О Т Ш Р К С И А Ш
И Р Т М О И О Л С С Е Т З Н А К Е
Я И И И И М Л Е Т О С Ж Д А Т Ь И
Н М И О Ф Л И Т И Р Т У У Е Р Д М
И Т Т О И Р К В Ю Ь В Р Е Т Н И Р
О П А С Н О С Т Ь С И Т С Е В Ы В
Б И А Т С Р У Е И Т Я А Д Р Е С Т
```

НОМЕР
ЖДАТЬ
ПУТЕШЕСТВИЯ
ЗНАК
АДРЕС
ВЫВЕСТИ
ОРЛА
ОПАСНОСТЬ
ДЕРЕВО
ЭЛЬФ
РАСПРОСТРАНИТЬ
КРОЛИК
ЖИДКОСТИ
УЖИН
БОЛЬШЕ
ИНТЕРВЬЮ
ВСЯ
ПОКОЛЕНИЯ
СОТРУДНИК
ФАКТОР

Puzzle 496

ВЛАГА
ЧИСТЫЕ
СЕВЕРНЫЙ
АГЕНТ
ПОЛОВИНА
ИНТЕРЕСНО
ЭМОЦИОНАЛЬНО
БОИТСЯ
КОНЦЕНТРАТ
УМНОЖЕНИЕ
ФУТБОЛ
ЗАБЫТЬ
ВМЕСТЕ
СРОКОВ
ГЛОБУС
ОТКЛОНИТЬ
ОБВАЛА
ПОКА
ТРУДНО
ПОПРОБОВАТЬ

```
П У И А С Ц Р А З Н Е И А М О У О
О Е А Т Е Т Р Р А Г А Л В Б Е И
Л М С М И В Н И Н К Б Й М Ц В Е Т
О М Д Л П И Ь Р С О Т Ы Ф В А Р Р
В Е Р Т М Н Т П И П П Н Т Р Л Т С
И Т Е Н О А И Н И В Т Р Е Ь А Т Т
Н А Ф И Е Е Н И Н И Р Е Ы Т С И Ч
А Р Г А М Л О Б Т У Ф В Л Л Р И И
Е Т С Е М В Л Я Е И Н Е Ж О Н М У
А Н Р У Н Л К Л Р Л И С С О Д Т Л
Е Е О У Б Т Т П Е Т Р У Д Н О Н П
Н Ц К И М О О Н С М С С М И В Е Е
Е Н О О Н Ь Л А Н О И Ц О М Э И П
У О В Р О Е С Г О Б О И Т С Я Е У
Т К О А Е И П О П Р О Б О В А Т Ь
```

Puzzle 497

```
З З Х У С Л Е И О Р Я Е Т Е П И Р
Д У А Р Н Ю У Д Н Е М О К Е Р П И
О Т И С А С М С Е В У М Л Д О И О
Р Е Н И У Б Ж И Р А Ф О А Р В Т С
О Р Т У П Х Р Т Н Е У П У О А Т
В Т Т Д Т М А Ы Р В М М К И Д О А
Ь Т И Р О В О Г Й Я С У И У И У Ю
Я И Н А В О Д Е Л С С И Ж П Т Р Т
П Е Е И Е Л Т Р И Ь Е И А Ч Ь П С
Р О С У Р О Т Л Л Т Д С У А И О Я
А О М Р С Й Ы Н С А Р К Е Р П Н Е
В Ч Е М М И А Н Т Т У С Р Р Б У Ы
О Ф Н О И Ц Е И Й О Т С О Р П Ф О
Н Е С Ч А С Т Ь Е М О Л Е Р Е П Т
И Е И Л М М Н Е Т Н Н Р Е П Л Я Ж
```

ОСТАЮТСЯ
РЕКОМЕНДУЮ
ПРЕКРАСНЫЙ
ХРАБРЫЙ
ПЕРЕЛОМ
ЛАПКИ
ЗАСУХА
МОТАТЬСЯ
ИССЛЕДОВАНИЯ
ПРОВОДИТЬ
ЧЕМ
ЗДОРОВЬЯ
ГОВОРИТЬ
МУЖЧИНЫ
ЖИРАФ
РОТ
ПРАВО
НЕСЧАСТЬЕ
ПРОСТОЙ
ПЛЯЖ

Puzzle 498

ЗАВТРАК
ДОСТИЧЬ
ШЕЛКОВИСТЫЙ
РЕГУЛИРОВАНИЕ
САЛАТОМ
СПИСОК
ОБЩЕСТВЕННЫЕ
НАСМЕШКА
ДОСТАТОЧНО
ФОНТАН
БАГАЖНИК
ЛЮБИМОЕ
УХО
ТЯЖЕЛОЕ
СМИ
ЛУЧШЕЕ
МЕНТАЛЬНЫЙ
НАВЕРНОЕ
ПОКУПКА
БЛАГОРОДНЫЙ

```
Д А С Ф Р У Е Г М С П Л А У Е Б Ш
О И Н О И Е Е Ш Ч У Л Ю О Х Т Л Е
С К И Н Ж А Г А Б Е У Б У О Я А Л
Т У И Т М С С У У Е Р И Е В Ж Г К
И У Е А Н Е П Ц Л С С М К М Е О О
Ч М А Н И С Н И У И У О А О Л Р В
Ь Т О О С М У Т С А Р Е Р Т О О И
Т И О Д А И Б Т А О Е О Т А Е Д С
Н А В Е Р Н О Е Е Л К М В Л У Н Т
Д О С Т А Т О Ч Н О Ь У А А У Ы Ы
П О К У П К А Л Е У А Н З С Н Й Й
О Б Щ Е С Т В Е Н Н Ы Е Ы Е Р И Е
И А А О Е Е А И А М О Е А Й И С Е
Т И И Р А У С И О Н Т Ц У С И И Д
А Т Р У Р М Е О Е Н А С М Е Ш К А
```

Puzzle 499

```
А Р Е С Т А С Р С Л К И И Р В И Н
И П И И Р Н С Е У Р Е С О К А А В
И Т Т О Г О Н М Х Т В Т Ц И Н М О
С Ф С Б П Н Т Н А У О Н Е Н Н Е Л
Б М А У Е Р М У Я П Л М У Т А Н Н
О Р Ч Р И М Е Р П Е Е М Р С Ь П А
Р Л У Г Л И Т Д О Е Ч С Е Е Г Р Г
М В П У Й Ы Н Н Е Л Д Е М В Р И О
П С А А А Т С Р Е Л Е Е М Е А Н Р
И Н Ь Т А Л С И Р П Е Р У Р Ж Ц О
М О С Л Ь И Н Е Т У О Н У У Д Т Д
П Р И В Л Е К А Т Ь У С И Б А Л О
И С П О Л Ь З О В А Т Ь И Е Н Н У
К О Л И Ч Е С Т В О Т Е М Т И Т У
В И И У И А Т П И А А О О Т Н Ф Т
```

МНОГО
ВАННА
МЕДЛЕННЫЙ
ПРИВЛЕКАТЬ
ГРАЖДАНИН
ИСПОЛЬЗОВАТЬ
СУХАЯ
КОЛИЧЕСТВО
ЧЕЛОВЕК
ЛЕТЕТЬ
РВАТЬ
ПРИНЦ
ПРИСЛАТЬ
БУРЕВЕСТНИК
ВОЛНА
ГОРОД
УЧАСТИЕ
ГРУБО
АРЕСТ
ОПРЕДЕЛЕНИЕ

Puzzle 500

ГАЗОН
ПОЭТОМУ
МЕЛКИ
БОЛЬШОЙ
АВАРИИ
АМЕРИКАНСКИЕ
ОБРАТНАЯ
КОМПАНЬОН
ВЫСОТА
ИСПУГАННЫЙ
СТУЛ
БАРСУК
ЕДЫ
УТЕНОК
ВИЛКА
ОРУЖИЕ
ПОЕЗДКА
МЕБЕЛЬ
БОЛИТ
КОВБОЙ

```
И Е О В А В Ы С О Т А А Т С И И М
С Г У И С М Т О Г О Н К Ф И Е А Л
П А Т Л Е Т Е Л Ф В Л Д С Е У С С
У З Е К О И У Р И П Р З А А О Б У
Г О Н А Р Н М Л И К Л Е М Т А С И
А Н О Т У М Б М С К П О Э Т О М У
Н И К Н Ж М Т О Е Я А П Н Т Л С М
Н Н И Л И М И Н Л С Т Н П Н У П Б
Ы У Л О Е Н Т С О Ь У И С С И Е А
Й Е Е У П Н Т Т Б Е Ш О О К М Д Р
О С Е Н Т Л О Й О Б В О К Ф И Ы С
О Б Р А Т Н А Я Л У Е О Й О О Е У
А У С Н Е Т П Р И И А В А Р И И К
О О С П Р Р Т С Т М И Т Н Т Е С С
Н К О М П А Н Ь О Н М Е Б Е Л Ь О
```

Puzzle 501

```
Л Т П Р Н О М Н И М У М В Н П Б И
У Е А Т Р Л О Н Ч Ы Б О Ы Е И Л Д
Н У И А К И Т Н О З М О М Т Т И Е
О Р Д И И Х Ы Т А Г О Б Е Е Ь Ж А
Н О К А Р Д Л Н Н У Е Е Р Р О А Л
П Е И Р Н Е Е С О В Л Р Л П И Й Ь
Г О О П М М К В Г Г А П И Е Т Ш Н
Р Т Р Б Т Р У М О Е И У Н Л Н И А
У Е С Т Х И Е Н Н Н У М О И П Е Я
С Е П С Р О О И Ч У И П С В Р У У
Т Р Т А У Е Д Е У Е Л У Т Ы Н И Б
Н Е Р Р Т Т И Р Р А К Л Е Д Т О
О Е О З И Е У И М У Р А Г А Н А О
Ц Л Н О Т Е Е И Т Ы Р К Т О У У Б
А Е И В Т С Й Е Д Е М А Р Ф Е Т У
```

ВЫМЕРЛИ
ОБЫЧНО
ПИТЬ
ОТДЕЛКА
ПОРТРЕТ
МОТЫЛЕК
НЕТЕРПЕЛИВЫЕ
РУЧНОГО
ОТКРЫТИЕ
НОГИ
НЕОБХОДИМЫМ
БЛИЖАЙШИЕ
ГРУСТНО
ВОЗРАСТ
ДРАКОН
УРАГАН
БОГАТЫХ
ДЕЙСТВИЕ
ИДЕАЛЬНАЯ
ЗОНТИКА

Puzzle 502

ЖЕЛЕ
РЕЗИНОВЫЙ
ЗВЕЗДУ
КОНКРЕТНЫЕ
ШТАМП
НЕСЛА
ВЕЩИ
ГОВОРИТ
ХЛЕБ
ШАГ
СПУСКАЮТСЯ
ПРИЗНАТЬСЯ
ВНУТРИ
ТЕРПЕТЬ
ОБЕД
РАЗНОРОДНЫХ
КОНЕЦ
РУКОЯТКА
ДАТЬ
НАЛОГ

```
С Л М У Т Т Д Е Р Н В Ф Б Е Р Т Е
Л П Х Л Е Б У Т У А Н И О Ф А Е У
Е М У Д З Е В З К Л У Ф С И З Р О
Т А О С Ш А Г О О О Т М Н Н Н П И
С Т А Ф К М У Е Я Г Р Е Е М О Е В
И Ш И М У А Л Е Т У И Л Т Д Р Т С
Г Н Я Е Л Л Ю Е К Д Ф Е У О О Ь А
Ц И П Д Ц С О Т А О А У Н А Д Р Ц
Н У У Е Л Е Ж У С Е Н Т Е Е Н Н С
У К У Б В Н Л Л С Я Д И Ь С Ы Л Р
Е О Р О К О Н К Р Е Т Н Ы Е Х У В
А Н П Р И З Н А Т Ь С Я И И Р Ц О
М Е П С Щ Р Е З И Н О В Ы Й Н Т Т
С Ц Т Н Е М Л М Е Е Т П А И И О Ц
Т Н Е Ф В О Т А У Г О В О Р И Т М
```

Puzzle 503

```
У Б С Н У Т Т Ф Е Р Л Е О А Н М И
К В Е Е И Е С Е Е О К О М А Н Д А
А Ц Е Д У Н С С П О К С Е Л Е Т У
Т М С Р А Н О И Л П Р С А М Е Ц И
Е М Т И Е О О С О В Ы Ш Е М Р У И
Г В П Т Д Н О И Щ Н Т И Е М Ф Т В
О У Н С А Р У Т А И В Е Р Б Б А Ь
Р А Т А И Н А П Д Н О Т У С Н Р Ш
И Н У У А В Т С Ь Л Е Т А З Я Б О
Я П А Р У С Ф О Р Т Е П И А Н О К
Р О И Р А З Д Р А Ж А Т Ь П О Н С
Л О С А Т Г О С У Д А Р С Т В О О
Т У С Г Е О Г Р А Ф И Я Е У И А Р
У Е С А О Б Ы Ч Н Ы Й Ы В Р Е П А
А А П Л А Н П О О С Н И М О Т О П
```

КАТЕГОРИЯ
РОСКОШЬ
САМЕЦ
ПЛОЩАДЬ
РОСА
ГОСУДАРСТВО
ПАРУС
ВЫШЕ
КОМАНДА
ПЕРВЫЙ
ГЕОГРАФИЯ
ФОРТЕПИАНО
РАЗДРАЖАТЬ
ТЕЛЕСКОП
ОБЫЧНЫЙ
БЕДА
АББРЕВИАТУРА
БРАТ
УВЕРЕН
ОБЯЗАТЕЛЬСТВА

Puzzle 504

СТИЛЬ
СВАДЬБА
МОТИВАЦИЯ
СИРЕНЕВЫЙ
ЯРКИЕ
ОБНЯЛА
ФОЛЬКЛОР
ГНЕЗДО
ЗАПРОС
БЕГЕМОТ
РУЧКА
ОЗЕРО
ПРИКРЕПИТЬ
КЕКС
ЗАРАБОТАТЬ
ПОСЕЛИЛАСЬ
ПОИСК
ЖАБА
РЕФОРМУ
МЕЧТА

```
М А О И П И И И Т О О М Е С Т О Л
Ж А Б А Л И У Т У А Б Ь Д А В С Ф
З А Р А Б О Т А Т Ь М Н П Р С У О
Д С Е У Т Т О К Е К С Т Я Ь Е О Н
С Р И П О С Е Л И Л А С Ь Л Т М Е
О И Н Н Ф П П У Р Е М Е Е И А И О
Р М Р М И Е Е С Е Л Р А Т Т У А О
П О О Е Т В Е О Ф Т У Н Е С Н Л Е
А Т Л У Н С Н Г О Ф Ч О П О И С К
З И К И О Е И К Р Я К Т З Т М Е И
Е В Ь Е Н П В О М Р А Т Ч Е М Е П
И А Л У М Е О Ы У Т М У Т Е Р Т Е
Е Ц О Е И И Е И Й Г Н Е З Д О О У
М И Ф П Р И К Р Е П И Т Ь А Е О Е
П Я И Н Р Ф Р У Е Е Б Е Г Е М О Т
```

Puzzle 505

Ж	Н	Й	Ы	М	О	К	А	Н	З	С	М	С	Л	И	В	Ы
И	Е	Р	И	У	Е	К	О	Р	И	Ц	А	У	И	О	И	Р
В	Ж	И	С	У	И	С	Ь	Я	А	И	Е	Л	С	Т	С	Т
О	Н	С	У	Т	И	В	Т	Д	А	Л	П	О	И	Р	О	Т
Т	Ы	Н	И	Р	И	Е	И	Н	Е	Н	П	О	У	У	Е	А
Н	Й	С	Т	П	И	Н	Ж	Я	Ы	Т	И	Н	Р	М	А	Л
О	Я	С	П	М	С	М	О	У	И	Е	Е	С	А	Ц	В	О
Е	А	Л	С	Д	У	Т	Л	А	Л	У	Д	И	У	Т	И	У
И	Б	Л	С	Н	Т	Р	Т	И	Ж	Е	С	Т	К	А	Я	Я
Х	О	Р	Е	К	У	Г	О	Л	Ь	Т	Р	Е	Е	Р	А	К
И	С	У	Р	О	Е	О	П	И	С	А	Т	Ь	П	И	И	У
Н	О	Б	П	Р	О	Д	Ч	И	С	Л	И	Т	Е	Л	Ь	Р
Ц	В	А	Т	Е	Т	Т	Н	Д	О	В	Е	Р	И	Е	С	И
Т	Р	Т	Ц	В	О	Ь	Т	И	Т	С	О	Р	П	У	Е	Т
О	Р	У	Т	М	Ф	И	У	Е	М	М	И	О	Е	Е	Р	Ь

НЕЖНЫЙ
УПРОСТИТЬ
ЖЕСТКАЯ
КУРИТЬ
ОСОБАЯ
СЛИВЫ
УГОЛЬ
ДОВЕРИЕ
ЧИСЛИТЕЛЬ
МЕСТНЫЕ
ПОРЦИЯ
ЖИВОТНОЕ
ЯД
ПРЕСС
ХОРЕК
ЗНАКОМЫЙ
ОТЛОЖИТЬ
КОРИЦА
ИНДЕКС
ОПИСАТЬ

Puzzle 506

МИРНО
ПОЛУЧАТЬ
РАСПРЕДЕЛИТЬ
СУММА
ПОДСНЕЖНИКИ
СНЕГ
ВОЙНА
СМЫСЛ
ДАЖЕ
СТРАННОЕ
СТРАТЕГИЯ
ИДЕНТИЧНОСТЬ
СИЛЬНЫЙ
КОТЕНОК
ВНЕСТИ
НУ
ХАРАКТЕРИСТИКА
ПРАКТИКА
ПОНИМАЮ
СОЛНЕЧНЫЕ

П	П	Е	Е	М	Е	М	П	С	С	М	Ы	С	Л	Д	С	О
О	С	И	Б	Й	Р	Т	И	Р	Т	Н	А	Л	П	И	У	А
Д	В	У	Л	Ы	И	О	С	Р	А	Р	Е	Р	И	Е	С	А
С	Е	К	О	Н	Е	Т	О	К	Н	К	А	А	Н	Т	У	Р
Н	С	Л	Я	Ь	Р	М	О	У	Е	О	Т	Т	И	М	А	—
Е	Ж	А	Д	Л	Р	Л	У	Я	Н	Т	У	И	Е	М	М	О
Ж	О	Л	В	И	П	В	Н	Е	С	Т	И	Т	К	Г	А	Л
Н	А	Ь	Т	С	О	Н	Ч	И	Т	Н	Е	Д	И	А	И	И
И	Т	Т	Е	О	Н	Н	А	Р	Т	С	С	Н	Е	Г	Д	Я
К	Н	А	Ь	Т	И	Л	Е	Д	Е	Р	П	С	А	Р	П	И
И	Н	Ч	Т	Н	М	Ф	С	О	Т	О	А	Т	У	Р	С	И
Л	Н	У	Н	У	А	Р	В	Е	С	Ф	С	И	Т	Т	Л	Р
Т	Т	Л	И	Е	Ю	У	Т	Р	И	И	Т	В	О	Й	Н	А
М	Е	О	С	О	Л	Н	Е	Ч	Н	Ы	Е	Е	Е	Е	У	Д	Е
М	Р	П	Х	А	Р	А	К	Т	Е	Р	И	С	Т	И	К	А

Puzzle 507

П	Т	И	С	Т	Т	Ц	М	Ш	С	Т	П	И	Р	И	У	С
М	Т	Т	О	Т	Т	Ф	Р	У	С	Е	Р	С	М	О	И	Т
Т	И	Т	Л	Й	О	М	Ь	Д	Е	С	О	А	С	И	С	Т
С	И	М	И	Ф	О	И	Я	И	Н	Е	Д	Е	В	С	А	Н
И	Н	А	М	Е	Р	И	М	У	Л	Ф	А	Т	Ф	И	М	Н
П	А	Ц	И	Е	Н	Т	У	О	А	П	Т	О	Е	И	М	И
Н	Б	Т	Р	П	О	Н	И	Т	С	С	Ь	Ч	И	Т	И	П
Р	Ь	М	М	Е	И	С	Е	Т	Л	Т	А	Н	И	И	Т	О
Т	Д	Р	П	Н	Т	С	С	О	М	Ы	Ь	О	М	У	Р	С
Т	О	С	Т	У	А	Е	М	С	Н	С	Ж	Б	Т	Л	Ф	Л
Х	Х	У	П	О	Л	Н	О	Е	А	У	О	И	А	И	Т	Е
М	О	Н	У	Ж	Е	Н	С	Л	О	М	А	Л	У	Е	Е	Д
И	Ь	Т	А	Ш	Ы	Л	С	У	К	Р	И	Т	И	К	А	Н
Е	И	Н	Я	С	Ь	Т	А	Б	Е	Л	О	К	О	Т	Е	Я
У	В	И	Р	А	М	Т	У	А	И	Е	Е	Е	Е	П	Е	И	Я

ПОЛНОЕ
КРИТИКА
ПРОДАТЬ
КОЛЕБАТЬСЯ
ПОСЛЕДНЯЯ
УСЛЫШАТЬ
СТОИМОСТЬ
ДУШ
СВЕДЕНИЯ
ХОДЬБА
ПОНИ
ЛЫЖИ
ТОЧНО
ЛИБО
СЕДЬМОЙ
ХОТЯ
САММИТ
ПАЦИЕНТ
СЛОМАЛ
НУЖЕН

Puzzle 508

ГОВОРЯЩИЕ
МЯСО
ИССЛЕДУЙТЕ
ВИЗИТ
ПРОЗРАЧНАЯ
ЗАДНЮЮ
НАЙТИ
ПЕННИ
ВТОРОЕ
ДА
СОСИСКИ
ГЛЯНЦЕВЫЙ
АГРЕССИВНЫЙ
МИЛЫЙ
МОРКОВЬ
АВТОМАТИЧЕСКИЙ
ГОЛОДНОЕ
КРОМЕ
ЭКСПРЕСС
ДЕД

И	А	И	Е	А	И	О	Н	М	М	Т	П	Р	Д	Г	Е	П
К	С	О	У	Е	Г	П	Н	М	И	А	У	У	М	Л	Р	Р
С	Д	С	А	В	Ю	Р	И	У	С	С	А	У	П	Я	Д	О
И	Т	А	Л	М	Ю	М	Е	М	О	Р	К	А	Е	Н	Е	З
С	А	Е	В	Е	Н	А	Я	С	О	И	М	В	У	Ц	Д	Р
О	Л	Р	Т	И	Д	О	Н	С	С	Е	П	М	У	Е	Е	А
С	У	Н	Л	Щ	А	У	И	О	О	И	Ь	Р	А	В	Д	Ч
Р	Е	С	П	Я	З	Е	Й	И	Е	Н	В	Е	И	Ы	Г	Н
П	Д	Е	О	Р	О	Т	В	Т	Р	Н	О	Н	С	Й	О	А
М	А	Л	У	О	О	С	О	Й	Е	Е	К	И	Ы	Р	Л	Я
И	П	В	А	В	С	У	Е	А	И	П	Р	Е	Т	Й	О	С
Л	Е	О	Н	О	Е	С	А	Н	Е	У	О	П	У	О	Д	Е
Ы	Т	П	Е	Г	А	И	В	О	С	Д	М	Е	У	Е	Н	Т
Й	И	К	С	Е	Ч	И	Т	А	М	О	Т	В	А	Р	О	Я
Э	К	С	П	Р	Е	С	С	Е	И	В	И	З	И	Т	Е	Е

Puzzle 509

```
Р Р А З Л И Ч Н Ы Й О И В Т О И О
П А Т Р О С П Р О С Н У Л С Я А В
Р К С С И П Е Т Р В В А М И Е О
О А Я С Ь Г Р Т С Е Н О Е О С Ы У
В Т О Д Т Е Е Ч Я Р О Г Д Д О Н М
Е А П Е И Р Л П Р В И Р В Д Ь И С
Р Е О Р П Е О Т И Л О С А О Н М Е
Я Т П Ж У Б П Й Р Р О Л Д Ж Е А А
Т С Ы А К П Т Е С М О И Ц Д Р Т К
Ь Я Т Т П В Е Т Е Т Е Т А Л А И Ш
А И Р Ь Н А О Р Е Н В М Т И П В У
П Р М О Т У Р С И С Т О Ь В Р М Б
И С Е И Н Л Е Е Т М И А О Ы Т У А
Д О Б А В И Т Ь С О О Т Е Й Т А Б
С Е И Р Е С П А С Н К Е О Е Т С М
```

ВОСТОК
БАБУШКА
ВЕДЬМА
ВИТАМИНЫ
ПРОВЕРЯТЬ
ДЕРЖАТЬ
ГОРЯЧЕЕ
ПРОСНУЛСЯ
РАССТРОЙСТВО
ДОБАВИТЬ
БЕРЕГ
РАЗЛИЧНЫЙ
ДВАДЦАТЬ
ПАРЕНЬ
СИЛУ
КУПИТЬ
ОПЫТ
КАТАЕТСЯ
ПОЯС
ДОЖДЛИВЫЙ

Puzzle 510

ДВОР
ТЕОРИЮ
ТРАВА
ВЕСЕЛАЯ
ОСНОВНОЙ
ЛОШАДЬ
ВПЕРЕД
ЦВЕТОК
ВКУС
ВСТРЕТИЛИСЬ
СТОЙКА
СТАНЦИЯ
СВЕЧА
СЛОВО
ДОРОГОЙ
ЗАПАС
СПАЛЬНЯ
ТЕЛО
ПРИНАДЛЕЖАТ
ПРЕДЛОЖЕНИЕ

```
П О А П П М Н Е У С С Д П С С С П
Т А И О Р С Т О Й К А Л В С Е Л О
Г М У И Е П Т Л С И М О О О Р О М
В К У С Д Е Р Е П В Л Ш С Н Р В М
С О И Т Л С И Т Н Р С А П А З О И
Д М Р Й О Н В О Н С О Д У В Н А С
Л О Е Т Ж Т М И Д Е А Ь Н А Ц В Р
Е Я А Л Е С Е В Н О П И М Р С М Н
Н М Е И Н У Н О М Т Р Н М Т В С О
У Д Ц Р И П Н Н Р Л Ц О Д О Е П В
Т Т А Ж Е Л Д А Н И Р П Г И Ч А Е
Ц В Е Т О К М Е Н Е Ю О А О А Л Д
С Т А Н Ц И Я Т Т Т И Р Е Н Й Ь В
В С Т Р Е Т И Л И С Ь Т Т Ф У Н С
И И Е И А С Ц Т У О О Т Т Т Е Я Т
```

Puzzle 511

П	Е	Р	Н	О	Т	С	И	И	А	И	Ф	О	С	С	А	Л
О	А	Е	С	О	Е	Е	Р	Е	А	М	И	Т	Н	С	О	С
Д	М	О	Л	Т	В	Б	А	Н	А	Н	И	Н	А	У	С	Р
Г	О	О	Т	Р	Т	О	М	Ь	Л	П	А	О	Е	Т	Н	С
О	Т	У	В	И	Е	М	С	М	Т	Л	С	Ш	А	О	Е	С
Т	У	Т	В	М	И	Р	Н	Т	И	А	Р	Е	С	Ф	М	У
О	С	О	Г	Л	А	С	Е	Н	И	В	С	Н	С	И	С	И
В	Р	А	З	В	И	В	А	Т	Ь	Й	И	К	Г	Я	М	
И	У	В	Е	Т	В	Ь	И	Е	А	Л	О	Я	П	Я	С	С
Т	К	Е	Р	Е	П	О	П	С	О	О	М	Е	С	А	Е	У
Ь	Й	И	Т	Е	Р	Т	Т	Л	Г	Е	Т	С	Ш	Н	Ш	
М	Е	Ж	Д	У	Н	А	Р	О	Д	Н	Ы	Й	М	Ь	Д	Е
Д	Н	Б	И	З	Н	Е	С	У	Е	Р	Р	Д	Р	Л	А	Н
М	И	П	Е	Р	С	О	Н	А	Л	Т	У	И	Е	О	М	Ы
И	Л	П	О	Р	Т	А	Т	И	В	Н	Ы	Й	Р	Б	Т	Е

ВЕТВЬ
СОГЛАСЕН
ГОЛОВА
ЛАССО
НОВОСТИ
СУШЕНЫЕ
БИЗНЕС
МЕЖДУНАРОДНЫЙ
ПОРТАТИВНЫЙ
НАПИСАТЬ
ОТНОШЕНИЯ
МЯГКИЙ
ПОДГОТОВИТЬ
БОЛЬШАЯ
ЛИНЕЙКУ
ПЕРСОНАЛ
ТРЕТИЙ
ПОПЕРЕК
БАНАН
РАЗВИВАТЬ

Puzzle 512

ОТСУТСТВИЕ
УКУС
МУЗЕЙ
ВЕЛОСИПЕД
ЛЮБОЕ
ШАБЛОН
ВНИЗУ
ОТКРЫВАЛКА
РОСТА
КАТАСТРОФА
АНАЛИЗ
ОБНОВЛЕНИЕ
МЫЛО
УПОМИНАНИЕ
ПОСПЕШИЛ
ХОРОШО
ВОРОВАТЬ
ОБЯЗАННОСТИ
ИНДЕЙКА
ДАВЛЕНИЕ

Н	У	Т	О	У	М	В	К	А	Т	А	С	Т	Р	О	Ф	А
У	Т	А	И	И	Н	Е	И	Н	А	Н	И	М	О	П	У	М
С	У	И	М	И	Т	Л	Е	С	С	У	Ш	А	Б	Л	О	Н
О	Ш	О	Р	О	Х	О	Л	Л	Ю	Б	О	Е	Е	И	Л	О
Е	Т	М	Е	Н	Д	С	П	И	П	Т	Е	И	Е	Н	Ы	Т
С	У	К	У	У	Е	И	Н	Е	Л	В	О	Н	Б	О	М	С
П	П	О	Р	И	У	П	М	У	З	Е	Й	Е	В	У	Ф	У
А	О	Т	У	Ы	У	Е	А	С	О	Д	Н	Л	Н	О	О	Т
Т	Н	С	Ф	Р	В	Д	Р	М	Е	О	И	В	И	Р	И	С
С	А	А	П	Ь	Т	А	В	О	Р	О	В	А	З	И	И	Т
О	У	М	Л	Е	И	И	Л	И	А	М	О	Д	У	О	А	В
Р	Л	О	Т	И	Ш	Р	И	К	И	Н	Д	Е	Й	К	А	И
В	С	Ф	О	Р	З	И	О	Н	А	О	И	Р	С	У	П	Е
С	И	Е	Л	Р	Н	А	Л	Л	Л	Е	П	Б	Е	Р	Е	У
Р	И	О	Б	Я	З	А	Н	Н	О	С	Т	И	О	Р	Т	С

Puzzle 513

```
Д Д В Е Н А Д Ц А Т Ь С Р И И Ф У
В О У Д О М И Н И Р У Ю Щ У Ю Л С
П Ы С С Ц Е Н М М Е П Н О П М О Т
Р Н Д Т Р И Ф Т О Т Р Е Ч С М Г Р
Е Н Е Е И С И И У Е А М Е Ф О А А
Д Р Е Р Р Ж В Ц У В Ч Е В И М Л И
П А Ц Р Е Ж Е У Е Е Е Д И М М Г В
О Е Н У Е Г И Н В О Ч Л Д Е Л Р А
Ч Р Е Т Т У В И Т Н Е Н И Т А Е
И С Т Е П Е Р Л А Я А Н О Т А Н Т
Т М О О И Н С У Я Е Я Н М И У Д Е
А Г Л Н М Ь Е М Т Р Т О Т К А Н Ь
Ю К О Р О Л Е В А О Н Я Щ И К И Е
Е С П Д И А П А З О Н Ы С М Ф М У
Т Р И Д Ц А Т Ь М Е Е Н Й Ц А Т У
```

НЕРЕГУЛЯРНЫЙ
ПОЛОТЕНЦЕ
ГЛАГОЛ
НЕМЕДЛЕННО
КОРОЛЕВА
ТКАНЬ
ВЕТЕР
ТРИДЦАТЬ
ДОСТИЖЕНИЯ
УСТРАИВАЕТ
ДОМИНИРУЮЩУЮ
ОЧЕВИДНО
ПРЕДПОЧИТАЮ
ДВЕНАДЦАТЬ
ДИАПАЗОН
ЯЩИК
ГРАНД
ПРАЧЕЧНАЯ
ВЫДЕРЖИВАЕТ
ТЕНЬ

Puzzle 514

ПРОГНОЗИРОВАТЬ
РАСШИРЬТЕ
ЧЛЕН
ТАКЖЕ
ПОДАЛЬШЕ
КОЛЕНО
РАБОТАТЬ
НАБЛЮДАЕМЫЕ
СЕРИЯ
ПРАВАЯ
ГРАФИК
ПРОВЕРЕНО
ДУМАЛ
ПЕРЕВОД
СЕБЯ
НАСЛАЖДАЙТЕСЬ
БЫЛО
ВЫГЛЯДЕЛ
РАЗДЕЛ
ИСХОД

```
М Д Н Н Р Н А Б Л Ю Д А Е М Ы Е Н
Ь Т У М А Н П Н И Е Б Ы Л О Н Т А
Т И У О С Т О И Т О Н Л Н Т Г С С
А У О М Ш О Л Е А П Я Е С И Р И Л
В У О Я И Р Е С К М Л Р Д Р А Е А
О Е С А Р Ц Д М Ж А Т П У У Ф Ч Ж
Р Н О В Ь И Я Б Е С И М А Л И Л Д
И М Е А Т Л Л М Ш Ь А С Т Р К Е А
З И У Р Е Т Г Р Ь Т Т У Х Т С Н Й
О В Е П Е Т Ы Е Л А М У Д О С Т Т
Н И В Р И В В Р А Т Е А И Т Д Т Е
Г С Т Н Р Ф О С Д О В Е Р Е П П С
О Р Е У Е О С Р О Б С Т И Д Р Р Ь
Р А З Д Е Л Н Ф П А У С А И Т П Л
П Ф Е О И Р Л Р И Р К О Л Е Н О М
```

Puzzle 515

```
А П Ц Н Ф Р Т Е М И Р Е П И П С П
Л Р Е К О Ч А Н З О Л Н Ь С И Я Р
Ь О Р Р Ц И М З Р И Н У Т Т С Т И
Т М К Е С Я Е Л Д И У Т И Е О Л С
Е Ы О Р Т Т Б Е Ы Р И Р Л П А Ь О
Р Ш В М И И И Л Н Ф А И Е Е М Т Е
Н Л Ь Л О Р О К О Е Р Ж Д Н С С Д
А Е Е А Н Д П О Р К М В Е Ь Х О И
Т Н Е У Р Т Е Т О У О Т Р Н Ы Н Н
И Н О Ц У Е Е С Б И В П П Е Н Ж Я
В О Н В А Д Е Н О Т З Л О У Т О Й
А С Ч А С Т Н О С Т И М Н В О М Т
О Т Ю Я Л В О Н Х О Д В Е П В З Е
И Ь Т А Ш У Л С У Р У С Г Я И О С
Ф Л О О Ф Е Л К О Ф Е Д У А Ж В Ь
```

ОБОРОНЫ
КОРОЛЬ
ВДОХНОВЛЯЮТ
ЯБЛОКО
ЧАСТНОСТИ
ЖИВОТНЫХ
ЗНАЧОК
ОПРЕДЕЛИТЬ
ВОЗМОЖНОСТЬ
ПЕРИМЕТР
СТЕПЕНЬ
РАЗДРАЖЕННО
НЕДАВНО
СЛУШАТЬ
ЗМЕЯ
АЛЬТЕРНАТИВА
КОФЕ
ПРИСОЕДИНЯЙТЕСЬ
ЦЕРКОВЬ
ПРОМЫШЛЕННОСТЬ

Puzzle 516

ПРИХОДЯТ
ВОЛК
ДЕРЕВНЯ
АРЕНА
ЧЕТЫРЕ
СКАЗАТЬ
ЖИВОПИСЬ
БАРАБАН
КУРС
ОБЛОЖКА
ДВАЖДЫ
ЛОЖЬ
ПЕРЕЦ
РАБОТА
ЗНАЮТ
ОБЛАКО
ОППОНЕНТ
ЭКСПЕДИЦИЯ
ГУБЫ
КЛЕТКА

```
Е У Ц Р О П П О Н Е Н Т Ю А Н З Д
Ж И В О П И С Ь Д Я Е Г К У Р С Е
С У Л П А О Е Р С У А У М С У У О
У О О И И Р П Р И Е И Б А Н О Н О
Ч О Ж Н А Л Е Е П К И Ы Д Ж А В Д
Е С Ь Т Е М У Н У В Л И Л И У О Э
Т К Б С С Р О Т А О Л Е И Л О Б К
Ы А П А Е С А У У Л С И Т Р С Л С
Р З Р У Р П Т Л У К П А Л К У О П
Е А И Р И А О Б Л А К О Н Р А Ж Е
Р Т Х Т С И Б П Е Р Е Ц О Е Е К Д
М Ь О Е Н Р А А С Я У Н М Н М А И
С С Д И А Т Р Я Н В Е Р Е Д И И Ц
Н Л Я Т И С А И И А Т П Т Ф У Л И
Т С Т П М Т Е Р Л Т М Н П Л У Г Я
```

Puzzle 517

```
Н С О Р М С И Е Н У Ч И Т Ь Д Н Н
О Е А О О О О Е Е Т И Т А Р К О С А
Б Л А Г О П Р И Я Т Н О Е Ф Б К В
Н О Г О О Й Т Д П Ь Р Я Ж С Р У Т
М Е У Б О Ы Ф Е С Ц Ч А Е В О Л О
Т У О А У Н И Р У И С И Р И В Ь Р
Е Т Д Ф Е Т П С Е Т Г Е Н Т О Т И
Я Н А Р С У Ы Н И Н В А Р Е Л У Т
И С С Е Ы М А Л У С Л Е Я Н Ь Р Е
С У Е В М Й Л П К В С Г Т Б Н Н Т
К О Л Л Е К Ц И Я И Д Е Т И Ы Ы Н
Д Е Д У Ш К А У Е И Н Р Л Г Й Е Т
П И А С С Й Ы Н Т К А Т Н О К И А
В С Т Р Я Х И В А Н И Е М П В С М
Ю Р И Д И Ч Е С К О Е Е Е И Е А М О
```

ПОГИБНЕТ
ДЕТИ
ВСТРЯХИВАНИЕ
ДЕДУШКА
КОЛЛЕКЦИЯ
БЛАГОПРИЯТНОЕ
СРЕДИ
ЖЕ
БУТЫЛКИ
МУТНЫЙ
МУДРЫЙ
РАВНИНЫ
УЧИТЬ
НИЧЬЯ
ЮРИДИЧЕСКОЕ
КОНТАКТНЫЙ
КУЛЬТУРНЫЕ
ДОБРОВОЛЬНЫЙ
СОКРАТИТЕ
АВТОРИТЕТ

Puzzle 518

РАЗМЕР
САМ
ДОЛЖНО
ДОЛЖЕН
НОРМУ
ОРФОГРАФИЯ
ОБСУДИТЬ
КЛИМАТ
РАССЛЕДОВАНИЕ
ТАЛАНТ
СТОИТ
ЛЕЖАЛ
ВЕРЮ
ДРЕВНИЕ
МАЛИНОЙ
ИНВЕСТИЦИИ
РОДИТЕЛИ
ПОЛУЧИТЕ
ПРЕПАРАТ
ДВИГАТЬСЯ

```
Д Р И У Р Е И М О С Л С И Е Т А Л
О А Е Н Н О Р О Е У О С Е Е У О Е
Л З Т Т В Р Д Т А М И Л К И М С Ж
Ж М А С И Е Я И Ф А Р Г О Ф Р О А
Н Е Н Д У П С О Т Н А Л А Т О Н Л
О Р О Л Т Е Ь Т Д Е М Е Е Е Н С С
У Р М Т У О Т С И Р Л Е И Е У Д Е
Е Т О Р А О А Е Н Ц Е И А И С О М
Л И О Е Т Р Г С А У И В С Е А Л А
В Е Р Ю М Т И Ф С Н У И Н С О Ж Л
П Е Е С Л Л В Л Т Р Е М И И П Е И
И Ф П Ь Т И Д У С Б О А Е Р Е Н Н
Р А С С Л Е Д О В А Н И Е С Е П О
П О Л У Ч И Т Е П Р Е П А Р А Т Й
У Е О Д О С Н М Е М Н А Н О П У Т
```

Puzzle 519

```
Е Т А Е Л Г Т Е Х Н И К У М Р Т А
И О А Е К Р А Т И Б Р О Р Т Е Я Т
У С А Н И У Е И К И Л Е В С Р Е Р Р
М Т М Л Н З И Т М Е Т О С М У Л И
Ш П Ф С Й О Н А С У Т Ю А Ц П Д И
П Т О Р А В Е В П А С У Л Л К Т Т
Н П О Е Ч И Ж Х Р У Ф Т А Е И Е А
П П Т Р И К А А К И Т С А Т Н А Ф
А Р И Л М Т В З Т Н Ц А Л О К Ь Б
Д О И М И Л У Я Д Т Т Е Г Н С Т Р
О Д И Х П Р Е Н П Е Н Е Ы Б У З О
Ч Н И Р О Ы Р О В О Г Е Р Е П И С
Ь О Е У В Ж О Ц Т М А А Е С Ы Е А
У К М А К Н А Л Б А С А К И В А Т
И Л У У О Д И Я Л Б О П О Т О К Ь
```

ЧАЙНИК
ПОТОК
ЗАХВАТИТЕ
ДОЧЬ
ТЮЛЕНЬ
БРОСАТЬ
ТЕХНИКУ
ВЫПУСКНИК
КАСАБЛАНКА
ФАНТАСТИКА
ОРБИТА
ПРИХОЖАЯ
КОНДОР
ГРУЗОВИК
ВЕЛИКИЕ
УВАЖЕНИЕ
САНИ
ЗУБЫ
ШТОРМ
ПЕРЕГОВОРЫ

Puzzle 520

БЕССМЫСЛЕННЫЙ
МЕНЬШИНСТВО
ПЛАНЕТ
ПРИСУТСТВУЕТ
ПРАКТИЧЕСКИЕ
БЕЗОПАСНЫЙ
УЧАСТНИК
УСТРАИВАЙ
СИДЕНИЕ
ЦЕНА
ПРОСТРАНСТВО
ПРИНЯТО
ДРУГИЕ
СОХРАНИТЬ
МОЛОКО
ПОЦЕЛУЙ
ЗАПУТАЛАСЬ
ВЫЖИТЬ
ВКУСНЫЕ
ТИП

```
В И П О О В Т С Н И Ш Ь Н Е М Р Т
Ы М О А О Т Е У В Т С Т У С И Р П
Ж У О Г Е И Н Е Д И С О С У П Т И
И Е Й Л Р П А У У Т А Я Т Ч П О П
Т И Ы И О Р Л Т И И И А Р А Р Н О
Ь Г Н М Д К П Ф Л О С П А С О У Ц
Б У С Т С Т О У С А С Ц И Т С О Е
П Р А К Т И Ч Е С К И Е В Н Т И Л
Ц Д П П Р И Н Я Т О И П А И Р Р У
Т А О Е Е Ц М Ц М Е О Н Й К А М Й
Р У З Т М О Е В К У С Н Ы Е Н М У
Р О Е О Ь Т И Н А Р Х О С Е С Л Л
Т Е Б Г И У О О А Е Л И О С Т Т У
Б Е С С М Ы С Л Е Н Н Ы Й Н В Е И
З А П У Т А Л А С Ь О А Н Н О Л А
```

Puzzle 521

Л	К	Т	Ж	Д	Р	А	Г	О	Ц	Е	Н	Н	О	Й	Р	М
О	Т	Р	С	У	Н	У	С	Т	Т	Е	И	Н	Е	Ш	Е	Р
В	Я	С	И	С	Р	Н	М	И	Р	И	Ф	А	Р	Е	С	Т
И	Т	У	И	В	Д	Н	И	О	И	М	Т	Т	А	Ц	Т	У
Т	И	У	А	О	А	У	А	Е	П	Т	Е	У	О	Т	О	П
Ь	Е	Н	А	Я	И	Я	И	Л	А	З	А	К	О	П	Р	Г
Ь	Т	А	В	О	Р	И	Т	И	М	И	Р	Н	Р	Е	А	Р
Я	И	Н	Е	Ш	Е	Р	З	А	Р	Ц	А	О	С	С	Н	П
Т	Р	А	Д	И	Ц	И	О	Н	Н	Ы	Е	П	Е	Т	И	А
С	Т	О	Б	У	В	Ь	И	Н	Я	И	Т	Р	А	П	Ф	Т
А	О	И	Т	И	П	И	Ч	Н	Ы	Е	И	О	И	П	Ь	У
Р	М	Е	Е	Р	Д	Н	А	Ц	И	М	Т	С	У	М	Л	Т
Е	С	Е	Н	О	Н	Ь	Л	Е	Т	И	В	Т	С	Й	Е	Д
И	О	Г	О	К	С	Д	О	Р	О	Г	С	О	Я	Н	Д	Н
И	П	Л	Г	Р	А	Ж	Д	А	Н	С	К	И	Й	М	Р	Я

ОБУВЬ
ДРАГОЦЕННОЙ
ИМИТИРОВАТЬ
ГОРОДСКОГО
ЖУРНАЛ
КРИВАЯ
ПАПА
ЛОВИТЬ
ДЕЛЬФИН
ПАРТИЯ
ДЕЙСТВИТЕЛЬНО
ПРОСТО
РЕСТОРАН
ТРАДИЦИОННЫЕ
ПОКАЗАЛ
ТИПИЧНЫЕ
ГРАЖДАНСКИЙ
РЕШЕНИЕ
ПОСМОТРИТЕ
РАЗРЕШЕНИЯ

Puzzle 522

СКАЗАЛ
КАПУСТА
СЫН
ШОК
ПРИГЛАШЕНИЕ
НЕСКОЛЬКО
ВЕЛИКОЛЕПНЫЙ
СИНИЙ
СИДЕЛ
МНОГОРАЗОВЫЕ
ДАЛЕКО
ВЫСТРЕЛ
ВИШНЯ
РЕЗУЛЬТАТ
ТРАТИТЬ
ЧУВСТВУЮТ
ИСЧЕЗАЮТ
ШЕЯ
ПОСЛЕ
ОСТРОГО

М	Е	В	У	К	Е	В	Л	Н	О	Ц	Ф	Т	Т	Р	С	Ф
Н	И	Е	М	А	А	Й	И	Н	И	С	О	Р	С	А	К	Т
О	С	Л	О	И	И	П	Е	Ш	О	Е	С	А	Т	О	А	Ч
Г	М	И	Ш	Е	Я	Н	У	А	Н	Т	Т	Т	Л	Д	З	У
О	У	К	Л	У	У	И	П	С	А	Я	Р	И	Ц	А	А	В
Р	И	О	Ш	А	У	О	О	Т	Т	Е	О	Т	У	Л	Л	С
А	Т	Л	О	О	Т	П	С	Е	А	А	Г	Ь	С	Е	Т	Т
З	Е	Е	А	К	К	А	Л	П	Т	О	О	Ф	Т	К	С	В
О	Н	П	М	Ь	У	Е	Е	Т	Ь	О	Т	Е	Д	О	О	У
В	Е	Н	И	Л	Е	Д	И	С	Л	Е	Р	Т	С	Ы	В	Ю
Ы	И	Ы	Е	О	Н	У	Е	Е	У	Е	У	И	Е	С	П	Т
Е	М	Й	Т	К	Л	У	О	М	З	И	П	С	А	Ц	П	И
О	Е	В	Л	С	Т	Е	И	Н	Е	Ш	А	Л	Г	И	Р	П
Л	Е	Ц	Т	Е	И	Н	Е	М	Р	Е	А	Е	М	Е	У	И
С	С	Ы	Н	Н	И	С	Ч	Е	З	А	Ю	Т	Е	Н	Е	О

Puzzle 523

Р	И	И	И	Е	И	К	Р	Ы	Ж	О	В	Н	И	К	Н	О
А	Р	Л	С	С	Т	Р	А	Ш	Н	О	А	Р	И	О	А	Т
П	Е	П	О	Т	Е	Р	Я	Н	Н	Ы	Й	В	Р	Р	З	Д
Р	О	О	У	М	Г	К	О	Т	О	Р	Ы	Й	Л	Н	Ы	Е
У	С	Н	А	М	У	У	Е	У	Р	О	С	М	С	Д	В	Л
П	А	Е	Е	С	Г	П	С	У	Е	Л	С	Е	О	С	А	Я
С	О	О	О	Я	С	Н	И	Н	С	П	Ь	Т	И	Ш	Е	Р
Е	Т	П	М	С	Е	Ц	О	В	И	М	О	М	Н	И	Т	М
А	Е	О	Ы	Ь	Е	Т	Л	В	О	Т	Р	А	Ц	О	С	Б
М	А	П	П	Т	Р	Е	Р	Т	Е	В	С	С	А	Р	Я	П
М	К	У	Н	И	К	О	М	Ю	У	Н	И	Д	Е	У	А	Р
Н	Л	И	Н	Н	М	А	Д	Г	О	Т	Н	П	У	Т	Ь	О
О	Е	И	Н	Е	Ч	Ю	Л	К	Д	О	П	О	Д	П	Л	Е
Е	Б	Е	У	Ж	П	Р	А	З	Д	Н	И	К	Г	Р	С	К
С	И	М	Р	У	И	Т	Я	С	Ь	Т	А	Щ	Б	О	С	Т

ПРОЕКТ
ПРАЗДНИК
ПИВО
ЖЕНИТЬСЯ
КОТОРЫЙ
РАССВЕТ
ОТДЕЛ
ЕДИНУЮ
НАЗЫВАЕТСЯ
ОБЩАТЬСЯ
ПОПЫТКА
СТРАШНО
ПОТЕРЯННЫЙ
ТОГДА
ПУТЬ
ПОДКЛЮЧЕНИЕ
РЕШИТЬ
МГНОВЕННОГО
КРЫЖОВНИК
БЕЛКА

Puzzle 524

ЖЕНАТУЮ
ЧРЕЗВЫЧАЙНЫХ
БАЛКОН
НОЖНИЦЫ
СПРОС
НАБЛЮДАЮ
ФАЗАН
КАНАРЕЙКА
ПОДАРКИ
КОРОТКИЙ
ДОГОВОР
ИЗВЕСТНЫЙ
НЕЗАВИСИМОСТЬ
СБИТЬ
МЕТОД
ДНО
СЫР
ВВЕСТИ
СОСУЛЬКИ
КРЕССCАЛАТ

Т	И	Е	А	Т	Л	И	Р	В	У	Е	О	О	С	П	Ч	М
У	У	Л	Н	Ц	И	М	Т	П	Н	С	Н	И	П	О	Р	С
Е	И	Л	Т	О	М	Н	Т	О	А	Е	Т	Е	Р	Д	Е	В
У	М	И	Ю	С	О	С	У	Л	Ь	К	И	И	О	А	З	В
Н	Е	З	А	В	И	С	И	М	О	С	Т	Ь	С	Р	В	Е
А	К	С	Д	Д	О	Т	Е	М	И	С	Т	О	О	К	Ы	С
З	Р	Б	Ю	Й	О	А	Р	А	У	П	Ж	С	С	И	Ч	Т
А	Е	И	Л	И	М	Г	С	Е	Т	У	Е	У	У	Н	А	И
Ф	С	Т	Б	К	Л	О	О	Ы	Ц	И	Н	Ж	О	Н	Й	У
П	С	Ь	А	Т	Т	О	Р	В	У	М	А	И	Р	О	Н	М
П	С	М	Н	О	К	Л	А	Б	О	Е	Т	Ф	С	Е	Ы	С
И	А	Р	Р	Ы	С	Н	Е	И	Р	У	Л	Н	Д	Х	Р
И	Л	И	В	О	П	А	М	И	Р	И	Ю	Н	Р	Н	М	О
У	А	В	У	К	К	А	Н	А	Р	Е	Й	К	А	О	И	М
П	Т	И	З	В	Е	С	Т	Н	Ы	Й	Е	О	М	О	У	Т

Puzzle 525

Д	Г	Т	С	И	О	О	М	Е	З	У	С	И	А	П	И	У
Т	И	И	Н	И	Д	О	Е	И	У	Е	И	У	И	Н	Я	Б
Т	С	С	Е	И	А	Л	С	П	Б	О	Ы	У	Е	О	Ц	Е
К	М	С	К	Т	О	Ю	Е	М	Н	Т	П	И	Е	И	А	Д
С	У	Ф	С	У	Я	Ь	У	Т	А	К	И	Л	Б	У	Д	И
А	М	П	Н	Н	С	Т	Ы	И	Я	К	Л	Ф	Т	И	Е	Т
Р	Б	Е	И	А	Т	С	Ц	С	И	А	К	Д	Ф	У	Р	Ь
О	Е	У	С	Л	Ю	О	И	Р	Н	Р	У	И	Н	И	С	Т
Б	А	Ч	И	О	Я	Н	Н	И	Е	Ь	А	Ф	И	Е	В	А
Ы	Р	Е	Ь	И	Л	Л	Е	П	Н	Е	В	Х	О	Д	Е	П
В	Р	М	Р	И	В	О	Ш	Т	И	Р	Е	С	Т	Н	З	С
У	С	М	А	М	Я	П	П	И	В	А	Л	С	С	Л	Д	О
Р	Ф	Е	А	Н	О	Р	О	К	З	У	С	Л	Е	А	Е	Л
А	Е	Р	М	И	П	У	О	Е	И	О	А	В	М	И	Т	А
Т	Н	Г	Е	Р	О	П	И	Е	Е	Р	Р	Т	В	У	И	Т

ВЕЗДЕ
ВМЕСТО
КЛИПЫ
КОРОНА
ИЗВИНЕНИЯ
ПШЕНИЦЫ
РЕЧЬ
ДИСКУССИИ
СПАТЬ
СРЕДА
ПОЯВЛЯЮТСЯ
ВХОД
КАРЬЕРА
КУПИЛ
ДУБЛИКАТ
УБЕДИТЬ
ЗУБНАЯ
ВЫБОР
ПОЛНОСТЬЮ
СЛЕВА

Puzzle 526

ПАУЗА
ПРОБНЫЙ
ПИСАТЕЛЬ
СРЕДНИЙ
НИЧЕГО
ПОМНИТЕ
ТРЕНЕР
КОМПЬЮТЕР
БАЗА
СЕМЬИ
КРУПНЕЙШЕЕ
АРМИЮ
ПОДРЯД
ЛЕТО
КРАБ
КТО
КРЕМ
ОПРЕДЕЛЕННОГО
ОПАСНЫЙ
ОДЕЖДУ

О	Т	К	О	К	Р	А	Б	В	В	И	И	М	Г	Т	Е	Е
Д	М	Т	Т	П	П	Р	О	Б	Н	Ы	Й	И	И	У	Ц	Е
Е	Е	Ц	Е	Т	Р	Е	Т	Ю	Ь	П	М	О	К	С	А	Т
Ж	И	И	Л	Р	О	Е	Е	Ш	Й	Е	Н	П	У	Р	К	М
Д	О	Б	Р	И	О	Е	Д	И	У	И	С	Е	М	Ь	И	И
У	П	О	Д	Р	Я	Д	Р	Е	П	И	С	А	Т	Е	Л	Ь
Р	У	Н	Т	И	А	С	И	Е	Л	Т	И	З	Н	П	О	И
Е	Й	И	Н	Д	Е	Р	С	Е	Е	Е	О	А	М	А	Л	И
Л	С	Ы	У	Р	А	П	И	У	П	Е	Н	Б	М	У	Е	О
П	О	М	Н	И	Т	Е	У	А	Р	У	Р	Н	С	З	Е	Л
А	Т	К	И	С	А	И	С	А	М	Е	Н	Г	О	А	С	С
М	А	Р	Р	О	А	А	И	Р	Т	В	Н	Д	О	Г	П	И
О	Е	Р	У	Е	А	П	Ф	М	Т	Р	Е	Н	Е	Р	О	И
Н	Н	И	У	Р	М	Т	О	И	Н	И	Ч	Е	Г	О	У	Р
М	Е	И	О	И	С	И	Н	Ю	Р	Т	С	А	Р	С	О	У

Puzzle 527

```
М С Д Р А М А Т И Ч Е С К И Й К С
Р О Ц Б М П Н С М Е Т Р А О Е О Л
П Е У А Р Е Д Я Д Я С М К Н А М А
А П Р Р И У Я А Т Ы Р К О Т У П Д
О М Н О Ф М Е К В Н С А Ч Ы М А О
Е П Н Р Н П Е О А Л И Г Я П М Н С
Н О Е Е О Е Е С Ф Р А Т Л О И И Т
Р И С К С Р Н Ы Р О Е Д Т Б Н Ю И
Т Б Е О Л Е А В У П Р В Е Ю Ь С Н
Е Р В Е Л П И Д С Н Р Р В Л Т Е И
А В И У С А И У И П П У С И Е В Щ
Н Я С Т Е А Р И Б О С Р О К С Ц Е
Р С Т У У Ф А И В У О А П У Б Е Т
О А П А Т О В П У О И Б Е С О Е А
В Н А Е И О А А Е М Т А Ф И Р Р И
```

НА
СВЕТЛЯЧОК
ВЫСОКАЯ
КРЫТАЯ
СЕТЬ
КОМПАНИЮ
ВЛАДЕЛЕЦ
ДРАМАТИЧЕСКИЙ
ТРИ
СОБИРАЕТСЯ
БАР
СЛАДОСТИ
ЛЮБОПЫТНО
СРОК
ФИРМА
НОС
ДЯДЯ
РАДИО
РИСК
НИЩЕТА

Puzzle 528

ПЕРЕДАВАТЬ
КАРТЕ
ВСПЫХНУТЬ
ПОМОЧЬ
МУЖ
ГОРЫ
ВЫХОДНОГО
ХУДШИЕ
ГРОМАДНЫЕ
БЕНЗИНОВЫЙ
УСЛУГИ
ТЕПЛЫЙ
НЕТ
ШОССЕ
КАБИНА
УПРАЖНЕНИЯ
ПЯТНИСТЫЙ
ФРУКТЫ
МЕХАНИК
ВИДЕО

```
Ы Т К У Р Ф Ф И Х С Р П И Е С М Б
С У А А И У У Ж У М Е О Ф У Л О Е
Д Е Т Р Б Н Л Т Д Ь Е М Г У Р Р Н
О Е Р О Е И У И Ш Т К О Р Л Н П З
Г Ф У Е Т Л Н М И А А Ч И П Я Я И
О И У Т Е Н М А Е В Р Ь Т Е У Т Н
Н О Р Е И О И Е Е А Т Е У А Е Н О
Д Т Е П С С Е Р И Д Е О Р Е Б И В
О Н Е Л Е С В И Д Е О У Е И Д С Ы
Х Е Е Ы П У О Л Ы Р О Г С Т Л Т Й
Ы В У Й Р И Я Ш И Е Т Е Ф Л Е Ы Д
В С П Ы Х Н У Т Ь П Е С Е С У Й А
М Е Х А Н И К Н М М Н Р Н Т Р Г С
Г Р О М А Д Н Ы Е М И И У С Н А И
Е Д М О Н Е О У П Р А Ж Н Е Н И Я
```

Puzzle 529

```
Д Т Р Е У Г О Л Ь Н И К Е И Р О И
Э О Т М Д С П Р Е Д С Т А В Ь Т Е
В З М У П Р А В Л Е Н И Е С Г О Е
А А А А Е Е Л Л М М Т Р И О А В Ф
К Е Т Ч Ш Е И Й Л Е О Ш П З Р Т О
У И И И А Н И Ы У П П А М Д Д В М
И П Г Т Н Т И Л У К Н Д И А Е У У
Р Р С М С П Ь Е К У Р Н Е Т Р Р М
О С Б И Т Ь Р М Т У П А А Ь О А М
В М Т А Р О С С Е Ф О Р П Ф Б П А
А Л Л Т И И О Е Щ П Х А К О В Е Р
Т И Е И М И С Р Е Р Т К О М О Е Г
Ь Щ Е В Т У Е У Р И Я У Е Д Е З О
О О П П Т М Д М М Е У О Н И И Е Р
А М Г Е Р Е И Н Е Щ А Р В З О В П
```

ПРОФЕССОР
ЗАЧАТЬ
ПРЕДСТАВЬТЕ
ЩЕТКУ
КАРАНДАШ
ДОМАШНИЕ
ПРОГРАММУ
УПРАВЛЕНИЕ
ГАРДЕРОБ
ЗООПАРК
БИТЬ
СМЕЛЫЙ
СОСЕДИ
ЭВАКУИРОВАТЬ
ТРЕУГОЛЬНИК
СОЗДАТЬ
КОВЕР
ВОЗВРАЩЕНИЕ
ХОП
ВЕЩЬ

Puzzle 530

ЮБИЛЕЙ
ВЗВОЛНОВАННЫЙ
МАТЕРИЯ
ПЕЩЕРА
ПЛОСКИЙ
КАЧЕСТВО
ДЕЛАЮТ
УШЕЛ
ЦЕНТР
ПРОЦЕДУРА
СООБЩЕСТВО
СОРОКА
ПРИВЕТ
ВЕЩЕСТВО
ЛОЖНАЯ
ПАРУ
ДАВАЛИ
УВИДЕННОЕ
ЭЛЕКТРИЧЕСКИЙ
УВИДЕТЬ

```
Р М А П Ц П В Е Щ Е С Т В О П Э У
У Ш Е Л Е О Р Й И О Д В Д В Р Л С
И Л А Е Н Т А И У Н И З Е Т О Е Е
С С О С Т Е А К В Н А В Л С Ц К И
Д О У Ж Р Т Т С О Е Ь О А Е Е Т Е
П И Р Р Н У Т О Н Д Т Л Ю Ч Д Р Т
У С А О С А У Л Е И Е Н Т А У И М
О М П Р К О Я П Ф В Д О С К Р Ч П
С М П В С А И Т Т У И В О С А Е И
С Л С Е Е Р Р Ф У Е В А И У Ц С Л
И Т Н У Л Е Е Т Е Т У Н Н П О К И
П Р Р Л Н Щ Т А С У М Н М У И И И
У Н Т М С Е А Д Р С У Ы И Р О Й Т
Е Т Д М Р П М А Р Е Р Й Е Л И Б Ю
С О О Б Щ Е С Т В О Д А В А Л И Л
```

Puzzle 531

```
Е О М Е С С Н С О Д Т Ч Ф Д Р У Ц
Т М И М Л М Г Л Е И Е Т А О О Р У
П Д У Р Е М Р Ф Е Е М Ш О С И И В
А А Д Т У З О У М О Д Л Е Л Т С А
А С Ф У А А М Р Е Ф Ь Н В Ч Ы П
Н У С И С М О Е Т У Р С Р Ф Ы О Е
Т Т Т И Р Е Р Т Т У П У У С И Е К
И С Е Е С Н Е У В И П Г Ш Т Р А Ф
Ч Е Т О Е И Ч К У П Р О Д А В Ц А
Н Л Я З В Т Е С И И В Р И Т Ф О И
Ы Т И Л П Ь В С И И А О Е И А П И
Й С Н Е Ж И Н К А Н М С Н Е Е И А
П О Н И М А Л А И И П О И И И Т Т
С С Т С Е М И А П М И Н Н М Е Р Е
И Н Т Т Ф Я А Н Т А Р У К К А Р У
```

ПЛИТЫ
ТОЛЧОК
ГУСЬ
АНТИЧНЫЙ
СНЕЖИНКА
ВЗЯЛ
ТЕТЯ
АККУРАТНАЯ
ФЕРМА
СКУТЕР
ЗАМЕНИТЬ
ВАМПИР
ДЕШЕВЫЕ
ШТРАФ
ВЕЧЕРОМ
НОСОРОГ
ПОНИМАЛА
ПРОДАВЦА
ПРЕДМЕТ
ЧАСТЫЕ

Puzzle 532

ЗАПАДНЫЙ
ЭКОНОМИЧЕСКИЙ
СОВРЕМЕННАЯ
СТАРШИЙ
ЗАПИСЬ
КОНФЕТЫ
ПРОБЛЕМА
УВЕДОМЛЕНИЕ
ЮРИСТ
РЕЛИГИОЗНЫЕ
КАМПАНИЙ
ПУНКТ
СЕСТРЫ
МЕДВЕДЬ
НАУКА
ПЕСНЯ
ПОДХОДИТ
НЕСТАБИЛЬНАЯ
ПОЕЗД
АРБУЗНАЯ

```
Н К С П С Р З У И Е О С А О О Л Р
Е О О Р Е С А В Е Р Т Н А Й Л О Е
С Н В О С Н П Е Т Е Т Е Т И И У Л
Т Ф Р Б Т Р А Д А Р Б У З Н А Я И
А Е Е Л Р Е Д О П А О Е Е А Т И Г
Б Т М Е Ы Р Н М В У О Т Н П Р И И
И Ы Е М У У Ы Л Т У Н М О М П О О
Л Е Н А В Ь Й Е Н С С К Е А С О З
Ь П Н И С И Н Т В Т Д Т К Й Р Н
Н П А М Г У И И П О Д Х О Д И Т Ы
А О Я Р Я Н С Е П Н У А Е И Ш И Е
Я Е Е Е Т О Е Р У А А А Е Е Р С Е
А З Ю Р И С Т И Л Н З У И Л А И С
Ь Д Е В Д Е М Т С Р У Т К А Т О М
Э К О Н О М И Ч Е С К И Й А С Н У
```

Puzzle 533

```
Б У Н Е И М А Р Ш Р Н И А Г И Г Я
Р М С Н И И Т Р Л А У У Л У М Д Н
С Й Н Е Е Г А Р У Д Т П П Б И Т Е
Е Ы О Т С Р Т С Н О М К Т К О Р Е
Е В В А Е И С О С С О Я И А У Т И
Р О А Т Н Р Т П П Т П М С Й Т Т О
М З Ц А Н О З И Б Т Ы О О С Н О С
Е А Л Р У В А Н Е У Л Х Н Л О Н И
И Р Т Т М А С С Е И Ь Я И С Р Е В
В О Р О Н Т К А Л Ь М А Р Ы А Ч П
П Н Р У Ц Ь Н С А У М О П С А А Т
У Д Ц Н В М И Н Е М Е С И Л Ы Р Е
Л О К О Л О К И Н Л С Л Р С Е Т У
Т Е М Е Н Ь Ш Е Р С Б П У А И О Е
М У У Л М Р А С С М О Т Р И М П Т
```

МИГРИРОВАТЬ
ВЕРСИЯ
ПОТРАЧЕНО
ОДНОРАЗОВЫЙ
СНОВА
МЕНЬШЕ
ВОРОН
СОДА
ШАТКИЙ
МОНСТР
БЛЕСК
СИЛЫ
КОЛОКОЛ
ПЫЛЬ
ПРИНОСИТ
РАССМОТРИМ
БИЗОН
КАЛЬМАРЫ
ХОМЯК
ГУБКА

Puzzle 534

ВЗРОСЛЫЙ
ЧИТАТЬ
ПОДВИГ
ПРЕВРАТИТЬ
АВТОБУС
ПРОВЕРИТЬ
УСИЛИЕ
РОЗОВЫЙ
ОРАНЖЕВЫЙ
ЛЕГКО
ТОРТ
ЗАХОТЕЛ
КОСТЬ
НОГТЕЙ
ФУНКЦИЮ
ЛЕЧЕНИЕ
МИР
ПОЛОЖЕНИЕ
ЖЮРИ
ТЕПЛОВОЙ

```
О С П Е И О Т М У У Ч И Р Е А Г А
Й Ы В О З О Р И С Ю И Ц К Н У Ф В
Е Т А К Л У М Е И С Т А Ц Т М Й Т
Т О М Г Ж О И С Л А А Т П Е У О О
Г Р У Е Ю П Ж М И Е Т Т О А И В Б
О Т И Л Р И М Е Е Ь Ь Н Н Т Н О У
Н В Е О И А И Т Н Т Е М Н Е Е Л С
П О Д В И Г С Ь Т И Р Е В О Р П М
З М Н О Л Т А М И Т Е И Н Е Ч Е Л
А О И Ф Е О О А Е А У М А А И Т Н
Х П Р О Й Ы Л С О Р З В Е Е И А С
О О Н С О А Е Й Ы В Е Ж Н А Р О Е
Т Е Г С Л Е П Л И Е Р О Р Н Т С С
Е Т Ф Е П У Н Т У Р К О С Т Ь Т И
Л У Е И А С А В Д П У Е Е А О Е А
```

Puzzle 535

У	А	У	Р	П	Д	С	О	С	Р	Р	Е	А	С	Е	Е	О
В	Е	Л	Л	Л	В	Л	Т	О	Е	И	Т	П	Р	О	Ц
О	З	Т	И	О	Е	Е	И	Н	А	Д	А	Р	Т	С	О	С
Б	Н	Р	С	Х	М	О	Е	Г	И	Т	И	А	Т	Ф	И	У
Е	В	Е	Ы	О	И	У	В	Т	А	Т	Е	В	Ц	Т	Ф	У
З	Ы	Е	С	В	Л	О	Ж	К	У	Т	Е	Ч	О	Х	И	Е
Ь	Б	А	Н	Е	М	А	С	Р	Г	Ц	Е	Р	У	Г	О	С
Я	Е	Е	С	П	У	А	О	А	О	Е	О	Л	Ц	Л	Т	Л
Н	Р	О	А	Т	И	С	И	П	П	О	Т	Л	Ь	Р	Л	Н
А	И	И	М	Т	И	Д	А	Й	Д	Ж	Е	С	Т	М	Н	Ш
Л	Т	Е	И	М	Р	Р	Я	М	Т	Т	Ы	С	Я	Ч	А	И
Е	Е	Д	Н	М	Ц	И	К	Н	О	Г	М	М	Ф	Р	У	Т
Ч	А	Е	У	Т	Р	О	Ж	А	Н	О	С	Р	Е	П	Н	Ь
П	А	Ь	Т	С	О	Н	С	А	П	О	З	Е	Б	Т	Т	И
Т	И	Т	А	Т	Д	Я	У	Р	О	П	М	И	Д	М	Е	И

СТИРКА
ВЗРЫВ
ШИТЬ
ОГУРЕЦ
ПЧЕЛА
ВЫБЕРИТЕ
ПЛОХО
ТЫСЯЧА
МИНУТА
ОБЕЗЬЯНА
ПЕРСОНАЖ
ХОЧЕТ
ДАЙДЖЕСТ
ГОНКИ
ПАРК
ДВИГАТЕЛЬ
СОСТРАДАНИЕ
ЛОЖКУ
ЦВЕТА
БЕЗОПАСНОСТЬ

Puzzle 536

КАРТА
МЫШЛЕНИЕ
ПОЗДРАВЛЯЮ
СИДЕНЬЕ
ОКАЗЫВАТЬ
РАСПЛАВИТЬ
ФУНДАМЕНТАЛЬНЫЕ
ФРЕЗИЯ
ЦИТАТА
СЕРЬЕЗНЫЙ
СКРОМНАЯ
ОСТРОВ
ЕЩЕ
ДРУЗЬЯ
ОСТОРОЖНО
ЗАПАХ
ЗАНИМАЕТ
ДИВАН
КИВИ
ЭКСПЕРТ

И	Е	Д	Ф	Р	Е	З	И	Я	Е	И	О	Ц	М	П	Ф	Л
Г	С	М	Т	Е	Ц	Щ	С	А	Т	Р	С	И	И	О	У	И
У	Е	И	С	О	Р	И	Е	Л	Е	У	Т	Т	И	З	Н	О
О	К	А	З	Ы	В	А	Т	Ь	Е	Е	О	А	М	Д	Д	С
Е	С	В	М	П	С	Н	Е	О	М	Ц	Р	Т	Ы	Р	А	И
В	Т	О	Е	С	Л	И	И	В	Т	С	О	А	Ш	А	М	Р
С	Е	Р	Ь	Е	З	Н	Ы	Й	Т	Т	Ж	Э	Л	В	Е	А
С	О	Т	О	Е	П	Т	И	П	Н	И	Н	К	Е	Л	Н	С
К	Р	С	Н	С	И	Д	Е	Н	Ь	Е	О	С	Н	Я	Т	П
Р	Е	О	Д	С	С	К	О	А	Н	П	О	П	И	Ю	А	Л
О	С	У	Т	Н	Н	И	А	П	М	Д	С	Е	Е	Е	Л	А
М	Н	Л	Х	А	П	А	З	Р	П	И	Р	Р	Е	Е	Ь	В
Н	У	Л	Е	В	О	Е	У	А	Т	П	Н	Т	Н	Т	Н	И
А	Е	У	К	И	В	И	Д	Т	С	А	М	А	Р	Н	Ы	Т
Я	М	С	У	Д	Д	Р	У	З	Ь	Я	Д	Н	З	И	Е	Ь

Puzzle 537

```
Л Л Т П Т Л С А Т И О О О О Н У С
Т Ц И М Э У Е П Р Е Т Т Г Е И Д С
У С Й Ы Н Д Е Б О Е В Р О М К Г Е
П П К Я Е М И Ф Й С Н Н Н Е О Р Е
Т У О М Р П А Е О И О Д Ь С Г У Ф
А Б Р Т Г И У Е Н Т И Б А Я Д М У
У Л О Л Е С О Л Ь К О Л Н Ц А Е М
И И Л А Т Ь О Е Л А Г Г И О И О И
У К Е С И М Ф У О Ф А Р Р Ь С Е В
Ч А В Т Ч О Т Е Б Р Л Р Т А О Т М
Е Ц С И Е О И Т Л А Б У П Р Ф Н И
Н И К К С Е Г Л У И Б П М Т Р И О
И Ю И И К Т Е М П Е Р А Т У Р А Я
К А Й Е У К Р У Ж К А Р Л М О И Н
Л Е Д Е Ю В С Т Р Д С Л Е У Е П П
```

АРЕНДА
ИМЕЯ
ФОТОГРАФИЯ
ПИСЬМО
ОГОНЬ
СПОСОБНОСТИ
ВЕСЬ
ТЕМПЕРАТУРА
КРУЖКА
БЕДНЫЙ
МЕСЯЦ
ПУБЛИКАЦИЮ
КОРОЛЕВСКИЙ
БОЛЬНОЙ
БЛАГО
ЭНЕРГЕТИЧЕСКУЮ
НИКОГДА
УЧЕНИК
ФАКТ
ЛАСТИК

Puzzle 538

СТРАНИЦЫ
НИ
ЛЕНИВЫЙ
МИНУТ
ШЕВЕЛИТЬ
ЧУВСТВО
ЦВЕТ
ТРЕВОЖНО
КОЛЬЦО
ВЧЕРА
ИГНОРИРОВАТЬ
ВЫПЕЧКИ
ЛУГ
ПАЛАТКА
ВИНОВАТУЮ
ЛЕНТА
НЕЗАВИСИМЫЕ
ИНДИВИДУАЛЬНЫЙ
ТОЧНОСТЬ
ДОСТИЖЕНИЕ

```
Л Е Н Т А Ю М Ш Е В Е Л И Т Ь Л И
А Т А Ф И У Р А Д У Н Т Н Е Т С Н
И С С Р И Т Ч У В С Т В О В С П Д
С Г Т П И А Л Е Н И В Ы Й Ц О Я И
Е Е Н Р С В В Ы П Е Ч К И Р Н П В
А С У О А О И Г И Т П М И И Ч Д И
Е Е Л И Р Н О Т С Г А Т М П О О Д
С И И Р Р И И Л Е Л Л И П Ф Т С У
И Р О Л М В Р Ц Е О А Т Е Т Р Т А
М Н И А У Я И О Ы Л Т В М И Е И Л
О И К О Л Ь Ц О В О К Т Л У Г Ж Ь
И О Н Ж О В Е Р Т А А Р И Р Ц Е Н
Т Н И У В Ч Е Р А Е Т Я И О Н Н Ы
Т Ц У Т Т Л У Е Л Р Р Ь И И М И Й
Е Е Е Н Е З А В И С И М Ы Е П Е Л
```

Puzzle 539

```
А С Е Т Е С С С Т Ж О Е О С М И П
Б Т Т Й У И И А Л К И Ц О Т О М Р
И И И А М А М Т Е М Б Т Р Е Л П И
А П Б Р Т Р У Э У Н С П Ь Л О Л С
Д О В А З Ь Н К А И Ц С Д Н Д Н У
С С М С А В Е С М Е У М Е Н О А Т
А П Е В С Р Б П Ц Ц И И В Т Й Л С
И Т М И Н Е Е О Г О Н Ч О Л О П Т
В С Д В Ч С Н Е Ж Е Н П Л Т Н В
Е Т А А Г М А А Т П Е А С В Д У О
О Т Н Р Ц Р Е Т И А М С И Ц Н Н В
Т О О Т П И С Т О Л Е Т Т О И Е А
Р Е К Р Е А Ц И О Н Н Ы Й К С А Т
О Щ У Щ А Е Т С Я П Д Р О Я И М Ь
В У З А Я В Л Е Н И Е Я Т П А Й Е
```

ЖИТЬ
ОЩУЩАЕТСЯ
ЧЕРВЬ
МАМА
МОЛОДОЙ
ЗАВОД
МОТОЦИКЛА
ИСПОВЕДЬ
ПИСТОЛЕТ
НЕБЕСА
ПОЛОЧНОГО
ЗАЯВЛЕНИЕ
ПРИСУТСТВОВАТЬ
БИТ
САРАЙ
СТАТЬ
ЭКСПОНАТ
РЕКРЕАЦИОННЫЙ
ЖЕСТКИЙ
ЛЕТ

Puzzle 540

МАТЬ
ПОЛОСА
ВКЛЮЧАЮТ
УМНОЖИТЬ
МАЙОР
КАМИН
РИС
ТЕРМОМЕТР
КОММЕРЧЕСКИЕ
ЗРЕЛЫЙ
ТАКСИ
ПРЕИМУЩЕСТВО
ПРИХОДИТ
КОНТРОЛЬ
БИОЛОГИЮ
ТЕКСТ
НИЗКАЯ
КИПЯТИТЬ
МЕСТО
ХУДОЖНИК

```
С П Г Н М Ь Т И Ж О Н М У А П Т Н
М Р О М И О Н Е Е Р Ю О Т Е М Е Е
А И К Т С З У Л Р У И С Л С А К В
Т Х А Р У П К С Е М Г Е С О Й С К
Ь О М П А С Р А А С О Л О П О Т Л
Е Д И О С Ф Н Р Я Н Л М Е С Р А Ю
К И Н Ж О Д У Х М П О Р Е Ь Р Р Ч
Т Т С Р П Б Р Е Т Ц И М Т Т А О А
Н У Е Л У И У Е Т О Б Т А И Р У Ю
К О М М Е Р Ч Е С К И Е К Т У Т Т
П Р Е И М У Щ Е С Т В О С Я Ф У М
Р З Р Е Л Ы Й П Н И И Т И П А Л И
М И С П Д О М С С Е А Д Р И Н И В
Л М С С У У О О Д Е И У И К С И М
Т С Е У М Е С Т О К О Н Т Р О Л Ь
```

Puzzle 541

```
Ц Ц М А М У О М О Е И И В О Т О М
Б Е Л Л Ц Р Л С А С О И М Ф О Т Л
А Т Ч Е М И Р Л О С Я Р О У О В У
В А Ф Ш Е С Н О И И А Т Д Н У Е Н
Ы Ь Т И П Е Р К И Р П У А Т Л Т И
П Р М Р Р Е О Т О Ж С У Р Ы П С Ч
У Е Д П Т М М П О О Ы Р Т А Е Т Е
С Е Я С Ь Т А Т О М У Л Р Т Н В Г
К Л Р Я К Р Ы Ж О В Н И К П Н Е О
Н Ф А О У П О М И Н А Н И Е И Н У
И Е З П Л И И З А С У Х А Е С Н У
К У С Е А Я И Е Л О А Р С А Р О У
З А П О Л Н И Т Ь И Е Е О Н Р С У
И П Р О Г Н О З И Р О В А Т Ь Т М
Р Е Р Г Е Р О А Р А Ф Е И Е У Ь С
```

ТЕАТР
ПРИШЕЛ
ЛОСЯ
ФУНТЫ
ЗАПОЛНИТЬ
ОТВЕТСТВЕННОСТЬ
ЗАРЯД
МОТАТЬСЯ
ЗАСУХА
МЕЧТА
ПРИКРЕПИТЬ
ЛЫЖИ
ПЕННИ
ПОЯС
УПОМИНАНИЕ
ПРОГНОЗИРОВАТЬ
ВЫПУСКНИК
КРЫЖОВНИК
НИЧЕГО
ФИРМА

Puzzle 542

ПАН
ШПИНАТ
АТОМНОЙ
ДЕПРЕССИЯ
КОРОВА
ЛЕВ
УДАЧЛИВЫМИ
ЛЮДИ
АССОРТИМЕНТ
ГОДОВОЙ
РАСПРОСТРАНИТЬ
ОБРАТНАЯ
ГРУСТНО
ПАРЕНЬ
ТКАНЬ
СЕБЯ
ОППОНЕНТ
ТРЕУГОЛЬНИК
ЕЩЕ
НИЗКАЯ

```
У О П П О Н Е Н Т М Е Г Т Т Ц С С
Д У Т Л С К Т Щ И Ь О Р О У Р Т П
А Н К Т А О Р Т Е Т И У В Н У Н И
Ч Н А Л Т Р Е О Я И С С Е Р П Е Д
Л И Н Ю О О У А А Н Л Т Л С Д М М
И З Ь Д М В Г Е Н А М Н П А Н И С
В К Н И Н А О С Т Р В О Д Е В Т О
Ы А Е М О Т Л Е А Т А Н И П Ш Р Д
М Я Р И Й Н Ь Е Р С М И С С Ц О Л
И И А М О О Н Е Б О М Е М Е Г С А
У П П У В П И Е О Р Е Т С Б У С С
У Р У Т О О К И Т П И И И Я П А У
У С О Т Д Т А Т Е С Т С С Л И Р Л
Л О Е Н О У У А Е А С Т И О Л Е Т
С У М У Г У С С Н Р Д Л Е Р И Е О
```

Puzzle 543

И	Н	О	У	П	Е	П	У	Е	С	П	Б	О	И	Л	И	О
О	Н	Т	С	А	Р	З	О	В	Т	Е	О	Н	И	Е	А	С
С	А	Д	И	Р	Е	С	А	Т	Р	Р	Г	А	Р	Ц	С	Л
О	Б	М	Е	У	Р	П	Т	Л	Е	С	А	Л	Е	Я	И	Т
Т	С	Т	М	Й	М	А	Н	И	А	И	Т	М	А	С	К	А
Р	О	М	Т	Ы	К	И	У	С	П	К	Ы	Д	С	Е	Т	Е
У	Л	Н	О	Н	Ж	А	В	О	И	И	Й	И	У	М	Т	А
Д	Ю	М	Е	Н	Н	У	Р	Р	О	С	Ч	У	Р	Н	И	С
Н	Т	О	М	Е	Г	Е	Б	П	У	Н	П	Н	Н	Н	У	Е
И	Н	Е	Л	Л	А	А	М	С	Т	Д	С	М	Ы	Д	У	И
Ч	А	Е	Т	Д	И	А	У	О	Т	Ы	П	О	К	Е	О	С
А	Я	Т	Н	Е	А	М	О	Е	Щ	У	Е	О	Е	Т	Е	И
Т	С	У	Т	М	Т	Н	У	Л	Л	Ь	Л	Е	Т	И	Ч	У
Ь	З	А	М	О	Р	О	З	И	Т	Ь	Е	И	Е	Е	Е	И
П	О	Н	И	М	А	Н	И	Е	Р	У	С	А	У	Т	Р	И

СОТРУДНИЧАТЬ
СПРОСИЛ
ЗАМОРОЗИТЬ
УЧИТЕЛЬ
ВАЖНО
МАСКА
МОЩЬ
ПЕРСИК
АБСОЛЮТНАЯ
ПОНИМАНИЕ
БОГАТЫЙ
КОПЫТО
МЕДЛЕННЫЙ
ВОЗРАСТ
БЕГЕМОТ
ИНДЕЙКА
ТИПИЧНЫЕ
ТРИ
ПАРУ
МЕСЯЦ

Puzzle 544

КОМПАКТНЫЙ
ПОЧТИ
ФОРМАТ
МУЗЫКАЛЬНЫЙ
УЧАСТВУЕТ
ЧАШКА
БОБ
РЕБЕНОК
ИЛЛЮСТРИРОВАТЬ
ЗЕРКАЛО
ЗИМА
ВСЕГДА
КОММЕНТАРИЙ
ТРУДНО
СНЕГ
СЛОМАЛ
БОЛЬШАЯ
ВОРОВАТЬ
ОБЛАКО
БЛАГО

П	А	У	С	Й	К	О	М	П	А	К	Т	Н	Ы	Й	М	И
Ь	З	О	Л	И	Т	Ч	О	П	А	Й	Й	О	Н	Т	Ц	Т
Т	И	Б	О	Р	Т	Р	Е	А	Ф	П	Ы	Т	О	Н	У	О
А	М	Л	М	А	Е	Б	О	Б	Е	Т	Н	Т	Г	Е	Н	С
В	А	А	А	Т	Т	Б	Т	Б	О	Л	Ь	Ш	А	Я	Е	Т
О	К	К	Л	Н	П	Е	Е	С	Т	И	Л	И	Л	И	Ф	И
Р	Ш	О	М	Е	Е	И	У	Н	Ф	Е	А	Е	Б	М	С	Р
И	А	Д	Ф	М	Т	И	В	И	О	С	К	Д	П	Е	А	П
Р	Ч	О	С	М	А	Р	Т	П	Л	К	Ы	У	Г	С	Е	И
Т	А	М	Р	О	Ф	Л	С	Е	А	М	З	О	Л	Е	А	П
С	Р	М	О	К	И	С	А	С	К	Л	У	О	О	Р	С	О
Ю	Т	У	В	Т	У	А	Ч	Л	Р	Р	М	П	О	И	И	В
Л	П	Ф	Д	С	И	Р	У	М	Е	И	О	П	А	Ф	У	М
Л	О	М	У	Н	Т	С	Е	У	З	Т	С	Л	И	У	Т	Т
И	Ь	Т	А	В	О	Р	О	В	Т	О	Ф	Ф	О	Н	Н	Е

Puzzle 545

Г	С	Р	Е	Е	И	Т	А	Е	Р	Р	Р	О	Р	А	П	Б
О	И	Т	Т	М	С	С	У	А	Ц	Ь	Ш	Ы	М	И	Ш	Л
С	З	Г	Т	Е	А	Р	Т	Е	Т	Н	Р	Д	М	У	Е	У
Р	Е	А	А	В	И	Т	А	Н	Р	Е	Т	Ь	Л	А	Н	З
Е	М	Т	Б	Н	Е	Ж	Л	О	Д	Б	Н	Т	О	И	И	К
Д	П	П	С	О	Т	О	М	У	У	Е	А	С	Б	С	Ц	А
А	Т	Е	А	А	Ч	С	И	У	П	Р	Н	О	Т	Л	Ы	С
Н	Р	С	А	П	П	Е	К	Ц	О	Г	Р	Н	У	Т	Е	М
Р	У	О	И	Е	П	И	Н	И	А	Р	Л	Щ	Ф	И	Е	Ы
В	Л	П	Я	С	Г	Т	С	Н	Е	А	И	О	Т	Б	Р	С
Н	О	О	С	Е	А	О	И	Е	О	И	С	М	Т	У	Ы	Л
Т	А	К	О	Й	Т	Т	С	Е	Й	С	Ы	Т	У	Е	С	Р
О	Б	М	А	Н	Ы	В	А	Ю	Т	Ч	Т	У	М	Р	Ь	У
С	Ц	Е	Н	А	Р	И	Й	Т	О	О	А	Ь	И	И	С	С
Н	Т	П	Р	О	С	Т	О	Й	С	Т	Е	С	М	Л	О	М

ТЕ
РЫСЬ
МОЩНОСТЬ
МЫШЬ
ОБМАНЫВАЮТ
СЦЕНАРИЙ
ОЗАБОЧЕННОСТЬ
ГРЕБЕНЬ
БЛУЗКА
СЕЙЧАС
ГИГАНТСКИЕ
ТАКОЙ
ЛИСЫ
ФУТБОЛ
ПРОСТОЙ
СМЫСЛ
АЛЬТЕРНАТИВА
ДОЛЖЕН
СРЕДА
ПШЕНИЦЫ

Puzzle 546

МУЗЫКУ
ДВЕРЬ
УДАЧИ
ОТВЛЕКАЕТ
ЛЕС
СКАЖИ
РЕАКЦИЯ
ОБЕСПОКОЕННЫЙ
ДЮЙМОВ
БАСКЕТБОЛ
УРОК
СГОРЕЛ
СТАЛЬ
ЧТО
РЕКОМЕНДУЮ
БЕДА
КОРИЦА
ЗАДНЮЮ
ЯБЛОКО
РАЗМЕР

Б	А	С	К	Е	Т	Б	О	Л	М	С	Е	С	Л	С	И	Р
И	И	С	О	К	О	Л	Б	Я	У	С	Г	Т	О	Я	У	А
С	Е	Ф	Р	И	С	Й	Е	А	Д	Т	Г	О	Ц	И	П	З
Р	Л	А	У	Р	Л	Ы	О	У	Е	Л	У	Т	Р	Е	Н	М
Р	Е	К	О	М	Е	Н	Д	У	Ю	И	И	Б	С	Е	И	Е
С	А	Н	И	У	А	Н	П	И	З	Ж	У	Е	Н	Д	Л	Р
У	Е	Л	Е	А	У	Е	Р	Г	П	А	Л	Д	О	В	О	Д
К	О	Р	И	Ц	А	О	Т	Е	Р	К	Д	А	И	Е	Т	Ю
Ы	Е	Л	Ч	Т	А	К	Е	И	А	С	А	Н	Н	Р	В	Й
З	Л	А	А	И	Е	О	Е	У	П	К	С	М	Ю	Ь	Л	М
У	Е	С	Д	С	У	П	О	Н	Р	М	Ц	Р	Р	Ю	Е	О
М	С	Т	У	Е	Е	С	Ч	Т	О	Л	Р	И	Р	Б	К	В
И	М	А	Т	Г	А	Е	Т	Д	Е	Н	Г	А	Я	О	А	Т
И	Л	Л	Е	Л	И	Б	Л	Н	Р	И	У	А	В	И	Е	Ф
М	С	Ь	Е	И	Р	О	А	Т	Т	С	Н	С	Е	С	Т	У

Puzzle 547

```
Н О Н Л Д И В О У У П Д Д Т У С В
Е И И Р У И А Е Р Н Е Е Р Я О Г Е
К С Е С Э О Р Т Е У Р С Е С А У Ч
Т А Т С Е Л Е Р Н Г Н Е М М М Б Е
А Р М И Р Р Ь Т И Д О В О Р П Ы Р
Р А М П Е Л Т Ф М М Ш А М Я Е И О
К Й Я Я Е Е А П Е Ф О Н Е Н Н Е М
С Р М Р А Н Д У Г Й Р А Р В А Е И
А М А Б О Л Е З Н И О З П А И Е Р
Т Е Л С П О Е Е С К Х У О Я Л Е Е
Р Н А Л И Е П Д Я И Н Е Д Е В С З
О Т Е П Е В С Т А Д О Г У Р Е Ц К
С С А Н Н Р Ы З А Х В А Т И Т Е О
Т Т У А О П М Й В И Д И М О Г О Е
П Р Е Д О Т В Р А Т И Т Ь Н С Т Р
```

БОЛЕЗНИ
РЕЗКОЕ
ВИДИМОГО
ДЕЛАЯ
КРАСИВЫЙ
ДИКИЙ
РОСТ
ПРЕДОТВРАТИТЬ
ЗАНАВЕС
НЕКТАР
ЭЛЬФ
ПРОВОДИТЬ
ДАТЬ
СВЕДЕНИЯ
ХОРОШО
ГУБЫ
ЗАХВАТИТЕ
ВЕЧЕРОМ
ОГУРЕЦ
САРАЙ

Puzzle 548

КОНФЛИКТ
ВЕСЕЛЬЕ
ДИСКУССИОННЫЙ
СМЕХ
ВИДЕЛ
МОРЩИНА
ЗАДАЧА
ЛУНА
ХОЛОДИЛЬНИК
РУТИННАЯ
ПРИМЕНИТЬ
РАСПИСАНИЕ
ПРИСЛАТЬ
ИСПУГАННЫЙ
СИЛУ
БАНАН
РЕШИТЬ
ВХОД
ПОМОЧЬ
ТЫСЯЧА

```
В Е С Е Л Ь Е П Р И С Л А Т Ь Н В
Д С Т М Ь Т И Ш Е Р П О М О Ч Ь Н
И И И С Р И С В Я Я С Т Ы С Я Ч А
С С У Т Н Л И Я М О Р Щ И Н А И И
У М Р М О Е П Д И А Н Е Е Р Х Ц С
Е М Е А Н М Т Е М И Т Я С А О М П
М Р Ф Х Ф И Е Л Р Р Т О Е С Л А У
Н У Л Т Т Р О Р М И К Т Р П О У Г
А С С У Р П Ф С Т И И О Н И Д С А
М Т Я А Н Н И Т У Р Л Ф Б С И У Н
И Н Л Л А А А Т Т Л Ф А Е А Л Т Н
Д И С К У С С И О Н Н Ы Й Н Ь И Ы
Р И М А И Л Т И В В Х О Д М И Н Р Й
С Л Е А О У И Е П Е К У Л Е И Н Д
Б А Н А Н С Ф С З А Д А Ч А К И У
```

Puzzle 549

```
П А Д Н И Н Р Ю У П П Е К Ч Е И Т
Т О С П И У Е У Т Р О И А Е Н М Е
У Р С Е Е М Н Н Н Е Л П Л Л Е З У
О Т Л Т З Д Р Ь М Д И О И О И И К
И И Е Е Р О С Л О Л Т Л Т В П М А
П Р Р Е М О Н А Я О И Н К Е С Т Ч
О О Ы Т Р У И У Р Ж Ч О И К П П Е
Р У Л Р О Е Е Т С И Е С Т И Е С С
Ц Р И И Т М У Р Ь Т С Т А Ч А С Т
В И С О Ц Р У И П Ь К Ь С И У С В
Е И У И Р И Н В Н Ц О Ю Н Е Н Н О
Т Б Е Е С Е Я Т И Е Е Д Е Н Ь Г И
А Т М И Б К О М М Е Р Ч Е С К И Е
П А О Г У Т О А Н Е М Д А А О О И
М М К Л Е Т К А О С Т М Е С Т О А
```

ПОСТРОИТЬ
НЕ
КАЛИТКИ
ВИРТУАЛЬНУЮ
УЗЕЛ
ДЕНЬГИ
ЧАС
ПОЛИТИЧЕСКОЕ
ПОЛИЦИЯ
СЕЗОН
ПРЕДЛОЖИТЬ
НОМЕР
ЧЕЛОВЕК
КЛЕТКА
ПОЛНОСТЬЮ
КАЧЕСТВО
СИЛЫ
ЦВЕТА
МЕСТО
КОММЕРЧЕСКИЕ

Puzzle 550

ТЯНУТЬ
ЗЛОЙ
ПРИНЯТЬ
СЕРЕБРО
ЗАБЫЛ
СЕГОДНЯ
ОБЛАСТИ
ЗЕМЛЕРОЙКА
УДАЛИТЬ
СУЩЕСТВИТЕЛЬНОЕ
СЛОЖНАЯ
ЗВОНИТЕ
МНОГО
ГОВОРИТ
ГОВОРЯЩИЕ
ПРОВЕРЯТЬ
СТЕПЕНЬ
ЖУРНАЛ
ГУБКА
ВЗРЫВ

```
Е О И А О У П Р О В Е Р Я Т Ь С З
Н Р Н Я С Е Г О Д Н Я С Е Е Т У В
О Б Л А С Т И С О Т И О Р Л Я Щ О
Г Е С Н О Р У П Е Г Е Ф С О Н Е Н
О Р А Ж М С И П И О Л Б В А И С И
Н Е О О У Н З Т Щ И Ц Е Т Л Р Т Т
М С М Л М Н Е А Я Г У Б К А П В Е
С А Т С А У М У Р Н У У Ц Н У И Р
Т С И Т Е У Л И О О У Р С Р Д Т П
Е В Ы Р З В Е Е В Р И Т И У А Е З
П А А Р Л У Р И О Р Е Ц Ь Ж Л Л А
Е Т И Р О В О Г Г С П А С А И Ь Б
Н Р Р У Й Л Й Е Р И И Т И И Т Н Ы
Ь О Т Е М И К А М Е У С Л Е Ь О Л
И Л И У Е Е А Е Т И Т Р И Т А Е Д
```

Puzzle 551

```
П Г Ш П Е О П Е Р У А Т Н Н Е О И
Р Р Е Е Е Т Б С У А И И Я И Я А П
Е А Р У Р Н А Ы В Ы В Е С Т И Т О
Д Ф М У И С И И Ч О Т Ь Д Н Ю Д
М И Н Т О С Т Т О Н Н М Т С Е Л Д
Е К А О И П И Ь У О О И Я Р Т Е Е
Т У А Т А И Т О У Г А М Е И С Н Р
Б Р О С А Т Ь С С Р О Я М М А Ь Ж
С О Ч Е Т А Н И Е И У Л С П Р Е К
Р В И Е Т К Е А А Р О Д Ь О Т Е И
М Е У Н И Л С К У Т Е Р С Р И С А
П Н И Р Р Ы Т Т Н Н Р Р В Т Я С У
Т Р У С Е Т С О Ц И А Л Ь Н Ы Е Л
М М И О О У С О А У Е Б У Т И Е И
У И Я А Щ Б О Е Т А Т А В Н И М Е
```

ПОДДЕРЖКИ
ШЕРСТЬ
ОБЩАЯ
СОЦИАЛЬНЫЕ
БУТЫЛКА
СМЕЯТЬСЯ
ДЛЯ
СОТНИ
ИМПОРТ
РАСТЕНИЯ
СОЧЕТАНИЕ
ТРУС
ВЫВЕСТИ
ОБЫЧНО
УГОЛЬ
ГРАФИК
БРОСАТЬ
ТЮЛЕНЬ
ПРЕДМЕТ
СКУТЕР

Puzzle 552

ЛАГЕРЬ
ВНЕЗАПНЫЙ
ЖИЗНЬ
ИЗУЧИТЬ
ИЗ
ИСКАТЬ
СОГЛАШЕНИЕ
ПАПУ
НЕБОЛЬШОЙ
ОПАСНЫЕ
МУКА
СНЕГОВИК
КОМАНДА
РОСА
ПЕРЕВОД
ВИШНЯ
ЭЛЕКТРИЧЕСКИЙ
ЗАМЕНИТЬ
МЕНЬШЕ
УЧЕНИК

```
К О О И Н И О У О Е Н В Е Р И Р М
А О П Е С Р М Ч Е Е Е И С М Т С Е
Э Е М А Т А Ц Е И Ц Б Ш Р У Р Е Н
М Л Л А С Е Ц Н Т В О Н И К Н Л Ь
С П Е И Н Н И И Н А Л Я З А Т С Ш
В С И К А Д Ы К А Р Ь Т А К С И Е
Н С Н У Т Ь А Е О С Ш Р М Е Т П Л
Е Ж Е И Т Р У И У М О О Е О И И А
З И Ш Е У Е И А М О Й С Н Е И Т Т
А З А И Н Г О Ч Р С У А И У Е Р Т
П Н Л Т Е А Н Р Е Б А Д Т Е В А С
Н Ь Г И И Л У Т Е С Д И Ь Ц У С О
Ы П О П Е Р Е В О Д К А Р А Е М У
Й У С Н И Ь Т И Ч У З И В П А О Т
Р Т О С С Н Е Г О В И К Й П А П У
```

Puzzle 553

У	И	И	С	К	У	И	П	Н	И	У	О	О	Е	О	К	В
А	М	О	У	С	О	О	О	И	С	Г	П	О	М	Т	А	П
Т	Ы	Н	К	Н	У	М	П	Н	Е	С	Н	С	А	Т	Б	О
У	Н	С	О	И	Е	Т	Н	Н	Е	П	И	Т	Л	Т	И	Т
П	Ь	Н	Р	Ж	Т	Т	У	А	Д	З	Е	О	Ь	Р	Н	И
А	Л	М	К	Р	Е	П	О	М	Т	Е	Т	Р	Ч	И	А	У
У	Е	П	Б	А	С	Н	П	Н	А	У	У	О	И	Л	М	Б
К	Т	В	С	Д	А	Р	И	О	Н	П	Т	Ж	К	Н	О	А
А	А	К	Ч	У	Р	А	Е	Е	Д	И	И	Н	Р	О	Т	Н
Е	Т	О	И	Г	З	А	П	А	С	Н	У	Ы	У	П	А	К
И	И	Ц	В	А	Ц	И	Р	Е	Щ	Я	Й	Ы	Л	И	М	Й
А	П	Р	А	З	Л	О	Ж	Е	Н	И	Е	Т	Т	И	О	Т
С	И	Е	С	Т	Д	М	А	Д	Р	У	И	И	Ь	Л	О	Р
Е	И	Л	Р	Т	Т	Е	О	У	Е	Р	П	А	С	Т	Л
И	Е	М	П	Р	Н	У	С	Ф	О	О	С	У	Е	Р	Я	Р

БАНК
РАЗЛОЖЕНИЕ
ЕЗДА
ЯЩЕРИЦА
ПАУКА
КОМНАТУ
МАЛЬЧИК
ОСТОРОЖНЫЙ
РАДУГА
ПИТАТЕЛЬНЫМИ
КРОКУС
ПОДНЯТЬСЯ
РАД
РОЛЬ
УМНОЖЕНИЕ
РОТ
РУЧКА
МИЛЫЙ
ЗАПАС
КАБИНА

Puzzle 554

РАССКАЗЧИК
СЕМЬ
СЛАБЫЙ
ЖЕЛЕЗО
НАСТРОИТЬ
ВОЛОСЫ
ЛЮБОЙ
ЦВЕТЕНИЕ
ТОЧНЫЙ
ЗДОРОВЬЯ
РЕГУЛИРОВАНИЕ
УПРОСТИТЬ
ПРАКТИКА
КОЛЕНО
РАЗДРАЖЕННО
БАР
НА
УВИДЕТЬ
ВАМПИР
ПРИХОДИТ

У	Т	И	Р	Ф	И	И	А	Т	Д	Р	М	Е	Р	Т	Ж	Р
О	Р	У	Ф	Й	Р	С	К	У	Ф	У	И	Е	А	О	Е	Е
У	Т	М	О	Ы	И	Н	И	Л	С	М	О	О	З	Ч	Л	Г
У	П	С	С	Б	С	Е	Т	Д	Л	Е	Т	О	Д	Н	Е	У
Р	В	Р	Р	А	С	С	К	А	З	Ч	И	К	Р	Ы	З	Л
И	И	И	О	Л	Т	Т	А	Н	А	Ц	Д	К	А	Й	О	И
П	Р	И	Д	С	Ю	М	Р	Т	Е	П	О	О	Ж	Г	А	Р
М	И	Т	Е	Е	Т	Б	П	Е	А	Е	Х	Л	Е	А	Н	О
А	А	Д	С	И	Т	И	О	Р	Т	И	И	Е	Н	И	Р	В
В	О	Л	О	С	Ы	Ь	Т	Й	А	Н	Р	Н	Н	М	Е	А
Р	А	П	А	Р	П	М	С	Ь	М	Е	П	О	О	Р	О	Н
Е	Т	М	Т	Т	И	Е	Н	А	С	Т	Р	О	И	Т	Ь	И
Р	О	О	Р	Д	Н	С	А	С	Е	Е	А	Р	Е	В	Т	Е
З	Д	О	Р	О	В	Ь	Я	Т	Е	В	Б	Ф	Р	У	Е	М
И	П	Р	О	И	И	С	Т	С	В	Ц	Т	Р	Б	Л	И	Т

Puzzle 555

```
Д А У И Т Н В Л П А Е Д Ф У Г П Р
Т О Г Д А Л Е М Л О С С А Л Н Е А
Р И Т Е З Р П О Ь Т К О М А З Ф З
Р А З В Л Е К А Т Ь Р А О М М А Р
Е К Е А Е Ж В И И А С Е З Д М Д Е
М Б С И Д А А З Б С Е Т Н А А С Ш
И О У М И Д Л Н С Т И Л О Б Л Т Е
О Р И У С О Ф У Р Г О Н С О Д Р Н
Р О И М И О П Р П Е Р П О О О А И
Р К Л Е Т О Х А З П И Д К М Р Н Е
В М О Н Е Т Г Л У Ц Т И И Е С Н Н
Л Р М И И Р Е Л Т И О Р Р З Ц О Д
Е И А Е Р Т М Е Т И А Е П И А Е У
Л Т И Л Е С Л С Л А Д О С Т И Й Е
Р А Т Л М Е У О Д Е Д Т А Е У Е Н
```

KOROBKA
KOROBKA
RAZRESHENIE
UMENIE
ZAMOK
DIZAIN
NOSOK
RAZVLEKAT
FURGON
IM
BOLIT
ZVEZDU
STRANNOE
DAZHE
LASSO
POKAZAL
SIDEL
TOGDA
SBIT
SLADOSTI
ZAHOTEL

КОРОБКА
РАЗРЕШЕНИЕ
УМЕНИЕ
ЗАМОК
ДИЗАЙН
НОСОК
РАЗВЛЕКАТЬ
ФУРГОН
ИМ
БОЛИТ
ЗВЕЗДУ
СТРАННОЕ
ДАЖЕ
ЛАССО
ПОКАЗАЛ
СИДЕЛ
ТОГДА
СБИТЬ
СЛАДОСТИ
ЗАХОТЕЛ

Puzzle 556

ЯСТРЕБ
СПОСОБНЫЙ
РАКОВИНА
ЧТОТО
ЗАСТЕНЧИВЫЙ
ПОСТОЯННОЕ
СМОТРЕТЬ
СТЕНА
ВАГОН
СКУДНЫЕ
БУРЕВЕСТНИК
ФОРТЕПИАНО
ДВАДЦАТЬ
ДОРОГОЙ
МЕНЬШИНСТВО
ВЫСТРЕЛ
УПРАВЛЕНИЕ
ПРОВЕРИТЬ
ПЛОХО
МАМА

```
З М М Ф Ф Е О В Т С Н И Ш Ь Н Е М
С А В Ы С Т Р Е Л И Т О Ц П Р В О
Е Н С У Н И С Ь Т И Р Е В О Р П О
У О С Т Р А К О В И Н А Н С Е Е Л
Е Г У М Е Т У Д Р Е Е О И А И О П
М А М А О Н Д В А Д Ц А Т Ь Я Н П
И В Т С У Т Ч П Л О Х О П Е С Н А
Т И М С Т О Р И Т Е Е И Ф Е Т Я С
Е У О И И Т У Е В С Й О Г О Р О Д
М С К У Д Н Ы Е Т Ы И Р Т Р Е Т У
Ч Т О Т О И Р М Р Ь Й Т Р Т Б С О
У П Р А В Л Е Н И Е Д Л Т Т С О Е
П С П О С О Б Н Ы Й Р Р Ц Р П П Н
Б У Р Е В Е С Т Н И К М А Т М Е Т
Ф О Р Т Е П И А Н О Т О С Е А И Л
```

Puzzle 557

Е	Р	Т	С	П	Т	П	П	Н	М	Р	М	И	А	В	П	И
И	А	Т	В	О	Р	Е	Н	О	Д	Д	А	О	Н	Е	Т	Р
Р	С	М	А	И	С	У	М	Л	Г	В	Е	У	М	Л	Е	А
И	С	О	Д	У	И	И	А	Б	Е	О	Р	А	Е	И	Д	З
Й	И	Ф	Ь	Н	Б	Ц	Р	А	Е	И	Д	И	Б	К	Ц	Д
И	Ф	Б	Б	О	М	Л	Е	Ш	У	Р	Н	А	Е	О	В	Р
К	О	С	А	О	С	Т	О	Р	О	Ж	Н	О	Л	Л	Е	А
С	Н	Е	П	Р	А	В	И	Л	Ь	Н	О	Е	Ь	Е	Т	Ж
Н	Т	С	К	О	Р	О	С	Т	Ь	У	А	С	Е	П	Н	А
А	О	А	С	Е	И	У	Д	Т	Ц	С	Е	О	У	Н	Е	Т
Д	Е	К	Н	В	Н	И	З	У	Д	У	Е	Л	С	Ы	И	Ь
Ж	Е	Е	Н	Ц	А	В	С	Н	У	С	З	Ь	Н	Й	Ц	Д
А	М	В	Е	Е	И	Ш	Ь	Л	О	Б	С	К	Т	В	А	Е
Р	Е	С	М	Н	М	Я	Ф	Г	Н	С	Д	О	А	О	П	С
Г	О	Б	Т	С	И	И	Е	В	П	Л	С	И	А	Я	О	А

ВЕКА
БОЛЬШИЕ
СОК
ПОГОДА
СКОРОСТЬ
СОЛЬ
НЕПРАВИЛЬНОЕ
УЗКАЯ
МЕБЕЛЬ
РАЗДРАЖАТЬ
СВАДЬБА
ПАЦИЕНТ
СТАНЦИЯ
ВНИЗУ
ШАБЛОН
ГРАЖДАНСКИЙ
ВЕЛИКОЛЕПНЫЙ
УШЕЛ
ОСТОРОЖНО
ЦВЕТ

Puzzle 558

ЗЕЛЕНЫЙ
ПОЛЕЗНОЕ
ЛИМОН
ТРЕБУЕТСЯ
СОЛДАТ
ЧЕТВЕРТЬ
ПОНЯТНО
ИДЕТ
ВПЕРЕДИ
ФОРМУЛУ
АГЕНТ
МУЖЧИНЫ
ЛЕТЕТЬ
ИДЕАЛЬНАЯ
ХОРЕК
КРУПНЕЙШЕЕ
ШАТКИЙ
ВЕРСИЯ
ЛЕЧЕНИЕ
ЗРЕЛЫЙ

Л	И	С	А	Е	Л	У	М	О	И	П	Г	И	М	П	У	Е
И	Е	И	Й	И	К	Т	А	Ш	Т	Т	И	Д	Е	И	Л	М
Т	В	Е	Р	Ы	О	А	У	И	И	И	Е	Е	У	М	У	И
М	У	Ж	Ч	И	Н	Ы	Е	Л	Е	Е	Ц	Т	Е	Е	М	Ф
А	Г	Е	Н	Т	Т	Е	Е	Е	Ш	Й	Е	Н	П	У	Р	К
Л	В	Р	А	М	Я	П	Л	Ч	Т	И	О	Е	Е	Д	О	Е
Г	И	Л	С	П	Н	О	Н	Е	П	Т	У	Л	С	И	Ф	А
М	Л	М	У	О	О	Л	А	Н	З	У	З	К	О	Н	П	О
О	О	И	О	Я	П	Е	Е	И	Ь	Т	Р	Е	В	Т	Е	Ч
С	У	Е	Р	Н	И	З	Ь	Е	И	Д	Е	Р	Е	П	В	О
Л	С	М	Т	Н	И	Н	М	Т	А	Д	Л	О	С	Е	П	И
Н	Т	П	У	П	С	О	Т	Е	Е	С	Ы	Х	В	С	Н	Т
В	Е	Р	С	И	Я	Е	Ф	Л	Т	Т	Й	Е	М	И	Р	Ф
Р	Е	П	А	О	Н	Л	У	О	С	Ф	Е	С	У	Р	Н	Е
Т	Р	Е	Б	У	Е	Т	С	Я	А	Н	Ь	Л	А	Е	Д	И

Puzzle 559

```
Ь Т И Н Е М З И В Ы З Ы В А Ю Т У
У С Г Р Ф И У С Л К С Т А Д И Я И
И У Р О Л И О М Е А Р И М Р Л О М
С И Ы О П Р Е Т В Р Н Е С И О Е О
Н П И О Н Н Ю Р Ь Т Я В Е Д Ш Р У
С Т Р У К Т У Р А Е Д С И У А У С
Ч Х М С М Я Т И М О Е Н Е Ь Д Е Т
С Е О А Р Л А Т Л М У Я А Т Ь П А
И О Т З М П Н Р С О Б А К А Ь М А
И О А В Я У Е И В Н Л К Н П О М У
А Н Л М Е И Ж Е Л М Н О И С Ф И Н
С И А Л Е Р Н А Е О Е С Т Н И Р П
Н Е С Е И С Т А Т Т Р Ы Р Е Ц У Е
Е Н Р И Н У Е Ы М И Р В А Т Е О С
П Е Р И М Е Т Р Й Ф И Р К У Р У Е
```

ИГРЫ
ЧЕТВЕРТЫЙ
ДЕВЯТЬ
ОФИЦЕР
ХОЗЯИНА
ИЗМЕНИТЬ
СОБАКА
КАРТИНКА
ВЫЗЫВАЮТ
СТАДИЯ
СТРУКТУРА
САЛАТОМ
ЛОШАДЬ
ПЕРИМЕТР
ЖЕНАТУЮ
СПАТЬ
СЕТЬ
ВЫСОКАЯ
КАРТЕ
МИР

Puzzle 560

ПЕСОК
СЛУЖИТЬ
ОГРАНИЧИВАЮТ
ОТКРЫТЬ
КАПИТАЛ
ЯГНЕНОК
ЕСТЕСТВЕННЫЙ
БУЛОЧКИ
ЛИХОРАДКУ
ЖИР
ИСТОЧНИК
ЗНАК
ЧИСТЫЕ
ПОДСНЕЖНИКИ
СЛОВО
ХОП
ЗАЧАТЬ
НОСОРОГ
ОСТРОВ
ПИСТОЛЕТ

```
П И Е У П П А У М И Р С Ж О Е Н О
Т С П С О Е Т М Н Е Р Н И Г С О Р
П И Ц С Е С З А Ч А Т Ь Р Р Т С В
М У Ф У В О Р Т С О С Л Р А Е О В
И Т Л Р С К А Н З Л И Е М Н С Р П
И К Ч О Л У Б Ь М П С М Т И Т О О
О С П Р П И С Т О Л Е Т Л Ч В Г Д
С В Т У И Т Т И О А Т Р И И Е С С
Ч А Р О М И О Ж Р Т А И Х В Н Л Н
И И Е Р Ч М С У Р И О О О А Н О Е
Н Е С О О Н Н Л И П Р И Р Ю Ы В Ж
И Л П Т А У И С И А Р П А Т Й О Н
А Р В Т Ы Т Т К Л К Ц Р Д Х Е С И
У У Т Т М Е У А Ь Т Ы Р К Т О Р К
М Я Г Н Е Н О К Н Н Н И Е У И П И
```

Puzzle 561

```
Ф А П Я Л Ш П Н Е У С Н Е С У С И
О Г В Я Ь Т А Р И Б О С О У Л Е У
Р Р О Т М Е О Р И Л И О Т Р О Е О
М Е Н Т Г Ф Т Н Е Н П К И Е С М С
А С Ч И Т А Т Ь Е Л Ц Н Ы С А А У
Е С Р А О В Л У С Р Н О О У И И И
Л И Й Ы В О Н И З Н Е Б А С Т Ф Р
Я В Ц Д И С Т Г У У Ц В Р Р Е И И
Г Н Н А З А Д Л Е Щ И В О Р К О С
У Ы У К У Е М А П С В Е У Р Е М С
Ш Й У Д Е Л Е З О Е О С С М П Л У
К М Н Е С Т М А И А К В Ы З О В М
А И С Р Р У Т Е О Т У А И Т О Л К
О Е Е П Е И Н Е Ч Ю Л К Д О П Н А
П Т А Т Р У М Е А Т Т С А Т О Т П
```

ГЛАЗА
ОКНО
СОБИРАТЬ
ШЛЯПА
НАЗАД
ЛЯГУШКА
ИРИС
ЛУКОВИЦЕ
ФОРМА
СОКРОВИЩЕ
СУМКА
ПРЕДКА
ВЫЗОВ
ПРИНЦ
АГРЕССИВНЫЙ
ПРОВЕРЕНО
СЫН
ПОДКЛЮЧЕНИЕ
БЕНЗИНОВЫЙ
ЧИТАТЬ

Puzzle 562

АВТОМОБИЛЬНЫЕ
НЕЖНО
ПОЛИТИКИ
ПЕРЕРЫВ
СЕНСОРНЫЙ
НЕДЕЛЯ
ИДЕНТИЧНЫЕ
ВЗАИМОДЕЙСТВИЕ
ЮГ
ИЗМЕРЕНИЕ
СОБСТВЕННОСТИ
БИБЛИОТЕКА
ТИШИНА
СООТНЕСТИ
СОТРУДНИК
АДРЕС
ПРИЗНАТЬСЯ
РАСШИРЬТЕ
ЧАСТНОСТИ
ТОРТ

```
Б У О И Т П Й Ы Н Р О С Н Е С Н А
Ч И В О Т Л Н У Е М Р Е В И И Т В
А Т Б П Е Е У И Д М И С З Н О У Т
С С Я Л Е А Т С Е Р Д А А Е Т У О
Т О С О И Р О М Л Л Е С И Р Л Н М
Н Н Ь О Е О Е Е Я И Н О М Е Ю Г О
О Н Т Н Т Д Т Р О Т Т О О М П И Б
С Е А Ж Ь Р А Е Ы С И Т Д З В Т И
Т В Н Е Р И У В К В Ч Н Е И С Н Л
И Т З Н И А Д Д А А Н Е Й С Р П Ь
Р С И С Ш Р Н Л Н М Ы С С Р О Н Н
И Б Р А С Т Р С И И Е Т Т Т Н О Ы
О О П Ф А И Р И Ш Р К И В И Е У Е
У С Н У Р О С И И Н О И И Д Т П С
Т Н С С П О Л И Т И К И Е М А М А
```

Puzzle 563

```
Р Е У У О Й Т Р Е Е Ф Е З Е И П О
У П С Н Г Ы М Т Т О Н П А З Е Н В
И М Т М Р В У П С Е Ф Л К И В К Н
И Н М Д Н И М И А Ь О И Л З О О Л
Е Т И Ч У Л О П М Л М Е И Е З Н Д
Е Ф Н Е С Т Е Ф А О У Е Н М М Е О
А И О Т Г С А Я Н Р Р Ц А Л О Ч М
С Т П Е Б А Е М У Т Т Е Н И Ж Н А
З О Р Ф И Ч О Е О Н Н У И Т Н А Ш
И А Д О А С Е М Р О М Е Е У О Я Н
Т В Я Н У Й И Щ У К Е Т И Л И С И
У А Л Ц П П Л А С Т И К О В Ы Е Е
С Р Г Н Л Б Д Р А К О Н И С Е Р Д
Е Т З Т Т А Р Ц Н О У Т Б У К Р Н
О А В В И Д Е Н И Е М Н О Г И Е А
```

ЗАЯЦ
ВЗГЛЯД
ПЛАСТИКОВЫЕ
МОРЕ
ВИДЕНИЕ
ТАМ
ТЕКУЩИЙ
СЧАСТЛИВЫЙ
ЗАКЛИНАНИЕ
ЗЕМЛИ
МНОГИЕ
ВНЕЗАПНО
ВОЗМОЖНО
КОНЕЧНАЯ
НОУТБУК
ДРАКОН
ТРАВА
ПОЛУЧИТЕ
ДОМАШНИЕ
КОНТРОЛЬ

Puzzle 564

СЕБЕ
КЕНГУРУ
СВИНЬЯ
ОБВИНЯТЬ
УВОЛИТЬ
ТЮРЬМЫ
ДЕТСКАЯ
РАСШИРИТЬ
УВЕЛИЧЕНИЕ
ЗНАНИЯ
СВЕРНУТОГО
ЛУЧШЕЕ
СМИ
ПОСЕЛИЛАСЬ
ДОЛЖНО
ВКУСНЫЕ
ОБУВЬ
ТЕПЛОВОЙ
ПРЕВРАТИТЬ
БИОЛОГИЮ

```
Н П С О У А С М Д Т А И У И У А П
С Р В Н Б С М В Д Е К Е Н Г У Р У
В Е И Ж А У И Е О Ы Т С У У У У Л
Е В Н Л А Е В У Л Н Р С Н Ь У В С
Р Р Ь О Ф Л Т Ь Т С М Т К С Т Е Е
Н А Я Д Н И Я Ь Д У Р Д И А Н Л И
У Т О А Т У У Т Л К П П Р Л Я И Р
Т И Т А Е Е Р И С В Ю Г С И П Ч О
О Т С П О П А Р У Т И Е И Л Н Е Б
Г Ь А З Н А Н И Я В Г У Т Е Б Н В
О Л У Ч Ш Е Е Ш С А О Т П С М И И
Т Ю Р Ь М Ы Л С И Н Л Л У О Е Е Н
Л В О И С Ф Ф А У Н О С И П Е Б Я
М Р Н Е Р С О Р М Н И Т М Т А Е Т
Т Е П Л О В О Й И Е Б П Е Д Ь Ь
```

Puzzle 565

Ц	С	Л	Е	Ж	А	Л	Ф	Й	И	К	С	О	Л	П	Н	Е
Н	Е	Р	И	И	П	Т	Н	В	Т	Й	О	Н	Й	О	В	Д
П	В	Р	Е	Н	Е	Е	Н	Г	У	Р	К	Н	Т	О	Д	Д
И	Р	Т	Д	Т	Е	О	Р	А	Р	П	А	Е	Б	У	Ц	
Е	О	И	Ф	Р	Н	У	П	А	О	Е	Н	У	У	Ч	Ш	У
О	И	Г	З	Т	А	Е	У	Н	О	И	У	Е	И	У	Н	О
Р	П	А	Т	Н	Л	И	Е	И	У	В	Е	Р	Ь	Т	Е	О
Р	Т	М	У	Л	А	А	А	Ц	О	Б	И	Ж	А	Ю	Т	С
П	М	У	С	Е	Т	Т	Ф	Ы	Н	С	О	А	И	О	И	Я
Е	Р	Б	Р	С	И	У	Ь	А	И	В	Е	Р	Т	П	П	М
П	О	Л	О	Ж	Е	Н	И	Е	А	Д	Т	П	С	Е	Ф	У
Е	П	Е	У	Т	И	И	О	Е	С	О	Е	Т	А	Щ	Л	Т
Н	О	А	О	И	О	М	И	С	П	С	О	А	Н	Е	У	Е
У	С	М	А	О	Г	Р	А	Ж	Д	Е	Н	И	Е	Р	С	Е
С	Е	Ш	Е	Л	К	О	В	И	С	Т	Ы	Й	Ц	А	У	О

ДВОЙНОЙ
КОНЕЧНО
ВЕС
ОБИЖАЮТ
ПРИЗНАТЬ
СРЕДНЕЕ
ГРАНИЦЫ
БУМАГИ
ОГРАЖДЕНИЕ
КРУГ
УВЕРЬТЕ
ШЕЛКОВИСТЫЙ
ДУШ
МЯСО
ЛЕЖАЛ
ТАЛАНТ
ПЛОСКИЙ
ПЕЩЕРА
ПОЛОЖЕНИЕ
МИНУТ

Puzzle 566

ОРГАНИЗОВАТЬ
АККУРАТНЫЙ
УТОЧНИТЬ
МИЛЯ
ИСТОРИЯ
ПОЛОСТЬ
ДУРАК
МОРАЛЬНЫЙ
ГРАФ
РОБ
ЯЩИК
ОРБИТА
ТЕХНИКУ
ПРИНЯТО
РЕШЕНИЕ
ТЕПЛЫЙ
АККУРАТНАЯ
ЦИТАТА
АРЕНДА
ОЩУЩАЕТСЯ

Р	И	К	И	О	Д	У	Е	Р	Е	Ш	Е	Н	И	Е	М	М
О	Л	А	Д	Т	У	О	Ф	А	Р	Г	Е	П	М	И	У	О
В	И	Р	Р	И	П	С	С	К	П	Р	И	Н	Я	Т	О	Р
О	О	У	Т	Е	Р	С	Д	К	И	С	Т	О	Р	И	Я	А
Ц	Р	Д	А	Е	Н	М	С	У	К	И	Н	Х	Е	Т	О	Л
В	Е	Г	Т	Е	Т	Д	Е	Р	В	И	Й	И	Р	Е	Щ	Ь
И	А	Т	А	А	Н	М	А	А	Е	Е	Ы	Ф	С	П	У	Н
Я	Щ	И	К	Н	Я	О	Ь	Т	С	О	Л	О	П	Р	Щ	Ы
Ц	И	О	Р	А	И	Т	У	Н	И	О	П	Т	Т	О	А	Й
Р	И	Е	А	А	Т	З	С	А	П	Н	Е	И	Т	Б	Е	А
С	У	Т	Ф	М	Е	Т	О	Я	У	Т	Т	И	П	Е	Т	Е
М	Л	Л	А	Е	М	М	С	В	Л	Р	У	С	И	Н	С	М
Р	Е	Т	Н	Т	А	И	Р	Н	А	Т	И	Б	Р	О	Я	Т
М	И	Л	Я	Р	А	О	Т	Е	Ь	Т	И	Н	Ч	О	Т	У
А	К	К	У	Р	А	Т	Н	Ы	Й	Ь	Н	О	И	И	А	

Puzzle 567

Р	Ф	Д	С	А	Т	С	П	К	С	Е	Л	Б	Т	Р	У	Г
А	У	О	Е	Ю	О	Л	С	У	Е	Ы	Р	Е	И	С	Р	О
С	Т	В	Т	Р	М	Т	Л	О	Ж	Н	А	Я	М	Ф	С	Р
П	Т	А	Т	Ж	У	И	М	Н	Т	Е	Е	И	Т	О	О	
Л	И	З	И	О	Д	А	Т	О	Т	Е	И	И	Р	У	Т	Д
А	П	Е	М	М	М	П	Т	А	Д	Р	Л	А	Т	Г	В	С
В	Ч	М	Р	С	О	А	Е	Ь	Т	К	Е	К	А	П	О	К
И	Е	О	Е	Р	О	М	Е	Щ	А	Н	О	Р	О	В	Б	О
Т	Л	Е	А	У	А	Е	О	Е	С	О	Ц	И	Л	О	Е	Г
Ь	А	Е	А	К	О	Н	Д	В	П	К	Е	К	Ь	А	Д	О
К	Р	У	Г	Л	Ы	Й	И	Л	О	С	С	Н	И	М	Л	И
М	И	А	П	И	Н	П	Т	С	У	И	Е	Н	М	С	Е	Е
Э	Л	Л	И	П	Т	И	Ч	Е	С	К	И	Й	С	Н	П	С
М	С	Г	Н	Т	Л	О	О	Ж	И	Д	А	Е	М	Ы	Й	Т
О	П	П	Е	Т	У	А	Л	У	М	В	У	П	М	С	С	Е

ВОРОНА
ЛИЦО
КРИК
ОЖИДАЕМЫЙ
КРУГЛЫЙ
СМОТРЮ
ЭЛЛИПТИЧЕСКИЙ
ОБЕД
КОНКРЕТНЫЕ
ДЕРЖАТЬ
КУРС
ГОРОДСКОГО
СЕМЬИ
НОС
ВЕЩЬ
ЛОЖНАЯ
БЛЕСК
ПЧЕЛА
РАСПЛАВИТЬ
ЗАВОД

Puzzle 568

РЕСУРС
ПУШИСТЫЕ
ОНА
ЭФФЕКТ
МАЛО
УЧЕНЫЙ
МЕДСЕСТРА
ПЛЕЧО
ПОЛИЦЕЙСКИЙ
СЕКРЕТАРЬ
ПОТЕРЯТЬ
ВЕРНЫЙ
НЕВИДИМЫЙ
ВМЕСТЕ
НЕСЧАСТЬЕ
ПОСЛЕДНЯЯ
КАТАЕТСЯ
ПЕРЕЦ
ЧЕТЫРЕ
ПОЗДРАВЛЯЮ

Э	П	Н	Е	В	И	Д	И	М	Ы	Й	С	И	Ц	М	Н	П
Ф	О	М	Е	Д	С	Е	С	Т	Р	А	У	Л	Р	С	Е	О
Ф	С	Ц	И	Г	Т	Т	О	И	С	Р	О	Т	П	Т	С	Т
Е	Л	С	П	И	С	В	А	И	С	Н	О	Е	О	Н	Ч	Е
К	Е	П	М	Л	Е	М	С	Ф	Ф	Р	И	Т	Л	П	А	Р
Т	Д	У	Т	Е	С	У	М	Д	Т	М	У	Е	И	О	С	Я
Р	Н	С	Е	Л	П	С	Е	И	Л	И	Ф	С	Ц	З	Т	Т
Р	Я	Е	М	Ф	Е	Т	Г	Т	Л	С	Т	Н	Е	Д	Ь	Ь
М	Я	М	Ц	Н	К	А	Т	А	Е	Т	С	Я	Й	Р	Е	В
Ч	Л	А	Е	И	И	Н	Я	У	В	Н	У	О	С	А	Е	М
Р	Е	М	А	Л	О	О	А	Е	И	Е	Л	И	К	В	Т	Е
О	Л	Т	П	У	Ш	И	С	Т	Ы	Е	Р	Т	И	Л	Ф	С
М	С	Т	Ы	У	Ч	Е	Н	Ы	Й	О	Т	Н	Й	Я	Д	Т
Л	М	У	Ь	Р	А	Т	Е	Р	К	Е	С	П	Ы	Ю	Е	Е
Р	Т	Ц	Е	Р	Е	П	Л	Е	Ч	О	Л	У	Р	Й	И	Е

Puzzle 569

```
А Р С Л Ы Ш А Л М Т И Ц Л У К С У
Ь И А Т И Е Е П Е У Т Е Ю Р А Т Б
Т Е С У Т У В Т Р Е Ж Л Б У Р Е Л
С К Е Л Е Т Л Е У И Ц Ь О С М Т П
О И С О Е М С Н Р Н Ч И Е У А В Р
К В С Н У С Т Е Е Н У И И У Н Е Е
Ы О И У И Д С Д Р С Т И Н Я Н С З
Т З У А С Ж Р Р Т Д Т У Е А Ы Е И
О У В А О П Е У И Р Ц Т Е Н Й Л Д
Б Р И А А П О Н Н И П Е М Ч П Ы Е
А Г Ы Т О М Я С И Н Л Л О Е Т Й Н
Р Р Е С И У Т Ы У Е П А Т Ч Е Т Т
Т Р Д И У Н Р Р А Ь Т А З А К О Д
И С И А Е Т Й А Ж Л О Д О Р П С А
С И Е И Н Е Н А Р Т С О Р П С А Р
```

ЖЕРТВУ
ДОКАЗАТЬ
КАРМАННЫЙ
ПРЕЗИДЕНТ
МОТЫГА
РАСПРОСТРАНЕНИЕ
СКЕЛЕТ
СЛЫШАЛ
ПРИЧИНА
СНИЖЕНИЕ
РАБОТЫ
ПРОДОЛЖАЙТЕ
ВЕСЕЛЫЙ
СЕРДЦЕ
ЦЕЛЬ
ЛЮБОЕ
ПРАЧЕЧНАЯ
ГРУЗОВИК
СЫР
КОСТЬ

Puzzle 570

ХОРОШИЙ
КИНО
ГЛУПОЕ
РЯДОМ
ГОРШОК
РАБОЧИЙ
ТРЕВОГА
СМЕШНО
ИНТЕРЕСНЫЕ
ХОЛМ
ТОНКУЮ
ОБЪЕКТ
ПУСТЫНЯ
БАРСУК
ПОЭТОМУ
КРИТИКА
ВЫДЕРЖИВАЕТ
ЖИВОПИСЬ
ЖЕНИТЬСЯ
ЭВАКУИРОВАТЬ

```
И Э О Ф Е О Р П У С Т Ы Н Я К Т Б
Ж В И Е У У А Т О Н М Р Н Е Р Р А
И А Л Н И М Б Н Е Е Н П Е Е И Е Р
В К Н С Ф К О Ш Р О Г Р Ы М Т В С
О У Е И У В Ч Т М И С Я Н П И О У
П И О Т И Я И О Э П Г Д С М К Г К
И Р Х П Р О Й Л Т О И О Е Р А А С
С О О Г Л У П О Е Е П М Р К И Н О
Ь В Л В Ы Д Е Р Ж И В А Е Т О С Н
О А М Х О Р О Ш И Й У М Т Т Б С Ш
У Т Н Т И О Т И А А Р Е Н Т Ъ У Е
Е Ь У И Т О И И Я С Ь Т И Н Е Ж М
А С П Т И А Т Т А У Ц С С А К Р С
Ц И С Т А И С Т Т О Н К У Ю Т Н Р
В Р М Е А Е О С Е А Н Е А С Е С С
```

Puzzle 571

```
И Е А И И Р В П Е Е Д М Т А О О С
Е М У Н Г С И Н У С Т А П А П Е В
Н П И В П М Е Т И Е Ц Н Л О С М Е
У Е Ь Т А С И П А Н Е У Н Ь Л У Ж
У Р А И И У В Е Р Е Н Н Ы Й Н Д И
Ю У Щ Ю У Р И Н И М О Д Т Д А И Е
А Е А И Т Й О Н Н Е Ц О Г А Р Д Й
М О Е И В Н Е В Я О Н Р И М О Е У
У Н Т У М У Т Ш А В Б Б О О Б У Е
Д Н Т У Т С У П Т Т Ц Щ О Д Ы М У
Т Е Л Е Ф О Н Н Ы Е Ь Р Е И В Т О
Е Ж Е Н А Е Р А Р С У И Н С И А Д
К З Т И В Я И Ц К Е Л Л О К Т Б С
А О Э К С П Е Р И М Е Н Т И У В Т
М П Н О Т С П О Л Е У Е У Р О Н О
```

ДУМАЮ
ДАЛЬНИЙ
ВАШ
ОБЩЕСТВО
ПОЗЖЕ
СОЛНЦЕ
ЭКСПЕРИМЕНТ
МАКЕТ
СВЕЖИЕ
ТЕЛЕФОННЫЕ
УВЕРЕННЫЙ
МИРНО
НАПИСАТЬ
ДОМИНИРУЮЩУЮ
КОЛЛЕКЦИЯ
ПАПА
ИМИТИРОВАТЬ
ДРАГОЦЕННОЙ
ВЫБОР
КРЫТАЯ

Puzzle 572

РЕМОНТ
РОБКУЮ
НАПРАВЛЕНИЕ
РОКОВОЙ
КУРТКА
МАСЛО
ОТХОДЫ
ЛАДНО
КРЫШКА
ПАДЕНИЕ
СНЕЖОК
ДРУЖЕЛЮБНЫЙ
ОЦЕНКА
НУЖЕН
МЯГКИЙ
ЗНАЮТ
ВОЛК
ВЗРОСЛЫЙ
ПУБЛИКАЦИЮ
ДОСТИЖЕНИЕ

```
Л Н Н А П Р А В Л Е Н И Е Т А О В
Т П Е Е А Т Е Р Р У К Д О А Н Ц З
У Е У А Ф И Н Р С С И Р И У Е Е Р
Й Ы Н Б Ю Л Е Ж У Р Д Р Ы П Л Н О
Л Р М У Л М В Т Н У И Т С Ш О К С
Л О У Ы А И У А Е Е М Р О С К А Л
Г У М Д В О К О У Л Е И Ц Е У А Ы
Р Е М О Н Т С А К Т Р У К Е Л П Й
М И Н Х Е Ю Й О Ц В Ц Е С М М Р М
А Н У Т У А О И Г И Л А Д Н О Т Я
С Е Ж О У Н В О Л К Ю У К Б О Р Г
Л Д Е М О З О Е Я Т С Н Е Ж О К К
О А Н Р Ф А К У О Р Е Т М П П Е И
И П А О Т М О Т О Т Т М Н И У А Й
А Е Р М В Н Р Д О С Т И Ж Е Н И Е
```

Puzzle 573

```
М И Ф З А К Л А Д К И Е Й А В К Ф
П Р Я А А Н Е М О Н И И Ы Ф О А Е
Т И И Ф Н И И Д Р Т П У В Р З Р Р
С Д Ц Б Ь Т С О Н Ь Л А Е Р В Т Л
С И И А О Р А Х Ф В С В Н П Р А О
О Ъ Д Т П Л У С О У Е Е Е Р А Ц Д
П Е Е Е Р Ц Ь И Т П У Т Р Е Щ П К
А А П С Н А М Ш Н И И В И К Е О А
С Т С И Т А И А Е О К Ь С Р Н Щ У
Н О К Р Е Ь Ц Е Е С О А Е А И Е У
О Е Э Л Р Р С Т Щ О О Р Е Т Е Н С
Ф М П А А И С Е У Б Е Л Д И С О М
Р М И Г Т Б Л У Д А Р Т И Т Н К Н
Г С У Т Е М Л У У Я М Л Е Ь А А Р
Е И В П Р И С Е Б З Р Е Л И Щ Е П
```

АНЕМОН
ЛОДКА
ЩЕНОК
БУДУЩЕЕ
СЪЕСТЬ
ОПАСНО
ЗАКЛАДКИ
ЗРЕЛИЩЕ
ИМБИРЬ
РЕАЛЬНОСТЬ
ПРЕКРАТИТЬ
БОЛЬШЕ
СИРЕНЕВЫЙ
ОСОБАЯ
ВЕТВЬ
ИСХОД
ЭКСПЕДИЦИЯ
ФАНТАСТИКА
ВОЗВРАЩЕНИЕ
КАРТА

Puzzle 574

ЛУННЫЙ
БЫСТРО
ЛАМПА
УМ
ВСТРЕЧА
СТРАДАТЬ
ПРОГУЛКА
КЛЮЧ
НАДЕЖНЫЙ
ЗНАКОМСТВА
ПОЗДНЮЮ
ЖЕНА
ДОСТУПА
УСЛЫШАТЬ
ЗУБЫ
ИЗВЕСТНЫЙ
ДОГОВОР
БАЗА
КАМПАНИЙ
ПОЛОЧНОГО

```
И С У И П Ц Б Е В А П М С Т Й З В
С З М И Р А Ы И Т С М Ф О Е Ы Н И
Т Е В А Н И С П Е И Т И Р М Н А У
Р Е М Е Д М Т М Р И Т Р Е И Ж К И
А З А Б С Т Р У С Ф А О Е А Е О А
Д Т Н Е Е Т О Д Е И А У И Ч Д М Т
А Ц Е М Й Ы Н Н У Л А М П А А С У
Т Г Ж Н Л С У Ы О Н К И А И Н Т П
Ь Р С Н Т А М Н Й Д А У Л Д И В Р
П О Л О Ч Н О Г О О М М У У Е А О
С В Ф У Ю З Р Т У С П Г Т М С Н Г
Л О И И Л У С С Ь Т А Ш Ы Л С У У
И Г У В К Б У В М У Н А Е Ф П Р Л
С О М И М Ы М Е У П И У Р А У М К
Л Д П О З Д Н Ю Ю А Й У М О С С А
```

Puzzle 575

```
Ч О Т М Е О Г М М А Ф Н А Я Ц А К
П Е Н А Ц О О Р И О П У П Д А И У
И Е Р С И О О Р А В Е Л О Р О К З
Й Ы В Е Ц Н Я Л Г Д У Г Н У Е Н Н
И Е Л У П Н О У Ф Ц Р Н И Е А О Е
Е Е Р Н С А Е Т О Н Е И И Р Н М Ч
З И И И Е К Х И С У Т Л Е Г Н А И
М Е И Ц С Е А Н Ь Ч О Д Ф Т И К
У Р М Р М Е Т О П И К Й Е П О К П
А И О Л У Р Б Е З О П А С Н О Ч Е
Д С А Б Я Ф Е С Т О М А Т О Л О Г
Х О М Я К М И Н О Р А У К С Л В Р
Г О Р Я Ч Е Е П Е И В И А С О Е Т
В С Т Р Е Т И Л И С Ь И Ф У Е Д Н
Е Р М Р С Л С О Р Е Г П Т Д И А У
```

ФРЕСКА
БЕЗОПАСНО
ДЕВОЧКИ
ГНИЛОЙ
ЗЕМЛЯ
СТОМАТОЛОГ
КУЗНЕЧИК
ЧЕРЕПАХА
АНГЕЛ
ГРАД
КОПЕЙКИ
ЯД
ПОНИ
ГЛЯНЦЕВЫЙ
ГОРЯЧЕЕ
ВСТРЕТИЛИСЬ
КОРОЛЕВА
ДОЧЬ
ХОМЯК
ФАКТ

Puzzle 576

КЛЕЙ
ПОЛА
ПОМИДОР
ДОЖДЬ
СТРЕКОЗА
ПОВЕДЕНИЕ
ДОРОГА
ПИЛОТ
КРОШЕЧНЫЙ
ГРУППА
ПОСЕЛЕНЦЫ
РАЗНИЦА
ВНЕШНЯЯ
ЛАСКА
ОПАСНОСТЬ
ТЕОРИЮ
РАЗДЕЛ
ВЕРЮ
ПОТЕРЯННЫЙ
КАНАРЕЙКА

```
О Е У С У Р Е Н Н П Т О Л И П А В
О В Е Ц Р У О Й Ы Н Ч Е Ш О Р К Н
Р О Т Е Й Ы Н Н Я Р Е Т О П А У Е
О П А С Н О С Т Ь Е Т Н Е Р Ц И Ш
Н Р П Л И Р Н С С Л И Ф У М И Т Н
Н Р П К А Н А Р Е Й К А Ф У Н Ю Я
О О У Р З Г М Е И Е Р К Н В З И Я
Р О Р М О А О Е М Л Т С Л Е А И Р
Т Е Г Н К О А Р Р К М А Е Р Р Е У
Д Ы Ц Н Е Л Е С О П Л Л О Ю Г Л Т
И О Г И Р П О В Е Д Е Н И Е П У Р
С В Ж П Т И Т О У А Д Р А П Т И Р
М О О Д С П О Л А У З А И А И У И
И А Е У Ь А А А Н М А Ц У И Е Р У
П О М И Д О Р Н М Е Р П С М Ц И Л
```

Puzzle 577

```
А А У Р И О П О П Ы Т К А А А Е И И
В М М Л Я С П И Е Н У И И Г С М И
Ч Й Е Ы П Р И Г О В О Р А И Л Е Л
О Ы У Р Е Т Р П И А Л А К Ц И А О
П Н Т О И В Р И О Й Ы Р О Т О К З
А Н А Г М К Л Я Я И С В Л С П У Е
А О Т С А Т А А Ь Т Р А Ы Л Р Р Н
М И У О Т Ц П Н Т Е А Р Б Е Е О И
Е Ц В Е Н О Е Б С И И И Е Д Д Б У
Д А Л Е Е И Л О И К Р У Л У Ы Ы И
Л Е Е У Л О И Д Л Л И Р Ь Й Д Ч Т
Р Р Р Т Е Д Л У Р А Б Е Е Т У Н У
А К П О Ч И Н И Т Ь Т О Р Е Щ Ы Е
С Е Д О С Т А Т О Ч Н О Е О Е Е Р
С Р О Р И Е Н Т И Р У Й С Я Е Т Р
```

ПОЧИНИТЬ
ДАЛЕЕ
ЛИСТЬЯ
КОЛЫБЕЛЬ
ОБЫЧНЫЕ
ПРИГОВОР
ОРИЕНТИРУЙСЯ
СЛЕДУЙТЕ
ГЛАЗ
ДОСТАТОЧНОЕ
УДОБНАЯ
СТОЛ
ПРЕДЫДУЩЕЕ
ПОЧВА
АМЕРИКАНСКИЕ
ПОПЫТКА
КОТОРЫЙ
ГОРЫ
ЛЕНТА
РЕКРЕАЦИОННЫЙ

Puzzle 578

ИЗУЧИТЕ
ПОСТЕПЕННОЕ
КОМИТЕТ
ПОКАЗАТЬ
ГАЛСТУК
ЗАПРЕЩАЮТ
ПРИВЫЧКА
РАССЛАБЛЯЕТ
ОТВЕТ
ВИНОГРАД
ПАЛЬТО
НАОБОРОТ
НАЖМИТЕ
УТЕЧКА
ДОСТИЧЬ
ГОСУДАРСТВО
МЕЖДУНАРОДНЫЙ
ОТКРЫВАЛКА
ОБЛОЖКА
ЛЕГКО

```
О Н З П О Б Л О Ж К А О Р М С Л Е
Т А А О Е М М С О А Е У И Т О М Р
К Ж П К Т А К Ч Ы В И Р П У Л И М
Р М Р А Р К И А Т И Н Л Т Е Г Е Е
Ы И Е З С Ч А Д Р У С Е С Р Д Ф У
В Т Щ А М Е Ж Д У Н А Р О Д Н Ы Й
А Е А Т Е Т И М О К Е Л И У П Р Д
Л Н Ю Ь И У Г А Л С Т У К У Н Д О
К А Т У И У У П А Л Ь Т О А И А С
А О И З У Ч И Т Е У Е И И И Р Р Т
О Б Е Р Л А А Ц Н И Р Т П О Л Г И
Т О О И Е Г О С У Д А Р С Т В О Ч
В Р Р А С С Л А Б Л Я Е Т И Б Н Ь
Е О Н Н Е П Е Т С О П Р Е Р Р И Л
Т Т Л Е Г К О С Ф Л У И О А А В М
```

Puzzle 579

```
Е С П О Р Т В Я С А У У Д И С П И
В Р У О Ф Е П Е И Н Н Е И Л Е О И
Е А П Н Д И И Н С У Е У С Л О В Х
О В П У Е Д К С П Е С И С У Е С О
К Н А Л П Е Е С А К Л Е Д Т О Ю Ч
О И Ь Ч И Л О Р К Е Я А Х У С Д Е
Н Т М Я Ч С Ф Р Ж И О М Я Е П У Т
Ф Е И Г О Р О Д Т К Я И Е У Р П Н
Е Н С И Е Д О Ф С С А Л К О О Л С
Т Е Н Б И Г О П О Р Н М Т О И Р О
Ы Т С Л Р С О И С Н Б И А Е З В И
О П Р Е Д Е Л И Т Ь У С А С О С Е
Л И Ч Н О М И А Н О З Е У В Й О А
Т Е Р М И В А М Е Т О Е Е В Т И С
М М Ц У Е Е И П М Н П Р Р Р И В Р
```

ПЛАН
ЛИЧНО
СРАВНИТЕ
САМА
ДОРОГИЕ
МЯЧ
ПОДДЕРЖКА
ПРОИЗОЙТИ
ПИК
КЛАСС
КРОЛИЧЬИ
ПОВСЮДУ
СУХАЯ
ОТДЕЛКА
ВЕСЕЛАЯ
ОПРЕДЕЛИТЬ
ПОГИБНЕТ
ЗУБНАЯ
КОНФЕТЫ
ХОЧЕТ

Puzzle 580

ПЛОТНАЯ
ДОКАЗАТЕЛЬСТВА
ПОСЛЕДНИЕ
АВТОР
СПЕШИТЬ
ЕЖ
РАССТОЯНИЯ
ПРОВОДА
БЛЮДО
ЗАВИСИМЫЙ
СОПРОВОЖДАТЬ
РАСКРЫТЬ
ГЛОБУС
УТЕНОК
ЗНАКОМЫЙ
ВИТАМИНЫ
СТОИТ
ЛЕТО
ВЗВОЛНОВАННЫЙ
ШИТЬ

```
В А О Е Н М Г Ф Г Е П Т И Н У П З
Ц А У П И Г И О А Л М И У О Р И А
Д П О Н Й Ы Н Н А В О Н Л О В З В
У А С Т О И Т О О С Н Б С Л С Ф И
С О П Р О В О Ж Д А Т Ь У Т Е Е С
И Е Н И У Т Л В Т Н Е О П С Л И И
З Н А К О М Ы Й И Ь И Е Л П Е Н М
Е Ж А В Т С Ь Л Е Т А З А К О Д Ы
Б Р А С К Р Ы Т Ь И А И У Т Т Е Й
Л Л Г Ш И Т Ь М У Ш О М Т И Е Л Н
Г Т Ю М Р У К О Н Е Т У И Т Л С Е
У У И Д С А У И Т П В Ф О Н А О Л
Я А Н Т О Л П Н Н С Е Е Е Р Ы П И
П Р О В О Д А Р А С С Т О Я Н И Я
О Л Б Р Т Е М А В Т О Р Т М С Н И
```

Puzzle 581

```
З А Р А Б О Т А Т Ь П С М А У Т Р
П Р И Н О С И Т Т Т К О Т О И Д И
В З Я Л Н А А С Т А А П М Е Н И П
Р И П А О Р У Г П Д Т О И Н Н П И
О Р У Р Н У И Т О А А С Т С И Ь М
П Р Е Г М И Л Т В З С В И Т Н Т С
Е И С И К У Р И Т Ь Т Я З М А И Е
Р П У Ы Р И Т Р С Т Р Т В Т Д Н И
Е М А В О П О У Е И О И И У Ж А Н
Д Л О Л Р С Т С Ч Т Ф Т Н М А Р Е
А Т О Ф А А О И И Е А Ь Е У Р Х Л
В Р Т Ж П Т У М Л Р Л Е Н Т Г О В
А С Е И К Т К Е О Т У П И Н Р С А
Т Е Е Р У У И А К С Р А Я Ы А Л Д
Ь С Е Р И Я У А Т В Н Т Т Й М С И
```

ВЫИГРАЛ
ПОСВЯТИТЬ
ЗАДАТЬ
ВСТРЕТИТЬ
КОЛИЧЕСТВО
ГРАЖДАНИН
ЗАРАБОТАТЬ
КУРИТЬ
ДАВЛЕНИЕ
КАТАСТРОФА
СЕРИЯ
МУТНЫЙ
СОХРАНИТЬ
ИЗВИНЕНИЯ
ПОМНИТЕ
ПЕРЕДАВАТЬ
ВЗЯЛ
ПРИНОСИТ
ЛОЖКУ
ПАЛАТКА

Puzzle 582

АКАДЕМИЧЕСКАЯ
ПОЧТАЛЬОН
ИМЕЛ
ГИБКИЙ
НАЧАЛ
ЧАСТЬ
РОК
РОДИЛСЯ
УХОДЯЩИЕ
ПРИВОД
ЭМОЦИОНАЛЬНО
ГАЗОН
ШТАМП
СТИЛЬ
СКАЗАТЬ
УЧИТЬ
ПЕРЕГОВОРЫ
ПРОБНЫЙ
ЭКОНОМИЧЕСКИЙ
СОДА

```
П Ч О А С Н У О О И У Ф У М П Е Е
Р А Н У Е Т А И И Е Й Ы Н Б О Р П
И С У И Е Р И Ч Е Е И О И И Ч У А
В Т Е Т М Т У Л А У А П Н Д Т Ч В
О Ь Т А З А К С Ь Л Е М И Я А И Е
Д Е Р И Ы Р О В О Г Е Р Е П Л Т И
О Н Ь Л А Н О И Ц О М Э И М Ь Ь М
Г А З О Н Й И К Б И Г Д Щ А О Ф А
С О Д А О Т У У Н Н Р У Я Т Н Е П
Н О И И У Н О Т Т М Д Д Д Ш Н П О
П У С Е Й И К С Е Ч И М О Н О К Э
Р О Д И Л С Я Е О А Т Т Х Т П Ф М
Р Р А В Е Е У И И И А Р У М Н И Е
А К А Д Е М И Ч Е С К А Я У Т Л Р
П У И Т Д И О Е У У Т Т Г И У Р М
```

Puzzle 583

```
Т Н Н С К Р Ы Т Ь Т У К А М Н С В
Е Р А К Е В О Л Е Ч С О Р П Е А Е
У Р Ц Т О У И С И Р А Г У О С Р Р
Б Т И Т С Е В В А Я Е Д И Д К Е Т
Р П О К Ф У Н Е О У О А Р Д О П О
Р И Н П В Е Е И П Е М Н Ю Е Л О Л
Е П А О С А Д У У И И Ж Р Ь К Е
С Е Л А Б Р Т Е Е И Б Б И Ж К О Т
И У Ь И Т У А С Р О Ю У Е И О Л С
И О Н П Л И Т А О А Л Д Л В П Е Т
Е О Ы К О Р О Л Ь П Л Ь С А Т Н А
И Е Й Н М Н Е Ф Е Р Т Ь И Т У И Р
С О О Б Щ Е Н И Е А О И Н Ь О Я Ш
М М О Ф Б О У Я С Ь Т А Л Ы С С И
П О Ж А Р Н Ы Й Ц П Д Е Е О Й С Й
```

СООБЩЕНИЕ
ССЫЛАТЬСЯ
ПОСТАВКИ
ВЕРТОЛЕТ
ПЛИТА
КОГДАНИБУДЬ
ПОДДЕРЖИВАТЬ
СКРЫТЬ
НАЦИОНАЛЬНЫЙ
ЧЕЛОВЕКА
ФЕДЕРАЛЬНЫЙ
ПОЖАРНЫЙ
ИДЕЯ
ПОКОЛЕНИЯ
ЛЮБИМОЕ
КОРОЛЬ
НЕСКОЛЬКО
ВВЕСТИ
СТАРШИЙ
ЖЮРИ

Puzzle 584

АВТОМОБИЛЯ
ТЕРРОР
СТОЯЛА
ПРАВИЛО
МОМЕНТ
НИЖЕ
РЕДКО
ПЛАТЬЕ
ЖЕЛУДОК
ПРАВО
ОСТАЮТСЯ
БОГАТЫХ
УКУС
КУЛЬТУРНЫЕ
ЧАЙНИК
ОТДЕЛ
ТОЛЧОК
МЕДВЕДЬ
ДИВАН
КОЛЬЦО

```
Л П Т К И В Б Е О Т П Ф У И О В Н
И Е О У У А Е М У Р О Л И Я М Р Р
О А Ж О О Л И В А Р П Т А С И С С
Ц И О Е Е И Ь У Д Е С О Л Т И Т И
Н О Д Ж Л Е Д Т О У Р Л Я Ю Ь Н У
Т У У И Д У А Н У С Т Ч О А Д Е Т
Е Е И Н Р И Д Е Р Р С О Т Т Е М А
Е Ф Т М Л А Н О У О Н К С С В О Н
Ч А Й Н И К Н К К Р Е Ы В О Д М Е
Д П Т У К У С Д Л Р П А Е А Е И К
И Н О П А Д П Е Р Е Р П Е Ф М Л О
В С П Р М И Р Р Е Т А П Е И У Р Л
А Н У Б О Г А Т Ы Х В И Л Ф С У Ь
Н С Н М У Б Я Л И Б О М О Т В А Ц
Н Л У А Е П М О А А И И М О Т Л О
```

Puzzle 585

Ч	Е	Р	В	Ь	И	З	Г	О	И	А	Е	Л	Е	Е	Т	С
Н	Е	Е	О	И	Е	А	В	О	Е	И	У	Т	Р	Е	И	И
Е	Л	С	У	Ь	С	Я	О	Д	Р	Н	А	Е	Н	Е	Т	И
З	Е	Р	И	С	У	В	С	В	У	О	О	В	С	Я	И	О
А	Н	Р	Е	И	М	Л	Т	Е	Х	П	Д	И	Н	О	Г	А
В	И	Т	П	Л	М	Е	О	Н	О	Н	Ы	Т	И	С	Е	В
И	В	А	А	И	И	Н	К	А	Д	Д	О	Л	Р	О	И	А
С	Ы	К	У	В	Р	И	Т	Д	Т	У	П	М	Ь	Ь	Д	Л
И	Й	О	Ы	О	О	Е	У	Ц	М	С	Д	Л	Т	Н	П	Г
М	И	Л	Е	Н	В	А	С	А	И	У	Ф	И	И	Е	Ы	И
Ы	И	Е	И	А	А	М	Т	Т	И	Д	Н	И	Т	Ч	О	Й
Е	С	С	И	Т	Т	Т	Е	Ь	М	У	М	И	С	О	О	Т
П	И	А	А	С	Ь	У	Ш	Д	Н	Е	Е	Р	О	Р	А	У
М	Р	Т	М	О	М	Т	И	А	Е	Л	С	Н	Р	И	Н	Е
И	С	И	С	Р	М	М	С	Д	К	Е	Д	Е	П	А	Р	У

КОЛЕСА
ПЫЛЬНЫЙ
ГЛАВА
НОГА
ПРОСТИТЬ
ВЕСИТ
СУММИРОВАТЬ
УХОД
ОЧЕНЬ
КАШТАНЫ
ОСТАНОВИЛИСЬ
СУД
ВСЯ
ГОРОД
ВОСТОК
ДВЕНАДЦАТЬ
НЕЗАВИСИМЫЕ
ЛЕНИВЫЙ
ЗАЯВЛЕНИЕ
ЧЕРВЬ

Puzzle 586

ТЩАТЕЛЬНО
МОДЕЛЬ
ПАЛКА
ГОЛОСОВАТЬ
ГОТОВИТЬ
ПРОЙТИ
ГЛАВНАЯ
КРАСИВО
ПОДНИМАТЬ
БЕЙ
ПРЕДСТАВЛЯЮТ
ПРЫГНУЛ
СИТУАЦИЯ
САММИТ
АВТОМАТИЧЕСКИЙ
ВКУС
РАЗВИВАТЬ
ПОДАЛЬШЕ
ВЫХОДНОГО
КАЛЬМАРЫ

П	Е	Ц	М	Р	Г	Е	А	Г	О	Л	М	У	Е	П	К	С
Е	О	Я	Д	Е	Ь	Л	Е	Д	О	М	Т	Б	С	Р	Р	И
С	Т	Д	Н	Е	В	О	А	Е	И	Т	Е	И	В	О	А	Т
М	Л	У	Н	Г	Ы	Р	П	В	М	У	О	Е	У	Й	С	У
О	Н	С	Л	И	Е	М	Н	В	Н	Г	О	В	М	Т	И	А
Е	И	Л	Е	Е	М	О	А	К	Л	А	П	У	И	И	В	Ц
Т	О	С	У	М	А	А	Н	У	В	О	Я	Т	У	Т	О	И
У	Н	Ц	В	У	М	Р	Т	С	Е	Е	Е	Р	Н	Е	Ь	Я
К	А	Л	Ь	М	А	Р	Ы	Ь	П	О	Д	А	Л	Ь	Ш	Е
С	А	М	М	И	Т	Ю	Я	Л	В	А	Т	С	Д	Е	Р	П
А	В	Т	О	М	А	Т	И	Ч	Е	С	К	И	Й	Л	Я	М
М	Т	Ц	С	В	Ы	Х	О	Д	Н	О	Г	О	Е	Р	И	Е
Т	Щ	А	Т	Е	Л	Ь	Н	О	М	И	Е	Т	Б	Л	А	Т
Г	О	Л	О	С	О	В	А	Т	Ь	Е	В	У	Е	А	Т	И
Р	А	З	В	И	В	А	Т	Ь	Е	Е	М	И	И	М	Н	Е

Puzzle 587

```
Н Е У А О А П Р Е А Д М Л Е Н Е С
О В Т С В У Ч С Т Р А Т Е Г И Я И
Р О Т Е Л Е В И Д Е Н И Е В Т С Е
А Ч О Ж И Д К О С Т И З Л Е И О Д
Н Е С Е Е Ь Е И Е О Б А У А И Л Т
Ж В О С В Т Е С Р А Л Е Т Р С У Е
Е И Б У Е А Р П Ц Р Т У Л И Т К А
В Д В М Ф З И Е И Е И Л Т Х Р М И
Ы Н А Э Н Е Р Г Е Т И Ч Е С К У Ю
Й О Л И Г Р А Т Ь Е М У М И Я А Т
Е Д А М Е Ы А А В Н П И И М Т Р А
Ц У С Г Р В Ф Е И М Е Р Б Л Л Е П
А К Т И В Н Ы Й Б Е Й С Б О Л Т Я
С Т А Л К И В А Т Ь С Я О Н Е Т Т
И Р Д Ж Е Н Т Л Ь М Е Н У О У Т Ь
```

ЗА
АКТИВНЫЙ
ПЯТЬ
ИГРАТЬ
БЕЙСБОЛ
ТЕЛЕВИДЕНИЕ
МУМИЯ
УЛИТКА
ДЖЕНТЛЬМЕН
СТАЛКИВАТЬСЯ
ОСЕНЬ
ВЫРЕЗАТЬ
ЖИДКОСТИ
ОБВАЛА
ХЛЕБ
СТРАТЕГИЯ
ОЧЕВИДНО
ОРАНЖЕВЫЙ
ЭНЕРГЕТИЧЕСКУЮ
ЧУВСТВО

Puzzle 588

ПРОИЗВОДИТЬ
СЛОН
ЗАЩИТИТЬ
ЛЕЧАТ
ПРОСТИТЕ
СТРАННАЯ
ЗАПУСКА
СБОРКА
СПОСОБ
САМОЛЕТ
ИХ
ЧЕМ
НЕОБХОДИМЫМ
ХОДЬБА
ВИЗИТ
КОФЕ
УБЕДИТЬ
ДУБЛИКАТ
КАРЬЕРА
КЛИПЫ

```
З И Ч Л Ф И И М Б Р Л С Р Р У Д А
А Т У Е Т И Т С О Р П М У Л Н У Н
Щ М У Н М М Т А Л Е У Р Н И О Б Е
И П Б Р Н Е А И Р У Т А Ч Е Л Л О
Т Р Е О М Н О А К Р О Б С С С И Б
И О Д С У Л У Р И И У Ь А Т О К Х
Т И И С П О И Е Т Т П Д Р Р О А О
Ь З Т И З И В Ь Т Ф И О С А О Т Д
И В Ь Е А А О Р Р О Р Х Е Н Т И И
Н О П А М Н М А Е Р Т Ц У Н И М М
Н Д Е К Н Ы И К Д Ф И Т И А М П Ы
Е И Б О С О П С Е А Е О М Я И М М
М Т А Ф Е И Л И С А М О Л Е Т М Е
У Ь Е Е А Р О И Л Д У М М Т Н М М
Н А Л Е М П И С А К С У П А З Т И
```

Puzzle 589

```
П С Ц И Т И В М Д З Ф С О И Т О У
Ю И Н А П М О К Е Б А Т Е Щ И Н Ж
Л С П И П Н А Я Л Р Н П Е Б В М Е
Я Т Т А Р А В Л А О И И И П Ф М М
У Е Е С Т Е А М Е К З И Ф С Е Ы О
И М О С П Н Н Ф Т К Р Е Е П Ь Л С
П А И Е Р Р Т И М О О Т С А Ч Ь Т
О Н О Т О Д Ю Ш Е Л К Т Т Т Н О
П Л Е Е Р Е Р К Ч И П Д Е Ц Д О В
С П У Н М Й Н И И Е Н Ф Е У М Й О
Т О Р Н И С Ы Л Л О Р А М Д Р С Е
А И С У Я Т Й Р Т М Ы Н О Р О Б О
Р Т И Г Е В Т У Т М С И О И Л А Е
Ы Л Р Е И И И С У Н М Л О Е У У Т
Й Е Е Т М Е И Н А В О З А Р Б О О
```

УЖЕ
АВАНТЮРНЫЙ
КОРЗИНА
МОСТОВОЕ
СИСТЕМА
ФИШКИ
ЧЕРНОЕ
ДЕЛАЕТ
СТАРЫЙ
ЧАСТО
МЫЛЬНОЙ
ОБРАЗОВАНИЕ
ПЛЕЕР
БРОККОЛИ
ДЕЙСТВИЕ
ДЕД
ОБОРОНЫ
НИЩЕТА
КОМПАНИЮ
ЗАПИСЬ

Puzzle 590

КТОНИБУДЬ
ЛЕД
ТРАГИЧЕСКИЙ
САД
НАРОД
ФИЗИЧЕСКИЕ
ЗАПОВЕДНИКИ
СЧАСТЛИВАЯ
ПРОВЕСТИ
ШВЕД
КОРА
ПЛАЧЕТ
ВЗЯТЬ
ВОЕННЫЙ
РЕФОРМУ
СИЛЬНЫЙ
НОГТЕЙ
КИВИ
ФРЕЗИЯ
ФОТОГРАФИЯ

```
К О Р А Н М С М У Д А М И И П И Е
И О Т П Ц Т Р А Г И Ч Е С К И Й Р
Е Й С М У С И В О Й С Р Р Т У Я Ф
Ф Р Е З И Я А У М А Ы И И И М А И
О Я Н Т И П Ь Д У Б И Н О Т К В З
Т И И У Г Р М Е Ш В Е Н Ь Т П И И
Т Ф П Т В О Р Л В О П А Т Л В Л Ч
А А У Е М И Н А Е Е Л Р Я Ц И Т Е
П Р О В Е С Т И Д Н А О З М У С С
У Г Р Е Ф О Р М У Н Ч Д В Т Е А К
Т О Л Е И А Н Р Ф Ы Е В М О Т Ч И
И Т О О О М Е Т Т Й Т М Р С Л С Е
С О И А Т И Ф С Н Н И Р Р О А Е Я
Е Ф З А П О В Е Д Н И К И К И В И
С О С Т М И Е О Т О Т И А У У И Т
```

Puzzle 591

У	Ш	Ы	Д	Р	О	Е	Ы	В	О	С	Н	А	Н	И	Ф	Е
С	Н	Я	А	Н	Ь	Л	Е	Т	А	К	Е	Л	В	И	Р	П
И	Е	И	Н	Е	Л	Е	С	А	Н	Л	И	Ц	О	М	Т	Л
Р	П	Ц	Ч	П	О	П	У	Г	А	Й	Е	М	С	Д	Т	Е
У	И	Р	О	Т	У	М	Е	В	И	Е	Е	Н	О	Ч	К	И
Ч	Е	О	Н	Ж	О	Р	О	Т	С	О	Е	Н	Т	Я	Е	О
О	У	П	И	Т	Н	Ж	Ф	Б	М	Н	З	П	Р	И	Л	Т
В	А	В	Л	И	С	У	И	И	С	Ч	Н	Т	В	А	Н	Ц
Д	Л	Р	С	И	М	П	И	Т	Т	У	А	М	С	О	У	А
О	Я	И	Е	Т	Е	Т	П	Ь	К	Л	Н	У	Е	О	П	
Л	М	А	Н	Ф	В	Р	А	С	М	С	И	Б	Ы	Л	А	В
Ь	О	Е	И	А	Е	У	Р	Е	З	У	Л	Ь	Т	А	Т	П
М	У	Ц	Р	Е	Ц	У	Ю	Я	У	И	Е	Р	Т	С	Г	А
И	Е	У	П	А	О	И	С	Т	Е	О	Т	С	Т	О	П	Е
Д	Е	М	О	К	Р	А	Т	И	Ч	Е	С	К	И	Й	О	О

ВДОЛЬ
ФИНАНСОВЫЕ
ВАЛЕНТИНА
НЕОСТОРОЖНОЕ
ПРИНЕС
ЗНАЛИ
БЫЛ
ПРИВЛЕКАТЕЛЬНАЯ
РЕЗУЛЬТАТ
СКУЧНО
ОЧКИ
СТОП
НАСЕЛЕНИЕ
ДЫШУ
ДЕМОКРАТИЧЕСКИЙ
ПОПУГАЙ
УНИЧТОЖИТЬ
ПОРЦИЯ
ТИП
ЧУВСТВУЮТ

Puzzle 592

ХОККЕЙ
ПАСТЕРНАК
ЖЕЛАНИЕ
ГОЛОСОМ
НЕКОТОРЫЕ
ВЕДЕТ
УСПЕХА
ИСПОЛНИТЕЛЬНЫЙ
ЧАСЫ
ПРОДУКТ
ПУСТОЙ
АТАКА
ИНТЕРВЬЮ
УЖИН
СТУЛ
НАЛОГ
ЦВЕТОК
ПРИГЛАШЕНИЕ
ПОДАРКИ
ДИСКУССИИ

В	У	Р	П	Н	А	И	П	А	И	О	П	И	И	Р	Т	И
Ы	Е	П	Р	О	Д	У	К	Т	Т	О	Р	О	Т	О	Р	Н
С	С	Д	А	И	Т	О	А	М	Л	Т	П	Р	Т	Р	Н	Т
А	Д	Е	Е	Х	О	К	К	Е	Й	Т	У	М	И	П	Л	Е
Ч	Т	Е	С	Т	Д	У	С	Л	С	О	У	Ф	Е	Е	П	Р
П	Н	А	Ж	Е	Л	А	Н	И	Е	Н	А	Л	О	Г	Н	В
О	И	Х	К	О	Т	Е	В	Ц	Д	Н	И	Т	Е	Т	Е	Ь
Д	С	Е	Е	А	М	Е	С	Т	Р	У	В	Ж	А	Р	К	Ю
А	М	П	А	С	Т	Е	Р	Н	А	К	Л	У	У	Л	О	П
Р	Т	С	П	Р	И	Г	Л	А	Ш	Е	Н	И	Е	С	Т	У
К	И	У	Р	Н	А	А	Е	О	П	И	О	Д	Д	Т	О	С
И	Д	И	С	К	У	С	С	И	И	С	М	У	Е	У	Р	Т
И	С	П	О	Л	Н	И	Т	Е	Л	Ь	Н	Ы	Й	Л	Ы	О
И	Г	О	Л	О	С	О	М	Т	Р	И	И	Е	С	М	Е	Й
С	Е	Л	С	Ф	Р	У	О	У	В	И	Л	Р	О	Л	Т	Н

Puzzle 593

```
П М В О Е Ы Н Н А В О Р И Л О З И
Р М Н Е Н У Е Н М М С О П Е С А О
О М О У Д Т Е С Б М Ф С И В О Е Е
З С К О Б Ь П Е И Ь Т И В А Б О Д
Р Р Д А Е Т М Р Ц Н В П Р Л А Д Е
А Р О Е П У А А И М Т С О П О П С
Ч Ц А Р Л И О Е И Н Е Д Ж О Р Н О
Н О Н У А Ш Т О Р Ы Б С Н М О А
А Ц И Р У К Н К О И В Е Т Р Е С Е
Я И Т Р А П Ц А И Д И Р У И Е И Л
С И Г Н А Л О И Т С С Е Д Ф Р Н Т
У И А Р Т Е Н А У О С Г Е Р Т О И
И Е С Е М И И С Н Р П Л Н С Е Г Ф
З Н А Ч Е Н И Е И Г И У Т Н Е Д М
К Р А С Н Ы Й Ы Н Н А М О Л С А О
```

ИЗОЛИРОВАННЫЕ
АМБИЦИИ
СТУДЕНТ
РИФМА
БОКС
ИНОГДА
ШТОРЫ
ЗНАЧЕНИЕ
СИГНАЛ
АКТ
РОЖДЕНИЕ
СДЕЛАНА
СЛОМАННЫЙ
КУРИЦА
КРАСНЫЙ
ПРОЗРАЧНАЯ
БЕРЕГ
ДОБАВИТЬ
ВЕДЬМА
ПАРТИЯ

Puzzle 594

ПТИЦА
ХОББИ
ПОЗВОЛЬТЕ
МИРУ
СОСТОЯНИЕ
УДАР
ФЕРМЕР
ИССЛЕДОВАНИЯ
КОВБОЙ
ПАРУС
КОТЕНОК
СУШЕНЫЕ
ПРЕПАРАТ
РАЗРЕШЕНИЯ
ТРАТИТЬ
ПОЯВЛЯЮТСЯ
РЕЧЬ
ДРАМАТИЧЕСКИЙ
СВЕТЛЯЧОК
ГРОМАДНЫЕ

```
Г О Н М Н Е У У П Р Я Т Е И П Р Е
С Р Т О Р Е М Л П Е С И И П О А Л
Т О О Р Е Е И Н Я О Т С О С З З Н
Е С Е М Н И Т Е О И Ю У Л У В Р У
Н У М И А О Т Е К Е Я Р И Ш О Е Л
У О Ц Ф Ц Д И Т О О Л А И Е Л Ш Е
У Р И М И Д Н С Ф Д В П Б Н Ь Е И
У Д О И Т Е И Ы Я М Я Б Б Ы Т Н Р
Ь Г А У П К О Н Е Т О К О Е Е И Е
Т О Л Р Ф Е Р М Е Р П У Х Й Е Я Ч
И С С Л Е Д О В А Н И Я Я И Н А Ц Ь
Т С В Е Т Л Я Ч О К Д У И М С У Л
А П Р Е П А Р А Т А О Л В У Т И Л
Р Е Е Е Д Р А М А Т И Ч Е С К И Й
Т Т Е И О О И А Е Я А О И Е И У У
```

Puzzle 595

П	У	С	Т	Ы	Н	Е	Е	В	И	С	А	Р	К	П	П	И
М	Р	Р	А	П	Т	У	Н	И	П	Р	К	Д	У	О	О	В
О	П	А	С	Н	Ы	Й	О	Г	С	А	Б	И	М	П	М	И
Б	О	И	Т	С	Я	Д	Г	Б	П	Ф	Ы	Ч	Н	У	О	Н
Р	Е	Е	В	Т	С	О	О	О	Щ	М	Л	Е	О	Л	Г	С
К	Л	Л	П	И	А	Б	Н	И	С	И	У	Т	Ж	Я	И	Т
О	К	М	Н	И	С	Р	Н	С	У	Т	Й	К	И	Р	Т	Р
К	И	И	Е	Ц	Е	О	Е	И	Е	И	А	О	Т	Н	Е	У
Т	И	А	Т	Е	Т	В	Л	Р	С	Е	У	Л	Ь	А	С	М
Е	О	Е	С	Н	А	О	Е	Е	П	Е	И	М	Ь	Я	И	Е
Й	Т	С	Е	С	Л	Л	Д	В	Н	У	Т	Р	И	Н	А	Н
Л	С	Н	Т	У	Т	Ь	Е	П	У	С	Т	О	Т	А	О	Т
Ь	У	Т	Н	Ф	С	Н	Р	У	Ч	А	С	Т	И	Е	В	Е
А	И	И	И	П	Н	Ы	П	П	У	А	А	Е	Л	А	Е	Т
У	О	У	О	С	С	Й	О	М	П	Е	О	Т	И	Н	С	С

УЛЫБКА
КОКТЕЙЛЬ
ИНСТРУМЕНТ
ЧЕТКО
ПОМОГИТЕ
КИТ
ВО
ОСТАЛЬНОЕ
КРАСИВЕЕ
ПОПУЛЯРНАЯ
ПУСТЫНЕ
ПУСТОТА
ОБЩИЙ
БОИТСЯ
УЧАСТИЕ
ВНУТРИ
ДОБРОВОЛЬНЫЙ
ОПАСНЫЙ
ОПРЕДЕЛЕННОГО
УМНОЖИТЬ

Puzzle 596

КОРАБЛЬ
ПОГЛОЩАТЬ
РЫБАЧАТ
КРУТО
СОБЛЮДАЯ
РАЗНЫЕ
СКРОМНЫЙ
ХРАБРЫЙ
РУЧНОГО
ПОРТРЕТ
МОТИВАЦИЯ
ГОЛОДНОЕ
ПРИНАДЛЕЖАТ
АВТОРИТЕТ
СТРАШНО
ЧРЕЗВЫЧАЙНЫХ
СОЗДАТЬ
ГУСЬ
БЕЗОПАСНОСТЬ
ПАРК

П	Т	А	Ж	Е	Л	Д	А	Н	И	Р	П	Р	М	С	О	М
Я	А	Д	Ю	Л	Б	О	С	С	А	Р	И	Т	С	Т	С	О
А	Ч	Р	И	С	О	Р	Ц	К	Ц	Н	Р	У	Ф	У	С	Т
М	А	Т	К	Л	Е	С	А	Р	С	О	З	Д	А	Т	Ь	И
Е	Б	Е	О	У	Н	Н	Л	О	Н	Ш	А	Р	Т	С	Р	В
Й	Ы	Р	Б	А	Р	Х	Л	М	К	О	Р	А	Б	Л	Ь	А
Д	Р	Т	Т	Н	Т	С	Е	Н	Т	Б	Е	О	Р	Л	Т	Ц
И	Т	Р	Е	Г	О	Т	Е	Ы	Н	А	М	Р	О	Е	А	И
Е	Р	О	Т	У	Р	К	Т	Й	Н	Р	Ф	В	О	Е	Щ	Я
Е	Е	П	И	С	С	Е	П	Т	Ф	З	С	Т	Н	У	О	Р
Ц	Т	Е	Р	Ь	Е	О	Л	Т	П	Р	А	Л	И	И	Л	И
Б	Е	З	О	П	А	С	Н	О	С	Т	Ь	Р	О	О	Г	И
Р	А	Ф	Т	А	Р	Е	Н	О	Е	О	Н	Д	О	Л	О	Г
С	С	Е	В	Р	У	Ч	Н	О	Г	О	Л	С	Т	Р	П	И
А	Р	И	А	Ч	Р	Е	З	В	Ы	Ч	А	Й	Н	Ы	Х	Р

Puzzle 597

```
В С И И М И П Ц У И Н С Е П У С И
А И Т С О В О Н А П Ь Л Ю Т П Е М
Т Ц Н С У С Я И Р Ь Т И Л Е В Е Ш
Л И О А А Т С П И А Е О С В Е Р А
Н А П Р Я Ж Е Н И Е Л З Ч Е Н Д В
Д И Р Е К Т О Р Т Е О А Ф К Е И Л
Д П Е Е Е Т С О У А П Ч У М А В А
А Й И Н Ш А Р Т В А З Е О Л О Я Д
У Е Н Т П Е Р У И Р С М Е П И Е Е
У С Е Н Ь Л Е Т И Д О Р В И Д И Л
Ц Е Ш Т Б Я Е Т Д П Б У Р Д Е Н Е
В Т О Р О Е У И Е Е Ы Т О П П Н Ц
Е Е Н И А А Т А Л Е Т Т А М О Б Д
А И Т Т О О П Л А Е И А Е А Е Е С
Т Н О Р Е Е М Ц О Р Е Н Е Р Т О Т
```

ЗАВТРАШНИЙ
ПОЛЕТ
НАПРЯЖЕНИЕ
ВИД
СОБЫТИЕ
ОТНОШЕНИЕ
ОТ
РОДИТЕЛЬ
ВИНА
ДИРЕКТОР
ЗАЧЕМ
ТОЧКА
ТЮЛЬПАН
ЛЕДИ
ПИТЬ
ВТОРОЕ
НОВОСТИ
ТРЕНЕР
ВЛАДЕЛЕЦ
ШЕВЕЛИТЬ

Puzzle 598

ТОЛЬКО
КОНКУРС
НАЗНАЧИТЬ
ПЫТАЕТСЯ
ОСОБЕННО
ДОЛЯ
ТРАНСПОРТНАЯ
БРЮКИ
ЛЕСТНИЦУ
ЗАБЫТЬ
ФОНТАН
НЕСЛА
ВНЕСТИ
СУММА
ПРОМЫШЛЕННОСТЬ
СЛУШАТЬ
ПЯТНИСТЫЙ
ЗООПАРК
МИГРИРОВАТЬ
ИМЕЯ

```
С У М П Н Е Т Р П О У И К Ю Р Б Т
У У В Р Ы Е Ф С В Н Л О Т И С У С
А Н Т О Ь Т И Ч А Н З А Н С А Т Л
И Ф Т О У Е А У И Е Н Л К Л Е Е У
Д О Л Я Е М И Е А Б У С О У С Н П
Л Е С Т Н И Ц У Т О Г Е Н Ш У С В
Ф М П Т Р И М М В С И Н К А М Р З
Л О С Е Т Р И Е О О Я Н У Т М Е О
Л К Н П Я Т Н И С Т Ы Й Р Ь А П О
Т Ь С Т О С С Е Н С У С Т Д Е П
Я Л Ь Т А В О Р И Р Г И М Ы И И А
Л О Д М У Н О И И У О В А Б Б И Р
Т Т Е М Т У Л У И О О У Е А С А К
Т Р А Н С П О Р Т Н А Я Р З С М А
П Р О М Ы Ш Л Е Н Н О С Т Ь И И И
```

Puzzle 599

```
В О С Е М Ь Д Е С Я Т Л Л П Р П В
П Р И Д У М Ы В А Т Ь Н Е Т Е С В
Е С Е С П Р Ц У Л Р М Е Н Т З О Е
А С С Н Е У О Р О Я Б Т Е К И Г Д
С Н О В А К О Ш К А Е Е Р Р Н Л И
Ц И Н М С И М С Л Н В Р З И О А Т
В Е Ч Е Р И Н К И Ь Б М Л В В С Е
Н Р А И И Е А Е Л Л Д Е А А Ы Е У
И С Л Ц Т Ф У Д У И А О Л Я Й Н Л
Ф Е Б И И Т Р Н В В Н Н М К Р Е Е
Е П О Л И О О И С А О Ч А М А Т Т
П Р О Г Р А М М У Р М О М И Ф О О
Т А Б Л Е Т К И Н П И Т Н У И С С
Т П Е С П А Б У Т Е Л О Л Н О О У
Н У И Т Е А О Т У Н Д О Е И С И С
```

КОШКА
ВВЕДИТЕ
ДОМ
ПРИДУМЫВАТЬ
ВЕЧЕРИНКИ
ЛИМОНАД
ВОСЕМЬДЕСЯТ
ЗЕБРА
ОБЛАЧНО
НЕПРАВИЛЬНАЯ
ТАБЛЕТКИ
РЕЗИНОВЫЙ
ИНДЕКС
ТОЧНО
СОГЛАСЕН
ТЕНЬ
КРИВАЯ
БЕЛКА
ПРОГРАММУ
СНОВА

Puzzle 600

МОЖЕТ
ПУТАТЬ
КРАСКИ
ВАМ
ИЗНОШЕННЫЙ
КОМПЛЕКС
ЧИСТАЯ
БАССЕЙН
СЛАДКИЙ
СЕВЕРНЫЙ
ГОЛОВА
НЕДАВНО
ВСТРЯХИВАНИЕ
МАЛИНОЙ
ДРЕВНИЕ
УСТРАИВАЙ
МНОГОРАЗОВЫЕ
ПИВО
ДЯДЯ
ВИДЕО

```
У Р Л П Т П М И О М Р И С С М У В
Л М Т Д П И С М О Р С И В Ц Н А С
М И П Й А Р Т П О Т С С Е О О Т Т
Ф Е Е И К С А Р К П С Е Т У Г М Р
И Н Е К Б П Е П Ф И А В О Л О Г Я
М И М Д Я А Т С И Ч Т Е Е У Р Н Х
П У Т А Т Ь С Д Я Д Я Р Д С А Е И
Т Д Е Л Т Ф У С О Е И Н И Т З Д В
У Л Ж С М Р О С Е Е Й Ы В Р О А А
У Т О П И В О М У Й О Й У А В В Н
Р Т М В А М Е А Р Е Н Е В И Ы Н И
К О М П Л Е К С А А И И Р В Е О Е
Д Р Е В Н И Е Т И О Л М Т А Ц А М
И З Н О Ш Е Н Н Ы Й А Ц Л М И М
И П И И Т У У Ф О О М Е Т Е М Ф М
```

Puzzle 601

```
Д Р С Р Н У Т В Щ Н Н Т А Е У У И
О Т Т А Е Д О Г С Е Ы Л А Т С У С
М П Ь Т Р П В Л Л Т Д У Н Ф Ц Б Е
И И С И У Е Т И Р Л Р Р А Е Р Т К
У П А К Е Р С Ш И Я П Я О О О Т А
Р А Л С Е И Н Е Ч Е В С Х С М О Ж
Ф П А И Д Л А П У И Р Н Т Н Т М Д
Е О Т С Е Ш Р С Н Ж Д А С И У Ь Ы
И С У О Т У Т О Е О У О С Р Е Л Й
О Т П С И К С П И Х В Р А С И Р А
Р А А О И Й Ь В О К Р Е Ц В М Р
О В З У В Е Р Е Н П Т Л В Е Д Е Р
М И У Л И Н П С М И М У Т О М А Т
Е Т Е У Е И Ж У Р О Е Е Р У Е У Л
И Ь И Р Р Л Н И Ц И К Л Т П Е О С
```

ШЕСТОЕ
СВЕЧЕНИЕ
ПОСТАВИТЬ
ГОД
ЦИКЛ
УСТАЛЫЕ
ЩЕДРОСТЬ
ВСТРЯХНУЛ
ПОХОЖИЕ
КАЖДЫЙ
ОРУЖИЕ
УВЕРЕН
СОСИСКИ
ЛИНЕЙКУ
ПОСПЕШИЛ
ЦЕРКОВЬ
ДЕТИ
ЗАПУТАЛАСЬ
ПРОСТРАНСТВО
РАССВЕТ

Puzzle 602

ЧЕРЕЗ
ОТВЕТИТЬ
КАНДИДАТ
НО
ЧУЛОК
ВНИМАНИЕ
ВНЕ
ПРОСЛУШИВАНИЕ
СТАТЬЯ
ЧАСТНОЕ
АРЕСТ
ОПИСАТЬ
КОЛЕБАТЬСЯ
ПОЛНОЕ
БАБУШКА
ЮРИДИЧЕСКОЕ
МУЖ
МОНСТР
КРУЖКА
ЛУГ

```
Е Т А К О Л У Ч К Т Е Т Ж У М Т Е
В З Е Р Е Ч В Н Т А У У Н Е О О И
И И Т У О М Н Н У М Н И О М Н П Я
Е И Т Ж Н Н О Е И Т С Д И О С Т С
Л С Р К Л Т Т Е Е М И Т И Е Т Ь
У Р М А О И С Т И Ф А С П Д Р У Т
Ф Е О К П С О П П Т Р Н И У А Р А
И М П Ш С Л Т Р Л С Т И И Е О Т Б
Л У И У Р Е С А У Т И Е Р Е О Т Е
У Д С Б О Е Е У Т Н Е И Н Т Ц М Л
Г В А А Е О Р Т Е Ь Т И Т Е В Т О
Р Н Т Б П М А Т Н Е Я Е М Е М Т К
Е Е Ь Ю Р И Д И Ч Е С К О Е У О Е
Н С П Р О С Л У Ш И В А Н И Е С Е
С А Ч А С Т Н О Е Р О У С Р О Е Е
```

Puzzle 603

П	Й	С	У	Д	И	Е	Н	М	Н	О	Н	Ф	Ф	Р	И	И
У	О	Е	У	О	М	Е	С	Т	Н	Ы	Е	О	У	И	С	Ф
У	Д	К	М	В	Р	Е	П	И	И	И	С	Р	Т	О	Т	Н
А	О	М	А	Е	А	П	П	Е	И	И	И	М	А	С	М	М
Р	Л	Т	И	Р	Р	О	М	У	В	Ь	Т	А	Д	О	Р	П
Р	О	С	Н	И	А	Р	М	И	Ю	С	Л	Л	У	Т	У	С
Л	М	У	Е	Е	П	Т	И	Г	Р	Е	И	Ь	И	О	У	О
Е	И	И	Д	Н	Б	О	Е	Т	Н	М	Н	Н	Е	Л	Ч	К
С	Т	М	Я	М	Т	Л	Л	Т	О	С	А	О	С	О	Е	Р
Э	К	С	П	О	Р	Т	Ю	У	Е	А	Б	В	Р	З	И	А
О	Е	И	А	Т	Р	С	Б	Ч	В	О	Ы	И	Р	Е	Т	
С	Р	З	Т	М	Т	М	С	Н	Е	А	Р	Ш	И	Л	О	И
Б	П	И	Н	Е	Н	И	С	Ц	М	Л	Т	Е	У	Т	А	Т
М	О	Р	Э	К	С	П	О	Н	А	Т	Л	Ь	О	О	У	Е
Л	Е	К	О	Р	О	А	М	Е	Н	Е	Д	Ж	Е	Р	Н	Е

СМЕСЬ
НАБОР
КРИЗИС
ЗОЛОТО
ТИГР
БЛЮБЕЛЛ
МЕНЕДЖЕР
ЭКСПОРТ
ФОРМАЛЬНО
ПОКА
ВЫШЕ
МЕСТНЫЕ
ДОВЕРИЕ
ПОЛУЧАТЬ
ПРОДАТЬ
ЧЛЕН
СОКРАТИТЕ
АРМИЮ
ЭКСПОНАТ
МОЛОДОЙ

Puzzle 604

СОННЫЙ
ФРАГМЕНТ
ВЫДАЮЩИЙСЯ
НАПОМИНАЕТ
ПОСТ
УКАЗАТЬ
ФАЗА
ВЫСОКИЙ
НАДЕЖДА
СИДЕТЬ
ПОЛЕВКА
РАССЧИТАТЬ
ПУТЕШЕСТВИЯ
ЖИВОТНЫХ
ПОСЛЕ
СПРОС
НЕСТАБИЛЬНАЯ
АВТОБУС
НИ
ПРИСУТСТВОВАТЬ

Л	О	И	Ф	М	О	Е	М	Л	М	С	А	П	Т	И	С	М
Е	Н	Е	А	Р	А	А	Н	У	С	П	В	Р	Ф	П	О	Т
Н	П	И	О	Р	А	Н	У	Р	Е	Р	Т	И	А	Я	А	У
Е	Е	Е	И	П	О	Г	А	С	С	О	О	С	З	П	Д	У
Е	Н	С	Р	О	С	Н	М	С	А	С	Б	У	А	У	А	К
П	Ф	И	Т	У	С	Е	Е	Е	Р	С	У	Т	Д	Т	В	А
А	Т	Н	И	А	С	М	Т	И	Н	У	С	С	Ж	Е	Ы	З
Ж	Й	М	У	И	Б	У	Т	Т	А	Т	Т	Т	Е	Ш	Д	А
С	И	Ь	Т	А	Т	И	Ч	С	С	А	Р	В	Д	Е	А	Т
И	К	В	С	Т	Л	Н	Л	С	В	И	Ц	О	А	С	Ю	Ь
Д	О	Е	О	У	С	И	С	Ь	И	И	У	В	Н	Т	Щ	П
Е	С	У	П	Т	Т	П	У	А	Н	С	У	А	С	В	И	О
Т	Ы	Т	Е	А	Н	И	М	О	П	А	Н	Т	И	Й	С	С
Ь	В	Р	О	А	И	Ы	Е	Р	У	С	Я	Ь	О	Я	С	Л
С	О	Н	Н	Ы	Й	Л	Х	П	О	Л	Е	В	К	А	Я	Е

Puzzle 605

Д	П	М	С	О	Р	Т	Е	Я	Т	Р	С	Ц	Т	Е	Р	М
О	Д	Р	Т	Й	Т	Н	Д	Ц	З	Л	Е	И	У	О	Е	Р
С	У	Е	А	Ы	И	Е	Н	С	И	Ы	М	Е	Е	В	Б	С
Т	Е	Ф	Н	В	У	О	Л	С	Е	Р	К	Т	Р	Т	Я	О
И	И	И	У	О	Д	Е	Р	Ь	Б	Е	З	О	Р	С	Т	В
Ж	М	С	О	З	И	А	К	Ш	У	Д	Е	Д	В	Д	А	Р
Е	О	П	Е	О	Н	А	П	О	М	Н	И	Т	Ь	О	Р	Е
Н	С	О	И	Р	П	К	О	Н	О	Т	Т	А	Л	В	Й	М
И	К	Л	Е	Б	Е	Д	Ь	Ь	К	Л	С	М	О	З	У	Е
Я	И	Е	П	П	И	З	С	Л	М	Т	Т	П	С	И	Г	Н
А	Т	Ф	Д	Д	У	Е	Т	О	П	У	Н	Е	С	О	Р	Н
У	Н	У	Н	Д	Н	О	Р	Б	Г	У	С	О	П	Р	О	А
П	А	О	Ц	М	Т	П	И	С	Т	А	И	С	Л	П	Т	Я
Т	Я	А	Е	У	С	Р	О	Б	Ъ	Я	В	И	Т	Е	С	М
Н	А	С	М	Е	Ш	К	А	О	Т	П	Ц	Р	О	И	Т	Е

МОСКИТНАЯ
БЕЗ
КОМУ
НАПОМНИТЬ
ОТЕЛЬ
БОЛЬНО
ТОРГУЙ
ОБЪЯВИТЕ
ЛЕБЕДЬ
ЯЗЫКОВОЙ
ПРОИЗВОДСТВО
ПРАВДА
РЕБЯТА
КРЕСЛО
НАСМЕШКА
ПОЕЗДКА
ДОСТИЖЕНИЯ
ДЕДУШКА
СОВРЕМЕННАЯ
РОЗОВЫЙ

Puzzle 606

ПОСЕДЕЛИ
ЗУБ
СУЩЕСТВО
ФОНД
БОРОТЬСЯ
ДНЕМ
БЫСТРАЯ
ДЫРА
ПИЦЦА
НУЛЕВОЙ
СОБИРАЮСЬ
СПОРТ
РУКОЯТКА
БЫЛО
ТАКЖЕ
НИЧЬЯ
РАВНИНЫ
ФАЗАН
ХУДШИЕ
КОЛОКОЛ

Ф	Е	Н	Е	Д	Н	О	Ф	М	Н	И	И	И	У	П	П	И
А	Т	У	М	У	Ы	А	Н	Н	С	И	Е	П	Т	Н	М	Б
З	Л	Л	С	У	Л	Р	О	Д	Д	Л	Л	Т	Т	Н	И	А
А	Е	Е	С	П	М	Н	А	Б	Т	И	Е	С	Е	М	У	Д
Н	Л	В	С	З	О	Е	Е	О	О	В	Т	С	Е	Щ	У	С
Е	Ь	О	О	У	Л	Р	Н	Л	И	Р	И	Р	С	Т	И	Л
Ц	С	Й	Н	Б	Ы	И	Т	А	Л	Л	О	К	О	Л	О	К
Е	Ю	Р	С	Е	Б	И	О	О	Е	П	Р	Т	У	Т	Е	Р
Р	А	В	Н	И	Н	Ы	М	И	Д	М	Т	С	Ь	Л	И	У
Д	Р	Н	П	Ш	О	Г	Ф	Е	Е	Ж	К	А	Т	С	Е	К
Н	И	Н	Е	Д	У	О	Б	Ы	С	Т	Р	А	Я	А	Я	О
Е	Б	И	О	У	Н	Т	Н	Г	О	П	Е	Ц	Ь	Е	И	Я
М	О	У	И	Х	Н	Е	У	Т	П	Е	А	Ц	Ч	Н	У	Т
Л	С	О	О	С	Н	А	Р	Е	С	О	С	И	И	А	Т	К
А	У	Т	С	Р	У	Н	С	Д	Р	Р	Р	П	Н	С	Л	А

Puzzle 607

```
Б Е С П О К О Й С Т В О У М Р О К
С Л Е С Т Н И Ч Н О Г О И А Е Л О
С Т И О И С Я И Ф А Р Г О Ф Р О М
С П И С Р У С С Т И П Т У М С Т П
Ъ И И О М Н Ь Т И Н С Я Ъ Б О Е Ь
Е З Р С Н Т Т И О Т Е Ц Е Г Р М Ю
Д О С Л О Г У Н И О Ц П Д А Н П Т
О Б Л О И К Е Н М О И И У З А Е Е
Б Р М С Л О Е О О Р С П Е Е Б Р Р
Н А Я Е П Т И Е Е И И М М Т О А С
Ы Ж Р М О А Ж О К И Т И М А С Т У
Е Е И Н А Т А К С И У И Й Е З У М
М Н Л И С С И С И И И Е Е И Р Т
А И А Н Ф О С С У Т Л Л Ч А Й А О
Т Я Р У Т Е Е П О С М О Т Р И Т Е
```

ИЗОБРАЖЕНИЯ
КОЖА
МОЕ
СЪЕДОБНЫЕ
КАТАНИЕ
ИСТИННОЕ
ГАЗЕТА
БЕСПОКОЙСТВО
ЧАЙ
ОТЕЦ
ОСТАТОК
ОБЪЯСНИТЬ
ЛЕСТНИЧНОГО
УГОЛ
СПИСОК
МУЗЕЙ
ОРФОГРАФИЯ
ПОСМОТРИТЕ
КОМПЬЮТЕР
ТЕМПЕРАТУРА

Puzzle 608

ЖЕНЩИНЫ
УДИВЛЕННО
ГЛУБОКИЙ
ГРОМЧЕ
ПОВЕСИТЬ
ДЕСЯТАЯ
ОРЕХ
МЕДИЦИНУ
КОМФОРТ
ИГРИВЫЙ
ЖДАТЬ
ЖИРАФ
МЕЛКИ
ЖИВОТНОЕ
СЕДЬМОЙ
ПРИСУТСТВУЕТ
ТРАДИЦИОННЫЕ
ПРАЗДНИК
ДНО
КАРАНДАШ

```
С И Т П Т П У Ф И Л Е Г П Е Р Л К
Т Е И Л Ф Т С М Н Н С Л У О Б О А
Р К Д А О Е Ж И Р А Ф У С И О М Р
А О О Ь Т Ч О Р С Н Р Б О Р О И А
Д М У И М М И Р С О И О Ф Е Н Д Н
И Ф А Ф И О И О Е Е И К Ф Т Н Е Д
Ц О Р У П Р Й И О Х Ф И К Л Е М А
И Р Я Е И Г Р И В Ы Й Й М Д Л П Ш
О Т А Ж Е Н Щ И Н Ы Д Н О И В О Н
Н Ь Т А Д Ж П Р А З Д Н И К И В А
Н У Я О Ф А А Т И Т С Н Т Г Д Е У
Ы Е С Т Е С Д М О И Л Т М Е У С О
Е И Е О Н Т О В И Ж Е Т М С Т И Р
М Е Д И Ц И Н У Е С Е И О А Т Т У
П Р И С У Т С Т В У Е Т Р О У Ь А
```

Puzzle 609

```
У С Т Р А И В А Е Т И У Х И У И С
М Е У У Н У О С Е П Р Ч А Н С Е В
Е Л З Т Е Е О Е Р Н Ц И Р Л Н М Н
Н О М Д Ц М О Б П И Н Т А И А А С
И Е И В И Ь С Е В Р А Ы К У Б Г И
К А С И Р Т Т Н Н И Е В Т И Л А Д
Т У А О П А Ь В О Р К А Е Р Ю З Р
В С П П Т В И М Р Н О Я Р А Д И А
Е О Н Е С О К О Н Д О Р И В А Н М
Е М И С С Б Н Н Д А А М С Н Е Р Л
Л Т О О С О О С Е А Т А Т Ы М П И
Л Н П Р И Р И В И У Т У И Х Ы Е И
С А Е П Е П В Т В Л И С К И Е М Е
О П Т А П О О Ш И Б К А А Ц И И Т
Т А Н З Р П Б А Р А Б А Н У Н П А
```

КУПЕ
ЕЗДИТЬ
РАВНЫХ
МИСС
СТАДО
ОШИБКА
КРОВЬ
УЧИТЫВАЯ
МАГАЗИН
ВЕСНА
ПОПРОБОВАТЬ
ЗАПРОС
ХАРАКТЕРИСТИКА
УСТРАИВАЕТ
НАБЛЮДАЕМЫЕ
БАРАБАН
КОНДОР
ЦЕНА
ВЕСЬ
НЕБЕСА

Puzzle 610

КТОТО
ЧАША
УМНОЕ
ОДНАКО
ОПЕРАЦИЯ
ПОЛИТИКА
ГОВОРЮ
ОСНОВНЫЕ
ПИЩЕВОЙ
СЭР
ОДИНОКО
БРАК
ГОВОРИТЬ
ВАННА
ОБЯЗАННОСТИ
ПРАВАЯ
ОБСУДИТЬ
ФРУКТЫ
ПРОДАВЦА
ХУДОЖНИК

```
О Н Е Е М С Е Н Ф О К О Н И Д О О
Е Д И Р А И Э Р Е О Е Б Г Р А А П
Т Е Н У Е С Р Р И И Б Я И О И Н Е
Я С У А К И Т И Л О П З К У М Н Р
Н В Т М К П Р А В А Я А А Т И О В А
И П С И Н О О Е М И С Н О Л И В Ц
А Ц В А Д О Р П О Ф И Н Т И Е С И
Ш И А В Т И Е И Р Т И О О С Н Е Я
А Л Е А Г О В О Р Ю Е С И С А Р Е
Ч К И Н Ж О Д У Х Е Ы Т К У Р Ф Е
А Е Ы Н В О Н С О Т Ф И Е А Р А Г
У И Е А А Б Р А К О Б С У Д И Т Ь
Г О В О Р И Т Ь С О П И Щ Е В О Й
М И Т Л У С Р С М И М П Л У М С Н
Т Б И Т А Р П Н Е Н П И Т О П И Р
```

Puzzle 611

```
О Ь Р Ф П Н И Р У Ф Ц С Т И И С Р
У Т У А Д Л О Г А Л Г В Ц Е И И Р
Т У Е Р З У А У Е У А Ы А О У О И
Е Н В Е Е О Т К Ф Т Е Д У Б Е Т Ц
Н Х С Е О Т Ч У А Е Ь З Р Е Е Л Е
В Ы М А П Л Е А С Л Т Е Т Я Р Р О
А П У С Е С И У Р О И В Ф Р Т Д М
У С О Е Ф М В И П О Б З О М А Т Ч
О В Т С Е Щ Б О О С В У Я Р А К Е
К У К У Р У З А З Е А А И Т М Н У
П О Д В И Г Е В В Д П О Н Ц У У Ф
Р У Л Ф Д И Е Л С Г У П И Н Р П И
К О В Е Р Т Е И М Е М Х Л Е Ы Е С
Е Ц А У Т Б С Р У Е У С А Р Т Й Е
М А Л О Л И Т Р А Ж К А И С Л И Т
```

БУДЕТ
ЛИНИЯ
КУКУРУЗА
ГДЕ
РАЗОЧАРОВАННЫЙ
АМУР
ЗВЕЗДЫ
ПЛАКАЛ
МАЛОЛИТРАЖКА
ВОЗДУХА
МАТЧ
ГЛАГОЛ
ВСПЫХНУТЬ
КОВЕР
БИТЬ
СООБЩЕСТВО
ТЕТЯ
ПОЕЗД
ПУНКТ
ПОДВИГ

Puzzle 612

ЗДОРОВЫЙ
ЗАПАСАЮТ
ОДИННАДЦАТЬ
ЛЮБОВЬ
ИСПОЛЬЗОВАНИЯ
СОПРОТИВЛЯТЬСЯ
ЗАКАЗАТЬ
ОВЦЫ
ЗАБОР
ШОКОЛАДНАЯ
ГОРОХ
ДЕТАЛЬ
ЕДА
ИССЛЕДУЙТЕ
ПРЕДПОЧИТАЮ
СКАЗАЛ
МГНОВЕННОГО
КРЕМ
ПРИВЕТ
МЫШЛЕНИЕ

```
З Т О Я О В Ц Ы Н О З Ь В О Б Ю Л
С А Е И П П Д И Ь Л А Т Е Д М П А
И Д П Н Т Р И Т А И К С И И Ы Ш З
М Е Р А О У И Т А Е А И Ф Н Ш О А
Н Т Р В С Р Д В М Т З Н У Н Л К К
Е М И О Л А О Е Е Т А З И А Е О С
Е П Р З Т А Ю Т Р Т Т А Р Д Н Л Е
П Ф С Ь О Т И Т К Е Ь Б Е Ц И А Р
Е Д И Л Г О Р О Х М С О Е А Е Д Д
А Н Н О М С Т О О Р М Р И Т У Н Г
М О И П З Д О Р О В Ы Й С Ь П А Т
Р С А С П Р Е Д П О Ч И Т А Ю Я Р
Т П Д И Р Н Т И С С Л Е Д У Й Т Е
М Г Н О В Е Н Н О Г О Е Н Л У С М
С О П Р О Т И В Л Я Т Ь С Я А Л Е
```

Puzzle 613

```
С Т Е С Е Н М С О Ф О И Ц У М Р Д
И Л А Ф Е Е О П А И С Н О Р О В Р
Б Е И И С Л Д Е И Е А У Т П Б Б У
Е Л К А Ч Е Л И Г А З И Р П Я У Г
У Н О Н Д О Л О Х И Е В Е И З Х И
А М И К Ь Л У С О С И У А И А А Е
Н Т Н Р И А Р А У Т А Б И С Т Т И
П Е Р С О Н А Л У Д С О И Т Е Ь Ц
С Н У И Н О И Т О Н И Е Р О Л Т А
С А А С С О Л О Е П Е И Ц У Ь А Е
Т Л С Р Л Т Т Р Е И О Н П Т С В Н
И П У Е И У Т О М О М Г И Л Т Р Л
Р Е С И Р Р Г Р Т С И Т Й Ы В С Д
И И У Е Т Р Е И О Е Н Д Т Т А И О
Б Е С П Л А Т Н Ы Й Т О Е С А Н Н
```

ХОЛОДНО
ПО
ВЫЙТИ
КАЧЕЛИ
ОНИ
СОЛО
ОБУВИ
БЕСПЛАТНЫЙ
БУХАТЬ
БЛОКИ
ГАЗ
ПРИЗ
РВАТЬ
ОБЯЗАТЕЛЬСТВА
ПЕРСОНАЛ
ДРУГИЕ
ПЛАНЕТ
СОСУЛЬКИ
УСЛУГИ
ВОРОН

Puzzle 614

ВСЕ
РЫБАЛКА
ЮЖНЫЙ
ВОКРУГ
ТОП
ДЕСЯТИЛЕТИЕ
ПОНРАВИЛОСЬ
АКТЕР
БЕССМЫСЛЕННО
НАШ
ПОЛОЖИТЕЛЬНЫЕ
ГРЯЗНЫЕ
СДЕЛКА
ОРЛА
ПОПЕРЕК
ПИСАТЕЛЬ
ПРОБЛЕМА
ДАЙДЖЕСТ
МИНУТА
ОКАЗЫВАТЬ

```
П П Р О Б Л Е М А В С Е М С Д И Е
О О Ф Е О Н Н П О Р Л А Е С Е О И
Л Т Е У Р У Т О А Ь Л Е Т А С И П
О С Р О П О А Н И М Р Е С А Я А Ф
Ж И М М С Т Л Р О О У О Е Р Т К М
И М Т Ф А Е С А К И С И Ж О И Т С
Т Е Л Ц У Ф М В А К Л Е Д С Л Е О
Е Ы Н З Я Р Г И З К Ф С Й В Е Р Е
Л В С Е И О Т Л Ы Е Л И А Ф Т Н И
Ь В О Н А Ш Е О В Р М А Д В И М Н
Н Р П К Б Е Е С А Е И И Б Е Е Р О
Ы Ю М Т Р С Р Ь Т П Т Р Н Ы И Е И
Е Р Ф Н И У М С Ь О Е Е У У Р Л М
Ю Ж Н Ы Й Т Г Р Л П И С У Д Т Т Е
Б Е С С М Ы С Л Е Н Н О Г Р Н А И
```

Puzzle 615

```
З О Л А Ф Р С Т А Я Р М П Т И О Ф
У М А А О Т И Р П У С И Л И Е С С
А Л Е Д Я Л Г Ы В А И А Е О У Ц И
Н М А Я Ь В Е Р Е Д Е А Р А М Л У
О У Р О В О Г З А Р У Е Е Т С Р Р
Ф Д А К Б О Р П С М О Р О Д И Н Ы
О Р К П Р А К Т И Ч Е С К И Е Е М
Р О Е Ы Н Ь Л А Т Н Е М А Д Н У Ф
Н С Т А Т Ь Л У З Е Р П И С Р И У
О Т А П С П А Л Ь Н Я М Р К Т О Ч
Ч Ь У Е Н О Е Е С Т И Я Д Ы И А И
Ь Н Е В О Р У М И М И С Т Е Ж Е Л
А С У М В Е У С С Е Т П Т Е И О О
Д Л И Н А А С С Е И А Р У А Т Е К
Е Д Н Л Б Е У Т И А М А У К У С Т
```

УРОВЕНЬ
ДЕРЕВЬЯ
СМОРОДИНЫ
МУДРОСТЬ
УЧИЛ
НОЧЬ
ПРЫЖОК
ДЛИНА
РАКЕТА
РАЗГОВОР
ПРОБКА
КУПИТЬ
СПАЛЬНЯ
ВЫГЛЯДЕЛ
ЗМЕЯ
ПРАКТИЧЕСКИЕ
РЕЗУЛЬТАТ
КТО
УСИЛИЕ
ФУНДАМЕНТАЛЬНЫЕ

Puzzle 616

СЛЕДУЕТ
СУДЬЯ
ВПЕЧАТЛЕНИЕ
ТОЛСТОЕ
ТЕМНЫЙ
ФЛАГ
ГОРЯЧАЯ
СТАКАН
ЭТИ
ГРУША
ПРОСТАЯ
СУЩЕСТВУЮТ
СВОБОДНЫЙ
МНЕНИЯ
ЕДЫ
ВЕЩИ
ОЗЕРО
УВАЖЕНИЕ
МАТЕРИЯ
ЮРИСТ

```
С Т М И И Е У П А Р И Е О И П Н С
В Н А К А Т С У Т О Ф М Е А Е Т А
О И Т Ю У В Т С Е Щ У С В Е Щ И Я
Б Р Е Т С У Т С А У И О Е С Е С Д
О О Р О Р Е З О Л У И М М Е Т Т М
Д С И Ю Т С Е И Н Е Л Т А Ч Е П В
Н А Я В Р С Т М Р М Д И С У Д Ь Я
Ы У А А Т И Л У П Н Е У О О Е Р А
Й И О В М О С О Л Е О О Е С М Г Ч
Г Р У Ш А С Е Т Т Н Е Д Ы Т Р М Я
А Л Е А Т И С И Т И О Р Т И У Е Р
Е И М У И Е Ф Е О Я А Т С О Р П О
Т Е М Н Ы Й Л И Т Р Е М О А А Э Г
О У Т М Е Л А О У О Т С И Ф И Т О
М Е У У Р Л Г У В А Ж Е Н И Е И А
```

Puzzle 617

```
Л О З И Р П Р Ю С Н Л Л С Г У Л Ц
М В О Д И Т Е Л Ь Н О П О Т Е Р Я
Л Р Р У А С А С Е Е М О Н Е Т А М
С Д О Т Е М А Р У И У И Т Е Н М О
Е Т М И А Т И И Б М О Р К О В Ь П
В К Р О В О Т Е Ч Е Н И Я И Т Т И
В Н П Р Е К Р А С Н Ы Й С Л Е Н Н
Ы Б У Н Т Р Е А Л Ь Н Ы Е У С М С
П Ы Е Т З А Б Р О Н И Р О В А Т Ь
Е В И У Р С К З А П А Д Н Ы Й А Е
Ч А И А О Е Т Ч Ц Ы П Л Е Н О К Р
К Е Л Т И Р Н Е О Р Т Р Р С Е Т Е
И Т У Ц А У А Н Н Б М У Н У И Т О
О Т Р А Ж А Т Ь Я И А Е У Т И Е Л
Р О О Н О В И П И Я Е Б Р Л М Т П
```

ЗАБРОНИРОВАТЬ
МОРОЗ
БАБОЧКА
ПОТЕРЯ
ЦЫПЛЕНОК
РЕАЛЬНЫЕ
ОТРАЖАТЬ
ВОДИТЕЛЬ
БЫВАЕТ
ЕЕ
ВНУТРЕННЯЯ
КРОВОТЕЧЕНИЯ
МОНЕТА
СЮРПРИЗ
ПРЕКРАСНЫЙ
БРАТ
МОРКОВЬ
МЕТОД
ЗАПАДНЫЙ
ВЫПЕЧКИ

Puzzle 618

МЕРУ
ОБИЛЬНОЕ
ЛУКПОРЕЙ
ПЕТРУШКА
ШКОЛУ
ЮБКА
СОВА
СОСТОЯНИИ
НЕСМОТРЯ
НАКОНЕЦ
ИСКЛЮЧЕНИЕ
ПУСТЬ
ДЕВУШКА
ТРЕТИЙ
БИЗНЕС
УЧАСТНИК
ШЕЯ
НАЗЫВАЕТСЯ
МЕХАНИК
ПРОЦЕДУРА

```
С Н А З Ы В А Е Т С Я И Д М Р М У
Р О У Н М И И У Ф У М О А И Р Е Ч
Е М С Л С А Р У О И А Е С М Д Х А
И Т П Т А Я У Р Т М И Т Л Н П А С
Т И У У О А Е И С Н С И У М Л Н Т
Т И С О С Я У С О И М А К Б Ю И Н
Е Ш Е А Й Т Н О В С Е К П О Т К И
С Е Н З И Б Ь И А К Р Ш О Б Е Н К
М Я А У Т С П У И Л У У Р И С Е О
Р Т И Н Е И И И И Ю Л В Е Л М С Р
А К Ш У Р Т Е П О Ч О Е Й Ь Е М Т
У Р Н И Т А Д Н Л Е К Д Е Н Т О Л
П Р О Ц Е Д У Р А Н Ш Н Е О Е Т В
У Д А Т О И Н Д О И Ц У А Е Л Р Р
М Д У У И С П У Ц Е Н О К А Н Я И
```

Puzzle 619

```
С С И И У М Е Р С И Е Ь А М Д М Т
М Р В В Н И И Т П Л Я Ж О О О О Е У
М П Е Н Е И Н А Щ Е Б О Е Л С Н У
Е Н М Д Г К А Л И Т У Л И О Т Т Л
Р Н М А И Н Ч И Т С И Ф Н Т А А О
К Р О М Е О Е С Е У У С Е О Т Л Н
Т И У М Ф Г М И И П Ф Е Ш К О Ь У
Е Н Н Л У Е И М О О Э Т У Р Ч Н Т
О Р М Н И У Р П С Е Н Ь Р Е Н Ы М
С В Е Ч А И П Л А У Л В З Р О Й В
О Т Р А Н Б С Т Е А Е А А Л Е А П
Е О Т Е С П М Е У И О Т Р М Е Е Р
Б Л О К Р К О З И Й А С Р О В Т Т
Е А Ц Е И И Б Т Е Ы Т О Л О М У Л
Е С С С Л Ф Н Т Р С М И С И Р О Т
```

МОЛОТОК
ПРИМЕЧАНИЕ
РАЗРУШЕНИЕ
МОЛОТЫЕ
БЛОК
ВЫ
ОПУСТЕЛИ
ЭТУ
РОВ
ОСТАВЬТЕ
ОБЕЩАНИЕ
КОЗИЙ
ПЛЯЖ
МЕНТАЛЬНЫЙ
ДОСТАТОЧНО
КРОМЕ
СВЕЧА
ЛОЖЬ
СРЕДИ
ГОНКИ

Puzzle 620

ТОЧИЛКА
КУХОННЫЙ
ГОРДО
ПОПЛАВОК
КРИТИЧЕСКИЙ
НАСИЛИЕ
ПОТОМУ
ОБСЛЕДОВАНИЯ
СЛУЧАЙНЫЙ
ПРИМЕР
ВОДА
ПОБЕГ
МЕЛЬНИЦА
УСТАНОВИТЬ
ОВОЩНОЙ
ЯЙЦА
ВЫСОТА
НАСЛАЖДАЙТЕСЬ
КАПУСТА
КРЕССCАЛАТ

```
Е Л О У И А И Е Г Н Р Д И А Т К С
Р Я Е П О П Л А В О К Н С Р П Р Л
Й И К С Е Ч И Т И Р К А Ц Й Я Е У
К Н П Ь Т И В О Н А Т С У Ы О С Ч
Н А У Р Р И Е С И К М Л М Н В С А
Е В П А И И О Ы И Л Р А Л Н О С Й
С О П У Е М С В Ф И Л Ж Л О Щ А Н
В Д О А С С Е Р С Ч У Д И Х Н Л Ы
Г Е Б О П Т Ц Р И О У А Д У О А Й
Л Л Ф Н Т И А Е И Т Р Й Г К Й Т Т
И С С Л О С Л И У М О Т О П М Л О
Н Б М Е Л Ь Н И Ц А М Е Р Ф Р Е Л
М О Н А С И Л И Е Д Р С Д П У Е Е
Е Р Е И Т Т Н Р О Н Ь О М Т Г Т
М О П Е Т О А У Т В С Н М У Е Р С
```

Puzzle 621

```
С Т Ю А Л Е Д Е Е В С М Я Р Е М У
О Е Р Е Д И Л Т П Ы Т Е В Ц П Н Р
В П Н Е Ж Н А Я Е С С Е Р Н О Н А
Е Л И И А С Т И Т И А Н А П И Е Г
Т О Е О Д Л Ч Р У Н И Д А О У З А
Ы Б У Е М О О О Х И Е И Е Е М А Н
Р И Т М Л Я П Г А Й И А У А О Н А
Н С Е Р И А Е Е Н О В Ы Й Т Т И И
У А Е А И Т Р Т Н Е Д И Ц Н И Ц Е
Т П О Е И М П А К Н Е Б Е Р О М И
Р С Т Р Н О О К Д В И Ж Е Н И Е Л
Е Е Е П М С У О У Р Т П С Е М Р А
У Л Р М Е Е Л И И Г Е Ц У И О С М
Е И О Т И М Т У А И Е Н Т Б Е А М
Т П В Р Е Т Р Е Е П И У П Р С Т Л
```

ПЕТУХ
НОВЫЙ
ОДИН
ИНЦИДЕНТ
СПАСИБО
СОВЕТЫ
РЕБЕНКА
ПОЧТА
ЛИДЕР
ТЕПЛО
ДВИЖЕНИЕ
ЦВЕТЫ
ВНИЗ
НЕЖНАЯ
УРАГАН
КАТЕГОРИЯ
НУ
ДА
СИНИЙ
ДЕЛАЮТ

Puzzle 622

НЕБО
УМНЕЕ
ТОЛКНУЛ
КЛУБ
ИМЕЕТ
МЕДНЫЙ
НАЛИТЫЕ
БЕЛЫЙ
ВЕЖЛИВЫЕ
ПЕТЬ
НОСИТЬ
КОНЕЦ
ПРЕСС
СТОЙКА
НЕРЕГУЛЯРНЫЙ
ВДОХНОВЛЯЮТ
МУДРЫЙ
ОДЕЖДУ
ПЛИТЫ
ЗАНИМАЕТ

```
И Л Е А Р Е Н И П У О У Е И У М Е
Л Ф У У И С У А С М С И А Т Т М Р
Й У У М И И Ф Л А Н Р С Т Н С М Л
Ы И Д Ц Е Н О К С Е Н О Т П Е Т Ь
Н Т Ж Е Р Д В Т Е Е Н О О Н М Е У
Р Б Е Л Ы Й Н Е И И С Е Л М Р Т Д
Я Р Д П Т Р О Ы Ж Р И А К Й О Т С
Л И О Д И Н Е А Й Л Т А Н И О А Е
У М П Н Л У А У Н В И Б У Л К У Ф
Г Е У С П Р Ц Н И Е Т В Л М О П Т
Е Е Ы Т И Л А Н И У Б Т Ы Л Д Л М
Р Т Л З А Н И М А Е Т О И Е О С Т
Е М М Р С П Р Е С С М У Д Р Ы Й И
Н О С И Т Ь В Д О Х Н О В Л Я Ю Т
И У Ф У М Т Р О Д У Д Ф Н Т Т Г М
```

Puzzle 623

```
Е В М П О Ж А Л У Й С Т А М И А Д
О Т С О Р П Б О П Н Е Р П Р С О Е
М И Т Л И П У К Ф Т М Е Н Е К Е Й
Е Т Б И У И Р Т Р С П М И П У Т С
Т О С Е Т Х И Е Т Л А О В И С И Т
З Н А Ч О К М М У У Р Ш О К С П В
С Ц Р Л С Т У М Й Е И Б Т М Т Е И
М У А А И Ь Л Е Т И Л С И Ч В И Т
Ч Е П Л М Р А С Н П Щ Л Е С О У Е
Т А Д В А Б Ы Л И Ф У Я Ш Т Н Л Л
С О С Б Л И Ж А Й Ш И Е Т Т У Т Ь
Т А Ь Т У Н Р Е Б О Т Т У С С У Н
Е Е М Р И З О Н Т И К А К У Е Л О
Н У М О Н Ц С П Е Ф Т Е А Е Е Л С
Д И У Е Р Й Ы Н Ш Е П С У Е И И Б
```

БЫЛИ
СТЕНД
ВСЛУХ
ЧАСТИЦЫ
ШТУКА
ИСКУССТВО
ДВА
ПОЖАЛУЙСТА
УСПЕШНЫЙ
ОБЕРНУТЬ
БЛЕСТЯЩИЙ
ПАРА
ЗОНТИКА
БЛИЖАЙШИЕ
ЧИСЛИТЕЛЬ
ЗНАЧОК
ПРОСТО
ДЕЙСТВИТЕЛЬНО
ШОК
КУПИЛ

Puzzle 624

ЛЕГКОСТЬ
РЫЦАРЬ
ЯРОСТНАЯ
МАСТЕР
ШАНС
ИНОСТРАННЫЙ
ШИРИНУ
ФАКТОР
КОМПАНЬОН
ПЛОЩАДЬ
ОБНЯЛА
БЕССМЫСЛЕННЫЙ
РЕСТОРАН
ОСТРОГО
НАБЛЮДАЮ
НОЖНИЦЫ
ФУНКЦИЮ
НИКОГДА
ЛЕТ
ТЕРМОМЕТР

```
Б Д Ю И Ц К Н У Ф В Р Т П Р М А Т
У Н И Р И Ш О Н У П И У С А П Ь У
Ц Б И У Р Т Е М О М Р Е Т Р Т Р М
Ц Е О К М П Т А П Р Е С Т О Р А Н
У С И Я О М Р И А А Т С Р Т О Ц Е
И С Н А Ш Г У Т С И Н У Т И С Ы Л
И М С Н И С Д Е Е Н И Ь О Е Т Р Е
М Ы Я Т П Ф О А У Д Е И О У Р П Г
А С Н С Ю А Д Ю Л Б А Н Е Н О Л К
С Л Н О Ж Н И Ц Ы Я Л Е Т П Г О О
Т Е И Р Ф А К Т О Р Н И М Л О Щ С
Е Н И Я Е О Р О Е О И Б М О О А Т
Р Н А Т С Г Р Е М Т У Е О С С Д Ь
П Ы И Н О С Т Р А Н Н Ы Й Ц А Ь А
П Й И Н А Н М М Т А А Е А И Д У Ф
```

Puzzle 625

```
Е Ю Й Е Ы А Р Е Ч В Т У Е Е И О
И Б Ы Р М Т Р В О Т О Г О Д Д З Е
Я И Н Е Ш О Н Т О С Л У Н О Ж М П
О Л Ч Н У Т Л И С Т К Т Е П В Е Т
Б Е И Т Е И И О Д Е О О Л П Л Р М
Н Й Т И Т Ф О Т И М С М Ш О А И О
А И Я П Е Р В Ы Й Е И Г Ь Г Т О
Р К С Т Е А О О Е О М Т Ф Ц А Е У
У Т Е Р Е Ш П О Т К Р Ы Т И Е Л У
Ж С Д Р Ф Б И У Р С У И Е Я Ь Ц
И Е С М Е Л Ы Й Т Е А Т Е Р Е Н И
Т Ж С А Х А Р Н Ы Й Й М П В С Ы Е
Ь Н Н Т М Т У Л С Н Т О Р О А Й Н
Т И У Е С П П Р Е Д С Т А В Ь Т Е
А Т С П Е Е У Т Т Е С Р Ф М Е Е Р
```

САЙТ
МЕЖДУ
ГОТОВ
ЛИСТ
САХАРНЫЙ
ОБНАРУЖИТЬ
ДЕСЯТИЧНЫЙ
ИЗМЕРИТЕЛЬНЫЙ
ШАРФ
ВЛАГА
ОТКРЫТИЕ
ПЕРВЫЙ
РОСКОШЬ
ОТНОШЕНИЯ
СМЕЛЫЙ
ПРЕДСТАВЬТЕ
ЮБИЛЕЙ
СЕСТРЫ
ВЧЕРА
ЖЕСТКИЙ

Puzzle 626

ПРОИЗНОШЕНИЕ
ВАРЕЖКИ
ПОДСОЛНУХ
РАЗНООБРАЗИЕ
МИЛЛИОН
РАЗБУДИТЬ
ПЕРЕЛОМ
ОБЫЧНЫЙ
АРЕНА
САМ
ЕДИНУЮ
СРЕДНИЙ
ПАУЗА
СРОК
ПРОФЕССОР
ДЕШЕВЫЕ
ВЫБЕРИТЕ
СТАТЬ
ЖИТЬ
ПРЕИМУЩЕСТВО

```
С Р П Ф Ц Н Н И М Л У А У Е С И Ж
Р А Е И Н Е Ш О Н З И О Р П О У И
Е З Р Е О Т С П М М У О Е Л Р И Т
Д Б Е Д И И И Р И Р С Н И Л Р Ь Ь
Н У Л И Л Р И Е Г Е М Т З Т И Е С
И Д О Н Л Е И И Ц У Н А А Н Е Р А
Й И М У И Б О М С А М Т Р Т Р О З
Е Т Ц Ю М Ы Р У П Р М Е Б Р Ь С У
Ы Ь А Т У В А Щ А С Т Р О У С С А
В А Р Е Ж К И Е Н Ф Т Я О С Т Е П
Е И Х У Н Л О С Д О П Т Н С Р Ф И
Ш Р И С Л А Е Т У У И О З Р С О У
Е Е Л У С И А В Л Л Т Е А О Н Р О
Д Й Ы Н Ч Ы Б О П Е М И Р К С П Л
Н И М Н С О И М М У Е А И С Е Е А
```

Puzzle 627

```
С Т У К А К Р О Р Т Я Е З Р С О П
Т М Л А Р М И А Е С Р Д А О П Р И
А Ь Л Е Т А Г И В Д К Р Л Р Е П Л
Т С У Ы П Р С И М С И У А Е Л Р Т
Ь У И Н К О П О Л Х Е З И Д Е А И
И Ч В В А П Д З Ч П А Ь Р Е Р В Х
Е И А И Т Н С Г А Н А Я У Р А О И
П Н Т Т У С Р У О Щ Ы Ц И Ж О П Й
А А Р А Т О А С И Т И Е П А У И О
Р Р Г Г С У Т Р М Е О Щ Н Л Ц С Н
А Г О Е А Д У М А Л Б В А И Т А Ь
А О Т Н Е Т О А Л Н Е Р И Т Л Н Л
И Н Г Р Е Д И Е Н Т Р М Т Т Ь И О
М О Н И Т О Р И Р В Т В Р Р Ь Е Б
Д И К А Я О Н Н Р Е Р М О Т Я И Т
```

НЕГАТИВНЫЕ
ЗАЩИЩАТЬ
ИНГРЕДИЕНТ
ЗАЛ
ТИХИЙ
ДЕРЖАЛИ
ХЛОПОК
КРАСОЧНЫЕ
МОНИТОР
ОГРАНИЧУСЬ
КАК
ДИКАЯ
ПРАВОПИСАНИЕ
СТАТЬИ
ЯРКИЕ
ПОДГОТОВИТЬ
ДУМАЛ
ДВИГАТЕЛЬ
ДРУЗЬЯ
БОЛЬНОЙ

Puzzle 628

ДОСТИГ
КОГДА
ЛИЧНЫЕ
ЗНАЧИТЕЛЬНЫЕ
ЭЛЕМЕНТАРНО
УСТАЛИ
ПРЕДСТАВИТЬ
СУПА
ЛОСЬ
УЧЕНИЕ
УПАЛО
ДЕРЕВО
ГЕОГРАФИЯ
ГРАНД
САНИ
БЕЗОПАСНЫЙ
НЕЗАВИСИМОСТЬ
ЩЕТКУ
ПИСЬМО
ВИНОВАТУЮ

```
С У Т Е И У П Б П А О А Е Д Н В Э
И С Р С А Ч Н Е Р Т Д О Т Н Е И Л
П Т О Н М Е И З Е Ы Н Ч И Л З Н Е
З М Е И У Н Н О Д И А О И С А О М
Е Н Н Г П И И П С Н Р М П Е В В Е
С Н А М С Е С А Т И Г Ь Т Ф И А Н
Н У У Ч С Е А С А Л О С Ь И С Т Т
Е Е О И И Д Н Н В У У И А Т И У А
С П Р И Л Т И Ы И Т П П У А М Ю Р
С У П А А Т Е Й Т Щ Л А Д Г О К Н
Т М А У Т О М Л Ь Н Е Р Л Т С Е О
Е Н А Т С С Т И Ь А И Т С О Т С И
У У А О У П Т Т М Н Н Е К Т Ь С И
Г Е О Г Р А Ф И Я Т Ы И И У С Т Р
Т Д О С Т И Г Н М О В Е Р Е Д Т Т
```

Puzzle 629

И	М	Л	Д	И	В	А	Т	Д	Е	Б	И	И	П	Р	И	О
Ь	Н	П	О	Г	Ф	В	М	Н	Е	Л	С	Ф	Р	А	Н	Т
Т	С	Е	Ж	Н	Ж	У	И	Й	В	А	П	М	Е	С	Д	И
И	В	У	Д	О	О	Е	С	А	У	Г	О	У	Д	С	И	Е
В	И	Л	Л	Р	О	Т	С	Б	У	О	Л	С	П	Т	В	Т
О	А	Т	И	И	Т	И	М	Е	П	Ь	Т	О	Р	И	О	
Л	Т	О	В	Р	Т	Ф	Я	О	У	Р	З	Е	Л	О	Д	Е
Т	А	Ф	Ы	О	О	Т	А	К	С	И	О	П	О	Й	У	Е
О	У	С	Й	В	У	Т	Р	О	М	Я	В	У	Ж	С	А	П
М	У	Р	Т	А	Н	Й	А	Т	С	Т	А	Р	И	Т	Л	Д
В	О	У	С	Т	О	К	Е	А	Н	Н	Т	У	М	В	Ь	М
А	И	Е	Е	Ь	Н	Е	Д	И	С	О	Ь	И	А	О	Н	Т
У	М	О	Т	О	Ц	И	К	Л	А	Е	Ш	Ч	У	Л	Ы	И
И	Д	Е	Н	Т	И	Ч	Н	О	С	Т	Ь	С	Р	Е	Й	Е
Ф	Т	И	И	И	Л	И	Л	С	Е	Е	С	И	И	Е	Т	С

МИССИЯ
УТРОМ
ПРЕДПОЛОЖИМ
ТАЙНА
ЛУЧШЕ
КОМБАЙН
ИВУ
ОКЕАН
ИСПОЛЬЗОВАТЬ
ПОИСК
ИДЕНТИЧНОСТЬ
ДОЖДЛИВЫЙ
РАССТРОЙСТВО
ЖЕ
БЛАГОПРИЯТНОЕ
ЛОВИТЬ
СИДЕНЬЕ
ИНДИВИДУАЛЬНЫЙ
ИГНОРИРОВАТЬ
МОТОЦИКЛА

Puzzle 630

ПОЛЕ
ФАРТУК
ОГРОМНОЕ
ШЕСТЬ
АРКТИКА
КОРПУСА
ПРОЩАЙ
РАНО
СОЛНЦЕЗАЩИТНЫЕ
АВТОМОБИЛЬ
ТАЙНЫ
МАТЕРИАЛ
МЫЛО
ШТОРМ
ОБЩАТЬСЯ
ДАВАЛИ
ЧАСТЫЕ
ОДНОРАЗОВЫЙ
КОРОЛЕВСКИЙ
СПОСОБНОСТИ

Р	О	П	О	М	Н	Е	И	Р	Т	У	Л	Ш	С	К	С	М
Ч	Б	К	Р	Ш	Е	С	Т	Ь	О	Л	Т	Т	О	О	П	А
А	Щ	О	О	О	А	Р	К	Т	И	К	А	О	Л	Р	О	Т
С	А	Р	Г	Л	Щ	У	С	Е	И	Б	И	Р	Н	П	С	Е
Т	Т	О	Р	Ь	Ы	А	У	С	О	О	Т	М	Ц	У	О	Р
Ы	Ь	Л	О	Л	П	М	Й	С	У	Е	А	Ф	Е	С	Б	И
Е	С	Е	М	И	О	Д	А	В	А	Л	И	А	З	А	Н	А
Р	Я	В	Н	Б	Л	Р	У	Т	Р	О	Н	Р	А	У	О	Л
У	Р	С	О	О	Е	И	С	Т	Н	П	М	Т	Щ	Е	С	И
О	О	К	Е	М	Е	И	М	У	У	М	С	У	И	Е	Т	Л
Т	А	И	С	О	Е	М	Е	Н	Е	О	Н	К	Т	У	И	О
И	О	Й	И	Т	Р	А	Н	О	И	Т	Е	И	Н	Т	Т	Д
Е	Т	Й	Ы	В	О	З	А	Р	О	Н	Д	О	Ы	О	И	О
И	С	У	Т	А	Й	Н	Ы	И	О	Р	Е	Т	Е	Е	Н	И
С	Т	У	П	У	Е	А	Л	У	С	У	Р	Н	Т	М	У	А

Puzzle 631

Т	Л	У	И	Я	И	О	Т	О	И	Б	И	Л	Р	О	Е	Т
И	Е	И	С	Л	Й	Ь	Л	Е	Ф	О	Т	Р	А	К	П	Р
Н	О	З	Т	В	О	Ц	Е	А	П	Л	П	Ф	Л	Е	О	И
В	М	Е	И	И	И	П	О	С	Е	Ь	С	У	У	Л	Л	Д
Е	И	Е	Т	С	Д	У	Р	П	Т	Ш	И	М	Н	А	О	Ц
С	И	М	Б	О	Ф	Д	И	А	М	О	И	Е	А	Д	Т	А
Т	Р	О	Н	М	Е	И	Л	А	В	Й	Р	Ц	В	Т	Е	Т
И	У	У	Ц	Т	Р	У	У	Н	Е	И	Р	Т	Р	Т	Н	Ь
Ц	Я	М	М	М	М	Т	Е	Е	Т	И	Л	С	О	Т	Ц	Е
И	Р	И	Т	Р	А	Н	О	Р	О	К	Т	Ь	В	И	Е	Т
И	Н	А	Р	У	Ш	А	Ю	Т	Л	Г	Й	Ы	Н	Ж	Е	Н
Р	А	Б	О	Т	А	В	Ы	С	О	К	О	Е	У	О	Т	П
Е	Е	А	Н	О	Г	И	Н	У	С	И	Е	Е	У	Ц	Е	Т
П	И	Ж	К	О	Р	И	Ч	Н	Е	В	А	Я	Е	С	И	М
С	И	Е	О	Р	И	С	Н	Я	Ф	И	С	И	Л	Р	Е	Д

РВАНУЛА
НАРУШАЮТ
КАРТОФЕЛЬ
ПРУД
ЯЙЦО
ТЕЗИС
ВЫСОКОЕ
ПРАВИЛЬНОЕ
КОРИЧНЕВАЯ
БОЛЬШОЙ
НОГИ
ЖАБА
НЕЖНЫЙ
ТРИДЦАТЬ
ПОЛОТЕНЦЕ
РАБОТА
ИНВЕСТИЦИИ
ДАЛЕКО
КОРОНА
ФЕРМА

Puzzle 632

ТЕСТ
ЗАЛИТЬ
ШУТИТ
БОЛЬШИНСТВО
ОЖИДАТЬ
ШКАФ
ЗАКЛЮЧЕНИЕ
НАЗВАНИЕ
НАЧАТЬ
УГРОЗА
КРАСКА
ПЕРЕХВАТ
СРОКОВ
ПОЛОВИНА
САМЕЦ
ЛИБО
ДВОР
КОРОТКИЙ
УВЕДОМЛЕНИЕ
МАЙОР

М	И	А	И	С	Е	Ф	Ш	С	Л	И	Д	К	Н	И	И	С
П	О	Л	О	В	И	Н	А	К	И	С	В	Р	А	Л	Ц	М
Л	И	Б	О	Т	Н	М	О	Т	А	О	О	А	З	Е	Т	И
Ф	С	У	В	Е	Е	А	Ш	У	У	Ф	Р	С	В	Т	М	Е
Ф	Е	Г	Т	С	Л	Й	Е	У	М	У	С	К	А	М	Т	Ц
Т	У	Р	С	Т	М	О	И	Т	Т	Т	Е	А	Н	В	Н	В
Т	М	О	Н	А	О	Р	Р	И	М	И	С	Ц	И	С	С	О
Е	О	З	И	В	Д	И	Т	И	С	У	Т	Т	Е	И	Н	К
М	У	А	Ш	Х	Е	Н	Ц	И	Д	Т	И	Т	О	М	У	О
Н	Р	Н	Ь	Е	В	О	Ж	И	Д	А	Т	Ь	У	У	А	Р
Е	П	Е	Л	Р	У	Е	М	Т	Р	Е	У	Р	Т	И	Н	С
Е	Ф	В	О	Е	И	Н	Е	Ч	Ю	Л	К	А	З	И	Р	А
Е	М	Е	Б	П	М	Г	Т	В	Р	Ф	Л	И	А	П	Р	Е
С	О	К	О	Р	О	Т	К	И	Й	Н	Л	И	А	С	О	И
Н	А	Ч	А	Т	Ь	Т	И	Л	А	З	Н	Е	П	И	С	Е

Puzzle 633

```
П О Д Х О Д Я С М П Р Е И Н С А С
П Р Е Д Л О Ж Е Н И Е Е И Н О Т О
Я Б Ы В Ш Е Г О И У Ц А Н Е Б Е Л
У У С У Ь Т И Н Е Ц О Е П У И Е Н
Е У С У У Т И Е У Е О С А Е Р Н Е
Е И О Е Р Н Л Ч В Т И И О М А О Ч
Д Ж У К Л И О А Д О Р И Р П Е С Н
О Е В С Д Р Е Р С Т Т С И И Т Т Ы
П Д Л И Е В В Т Е У Е А Т И С Р Е
А Т Д О Л А И О Е М У Д И Л Я У Т
Е А Е П Б К Е П Е В Е О И Е Н Д С
И Д А Р У Т А И В Е Р Б Б А И О М
И Е С И А У В Т Р О С О Е Ц А В Д
А В Т У Д Е С Я Т Ь И В И А М Ы Т
П Р А В И Л Ь Н О П А С Е Т Е Е Р
```

ДЕЛО
ТРУДОВЫЕ
ЖУК
ДЕСЯТЬ
ПРИРОДА
ПОД
УТКА
ПАСЕ
БЫВШЕГО
ТЕМА
ОЦЕНИТЬ
ПОДХОД
ПРАВИЛЬНО
СВОБОДА
ВИЛКА
АББРЕВИАТУРА
СОЛНЕЧНЫЕ
ПРЕДЛОЖЕНИЕ
СОБИРАЕТСЯ
ПОТРАЧЕНО

Puzzle 634

ПРАВИТЕЛЬСТВО
ПОШЕЛ
РЫЧАНИЕ
МОТЕЛЬ
СКОРО
МНОГОЧИСЛЕННЫЕ
ПЛАТИТЬ
СТРАХ
ЛИШИТЬ
МУСКАТНЫЙ
ЗАВТРАК
СЛЕВА
ПОДРЯД
РАДИО
БИЗОН
СЕРЬЕЗНЫЙ
ТОЧНОСТЬ
СТРАНИЦЫ
БИТ
ВКЛЮЧАЮТ

```
С Т Е Е М С В К Л Ю Ч А Ю Т П И Е
Р П О Е М У К Т Е И Н А Ч Ы Р Н Е
М Л О Т Л У М О И И У В Е И А Т С
Р У Т М Е Е Б Р Р И А Е Е Ф В Р А
А Б С С Е А И И Л О Т Л Д Т И И Т
У Т Т К С Р А И Е С У С С Е Т И Б
Д Т Е Р А Ь С Т Р А Х Р Т Л Е Д Т
Я Я И И У Т П Л А Т И Т Ь Т Л Н О
Р Е О Ы Ц И Н А Р Т С Т О А Ь М Ч
Д А У Т Д Ш Й Ы Н З Е Ь Р Е С О Н
О О Д Т Е И Б Р Й П О Ш Е Л Т Т О
П У У И Е Л И З А В Т Р А К В Е С
Л Е У И О Л З С А У У С Т Б О Л Т
Л Т У А А А Е О Е М Е С У М У А Ь
Р Р Р Е Ы Н Н Е Л С И Ч О Г О Н М
```

Puzzle 635

```
Е Я У Ф Р И Р П К С И Р Л Р П С С
Ж И Т Е Л Ь А О С Л Н Р Л Й Р О О
М К Т О Т Т З Д Л Т И В С Ы И С Р
О Т У М Х И Н А А С Е М Г В Я Т Т
Л О А П П Л О Р Й И У Ц А О Т Р И
О Б Ш Е О Е Р О Д Л Р П Ш Т Н А Р
К А И У И Д О К С Ю Д А Р Е О Д О
О Р А Л М Е Д А Е Р Р У С Л М А В
Т З Н С П Р Н Е Р Л Д У Ч О Х Н А
М А А С И П Ы У Р Н Р Е Р И О И Т
О Р У Р У С Х Н Ф Т Е Е Ф Ф Л Е Ь
У С К О И А Е У И А И П П И О У И
Т Е А И О Р У М А С У Р И Т В М И
Е Е П В У С Н Е Ж И Н К А Н Т И У
М Е П О Т О Р И О М М М Л У О Е У
```

ХОЧУ
ФИОЛЕТОВЫЙ
СЛАЙД
ЖИТЕЛЬ
СЮДА
ПРИЯТНО
ПОДАРОК
ШУМ
СОРТИРОВАТЬ
РАЗРАБОТКИ
РАЗНОРОДНЫХ
ШАГ
РАСПРЕДЕЛИТЬ
ХОТЯ
КЛИМАТ
МОЛОКО
РИСК
СНЕЖИНКА
НАУКА
СОСТРАДАНИЕ

Puzzle 636

ВЫТЕСНЯТЬ
ДЕНЬ
ПРИНИМАЯ
ЛЕОПАРД
ПЛАВАТЬ
ОДАЛЖИВАТЬ
ЦЕНТРАЛЬНЫЙ
СЕЛЬДЕРЕЙ
СЕСТРА
ФИЛЬМ
ПЕРЕЧЕНЬ
ВСТАВИТЬ
ГОВОРИ
ПРОТИВ
ЛАПКИ
ВЫМЕРЛИ
ПОНИМАЮ
СТИРКА
КАМИН
ПОЛОСА

```
У С Ф И Л Ь М Е Д И Л С Т О Р П В
Л Е И С И Т Ь Н Е Ч Е Р Е П Ц О Ы
И А С У Ф Й У С О Т О С Т М Р Л Т
Е И М У Т И Ы У А Г П Т С У И О Е
П Л А В А Т Ь Н И А А Р Т С Е С С
С Г О В О Р И М Ь Е Р Т У Т М А Н
В С Т А В И Т Ь О Л Д Е К П Ф Р Я
П А А О А Н Т Н Е Т А Т Т А С И Т
П О Н И М А Ю Л И М П Р И Д М Д Ь
С А У И М Т О И А Н Р Ц Т Е У И Ц
Ь Т А В И Ж Л А Д О О Т Р Н А И Н
Л С И Л Р Е М Ы В Е Т Т А Ь Е А М
Е Й Е Р Е Д Ь Л Е С И К П А Л Ц Т
О Т Е Н К Р Р Е Т И В О М Т Т Р А
Н Е Р О Я А М И Н И Р П О И И О И
```

Puzzle 637

```
В Ы Б О Р Ы В П Л О Т П П Н О Т А
О Т К Л О Н И Т Ь Д Е Л У Е Ф Т Е
Л Ю Б О П Ы Т Н О Н Т А Г И Н А И
П П А Е У У Ь Т И Ж Ы В А Т Е С О
Р О Р Т Р Е И О И У Е А Л У У И Р
М И Р Т О М С С А Р Л Н О П У Р Д
Р Н Т Ы И М А Т Д Е П И С О Л Е В
Р А А Т В М О А У Е И Е У Ш П Н М
Н Е Т Е Р П Е Л И В Ы Е К И Р Т И
А Е Е Т Т У А М Н А Т С О Р И Р О
К О Н Т А К Т Н Ы Й Е О Ф О Е А Х
Е О Б Щ Е С Т В Е Н Н Ы Е К Х П О
Д В И Г А Т Ь С Я А Е О Т И А Е Т
И У Е Е Р О Р Р М С М Т Д Й Т Т А
Н Е З Н А Ч И Т Е Л Ь Н Ы Е Ь П П
```

ШИРОКИЙ
ОХОТА
ВЫБОРЫ
ПОРЫВ
НЕЗНАЧИТЕЛЬНЫЕ
ПРИЕХАТЬ
ПЛАВАНИЕ
ФОКУС
ПУГАЛО
ПАРТНЕР
ОТКЛОНИТЬ
ОБЩЕСТВЕННЫЕ
НЕТЕРПЕЛИВЫЕ
РОСТА
ВЕЛОСИПЕД
КОНТАКТНЫЙ
ДВИГАТЬСЯ
ВЫЖИТЬ
ЛЮБОПЫТНО
РАССМОТРИМ

Puzzle 638

ДОВОЛЬНО
СТОРОНЫ
НАКЛОН
ГОРНОСТАЙ
ВЫДЕЛИТЬ
ВЫДРА
ПРИГЛАШАЕМ
ЖЕЛУДИ
ВЫРАСТИТЬ
ТРЮК
ВЕРБЛЮДА
ВОПРОС
ИНТЕРЕСНО
ПОРТАТИВНЫЙ
ПРИСОЕДИНЯЙТЕСЬ
ИСЧЕЗАЮТ
КРАБ
СОСЕДИ
ГАРДЕРОБ
РИС

```
С Ь Г С И О С С Ф М И С И П Р Ж В
Е Т О А Р Д Ы В Р Е О И С Р Е Е Е
А И Н Р Р С Т О Р О Н Ы Ч И Л Л Р
Р Т А П И Д Е С О С Ь Е Е С П У Б
О С Б А М С Е И В Н Л Т З О Р Д Л
Н А К Л О Н И Р М Т О У А Е И И Ю
С Р О Я С Л У И О Е В Е Ю Д Г Т Д
Е Ы К У А Л Р Е А Б О С Т И Л Р А
Р В Р У Я Е П Р Н П Д Л Т Н А Ю И
Е П А С Л Ь Т И Л Е Д Ы В Я Ш К И
Т О Б И Й А Т С О Н Р О Г Й А А Л
Н М П О Р Т А Т И В Н Ы Й Т Е И В
И В О П Р О С Т А Н И М Н Е М Ц М
И О С У С Е Г Ф Т В И У Р С У Е Ф
П Н М Р И Д О Р Т О Ф Р Ц Ь А И Е
```

Puzzle 639

```
З В У Ч А Т Ь П Е Р Е П Е Л Т Т С
П Т Т Т П Р И Х О Д Я Т Е Ч Т О Т
С О И А В А И М В Л А С П У Д Н А
Е А К И Н Ж А Г А Б Н И П Л О А Н
П И А У И И О Е М П М Н Т У А К Д
Т Р И Л П Е Ь Т И Ж О Л Т О П А А
Р Т И И И К С Е М О Р А Т Н И З Р
М П У В П В А Т У У К М И О У А Т
Т Р У И И У Л Р М Е С Т Е П В Т Н
У У О А Е Л Я В А Р И А Н Т Е Ь А
О М У Е И Н Е Л Е Д Е Р П О Л Р Я
В Е З Д Е Н М Г П Е С Н Я Е И О Т
П О Л Н Ы Й С П И У Т О У С К С С
Д Е Л Ь Ф И Н Е Т Я Р Е Р Ц И У М
О О Г Р А В И Т А Ц И Я Я И О Е Н Л
```

- ГРАВИТАЦИЯ
- ВАРИАНТ
- ПОЛНЫЙ
- ОТЧЕТ
- ЗВУЧАТЬ
- СТАНДАРТНАЯ
- НАКАЗАТЬ
- СМЕЯЛАСЬ
- ПЕРЕПЕЛ
- ПРИВИЛЕГИЯ
- ПОКУПКА
- БАГАЖНИК
- ОПРЕДЕЛЕНИЕ
- ОТЛОЖИТЬ
- ПРИХОДЯТ
- ВЕЛИКИЕ
- ДЕЛЬФИН
- ВЕЗДЕ
- ПЕСНЯ
- СКРОМНАЯ

Puzzle 640

- МЕЧ
- ДЛИННЫЙ
- ШАМПУНЬ
- РЕПУ
- ВНИМАТЕЛЬНЫЙ
- ТЕЛЕФОН
- ЭКОНОМИКА
- ЦАПЛЯ
- КРУГОВОЙ
- СТРАНУ
- ОЛЕНЬ
- ЗАНЯТА
- НАВЕРНОЕ
- ПРИВЛЕКАТЬ
- АНАЛИЗ
- НЕМЕДЛЕННО
- ПРИХОЖАЯ
- БАЛКОН
- ОГОНЬ
- ТАКСИ

```
Р Ь И Е В Т С Л Ч В У И Е Д Е Н Н
Е Т И Й Н Е О Н Р Е В А Н Л О Е П
Л А О О И Л Р Т М А М Е А И Л А М
Р К Я В М Е М Д У Б И И А Н Е К Б
П Е Л О А Ф И А Т А С О Т Н З И И
Р Л П Г Т О С М Е Л И С Е Ы И М Е
И В А У Е Н Е А А К И Ф Т Й Л О Ц
Х И Ц Р Л Р И С Л О Ш С Т Р А Н У
О Р Е К Ь Т А Т Я Н А З К Т Н О Н
Ж П Н О Н Н Е Л Д Е М Е Н А А К Е
А П Д О Ы И Т Н Я У П Л Л У Т Э Н
Я И И М Й У С Е Е А У Т О Г О Н Ь
П Е Т П А С Г Е И Е Н Е Е Е С М У
П И Л У И Ф Р Р И Е Ь Ь Н Е Л О Ц Е
О А Н Е М Т О Е Е Ф А Е У У О А О
```

Puzzle 641

С	Т	Ц	К	А	К	О	Р	О	С	У	М	А	Я	Я	С	Н
К	Т	С	А	Е	Я	А	Н	Д	О	Б	О	В	С	Е	Г	О
О	Л	Т	Ж	Л	Г	Н	Л	О	С	Н	О	В	Н	О	Й	О
Р	Р	Р	Е	Д	О	Л	О	Ь	Е	Т	У	И	Д	Е	У	Р
Е	И	Л	Т	К	Е	О	Р	П	К	Н	Р	Е	Е	М	А	Е
Е	Р	Р	С	С	Ц	В	Е	С	П	У	С	В	И	Н	Ц	А
М	И	Н	Я	Е	У	Н	Е	Ф	И	О	Л	Р	А	Е	Т	С
Т	Р	О	П	И	Ч	Е	С	К	И	М	Н	Я	Н	И	Р	Т
У	Я	И	Н	Е	Н	Ж	А	Р	П	У	Р	И	Т	П	Е	Е
М	И	О	А	Е	И	Н	Е	Ч	У	Б	О	И	М	О	Ф	Л
П	Р	О	Ц	Е	С	С	Р	С	Е	Е	М	П	Т	А	Р	О
З	А	П	У	С	Т	И	Т	Ь	Т	И	М	Е	С	И	Л	Е
У	Н	В	Е	М	В	И	С	С	Н	К	М	Л	А	Р	Т	А
М	С	О	Е	И	Н	Е	Л	В	О	Н	А	Т	С	С	О	В
У	Ц	Б	Е	Д	Н	Ы	Й	О	Е	М	У	Я	Ц	Р	Т	Ф

ЗАПУСТИТЬ
СВИНЦА
ТРОПИЧЕСКИМ
СКОРЕЕ
СВОБОДНАЯ
ВОССТАНОВЛЕНИЕ
ОБУЧЕНИЕ
КАЖЕТСЯ
КАЛЬКУЛЯТОР
ПРОЦЕСС
ЕГО
ВОЛНА
ЖЕСТКАЯ
ТЕЛО
ОСНОВНОЙ
ПРОЕКТ
УПРАЖНЕНИЯ
СОРОКА
ПОНИМАЛА
БЕДНЫЙ

Puzzle 642

СВЕТ
СТРЕЛЯТЬ
ДРУГ
ГЛОССАРИЙ
РУБАШКА
СОДЕРЖАТЬ
ПРЕДУПРЕЖДЕНИЕ
ПЕНИЕ
ЛИ
КЛУБНИЧНУЮ
ПЕРЕМЕННАЯ
ЖЕЛТЫЙ
ОБЪЕМ
ГРИБ
КОНЦЕНТРАТ
АВАРИИ
ЖЕЛЕ
КАСАБЛАНКА
УВИДЕННОЕ
ИСПОВЕДЬ

К	Е	Т	Т	И	О	Т	И	П	Е	У	И	О	Н	Г	С	О
М	О	Е	У	В	И	М	А	Е	П	В	С	Б	И	Л	Е	С
А	К	Н	А	Л	Б	А	С	А	К	И	П	Ъ	Е	О	О	О
К	Е	М	Ц	Ж	Е	Л	Т	Ы	Й	Д	О	Е	И	С	Н	Д
Ш	П	Е	И	Е	М	О	М	И	М	Е	В	М	Ф	С	С	Е
А	М	Е	Н	Е	Н	А	О	В	С	Н	Е	У	С	А	Е	Р
Б	М	Т	Н	М	Л	Т	М	С	В	Н	Д	С	Р	Р	Л	Ж
У	У	Т	Н	И	Р	Р	Р	Н	Е	О	Ь	У	Г	И	О	А
Р	Г	Р	И	Б	Е	А	И	А	Т	Е	Т	Т	У	Й	У	Т
А	Н	Ж	Б	П	И	Н	Р	И	Т	А	В	А	Р	И	И	Ь
Т	Р	И	Е	И	Н	Е	Д	Ж	Е	Р	П	У	Д	Е	Р	П
Л	Ь	Т	Я	Л	Е	Р	Т	С	А	Л	У	И	Ц	О	Л	И
И	Н	А	И	П	Е	П	Е	Р	Е	М	Е	Н	Н	А	Я	А
П	И	Т	Е	О	Т	Т	К	Л	У	Б	Н	И	Ч	Н	У	Ю
Е	И	У	Л	В	Ц	П	С	Н	О	Ф	Е	И	И	Л	А	Е

Puzzle 643

```
О К И Б О Л Ь Т П М П А А Ц Е Т А
Х Т Р П Н Л Л Р О Е Р Р Л М И Ф М
У И Д О Е Р Е О У Л А В Е О В А З
Л У Т Е К И Д Н Е Е З М У Г У Р П
У И О П Л О П С П Н Л М М О Е Т О
М Н И У Р Ь Д Е Т С И У С Ж О Ш В
Т Е Н Н И С Н И Л Р Ч К Я О У Л Е
Л Д В Е И О У Ы Л Е Н С Е Б О Й Р
А И Т С У И Д Е Й Т Ы О Ч Н Е Ы Х
С А Г Н Е З Д О Т Н Й Д М Е Ь Н Н
Т П И З Б Е Ж А Т Ь Т И А У Т Ж О
И А И И О Р П А Т О О О Л И А А С
К З Е И Н А В О Д Е Л С С А Р Л Т
Л О Н Т С О Д А Р Е Я И О О Б В Ь
Д Н У Т С У С Р Р Е У Е С Р Л Е У
```

БОЛЬ
ЗАВОЕВАЛ
КРОКОДИЛ
ВЛАЖНЫЙ
ОТДЕЛЬНЫЙ
ИЗБЕЖАТЬ
ДОСКУ
СЧЕТА
ОЖОГОМ
РАДОСТНО
ПОВЕРХНОСТЬ
ТЕННИС
БРАТЬ
УХО
ГНЕЗДО
РАЗЛИЧНЫЙ
ДИАПАЗОН
РАССЛЕДОВАНИЕ
ШТРАФ
ЛАСТИК

Puzzle 644

ОСЕЛ
СКЛАДКУ
ПУТЕШЕСТВИЕ
УТВЕРЖДАЮТ
МАКСИМУМ
ЖЕНЩИНА
РОДНОЙ
ВЕЛОСПОРТ
ИНТЕРЕС
СДЕЛАНО
ПРИВЯЗАН
ДЕРЖАЛ
БЛАГОРОДНЫЙ
НАЙТИ
РАБОТАТЬ
ВОЗМОЖНОСТЬ
СИДЕНИЕ
ВМЕСТО
ВЕЩЕСТВО
ОБЕЗЬЯНА

```
Е Е М Е С Ф О У А И Т Ф А П В В Е
Л Е А А М У Т О О О Т Н С О О Е У
Ж Е Н Щ И Н А Н Я Ь З Е Б О З Щ Т
Е В А О Т И Л И И Л Ф Л В Р М Е В
Т М Т Н У С М А К С И М У М О С Е
С Е И В Т С Е Ш Е Т У П А М Ж Т Р
Н С Б Л А Г О Р О Д Н Ы Й М Н В Ж
У Т О О А Н И Н Т Е Р Е С Е О О Д
О О Н А Л Е Д С К Л А Д К У С В А
У С Р П Р И В Я З А Н И С У Т А Ю
Я Д Е Е Т Ь Т А Т О Б А Р С Ь У Т
У О У Л А Р О Й В Е Л О С П О Р Т
Н Г Н С С Ф Р Л А Ж Р Е Д П И В Р
О И Е А П Т Т Е И Н Е Д И С С И Т
М М Р О Д Н О Й Т Е Е И Д И С И У
```

Puzzle 645

М	А	И	В	Н	О	Р	Н	П	А	Т	Е	С	Е	У	А	И
Т	Н	Е	И	С	Д	А	У	Р	А	У	А	О	И	О	И	У
М	Т	Е	Н	У	Т	И	И	Е	Н	П	И	Б	Е	Т	Л	О
А	И	О	Т	Т	И	Е	А	Р	Е	У	А	С	Д	С	М	У
П	Ч	О	И	К	Я	О	И	В	Т	О	С	Т	А	О	Е	И
Н	Н	И	Ц	С	А	К	А	А	П	И	И	В	С	Р	Я	Е
Ю	Ы	У	Л	Н	Т	И	Т	Р	П	П	Е	Е	С	А	И
Х	Й	Е	М	Г	Н	А	Н	Ь	Е	Й	Ы	Н	Ж	И	Н	К
А	Э	К	С	П	Е	Р	Т	О	Й	О	К	Н	Т	В	Т	Л
Т	П	Ы	Л	Ь	М	К	С	П	К	И	П	О	О	О	С	Ы
Ь	М	Е	Т	Р	А	С	Л	И	В	Ы	Е	Г	Ж	С	А	Т
М	Н	А	Е	И	К	С	Е	М	Е	Е	И	О	Е	Е	Ч	У
Т	Е	Р	П	Е	Т	Ь	К	О	Л	О	Н	К	И	М	С	Б
С	И	О	Д	Т	Т	Е	И	Е	Н	О	Р	М	У	Ь	Е	С
И	Ф	С	М	Р	М	Н	Б	Т	Н	А	Е	С	М	Т	Н	Р

КНИЖНЫЙ
ТОЖЕ
КОНТАКТ
ПРЕРВАТЬ
ВОСЕМЬ
КОЛОНКИ
КРАТКОЕ
КОЙОТ
НЮХАТЬ
НЕСЧАСТНАЯ
КАМЕННАЯ
СОБСТВЕННОГО
ТЕРПЕТЬ
СЛИВЫ
БУТЫЛКИ
НОРМУ
НЕТ
АНТИЧНЫЙ
ПЫЛЬ
ЭКСПЕРТ

Puzzle 646

РЕДИСКА
КУЛЬТУРА
АФФЕКТ
АНАНАС
ПЕРЕМОТКА
КУКЛА
НЕНАВИЖУ
КРОВАТЬ
КРОЛИК
МОТЫЛЕК
ТЕЛЕСКОП
СТОИМОСТЬ
ЭКСПРЕСС
ПРОСНУЛСЯ
ОБНОВЛЕНИЕ
ПОТОК
АРБУЗНАЯ
ПОДХОДИТ
ТРЕВОЖНО
КИПЯТИТЬ

О	Б	Н	О	В	Л	Е	Н	И	Е	Е	Е	У	Р	И	Г	И
С	О	С	Р	У	У	М	Н	М	И	Ф	Р	Т	С	Р	М	И
Ь	Т	И	Т	Я	П	И	К	Т	Е	Л	Е	С	К	О	П	Е
Е	К	О	С	У	П	Т	С	У	И	И	Е	Е	Е	Ф	Р	У
И	Е	К	И	П	О	Д	Х	О	Д	И	Т	Е	У	Е	У	И
Е	Ф	А	Р	М	Р	И	О	П	Э	К	С	П	Р	Е	С	С
У	Ф	К	Ц	О	О	Е	О	Р	П	Р	О	А	О	М	Н	К
И	А	Т	С	Р	В	С	В	И	Р	Е	Н	Т	Р	Е	Е	У
К	Р	О	Л	И	К	А	Т	И	О	Д	Ж	М	О	И	Н	Л
Е	У	М	О	Т	И	М	Т	Ь	С	И	О	О	У	П	А	Ь
П	И	Е	Г	А	У	Л	Л	Ь	Н	С	В	Т	Г	И	В	Т
Р	Р	Р	Н	С	И	А	Л	К	У	К	Е	Ы	И	А	И	У
Т	Г	Е	А	Н	А	Н	А	С	Л	А	Р	Л	Т	О	Ж	Р
Р	О	П	Т	У	У	А	И	М	С	С	Т	Е	Л	П	У	А
А	Р	Б	У	З	Н	А	Я	А	Я	Н	Н	К	И	О	О	Е

Puzzle 647

```
М Д Е Р Е П В Р Д П У С К Е К С Г
М Е Е Т И О С Р О Р Ч П Т Д Ц М У
Л Р У И Я Ь М Е С Е Р О А К А К П
Е Е Т Д Е С Т Ь Т С Е К И Т О Е О
А В Р О З Н Л У У Т Ж О У О Е Р И
Н Н И К С А У А П У Д Й К Р Е С Т
Н Я Й Т Н Е П М Е П Е С Е О Е П Ф
И Л И О С У О А Н Л Н Т О Л Р Е У
Е И М Р В О Е Е Х Е И В И К Р А И
Р О Д И Т Е Л И И Н Е И Е Ь М В Н
Т Е Е С Р Н М У Н И Е Е Ц Л А Н Т
П Е Е У С В М Ц Д Е А М Р О Ш Н В
З Н А М Е Н А Т Е Л Я Н М Ф И У У
М П П С А Л Д С Е Е Р С Р Ц Н С И
П Р И Е М О Р В П Т Л О И Ф Ы И А
```

ПРЕСТУПЛЕНИЕ
УЧРЕЖДЕНИЕ
ЕСТЬ
ЗНАМЕНАТЕЛЯ
ДОКТОР
ПРИЕМ
СПОКОЙСТВИЕ
ДОСТУПЕН
КАКАО
СЕМЬЯ
КРЕСТ
МАШИНЫ
КЕКС
ФОЛЬКЛОР
ВОЙНА
ВПЕРЕД
ДЕРЕВНЯ
РОДИТЕЛИ
ПУТЬ
ЗАПАХ

Puzzle 648

ЖЕЛАЮ
УЛИЧНЫЕ
ОБЛАСТЬ
ПТИЦЫ
ВЫБРАТЬ
ПРАВКА
ПАМЯТЬ
ПАЛЕЦ
РЕЧНОЙ
АДМИНИСТРАЦИЯ
ТЯЖЕЛОЕ
ГРУБО
СПУСКАЮТСЯ
ОПЫТ
ОТСУТСТВИЕ
ДВАЖДЫ
ПОЦЕЛУЙ
ШОССЕ
ЦЕНТР
РЕЛИГИОЗНЫЕ

```
О У Т О С П В О А С Е Р Ц С А И У
Т П Н С П Д О Р Д П Ц Е Е Р Е С У
Е О И Ф Н Ы Ь О М У Е С Л Ч Ы Т А
П Р А В К А Т Т И С А У А О Н О О
Т Е Л С Ь И Я С Н К Г А П М З О Е
Ц Я Е О Т С М У И А Р С Р Т О Е Й
Ц И Ж М С И А Т С Ю У У Ы Ц И Т П
Е И И Е А М П С Т Т Б И Д И Г Г Т
Н У А С Л Р И Т Р С О П Ж М И Е И
Т Е О Т Б О А В А Я С О А М Л О А
Р Я П Р О Р Е И Ц Е А Ц В М Е О С
У Л И Ч Н Ы Е Е И Т Л Е Д Н Р И У
Е Ф Ш О С С Е И Я И Т Л Ж Е Л А Ю
Н Р Р В Ы Б Р А Т Ь У У У М И И С
Д Т У Р У М Р Т Т М Е Й М М И М У
```

Puzzle 649

И	Г	Ь	Н	Е	Д	Е	М	Ф	В	Е	Т	А	Н	О	Л	Е
Т	Ь	Р	Е	Г	А	Л	П	И	Е	У	О	К	А	Т	Е	И
Т	Л	Н	У	Т	М	А	Л	А	А	И	Н	К	Б	Н	Д	И
Е	О	А	П	П	Р	М	А	Ф	А	О	К	У	Л	Р	И	П
Р	Е	С	Р	Л	П	Я	М	И	А	С	У	Р	Ю	Т	В	О
О	Т	О	О	И	Е	А	К	У	Т	Ш	Ю	А	Д	С	С	М
С	И	Л	В	Х	У	Т	С	О	И	О	Е	Т	А	А	Л	И
И	Р	О	Е	О	С	С	У	Е	Т	Т	М	Н	Е	С	У	Д
У	Л	А	Р	Р	Е	О	И	П	З	У	Н	А	М	Л	Х	О
Б	Д	А	Я	А	И	Р	Т	О	У	О	А	Я	Ы	О	И	Р
О	Е	Н	Т	Д	Д	П	С	Т	М	И	Н	Р	Е	Ж	А	М
О	У	Л	Ь	К	Н	А	С	Е	Л	Е	Н	И	Е	Н	Т	Л
А	В	С	Ы	У	У	Д	И	В	Л	Е	Н	Н	О	А	И	Н
Т	Е	Н	П	Й	Е	Л	Т	В	С	Д	М	У	Р	Я	И	Т
П	Р	О	М	Ы	Ш	Л	Е	Н	Н	О	С	Т	Ь	М	А	Ф

ВИДЕЛ
СЕЗОН
ДЕНЬГИ
ПРОВЕРЯТЬ
СЛОЖНАЯ
ЛАГЕРЬ
ЛИХОРАДКУ
АККУРАТНАЯ
ТОНКУЮ
ГРУППА
ПОМИДОР
НАСЕЛЕНИЕ
ПРОМЫШЛЕННОСТЬ
УДИВЛЕННО
НАБЛЮДАЕМЫЕ
СОЛО
ПРОСТАЯ
БЕЛЫЙ
ШТУКА
ВСЛУХ

Puzzle 650

ВАЖНО
СМОТРЮ
СНИЖЕНИЕ
ВАШ
ФАНТАСТИКА
ИЗВИНЕНИЯ
БОГАТЫХ
ПРЫГНУЛ
ГЛАВНАЯ
ВОЕННЫЙ
ФИНАНСОВЫЕ
ПОЛНОЕ
РВАТЬ
НАЛИТЫЕ
ПЕРВЫЙ
СУПА
ПОТРАЧЕНО
СОЛНЕЧНЫЕ
СОСТРАДАНИЕ
КАКАО

Г	И	Д	У	Н	Н	П	Т	М	Б	А	С	Е	Д	В	И	Е
Т	Л	З	А	И	Н	М	Н	Н	О	П	И	И	Р	О	И	У
У	Ш	А	В	Е	Т	Л	У	Е	Г	У	И	П	М	И	А	С
С	О	У	В	И	И	Ф	Е	И	А	С	Т	Д	С	М	П	И
С	П	Й	Ы	Н	Н	Е	О	В	Т	О	Т	У	П	О	Ф	
Е	А	О	С	Е	А	Е	И	В	Ы	С	А	А	Ь	У	Т	И
М	Р	Н	Е	Ж	Е	Я	Н	С	Х	Т	С	К	Т	Р	Н	
А	Е	Ы	Т	И	Л	А	Н	И	У	Р	О	Е	А	У	А	А
О	Е	Т	Я	Н	Р	Н	Р	В	Я	А	Л	С	В	К	Ч	Н
Т	Т	У	Е	С	С	М	С	А	У	Д	Н	М	Р	С	Е	С
П	Р	Ы	Г	Н	У	Л	М	Ж	Н	А	Е	О	В	Т	Н	О
П	Е	Р	В	Ы	Й	В	М	Н	Т	Н	Ч	Т	С	В	О	В
П	О	Л	Н	О	Е	С	Р	О	У	И	Н	Р	М	С	О	Ы
Ф	А	Н	Т	А	С	Т	И	К	А	Е	Ы	Ю	Р	Д	Т	Е
Я	Е	Е	И	С	А	Т	Б	Т	Ц	Е	Е	О	И	С	Р	Д

Puzzle 651

```
Л А И Н К У З Н Е Ч И К Е О И П О
О У Н С Е Ы Н Т С Е М Ф У У А О Ф
У Р М О Т С И О И Ф Ь Т Н Р Т П И
И Х А Р Т С М И Н Ш У Т И Т С Ы Ц
Е У К Е Р Е Е О С М Н О И О Р Т Е
Е Е Ж И И И С М Т Т У С У Ш Т К Р
М О Р Е Т Н Р И С Р А Т Л Е Е А Е
А Я Е К С А И И П У Я Р С Е Т Р А
П Е Д С Л М Я Г К И Й О О А С О О
И О Д О Т И С С У Н Е Г Е Н С П И
Ц С О Р У Н М Р Р П Ц О Е Т У А Т
А И П Т Е В У А Н И Т Н Е Л А В Р
И Р Е С Л Н Л Ь Т А К Е Л В И Р П
М И Т О Н М С К О Р Е Е Т И И Е Н
К О Г Д А Н И Б У Д Ь Т И В О Л А
```

СНЕГ
РЕШИТЬ
ОФИЦЕР
МОРЕ
МЯГКИЙ
КУЗНЕЧИК
ПОПЫТКА
ПОДДЕРЖКА
КОГДАНИБУДЬ
ВАЛЕНТИНА
ВНИМАНИЕ
МЕСТНЫЕ
НЕСМОТРЯ
ОСТРОГО
ЛОВИТЬ
ШУТИТ
СТРАХ
КЛИМАТ
ПРИВЛЕКАТЬ
СКОРЕЕ

Puzzle 652

ГОВОРЯЩИЕ
КРУПНЕЙШЕЕ
ТЕПЛЫЙ
ПОСЛЕДНЯЯ
УЧЕНЫЙ
ДОСТИЖЕНИЕ
ЗРЕЛИЩЕ
ПОВЕДЕНИЕ
КРОЛИЧЬИ
МАЛИНОЙ
УВЕРЕН
ОРУЖИЕ
СТАТЬЯ
МОЕ
УЧАСТНИК
БИЗНЕС
ОБЕЩАНИЕ
ПЕТЬ
РЕСТОРАН
АРЕНА

```
П И У К Р У П Н Е Й Ш Е Е О Е Т Т
О У В Т Ц М Ц Н Я П Й М С А О Е Е
С Е Е А П М Е Н А Р О Т С Е Р П
Л П Р А М Е П Т Л Т Р Е Н Е Р А Л
Е П Е И Щ Я Р О В О Г И А И О И Ы
Д Е Н У П О В Р П Е О Н У Р Л Т Й
Н Т У С В Т Т У О О Б Е Ч З Е А У
Я Ь Т А Т С Н У В К Е Ж Е Р О Н М
Я С Ф Л И Т Ц О Е Р Щ И Н Е Р О А
Б Т Д Т Р Е У И Д О А Т Ы Л У А П
К И Н Т С А Ч У Е Л Н С Й И Ж А Л
Е У З Ф Н Т И Е Н И И О У Щ И О С
М Ф Р Н Е И Л С И Ч Е Д У Е Е Е У
С М О Л Е И М У Е Ь Т Е И И Р Т О
У Т Р С М С О Т Д И О Н У М Д И Т
```

Puzzle 653

```
Ф Я И Н Т Е Р Е С Н О С Л О М А Л
П И Н Н О А Ю М Е Д В Е Д Ь Т Д З
Р С Р П И И У М И П Н П А М У А Н
Е С М М Л Е К Е М Н О И Л Л И М А
И Е У М А О С Т Р О В Д Л Ц Е Р Ч
М Р Й Ы Н Н Е Р Е В У Я А А А У И
У П В С О А Ч М П Е С Т Н Р О Е Т
Щ Е И Г К Ю И Ц К Н У Ф Г О К Р Е
Е Д Н М Л П Т П У О О А И И Д И Л
С С О Е А В Е П Е У М С С Е Р А Ь
Т О В О Б Е Г О П Щ С О У О Ц Р Н
В Л А О Е З Р И С Н Е О Р О П Н Ы
О С Т А Д Д Е Ф У С Л Р А О Н А Е
М М У Ц С Е Н Л М Н У Т А Р Н В Е
Д И Ю С Е А Э З А В Т Р А Ш Н И Й
```

ФИРМА
ДЕПРЕССИЯ
СЛОМАЛ
ОСТРОВ
ПЕЩЕРА
УВЕРЕННЫЙ
МЕДВЕДЬ
ЭНЕРГЕТИЧЕСКУЮ
ПОДАРКИ
СИГНАЛ
ЗАВТРАШНИЙ
ДА
ФУНКЦИЮ
ПРЕИМУЩЕСТВО
МИЛЛИОН
ВИНОВАТУЮ
ЗНАЧИТЕЛЬНЫЕ
ИНТЕРЕСНО
ВЕЗДЕ
БАЛКОН

Puzzle 654

БАСКЕТБОЛ
ЛЮБОЙ
ОСОБАЯ
АНЕМОН
ВСТРЕТИТЬ
ИХ
УЖЕ
НАРОД
МОНСТР
СПИСОК
ОТЕЦ
СЕДЬМОЙ
АКТЕР
УЧИЛ
ОТНОШЕНИЯ
РВАНУЛА
ПОДРЯД
ПОШЕЛ
БОЛЬ
КНИЖНЫЙ

```
О Т Н О Ш Е Н И Я К М К Ф У Н А В
И А Н Е Е Е Р И И Н И О Т Р Ц С С
Д Т Е С О И Р У Х И Д С Н В И Т Т
И Р И Е Ц Р Р Л Е Ж И И Т С Р М Р
Б А С К Е Т Б О Л Н Н П У С Т О Е
О Р А Т Т Н М Т Е Ы Е С Р У Т Р Т
С А Е И О У Ж Е Ш Й Л С У О С А И
О К С Р Д О С Е О У Ю А В У Е И Т
Б Т Р Б О Л Ь О П Л Б У Н Е И У Ь
А Е И В Р А Ф Р Е Ц О У О Е Т С И
Я Р Е Ц А О Н И О С Й И А А М С Н
С О Т Т Н Н П Е А Р И С Е М Е О У
Б Т Н У В И У У И И И О Е М И Е Н
С Е Д Ь М О Й Л Е П О Д Р Я Д Н И
М А Д П О П Е Е А М С У Ч И Л Т У
```

Puzzle 655

```
П Д О С Т А Т О Ч Н О С О Й Н Е В
С Р Т Т П Т Н И О Д И Л П Ы Т Т А
В Й И Ч О Б А Р Е Т П Й Ы Л И М М
У О И М Ф А Н М И Е Й Е Т С В С П
Н У С С Е Н Л Т Т С Ы Р Е О И Й И
Е М Р Е О Н Ж О Р О Т С О Р А Ы Р
И Р Ц Е М Р И Н Р Е С Т Ф З С В П
Н И Е О М Ь Р Т Н Т И Т Н В Т И П
Е Е Т Й Л Т Д С Ь Е Н А Е К О Ч И
Ш Ц И Ы А И Е Е Р М Т С К У Ч Н О
А Е Е Н И Н И И С Т Я Р И Т Е Е У
Л П Н Ж Л Ч П О И Я П Г У Н У Т М
Г М Т А Р О С Т К А Т Н О К Р С И
О Н Ь Л Е Т И В Т С Й Е Д Р Е А Р
С Ы Р В И У Д В О Л Т У А У П З Д
```

ПРИМЕНИТЬ
СОГЛАШЕНИЕ
МИЛЫЙ
ВАМПИР
ЗАСТЕНЧИВЫЙ
ОСТОРОЖНО
УТОЧНИТЬ
СЫР
РАБОЧИЙ
ВЗРОСЛЫЙ
СКУЧНО
ПЯТНИСТЫЙ
ВОСЕМЬДЕСЯТ
ДОСТАТОЧНО
ДЕЙСТВИТЕЛЬНО
ОКЕАН
УТКА
ВЛАЖНЫЙ
КОНТАКТ
ОПЫТ

Puzzle 656

ТРЕУГОЛЬНИК
ЛИСЫ
ВЫБОР
ИМИТИРОВАТЬ
ОЦЕНКА
РОКОВОЙ
НЕЗАВИСИМЫЕ
ВОСТОК
ГЛАВА
ОЧЕВИДНО
МУМИЯ
ДРАМАТИЧЕСКИЙ
СТРАШНО
БИТЬ
БЛОК
УВЕДОМЛЕНИЕ
СЛЕВА
ДЕНЬ
РАБОТАТЬ
ВЫБРАТЬ

```
В И Ф П Л И М И Т И Р О В А Т Ь В
Й О В О К О Р О Е А А А Д Е И Т Ы
Н Н С О Ч Е В И Д Н О С Б И Т Ь Б
С Ш Ь Т А Т О Б А Р И Л Е А И С О
Г А С Е О А О Т Е У Н У П В И Т Р
Л Р Р В Л К И Н Ь Л О Г У Е Р Т Т
А Т Н Т Т Н И Г Р О Р Ц С Л С У Н
В С И И Д Р А М А Т И Ч Е С К И Й
А К Н Е Ц О У Д У М А Н Р И Р Я И
И Е С Я С Е И Н Е Л М О Д Е В У И
Р И И Т Т Н Н М Т Н Е Ф Р Р М У П
О У М У И Е Е Е У Т Ь Т А Р Б Ы В
Е Р Е У А В Т Т И М Н М И О И С Т
У И И П Р А Л О Р Н И Б Л О К И Ф
Н Е З А В И С И М Ы Е Я И С Л Л О
```

Puzzle 657

С	Т	Е	Р	И	Е	Т	Р	П	А	С	Н	О	Л	К	О	Д
О	Е	Н	Ф	Л	О	И	М	Р	Г	Е	И	Т	Т	Р	В	Е
Р	У	Т	И	Л	Л	У	В	И	Р	И	К	У	У	О	О	В
П	В	А	Ь	Ю	Р	И	И	Н	В	Р	И	Т	Л	К	Щ	У
С	Т	В	Л	С	С	Т	Е	А	Р	Т	Н	М	Е	У	Н	Ш
Л	С	Х	М	Т	Н	Р	Т	Д	Н	Е	Т	Д	Р	С	О	К
Л	Т	Е	У	Р	Р	Я	С	Л	У	Н	С	О	Р	П	Й	А
И	У	Р	Е	И	Е	У	Е	Е	У	С	Е	И	С	М	Ы	П
В	С	Е	С	Р	К	М	М	Ж	С	Ч	В	А	Т	С	Н	И
С	И	П	Е	О	Н	А	В	А	Е	Н	Е	А	Н	Ф	Б	Щ
Т	Р	У	С	В	Е	Н	К	Т	И	М	Р	Н	Р	М	О	Е
Р	П	Р	Р	А	С	Е	Р	Р	И	Т	У	Н	И	М	С	В
Е	Е	Е	У	Т	Е	Ж	Л	Е	М	Т	Б	Т	Р	К	О	О
Ч	Р	Д	Р	Ь	И	С	О	Т	И	Р	М	А	В	И	П	Й
А	С	Е	М	Т	А	М	У	У	Т	Е	Н	Н	И	С	С	Л

ИЛЛЮСТРИРОВАТЬ
УЧЕНИК
КРОКУС
БУРЕВЕСТНИК
СПОСОБНЫЙ
СЕТЬ
МИНУТ
ВМЕСТЕ
ЖЕНА
ВСТРЕЧА
ПРИНАДЛЕЖАТ
СПРОС
ПРИСУТСТВУЕТ
ПИЩЕВОЙ
ДЕВУШКА
ОВОЩНОЙ
КАК
ПЕРЕХВАТ
ТЕННИС
ПРОСНУЛСЯ

Puzzle 658

РАСТЕНИЯ
КАРТЕ
ИГРЫ
ИСТОЧНИК
БЕНЗИНОВЫЙ
ПРИЗНАТЬ
ОЖИДАЕМЫЙ
ГНИЛОЙ
ДОРОГА
НАОБОРОТ
ПОСТЕПЕННОЕ
ДЕЛАЕТ
ТРАГИЧЕСКИЙ
ШТОРЫ
РОЗОВЫЙ
ВОДИТЕЛЬ
ПРЕДСТАВЬТЕ
ХЛОПОК
ВНИМАТЕЛЬНЫЙ
КРОВАТЬ

О	Ь	К	Т	У	И	Н	Н	Е	И	Т	П	Ш	У	О	Р	В
Н	Л	И	Й	Ы	М	Е	А	Д	И	Ж	О	Т	А	И	О	Н
Б	Е	Н	З	И	Н	О	В	Ы	Й	Е	С	О	М	О	З	И
И	Т	Ч	В	И	Р	Е	И	Л	Н	О	Т	Р	Р	И	О	М
Н	И	О	М	Т	О	О	А	Е	Е	Е	Е	Ы	И	И	В	А
Н	Д	Т	О	Р	О	Б	О	А	Н	А	П	Т	Л	Ь	Ы	Т
О	О	С	И	Е	Р	О	С	Р	У	И	Е	Е	Р	Т	Й	Е
Ы	В	И	Р	А	С	Т	Е	Н	И	Я	Н	П	К	А	И	Л
П	Р	Е	Д	С	Т	А	В	Ь	Т	Е	Н	О	Р	Н	К	Ь
И	Т	Г	Р	Е	Н	М	Г	И	Р	Д	О	Д	О	З	И	Н
Т	Ц	С	И	У	М	О	О	О	Л	У	Е	Е	В	И	Ф	Ы
Й	И	К	С	Е	Ч	И	Г	А	Р	Т	С	Л	А	Р	П	Й
С	Ц	М	Е	Е	М	Х	Л	О	П	О	К	А	Т	П	П	С
Л	Р	Т	А	И	С	М	Е	С	И	Ф	Д	Е	Ь	Е	Т	Е
Г	Н	И	Л	О	Й	Е	В	Р	Т	Е	У	Т	Е	С	О	Р

Puzzle 659

```
С У Р А П С У А И И М Р А Н И Г Т
И М Н Н В О К О Р С Н Ы С И У Р Т
Т Е Т С У А Г Ы Т О М Б С С М Р У
О У У Р У Е А И Ц И И А О Е С Ф С
Л Т Й Ы Н Р Е В Б С Ь Л Р Т И А С
М Е Е Ь Т А Д Ж И Н Л К Т Л Е М С
Е Р Л Е И П В Л С У Е А И Б Б О Х
Е П Е У Е М У Е И Р Т Т М А Р О С
М Е И М А А У Г Р О И Д Е С О С Т
Е Т М Н Я Л Д Г Е Н Д Е Н Ц У У У
Д Ь М О И Е У Т О П О Н Т Л Т А Д
З В Е З Д У И Р Е Л Р Е М И Д Е Е
О П П О Н Е Н Т Р А Ь Е Р Ф Н У Н
К Л Ю Ч И А С С А П Е С Т Д А Л Т
П И У Р Л У В Е Р Н У Е У Р И Л Т
```

ОППОНЕНТ
АССОРТИМЕНТ
УГОЛЬ
ДЛЯ
ЗВЕЗДУ
ВЕРНЫЙ
МОТЫГА
КЛЮЧ
ЛАМПА
ПОГИБНЕТ
СТУДЕНТ
ПАРУС
ХОББИ
РОДИТЕЛЬ
ЖДАТЬ
РЫБАЛКА
СРОКОВ
СОСЕДИ
НАВЕРНОЕ
ТЕРПЕТЬ

Puzzle 660

ГОВОРИТ
МЕБЕЛЬ
СЛУЖИТЬ
ВОЛК
КАРТА
ЗЕМЛЯ
ОСТАЮТСЯ
ПРЕДСТАВЛЯЮТ
ОСЕНЬ
ПЛАЧЕТ
КОВБОЙ
ВИД
СОСУЛЬКИ
ПРОБКА
УВАЖЕНИЕ
ВЫСОТА
ПЕРЕЛОМ
ПОИСК
ТАЙНА
БИТ

```
П Е Р Е Л О М О С Н О И Р С С Т П
В Ы С О Т А Т Р А К П У А С У У Р
У Ф Р И И Л А А К М И Т К Е Е Л Е
О Е И А Б Т Р Т С Д В Б С И М Д
Д Е А Р Е Г О В О Р И Т О У У И С
О С Т А Ю Т С Я Л М Т О Р Л Н Н Т
О П Ь Т И Ж У Л С М С С П О К Н А
Т Ь Е Н И Т А Е Т Р О З Е М Л Я В
П Л А Ч Е Т Т А Й Н А С И С И О Л
У Е Е Е М С Й Е Т Е М Е Н Л Н Е Я
Д Б У Т Е У О В Е С Я О Е У А Н Ю
Е Е Т А Т П Б С Л О М М Ж И У Е Т
У М Т В И Д В Л Ц М А А А О Е Е И
М С И А И Р О С О У А О В Р О Л Т
Я У Е Е И У К Е И К Ь Л У С О С Р
```

Puzzle 661

С	П	Р	О	Д	О	Л	Ж	А	Й	Т	Е	И	Р	У	Б	А
С	П	Е	У	Р	Е	Л	Д	И	А	О	Е	П	С	О	Р	Е
Т	П	А	Ь	У	М	Й	П	О	С	П	Е	Ш	И	Л	Й	Н
О	Л	О	Т	И	М	А	Ы	Р	В	Я	Л	М	Т	Е	И	Р
Я	А	С	А	Ь	Т	С	О	Н	Н	Е	Ч	О	Б	А	З	О
Л	В	Л	З	М	К	Т	Л	Т	Ж	О	А	Ь	Е	Е	О	В
А	А	С	А	Е	Е	А	А	Т	В	Е	Н	Т	О	У	К	О
Л	Т	М	К	С	Ф	И	М	П	И	Ы	Н	И	А	И	Т	Г
У	Ь	Е	О	О	Ф	В	Х	О	Д	Н	Ф	Р	О	К	П	О
Е	С	И	Д	О	А	М	П	Р	М	Ь	В	И	Н	М	А	Д
З	А	Д	А	Т	Ь	Л	М	Ц	Ф	Л	О	Ш	С	Е	И	И
У	С	Р	Е	Л	С	С	Д	Т	А	А	Р	С	А	Е	Л	П
Т	Л	Т	М	Р	Т	Е	М	И	Р	Е	П	А	Е	И	Н	У
Т	Е	И	М	С	А	Ф	Р	П	У	Р	Т	Р	А	И	У	М
Р	Е	Т	Р	Г	П	Р	Е	Д	П	О	Л	О	Ж	И	М	С

ОЗАБОЧЕННОСТЬ
ВХОД
СЕМЬ
СПАТЬ
ПЕРИМЕТР
РАСШИРИТЬ
МАЛО
ПРОДОЛЖАЙТЕ
ДОКАЗАТЬ
ДОГОВОР
ЗАДАТЬ
СТОЯЛА
АТАКА
ПОСПЕШИЛ
РЕАЛЬНЫЕ
КОЗИЙ
ПРЕДПОЛОЖИМ
НЕЖНЫЙ
ПЛАВАТЬ
АФФЕКТ

Puzzle 662

КРЫЖОВНИК
ЗАПОЛНИТЬ
ПРОВЕРИТЬ
СКОРОСТЬ
ВЫЗОВ
ПОЛОЖЕНИЕ
КОПЕЙКИ
ДОСТАТОЧНОЕ
ЕЖ
ВЕРТОЛЕТ
СООБЩЕНИЕ
ТРАТИТЬ
МНОГОРАЗОВЫЕ
СЕВЕРНЫЙ
БАССЕЙН
РАССЧИТАТЬ
ОШИБКА
ЗАКАЗАТЬ
ТРЕТИЙ
ОБЕЗЬЯНА

Б	К	М	Н	О	Г	О	Р	А	З	О	В	Ы	Е	Л	Н	В
Т	А	О	Д	О	С	Т	А	Т	О	Ч	Н	О	Е	С	М	Е
Р	К	С	П	К	Р	Ы	Ж	О	В	Н	И	К	Е	С	Л	Р
С	Б	И	С	Е	З	А	П	О	Л	Н	И	Т	Ь	В	Р	Т
Ц	И	М	А	Е	Й	И	Т	Е	Р	Т	С	Е	Т	Ы	Н	О
Т	Ш	Т	Н	Р	Й	К	И	Т	Р	А	И	Н	И	З	Ф	Л
С	О	Е	Я	С	О	Н	И	А	О	С	Е	О	Р	О	С	Е
Т	Е	В	Ь	П	О	Л	О	Ж	Е	Н	И	Е	Е	В	К	Т
Р	О	В	З	А	К	А	З	А	Т	Ь	Н	У	В	А	О	П
А	Е	И	Е	Е	Д	С	А	Ц	Л	Е	Е	Н	О	И	Р	У
Т	А	И	Б	Р	И	А	Е	Ж	С	Р	Щ	Е	Р	О	О	М
И	М	И	О	В	Н	Н	Р	Е	У	Ф	Б	Т	П	У	С	С
Т	Р	Н	Е	Е	П	Ы	Л	О	Д	Р	О	А	О	Р	Т	Е
Ь	У	Н	Т	П	Р	Л	Й	С	А	Т	О	В	Т	В	Ь	Е
Р	А	С	С	Ч	И	Т	А	Т	Ь	У	С	Н	Р	О	В	Р

Puzzle 663

Л	К	С	Е	Е	В	Т	Т	Б	У	Т	Э	А	К	Л	А	П
М	Е	У	Т	П	Н	Л	И	О	Е	О	Л	В	Л	О	О	Е
Н	Т	С	Л	А	Е	С	И	Г	Р	Л	Е	Т	А	К	Т	О
С	И	Е	Т	Ь	К	У	И	А	Р	К	К	О	А	А	А	Е
О	Ч	К	И	Н	Т	А	С	Т	И	Н	Т	М	М	З	Б	П
И	И	Р	Р	Е	И	У	Н	Ы	М	У	Р	О	Я	Ы	Л	Е
Т	О	Ч	Н	Ы	Й	Ч	Р	Й	У	Л	И	Б	Р	В	Т	С
К	О	Р	П	У	С	А	Н	А	О	С	Ч	И	О	А	Н	И
И	Е	Г	Е	Т	Е	И	Р	О	Е	Т	Е	Л	С	Т	С	Т
К	Р	О	Ш	Е	Ч	Н	Ы	Й	Г	У	С	Я	Т	Ь	В	И
Л	У	Р	Е	И	И	А	Ц	И	Р	О	К	П	Н	П	М	Р
А	А	О	Р	Л	О	Т	И	С	И	И	И	У	А	Н	С	Т
Ж	А	С	Т	Д	Н	Т	О	А	М	Т	Й	Е	Я	Т	И	Е
И	О	О	А	Л	О	С	Ь	С	Р	Л	У	Н	О	Д	С	И
Р	О	Н	А	Л	Ь	Т	Е	Р	Н	А	Т	И	В	А	Е	О

БОГАТЫЙ
АЛЬТЕРНАТИВА
КОРИЦА
ЭЛЕКТРИЧЕСКИЙ
ТОЧНЫЙ
НОСОРОГ
ЖИР
КРОШЕЧНЫЙ
АВТОМОБИЛЯ
ПАЛКА
ОЧКИ
ВНЕ
ЛЕСТНИЧНОГО
ОКАЗЫВАТЬ
СТАКАН
ТОЛКНУЛ
ЯРОСТНАЯ
ЛОСЬ
КОРПУСА
КУЛЬТУРА

Puzzle 664

ЗАДНЮЮ
НЕКТАР
ПОДНЯТЬСЯ
МЕНЬШИНСТВО
КРИТИКА
СИРЕНЕВЫЙ
СТРЕКОЗА
ПРОВЕСТИ
АМБИЦИИ
СУШЕНЫЕ
ДИРЕКТОР
МОСКИТНАЯ
СВОБОДНЫЙ
ТОЛСТОЕ
БЕЗОПАСНЫЙ
ИГНОРИРОВАТЬ
ОЦЕНИТЬ
СНЕЖИНКА
ОХОТА
ДЕЛЬФИН

М	Т	Е	О	М	З	А	И	М	Г	Ь	А	Н	К	Т	И	О
Т	У	Ь	Б	Т	А	С	С	Е	Л	Т	У	У	Р	О	Ф	Р
И	Н	Т	Е	П	Д	Р	Т	Н	И	И	О	О	И	Л	Н	П
Е	Е	А	И	И	Н	С	Т	Ь	Д	Н	О	Р	Т	С	О	Р
С	Д	В	Е	И	Ю	Т	Т	Ш	И	Е	Р	И	И	Т	Л	О
А	И	О	У	Р	Ю	У	Е	И	У	Ц	Л	У	К	О	У	В
З	А	Р	А	Т	К	Е	Н	Н	Т	О	Л	Ь	А	Е	Т	Е
О	С	И	Е	О	О	О	У	С	М	Т	И	Е	Ф	Н	У	С
К	Х	Р	Т	Н	Я	С	Ь	Т	Я	Н	Д	О	П	И	И	Т
Е	Е	О	Т	Р	Е	И	Е	В	Е	О	Л	Л	Н	С	Н	И
Р	Т	Н	Т	Л	Е	В	Р	О	Т	К	Е	Р	И	Д	И	С
Т	Е	Г	Т	А	А	Е	Ы	Н	Е	Ш	У	С	Т	О	М	О
С	И	И	Ц	И	Б	М	А	Й	Ы	Н	Д	О	Б	О	В	С
М	О	С	К	И	Т	Н	А	Я	С	Н	Е	Ж	И	Н	К	А
Б	Е	З	О	П	А	С	Н	Ы	Й	Р	Е	С	Т	И	И	Е

Puzzle 665

```
М С Б О Л Ь Н О Й Р П А Т П П О С
П П Г Е И Д А Е С Е Е Р Р Р О П Т
Д О М С И Е Н Л Н И М М И И П Р А
О О Е И А О И С А А А Р С В Л Е Н
П О Т К Р О К О Д И Л О М Ы А Д Д
У Н К У К У Р У З А П У Ц Ч В Е А
А Ч У Й Р Е Т Ф Т У К В Е К О Л Р
Н Ф Е О О К Р М Ц И И В М А К Е Т
А С Ш Н У У Е Ф У У О А А Ф А Н Н
Н М У М И С К А М Ц О С С Р А И А
А М Д О У Е П Р Е Б П С Н Р П Е Я
С Н С Т Е В И Т А Е Т Р Р Л Р У М
И О В А О Ц П Ш Е Р В М О В О Я У
Т Г С И Е У Р И Ф М А И Н У С Е О
Т О И С И Р Я П Ф Е И У У Е О И Л
```

АТОМНОЙ
МНОГО
ДУШ
ВЕС
ПРИВЫЧКА
РИФМА
КРУТО
ДОМ
КУКУРУЗА
ПОПЛАВОК
БОЛЬНОЙ
УЧЕНИЕ
САМЕЦ
ОПРЕДЕЛЕНИЕ
СТАНДАРТНАЯ
ШТРАФ
КРОКОДИЛ
МАКСИМУМ
АНАНАС
ПРАВКА

Puzzle 666

БОЛЬШАЯ
РЕКОМЕНДУЮ
ДЕЛАЯ
КОРОБКА
КОНТРОЛЬ
МНОГИЕ
НАДЕЖНЫЙ
АВТОР
ДЕД
ВЗЯТЬ
ЗАПОВЕДНИКИ
ИСПОЛНИТЕЛЬНЫЙ
ВЕДЬМА
РАЗНЫЕ
МАТЕРИЯ
РАЗРУШЕНИЕ
МУСКАТНЫЙ
ИЗБЕЖАТЬ
КРАТКОЕ
РЕЧНОЙ

```
В Н Т О Т Й Ы Н Т А К С У М О И И
К З Е У Я И М П Н Й О Н Ч Е Р С О
О О Я И Р А З Н Ы Е Н Р У Б Л П П
Т А Р Т С И Л У С И Т Е А О Т О Е
Ф Л У О Ь С Т Е Н Г Р И С Л И Л Е
Р Т И Ю Б И А О Д О О З Е Ь Т Н С
И Л С У У К А К Е Н Л Б И Ш С И М
А М Ь Д Е В А Т Д М Ь Е У А Т Т Н
А Й Ы Н Ж Е Д А Н Р С Ж Т Я Н Е Л
Я И Р Е Т А М Р Ф Т Е А М Р Р Л Е
Н Я И М О П У К А Р О Т У П Н Ь О
З А П О В Е Д Н И К И Ь Е О И Н О
О О Ф К Р А З Р У Ш Е Н И Е Е Ы С
И Л У Е Е В О У Р И П И И С И Й Е
Е Н Е Р А В Т О Р С Т С М Б И И Р
```

Puzzle 667

```
О Р Т Е Е Т П О Р Т А Т И В Н Ы Й
Е Р Г Р О М А Д Н Ы Е С М А Н И У
С У Б О Л Г М Л Р В Р Н У М И Е А
О И Е И Н А Ч Ы Р У И Д И У З Н Т
О И С Р Т Е С И И Н Р У С Е К А Н
У О А С Н А А С И П Е Р Е Ц А З Р
Н М П О Т Т Д С И И У П Т Е Я В С
А А С С И Л У Ц Р Ь С Р Е О С А М
В И А К Ш А Б У Р Я Л П Р У У Н Ш
Р А З Н О О Б Р А З И Е О Л Д И А
И И Р Н Р Ш П О Д В И Г Б С Н Е Т
Е Е У И И М Р Е У Н Р Е К Ы О О К
Н М О Е П Н Р О Е А О М У Н Л И И
Е Т М О Р Е О Р Г М У М Ю А И О Й
П У Б Л И К А Ц И Ю Т Е И Т П Т К
```

НИЗКАЯ
СИЛУ
ШАТКИЙ
ОРБИТА
ПЕРЕЦ
ГОРШОК
ПУБЛИКАЦИЮ
РОБКУЮ
КОЛЫБЕЛЬ
ГЛОБУС
ГРОМАДНЫЕ
ДНО
ПОДВИГ
РАЗНООБРАЗИЕ
ПРУД
НАЗВАНИЕ
ПАСЕ
РЫЧАНИЕ
ПОРТАТИВНЫЙ
РУБАШКА

Puzzle 668

ДАТЬ
ДАЖЕ
ЗРЕЛЫЙ
ДРАКОН
ЗНАНИЯ
ЯЩИК
СТОМАТОЛОГ
СТАЛКИВАТЬСЯ
ТЕНЬ
ПРОСТРАНСТВО
БЕСПЛАТНЫЙ
ПЛЯЖ
НОЖНИЦЫ
ИНОСТРАННЫЙ
АВТОМОБИЛЬ
ПОЛЕ
ВЫСОКОЕ
ДЕСЯТЬ
ФИЛЬМ
ПОВЕРХНОСТЬ

```
Я Л Ы Е Д Е Е И Ж П П О М Е С И С
И Щ Ц В Р Ь Н Е Т Я Ь Д Е С Я Т Ь
Н Е И И О Т Н Л Р Н Л Т Д С Е У П
А А Н К И С Т О Т Ц И П А Т Р Н Р
Н Н Ж У И О С П А Е Б С Т О Л А О
З Р О Р Е Н Д Р А К О Н Ь М Е Е С
З И Н В О Х О О О О М Р А А У Ф Т
Р И И Ы Р Р Т С Т П О П Е Т Р М Р
Е Е Е С Р Е Р М Т С Т И А О М Ф А
Л О У О Н В У Е И Р В В С Л У Т Н
Ы Е О К Р О И Р Б Е А Я И О И С С
Й М Н О Е П Ф И Л Ь М Н Е Г Е Д Т
Т Е Е Е У С И Н Е Л С Н Н П У А В
Б Е С П Л А Т Н Ы Й Н Т М Ы И Ж О
С Т А Л К И В А Т Ь С Я Б С Й Е У
```

Puzzle 669

```
Т И С И П Т Н Л П Л У С Ц Н С С У
С Н М М Ф А Т И И Ч Е Я В У Л И Й
О П М Е Е М М Т Н Е И Д Е Р Г Н И
И Ф Т Т Н И Т У М С З С О Н Т Е Щ
П О С Т Р О И Т Ь Е А Б Т Т Т В Б
О Н Ь Л Е Т А Щ Т Е Б А О Ы Д И О
Е П И О Т Г Р О И М Ы Р Л Л Е А Е
Г Т А Т У Р И И П У Л Р О Е С Т Т
П А И О К А Р О О А С О З Д Ш С И
А Р З Т С Ф А Д Г О К И Н З И У Н
Д О В Е Р Е П А А Р М Р Т А Р Е М
О О А Ь Т И Т А Л П М Т С Р О К М
П Л И Ф М А Э Ф Ф Е К Т А Е О У О
Д Е Ш Е В Ы Е Е Р Р П П И М Е Р С
У М М Р Т Т С И М У Е Н Д Б М И М
```

ПОСТРОИТЬ
ЗАБЫЛ
СКУТЕР
ПЕРЕВОД
ЧИСТЫЕ
ГРАФ
ЭФФЕКТ
РАЗДЕЛ
ТЩАТЕЛЬНО
ОБЩИЙ
ЗОЛОТО
ГАЗЕТА
ФЛАГ
НИКОГДА
ДЕШЕВЫЕ
СРОК
ИНГРЕДИЕНТ
ПОД
ПЛАТИТЬ
ШУМ

Puzzle 670

ВЕТЕР
ОБРАТНАЯ
НЕПРАВИЛЬНОЕ
БУЛОЧКИ
СЕБЕ
СКЕЛЕТ
РАСПРОСТРАНЕНИЕ
СНЕЖОК
ЗАПИСЬ
ПЫТАЕТСЯ
ДЕДУШКА
ОСТАТОК
ХУДОЖНИК
ВОЗДУХА
ОБСЛЕДОВАНИЯ
ВНИЗ
ВЫДРА
ОТЛОЖИТЬ
СВИНЦА
ПРИЕМ

```
Д М О Б С Л Е Д О В А Н И Я Я А С Б
Н Е И Н Е Н А Р Т С О Р П С А Р У
Е И Д У А О В О З Д У Х А Н К Н Л
П Р У У Р Е Б Е У У Ц С Т О О Е О
Р П Е У Ш В П Р Е Т Е В О С Ж И Ч
А Р Д Ы В К М О А Ц Н И В С Е С К
В В Н И З И А С У Т М С А М Н Б И
И И Е И Е С П Т А Е Н Ф Ф Т С О Е
Л Р Е О Н М Ы А И С Е А М М У Т А
Ь С И П А З Т Т С Е А С Я Е М Л С
Н Л Т М Р Е А О М Т Р С С И Т О У
О М Р А Р Н Е К И Н Ж О Д У Х Ж М
Е У М А С И Т Е Л Е К С И О Т И Т
Е Е О Е У С С И Г И Е Ф А П Е Т А
О У Р Е Т Л Я С Т Р Ф М И О Б Ь С
```

Puzzle 671

```
Я Ц Ц П М К Ф А Ц Н О О С П М Ф Е
Ю И Р О Е Т Р Т Е И А Е И Р О Е Т
М К Р У А У Р А К Ш Ы Р К И У Н И
О Л И Е Т А О Т С И Е Ш Ь Н Е М Г
Н Р Е Ы С М О Ь Е И Е У Н О У С А
Е Т Л Т Т Е У Л Е Т В П О С Я Д З
Т У Е О С О Н У П Й П Ы М И С М Е
А Е Т Л Е О Т З Р Ы С У Й Т У Р Р
Д Н П О Л У Н Е С В М О Ф О К У С
О А О М О И Р Р М У С А М М И В Д
В Т А Р Ц Р С Б С И Н Л И И Н Е Т
Р У Л Р О Д В У И М С И С А П М Д
С П Р И З В В А Р Е Ж К И Т Р Е Е
Т О А О Т Е В Б Л У Т Т Б М Н А Г
И Н Д И В И Д У А Л Ь Н Ы Й С Е Д
```

КРАСИВЫЙ
МЕНЬШЕ
ВОРОНА
КРЫШКА
ЯД
ТЕОРИЮ
ПРИНОСИТ
СЕРИЯ
ЦИКЛ
ПРИЗ
ГАЗ
ВЫЙТИ
РЕЗУЛЬТАТ
МОНЕТА
МОЛОТЫЕ
ВОДА
ЛЕТ
ВАРЕЖКИ
ИНДИВИДУАЛЬНЫЙ
ФОКУС

Puzzle 672

ПРИШЕЛ
БЛАГО
ПОМОЧЬ
ЗВОНИТЕ
ПОДДЕРЖКИ
ТРЕВОГА
РОК
ТРЕНЕР
ДЯДЯ
ШЕЯ
СРЕДИ
МОНИТОР
ГРАНД
СЕЛЬДЕРЕЙ
ПРИХОДЯТ
ТАКСИ
ЗАНЯТА
УХО
БЛАГОРОДНЫЙ
СЛИВЫ

```
Ф Н У Н З Р Т Т И Л Б Т Т Б Н И Р
И М Г Ф А П Ц С И Д Е Р С Л С О Т
И О С Е Н М В С А П М Е М А Б Е О
И И Е Р Я А Д М Д М Н В Е Г П И П
С К М Б Т Л Д И С Ь Ч О М О П Р Ф
Е Ж Р Л А Е Р А А И Ц Г Ф Р Р У Д
У Р Т А Р О К О М Т С А Е О Т П Я
Ш Е Я Г Ц Е Е О Я О И Т Т Д Р Е Д
Е Д Т О Т Л И А М И Н А П Н Е Г Я
Н Д М И Л Р Е У А П М И У Ы Н Р Р
И О Т С Н Б М Д Х Е С Д Т Й Е А П
Н П Б К А О Е И Т О Д С Л О Р Н И
С С Р А В Ф В С Л И В Ы П У Р Д Е
Л О М Т У О Н З П Р И Ш Е Л У И М
С Е Л Ь Д Е Р Е Й П Р И Х О Д Я Т
```

Puzzle 673

```
Е Ш Б Б Е С М Л О Е Е И К М А М А
И О Л Ы Т Ю У В Т С Е Щ У С У А Н
Н С А С Б М Т С П Т С У П Р Е А И
В С Г Т А Ц Н Е М В Д Р И Р А Л Т
Е Е О Р Б Е Т Т Г И У Т Р И И Б
С К П А У Ь Я О Е О И Л Ь Д Н С С
Т А Р Я Ш С Т И Л Ь В С Е П Л Р Д
И Н И Н К А Н А М М Р Т Н О Е Е Е
Ц Д Я И А Л Р Й И К О Б У Л Г Т Л
И И Т Т М И Е Ы Е С Д А В И У У А
И Д Н М А Л У Р А Д Р Е И Т О А Н
И А О Е Е Е Е О И Т О Т Д И О Е О
М Т Е Ч Т С Р Т И Т Г П Е К А А М
И Н И Т О О С О Т С И Ы Т И Л П Е
У О Д А М П И К А Р И Т Ь В Е А Е
```

МЕЧТА
УВИДЕТЬ
МАМА
ПОЛИТИКИ
ПОСЕЛИЛАСЬ
БЛЕСК
КОТОРЫЙ
СТИЛЬ
БАБУШКА
КАНДИДАТ
БЫСТРАЯ
ГЛУБОКИЙ
КУПИТЬ
СУЩЕСТВУЮТ
ГОРДО
ПЛИТЫ
БЛАГОПРИЯТНОЕ
ИНВЕСТИЦИИ
СДЕЛАНО
ШОССЕ

Puzzle 674

ХОРОШО
ЛУНА
ОПАСНЫЕ
ТЕКУЩИЙ
ЗАЯЦ
ПОКАЗАТЬ
РАСКРЫТЬ
НИЖЕ
ГОРОД
СТРАТЕГИЯ
ПРОГРАММУ
РЕЗИНОВЫЙ
ВВЕДИТЕ
ШОКОЛАДНАЯ
СВЕЧА
НЕЖНАЯ
СЕСТРЫ
МОТОЦИКЛА
ПРИЯТНО
КОНТАКТНЫЙ

```
З Ф Р П О К А З А Т Ь Н Л Т И К С
А Л К И Ц О Т О М Т П Р О М Л О Е
Я С И М П А С Р Т Х Н Е Р Т М Н С
Ц С П Т Н П Й Ы В О Н И З Е Р Т Т
Т Е К У Щ И Й Г И Р Н С Ж Т С А Р
Р Ы Л У Н А Д О А О А Е Т Е М К Ы
А Н М Т А Ч Р Р Л Ш А Р И О М Т П
С С В О Т Е Н О О О О О П О М Н Р
К А П В А В У Д О А Т Е О П Л Ы О
Р П У Р Е С С Т Р А Т Е Г И Я Й Г
Ы О Е Ф И Д Ш О К О Л А Д Н А Я Р
Т Е И О Л Я И Р Т В Р У Р И Н У А
Ь Л А А Е У Т Т Е С С Е И Т Ж Е М
М И И Е Б Т Р Н Е А И Е Т Е Е У М
М М М М И Е М У О Т А Р П А Н П У
```

Puzzle 675

```
Н М О Л Е Т И Р В Ф И С С Т Т Н Е
Р Е А Б О С О П С О И Л Б А Е А Т
П О Н Г Я У Ф У С Р М И О Е Е И У
Е Т И А А З О Р О М М О И Е Б М У
З С Е Л В З А Н Р А О Н И М Н С С
А Е П А Н И И Н И С Т И Н Н О Е М
В Ш А М В Н Ж Н Н П У Т Т М С В Е
И М Е И С И Е У И О Д Е Л А М А Д
С С В Н Е Т Ы Ц И Т С А Ч Т Е И Л
И Л К О Л М П Д С С Ь Т С У П У Е
М Л У П У У Д Я У М М Н И Р Р Л Н
Ы П С П О Ж А Л У Й С Т А Е О С Н
Й С Н А Р А А Г Е У С Т А Л Ы Е Ы
Е Т Ы Е И Р Б З З Д О Р О В Ы Й Й
С И Е И И У С В П О З В О Л Ь Т Е
```

МЕДЛЕННЫЙ
ФОРМА
ВЗГЛЯД
ВКУСНЫЕ
ЗАВИСИМЫЙ
СПОСОБ
ПОЗВОЛЬТЕ
УСТАЛЫЕ
ШЕСТОЕ
ИСТИННОЕ
МАГАЗИН
ОБЯЗАННОСТИ
ЗДОРОВЫЙ
МОРОЗ
ПУСТЬ
ПОЖАЛУЙСТА
ЧАСТИЦЫ
ПОНИМАЛА
ТЕЛО
НЕНАВИЖУ

Puzzle 676

ЧАСТНОСТИ
ДОМАШНИЕ
КОСТЬ
ОТВЕТ
ПЕРЕДАВАТЬ
МОМЕНТ
ДЖЕНТЛЬМЕН
ЗАЩИТИТЬ
АКТ
УЧАСТИЕ
ВСТРЯХИВАНИЕ
ЮЖНЫЙ
ЗОНТИКА
ЛЕГКОСТЬ
ОБЫЧНЫЙ
РАБОТА
РИСК
ИСЧЕЗАЮТ
ЕСТЬ
ГРУБО

```
У Е С О Ч Р Н Д Е А Д Т С Т Е Г Н
Л П М П И А С И М Е П М Е О П Р Т
И И О Е Н И С Т Е М Н И Б И Е У Р
З О Н Т И К А Т Ю А З Е Ч С И Б И
Л Е Г К О С Т Ь Н Р И Р Р П Н О Р
Г Л С С Л Р С И Р О Г А И Р А О Л
Р К О С Т Ь А Л Т Т С С О Т В Е Т
А И Н И М М Н Е А И И Т Т И И И Н
Б Е Н Е М Ь Л Т Н Е Ж Д И П Х Н Е
О Е И И Л Т С Е И У Н А Е И Я Ш М
Т И Р Т О С Н О Б Ы Ч Н Ы Й Р А О
А О О С Л Е Е Ц И С И Е У Ы Т М М
М Ь Т А В А Д Е Р Е П Т Т Н С О О
Е Е У Ч К С И Р Т Ф С О У Ж В Д М
И Е И У Ь Т И Т И Щ А З Е Ю Ц М М
```

Puzzle 677

```
В И П И А Е Е Т О У И Л К Р Ч Е П
Т А С М П Н М Л Р Т Т Е О О А О У
С И Т Е Р А П Р Т И Е Т М Д С О Т
М У З Ы К А Л Ь Н Ы Й Е А И Т И Е
П Р И В Я З А Н М С У Т Н Т Н И Ш
П Р И Г Л А Ш Е Н И Е Ь Д Е О Ь Е
А У Т У Б О К С Т Н С Ч А Л Е Т С
Р Т А С М С И Д Е Т Ь Е И И И А Т
У У П К У Т Е А В И Ж Р Е Д Ы В В
Д Е С Я Т И Ч Н Ы Й У Н А У Т И И
Е Е Ы Н С Е Р Е Т Н И О Н С Т Ж Я
Ц Е Н С Т Р Л Т Е Е Е Е У Р П Л И
О Т Ц П М И Н К П О Д А Р О К А Т
Р С Ъ Е Д О Б Н Ы Е Е Е Т М Н И Д Е
П У С О К Р О В И Щ Е М Ц О И О П
```

МУЗЫКАЛЬНЫЙ
КЛЕТКА
КОМАНДА
ЛЕТЕТЬ
СОКРОВИЩЕ
ВЫДЕРЖИВАЕТ
ИНТЕРЕСНЫЕ
ЧЕРНОЕ
ПРИГЛАШЕНИЕ
БОКС
ЧАСТНОЕ
ПУТЕШЕСТВИЯ
СИДЕТЬ
СЪЕДОБНЫЕ
ПРОЦЕДУРА
ДЕСЯТИЧНЫЙ
ПОДАРОК
ОДАЛЖИВАТЬ
ПРИВЯЗАН
РОДИТЕЛИ

Puzzle 678

ДИСКУССИОННЫЙ
СИЛЫ
БОЛИТ
УЗКАЯ
ТОРТ
КАТАЕТСЯ
ПЛОТНАЯ
ПОЧТАЛЬОН
ЛЮБИМОЕ
ДЕМОКРАТИЧЕСКИЙ
ПОМОГИТЕ
СЛУШАТЬ
СВЕЧЕНИЕ
КОМФОРТ
ИССЛЕДУЙТЕ
ЦВЕТЫ
РАДИО
ЖИТЕЛЬ
ГЛОССАРИЙ
ОЖОГОМ

```
Ц П М И Е О М И Б Ю Л Н Н И О О М
О Т О А У Ж И Е И И Т И Л О Б Е С
О У М С Л О И Д Я Е О Р Ц В Е Т Ы
К Н А Е И Г Ц И А О Р Р Ь Е И И Г
М О В И М О С Л Н Р Т О Т С Н Г Л
Е Ь М У Р М Т Н Т У З К А Я Е О О
Е Л С Ф У И Е Ь О И А Т Ш Т Ч М С
У А Т У О Р Г А Л И М П У Н Е О С
П Т О У Ф Р Б И П Е Р Н Л Е В П А
Е Ч Н Е М О Т О Т С Т Р С О С Ф Р
П О К А Т А Е Т С Я У И А Ц Е Н И
Р П И С С Л Е Д У Й Т Е Ж О Е О Й
Д И С К У С С И О Н Н Ы Й Т Е М А
У В С И Л Ы У Р С У И Н Т М М М И
Д Е М О К Р А Т И Ч Е С К И Й Т П
```

Puzzle 679

```
Л И У И Л С Т И А Т М Т И П К П
А Е И Е З А Д О Р И Р П Е У О А О
Е Ф И О М Г О Р К О Я А А А Е Ц С С
И Я У А Е Е Х З И Р П Р Ю С Е А В
П И М Т Р Д У Р Ь Д А Ш О Л Л Б Я
О Л М Е Е Е Т У Я Е К Т Л М У Л Т
П Р У Т Н Ф У Р Л И Ч Т И Р Й А И
М О Е Г И У Т М И Н О Р У Т Р Н Т
В Л Л О Е Е Ю И Р У Б Р Ф Т Е К Ь
Т К У О О П А С Н О А Р И Л П А О
У Ь Н Т С Е Ж Н Е Т Б П Р О Й Т И
И Л У Д П А И О Е В Е Л И К И Е Ф
Д О Ц С Е Н Б З А В О Е В А Л С С
С Ф М И А М О И С К Л Ю Ч Е Н И Е
К О М М Е Н Т А Р И Й Р И У Р И Г
```

КОММЕНТАРИЙ
ЛОШАДЬ
ИЗМЕРЕНИЕ
ОБИЖАЮТ
ОПАСНО
ПОСВЯТИТЬ
УХОД
ПРОЙТИ
ЛУГ
СОКРАТИТЕ
СЮРПРИЗ
БАБОЧКА
ИСКЛЮЧЕНИЕ
ПРИРОДА
ПОЛОСА
ВЕЛИКИЕ
КАСАБЛАНКА
ЗАВОЕВАЛ
ФОЛЬКЛОР
ПОЦЕЛУЙ

Puzzle 680

ПОНИ
ОПРЕДЕЛИТЬ
ТЕРРОР
НАЛОГ
НЕКОТОРЫЕ
РЕЧЬ
ДОЛЯ
ВСТРЯХНУЛ
АВТОБУС
ИГРИВЫЙ
ДЕСЯТАЯ
ПОПРОБОВАТЬ
БРАТ
ОТРАЖАТЬ
ОСТАВЬТЕ
ОБНЯЛА
ШИРИНУ
СРЕДНИЙ
ШТОРМ
ВЕРБЛЮДА

```
Е Т М С О У Е С Т Б М И Е А С П Д
М Т Т Б Т Н Л И Е Ы Р О Т О К Е Н
В Е Р Б Л Ю Д А Л Е Я А Т Я С Е Д
Т Е Р Р О Р Р Н Т А Ц Ш Т О А Т О
Ь О П Р Е Д Е Л И Т Ь Т Д Б И Ь О
Т Е А И И И П С Г Т С О О Н И В В
А В Т О Б У С Ш Й О М Р Л Я Н А У
В Р Т Т Е Т Р А И О Н М Я Л А Т М
О Т П С М Е Я Р Н Р И Н Ф А Л С М
Б Ц О М П М Е С Д Р И Г Т Е О О Р
О Ц П И И Т Е С Е И Н Н Р С Г У Р
Р Т И И М Е М М Р О О Т У И А С Е
П Н С Т П В М П С Е П Е Т Н В М Ч
О В С Т Р Я Х Н У Л Е Н С С М Ы Ь
П И Д Е С О Т Р А Ж А Т Ь А У А Й
```

Puzzle 681

М	И	С	Ь	Н	У	П	М	А	Ш	И	У	У	М	Р	С	И
О	В	И	П	Р	Е	Р	С	М	Е	Е	П	О	Е	С	У	Д
Р	К	Л	И	П	Ы	И	Р	А	З	В	Л	Е	К	А	Т	Ь
А	Ф	О	Н	Д	Р	В	М	Р	Ш	Ф	Б	О	Ф	О	Ю	Т
Л	М	И	С	С	Ф	О	И	А	Е	Р	Ы	М	Р	М	А	И
Ь	М	К	Л	Т	О	Д	Е	С	Р	У	В	С	Ц	Е	Д	В
Н	Ш	Т	О	Р	П	М	Н	С	С	К	А	П	Е	А	Ж	О
Ы	Ф	О	Р	Н	Е	И	С	Т	Т	Т	Е	У	Л	З	Р	Н
Й	Е	Б	К	А	С	Т	И	И	Ь	Ы	Т	У	М	Н	Е	А
У	Р	А	С	С	П	Р	О	В	О	Д	И	Т	Ь	А	В	Т
И	М	Р	О	Г	О	К	С	Д	О	Р	О	Г	М	Ю	Т	С
И	Е	З	О	С	Н	Р	Е	И	М	И	Ц	С	С	Т	У	У
А	Р	А	О	Б	Е	Р	Н	У	Т	Ь	И	О	Н	У	И	Д
Н	У	Р	М	В	Т	И	Т	О	Л	Т	Т	У	У	О	М	Т
Р	С	А	А	О	И	И	М	Н	Т	С	У	Т	С	П	Н	Е

ПРОВОДИТЬ
ШЕРСТЬ
ИМ
РАЗВЛЕКАТЬ
МОРАЛЬНЫЙ
ГОРОДСКОГО
ЗНАЮТ
ПРИВОД
КЛИПЫ
ФЕРМЕР
ПИВО
ФОНД
ФРУКТЫ
БЫВАЕТ
УСТАНОВИТЬ
ОБЕРНУТЬ
РОСКОШЬ
РАЗРАБОТКИ
ШАМПУНЬ
УТВЕРЖДАЮТ

Puzzle 682

ПОНЯТНО
ПРЕЗИДЕНТ
НАПРАВЛЕНИЕ
ГРАД
ПОЛА
УБЕДИТЬ
СТОП
ОТЕЛЬ
ПОСМОТРИТЕ
ЖИВОТНОЕ
ПОВЕСИТЬ
ЕЗДИТЬ
БРАК
ПОЛИТИКА
ТОП
КРОВОТЕЧЕНИЯ
СПОСОБНОСТИ
КАМИН
ДОСКУ
ТОЖЕ

Ж	С	Т	У	О	П	У	И	Е	М	П	Е	М	Е	Е	Т	Т
К	И	Е	К	А	О	О	С	У	Р	Л	З	С	Е	Ф	О	Н
Р	У	В	С	К	Т	И	Н	Е	У	С	Д	А	Р	Г	П	Р
О	Б	И	О	И	С	П	П	Я	С	Ц	И	А	Е	Р	С	Е
В	Е	М	Д	Т	Л	Р	У	Р	Т	Е	Т	Ц	У	Н	Е	Т
О	Д	Л	И	Н	Н	У	Р	Р	Н	Ь	П	И	А	Е	П	О
Т	И	Т	Л	Л	Б	О	Д	С	О	О	О	У	О	Р	Е	О
Е	Т	Р	Т	О	Р	Е	Е	О	Т	Е	Л	Ь	П	Л	У	В
Ч	Ь	У	Ц	П	А	Л	А	Е	Т	С	Н	С	Т	Е	А	Е
Е	Ц	И	Л	И	К	П	О	С	М	О	Т	Р	И	Т	Е	С
Н	С	П	О	С	О	Б	Н	О	С	Т	И	У	Т	Е	Н	И
И	Т	Н	Е	Д	И	З	Е	Р	П	Е	Д	И	П	И	Д	Т
Я	О	Р	Е	И	Н	И	С	М	Т	Р	Е	И	Т	С	Р	Ь
Т	Ж	Ф	И	У	Р	С	И	Н	К	А	М	И	Н	Д	А	М
С	Е	Е	Н	А	П	Р	А	В	Л	Е	Н	И	Е	У	Р	И

Puzzle 683

О	Е	О	Р	Ж	О	Ф	Т	О	М	П	О	М	Т	Р	М	О
Ч	Р	У	Р	Е	Б	И	С	С	И	Е	С	Е	Р	Е	Е	Т
Е	Е	Е	И	Н	С	З	Н	О	Е	С	Е	Е	Р	О	Л	В
Л	О	О	Х	Щ	У	И	Т	Ф	И	С	Л	С	П	К	Е	Л
П	Н	И	У	И	Д	Ч	Д	В	И	Г	А	Т	Ь	С	Я	Е
Ч	Н	Т	С	Н	И	Е	Л	Е	А	Я	С	Е	Т	Е	И	К
Л	Е	Е	Р	Ы	Т	С	П	Е	О	У	И	Т	Я	Ч	Ц	А
И	Б	Т	П	У	Ь	К	Н	Р	А	С	И	М	М	И	А	Е
Н	О	И	В	Е	Й	И	Т	О	Т	А	Е	Р	А	Т	В	Т
Е	С	Е	И	Е	Ы	Е	Л	У	З	С	М	О	П	И	И	Н
Й	О	Т	М	Н	Р	А	И	У	О	А	И	Т	А	Л	Т	М
К	П	М	Т	Н	Д	Т	П	Т	И	И	П	В	И	О	О	Н
У	Е	А	Н	Р	У	Е	Ь	Р	Е	У	Р	А	П	П	М	О
В	И	Е	Т	Е	М	О	П	И	С	А	Т	Ь	И	С	И	Ч
М	А	Л	О	Л	И	Т	Р	А	Ж	К	А	У	М	Д	О	Ь

ОТВЛЕКАЕТ
ПОЛИТИЧЕСКОЕ
ЧЕТВЕРТЬ
ПЛЕЧО
ФИЗИЧЕСКИЕ
АВТОРИТЕТ
МОТИВАЦИЯ
ОСОБЕННО
ЛИНЕЙКУ
ОПИСАТЬ
ОРЕХ
ЖЕНЩИНЫ
ОБСУДИТЬ
МАЛОЛИТРАЖКА
НОЧЬ
МУДРЫЙ
ДВИГАТЬСЯ
ДИАПАЗОН
ОСЕЛ
ПАМЯТЬ

Puzzle 684

ПОЯС
ЕЩЕ
МЕСЯЦ
РАССКАЗЧИК
АДРЕС
ШЕЛКОВИСТЫЙ
ХОРОШИЙ
ОБЩЕСТВО
АКАДЕМИЧЕСКАЯ
КОКТЕЙЛЬ
КРЕСЛО
ТАКЖЕ
МАТЧ
БЛОКИ
ОЗЕРО
СОВЕТЫ
ПЕТУХ
МЕЖДУ
САМ
ТРУДОВЫЕ

Т	Е	С	Л	М	Л	Ш	О	О	Т	Т	Н	У	Н	Л	Е	Н
К	А	М	А	Т	О	Е	Б	С	Н	Е	Е	Т	М	Т	А	Т
И	Р	К	И	А	И	Л	Щ	Е	А	Е	П	Е	У	Р	К	С
У	И	Е	Ж	П	И	К	Е	Р	Р	М	Е	А	У	У	А	А
У	Д	И	С	Е	С	О	С	Д	Л	У	Т	У	П	Д	Д	М
И	С	Ф	Т	Л	Г	В	Т	А	Е	Я	У	У	О	О	Е	Л
О	З	Е	Р	О	О	И	В	К	Л	Е	Х	М	Я	В	М	Т
С	О	В	Е	Т	Ы	С	О	О	С	Т	О	О	С	Ы	И	М
В	Л	М	Л	П	У	Т	И	К	О	Л	Б	И	Н	Е	Ч	С
Т	Е	И	И	С	П	Ы	Е	Т	А	Т	И	Ц	Я	С	Е	М
Е	Е	Щ	Е	Ц	У	Й	Е	Е	Е	С	Р	Р	Е	Е	С	М
М	Е	Ж	Д	У	А	У	С	Й	И	Ш	О	Р	О	Х	К	Т
М	М	Л	И	Д	Р	Е	Н	Л	И	А	У	И	Т	Ф	А	И
М	А	С	Д	Т	И	Н	П	Ь	М	А	Т	Ч	Е	И	Я	А
Р	А	С	С	К	А	З	Ч	И	К	Н	И	С	И	Л	Н	А

Puzzle 685

```
А Т И Л П Й Б У Т Ы Л К И Е Р М И
Б У Т У Н Ы О Е О У И С А Р А Р Ф
Б Е П Т А Н О П С К Э М Е Т И Д А
Р Л Т К Р П З Н А К О М С Т В А З
Е Д Р А О Е П О Н О С И Т Ь Ы Р А
В С Д Н К Л Р С А Н Е Н С Р Г Н
И С Ы З У О Ь О А Т У С А И О О М
А Т Ш Т Е К И Ц Н К И Е О Л П Н Р
Т Е У М Н И У С О Ц Т С Т Е Т И Д
У О Т И М Л С Т Л Т Е И О М И В У
Р Т С Е С Е М Е И Н Е Н К И Т С М
А С Е Я Н В Е Р Е Д У Н Т А Е И Р
М Е Ж Д У Н А Р О Д Н Ы Й Р М Н Р
П Р Е С Т У П Л Е Н И Е Н Е А С Ф
А Р А У Л Е К Р У Г О В О Й М Т Д
```

ПРАКТИКА
ВЕЛИКОЛЕПНЫЙ
ЗНАК
ЗНАКОМСТВА
МЕЖДУНАРОДНЫЙ
ВИНОГРАД
ПЛИТА
КОЛЬЦО
КОРА
ДЫШУ
ЭКСПОНАТ
ФАЗАН
НОСИТЬ
АББРЕВИАТУРА
ПОРЫВ
КРУГОВОЙ
КОНЦЕНТРАТ
БУТЫЛКИ
ДЕРЕВНЯ
ПРЕСТУПЛЕНИЕ

Puzzle 686

МЫШЬ
РОБ
РАССЛАБЛЯЕТ
ЭМОЦИОНАЛЬНО
ЧАСТО
БЕРЕГ
КАЖДЫЙ
МОЛОДОЙ
СМЕСЬ
СОННЫЙ
КТОТО
МЕДНЫЙ
УСПЕШНЫЙ
ОДНОРАЗОВЫЙ
ПРАВИЛЬНОЕ
ПЛАВАНИЕ
НЕЗНАЧИТЕЛЬНЫЕ
ГАРДЕРОБ
ПЕНИЕ
СЕМЬЯ

```
Ф Н Р Е Р М У Б О Т С А Ч И И К Н
С Р Е Л С Ф Й О Д О Л О М А Е Т Е
Т М И Я Л Т Й Ы Н Д Е М А И Р О З
С Р Е Ь Т С Е Б О Р Е Д Р А Г Т Н
П С И М Ы Ш Ь С Р И О И П И У О А
К Р Н Е О Н Ь Л А Н О И Ц О М Э Ч
А Т А С С И А Е З Б О Р Н Т Ц Т И
Ж Р В В Т У Е И О Е И Н Е П Ц Л Т
Д Б А У И С И И В Р П Н И Д Н А Е
Ы И Л Ф Е Л М В Ы Е Е Е Р С Т Р Л
Й Л П Г Н И Ь Е Й Г Р Р С О У У Ь
О Е И И С С М Н С И И Е Т Н И А Н
Л Е Д Р О И С О О Ь Н Б У Н У А Ы
С А И Г Н Й Ы Н Ш Е П С У Ы О О Е
Р А С С Л А Б Л Я Е Т Л М Й О Т Р
```

Puzzle 687

О	У	И	В	И	Д	С	Л	О	М	А	Н	Н	Ы	Й	А	И
Я	У	П	А	О	А	Д	О	С	Л	О	У	О	Т	У	Н	Н
И	М	И	Р	Н	Й	С	В	А	Д	Ь	Б	А	Р	Н	У	С
И	Ц	Р	И	Р	Д	И	О	О	С	П	Т	Р	И	С	Р	Т
Х	И	Н	А	Л	Ж	О	Г	У	Р	Е	Ц	А	У	Е	Д	Р
Е	О	И	Н	И	Е	Ы	Н	Ч	И	Л	У	Н	К	Е	В	У
Т	Е	Л	Т	Т	С	Е	И	Р	Ь	М	Е	Р	У	С	А	М
С	О	К	О	Ь	Т	И	В	А	Т	С	Д	Е	Р	П	И	Е
Ж	О	У	Е	Д	Е	Т	А	М	И	Ж	Т	Е	Р	И	М	Н
И	И	Б	Ц	О	Н	У	М	Е	В	Т	У	Р	Ф	Ц	Т	Т
Т	О	Т	Т	И	О	О	Н	Т	А	О	Н	Р	Е	Л	С	У
Ь	М	У	Т	Т	С	М	И	С	Б	С	О	М	Н	Т	Ц	О
Е	И	О	У	П	А	Р	Д	И	О	Н	П	Е	Л	А	Т	У
А	Е	Н	Е	Е	Е	О	А	С	Д	С	П	С	А	Е	Л	Л
П	Р	И	Д	У	М	Ы	В	А	Т	Ь	М	А	Л	А	У	У

ОГУРЕЦ
ЖУРНАЛ
ИСКАТЬ
СВАДЬБА
СОК
НОУТБУК
СОДА
СИСТЕМА
ДОБАВИТЬ
СЛОМАННЫЙ
ИНСТРУМЕНТ
ПРИДУМЫВАТЬ
ХОЛОДНО
ДАЙДЖЕСТ
МЕРУ
ДВА
ЖИТЬ
ПРЕДСТАВИТЬ
ВАРИАНТ
УЛИЧНЫЕ

Puzzle 688

ЗАДАЧА
ГУБКА
ПРИНЯТЬ
СТРАННОЕ
ДИЗАЙН
УМЕНИЕ
ДВАДЦАТЬ
ИЗМЕНИТЬ
НЕЖНО
КЕНГУРУ
АМЕРИКАНСКИЕ
ОТКРЫВАЛКА
ОСТАНОВИЛИСЬ
ЛИМОНАД
МЫШЛЕНИЕ
КЛУБ
МОЛОКО
ОБУЧЕНИЕ
ПРЕДУПРЕЖДЕНИЕ
КУКЛА

Л	О	И	Е	Е	О	Т	К	Р	Ы	В	А	Л	К	А	У	М
М	С	З	О	И	Р	Е	А	И	И	Н	И	К	Н	Е	Е	Т
Д	Т	М	С	К	А	Р	Т	М	А	С	И	Р	Б	Р	О	Л
И	А	Е	Л	С	Л	О	Б	У	Ч	Е	Н	И	Е	У	Т	И
З	Н	Н	Т	Н	К	У	Р	У	Г	Н	Е	К	О	Т	Г	М
А	О	И	Ф	А	У	Е	Б	Д	А	Л	Т	У	С	П	Е	О
Й	В	Т	О	К	К	Р	Т	Н	В	У	М	Е	Н	И	Е	Н
Н	И	Ь	М	И	П	Е	О	Н	Н	А	Р	Т	С	Р	Е	А
Р	Л	М	И	Р	У	О	Е	Р	Р	О	Д	С	М	Е	Ц	Д
У	И	О	Е	Е	П	Р	И	Н	Я	Т	Ь	Ц	М	П	С	Е
Е	С	Л	И	М	Н	Е	Ж	Н	О	Н	М	А	А	П	Т	О
Ц	Ь	О	У	А	М	Ы	Ш	Л	Е	Н	И	Е	Н	Т	С	А
Е	М	К	С	У	Е	Е	И	И	Л	В	И	У	О	Т	Ь	Р
И	И	О	З	А	Д	А	Ч	А	Е	Т	П	И	Т	С	О	М
П	Р	Е	Д	У	П	Р	Е	Ж	Д	Е	Н	И	Е	Е	И	И

Puzzle 689

```
М С А С М Т Д Е Р Е В Ь Я Е С А С
О Ж А Н О С Р Е П Л Л Т С М Е Т В
Т И О А С Т С А Р З О В И Т Е И Е
А Н М О О Ь Р Е М О Н У Ь А И Е Д
Т Р У С Л В Н У И А У И Т С Н Е Е
Ь Н Е С О О Т Ь Д Ж О Д И У Я Е Н
С У О Е Г К Б Р Н Н А О Ч Т О Л И
Я М М В А Р Е Н Ы Ц И Н А Р Т С Я
Л Р Л С И Е И С О Р Д К Н М С У И
Б И Т И И Ц Н Т У В Л Я З И О Л Р
Т Е Р М О М Е Т Р А Л Я А О С О В
Е У Л Е Р О Г С Т Е А Е Н А Е И И
И Ц Р Х У Р Т И Е У З Т Н М Н Т П
В З В О Л Н О В А Н Н Ы Й И Т Р А
К О Л И Ч Е С Т В О У И Л С Е В М
```

ПЕРСОНАЖ
МОТАТЬСЯ
ВОЗРАСТ
СГОРЕЛ
СВЕДЕНИЯ
НОМЕР
СОТРУДНИК
ДОЖДЬ
ВЗВОЛНОВАННЫЙ
КОЛИЧЕСТВО
ХЛЕБ
ГОЛОСОМ
СОСТОЯНИЕ
НАЗНАЧИТЬ
ЦЕРКОВЬ
ДЕРЕВЬЯ
ТЕРМОМЕТР
ЗАЛ
СТРАНИЦЫ
ОБНОВЛЕНИЕ

Puzzle 690

ПРИЗРАЧНЫЕ
КОПЫТО
ЖЕНАТУЮ
ДЕВЯТЬ
ПИСТОЛЕТ
ГЛАЗА
ТЕПЛОВОЙ
ДУРАК
ПРАЧЕЧНАЯ
ВОЗВРАЩЕНИЕ
УДОБНАЯ
СРАВНИТЕ
НОГА
КРАСНЫЙ
СОЗДАТЬ
МИГРИРОВАТЬ
РЕБЕНКА
ЗАЩИЩАТЬ
СЕСТРА
ОТДЕЛЬНЫЙ

```
Е З Е В О М Н Я С Е В С Л А Л Т Г
К А Р У Д Е И Н Е Щ А Р В З О В Л
У Щ Г И Н Я У Г П И С Т О Л Е Т А
И И П О Т Е М Д Р А И Ц Р Т Р С З
Т Щ У Е Н П М У О И О Е А П С Е А
У А С О З Д А Т Ь Б Р У А О О С П
Е Т И Н В А Р С М Т Н О А О Н Т Р
К Ь Т Я В Е Д И А О А А В И Ю Р А
О Р Е Б Е Н К А Р Е Р К Я А У А Ч
П П Р И З Р А Ч Н Ы Е Р А М Т И Е
Ы А Е С У И И С М Т Е А У С А Ь Ч
Т Т Л О С О М Р А А И С Е А Н С Н
О В А В Н Е И О О А Р Н И Ф Е Р А
Т Е П Л О В О Й Е Е С Ы Е Р Ж Р Я
О Т Д Е Л Ь Н Ы Й О Н Й И А У С И
```

Puzzle 691

С	Е	П	А	И	И	О	П	О	Р	Е	Е	Н	У	И	Н	Т
С	О	Г	Е	Л	Е	И	И	О	Т	Е	З	И	С	Р	И	О
У	Н	С	М	Р	И	А	И	И	К	Л	Т	И	И	Б	З	Р
Д	М	Н	И	С	Е	М	У	М	Е	У	И	У	У	И	О	М
Т	О	Е	Т	С	О	П	Е	Н	Н	И	П	П	И	П	Л	В
Ц	Р	Л	И	И	К	Н	Е	И	Е	Л	А	К	Б	О	И	С
И	Г	И	И	Ц	А	И	И	Л	Н	А	Е	Н	А	С	Р	И
А	О	Р	Е	М	О	Т	А	Л	А	С	Т	Д	К	Т	О	Ц
Ф	П	Е	Ы	В	И	Л	Ж	Е	В	С	Е	Д	Л	А	В	С
Й	Ы	Н	С	А	Р	К	Е	Р	П	О	Л	У	Е	В	А	П
Ф	У	Т	Б	О	Л	З	А	Б	Ы	Т	Ь	Е	Д	К	Н	С
С	Н	Р	И	М	П	О	Р	Т	Н	И	П	Д	Т	И	Н	Е
П	Р	А	Л	Л	О	И	Л	Й	О	Ш	Ь	Л	О	Б	Ы	О
Н	Т	П	М	А	Р	У	У	И	Е	Я	Н	Д	О	Г	Е	С
Ц	А	С	А	Е	У	Н	Т	Р	Е	Р	Г	И	С	Е	У	Е

ФУТБОЛ
СЕГОДНЯ
ИМПОРТ
ЛАССО
САЛАТОМ
ОТДЕЛКА
ПОСТАВКИ
СУД
ИЗОЛИРОВАННЫЕ
ЗАБЫТЬ
СОСИСКИ
ПОСТ
ПРЕКРАСНЫЙ
ВЕЖЛИВЫЕ
ОГРОМНОЕ
БОЛЬШОЙ
ТЕЗИС
ПАРТНЕР
ПОКУПКА
ПЕРЕПЕЛ

Puzzle 692

БЕДА
УМНОЖЕНИЕ
СИДЕЛ
ЗЕМЛИ
ПРИНЯТО
ЖИВОПИСЬ
ДРУЖЕЛЮБНЫЙ
ОТХОДЫ
КЛЕЙ
ОБЫЧНЫЕ
ПОРЦИЯ
КИТ
ЛЕСТНИЦУ
ВЫСОКИЙ
ПЕРСОНАЛ
КУХОННЫЙ
ДИКАЯ
НЕГАТИВНЫЕ
ЗАЛИТЬ
ПРИВИЛЕГИЯ

Т	Е	А	К	Д	Е	Т	Н	Д	Д	У	Л	П	Е	Н	Л	Л
Т	В	Т	Л	М	М	А	Е	И	Р	П	Р	У	М	Е	С	Е
А	Т	С	Е	И	А	М	Г	К	У	О	С	И	П	Л	Д	С
Ж	Т	А	Й	У	О	Т	А	А	Ж	Р	М	Д	Н	М	У	Т
Н	И	С	Л	Л	М	Т	Т	Я	Е	Ц	Л	Е	У	Н	Я	Н
С	К	В	И	Е	В	У	И	О	Л	И	И	Р	А	О	И	И
У	У	Л	О	М	У	Р	В	Т	Ю	Я	Е	О	Е	Д	Г	Ц
О	М	А	Р	П	С	У	Н	Я	Б	Т	Т	Е	И	И	Е	У
Е	Т	Н	М	О	И	Й	Ы	Н	Н	О	Х	У	К	А	Л	Б
У	У	О	О	И	Л	С	Е	И	Ы	Д	О	Х	Т	О	И	Т
Е	М	С	И	Ж	М	О	Ь	Р	Й	И	К	О	С	Ы	В	Т
И	С	Р	Т	Т	Е	И	Р	П	Р	А	Р	Л	О	Н	И	В
О	Е	Е	С	Т	З	Н	О	Б	Ы	Ч	Н	Ы	Е	Н	Р	П
Р	Ц	П	Л	Н	Ь	Т	И	Л	А	З	У	О	Р	Л	П	Б
У	Р	Ф	Е	Л	А	Р	О	Е	У	М	С	И	Д	Е	Л	С

Puzzle 693

Н	А	З	Ы	В	А	Е	Т	С	Я	А	У	Н	О	Е	А	Д
У	Т	Б	П	И	Н	С	С	Е	Р	П	Т	У	М	Е	У	В
М	С	Т	Т	А	О	У	Д	Д	С	У	О	А	Л	А	Т	И
У	О	О	Ц	Я	Р	Е	Н	Ы	Т	Я	А	И	С	Т	О	Ж
М	Р	И	О	С	М	Е	И	У	Т	О	М	О	Р	Е	О	Е
З	Ь	С	Е	Т	Й	Я	Н	И	Д	Е	О	С	И	Р	П	Н
М	Л	О	Р	Е	С	Л	Г	И	У	Е	А	У	М	В	А	И
П	О	О	Л	У	К	Е	Л	Ы	Т	О	М	Ф	Н	О	Е	Е
В	Ц	Г	Й	Б	А	Д	М	К	У	Р	И	Т	Ь	Л	О	Е
Т	А	С	Ы	Е	Ж	Я	Т	В	В	Н	И	М	Б	О	А	О
Р	И	А	Л	Р	И	Л	Е	Ч	А	К	И	Р	О	С	Е	Ц
Е	Т	А	Е	Т	К	Г	Б	Л	Ю	Д	О	Ч	Б	Ы	Р	П
О	В	О	С	Е	Ш	Ы	У	Л	Ф	М	С	Т	Е	М	Л	Е
С	М	М	Е	Р	И	В	П	М	Т	Т	И	И	П	Г	И	М
И	А	О	В	И	Ф	У	С	Я	Т	Р	И	О	Т	И	О	Т

НИЧЕГО
БОБ
СКАЖИ
ЗЛОЙ
ВОЛОСЫ
ТРЕБУЕТСЯ
ВЕСЕЛЫЙ
БЛЮДО
КУРИТЬ
ФИШКИ
КАЧЕЛИ
ВЫГЛЯДЕЛ
ЕДЫ
НАЗЫВАЕТСЯ
ДВИЖЕНИЕ
ПРЕСС
РОСТА
ПРИСОЕДИНЯЙТЕСЬ
ВМЕСТО
МОТЫЛЕК

Puzzle 694

СНЕГОВИК
РАЗЛОЖЕНИЕ
ПОВСЮДУ
МЯЧ
РОЖДЕНИЕ
БЛЮБЕЛЛ
РУКОЯТКА
ГОВОРИТЬ
РАКЕТА
ВЫБЕРИТЕ
ЯЙЦО
ЛАПКИ
ВСТАВИТЬ
НЕМЕДЛЕННО
ЦАПЛЯ
ВОЗМОЖНОСТЬ
СКЛАДКУ
АРБУЗНАЯ
КЕКС
ОБЛАСТЬ

Т	П	Т	Е	Т	Н	Т	У	М	С	Н	Е	Д	Е	М	В	Т
Ц	Е	С	Т	Н	О	А	Я	У	К	Н	Н	А	У	Е	С	А
Р	А	З	Л	О	Ж	Е	Н	И	Е	Н	Е	Е	Н	Т	Н	И
У	Л	И	П	Т	У	Т	Т	Ф	К	Т	И	Г	А	Т	Г	И
Н	Л	В	С	Т	А	В	И	Т	Ь	У	Р	М	О	Р	Д	И
Г	О	В	О	Р	И	Т	Ь	Е	И	И	М	Я	Л	В	Е	У
Б	Я	Н	Е	М	Е	Д	Л	Е	Н	Н	О	Ч	И	И	И	У
Л	Й	О	Б	Л	А	С	Т	Ь	С	Н	Т	Е	У	Е	Л	К
Ю	Ц	О	Е	Т	Н	А	В	Ы	Б	Е	Р	И	Т	Е	А	Д
Б	О	В	О	З	М	О	Ж	Н	О	С	Т	Ь	Т	М	П	А
Е	М	И	Ц	П	О	В	С	Ю	Д	У	С	У	О	С	К	Л
Л	Р	О	Ж	Д	Е	Н	И	Е	В	И	Р	У	М	О	И	К
Л	С	Р	У	К	О	Я	Т	К	А	Т	Е	К	А	Р	Е	С
И	А	Р	Б	У	З	Н	А	Я	Л	П	А	Ц	С	Е	С	П
Е	У	У	Н	М	Ц	М	А	У	Р	Я	Т	У	М	Т	П	И

Puzzle 695

```
Н А С М Е Ш К А Т П С У Н А Ч А Л
Е К П А Т Е М Д Е Р П Ч О А М А М
И В О С М Т Г Е Д О Р А З Ц В У И
Д Е Б О Ю Е Л Т Т Е О С А М О Р О
О Л Т Е Р Р Е О О К С Т К Е Й А П
П О С Л Е Д Н И Е Т И В Л Л Н С С
О П А Р В Е Ь А Т Т Л У А И А П Р
Д Т Л Ж Е Л Т Ы Й С А Е Д Е С И О
Т Ф Н О М Б А А А Е М Т К Н Н С О
И Р С А У К С И А Т Л Е И М Т А Б
Т Е Д С Е Е И Д О С Т И Ч Ь Ь И Н О
П А О А Р Т П Т Т И А Н Е С Н И А
Е П Т У Д М А Н С А Ч Т М П Л Е А
Е И И М Р О Н Е А А А Е О Е С Ф В В
М Р О Н У И И Л Б Н Л С А Ц М Г Е
```

СПРОСИЛ
УЧАСТВУЕТ
РАСПИСАНИЕ
ПРЕДМЕТ
СОТНИ
ОБЕД
НАПИСАТЬ
ЗАКЛАДКИ
ВЕРЮ
ДОСТИЧЬ
ПОСЛЕДНИЕ
НАЧАЛ
ЛЕЧАТ
ПОЛЕВКА
НАСМЕШКА
МЕЧ
ПРОЕКТ
ЖЕЛТЫЙ
ЛАСТИК
ВОЙНА

Puzzle 696

ЛОСЯ
УЗЕЛ
МУКА
БАНК
ЖЕЛЕЗО
АККУРАТНЫЙ
РАСПЛАВИТЬ
ПОЛИЦЕЙСКИЙ
КОМИТЕТ
ПЛАТЬЕ
СОБЛЮДАЯ
ЗАБОР
СЛУЧАЙНЫЙ
ОДИН
ГЕОГРАФИЯ
ДАВАЛИ
УГРОЗА
ТЕМА
БЕДНЫЙ
СВЕТ

```
К А Й С О Б Л Ю Д А Я Р У Е М У Т
О Т Ы И С У О Е Л К Е Т С Е Т Н В
М Р Н М Е Р М Т С У И Н Е Р С М Н
И С Й Б О О Т Е Е М Е Е Т А М М Т
Т А А А Р Б Д Н П О М У Ф Е И А А
Е С Ч Н И А Е И Е Л Е Р У Р И О Р
Т И У К У З Н Е Н И А М Е Т Е В С
П О Л И Ц Е Й С К И Й Т И В И Е Ж
М И С О Д Т И Н М У О А Ь Е М И Е
У И О А Ф А Е А Ц Л О С Я Е М С Л
У И Т Н О О В Г Е О Г Р А Ф И Я Е
З Т В С С У У А А Е У Г Р О З А З
Е И У Р Т У Е У Л У Ф С Е М Е Н О
Л Е Т И Е Д У Ь Т И В А Л П С А Р
А К К У Р А Т Н Ы Й Ы Н Д Е Б Р П
```

Puzzle 697

```
П С У Т У У У П У С Р Н И Я М А
О О Т Й Ы Н Ь Л А Р Т Н Е Ц Б О Л
Т Р Е И Е Р Р Е Е М И Е Ж Т Л Д С
Г О Н Т И П Р Е С Н В Х Л И О Е Р
У К В А Н М Т М П Н И С О Ц К Л А
Я А У А А Н И Я З О Х Т Д Д О Ь С
Т Й Р Я В Е Р И Е Н У Р Е Д И Л С
П Б Ц И О М А А Р О Е А З П Т Т Т
О Ы А А Д Р У Е Р У У Д У И О Е Р
Л В Р Ч Е Л О В Е К А А Б И Ф Д О
Е Ш А Р Л Р П А С О М Т И Т И И Й
З Е И Н С С Г Т С Е Т Ь Т П О Т С
Н Г И П С Р П О Г Л О Щ А Т Ь М Т
О О Н Е И Т У П Р О В Е Р Е Н О В
Е М У Е В И Л К С С А И П Е И Е О
```

ИССЛЕДОВАНИЕ
ДОЛЖЕН
ЯБЛОКО
ПРИХОДИТ
ИДЕТ
ПОЛЕЗНОЕ
ХОЗЯИНА
ПРОВЕРЕНО
КУРС
СТРАДАТЬ
ЧЕЛОВЕКА
МОДЕЛЬ
ПОГЛОЩАТЬ
ЗУБ
ЯЙЦА
ЛИДЕР
РАССТРОЙСТВО
БЫВШЕГО
ЦЕНТРАЛЬНЫЙ
СОРОКА

Puzzle 698

ГРУСТНО
РЕБЕНОК
СМЕЯТЬСЯ
ВАГОН
ЯСТРЕБ
ИДЕАЛЬНАЯ
МИР
ПОДСНЕЖНИКИ
ИСХОД
РЕКРЕАЦИОННЫЙ
ПРОВОДА
ПРИВЛЕКАТЕЛЬНАЯ
ЧЕРЕЗ
ВСПЫХНУТЬ
ОДИННАДЦАТЬ
ВДОХНОВЛЯЮТ
ПРОФЕССОР
ДЕРЕВО
ДОСТИГ
ТРЕВОЖНО

```
С И О Я А Н Ь Л А Е Д И И Н Я И В
Г С Л И О И Т И И К Н Г И Т С О Д
Р П А А И Е У Т Л О А Л Д Е Ь Д О
У М Р Д Е Т Н М Р Н Н И Р М Т И Х
С Е А О У Р Х И З Е Р Е Ч Ц Я Н Н
Т М И В Ф Б Ы Т О Б В Д Т У Е Н О
Н О С О Е Е П У О Е П О И И М А В
О Р И Р С Р С М Е Р И Х Ж Е С Д Л
М Н Т П Т Т В С И Е Р С Н Н Р Ц Я
О Т О Я Л С М О Р М И Л О О А Ю
И Е У И У Я С С М Р У П О Г У Т Т
П Р И В Л Е К А Т Е Л Ь Н А Я Ь У
Р Е К Р Е А Ц И О Н Н Ы Й В П О О
Д Е Р Е В О А Д С Л Т М Е М Л А П
П О Д С Н Е Ж Н И К И Т Л Ф Л О Т
```

Puzzle 699

```
Е А И М Т И Т З Е Н Е П У Т С О Д
С И О Т Я И Ц А Р Е П О О У Л А С
О Р Р Т Е И С Б К О Е Д П А У К Л
О О Р Л А С С Р О Б Е С Е Р Е Л Т
Т Д Н М Ф С М О Т У Ы О Е Е Я Ы А
С Н Е Ь Л Е Ц Н А И Ф Л Т М А Т М
У О Л С Л Ц С И А У И Н У О К У О
Н К Ч А А О Н Р П Т О У Т Н Р Б У
Л М С М О Р Б О Р О Е Х Р Т А Л О
Ц Т С У А П С В Е А К С С В Б Е Н
П И Ц Ц А О О А Е С И А М М Т Р И
С С У У А И Е Т Ц А Т Р З О С Т Я
С Т Е Т А Н Е Ь Т Е Л С С А И Е И
П О Д Д Е Р Ж И В А Т Ь И М Л М С
С С М У И И У Р У З А Н И М А Е Т
```

ТРИ
БУТЫЛКА
ПОКАЗАЛ
ТАМ
ЦЕЛЬ
РЕМОНТ
ПОДДЕРЖИВАТЬ
УЛЫБКА
ЧЛЕН
БОЛЬНО
ПИЦЦА
КОНДОР
ОПЕРАЦИЯ
ОРЛА
ЗАБРОНИРОВАТЬ
ЗАНИМАЕТ
ПОДСОЛНУХ
КРАБ
ПРОЦЕСС
ДОСТУПЕН

Puzzle 700

ДОРОГОЙ
ЗАЧАТЬ
ПУСТЫНЯ
ХОМЯК
СУХАЯ
ПРОБНЫЙ
ОРАНЖЕВЫЙ
БРОККОЛИ
МОСТОВОЕ
НЕПРАВИЛЬНАЯ
ВЫДАЮЩИЙСЯ
СОПРОТИВЛЯТЬСЯ
МОЛОТОК
ИНЦИДЕНТ
ЛИСТ
ВКЛЮЧАЮТ
ПЕРЕЧЕНЬ
ЖЕЛУДИ
СКРОМНАЯ
МАШИНЫ

```
П Я А Н Ь Л И В А Р П Е Н И А И Н
М У М И С П Ь Н Е Ч Е Р Е П А М И
У Ж С Я С Ь Т Я Л В И Т О Р П О С
С Е Т Т Ю А Ч Ю Л К В Е И Б Л Т Е
М Л Е М Ы Н И Ш А М Л И С Т Н В У
О У О О С Н И Н Ц И Д Е Н Т А Ы О
Л Д Б С С Т Я С Й И Щ Ю А Д Ы В Й
О И Я Е Я А Н М О Р К С У Р Е А О
Т Т Е Н Е Т И Л О К К О Р Б Е Р Г
О З А Ч А Т Ь С Р С Т У И Р М И О
К С У Х А Я И Л Ц Е Т Е Р П О Н Р
Я О Р А Н Ж Е В Ы Й А О Е И Е Ф О
М Н С У И О С С Т А С Е В И С Е Д
О Н П Т Д Р Д А Ф В У Л О О М П У
Х Т Д Л О О А Е П И Д Е А Т Е У Е
```

Puzzle 701

С	Н	Ф	П	С	Л	Е	Д	Т	О	И	М	С	М	Т	М	Н
Р	О	И	Е	Е	О	Ф	С	Н	М	С	И	П	С	А	Р	Е
Е	С	О	Л	О	Ж	А	Е	С	Т	С	К	Р	О	Е	У	О
Я	М	Л	И	Р	Н	Р	У	Д	М	Л	С	Е	А	В	Ь	Б
Т	С	Е	П	А	А	Т	В	Е	Е	Е	Е	М	К	В	Т	Х
Е	Н	Т	Т	В	Я	У	Р	Р	М	Д	Ч	З	Ш	У	А	О
Л	У	О	Е	И	Ы	К	М	Ж	Т	О	И	А	О	Е	Т	Д
Е	Т	В	А	А	М	Р	Н	А	Р	В	П	Р	К	Е	О	И
В	Е	Ы	В	П	Щ	Р	Е	Л	Р	А	О	М	М	Т	Б	М
И	Ч	Й	И	Т	М	У	М	И	А	Н	Р	П	Т	И	А	Ы
Д	К	О	А	И	А	С	Щ	А	У	И	Т	Р	Р	В	Р	М
Е	А	Д	Р	С	М	А	П	О	Т	Я	Н	М	У	Р	А	Т
Н	С	И	Т	А	Г	Е	Н	Т	Г	И	Б	К	И	Й	З	У
И	Е	Р	С	Э	К	О	Н	О	М	И	Ч	Е	С	К	И	Й
Е	Р	Е	У	И	И	Е	Р	Т	М	Т	Р	Е	О	С	Л	Т

РАЗМЕР
АГЕНТ
ОЩУЩАЕТСЯ
ЛОЖНАЯ
УТЕЧКА
ЗАРАБОТАТЬ
ЭКОНОМИЧЕСКИЙ
ГИБКИЙ
ОТДЕЛ
ТЕЛЕВИДЕНИЕ
НЕОБХОДИМЫМ
ИССЛЕДОВАНИЯ
КОШКА
УСТРАИВАЕТ
ВЫ
ДЕРЖАЛИ
ФАРТУК
ФИОЛЕТОВЫЙ
ТРОПИЧЕСКИМ
АВАРИИ

Puzzle 702

РЕАКЦИЯ
МЕСТО
СУМКА
НУЖЕН
ФЕДЕРАЛЬНЫЙ
СТРАННАЯ
НЕОСТОРОЖНОЕ
УЖИН
ПУСТОТА
ОСТАЛЬНОЕ
ПРОДАТЬ
ТЕМНЫЙ
КРОМЕ
КРЕССАЛАТ
МЕЛЬНИЦА
САХАРНЫЙ
ГОТОВ
ВЫБОРЫ
СТРАНУ
ПЕРЕМЕННАЯ

Ф	Е	Д	Е	Р	А	Л	Ь	Н	Ы	Й	П	А	У	А	О	П
Р	О	О	Е	Т	М	И	О	О	Й	Н	У	Е	С	Н	В	Е
У	О	В	Ь	Р	М	Т	Р	Р	Ы	А	Н	Ц	И	Т	Н	Е
Н	Е	О	С	Т	О	Р	О	Ж	Н	О	Е	Е	Р	Ф	Е	И
М	М	Т	С	Я	А	Н	Н	Е	М	Е	Р	Е	П	И	О	И
Е	Е	О	Е	Т	И	Д	И	Д	Е	И	В	У	Р	Е	С	Д
Л	О	Г	Т	У	Р	Ц	О	Т	Т	И	И	П	Н	С	Л	О
Ь	М	Л	А	У	Р	А	И	Р	С	А	Х	А	Р	Н	Ы	Й
Н	Ф	Т	Е	У	П	С	Н	Р	П	Р	Н	С	У	М	К	А
И	М	Е	С	Т	О	У	О	Н	И	Ж	У	В	Н	Н	У	Е
Ц	К	Р	О	М	Е	С	С	М	А	Т	Ж	Ы	А	Е	И	Г
А	У	М	А	И	Е	Е	С	Т	Т	Я	Е	Б	Р	У	С	В
О	С	Т	А	Л	Ь	Н	О	Е	О	Т	Н	О	Т	Т	Н	А
К	Р	Е	С	С	С	А	Л	А	Т	Т	М	Р	С	О	П	П
Р	Е	А	К	Ц	И	Я	С	И	Л	И	А	Ы	У	Ф	Е	О

Puzzle 703

Я	А	С	С	О	Н	С	О	Е	И	П	В	М	Н	Т	М	Е
А	И	И	Т	Е	У	А	Т	В	С	Л	В	И	О	Е	М	С
Н	Ч	А	Й	Н	И	К	Р	И	М	О	Я	Н	Ш	И	В	В
Т	С	О	Д	Е	Р	Ж	А	Т	Ь	Щ	И	Е	З	И	С	А
Р	О	Р	Р	Т	Р	Ф	Н	М	Е	А	И	Р	У	О	Е	М
О	Н	Р	А	Т	Ф	П	О	М	О	Д	А	С	Б	В	Г	У
П	С	М	Г	В	Н	Б	Р	У	Н	Ь	В	Н	Н	М	Д	Н
С	Р	П	Ц	У	Н	Н	О	И	Л	У	С	Е	А	И	А	Е
Н	Е	Е	А	С	Й	И	К	Н	О	Г	Е	О	Я	Д	Е	Р
А	С	М	Р	Л	Е	И	Н	Е	Ш	Е	Р	З	А	Р	Р	Р
Р	О	Р	Л	И	Ь	С	Р	Ы	П	Р	О	С	Т	И	Т	Ь
Т	К	Е	Ъ	Б	О	Н	М	И	П	Р	Х	О	И	Л	И	А
П	Е	Л	М	Е	Д	Т	Я	М	У	Е	О	У	Е	Ф	О	И
М	Е	Н	Т	А	Л	Ь	Н	Ы	Й	С	Л	И	М	Ф	О	О
П	Р	Ф	О	Л	Е	О	Н	Р	Т	Е	П	Е	Л	С	Л	М

ВСЕГДА
ВИШНЯ
РАЗРЕШЕНИЕ
ПЛОХО
ОБЪЕКТ
ЗУБНАЯ
ЧАЙНИК
ПРОСТИТЬ
САД
ТРАНСПОРТНАЯ
ВАМ
ТОРГУЙ
РАВНИНЫ
ВСЕ
СПАЛЬНЯ
ГОНКИ
МЕНТАЛЬНЫЙ
ПЛОЩАДЬ
КОРОНА
СОДЕРЖАТЬ

Puzzle 704

ТЕ
РАД
РЕГУЛИРОВАНИЕ
БОЛЬШИЕ
СОЛДАТ
ОКНО
ГЛЯНЦЕВЫЙ
ДАЛЕЕ
НАЖМИТЕ
ЖЮРИ
РАЗВИВАТЬ
ВНЕСТИ
СОГЛАСЕН
ПОСЛЕ
МУЗЕЙ
ВАННА
ОСНОВНЫЕ
ПРИМЕР
НАУКА
РАДОСТНО

И	Р	И	Н	П	О	Т	Т	Н	И	П	С	У	С	П	Т	Т
Н	П	В	И	О	К	М	П	А	Р	М	Р	У	Р	М	Е	У
Н	С	А	Р	С	Н	У	Е	У	Н	У	И	И	Т	Н	У	Р
И	У	С	Т	Л	О	З	И	К	Р	Н	У	У	М	Н	Р	Е
Е	У	И	Е	Е	Н	Е	С	А	Л	Г	О	С	Й	Е	М	Г
М	Т	Е	Л	Ф	Т	Й	О	С	Н	О	В	Н	Ы	Е	Р	У
Е	М	С	М	Л	П	А	У	И	Т	П	И	С	В	Р	А	Л
В	А	Н	Н	А	Н	Ф	Д	А	И	Т	О	Р	Е	А	И	И
Р	Е	Д	П	А	Е	И	Н	Л	Б	С	И	А	Ц	Д	И	Р
М	И	У	Ц	П	И	Ф	Е	Р	О	У	У	Д	Н	О	П	О
Р	С	Л	О	О	У	Т	О	Т	Л	С	У	М	Я	С	Е	В
Ж	Д	А	Л	Е	Е	У	А	О	Ь	А	И	Л	Т	Е	А	
Ю	М	И	Н	У	У	Р	Н	Р	Ш	И	М	У	Г	Н	И	Н
Р	С	Г	Е	И	Ь	Т	А	В	И	В	З	А	Р	О	Д	И
И	О	Е	В	Н	Е	С	Т	И	Е	Т	И	М	Ж	А	Н	Е

Puzzle 705

```
А С У Р Т И И У Р У Е О Н Т А О У
О Я С В Т Т Т Я М Л О М И И С П Б
П Н П Ь О П Р О И Р О В О Г П А У
О О Р Л Й Л С Б З Н А З М И Е С Ц
П Л Э Е Ы О И К О С М А Л А С Н Р
У Б П Т В М У Т У Т И Р Т Н Н О Л
Т А Т А О Л Н Н Ь Л Т Я С П Я С Е
Р Ш Н Г Н М Е Р К О Ь Д Л У Н Т И
У Т Н И Д Е У Л Е Е Е Т Е М Т Ь М
Е Р И В П У Т А Т Ь Е М У О В И Е
Е Б Р Д А Л У Л Ь Т А В Р Е Р П
К О Л Л Е К Ц И Я Р Е М С Л Н И У
У М Ф Р О И С И У О Л И М О Н Ы Т
М Е Т О Д М А У И И О П Т О О М Е
Е П Р И С У Т С Т В О В А Т Ь Р Т
```

ЗАРЯД
ТРУС
ИЗ
ШАБЛОН
ЛИМОН
УВОЛИТЬ
ПОЭТОМУ
КОЛЛЕКЦИЯ
ОПАСНОСТЬ
КУЛЬТУРНЫЕ
ВСЯ
ПУТАТЬ
ПРИСУТСТВОВАТЬ
КРЕМ
МЕТОД
НОВЫЙ
ДВИГАТЕЛЬ
ГОВОРИ
ПЕСНЯ
ПРЕРВАТЬ

Puzzle 706

БЕГЕМОТ
ЛЕГКО
УТЕНОК
НЕСКОЛЬКО
ФРЕЗИЯ
ИНОГДА
ВЛАДЕЛЕЦ
ИМЕЯ
БЕЗ
КОЛОКОЛ
НУЛЕВОЙ
ОБЪЯСНИТЬ
КОЖА
МИСС
ВЫПЕЧКИ
ЛОЖЬ
ПОТОМУ
ШАНС
ОБНАРУЖИТЬ
ТИХИЙ

```
Ф И Т М Т О И Е Д О Е С Ь Ж О Л Р
Р М Ф М Е Е Н Т В Б Л У Е С Б Е Е
Е Т И Х И Й М И Р Ъ Е Н Т П Н У И
З Т А К С О М Е А Я Е М И А А У Ф
И У М С Ч В И Ф У С И И И Д Р О Е
Я М У Е Д Е М М Н Н Т Н У И У А Е
М Р Т О Л Л П Г Д И О А Е А Ж О К
И И П А Р У С Ы Р Т И Т И Е И С Е
Л И С А Ф Н И Т В Ь В Л Т А Т М О
И И Р С И А Ф Т Р Т Я О Е Д Ь С П
Е В Л А Д Е Л Е Ц Т Ш К Н Г Б Е З
Е О Н М У Т Е Н О К А О М О К О Л
Н Е С К О Л Ь К О С Н Л Р Н И О Е
Т И Р П О Т О М У С О Р И У Т И
Б Е Г Е М О Т П Т Р У К М О Н У У
```

Puzzle 707

С	З	И	К	А	А	Г	Р	Е	С	С	И	В	Н	Ы	Й	П
У	С	А	И	Р	П	Л	И	У	Т	М	А	И	О	П	И	Ш
Л	Л	Д	Н	Т	О	Б	Ы	Ч	Н	О	И	Т	И	Е	В	Е
У	Т	Ж	Д	А	Е	О	Я	Р	Т	М	Р	У	М	К	Т	Н
Н	Д	Е	З	И	В	О	Е	Е	У	Г	О	Д	Я	И	Т	И
Ж	М	Д	А	К	И	Е	Т	Й	У	Д	Е	Л	С	В	Е	Ц
Е	М	А	Р	Т	Р	Я	С	Т	Е	А	Р	И	Б	О	С	Ы
Н	С	Н	П	О	Р	Ы	Ь	О	И	Т	Т	Н	Н	З	Е	Ц
Щ	Р	С	Л	Т	Р	Ш	Т	Т	О	У	В	О	В	У	М	Р
И	Б	И	С	Ю	Г	Е	И	А	К	Т	О	М	Е	Р	Е	П
Н	Р	У	Ы	М	Р	С	Н	О	Я	Т	А	Н	Р	Г	Ц	И
А	И	У	М	Т	Н	Т	Е	Н	А	У	И	О	И	О	И	Р
Е	В	Е	С	А	О	Ь	М	М	Е	И	Н	М	Н	П	Ф	М
Н	О	Е	Т	С	Г	И	А	П	С	Н	Т	Т	Т	Е	П	Т
Е	Т	Л	Б	У	Р	И	З	С	П	О	Е	И	С	У	Т	В

ПШЕНИЦЫ
СМЫСЛ
ЗАНАВЕС
ОБЫЧНО
ЗАМЕНИТЬ
АГРЕССИВНЫЙ
ЮГ
БУМАГИ
ГРУЗОВИК
КРЫТАЯ
СЛЕДУЙТЕ
ГОД
НО
НАДЕЖДА
ПРАЗДНИК
ОНИ
ШЕСТЬ
СОБИРАЕТСЯ
ЖЕНЩИНА
ПЕРЕМОТКА

Puzzle 708

КОРОВА
ОБЩАЯ
РОСА
БИОЛОГИЮ
ПРИЧИНА
ДОРОГИЕ
ПЕРЕГОВОРЫ
КОРЗИНА
ТИП
НАПРЯЖЕНИЕ
КОЛЕБАТЬСЯ
АРМИЮ
МГНОВЕННОГО
ИСПОЛЬЗОВАНИЯ
ЦЫПЛЕНОК
САЙТ
ПРИНИМАЯ
ПРИХОЖАЯ
КАЛЬКУЛЯТОР
ЗАПУСТИТЬ

О	Т	М	Т	М	П	У	П	У	Р	У	Р	М	И	П	Ц	И
Е	Т	Е	В	Т	Ф	С	Р	Р	И	С	Н	Ц	Т	Р	Ы	С
Н	Й	М	Т	Р	Ь	Т	И	Т	С	У	П	А	З	И	П	П
М	А	В	О	Р	О	К	Н	Т	Е	У	Р	Н	И	Ч	Л	О
Т	С	П	М	О	Е	Д	И	Ю	И	М	Р	А	Е	И	Е	Л
Р	Е	Р	Р	Т	Ф	Е	М	М	Ф	П	Р	Е	Л	Н	Н	Ь
М	А	Е	В	Я	И	Я	А	Ж	О	Х	И	Р	П	А	О	З
И	Р	Е	И	Л	Ж	Ц	Я	Д	О	Р	О	Г	И	Е	К	О
Е	М	О	А	У	Н	Е	О	Б	Щ	А	Я	И	Е	Р	У	В
М	С	Р	О	К	У	М	Н	И	Е	У	Т	С	С	Е	А	
Р	О	С	А	Ь	О	П	Ю	И	Г	О	Л	О	И	Б	О	Н
О	И	У	Р	Л	Т	Е	Д	У	Е	М	П	Р	Р	У	Е	И
Р	Р	Т	И	А	М	Г	Н	О	В	Е	Н	Н	О	Г	О	Я
Т	У	М	П	К	К	О	Л	Е	Б	А	Т	Ь	С	Я	У	Р
К	О	Р	З	И	Н	А	П	Е	Р	Е	Г	О	В	О	Р	Ы

Puzzle 709

```
С У Б П А И У М М С М Н Т П Е У Е
О Р Ы В Е Ц Я И М Р Ц Ф И Р Е Л Т
А О Л С Г Н С С А Л К С Е О П С Н
И З У Ч И Т Ь К Е О С М У Т Л И У
О Н Ь О С С Т О О Т П П О И Е Ы У
Д Н Р У У О О И Н Й Е М Б В О И М
И Е А И С Б Р П Н Е О К А Л Б О А
Н В Ц Ш Т И О Н Е П А Т Р И Е И О
О Н Ы О И Р Б О Д Е К Ф С Р А О О
К М Р М Ч А А Р И О С М У Т О У И
О С Р Е Ь Т Т М В Е А У К Е Е Е У
Л Т Н М И Ь Т У У П Р О Д А В Ц А
Э Л Л И П Т И Ч Е С К И Й А Ф Ц И
С И В В Е Щ Е С Т В О П Н О И У М
Е Т Е Р И Е А О И Е И Т У Р Р У И
```

ЧЬИ
ОБЛАКО
ИЗУЧИТЬ
СОБИРАТЬ
ЭЛЛИПТИЧЕСКИЙ
БАРСУК
КЛАСС
БЫЛ
БОРОТЬСЯ
ПРОДАВЦА
ОДИНОКО
НАШ
РЫЦАРЬ
МЫЛО
КРАСКА
ПРОТИВ
УВИДЕННОЕ
ВЕЩЕСТВО
НОРМУ
КОЙОТ

Puzzle 710

ЛЮДИ
СОТРУДНИЧАТЬ
ВЕЧЕРОМ
КАПИТАЛ
ЗАВОД
НЕСЧАСТЬЕ
ЭВАКУИРОВАТЬ
ДАЛЬНИЙ
ИМБИРЬ
РАССТОЯНИЯ
ГРАЖДАНИН
ЛЕНИВЫЙ
ГОЛОСОВАТЬ
ДЕЙСТВИЕ
ЗНАЧЕНИЕ
БЕЛКА
СДЕЛКА
ФУНДАМЕНТАЛЬНЫЕ
КОРИЧНЕВАЯ
ТОЧНОСТЬ

```
Ф Н З Е И Д Н У Е М М Т О К Э С И
У И А Ь Т А В О С О Л О Г О В О Л
Н М В Т П Л Р Е О Р А А Г Р А Т Т
Д И О С О Ь Л Б П Е Т И И И К Р Т
А О Д О Т Н О Е Б Ч И И Е Ч У У Т
М У У Н С И Л Л Р Е П У Н Н И Д Н
Е У Ф Ч М Й Я К Г В А У А Е Р Н С
Н У Т О Р А Е А Ц Р К У У В О И Н
Т Е Ь Т С А Ч С Е Н А М О А В Ч С
А Д Е Й С Т В И Е Д С Ж У Я А А О
Л З Н А Ч Е Н И Е И Т Д Д Е Т Т А
Ь С Л И Р С Ф С М Т И Н Е А Ь Ь Л
Н Р Ю Л Е Н И В Ы Й О О Ф Л Н О Е
Ы О Д Е С И М И М Б И Р Ь Л К И Е
Е О И Е Г Р А С С Т О Я Н И Я Я А Н
```

Puzzle 711

```
М И Ф Е Е Ц Р И Т П Е Н И У О О
П Д О Н А Л Е Ы М Г Ю И Е Ц О Г Б
Р И У И А И Н Б Р А Р Р У С У Р Я
Ч А Ш К А У Т А Н С Е А Ь Е М А З
Д А Л Е К О Р Ч И Г Н Т Т М О Н А
С М Е Ш Н О А А Ь Р А Е М Ь Ы И Т
И М Н И Е И Л Т В Т О И И М Ф Ч Е
П О В Т О Р Я Ю Т Е С Г А И Е И Л
А О Ф Т Т У Р У А Д Е О Л Т С В Ь
В И Л К А Н Т Д Я У Р Д Р Д В А С
О Т К Л О Н И Т Ь Б Е О В Д Р Ю Т
К У П И Л Л О М М Д Т В С Е У Т В
П Р О З Р А Ч Н А Я Н О М Т Р М А
Н Е С Ч А С Т Н А Я И Й П Т И И Т
Д Е Г Р А Ж Д А Н С К И Й И Н Н У
```

ПОВТОРЯЮТ
ГОДОВОЙ
ЧАШКА
ГРАЖДАНСКИЙ
ОГРАНИЧИВАЮТ
ТЮРЬМЫ
СМЕШНО
ИГРАТЬ
ПРОЗРАЧНАЯ
РЫБАЧАТ
БУДЕТ
ОБЯЗАТЕЛЬСТВА
МУДРОСТЬ
КУПИЛ
ДАЛЕКО
ВИЛКА
ОТКЛОНИТЬ
ИНТЕРЕС
НЕСЧАСТНАЯ
ЦЕНТР

Puzzle 712

МАСКА
САРАЙ
ЗДОРОВЬЯ
КОНЕЧНАЯ
ПУШИСТЫЕ
ЩЕНОК
САМА
ГАЗОН
ПОДАЛЬШЕ
АКТИВНЫЙ
ТИГР
НИ
ТРАДИЦИОННЫЕ
ПОЕЗД
ПЛАКАЛ
НАСИЛИЕ
ЛУЧШЕ
ХОТЯ
СТРЕЛЯТЬ
КАМЕННАЯ

```
И Ц Н Т Н У Т Т Р Г И Т Н С М О П
С А Р А Й Е И Л И С А Н Р Я И П Л
И К Н З Е Р Н Б О И С З Т А Б Т А
Т С У Л Д З Е О П М У К О Н Е Щ К
М А О А С О Е В Т М М Т М Н Ы Т А
Е М Н С Т Ф Р Н Д Р И Д И Е Т А Л
Т У Т И Р О В О У Е Т У О М С И М
П Н Ц С Е У А Н В Х О Т Я А И У П
Р В Е Л Л И И К Р Ь Л Р Е К Ш С О
У У Н Н Я М А Я Т С Я М С М У Г Д
И М И Р Т М Г Е Н И С У М Р П И А
О Е С Т Ь Л У Ч Ш Е В Е И Ф М М Л
К О Н Е Ч Н А Я Е О Е Н С А М А Ь
М М Т Т А И И П И Л Я Ф Ы И Л С Ш
Т Р А Д И Ц И О Н Н Ы Е Р Й Р Л Е
```

Puzzle 713

```
Б Е М О И Н М А С В М Е В Ц Р Е Т
И Ы И Д Е Т Т И Т Ф О Т И А А М И
Р М С Т У А Е Ь Т Д И О К У Н Е У
Р Н О Т С Е И В Т С Т У С Т О Р Ж
С И У Н Р Т А Ц Е С А Ц О Т Р У Е
В У Д Н У О Н Ч Е Н О К Н П О А Л
Ф И И Н Т С Н Л С И О Р Г Ф В А Е
С Т А Т Ь Л У З Е Р Е Р Д Д И Ш Т
Н Е Е К О Н Е Ц Ч Е Т Ы Р Е Е Т А
Ь Л Е Т А С И П Д О Я Т О У Щ А М
П О Д Г О Т О В И Т Ь Р О Л Ь М У
Е М Н Е Б О Л Ь Ш О Й О И С Н П У
О А П У Т С О Д Д Т С Т Р О У У М
У С А В Т О М А Т И Ч Е С К И Й И
С Е Р Д Ц Е Т И А А Е Е И Е Н И С
```

НОСКИ
НЕБОЛЬШОЙ
РОЛЬ
КОНЕЧНО
ЧЕТЫРЕ
СЕРДЦЕ
ДОСТУПА
БЫСТРО
ШТАМП
АВТОМАТИЧЕСКИЙ
САМОЛЕТ
РЕЗУЛЬТАТ
ЩЕДРОСТЬ
ГДЕ
ВОРОН
ПИСАТЕЛЬ
КОНЕЦ
ПОДГОТОВИТЬ
ЖЕЛЕ
ОТСУТСТВИЕ

Puzzle 714

МАТЬ
ПАПУ
ПИТАТЕЛЬНЫМИ
ЛЮБОЕ
ДОМИНИРУЮЩУЮ
ВКУС
ПОДНИМАТЬ
ЧЕМ
ВЕДЕТ
МИРУ
БОИТСЯ
ЛЕБЕДЬ
ОРФОГРАФИЯ
ПРИВЕТ
ДЛИНА
СЛЕДУЕТ
БЛЕСТЯЩИЙ
УПАЛО
ДОЖДЛИВЫЙ
ДЕРЖАЛ

```
Т И У П С Е Ц В О Т Л О С Д Н П Н
И И Т А У Р Д П К Е Е Р С О С И И
А Т И П Л П П М И У У Д Л М Н Т С
М О П У Р У А Е А Д С Л Ф И О А С
У Ф Т П О Р В Л Н Е Е И А Н Р Т Л
М Р Е С Н А Д У О Л С Н Е И И Е Д
А Л Т И С А Н Е Л С Е А И Р Д Л О
Т Р Т С Й И Щ Я Т С Е Л Б У Е Ь Ж
Ь Д Е Б Е Л С С М А О О Д Ю Р Н Д
П О Д Н И М А Т Ь О Б М И Щ Ж Ы Л
Н И Е Н М Е Т И Е А Ю И Т У А М И
С А В У Т Ч С О Е В Л Р Р Ю Л И В
Н Ф А П Я И И Б С Т И У Е А П И Ы
О Р Ф О Г Р А Ф И Я Т Р М И С Л Й
О С И Р Л Р У С С Н И С П И У Л И
```

Puzzle 715

```
Т Т С С И М И К Л Ф И И Р С Д И К
М М Ы Ц В О И О А О Р Р М М В П Р
Ь Т Д У У Е И М И М Ф У Т Е Е Р У
В Т Ж О К Е Д Н Е Т С А Е Л У Т Ж
О Р А Н О У У А У Г О Л И Ы А У К
К Т В Х У М С Т В Ч Е Р А Й Р П А
Р С Д Т Ю Н Ф У У И Ю Г Л А Л О О
О Е О И О Н Т О И И Б И У П П Е Н
М И И Л Е Ц У И М Е И Ж Ы Л И З Т
П О Н О Н Е И У Ф Г Л Г Р Е С Д Б
П И М П И Ц С Я Д Р Е Ц Е Т Ь К Е
Е И М Ф И М Е У И А Й Е Р Т М А Н
И Д У Д И У Е М О Ф У У П У О Т И
П О К О Л Е Н И Я И Г Т Л С Р Д О
Е Р Т Д Е Л О В У К И А С М П Р И
```

ЛЫЖИ
ГРАФИК
КОМНАТУ
СОЛНЦЕ
ПОКОЛЕНИЯ
УКУС
КРУЖКА
ПОЕЗДКА
УГОЛ
ОВЦЫ
МОРКОВЬ
СТЕНД
ВЧЕРА
ЮБИЛЕЙ
СМЕЛЫЙ
ПИСЬМО
РАНО
ДЕЛО
НЮХАТЬ
ДВАЖДЫ

Puzzle 716

ЗИМА
МОРЩИНА
ЖИЗНЬ
СОХРАНИТЬ
ВВЕСТИ
СКРЫТЬ
ПРАВО
ЦВЕТОК
ПАРТИЯ
БЫЛО
БАРАБАН
ПУНКТ
ТЕПЛО
ОТКРЫТИЕ
ОЖИДАТЬ
ОЛЕНЬ
УПРАЖНЕНИЯ
ЛИ
ПОТОК
СПОКОЙСТВИЕ

```
А Е Ц О О У У О Л Ы Б О П П Е О Н
П С И И Р С П Л Т О Ц И Р А И А Н
Н П У Р А И Ф П К К Т О А Р Р Я А
Е О А Р И И Р Е Н О Р Р В Т Р У Т
Ж К Б Н Е М А Т У Т Д Ы О И А У Т
И О Ц В Е Т О К П О Т В Т Я В Т Ц
З Й С Л И Р Л Е С П П В Н И Т Н Р
Н С К О Л О О Л Е Н Ь Е Л П Е М У
Ь Т Р Ф Т Ж Д Е Ц Т С С И З И М А
О В Ы А Н И Щ Р О М У Т Т С П П А
А И Т М Т Д Р Е А Т Р И И С А Л М
Р Е Ь В Н А У У П Р А Ж Н Е Н И Я
И И С Л О Т Р Т Л Т О П М А Т С Т
Н А А Н Т Ь Т И Н А Р Х О С А И И
Б А Р А Б А Н С А А И У Е Е Ф М Е
```

Puzzle 717

```
В С Ф О Ь Щ Е В Т Е М А И Л С Е Р
О Т А М Т Р О П С О Л Е В И Т Т А
С П Р О И З В О Д С Т В О М У О С
С С С М Л Т А М У П М И Н А Л У П
Т Р Г Б А Я И Н Е Ж А Р Б О З И Р
А Ь Л О Д В М Т А М М Н Р В Р П О
Н Л А С У О М Т Н Л Р Р О М И Ч С
О И Г Г Е Р Ф Е Е У И О И П Е Е Т
В А О Е И Н Е Ч Ю Л К Д О П С Л Р
Л Н Л А К Ш У Р Т Е П Р А И Р А А
Е И Е О Н И И А С М Е Ц У И Е Д Н
Н Е У С Е Е Р О Т И И М Р Г Д Т И
И Т Т У Л У П Т И Д С В А А А И Т
Е Р Г П Я А В А Р П Е И Т М И И Ь
Н А Ц И О Н А Л Ь Н Ы Й Ы Н Л О П
```

РАСПРОСТРАНИТЬ
ПАН
СРЕДА
УДАЛИТЬ
ПОДКЛЮЧЕНИЕ
КРУГ
ПЧЕЛА
ВЕЩЬ
ИМЕЛ
НАЦИОНАЛЬНЫЙ
ВДОЛЬ
НЕСЛА
ПРОИЗВОДСТВО
ИЗОБРАЖЕНИЯ
ПРАВАЯ
ГЛАГОЛ
ПЕТРУШКА
ПОЛНЫЙ
ВОССТАНОВЛЕНИЕ
ВЕЛОСПОРТ

Puzzle 718

КОНФЛИКТ
СБИТЬ
СЫН
СЕКРЕТАРЬ
ПАПА
ПЫЛЬНЫЙ
КРАСИВО
КТОНИБУДЬ
ЧЕТКО
ГУСЬ
ПИТЬ
ВИНА
ЗАПУТАЛАСЬ
ИМЕЕТ
НЕЗАВИСИМОСТЬ
ИДЕНТИЧНОСТЬ
ЖАБА
ПЫЛЬ
СТОИМОСТЬ
РЕЛИГИОЗНЫЕ

```
Р Н Н У У И Р С П Е Ж А Б А А О Н
С Е М Р Т У С С Ы У И И Р И И Ф И
И М Е Е Т Т Т Я Л И Т Т М О Ц С Н
И Т О Р Е О Е Н Ь Д У Б И Н О Т К
К О Н Ф Л И К Т С Е К Р Е Т А Р Ь
С В И Ы П Ы Л Ь Н Ы Й О Т П И Г З
Б И И Т С С Е В Е У Е В К И С У А
И С Р Е Л И Г И О З Н Ы Е Т И С П
Т А И Т А А У Е О Е Т Т Б Ь Е Ь У
Ь Р А М Е В С Т О И М О С Т Ь Ч Т
И К Н Е З А В И С И М О С Т Ь М А
П Н П И Д Е Н Т И Ч Н О С Т Ь И Л
П А Т А Н И В Р А И Р О Е И М Д А
В И О Т П О П И Т О О Т Н Е П Н С
Ц Е Е В Н А Е Р У С И М С Я Т У Ь
```

Puzzle 719

```
М Е Т Т С И М А Т И А Т С У П А К
Е Е Г Р Е Б Е Н Ь Н Т Р М Т О В У
А Й И К С В Е Л О Р О К С У С Т П
И Р Ы С Ь А К Л И Ч О Т Т Е Т О Й
Д Р Р М Т Н О М Р Ц П У И У О М Т
В И Т А М И Н Ы Б К О М А З Я О С
Н Е С Т А Б И Л Ь Н А Я К У Н Б Т
И Д Ц Р Л А И Т Т У Р Р Д О Н И А
С Т О И Й Й С Е У Н И Р Е У О Л Р
Р А З Н И Ц А М М И Ф Р В Е Ь Ш
В Е С Е Л А Я Щ Е Л И А П Е И Н И
П Р И Н Е С Е А О Н И Ц С Р М Ы Й
Т Р П П И Т Т М Т Р А В А Ь А Е И
П Р Т С М С Е И М Т П Т И Т С И И
О У У О М Е Н В Е Р У Д Ж Е Д О В
```

ГРЕБЕНЬ
РЫСЬ
ЗАМОК
ПОСТОЯННОЕ
ПРЕДКА
АВТОМОБИЛЬНЫЕ
ТРАВА
УВЕРЬТЕ
ЛИЦО
РАЗНИЦА
ВЕСЕЛАЯ
ВИТАМИНЫ
СТАРШИЙ
ПРИНЕС
НЕСТАБИЛЬНАЯ
КАПУСТА
ТОЧИЛКА
ОДЕЖДУ
КОРОЛЕВСКИЙ
ПРОЩАЙ

Puzzle 720

ОБМАНЫВАЮТ
ПАЦИЕНТ
СЕНСОРНЫЙ
ЗАКЛИНАНИЕ
ОНА
РЕСУРС
РАБОТЫ
РЕАЛЬНОСТЬ
ГЛАЗ
ССЫЛАТЬСЯ
ПРОИЗВОДИТЬ
ПУСТОЙ
МОЖЕТ
ДОСТИЖЕНИЯ
ПРИМЕЧАНИЕ
ДЕЛАЮТ
ЯРКИЕ
СВОБОДА
ВОСЕМЬ
ПТИЦЫ

```
А Т И А Е Р Л П Т Е А П М О Ж Е Т
Н Т А И Е Т Е П Ю И С У Е Ф Е Л А
Я Ю Л Е А У У А А А Т С Р У С Е Р
С А Ф Е Н У Г Е Л О Т Т Д Е Р С З
Ь В Е С Я Р К И Е Ь Е О М Е А Е А
Т Ы О Г Л А З Н Д М Н Й С Ф Б Н К
А Н П Б Т И Т А Н Е О О Л О О С Л
Л А М А О О И Ч Т С Т И С Е Т О И
Ы М А Т А Д И Е С О Л О П Т Ы Р Н
С Б И О Е И А М Е В Ы С О Н Ь Н А
С О О У У С С И П А Ц И Е Н Т Ы Н
М Е С Н У Т Л Р У И И О М Е Е Й И
У Р А О А И Е П С П Т И Е Е Т У Е
Д О С Т И Ж Е Н И Я П О Н А Р Р М
И О А Т П Р О И З В О Д И Т Ь А О
```

Puzzle 721

З	Н	С	О	К	О	М	П	Ь	Ю	Т	Е	Р	Т	И	Б	О
А	М	Р	Г	А	Ж	И	Р	А	Ф	И	Р	Л	Ю	С	А	Б
Х	С	Е	О	Д	Д	С	И	Е	Р	М	И	Р	У	К	Н	Р
В	А	С	Т	С	К	М	С	Р	А	Т	С	О	В	У	А	А
А	Т	Т	У	У	О	И	И	Е	Ш	И	М	Е	Т	С	Н	З
Т	Т	Е	Н	У	Ч	Й	Ы	Н	М	О	Р	К	С	С	О	О
И	М	Ж	Р	У	Я	С	Е	Ф	И	П	Е	И	В	Т	Г	В
Т	У	И	Е	О	Л	Е	Ж	Я	Т	С	И	М	У	В	Р	А
Е	А	И	В	С	Т	О	Р	О	Н	Ы	Т	Л	Ч	О	У	Н
И	А	Е	С	А	Е	И	Т	М	Р	Ф	И	Р	О	Ф	Ф	И
Л	С	Ц	И	Т	В	Е	Ф	А	И	Ф	Е	С	А	Т	Л	Е
Ц	С	Е	С	О	С	С	И	С	О	Н	В	Б	И	Ц	Н	У
В	О	Р	О	В	А	Т	Ь	Т	И	Н	Т	А	И	Р	И	Р
У	О	Н	Т	Е	Т	Е	Ф	Е	А	П	А	У	Е	П	С	Я
С	Л	Ь	Т	И	Т	С	А	Р	Ы	В	Т	О	Т	Л	Р	Е

ВОРОВАТЬ
ЗАХВАТИТЕ
БАНАН
ФУРГОН
СВЕРНУТОГО
ПИЛОТ
ОБРАЗОВАНИЕ
ЧУВСТВУЮТ
СВЕТЛЯЧОК
СКРОМНЫЙ
КОМПЬЮТЕР
ЖИРАФ
ИСКУССТВО
МАСТЕР
ШАРФ
ЖЕ
ВЫРАСТИТЬ
СТОРОНЫ
ТЯЖЕЛОЕ
АДМИНИСТРАЦИЯ

Puzzle 722

ЗАМОРОЗИТЬ
СЦЕНАРИЙ
СМЕХ
ОТКРЫТЬ
ИДЕНТИЧНЫЕ
НОС
ХОЛМ
ВЫИГРАЛ
СУММИРОВАТЬ
ВЫРЕЗАТЬ
КАРЬЕРА
ЗАПУСКА
КОМПАНИЮ
СОБИРАЮСЬ
ПОЛОЖИТЕЛЬНЫЕ
СКОРО
ГРАВИТАЦИЯ
НАЙТИ
ЭКСПЕРТ
ТЕЛЕСКОП

У	С	Т	О	Н	К	А	Р	Ь	Е	Р	А	Е	Е	Д	Р	И
Й	И	Р	А	Н	Е	Ц	С	О	Б	И	Р	А	Ю	С	Ь	Т
Г	Р	А	В	И	Т	А	Ц	И	Я	М	Т	Е	И	Т	С	М
П	О	Л	О	Ж	И	Т	Е	Л	Ь	Н	Ы	Е	И	Л	О	С
Н	А	Й	Т	И	Ф	Ф	Т	Ь	Т	А	З	Е	Р	Ы	В	М
О	Т	К	Р	Ы	Т	Ь	Л	Т	Н	Е	С	Ц	Р	И	И	Н
Х	Т	Т	Н	Е	П	П	Л	А	Р	Г	И	Ы	В	И	Д	О
Ф	О	Т	Л	Е	М	Р	О	В	Х	Е	М	С	С	Е	Е	Т
И	Н	Л	У	М	И	Р	Л	О	С	Л	П	Е	У	Л	Н	Е
М	Л	Д	М	Д	Р	М	О	Р	М	К	У	С	Т	О	Т	Л
О	М	У	Т	У	Т	Е	У	И	И	Н	О	С	К	О	И	Е
И	М	Т	Ю	И	Н	А	П	М	О	К	Е	Р	И	Э	Ч	С
Е	Ь	Т	И	З	О	Р	О	М	А	З	У	У	О	Е	Н	К
У	О	Т	Л	Т	З	А	П	У	С	К	А	Е	Л	Е	Ь	О
М	О	С	Р	Е	М	Е	П	С	Н	О	С	П	Л	А	Е	П

Puzzle 723

```
П Е У И С С Д И Н Д Е Й К А С Т Ф
Р О Г О Н Н Е Л Е Д Е Р П О И С А
А П Я Л Ш Л Р Р И В Д А О У Д С А
К Р А С О Н Ж Л О Д А Ч М П Е С С
Т П Е А С П А Р М С И И О Н Н О
И И И Т С Н Т Т Т В Т С М Ь Д Т
Ч У О А С С Ь И П С П А С Н Е И Т
Е У У М Е Н В С Р Т М Т И И О Л Т
С Е В Т И И У Е И О Ь Я Т А Т Р
К С А А Т С Б Т И И Л Т М Е О С Б
И Т Н Л Р С О У Ь Т Я И Ц И Л О П
Е С П А С И Б О Т С Л Е П Г В Р С
К А Н А Р Е Й К А Р М Е Р У У Е И
К Р И З И С Е И Т О Ч Н О Б С Р Ц
П О Р У С Н И А С И А Т П Ы Н М Т
```

ИНДЕЙКА
ГУБЫ
ПОЛИЦИЯ
ЧИТАТЬ
ШЛЯПА
ОБУВЬ
ДОЛЖНО
МИЛЯ
ДЕРЖАТЬ
КАНАРЕЙКА
СТОИТ
ПОМНИТЕ
ОПРЕДЕЛЕННОГО
ТОЧНО
КРИЗИС
ПРАКТИЧЕСКИЕ
СПАСИБО
СТАТЬ
СИДЕНЬЕ
МИССИЯ

Puzzle 724

АБСОЛЮТНАЯ
ЗЕРКАЛО
ПРОСТОЙ
СТАЛЬ
ВЕКА
ЛУКОВИЦЕ
ЛЕЖАЛ
ГРАНИЦЫ
ОРГАНИЗОВАТЬ
ЧЕРЕПАХА
ОЧЕНЬ
ХРАБРЫЙ
НИЧЬЯ
ЗВЕЗДЫ
ЗАПАСАЮТ
ОПУСТЕЛИ
ЧАСТЫЕ
МОТЕЛЬ
ДОВОЛЬНО
ДОКТОР

```
Е Я П А В Д И П Е З Д Е Ч А Р Т Н
О Н Л О Е Е И С О Е О С А О Е М Р
Р И И Ч Д А П С Р Р К И С С Я И
Г У П Е П О Т И У К Т Л Т О М А Т
А Е Р Н Е И В Н Д А О Е Ы С У Н П
Н Ф О Ь Л Е Т О М Л Р Т Е П О Т У
И О С С Т А Л Ь Л О Е С Е Т Е Ю М
З М Т Й Р И Е Н Е Ь Е У С Е П Л У
О И О Б Ы Д З Е В З Н П Л Т И О Ф
В И Й У Р Р Т Е Л О О О Р Е Е С Л
А Л Е И Т О Б И Л И Т У И В Ж Б И
Т И Е Л Е Т Ю А С А П А З Т Е А О
Ь С И Ф У М И К Р Р Р Т О И У Б Л
Л У К О В И Ц Е Т Х Г Р А Н И Ц Ы
Н И Ч Ь Я А Л В Ч Е Р Е П А Х А Р
```

Puzzle 725

Т	Е	М	П	Е	Р	А	Т	У	Р	А	С	О	Л	Ь	А	И
З	А	Т	Я	У	Л	Г	О	Р	Я	Ч	А	Я	Л	У	О	А
А	Н	Е	Т	С	О	Н	И	Е	С	Т	Е	П	У	К	А	У
П	Е	М	С	А	Д	У	П	У	Б	О	И	А	О	Ж	Т	Т
А	А	Р	А	С	К	К	Р	Н	Р	С	П	В	Л	Ч	У	В
Д	И	Е	У	И	А	Ж	Р	А	О	И	С	С	О	И	Т	К
Н	Р	Е	М	Я	С	О	Л	Т	С	С	И	И	А	И	С	А
Ы	Е	В	Т	М	Е	Л	О	Т	А	Ф	Е	В	Л	Т	К	У
Й	Ы	Н	Т	С	Е	В	З	И	Т	И	И	О	М	Е	Е	Е
Н	О	И	И	Е	И	Р	П	П	Ь	С	Е	З	Н	М	Т	С
М	Я	А	Т	Ц	Н	М	М	Т	П	Т	У	М	Т	У	У	И
Н	Е	Р	Е	Г	У	Л	Я	Р	Н	Ы	Й	О	Е	Н	И	Т
Е	С	Ч	А	С	Т	Л	И	В	А	Я	Р	Ж	И	П	Д	Р
П	Р	Е	Д	Л	О	Ж	И	Т	Ь	И	И	Н	Г	Т	А	И
К	А	Р	М	А	Н	Н	Ы	Й	Р	Р	У	О	О	У	У	М

ТЕКСТ
ПРЕДЛОЖИТЬ
БРОСАТЬ
СТЕНА
СОЛЬ
ВОЗМОЖНО
МЯСО
КАРМАННЫЙ
ЛОДКА
ИЗВЕСТНЫЙ
ЛОЖКУ
СЧАСТЛИВАЯ
ТЕМПЕРАТУРА
КУПЕ
ГОРЯЧАЯ
ЗАПАДНЫЙ
ПОЧТА
НЕРЕГУЛЯРНЫЙ
ЖУК
НЕТ

Puzzle 726

ТЕАТР
ЛЕС
ДИКИЙ
ФОРМУЛУ
ПРИНЦ
БИБЛИОТЕКА
ПОЗДРАВЛЯЮ
ПОЗЖЕ
ЭКСПЕДИЦИЯ
ПОТЕРЯННЫЙ
ГОСУДАРСТВО
ПОЖАРНЫЙ
ЛЕД
КОНКУРС
ГОЛОВА
ГРЯЗНЫЕ
ЛИШИТЬ
ШАГ
ВЕЛОСИПЕД
РАЗЛИЧНЫЙ

Т	Ю	Я	Л	В	А	Р	Д	З	О	П	Р	О	П	Г	А	Р
П	П	Т	Д	Е	П	И	С	О	Л	Е	В	Н	О	О	И	Т
Г	Т	Е	М	Е	С	Т	У	С	И	У	И	К	Т	С	У	О
А	М	А	Е	Т	Е	Н	И	Е	Ш	А	Г	О	Е	У	Р	Е
В	К	С	Д	М	О	Р	У	О	Т	О	И	Н	Р	Д	Р	Н
О	Е	Е	Ы	Н	З	Я	Р	Г	И	Р	П	К	Я	А	Е	О
Л	Р	Т	Т	О	И	Л	И	И	Е	Т	Л	У	Н	Р	Р	М
О	И	Р	Р	О	И	Г	Т	И	Е	М	И	Р	Н	С	А	Е
Г	Л	Я	И	Ц	И	Д	Е	П	С	К	Э	С	Ы	Т	З	Е
И	Е	Е	Е	Н	У	Л	У	М	Р	О	Ф	Л	Й	В	Л	А
С	Д	Е	С	И	Л	У	Б	М	У	И	М	И	А	О	И	И
П	О	Ж	А	Р	Н	Ы	Й	И	К	И	Д	Ш	В	У	Ч	В
А	С	З	Д	П	И	С	Е	Ц	Б	Л	И	И	А	С	Н	Т
О	Л	О	М	О	О	И	Т	Е	А	Т	Р	Т	Л	В	Ы	М
Т	У	П	И	У	И	Т	И	И	Ф	А	Е	Ь	Е	А	Й	Е

Puzzle 727

```
С И Р П М У М М С Л А К Р А П У Р
С П М Д У У С У Е С С С Р О Й А М
Э О У И П В О Ф М О Е Э П Е Р Т У
К Л Б С У А У М С Е Б Р Н С С Е Е
С О Л С К О Б Е С П Е Ч И Т Ь Т Т
П И У У Т А К С А Л Н М С Т Г А О
О Р О И Б В Ю Ф О Р Т Е П И А Н О
Р А О С Е У Е Т Я З Ы К О В О Й М
Т Е С Л Е И О Н С Л С С Е Л Н Е Е
Х О Р Е К И П У Н Я А М У М Н Т Д
У С П Е Х А У Л С О Р Е С В С У И
Т А Б Л Е Т К И О Р Г С М У А А Ц
У В Е Л И Ч Е Н И Е А О С Т О Н И
А В А Н Т Ю Р Н Ы Й О Н Д О Р Т Н
Г О Р Н О С Т А Й Е М Л П О Р Л У
```

ОБЕСПЕЧИТЬ
ФОРТЕПИАНО
ХОРЕК
УВЕЛИЧЕНИЕ
ЛАСКА
АВАНТЮРНЫЙ
УСПЕХА
ПАРК
ТАБЛЕТКИ
ЭКСПОРТ
ЯЗЫКОВОЙ
МЕДИЦИНУ
НЕБЕСА
СЭР
МАЙОР
ГОРНОСТАЙ
РОДНОЙ
СОБСТВЕННОГО
КРЕСТ
СПУСКАЮТСЯ

Puzzle 728

СТЕПЕНЬ
ТЯНУТЬ
НА
ОГРАЖДЕНИЕ
ЛЕНТА
БЕЙ
УЛИТКА
СИЛЬНЫЙ
ИНТЕРВЬЮ
ЛЕДИ
ЗАЧЕМ
СИНИЙ
БЕССМЫСЛЕННЫЙ
КОМПАНЬОН
ОБЩАТЬСЯ
МАТЕРИАЛ
РИС
ОСНОВНОЙ
ПУТЕШЕСТВИЕ
КОЛОНКИ

```
К А И И И Е Т Н О С Н О В Н О Й П
У О И С М А Е С М У Р М П И Н Б У
Л А М Р И С М Е И Т Л М Р О Е Е Т
И Е Е П Ф Й Ф В У У И Е Е Ц Р С Е
Т Р Ч Т А И К Н О Л О К Д Е А С Ш
К И А Е И Н Е Д Ж А Р Г О И М М Е
А Н З Я Н И Ь Т У Н Я Т О Е А Ы С
О А Е С О С А О С Е Т И Т М Т С Т
В В Ю Ь В Р Е Т Н И Ф В П У Е Л В
Е М Е Т У Т Е В Ц Е Л С И Л Р Е И
И Б Р А С И Л Ь Н Ы Й Е Б Е И Н Е
П И Р Щ Д Е И А Н Н Т Т Н Е А Н О
М И Р Б О И Р М Л О М Р И Т Л Ы О
О И Е О Ф П С Т Е П Е Н Ь Е А Й О
Ф Н О Я А Я Р Р С Е Е И Т И И Л Р
```

Puzzle 729

```
Д М О М У Л Н Д Н Н Б У Ж П Н И М
Т О У У Т М Т В У Т Е Д Е Р У О И
П Л В И П Е И Е Н Э Й А Н Е Е И Р
О Ь Н Е Л Ю Т Н У Л С Р И К И О И
Н Т П Ы Р Е С А Ч Е Б Ц Т Р Е Т И
И Т М Н Е И Е Д О М О Е Ь А А Й Л
П П Е Н Т Л Е Ц И Е Л Н С Т О Ы А
Е У Л Е Р А И А Е Н И Р Я И П Н Ш
Е С Р В Р Н Н Т С Т Е И И Т Е Т Ы
И Н М Т Т З А Ь С А К Е И Ь Т К Л
Н И И С И Е Л В М Р Н Р З А П А С
П М И Е Р О Е Р У Н Д Е О И П П У
Р С А Щ А С Ж Е М О Л Т Б В С М М
А П Р Б Ц С Е Ч А Р Е С Т О Ь О О
Е Л Ц О М Т Л А И П Г Р У Ш А К М
```

КОМПАКТНЫЙ
ЧАС
ТЮЛЕНЬ
ЗАПАС
СЛЫШАЛ
ЖЕНИТЬСЯ
ПРЕКРАТИТЬ
ЧЕРВЬ
ДВЕНАДЦАТЬ
БЕЙСБОЛ
ЗНАЛИ
ЖЕЛАНИЕ
УДАР
АРЕСТ
ДОВЕРИЕ
КРОВЬ
ГРУША
НЕБО
ЭЛЕМЕНТАРНО
ОБЩЕСТВЕННЫЕ

Puzzle 730

ОБЕСПОКОЕННЫЙ
БАР
УПРОСТИТЬ
ЯГНЕНОК
НЕДЕЛЯ
СЧАСТЛИВЫЙ
ОБВАЛА
ХОДЬБА
НАБОР
НАПОМНИТЬ
ВЕСЬ
АМУР
ДУМАЛ
СТАТЬИ
РАЗНОРОДНЫХ
СТИРКА
ТРЮК
ЖЕСТКАЯ
ЕГО
КЛУБНИЧНУЮ

```
У Р К Х Ы Н Д О Р О Н З А Р Н П У
Д П Ю П С А Л А В Б О Т У О А Б С
Р И Р О А Б И Б С С П Г О О П Е И
Л О Т О Т О Е Ь О П О Т Е М О М С
О О И Е С Р А Д А А А Е И О М Ж Е
М Д М Р С Т С О М С М Д О И Н Е А
И У О А А О И Х В Е У Т М О И С И
А М Б А Р Ь Т О Е Р С Т У Т Т И
А А Т П П Е Т Р Ь И А Р А И Ь К Л
Я Л Е Д Е Н А У Р И Т Т А Е А А Г
Л Й Ы В И Л Т С А Ч С С А С М Я Р
Л П М Н И О С К Л У Б Н И Ч Н У Ю
С Т И Р К А Я Г Н Е Н О К И Р Г С
В Е С Ь О Б Е С П О К О Е Н Н Ы Й
О Е А Н П У Е Т П Р Н М М Е М Р А
```

Puzzle 731

```
К У Р Т И Б Б С К Н У Ч О Х Р А О
И О Т И Е Р И В О С Д С Т Т А У С
У Л Р Д Ш Т Е О Л Т А Е У Т Д Д Т
И Т Р О Ь В Я Б Е Е Ч Д Г М У Н О
М С С Х Л И С О Н Т Л У Н Л Г С Р
Р П Т Д О Ь Е Д О Е И П Т Е А Е О
Л П М О Б О Д Н Е У В В О С Р И Ж
Ф А М П Е Е О А Е М Ы С И Н А А Н
Х О К К Е Й В Я Л Е М Ю Р И С Т Ы
Н Л Ю Б О П Ы Т Н О И Н А С И С Й
И П Р А З О Ч А Р О В А Н Н Ы Й У
М Т И Е С Л Е А С В Ы С О К А Я М
И Е И У Т И Н М У Т Т Ф О Р М А Т
У И С С У Н Р И П А А Ц И Т А Т А
С Н Н У Л Е М Р У И Н Е У Н Е Е И
```

УДАЧЛИВЫМИ
ФОРМАТ
РАДУГА
ОСТОРОЖНЫЙ
КОЛЕНО
ВЫСОКАЯ
АРЕНДА
ЦИТАТА
БОЛЬШЕ
КОРОЛЬ
СТУЛ
ХОККЕЙ
ТЕТЯ
РАЗОЧАРОВАННЫЙ
ЮРИСТ
САНИ
ХОЧУ
ЛЮБОПЫТНО
СВОБОДНАЯ
ПОДХОДИТ

Puzzle 732

УДАЧИ
ПОГОДА
СООТНЕСТИ
ПЕРЕРЫВ
СМИ
ИЗУЧИТЕ
СПЕШИТЬ
ПАЛАТКА
СКАЗАТЬ
ПЯТЬ
КРАСИВЕЕ
ЧРЕЗВЫЧАЙНЫХ
ТЮЛЬПАН
ДРЕВНИЕ
ВЕЩИ
МНЕНИЯ
ПОТЕРЯ
СЛАЙД
ВЫТЕСНЯТЬ
ТЕЛЕФОН

```
С О О Т Н Е С Т И П П К Е И И С И
А О М М А И Т Е М О А Р П Е П У М
Ф Д Н О П Н С Е С Т Л А О Т Е Е И
Ч И О Ь Ь В Н Ц С Е А С Г П П Т Е
И Р Ф Т Л Е Р М Р Р Т И О Р Р Р М
И И Е А Ю Р Н Е У Я К В Д И Ь У Л
А Е Л З Т Д П Я Т Ь А Е А И Т И И
Б И Е А В С Л А Й Д Л Е О М Я М Т
С Е Т К Ы Ы У У Е М С Е У Т Н Я Е
М С А С Р У Ч Д Н Р С М С В С С Ц
Ь Т И Ш Е П С А А Ф М Я И Н Е Н М
Р Т Т С Р Е М Л Й Ч Н С У Т Т Щ У
Т Н И Л Е Е Т Е У Н И Т Р И Ы У И
У Т И О П И И Р Т Ц Ы А Р И В Т Р
И З У Ч И Т Е Н Р Р Р Х Т А О М Т
```

Puzzle 733

```
Е Е А Т Е И Л А Т С У Н Л О М Е П
В И Д Е О С П У П И О И Т Н Л Р И
И А Р О А В П И Ч Р Е О Е Е И П К
Е С Н Т Т М Е Н Д Ш И Е М Н Р О П
Е Т Л Ю Б О В Ь О Т Е Г И Н И А О
А О Т Е Т Д И З Х Л И Е О И У Т Л
О Й Е Е Е Я М А Д У Е У Е В Ф О Н
Н К И Ф С Р Т С О А Т Л И Р О И О
П А Е У Т Т И У П О Н Р Т Н У Р С
С М В Р О Е И Х Т Т Е А Д Ц О И Т
И М Н И Л С Ю А Д Ю Л Б А Н Л Н Ь
Т У В Н Д Т П Д Н М И Н С Н Е Д Ю
Т С Д И Т М И О Л Е С М И М Л Е А
С Т Л И Я З А К Л Ю Ч Е Н И Е К А
Ц П А Д Е Н И Е Р С Т Л Р Т И С И
```

ЗАСУХА
ПОЛНОСТЬЮ
ЛУЧШЕЕ
РЯДОМ
ПАДЕНИЕ
СТОЛ
ПРИГОВОР
ПИК
ДИВАН
СУММА
ИНДЕКС
ВИДЕО
ДНЕМ
ЛЮБОВЬ
СТОЙКА
НАБЛЮДАЮ
УСТАЛИ
ЗАКЛЮЧЕНИЕ
ТЕСТ
ПОДХОД

Puzzle 734

СУЩЕСТВИТЕЛЬНОЕ
ЯЩЕРИЦА
НАСТРОИТЬ
СЛАБЫЙ
ХОП
ДЕТСКАЯ
ЖИДКОСТИ
НОГТЕЙ
ОБЛАЧНО
ЧИСТАЯ
РАССВЕТ
ПОСТАВИТЬ
ФАЗА
СТАДО
РАВНЫХ
ЧАША
СООБЩЕСТВО
ОБУВИ
УРОВЕНЬ
ВЛАГА

```
П Й Ы Б А Л С И О П С И С И А О Н
У Е О Н Ь Л Е Т И В Т С Е Щ У С А
И Т Н Н А И У В Р Е Е О Е С С Т С
Т Г И У Ф И Р И С Л В О С О Е Н Т
Ь О Н Ч А Л Б О В О С Б Д Я И И Р
Я Н И Ч И С Т А Я Е С Щ Ф А З А О
Щ П Е У Т И О Ш М О А Е У К Т И И
Е О Е В С С Р А В Х Р С С С Е С Т
Р С И Е О Е Е Ч Л О И Т Н Т С С Ь
И Т О О К Р И Р А П Н В М Е Л Н О
Ц А Е О Д Е У Т Г У У О У Д Т Р Е
А В Т И И Е С И А О О О У Б Н Т И
У И Е В Ж И О О М А С Е Е Т О И А
Н Т Р Л П Ф У С Р Р В О В И Н С Н
Е Ь У С И И О П И У Р Р А В Н Ы Х
```

Puzzle 735

```
К Д П У У Л В Я Ц Р А Н Д Б Ж С М
Е Р О Е С М С И К Ю Р Б Т Н Е М С
М Д А К Ч О Т Р Л И Е И Н Ь Л И Л
Е Е А С А О Л О Р Т И С И Л У З С
Ъ А Д Т К З А Г Т С М У Р Б Д М М
Б И П С М И А Е П Т У В В А О Е Т
О У И У Е И А Т Ф А К Т О Р К Р Р
Р Л В И Л С Р А Е О С Р Е О О И И
Е Т С Е О Т Т К О Л С Е М К М Т Д
О Т Ч Е Т Е Т Р М Е Ь Ж У И О Е Ц
Ф Р А Г М Е Н Т А Е Т С Г Е Ф Л А
Д Р А Г О Ц Е Н Н О Й Л Т О Р Ь Т
Я Я Л В О Т Ы С Я Ч А С Т В О Н Ь
Р А С С Л Е Д О В А Н И Е Е Е А Ы Е
С Т А Н Ц И Я О Е Н А Е Т М Ф Й Е
```

ТЫСЯЧА
СТАНЦИЯ
МЕДСЕСТРА
ЖЕРТВУ
ДРАГОЦЕННОЙ
ДОКАЗАТЕЛЬСТВА
ЖЕЛУДОК
ВО
КОРАБЛЬ
ТОЧКА
БРЮКИ
КРАСКИ
ФРАГМЕНТ
КАТЕГОРИЯ
ФАКТОР
ИЗМЕРИТЕЛЬНЫЙ
ТРИДЦАТЬ
ОТЧЕТ
ОБЪЕМ
РАССЛЕДОВАНИЕ

Puzzle 736

ОТВЕТСТВЕННОСТЬ
ПАРЕНЬ
ВИДИМОГО
СТРУКТУРА
ПРЕВРАТИТЬ
СВИНЬЯ
ИСТОРИЯ
ГЛУПОЕ
ГОРЯЧЕЕ
ПОЧВА
РЕДКО
КАШТАНЫ
ЗООПАРК
СУЩЕСТВО
ЗМЕЯ
ОГРАНИЧУСЬ
БИЗОН
РАСПРЕДЕЛИТЬ
ПРИЕХАТЬ
ЭКОНОМИКА

```
П Р И Р Т Н Е П О И С Т О Р И Я С
Р Ы Н А Т Ш А К А Т А Ф К П П И В
Е И Т С Т Р Р В К Р О Н Д Р С И И
В Ь М П О Т У Е И У Е О Е И У Р Н
Р С Я Р Г Н Т Т М Р О Н Р Е Щ О Ь
А У М Е О Е К П О И М О Ь Х Е Е Я
Т Ч Л Д М О У П Н Т Н З Р А С И М
И И Р Е И З Р Г О А Е И Г Т Т И М
Т Н У Л Д Т Т О К Т И Б Л Ь В Л М
Ь А Р И И Т С Р Э И У И У В О У Ф
О Р О Т В Е В Я И А Е О П Е Р Л П
Н Г С Ь Р Н Т Ч О С Е О О М Я Е У
З О О П А Р К Е И У Ф У Е М У Р М
А И Н И И У М Е П О Ч В А У О Р Т
О Т В Е Т С Т В Е Н Н О С Т Ь Е А
```

Puzzle 737

```
У М Н Е Е Х П У М П Е Г Л У М П П
У Р Р И М Т О О С А И О С С А Р О
Р Е Л Н М Р М Л Я А Т Р Р Л Л О Р
У И П Е Е С Д Р О В Р Ы Н У Ь Б Т
О Т И Л Т Е О Т И Д Л У М Г Ч Л Р
Е С И В И Р Ч С Р Р И Я Ч И И Е Е
Ф Т А А О О Ь Т П Е Ф Л Ю Н К М Т
У О Т Д М Н Е М Я Ш С Е Ь Т О А Т
Н М М О У Е Л Л Е Е С Е И Н С Г О
Т Н А Ч А Т Ь Я Я Н Ш Е Н В И Я О
Ы И Ф Т У Е А А И С И В Р Н К Л
Е У О О В Т С Ь Л Е Т И В А Р П А
Р В Ы В Е С Т И И Р У И Е Ф Е О Д
Т Р В М А Т Н В Н П У Т Ь Р В И Н
П О П У Л Я Р Н А Я Ц И А Р М П О
```

ФУНТЫ
ХОЛОДИЛЬНИК
ВЫВЕСТИ
МАЛЬЧИК
РЕШЕНИЕ
ЛАДНО
ДОЧЬ
ВНЕШНЯЯ
ГОРЫ
ДАВЛЕНИЕ
ПОЯВЛЯЮТСЯ
ПОПУЛЯРНАЯ
ПОРТРЕТ
РУЧНОГО
УСЛУГИ
ПРОБЛЕМА
УМНЕЕ
НАЧАТЬ
ПРАВИТЕЛЬСТВО
ПУТЬ

Puzzle 738

НЕ
РАСШИРЬТЕ
ВНЕЗАПНО
ПЛАСТИКОВЫЕ
КРИК
ПРОИЗОЙТИ
ЗНАКОМЫЙ
УНИЧТОЖИТЬ
ПАСТЕРНАК
ПУСТЫНЕ
ГРОМЧЕ
УСИЛИЕ
ПРЫЖОК
ЮБКА
УРАГАН
ЗНАЧОК
БЫЛИ
РАЗБУДИТЬ
ЗАВТРАК
КИПЯТИТЬ

```
А С М П П У Н И Ч Т О Ж И Т Ь П И
П У С Т Ы Н Е Е К П У К О Ж Ы Р П
Н Е Е Р У Р А Г А Н Е К Р И К О Л
И Р У И М А И Н Р М У Н Н Л Е И А
У С И Л И Е Н Е Т Т Т Ц С Ы Н З С
Р Т Н Е Ф Л М Р В Н З Т С Б Л О Т
Б Л И Т Е И Н Л А О С Н М П И Й И
С О М Т Е П Т С З С С Ь А А Е Т К
З Н А К О М Ы Й Е И Ш Т У Ч О И О
Ю П А С Т Е Р Н А К И Г Р О Е В
Б А Р А З Б У Д И Т Ь Т Р О И К Ы
К З И Д П Е Е С Н Р А Я А Ь Т Т Е
А Е Ч М О Р Г А Ф Л И П С Т Т Т Н
О Н Н Е Н С И Е А У Т И Т И Л Е О
О В В С Д П И П Е И М К В У И А У
```

Puzzle 739

```
Р С Т Ф Р Л Н А И Д А Е С О С С У
А О Е Е Ы Н Д У К С В К П О О В Д
З О Н Ь Л А М Р О Ф Е О А А И Е Ю
Г П Ф Р Р Е И Р У Е Л Ч Й И С Ж Й
О О Н И Е М Ф Т М Г О Л Ы Н А И М
В З О Щ Д И Е О Т Р Р О Н Е О Е О
О Д Н Е И У Н Н Н О О Т З С У Й В
Р Н А Т С А У Е А Н К С Е К С Ы Е
О Ю Е К К Д Л С Д Н Ы И Ь А Л Н И
И Ю С У А С С М Н И М Е Р Т Ы Н Е
Т О Л Ь К О Е С Н О В Е Е А Ш У Г
Ч А С Т Ь Е Й Т С Н И О С Н А Л С
А Е И Р У Т Ч Е Р Е Т О Л И Т П А
У А Р С П Л А М Л Р С Н И Е Ь Е Т
И Е У С И С С Я У Д М А С О А О Е
```

СЕЙЧАС
ДЮЙМОВ
СКУДНЫЕ
ВИДЕНИЕ
ДВОЙНОЙ
ТЕЛЕФОННЫЕ
СВЕЖИЕ
УСЛЫШАТЬ
ПОЗДНЮЮ
ЛУННЫЙ
КОРОЛЕВА
ЧАСТЬ
ТОЛЧОК
ТОЛЬКО
ФОРМАЛЬНО
КАТАНИЕ
РАЗГОВОР
ЩЕТКУ
СЕРЬЕЗНЫЙ
РЕДИСКА

Puzzle 740

УПОМИНАНИЕ
ДВЕРЬ
РУЧКА
УПРАВЛЕНИЕ
КАРТИНКА
ПОТЕРЯТЬ
БЕЗОПАСНО
ОБЛОЖКА
СИТУАЦИЯ
ПОНРАВИЛОСЬ
КТО
МЕХАНИК
ЖЕСТКИЙ
ЕДИНУЮ
ПРОИЗНОШЕНИЕ
КРАСОЧНЫЕ
КАРТОФЕЛЬ
ЛИБО
ВОЛНА
УЧРЕЖДЕНИЕ

```
Р С Е Е О О П О Н Р А В И Л О С Ь
С И А С Т У Б Е Т Е В С Ц М Р У И
Е Т Т Д Г Е И Л С И И Р Н О С Е П
И У Г А О И Н Е О Р У С У Д О И В
Н А Р И С Е О М У Ж Е Т Е И Н Н М
Е Ц Е Л С И С С М А К Н И Т Р А К
Д И Й И К Т С Е Ж М И А Н И Б Н Д
Ж Я Е Б К Р А С О Ч Н Ы Е Р Е И В
Е И Е О Р Ю У Н И Д Е П Л П З М Е
Р У Ч К А М Р У Л О П Е В Р О О Р
Ч У С А Н Ь Л Е Ф О Т Р А К П П Ь
У К И Н А Х Е М О П В А Р Т А У М
Ь Т Я Р Е Т О П Н Д А Т П С С С У
Р О П Т Р Т И И Р С С Р У П Н У И
П Р О И З Н О Ш Е Н И Е Т Т О Е Р
```

Puzzle 741

```
О Е У Н А И И В М Д Г Е С О З Т Н
И П Е У Б Н Е Н С У У О П Б Е И У
И Е А У Е В М У П М Ж Л Р Ъ Л П И
М У Т С И Т Е Т М О М Е О Я Е И С
С Н У К Н М М Р У И Ч Р С В Н Ч Е
Т И Н Е Е Ы Т Е Э Т У Т Е И Ы Н А
А А И Л Ш С Й Н Р И Л С И Т Й Ы С
У О М П О И М Н А С Е Ы Н Е Ф Е М
С Б С М Н А Т Я Б Е Р В А Л Т О Е
Р Л У О Т Е С Я О В Е И Т И В О О
Л А С К О Е О М С Т В А Е Ч И О Т
О С И О Н Н Д Е Т Д О Е Ч Н А А Л
Ь Т И В О Т О Г М Д К Ф О Ы Е Р А
М И Р Т О М С С А Р Е Е С Е С С Т
С И М У Н А Д Е П А Б Е У М Р Т Е
```

ТИПИЧНЫЕ
ПОЧТИ
ОБЛАСТИ
СОЧЕТАНИЕ
ВЫСТРЕЛ
ЗЕЛЕНЫЙ
ВЕСИТ
ГОТОВИТЬ
ОПАСНЫЙ
ОТНОШЕНИЕ
КОМПЛЕКС
МУЖ
РЕБЯТА
ОБЪЯВИТЕ
КОВЕР
МИНУТА
ВНУТРЕННЯЯ
ЭТУ
ЛИЧНЫЕ
РАССМОТРИМ

Puzzle 742

ЧТО
ВЕСЕЛЬЕ
СЕРЕБРО
КАБИНА
ВНИЗУ
СЛОВО
СЕМЬИ
НОВОСТИ
ДЫРА
ПОСЕДЕЛИ
ЧАЙ
МЕЛКИ
ЗАПРОС
ЕДА
ПРАВОПИСАНИЕ
ФЕРМА
ВЫЖИТЬ
ВЫДЕЛИТЬ
ГНЕЗДО
СИДЕНИЕ

```
В А С Г В З Т С А Е С П Ч Т О В Р
Ы И Е Н Е Н А Д Е Т Е О С М Т Ы И
Д И Р Е С И Е П О И М С Т О Г Ж Р
Е Л Е З Е И Н Т Р В Ь Е Р У Е И А
Л С Б Д Л Н У А У О И Д С А Е Т И
И М Р О Ь И Р Р С У С Е Л А И Ь У
Т И О Д Е Ф П Ы А И И Л О Л Р М У
Ь И О Р А Е Н Д С Е П И В Д И Л Н
Т П В П Т Р П А Е П И О О Т В П О
Й А Ч У Ц М О Т Н У П Н В Р У Е В
У Н С А У А В М И Т Е М С А Я Н О
С И Д Е Н И Е Н Н О М Е В П Р И С
И Б М С А С И Т И Е О Л Д М О П Т
О А Д Т Л А П С Н З Я К А И Е Е И
С К М М Т И Т Е О О У И И Н Т Л И
```

Puzzle 743

```
С Т Я Т Л Е С О Е Р М В А О Е К Е
Б О А Т Е Е А С С Е К Т Л Е И Р А
Л О Б Т Й А Г У П О П А Н С И И Д
И Б И А И Д Х У Д Ш И Е Л Ц Л В И
Ж И И К К В А К В Р Р Н И И С А Т
А Л А И О А П И А Е Т О П Е Т Я Н
Й Ь С Л Р Р А Н О Г К К Р Т О К П
Ш Н Т Б И П З Х Т М У П А Л Б У И
И О О У Ш Е П Е И Т Д Р В Ф В И А
Е Е Е Д П М Я Т Е И О Р И М И Е Е
Т М И Т И С И М У Т Р О Л Р Н Е У
С Р Е Д Н Е Е М Н Л П Т О О Я С Л
У В П Е Ч А Т Л Е Н И Е А М Т Н Р
С Р М Ш И Т Ь Ц С У И У О И Ь М С
И Т П И У Е А Р Т Р Н О М И И С Р
```

КАЛИТКИ
СОБАКА
ОБВИНЯТЬ
СРЕДНЕЕ
ТЕХНИКУ
ФАКТ
ШИТЬ
ПРАВИЛО
ДУБЛИКАТ
ПОПУГАЙ
ПРОДУКТ
ОТ
КРИВАЯ
ПРАВДА
ХУДШИЕ
ВПЕЧАТЛЕНИЕ
ОБИЛЬНОЕ
БЛИЖАЙШИЕ
ШИРОКИЙ
ЗАПАХ

Puzzle 744

ШПИНАТ
ДЕВОЧКИ
ПОСЕЛЕНЦЫ
ОРИЕНТИРУЙСЯ
ВЫХОДНОГО
ПЛЕЕР
МЫЛЬНОЙ
СТАРЫЙ
ЧАСЫ
КОТЕНОК
НЕДАВНО
ПОЛУЧАТЬ
ДЕТАЛЬ
БУХАТЬ
ПОПЕРЕК
ДЕСЯТИЛЕТИЕ
ПАУЗА
УТРОМ
ПУГАЛО
СМЕЯЛАСЬ

```
О О Р И Е Н Т И Р У Й С Я Т У П Е
О Н Р А Н Е И Л Т И Ы О И И С Н Е
Р Р Р О У Е Е Р Е О Р Л Н И У Р Т
Ц С Е И С В Д Н Д Ф А А М Ь В В Н
Д Е В О Ч К И А Е М Т Г Н О Л У Р
П О Л У Ч А Т Ь В О С У О Е М Ы Н
П О П Е Р Е К Б С Н Ш П С Е И С М
Е Е П Е А А З У А П О П Р О Е А Л
Н И С Е Ц В Р Х У И Т О И Е О Ч Т
У А Е Е У Ь С А Л Я Е М С Н М Ц Д
К О Т Е Н О К Т Е А Р И Л О А Л Е
С П Т И Р О Ф Ь П Л Е Е Р М А Т Т
И О Т Т О П О С Е Л Е Н Ц Ы Т А А
А В Ы Х О Д Н О Г О У Т Р О М Ф Л
А Н Т О Е Д Е С Я Т И Л Е Т И Е Ь
```

Puzzle 745

```
М У Л Е О Т С С П Д Б И Р Г О Т Е
А О Е Т О И С У Р Р Е Ж Д Е Н Е М
Е Е Щ Т М М О М О А С А П Р У А Р
Е Е Н Н Р М Д Т С П П Н Т И Т Н А
С М А Н О А У М Т О О Е У А М И З
М Е М У Е С Л Н И Е К Ц С У М М Д
Т Л Т Н У У Т В Т Л О О М Е О О Р
А Т Т Р И П С Ь Е У Й Е С А Ц П А
И З Н О Ш Е Н Н Ы Й С И С Е Н А Ж
Р Р В И А Р О И Е И Т М М А П Н Е
П О Н И М А Н И Е М В И Н О Ж Е Н
А Н Т И Ч Н Ы Й М М О А И С Т Р Н
Т А Й Н Ы Н И Ч Ж У М Л М С Н Ф О
С О П Р О В О Ж Д А Т Ь Т Р Е Н Ц
Т А И Т О Е Ц О Р О Д И У Е А У М
```

НОЖ
ПОНИМАНИЕ
МОЩНОСТЬ
РАЗДРАЖЕННО
МУЖЧИНЫ
ПЕСОК
СОПРОВОЖДАТЬ
САММИТ
ПРОСТИТЕ
ИЗНОШЕННЫЙ
МЕНЕДЖЕР
НАПОМИНАЕТ
БЕСПОКОЙСТВО
ЦЕНА
НУ
ТАЙНЫ
ЛЕОПАРД
РЕПУ
ГРИБ
АНТИЧНЫЙ

Puzzle 746

ЛЕВ
ГИГАНТСКИЕ
ПАУКА
ЧТОТО
РАКОВИНА
ГАЛСТУК
ЛИЧНО
ВЗЯЛ
СЛОН
СДЕЛАНА
УМНОЖИТЬ
УСТРАИВАЙ
ДЕТИ
ПРЕДПОЧИТАЮ
ДРУГИЕ
СОВА
ПОЛОВИНА
ПРЕДЛОЖЕНИЕ
НАКЛОН
КРОЛИК

```
Е И Д П П Р Е Д П О Ч И Т А Ю В Т
Н О Е У Р С О В А С П Р О Н И З И
П Е Т Р А Е Ф М И П Т А Н И Т Я Н
О С И Г М И Д Л Р И Н М М В О Л А
У Н Е Ф Д Н О Л Е Е И О М О М И К
Й А П Р Д М Т И О Б С М Т К И Р Л
П А У К А Е Р С Т Ж У Д С А Н О О
Л Е В К У А И Н О А Е О Е Р Ф Е Н
И Д Е И Т Т М У Т И П Н О Л С Б О
Ч С Л Л А Д Е Г Ч О Е М И Я А Н Е
Н У С О Е Р Д Р У Г И Е И Е У Н Д
О И Д Р Р Ь Т И Ж О Н М У И Д С А
Т М Р К И И С С П О Л О В И Н А Р
Е Е Т И У У О К У Т С Л А Г У Л И
Г И Г А Н Т С К И Е Н П С У И А С
```

Puzzle 747

```
Ю Д С С О Н Е М И Н Н У Т С О М К
Р Е В С Н О П О Л О С Т Ь Е Р У А
И И М О Л С А М Е С А У Е Б Ф Т Л
Д С У А Р О М Е Е Ф И У И Я С Н Ь
И О Е О Ц К Е П П Т Р Т О Л Л Ы М
Ч В З А И М О Д Е Й С Т В И Е Й А
Е С О Б С Т В Е Н Н О С Т И У Я Р
С Т П Л И С Р О Д И Л С Я Н Г Е Ы
К И С П О Л Ь З О В А Т Ь Т Р Д И
О П Е Н Н И М И М К А М П А Н И Й
Е П О Х О Ж И Е А Т З Р Т Е Р У П
Л О С Р И Е И С А Р С Р А У Ф В Н
А А Т О Ц Е Н И Щ Е Т А Б П М Р Е
И С О Л Н Ц Е З А Щ И Т Н Ы Е Т Л
Е М И М Е Т Т О Д С А С У Т У Е Е
```

ПЕННИ
СЕБЯ
НОСОК
СОБСТВЕННОСТИ
ВЗАИМОДЕЙСТВИЕ
ПОЛОСТЬ
МАСЛО
КАМПАНИЙ
МУТНЫЙ
РОДИЛСЯ
ИДЕЯ
КАЛЬМАРЫ
ЗА
НИЩЕТА
ПОХОЖИЕ
ЮРИДИЧЕСКОЕ
ПАРА
ИСПОЛЬЗОВАТЬ
СОЛНЦЕЗАЩИТНЫЕ
ДВОР

Puzzle 748

ПАРУ
ИСПУГАННЫЙ
ПРИСЛАТЬ
ЧЕЛОВЕК
ВИРТУАЛЬНУЮ
РОТ
ЕЗДА
ЗАХОТЕЛ
ТАЛАНТ
ЭКСПЕРИМЕНТ
УМ
ВЫШЕ
УКАЗАТЬ
ВЕСНА
ГОВОРЮ
ЛИНИЯ
ПО
ПРАВИЛЬНО
КАЖЕТСЯ
ВПЕРЕД

```
П О М Э И И С Т У П Р И С Л А Т Ь
Р М Р М К Я Т Е У К И Г И Н Т Я П
П А Р У У С Й Ы Н Н А Г У П С И Р
Л Е И Е М Т П Л С Т А З О М Л Н А
З А Х О Т Е Л Е Ш Ы В П А Р М И В
Т Н Е Е Н Ж Р С Р И Л О Н Т Р Л И
Т М О Е Н А Р О Р И Т Е Е Е Ь У Л
А Т Б М И К И У Т Г М Д Т М Е С Ь
П С Ф Т А Е А Л И О М Е А Д З Е Н
Т А Л А Н Т Р Ц И В Л Р Н С Т А О
Р Е Е И Е Л М О У О Р Е С Т И А Л
Н Е А Н Л М Е П А Р Е П Е У У М Ф
А Т И Р И М Т С Т Ю И В В О У Т Ф
В И Р Т У А Л Ь Н У Ю И Н С Р У А
Ч Е Л О В Е К Р Е Е Н Л В О Т А У
```

Puzzle 749

```
И А Н Е У Т П П Т О П Т П Р Е Д Л
С Л А Д К И Й Л Н Я У О Е О У И И
И У К И Ы А П А А А И Е Л Т У С С
Е У Т Т З Т Р З С Н Д И Ч Е Р К Т
Е С Р У У И Г А Е Н Е О И И Т У Ь
Т П У Ц М Ш О К Л Е Р Т С Р О С Я
П Б К И С И С С О М Е С Л Р Р С Т
С У А В И Н П У К Е П О И П И И И
В И З И Т А О С Е Р В Р Т У У И Т
А Р О П У Т Е Ч А В А П Е М Н И И
А Е Е Е О С М Е Р О Е Р Л Е А Т М
Л Д И Н И Е Е Т О С С Я Ь Д У С Е
Т Т А Ь Т А Ж А Р Д З А Р Н О Г И
З Н А М Е Н А Т Е Л Я Р Р Т И Р В
Д Л Т И Р Р М Р С И О И Е С У С А
```

МУЗЫКУ
РАЗДРАЖАТЬ
ВПЕРЕДИ
ТИШИНА
КУРТКА
ЛИСТЬЯ
КОЛЕСА
ВИЗИТ
ДИСКУССИИ
ПОЛЕТ
СЛАДКИЙ
СОВРЕМЕННАЯ
СКАЗАЛ
ПЛАНЕТ
СУДЬЯ
ПРОСТО
ЧИСЛИТЕЛЬ
НОГИ
СЧЕТА
ЗНАМЕНАТЕЛЯ

Puzzle 750

ОГРОМНЫЙ
ПРИКРЕПИТЬ
КОММЕРЧЕСКИЕ
ЦВЕТЕНИЕ
ПРОГУЛКА
ХОЧЕТ
ПЛАН
УЧИТЬ
ФОТОГРАФИЯ
КУРИЦА
ПТИЦА
СОБЫТИЕ
ЗЕБРА
ВЕЧЕРИНКИ
ОТВЕТИТЬ
СОСТОЯНИИ
ЛУКПОРЕЙ
НАСЛАЖДАЙТЕСЬ
НЕТЕРПЕЛИВЫЕ
ИСПОВЕДЬ

```
П О П О С О Б Ы Т И Е У Ч И Т Ь О
Р Т Л Ь В Е Ч Е Р И Н К И У Н С Г
О В А Д Л У К П О Р Е Й И У А Т Р
Г Е Н Е Ы В И Л Е П Р Е Т Е Н А О
У Т О В П Р И К Р Е П И Т Ь Н Е М
Л И Е О У О Е Н М И Г С П И Е И Н
К Т И П Т Н У Р Р И М Ц И Е Р П Ы
А Ь М С С О С Т О Я Н И И И Л Е Й
К У Р И Ц А Ф О Т О Г Р А Ф И Я С
В Л П И Ц И Т С У О И С Ц Р М И Е
У П А Е А Е Р Ф Ф Е Ц Е И М Б И И
К О М М Е Р Ч Е С К И Е Т Е И Е С
Е М Н П У Х О Ч Е Т М И П Н П М З
Н А С Л А Ж Д А Й Т Е С Ь С П Е А
И Ц М Н Е У А Ц В Е Т Е Н И Е О А
```

Puzzle 751

```
Н О Т О Е У Ц А Р А М О А К У Б Р
Т Е Т С И Й Е Р Е Ь В У И И В Е Ц
И Н В О Л Ы И К И Т А Б Н Н О З У
П С Ф И С Н П Т И И В О О О П О И
И Н Н Т Д Н С И О Т Н Л З Е Р П Л
Р И Р Э Л И Т К Ф А Т Е А У О А А
Р У Н С Т Л М А Р Р Т З П О С С С
У А Э А Ц Д О Ы Е В Р Н Р Ф Т Н А
Т Т Л У З И Л Е Й Т О И Е А Р О Е
Т О Ь Р Т А В И Р О В О Щ Н У С Т
О Н Ф О И И Д Я О Д К Е А А Д Т И
В Ы П У С К Н И К Е О А Ю Л Н Ь А
Л Я Г У Ш К А С М Р О Р Т И О М О
Р Е Ф О Р М У Т Т П М О М З И А Т
К О Н К Р Е Т Н Ы Е С Л Р Н Е Ц Е
```

ВЫПУСКНИК
ТРУДНО
ТАКОЙ
ЭЛЬФ
ПРЕДОТВРАТИТЬ
БОЛЕЗНИ
ЛЯГУШКА
НАЗАД
КОНКРЕТНЫЕ
НЕВИДИМЫЙ
КИНО
ЗАПРЕЩАЮТ
РЕФОРМУ
БЕЗОПАСНОСТЬ
ЭТИ
РОВ
АРКТИКА
ВОПРОС
АНАЛИЗ
ДЛИННЫЙ

Puzzle 752

ВЗРЫВ
ВНЕЗАПНЫЙ
СЛАДОСТИ
ЕСТЕСТВЕННЫЙ
ПОЛУЧИТЕ
ЗУБЫ
ЛЕТО
КАТАСТРОФА
РАЗРЕШЕНИЯ
ДОБРОВОЛЬНЫЙ
ПОКА
КОМУ
КАРАНДАШ
СМОРОДИНЫ
ЕЕ
ШКОЛУ
ШОК
ПОЛОТЕНЦЕ
БОЛЬШИНСТВО
СЮДА

```
А Л У П Е Е Е Е Т У Р И В Я И А И
Д М Н И Л М А Е С Й Т И И П М У Р
О А Н Т У И Р Т Й Ы Н П А З Е Н В
А К О Ш М У Т А Т Н Н Т Е И А С И
Д О Б Р О В О Л Ь Н Ы Й Е Е Ф И Т
И П Р С К Е Н С И Е Л П О С О Р У
Б О Л Ь Ш И Н С Т В О О В З Р Ы В
Ш А Д Н А Р А К С Т П Л Л П Т Б С
О К Е Е С Т Е И О С О О О Е М С У М
Е Ц О Е А Ф И Н Д Е Л Т Т У А З А
И И И Л Е О О У А Т У Е О У Т Е Н
Е В И Ц У Е С С Л С Ч Н С Ф А Е Т
Р О С М У И Н И С Е И Ц Р И К Л И
С С М О Р О Д И Н Ы Т Е П Е У И Н
Р А З Р Е Ш Е Н И Я Е Р С Ю Д А У
```

Puzzle 753

```
Е С С Е Д Е С У Ф Ф Т У О У Г Ц Л
Р У О Т Е И Н А В И Ш У Л С О Р П
Н И Ч С О М Д Р С Ъ Е С Т Ь Л Ф К
Й В С И М Г Д Н Р О Т О С Р О Л Р
А П У Р Т Е Д Е Т У С С О Е Д Н У
Б У Е И У Ы Н А П С С Т Р Т Н О Г
М А К Е Т С В О Г О Н Ч О Л О П Л
О С У А У П С А М К Н П У И Е В Ы
К У Р С Н О Е Л Я А Т И У М Т Ы Й
У М Н О Е Р Н Е И Н И С М Т О З П
С О Д П А Т Р И С Д Р С И А Н Ы О
П Р О Г Н О З И Р О В А Т Ь Ю В Б
О И Е Е О С Е И Е М Е О И Т В А Е
О У Л Л У М Н О В Т С В У Ч В Ю Г
У А Е И А Н С Ф Т Л У О Н И Л Т Л
```

ПРОГНОЗИРОВАТЬ
РОСТ
ТОГДА
ВЕРСИЯ
ВЫЗЫВАЮТ
ИРИС
КРУГЛЫЙ
МАКЕТ
СЪЕСТЬ
ПОЛОЧНОГО
ЧУВСТВО
ГОЛОДНОЕ
ПРОСЛУШИВАНИЕ
СПОРТ
УЧИТЫВАЯ
ОДНАКО
УМНОЕ
ПОБЕГ
КОМБАЙН
ПОНИМАЮ

Puzzle 754

РУТИННАЯ
ЧЕТВЕРТЫЙ
ПЛОСКИЙ
БУДУЩЕЕ
ПРЕДЫДУЩЕЕ
ЗАЯВЛЕНИЕ
СБОРКА
ВНУТРИ
ШЕВЕЛИТЬ
ВТОРОЕ
ФОНТАН
ЧУЛОК
ГОРОХ
БЕССМЫСЛЕННО
ДРУЗЬЯ
СОРТИРОВАТЬ
ПРИГЛАШАЕМ
НАКАЗАТЬ
ОГОНЬ
ЭКСПРЕСС

```
Ч П Б Р Н И С Г И Б О З Е И П Р Ф
И У Р Е О Р О Т В У А А И С У У О
Н М Л И С Е О Л С Д Р Я М С Е Т Н
Х О Р О Г С Е Д И У О В Т Ш П И Т
О Е Г Н К Л М И М Щ Т Л Я Е Р Н А
Г И Т Л У М А Ы Д Е П Е Б В Е Н Н
О С Б О Р К А Ш С Е М Н Т Е Д А О
Н А И С И Ц Р Е А Л Г И М Л Ы Я П
Ь Э К С П Р Е С С Е Е Е У И Д М Р
Ч Е Т В Е Р Т Ы Й Н М Н Д Т У И Д
П Л О С К И Й Т Е Е С Е Н Ь Щ Ц Р
Н А К А З А Т Ь Р Н Н Т Р О Е Б У
С О Р Т И Р О В А Т Ь И Т Р Е У З
В Н У Т Р И Р Л П И С Е С И У У Ь
О Т М Е Н Р Л Е Е П Т Р О С Р Е Я
```

Puzzle 755

С	И	Т	П	Б	Л	У	З	К	А	Е	Ц	И	Л	О	М	Н
У	Т	Ц	Е	Ц	Е	Л	А	П	П	Е	В	И	Е	Б	Н	М
О	Е	А	И	Р	Ш	Т	У	Н	Р	И	Е	У	Ч	О	О	Н
Е	И	С	Д	Й	У	Р	Б	Р	Е	У	Т	М	Е	Р	Г	Р
Я	И	Е	Е	И	Т	Н	Ц	С	И	Т	А	Е	Н	О	О	Р
И	Т	Е	В	К	Я	Ф	Р	Е	С	К	А	И	И	Н	Ч	Г
Т	Т	А	Ш	С	В	Е	Л	У	Ц	В	Е	Т	Е	Ы	И	Т
Е	Т	Е	Н	Е	Е	Ы	Н	Ь	Л	А	И	Ц	О	С	С	М
Е	У	Т	У	Ч	В	И	М	С	Ф	М	Е	И	Т	С	Л	К
С	О	Н	О	И	Р	Е	Р	Е	О	К	З	Е	Р	С	Е	О
У	Л	Л	И	Т	И	А	Т	Е	Р	Е	Т	Е	Т	М	Н	Г
Ь	Л	Е	Т	И	Ч	У	И	В	О	Л	Е	Г	Н	А	Н	Д
Е	Р	И	Е	Р	Р	У	Т	А	Ь	Т	И	Н	Ц	У	Ы	А
И	У	М	У	К	З	Е	М	Л	Е	Р	О	Й	К	А	Е	И
О	А	И	А	И	И	Н	О	У	И	Н	Д	Т	Т	Е	М	Н

УЧИТЕЛЬ
БЛУЗКА
РЕЗКОЕ
ЦВЕТА
ЗЕМЛЕРОЙКА
СОЦИАЛЬНЫЕ
ЦВЕТ
УШЕЛ
ЛЕЧЕНИЕ
СТАДИЯ
ВЕТВЬ
АНГЕЛ
ФРЕСКА
ОБОРОНЫ
ШВЕД
КРИТИЧЕСКИЙ
КОГДА
МНОГОЧИСЛЕННЫЕ
ВЫМЕРЛИ
ПАЛЕЦ

Puzzle 756

ТКАНЬ
ПЕРСИК
МОЩЬ
СМОТРЕТЬ
МИРНО
БАЗА
ПОЧИНИТЬ
КОНФЕТЫ
УХОДЯЩИЕ
КОФЕ
КИВИ
ПРЕПАРАТ
ЖИВОТНЫХ
ХАРАКТЕРИСТИКА
ВОКРУГ
НАКОНЕЦ
ИВУ
НАРУШАЮТ
ШКАФ
БРАТЬ

М	В	К	И	П	Н	С	М	Е	Ф	О	К	М	В	О	П	О
О	Е	И	О	О	А	О	Р	И	И	Х	Е	Ь	Т	А	Р	Б
Щ	Л	В	Т	Ч	К	Т	П	Щ	Р	Ы	У	Т	Ю	З	Е	С
Ь	У	И	У	И	О	С	Т	Я	Е	Н	Е	Е	А	П	Е	Е
Ш	К	А	Ф	Н	Н	С	С	Д	М	Т	О	Р	Ш	Б	А	И
В	С	С	Т	И	Е	С	Н	О	И	О	П	Т	У	Т	Р	П
А	О	А	Т	Т	Ц	У	Р	Х	И	В	Т	О	Р	П	А	О
Р	С	К	Е	Ь	Т	М	Р	У	В	И	Д	М	А	М	Т	Л
М	Т	Е	Р	Е	С	И	Ь	П	О	Ж	С	С	Н	Т	И	Е
П	А	О	Ц	У	К	О	Н	Ф	Е	Т	Ы	П	Р	О	У	Н
М	Е	Т	О	С	Г	Е	А	С	У	С	Н	Т	Я	Н	Р	У
И	У	Р	Х	А	Р	А	К	Т	Е	Р	И	С	Т	И	К	А
П	Р	Р	С	У	И	Р	Т	У	Н	М	У	Р	У	Т	М	Т
И	О	С	И	И	С	И	Н	Д	Л	Л	И	А	Е	Н	И	Т
М	П	У	И	М	К	Е	О	М	А	М	О	Л	С	У	Г	Р

Puzzle 757

```
М Р М Р Л П О Н Р У У О Е М П П О
Д У А В Е С И Ф Н И Е С С О Р И М
Е О П О Й О Т С О Р П Т У Е А В И
Е А Л С Т Н Н Б Ь У С А Е К Ч О О
Р Ю Т Т М Т В А Р М С Л О О Е И О
А Р С Е Л Т Ю Р А О О Ь Н Н Ч У О
Ф И У П Т С Ж С Ц Л У Н Ч Е Н М Д
Е С С И И Л Н У Ы Ы У О О Ч А М Е
Т Т Е Ч Т О Ы К Р Б Я Е Т Н Я М Т
О К М Т И А Й С С А А С А О М У И
Т Е И Н Е Щ А Р В З О В Т С П И И
И Ъ А К К У Р А Т Н А Я С Р И А Л
М Б Л М И У С Ф Е Р Р И О И Е П Ф
И О Е С У О Ж Н О Т А Е Д М М Б Д
Н А Е Т И У Р Е Ы Н Ь Л А И Ц О С
```

АККУРАТНАЯ
МОЕ
УЖЕ
ДОСТАТОЧНОЕ
ЗАБЫЛ
ЮЖНЫЙ
ПИВО
ВОЗВРАЩЕНИЕ
ПРАЧЕЧНАЯ
ЯСТРЕБ
ОСТАЛЬНОЕ
ОБЪЕКТ
РЫЦАРЬ
БАРСУК
КОНЕЧНО
ПИСЬМО
ПРОСТОЙ
ЮРИСТ
ОТЧЕТ
СОЦИАЛЬНЫЕ

Puzzle 758

РЕШИТЬ
ДЕПРЕССИЯ
ВОСТОК
БУРЕВЕСТНИК
ОППОНЕНТ
ПЕРИМЕТР
ТОЛСТОЕ
ПОДВИГ
ДЯДЯ
КОНЦЕНТРАТ
СМЕСЬ
НОГА
ЯЙЦО
НАСМЕШКА
ПОЭТОМУ
ЗИМА
КТОНИБУДЬ
ВЫИГРАЛ
ВЫВЕСТИ
ДИСКУССИИ

```
Т Т Т Я Е П Н К В Ы И Г Р А Л П Е
Н О С И У Н Р О В Т М Т О Л О О Д
Е Р Л С У И Е Н В Ы В Е С Т И Д Я
Н Е Д С С Р Е Ц Д Н О Г А М С В Д
О Ш Н Е Т Р Т Е М И Р Е П М С И Я
П И В Р А О Е Н Л М С Я Й Ц О Г О
П Т П П Е Ц Е Т П Ц Т К О Т С О В
О Ь Е Е О Е Е Р Н О А М У Т Р Л М
А Д Ц Д Т М О А И О Э И Р С Е Н Т
Ь Д У Б И Н О Т К Р М Т С И С Р Е
С Б У Р Е В Е С Т Н И К О Т Т И А
Е Н А С М Е Ш К А Р У Е А М И З И
М Т Ф В О И Ц Б О Т Р И Р И У Е О
С Т А О Е У И С Е И А С О Н Е П Л
Т П У Е У Н Д Т И М Е О М П О Н Ц
```

Puzzle 759

И	Р	О	М	Г	О	С	Й	Г	А	И	Д	В	И	У	И	И
Д	М	Л	Л	О	О	И	Ы	И	О	П	А	С	Н	О	И	И
В	И	П	И	П	К	Л	В	О	Л	К	Ь	Р	Ь	Т	Л	И
Р	Е	Ф	О	Р	А	С	О	И	А	А	Т	Р	Т	И	М	И
У	И	Щ	О	Е	С	Т	Р	Д	В	Н	Е	З	А	П	Н	О
Д	И	Т	И	И	А	Р	О	А	Н	П	П	И	Ч	И	Й	С
Е	У	М	П	Н	Б	У	Д	Е	А	О	Р	Р	А	О	А	М
У	Я	Й	Ц	А	Л	К	З	Д	И	Е	Е	У	З	Ф	Б	И
Р	Н	Ы	Л	В	А	Т	О	П	О	И	Т	Е	И	Т	М	П
Е	В	Н	Д	А	Н	У	Е	С	Е	В	Р	Е	Л	И	О	У
И	Е	Е	М	Л	К	Р	Н	Р	А	Ф	О	У	А	М	К	Т
О	Р	Ч	Ф	П	А	А	С	И	Т	Е	И	Л	У	П	С	А
Е	Е	У	К	И	Н	Х	Е	Т	И	С	Е	В	Ь	В	И	Т
Е	Д	И	Б	М	И	О	Г	Р	Я	З	Н	Ы	Е	Н	Ц	М
Д	Р	А	М	А	Т	И	Ч	Е	С	К	И	Й	Е	Б	О	Е

УЧЕНЫЙ
ДРАМАТИЧЕСКИЙ
ТЕРПЕТЬ
ВОЛК
ЗДОРОВЫЙ
КАСАБЛАНКА
ОПАСНО
ДЕРЕВНЯ
ПЛАВАНИЕ
ЯЙЦА
ЗАЧАТЬ
ДОВОЛЬНО
ГРЯЗНЫЕ
ВЕЩИ
СТРУКТУРА
ВНЕЗАПНО
ВЕСИТ
ТЕХНИКУ
КОМБАЙН
ГОЛОДНОЕ

Puzzle 760

НЕСМОТРЯ
ОБРАТНАЯ
ПРОГРАММУ
МОЛОКО
КЛУБ
МОТАТЬСЯ
ПОКУПКА
ДИКАЯ
НАПИСАТЬ
ПРОВЕРЕНО
БОЛЬНО
ПОТОМУ
ТОЧНОСТЬ
КУПИЛ
ПРИВЕТ
ПЧЕЛА
СУЩЕСТВО
ГОРЯЧЕЕ
КРАСОЧНЫЕ
ЛЯГУШКА

П	Я	О	Н	Г	И	М	И	И	Р	П	И	Н	М	Ф	Н	Е
Б	Р	В	Р	Р	О	Н	Е	Р	Е	В	О	Р	П	У	А	Ф
О	Т	О	Е	А	А	Р	О	Б	Р	А	Т	Н	А	Я	У	И
Л	О	Г	Г	И	И	Е	Я	А	К	Л	У	Б	Т	С	И	О
Ь	М	М	Т	Р	М	Е	И	Ч	Т	М	О	У	В	В	А	И
Н	С	О	С	Я	А	К	И	Д	Е	П	О	К	У	П	К	А
О	Е	Н	Я	Т	Л	М	Е	Е	В	Е	Н	Ф	Е	Е	Е	К
Н	Н	Я	Н	А	Е	М	М	П	И	К	У	П	И	Л	Н	Ш
А	Т	С	М	Т	Ч	М	У	У	Р	Ф	С	Л	Р	И	С	У
П	У	Ь	С	Т	П	Г	П	Е	П	У	Т	У	И	И	Е	Г
И	О	Т	О	Ч	Н	О	С	Т	Ь	П	О	Т	О	М	У	Я
С	М	А	К	Р	А	С	О	Ч	Н	Ы	Е	Т	В	Н	О	Л
А	И	Т	С	У	Щ	Е	С	Т	В	О	К	О	Л	О	М	А
Т	О	О	У	Е	Р	М	С	Р	А	А	М	У	Е	Е	П	П
Ь	П	М	Н	Т	И	У	Т	Е	Е	М	Т	А	А	М	Т	Е

Puzzle 761

```
О К И Д Е Н Т И Ч Н О С Т Ь И С В
И А Н У П Н У Е М Е Е Е А С И С С
Р П И М И О С О И Л У М Е У Т В Л
И У Р Е Ф Й О В О К Ы З Я Х Т Е У
У С О И Р А Б К С А И О Т А М Ч Х
Р Т Е Е Е У С С О Ц Н О Н Я С А Н
Р А Е О С Е Т Л П Л Б О Л Е З Н И
С Е Н Р У Е В М И И Б Б Л О К И Д
С П Б И Т С Е И Е Н А Я Н М О И Е
И С О Я Й Ы Н В И С С Е Р Г А М Й
У У И З Т Л Н Н А П О М Н И Т Ь С
Т С Н С Ж А О Е П Р И С Л А Т Ь Т
А Т А К А Е Г Р Ы Б А Л К А И С В
У Ф О И Р О О И Н М В О У Е О И
П Е Р Е П Е Л А Н У Г Т О А П Л Е
```

ВСЛУХ
РЫБАЛКА
АТАКА
ЛОСЬ
СВЕЧА
БЛОКИ
ПЕРЕПЕЛ
ЯБЛОКО
СУХАЯ
АГРЕССИВНЫЙ
ДЕЙСТВИЕ
ИДЕНТИЧНОСТЬ
КАПУСТА
ПОЗЖЕ
СОБСТВЕННОГО
ЯЗЫКОВОЙ
НАПОМНИТЬ
РЕБЯТА
ПРИСЛАТЬ
БОЛЕЗНИ

Puzzle 762

ДЕЛАЯ
БЛАГО
БЛАГОПРИЯТНОЕ
ДАЛЕЕ
ПОВТОРЯЮТ
ГДЕ
ПОКОЛЕНИЯ
ЗАМОК
ОПУСТЕЛИ
ОБЩЕСТВЕННЫЕ
ПАЛАТКА
РАССВЕТ
ЗАВТРАК
ДВЕРЬ
ОБВИНЯТЬ
ДЕТАЛЬ
АНТИЧНЫЙ
ЛЕВ
ЗНАМЕНАТЕЛЯ
СУДЬЯ

```
Д Е Т А Л Ь О Е М Е У Р Е Р А Е Р
К О М А З В П У Л И М Е И М У Р А
А Н Е П Е Т У Н Е Е Л А Д А И М С
Р Т И С У Е С А В Д П И Н У А П С
Т Я А Л Е Д Т Е И Т Г Б Л А Г О В
В И Е Ы Н Н Е В Т С Е Щ Б О И С Е
А Р О Е О М Л П Ц Ф М С С Л С Л Т
З П П С Б А И У О Е Е И Е Е Н П А
Е О М Е В Р П М А К Т А Л А П Р М
Н Г И У И Д В Е Р Ь О И Е М Л Е Р
Н А Й Ы Н Ч И Т Н А Т Л Е Л Е Т И
Е Л Р Е Я А Я Л Е Т А Н Е М А Н З
Н Б Т И Т Ю Я Р О Т В О П Н О М Н
М М Т О Ь С У Д Ь Я Е Д Я О И Ф О
Ц А Т Е Т Н С А Л И О Е М Т О Я О
```

Puzzle 763

```
Д О Б С Л Е Д О В А Н И Я С И С Б
Е Е С И Е И О Е Ь Е Е Б Т Т М Н О
С У Й Ы Н Д Е Б Н Т У О Е А П Е Р
М С О С Л О С Л И Р И И И К Е К О
В М Л С Т Е В Ц Т Л О Т Н А О У Т
О Л О Р Р В С А Е П О С Я Н Е Б Ь
Б О А А А И И Е О О О Я О В Р Т С
Н П Ч Д Р Р П Т В К М Р Т Л С У Я
О Е Я Е Е Е И Л Е А Р Е С А У О В
В Р С Б Ь Л У И И Л М Т О Е А Н П
Л А Ы У Р Е Е У С Н Ь Г С Р А Р Р
Е Ц Т Т А И О Ц У Е Т Н Р О Л О О
Н И С Е К Т А У Л У М Р О Ф О У Р
И Я М О М У З Ы К А Л Ь Н Ы Й П С
Е И Н Е Ч Ю Л К С И Л У В Е Е И Т
```

ДЕЙСТВИТЕЛЬНО
СТАКАН
ОБСЛЕДОВАНИЯ
МУЗЫКАЛЬНЫЙ
ИСКЛЮЧЕНИЕ
ПОСВЯТИТЬ
НОУТБУК
ОБНОВЛЕНИЕ
СОСТОЯНИЕ
БЕДА
БЕДНЫЙ
ОПЕРАЦИЯ
ВЛАДЕЛЕЦ
БОРОТЬСЯ
БОИТСЯ
КАРЬЕРА
ФОРМУЛУ
ТЫСЯЧА
ПОКА
ЦВЕТ

Puzzle 764

ДЕНЬ
КОРИЦА
ШОССЕ
ВЕРБЛЮДА
СТОП
ПОРЦИЯ
ПЕРЕЧЕНЬ
СОЛДАТ
КРЕМ
БИОЛОГИЮ
ПРОДАВЦА
ШТАМП
РАЗНИЦА
АВТОМОБИЛЬНЫЕ
СКОРО
ПОПЕРЕК
КАРАНДАШ
ЕСТЕСТВЕННЫЙ
ОБОРОНЫ
ВЕТВЬ

```
А В Т О М О Б И Л Ь Н Ы Е Ц Р О И
Ц В Н М М М С И У Н Т М Н С И И У
В Н Я А Д Ю Л Б Р Е В Г Л У И Т С
А Ц И Н З А Р Р И Ч Ф А Т Е О У Р
Д Е Ц П Н О Р Р О Е О Б О Р О Н Ы
О А Р У О И Е С А Р Ц И О Е И Т И
Р А О У Т П И Р У Е Р Е Е С У М П
П Д П С Ц Е Е Е С П А Д И Е И Е И
Е У Е Е Л Т А Р А С Т У Р И П Р И
Ш А Д Н А Р А К Е Р И О О Р О К С
Е Т Е Т Л П У Д Т К И О В Е Т В Ь
Р И А Ц И Р О К Л У Е Е Н С С О Н
Р С У М И Б И О Л О Г И Ю Ю С М И Е
Е Е П П П С О П С Л С У П О И И Д
Е С Т Е С Т В Е Н Н Ы Й Е Ш О Р Р
```

Puzzle 765

```
П Р Й ы Н Т У М Ш П Е Л И С Е М П
С Р Н Е М Е И И А Г Т Р М Е Г Д Р
О О А О О О О У С Б Т Т И П У Е Н И
Х Т Б В М Р Ю Я Л В А Р Д З О П Х
Р К А К О И Ш С О Р Т Е У Т Т К О
А А Р Л А Ю Т Т Н Е М Я Е М И О Д
Н Ф А У В М Р Ю Ф Е Н С Т Е П Н И
И Т Б Б Т Е А Я К К Р Ь У Л А Т Т
Т М Е Н О Н Ф Л А У Р Т С Р Р А И
Ь А Е И Б Н Е В Т У Л А Е И М К С
Е Р Е Ч У О Т Я А В Т Г С М Т Т А
И И Н Н С Т Л О Н И Т И С И У А Б
У У У У Ф Д Р П И П У В И У В П М
Р Т Р Ю А Е Н Т Е С Е Д Е П Е Ы А
Т О Т И Е Л Ф И Н А Н С О В Ы Е Й
```

ФИНАНСОВЫЕ
КОНТАКТ
ШТРАФ
ТЕОРИЮ
КРАСИВЫЙ
АВТОБУС
ДВИГАТЬСЯ
ПРИХОДИТ
ОТДЕЛ
ШАБЛОН
ИМЕЯ
БАРАБАН
ПРАВО
СОХРАНИТЬ
ПОЗДРАВЛЯЮ
КЛУБНИЧНУЮ
ФАКТОР
ПОЯВЛЯЮТСЯ
КАТАНИЕ
МУТНЫЙ

Puzzle 766

ПРЕИМУЩЕСТВО
ПЯТНИСТЫЙ
ОЦЕНКА
КРЫЖОВНИК
КРОКОДИЛ
ПРИВЫЧКА
ФОЛЬКЛОР
ГЛАЗА
БОЛЬШОЙ
УГРОЗА
ПРОБНЫЙ
ИНОГДА
МАТЬ
ПАПА
ЧУВСТВУЮТ
ОРГАНИЗОВАТЬ
ЦИТАТА
ВИДИМОГО
ПРОБЛЕМА
ПУГАЛО

```
У И П Г П О Р Г А Н И З О В А Т Ь
Т О А Л У Б О Л Ь Ш О Й П С З Е Е
В С П А Г Е Л У О Т У Т Р Ф О В С
П И А З А Д Г О Н И Е П О Р Р И С
Т Р Д А Л И С Е К Ч М Р Б С Г П О
Т Л О И О Л А Т Р У К Е Л Е У Е Е
О С П Б М У Р О О В Р И Е А М Н С
Т О И Я Н О У Е К С Ы М М Р Т Н М
С И Л У Т Ы Г Т О Т Ж У А У С О Е
А Р Р Т Р Н Й О Д В О Щ Т И И Е П
О Ц Е Н К А И Т И У В Е А В Т Л Л
В Л М Е И Н П С Л Ю Н С Т Н Е С О
П Р И В Ы Ч К А Т Т И Т И М А Т Ь
Ф О Л Ь К Л О Р М Ы К В Ц Н Р А М
Р О Т Р Л Е Е Л Б С Й О И А И С И
```

Puzzle 767

```
Н С Е В Д О Т Е М А П Т М Л Д Р И
Е Е Т М Е В М М Р Т А Е И И И Т Л
Б Л К Е У Л Е О М Е Т Е В Р У Е Л
Т Ь А Н У К И Н Ч О Т С И У Д Е Ю
У Д Ж Т З М С К А Ф В Р О О А С С
Л Е Е А К Р Т Л И Д Ф Т Е Н А В Т
А Р Т Л О М Е Н Д Е Ц Е Р У Г О Р
С Е С Ь Т Н И Л Е Ш У А М А С И И
Т Й Я Н Е У Л Е Ы М Л Р Т У С П Р
И И Д Ы Н С И М Н Й О А Е Ь С Т О
К М П Й О Ф С А В Ы К У Л Д В Л В
Р О С И К Н У П О Л Ш О О А Е Е А
Е Е И Д О А Е Р Н И Н Н М Ш И П Т
С Р Т М С Е Р А С М У Л А О А У Ь
Н Е Н Н Н Б О И О И У П С Л Е Н Е
```

MИЛЫЙ
ИЛЛЮСТРИРОВАТЬ
ИСТОЧНИК
ЗРЕЛЫЙ
СЕЛЬДЕРЕЙ
ВЕЛИКИЕ
ЛОШАДЬ
ОГУРЕЦ
ЛАСТИК
МЕНТАЛЬНЫЙ
ОСНОВНЫЕ
МЕТОД
САМОЛЕТ
ДВЕНАДЦАТЬ
ДНЕМ
УСИЛИЕ
КОТЕНОК
КАЖЕТСЯ
ШКОЛУ
УШЕЛ

Puzzle 768

СЕЗОН
ШУТИТ
ОРБИТА
ДИСКУССИОННЫЙ
ДИЗАЙН
МОТЫЛЕК
ТЕМНЫЙ
МУДРОСТЬ
СПОКОЙСТВИЕ
ЖИЗНЬ
ПАН
ДЕЛАЮТ
АДМИНИСТРАЦИЯ
ТЕМПЕРАТУРА
УДАЧЛИВЫМИ
ФРАГМЕНТ
ЕДА
НАПОМИНАЕТ
ДЛИННЫЙ
ПОЛОЧНОГО

```
Т Е М П Е Р А Т У Р А Л Е Е М Р И
Ф Н Ж Д И О М С Е Р Е М Р Д Л В Л
Р Д Н И Л Г Т Е У Н М М С А А С Д
А И А М З О С П О К О Й С Т В И Е
Г С П Ы И Н Й А З И Д Ы У У С И И
М К О В Е Ч Ь Т О Й Ы Н Н И Л Д Ф
Е У М И С О И И М О У М У С Е Р С
Н С И Л Е Л О Б Т У С Е Т А Я Н М
Т С Н Ч З О Д Р У С Д Т Т П В Е О
С И А А О П Е О П И И Р П И Р О Т
И О Е Д Н С Л Н А Е Е М О И Е И Ы
У Н Т У М Н А И Ш У Т И Т С Г Л Л
Т Н Е О А Н Ю Е О И И У У Е Т И Е
И Ы П А Н П Т И Л Е П Т Т А Е Ь К
И Й С А Д М И Н И С Т Р А Ц И Я И
```

Puzzle 769

А	С	О	Р	А	И	У	В	Ц	Е	Н	И	И	Р	П	В	Н
С	К	С	О	Р	Р	О	И	С	М	Р	П	О	Т	Р	Е	Е
А	Е	Т	Р	У	Е	А	Н	И	Р	А	С	У	И	О	Д	С
Е	Т	Р	Е	О	Н	Н	М	У	И	И	С	Е	Т	С	Ь	Т
У	И	Ф	К	У	П	И	Т	Ь	Л	Е	Т	И	Ж	Т	М	А
О	У	И	О	У	И	Ч	У	У	Т	Р	Л	С	Н	А	А	Б
Й	М	И	С	С	Е	И	Е	С	Р	Е	Д	Е	Н	Я	С	И
И	Ы	Н	И	Д	О	Р	О	М	С	О	Д	И	Е	Ц	И	Л
К	А	Л	У	С	Н	П	У	А	К	Т	М	И	И	И	Т	Ь
Б	О	Ж	Е	Н	А	С	С	С	У	С	И	Е	С	А	И	Н
И	А	П	Ф	Б	У	И	И	У	Р	Ф	О	У	Л	М	Е	А
Г	Е	У	О	О	Н	И	Т	М	И	К	Л	Ы	Т	У	Б	Я
М	Ф	Л	К	Р	Т	Я	С	Ь	Т	А	Б	Е	Л	О	К	Л
И	Н	Т	Е	Р	В	Ь	Ю	Р	Ь	Т	С	Р	Т	М	У	Т
И	И	С	П	О	В	Е	Д	Ь	И	Л	Л	А	Е	М	О	Е

БЕЛЫЙ
ПРОСТАЯ
ЖЕНА
ВЕДЬМА
КУПИТЬ
АКТ
СИДЕТЬ
ЖИТЕЛЬ
БУТЫЛКИ
СОК
КУРИТЬ
ГИБКИЙ
КОЛЕБАТЬСЯ
ПРИЧИНА
РОСА
НЕСТАБИЛЬНАЯ
ИНТЕРВЬЮ
ИСПОВЕДЬ
СМОРОДИНЫ
КОФЕ

Puzzle 770

ЛАМПА
СТОЯЛА
КУКУРУЗА
НОЖНИЦЫ
ФИЗИЧЕСКИЕ
ПОСТАВКИ
ВЫГЛЯДЕЛ
ЛЕЧАТ
КУРС
ВЫБОРЫ
ПРИМЕР
ГОД
ДЛИНА
КРУГ
СКРОМНЫЙ
СЕМЬИ
КРОЛИК
ЭКСПЕРИМЕНТ
ЦВЕТЕНИЕ
БОЛЬШИНСТВО

Г	Р	Т	Е	А	Е	И	Д	П	П	Р	А	Л	И	А	И	Ф
Л	Е	Ч	А	Т	Е	П	Е	Л	М	Р	С	А	О	О	С	И
Е	К	П	Ы	Е	М	Н	Е	С	И	И	Е	М	Ц	С	Ф	З
Д	У	О	Ц	И	Н	М	П	Р	И	Н	Е	П	О	К	А	И
Я	Р	С	И	Н	С	Т	О	Я	Л	А	А	А	Ф	Р	У	Ч
Л	С	Т	Н	Е	М	И	Р	Е	П	С	К	Э	С	О	К	Е
Г	С	А	Ж	Т	У	О	Ы	К	Л	Е	И	И	У	М	Р	С
Ы	А	В	О	Е	И	О	И	Р	Е	М	И	Р	П	Н	О	К
В	Р	К	Н	В	Е	М	И	У	О	О	Д	С	М	Ы	Л	И
Н	И	И	Р	Ц	Д	Д	О	Г	И	Б	Н	И	М	Й	И	Е
И	В	И	Ь	С	А	Ф	Р	П	И	Е	Ы	С	Е	Л	К	Т
А	М	Н	Н	М	А	Б	И	Т	Р	И	С	В	Е	Н	Р	С
Р	И	И	О	У	Е	П	О	А	К	У	К	У	Р	У	З	А
У	М	С	О	В	Т	С	Н	И	Ш	Ь	Л	О	Б	И	Е	Л
Ф	Р	У	М	С	А	М	Е	Н	Р	Е	С	Д	А	О	Е	Т

Puzzle 771

```
У М У В М А К Й О Р Е Л М Е З Т И
Н Ь У О Р М С Ы Н А К О Р О Б К А
И Т Ю А Щ Е Р П А З И Т Н И Р У И
Ч И Е И Е Ш Ч У Л Р Н Н Е А У Л С
Т Д Ь В О Б Ю Л Е А Е Г Н М В Н Н
О Е Ч О Д Р Н И А Б У С Т Н А У С
Ж Б О Р А О Т С Т О М Н И А П Р О
И У М Ф Т Е Х Е Р Т С Е У С Д М Т
Т А О У С И Л Н У К Л Е Н Е М О У
Ь Т П У У П И И О И Е У А Л У Е П
Т Н О И И С О Л М В И М О Е Ж Н У
К О Л И Ч Е С Т В О Л Е М Н Ч У И
С И Д Е Л И М Т Б С Н Я Т И И Т У
Т Е М А Т Л О О Т Т Р Т Ю Е Н А Р
В М Е С Т Е О Н Р Е Ч Е У Т Ы Н Л
```

НАСЕЛЕНИЕ
ВМЕСТЕ
КОРОБКА
СИЛУ
ПОМОЧЬ
ЧЕРНОЕ
РАЗРАБОТКИ
УБЕДИТЬ
КОЛИЧЕСТВО
СИДЕЛ
ТЕМА
ВДОХНОВЛЯЮТ
ЛУЧШЕ
СЫН
ЛЮБОВЬ
СТАДО
УНИЧТОЖИТЬ
МУЖЧИНЫ
ЗАПРЕЩАЮТ
ЗЕМЛЕРОЙКА

Puzzle 772

РВАТЬ
ТАЙНА
ДЕСЯТЬ
ГЛОССАРИЙ
ПОВЕСИТЬ
ЧАСТО
ВСЕГДА
ПОСЛЕ
СОГЛАСЕН
СТЕНД
ПОЕЗДКА
УПРАЖНЕНИЯ
ПОЖАРНЫЙ
ТРИДЦАТЬ
КАРТОФЕЛЬ
ОБИЛЬНОЕ
ЮРИДИЧЕСКОЕ
ЗА
ПОЛОТЕНЦЕ
ВНЕЗАПНЫЙ

```
Г Ь Ь Т И С Е В О П Т Н О М Ю Т Д
П Л С Т Т Т Е Д Б О Ь Т А В Р Е Е
М Е О Ф Е Е Т И И Л Т А Н Л И Е С
И Ф Е С М А Т И Л О А С Й М Д У Я
Л О Я И С И Л П Ь Т Ц З А У И У Т
А Т У Л У А И Ф Н Е Д А Т Ч Ч Д Ь
И Р Н Т Е Д Р П О Н И К Е И Е Т И
Л А У О С Г У И Е Ц Р Д П С С С Я
М К С М Е Е Т М Й Е Т З Е О К А Л
С О Г Л А С Е Н Р А С Е Е Т О О С
О Ф О Л Д В Н Е И Е П О С И Е У Н
П О Ж А Р Н Ы Й Й Й Ы Н П А З Е Н В
Е Н И Я И Н Е Н Ж А Р П У И Т Ф Ф
Р Е П О С Л Е Т Е Е Е А Е С П А Т И
С Е С М Е П М И С М А Т У М О Е Т
```

Puzzle 773

```
М С С П М Р Е Е Р У О Я Е Н Р И М
Б У Т В О А О Г О Т У Н Р Е В С С
А Н Р П А С Е Т О И Е И У К Т Т Ф
П Е А Р А М Т Я П Е У А Н Р И Н О
И Д Н И Е Т В Ы П Е Ч К И А У Е У
С Ы У Г И У В С И Ы С Л Ц С Р В Д
О Р У Л А Н Ц И Г В Р У И Т Е Д О
Б А Д А Л Н И Л Е Е И Г Д Е Ы Т Б
Е Л И Ш Е Л М И С Ш Т О Е Н Н Н Н
Р О И А Ф М У Е Ц Е Е Р М И Ч М А
Е Е Е Е Е Т Л В П Д Е П О Я И У Я
Г И Р М Ц Т Е Т И М Й О Д О Л О М
Е Ц О С И С Л О М А Л Р Е А У Р И
И Р И С Ф Н Р Р П Я Я А С Т Р У С
И П С Е И А А Е Е Ц Т П И С Н А Е
```

СЛОМАЛ
ЛИСЫ
РАСТЕНИЯ
ДЕШЕВЫЕ
МОЛОДОЙ
БЕРЕГ
УЛИЧНЫЕ
УДОБНАЯ
ПОСТ
СТРАНУ
ВАМ
ВЫПЕЧКИ
ЯРКИЕ
СВЕРНУТОГО
МЕДИЦИНУ
ДЫРА
ДЕТИ
ПРОГУЛКА
ИРИС
ПРИГЛАШАЕМ

Puzzle 774

МЯГКИЙ
ОРУЖИЕ
ЗРЕЛИЩЕ
СПАТЬ
СВОБОДНЫЙ
ГОРШОК
ФЛАГ
ГОРДО
ФОНД
КУКЛА
ОГРОМНОЕ
ЖЕНЩИНА
ЛЮДИ
ГРАВИТАЦИЯ
КОНКУРС
СЛЫШАЛ
ТЮЛЬПАН
ЗНАКОМЫЙ
УСЛЫШАТЬ
ТИШИНА

```
Г А Л Ф Ц М О Т У З О Т Е Н О Л Л
Ж Р Л Т Т А Ф Р Ц Д Н О Ф Н И Е Т
Е О А Л К У К Ф Р И М А Н И Ш И Т
Н Г Ш В К О Н К У Р С Р К Е Е Д Е
Щ Р Ы Е И Ж У Р О Д Р О Г О Ю Ю
И О Л Щ У Т Р И Н А У И Е Е М Л П
Н М С И М С А И О Ф Т Л Е Л Е Ы Т
А Н М Л А Е Л Ц Г О Р Ш О К А С Й
У О Я Е Е О И Ы И Т Ю Л Ь П А Н Т
Ф Е Г Р Т М Т И Ш Я Т Л Е А Р Л И
И У К З И И У Л Т А Т Р И И О Т Е
У И И А А Т О И И А Т О Р О О Н Д
П М Й Ы Н Д О Б О В С Ь С П А Т Ь
И И Н Д Т У Р Д И Д Ф Е Н Е М Т Р
С Ф Р Л Е Л У Т Р Е О С Т Е Н У Б
```

Puzzle 775

П	П	Б	У	У	М	А	К	И	А	С	И	Т	П	С	У	Н
Р	О	Л	Т	Т	П	М	У	Л	Е	Р	Ц	С	О	У	С	Д
О	Л	А	О	И	Н	С	Л	О	А	О	А	М	О	Е	М	Н
С	И	Г	У	Р	Д	Б	Ь	Т	И	Л	Е	Д	Ы	В	Е	Е
Н	Ц	О	Т	П	А	О	Т	Й	С	О	С	Д	Е	А	Л	Б
У	И	Р	Р	Р	Е	Р	У	Ы	У	А	И	Р	Т	А	Ы	О
Л	Я	О	И	Л	Н	Е	Р	В	Т	Е	И	Т	Д	С	Й	О
С	С	Д	О	П	О	Д	Н	О	Е	Ы	Т	С	И	Ш	У	П
Я	У	Н	У	Р	М	Р	Ы	З	У	Щ	Т	У	И	Е	А	В
Д	М	Ы	Н	Д	Ц	А	Е	О	С	И	Е	А	П	О	Л	Е
О	Т	Й	Р	С	Е	Г	В	Р	Е	О	Е	С	Й	И	И	У
Т	И	Р	У	С	У	Т	З	А	П	Р	О	С	Т	Н	Т	И
И	Л	Р	У	И	И	О	Б	Ъ	Я	В	И	Т	Е	В	Ы	Е
Б	А	С	К	Е	Т	Б	О	Л	А	Р	У	Е	Н	О	О	Т
А	М	П	Р	О	В	Е	Р	Я	Т	Ь	Ж	А	Б	А	У	А

ДРУГ
ПРОВЕРЯТЬ
БАСКЕТБОЛ
ВАМПИР
ПРОСНУЛСЯ
РОЗОВЫЙ
ПОЛЕ
БЛАГОРОДНЫЙ
ГАРДЕРОБ
КУЛЬТУРНЫЕ
ВЕЩЕСТВО
ПУШИСТЫЕ
СМЕЛЫЙ
ЖАБА
ПОЛИЦИЯ
НЕБО
ОБЪЯВИТЕ
ВЫДЕЛИТЬ
ЗАПРОС
ТАЙНЫ

Puzzle 776

УВЕДОМЛЕНИЕ
МИНУТ
РОДИТЕЛЬ
КУЛЬТУРА
РЕЧНОЙ
МОНЕТА
ЯД
ЗАВИСИМЫЙ
СВЕЧЕНИЕ
ПОПРОБОВАТЬ
ИГРИВЫЙ
КУХОННЫЙ
ДЕРЖАЛИ
ШАНС
ТИП
ВИТАМИНЫ
РАЗЛИЧНЫЙ
ПРИНЦ
ХОРЕК
КОВЕР

К	Х	И	Ф	Л	О	П	Е	И	Р	П	О	Н	Д	Т	И	Р
У	Н	О	Л	Е	Л	О	Ф	И	Й	С	Н	М	С	Н	Н	А
Л	Р	Н	Р	Т	Я	П	Е	У	Ы	П	Р	И	Н	Ц	Е	З
Ь	Р	С	Е	Е	Д	Р	З	А	В	И	С	И	М	Ы	Й	Л
Т	У	Н	И	М	К	О	А	С	И	И	Л	Т	Р	Р	И	И
У	У	А	А	Р	И	Б	Т	Е	Р	Е	Т	А	Н	Е	Ф	Ч
Р	А	Ш	Р	Л	Е	О	Е	Е	Г	С	Е	У	Ж	Н	Ф	Н
А	Р	Е	И	О	Т	В	Н	У	И	М	Е	Н	И	Р	У	Ы
А	А	Р	С	Р	И	А	О	Р	Е	Ч	Н	О	Й	Е	Е	Й
Ц	С	И	Ц	М	П	Т	М	К	Т	Н	С	Е	У	А	С	Д
У	Е	Н	Т	М	У	Ь	С	В	И	Т	А	М	И	Н	Ы	Н
К	У	Х	О	Н	Н	Ы	Й	Р	О	Д	И	Т	Е	Л	Ь	А
И	М	С	В	Е	Ч	Е	Н	И	Е	У	Л	П	Р	О	А	С
У	В	Е	Д	О	М	Л	Е	Н	И	Е	М	И	С	И	Е	А
Е	С	М	О	И	Л	Е	У	У	С	У	А	В	В	Т	Ф	С

Puzzle 777

```
Л Ф И О Ф Д П Е М У А И М М С Л Ш
П И Е С Т Р А Г И Ч Е С К И Й Е О
Е Т Х С С С С И С У И И Ф И И Г К
Р И М О О Л И Е Я Р Н Р А У Р К О
Е М Л И Р Г Е Л М Е Е Е Р Г О О Л
М Ф Е Т О А Л Д Р Е П У И С Е С А
О И Р О Д Н Д А О В О Р О Н А Т Д
Т И Л Л Н О Е К Ш В А И Е П У Ь Н
К О Е П О Ь А Р У Е А Н Й О В С А
А Ф М И К Л Г М Р И Н Н О О С Т Я
П Л Е О П А Р Д М Л Е И И Р Б Р Л
Т Л С Ж Е Т В Ы Й Т И Б Е Я О А М
И Т Р Ю Е Ч К Р А С Н Ы Й М Р Д Е
Д А П Р Е О О С Н Н М Е Е А К И З
Б И Т И Л П Р Б Ц М М С И С А О Е
```

ЛИХОРАДКУ
СОГЛАШЕНИЕ
ТРАГИЧЕСКИЙ
ЗЕМЛЯ
ВЫЙТИ
ВОРОНА
ШОКОЛАДНАЯ
ЛЕГКОСТЬ
ПОЧТАЛЬОН
ПЕНИЕ
КРАСНЫЙ
ВОЙНА
МИР
КОНДОР
ИССЛЕДОВАНИЯ
ЖЮРИ
РАД
ПЕРЕМОТКА
ЛЕОПАРД
СБОРКА

Puzzle 778

УРОК
СРОКОВ
ПОД
СЪЕДОБНЫЕ
ПОМОГИТЕ
ПОЛОСА
СНЕГОВИК
БАНК
УСТРАИВАЕТ
ИМБИРЬ
БУДЕТ
ВОРОВАТЬ
СПЕШИТЬ
ЩЕТКУ
ГНЕЗДО
КРИВАЯ
ФАКТ
ПЛЕЕР
ЧТОТО
РОВ

```
Н Р Ц Н Г Р Г Т Т П Б У Д Е Т С Е
Ь Ц У И С Е Л Н Р П О Т О Т Ч Р К
Т О Е Т С П М Б Е О Д М И Б Ф О Р
И М Б И Р Ь Щ А В З С И О С Е К И
Ш П Л Е Е Р Е Н О У Д Т И Г К О В
Е Р Б Т Н И Т К Р Р С О Л И И В А
П Ы Е А Р Л К П О О И С Е Ф В Т Я
С У Н М О Л У О В Т Е Ц П Р О Б Е
П И П Б В А У Л А М Р И С Б Г Т Т
О М М О О Р М О Т А Т А А Ф Е Т И
И Р И Я О Д С С Ь П И П У Р Н Т Т
У Р О К Н С Е А А О У Т Е О С Я О
Т И Т У Т О Т Ъ Д И К О Р А У М
Ц Е И С Н Ц Е У С Т Р А И В А Е Т
О Т У И П Т У Р Т У Т Ф И И Н М
```

Puzzle 779

```
Ф И А Т А Р А М А А И И Т Р Б Т П
Т О О П Р А В О П И С А Н И Е О Т
Р Н Т Д М Е С Т О К И В О Н И Г Е
У М Р О Н М Н А П Д Д Т Г И Н Д Е
Н У Е О Г А И А А А П С Р О Е А Н
Е Л М Е А Р К Е Р Л О Ь А В Д Л М
Е А Е У А Е А О У К Д Л Н М Е Т Р
Д Т Ф Я И Щ К Ф С А А Е И Е В С Е
Д У М А Ю Е Б П И З Л Т Ч Н О Т И
Т И Р Л Р Л О Р С Я Ь А И У П М О
И Ь Н Е Б Е Р Г Л И Ш З В Е О Е И
Е Т Р С Н С П М А У Е А А А Е И С Ф
И Т Р Е Д О В Е Р И Е К Ю С У О Е
Р И А В С К У Т Е Р Ц О Т Т Л И М
И З Б Е Ж А Т Ь Н А Л Д Е И П Н Е
```

ДУМАЮ
ПОВЕДЕНИЕ
ПРОБКА
ИЗБЕЖАТЬ
СКУТЕР
ЕЩЕ
ЗАКЛАДКИ
МЕСТО
НОРМУ
ОГРАНИЧИВАЮТ
ПОДАЛЬШЕ
ВЕСЕЛАЯ
ГРЕБЕНЬ
ДОВЕРИЕ
ДОКАЗАТЕЛЬСТВА
ПРАВОПИСАНИЕ
ПАРУ
ФОТОГРАФИЯ
ОДНАКО
ТОГДА

Puzzle 780

ПОДРЯД
УТОЧНИТЬ
ДУШ
ЯЩИК
МУДРЫЙ
САМ
КРУГОВОЙ
ЗАБРОНИРОВАТЬ
ХОМЯК
БЫЛ
МОРКОВЬ
ОЛЕНЬ
ПИЛОТ
ЖУК
БИБЛИОТЕКА
СУЩЕСТВИТЕЛЬНОЕ
НОГИ
РАЗРЕШЕНИЯ
АНГЕЛ
ЦВЕТА

```
С О С Т У Л М Р У О Е Е Б Н И Б М
С У Л Е Г Н А М У Р Е О Р О Ф И Е
И И Щ Е Т Т П У Т А С Е Т И И Б Т
Р С Д Е Н О Л А Н О У Е Е П А Л О
Б У Т Л С Ь П П Р И Й Р У У Ц И У
И Ы Е И М Т О Л И П Ы Д Я Р Д О П
У Е Л С Й О В О Г У Р К И Щ Я Т А
И У В Т Н Е И И С Е Д Я О М М Е Т
И Е Н О Т М У Л Т У У М А С О К Е
У Т О Ч Н И Т Ь Ж Е М О Л Е Р А П
Д У Ш Р Н Е Я Е У Т Л Х Р Р К Т С
М Е Д У Я А Д Н К У М Ь Р И О Е А
Р А З Р Е Ш Е Н И Я Д Д Н А В В У
З А Б Р О Н И Р О В А Т Ь О Ь Ц Е
И У О М Е С Н О Г И М Т П О Е Ц У
```

Puzzle 781

```
О Х В Ч Т М Р А Т Ы М К Е Е М Ф Р
С А П А Ф Р Т Е О О Ц Л А Е Ф Т Е
Т Р Е С Ц Т К Е О Ь Т И В А Б О Д
О А Р Т Е М Р М И Т Л М Н С И Л П
Р К Е Н У Т А Л М И С А Ф Е О Я О
О Т Д О И Е С О А Д П Т П Е Ш Т М
Ж Е И Е С У К О Н З Н К А П А П Н
Н Р А Е П Б А Р У Е М О Р К О А И
Ы Ь Т И В А Т С Д Е Р П У А К Т
Й С Н И С Т А Л А С С С Е Р К Н Е
Т Т Л Е Ф С С С К С И П Е Н В И А
Р И И У Т Е Ч К А О У Е Р Р П Т А
И К А У Я И Н Е Ш О Н Т О А Д Р Л
А А Т Е Е И П С З А П А Х Т И А Р
Ц А У У Е И Ф Л П И С Е В Е Р К М
```

КЛИМАТ
БАЛКОН
ОТНОШЕНИЯ
СРОК
ЧАСТНОЕ
ЕЗДИТЬ
АДРЕС
ПРЕДСТАВИТЬ
ДОБАВИТЬ
УТЕЧКА
КРЕССАЛАТ
КРОМЕ
ПШЕНИЦЫ
КРАСКА
ПОМНИТЕ
ОСТОРОЖНЫЙ
КАРТИНКА
ЗАПАХ
ВПЕРЕДИ
ХАРАКТЕРИСТИКА

Puzzle 782

ПРИНАДЛЕЖАТ
СООБЩЕНИЕ
ГЛОБУС
ТАКСИ
СОКРАТИТЕ
ВСТРЯХНУЛ
КРЕСЛО
КАЖДЫЙ
ЖУРНАЛ
БЛЮБЕЛЛ
ОЩУЩАЕТСЯ
ПЛОХО
ОБЫЧНО
ПАДЕНИЕ
ГРОМЧЕ
ПЕСОК
СЮДА
СОРТИРОВАТЬ
СТАДИЯ
МОЩЬ

```
И О Е П И М И М Т Г Н Р Е И С С М
И Р Ф О А Н Л О Е Т П У Н У Г Ю И
М И О Р Н М И Щ В Р Т Н У И Р Д У
Б Л Ю Б Е Л Л Ь П А Д Е Н И Е А С
О Щ У Щ А Е Т С Я С С Р П И Ч У О
О П Р И Н А Д Л Е Ж А Т Л Р М К К
К А Ж Д Ы Й С Е А Н Т И О О О Р Р
О У Н Н И Р Т О Н Н О Е Х Б Р Е А
Т Т Р Д А У М С У Н Р Л О Ы Г С Т
Т Г М У У И Е Л А Т И У В Ч Р Л И
У А Л В С Т Р Я Х Н У Л Ж Н Е О Т
М Е К О У Н А П Е С О К М О М Е Е
Т Е Р С Б С О Р Т И Р О В А Т Ь Т
Ц Л О Е И У С О О Б Щ Е Н И Е Д И
С Т А Д И Я С Д Е И А М О Т Е А О
```

Puzzle 783

```
И Т П Е И М И Т Е С С П Т М О А О
Е Н Р И С Н М Р О Е А Е Е Т С П И
Т Р Е Н Е Р Т Т С Д Н Р О О Т Е Т
Е Н И О У И О И Н Ь И С П В Р М О
З А Х В А Т И Т Е М Б И Р И О К Л
С Н М Д У Е И О Т О Т К О З В О Ч
С О Р М У О И М Е Й Р А С И Н Р О
Е Е Б А Н Н О Е Т И Е Р Т Т И П К
Р Г Л Л А Н Г И С М П Б И М З У А
П У Е Е Ю Е У Н Р А Т У Т Ц К С С
С Е С Ш Т Д Т С У Н Ф Л Е Е А А П
К Р И И А И А Д Е Е И Е С Л Я Г А
Э Т М Р Л В А Я В И Н О Г Р А Д У
И Е С П И У С А Е Е И С Е Е М П И
У С Е Е И Ф Е Е О И И С Л П У Р Е
```

SИГНАЛ
ОСТРОВ
СЕДЬМОЙ
КОРПУСА
НИЗКАЯ
ТРЕНЕР
ПРИШЕЛ
БРАК
ВИНОГРАД
КТОТО
СОБЛЮДАЯ
УВИДЕННОЕ
ОНА
ЗАХВАТИТЕ
НЕ
ТОЛЧОК
ПРОСТИТЕ
ВИЗИТ
ЭКСПРЕСС
ПЕРСИК

Puzzle 784

АРЕНА
ИХ
АФФЕКТ
СКОРОСТЬ
ВЫСОКОЕ
ПОЦЕЛУЙ
ФЕРМЕР
ЦЕРКОВЬ
ПЕРСОНАЛ
РЕАКЦИЯ
ОПАСНОСТЬ
УВОЛИТЬ
ФУНДАМЕНТАЛЬНЫЕ
РЕСУРС
СТОИТ
РУЧКА
ПАУЗА
УМНОЖИТЬ
АНАЛИЗ
УЧИТЫВАЯ

```
Ф Й Н Н Т С Р Р А Н Е Р А А Е В А
Р У Т Т О У Е М Ф П Е П А У Р Ы Л
Е Л Н Е Н Т Д И Ф У А С О Н У С С
А Е С Д Т И О Г Е С У У Н Е Ч О У
К Ц М П А Ь В О К Р Е Ц З Л К К И
Ц О Т Н П М И О Т У У И А А О Ф
И П И С И М Е О Т С М О Л Н Т Е Е
Я С Н А Е Р П Н Р Е П Т А О Я А Р
У Ч И Т Ы В А Я Т Р Р П Н С У Е М
У Л Т Ь Т С О Н С А П О А Р Е В Е
Е С К О Р О С Т Ь М Л П О Е С С Р
Р Е Ф С Р И Р Е Т И Н Ь Н П Е Т У
С Е Е У М И О Ь Т И Ж О Н М У О У
Л Т П Е Р С И Н Х У У У О У Ы Е И О
У Е С Е Т У В О Л И Т Ь Е Р Е Т О
```

Puzzle 785

```
У О П П М И И И П Р Х Л С И Р Д В
Н Е Ж Н О С Е С Р Е Т О Р Н Л Р С
П Л А Н А О Е Р Е У У П Б Е Е У Т
П Е Т Л Г Г Й О В О Д О Г Б Т Ж Р
Р Е Ц И Ф О У З Н Т Н Л Е Е И Е Е
Е Р И Т И Н И Е У Ж Ю М Н П С Л Т
З А Т С У Н И Л Т Е О Л С В М Ю И
И Т А У И Е У Е Р Д Р В Е Т О Б Л
Д Е М С У В И Ж Е Е П Е Е Н Е Н И
Е Ч М М А О О Н Н Г Л С Е Р Ь Ы С
Н С Л О Ж Н А Я Н Т Е Н М И Т Й Ь
Т И О А А Г М А Я А Р Т С Ы Б Р С
Н Е Х Т Л М Р Т Я Е Л Р С И Б В Н
Т У У И В С Т Р Я Х И В А Н И Е Е
Д Е С Я Т А Я П О Д Д Е Р Ж К И У
```

ВСТРЕТИЛИСЬ
СЛОЖНАЯ
ОФИЦЕР
ХОББИ
ПОДДЕРЖКИ
БЫСТРАЯ
ВСТРЯХИВАНИЕ
ДЕСЯТАЯ
ПРЕЗИДЕНТ
НЕЖНО
ДРУЖЕЛЮБНЫЙ
ЖЕЛЕЗО
ТРЕВОЖНО
МГНОВЕННОГО
ГОДОВОЙ
ХОЛМ
ТЮЛЕНЬ
ВНУТРЕННЯЯ
СЧЕТА
ПЛАН

Puzzle 786

ТРЕУГОЛЬНИК
САМЕЦ
ДРАКОН
ВОДА
ПРИВЯЗАН
СПОСОБНОСТИ
ВЗВОЛНОВАННЫЙ
СПРОСИЛ
ГРУСТНО
ВЫДАЮЩИЙСЯ
ЗДОРОВЬЯ
СЛЕДУЕТ
УВЕРЬТЕ
МАСТЕР
ВЫРЕЗАТЬ
МАСЛО
ШОК
ПОЛУЧИТЕ
ВЫМЕРЛИ
БАЗА

```
П Т Р Н П Т Р В З Н А П О Е Д Е В
С Д В Е К Р И Т П Д О О Н О О Н З
А С Е Т И О И У Е Н О К А Р Д Е В
Т Т Ц Т Н П В Е Т И Р Т А У С О
У В Е Р Ь Т Е С Я Л И С О Р П С Л
В Е М Е Л С Ф Л И З М Е Р В П Е Н
Ы А А Т О У О Е Т В А А Ц П Ь У О
Р Я С С Г Р Ф Д Т О С Н С А О Я В
Е А В А У Г Е У П Д О Е М Л П И А
З И С М Е С Н Е Д А Т Л А И О П Н
А А Н М Р Р А Т В Ы М Е Р Л И У Н
Т И Е Е Т С П О С О Б Н О С Т И Ы
Ь П О Л У Ч И Т Е Е Е И Б А З А Е Й
Р Я Н Р И Р И Р Ц Е С А Р С У И С
В Ы Д А Ю Щ И Й С Я М С Ш О К Т М
```

Puzzle 787

М	С	М	У	И	Д	Б	И	С	Е	Р	Е	И	Р	Т	А	Е
У	Т	С	Л	Р	Н	Я	И	Ц	А	У	Т	И	С	И	К	Т
Й	И	К	С	Е	Ч	И	Т	П	И	Л	Л	Э	Е	М	Е	Л
Ы	Е	Р	Д	С	У	З	О	Ф	А	Е	Т	И	Н	О	В	З
Н	Ы	Р	Ф	Т	Е	Е	Л	И	О	Л	Е	П	З	П	О	И
Н	Н	И	О	О	О	Р	К	М	О	Р	Р	И	И	Р	Л	М
О	Ч	И	В	П	И	Ф	Н	Е	С	О	М	М	Б	Е	Е	В
И	А	Р	О	Е	К	Ф	У	С	И	И	И	А	Ф	М	Ч	У
Ц	Р	И	И	А	И	У	Л	Я	Д	Е	Л	О	И	Т	Е	И
А	З	Е	Ц	Д	С	И	Л	Ц	И	Т	М	Ц	И	Т	А	Ф
Е	И	П	Р	И	С	У	Т	С	Т	В	У	Е	Т	Е	Е	И
Р	Р	Ф	А	Р	Т	У	К	У	В	Е	Р	Е	Н	Н	Ы	Й
К	П	Т	Т	У	Т	Э	О	Т	В	Л	Е	К	А	Е	Т	П
Е	О	С	Т	А	Н	О	В	И	Л	И	С	Ь	И	П	Е	И
Р	О	Т	В	Е	Т	С	Т	В	Е	Н	Н	О	С	Т	Ь	Е

БИЗНЕС
УВЕРЕННЫЙ
ПРИСУТСТВУЕТ
ТОЛКНУЛ
ЗВОНИТЕ
ФОРМА
ОТВЛЕКАЕТ
МЕСЯЦ
ОСТАНОВИЛИСЬ
ПРИЗРАЧНЫЕ
ЧЕЛОВЕКА
РЕКРЕАЦИОННЫЙ
ФАРТУК
ФРЕЗИЯ
ЭЛЛИПТИЧЕСКИЙ
ДЕЛО
ОТВЕТСТВЕННОСТЬ
СИТУАЦИЯ
ЛУКПОРЕЙ
ЭТИ

Puzzle 788

ЛАГЕРЬ
ИНТЕРЕСНО
ВХОД
ПРОВЕСТИ
ГРАНД
ПОНИМАЛА
МЕЖДУ
ТРЕБУЕТСЯ
СКЛАДКУ
ПРИВЛЕКАТЕЛЬНАЯ
МОСТОВОЕ
ОБЪЯСНИТЬ
ЗНАЧЕНИЕ
САРАЙ
ВДОЛЬ
СПАСИБО
ЗВЕЗДЫ
ЗООПАРК
ЦЕНА
ЭЛЬФ

С	П	А	С	И	Б	О	Й	С	О	П	С	М	И	Я	Э	М
Т	Т	Л	Ы	Ц	Е	Н	А	Л	А	А	Н	З	Н	А	Л	У
Л	У	У	Д	Ж	Е	М	Р	Н	А	С	М	Н	Т	С	Ь	Т
Ь	Е	Е	З	С	С	Р	А	Н	Е	Ф	Н	А	Е	А	Ф	Е
Л	А	Г	Е	Р	Ь	Г	С	И	И	И	Я	Ч	Р	И	У	О
О	Г	М	В	Е	Т	Т	Р	З	И	У	Т	Е	Е	О	П	Н
Д	Т	В	З	М	И	У	Р	А	О	Ф	У	Н	С	Р	Е	П
В	С	Х	Т	Н	Н	Е	В	Е	Н	О	Л	И	Н	П	С	С
С	О	О	П	Е	С	М	О	С	Б	Д	П	Е	О	И	М	К
Т	И	Д	Е	О	Я	Н	А	А	Е	У	О	А	Ц	С	Е	Л
Р	С	Е	И	И	Ъ	Т	У	М	И	Т	Е	И	Р	У	Р	А
Е	М	Е	У	У	Б	И	Т	И	И	Е	Т	Т	Л	К	С	Д
И	Т	С	Е	В	О	Р	П	Е	О	В	О	Т	С	О	М	К
П	О	Н	И	М	А	Л	А	Н	У	Т	Ц	В	У	Я	Н	У
П	Р	И	В	Л	Е	К	А	Т	Е	Л	Ь	Н	А	Я	И	М

Puzzle 789

```
П С Н У С О К П С Е С Т М Е А Н П
Р У Л М И Т Х О М Р И Н М С У А Р
И С Е О З К О Л Т Н А И Р А В Л А
Н П С Н Н Р К Н А О Р Е Е Т Н И В
Я А У С Н Ы К О Д Г Л И С С Е Т И
Т С И Д У В Е С И О Е О М И Т Ы Л
Ь С Р М Ц А Й Т Д Н С Р М Т И Е Ь
Ф Р Л У Ц Л О Ь Н М Е Н Ь Ш Е В Н
П Л Е А И К А Ю А Е Т С М Р У Л О
М О П Т Д А Н Е К И Е Ф С Л М Н Е
И И И И Р О Е Р Р Т Е Л Е С К О П
В У У О И Р С Ы С О Л Н Ц Е М А И
М И Е Р Р У Ь Т И Д О В З И О Р П
С Д Е Л А Н О Е И О Т Д Е Л К А И
Л О И Е С Е Р Ч И М Е П А Р О У Т
```

НАЛИТЫЕ
МНОГО
МЕНЬШЕ
СДЕЛАНО
КАНДИДАТ
ПРАВИЛЬНОЕ
ВАРИАНТ
ОТКРЫВАЛКА
ПРИНЯТЬ
ОТДЕЛКА
МОЛОТОК
ИЗ
ЧЕТЫРЕ
СОЛНЦЕ
ПРОИЗВОДИТЬ
ТЕЛЕСКОП
ХОККЕЙ
ПОЛНОСТЬЮ
СЛОН
СЛАДОСТИ

Puzzle 790

ЗВУЧАТЬ
ЖЕЛАЮ
ДНО
ЗОЛОТО
НЕПРАВИЛЬНОЕ
ПРОЦЕДУРА
ОБЕРНУТЬ
ОСОБЕННО
СТРАННОЕ
ТЕРМОМЕТР
ИНЦИДЕНТ
ЧАШКА
ПЕТРУШКА
ЧИТАТЬ
МОТЕЛЬ
ЖЕНИТЬСЯ
ОБЛАЧНО
ПОЧТИ
ВЫЖИТЬ
ШИРОКИЙ

```
Т Р Н Ч Е П И Т Ч О П Ж Е Л А Ю С
А Л И И И Е Н У А У Н У О Я И А Т
М М Н Т Н Т Ц С Е О У Д Ф Е Б Т Р
О Н У А Р Р И Ч Т И М С Н И Т Л А
П Б У Т У У Д А Е Л Ф Н И И Т И Н
П С Е Ь И Ш Е Ж Е Н И Т Ь С Я Н
О Р Е Р О К Н К Е М Е Н Т Т Е Р О
Б И О Н Н А Т А А Е С С Е И У Т Е
Л Л Т Ц Н У М Р Р Т И Е Ф Ж Н Т Д
А Е О М Е Л Т А М П О М М Ы Р Л С
Ч Д Л А Б Д С Ь Л Е Т О М В И И Л
Н М О О О П У А Е А Ш И Р О К И Й
О И З Р С М А Р Т Е Р М О М Е Т Р
О У О Н О И Ь Т А Ч У В З У О Е Т
И Н Е П Р А В И Л Ь Н О Е У У С Л
```

Puzzle 791

```
Н П А У Р А М Т М Е Р С У П В Я У
О А Т Е З А Г П У С Т Ы Н Е Т А А
Ь С К А Н Р Е Т С А П Л У С Я Н М
Т Т Т О И М Н М Е Д В Е Д Ь А М Р
А О Р Р Н Р С П Р Н С Е М Е В О А
Х Н Ч О О Е И Н Е Л П У Т С Е Р П
Е Т А Н И Г Ц Е И Е О О И М Н К О
И Я П В О У О П Р О В О Д А Ч С Л
Р И И Р А В А С Т С Л Н О Л И О А
П Р И И Е Т М О Т С Р Ц У Ф Р Б К
Р П Т Я Ж Е Л О Е О Т И О Ф О И Р
Е И С Н Т П Н Р Т И С Р С О К Р Е
Е Н А Л С Т Ь Т А Т О Б А Р А З
У И О Ч А С Т Н О С Т И М Т У Т Ф
И Н Е О Р О Т Р Е Е О И Т Л У Ь О
```

ОСТРОГО
СНЕГ
МЕДВЕДЬ
ГАЗЕТА
ПРИЯТНО
ЧАСТНОСТИ
ПРЕСТУПЛЕНИЕ
ПРОВОДА
СКРОМНАЯ
АВАРИИ
ЗАРАБОТАТЬ
СОБИРАТЬ
КОРИЧНЕВАЯ
ТЯЖЕЛОЕ
ТОЧНО
ЗЕРКАЛО
ПРИЕХАТЬ
ПУСТЫНЕ
ПАСТЕРНАК
НАКОНЕЦ

Puzzle 792

СТРАШНО
ПЫТАЕТСЯ
ПРИХОДЯТ
БРАТ
ПОНЯТНО
ОДНОРАЗОВЫЙ
МЕДНЫЙ
НАЗНАЧИТЬ
АГЕНТ
НЕСЧАСТЬЕ
ССЫЛАТЬСЯ
ФОРТЕПИАНО
РАЗНОРОДНЫХ
ХОЧУ
АРЕНДА
ПИК
РУЧНОГО
ИЗНОШЕННЫЙ
ГАЛСТУК
ШКАФ

```
Х С Т О У Е М Й Ы Н Н Е Ш О Н З И
Ы О Т А Д А И Ы Т Е Е М Т Е О И Р
Н Н Ч Р У Н Р Н Я С Ь Т А Л Ы С С
Д Т У У А У А Д У Ч Е Ф А К Ш Л А
О Я Л О Т Ш А Е И А И О Н Р Е Е И
Р Н Т Е Л О Н М Е С О У О Т Б У Е
О О Е Ь И И О О Т Т П П Д С Т Р Т
Н П Ы Т А Е Т С Я Ь И С Т Н Н О С
З Г Д И Е Н Е Т Д Е К Е П Н Р С У
А А В Ч И А Е И О Р У Ч Н О Г О И
Р Л И А С Р О Е Х Н Е Е Т Р Л М У
И С Д Н И Е Н Е И И Е Е Т Е Р С Т
Т Т С З Р Н Ф О Р Т Е П И А Н О С
С У П А Н Д Е Р П О Т У А Г Е Н Т
У К Ц Н И А О Д Н О Р А З О В Ы Й
```

Puzzle 793

```
Х О Л О Д И Л Ь Н И К М А П С Р П
А Д Ь Т А В О Р И З О Н Г О Р П Р
К М Л О Я Е Е А М А У С Е Е Л О Е
К О Е С И Н И Й Т С У И Н И М С Д
У И Ц И Ц Т О Ы Н Е А И А Е Т Е П
Р П Й И Н Ш А Р Т В А З П Н Т Д О
А М Н И А Т О О А О У С В Р О Е Л
Т О С Е Т И М Т П К Е П Т С М Л О
Н О С И С И У О В Ы С О К А Я И Ж
Ы С Ц Л У И С К П О Н У И К И А И
Й Р К О Л Е Н О Н С М М П С Н М М
Е С Н В И А У Р О Д Н О Й А Л Е О
А С С О Р Т И М Е Н Т Д Е М З А Т
И Я И Л М Т Е П И Ц Ц А Ф Н Н Р Е
С С У С С Е К Р Е Т А Р Ь С В Т Е
```

ЗАВТРАШНИЙ
АССОРТИМЕНТ
ПРЕДПОЛОЖИМ
КОТОРЫЙ
АККУРАТНЫЙ
ПИЦЦА
ЦЕЛЬ
МАСКА
СЕКРЕТАРЬ
ЗАПУСКА
НЕТ
РОДНОЙ
СИНИЙ
ВЫСОКАЯ
КОЛЕНО
СТАНЦИЯ
ХОЛОДИЛЬНИК
ПОСЕДЕЛИ
СЛОВО
ПРОГНОЗИРОВАТЬ

Puzzle 794

УЧЕНИК
ОЖИДАЕМЫЙ
МАМА
КЛЕТКА
ШИРИНУ
НАЛОГ
НИЧЕГО
БУТЫЛКА
ВЫ
ОВЦЫ
ПРЕДКА
ЖИРАФ
ДОЛЖНО
ЭКСПЕДИЦИЯ
РИС
ОБЩАТЬСЯ
КОМПАКТНЫЙ
ТЕТЯ
ДОЧЬ
ЮБКА

```
Т И М С Д Н И У Н И Р И Ш У О Э П
Д С У В Ю О Т Ц Й И Е И С П И К Р
А О Р С Б У Ч Л Ы Т Ч У О Т Е С Е
Л У Л Е К И О Ь М Н Р Е А Р Р П Д
Б Ч И Ж А М А М Е У О Т Г А Я Е К
У Е Л Н Н О Б Щ А Т Ь С Я О Н Д А
Т Н И Л Ц О А Е Д Р Т А Я В А И Н
Ы И Е И М А Б У И У Е Н Н О Л Ц Е
Л К И Е М А П Л Ж С Р С Е Е О И Т
К Т И Т О У У Р О Р Р И С Н Г Я Е
А Л Н Е И Ж И Р А Ф К Л Е Т К А Т
В А Л С Н Н М У И Р И Р П И У И Я
Н И О Т М В У Д Ф Е М У Т П И А У
К О М П А К Т Н Ы Й Й О В Ц Ы С Т А
Л Л Е Р Ц У Ф С В О Р С Т И У Р С
```

Puzzle 795

```
Е У П Т Р О П С О Л Е В Р Н Э Е С
Я М Т Е Л Я Т Г Т У М П Р Е В У Р
Е П В С А Р Д Т Е О Л П Р З А И А
К Р Н О Р О В О Р Т С Ы Б Н К Б В
И А Л Л С Р Л У М Т М А Д А У К Н
Р С М Е Е Е Т У А Е И Т И Ч И О И
К М Ц И И С М И Т Л И У Р И Р Л Т
О Г А Р Н О В Ь Ф М К О И Т О Л Е
Е У М О К Т М Я Н А Т С Д Е В Е Н
Ь С Ю А Р И Б О С Р Е Н Н Л А К М
Т Ь З А Л О У П А М Л Л Я Ь Т Ц А
Р С Е Л Е П И П Е Е Б Р О Н Ь И О
Р О Б Р А П О Л У Ч А Т Ь Ы Е Я С
Л И У И Т Р И Е Т И Т А С Е П Т И
И Н П О Д Д Е Р Ж И В А Т Ь С С Т
```

КАМИН
НЕЗНАЧИТЕЛЬНЫЕ
ЗАЛ
СРАВНИТЕ
ПОДДЕРЖИВАТЬ
ТАМ
КОЛЛЕКЦИЯ
БЕЗ
ЭВАКУИРОВАТЬ
ВОРОН
БЫСТРО
ВЕЛОСПОРТ
ГУСЬ
ВОСЕМЬ
СОБИРАЮСЬ
ТАБЛЕТКИ
РЯДОМ
КРИК
ПОЛУЧАТЬ
КОМУ

Puzzle 796

ПОТРАЧЕНО
ВАЖНО
ДОРОГА
УЧЕНИЕ
БУЛОЧКИ
МОЛОТЫЕ
СПОСОБ
УЧАСТИЕ
ОПИСАТЬ
ПОЛИТИЧЕСКОЕ
ЗАЛИТЬ
ПЛОЩАДЬ
ПРИНЕС
ЧАСТЫЕ
КРЕСТ
НЕБЕСА
ПОТЕРЯТЬ
РЕПУ
МАКЕТ
ШВЕД

```
Е М М У Л З П О О Н Е С А И У П Б
Р М И У О А С О Н Ж А В О Е Л О У
Е Е У Е И Л Е И Т С А Ч У С И Л Е
И Д П Р О И Т О С Р Е И С И С И А
Ь С Т У Е Т Р Е Е О А О Л Р Т Т И
Д Т Н Т Н Ь Т Р Р Т Е Ч И Ф Е И М
А М А К Е Т Ц Р К Р Д И Е Е И Ч Я
Щ Е Ы Т О Л О М Л О Р Р Т Н О Е Т
О П И С А Т Ь Т Я Р Е Т О П О С М
Л А О Н С Е Н И Р П Ы А В И С К Н
П Т М О Е У С Т С А Т Л Т Т Д О И
А Т И И Б Ч Ц О Б О С О П С И Е А
Т О И Т Е С У О С О А Д О Р О Г А
Е Л О С Н Р В И М Р Ч С И Е С Р О
Б У Л О Ч К И Р П Е Ш В Е Д Е Я С
```

Puzzle 797

П	О	У	М	П	Н	С	И	У	О	Ц	Е	Т	И	Н	Т	С
Р	Р	Н	С	С	Е	Т	У	З	Т	Б	М	И	А	Л	У	Т
А	С	О	И	У	А	Н	Р	Е	А	О	Е	Е	И	И	С	Р
С	Н	Т	Ц	И	Ж	И	Н	Л	И	А	И	Д	Д	Д	Т	А
С	С	Ч	Л	Е	Е	И	С	Т	Р	А	Н	Н	А	Я	А	Н
Т	П	М	Т	О	С	И	Н	И	З	У	Ч	И	Т	Е	Л	И
О	Н	Ь	Т	Н	М	С	И	Т	Е	Р	У	И	И	Ф	И	Ц
Я	Ь	Т	И	Н	А	Р	Т	С	О	Р	П	С	А	Р	К	Ы
Н	Е	А	И	Е	М	Т	Т	В	Н	Б	О	С	Р	Р	О	Г
И	К	З	Р	П	И	Е	М	Р	Л	О	И	Е	А	Т	Р	О
Я	О	А	У	Е	Р	И	Е	Е	О	С	Т	Б	Т	П	О	Л
Т	Н	К	Ь	Т	А	В	А	Л	П	С	М	Я	О	И	Т	О
Н	Е	О	Т	С	С	О	К	Р	О	В	И	Щ	Е	И	К	В
Р	Ц	Д	Н	О	Л	В	О	Е	У	И	Р	Р	Е	О	И	А
Р	Т	Е	А	П	Е	Б	М	П	С	О	Т	Л	У	П	Й	Т

КОРОТКИЙ
ПОЛНОЕ
ПОСТЕПЕННОЕ
ПЛАВАТЬ
ДОКАЗАТЬ
СОКРОВИЩЕ
СТРАНИЦЫ
ОБЕД
УЗЕЛ
ПРОЦЕСС
УЖИН
СТРАННАЯ
РАССТОЯНИЯ
КОНЕЦ
РАСПРОСТРАНИТЬ
ГОЛОВА
ИЗУЧИТЕ
УСТАЛИ
ЧТО
СЕБЯ

Puzzle 798

ПАЛЬТО
ДОСТИЖЕНИЕ
РАЗНООБРАЗИЕ
КОНТАКТНЫЙ
НИЖЕ
ОПАСНЫЕ
КОМАНДА
ОБНЯЛА
ХОРОШИЙ
ДОЖДЬ
НАЧАЛ
УЧАСТВУЕТ
ВЧЕРА
ОТКРЫТИЕ
ТРАВА
ОБЕСПОКОЕННЫЙ
ДРЕВНИЕ
ПРЫЖОК
СОЛНЦЕЗАЩИТНЫЕ
ДРУЗЬЯ

Р	И	Я	А	М	С	А	О	Д	О	Р	Е	М	Е	М	Р	Х
У	А	Ь	Й	Е	Е	И	Б	Р	Т	Т	Д	О	Ж	Д	Ь	О
Ч	Р	З	Ы	Т	Р	П	Н	Е	Ь	И	К	В	А	М	О	Р
А	Е	У	Н	Н	А	И	Я	В	Л	Б	О	Р	Е	Е	С	О
С	Ч	Р	Т	О	И	У	Л	Н	А	А	Ж	М	Ы	О	Е	Ш
Т	В	Д	К	Е	О	Р	А	И	П	У	Ы	Н	Н	Т	О	И
В	У	М	А	О	Т	Б	Д	Е	Н	Н	Р	И	С	М	И	Й
У	И	И	Т	А	М	У	Р	М	Е	И	П	О	А	Я	У	Е
Е	И	М	Н	И	П	А	В	А	Р	Т	И	Т	П	С	О	С
Т	И	У	О	Е	Р	Р	Н	Н	З	У	И	М	О	У	М	П
Н	В	И	К	Н	И	Ж	Е	Д	И	И	Н	А	Ч	А	Л	В
О	И	П	Е	Ы	Н	Т	И	Щ	А	З	Е	Ц	Н	Л	О	С
Е	Е	Д	О	С	Т	И	Ж	Е	Н	И	Е	М	Т	Л	Е	М
О	Б	Е	С	П	О	К	О	Е	Н	Н	Ы	Й	Е	Я	А	Т
Т	В	Е	О	Л	Л	И	Р	Ц	Е	Е	Л	О	Е	А	И	М

Puzzle 799

```
П Й Ы Н Н А М О Л С З Н А Ю Т Т Е
А Р Ь Т А Д И Ж О Н Н Е Л В И Д У
Б В Е М П Ц Е У Е М Ц Е И Т Т А И
Е Р Т Д В Е И Т Р Я Д Р Т Е Я С Л
З Е К О П О И О У Д Ф У Т Р И Т Е
О Е А М М О Е Р Н Ь Н А П М О К
П Щ Л О С О Ч М Е А И Т К В И М О
А У И А О П Б И А Е Л И У Л А К Д
С Д Т Й Ы Н В И Т К А Ь А Н А О У
Н Ы К Т И Е У О Л А Т Т Н И Р М Л
О Д И Е С У В С С Ь Ю Е Н Ы И И Е
А Е Н О В О С Т И А И С М И Й Т Ж
П Р И С О Е Д И Н Я Й Т Е С Ь Е А
Е П Ц М Н А С И Т С И Е А Т Т С
О С У Р Т М Е Е И И С Е Е М У У Н
```

УДИВЛЕННО
СЕТЬ
АВТОМОБИЛЬ
ЗНАЮТ
СЛОМАННЫЙ
ПРИСОЕДИНЯЙТЕСЬ
КОМИТЕТ
НАУКА
АКТИВНЫЙ
ОЖИДАТЬ
НАЦИОНАЛЬНЫЙ
КОМПАНЬОН
НА
ЖЕЛУДОК
БЕЗОПАСНО
НОВОСТИ
КАЛИТКИ
ПРЕДПОЧИТАЮ
РОТ
ПРЕДЫДУЩЕЕ

Puzzle 800

СНОВА
ТЕПЛЫЙ
ОСТОРОЖНО
ЗАСТЕНЧИВЫЙ
ПИЩЕВОЙ
РЕАЛЬНЫЕ
ПОЗВОЛЬТЕ
ПЛОТНАЯ
ТАКЖЕ
ЛИДЕР
МАШИНЫ
ЭКОНОМИЧЕСКИЙ
ПРИМЕЧАНИЕ
ИЗВЕСТНЫЙ
АМУР
СЧАСТЛИВЫЙ
НОГТЕЙ
РЕШЕНИЕ
ГОТОВИТЬ
ГОВОРЮ

```
О З У Е Н Й Э И Т Е Г С Т О И Н У
С А Т Е Е О К В Г Н О Ч А Р В О М
Т С Ь Т И В О Т О Г В А К И А Г У
О Т А Ь М Е Н Р И П О С Ж Н Т Т И
Р Е Г Л М Щ О Е Н Л Р Т Е Р Т Е Е
О Н А О М И М А Е О Ю Л Л Е И Й М
Ж Ч А В Д П И Л М Т Е И Н Е Ш Е Р
Н И С З О О Ч Ь А Н У В Л И Д Е Р
О В Т О А Н Е Н Ш А И Ы Е А С С В
Й Ы Л П Е Т С Ы И Я У Й С О Р М Т
П Й Е А Е Р К Е Н Я У Р С С У И Р
Р У А Е Е А И Р Ы А М Е О М П И С
Т Б И Н И С Й У Н Д М Л Т Т М И Р
П Р И М Е Ч А Н И Е И У Е С И И И
И З В Е С Т Н Ы Й О У А Р Р И И У
```

Puzzle 801

```
Т Д Р С Л Т В В П Д У В С У Р Л Н
С О Г Е С А Р Л М И Л У О Т Е П А
И М Д И З У Е Т А Д Г О К Л И Ь П
О А У В О У У М М Ж М И А Д Н Т Р
И Ш И О М У Л У И И Н И М А А А Я
С Н С П Р О С Ь Р Е Л Ы Т В С В Ж
К И Ч Ь Л А М У Т Е С К Й Л И О Е
Е Е Р У М У И О О А Д Р О Е П С Н
Л И У К И З У Т М Д Т О Б Н С О И
П А Т И С А Н С С О М Ш Ю И А Л Е
М А И В П Ч У А С Р Д Е Л Е Р О О
О Е Н И А Е Е У А И Р Ч Е П О Г Д
К М Н А Л М О Е Р Р С Н Н О И Т А
Т И А В С Т И Е Н П Е Ы И Г А Р Ж
С Ц Я Т Е М Е Т С Н И Й А Е Н О Е
```

ЛЮБОЙ
ВЛАЖНЫЙ
СПРОС
КРОШЕЧНЫЙ
ДАЖЕ
ДОМАШНИЕ
ПРИРОДА
РАСПИСАНИЕ
НАПРЯЖЕНИЕ
ГОЛОСОВАТЬ
РЕЗУЛЬТАТ
ЗАЧЕМ
ДАВЛЕНИЕ
МАЛЬЧИК
ВОЛНА
РАССМОТРИМ
КОМПЛЕКС
РУТИННАЯ
КОГДА
КИВИ

Puzzle 802

ВОСЕМЬДЕСЯТ
ОВОЩНОЙ
ОПРЕДЕЛЕНИЕ
ПОДАРОК
ДЕСЯТИЧНЫЙ
БОЛИТ
МОРАЛЬНЫЙ
СЕСТРА
СВЕТ
ПУСТЫНЯ
ТЮРЬМЫ
СКРЫТЬ
НЕДЕЛЯ
САНИ
ТЕСТ
РАСШИРЬТЕ
ШИТЬ
ПОСЕЛЕНЦЫ
РАЗДРАЖАТЬ
ПРЕПАРАТ

```
Т Р А С Ш И Р Ь Т Е У П С Р Т С Р
А Е О И И С В Е Т Ц Е У Е А И Р Ц
Е Б С П О В О Щ Н О Й С С З С Б С
Т О В Т Р А И Н Н И Н Т Т Д Е Т М
О Л У О Е Е О Л М С М Ы Р Р И Ф И
П И Е С С Р Д Р Е Р Т Н А А Р Е П
Ь Т М П Ц Е М Е И И Р Я У Ж Н У О
Т Ю Р Ь М Ы М Я Л Е Д Е Н А М И С
Ы К Ф Е Ц О Т Ь И Е Т Е У Т С Е Е
Р О П И А Ц Е Т Д С Н Р Е Ь Е О Л
К Р Р И У Р И О Е У И Е И П Е Е
С А Н И Р С В Ш О У С Е Е О Р М Н
И Д М О Р А Л Ь Н Ы Й Я О Д А М Ц
С О Д Е С Я Т И Ч Н Ы Й Т У Л А Ы
И П П Р Е П А Р А Т У Е Р Д Е Р У
```

Puzzle 803

```
В Л М Р М У Л О Е Е Ь М Т М С Б У
И Ы И И Ф В Т Е О Т С Е Ш Т Е Л Д
Р В Д Е И Д О Л Т Д Ы И М Е Р О А
П Н Т Е Т И М Ж А Н Р Н П П Ь К Л
Т О Р М Р Т Е Е У Т И Е И Л Е Т И
Л Т П Р Г Ж Р Ф Н Е Р Ж И О З Т Т
Т Ц П Ы И Е И П И С Н О И Ц Н М Ь
У Е Р Т Т Н Ф В Д Р Т Н Р И Ы Ц Т
Л И А И М К У И А М Н М А Н Й А Я
С Т Т Л Ф У А У Р Е Ф У О О Е И З
Е И Е П Я С Й У Р И Т Н Е И Р О В
З Н А Ч И Т Е Л Ь Н Ы Е С К А Ж И
И С К А Т Ь И Л М Р П Т Р Н И Т Т
Р О П Р Е Д Е Л Е Н Н О Г О Д О И
П Р О С Л У Ш И В А Н И Е Е Л М П
```

ПОПЫТКА
ЗНАЧИТЕЛЬНЫЕ
БЛОК
ВЗЯТЬ
ЛЕТ
ПЛИТЫ
ШЕСТОЕ
ВЫДЕРЖИВАЕТ
ИСКАТЬ
УМНОЖЕНИЕ
СКАЖИ
НАЖМИТЕ
ТИГР
ТЕПЛО
УДАЛИТЬ
РЫСЬ
ОПРЕДЕЛЕННОГО
СЕРЬЕЗНЫЙ
ОРИЕНТИРУЙСЯ
ПРОСЛУШИВАНИЕ

Puzzle 804

ВОДИТЕЛЬ
НАОБОРОТ
СВИНЦА
ОТЛОЖИТЬ
МОТОЦИКЛА
УХОД
БЫВАЕТ
ЗНАК
СОСИСКИ
ГОТОВ
ВСЕ
АВТОМАТИЧЕСКИЙ
РОЛЬ
НЮХАТЬ
СТОРОНЫ
ОГРАНИЧУСЬ
СКУДНЫЕ
МЕЛКИ
ПРЕДЛОЖЕНИЕ
КИНО

```
А В Т О М А Т И Ч Е С К И Й О Т У
Г И О С У С Л М Д М Н Т У Т Л О И
О И Р И У И Е М В М В Т Т В У И Р
Т С О Е Т О Т М Т С У У Л Р П И И
О Т Б О Н И П Ц Ь Л Е Т И Д О В М
В С О Р О Я Р С У П С Е П С И Р Е
Р К А Ь О Р О Л Ь И В О Е Т А И Л
М У Н Т С Т Ь С У Ч И Н А Р Г О К
Н Д Н А У Т Л М У У Н Е С Е Е Н И
Р Н У Х О Д О О А Р Ц С О Л С И У
У Ы О Ю Р П И Р Ж А А И С Е С К О
Ф Е Е Н Н Т С Р О И А Е И И Я У Т
М О Т О Ц И К Л А Н Т И С З Н А К
Б Ы В А Е Т Д С Н А Ы Ь К И С Е С
П Р Е Д Л О Ж Е Н И Е С И Р У Т Г
```

Puzzle 805

Ц	П	П	Р	М	О	С	Т	С	У	П	Т	Р	Р	М	В	А
Ч	Е	Р	В	Ь	П	О	Т	Л	Т	А	О	Р	И	Е	Н	Б
И	Я	С	У	В	Т	Д	Ь	М	И	О	Т	Р	О	Е	Е	С
К	Т	П	А	Т	Ц	Е	Т	О	Ф	И	Й	О	А	М	И	О
П	О	Н	М	Р	К	Р	А	Д	С	М	О	К	Н	Е	Н	Л
Я	Х	Ш	Т	Р	Р	Ж	Ч	Р	Е	И	И	А	А	П	А	Ю
А	С	П	К	О	И	А	И	В	Е	Р	Л	И	Ц	О	Н	Т
Н	О	Р	Б	А	Т	Т	Н	С	Е	О	Ж	С	Ц	В	И	Н
Н	Н	Е	А	У	И	Ь	Д	Н	Т	Е	И	А	Ф	А	М	А
Е	Р	И	Ц	Б	К	М	У	Л	М	Т	М	Р	Т	А	О	Я
М	О	Н	Ь	Л	А	М	Р	О	Ф	М	Е	Е	О	Ь	П	М
Е	Т	С	Е	Д	И	М	Т	Н	Д	А	А	Щ	У	А	У	П
Р	О	Р	Р	Е	Т	Й	О	В	О	Л	П	Е	Т	Т	О	А
Е	С	И	С	М	Т	В	С	М	Т	О	Н	П	Е	Н	И	О
П	О	Н	Р	А	В	И	Л	О	С	Ь	И	О	А	Ф	У	Т

ПЕЩЕРА
ОТЕЦ
МАЛО
ВНЕ
КРИТИКА
ТЕРРОР
ТЕПЛОВОЙ
КОШКА
ПЕРЕМЕННАЯ
СОДЕРЖАТЬ
СОТРУДНИЧАТЬ
ХОТЯ
ЛИЦО
ДЕРЖАТЬ
АБСОЛЮТНАЯ
ЧЕРВЬ
СТОЙКА
ФОРМАЛЬНО
ПОНРАВИЛОСЬ
УПОМИНАНИЕ

Puzzle 806

ПОСЛЕДНЯЯ
СКУЧНО
ГОРОД
ЗАЯЦ
ОБЯЗАННОСТИ
ПОСМОТРИТЕ
ПРИДУМЫВАТЬ
РАЗЛОЖЕНИЕ
ТОРГУЙ
ПУТАТЬ
ТИХИЙ
СМЕШНО
ВВЕСТИ
СТОИМОСТЬ
СВЕТЛЯЧОК
ТЯНУТЬ
КИПЯТИТЬ
МОЩНОСТЬ
СЪЕСТЬ
ВЫЗЫВАЮТ

Ь	Т	А	Т	У	П	Л	Л	Н	Р	А	Е	Т	М	Е	И	П
П	Е	Я	Е	С	Е	Д	Г	К	Т	О	О	Е	А	С	А	Р
В	И	Е	Н	В	Т	О	Е	О	Н	Ш	Е	М	С	О	Е	И
Е	Н	Н	У	У	В	И	Л	Ч	М	С	С	Т	И	Ц	И	Д
О	Е	И	О	Л	Т	Е	Ц	Я	А	З	Е	М	У	Д	И	У
П	Ж	Е	И	О	Т	Ь	С	Л	Т	У	М	Е	Р	Ь	Т	М
Т	О	М	А	С	Л	О	Ь	Т	С	О	М	И	О	Т	С	Ы
О	Л	С	П	М	И	И	Н	Е	И	О	И	Р	Р	С	О	В
Р	З	С	М	В	Ы	З	Ы	В	А	Ю	Т	Г	А	Е	Н	А
Г	А	К	О	О	Ц	Ь	Т	С	О	Н	Щ	О	М	Ъ	Н	Т
У	Р	У	И	Ь	Т	И	Т	Я	П	И	К	Р	А	С	А	Ь
Й	И	Ч	Е	П	М	Р	М	Н	О	О	У	О	Р	Т	З	М
Р	Я	Н	Н	Т	М	Й	И	Х	И	Т	Е	Д	Е	Я	Я	В
Т	М	О	О	О	Р	Е	П	Т	Т	С	А	С	Т	Л	Б	О
П	О	С	Л	Е	Д	Н	Я	Я	Е	И	М	А	П	И	О	И

Puzzle 807

```
Е И Н Д Е Л С О П О А Р Р Е Г С Р
Ы И З Д Е С Т О Н О У И И Е А Н А
Н Р Н У Р А У О Ц П И Ь Л П З Р В
Н Л У Е Ч В П Е М С И Т Р Л О М А
А Н П Ы Ж И Д Ф У И Я И Н А Н З Ц
В Г Л Н Е А Т М И О Т Н М Т М Р Р
О Л У З Л А В Ь М Б Ц Е С С М М У
Р А Н А О Н Н У Ь Т А М И Н Д О П
И З М Р Н С К Е Л О Д И М О Ж Е Т
Л И Т Ь Т И Ж О Л Д Е Р П Т О П Е
О Т В Е Т И Т Ь Р С Р П Е Т В Н У
З А И М С С У И О О С О У А О Е У
И П Ы Л Ь Н Ы Й И В Л У Ч И Т Ь Ц
О Д И Н Н А Д Ц А Т Ь Ь П Е И Е С
И С К У С С Т В О Б И У А И У И О
```

ПРИМЕНИТЬ
УВАЖЕНИЕ
РАЗНЫЕ
ЗНАНИЯ
ТОП
ИЗОЛИРОВАННЫЕ
ПОСЛЕДНИЕ
ОДИННАДЦАТЬ
ИЗУЧИТЬ
ГАЗОН
ПОДНИМАТЬ
СРЕДА
ПЫЛЬНЫЙ
МОЖЕТ
ГЛАЗ
ИСКУССТВО
ПРЕДЛОЖИТЬ
КОРОЛЬ
ОТВЕТИТЬ
УЧИТЬ

Puzzle 808

ИЗВИНЕНИЯ
МОРЕ
ПОИСК
ОСЕНЬ
ШАТКИЙ
ПРОСТРАНСТВО
ДЕДУШКА
ВЕТЕР
ГЛУБОКИЙ
ТЕКУЩИЙ
СВАДЬБА
ЛЕСТНИЦУ
ПРЕСС
УЛЫБКА
ВКЛЮЧАЮТ
МЕЛЬНИЦА
ШЕСТЬ
СИЛЬНЫЙ
РЕДИСКА
НИЩЕТА

```
Т Н И П Д О И И И Ф Р Т С М О И Е
Е Р О М Р Е Т Е В Т П Р Ш О Р А Р
К Е Т Н С О Д П О И С К А Т Н Н Е
У О А Р Е Е С У У Ц И Н Т С Е Л Д
Щ О Т С Р А М Т Ш А Д О К С Д Т И
И О Т С И Е Н С Р К Т Р И Е И У С
Й И С В Р Е Е Я У А А А Й Р М Ц К
М С Н А Т Е Щ И Н Л Н Е Е П С А А
Е О А Д Ю П Е Н Т О Ы С М Р И И С
Л И У Ь А Н С Е И М У Б Т Е Е С И
Ь П И Б Ч И А Н Е Т Н Р К В Ф Д Л
Н С В А Ю У И И Ш Е С Т Ь А О Н Ь
И Н Е Р Л Д Р В Г Л У Б О К И Й Н
Ц О У А К С А З О С Е Н Ь И Р Н Ы
А С Л Т В О М И О Р М Д А Е Д С Й
```

Puzzle 809

```
П С М Н Ф Л Е П Т А Ф Л М Е И П И
Ь Т И Н Е М А З О И С И У Л А Р У
Н П Ь Т Р Е В Т Е Ч П П О Л А А Ц
А У Р М М О Б Ы Ч Н Ы Е С О Л К Т
Й Е Н О А С Н Е Ж И Н К А О Н Т У
Т Ш Е Я Д В Н И М А Н И Е Б М И Т
И Е Н Т Ю В Т С Е Щ У С С И Ч М
С Я С Т Ю А К С У П С С Г У А Е И
Г Р А Н И Ц Ы Т О М Т У Р Д У С Д
И О Н Щ Е Н О К А З Н Я С И А К Е
Ф Н Й О Н И Л А М Т Д Н У Т С И Е
Л С Е М М Е О Е О У Р А А Ь М Е М
Р Н Н С В Е Н З А Р Я Д Т У Л Р А
Е Е М У Т В Р Ф Е Е Е О С Ь Р А П
Р А Р Н У Р Е Л Е П Ф Р Т А Н И Е
```

ВНИМАНИЕ
МАЛИНОЙ
СНЕЖИНКА
ШЕЯ
СУЩЕСТВУЮТ
ПОЛА
ОБСУДИТЬ
ЧЕТВЕРТЬ
НОМЕР
СОЗДАТЬ
ОБЫЧНЫЕ
ЗАРЯД
ЗАМЕНИТЬ
ЩЕНОК
НАЙТИ
ПРАКТИЧЕСКИЕ
ГРАНИЦЫ
СПУСКАЮТСЯ
ФЕРМА
ПРОДУКТ

Puzzle 810

ВЫСОТА
АЛЬТЕРНАТИВА
УСТАЛЫЕ
ЗАЩИТИТЬ
ЗАДАЧА
КАЧЕЛИ
РУКОЯТКА
СОРОКА
ДОРОГОЙ
ГОРНОСТАЙ
ЕГО
ИНДЕКС
СЕЙЧАС
ПОПУГАЙ
ПОНИМАНИЕ
ПО
КУРТКА
ХОЧЕТ
ТАКОЙ
ВЫПУСКНИК

```
Т З Г А П П О Т Е М И О Е О У П В
А Е А О Н О М Н А С Р Е И П У О Ы
К О С Д Р Н Т С Т П М Т У С Н П
О Р О У А Н Е С Т Н Р И Т У Т И У
Й У Р Ц Р Ч О А Е С Е Е О Т А М С
Т С О И У О А С Д О Р О Г О Й А К
П Т К Р К Е С Ь Т И Т И Щ А З Н Н
У А А У О А Ц С Т А Т О С Ы В И И
Р Л В Н Я Т О Т Е С Й Р Ф В У Е К
М Ы Т Т Е Ч О Х Й А Г У П О П Р
Г Е С С К Е Д Н И И Ч Р Т Р О А А
А В И Т А Н Р Е Т Ь Л А К Т Р У К
К А Ч Е Л И Т М Е Р О Е С У М Е И
Е О Л Н О А Т Н Г Н О П О Е Т С В
Т Н И М Н У Р А О В Д Е Ц С С С Е
```

Puzzle 811

```
Т О И Р Н С И М А Ц Е М У Е П Д С
О Б О Е Е И У Е И Н А Щ Е Б О И Л
А Р О И Н М Н Е Н И Я П У Е П А У
П А Р Е А С Ц С А Й Т Т Л А Л П Ш
Ф З О У В Е У Ы Т Н Л О И Я А А А
Т О П И И Т Е З П Е В Ж Е У В З Т
Е В С И Ж Р Я А С Л Е Е Н У О О Ь
Е А С А У С И К С О Е Т Т О К Н С
Н Н П Х Т Т Е А И О И Н У М Н О Е
Т И О О Д Д И З О А Н П О И С У В
Т Е Я Р Ч Е Е А О А Е У М К Е А Р
О О Д О Н В Л Т Н Е Д У Т С Б О М
Т И Е Г И И А Ь Н Н Ч А С Ы Е О Е
Р Е С П Н Е Ж Н А Я И С У С И А М
Р Л Е И Т А Е М Т А Т О А А А О С М
```

ОБЕЩАНИЕ
СТУДЕНТ
ЗАКАЗАТЬ
ПОПЛАВОК
СЕБЕ
НЕЖНАЯ
НЕНАВИЖУ
СЛУШАТЬ
ТОЖЕ
ДИАПАЗОН
ЦАПЛЯ
САЙТ
ЦЫПЛЕНОК
ОБРАЗОВАНИЕ
ВЕСЬ
МНЕНИЯ
ПОЧВА
ЧАСЫ
УМНОЕ
ГОРОХ

Puzzle 812

ШТУКА
ЭНЕРГЕТИЧЕСКУЮ
ТОЧНЫЙ
АНАНАС
ПРИГЛАШЕНИЕ
ЖЕНЩИНЫ
КОРА
ЗАБЫТЬ
ДВИЖЕНИЕ
ОДИН
РАЗВИВАТЬ
НО
СЛЕДУЙТЕ
ИДЕНТИЧНЫЕ
СКАЗАТЬ
ЕДИНУЮ
СЕРЕБРО
ХУДШИЕ
СДЕЛАНА
ПАРА

```
Т Ж С Е Р Е Б Р О С Т В Т М С С Т
К Е Х У Д Ш И Е Т Л О З Ц Ц М С Т
О Н Т И П И Е С И Е Ч Е А К У Т Ш
Р Щ Р У И И Е М Ц Д Н П Н Б П У У
А И У Т Е Л И Т Н У Ы А О А Ы Ф И
И Н А Н А Н А С Т Й Й Р У Т П Т П
О Ы Р У А И О И Р Т В А И И У И Ь
У Е Е Ы Н Ч И Т Н Е Д И Ю М Т М Т
Э Н Е Р Г Е Т И Ч Е С К У Ю Д Р П
С К А З А Т Ь Д В И Ж Е Н И Е Е С
Л У О М Е И Н Е Ш А Л Г И Р П Е У
Р А З В И В А Т Ь О А П Д О Д И Н
И М П С А И Ф С А Н А Л Е Д С А Е
У С Л Т И Т У А Д Т Е О Л Т Р С И
Е Л М С Е М О С Т И О Е М И А Е С
```

Puzzle 813

```
Е З Д У Е Е М У В У О Е О Л М Н Т
З А Д Е Е Т А И Т Ы О О О П И Р Щ
А Я Е П В С Я Е Е И З О У Ы С И А
Х В Р И У Я Т Е Л О П О Т Л И У Т
О Л Е Л Н И Т Ь И С А Т В Ь И М Е
Т Е В У Е П М Ь С В Ы Б Р А Т Ь Л
Е Н О Ж И Д К О С Т И И В И Н Я Ь
Л И П О Л И Ц Е Й С К И Й Н И Е Н
И Е П И Т А Т Е Л Ь Н Ы М И Т У О
У Ф С К В Н Е Ш Н Я Я И П У Н Т В
Д О М И Н И Р У Ю Щ У Ю Т Е У Т О
Н Е В Ф Т В М О С Е Д И М Т В С Ф
О И Т А В Е С Е Л Ь Е В Ы Б О Р Р
Е В У Р И И Р П А У Н С У Т С Е С
А Е С Г Т С О Л Н Е Ч Н Ы Е Н Р И
```

СОЛНЕЧНЫЕ
ВЫБРАТЬ
ВЫБОР
ВЫЗОВ
ТЩАТЕЛЬНО
ЕСТЬ
ДЕВЯТЬ
ПОЛИЦЕЙСКИЙ
ДЕРЕВО
ДОМИНИРУЮЩУЮ
ПИТАТЕЛЬНЫМИ
ГРАФИК
ПЫЛЬ
ВИНА
ЖИДКОСТИ
ВНЕШНЯЯ
ВЕСЕЛЬЕ
ЗАХОТЕЛ
ПОЛЕТ
ЗАЯВЛЕНИЕ

Puzzle 814

КУЗНЕЧИК
СЫР
ПЕРЕЛОМ
ШУМ
ПЕРЕВОД
ЗОНТИКА
РЕЧЬ
ДЕРЕВЬЯ
ЖЕНАТУЮ
ЖИВОПИСЬ
КЕКС
ПРЕДМЕТ
ЗАПУСТИТЬ
ЗАПАСАЮТ
ЛОЖКУ
БРОСАТЬ
КРАСИВЕЕ
ПРИГОВОР
УСТРАИВАЙ
СЛАДКИЙ

```
Н С Е Е Н О П У Е Р У Р О Н О З Ж
К О М Н У Т Ф Е Р А С С О Е Т А Е
У П Р Е Д М Е Т Р О В О Г И Р П Н
З С Т И А Н Е М О Е У У П Ж И А А
Н Е Ы С Р И В Р Р В Е С Е И И С Т
Е Й Н Р А А И У Р У П Т Р В У А У
Ч И З А П У С Т И Т Ь Р Е О М Ю Ю
И К Р С И Т А И А М Ч А Л П Б Т Н
К Д В С Р У Р Ц С О Е И О И Р О Н
С А Е Н Н Н К Р И П Р В М С О К И
Т Л Ш Р П Е Р Е В О Д А Р Ь С Е П
Е С М У Е Е Е Т У Д Л Й У М А К Е
Т Е Л Р М В З О Н Т И К А М Т С О
Е С Н Р Р П Ь У У В Р П У И Ь Р А
Л О Ж К У Т У Я С А М Т Ц Е Н Р О
```

Puzzle 815

```
Б Л Е С Т Я Щ И Й К Т Е Е И О С Т
М Е Ч Т А О Е Р Е У Р Т Н О Р Л С
С Е В Е Р Н Ы Й Т У Н У Р О И У У
И В Ы С Т Р Е Л У Т Ш Р Т И Ц Ж М
З И Е Н Ы У Й Е И Е С Е А О А И М
И И И Е П В Ы Г Л А В А Р И Т Т И
Р Д А И О Н Н И И Т А Е И С Ь Ь Р
К У Т Н У М Ь Т Ы Р К С А Р Т Б О
М И Р Е И И Л Е М Е А П Т Л И Ь В
Е Д О Т У З А К Ж У Р К Ф Н Т Т А
Ш Т О Р М У Р Е Д Р И Р П С С М Т
И Ь Т И В О Т О Г Д О П О У А Т Ь
П О Д Х О Д Н У К И Е Ц Р Л Р Ц Т
Л Ц У Н С Л Е Т О Е Т Р М Е Ы А О
Р У С У А Ц Ц И Н Т О Т Е Д В Д М
```

ОПЫТ
ГЛАВА
СЛУЖИТЬ
СЕВЕРНЫЙ
КРУТО
МЕЧТА
РАСКРЫТЬ
ШТОРМ
ШЕРСТЬ
ЦЕНТРАЛЬНЫЙ
КОРЗИНА
ПОДГОТОВИТЬ
БЛЕСТЯЩИЙ
КРУЖКА
ВЫРАСТИТЬ
СУММИРОВАТЬ
КРИЗИС
ПОДХОД
ВЫСТРЕЛ
ЛЕТО

Puzzle 816

УЧАСТНИК
АНЕМОН
СУШЕНЫЕ
ВКУСНЫЕ
УЗКАЯ
ЛУГ
ГОРОДСКОГО
ЭКСПОНАТ
ВСПЫХНУТЬ
ВАГОН
ЛОЖЬ
КОМПЬЮТЕР
ТЕАТР
РАДУГА
ПЕРЕРЫВ
ЗНАЧОК
УЧРЕЖДЕНИЕ
ЖЕСТКИЙ
ДЕСЯТИЛЕТИЕ
ДОБРОВОЛЬНЫЙ

```
В Н У О М И Д В Т А А С Д Л И И А
С С Е И У П Н Е К Р Т Н Е Н Р Н Р
А Ж П Р А Е Ф Л С У Е Т С С Е Л У
З Е Е Ы Н Е Ш У С Я С Р Б Ф Ф И Е
Н С Э И Х И Т У С А Т Н О М Е Н А
А Т К Р П Н Я Т Е Ф С И Ы И Р О Т
Ч К С А И Е У Е Т М У У Л Е Ц Г Б
О И П Д М Д И Т Е И У Е С Е И А И
К Й О У Е Ж А Д Ь Ж О Л И И Т В И
Т У Н Г Р Е Т Ю Ь П М О К Л Р И И
А З А А О Р Т А Е Т Н Л Н М А Р Е
Е К Т Р М Ч Г О Р О Д С К О Г О И
Н А Г Е Н У У Ч А С Т Н И К У Т О
И Я Д О Б Р О В О Л Ь Н Ы Й Л Т С
П Е Р Е Р Ы В Р Д У Ц Т И А А Е Е
```

Puzzle 817

```
П У Л О С И Р Л И В И И С Е П И К
Е Л Е О М У О Б И Л Е П Р У Р А А
А П А Р И У С В И Ш Н Я Н М О Р Ш
М Н У К Н Л К У Н С У И В О Щ Р Т
Ь М М Е А С О З А В О Д А Т А Т А
С Н Д А М Л Ш Т Р О И У О И Й Н Н
А Т П А С Е Ь Н Ж О Т Я Н И Р П Ы
Л Т А И Д С О Е Е И Д С И Е С М Л
И Т Т Т Е И Р Б Л О П И Е Р И С Д
Л В Л Л Ь М И О Т А Л Е Л Т Е П О
Е И Н Е Ч Е Л Л Ы И Н Р И С И О С
С Е С Р Н С П Ь Й Т Н Т М П Я А Т
О Е И О У Е А Ш Л У К О В И Ц Е У
П У У Г Е Р О О К Р О В А Т Ь Я П
Р И Е С О О Т Й Ы М И Д И В Е Н А
```

КРОВАТЬ
ПАСЕ
ПОСЕЛИЛАСЬ
РОСКОШЬ
СГОРЕЛ
ПРИНЯТО
ЖЕЛТЫЙ
ВИШНЯ
ЗАВОД
ПЛАКАЛ
ДОСТУПА
НЕБОЛЬШОЙ
ПРОЩАЙ
СТАТЬ
ЛУКОВИЦЕ
КАШТАНЫ
ЛИБО
РОДИЛСЯ
НЕВИДИМЫЙ
ЛЕЧЕНИЕ

Puzzle 818

СТАТЬЯ
ВНИМАТЕЛЬНЫЙ
МЕНЬШИНСТВО
ГРОМАДНЫЕ
ХУДОЖНИК
РОДИТЕЛИ
ЛЕТЕТЬ
ТРУДОВЫЕ
ЖИТЬ
СУД
ТЕ
ИНТЕРЕС
ЖЕЛЕ
МИРУ
ПАРТИЯ
БАНАН
ЛЕНТА
УПРОСТИТЬ
ПЯТЬ
ЧАША

```
И А Т И А У С О Т С И В Е Т П У Р
А Т А Е Н Т И А Я И С Н С Е А П О
Е М Е И Т О Т О Т Ь С И У Е Р Р Д
С И Е Н Ф Л И И К Т Т М Д В Т О И
М И Р У М О Е Т И Е С А А М И С Т
Н И Г Р О М А Д Н Ы Е Т Т А Я Т Е
Ж И Т Ь С П Ш М Ж В Р Е Н С М И Л
У С И Т Е С А И О О Е Л Ж И Т И
Р И С Е Р Р Ч А Д Д Т Ь Л Т И Ь Д
П Н Т Т С И М У У Н Н И У М А М
О Я Ц Е С О С И Х Р И Ы А О Е М И
Е М Т Л Е И И С О Т А Й Н Н В Т Е
М С О Ь А Е А Т У Ц О Е М Т А Е Л
М Е Н Ь Ш И Н С Т В О О Т О И Б И
О Т Т Е С Е Н М У М Б Т Е Д М Е Т
```

Puzzle 819

О	Н	Р	А	Т	Н	Е	М	Е	Л	Э	Д	М	В	А	Д	Р
Ц	Т	П	Б	Е	З	О	П	А	С	Н	Ы	Й	С	И	Т	Т
А	И	Д	Т	Л	Т	Т	У	Р	С	О	Е	И	О	Л	Ы	Б
С	К	У	Е	Ц	Д	Р	Е	С	И	Г	Р	А	В	М	С	Е
С	С	А	В	Л	Т	Л	П	И	О	М	Е	Г	Т	О	О	Е
А	Н	П	Д	И	Ь	И	М	А	Д	М	М	О	С	У	Т	Ж
С	Е	О	Ф	Е	Д	Н	А	Г	А	Р	У	В	Ь	Ю	И	И
Л	Ж	Л	У	О	М	Е	Ы	В	Й	О	В	Е	Л	У	Н	В
А	О	И	Т	О	О	И	Т	Й	А	С	Н	Р	Е	К	П	О
Б	К	Т	Б	Л	Р	А	Ч	Ь	Т	Р	Е	Т	Т	Н	У	Т
Ы	Ф	И	О	Л	Л	М	Р	Е	Е	С	С	Н	И	О	С	Н
Й	С	К	Л	Р	Т	Д	Е	С	С	А	Т	Е	В	Т	О	Ы
С	И	И	Е	Т	Е	П	У	А	Т	К	И	Т	А	И	Т	Х
У	С	Т	А	Н	О	В	И	Т	Ь	Е	А	Р	Р	И	С	В
К	О	Н	Е	Ч	Н	А	Я	С	Е	У	А	Я	П	Е	Д	Т

ТОНКУЮ
БЕЗОПАСНЫЙ
СНЕЖОК
ТРЕВОГА
ПОЛИТИКИ
УВИДЕТЬ
УСТАНОВИТЬ
АКАДЕМИЧЕСКАЯ
ОТДЕЛЬНЫЙ
ФУТБОЛ
ВНЕСТИ
НУЛЕВОЙ
КОНЕЧНАЯ
СЕРДЦЕ
БЫЛО
ЭЛЕМЕНТАРНО
СЛАБЫЙ
ПРАВИТЕЛЬСТВО
УРАГАН
ЖИВОТНЫХ

Puzzle 820

РЕСТОРАН
СОСУЛЬКИ
ВЕРТОЛЕТ
АВТОМОБИЛЯ
БОГАТЫЙ
АТОМНОЙ
МНОГИЕ
ЗАПИСЬ
БЛЕСК
ФРУКТЫ
МЫШЛЕНИЕ
КЕНГУРУ
ХЛЕБ
ВАННА
ПРОЗРАЧНАЯ
ТРЮК
НОСОК
ЧЕЛОВЕК
ИСПУГАННЫЙ
МНОГОЧИСЛЕННЫЕ

П	У	П	Е	У	Л	И	И	П	П	М	Р	М	Н	О	И	У
Р	У	Е	Е	А	Т	С	О	Н	Р	К	Е	Н	Г	У	Р	У
Л	Й	Т	Д	С	С	П	С	И	О	Р	Е	Л	Е	Р	И	У
И	Ы	К	П	И	А	У	М	И	З	И	Г	Е	О	И	Н	Н
И	Т	Я	О	Ф	Е	Г	Х	Л	Р	Ф	Р	У	К	Т	Ы	И
З	А	П	И	С	Ь	А	Л	Т	А	Ч	Е	Л	О	В	Е	К
Е	Г	Ф	А	Е	О	Н	Е	Р	Ч	Б	Л	Е	С	К	И	Б
И	О	Т	И	Е	А	Н	Б	Ю	Н	А	Р	О	Т	С	Е	Р
И	Б	У	И	С	Е	Ы	О	К	А	А	Т	О	М	Н	О	Й
И	И	О	С	О	И	Й	Р	И	Я	И	М	А	Т	Е	С	У
Е	М	У	С	В	Е	Р	Т	О	Л	Е	Т	Н	Ф	У	И	М
М	Ы	Ш	Л	Е	Н	И	Е	П	Е	Н	А	Н	О	А	Н	А
А	В	Т	О	М	О	Б	И	Л	Я	У	Р	А	У	Г	М	П
С	О	С	У	Л	Ь	К	И	В	Е	С	А	В	Р	Т	И	С
М	Н	О	Г	О	Ч	И	С	Л	Е	Н	Н	Ы	Е	Е	А	Е

Puzzle 821

```
А Р П Г И Н Г Р Е Д И Е Н Т Е О Т
В В Е И Л Е Д И В П О З Д Н Ю Ю С
Т И Т З Н Я О Т У М А Е И Я Е И Н
О Т П О И П Н Е Е М А У П У К У С
Р А Р В Р Н Н Ц С Т С Е Т К Л Е Й
О И О Т О И О Н Е А О У О Б Щ И Й
Е Л Д С П О Т В Р В Й Е И И Е И Н
И У О Д Л С Т Е Ы Т Ы С Р Р Р М У
Н С Л О Е О А П Т Й Н Й Е М Ф О О
Е С Ж В С Е Н М Л Ь Т И В О Л Т П
Ж А А З Т П Л Л И Т А С О У Т Ы Т
О М Й И Е С А Р Ш О К Е П У Р Г О
Л М Т О И Л М Р И А С О Е Л П А И
О И Е Р И Е С С Т Т У Т Р И Я Е Р
П Т Е П Ф М М И Ь А М Е И Р П М Ф
```

ВИДЕЛ
ЛОВИТЬ
МОТЫГА
ПРОДОЛЖАЙТЕ
ПОЛОЖЕНИЕ
МУСКАТНЫЙ
ИНГРЕДИЕНТ
ОБЩИЙ
ПРИЕМ
РЕЗИНОВЫЙ
АВТОРИТЕТ
КЛЕЙ
ГЛЯНЦЕВЫЙ
УКУС
ПРОИЗВОДСТВО
ЛИШИТЬ
ЛЕС
ПОЗДНЮЮ
САММИТ
ВТОРОЕ

Puzzle 822

НАБЛЮДАЕМЫЕ
СМОТРЮ
МЕСТНЫЕ
МОНСТР
СИРЕНЕВЫЙ
ДОМ
ИНДИВИДУАЛЬНЫЙ
СТРАТЕГИЯ
ДОСТИЧЬ
НОСКИ
ПОЛНЫЙ
ФУРГОН
ЗАКЛЮЧЕНИЕ
СООБЩЕСТВО
ЭКОНОМИКА
ОПАСНЫЙ
БЕСПОКОЙСТВО
ДВОР
ПЛАНЕТ
СОСТОЯНИИ

```
С Н З А К Л Ю Ч Е Н И Е И Р А С С
Р О В Д У И У О С У Е А Р Ц У Т М
М Г О В Т С Й О К О П С Е Б И Р О
У Р Ф Б Н А Л И С Е Л П У Е Н А Т
Т У Е Т Щ О Е О Н П Л А Н Е Т Т Р
Л Ф Л Т И Е С Н Д О С Т И Ч Ь Е Ю
П О Л Н Ы Й С К О П А С Н Ы Й Г С
И И Н И И Е Л Т И Е Т С Ц И М И И
Д О М И И М О У В И Н М И Т Е Я Р
Е А Т С Е П Е Т А О Р О О Р С Т Е
И Н Д И В И Д У А Л Ь Н Ы Й Т Н Н
С О С Т О Я Н И И С О О М Е Н Л Е
Н А Б Л Ю Д А Е М Ы Е Т Е Л Ы Л В
Л И У Р А С М О Н С Т Р Н М Е И Ы
Л С Э К О Н О М И К А У Д П Р О Й
```

Puzzle 823

```
Р В Я Р Т Р А О А М Ь Л И Ф Т П И
Т Е В З Р Ы В Р О Т П У С Н Е У С
Л К Т И С У Р М Е У О С Т Т Л Б Т
С А И Д С Р Т Д М У Т Г И Н Е Л О
П К И Н Д У Р Т О С У Б Н Ф В И Р
О И Е Ы О Л А Д Н О Е У Н П И К И
А Т Е Л О Б У В И Р Р Ф О М Д А Я
У М Н И Е Ь О И Ь Н Е Е Е С Е Ц Б
Т Б Д С А Т У Т Ч Р А Е З М Н И У
Е О Е Е И А Е А К П Н Р М О И Ю Д
Т Е Р О У Ч Т С И Р Д В А Т Е О У
Е О С Р Е А Е Н М Р Ы Н Л А Д Е Щ
М Н Е Т Е Н У П А Т Н Т Р Л С А Е
Е А С У Н С У С И И Л У Ь А С О Е
П М Р К А Р М А Н Н Ы Й Н С М А Д
```

ПУБЛИКАЦИЮ
ФИЛЬМ
СКЕЛЕТ
ИСТИННОЕ
СИЛЫ
ОЗЕРО
СОТРУДНИК
САЛАТОМ
ТЕЛЕВИДЕНИЕ
ЧЬИ
ОТКРЫТЬ
ВЕКА
КАРМАННЫЙ
ОБУВИ
ИСТОРИЯ
НАЧАТЬ
ЛАДНО
СРЕДНЕЕ
ВЗРЫВ
БУДУЩЕЕ

Puzzle 824

КАРТА
НЕЖНЫЙ
ОЗАБОЧЕННОСТЬ
ОБЫЧНЫЙ
ОСТАВЬТЕ
ДОЛЯ
ПОНИ
ПРОВОДИТЬ
ПЛИТА
ВОЛОСЫ
ЗЛОЙ
ПОЕЗД
НЕСЛА
ЭКСПЕРТ
НИЧЬЯ
СОЛЬ
СТИРКА
ТОЧКА
БЫЛИ
ПОНИМАЮ

```
Е О Е И У Р П Е Е Н А Е Е О Р П П
А А А Ф С О Ф Р Р Е О М И Б Н Н О
Д Т М Е У Н М Д О М О П Л Ы И Т Н
Н Е С Л А К Ч О Т В В М У Ч Н М И
О А С А Н У П Л О Р О Е И Н З Ф М
Н Е Ж Н Ы Й П Я С М Е Д О Ы Л Л А
К А Р Т А Е О О Т У А Р И Й О О Ю
Ф Т Ц Р Е Я Н У Т Е П Е Д Т Й О Е
О И П Е Т И И Л Т С Р Р П З Ь В С
У Л С П Ь И Д Б Е А С А И С Е Р Е
И П Р С В С А Ц Ы У И Ы С О Л О В
И М О К А И С С А Л Е Е Л Л У У П
Л Н С Э Т Р Б Р Т А И Р Я Ь Ч И Н
А Л М Д С Т И Р К А В И М С И У С
О З А Б О Ч Е Н Н О С Т Ь И В А Р
```

Puzzle 825

```
У С О Р Е Е Р Е С С Е Г Г С М Р Е
М О В Т С Л М Т Н Е П О Я К Т И И
Т О Е И Т Ы Б О С Е Е Н П А И С С
И П К Е Н Е Б С У У Т У Н З Т И О
Р Р С О О Ь Е У А К О Д Е А Р И Т
О О У Б С Ы Я У А Р Т Л М Л У С Н
Т И Р Ю У Т Т Й Ы Л С О Р З В И
Я З Л Л О Н Ь Г С Ш И Т М У О Т И
Л О У Е Е У Е Т И К П С П О Р Т Е
У Й Е С М Ф Б О Б А А У Т Е Е М Е
К Т Т О М М Е У М И И В С А У И Е
Ь И И У У А Л И А Б О Л Ь Т Р С У
Л Е С Т Н И Ч Н О Г О О И С О С Т
А П Т Е В П Р О С Т И Т Ь Л Т Й Е
К П Р О М Ы Ш Л Е Н Н О С Т Ь И У
```

ПРОМЫШЛЕННОСТЬ
БОЛЬ
ВЗРОСЛЫЙ
ЛЕСТНИЧНОГО
КРЫШКА
КОСТЬ
ОСЕЛ
БОБ
СОТНИ
ПРОСТИТЬ
МИСС
КАЛЬКУЛЯТОР
ЛЮБОЕ
ПУСТОЙ
СВИНЬЯ
ФУНТЫ
ПРОИЗОЙТИ
СКАЗАЛ
СОБЫТИЕ
СПОРТ

Puzzle 826

ЗАДАТЬ
РАЗРУШЕНИЕ
БАБУШКА
РАССЛАБЛЯЕТ
СИСТЕМА
ОБУЧЕНИЕ
ВЕЖЛИВЫЕ
НАЗЫВАЕТСЯ
ВЕРЮ
ДОСТИГ
ТРИ
НИ
ПИСАТЕЛЬ
УПАЛО
КОНФЛИКТ
ПУТЕШЕСТВИЕ
СТОЛ
МЕХАНИК
ДУБЛИКАТ
РЕЗКОЕ

```
Д У И У О Т Р Ц К И Н А Х Е М М Е
С О С У Т Ц О С Е О Ф Р Е З К О Е
Р Л С О С П Н Н Р И Н У Р Е А Н И
М А Е Т Т Ф О Е И И Ф И И Е Т Н
П П Ф О И Б А Б У Ш К А Л О Т С Е
Т У Н И Н Г У Н А Т Е И А И П М Ш
Ф Е Т А К И Л Б У Д С И Е С К Т У
У Ф И Е Р А С С Л А Б Л Я Е Т Т Р
З У Т С Ш М Р И В Е Ж Л И В Ы Е З
А О И И Н Е И Н Е Ч У Б О Н О Ц А
Д Е С Л У Т С Р Ц Р Л М И Е Р И Р
А А Е У А С У Т Т Л Е Н Ц Т Н С И
Т У Д И П И Е С В Т О Н Д Н Н И Е
Ь Л Е Т А С И П Н И Р Т В Е Р Ю С
Н А З Ы В А Е Т С Я Е У Н О М У Т
```

Puzzle 827

```
О С Т А Т О К Ц П Г Р И Е У Е У С
Г П И Ю У Д Н Е М О К Е Р Л У Т О
Е У Л Т А Е Р О А Б Д У Р И Е И Н
Ш К Ц С С Ф П А Е И Е А У Е Л Д И
В И У И Г М О Р Т У Т Й Р М Р У Р
Ы Ч Р Е К Т Г Н Т А Е Е С К И Р С
Б З Е Е О Н Л Ц И Т Р Т В Б И С О
З А Н Я Т А О М Д Т И Й Ь А О С Ч
Г К У С П Т Щ Л Е У Й У Т Э А Л А
И С Ф Н Р И А П О Г О Д А О Ц И Й
Л С Р Т М Т Т Е И К Н Е З Е М П Л
П А С Н У С Ь У У О Ь Л А У И О А
П Р И Н О С И Т С Т Л С К Л О И О
О П Р Ы Г Н У Л Т С Ы С А П У Т Ь
М О С К И Т Н А Я С М И Н И М П М
```

ПРЫГНУЛ
ПОДАРКИ
МОСКИТНАЯ
РЕКОМЕНДУЮ
ОСТАТОК
ПРИНОСИТ
ЗАНЯТА
ИССЛЕДУЙТЕ
РАССКАЗЧИК
БЫВШЕГО
ПОГЛОЩАТЬ
КОЛОНКИ
БЕЙСБОЛ
ПОГОДА
ПУТЬ
ЭТУ
ЧАЙ
УТРОМ
МЫЛЬНОЙ
НАКАЗАТЬ

Puzzle 828

ПОМИДОР
СТОМАТОЛОГ
ГРУБО
ДЖЕНТЛЬМЕН
МЕЧ
ЗАБОР
РАСПЛАВИТЬ
ХОЗЯИНА
СОПРОТИВЛЯТЬСЯ
НОВЫЙ
НАДЕЖДА
ЦВЕТОК
ПАРК
ОБЕСПЕЧИТЬ
АРЕСТ
РАВНЫХ
ВПЕЧАТЛЕНИЕ
ВЫХОДНОГО
БЕЗОПАСНОСТЬ
ВОКРУГ

```
С Р У И Л Б М О Р И Н У О О У Е О
В О Б У Р Г Е Л А Т А Н И Я З О Х
П Г П И Р З Ч А Н Т Д Е Е У У Д О
Е О Р Р С А А И Е А Е О Р М Р Ж У
Ч Н В О О Ь С Б Н Н Ж М А С С Е Л
А Д А Д О Т И П О Е Д О В У Т Н С
Т О П И У И И У Л Р А Е Н И О Т Л
Л Х И М Ц Ч И В И А Н О Ы Ф М Л О
Е Ы Л О Н Е Н О Л О В И Х Р А Ь Л
Н В У П Н П Т С О Я А И О Н Т М С
И Е С Е С С И Й И Р Т Е Т М О Е П
Е О М Е Т Е М Ы О С Н Ь Л Ь Л Н А
О Л И У Т Б Ц В Е Т О К С Е О П Р
П Г У Р К О В О А Р Е С Т Я Г С К
Б Е З О П А С Н О С Т Ь Т П Т Т Т
```

Puzzle 829

Е	С	Е	Л	Е	И	Л	Ч	Е	Н	Т	Т	О	Р	П	У	И
Д	Р	О	Л	И	Д	И	И	И	В	У	Е	Р	Е	Г	Е	Е
Ч	И	И	А	В	Е	С	С	О	С	С	А	М	Д	П	М	Т
У	Я	С	Т	Е	А	Т	А	К	Л	Л	Т	А	К	Д	О	Л
В	А	Л	И	Д	Л	Н	О	Ч	Ь	И	И	Р	О	П	С	Р
С	А	П	П	А	Ь	С	Т	И	Л	Ь	И	Т	Е	Т	О	А
Т	С	Н	А	А	Н	И	Б	А	К	Ф	Ц	Е	Е	Ч	Н	Н
В	Е	Т	К	С	А	К	Н	И	Ж	Н	Ы	Й	Е	Л	А	А
О	Е	И	А	Н	Я	А	В	И	Л	Т	С	А	Ч	С	Ь	Б
О	Н	Т	И	Р	С	О	О	Т	Н	Е	С	Т	И	Е	Л	О
О	Л	У	И	Т	Ы	У	Т	С	Н	У	Р	Р	М	Е	Р	Р
О	М	Д	Н	М	М	Й	Ы	Н	Ж	Е	Д	А	Н	С	Е	И
Р	А	С	С	Л	Е	Д	О	В	А	Н	И	Е	С	Ц	С	П
П	Р	Е	Р	В	А	Т	Ь	М	И	А	А	А	О	У	Т	О
У	А	Р	Е	Е	У	М	У	Н	А	И	Р	Д	Л	Д	Т	Е

КНИЖНЫЙ
ВСТРЕЧА
НАДЕЖНЫЙ
СТИЛЬ
КАТАЕТСЯ
НОЧЬ
ИДЕАЛЬНАЯ
ЛИСТ
ПРЕРВАТЬ
КАПИТАЛ
СЧАСТЛИВАЯ
ЛОДКА
НАБОР
СООТНЕСТИ
РАССЛЕДОВАНИЕ
РЕДКО
КАБИНА
СТАРЫЙ
ЧИСЛИТЕЛЬ
ЧУВСТВО

Puzzle 830

БЕНЗИНОВЫЙ
БАССЕЙН
МЫШЬ
СОДА
СВЕДЕНИЯ
ЗЕМЛИ
ОРЛА
КАМЕННАЯ
ИЗОБРАЖЕНИЯ
ОДЕЖДУ
ПОСТОЯННОЕ
ТЕКСТ
УДАР
ЗАПАС
ПРАВИЛО
ШПИНАТ
МЕНЕДЖЕР
НЕТЕРПЕЛИВЫЕ
ЗУБЫ
НАРУШАЮТ

К	Д	А	П	Т	У	Е	О	Р	И	Ц	Н	Й	Е	П	О	З
А	Д	Т	О	Ц	У	С	Е	У	З	Л	Л	Ы	О	Ф	А	У
М	А	М	С	Р	У	М	И	О	О	Л	И	В	А	Р	П	Б
Е	С	Е	Т	А	Н	И	П	Ш	Б	Е	Л	О	У	Д	А	Ы
Н	П	Н	О	Е	Л	Т	Л	П	Р	М	М	Н	В	Р	О	Е
Н	И	Е	Я	И	П	У	С	И	А	Ы	Е	И	А	Т	Е	С
А	А	Д	Н	Н	Е	С	А	К	Ж	Ш	З	З	О	Р	Л	А
Я	А	Ж	Н	Р	Л	О	П	Е	Е	Ь	Т	Н	С	Т	Е	Л
О	Л	Е	О	Л	Е	У	А	Т	Н	Т	И	Е	Н	Н	Л	Е
Л	О	Р	Е	М	Л	А	З	Р	И	И	У	Б	Л	Й	И	С
О	Д	Е	Ж	Д	У	У	Т	Е	Я	И	Н	Е	Д	Е	В	С
Н	Е	Т	Е	Р	П	Е	Л	И	В	Ы	Е	У	Т	С	М	С
Т	Н	А	Р	У	Ш	А	Ю	Т	А	Е	С	Е	Д	С	Л	Н
Н	Р	Н	У	И	У	М	С	У	И	Т	А	У	Е	А	Е	Е
В	И	Т	Т	О	Ц	П	У	Т	О	С	И	С	С	Б	Р	И

Puzzle 831

П	Р	Е	К	Р	А	Т	И	Т	Ь	Р	Т	М	Т	И	Е	Ф
И	Т	Л	С	Р	М	Р	С	Н	Р	Т	Н	С	Е	Л	О	Е
М	И	Л	Е	А	Е	У	С	Ь	К	О	Н	Ф	Е	Т	Ы	Д
Т	И	О	Р	А	Н	Ж	Е	В	Ы	Й	Т	Н	И	П	П	Е
Л	Р	Л	А	Е	Е	Б	Ц	О	У	Р	М	Д	Л	Е	О	Р
У	Г	А	Я	Т	О	Е	Е	Р	У	С	Ф	П	И	З	Д	А
Н	Р	М	Т	П	Т	Р	У	К	Т	Н	П	Л	С	В	С	Л
Н	У	Д	Е	И	В	О	Е	Н	Н	Ы	Й	С	А	Е	Н	Ь
Ы	З	М	С	Е	Т	У	А	И	И	П	Е	Я	Н	З	Е	Н
Й	О	А	А	И	А	Ь	Т	А	З	А	К	О	П	Д	Ж	Ы
У	В	М	И	М	Л	У	С	Т	Ь	Р	А	П	Л	У	Н	Й
И	И	Й	И	К	С	Е	Ч	И	Р	Т	К	Е	Л	Э	И	М
Р	К	Р	А	О	Т	У	Н	И	З	А	С	У	Х	А	К	П
В	И	Н	О	В	А	Т	У	Ю	Л	П	Ф	А	А	Е	И	П
Т	Р	Е	Т	И	Й	В	Е	Е	Р	С	Е	У	Ч	М	М	Т

ВОЕННЫЙ
ВИНОВАТУЮ
ЗВЕЗДУ
ТРЕТИЙ
ТРАТИТЬ
ЭЛЕКТРИЧЕСКИЙ
ПОКАЗАТЬ
ПОЯС
ПОДСНЕЖНИКИ
ОРАНЖЕВЫЙ
ФЕДЕРАЛЬНЫЙ
ГРУЗОВИК
НАСИЛИЕ
МИЛЯ
КРОВЬ
ПРЕКРАТИТЬ
ЗАСУХА
ЧАСТЬ
ЛУННЫЙ
КОНФЕТЫ

Puzzle 832

ОЧЕВИДНО
НАВЕРНОЕ
РАСШИРИТЬ
ОБЕЗЬЯНА
МОНИТОР
КЛИПЫ
АББРЕВИАТУРА
РОБ
ГУБКА
ЛАПКИ
ИССЛЕДОВАНИЕ
ПОДСОЛНУХ
ЛИМОН
ДОРОГИЕ
МОРЩИНА
ИМЕЕТ
КОРОЛЕВСКИЙ
СОПРОВОЖДАТЬ
ОГРОМНЫЙ
НАЗАД

А	К	Т	Т	О	Т	Р	Д	П	О	Т	С	Д	М	О	К	Н
Б	О	Р	Т	Б	Б	Е	Н	Р	О	Т	И	Н	О	М	Л	А
Б	Р	П	Р	Е	И	Н	А	В	О	Д	Е	Л	С	С	И	З
Р	О	Н	И	З	Е	А	Н	С	Н	Я	С	Т	Т	Р	П	А
Е	Л	И	Л	Ь	Р	М	Л	А	П	К	И	О	С	Т	Ы	Д
В	Е	У	В	Я	Т	Ц	И	Ц	И	О	С	С	Л	У	Т	Р
И	В	Т	Н	Н	А	Ф	А	Р	Е	О	И	Л	А	Н	Ф	М
А	С	Ь	Т	А	Д	Ж	О	В	О	Р	П	О	С	О	У	О
Т	К	И	А	К	У	А	С	Д	Н	Б	М	М	У	М	У	Х
У	И	А	Е	Б	Т	Д	Т	О	Д	Т	Н	У	Д	И	А	Е
Р	Й	Е	Т	У	Ь	Т	И	Р	И	Ш	С	А	Р	Л	М	У
А	А	Л	О	Г	И	Е	И	О	В	М	О	Р	Щ	И	Н	А
О	Г	Р	О	М	Н	Ы	Й	Г	Е	И	Е	О	Е	Т	А	М
А	Л	Р	Д	И	Е	Н	А	И	Ч	С	Е	Е	М	М	В	Л
Н	А	В	Е	Р	Н	О	Е	Е	Е	О	С	Е	И	С	О	Т	Е

Puzzle 833

```
И И Н Т В В А Е М П И Н Д Р С Т У
О У Е Ф У Ы С О С Т А Т О Г У У Т
С Е О Е С О Т С О Р П Ц Л О М В Р
В Е С Т И И М Е Ъ Б О Е Ж В К Е О
Ю И Ц К Н У Ф С И И Н Е О А Ч К
Ж Н С В Н М С Р Л Н М Т Н Р О Е О
Д А Е С Е И Н Е Л Ч Я Р Е Я Т Р К
А Д Т У Н С Н З Е И Р Т И Щ В И Т
Т А А У И А Н У В С Р О Ь И Е Н Е
Ь Р С Н Е Р А Л С Ы М С И Е Т К Й
М Т И И Р К Е Ь У С П Е Х А Р И Л
С С С Т Е Т П Т Е В Р Е Я Т Г Е Ь
И О Т Б М И П А М О Т И В А Ц И Я
П С И Д Е К И Т Л В Н У М У М Е А
Т М Ц Я Ф А Е Е Л У У Б Т Р Е М Н
```

СОСТРАДАНИЕ
ГОВОРЯЩИЕ
ФУНКЦИЮ
ЖДАТЬ
ВЕС
РЕЗУЛЬТАТ
ОТВЕТ
МОТИВАЦИЯ
КОКТЕЙЛЬ
ДОЛЖЕН
ЧЛЕН
СУМКА
СМЫСЛ
ЦЕНТР
УСПЕХА
ВЫТЕСНЯТЬ
ОБЪЕМ
ПРОСТО
ВЕЧЕРИНКИ
АРКТИКА

Puzzle 834

СОЛО
ВСТРЕТИТЬ
ПЕРЕЦ
ПОСТРОИТЬ
ПЕРЕДАВАТЬ
ЛЮБИМОЕ
ПОЛИТИКА
ПОРЫВ
ПРОЕКТ
РАССТРОЙСТВО
ПРОТИВ
ДАЛЕКО
ДЕРЖАЛ
СБИТЬ
ПОЛОЖИТЕЛЬНЫЕ
ЛЕД
ИЗМЕРИТЕЛЬНЫЙ
БИЗОН
ПАРЕНЬ
СОБСТВЕННОСТИ

```
В П Р С Р Д Е Л Т Г Л С Л Ь Т П Е
П С О Е Н О Е О М И Б Ю Л Т С А Р
Р У Т Л А И Т Р И Д Е Е И И Т Р А
О С Н Р О С Д Е Ж Т Б И З О Н Е Р
Е И И Е Е Ж О Е М А О У Н Р У Н А
К М Н Т М И Т Е Т Л О У Т И Ь С
Т И У Е А К И Т И Л О П Е С Ф Н С
Т И У У У Р Т Е А С О С О Н П Т
Ф Ц И Р О Л М Ф Ь Л С И И П Д Р Р
П Е Р Е Д А В А Т Ь Ь Д И Е Д О О
Е Р П О Р Ы В Д И Р Е Н Р У А Т Й
Р Е Р А У О О М Б У С И Ы И Л И С
М П И У Т Т Р Р С Р Т У С Е Е В Т
С О Б С Т В Е Н Н О С Т И И К А В
И З М Е Р И Т Е Л Ь Н Ы Й Ф О Р О
```

Puzzle 835

В	М	И	П	З	М	Е	С	Е	Л	Т	К	П	П	П	Р	О
П	Н	М	О	Е	С	В	Р	Е	С	А	А	Р	Р	О	П	О
О	О	И	Е	Б	Н	Н	Е	И	М	А	Н	И	И	Д	С	У
И	Д	К	З	Р	С	Е	М	Ь	Я	Ь	А	В	В	Н	Л	Е
Т	С	И	А	А	В	Е	Р	Н	Ы	Й	Р	И	О	Я	С	И
К	И	Н	Д	З	А	Р	П	Д	С	Ы	Е	Л	Д	Т	П	Н
Е	Т	С	Г	У	А	Р	Е	А	Й	В	Й	Е	Е	Ь	А	А
Ф	Р	И	О	В	Л	Л	П	Д	О	И	К	Г	С	С	У	Т
Ф	Л	М	К	Е	У	У	Е	С	Б	Л	А	И	У	Я	И	Е
Э	П	О	И	П	И	Е	С	О	В	Д	М	Я	М	У	М	Ч
У	Е	И	Н	Е	Ш	О	Н	Т	О	Ж	Е	Е	А	Е	С	О
М	Е	Д	С	Е	С	Т	Р	А	К	О	К	Р	О	К	У	С
Т	Я	П	Т	У	Р	М	Т	Р	Н	Д	И	Т	С	Т	Р	Е
С	Т	А	Л	К	И	В	А	Т	Ь	С	Я	И	А	У	И	М
И	Г	М	Е	Т	Н	Е	Н	Т	Е	Д	М	М	О	Ц	И	М

КРОКУС
ВЕРНЫЙ
КОВБОЙ
СЕМЬ
ПОДНЯТЬСЯ
СТАЛКИВАТЬСЯ
НИКОГДА
ЭФФЕКТ
ВНИЗ
ПРИВОД
СЕМЬЯ
ПРИВИЛЕГИЯ
ПОКАЗАЛ
ПРАЗДНИК
ДОЖДЛИВЫЙ
КАНАРЕЙКА
МЕДСЕСТРА
ОТНОШЕНИЕ
СОЧЕТАНИЕ
ЗЕБРА

Puzzle 836

ГРУППА
КОГДАНИБУДЬ
ОСОБАЯ
АМБИЦИИ
БОЛЬШАЯ
ГАЗ
ИНТЕРЕСНЫЕ
КОЛЬЦО
ЛОЖНАЯ
САХАРНЫЙ
НАШ
БЕЛКА
ВЕДЕТ
РЕЛИГИОЗНЫЕ
СВОБОДА
ПОТЕРЯ
КАТЕГОРИЯ
ОБЛОЖКА
ГИГАНТСКИЕ
КОНКРЕТНЫЕ

А	Е	П	Е	Б	А	И	Н	Е	Б	С	М	Т	П	У	С	У
Е	Ы	А	О	М	О	С	Д	Т	Е	М	Е	М	П	Н	Р	У
Е	Н	Р	С	Т	Л	И	И	Л	М	Е	Л	О	И	У	Е
Р	С	Ц	И	С	Е	М	Ь	Т	К	У	Л	М	Ц	Т	И	Е
К	Е	Е	О	Е	Ь	Р	У	Ш	А	Г	Е	М	Ь	У	О	Е
О	Р	Л	И	Е	Д	И	Я	А	А	К	Ж	О	Л	Б	О	И
Н	Е	Л	И	И	У	М	О	Н	Л	Я	А	Б	О	С	О	Е
К	Т	О	А	Г	Б	Т	С	У	Р	Е	И	И	К	Б	А	А
Р	Н	Ж	С	Я	И	Р	О	Г	Е	Т	А	К	А	О	С	Е
Е	И	Н	Р	А	Н	О	Г	И	Г	А	Н	Т	С	К	И	Е
Т	С	А	Е	И	А	М	З	А	М	Б	И	Ц	И	И	С	С
Н	Р	Я	О	П	Д	У	А	Н	Г	Р	У	П	П	А	С	Т
Ы	С	А	О	Д	Г	И	Г	Й	Ы	Н	Р	А	Х	А	С	Н
Е	С	В	О	Б	О	Д	А	О	А	Е	Л	Т	Р	Е	Ф	Р
М	И	О	О	Г	К	В	Е	Д	Е	Т	С	И	М	У	С	Т

Puzzle 837

```
С Т О А У Л Т М О М М Т И Д С П Л
М У С В М П О С П Е Ш И Л У О Т Ф
Е В Т А Е Б Р Ю К И Т М Л Е С У Е
Я А А Н Н Е Ф П И Ф Р О Р Н Е С А
Л Л Ю Т И Е Л Р О У А Р Ц Е Д Т М
А Е Т Ю Е Г Р А Ж Д А Н И Н И А Е
С Н С Р П У М К М У З Ы К У К А С
Ь Т Я Н Й Е Т С О Л Е Г К О Р П П
Т И В Ы О С С Н У М М П Е Т А Е Л
И Н Е Й Н И Е Н О Р Ф У А С Т И И
В А У Р Ь Ф О М Я А К О А И К С Е
А Е Е Н Л С Е Р Е И А М Р И О Т Т
Т С М Р О К О В О Й К Е Н Т Е Т Н
С А Е Л Б Р С М Ф И Р С С И Р В С
В И А У Ц О У М Н Е Е П Т Е Е Р Т
```

ВАЛЕНТИНА
РОКОВОЙ
КАК
СОСЕДИ
ОСТАЮТСЯ
ПОСПЕШИЛ
БОЛЬНОЙ
КРАТКОЕ
КОМФОРТ
УМЕНИЕ
ВСТАВИТЬ
САД
ПЕСНЯ
ЛЕГКО
ГРАЖДАНИН
АВАНТЮРНЫЙ
БРЮКИ
УМНЕЕ
СМЕЯЛАСЬ
МУЗЫКУ

Puzzle 838

МИЛЛИОН
БИТЬ
ОХОТА
ПУСТЬ
ОБЩЕСТВО
ДВА
ДАЙДЖЕСТ
МИГРИРОВАТЬ
РАЗРЕШЕНИЕ
КОЛОКОЛ
КОРОВА
САМА
ЛЕБЕДЬ
ЧЕТКО
ВЕЛОСИПЕД
СТУЛ
ЗМЕЯ
ЛИЧНЫЕ
ЗЕЛЕНЫЙ
УМ

```
А Е У Т Р О Б Щ Е С Т В О Е У Е Т
С А И В М М В Е И Е И А К У И Д Я
Е А В Д О И С О М Л Т И Т Т У П Т
Е П М В Е Л О С И П Е Д Е С М Е С
У Ь Т А В О Р И Р Г И М Ч Т Р П О
Р Т П Е Д Я Ь Т С У П Н У Л А А О
Д А Й Д Ж Е С Т М Е А К О Р О В А
Е Е М Ф У М Н Ц И М И Л Л И О Н Л
Е Д У Т И З С Д Т Б И Ь У У Т К И
Р А З Р Е Ш Е Н И Е С Д Л М С О Ч
Е Н Т Г Р А М З Е Л Е Н Ы Й Л Н
Р М А Л У С Е А А Т Н Б Е Р Е О Ы
Е С Е О Н М Р Е Б У М Е Л Н Р К Е
Е А И Р И Д Р М С Т У Л И И Ц О А
О Х О Т А У А О Р Е Р Н И Е Т Л У
```

Puzzle 839

```
П Ц Р Т И О А А Н Т Т У Ф И Е И Д
Е А М Н С Е Н С Т Р О Т К О Д Д Е
С У Н Й М У Г Е А А С О Е Н Ф Е М
Т Т С Е И И Т О М Л Т Р И З Й Т О
А О Б Л А С Т И Р Я И Е Н Н И А К
Т С У И Р И Е Е О Ы С Х Е Е К С Р
Ь В И Б П М Е В Ф И У О Ч Г С Е А
И Е Ч Ю Л К В Л А М П М Ю А Е М Т
А Ж С С М О А М И И А Р Л Т Ч Е И
Ф И М О У Р Л А Н М Ц И К И И А Ч
Е Е Е Л П П О И С И И Н Д В Т В Е
У М А Е С С У Т Е Е Е Т О Н И Н С
О Т И Р И Р Р В Я Т Н И П Ы Р Т К
С В Ы Ш Е И А О А Р Т О М Е К М И
П И Т Ь А О А Е Е Т В С Д С Т У Й
```

КЛЮЧ
РОК
ДЕМОКРАТИЧЕСКИЙ
ОРЕХ
ТЕЗИС
НЕГАТИВНЫЕ
ИДЕТ
ЮБИЛЕЙ
ПОДКЛЮЧЕНИЕ
ПИТЬ
ПАЦИЕНТ
ДОКТОР
МЯСО
СТАТЬИ
ФОРМАТ
ГОРЫ
СВЕЖИЕ
ОБЛАСТИ
ВЫШЕ
КРИТИЧЕСКИЙ

Puzzle 840

ХЛОПОК
ВИД
БЕСПЛАТНЫЙ
СЕСТРЫ
ТЕЛО
РАБОТА
ГРАД
ВЕЛИКОЛЕПНЫЙ
ЗАЩИЩАТЬ
РОСТА
ДВИГАТЕЛЬ
ВКУС
ДОСТИЖЕНИЯ
РЕАЛЬНОСТЬ
ПОЧТА
ТЕЛЕФОН
НЕДАВНО
СОВРЕМЕННАЯ
КОММЕРЧЕСКИЕ
ЧЕТВЕРТЫЙ

```
В Д И И О Ф У Ч З А Щ И Щ А Т Ь С
О И Е Й Ы Н П Е Л О К И Л Е В С П
Т Ь Д Ф Г О Т Т Ф Л Р С У Т Б О Т
Р Л П Т М Ф Н В Р Е И О Т У А И У
С Е И О М Е И Е М Т Е И С Е А И Р
О Т А Е Н Л О Р Е Е М Р Т Т Л Я Е
В А Т Л И Е И Т В И Е В Л Т А И Е
Р Г О Е Ь Т П Ы Т С Б С Б И И Н М
Е И Б Е Т Н М Й Ы Н Т А Л П С Е Б
М В А С С И О Н В А Д Е Н Р У Ж Т
Е Д Р Б И Н О С П О Ч Т А Е К И Ф
Н Н Л Н И О О У Т Е Е Р М Л В Т Н
Н Х Л О П О К Е А Ь Г Р А Д О С С
А К О М М Е Р Ч Е С К И Е Н И О А
Я У П С П С И И С Е С Т Р Ы Ф Д С
```

Puzzle 841

```
Ф О М Г Н Н Т И Н У С И А А А У П
И Б М Л В Е Р А Ф О Л Е О С Р О Р
Ф М О А Й Т З А К У А П Е О В М У
К А Н В Ы И Р А З С Т Н Ж Е Ж И Д
О Н Ф Н Т Р И Л В В О Е Л А Е И Й
П Ы О А С Е У Г М И Л О Г У Л М А
Ы В Р Я И Б Е У Н Т С Е С Р У Н Л
Т А У Л В Ы М И И О Е И К Е Д О С
О Ю Е Т О В Р О У Т Б Й М А И Е С
Ь Т Е П К Л М О В Т Е И У О Т У Е
Е Ц И К Л С Б М У И И Ч Ж Л С Ь А
М В П Т Е А Н Е М Т Т О В А С Т И
Е О О Т Ш Н Н Е М Т Р Б У Т Ю У Ь
Л Е Н И В Ы Й Л А О У А Е О И Т У
У П И У У Д Т Н Е М У Р Т С Н И Л
```

ГЛАВНАЯ
ПЕТЬ
РАБОЧИЙ
ЕЖ
ПРУД
ЦИКЛ
ОБИЖАЮТ
РАЗВЛЕКАТЬ
ШЕЛКОВИСТЫЙ
ИНСТРУМЕНТ
КОПЫТО
ВЫБЕРИТЕ
ЖЕЛУДИ
ЛЕНИВЫЙ
УГОЛ
НЕЗАВИСИМОСТЬ
ОБМАНЫВАЮТ
СЛАЙД
ОТ
ПАУКА

Puzzle 842

ПЕРЕХВАТ
УХО
ПЕТУХ
РАКЕТА
ПРОФЕССОР
ПРОДАТЬ
НУЖЕН
ТРАНСПОРТНАЯ
ТРУС
ОТСУТСТВИЕ
ЛЫЖИ
ПТИЦЫ
ШАРФ
ГОРЯЧАЯ
ГОСУДАРСТВО
УЛИТКА
ЛЮБОПЫТНО
МИНУТА
ЛИСТЬЯ
НАСЛАЖДАЙТЕСЬ

```
Т Т О И М А Л Т М С И Н П С Р П Е
А И Ш А Р Ф Л Я Е Д С У Р И Ф Е С
Е П Ф М Е У М Ь М Т О Ж О Е И Р О
Р Е И У И Е П Т И Ц Ы Е Д Р Ц Е Т
Г О С У Д А Р С Т В О Н А С П Х С
Р О Н У М Т Н И У А Х У Т Е П В У
Л Ы Ж И Р Т С Л Я И М Т Ь У У А Т
П Р Ь С Е Т Й А Д Ж А Л С А Н Т С
С Т И Р О Р И У Т А Д Ф Р У У Г Т
Л Ю Б О П Ы Т Н О У О Т О Л Е О В
П Р О Ф Е С С О Р У Н С Н И Н Р И
И Е И А Р У Х О Т М В И У Т П Я Е
И Т Н Т Е И И С О Т У У М К И Ч Т
Р И Е А Р Л С Р А К Е Т А А Д А Е
Т Р А Н С П О Р Т Н А Я С Е О Я О
```

Puzzle 843

```
Э А У И Ц Е В У Н Б У З Н С Л Р И
У М К И М Я Р О У Е И В У Л М М С
У Я О С У М М А З Й С Т И У Е Е С
С А С Ц У Л О Е С Д О Р Н Ч А О М
С Н И И Е Ь Т И Д У Б З А Р Т С
Т Ь П К И О У Ь Б И З Х У Й У Ю М
Ф Л С Р О Р Н Т О Е И М А Н И А Т
В И Н С Т Р О А Д У Н Р М Ы И Д С
А В Е У Р Р А Р Л У В А Л Й С Ж У
О А О Т Е Л Ь Б А Ь П Л Я Ж Х Р У
Е Р Ы Б А Ч А Т Л Н Н Н Ц И О Е М
И П Л Т Т Л И Е И Ь У О У Е Д В И
Т Е М Я Л И Г Н О Р И Р О В А Т Ь
П Н К Р О Л И Ч Ь И Т У Р Т У У Т
С У Б Л И Ж А Й Ш И Е Ф И У И У М
```

КРОЛИЧЬИ
СПИСОК
ИГНОРИРОВАТЬ
ПЛЯЖ
ВОЗДУХА
УТВЕРЖДАЮТ
ОТЕЛЬ
ЭМОЦИОНАЛЬНО
СЛУЧАЙНЫЙ
ЗУБ
ИСХОД
НЕПРАВИЛЬНАЯ
РЫБАЧАТ
БЕЙ
СУММА
КОРАБЛЬ
РАЗБУДИТЬ
ВНИЗУ
БЛИЖАЙШИЕ
БРАТЬ

Puzzle 844

МЕБЕЛЬ
РАССЧИТАТЬ
ЖИР
МОРОЗ
БОКС
КОММЕНТАРИЙ
ЖИВОТНОЕ
ФАЗАН
ВОЗРАСТ
ПАРТНЕР
ВМЕСТО
МОДЕЛЬ
УТЕНОК
ПУНКТ
ЗАМОРОЗИТЬ
УВЕЛИЧЕНИЕ
МАТЕРИАЛ
СВОБОДНАЯ
ЛУЧШЕЕ
ВОПРОС

```
Г Т М Ь Т И З О Р О М А З Т Ц М Ц
К О М М Е Н Т А Р И Й Е Т Р Т Л П
Р Я И М А Т Е У У С Е Н Б Т Т Т А
Р А С С Ч И Т А Т Ь Е Ь Р Е Р Т Р
О Н К У М И И У Т Д Н М Л Н Л О Т
О Д О В Л И В Т Т И П А У Е С Ь Н
У О Б О У Е Е Е Е М М Т Ч О Д З Е
Н Б Т З Р Л Н Н О Н Е Е Ш Н У О Р
Ф О В Р П М А О Т И П Р Е Т С Р М
А В О А О Т Г К Ж И Р И Е О Р О Р
З С П С П У Н К Т Н Ф А Т В И М И
А Р Р Т Т С О В П Н Р Л Л И А Т С
Н Л О У В Е Л И Ч Е Н И Е Ж Л П Т
О М С В М Е С Т О Т А Е Т Е У А О
С Т С Т С Е Д И М Т Е С О И Т Т Е
```

Puzzle 845

```
С Л М С И И Ж С Р И П С П Л Р Т И
Т М О Е У У У Е Т О Т Н П У И Т Р
Ь Т Е Р Т О М С Л Т И И О А М Р У
Р И Т Х А Е С Е И Р Ц Ж Т И С С С
Т Р И Я Н У Л А Д Е А Е О И Е Р Р
А О Д И М С Е О Н Е И Н К О Р Н О
С В Е Н О А Т Л Т У И И Т Л И М К
Р О В И К И О С Я С З Е Т Е Л Е Р
Е Г В Л А С К А П Й И Н Ь Л А Д А
С К О Р Е Е С З Т Т Р П П Н С П Б
М А Е У С О Т А П С П Л М О И С Т
В П Н А О И У Ф О У Р И В И Б И А
С О Б И Р А Е Т С Я Ю И Л П У Е С
Н Т Е Р П М А Р Р Р С Т Р А И У Г
П Р О И З Н О Ш Е Н И Е И И С С У
```

СНИЖЕНИЕ
СКОРЕЕ
ГОВОРИТ
ВВЕДИТЕ
СЮРПРИЗ
ПИСТОЛЕТ
КРАБ
СОБИРАЕТСЯ
ДАЛЬНИЙ
КОМНАТУ
ПОТОК
СМЕХ
ЛАСКА
ФАЗА
ПРОИЗНОШЕНИЕ
МУЖ
ЛИНИЯ
ПТИЦА
ПОБЕГ
СМОТРЕТЬ

Puzzle 846

ДЕНЬГИ
ФАНТАСТИКА
ВЕЗДЕ
РВАНУЛА
ПРИЗНАТЬ
ФОКУС
СЕРИЯ
ПУТЕШЕСТВИЯ
РАДИО
ОПРЕДЕЛИТЬ
ФИШКИ
ЧЕРЕЗ
БРОККОЛИ
СЕНСОРНЫЙ
ЖЕЛАНИЕ
ДИВАН
ГЛУПОЕ
НОЖ
ПРЕДОТВРАТИТЬ
ЧУЛОК

```
Е П С В Р М А А П П О Р Р И А Р
Т Г Р Н О С А К Т Р У П Ф И И Е А
С Л Е И С Е Л И О Е Т Р Л И Т О Д
С У П У З С У Т А Д Е Е Д З Е В И
У П Ф Л Т Н Н С Е О Ш Д А М И А О
Ж О Н И У И А А Г Т Е Е Т С М Ф Д
С Е И С Ш И В Т Д В С Л У Д Л М Ф
Р Е П П О К Р Н Ь Р Т И З Е Р Е Ч
Ф Е Н Р С У И А С А В Т А Н С М Е
Т Т А С С Т У Ф М Т И Ь М Ь И Е Н
И А В К О Л У Ч Л И Я П Л Г Е Н Б
П Ц И С М Р М Е Л Т М А Я И Р Е С
О Е Д Т С Д Н О П Ь Ж Е Л А Н И Е
Ф О К У С А Е Ы Б Р О К К О Л И И
Р С В Р Е И Е О Й О С У П И Н И П
```

Puzzle 847

О	В	Х	О	Д	Ь	Б	А	П	Т	В	О	С	Р	П	Т	С
М	И	С	О	Н	О	Т	К	Л	Л	Е	Д	З	А	Р	Р	Е
М	Я	А	Я	Е	П	Ц	У	А	Е	Н	О	Ц	З	Е	А	Т
Й	И	К	О	С	Ы	В	М	Т	У	У	Д	Е	О	В	Д	Р
Т	Ф	Ж	П	П	Е	Т	Р	И	Т	Д	И	Р	Ч	Р	И	Ф
И	А	А	Т	У	О	У	Е	Т	Р	Е	М	Р	А	А	Ц	Л
Ы	Р	Р	У	А	Н	М	П	Ь	У	И	Е	О	Р	Т	И	Е
Б	Г	Т	Н	Т	С	И	У	А	С	Ы	С	С	О	И	О	И
У	О	И	И	М	Р	Е	Е	Г	С	Н	П	Р	В	Т	Н	О
Г	Е	Л	О	Б	Н	А	Р	У	Ж	И	Т	Ь	А	Ь	Н	Ц
Е	Г	О	Ь	У	М	Г	Р	А	Ф	Н	И	Р	Н	Е	Ы	Л
С	О	Л	О	Ш	Д	Е	И	Н	А	В	З	А	Н	Б	Е	Т
Л	А	А	Е	Т	Е	А	М	И	Н	А	З	И	Ы	Т	А	С
О	Т	М	О	О	С	Н	С	И	П	Р	Т	Д	Й	Т	У	Р
У	С	И	Т	С	Ц	Е	Н	А	Р	И	Й	Е	Е	Л	О	Е

НАЗВАНИЕ
ПЛАТИТЬ
РАЗДЕЛ
ГРАФ
МАЛОЛИТРАЖКА
ВЫСОКИЙ
ГЕОГРАФИЯ
МУКА
ЗАНИМАЕТ
РАВНИНЫ
ВСЯ
ОБНАРУЖИТЬ
ТРАДИЦИОННЫЕ
СЦЕНАРИЙ
ГУБЫ
ХОДЬБА
БАР
РАЗОЧАРОВАННЫЙ
БОЛЬШЕ
ПРЕВРАТИТЬ

Puzzle 848

ПЕРВЫЙ
СТРАХ
КРУПНЕЙШЕЕ
СЛЕВА
ПРЕДСТАВЬТЕ
ДЛЯ
ТЕНЬ
СРЕДИ
СОВЕТЫ
СОННЫЙ
ЛАССО
ЮГ
ПРИХОЖАЯ
ОДИНОКО
ВЕЧЕРОМ
ЗАКЛИНАНИЕ
ЧЕРЕПАХА
ДУМАЛ
НАКЛОН
РАКОВИНА

С	Л	Е	В	А	Х	Я	Р	У	Т	С	У	К	У	П	О	А
Р	А	Я	Е	Е	И	А	А	Н	Е	Р	Л	Р	У	Д	Д	Я
О	Ф	Т	Т	И	У	Ж	Р	Н	Н	Е	Р	У	В	Г	И	Ф
Т	А	Н	Ь	О	А	О	У	Т	Е	Д	В	П	С	Р	Н	Т
Д	Т	П	В	М	А	Х	П	А	С	И	И	Н	Л	М	О	С
Л	Е	З	А	К	Л	И	Н	А	Н	И	Е	Е	Н	Т	К	Е
Ч	С	А	Т	Н	В	Р	Ф	Н	О	П	Н	Й	Д	Е	О	М
Е	Е	Т	С	И	И	П	Л	Е	Л	С	Р	Ш	П	Н	С	Ю
Ф	Е	Р	Д	О	И	В	Ц	Р	К	Ф	С	Е	Е	Ь	С	Г
Т	Т	С	Е	Н	Н	И	О	Е	А	Е	О	Е	Р	У	А	А
И	И	У	Р	П	Л	Е	У	К	Н	В	Н	Р	В	Ц	Л	Р
Л	У	С	П	С	А	Т	Е	О	А	В	Н	Н	Ы	Е	А	Г
С	О	В	Е	Т	Ы	Х	Е	С	И	Р	Ы	С	Й	Е	М	И
П	И	Р	У	У	Л	Р	А	М	М	У	Й	Д	Л	Я	У	Р
С	Н	В	Е	Ч	Е	Р	О	М	И	М	Р	А	Е	М	Д	Е

Puzzle 849

```
А И Г А Ш Е И У Е Я И Н А Т Н О Ф
Ф М А Ц Р Е С Т И К Й Е П О К И М
С Т Н Т Н Б И С С Р С З У И Н З Е
М О И Т У А У В Е У А А В О С М П
Р Н Т Т Д Е З И Е И В М Д Л Е И
П Е М А С Т О И Н М И И П Ю Р Р Т
Р Ы Б С Е Т У Е И А И С Р Й Ц Е У
Е Р У Е Т А Ц М Е Н Я И О М Е Н С
К О Н Т Н Р Е Р У Д Е М Й О О И П
Р Т С Н А О А Е В Т У Ы Т В Е Е Е
А О Р С Е О К Д Т М Е Е И У Л Ф Ш
С К И О К Р Т Н А Н О С И Т Ь О Н
Н Е А И О У И У Ь Т А Р Г И Е О Ы
Ы Н Ш А М П У Н Ь Ц Ь Т Я М А П Й
Й У Е Л Ц В Е Т Ы Е И Т Л Т Т И Н
```

ОКЕАН
НЕЗАВИСИМЫЕ
КОПЕЙКИ
ЦВЕТЫ
ПРОЙТИ
ИЗМЕРЕНИЕ
НЕКОТОРЫЕ
ШАМПУНЬ
ПАМЯТЬ
НОСИТЬ
УСПЕШНЫЙ
ПРЕКРАСНЫЙ
АРБУЗНАЯ
СТРАДАТЬ
РЕБЕНОК
ИГРАТЬ
ШАГ
ДЮЙМОВ
СОВА
ФОНТАН

Puzzle 850

ПОДДЕРЖКА
МУМИЯ
ЗАДНЮЮ
МАТЕРИЯ
ЧИСТЫЕ
МАГАЗИН
РИСК
ЛИНЕЙКУ
ЕДЫ
АРМИЮ
ТОЧИЛКА
СТАРШИЙ
КОМПАНИЮ
СИДЕНЬЕ
ПОТЕРЯННЫЙ
МАЙОР
УРОВЕНЬ
ПОРТРЕТ
КОРОЛЕВА
ИСПОЛЬЗОВАТЬ

```
У К С И Р Е Л Т Е М Р И У И М Ч У
Н Р О Й А М Т О Ч И Л К А Ц Е И Я
Т С Р М Р Ь Т А В О З Ь Л О П С И
П Т П Т П М М Л И Е А Е У К П Т М
Я И Р Е Т А М Р У И Н Е И О О Ы У
С Д Е И Л Т Н И З А Г А М Р Т Е М
У И Р Р М И Й И Ш Р А Т С О Е Ь Н
З Р Е М Е Е Н Ф Ю Ы Д Е И Л Р Н А
И А О У К Й Е Н И Л Е Р В Е Я Е Р
Н Л Д В Е И О Р М Л М Т И В Н Д Е
Е Г С Н Е С Т О Р Н Е Р И А Н И С
М П У М Ю Н Л А А И У О Р Ц Ы С М
Ц М Л Е Н Ю Ь Е П Т Р П С И Й Е И
П О Д Д Е Р Ж К А С О Е И Т А М О
С С П О П Ф А Т О И Т Л Р Р И Е Е
```

Puzzle 851

О	М	Н	У	У	Т	О	У	О	Н	К	Л	Л	П	Т	И	О
И	Л	И	Я	Л	Е	М	Е	А	У	И	У	Л	У	А	Е	К
С	Т	А	В	Р	Е	А	Н	И	У	А	Т	П	Н	О	С	А
Б	Й	С	Б	Т	Ц	Л	П	Н	О	Р	О	М	Е	О	Р	З
М	О	Т	О	И	М	А	А	К	А	Ч	Е	С	Т	В	О	Ы
Е	Н	Г	Е	Ц	П	Т	И	Т	Т	М	О	У	У	П	П	В
А	Й	Я	А	Щ	Б	О	Л	И	Р	Л	Н	Р	П	Е	Р	А
Е	О	Н	Ь	Т	И	Л	Е	В	Е	Ш	З	А	Р	Р	И	Т
В	В	Р	Е	П	Ы	Т	С	Д	Р	Н	Е	П	А	П	В	Ь
П	Д	И	И	Л	Р	Х	М	Л	М	Е	Л	У	В	Д	Л	Н
Б	Л	У	З	К	А	А	И	И	О	Е	О	С	Л	Е	Е	Е
И	М	П	И	Е	Г	О	В	П	С	И	П	О	Е	Л	К	Ч
П	О	Ч	И	Н	И	Т	Ь	Д	М	О	С	С	Н	А	А	О
С	С	О	О	Р	Е	М	Т	Н	А	Л	А	Т	И	Е	Т	Д
У	Т	И	У	И	С	О	У	М	В	Е	Т	У	Е	Т	Ь	С

КАЧЕСТВО
БОГАТЫХ
ПРИВЛЕКАТЬ
ДЕЛАЕТ
ПАРУС
ОКАЗЫВАТЬ
ПОЛЕЗНОЕ
ОБЩАЯ
ЛИ
НОС
ОЧЕНЬ
КУПЕ
СМИ
ДВОЙНОЙ
УПРАВЛЕНИЕ
ПРАВДА
ТАЛАНТ
ШЕВЕЛИТЬ
БЛУЗКА
ПОЧИНИТЬ

Puzzle 852

БАГАЖНИК
ВАШ
ИМИТИРОВАТЬ
ДЕВУШКА
ПЛАЧЕТ
МАКСИМУМ
ПОРТАТИВНЫЙ
ИНОСТРАННЫЙ
ПРЕДУПРЕЖДЕНИЕ
АМЕРИКАНСКИЕ
ДВАДЦАТЬ
НЕМЕДЛЕННО
КОЖА
ПЕРЕГОВОРЫ
НЕСЧАСТНАЯ
ОБЯЗАТЕЛЬСТВА
ИНДЕЙКА
БЕССМЫСЛЕННЫЙ
СТЕПЕНЬ
УХОДЯЩИЕ

М	Л	П	И	М	И	Т	И	Р	О	В	А	Т	Ь	О	С	У
А	С	О	Р	Р	О	Е	А	Т	С	П	У	Л	О	С	Т	Х
К	Й	Р	М	У	Т	Н	С	Н	Р	А	В	О	М	Ш	Е	О
С	Ы	Т	М	О	О	С	С	У	Н	Д	К	О	Ж	А	П	Д
И	Н	А	К	И	Н	Ж	А	Г	А	Б	О	С	П	В	Е	Я
М	Н	Т	С	Я	А	Н	Т	С	А	Ч	С	Е	Н	Р	Н	Щ
У	Е	И	Н	Е	Д	Ж	Е	Р	П	У	Д	Е	Р	П	Ь	И
М	Л	В	Е	Д	О	С	Д	Л	П	Л	А	Ч	Е	Т	Т	Е
Р	С	Н	У	Я	А	К	Й	Е	Д	Н	И	С	М	П	А	Д
Т	Ы	Ы	Р	О	В	О	Г	Е	Р	Е	П	О	Р	Р	Ц	Е
И	М	Й	А	М	Т	И	У	И	В	У	М	Р	И	И	Д	В
Е	С	У	А	М	И	Г	Н	О	Т	Н	У	Е	М	С	А	У
О	С	И	Н	О	С	Т	Р	А	Н	Н	Ы	Й	Н	Ф	В	Ш
Р	Е	И	К	С	Н	А	К	И	Р	Е	М	А	Н	У	Д	К
Е	Б	О	Б	Я	З	А	Т	Е	Л	Ь	С	Т	В	А	Р	А

Puzzle 853

```
И К У А Е Е Х Л У И С Т У Д Р И П
С А П Т Я У М Р О Ф Е Р Т Ч И И О
П Р Р А Т Т А А Т Н Т С Е И Т Л
О Т Ч Е Н М О У И Б П Н Р Э Е Л Е
Л Е Р Л Т А П О Т С Р М Т К У П В
Ь И Е П Р Я С С Т Ф Н Ы Р С С Р К
З Н З С А А П Н М С Б П Й П Е А А
О А В Л Д Н Н М У Н А А Д О Г В Н
В Ч Ы И Н Р И О Т С С Н Н Р О И Т
А Ы Ч В А Я Т Г П А Т Н Е Т Д Л А
Н Р А Ы Т Л Р О Б У В Ь Е О Н Ь Л
И Б Й Р С У Т Ж Р Р И О Ф Й Я Н М
Я У Н У Е П Р О И А О У О О Е О Е
У И Ы Н М О О Б В А Л А Н К С Н У
Л И Х Л Р П З Н А К О М С Т В А О
```

УЧИЛ
КАРТЕ
СТАНДАРТНАЯ
РЫЧАНИЕ
СЛИВЫ
ОЖОГОМ
ЗНАКОМСТВА
СЕГОДНЯ
ПОЛЕВКА
ИСПОЛЬЗОВАНИЯ
КОЙОТ
РАНО
ОБУВЬ
ХРАБРЫЙ
ЭКСПОРТ
ОБВАЛА
ЧРЕЗВЫЧАЙНЫХ
ПОПУЛЯРНАЯ
ПРАВИЛЬНО
РЕФОРМУ

Puzzle 854

ПОШЕЛ
ТЕННИС
РОБКУЮ
ВЫДРА
ПРИЗ
ДЫШУ
ИМПОРТ
МУЗЕЙ
МЫЛО
ОБЛАКО
ВИЛКА
ВЕЩЬ
ЛЕЖАЛ
СТЕНА
ОСНОВНОЙ
ЗНАЛИ
ВЛАГА
РАЗГОВОР
ПЛОСКИЙ
ИВУ

```
Т И Т Е Д М Т М О Р Л А О О С Ф Т
О О И М У Й Е З У М О Т Ф Л Р У Ц
У Т Е Н Й О Н В О Н С О Н И У И Т
Р Р А О У Д Н З Ф М Т И С И А В В
С В Л А Г А И М Н Н П В Е Щ Ь У И
М Т Л Е И Т С Ы Р А В И Л К А Т М
И Р Е А Р С У Л С Е Л Й Р Л П Н П
Л О М Н И П Н О С Т И И С Е Р Н О
Е В И Т А Д Ы Ш У И О К С М И Н Р
Ж О Ы О О И Т А П Л О С Р М З Е Т
А Г А Д С О Б Л А К О О О Д С Р О
Л З И Е Р А Е Е Е Е С Л Б А Ф М Р
Р А А О И А Л Ш С О Е П К Р Ц Ф У
С Р О У Я Е И О Е Г И У У Т Р Е Е
М М У Л М А Л П Е Р Е М Ю И О О У
```

Puzzle 855

```
С Т Р Е Л Я Т Ь Ц Б М У Р С Ж Ф А
Е О Т И О М Т Т Ь Е Н И А С Е Н К
Р Т Е Т С Т О Н Т С О Д А Р С И Ш
М Е Р У М О Н Л И С Г И Р Т Т О А
П Д И П А Д Р А В М О А Е Т К Т Б
И О О С Ц Е И Е А Ы Р Г И Ч А Д У
А Ц Х Г В Р М Р Т С А В Р Л Я Т Р
И О С О О О А Н С Л З Р И Ф М А Ф
С У Т С Ж В А Е О Е О Н Р У О К А
У Т В С Т И О Т П Н В М Д Р Т Л И
Д А А И Ц Н Е Р Р Н Ы Н И И Н А Е
Я И Ф А Р Г О Ф Р О Е М У О К П О
Н Е О Б Х О Д И М Ы М Н И Т Е И Н
М Ф И М Р И Н В Е С Т И Ц И И О Й
Р И С П Е Р С О Н А Ж А И И Е С Ф
```

ИГРЫ
ДОГОВОР
МНОГОРАЗОВЫЕ
ПАЛКА
РИФМА
РУБАШКА
ИНВЕСТИЦИИ
МЕРУ
ПЕРСОНАЖ
НЕОБХОДИМЫМ
РАДОСТНО
СТРЕЛЯТЬ
ОРФОГРАФИЯ
ДИКИЙ
ЖЕСТКАЯ
УДАЧИ
ПОСТАВИТЬ
ПОХОЖИЕ
БЕССМЫСЛЕННО
МИРНО

Puzzle 856

ДОСТАТОЧНО
ДЕЛЬФИН
СТРЕКОЗА
КОНТРОЛЬ
ИЗМЕНИТЬ
ОТХОДЫ
ГОВОРИТЬ
СМЕЯТЬСЯ
РЕМОНТ
ФИОЛЕТОВЫЙ
РЕГУЛИРОВАНИЕ
ГЛАГОЛ
ВОЗМОЖНО
ЧАС
НАСТРОИТЬ
ДРАГОЦЕННОЙ
ТОЛЬКО
СИДЕНИЕ
ВЕСНА
ВНУТРИ

```
Г Д Р А Г О Ц Е Н Н О Й Е Н У А У
О Г Т И Т Е О Т Е И Е Р И Н О О Д
В В Н У Т Р И Н У С Н Т Н У И С Е
О Л Т М А У Г Л А Г О Л А Н С Е В
Р Р О О Р Е Е Т Е М Я Е В А С У О
И Р С Р Д С С И Е О Ы Д О Х Т О Т
Т К О Н Т Р О Л Ь Т И О Р Т С А Н
Ь С М Н И Т С Р М Е О А И С А С И
Т У Т У Ж З И М У О Д М Л И Ч Т Ф
О Е И Е Т О М Т Е Д Р И У Д Е Р Ь
Л Е Т Т Н О М Е Р Я Л В Г Е У Е Л
Ь У Т Н У И А З Н У Т Е Е Н И К Е
К Й Ы В О Т Е Л О И Ф Ь Р И Р О Д
О А И П А И Ф Д Я В Т Р С Е С З И
Д О С Т А Т О Ч Н О У Ь П Я Т А Н
```

Puzzle 857

```
П У П О Н Т А М А С В В И Ц И И Г
С О С В О В С Л Р Н Т О У Н У С О
А М Т П С С А Б О Р А Д У А М П Л
Ы Л М М П Т И С Н Р В Ю П И Д О О
Ф Ц Г Р У Ш А Ь Т С А Л Б О Е Л С
У Е И Н Е Д Ж О Р М П Б Л С В Н О
С М К Т Е Н Б И Г О П А М А О И М
У П Ж Д С С А Л К Н У Т В И Ч Т Е
С П Е У Р А Е С А Д Ф С М Т К Е Г
Е У Р Р Е И Ч Е С У Р И И С И Л Е
Д Е А А Д Е С Р Т Р П У О С П Ь Д
Ц Л В К Н Т О Е У Т А У Г Е Р Н Р
О Р О Т И П Р И Н И М А Я И О Ы Т
О Е Р Е Й А В Т О Р У Е Т Г Е Й Н
А А Т Р Е П О В Е Р Х Н О С Т Ь У
```

ПОГИБНЕТ
ИСПОЛНИТЕЛЬНЫЙ
АВТОР
ПОВЕРХНОСТЬ
ВАРЕЖКИ
ЧАСТИЦЫ
СРЕДНИЙ
ГОЛОСОМ
ДУРАК
БЛЮДО
ОБЛАСТЬ
РОЖДЕНИЕ
ПРИНИМАЯ
КЛАСС
ГРУША
ВО
ДЕВОЧКИ
НУ
ДРУГИЕ
ТРУДНО

Puzzle 858

```
С Е Т Я О Б О У П Т А Р О М С И Ч
С Ф О П Р Е Н Ф Е А К Р Т О П О А
Д С А Г Б Г Р И У Е Т Е Д М А У Й
И А У Е Е Е И И П Р Е Б А Е Л М Н
О В О С Р М М Т О М Р Е В Н Ь Т И
Б Д Р Л Р О Ш Л Я П А Н И Т Н Р К
С А У Н Р Т Р Е Д С С К Д М Я А П
Х Н И С Т А Р Н И Н У А Е Ф М Б О
Л О Ж Е Р Т В У Р И И М О Р С О Д
Л М П В О И Ц Ц И Ы Ц А А Е И Т Х
Е И Е А У Е Т М И Д Е Я О С У Ы О
У Л С Н М С А Е С Ж Л С О К И П Д
Е О Т А Т Е Е М Т А А А Г А У С И
О У С З У М О П А В П П М А В Ц Т
А П И М О С Т Т Е Д Е Р Е П В У О
```

ДА
АКТЕР
МОМЕНТ
ЛИМОНАД
РЕБЕНКА
СПАЛЬНЯ
ЧАЙНИК
БЕГЕМОТ
ЗАНАВЕС
ДВАЖДЫ
РАБОТЫ
ШЛЯПА
ПОДХОДИТ
ВИДЕО
ХОП
ЖЕРТВУ
ИДЕЯ
ВПЕРЕД
ПАЛЕЦ
ФРЕСКА

Puzzle 859

Р	У	Н	Е	Р	Е	Г	У	Л	Я	Р	Н	Ы	Й	С	Н	И
Э	А	С	Я	Р	О	С	Т	Н	А	Я	С	П	М	Н	Р	Е
С	К	З	Л	Т	О	Е	Я	О	А	Т	Н	Р	Н	Е	Л	И
И	Ч	О	Д	У	И	У	И	Р	О	П	Б	М	А	В	А	С
З	О	Т	У	Р	Г	И	Н	О	М	И	У	П	И	Ж	В	Ч
У	Б	Р	О	А	А	И	Е	Р	И	И	М	А	И	П	Е	Е
Б	А	А	К	Т	У	Ж	Ч	Е	О	О	А	О	И	Я	О	З
Н	Б	Ж	Ь	К	С	С	Е	Л	У	Н	А	А	Е	Р	В	А
А	Е	А	Л	Е	У	И	Т	Н	К	О	Л	Е	С	А	А	Ю
Я	У	Т	О	Н	Т	Е	О	О	Н	И	А	А	Л	С	З	Т
И	Е	Ь	К	Я	Е	И	В	И	И	О	Н	Д	О	Л	О	Х
В	О	С	С	Т	А	Н	О	В	Л	Е	Н	И	Е	Е	О	А
У	Е	П	Е	Т	У	М	Р	А	П	И	С	Д	А	И	И	У
М	О	К	Н	О	П	Т	К	И	И	С	Л	А	Г	У	С	Е
Т	Е	У	О	Е	С	М	Н	М	У	В	И	Д	Е	Н	И	Е

ЯРОСТНАЯ
НЕКТАР
ЛУНА
ИСЧЕЗАЮТ
ЗАВОЕВАЛ
БАБОЧКА
ОТРАЖАТЬ
КРОВОТЕЧЕНИЯ
ХОЛОДНО
ЗУБНАЯ
ОКНО
НЕСКОЛЬКО
ВОССТАНОВЛЕНИЕ
ЖЕ
НЕРЕГУЛЯРНЫЙ
СЭР
УСЛУГИ
ВИДЕНИЕ
РАЗДРАЖЕННО
КОЛЕСА

Puzzle 860

ПРИЗНАТЬСЯ
РАБОТАТЬ
СПОСОБНЫЙ
ШТОРЫ
ОЧКИ
НОСОРОГ
ЗАПОВЕДНИКИ
ОДАЛЖИВАТЬ
ТОРТ
ВОЗМОЖНОСТЬ
ПОВСЮДУ
ДАВАЛИ
ПЛАТЬЕ
ТРОПИЧЕСКИМ
БОЛЬШИЕ
ЩЕДРОСТЬ
ПЛАСТИКОВЫЕ
КАТАСТРОФА
ВЕРСИЯ
ОГОНЬ

Р	Щ	О	П	З	А	П	О	В	Е	Д	Н	И	К	И	К	Ш
Е	А	Е	Т	Л	Е	Н	Т	У	Р	П	О	Е	А	В	А	Т
И	П	Б	Д	Т	А	Т	Ф	Т	Н	Е	Р	Я	У	О	Т	О
Р	Л	С	О	Р	О	С	Б	О	Л	Ь	Ш	И	Е	З	А	Р
Е	А	Ц	И	Т	О	Д	Т	Т	И	Н	У	С	Р	М	С	Ы
Я	Т	П	С	Р	А	С	Л	И	С	О	А	Р	Е	О	Т	О
С	Ь	Н	П	О	А	Т	Т	А	К	Г	У	Е	Л	Ж	Р	Д
Ь	Е	Е	Т	Т	Е	П	Ь	Ь	И	О	Е	В	И	Н	О	А
Т	Р	О	П	И	Ч	Е	С	К	И	М	В	Т	Ц	О	Ф	Л
А	И	Т	П	О	В	С	Ю	Д	У	М	Е	Ы	Т	С	А	Ж
Н	И	И	М	Л	П	Г	О	Р	О	С	О	Н	Е	Т	Е	И
З	М	Е	Е	Л	Ф	Т	Ч	С	Н	Е	П	С	М	Ь	И	В
И	С	М	У	П	С	Е	К	И	Д	А	В	А	Л	И	С	А
Р	У	Е	П	Е	С	И	И	М	И	Е	Л	Н	У	Н	С	Т
П	Р	Т	С	А	Р	У	С	П	О	С	О	Б	Н	Ы	Й	Ь

Puzzle 861

В	У	У	А	Б	Р	Е	У	У	С	П	Н	Т	Н	У	П	Е
Т	Е	А	О	У	А	П	Ч	О	Л	О	Р	А	П	И	О	О
П	Е	О	Е	Х	А	Ц	И	Р	Е	Щ	Я	А	Р	Р	Р	А
И	И	Т	Е	А	Б	С	Т	П	М	А	Т	Ч	В	О	Б	Е
С	А	Л	У	Т	У	Л	Е	Р	Ф	У	Ф	Е	У	А	Д	О
Е	Н	И	Т	Ь	И	О	Л	А	Т	О	Т	С	У	П	Я	К
Я	Г	Н	Е	Н	О	К	Ь	В	С	У	Ш	И	М	А	А	У
Т	И	П	И	Ч	Н	Ы	Е	К	И	Н	И	О	М	А	О	Р
А	С	Т	Т	У	Й	И	Н	А	П	М	А	К	Р	С	М	И
Е	Р	С	Т	Р	У	И	В	З	Я	Л	А	М	Т	О	Е	Ц
Л	О	О	Б	О	П	О	Ж	А	Л	У	Й	С	Т	А	Х	А
В	И	Р	Т	У	А	Л	Ь	Н	У	Ю	М	Т	А	И	И	Е
Д	О	С	Т	У	П	Е	Н	З	А	П	А	Д	Н	Ы	Й	И
Н	И	О	А	М	О	П	Р	И	Т	Т	У	Л	С	М	Т	П
Р	А	С	П	Р	Е	Д	Е	Л	И	Т	Ь	У	О	Р	О	Т

НАРОД
ПРАВКА
ХОРОШО
ПОЖАЛУЙСТА
ИМ
МАТЧ
ДОСТУПЕН
ПУСТОТА
ПРАВАЯ
ЗАПАДНЫЙ
ЯГНЕНОК
ЯЩЕРИЦА
РАСПРЕДЕЛИТЬ
ТИПИЧНЫЕ
БУХАТЬ
ВЗЯЛ
КАМПАНИЙ
ВИРТУАЛЬНУЮ
КУРИЦА
УЧИТЕЛЬ

Puzzle 862

УВЕРЕН
УТКА
ПРОВЕРИТЬ
ДЕД
РАСПРОСТРАНЕНИЕ
ВЗГЛЯД
МЕЖДУНАРОДНЫЙ
ЛОСЯ
КОРОНА
ГОНКИ
ПРИСУТСТВОВАТЬ
КРЫТАЯ
СДЕЛКА
КРАСИВО
ОГРАЖДЕНИЕ
СОБАКА
ЛИЧНО
КАЛЬМАРЫ
ПЕННИ
КРУГЛЫЙ

Е	И	Р	О	О	Т	Ц	П	Е	Е	Я	И	М	М	Й	Л	И
Л	М	Т	Р	Г	П	М	Л	А	С	У	Ц	И	М	Ы	О	Р
Ц	И	У	С	Р	К	П	Е	Н	Н	И	С	Д	Е	Л	К	А
У	Т	У	Р	А	У	А	Л	Р	И	Е	У	Я	С	Г	Р	Т
Л	Т	У	И	Ж	В	К	Л	О	Н	И	Е	Л	У	У	П	Т
И	Е	К	Т	Д	Е	О	Г	Ь	С	Л	Р	Г	И	Р	Е	М
Ч	П	Т	А	Е	Р	Р	О	Т	М	Я	Е	З	Н	К	Н	И
Н	Р	Т	П	Н	Е	О	Н	У	Е	А	П	В	И	Т	Р	Р
О	М	Е	Е	И	Н	Н	К	Ь	Т	И	Р	Е	В	О	Р	П
Н	О	Н	С	Е	В	А	И	В	И	У	Е	Ы	И	Е	С	С
П	Р	И	С	У	Т	С	Т	В	О	В	А	Т	Ь	У	Н	О
Р	А	С	П	Р	О	С	Т	Р	А	Н	Е	Н	И	Е	Ф	Б
Е	У	И	К	Р	Ы	Т	А	Я	Е	М	Т	У	Д	Е	Д	А
С	С	К	Р	А	С	И	В	О	Н	Р	И	И	О	И	Т	К
М	Е	Ж	Д	У	Н	А	Р	О	Д	Н	Ы	Й	Т	С	Н	А

Puzzle 863

```
А А Е Р М Н А Д П С И Л А У О Ф А
У Р С И А К Т А И Д Е Л Я И П И М
И Р Л Б Д З А С Р Р У Н Р А И Р Е
П И У И З Е М К Е Е Е С У П А М Т
Р С О Е Е О У Е А У И К Ь И Е А Н
К О Л Ы Б Е Л Ь Р О П Е Т Е У С П
Ь Т И П Е Р К И Р П И И И О М Е О
Т К С У Г Е Е Е И Л Т Т Н И Р И Е
У Е У Е Р А Л И И О Р В Е А И С У
К Ц П Т И Р О В О Г Ф Н Ц И Р Т С
О Е А К Б И Ш О Т М Е П О У И У Е
З М П Е И П Р Е Д С Т А В Л Я Ю Т
И Т Е Л Е Ф О Н Н Ы Е К М Д У С А
Й И К С Н А Д Ж А Р Г И Е Т И И О
А И Р А Д П О Д Е У И Т О Е Р И О
```

КАКАО
СУПА
ФИРМА
ПРЕДСТАВЛЯЮТ
КОЗИЙ
ОШИБКА
ОЦЕНИТЬ
ДИРЕКТОР
КОЛЫБЕЛЬ
КИТ
РАЗМЕР
ГОВОРИ
ГРАЖДАНСКИЙ
ПАПУ
ЛЕДИ
ТЕЛЕФОННЫЕ
КТО
ГРИБ
ЕЗДА
ПРИКРЕПИТЬ

Puzzle 864

УГОЛЬ
БИТ
ЗАПОЛНИТЬ
ДАТЬ
ДОСКУ
НАПРАВЛЕНИЕ
ПРАКТИКА
ВЕСЕЛЫЙ
МЯЧ
НЕОСТОРОЖНОЕ
ОТКЛОНИТЬ
ЗАПУТАЛАСЬ
МИССИЯ
СТАЛЬ
ЧИСТАЯ
ДЕТСКАЯ
КРАСКИ
ПОЛОВИНА
ПОЛОСТЬ
ВЗАИМОДЕЙСТВИЕ

```
У Н П В А Е П И И С К С И Т О Н З
Г Е Р О У М У Н Г Р Р Е О В П А А
О О А Ь Т И Н Л О П А З П Е Т П П
Л С К Т Т Р Е Е Л И С Т И А Ф Р У
Ь Т Т И О А Л И Ф Я К Н Т Р У А Т
Л О И Н С С Д М В Т И С Е Е О В А
А Р К О Ц Е О Е Д Е Т С К А Я Л Л
Т О А Л П О Л О В И Н А С Р Т Е А
С Ж Т К Д О С К У Е Л Л Т И М Н С
Ч Н И Т Л Т С А Р Е У М Н Ф М И Ь
И О Р О О С Т Т Е Т И О Р Р Б Е Р
С Е И В Т С Й Е Д О М И А З В Н О
Т И В Е С Е Л Ы Й Л И П Б П Т М И
А П О Л О С Т Ь А И И М Т И П Я Р
Я Е В И Е М Р У А Е Е Е Е С Т Ч А
```

Puzzle 865

```
Е У Н А Т С И Г Н Т И М Т О Е Г Е
Л И О Е Т У И Т Р У У Р Й Ч И А Ц
Е Е М Е О Д Л И Ь О Е Р Ы Е А Д Б
И У Е С У И Р А С Р М И Н В О Н А
Е Л Р Р Т О У А Ы И О Ч Ж И Б Е Л
С Е П О М И Д О Р С У Н Е Д Щ С К
А Т С Т С Л А Р Е О Е Д Н А Л О
М Л А Т Г Й Т Е О Н У М А О Я А Н
У И Г Т А А Т О Т Р Е И Н Е Д А П
Р Е Т У Ь Н И С А И П Р О Б Н Ы Й
У Е С С Р Я Ь Т А Ц Д А Н Н И Д О
К У Х О Н Н Ы Й Б И Т О О И И С
П У С Т Ь Н И Т В У А П Р И У Р И
И Р Р М Л Р Е Е И И А В А П А О Л
В Т С Е Е С С И О Е С Л Л Н Е О Ы
```

ПРОБНЫЙ
КУХОННЫЙ
БАЛКОН
ГРОМЧЕ
ПАДЕНИЕ
АМУР
РЫСЬ
ОДИННАДЦАТЬ
НАЙТИ
НОМЕР
СУД
РОДИТЕЛИ
СТАТЬЯ
СИЛЫ
НЕСЛА
ПОМИДОР
НАДЕЖНЫЙ
ОЧЕВИДНО
ПУСТЬ
ОБЩАЯ

Puzzle 866

КОРИЦА
КЛУБНИЧНУЮ
НОЖНИЦЫ
ЦВЕТА
РАЗРЕШЕНИЯ
ПИЛОТ
ГАЛСТУК
УВАЖЕНИЕ
СЕРЕБРО
СЛАДКИЙ
ЛЕНТА
ОБЕЗЬЯНА
ОТВЕТ
ОБЛОЖКА
РОСТА
МУЗЕЙ
НАСТРОИТЬ
НУ
ПРИНИМАЯ
ДУРАК

```
К А У С И И С М Т О Л О О О Г Н Е
О Л Е Н В Т О Л И П Т Т И Б А О Т
Р Б У Ф Е Ф Ф О А У А Т Н Е Л Ж И
Б Р Л Б Л У Л Е Ц Д Е М Ф З Н С
Е П Е О Н Л И У И С К Я Б Ь Т И И
Р Р Т И Ж И П Е Р П И И О Я У Ц О
Е И Е У Е К Ч И О С М Н Й Н К Ы Е
С Н Н О М О А Н К С Р Е Е А М Т Е
Е И Т Т Н Т Д Е У М Р Ш З Н Р И
М М Е О И В У Ж Е Ю У Е У Е О У Е
С А Н С И Е Р А Т С О Р М В Н О Т
Е Я И С О Т А В Ф Р Ц З М Ц О Е П
Т С Е С У Н К У О А Т А Ц И М И Н
И Е Л О Т Р Р Ь Т И О Р Т С А Н У
М М У Ф И С И И Ц М Т Н О Я А Е Е
```

Puzzle 867

И	П	З	Т	С	С	А	У	О	Р	Е	О	А	А	С	М	С
Н	А	А	К	С	Е	Р	Ф	Н	Т	У	И	С	Я	О	Д	Т
Т	С	С	Е	Е	Е	К	Р	С	И	Р	В	Е	А	С	Т	А
П	Т	Т	Г	О	В	О	Р	Ю	З	И	Е	И	К	Е	Т	Д
И	Е	Е	Е	У	И	Ж	Л	М	И	А	С	Н	С	Д	Д	Е
Ф	Р	Н	Э	Е	А	Ы	У	А	В	О	У	Е	Е	И	Н	Е
О	Н	Ч	Ф	К	К	Р	У	Г	Л	Ы	Й	Ж	Ч	Р	Т	Е
М	А	И	Р	Р	С	П	У	А	У	Ь	Т	О	И	О	А	М
Е	К	В	А	П	М	П	П	Д	Н	У	Л	Л	М	В	Ц	И
У	Х	Ы	Н	В	А	Р	Е	Т	Р	Ю	К	О	Е	И	Т	С
Е	Н	Й	Л	М	Ь	И	И	Д	И	А	И	П	Д	Е	А	Д
П	О	Д	С	О	Л	Н	У	Х	И	И	О	А	А	В	Е	П
У	Т	О	Н	И	О	С	О	Д	А	Ц	Т	П	К	У	С	Б
У	П	Ф	Л	Н	С	Е	Ь	Т	А	Щ	И	Щ	А	З	А	И
И	С	П	О	Л	Ь	З	О	В	А	Т	Ь	Я	С	Н	Е	У

ВИЗИТ
ТРЕНЕР
ВДОЛЬ
ПАСТЕРНАК
ЭКСПЕДИЦИЯ
ПРЫЖОК
ГОВОРЮ
ЗАСТЕНЧИВЫЙ
АКАДЕМИЧЕСКАЯ
ТРЮК
ПОЛОЖЕНИЕ
СОЛЬ
РАВНЫХ
СОДА
ПОДСОЛНУХ
СОСЕДИ
ЗАЩИЩАТЬ
ИСПОЛЬЗОВАТЬ
ФРЕСКА
КРУГЛЫЙ

Puzzle 868

ЮРИСТ
ТЕХНИКУ
ЗА
ИРИС
УТОЧНИТЬ
УВИДЕННОЕ
ТРЕБУЕТСЯ
ЭВАКУИРОВАТЬ
УЧИТЬ
ИНДЕКС
МЫШЛЕНИЕ
ФУРГОН
КАЛЬКУЛЯТОР
ПРИВИЛЕГИЯ
ВАЛЕНТИНА
УМ
БЕСПЛАТНЫЙ
НАЗВАНИЕ
СЛЕВА
СТРАДАТЬ

С	К	Е	Д	Н	И	И	В	И	Т	И	Т	У	У	Т	М	Т
М	Т	С	И	Р	Ю	Е	Е	С	М	Е	Н	О	Е	Е	Ы	Р
У	Н	Р	О	Т	Я	Л	У	К	Ь	Л	А	К	Р	Х	Ш	Е
Э	Ч	О	А	П	Р	И	В	И	Л	Е	Г	И	Я	Н	Л	Б
В	У	И	И	Д	Н	Е	Л	М	Т	И	И	С	О	И	Е	У
А	И	Я	Т	С	А	А	Л	Б	О	Т	П	Т	Е	К	Н	Е
К	Т	И	У	Ь	Н	Т	И	М	И	У	Т	О	У	У	И	Т
У	О	Е	С	С	И	Д	Ь	М	Е	Т	И	Р	И	С	Е	С
И	Т	С	Л	Л	Т	И	И	И	Н	О	Г	Р	У	Ф	М	Я
Р	О	Ф	Е	Л	Н	Т	Е	У	Ц	Ч	У	Р	И	И	У	Е
О	А	Л	В	П	Е	А	Е	Е	О	Н	Н	Е	Д	И	В	У
В	И	И	А	С	Л	О	У	Н	И	И	И	У	А	Е	У	Г	Н
А	З	Е	О	И	А	Я	Й	Ы	Н	Т	А	Л	П	С	Е	Б
Т	Е	А	Н	У	В	Ц	М	П	Т	Ь	Л	И	И	Н	И	Р
Ь	Н	А	З	В	А	Н	И	Е	О	М	О	Л	Т	И	В	О

Puzzle 869

```
Я Д Р Т Н М Н П Т Л И У В Е Е Е Ь
Щ М Р Т В О Н С М А У П З И О Е Т
Е П Р И Н Е С Е А У Д Т Р У Н И С
Р О Т Т И И Е Н И М А К О Н Ь З О
И П И С Ь М О Е Ь П Ч У С П Л А Н
Ц З Е Б Р А Б М П Т Л Р Л Л И Р С
А О О С Е И Е Е Р О И И Ы Р В Б А
И А М У М Т Н П И К В Т Й М А О П
К О Н Ф Л И К Т Л М Ы И А Т Р О О
Г Р А Ф И К О Л М У М Л Е Л П Н З
С А Р Т П А Л Е Ц Д И Т Т У П З Е
Д Е Н Ь Г И С Н М Р М П С И А А Б
П Е Л И Е Р Б Л М Ы У И Т Е М Р У
Ю Ж Н Ы Й Е С И А Й О О В Т Т А Ц
Р Р Е Р Д С Е О О Р Л А Е Н В Я А
```

ПИСЬМО
ЮЖНЫЙ
УДАЧЛИВЫМИ
НЕБО
МУДРЫЙ
ПЛАН
ПРАВИЛЬНОЕ
ПИК
КАМИН
ПРИНЕС
РАЗНООБРАЗИЕ
ГРАФИК
ВЗРОСЛЫЙ
КОНФЛИКТ
БЕЗОПАСНОСТЬ
ЗЕБРА
ДЕНЬГИ
ПЛАТИТЬ
ПАЛЕЦ
ЯЩЕРИЦА

Puzzle 870

ПЕРИМЕТР
ГРЯЗНЫЕ
ПЛАВАНИЕ
ДЕТИ
МЯГКИЙ
ВСТРЯХНУЛ
СОКРОВИЩЕ
ДОЖДЬ
ПОСЛЕДНИЕ
ВКЛЮЧАЮТ
ЗАХОТЕЛ
НЕВИДИМЫЙ
НОСОК
ТРИ
ПАРК
ТРАТИТЬ
КОЛОКОЛ
ЛЫЖИ
КАРТЕ
ОТХОДЫ

```
М Т А О О Н О Н М О Е Е С Т О Ф Т
Я Ы Н П Е П И И Д А С О Г Т У Т У
Г Д И С И Р Т Т Т У Е Н О Е Е Л Ц
К О С О Н У С У Р К В Е Е А Р Е П
И Х О Е А И О У Т Т А У Р Г У С Е
Й Т Е Н В Л К Р А П Р Р П О О А Н
Н О Е С А Р Р Е И Е У А Т А Е Р Т
Л Е Е У Л Л О К О Л О К Т Е И С Т
Т Ы И А П П В Ф Е Р Т П Ю И Т Е Д
Л Н Ж Й Ы М И Д И В Е Н А Д Т Т Е
П З Е И И Н Щ Е М О Т И Ч О М Ь Д
Н Я Е И Н Д Е Л С О П Т Ю Ж Л С И
Т Р Т Е М И Р Е П Р И И Л Д Е У И
Е Г З А Х О Т Е Л О Л М К Ь Д В А
С Т Е Е Л У Н Х Я Р Т С В Т С А И
```

Puzzle 871

```
К М Е У Е Ч О О П Т С П У И П Р М
С А Т А Р У Б Т Р Д Е У Т Б Р Ц И
И А К И С В С А Е Т И С О Н И Р П
С Е Р И Я С Л С З П Н О М Д Ш П Р
О И Р Т Е Т Е М И Л А М У Д Е Е А
А Н Т И У В Д Л Д Т Д А О С Л Е Т
С Е Н Г И О О О Е М А И У Д У А И
С Ч С И Л В Ж Н С Р В А У Д О Е
С У В Т Р М А К Т И Т Р Е Н О Р З
Ц Т Ш Р У М Н У А Н С Д У Е С Е А
У Л С Е И О И Е Е Й О В О Д О Г М
М Е У Е Н Е Я Е Е Л С Г И Е М Л О
О М Н Л Т Ы К О Л Ь Ц О А В Н Е К
Л И О Р И И Е Т И Р Т О М С О П И
С В О Б О Д Н Ы Й П С Р А Б О Т Ы
```

МОЕ
НОГА
ЗАМОК
ОБСЛЕДОВАНИЯ
СВОБОДНЫЙ
ПРИШЕЛ
ГОДОВОЙ
ПРЕЗИДЕНТ
УЧЕНИЕ
ПОСМОТРИТЕ
ЛОЖКУ
СУШЕНЫЕ
ПРИНОСИТ
ЧУВСТВО
СОСТРАДАНИЕ
КОЛЬЦО
КАК
СЕРИЯ
ДУМАЛ
РАБОТЫ

Puzzle 872

ПРИВЫЧКА
ВОРОНА
ДРАКОН
ОТВЛЕКАЕТ
ПОЧТИ
ТЕРМОМЕТР
БУЛОЧКИ
РЕШЕНИЕ
СЪЕСТЬ
ПОЧВА
ДЕСЯТИЛЕТИЕ
ХЛЕБ
ОЗЕРО
МОРЩИНА
ПРОТИВ
МИГРИРОВАТЬ
ЗУБ
АМЕРИКАНСКИЕ
ТОЛЬКО
ДЕВОЧКИ

```
С М Г Л О В Е Т Е Л М П Т И А С А
А Ъ Е И Н Е Ш Е Р С И И О К О И М
Е Н Е А Н И Щ Р О М Г А К Ч Р Я Е
Д С О С Р И Н М Д П Р У Ь О В И Р
М Е Р О Т У И О Р Н И М Л В И А И
И С С Т Е Ь И М А И Р О О Е И Е К
Т И Н Я И Т У Е К М О И Т Д О В А
И И И С Т Е Н Т О У В П Е Е И М Н
В Е Л Е Л И Т Р Н У А Р А Л И П С
Е Б Е Е У Р Л Е И И Т И К Р Р Р К
Б У Л О Ч К И Е С А Ь В Е И Е О И
Е З И Р И О Т С Т В Ф Ы Л Е Ц Т Е
Л М Л Е О В Ч Е Т И Е Ч В М П И А
Х А И З А Н О Р О В Е К Т Р О В Е
Л С М О А Е П А Ф П Е А О П У И Р
```

Puzzle 873

```
Х Й Р В Л Е О Н У И У Н А С Н О Е
Н О Е Ы Н А Т Ш А К О О К Т И Ц А
И М Р У Б Е Е Д М О Н Е Ж И С С Е
А Ь И О О А О Л И С О Т Р Е О П У
Л Д Т Р Ш Е Л Е Т У Е Л Е В К Р Е
Л Е Р Е Н И И К С М С Е Д Ы Р И У
М С И У У Л Й И А Л О И Д П А Г К
Е Е У И Т А О Б Л А Ч Н О Е Т Л А
М Е М И Ь Т А В Р Е Р П П Ч И А З
М И Н У Т С С У В Т Т Т О К Т Ш А
М Г Я И О У С П А С И Б О И Е А Т
С О Н А Б Л Ю Д А Ю Н Р И Н З Е Ь
С Н Т Л Е Р М А У И Р И С В А М С
У М Н И Н Т В Т Т Р О Л Р И Я Л Д
Р А З О Ч А Р О В А Н Н Ы Й Ц Л Е
```

НАБЛЮДАЮ
УКАЗАТЬ
РЫБАЛКА
СОК
ПРИГЛАШАЕМ
ВЫПЕЧКИ
МИНУТ
СОКРАТИТЕ
СЕДЬМОЙ
СПАСИБО
ОБЛАЧНО
УСТАЛИ
ХОРОШИЙ
ЗАЯЦ
КАШТАНЫ
МНОГИЕ
ПРЕРВАТЬ
РАЗОЧАРОВАННЫЙ
ДЛЯ
ПОДДЕРЖКА

Puzzle 874

КРАСИВЫЙ
ДНЕМ
АДМИНИСТРАЦИЯ
ШУТИТ
СТОИТ
СНЕГ
БУТЫЛКА
КРАСИВЕЕ
ХУДОЖНИК
ПРОИЗОЙТИ
САД
ОКАЗЫВАТЬ
ПОРТАТИВНЫЙ
ВАШ
ПЕРСОНАЖ
ВНУТРИ
СЭР
ОКНО
ЕЗДА
МИССИЯ

```
И У П Р П У Д У Е У Д Н А Т Л К И
А Р И Г Е Н С М Р А Л Е С С М Р М
С Т С У Р Э С М Е Н Д С С Р Д А У
Ц И Ц Е С М Х М И Р Т У Н В И С Е
В Н А Ф О С П У О С Л И Р О Л И Ф
Е У Л У Н Н У О Д А С П С Б Т В Е
К Т Р Н А Л И Т Й О З И О Р П Е Р
Л Р Е О Ж Е З Д А Н Ж Н Я И Т Е Н
Ь Т А В Ы З А К О К М Н В А А М Т
И М К С Т И О Т С О С О И Н И М М
С Н Л А И М А У С Р П Н Р К М А М
Ф О Ы А Т В В А Ш Д Г Е В Е Е И Е
Т Д Т О У Й Ы Н В И Т А Т Р О П Н
И И У И Ш И И Й Р У О Ф М М С П П
П У Б А Д М И Н И С Т Р А Ц И Я Л
```

Puzzle 875

```
Г И Б Р У И И М С Т З О С Р С С Т
Т О Т Ы И И П Т Т П А Г Т Д С Р М
О С Е Н В И О Т Р О Д О О Р И О Т
А К Т А Л А П А У Н Н Р Л У М К Е
Т Н Я С В Х Е Ь К К Ю Ш П Т Ф О У
У Ц П И С У М Т Т О Ю О Р Т О В Т
В И Д Е О Д И Я У З Р К Р Ц Р О Е
Т Е М И О З Е В Р И М Т А С Т Е И
У П Р Р С О М Е А Й С Т У М Е С Л
Т В А И М В Р Д С Е М В Е Н П И Б
И Н Д И В И Д У А Л Ь Н Ы Й И И У
Е М Е Р Е Б Л Ю Д О У Р Е Л А О Л
Ф П Н С О Ц В Е Т М Е Т И И Н Р С
Е Е Т У Р В С М Е Я Л А С Ь О А Р
З У Б Н А Я Э К С П О Н А Т П М Е
```

СТРУКТУРА
ПАЛАТКА
ЦВЕТ
ГОРШОК
РОВ
СРОКОВ
ФОРТЕПИАНО
ТЕТЯ
БЫВАЕТ
ДЕВЯТЬ
ЭКСПОНАТ
ИНДИВИДУАЛЬНЫЙ
СМЕЯЛАСЬ
ВОЗДУХА
ВСЯ
ЗАДНЮЮ
БЛЮДО
ВИДЕО
ЗУБНАЯ
КОЗИЙ

Puzzle 876

ПОДВИГ
КАРАНДАШ
ПОЗДРАВЛЯЮ
ПОСЛЕ
ТАЙНЫ
ВЫЙТИ
ВАРИАНТ
НЕПРАВИЛЬНОЕ
ПОСЕДЕЛИ
КАЧЕЛИ
ЗАКАЗАТЬ
ЛЕЧЕНИЕ
БЛЕСК
РЕЗУЛЬТАТ
ЛЮБИМОЕ
УМНЕЕ
КРАБ
РВАНУЛА
АРМИЮ
ЗНАКОМСТВА

```
Б А М П Е С И Р В Р Т Р С В Л О И
Л И Б Л Е Е Е Р Р Ш А Д Н А Р А К
Ю О А В Т С М О К А Н З П Р И Е С
Б И Р Е Ы Р И У С М П Е Е И П П Е
И Ц К В Т Й У Е Т А И П У А О А Л
М И С Т А Ь Т А З А К А З Н З А Б
О Р И Е Т Н С И Л У М Т Е Т Д Л И
Е С Л Н Ь Д У И А Р М И Ю А Р М Л
Е М Е Н Л У Е Л С О П Р Е Т А И О
Т А Д Е У И Е Е А П О У И Т В С С
О Е Е И З И Н Ч Т И О Г Н Е Л П У
И О С С Е Р М А И В Н Д М Т Я Р Т
С У О И Р У У К Н Е М П В С Ю Т И
Н Е П Р А В И Л Ь Н О Е О И О О Н
Л Е Ч Е Н И Е Т А Й Н Ы О Т Г Н Н
```

Puzzle 877

```
Т О Ф Е О П С В У Е П А Е У Е К К
А О Н Е Н И О О И Д Е Т Р Н В О Р
Р Р Ч Ы У У Р Я Ч З Е А Т Т Н Л О
У О И Н Л Т С А С Е Я К Е Е О Ы Ш
О Е Л Ь Ы У Е П Т О Т А А П Е Б Е
С Т А Л Ь Й И Е У П С А Д М О Е Ч
М Е З А Т Е Р У А П И У Н Н Л Л Н
Е Н У И И К Л Е Т К А Е Р И У Ь Ы
Д Е А Ц Р К У К У Р У З А У Е М Й
Л Н П О О С О П Р О В О Ж Д А Т Ь
Е М Р С В Р А З Р А Б О Т К И Е Е
Н Е У И О Н Е П Р А В И Л Ь Н А Я
Н Б Т А Г А Л В Т У С И Т А Е Е И
Ы К Р У П Н Е Й Ш Е Е Е Б Н Т С О
Й Т Д М И С С Л Е Д О В А Н И Я И
```

МЕДЛЕННЫЙ
СОЦИАЛЬНЫЕ
АТАКА
КУКУРУЗА
РАЗРАБОТКИ
ИССЛЕДОВАНИЯ
ПАУЗА
КЛЕТКА
КРОШЕЧНЫЙ
ТОЧНЫЙ
ПОЕЗД
ПОЯС
СОПРОВОЖДАТЬ
СОЧЕТАНИЕ
НЕПРАВИЛЬНАЯ
КРУПНЕЙШЕЕ
ВЛАГА
ГОВОРИТЬ
КОЛЫБЕЛЬ
СТАЛЬ

Puzzle 878

РОСТ
РОЗОВЫЙ
ПОЛОСА
МОЛОТОК
РАЗНОРОДНЫХ
ПОНЯТНО
КОМУ
ПОЛУЧАТЬ
ПАЛЬТО
СЕРЬЕЗНЫЙ
ЦЫПЛЕНОК
СДЕЛАНА
РЕСТОРАН
АРЕСТ
ВКУС
ПТИЦА
ОБЯЗАТЕЛЬСТВА
ПРАВИЛЬНО
ХОРОШО
ОГРАЖДЕНИЕ

```
М О Л О Т О К О Н С У Т К Р Р О Р
Ц Ы П Л Е Н О К А Т Т И О А О Г Н
П Т И Ц А С О Л О П Р И М З З Р И
А С П Р А В И Л Ь Н О Е У Н О А С
Н Е Р С Д Е Л А Н А Е Р П О В Ж М
Т Р С Е П А Л Ь Т О М О О Р Ы Д Е
У А Т И С П О Н Я Т Н О Л О Й Е В
И П В О Н Т О И Р О Т Ц У Д С Н К
Т С Е А Т С О О С Е И Б Ч Н О И У
Х О Р О Ш О И Р А А И И А Ы Л Е С
В И Т И Н Р Е М А Ф Г В Т Х И У Е
Р В Е И Р И Я Й Ы Н З Е Ь Р Е С И
И Р М О Б Я З А Т Е Л Ь С Т В А И
Р У Л Р И Д А Р С Т И Е А У Е Л И
П И А О Л Р Т О Е Е И А Д И М Т Р
```

Puzzle 879

Ф	П	Р	И	С	У	Т	С	Т	В	О	В	А	Т	Ь	К	И
Э	К	О	Н	О	М	И	Ч	Е	С	К	И	Й	И	Е	О	Е
Т	М	Д	Е	О	Н	Н	А	Р	Т	С	А	Е	Д	Д	К	П
Р	Е	Е	У	И	К	Т	Е	Л	Б	А	Т	А	О	Е	Т	Р
Е	М	П	З	А	В	Т	Р	А	К	А	Д	У	Х	Н	Е	И
Т	А	О	Т	А	Р	Т	Н	Е	Ц	Н	О	К	Д	Ь	Й	Ч
И	К	Л	И	А	П	Ы	С	Д	О	Л	Ж	Н	О	И	Л	И
Й	С	Р	И	О	О	Н	М	Й	Т	И	У	Л	П	И	Ь	Н
А	И	Р	Т	Т	Й	И	Щ	Б	О	Ц	О	Ф	Е	П	У	А
О	М	В	О	В	Р	Д	Т	Г	Т	К	И	М	Р	С	У	И
О	У	Р	И	С	А	О	О	О	У	Е	О	Р	И	А	О	Е
Т	М	У	У	Н	И	Р	И	Ш	М	Н	М	П	Е	У	У	П
Р	Ц	А	С	Т	Е	О	Н	Н	Е	П	Е	Т	С	О	П	М
С	М	Е	И	В	Ц	М	М	Л	Е	Н	И	В	Ы	Й	И	Н
Г	Е	Е	Е	А	Б	С	О	Л	Ю	Т	Н	А	Я	Р	Е	Н

КОНЦЕНТРАТ
ЗАВТРАК
ДЕНЬ
СПОКОЙСТВИЕ
СМОРОДИНЫ
ПРИЧИНА
СТРАННОЕ
ДОЛЖНО
ШИРИНУ
ТАБЛЕТКИ
ПОСТЕПЕННОЕ
ЭКОНОМИЧЕСКИЙ
АБСОЛЮТНАЯ
ОБЩИЙ
ТРЕТИЙ
КОКТЕЙЛЬ
ЛЕНИВЫЙ
МАКСИМУМ
ПОДХОДИТ
ПРИСУТСТВОВАТЬ

Puzzle 880

ПЧЕЛА
РОСА
ВЕДЬМА
ВЫБОРЫ
УСЛЫШАТЬ
ПЕНИЕ
ФАКТ
ПОДАЛЬШЕ
САМ
СКРОМНАЯ
СТРАНИЦЫ
КИНО
ПОНРАВИЛОСЬ
ЧИСЛИТЕЛЬ
СТУЛ
СЛУЧАЙНЫЙ
МОДЕЛЬ
СКОРЕЕ
ОПРЕДЕЛИТЬ
НЕОБХОДИМЫМ

И	Р	Н	С	М	У	О	Ч	Е	М	У	С	Ф	О	О	У	А
П	И	Т	Т	М	В	Е	И	В	Е	Д	Ь	М	А	О	С	И
У	Е	Е	У	А	Ы	Ь	С	О	Л	И	В	А	Р	Н	О	П
А	Ф	Н	Л	С	Б	М	Л	П	Е	А	М	И	А	О	С	Н
Т	О	А	И	Е	О	Ц	И	Ы	Ц	И	Н	А	Р	Т	С	А
О	У	М	К	Е	Р	Р	Т	Д	Е	О	Ф	Р	Н	Р	К	Е
П	С	Е	В	Т	Ы	Е	Е	Р	О	К	С	Ф	М	Т	Р	С
Р	Л	Е	И	Е	И	Ф	Л	И	М	Х	Ц	Е	Т	Н	О	Л
Е	Ы	А	К	Е	Е	В	Ь	А	О	Н	Б	В	У	О	М	У
Д	Ш	Г	И	Е	Ш	Ь	Л	А	Д	О	П	О	У	Я	Н	Ч
Е	А	Т	Н	Л	П	У	Е	И	Ф	Е	И	А	Е	П	А	А
Л	Т	Т	О	Р	И	Е	Д	И	И	С	Н	Е	А	Н	Я	Й
И	Ь	М	Р	П	Т	А	О	И	Е	П	Р	Ф	Е	П	Т	Н
Т	И	У	Е	Е	Л	Л	М	Е	И	И	Н	Н	Е	Т	Б	Ы
Ь	П	Ч	Е	Л	А	С	О	Р	У	У	У	В	Р	Т	И	Й

Puzzle 881

```
И И Т Р А Л Р Е Е Е Е А М И Г В Р
С У Д С И Й Е Р Е Д Ь Л Е С Р О Е
Т У Е У И А Л О Я И С Р Е В А Е И
И И М Т С А У В С К О Б Д С Ж Н М
М Р У К Р И А О Р Т И И З Е Д Н Л
П А Я А А И У Г Я И О Ю Е М А Ы Т
О Л А С К А Я О С Л И Р В А Н Й Л
Р Н Е Т Р И Н Д Т А Н Е О Ф И И Е
Т М У Ж Ч И Н Ы Е К Е В Е Ж Н Н Е
Я Н И К О Г Д А А Л У М Е Т Н Е У
Н Б А Р М В И И В Ы С О Т А Л О О
С Н Е Г О В И К Ы Л Т Е Р Р И Е О
Е И Р С М М Т У З Р И Е М А Р А И
Р Е И Ф Е Л Р У А Е Т А И Е О П О
А Л Е Т И Д К О Н Е Б Е Р Ц О Д Т
```

СЕЛЬДЕРЕЙ
МУЖЧИНЫ
СНЕГОВИК
СЕБЯ
КАЛИТКИ
ОСТОРОЖНО
ВЫСОТА
ВЕРЮ
НАЗЫВАЕТСЯ
ВОЕННЫЙ
СУМКА
НИКОГДА
ГРАЖДАНИН
БОКС
ЛАСКА
ВЕЗДЕ
РЕБЕНОК
ИМПОРТ
ДОГОВОР
ВЕРСИЯ

Puzzle 882

ГДЕ
ЧЕРНОЕ
ПОЕЗДКА
ЗЕРКАЛО
ТАМ
ПОТРАЧЕНО
КОМПЛЕКС
РАСПИСАНИЕ
ТЕПЛО
СТОРОНЫ
КУРТКА
ШТУКА
МИСС
УПАЛО
СООТНЕСТИ
ЭЛЕКТРИЧЕСКИЙ
ГОСУДАРСТВО
ПРИЗНАТЬ
ОБВАЛА
СРЕДНИЙ

```
С М Ч С Е И Н А С И П С А Р Г М М
Т С П Е О У Т Н Р А О Т Е М Д А И
О Д У О Р И А С Е О О С Н О Е Т С
Р Т А М Е Н Р Т Д М Л У Е И Е И С
О Л А П У З О И Н М Р О О О У Т П
Н Т О В Л О Д Е И Т С Е Н Т О О С
Ы О Б В А Л А К Й И У Б Т Т К П С
Р Н Е Е Р О Ц С А К Т Р У К О О Т
Э Л Е К Т Р И Ч Е С К И Й З М Т Е
Т М М Е А Т И Ш Е О И Р И Е П Р Р
Н Е Е А Л Ф М Т У М У Я М Р Л А И
Е П П Р И И Т У М М М И И К Е Ч И
Т Т И Л Л Я С К Т П Л Р Д А К Е Р
О С У У О Ь Т А Н З И Р П Л С Н Н
О У Г О С У Д А Р С Т В О О Р О Е
```

Puzzle 883

И	Т	Т	О	С	М	М	П	И	П	П	Е	Н	У	Н	Т	О
Ф	О	Ф	М	Л	Е	И	Н	Е	Ж	И	В	Д	С	И	В	И
И	И	Н	Я	Р	Д	Н	Н	М	И	Т	Р	Д	П	И	У	И
О	И	Р	А	Т	С	Й	У	Л	А	Ж	О	П	Е	А	А	У
Ч	Х	О	Л	М	Е	О	М	Р	М	О	И	С	О	А	С	А
М	Т	Р	Е	М	С	Е	Т	В	Е	П	С	Т	А	Ф	Д	У
Е	К	О	Д	О	Т	В	С	О	Л	Ф	Р	У	К	Т	Ы	Д
С	Т	Ж	Т	И	Р	В	Ы	М	Е	Р	Л	И	У	С	Т	Е
Т	О	Е	И	О	А	Ч	У	В	С	Т	В	У	Ю	Т	С	Л
Н	Н	Н	Й	И	К	С	Е	Ч	И	Т	А	М	О	Т	В	А
Ы	И	Щ	Н	И	С	И	Т	И	У	Т	С	Ф	С	Т	У	Е
Е	Б	И	И	И	Н	Я	О	Т	С	О	С	О	Н	С	И	Т
И	У	Н	Ж	Л	И	Е	И	О	Н	К	О	Н	С	Р	Ц	У
В	Д	А	Е	П	У	С	Т	Ы	Н	Е	Е	Д	С	Е	А	П
Е	Ь	А	А	С	Ц	Р	Е	И	М	Т	Д	К	О	А	Р	Д

КТОНИБУДЬ
ДЕЛАЯ
ЧУВСТВУЮТ
ЖЕНЩИНА
ФОНД
РАД
ЧТОТО
ХОЛМ
ВЫМЕРЛИ
ПУСТЫНЕ
НИЖЕ
АВТОМАТИЧЕСКИЙ
ДВИЖЕНИЕ
КЕКС
ФРУКТЫ
СОСТОЯНИИ
МЕСТНЫЕ
МЕДСЕСТРА
ДЕЛАЕТ
ПОЖАЛУЙСТА

Puzzle 884

ТЕМНЫЙ
ЦВЕТЕНИЕ
УЛИЧНЫЕ
ОГРОМНОЕ
ХОРЕК
ЗАЛИТЬ
БЕЗОПАСНО
ПРИРОДА
ВЫПУСКНИК
ОПЫТ
ВНИМАТЕЛЬНЫЙ
ПОНИМАЮ
ПИСАТЕЛЬ
НАКАЗАТЬ
ОРЛА
ЛЕД
КОГДАНИБУДЬ
ЦИКЛ
НАРОД
ГРАЖДАНСКИЙ

Г	Р	А	Ж	Д	А	Н	С	К	И	Й	К	Е	Р	О	Х	У
У	Т	Е	М	Л	И	А	С	У	Н	Д	О	Р	А	Н	Р	П
О	П	Ы	Т	М	Л	Б	А	Л	П	С	Г	У	Н	Е	В	Б
У	С	Й	Ы	Н	М	Е	Т	И	О	А	Д	О	Р	И	Р	П
П	А	Ы	М	В	О	З	Т	Ч	Н	Н	А	Е	С	Н	И	Е
Л	Т	Н	А	А	А	О	П	Н	И	Д	Н	С	Л	Е	Т	М
Т	В	Ь	К	П	Н	П	И	Ы	М	М	И	Р	Т	Т	И	С
З	А	Л	И	Т	Ь	А	С	Е	А	П	Б	И	Н	Е	О	Р
Т	И	Е	Н	Е	Т	С	А	О	Ю	Р	У	М	А	В	И	Е
Т	Е	Т	К	И	О	Н	Т	Н	Ц	П	Д	Л	К	Ц	Т	Н
Е	И	А	С	С	Т	О	Е	М	В	И	Ь	Е	А	Н	О	И
И	С	М	У	О	Р	А	Л	О	И	У	К	Т	З	А	М	И
Р	И	И	П	И	Р	Р	Ь	Р	П	И	И	Л	А	М	П	У
М	Е	Н	Ь	О	С	Л	Н	Г	Р	О	М	Л	Т	С	Е	У
Е	Т	В	В	Л	А	Т	А	О	И	Р	И	Р	Ь	Е	О	Н

Puzzle 885

```
С С И Р Г Д О Г М Д З Ж Е Л А Ю Д
С П Л Е О О Н Ь Л О В О Д О М Ф О
И К Ч О Л В Д Р Н Ж У С Л М М С С
К Н И Н О А О Т Н Д И Р У О Ь Т Т
Р Т В О В З Л Р А Л У Р Ф Л Т Т И
Е И М Е А Т Ж Н Т И Е Н Р П Е О Ж
С Т С О С Ь Е И Т В Н Р В С Т Р Е
С Н У В С Т Н О О Ы У С Т П Е М Н
С А У П Т А И У К Й Е Н И Л Л Н И
А С С Е И Л И Ц Н Е Д Е Л Я Е Р Я
Л М П Р Я С П Р И У М О Е Р Л О Р
А Е М Е С И В Д О И С М Е П Т Е О
Т Ш Н Д Я Р А З Р А З Л И Ч Н Ы Й
Н К С Р И П Е У С О Е О А О О О Л
Т А Л Т С С У М Ф М Е И О Т Е М Е
```

НАСМЕШКА
ДОВОЛЬНО
ПРИСЛАТЬ
ГОД
РАЗЛИЧНЫЙ
КРЕСССАЛАТ
ЗОЛОТО
ЖЕЛАЮ
ГОЛОВА
НЕДЕЛЯ
ЗАРЯД
ЗАВОД
ЛЕТЕТЬ
ДОЛЖЕН
ДОЖДЛИВЫЙ
ДОСТИЖЕНИЯ
ЛИНЕЙКУ
ИНВЕСТИЦИИ
ВПЕРЕД
ОЧКИ

Puzzle 886

СУДЬЯ
ТОЛЧОК
МОСТОВОЕ
ИЗ
БРАТ
КРЕСТ
МОЩНОСТЬ
НЕЖНАЯ
УСТАНОВИТЬ
ГЛЯНЦЕВЫЙ
СРЕДНЕЕ
БОБ
СИСТЕМА
СТОМАТОЛОГ
ПОСТРОИТЬ
БРОККОЛИ
БЕССМЫСЛЕННЫЙ
УСЛУГИ
ЗАВОЕВАЛ
КАЛЬМАРЫ

```
У Т А Р Ф А С Р Е Д Н Е Е Б Е Е О
А С М Т О Т С И А Н О И Л Р Е И И
З Р Л П Б У И Т И Т А З М Е Б Т О
К А В У С А О М О Е П Т Р Р О У Д
А М В С Г О Л О Т А М О Т С Б И У
Л Е Б О У И М Е Р Й Т О Л Ч О К К
Ь Т Р Ь Е Д Е Н И Ы Е Т Т Л Ф О Р
М С О Т Т В Ь Т И В О Н А Т С У Е
А И К С А Е А Я У Е В Т С А И В С
Р С К О У Т О Л Е Ц О Н О Р Е П Т
Ы И О Н Е Ж Н А Я Н Т Е И Б Т П И
Е М Л Щ Т П И Т И Я С У Б Т П Е Р
Ь Т И О Р Т С О П Л О С И М У Р Е
И А И М У Д Р Я И Г М У М С Б У О
Б Е С С М Ы С Л Е Н Н Ы Й Н Р П И
```

Puzzle 887

```
В Т М Ф Е Ц А У Ж А И Е Е С П И Б
П М О Ч А Ш А Ц Е Т О В Е С О В О
Е Е Т Р Л М С Р Л О Т Е Р С Л В Л
Т Ь Л Е Т И Ч У Е В М А Т О О Р Ь
И Т И И Н Р И Е Р Н Т У Т Т Ж О Ш
Е И И Н И Е М Н Ы Т Р Е У Т И М О
У Н Е Л М И Л А Т Е Ф С Е Ю Т Е Й
В Е В А Н Н А И Е С У И М Р Е Т О
Р М У Л И Ц О Т Ч Е К Т А Ь Л Р С
П А М Д К А Т А Н И Е А Р М Ь Н У
Т З О В А Ц Р Т П М Е Е Ж Ы Н С И
Е Е М О С Р Д А Ж Е Р Е Т И Ы М Т
Т Н Е Н О У Т Б У К В И У Б Е О И
Р Л Н К О М М Е Н Т А Р И Й Р Ф Н
И В Т Г О Л О С О В А Т Ь Т Л П Н
```

НОУТБУК
КАТАНИЕ
БОЛЬШОЙ
ЧЕТЫРЕ
ГОЛОСОВАТЬ
ДАЖЕ
ТЮРЬМЫ
СКАЖИ
ЛИЦО
ОТЕЦ
ЗАМЕНИТЬ
ЧАША
ЖЕЛЕ
ВАННА
УДАР
ПОЛОЖИТЕЛЬНЫЕ
КОММЕНТАРИЙ
МОМЕНТ
ТОРТ
УЧИТЕЛЬ

Puzzle 888

ИСТОЧНИК
ЭКСПЕРИМЕНТ
КРОЛИК
ТЮЛЬПАН
МОРКОВЬ
ПОДРЯД
ПЕСОК
ГРАНД
МЕНЬШЕ
ЖЕНИТЬСЯ
СМЕШНО
ПРИГЛАШЕНИЕ
УВИДЕТЬ
НИЧЬЯ
ФУНКЦИЮ
ПЕРЕДАВАТЬ
ПЕТУХ
ШАМПУНЬ
РЕМОНТ
ХОП

```
П О П Т И Л Е Б Р П И Е А И Р О Ж
О Е Т Е И Н Е Ш А Л Г И Р П Е И Е
Х Р Р Т С У С У О Ц О У Т Р М Р Н
Л Т Ф Е Ф О Н Ш Е М С Г Х Я О Р И
Е Е М Н Д У К И И Т Н А У У Н С Т
У С О А Н А Н А П Ь Л Ю Т М Т Е Ь
Р Л О Т А М В К И Е Д Ф Е Е К Д С
М Р Т Ь Р И А А Ц П У М П Н И К Я
И У Ь Т Г И Н Ц Т И Е С Н Ь Н Р Ь
М Л В Е А И Е Л А Ь Ю Р Л Ш Ч О Ч
И П О Д Р Я Д Л С А М О У Е О Л И
Т У К И Э К С П Е Р И М Е Н Т И Н
Е А Р В Ш А М П У Н Ь Г С Н С К С
И П О У Е У С М О Е Т У Р У И С А
Н С М В Т А У Р У Р И Е И И Т С Е
```

Puzzle 889

```
В Н С С П И Ф С У А И И Б О У Е О
К З У Т И К У Р И Ц А К И Т И Р К
Р С Я Ь Р Л Н У Е У А И И У Е Т М
О С М Т Р В А К И Т С А Т Н А Ф А
К Л С И Ь Т И Н М О П А Н У О И Т
О Р В Т Е Т Й О В О Л П Е Т Е Ф Ь
Д А С С Т Т Е К А С Е О П У Л М М
И О У О Е Р А И Л У К Г У У Н У Ы
Л Р Е Р М А Е Д А Р Г О Н И В З Л
Ш К И П Я Т И Т Ь Е М Н Д О У Ы Ь
А Е М И П И А О Н Ч И Д У У О К Н
Е Т Я М Т Л Н О Л Н Е О Т Т Л У О
Щ У С М Е А Р Л Л О С Х Л У Т Е Й
Е И М И О О С С О Й Р Ы Ф Н Р Т Ж
П У Б Л И К А Ц И Ю У В Г Е Л Т И
```

НАПОМНИТЬ
МАТЬ
КРОКОДИЛ
КОНКУРС
РЕЧНОЙ
ЕЩЕ
ВИНОГРАД
ЖЕЛУДОК
ВЗЯТЬ
ТЕПЛОВОЙ
КРИТИКА
КИПЯТИТЬ
ШЕЯ
ПУБЛИКАЦИЮ
ПРОСТИТЬ
МЫЛЬНОЙ
ВЫХОДНОГО
МУЗЫКУ
ФАНТАСТИКА
КУРИЦА

Puzzle 890

ТЕРПЕТЬ
ОБРАТНАЯ
ШТРАФ
ПОЛОЧНОГО
ДРУЖЕЛЮБНЫЙ
ФОРМА
ИНТЕРЕСНО
ПРЕДПОЛОЖИМ
СТРАННАЯ
ОБЕСПОКОЕННЫЙ
ПРЕДЫДУЩЕЕ
КОШКА
МОЖЕТ
БРОСАТЬ
ПЕРЕРЫВ
ПРОМЫШЛЕННОСТЬ
КЛЮЧ
ВИД
ПАМЯТЬ
ШЛЯПА

```
О Б Е С П О К О Е Н Н Ы Й Ь Р Л О
Г П Р О М Ы Ш Л Е Н Н О С Т Ь Л Б
О П Р Е Д Ы Д У Щ Е Е А Е А Л Р Р
Н И Н Т Е Р Е С Н О А Т Т С И С А
Ч М Д У Р А С Д И В Л Е С О И С Т
О Е О У А Ф А Р Т Ш И Ф Е Р Т Е Н
Л У К Ж Т С Н У И А О И Н Б В А А
О П О И Е М И Ж О Л О П Д Е Р П Я
П А Ш Ц С Т Е Е У П Т Р Е Е О Т Е
С М К Р Д Г С Л И Н Р Е Е Я Ц М И
Ф Я А Е Т И Ч Ю Л К И И Р С И И Е
О Т П Е М И Р Б Р Н Л О У П Г И Т
Р Ь Я Т Л Я А Н Н А Р Т С А Е У М
М М Л О Т Е В Ы Р Е Р Е П Т И Т Т
А Т Ш Н М О Р Й Т У Е Е О М И И Ь
```

Puzzle 891

Е	О	М	К	У	З	Н	Е	Ч	И	К	И	Н	Е	Ч	У	Н
В	Т	Т	В	О	В	Ы	Р	Е	З	А	Т	Ь	У	Е	Л	С
А	Е	О	С	М	Д	М	Н	М	И	У	Т	И	У	Е	И	И
И	А	Л	М	У	П	П	М	А	Е	Н	Ц	С	Е	Е	О	У
М	Е	Е	Е	М	С	Н	Т	А	М	М	Р	Е	Т	У	У	Р
С	Р	И	Л	О	Ь	Т	С	О	Н	С	А	П	О	Ц	С	М
Т	О	О	А	Е	А	Н	С	С	Ъ	Е	Д	О	Б	Н	Ы	Е
Б	Е	Д	Н	Ы	Й	А	И	И	П	Ь	Т	С	Т	Й	Н	О
У	Я	С	О	Л	Н	С	Д	У	П	Р	И	С	С	Е	И	П
И	Е	Т	С	Р	И	С	Е	З	Р	Е	Л	Ы	Й	С	Е	Р
Н	О	П	Р	Т	О	И	Н	М	О	Г	О	Ж	О	С	М	Т
И	Е	И	Е	У	Т	Г	И	А	Т	А	М	И	У	А	С	Р
И	У	Н	П	Е	С	Л	Е	В	О	Л	К	О	С	Б	А	А
С	О	П	Р	О	Т	И	В	Л	Я	Т	Ь	С	Я	Р	У	Т
М	Е	Н	Ь	Ш	И	Н	С	Т	В	О	К	М	Е	Р	И	И

ВОЛК
БЕДНЫЙ
ЗРЕЛЫЙ
СЪЕДОБНЫЕ
ОПАСНОСТЬ
ПЕРСОНАЛ
ВЫРЕЗАТЬ
ЛАГЕРЬ
УЧЕНИК
НА
ГОРОД
КУЗНЕЧИК
МЕНЬШИНСТВО
СОПРОТИВЛЯТЬСЯ
БАССЕЙН
ОЖОГОМ
СТЕНА
СИДЕНИЕ
ЛОСЯ
КТО

Puzzle 892

ПРИВЕТ
ШОССЕ
МЕДИЦИНУ
КУКЛА
ПУШИСТЫЕ
ГРУСТНО
ЧЕЛОВЕКА
ДОЧЬ
ПРИМЕНИТЬ
ДЕДУШКА
СТУДЕНТ
НУЛЕВОЙ
СОТНИ
ЗАДАТЬ
ОРАНЖЕВЫЙ
КРИТИЧЕСКИЙ
РЕАЛЬНОСТЬ
ПТИЦЫ
СМЕХ
ПАРУС

Я	Р	О	У	М	У	А	П	Е	П	И	Ф	О	Е	К	П	П
А	Н	О	А	Е	И	С	М	В	П	Р	И	Ф	А	У	А	Т
К	М	О	Е	И	С	А	О	Ц	М	Т	И	О	О	К	Р	И
Е	Р	Л	Ш	О	С	С	Е	И	Р	И	А	В	Т	Л	У	Ц
В	П	И	О	Н	Ф	У	Т	С	У	Е	Т	У	Е	А	С	Ы
О	Н	Ь	Т	А	Д	А	З	Ц	О	Ы	Т	Н	Д	Т	Н	О
Л	О	Т	И	И	А	Ф	Р	У	П	Т	Л	И	Е	Н	П	Р
Е	О	С	И	М	Ч	С	П	Т	М	С	Н	Ц	Д	Н	Р	А
Ч	Д	О	И	Л	У	Е	И	Р	У	И	В	И	У	И	И	Н
Т	О	Н	Е	А	В	С	Е	П	Ш	М	Д	Ш	С	М	Ж	
И	Ч	Ь	Н	Д	Н	О	А	К	Е	У	А	Е	К	Р	Е	Е
И	Ь	Л	Т	Т	У	И	Д	Е	И	П	Е	М	А	С	Н	В
С	М	А	Н	У	Л	Е	В	О	Й	Й	О	М	И	М	И	Ы
П	Г	Е	Н	У	Е	Р	С	Т	У	Д	Е	Н	Т	Е	Т	Й
Н	Д	Р	Г	Р	У	С	Т	Н	О	С	С	Т	Т	Х	Ь	О

Puzzle 893

```
И И Е С У Щ Е С Т В О Е Р О Т Т В
Н Н Ы О Ж Е Л Т Ы Й Е Ф И И Е Т О
М В Н И У Е И П Н И Е Т Д И П К П
Т Е Н И Л Т Л П О Н И М А Н И Е Р
П Р О И З В О Д И Т Ь Л Е И Л Ф О
П Е И У Ж Р Н А А У Е Р А Т Т Ф С
Р У Ц Ф И Л Е Р Я У Е Ц Т В Т А Е
О Л И А Т А М Г И Й С А Д У А О У
Б А Д О Ь Р А Ц Ы Р Ц Е С Т Т Д Е
К М А С Л Е Д У Й Т Е О А К А К О
А Т Р И Л М О Л Т Д Р Ф Л И Т О Е
П Л Т У И Е М Л Т С А Е Я Ы Т П В
Р А С С Т Р О Й С Т В О О И М О П
К А Т А С Т Р О Ф А И М Т Ф С Л Е
С Е М А Т П А М М О И Н С Т Т Х Е
```

RЫЦАРЬ
ЯЙЦО
СУЩЕСТВО
СТОЯЛА
ПРОБКА
АФФЕКТ
ПРОИЗВОДИТЬ
ПОНИМАНИЕ
СЛЕДУЙТЕ
ЖЕЛТЫЙ
ЖИТЬ
РАССТРОЙСТВО
ГРАД
ХЛОПОК
ВОПРОС
ТРАДИЦИОННЫЕ
МЫЛО
КАТАСТРОФА
ДАВАЛИ
КАКАО

Puzzle 894

ПОТОМУ
ДЕТАЛЬ
КРЕМ
ФАКТОР
ШОКОЛАДНАЯ
СЮДА
ВЫСОКОЕ
ФАРТУК
ВЫСОКАЯ
ОБЕД
СЛОМАННЫЙ
ЗАПАСАЮТ
ШУМ
МНОГОЧИСЛЕННЫЕ
ЦЕНТР
ИНТЕРЕСНЫЕ
ВЕЛОСИПЕД
ДВА
ИСПОЛНИТЕЛЬНЫЙ
КРОВОТЕЧЕНИЯ

```
Ц И Н Т Е Р Е С Н Ы Е В М Е Р К И
Е У Е Р Е О А Р С Н И Е Н К З Ф С
Н Р С Л О М А Н Н Ы Й Л О Р А Ш П
Т И Д И К Т Т У Ф С У О Г О П У О
Р Т Т И О Е К Н С Т А С О В А М Л
О Б Е Д С Е И А О Ш И И Ч О С А Н
С Е В И Ы И У В Ф О О П И Т А Е И
Л И М А В Р А Д Е К П Е С Е Ю И Т
Д В Ы С О К А Я С О Н Д Л Ч Т Е Е
Ф Е П Т И Е Д Ц И Л Л У Е Е Л Т Л
М А Т Т С Е Ю Е Т А И И Н Н И И Ь
Л В Р А У М С Г У Д М И Н И У Р Н
А Т Н Т Л П Т О Р Н М У Ы Я А И Ы
Е Т Н У У Ь Р Ц П А Е И Е У Т П Й
Р Н И Е Е К Е Н И Я П О Т О М У Т
```

Puzzle 895

```
В Е Р Б Л Ю Д А Ф А А Е З К И А С
С О И С И Н В Н А И К Е А А И Е К
У Д А Л И Т Ь Е О Е А Е П Р Р А О
М А И А Н Р А Ф Л В Б М Р Ь П Ц Р
Е Н Н Ц Н В Л Р Ф О О Р О Е П И О
О А Е И Т Н Н И Е У С С Р М Г С
И У Р Н И Е А Н Т О В П Т А О И Т
А Н С Ь И С У Л В Е Н А О И Р Б Ь
Л И С Л Е Я С У Е Е Е Е С Р Е К Р
Ш Е В Е Л И Т Ь Д Л Ш Т И А Т И Е
А О В М Л С Я И О Н Н С И Т С Й И
О Б Н О В Л Е Н И Е Я И Т Р А П Л
П Р О Г Р А М М У Т Я О Л С Е И Е
И Г Н О Р И Р О В А Т Ь Р Т Т Е А
Р У И И И А Р А З Л О Ж Е Н И Е О
```

ПРОГРАММУ
КАРЬЕРА
ОБНОВЛЕНИЕ
ВЕРБЛЮДА
ГИБКИЙ
ЗАПРОС
НЕ
СКОРОСТЬ
ВЕЛОСПОРТ
НОВОСТИ
УДАЛИТЬ
РАЗЛОЖЕНИЕ
МЕЛЬНИЦА
МОРЕ
МНЕНИЯ
ВНЕШНЯЯ
ПАРТИЯ
ИГНОРИРОВАТЬ
ШЕВЕЛИТЬ
СОБАКА

Puzzle 896

ВЫВЕСТИ
КАСАБЛАНКА
МОЛОКО
СПАТЬ
СВЕЧЕНИЕ
ПРИВЯЗАН
БЫСТРО
ПРЕДПОЧИТАЮ
СНОВА
ПОПЫТКА
ХОТЯ
РАЗВИВАТЬ
КАРМАННЫЙ
ЛИМОН
НУЖЕН
СУММА
ВЫСОКИЙ
АКТЕР
РАСПРЕДЕЛИТЬ
ПРАВКА

```
К Ц Е Т Е Н И Л С М П Н П Р Т В Р
П А К Т Ы П О П У О Р Е Р С М Ы Е
Е И Р С Н Е Л У М Л И Е Е О М В С
А И Е М Е Е Т Ц М О В И Д У Е Е У
М У Л У А Р П Л А К Я Н П Д К С С
Н У Ж Е Н Н И С У О З Е О У А Т Б
Т И М Т Т О Н А С Р А Ч Ч Я С И Ы
М Е С Л И М А Ы А Е Н Е И Т А Р С
Р Е Т Я Т И И О Й С Н В Т Л Б В Т
П И Ь Т И Л Е Д Е Р П С А Р Л Р Р
А Р Т О С П А Т Ь О У О Ю И А Л О
Н К А Х В Ы С О К И Й А В О Н С Т
Е Л Т В И О А И А И У И Т С К Р Р
Т Т О Е К Ф О Ь Т А В И В З А Р М
Т С С О Р А Н Р О Т Е Л С Р С С Т
```

Puzzle 897

```
О С Е У Б Л С О Р Е Т Е Д Е Е П А
О Т И О А Д И И О И Н Н В А И Е П
О У А Я С Ь Т А В И К Л А Т С Р Т
М Т П У К Т Т Ч С А П Р С Ф П Е Б
О Р Я Т Е Е Н Е И Ш Ь Л О Б Д М У
Б Р М И Т П Е Р А Р П Т И О М Е Н
У Ы В Ь Б С Н Е Л М О Л О Н К Н И
М Л С В О Р О П А Н И К У Е О Н Ч
И О Б Т Л М П А С А И Н О Н Ж А Т
И Л Р Е Р С П Х Т В Р Д А В А Я О
У Н О В Е А О А И Е С И П З О Б Ж
О Т Е О И Н Я С К Р Л У А П Р Й И
Н Ю Х А Т Ь Г А О Н А С П О У О Т
А И Р Т Е И У Ь Н О Г О О О У А А Ь
М Н О У П П С Р С Е Т И Г О М О П
```

ОППОНЕНТ
ВЕТВЬ
ПАПА
ЛАСТИК
УНИЧТОЖИТЬ
БАСКЕТБОЛ
ПОМОГИТЕ
БЫСТРАЯ
НЮХАТЬ
ПЕРЕМЕННАЯ
НАВЕРНОЕ
СТАЛКИВАТЬСЯ
РОКОВОЙ
ПЕТЬ
ЗАНИМАЕТ
ЧЕРЕПАХА
КОЖА
ДА
ОГОНЬ
БОЛЬШИЕ

Puzzle 898

ОЦЕНКА
СКРОМНЫЙ
ГНЕЗДО
ОДНАКО
ХАРАКТЕРИСТИКА
СОРТИРОВАТЬ
КРЕСЛО
ШОК
НАЛИТЫЕ
РАЗДРАЖАТЬ
ПЛИТЫ
СИЛЬНЫЙ
ТЩАТЕЛЬНО
АТОМНОЙ
АРКТИКА
ВЕЧЕРИНКИ
ПОДКЛЮЧЕНИЕ
НАСЛАЖДАЙТЕСЬ
ТАЛАНТ
РОЖДЕНИЕ

```
П А Т Н А С Л А Ж Д А Й Т Е С Ь Р
О Т Т А Р А З Д Р А Ж А Т Ь Х П И
Д М А О Л Н О Р Р И И Е Т Р А Е О
К М Т С М А Г Н Е З Д О Е Р Р Т Д
Л С О У Т Н Н Т И С Т Е М Р А Щ Н
Ю Е И И П И О Т С О Ф В П А К А А
Ч И А Т А Л Я Й Г Р И Е Е Н Т Т К
Е Н Л Р Н И О Н Т О Ч С И Е Е О
Н Е Е Е Т Т И Т Е И Ц Е Р Е Р Л Л
И Д О С У Т У С Ы Р Е Р И Е И Ь С
Е Ж П Е М И С И Т О Н И У Т С Н Е
В О С Т О Т И О И В К Н А И Т О Р
А Р К Т И К А М Л А А К М Я И У К
С К Р О М Н Ы Й А Т Е И С Е К И О
С И Л Ь Н Ы Й Р Н Ь О П Е Е А Е Ш
```

Puzzle 899

Е	Б	К	Б	Н	С	С	С	У	Д	У	А	С	М	У	Р	У
И	И	У	Р	А	Т	Т	М	Е	Е	Р	В	Р	С	У	А	С
М	З	У	Е	О	Н	А	Т	Ь	Л	Е	Т	И	Д	О	В	П
Т	Н	П	Д	М	В	А	И	Р	О	В	О	Г	З	А	Р	Е
П	Е	Н	У	В	С	Ь	Н	И	О	С	Б	О	Е	О	Е	Ш
Т	С	А	И	Л	В	И	О	А	А	Л	У	Н	Н	С	Л	Н
И	Е	В	С	Т	Р	Е	К	О	З	А	С	И	У	Е	О	Ы
П	У	Е	У	Е	Н	П	Р	Н	И	К	О	Т	О	П	Т	Й
Т	Н	С	Г	Е	Р	О	Б	Т	Ц	Б	Т	О	Т	У	Р	Т
И	С	Е	Р	У	А	Л	Р	Я	П	Ы	Е	Р	П	И	А	П
Н	И	Л	О	У	У	Е	А	И	М	Л	М	Ц	Р	А	Ж	Е
С	И	А	З	В	Е	В	Т	Р	И	У	У	С	О	С	А	С
П	А	Я	А	А	Н	К	Ь	П	Н	У	М	И	Р	О	Т	Т
Н	Ь	М	Е	С	И	А	И	Е	Л	И	М	М	М	С	Ь	У
Н	У	Б	А	Е	О	Д	Н	О	Р	А	З	О	В	Ы	Й	О

АВТОБУС
УГРОЗА
ВЕСЕЛАЯ
БИЗНЕС
ПРИЯТНО
ОДНОРАЗОВЫЙ
ВОДИТЕЛЬ
УЛЫБКА
БАНАН
НИ
КРОВЬ
СЕМЬ
САМА
БРАТЬ
ПОТОК
УСПЕШНЫЙ
ПОЛЕВКА
РАЗГОВОР
СТРЕКОЗА
ОТРАЖАТЬ

Puzzle 900

ЯСТРЕБ
ЕСТЕСТВЕННЫЙ
МОЛОДОЙ
ПРОВЕРЯТЬ
ПРОСТИТЕ
ТРЕВОЖНО
ПРИНЯТЬ
РЕПУ
РОТ
ТАКОЙ
ГОРОХ
ЛИБО
ПРОСТО
КОММЕРЧЕСКИЕ
ИГРАТЬ
РЕФОРМУ
ПЛОСКИЙ
СТРЕЛЯТЬ
ДЕЛЬФИН
ЛИЧНО

Т	М	П	А	Е	О	С	Л	Е	С	Т	М	С	Т	С	Е	Т
Р	Р	О	Р	Т	О	Д	И	Л	М	Б	Р	Т	П	У	С	У
М	Р	Е	Л	И	Я	О	Ч	С	У	Е	А	М	А	Т	Т	Т
И	Ф	П	В	О	Н	У	Н	Ф	П	Р	О	С	Т	О	Е	С
Е	Л	Р	О	О	Д	Я	О	А	Е	Т	А	К	О	Й	С	Т
П	М	О	Л	Б	Ж	О	Т	Е	Р	С	С	А	Т	Т	Р
А	Н	С	Д	И	В	Н	Й	Ь	Т	Я	Т	Е	И	И	В	Е
Р	И	Т	Т	Л	Е	Е	О	Т	Е	Т	Е	Е	М	Е	Е	Л
И	Ф	И	С	Л	И	У	О	А	В	С	Е	Й	Т	У	Н	Я
И	Ь	Т	Я	Р	Е	В	О	Р	П	Е	Е	И	П	И	Н	Т
У	Л	Е	Г	О	Р	О	Х	Г	И	Н	Е	К	И	А	Ы	Ь
Р	Е	Ф	О	Р	М	У	Я	И	Н	Е	Д	С	Н	Г	Й	Е
С	Д	С	М	Е	Е	У	М	А	И	И	Р	О	Т	У	Р	Д
К	О	М	М	Е	Р	Ч	Е	С	К	И	Е	Л	И	С	Е	И
С	И	У	И	Н	Н	О	У	Г	О	Е	Ф	П	И	У	У	И

Puzzle 901

```
Н Л Т Ю А В Ы Н А М Б О И П А П М
А Р Ы П Т Л С О Н Ж Е Н Д Р М О А
У Я С О Р Е О Л Т И Т Е Е О У С Т
У Н Я Е У И С С Р А Д Е Д Ц Ч Е Е
У У Ч И Р Н С Т Р М Н И О Е Р Л Р
И Е А М И А Е У И И И Н Д Е Е И
Р Р Т Р У В Р И Т Л Р Е Ж У Ж Н Я
М Р И Т И И А О М С Ь Д И Р Д Ц У
У Е У С М Х А П А З Т И Р А Е Ы Р
О К О Л Б Я Е Ф Ц Г Е В Т И Н И С
Е И А Т М Р Е И Н Л Д Е У Т И О Ы
Л И А И Р Т Л И М И И Л Е Е Е Р Н
Р А Л И Е С Е И Н Ф И Е У Р Т Т И
Е Р И Т И В Л И Н И Я Т И Д Р Е И
Р А З В Л Е К А Т Ь О И В Р Е Л Т
```

ЯБЛОКО
ТЫСЯЧА
СЫН
ЗАПАХ
НЕЖНО
ВСТРЯХИВАНИЕ
ПРИСУТСТВУЕТ
СЛОН
ПРОЦЕДУРА
ПОСЕЛЕНЦЫ
УЧРЕЖДЕНИЕ
ТЕЛЕВИДЕНИЕ
СТИЛЬ
ИДЕТ
ОБМАНЫВАЮТ
РАЗВЛЕКАТЬ
ЖИР
ЛИНИЯ
МАТЕРИЯ
ДЕД

Puzzle 902

ВЕЩИ
КАПУСТА
ДЕЙСТВИЕ
ЗАПРЕЩАЮТ
ПОМНИТЕ
СЛОЖНАЯ
ШВЕД
МОЛОТЫЕ
ОТВЕТИТЬ
СЕЙЧАС
ГОРНОСТАЙ
ПРЕДМЕТ
СТАТЬ
НЕБОЛЬШОЙ
РАССЛЕДОВАНИЕ
ЖДАТЬ
ПРЕВРАТИТЬ
ХОДЬБА
ЕДЫ
НЕКТАР

```
М Ь Т А Д Ж Р Г О Р Н О С Т А Й С
Ь Т И Т А Р В Е Р П С Ы Д Е Б П Л
Р А С С Л Е Д О В А Н И Е М Ь О О
А Т В М С Т Ш Д Р В Т М С Д Д М Ж
Т С Н Е Н Т В Е У И И С О Е О Н Н
К А Е Ы Щ Н Е Й Н О Е Т У Р Х И А
Е Ч Б Т Е И Д С С Е Т Ю У П Е Т Я
Н Й О О П Ц Н Т Е Е Г А Е О А Е С
П Е Л Л П У И В А Е М Щ Т Л А К И
Н С Ь О И С У И О Т В Е Т И Т Ь Е
И Е Ш М Д Е Ц Е Е А Е Р О С Т М О
О Г О Л Р А У П Е А О П Р Р О О Т
Д Л Й О Р С Е Р Н Т Н А Е Р А И И
Р О И Р Р Ф У С У С Р З Б М Е Г М
Ф Т М П У С И Л С Е Е С У Р Л А Л
```

Puzzle 903

Т	У	Л	П	Е	Р	Т	У	Е	С	Е	Е	Ю	Ц	Д	П	О
Т	У	Л	О	Н	Т	С	А	Г	У	Д	А	Р	У	Л	Р	Т
О	Р	С	С	А	У	И	Т	Е	Р	Р	Н	И	М	И	И	Д
Б	В	Е	Т	М	Т	Б	О	Р	Н	Т	Т	Д	Л	Н	З	Е
Л	А	О	В	Р	Ц	Р	А	Ь	Т	Т	А	И	С	Н	Н	Л
А	Т	Е	Щ	О	Ж	Е	С	Т	К	И	Й	Ч	Р	Ы	А	Ь
Г	Р	Т	Р	Н	Г	Н	Т	И	Е	Н	И	Е	Е	Й	Т	Н
О	С	С	С	Ч	О	А	И	Н	Ъ	А	О	С	Ц	Л	Ь	Ы
Р	А	Е	П	Ы	А	Й	Н	Е	Б	О	И	К	И	Р	С	Й
О	Р	Т	Е	Б	И	И	О	Ц	О	Е	Л	О	Ф	В	Я	А
Д	А	Ц	Ш	О	Е	А	У	О	Р	М	Е	Е	О	Т	О	И
Н	Й	В	И	С	У	С	Т	Р	А	Т	Е	Г	И	Я	И	Н
Ы	П	С	Т	П	О	В	Е	Д	Е	Н	И	Е	А	Д	Ф	С
Й	И	М	Ь	Т	С	О	М	И	С	И	В	А	З	Е	Н	Т
О	Е	И	И	С	И	С	М	У	И	Р	А	Л	Д	Т	Т	П

ОБЪЕКТ
ДЛИННЫЙ
ЛЕЧАТ
ЮРИДИЧЕСКОЕ
ПОСТ
БЛАГОРОДНЫЙ
СПЕШИТЬ
ПОВЕДЕНИЕ
ОБЫЧНО
ОФИЦЕР
САРАЙ
ОВОЩНОЙ
ЖЕСТКИЙ
РАДУГА
ОТДЕЛЬНЫЙ
ТРЕВОГА
СТРАТЕГИЯ
НЕЗАВИСИМОСТЬ
ПРИЗНАТЬСЯ
ОЦЕНИТЬ

Puzzle 904

ОГУРЕЦ
ПАН
УБЕДИТЬ
УПРАЖНЕНИЯ
ПРИНЦ
АДРЕС
ЭЛЛИПТИЧЕСКИЙ
РЕКРЕАЦИОННЫЙ
НАКОНЕЦ
ОТКРЫТИЕ
ТАКЖЕ
ОПРЕДЕЛЕНИЕ
ЧАСЫ
ЭЛЕМЕНТАРНО
ХОЗЯИНА
КОНФЕТЫ
СВОБОДА
РЕЛИГИОЗНЫЕ
РАССЧИТАТЬ
РАЗДЕЛ

Э	О	Ч	И	И	А	Р	А	Н	И	Я	З	О	Х	Р	Э	Р
Е	Л	П	А	С	Е	У	Д	И	Л	Т	М	Ф	И	А	Л	Е
В	У	Е	Р	С	Е	Р	Р	А	Ц	Т	С	Л	И	З	Л	К
А	Т	Ы	М	Е	Ы	Т	Е	Ф	Н	О	К	П	У	Д	И	Р
П	Ф	Н	Т	Е	Д	И	С	Р	И	П	А	Н	Т	Е	П	Е
Ц	М	З	Р	Р	Н	Е	Е	С	Р	И	М	С	Е	Л	Т	А
Е	Е	О	Е	И	В	Т	Л	П	Т	С	В	П	А	И	Ц	
И	У	И	У	С	О	Р	А	Е	С	М	Т	О	Т	О	Ч	И
С	Т	Г	Т	А	К	Ж	Е	Р	Н	И	Я	Б	Н	Т	Е	О
Е	Я	И	О	Г	У	Р	Е	Ц	Н	И	Р	О	А	К	С	Н
Т	Н	Л	Т	П	Ф	У	О	М	Д	О	Е	Д	К	Р	К	Н
Н	Е	Е	Р	И	Н	С	Р	Н	С	М	Р	А	О	Ы	И	Ы
А	Р	Р	У	Б	Е	Д	И	Т	Ь	М	Т	Н	Н	Т	Й	Й
У	П	Р	А	Ж	Н	Е	Н	И	Я	Д	С	В	Е	И	В	С
У	П	Р	Р	А	С	С	Ч	И	Т	А	Т	Ь	Ц	Е	А	О

Puzzle 905

```
И З У Ч И Т Е П О П У Л Я Р Н А Я
П Е Р Е Х В А Т Т И К И Н А Л С И
Р Л Я И Ф А Р Г О Ф Р О Л А Г У П
О Б Щ Е С Т В Е Н Н Ы Е Р И С С Е
П З Е И Н А С И П О В А Р П М И М
Ж О А И Е О М Г И С Р С Р П У У Т
У Т В В Н В Р О Е Е И Т Е С А С Е
Р Н Т Т Н Н Р У Ч И Т Ы В А Я А
Н С О С О Р Е О О С Е Н Ь Г Т Ф В
А Е У И Е Р А Д Т М М В Р Н О Т И
Л У С И М Ц Я Ш И И Б Р Т И П С А
К Р А Т К О Е Ю Н Я А Н Н И Т У Р
Л Р М О С О Р У Т И Р Е Т М И И Т
К О Л Е Б А Т Ь С Я Й П И И Ц С
С В Е Р Н У Т О Г О Т Л И Е О Т У
```

ОБЩЕСТВЕННЫЕ
ПОВТОРЯЮТ
ПУГАЛО
КОЛЕБАТЬСЯ
СВЕРНУТОГО
УСТРАИВАЕТ
ПРАВОПИСАНИЕ
ЖУРНАЛ
КОРПУСА
УЧИТЫВАЯ
ЗАВТРАШНИЙ
ИЗУЧИТЕ
РУТИННАЯ
ОСЕНЬ
ДОРОГИЕ
КРАТКОЕ
ПЕРЕХВАТ
БАР
ПОПУЛЯРНАЯ
ОРФОГРАФИЯ

Puzzle 906

РЕБЯТА
СОБСТВЕННОГО
ЦИТАТА
ПРИМЕР
ОСТОРОЖНЫЙ
ФЕРМЕР
ВСТРЕТИЛИСЬ
СКЛАДКУ
УЧАСТИЕ
РЕАЛЬНЫЕ
ГЛУБОКИЙ
ЧЕТВЕРТЬ
УМНОЕ
ВЕРТОЛЕТ
КОСТЬ
МЕХАНИК
ПОКАЗАТЬ
ДЫШУ
ПЛАТЬЕ
СДЕЛКА

```
М У Е О П С Р Е М П В М Л И М П У
С Е Д О Ф У Е И О В О Л Е Л П Р М
П К Х У Е П Б Н М С Е К Л А С И Н
С С Л А А С Я Ц М Т Т А А Ф Л М О
Д И А А Н Ц Т И Е Р И Е И З Т Е Е
Е Н А П Д И А Т Р Е М Р Е Ф А Р М
Л Р И Р У К К А Т Т Е Т Ь Д Р Т Т
К Н С Л И Т У Т В И У М Т М М У Ь
А Е Е Д С Е Н А Ф Л М Е А П А С В
Г Л У Б О К И Й С И У А Л И Е Т Н
Ч Е Т В Е Р Т Ь Т С О К П У П У П
В Е Р Т О Л Е Т А Ь Т А А П Р Ш У
Л С Н Ф С У Б О С Т О Р О Ж Н Ы Й
Т И Т С О Б С Т В Е Н Н О Г О Д Н
Р Е А Л Ь Н Ы Е И Т С А Ч У О Р Г
```

Puzzle 907

А	Т	Д	Ш	С	Л	Л	С	И	Т	В	У	У	Е	Е	М	З
Т	Р	М	И	А	П	И	Л	М	Е	З	Р	Е	Т	Р	А	А
У	Ь	Ь	Г	А	Т	У	С	Р	Н	Р	М	О	Л	Е	Д	П
О	М	Т	А	Т	П	К	С	Т	Т	И	Ф	К	И	И	П	У
Л	О	И	М	Ч	О	А	И	М	Ь	О	М	С	Р	В	Л	Т
И	Н	Т	У	Е	Д	Е	З	Й	П	Я	У	Е	Я	Т	А	А
Ш	Т	С	Б	М	Н	Н	У	О	Т	Т	Р	Ч	Р	С	С	Л
И	Г	О	Н	Е	Е	Ф	Е	И	Н	У	Ч	И	Л	Т	Т	А
Т	П	Р	О	С	Н	У	Л	С	Я	Н	В	Т	Т	У	И	С
Ь	Ф	П	Л	И	С	Б	А	Р	С	У	К	И	О	С	К	Ь
Т	У	У	В	О	Р	Е	Л	Р	О	Т	Т	Л	К	Т	О	В
В	Е	Л	И	К	О	Л	Е	П	Н	Ы	Й	О	Р	О	В	П
И	Е	Е	Р	Р	Т	И	С	С	Е	С	Р	П	И	У	Ы	И
П	И	М	Ю	У	О	Ф	Ц	У	М	Л	С	А	К	Р	Е	М
П	У	О	Ж	Т	У	С	О	О	У	Н	М	С	Е	И	Т	О

БУМАГИ
БАРСУК
ПРОСНУЛСЯ
ЖЮРИ
НОГИ
ДЕЛО
КРИК
ПОЛИТИЧЕСКОЕ
ШАТКИЙ
ДИАПАЗОН
МЕЧТА
УПРОСТИТЬ
ЛИШИТЬ
ЗЕМЛИ
ВЕЛИКОЛЕПНЫЙ
ЛИСТЬЯ
ОТСУТСТВИЕ
УЧИЛ
ПЛАСТИКОВЫЕ
ЗАПУТАЛАСЬ

Puzzle 908

ПРОСТОЙ
ОТДЕЛ
ПРОСТАЯ
АРЕНА
ХОЧУ
РЯДОМ
КОЛЛЕКЦИЯ
ЧТО
ПРЕДЛОЖИТЬ
ПРАКТИЧЕСКИЕ
РЕЗКОЕ
ДЖЕНТЛЬМЕН
АББРЕВИАТУРА
БЕЛКА
УЛИТКА
ОБЛАСТЬ
ЧАЙНИК
СПОСОБНЫЙ
МЯЧ
ПРАКТИКА

С	А	П	Р	А	К	Т	И	Ч	Е	С	К	И	Е	Е	Д	Б
П	Ь	Б	А	Р	Е	Н	А	И	М	Ц	Т	И	Р	И	Ж	О
О	Т	Ч	Б	П	Р	А	К	Т	И	К	А	Г	Н	Ч	Е	Б
С	И	Т	О	Р	Л	К	О	Л	Л	Е	К	Ц	И	Я	Н	Л
О	Ж	Д	Н	С	Е	Р	Е	З	К	О	Е	У	Н	М	Т	А
Б	О	И	С	И	Д	В	И	Л	Ф	У	Т	С	Е	Р	Л	С
Н	Л	Т	Н	Г	Т	С	И	О	Р	Е	Л	Л	Я	И	Ь	Т
Ы	Д	Т	С	М	О	Д	А	А	И	Е	У	И	А	Е	М	Ь
Й	Е	М	Р	С	А	М	И	И	Т	Т	О	Л	Т	Г	Е	У
М	Р	С	Л	Т	О	И	О	И	Б	У	А	О	С	К	Н	У
И	П	У	Р	И	М	И	О	О	Л	Р	Р	И	О	Е	А	У
У	А	С	Р	С	Ц	Н	О	И	С	У	Я	А	Р	Е	С	А
Л	А	Е	Р	Р	Б	Е	Л	К	А	А	И	Д	П	Л	И	Р
П	В	С	П	Р	О	С	Т	О	Й	Р	У	Ч	О	Х	И	Т
Ч	А	Й	Н	И	К	Н	С	У	Р	Т	А	В	Д	М	Н	Р

Puzzle 909

```
Т Ф О В Л У А В Ы Д А Ю Щ И Й С Я
Т Е Л Е Ф О Н Н Ы Е И Ж И П У О М
М Н У С Н М О Е И О С И А У Т О Е
Е В У М У М З Д М М Х Т Н Е Т И У
О И В С И У И Р Т М О Е Ш Т Е М Р
Б Ц У Т У С Б Р О О Д Л А Е Е Н Л
О А С У М Е А Р У Ф И Ь И Н С М В
С И З Д С О П Р О Б Л Е М А И Т Е
Т З Я А Й Ы Н Н Е Ш О Н З И С М Ь
А М И З Е И Н Е Ш О Н Т О Е Ж И Р
Ю Е Н А Е Е И О Т С О Б И Р А Т Ь
Т Н Р Н А Ф Е Н С А У И О В Е М Л
С И Е С И Д У Л Е Ж Н У Л И М И М
Я Т О Е Н Н О О У Ч А С Т Н И К О
Н Ь М Л Т Д Н П Т Р И Е Р С Р У П
```

ПРОБЛЕМА
ЖИТЕЛЬ
МОНЕТА
БАЗА
ВЫДАЮЩИЙСЯ
СОБИРАТЬ
ИЗНОШЕННЫЙ
ПОЛНОЕ
ВНЕ
ШЕСТЬ
УЧАСТНИК
НАЗАД
БИЗОН
ОТНОШЕНИЕ
ОСТАЮТСЯ
ЖЕЛУДИ
ЕЖ
ИСХОД
ИЗМЕНИТЬ
ТЕЛЕФОННЫЕ

Puzzle 910

ВОСТОК
СТАДО
ОГРАНИЧИВАЮТ
ТАКСИ
ОТКРЫВАЛКА
НАЗНАЧИТЬ
ОЖИДАТЬ
КОМИТЕТ
МЕЛКИ
ВЕТЕР
СОРОКА
ПЫЛЬ
МОТЫГА
БУДУЩЕЕ
ЛУННЫЙ
ПРИВОД
ПИТЬ
МОРОЗ
СПАЛЬНЯ
ПРОВЕРИТЬ

```
О Е С О И Р О Ь А А С Ь И О И О О
Т Л Т Т М Н И Т Т У И Т О Н Е Л Г
С А А Т У Ф Р И К И С И А С Р Т Р
М С Н А Ф П Р Ч Е Р О Р С Д З И А
Т А К С И Е Р А Е Е Ы Е А Е О Д Н
Е Р И Е М О М Н С Т А В Е Е Р Я И
Б У Д У Щ Е Е З Т Е Е О А Ь О Н Ч
Е И М Е Е Т Л А С В К Р Р Л М Ь И
М П Л Т Е А П Н О Т О П Б Ы К Л В
Д О В И Р П Е Р Р Р М М И П И А А
О Ь Т А Д И Ж О О У И С Н О Е П Ю
Р Т Й Ы Н Н У Л К О Т С О В С С Т
П И Т Ь Г Г М Ф А И Е М Е Л К И Е
О Т Р Т Ф А Ф А Е Д Т А Т Л У П Р
М О С М Т Н Т С И Е У И Ц Г Е Е У
```

Puzzle 911

```
П О У Е С Н У О Л С У О Р П И У О
Т Р Б М И И С Р У К Ч О Н М Н И П
М А Е Е Т Е Н Б Е Р А Л И А Ф И С
М В Т Д Р Т С И И Ы С П И Д С Ц П
И А Т М Л Н Е Т П Т Т Е С Г И С Л
С Н О О Р О У А Е Ь В О А Е П Н О
О Т И Л О Б Ж Т П И У И Р С И Е В
Б Ю А М У Д У Е Ь У Е Е Е В Л М М
Л Р А Е Т Е М Л Н К Т У Д С С Н Й
Ю Н М Е Ж Д У И Я И Н Е Н И В З И
Д Ы И С Т П Р Н И С Е Н Д К М Е Ч
А Й Е Т Г О Н И Ц Р О Л Е П А М О
Я Е Е Е И И Т Е Р Е Т Н М А Е О Б
Б Т И К В А Т С О П М У Т Л У В А
А О Л В И Л Н И П П У И Ф П Т В Р
```

ПОРЦИЯ
ОРБИТА
ПОСТАВКИ
ВСЕГДА
ДУМАЮ
ПЕРСИК
ОНА
СОБЛЮДАЯ
МЕЖДУ
ОБЕРНУТЬ
УЧАСТВУЕТ
НОГТЕЙ
СКРЫТЬ
БОЛИТ
ПРЕДЛОЖЕНИЕ
ИЗВИНЕНИЯ
ЛАПКИ
АВАНТЮРНЫЙ
РАБОЧИЙ
МУЖ

Puzzle 912

ПРАЧЕЧНАЯ
АНТИЧНЫЙ
ИМЕЯ
ОСНОВНЫЕ
ТЕМПЕРАТУРА
СИЛУ
БЕРЕГ
ЗДОРОВЬЯ
ВОСЕМЬ
ОПРЕДЕЛЕННОГО
ГРАНИЦЫ
НАДЕЖДА
РОБ
ГАЗ
КОМФОРТ
ФОНТАН
ОКЕАН
НЕМЕДЛЕННО
ОБЛАКО
ЯГНЕНОК

```
Д О Н А Т Н О Ф П Р А Ч Е Ч Н А Я
О С З А Г А Н Т И Ч Н Ы Й Н Я Р В
Б Т А С Д Т Я О С У О Ц В О Ь Н Е
Л Т С О И Е О П Р Е Г И Т Н В Е М
А Р Е И С Д Ж И О Н О Н Т Н О И Е
К О А М Т У Ц Д Ц И Н А Б Е Р Е Г
О Ф М М П С П И А Т Н Р М Л О Н Р
Е М Я У Н Е Т М М У Е Г И Д Д О И
Т О Я Г Т Е Р О П У Л П В Е З Е Л
М К Л Л Н Е С А А И Е С А М М О Е
У И А Г Е Е Ц Ц Т Е Д Т С Е Е О О
Н Т С У О Л Н Б И У Е М И Н Т К Д
И С И О Т О Е О Е Л Р У О А А Е Т
М С В О С Е М Ь К И П А Р О Б А С
О С Н О В Н Ы Е Е С О И М Е Я Н О
```

Puzzle 913

```
П П Е С Р Ч Е О И Д П Т М Л Ф Н Т
Р Р Н З Ы Н И М А Т И В С И Я И С
О А Б А Р Р С Т У Е Ф О Е Д О Ч У
И В И К О Е И Т А Д О В О Р П Е П
З И О Л В И Г Е Н Т О И Ц Е Л Г О
В Л Л И О Т А О И Н Ь И Р Г И О Л
О О О Н Г О Л Е Ш Т Р У Д О В Ы Е
Д Д Г А Е Т Ф У И Я И Г Р И В Ы Й
С Г И Н Р И М М Т Щ И Е Е И О С З
Т И Ю И Е Х А И Т И И Ц И Н Л И О
В Е Р Е П И Т А У К А Ф Н И У Л О
О У М Т М Й Е О И М Т У Н А И Л П
Ч Р Е З В Ы Ч А Й Н Ы Х Н О Т У А
П Р О Д О Л Ж А Й Т Е С А О Т С Р
И Н П Е Р О С А М Р С И О У У М К
```

БИОЛОГИЮ
ТИШИНА
ФЛАГ
ВИТАМИНЫ
ИГРИВЫЙ
ЯЩИК
ЗООПАРК
ЧИТАТЬ
ПРОВОДА
СТАНЦИЯ
НИЧЕГО
ТИХИЙ
ЕГО
ТРУДОВЫЕ
ПРОИЗВОДСТВО
ПРОДОЛЖАЙТЕ
ПРАВИЛО
ЗАКЛИНАНИЕ
ПЕРЕГОВОРЫ
ЧРЕЗВЫЧАЙНЫХ

Puzzle 914

ФИЗИЧЕСКИЕ
ДЕШЕВЫЕ
ПЛЕЕР
МЕСТО
СИТУАЦИЯ
ОТДЕЛКА
ССЫЛАТЬСЯ
ПРИМЕЧАНИЕ
ПОСЛЕДНЯЯ
СУЩЕСТВУЮТ
КРУЖКА
КОРЗИНА
ЗАПИСЬ
СМОТРЮ
ПАЦИЕНТ
ПРОДАТЬ
ЛАССО
ПРОЙТИ
ЧИСТЫЕ
СЛИВЫ

```
С Ч С У Щ Е С Т В У Ю Т К Ф П С Ф
В И И О Т Д Е Л К А Е Б Р Т О С И
Н У У С Т Е О П У Е Ы Ф У П С Ы З
С А У М Т Р И И М А В И Ж С Л Л И
Р М Е И Ы Р О Т С Е М К Л Е А Ч
П М Р П У И Е Е Т Н Ш И А И Д Т Е
П Р И У Н Е Р Ф С Ц Е С С В Н Ь С
Р Я И Ц А У Т И С Р Д И И Ы Я С К
О Л П М Т С М О Т Р Ю П Ц И Я Я И
Й Е И Л Е Е Е Е С П Р О Д А Т Ь Е
Т П А Т А Ч Т Е Д Р Н С Ц О П С Н
И М Е Е И И А Л У Л О С С М О И Р
К О Р З И Н А Н А С В А Н Д Е П У
О П Л Е Е Р Р Ц И Ц С Л И Е М А А
П А У У Л Т Е У О Е Т Ф М Е У З М
```

Puzzle 915

```
А О Т А И И Д Ю Л Б А Н К Д И П Е
Ю У Е Т Е Д А П Е Н Р У И Е М О Т
У Е У Н У Е Н В Н Е С Т П М И З С
К О Г Д А Н С С А У С И Ы Т Т В И
Н Н И П М Т З Л Т Р Г И Т Е И О З
О Л Т Г И И А И А И И И Е М Р Л А
Т С У Н З Ч Н В Т И Т И В И О Ь Щ
Н О Л К А Н Я А М Е О Е Ц П В Т И
Е Х У М О О Т Е Т У Я Ф Я О А Е Т
И Р К С Е С А М М М Е И Ц Л Т Е И
Ф А Ф Р А Т Л Р С И И Е М Е Ь Р Т
Т Н И У У Ь О Б Ы Ч Н Ы Е Т Н О Ь
И И Т Т Д Т П Н Т М Б Е О Т Е О В
Е Т М В И С О С Р Т Р Р М Т У Г К
О Ь Р С Е У П О П Р О Б О В А Т Ь
```

ЗИМА
ИДЕНТИЧНОСТЬ
СОХРАНИТЬ
ЛЮДИ
ПОПРОБОВАТЬ
БАНК
АВАРИИ
КОНЕЦ
ПОЗВОЛЬТЕ
КОГДА
ТИГР
ОБЫЧНЫЕ
ЗАЩИТИТЬ
ПОЛЕТ
КРУТО
ТОНКУЮ
ЗАНЯТА
НАКЛОН
ЦВЕТЫ
ИМИТИРОВАТЬ

Puzzle 916

ДОСТАТОЧНОЕ
ПОЭТОМУ
ПРОВЕРЕНО
НЕСТАБИЛЬНАЯ
БОЛЬШИНСТВО
СЕТЬ
НАЖМИТЕ
УСТРАИВАЙ
ФУТБОЛ
МУСКАТНЫЙ
ОГРОМНЫЙ
СОЛО
ЗЕЛЕНЫЙ
ТЕЛЕФОН
ЛИ
ГОЛОСОМ
ЛИМОНАД
ЯРОСТНАЯ
ТРОПИЧЕСКИМ
ПУСТОТА

```
Т Д Н И Е М У С К А Т Н Ы Й В Г Е
Р О Е О Т Р И Й Н П Л Е Т Т И О П
О С С Е Т У С А Л О Е Д У Л И Л Л
П Т Т Т О С О В Т С Н И Ш Ь Л О Б
И А А М Т Е Т И М Ж А Н А М Л С П
Ч Т Б Т И Т С А И И С В М А П О И
Е О И Р Т Д Т Р Е Л М О Т В И М Р
С Ч Л О Я А Н Т С О Р Я Л Р О М Н
К Н Ь Р М Н О С Ф Б Г С О О Е М Е
И О Н А Р О Ф У У Т Д Р Е Е Р И С
М Е А Т М М Е О У У А Т О Т С У П
Е А Я Т С И Л А О Ф Т Е Р М Ь И Р
Е Й Ы Н Е Л Е З Р Р М Т Ф Т Н О А
И Е У У М О Т Э О П Р О Р У У Ы П
У О Е У П Р О В Е Р Е Н О Е Е И Й
```

Puzzle 917

```
А О П У А Г А К У М Н О Ж Е Н И Е
Ь О У Е Е Л Р Р О Л И Н А Е Р Т И
Т Ф Т М Г А Е А П П У Р Г Е С С Н
С О Е И И Г О С Д С Р Д Й Е И Е Е
О Р Л Р Ю П И М Г А Й Ы В М П Ч
Л Л Ф С Ь Л У В Е О О Ы Т А М Р И
О Р А Т Т Е Р О М Т Е Н С А Р В Л
П Б Е Е С О И К О Л Б Т И С В Е Е
Р Л Р А О Е Е Е Р О С А В А Л Г В
Е У Е О Н Е И Л И Ж Е Р О Р И С У
У З Ф Т Л Т У А Е И Е У К В И И Ф
А К О К О Н И Д О Т Е К Л С Т С П
И А О А П О Н О У Ь М К Е И Т У Л
П О Я В Л Я Ю Т С Я Р А Ш И Р Е Я
Т И Р И В Р Е В Ы Т Е С Н Я Т Ь Ж
```

ТОЛСТОЕ
БЛОКИ
ПОЯВЛЯЮТСЯ
ИНОГДА
ПОЛНОСТЬЮ
АККУРАТНЫЙ
УМНОЖЕНИЕ
ОТЛОЖИТЬ
ГЛАВА
ВЫТЕСНЯТЬ
ДАЛЕКО
ГРУППА
ШЕЛКОВИСТЫЙ
ПЛЯЖ
УВЕЛИЧЕНИЕ
ОДИНОКО
БЛУЗКА
ГЛАГОЛ
КРАСИВО
ПОЛОСТЬ

Puzzle 918

РЕШИТЬ
ВСЛУХ
ЛЕВ
БЛАГОПРИЯТНОЕ
БОИТСЯ
СПОСОБ
МАЛИНОЙ
КОРА
РЕДКО
ГОВОРЯЩИЕ
КАТЕГОРИЯ
ЛОЖНАЯ
БРЮКИ
ПЕСНЯ
ПАРТНЕР
МИРНО
ДРУГИЕ
АВТОР
ДВАЖДЫ
ДЕТСКАЯ

```
У П И Е Т Ф О В Р Р Е Б У Б М Л О
И М И У У Л А А Т Е К Л Р О Н А Т
Г О В О Р Я Щ И Е Ш О А О И Е Н Е
Р Е Х Н И Ф О И И И Р Г Л Т Л У Р
Д Е У Р Б С И П Г Т А О О С Е Е У
М А Л И Н О Й Е У Ь О П Ж Я В А С
У Д С М К Д С Е Р А Т Р Н А Е И Л
Ц Е В Л Р А В О Д Е А И А К О Е Л
А В Т О Р П Т А П Т Е Я Я С И Ц Т
А П Н Е Е Е Т Е Ж С Т Т Т Т Е В
В Р Е Е И С Л Ф Г Д Л Н И Е С П Е
Е Е Р Т М Н М С С О Ы О К Д Е Р Т
Е О Т А Р Я У Р С И Р Е Н Т Р А П
П Л Е И И Т С О Н Р Е И М М Р Т Т
Б Р Ю К И У И Е Г И Н М Я С Е С С
```

Puzzle 919

И	Т	С	И	О	Я	А	Н	Д	О	Б	О	В	С	И	М	О
Н	И	П	Е	Т	А	Я	А	Н	Б	О	Д	У	Ь	Л	Т	Е
О	Л	И	О	С	О	Н	И	Г	И	Т	С	О	Д	Е	М	И
С	Т	У	Т	Ф	Й	Г	Е	Н	Л	У	У	И	Е	У	Р	Н
Т	П	Е	К	И	И	О	Е	О	Ь	К	С	Р	В	С	С	Е
Р	А	Н	Л	О	Н	Н	Я	О	Н	Т	Ы	П	О	Б	Ю	Л
А	Е	Л	О	С	А	А	А	Т	О	Е	Е	А	П	Р	О	П
Н	И	А	Н	Т	П	В	Б	Н	Е	Щ	З	И	С	У	А	У
Н	У	А	И	С	М	И	О	А	С	Е	С	А	И	И	А	Т
Ы	Е	И	Т	Н	А	Д	С	Т	И	О	О	У	П	И	Н	С
Й	П	Н	Ь	Е	К	Е	О	Г	Е	П	В	Д	А	А	Л	Е
Ф	О	Л	Ь	К	Л	О	Р	З	М	Е	Я	Ы	А	Я	С	Р
Ф	И	О	Л	Е	Т	О	В	Ы	Й	Т	И	Н	Е	Е	И	П
А	М	Б	И	Ц	И	И	Р	А	З	М	Е	Р	Н	У	С	Р
Р	У	У	Н	М	В	Н	П	Т	И	И	Л	С	И	Т	Л	И

ФИНАНСОВЫЕ
ФОЛЬКЛОР
ИСПОВЕДЬ
ОБИЛЬНОЕ
УДОБНАЯ
ЩЕТКУ
ПРЕСТУПЛЕНИЕ
ДОСТИГ
ЗАПАС
АМБИЦИИ
ОСОБАЯ
ЗМЕЯ
ЛЮБОПЫТНО
СВОБОДНАЯ
ДИВАН
ИНОСТРАННЫЙ
ФИОЛЕТОВЫЙ
КАМПАНИЙ
РАЗМЕР
ОТКЛОНИТЬ

Puzzle 920

ГОЛОДНОЕ
ЛЯГУШКА
НАПОМИНАЕТ
БЛЮБЕЛЛ
САМЕЦ
ОБЪЯСНИТЬ
СЛАДОСТИ
МАШИНЫ
МОРАЛЬНЫЙ
МАЛО
ПРОСТРАНСТВО
ДЕРЕВО
ВАГОН
НАЧАТЬ
ЧАСТЬ
ГУБКА
ЧЕТВЕРТЫЙ
МАЛОЛИТРАЖКА
ПРИХОЖАЯ
БЕССМЫСЛЕННО

И	У	О	Е	П	Н	О	Г	А	В	Е	Д	Е	М	О	Г	О
Т	Е	Ц	Е	Р	М	А	Д	А	И	Т	Е	Н	О	А	О	У
Т	Е	М	Р	О	Е	А	Ч	Е	Т	И	Р	Я	Р	Т	Л	У
Е	Р	Р	С	Н	Р	Л	А	А	Г	Е	А	А	С	О	С	
Л	У	М	Ь	Т	С	А	Ч	О	Т	Т	В	Ж	Л	А	Д	Б
Ь	О	Е	Д	Р	И	К	П	Е	Л	Ь	О	О	Ь	М	Н	Е
Т	М	С	М	А	И	Б	С	О	Л	И	С	Х	Н	Е	О	Е
И	А	Н	У	Н	У	У	Е	У	М	М	Т	И	Ы	Ц	Е	Е
Н	Ш	С	Т	С	И	Г	У	Б	Т	И	И	Р	Й	И	Е	Н
С	И	Й	Ы	Т	Р	Е	В	Т	Е	Ч	Н	П	А	Н	Е	Л
Я	Н	Д	Л	В	М	А	Л	О	А	Е	О	А	Е	Ж	Р	С
Ъ	Ы	Е	О	О	С	Л	А	Д	О	С	Т	И	Е	Е	К	У
Б	Л	Ю	Б	Е	Л	Л	Л	Я	Г	У	Ш	К	А	Т	У	А
О	Н	Н	Е	Л	С	М	Ы	С	С	Е	Б	Р	У	Е	Д	А
Е	Е	В	М	И	Т	Ф	У	У	И	И	Д	И	Е	О	С	И

Puzzle 921

С	Ф	У	И	С	Л	И	И	О	Н	И	М	В	О	К	Н	Р
О	О	Л	У	Е	С	Ф	Н	И	Е	О	О	Т	И	О	Е	Д
Л	С	Р	У	О	Н	И	О	С	У	Р	А	М	Р	Й	Т	И
В	Ы	Д	Е	Л	И	Т	Ь	Ч	А	С	Т	Ы	Е	О	Е	З
П	Е	С	П	В	М	У	Е	С	А	Т	С	С	Т	Т	Р	А
Р	С	Н	О	В	А	Р	П	П	Ф	С	А	С	И	С	П	Й
О	Т	Н	Т	Л	Н	Ж	Е	О	Н	Л	Р	А	Ч	П	Е	Н
З	П	Д	С	Л	О	В	Н	А	Т	Е	З	Л	У	М	Л	А
Р	Ш	И	Т	М	Т	В	И	О	Е	Д	О	У	Л	Н	И	Т
А	К	Р	М	О	У	Л	Е	У	И	У	В	А	О	Р	В	Е
Ч	А	Т	Ф	Т	О	С	К	Е	Р	Е	П	О	П	Е	Ы	Я
Н	Ф	Р	И	Е	Т	Т	Е	О	Н	Т	О	В	И	Ж	Е	С
А	Т	А	Н	Л	Д	С	И	И	Т	Е	К	О	Ч	А	Н	З
Я	Е	А	И	Ь	М	О	Т	Ы	Л	Е	К	А	Р	У	М	О
Е	В	О	А	П	М	У	У	А	А	Л	Р	Р	Л	И	Д	Д

ПОПЕРЕК
СТОП
ПРАВО
МОТЫЛЕК
ДИЗАЙН
АКТ
ВЫДЕЛИТЬ
ПОЛУЧИТЕ
СЛЕДУЕТ
МОТЕЛЬ
ШКАФ
ЧАСТЫЕ
ВАЖНО
ЗНАЧОК
ПРОЗРАЧНАЯ
ВОЛОСЫ
НЕТЕРПЕЛИВЫЕ
ВОЗРАСТ
ЖИВОТНОЕ
КОЙОТ

Puzzle 922

ПОЧТАЛЬОН
ОЛЕНЬ
НИЗКАЯ
УВЕРЬТЕ
КОРИЧНЕВАЯ
ТЕПЛЫЙ
СОЗДАТЬ
САММИТ
ФИЛЬМ
БЫЛИ
СТИРКА
ЗЛОЙ
ИЗОБРАЖЕНИЯ
ПОДСНЕЖНИКИ
КЛИПЫ
СОВРЕМЕННАЯ
ПОТЕРЯННЫЙ
СМИ
ДРАГОЦЕННОЙ
УВЕРЕН

С	П	П	О	Т	Е	Р	Я	Н	Н	Ы	Й	С	Е	Т	Ф	Н
П	О	О	О	Л	И	С	В	И	Т	П	У	А	Е	Е	И	Е
Т	Е	З	Д	З	Л	О	Й	Р	Е	И	В	М	И	Р	Л	А
У	Д	Р	Д	С	Е	И	П	Р	П	Л	М	М	Р	О	Ь	О
Д	И	М	Т	А	Н	Е	М	Т	Л	К	А	И	М	С	М	П
У	Р	О	С	Н	Т	Е	Т	И	Ы	Е	М	Т	Б	Ы	Л	И
В	Т	А	Н	А	У	Ь	Ж	Ь	Й	Т	Е	С	П	П	Р	И
Е	А	С	Г	П	Н	Е	М	Н	Н	И	З	К	А	Я	У	М
Р	А	И	У	О	У	Т	Н	Е	И	С	Т	И	Р	К	А	М
Ь	М	О	С	С	Ц	О	Е	Л	Р	К	У	В	Е	Р	Е	Н
Т	Н	Т	И	Н	И	Е	С	О	Т	П	И	У	Е	И	И	Д
Е	Д	Е	И	М	Я	И	Н	Е	Ж	А	Р	Б	О	З	И	Е
И	И	Т	У	В	Н	Я	А	Н	Н	Е	М	Е	Р	В	О	С
П	О	Ч	Т	А	Л	Ь	О	Н	О	Н	И	И	У	Л	И	И
К	О	Р	И	Ч	Н	Е	В	А	Я	Я	Й	Е	Е	И	И	С

Puzzle 923

```
Д У Т Т Б С У Т Д Н К П Р И Р Е У
О П Е Р А Ц И Я О М О Л Е Р Е П Ч
Ж П М Н Е С Е Р Л Д Н У А Ф С Л Е
У Е Р Т Е Р С Н Я А Е О К Т Е П Н
Т У Н И С Н А И С Л Ч О Ц Р У У Ы
С К И Щ В Ы Р О П Ь Н У И В П Р Й
Ф У Е У И Л О Е Е Н А Ц Я И Е П А
У С Р А М Н Е У Н И Я П У Л Р Е О
Ш Е Н Ф Н Т Ы К Т Й Р Ы И К Ц Р Р
Е О Л Е У Е Е Л А У Н Т М А Т А И
Л П О Т Е Р Я Е М Т А А К Р О Б С
В Н Е З А П Н Ы Й И Ь Е Д А Л Е Е
П Р О Е К Т Ц Ц Т Р Л Т Н Л С П Т
Е Т М П Н Н И А Ф И О С В И У П И
Р С И В Т У В Е Н Т Р Я Р О Р Е О Т
```

УЧЕНЫЙ
ДАЛЕЕ
ОПЕРАЦИЯ
УШЕЛ
ВНЕЗАПНЫЙ
СБОРКА
РЕАКЦИЯ
ПЫТАЕТСЯ
РОЛЬ
ЖЕНЩИНЫ
ПЕРЕЛОМ
КОНЕЧНАЯ
УКУС
ДОЛЯ
ПРОЕКТ
ПОРЫВ
ПОТЕРЯ
ДАЛЬНИЙ
ПРИВЛЕКАТЬ
ВИЛКА

Puzzle 924

АККУРАТНАЯ
ДЕПРЕССИЯ
БОЛЕЗНИ
ЛОСЬ
УРОК
ПАРУ
ЛУКПОРЕЙ
ПРИВЛЕКАТЕЛЬНАЯ
НЕСЧАСТЬЕ
ОДИН
СЕРДЦЕ
ПОЧТА
СЕСТРЫ
ВЫБЕРИТЕ
ИНСТРУМЕНТ
СЕНСОРНЫЙ
ДВАДЦАТЬ
ГОНКИ
СУПА
ДОСКУ

```
П Д О С К У М Н Е П С П Н Р Т С П
Д Р У М С Е Е А П У В Й О У У Е О
Е Т И Р Е Б Ы В Е М Д Ы Л М П С Ч
П О Й В А К К У Р А Т Н А Я А Т Т
Р Ф Е Ц Л Н Д О И П И Р П М Р Р А
Е У Р Е Л Е И П Е У О О С С У Ы Д
С Г О Н К И К Н Н С Е С Т Е П А В
С Н П У О Ц О А С Т М Н И Д О Д А
И Е К А А М Р Б Т Т Ц Е С Е И П Д
Я Н У С Д И У О Н Е Р С Т Е Ф А Ц
Е Д Л Р Р Т Ц Л О Ц Л У Н Т О Б А
Е Ь Т С А Ч С Е Н Д У Ь М Т И Т Т
Н А В В Е Е Е З Т Р О С Н Е Б Р Ь
П Н Е Е О Р А Н А Е М О Л А Н Е Е
О Е У Т Т И У И Т С Т Л И У Я Т И
```

Puzzle 925

```
Т И Е С Я Н У Р О И Т Е О Е У У Е
М Е М Ф Т Е Д У Б У У П О А Е С Р
Н У К Е Т Е Н Ь Ь У В Д Ц Е Л Т О
О П Ф У Е И Е Я Т Й О В Е Щ И П Д
Г И Т Т Щ Т Т З И С И С Ы Л М Т И
О Е И В Р И С Ы Т Т О Р Н М И О Т
Р Е М Р Т Л Й К А Е Х М Ч У Т М Е
Р А З Н И Ц А О Р Н О У И Л А И Л
Т О П Т А Е К В К М Л Т Т О С П Ь
И А Е Я Е Р Л О Е С П Р Н К Т Р И
И М Е Е И И А Й Р Е Р А Е Ш Е С Р
И М И Т А М П И П Н О О Д У Н Е С
О Б Н А Р У Ж И Т Ь Г Н И Л О Й О
Д В Е Н А Д Ц А Т Ь У Г Е Н Т Р Л
Р А И Е В А Е Л С С Т Ф М В А У Ц
```

ГНИЛОЙ
ЯЗЫКОВОЙ
РАЗНИЦА
ШКОЛУ
ДВЕНАДЦАТЬ
СТЕНД
РОДИТЕЛЬ
БУДЕТ
ПЛОХО
МНОГО
ПИЩЕВОЙ
СТОИМОСТЬ
ТОП
ТЕКУЩИЙ
ИДЕНТИЧНЫЕ
ПРЕКРАТИТЬ
ИМЕЕТ
ОБНАРУЖИТЬ
ТЕНЬ
ПАЛКА

Puzzle 926

КРЫЖОВНИК
УСИЛИЕ
ДЕСЯТЬ
ПОЛЕ
ПИЦЦА
СКУДНЫЕ
ОГРАНИЧУСЬ
ПОПУГАЙ
ПОЛНЫЙ
КОЛОНКИ
РАСПЛАВИТЬ
ГРУБО
ОДЕЖДУ
КОВБОЙ
МИЛЛИОН
СЛАЙД
ПРУД
ВНИЗУ
КРОЛИЧЬИ
ДВОЙНОЙ

```
О К И Н В О Ж Ы Р К Н У У П Е С О
Н С П М А Н Н П У Д Ж Е Д О О О Г
У М М Е Н О И Л Л И М Ы В Л Д У Р
Д И У О С У Р З Р Т Р Н О Н У П А
У П О П У Г А Й У Е Т Д Й Ы А М Н
Р Н И Е Е Е Ц П С Н Н У Н Й Т Е И
П А Р У В Ц Ц Д Н У А К О О Н С Ч
П Т С М Е М И С Е И О С Й Б Е Р У
Р Л И П И У П Е Л Е Т Е Р В Р Л С
М Р О Р Л Ф С Н О А С У А О Р Е Ь
П Е О Л И А И Т П Е Й Е И К Т И Т
Е П Л У С С В Е С Л Т Д М У Т Л Я
М Е О Б У Р Г И К Н О Л О К Т Л С
У Е С Т Р С П У Т И М У С Р Р Р Е
И О О С Л А Р У И Ь Ч И Л О Р К Д
```

Puzzle 927

```
Н И Н Н Е П И Ф М А В М Е Е П Е С
О З Е Е Р У Н Ь Н Е Ч Е Р Е П Р О
С М Т О П Е Т Л О М Т У Ф Р И П С
О Е И Н Р И Е Э Г Е А Т Р А К Е Т
Р Р Б Н И И Р Е О Г А Л Б Р Т У О
О И О Е Е Е В И Р Д И Т Ь И А С Я
Г Т Л Л М Ц Ь Т А Т У П И Ч Р О Н
Р Е Ь В Ы У Ю Е З К И И С Б И А И
С Л Ш И М Б О А О Е Б Н Р Н А К Е
А Ь Е Д Н У Т Г В Е У И У И И И И
Р Н П У У Е Н Е Ы Т П М Ш М С У Н
А Ы Л Е П С И И Е У А М Т О У П Е
О Й Н Р Е Р А З Д Р А Ж Е Н Н О М
Р Е У Н Р У В О Р О С И С С Р С У
Л Н А А Я М Т У Е Е И Р Л И А М С
```

БЛАГО
СОСТОЯНИЕ
ПЕРЕЧЕНЬ
ИНТЕРВЬЮ
ВАМ
ЭЛЬФ
УДИВЛЕННО
МАЛЬЧИК
ПУТАТЬ
БЫЛО
ПРИЕМ
КАРТА
ИЗМЕРИТЕЛЬНЫЙ
УМЕНИЕ
БОЛЬШЕ
МНОГОРАЗОВЫЕ
РАЗДРАЖЕННО
НОСОРОГ
ПЕННИ
ОШИБКА

Puzzle 928

КУПИЛ
ИЛЛЮСТРИРОВАТЬ
КУПИТЬ
ГОРДО
ПРИХОДЯТ
РОДНОЙ
НЕТ
ВОРОН
ДОМАШНИЕ
ПЕЩЕРА
ЗОНТИКА
ПОДХОД
ВСТРЕЧА
ВИНОВАТУЮ
ГОРЯЧАЯ
ТРАНСПОРТНАЯ
ЗАМОРОЗИТЬ
УПРАВЛЕНИЕ
РАДОСТНО
ЧАСТИЦЫ

```
П Г И Л Л Ю С Т Р И Р О В А Т Ь Т
Е О В И Н О В А Т У Ю И Е Ч З Т Р
Щ Р С П У П Р А В Л Е Н И Е О И А
Е Д Д У Н Е Т У Г Д Т Я Н Р Н П Н
Р О Н К Л У Ф Н В И С Р Ш Т Т У С
А З А М О Р О З И Т Ь А А С И К П
П О Д Х О Д Р О Д Н О Й М В К Н О
П Т Ы А Е У С И С Р А Р О Б А Т Р
У Р Ц Ф Е А О М С В А М Д Т Т М Т
И Л И Г О Р Я Ч А Я О Д С О Н Т Н
О Н Т Х М Е С С В Т Е Р О И В И А
Н Т С Т О О Т Д Н Е Т М О С Р Б Я
Т А А Р Е Д Т Е П Т М Е Р Н Т Е В
С Т Ч У Е У Я О И И И Г С И Т Н Р
Р Н Е Т О С У Т У О Р О Т У М И О
```

Puzzle 929

```
Т С И О Н С Л С С Р Б А С А Е У Т
И Т И А С С Ь Т У П У О Т В Т У Е
П Н М А С С М А М Е Т К Г Р Е М Н
Е М Т П Л Е Е Д Е Л Т М О А В Е О
Н Т О И У Ь Т И Ж У Л С С Я Т Ф Е
К П М Т Л И Е Я Ь Л Р М Р Л Т Ы Т
П О К О М П А К Т Н Ы Й И М О К Х
О Т В Н Р Р Т Е И Е Т С Т Е Б О А
Л Н Ы А И Н Е В В В И У О З У Н М
И Е Ш К Л Т Ч И А М С А М Н Ч А Ж
Т М Е С А П С Л Б У А М С Л Е С Е
И О Н А П И О М О Н И Т О Р Н И Л
К Ф Т М Е М Е П Д Ц М Р Е Р И Л Е
А П И Т А Т Е Л Ь Н Ы М И Е Е И З
К О Н К Р Е Т Н Ы Е О О М У М Е О
```

ТЕМА
ЗЕМЛЯ
ДОБАВИТЬ
СТАДИЯ
СЧЕТА
ЖЕЛЕЗО
МАСКА
КОМПАКТНЫЙ
РУКОЯТКА
ПОПЛАВОК
ПИТАТЕЛЬНЫМИ
СЛУЖИТЬ
ОБУЧЕНИЕ
ПУТЬ
НАСИЛИЕ
МОНИТОР
ПОЛИТИКА
КОНКРЕТНЫЕ
ВЫШЕ
БОГАТЫХ

Puzzle 930

ПИВО
БОРОТЬСЯ
СКОРО
ПРЕИМУЩЕСТВО
МГНОВЕННОГО
РИС
СОБИРАЮСЬ
ДОСТИЖЕНИЕ
БЕЙСБОЛ
БЕНЗИНОВЫЙ
ЭФФЕКТ
КОРОВА
ШАРФ
КОМНАТУ
ЮГ
СОВЕТЫ
ПОЧИНИТЬ
БЕГЕМОТ
ЖЕ
ЛУНА

```
Е Р Ь С Ю А Р И Б О С С Л М И Б М
К И Д Р Е И И Р А Е Ж Т И П И Е Г
Ц О Р О К С И Й Е Р Г Т Е И Н Й Н
У В М А О П И Ы С И Р Е И В И С О
Н Т М Н Ы Т Е В О С Ш И М О И Б В
И С Т О А Ь Т О Ф Р А Н И О П О Е
Н Е Е С В Т Т Н И И Р Е А Р Т Л Н
И Щ У И О И У И П О Ф Ж Е Л К М Н
И У У Л Р Н У З С Т У И И П Е Е О
Е М Т Н О И А Н М И М Т Е О Ф Е Г
И И Л И К Ч В Е И О Е С М А Ф Т О
П Е Е Р И О И Б Т Р С О И О Э Р А
О Р С Т Е П А А Е С И Д И Ю Е С Е
И П Л О Б О Р О Т Ь С Я Т Е Г М И
А Е И И И У Л У Н А И С А У Т И Е
```

Puzzle 931

```
Д К О Т А Т С О Г С А Ф А У У Г Т
К И Р А Ф Р Е И И Т Ц П Т Н Т Л У
Р Н М Ф П Е А И О Р Ф Н Е Е В А Е
У Д О Е М И О С Н А У Т Е Д Е В Т
Г У Н М У Д Ь Т У Н Я Т Т А Р Н У
О Р Т Л Е Ж А Л Ж У О И И В Ж А Х
В Т Т С И Н Ь Д А Щ О Л П Н Д Я О
О О С И У Т А Н Б Д Е Т Е О А Е Д
Й С Л А Е С М М А Ф Е Д Ю П Ю Е Я
О Р И Е Н Т И Р У Й С Я Е Л Т Е Щ
И Т Р Л Е С Т Н И Ч Н О Г О Е Р И
Т У Т И У А Н Е С К О Л Ь К О Н Е
В Е С И Т П Р О В Е С Т И В Е Л Ь
Р Е Г У Л И Р О В А Н И Е А Т Е И
О М П О Н И О С Т И Т Е Т Ф Н Е О
```

ВЕСИТ
СТРАНУ
ЖАБА
КРУГОВОЙ
ТЮЛЕНЬ
ПРОВЕСТИ
ПЛОЩАДЬ
ОРИЕНТИРУЙСЯ
ТЯНУТЬ
АНЕМОН
СОТРУДНИК
ЛЕСТНИЧНОГО
ОСТАТОК
НЕДАВНО
ГЛАВНАЯ
УТВЕРЖДАЮТ
УХОДЯЩИЕ
ЛЕЖАЛ
РЕГУЛИРОВАНИЕ
НЕСКОЛЬКО

Puzzle 932

КОНЕЧНО
ОРГАНИЗОВАТЬ
ЧАСТО
ЯРКИЕ
МАСТЕР
НАЛОГ
ПЛАВАТЬ
САНИ
ВВЕСТИ
ДОРОГОЙ
КРИЗИС
ПАСЕ
ВНЕСТИ
ВЗРЫВ
БАБУШКА
КАПИТАЛ
ЗУБЫ
ВНИЗ
СОБИРАЕТСЯ
ВИРТУАЛЬНУЮ

```
Р Ч У У Е О И Л Р М Т У С Р И П Е
Р А В Н И З Р Т Р У В Г О Л А Н И
Т С Д П К У М Д И И Ы С Б Т У У М
Л Т Ф И Р Р Е О У И Р В И М О Р Б
Я О Л Р Я М И Р С И З И Р К Р Е А
Т А Н У С И С О Е Я В Р А В Р Ф Б
У Н Н Ч А У А Г Л Ф И Т Е Р Р Н У
Е Ф Р Е Е Р Н О О А И У Т С Д Н Ш
О Л У И С Н И Й Т Е И А С И А А К
М А С Т Е Р О З С Е М Л Я И М П А
Ь Т А В А Л П К У И Е Ь О У О С Т
И И В Р Е Т А Н У Б С Н О М Р Д И
Я П В В Е С Т И О С Ы У Е М Т Ф О
Е А В Н Е С Т И О О С Ю Е Т А В Н
И К Л О Р Г А Н И З О В А Т Ь Л Е
```

Puzzle 933

К	И	И	Е	Л	И	Е	Н	А	С	С	Р	И	Р	И	Н	В
С	О	У	И	В	Т	Г	М	В	Е	Б	Е	Т	С	Т	Р	О
Н	М	Ф	Н	У	В	Е	Д	О	М	Л	Е	Н	И	Е	А	З
Е	Л	М	Е	Е	Р	О	И	И	У	П	Н	Л	О	В	С	М
П	Г	И	Л	У	Д	И	Е	И	Е	О	У	О	Т	Е	С	О
Е	Л	В	В	И	М	П	Т	П	А	С	О	О	Н	Ч	Т	Ж
Р	О	Й	А	М	Т	Ф	И	И	О	П	Е	Р	О	Е	О	Н
Е	Б	Л	Д	Е	Е	Б	Я	Л	О	Е	Е	Е	Ш	Р	Я	О
Ц	У	И	С	И	Н	В	Н	О	С	Ш	И	Н	Е	О	Н	С
Е	С	П	О	Л	И	Ц	И	Я	О	И	М	О	Н	М	И	Т
С	Т	Р	А	Ш	Н	О	С	П	Т	Л	З	У	И	А	Я	Ь
И	И	Е	Е	О	М	М	Е	Н	Ф	А	П	Е	Я	И	П	Е
М	Е	И	Л	Р	Р	У	С	Н	А	А	П	У	Т	С	О	Д
Б	И	Б	Л	И	О	Т	Е	К	А	Е	Е	Л	Ш	И	Т	Ь
П	Р	О	И	З	Н	О	Ш	Е	Н	И	Е	Р	Е	О	И	Т

КОФЕ
ПОЛИЦИЯ
УВЕДОМЛЕНИЕ
БИБЛИОТЕКА
ОТНОШЕНИЯ
ГЛОБУС
СТРАШНО
РАССТОЯНИЯ
ДАВЛЕНИЕ
ШИТЬ
ЛЕТ
ДОСТУПА
ПЕРЕЦ
ПОСПЕШИЛ
ТЕЗИС
ПРОИЗНОШЕНИЕ
ВЕЧЕРОМ
МАЙОР
НОС
ВОЗМОЖНОСТЬ

Puzzle 934

ДЕЛАЮТ
ЖИЗНЬ
ВЕЩЕСТВО
ВОЙНА
СИГНАЛ
УЗЕЛ
СОТРУДНИЧАТЬ
СНЕЖИНКА
ТОЖЕ
ШЕРСТЬ
ТЕАТР
ЛОЖЬ
ЭТУ
ВПЕЧАТЛЕНИЕ
ОБЪЕМ
КАНАРЕЙКА
ДЕМОКРАТИЧЕСКИЙ
РАЗБУДИТЬ
ПИСТОЛЕТ
РАКОВИНА

Д	Л	С	Ь	У	Ь	Н	З	И	Ж	И	Л	У	У	Е	И	С
Т	М	И	Т	О	Ж	Е	И	Н	Е	Л	Т	А	Ч	Е	П	В
Е	О	И	С	Е	О	У	Н	О	М	Е	К	Н	Н	П	Т	Е
А	О	О	Р	В	Л	С	Р	И	Л	З	А	И	О	Й	И	Г
Т	Л	М	Е	Ъ	Б	О	У	Г	А	У	Н	В	Р	Т	О	У
Р	Е	Т	Ш	У	Д	У	Т	Е	К	Л	А	О	П	Т	У	В
С	И	Г	Н	А	Л	А	Э	С	Н	У	Р	К	А	Н	Р	И
В	Е	Щ	Е	С	Т	В	О	Т	И	Л	Е	А	П	Р	А	М
В	В	Е	Н	Е	Т	Т	И	А	Ж	П	Й	Р	Р	И	З	Е
П	И	Т	Л	Н	И	Н	И	Н	Е	У	К	Н	Е	Т	Б	Л
Д	Е	Л	А	Ю	Т	Т	Д	П	Н	Д	А	О	Ф	О	У	И
Б	Е	И	П	Р	Е	О	Т	И	С	У	Б	Ф	М	С	Д	О
Д	Е	М	О	К	Р	А	Т	И	Ч	Е	С	К	И	Й	И	С
С	О	Т	Р	У	Д	Н	И	Ч	А	Т	Ь	Е	П	Е	Т	Т
И	Р	У	У	У	У	С	Е	Д	У	Е	Е	Е	Н	Т	Ь	Н

Puzzle 935

```
Е А А А П Т У У С Р И Л Г У С В П
Т Т Е Т У А О И П И Т И И Б К А Р
П Ф М Т В П И У И О Е П М А У М И
П О В С Ю Д У К О П Ы Т О Б Т П Х
В З В О Л Н О В А Н Н Ы Й О Е И О
К Л Л У Т Н Л А С И Л А М Ч Р Р Д
О П Г Ь Р Е В Д М Е Р Е Е К И П И
Н Е А Л А М И Н О П И М Б А Е У Т
Т Т Ш Б У К С Л П Д У И Г Е Л И П
Р А К А И Т У Е И Ж О Х О П Д И Т
О Г О Р И И С М С Р Е Т И С Е Ь Р
Л С Л О Л С Р О А К Ш У В Е Д Е С
Ь С Е К У О Р Т Т П М У А Р С Т У
У О С Е Н Е М С Ь Т А Х У Б О Т И
Т У А Д О И Р М У П П Е Р В Ы Й А
```

ДВЕРЬ
ПРИХОДИТ
ВАМПИР
СКУТЕР
ВЗВОЛНОВАННЫЙ
ПОНИМАЛА
ОПИСАТЬ
ЛЕБЕДЬ
КОПЫТО
КОРАБЛЬ
МУКА
ПЕРВЫЙ
ШАГ
ДЕВУШКА
ПОХОЖИЕ
КОНТРОЛЬ
КОЛЕСА
БАБОЧКА
ПОВСЮДУ
БУХАТЬ

Puzzle 936

КАРТОФЕЛЬ
СПОСОБНОСТИ
ТОЛКНУЛ
УЖИН
АКТИВНЫЙ
ЗНАЮТ
ЗАЧЕМ
ЛЮБОЙ
ЕСТЬ
СУММИРОВАТЬ
ПРИНЯТО
СЛАБЫЙ
ВЕЖЛИВЫЕ
ПОГОДА
КОРОЛЕВСКИЙ
ВСТРЕТИТЬ
РИСК
ГРУША
ДОСТУПЕН
НЕОСТОРОЖНОЕ

```
Ф Н Е Д О С Т У П Е Н С М И А В К
П Т С Р Й П Т Е М Т П Р И С К С О
Р Т У Т Ы С Р Е Е Т И Р Т И В Т Р
Т О Л К Н У Л И С С О Ь С С Е Р О
Ф Е Е П В О И Л Н Т Р Л О У Ж Е Л
А Р Н И И Д Е И Р Я Ь Е Н М Л Т Е
О С А Н Т Н И Т П Р Т Ф Б М И И В
Н О О Е К И Е С Е Е И О О И В Т С
А Й Ы Б А Л С И У У П Т С Р Ы Ь К
Л Ю Б О Й Е Р У Р И О Р О О Е Р И
Е Ф Н С М Л М П Т В Г А П В А А Й
Л Т И И Е Е М Н О Е О К С А М Л М
И Р Ж П Ч О Т О Л В Д Н Т Т И Л В
Г Р У Ш А З Н А Ю Т А С Н Ь У А С
Т У С У З Н Е О С Т О Р О Ж Н О Е
```

Puzzle 937

П	Д	О	М	Ф	У	М	О	О	М	И	Н	А	Р	И	А	Р
Л	Д	И	Е	Е	Т	П	М	У	У	К	А	Е	Ф	Е	П	А
А	Р	Н	М	Т	У	У	Д	Е	Т	С	А	Й	У	М	Т	С
К	Е	И	М	М	Е	О	У	О	Р	И	О	И	Д	О	Ь	К
А	Т	Е	У	Т	С	Л	Н	Т	Е	С	Е	К	О	И	Т	Р
Л	М	Н	Е	Ы	Н	Ь	Л	И	Б	О	М	О	Т	В	А	Ы
Р	Е	У	О	Б	А	Р	Т	С	Е	С	У	Р	Е	У	Ц	Т
Ц	Т	Р	Н	О	Л	У	А	К	Р	О	П	И	М	В	Д	Ь
П	Т	Т	Н	Л	У	Т	М	Л	Ф	М	Н	Ш	Е	Р	И	С
М	М	П	И	Ь	И	Е	Р	Ю	М	О	О	З	У	И	Р	Ф
И	Р	И	Т	Н	С	Н	О	Ч	Н	С	З	Д	Е	М	Т	И
О	Е	Р	С	О	Л	О	Ф	Е	У	Р	А	И	Р	Л	Е	М
П	Е	Б	И	Й	Р	К	П	Н	Н	С	Г	Л	И	И	О	Б
И	К	О	М	А	Н	Д	А	И	П	О	Ц	Е	Л	У	Й	П
М	И	Л	Ы	Й	Н	И	Л	Е	Т	С	У	П	О	А	Р	Д

ОПУСТЕЛИ
ИСКЛЮЧЕНИЕ
АВТОМОБИЛЬНЫЕ
МЕТОД
МИЛЫЙ
ТРИДЦАТЬ
ПОЦЕЛУЙ
ШИРОКИЙ
КОМАНДА
СЕСТРА
СОСИСКИ
ГАЗОН
РАСКРЫТЬ
ПЛАКАЛ
ДОМ
ИСТИННОЕ
БОЛЬНОЙ
ФОРМАТ
УТЕНОК
ПОЛЕЗНОЕ

Puzzle 938

ДЕЙСТВИТЕЛЬНО
ЗНАКОМЫЙ
ГРЕБЕНЬ
АНГЕЛ
ПЕТРУШКА
КОЛЕНО
НАПРЯЖЕНИЕ
ОБЕЩАНИЕ
УЗКАЯ
ВЕКА
САЛАТОМ
УТРОМ
ТЕКСТ
ПАРЕНЬ
ВЕРНЫЙ
РЫБАЧАТ
ГОВОРИТ
ХРАБРЫЙ
КОРОНА
БИТ

С	А	П	Н	М	Т	О	Б	Е	Щ	А	Н	И	Е	М	Д	И
У	В	Е	У	Т	Р	О	М	С	У	С	П	Е	Р	Е	Е	И
С	А	Л	А	Т	О	М	З	Н	А	К	О	М	Ы	Й	Й	Л
Р	Т	У	Т	С	У	О	Е	А	В	Г	Е	И	Н	Р	С	Т
Я	Ы	И	Т	Е	Н	Т	Л	Т	И	Р	О	В	О	Г	Т	И
П	И	Б	Я	А	К	Ш	У	Р	Т	Е	П	И	О	Б	В	И
Л	П	Т	А	У	Р	С	М	И	Р	Б	А	М	М	Л	И	У
У	Е	А	К	Ч	Р	Р	Т	Е	У	Е	Е	Л	Е	У	Т	П
Х	И	Е	З	И	А	У	Й	Ы	Н	Р	Е	В	Т	Е	А	
И	Р	О	У	С	К	Т	А	И	М	Ь	Е	Т	М	Е	Л	Р
М	Р	А	Т	О	Е	И	Н	Е	Ж	Я	Р	П	А	Н	Ь	Е
А	Е	М	Б	М	В	Б	О	Н	Е	Л	О	К	Н	О	Н	Н
Д	У	И	Е	Р	М	У	Р	М	А	Е	С	И	Г	И	О	Ь
Н	С	М	Т	М	Ы	П	О	Т	И	Е	Р	Н	Е	Ц	Н	Е
С	Е	У	Ф	М	Л	Й	К	Р	С	М	Д	Т	Л	С	Н	Д

Puzzle 939

```
С У С П Е Х А Т С Н С Ч М М Ц Б М
И О В П Т М Е А Е Т П А И Й К Л О
Н Я Л И Б О М О Т В А С Е Ы А И Б
Ц А И Н М О Ф Л Р И Ц Т И Н Т Ж Ъ
И С З М Ц И И У Т У В М Ь Ж А А Я
Д С М Е У Е Е С С Р А У Р И Е Й В
Е О Е И Р Ы З Т О О Д М Н Н Т Ш И
Н Р Р Л Р И А О Р О Е М К С И Т
Т Т Е С М О Л О Щ Н Р У И П Я Е Е
У И Н Л И Т Т У М И П С П Я А Е Ф
А М И А Е О Н Н Я О Т С О П Т Е Т
Т Е Е Л М К Д Ы Р А У Н С Р Ы М Ф
Р Н Т Е Р Е М Л Т С Т О Ы О Р Т Н
М Т А С И Н Е С О П А Н И Е К Л У
М О С К И Т Н А Я В Н И М А Н И Е
```

ПРОДАВЦА
ДЫРА
ОБЪЯВИТЕ
ИНЦИДЕНТ
АССОРТИМЕНТ
СОЛНЦЕЗАЩИТНЫЕ
ВНИМАНИЕ
АВТОМОБИЛЯ
ЛЕС
МОСКИТНАЯ
КАТАЕТСЯ
КНИЖНЫЙ
ПОСТОЯННОЕ
УСПЕХА
СТАТЬИ
БЛИЖАЙШИЕ
НЕКОТОРЫЕ
ИЗМЕРЕНИЕ
ЧАС
КРЫТАЯ

Puzzle 940

ДЕРЕВНЯ
ШТАМП
ТЕОРИЮ
ВИДИМОГО
ВДОХНОВЛЯЮТ
ПОЖАРНЫЙ
КРИВАЯ
ПРЕДКА
ПЛОТНАЯ
ЗНАК
ПОИСК
ЧЕЛОВЕК
ЛОВИТЬ
ОПАСНЫЙ
БЫВШЕГО
РОК
ФИШКИ
ОСНОВНОЙ
РОБКУЮ
ТИПИЧНЫЕ

```
И У И С Е Р О Ф Д И С С В Е О А П
Ш Т А М П А Е С И Р И Т Д С С П Р
Д Е Р Е В Н Я Б Р Ш Н К О Р Н О Е
П М Т Е О Р М Ы Ц И К С Х С О Ж Д
С И Н У С М Е В Р Т А И Н С В А К
П Л О Т Н А Я Ш Р Р Н О О В Н Р А
Ю У К Б О Р Н Е Н Н З П В Ф О Н А
Р Р Р Е Т О Е Г Т И О И Л Д Й Ы И
Т Е И Ы В Г А О Т Т Р Г Я М У Й Е
У Р В Н Е О С О И Р Е Л Ю У О Н Н
Л Н А Ч М М Л С И О Т О Т Е Н Н Т
М Е Я И А И О Е Н С А Р Р И С С И
Т У Е П С Д Ф Е Ч И Н Е А И А А С
И М П И Н И И Е М Е И И А Р Ю П А
У У Ь Т И В О Л М М Я Т Л Р И О Р
```

Puzzle 941

```
Т Н Т Н Д Е Д А Н И В М Т А И Я М
П Е Е К О Р Е Г С Л Н С П Т В Д Е
М Ж П О А А Е Р Г Р И С П Л У Я А
А Н С Н И О В Е Т А К И Л Б У Д Х
Н Ы М Т И Ц Е С Д С С Ц А М О А У
О Й Р А Н И С С Г И И О Н Ч У К С
С Ы С К Л Л Е И П Я С Т Е Ж А К А
О Н Е Т У О Л В И О И К Т Т Н У З
Б Н И Н Е Н Ы Н И П З М У Е А С И
Е О Т Ы Т Ж Й Ы У И Е Ж М С Ж У К
Н С П Й О О П Й Я Й Ц А Е Н С С С
Н В З А И М О Д Е Й С Т В И Е И Р
О Т Ф Е У З У Г Е К Р Ы Ш К А Р И
Е Ц У А Р О О А И И Р Е И Р Р Е У
Н М У Т Ц В Е О И М Д И П Т Е М У
```

ДИСКУССИИ
ДЯДЯ
ЯЙЦА
ПОЗЖЕ
АГРЕССИВНЫЙ
КАЖЕТСЯ
ЖУК
ОСОБЕННО
КОНТАКТНЫЙ
СКУЧНО
ВИНА
ПЛАНЕТ
НЕЖНЫЙ
КРЫШКА
ДУБЛИКАТ
ЗАСУХА
СОННЫЙ
ВОЗМОЖНО
ВЗАИМОДЕЙСТВИЕ
ВЕСЕЛЫЙ

Puzzle 942

ОНИ
ЗАЧАТЬ
ПЕРЕПЕЛ
БЕЛЫЙ
СИДЕЛ
ЗВЕЗДЫ
ПРИЕХАТЬ
АГЕНТ
ПРИДУМЫВАТЬ
РЕДИСКА
ЗАПУСТИТЬ
ИНГРЕДИЕНТ
ОБЕСПЕЧИТЬ
НАРУШАЮТ
ФЕДЕРАЛЬНЫЙ
ДВИГАТЕЛЬ
ЖЕЛАНИЕ
СТЕПЕНЬ
ИСЧЕЗАЮТ
РАСПРОСТРАНЕНИЕ

```
Р А С П Р О С Т Р А Н Е Н И Е Н З
И Т О Т И Е Е Т С М П И В И В А А
С Т Е П Е Н Ь М Т В Е Н А С Е Р Ч
Ф Е Д Е Р А Л Ь Н Ы Й А Е Ч З У А
С О П Л Е П Д А У Т И Л Т Е А Ш Т
О Б Е С П Е Ч И Т Ь М Е И З П А Ь
П Р И Е Х А Т Ь Т Й Л Ж Н А У Ю П
П А Е И Е Е С Р О М Ы А Г Ю С Т Е
П Р И Д У М Ы В А Т Ь Л Р Т Т У Р
Е Т Е М М Н М О Т С Е Л Е Д И С Е
О Д О Е Д И Т В Н Л С О Д Б Т С П
Р Е Д И С К А Н П И М И И Н Ь И Е
А Г Е Н Т С М Е С Ы Д З Е В З У Л
Д В И Г А Т Е Л Ь Е О Е Н У Т Н Р
Д О С Т С П Р Н Т Е Л М Т О У И У
```

Puzzle 943

```
С Е Т С Ж Н Н Е И Р Е В О Д Д Н Л
М Л С Я Д И Т М О З А Л Г Т Ю М С
М Л Л А Е Т В С С Е В Н Е П Й Е Р
Т Ь Т А З А К О Д И Е Е Ц Е М Ц М
Ь Р М Ь Т Н Р А П П Л С С О О У М
Т С Ь Т И Ч У З И И Е О С Т В О Н
С М Ц И Е З Д И Т Ь С У С Е Н О О
О П У П К Р О М Е П Е Ь Р Ю А Ы И
К О В Е Р Е Ж Д Е Н Е М Е У Б Е Й
Г Л Е Р Д У Р М Е А А С Д Е Ь К Р
Е С И К И Н Д З А Р П Т А Е Д Л А
Л А С И С П У Т М Р Л И Т У А Е Л
Ф М И Р Т И А Е И Т А А И В У У
Т Л И П С П И П Е П Ф Ц Т У С С Г
Д О М И Н И Р У Ю Щ У Ю Б Я Д М У
```

КОВЕР
ЛЕГКОСТЬ
ДОВЕРИЕ
КРОМЕ
ЕЗДИТЬ
МАСЛО
ЮБКА
ДОКАЗАТЬ
ИЗВЕСТНЫЙ
ГЛАЗ
СРЕДА
ИЗУЧИТЬ
СВАДЬБА
ДОМИНИРУЮЩУЮ
ЖИВОПИСЬ
ЛУГ
МЕНЕДЖЕР
ПРАЗДНИК
ДЮЙМОВ
ПРИКРЕПИТЬ

Puzzle 944

ТКАНЬ
СЕМЬИ
ЗЕМЛЕРОЙКА
ЗАХВАТИТЕ
ЗАРАБОТАТЬ
ХОЛОДИЛЬНИК
ЖИРАФ
ДОРОГА
НАУКА
РАЗНЫЕ
СОЛНЕЧНЫЕ
ЖИВОТНЫХ
ИСТОРИЯ
СКЕЛЕТ
БОЛЬШАЯ
МЕБЕЛЬ
ПРЕКРАСНЫЙ
ИГРЫ
СМЕЯТЬСЯ
МАТЧ

```
Ж И В О Т Н Ы Х Е Р Е Д Е Л Т З С
З Е М Л Е Р О Й К А Ц Л Е Т И А С
Л Р П Р Е К Р А С Н Ы Й С Р Р Р Б
З С М Е Я Т Ь С Я Ф О С Т С Е А О
Ф А Р И Ж А А С М Е Я Н Т И И Б Л
С И Х И Х О Л О Д И Л Ь Н И К О Ь
Т О П В С Е М Ь И И Ф О А Н А Т Ш
И Л Л Ц А Г О Р О Д М Н О И П А А
Д Н Е Н С Т Г Л Т Е Л Е К С Н Т Я
Т А С У Е Е И С Ь К М И О И И Ь И
С У О Л Ы Ч Ф Т Л У А И У Г И У Р
Е К С Е Н Т Н И Е Т А Н А Р И В О
И А И М З А Н Ы Б Ф М Н Ь Ы Т И Т
С Т И Р А М О Р Е Л П И Г Т Р Е С
Е И О А Р П Т И М И Л Т И Р Р О И
```

Puzzle 945

```
Ф У Я С У Е У З Т И Д Е Л Г Р К О
Л О У Т Е Т С А Д Е Б Р Е Р А У Р
А Е Р С О Ф П П Д Ы И М И О С Л О
Е С С М И У Е О М Н Т С В М С Ь Р
Д О С С У Т У Л И С Е У И А К Т Н
А И У Т Р Л Р Н Л У Ч Р Б Д А У Т
Р В А Т Ь Н У И Я К Т У А Н З Р О
П Ы Л Ь Н Ы Й Т Н В О Г К Ы Ч А Ч
П О Л С Н О Е Ь О Л А Н Й Е И В И
У Т Т П И Б П Р С О Ц Е Е Е К А Л
Н Т О Д Т У Е Р К Т А К Д А О Р К
Т М Р Р И В Т Л И Т И Р Н Р С Т А
Е Е Ц Л Н Ь М И У Т Д Н И С М У М
З А Б Р О Н И Р О В А Т Ь М А С А
Е У Е Р Р У И О У Л Т М Т Н Е Н М
```

ОТЧЕТ
ФОРМУЛУ
БЕДА
РВАТЬ
КУЛЬТУРА
ЗАБРОНИРОВАТЬ
АРЕНДА
МАМА
ТРАВА
ПЫЛЬНЫЙ
ВКУСНЫЕ
ГРОМАДНЫЕ
КЕНГУРУ
НОСКИ
РАССКАЗЧИК
МИЛЯ
ТОЧИЛКА
ИНДЕЙКА
ОБУВЬ
ЗАПОЛНИТЬ

Puzzle 946

НАПИСАТЬ
СВЕЧА
РАССВЕТ
ПОКОЛЕНИЯ
САМОЛЕТ
ЛОШАДЬ
ДОКАЗАТЕЛЬСТВА
КАРТИНКА
ВНУТРЕННЯЯ
ДЕСЯТАЯ
ПОДДЕРЖКИ
ОТВЕТСТВЕННОСТЬ
ЦЕНТРАЛЬНЫЙ
ПРОВОДИТЬ
СКАЗАЛ
СМЫСЛ
МОТИВАЦИЯ
СВЕЖИЕ
УХО
ТЕННИС

```
Н Е Р М Т Ц Е Т Л Р М Я Я И О Н П
У Т Л П О А У Е Т О В И С И Т А Р
С В Е Ж И Е Х Н Е П Ш Ц А Й В П О
С У Е Р И С О Н В О В А С Ы Е И В
Д К О М Л С И И С К Н В Д Н Т С О
М Е А Л С Ы М С С О У И К Ь С А Д
Е П С З С В Е Ч А Л Т Т А Л Т И
Е Е Н Я А С Е И Р Е Р О Р А В Ь Т
А У П М Т Л С Н О Н Е М Т Р Е О Ь
Т Д Т Ф Е А Т Е У И Н Т И Т Н С С
С Р Т И А Л Я У И Я Н Л Н Н Н Д М
С А М О Л Е Т Л У И Я С К Е О С О
П О Д Д Е Р Ж К И М Я И А Ц С Н О
Д О К А З А Т Е Л Ь С Т В А Т С О
И Н И Р М А Т П А М М И У Н Ь Е Е
```

Puzzle 947

```
С И Т И Р У Е П Е И М О Л У Р Н Ф
Н Д У О О Г Р О А У О М А П У Й А
М Т Е Т И Р О Т В А Т А М М П Ы Х
Е А И Л Е В М И Л Е З Т П У В Н О
У Ж Ф Д А З А Б Ы Л И А А С С Д Б
А Е Б И Т Н М О Е Р Р Я Ф С А О Б
С Л В Ы Ф И О К О М П Ь Ю Т Е Р И
О Д О К Л Е Й П Н И В В М И Т А Т
Л А Э К С П Е Р Т И М Е В Е Х Н И
Д Н Т И Е Т И И С А Е Р Н Л Е У И
А И Ф Е Р М А А Т И С Е У Л Н Д И
Т Р У В О Л И Т Ь А Т Д Р Р И Ж Е
У П О У А И Т Р А Т О Н Е У А Е С
М У Д Р О С Т Ь Ч О Н М И Т Т М Д
У В О Д У И Н О Л О Ф М А Я Д Е Е
```

ЗАБЫЛ
СОЛДАТ
МУДРОСТЬ
ЛАМПА
ПРИНАДЛЕЖАТ
УВОЛИТЬ
ИХ
ХОББИ
СДЕЛАНО
ВЫ
ФЕРМА
ДЕРЕВЬЯ
КОМПЬЮТЕР
КЛЕЙ
АВТОРИТЕТ
ЭКСПЕРТ
НОЧЬ
ВМЕСТО
ФАЗА
МЕЖДУНАРОДНЫЙ

Puzzle 948

ЛУЧШЕ
ПОВЕСИТЬ
МИР
ВОРОВАТЬ
ДУШ
ФРЕЗИЯ
СОЛНЦЕ
ЧАШКА
БЕЗ
ПЕРЕВОД
ВСПЫХНУТЬ
БОЛЬ
КАМЕННАЯ
ГРУЗОВИК
ФОКУС
КАЧЕСТВО
КЛАСС
ХОЛОДНО
ЩЕДРОСТЬ
ГОВОРИ

```
Л С О Л Н Ц Е К Г В Д У И Н Е П Н
Н С П К Е М Ш Е А О О Н Д О Л О Х
У А Ф А Д И Ч Ф Е М В Н П А А В О
С Л А Ч С И У Р И Д Е О С М Е Е Ц
Е К Р Е У У Л Е Т Р Р Н Р И М С С
Е Т У С О С Л З Ч И Е В Н И И И У
Щ И И Т А У Н И А С П И Т А Е Т О
С Е Т В О М П Я Ш В А Р Т Т Я Ь Е
Б Я Д О И Б Е З К О Е У И Р О Л Ц
Л Е А Р У О И Е А Р У О Н О П О Л
Н В Т Е О У Р Е О О У И А А Р Б С
О Е Л Ш И С С М И В А Ф Т У Б И Е
Ф О К У С М Т Т С А У А Е О У Т И
Е О С Д У Т С Ь Ь Т У Н Х Ы П С В
Г Р У З О В И К С Ь О М О И Н О О
```

Puzzle 949

```
П А Ф И Г М Т О М Д Ч О П И С Л М
О Т П М А И Р Д Н М С Ь Т И Р У К
Л С О И Р Н О Л Б А Ш А Й Б Н А
О Д М Н Д У Р Е И Г А Й О У Г Т
В А Е Я Е Т М Р И Е И О М Т Р Ы Л
И Л Л А Р А Л О И Т С Р У С Е Р М
Н Ф П С О Т М Г И М Р О Р У В П У
А Л Е А Б Н У С У Н М С Е П Е И М
Р А С П Р О С Т Р А Н И Т Ь С У И
Д М П О Д А Р О К У У В У И Т В Я
Н К А В И Т А Н Р Е Т Ь Л А Н С М
Л И А К С У П А З И Р Т Е П И С У
О В У И Е С Т У И Т С У Е И К У А
Е И Д Н О Т Е С У О И П Н Р И У О
С И Т Л О А М Е О У Л С М И М У Т
```

БУРЕВЕСТНИК
ШАБЛОН
КУРИТЬ
ГАРДЕРОБ
РЕСУРС
ДНО
ЗАПУСКА
МАКЕТ
РАСПРОСТРАНИТЬ
КИВИ
ПОДАРОК
АЛЬТЕРНАТИВА
САЙТ
СГОРЕЛ
ЧЬИ
ПУСТОЙ
ПРЫГНУЛ
МИНУТА
МУМИЯ
ПОЛОВИНА

Puzzle 950

ВОЗВРАЩЕНИЕ
ГОРЯЧЕЕ
КУЛЬТУРНЫЕ
ТОГДА
ПРОЦЕСС
СЧАСТЛИВЫЙ
ЛИДЕР
ЗНАНИЯ
ХОЧЕТ
ЕДИНУЮ
ЖИДКОСТИ
ВЫБРАТЬ
ВИШНЯ
СИРЕНЕВЫЙ
СТОЛ
ЧЕРЕЗ
НОСИТЬ
ИСПОЛЬЗОВАНИЯ
ИДЕЯ
ЗАНАВЕС

```
В Н О С И Т Ь Е Т И С А А С Р А О
Х У Ф Р У Г О Р Я Ч Е Е Е И Т О М Я
И О Е И Е И Н Е Щ А Р В З О В М И
К Ю Ч Т С В О В Л Д О Я С Л С Р Н
И У О Е Р Ч Р С Р Г Л И Д Е Р Т А
У Н Л И Т И А С Е О Я Н Ш И В И В
Н И И Ь Т Е М С Е Т С А Т П Е У О
У Д Р О Т С П Е Т М Д Н Н А М М З
Е Е С Е Л У И В Р Л Р З Е Р Е Ч Ь
И И С П С М Р А Т Е И О П Е С У Л
Л С Е О У С Е Н А Т С В Т Т Н О О
Н Н Ц И О А Е А Ы И И Р Ы Е Н О П
А Т О П О И Т З Я Е Д И О Й Р Т С
С И Р Е Н Е В Ы Й Ж И Д К О С Т И
Н Е П И У В Е Р Ф В Ы Б Р А Т Ь М
```

Puzzle 951

```
С М Т Е Р Р С Т Р Н Е К С Е О И П
У Т М Е М С Т С У О И О О И Л Т Р
Т О А Р А П С Р М Ж Л Р Б А Н А Е
Т Н Н Р Л Л Ц Е Ц О Я О Ы О И В Д
И Е И П Ы Ц И Н Е Ш П Т Т К Ф И У
Т Р Л Ь Й О Й И И С У Р К И Р С О П
И М Д Ч Е У Т К А П У И Е О С Ж Р
Е М Я И Н О П Е Ц П И Й М К А Е Е
У Н П Т М Т Ф А Е Е Р С Р У Р Н Ж
К Р А С К А А Е Н Р С А О С У А Д
С Е Р О Т Т З П А О И П В К Р Т Е
И П О Д Е В А Т Р С Р Н В Д С У Н
О С У Г М Р Н С И И Е М Т П А Ю И
И Н С Д Р А М А Т И Ч Е С К И Й Е
И Д Е А Л Ь Н А Я У У П М С Т Е У
```

ДРАМАТИЧЕСКИЙ
ДЛИНА
КРАСКА
ПШЕНИЦЫ
ЦЕНА
КОРОТКИЙ
ПАРА
ЖЕНАТУЮ
ДОСТИЧЬ
ПОНИ
СОБЫТИЕ
СТАРЫЙ
ИДЕАЛЬНАЯ
КРОКУС
СПИСОК
ФАЗАН
НОЖ
ПРАВДА
ПРЕДУПРЕЖДЕНИЕ
УТКА

Puzzle 952

ВЫИГРАЛ
МОТАТЬСЯ
ЕДА
ВЫГЛЯДЕЛ
ВМЕСТЕ
НАСЕЛЕНИЕ
РАСТЕНИЯ
ПЕРЕМОТКА
ЗАКЛАДКИ
КАЖДЫЙ
ТОЧНО
СРАВНИТЕ
ГОТОВИТЬ
СПРОС
УХОД
ТОРГУЙ
МИРУ
СОСУЛЬКИ
НАШ
КОРОЛЕВА

```
Т З А К Л А Д К И П Е Ц М Т И Е С
П О Л Ш М И М М Л Е Д Я Л Г Ы В О
И М Ч А М С О Р У Д Л Л И Н А Р С
И Я И Н Е Т С А Р А Л Н Н Е Е С У
Ф У Т Д О Х У Г О Т О В И Т Ь У Л
В М Е С Т Е Л С Н В С И Я И С И Ь
Р Б П В И А В О Е Т П Р Н Р О К
У И У Е Ы М О Т А Т Ь С Я В Н С И
Е Е М П Р И Е И Н Е Л Е С А Н П П
О Е Т Т М Е Г Р С Т Т С У Р И Р Р
Т О Р Г У Й М Р Л И Е Е И С Л О С
О Е А М Е Т Д О А Т А У И Т Л С У
И И М И Р У Д И Т Л К А Ж Д Ы Й Л
К О Р О Л Е В А Р К А Т Е Т Р С Р
А М И Р А Р Е М А У А У О С Е А Р
```

Puzzle 953

```
И В У У П И Ь У О Р Т Е Е Е Ц Е В
М Е Н К Я О Т Ж М Т Р Ц М Ц Е Е Е
Т П М Д Т И И И Д Л Й Е Л И Б Ю Л
Д О А А Е М Д В О П С Р О В Д О И
А Д Е Р И П У А У А М Т П О И М К
Б Е З О П А С Н Ы Й А М А К П Б И
О У Т Х О П Б Е Н Е П У С У А В Е
А Л Н И И С О Н П Н О А Н Л У Ц И
И Т Т Л К М Е Г Е Е Е О Ы У К У Е
В Е Т Н С Ь О М И О Н С Е О А А Н
О Щ У Щ А Е Т С Я Б Я Ь М Е С У Т
Ь Т А Ж Р Е Д И О Т Н Ц М О Е Н А
С И Е М К С Л Е Б Е А Е И И Т М И
П Я Т Н И С Т Ы Й О С Е Т Т Е Р Р
П О Д Д Е Р Ж И В А Т Ь Е Е О Ф Я
```

НЕСМОТРЯ
ПЯТНИСТЫЙ
ВЕЛИКИЕ
ЛИХОРАДКУ
ПОД
ОЩУЩАЕТСЯ
ПОДДЕРЖИВАТЬ
ОПАСНЫЕ
ДЕРЖАТЬ
ОБСУДИТЬ
НЕНАВИЖУ
ЛУКОВИЦЕ
БЕЗОПАСНЫЙ
ДВОР
СЕМЬЯ
БИТЬ
ЮБИЛЕЙ
ПАУКА
ПОГИБНЕТ
КРАСКИ

Puzzle 954

ЖЕНА
КРУГ
ГРАВИТАЦИЯ
УВЕРЕННЫЙ
ЧАСТНОСТИ
АВТОМОБИЛЬ
ИЗОЛИРОВАННЫЕ
ПРОДУКТ
ПРИГОВОР
ОЗАБОЧЕННОСТЬ
ВОКРУГ
ЧЛЕН
ДОКТОР
ТРУС
ПУНКТ
РУБАШКА
ПОВЕРХНОСТЬ
ШТОРЫ
ВЗЯЛ
ЛЕДИ

```
И Р О Д Л А С Р Е Е О Е Л А П Н А
А З Е З В З Я Л И Т Е Ф Е В А Н О
Н Р О М А Е Е И Т В П Р Д Т Р П И
Т Д П Л Е Б Л С Р У Л Д И О Ц Р Г
Г У Р К И Ы О Г У Р К О В М П О Р
И С И Т И Р П Ч С Н Л К В О Р Д А
П И Г А С О О У Е Н У Т У Б У У В
О Ф О У Е Т Т В Н Н Е О Е И Б К И
Ц Л В Е Т Ш Е Е А К Н Р Т Л А Т Т
У Е О У Р И И Г В Н Т О В Ь Ш Ж А
Р Н Р Е Я Н М И О Ч Н Р С М К Е Ц
У В Е Р Е Н Н Ы Й Л Е Ы М Т А Н И
И Н П Е С И М И Н Е А И Е Л Ь А Я
Ф У Е И И Ь Т С О Н Х Р Е В О П И
Ч А С Т Н О С Т И Б О П Т А Т Е И
```

Puzzle 955

```
Р А К Е Т А Э У Ф О У О П М Л П С
Н Н С Ф Д А Т Т И Т Т У Е И Т Р Т
Е Е Д Р У Е И М Р И И С Т М С О А
В А И Т Д И Г Р М И С А П Е О Г К
Г С Ш Е С Т О Е А Н Н А Е Е А Н А
В А Т Н Е Р Е Г У Л Я Р Н Ы Й О Н
У И З А Т Е Щ И Н В Я Д Е М И З Э
Л У А Е В А И Н С Т И М С Е У И К
Ш А Н С Т И О И И У У Е А А Е Р С
О Т Т Т С А Л Р О И М Л Д Р О П
П И В С Т Е А Ь Р И И Е Г Ю У В Р
Я Р П О Л О Т Е Н Ц Е Н О Л У А Е
П О Т Е Р Я Т Ь С Ф М П С Б И Т С
С И Д Й Ы Н Ь Л А Н О И Ц А Н Ь С
Т Е Р Р О Р О Т М П Т У М Н Е И Е
```

СТАКАН
ПОЛОТЕНЦЕ
СОГЛАСЕН
ШАНС
ЯД
ЭКСПРЕСС
ЭТИ
ГАЗЕТА
ПРОГНОЗИРОВАТЬ
ПОТЕРЯТЬ
НАЦИОНАЛЬНЫЙ
ШЕСТОЕ
ТЕРРОР
НИЩЕТА
НАБЛЮДАЕМЫЕ
ВСТАВИТЬ
РАКЕТА
ИВУ
НЕРЕГУЛЯРНЫЙ
ФИРМА

Puzzle 956

ОБОРОНЫ
ПОМОЧЬ
СЛЫШАЛ
ЧАСТНОЕ
МОЩЬ
ЦЕРКОВЬ
ПРОСЛУШИВАНИЕ
ХУДШИЕ
ПОЛИЦЕЙСКИЙ
ВЫЗОВ
ЭКОНОМИКА
ОТКРЫТЬ
ОБЫЧНЫЙ
ЦВЕТОК
ДАЙДЖЕСТ
ОБИЖАЮТ
МАТЕРИАЛ
ЭКСПОРТ
ВЫДРА
ПАПУ

```
Т И И А Д У О О О Б И Ж А Ю Т Т Т
Ф Т И И Р И Э Б Б Е Л Р М Д С П Т
Л С Ь Т Ы Р К Т О Ы Е М Е Т Е О Т
И Р И М А И О И С Р Ч Т У Н Ж Л У
С Ф О Т Е Н Н С Р Е О Н И А Д И А
С Т И У А Н О О О Т Т Н Ы С Й Ц У
М Р Т Р Е С М Л О Н Е Ф Ы Й А Е У
В Е А М Р Е И Ш Д У Х Е Ц О Д Й М
П О М О Ч Ь К О Т Е В Ц Е О О С И
Г Н З Л И Л А Ш Ы Л С Е Р С Л К Р
У Т И Ы Е Л Т А У И А Р К Д Д И П
И С М Р В Э К С П О Р Т О Н Ф Й У
Л А И Р Е Т А М А Р Д Ы В А О С Т
И Ч С И М О Щ Ь П М Р У Ь Е И Ф Р
П Р О С Л У Ш И В А Н И Е О М И В
```

Puzzle 957

```
З Т Р Л С Т В М П П Т О А И Т М
И А Д О В И З Н Р А О О М Е Т У И
С З Я Т Е И Г Р А М И Б К У И И И
С А С В М Б Л Л В С П И Е А У Е Е
Л Л О З Л У Я Л А М Т С Е Г Н П С
Е Г О Н Т Е Д И Я М Т И Е М Х О О
Д В Б А У М Н Т Г Р И О П Р Е С С
У Н Щ М Р Ь Т И В А Т С Д Е Р П Е
Й Е Е Е Е М Ц К Е Т М Т Ф С О П Р
Т З С Н М Э М О Ц И О Н А Л Ь Н О
Е А Т А Г О Р О Д С К О Г О Т Н И
О П В В Т О Р О Е Е И П О Я Ц Т
О Н О Е С Ф Р Т И Р С О И Т П И Д
Е О Р Л П О З Д Н Ю Ю С П Ф Ц Е Т
Л О О Я В Р Е И Е Б С С У О Т И С
```

ВНЕЗАПНО
ЗНАМЕНАТЕЛЯ
ПОКА
ГЛАЗА
ПРЕДСТАВИТЬ
ВОДА
ПРЕСС
ЗАЯВЛЕНИЕ
ГОРОДСКОГО
ПЯТЬ
ВТОРОЕ
ПОЗДНЮЮ
СООБЩЕСТВО
ИССЛЕДУЙТЕ
ОРЕХ
ЭМОЦИОНАЛЬНО
ПОБЕГ
ПРАВАЯ
ВЗГЛЯД
КИТ

Puzzle 958

ДИКАЯ
КОРОБКА
КОНДОР
СОГЛАШЕНИЕ
ДЕСЯТИЧНЫЙ
МОТОЦИКЛА
ЧЕРВЬ
СВЕТЛЯЧОК
ОБЯЗАННОСТИ
ВЕСЕЛЬЕ
СЕВЕРНЫЙ
РОСКОШЬ
ПЛИТА
МЕЧ
ОБЩЕСТВО
СИДЕНЬЕ
РЫЧАНИЕ
СТАНДАРТНАЯ
РИФМА
ЧИСТАЯ

```
О Ф О У М О П Е О Б И К Р Т С У Р
С Б Р И Н С И М Б Д К О О И И А Ы
Т И Я Н Р Е Р О Щ Р О Н С Е М И Ч
А Б А З Е Й Е А Е И Ч Д К Е Ч Н А
Н О К И А Ы И У С П Я О О Т Е С Н
Д И И У Л Н Е О Т Е Л Р Ш А Р Е И
А О Д П К Ч Н Н В У Т И Ь Л В Е Е
Р Е Е Л И И Т О О Р Е Д Т Е Ь У Ь
Т П И Ц Ц Т У С С Т В И У А Е П Н
Н У С М О Я С Я Т С И Ч Е М С Е Е
А Л И А Т С М У И А И Р И Ф М А Д
Я У А Е О Е И Н Е Ш А Л Г О С Т И
Р И Б У М Д В Е С Е Л Ь Е М И Е С
Ц С Е В Е Р Н Ы Й К О Р О Б К А Р
Р Е А И О С Н О И У Е М Н П И В М
```

Puzzle 959

```
Т Е Н Р П Т О Е Ц Ц У Р Е И Р С Н
В Н И Е У Н Е В С У Т М А А Л Д С
Ц Е Д И К И Й В У Г Р С Т И Е С У
А У У Н С У Ы Е С И О Р Л Р Д Ф И
Р У Г Е Т Б Н Д Е Р С М Е У Т У П
Е А В Щ Т С Ь И Т Р Т А Р Л М У Е
С Ц Н Б Р Р Л Т Р У Ч К А П Г И Е
Р Н А О У И О Е С П О Р Т И С В Е
А И Г О Д И В Е Ш Т И А А И Н Т
Н В А С Н Д О И Г О М З И Л А Н А
Е С Р Е О Е Р Е О А П А В О М Я С
М Е У Ь Т Ы Б А З И Е Ь С Е В Р В
Е В Т С А Е О О И Е Д Д И А З О Е
В О У Н Ц И Д К А Н Д И Д А Т Д Т
О И В А Р Е Ж К И М С Е И У М И У
```

СООБЩЕНИЕ
АНАЛИЗ
РУЧКА
КАНДИДАТ
СВЕТ
СВИНЦА
ВЕСЬ
ЗАБЫТЬ
ДОБРОВОЛЬНЫЙ
УРАГАН
СПОРТ
ЗВЕЗДУ
ВЕС
ВВЕДИТЕ
РАНО
ПОШЕЛ
ДИКИЙ
ТРУДНО
ВО
ВАРЕЖКИ

Puzzle 960

ДИСКУССИОННЫЙ
СИДЕТЬ
ЛЕОПАРД
УМНОЖИТЬ
ЗВУЧАТЬ
ТЯЖЕЛОЕ
ОВЦЫ
ФУНТЫ
НОВЫЙ
КАБИНА
НАБОР
ЛИЧНЫЕ
ОБЛАСТИ
ТЕЛО
ПРЕДСТАВЬТЕ
СОВА
ПЛАЧЕТ
ЗНАЛИ
ВИДЕНИЕ
ДАТЬ

```
В М Т А И Л А Н З М И Р Т Л О О О
Е М М Н Г Е Е И Н Е Д И В О Е Г Т
Т П Т Й Ы Н Н О И С С У К С И Д Н
С С Г Ь Е И С С П Т П Ц А Н О Р Е
Н У Л Т Ф И С У П А Е Е Н У И Д З
Л У И И Р Т О Т Р Н Р А У И Г О В
Р И И Ж Ч Н Д Г Е И Н Д С И А С У
Н Н М О Е Н Т С Д Б С И Д Е Т Ь Ч
Н Н О Н И Т Ы И С А Е Ь Т А Д Н А
Т Л О М Т М Ц Е Т К Ы А Е П М О Т
Е Е О У С Н В П А А Т С Ч О Н В Ь
И И Д Н А Б О Р В Р Н Е А Т С Ы С
Т Я Ж Е Л О Е И Ь С У И Л У Н Й О
С Р Т Д Б С О Т Т Ф Ф П П О Р Ф В
У Р Р Е О М И А Е Е П Т М И Г М А
```

Puzzle 961

```
В Х О Д О И И Р У Т Т Т А Д С В К
Т А Т Р Т Ч Р Т П И Е И С Я У Л У
П С О А О А Е Т И Н О В З И М А П
И Ь Н О Т Д Е Н М Л П Б С И Т Ж Е
Л Т У М К У Я С Ь Т Я Н Д О П Н Р
К А Р Н М Е П С Е Е Н Д Н Е Р Ы Т
О М Д Ю И Н А П М О К Р Ц Е И Й Е
Н И О Н Ь Л А М Р О Ф Т А А Р А О
Т Н И И О И Т Ч Е Р И О У С Е Е М
А Д Ц Е Т Н С Р А С Л У Ш А Т Ь И
К О Т Е Я Р У Л М Л М Т С С Я У С
Т П И С С А Х А Р Н Ы Й М Р Н И И
Т Л Р З А П О В Е Д Н И К И И И Н
О С Т А Н О В И Л И С Ь И О Я У И
У П О М И Н А Н И Е Ц О И Т Н Е Й
```

KONTAKT

КОНТАКТ
КТОТО
ОСТАНОВИЛИСЬ
ЗВОНИТЕ
ВХОД
СИНИЙ
НАЧАЛ
ВЛАЖНЫЙ
УПОМИНАНИЕ
ФОРМАЛЬНО
ПОДНИМАТЬ
СЛУШАТЬ
ЛАДНО
ПОДНЯТЬСЯ
САХАРНЫЙ
КОМПАНИЮ
КУПЕ
ОЧЕНЬ
УДАЧИ
ЗАПОВЕДНИКИ

Puzzle 962

ЧЕМ
МЕНТАЛЬНЫЙ
БУТЫЛКИ
ЗАВИСИМЫЙ
СЛОВО
ЗАЛ
ПРИСОЕДИНЯЙТЕСЬ
ПРЕПАРАТ
СТОЙКА
ИСПУГАННЫЙ
МОНСТР
РАССЛАБЛЯЕТ
ДЕРЖАЛ
СЮРПРИЗ
ПУТЕШЕСТВИЯ
ГРАФ
НЕЗАВИСИМЫЕ
ПОРТРЕТ
МАГАЗИН
РАБОТАТЬ

```
Н П Р И С О Е Д И Н Я Й Т Е С Ь Р
П У З С П Ч Е М М И М А Т Ы П Н А
М Й С А Т О Л У О Е Ф М Е М Р М Б
Е Ы И Т В О Р Е Н Т О И М И Е Е О
О Н М Е И И Й Т У Е Н И Б С П Н Т
Р Н И Л О Т С К Р М Н Г У И А Т А
М А Г А З И Н И А Е Б Р Т В Р А Т
А Г М Ж М И И Ц М Т Т А Ы А А Л Ь
М У Т Р Л Н М П Е Ы Т Ф Л З Т Ь А
Е П Р Е Е Р Е О М Д Й М К Е И Н А
А С Т Д Р С И В У Е Л О И Н О Ы Т
И И Т Н Е И О О С Е Н Н З А Л Й Т
С С У Р Т Е Я Л Б А Л С С А Р М Р
А Е И Я И В Т С Е Ш Е Т У П Л Л Л
С Ю Р П Р И З Н Л О О Р С С Т М И
```

Puzzle 963

О	В	Т	С	Е	Ч	И	Л	О	К	О	Н	Е	Щ	Л	М	И
С	Н	Ц	Г	И	Е	У	И	П	О	И	Е	Т	Л	О	М	Е
Т	М	О	Л	Н	И	С	П	И	Ж	Т	М	Т	Р	Т	О	А
Р	Е	С	У	А	К	Д	О	Л	Е	А	У	П	У	У	М	Р
О	У	Е	П	В	Е	П	Е	А	Н	Ф	Е	П	В	А	И	Ь
Г	Ц	Г	О	О	Р	Й	И	К	С	Е	Ч	И	Г	А	Р	Т
О	О	О	Е	З	З	Н	А	Ч	Е	Н	И	Е	А	Т	У	А
И	С	Д	О	А	С	Т	Р	А	Х	М	Е	Р	Т	О	М	З
Р	Т	Н	Т	Р	Ь	П	Т	П	Е	Е	П	И	Е	Х	Т	А
Е	Р	Я	Р	Б	С	Д	У	П	Р	И	Р	Т	Е	О	Ц	К
Б	О	П	Е	О	Н	И	Е	Т	М	Р	С	У	У	Е	Е	С
Е	В	С	У	Щ	Е	С	Т	В	И	Т	Е	Л	Ь	Н	О	Е
Н	О	И	Л	Н	У	А	У	А	Д	Л	Р	О	И	Р	И	Е
К	Р	Е	З	И	Н	О	В	Ы	Й	Е	И	Р	Т	Е	Л	Е
А	И	У	Е	П	А	Ф	Е	Е	Н	А	М	Н	Ф	Л	И	Е

КОЛИЧЕСТВО
ТРАГИЧЕСКИЙ
СУЩЕСТВИТЕЛЬНОЕ
ОСТРОВ
ЗНАЧЕНИЕ
МЕДВЕДЬ
ОСТРОГО
ЩЕНОК
ПО
ОБРАЗОВАНИЕ
СКАЗАТЬ
НО
СНЕЖОК
РЕЗИНОВЫЙ
ЛОДКА
ОХОТА
ГЛУПОЕ
СТРАХ
СЕГОДНЯ
РЕБЕНКА

Puzzle 964

СУХАЯ
КОТЕНОК
КУРС
ДЕРЖАЛИ
БЫЛ
СПРОСИЛ
ПРИЗРАЧНЫЕ
МЕСЯЦ
ИСКАТЬ
ВЫБОР
БЛЕСТЯЩИЙ
ТЕ
БОГАТЫЙ
ЧАЙ
РЕКОМЕНДУЮ
РАСШИРИТЬ
СОБСТВЕННОСТИ
ГИГАНТСКИЕ
МЯСО
ОТЕЛЬ

Т	К	Р	И	С	О	С	У	Н	С	М	Р	О	Б	Ы	В	Б
У	У	Р	К	О	Н	Е	Т	О	К	Й	А	Ч	И	С	П	Л
М	Р	Е	Р	Б	Т	Т	Л	Ф	Л	Е	С	Н	Т	С	Б	Е
Р	С	Е	М	С	О	Т	Е	Т	У	В	Ш	И	Н	Е	О	С
Р	С	П	Е	Т	И	Т	Е	Н	И	Н	И	С	О	Е	Г	Т
Е	Л	Р	Р	В	Е	Е	Е	Е	Е	Я	Б	Р	О	О	Н	А	Я
К	Ц	Я	С	Е	М	С	А	Л	А	Н	И	А	М	Р	Т	Щ
О	С	Т	Т	Н	Я	М	М	Ы	Ь	И	Т	Н	Д	А	Ы	И
М	О	Т	У	Н	С	М	Л	Б	Ф	П	Ь	Е	Н	М	Й	Й
Е	И	С	У	О	О	А	Е	И	К	С	Т	Н	А	Г	И	Г
Н	Ф	И	И	С	Т	М	Е	Ы	Н	Ч	А	Р	З	И	Р	П
Д	А	О	Т	Т	О	Т	У	Е	Р	Т	К	Е	У	У	Р	Е
У	С	Ц	Л	И	С	О	Р	П	С	М	С	Ф	Е	Т	Е	И
Ю	У	Е	М	С	У	Х	А	Я	Я	Т	И	С	О	М	И	С
Р	И	Р	О	В	С	И	Т	А	Д	Е	Р	Ж	А	Л	И	Е

Puzzle 965

Б	Д	Р	А	О	С	И	С	Т	Ы	Н	О	Т	Е	Т	С	Е
Н	Е	Р	Е	Е	И	Б	У	М	Р	Т	И	И	Е	У	М	И
Л	Я	А	А	Р	О	У	И	К	О	М	П	А	Н	Ь	О	Н
Т	А	М	И	Л	К	П	И	Т	Г	И	С	И	Н	В	П	Т
И	Е	Е	Ш	Ч	У	Л	У	Т	Ь	И	А	Е	С	С	И	Р
М	М	Л	Э	Н	Е	Р	Г	Е	Т	И	Ч	Е	С	К	У	Ю
Б	И	Е	Е	Т	Р	Е	У	Г	О	Л	Ь	Н	И	К	М	Г
И	Е	Д	И	С	С	Ч	А	С	Т	Л	И	В	А	Я	Р	Л
Р	С	И	Т	Р	К	Н	И	У	Р	С	С	А	М	У	О	О
Ь	Т	В	М	Е	Н	О	Б	Р	А	К	Я	И	Т	Е	Н	С
Т	Р	Л	И	С	Е	М	П	Т	О	Ч	К	А	Н	Е	Р	С
Н	Е	Л	А	Н	З	Д	О	Р	О	В	Ы	Й	И	М	Е	А
И	И	Л	Р	У	Ь	Р	А	Д	И	О	М	Е	Е	Ф	И	Р
И	С	Е	Ф	Т	А	Я	Ь	З	У	Р	Д	М	Е	У	О	И
Н	Е	А	Н	Л	М	Е	Р	У	О	Д	Т	О	Л	В	В	Й

ЗДОРОВЫЙ
ГЛОССАРИЙ
ИМБИРЬ
НОРМУ
КЛИМАТ
БРАК
ТРЕУГОЛЬНИК
ТЕЛЕСКОП
ДРУЗЬЯ
КОМПАНЬОН
ЭНЕРГЕТИЧЕСКУЮ
ВИДЕЛ
ТОЧКА
СВИНЬЯ
СЧАСТЛИВАЯ
СБИТЬ
ГОРЫ
ЛУЧШЕЕ
РАДИО
МЕРУ

Puzzle 966

ОБВИНЯТЬ
МУЗЫКАЛЬНЫЙ
СЕЗОН
СЛОМАЛ
СМЕЛЫЙ
ОЖИДАЕМЫЙ
ГУСЬ
ВЧЕРА
ПОДГОТОВИТЬ
ШТОРМ
ПОСЕЛИЛАСЬ
ОСТАВЬТЕ
РАЗРУШЕНИЕ
ПОГЛОЩАТЬ
СВЕДЕНИЯ
МЫШЬ
ЛЕГКО
БЕЙ
ПРИЗ
ИМ

У	О	О	Б	В	И	Н	Я	Т	Ь	Ш	Ы	М	Я	Р	Е	У
А	М	Р	А	О	С	Л	Р	У	О	И	М	У	П	Т	Т	Е
О	Т	Т	У	И	Т	С	Е	И	С	Л	Е	В	М	У	Н	И
П	О	Д	Г	О	Т	О	В	И	Т	Ь	С	С	О	Т	У	Т
М	У	З	Ы	К	А	Л	Ь	Н	Ы	Й	Ы	Л	Е	М	С	Д
И	Р	У	В	Й	С	Т	Е	Т	Ь	В	А	Т	С	О	Е	У
Я	Е	И	Н	Е	Ш	У	Р	З	А	Р	С	И	Р	У	У	Л
Б	Я	М	Т	Б	И	Т	И	Ф	Т	Щ	Е	В	Ч	Е	Р	А
О	И	Т	Ь	С	А	Л	И	Л	Е	С	О	П	О	О	Е	М
И	Н	Й	Ы	М	Е	А	Д	И	Ж	О	Г	Л	И	Е	М	О
Л	Е	Г	К	О	О	З	И	Р	О	И	У	Ш	Г	Р	И	Л
Р	Д	Е	Н	И	Т	И	О	Н	А	И	С	Я	Т	О	С	С
Ф	Е	И	В	Р	Е	Р	И	Н	И	Т	Ь	Г	Т	О	П	Е
П	В	Т	И	Е	Е	П	И	О	Л	Е	А	Р	Е	И	Р	И
Р	С	Л	Н	О	О	А	Н	У	Л	Н	У	Т	Е	Е	У	М

Puzzle 967

```
Н Е З Н А Ч И Т Е Л Ь Н Ы Е Д И М
О И Е Ы Н В И Т А Г Е Н Н Т С Р Т
М Р Т С У И М И У Н Л И И П Р Е И
Л И Е И О Б Н Я Л А Т Е П У Ь О С
И М Е Л Р С Я У Ф Т И Р О Т Ч А С
С Е К Р Е Т А Р Ь В Ы С Т Р Е Л Л
П П Е Н Е Б Е С А П Л С М К Р К Е
Е О Н Ь Л А Т С О Е И О П О Т О Д
О Р К Л У Н Р Н О И С С О П Р М О
О Н Р У Н Р С Ф М Ц Т А У Е У Б В
П Р Е А П Ц А И У И Е У Р Й Ч А А
С Л Р В А К И В Л С Е Л У К Н Й Н
С И Е Н Н Е А У Р Е П Н Ь И О Н И
Е М Б Ч Н И С К У С С Т В О Г Р Е
И Л П Е О Н И С Ф Т Л Е Е С О Е У
```

ПЛЕЧО
ИМЕЛ
ОСТАЛЬНОЕ
КОМБАЙН
ПОКУПКА
ЛИСЫ
РУЧНОГО
СЕКРЕТАРЬ
ЦЕЛЬ
НЕЗНАЧИТЕЛЬНЫЕ
НЕБЕСА
ОБНЯЛА
ИСКУССТВО
РЕЧЬ
ВЫСТРЕЛ
ЛИСТ
ИССЛЕДОВАНИЕ
НЕГАТИВНЫЕ
ОТ
КОПЕЙКИ

Puzzle 968

УЖЕ
КРАСОЧНЫЕ
ЗРЕЛИЩЕ
МЕДНЫЙ
КОТОРЫЙ
ВОСЕМЬДЕСЯТ
ВСЕ
НАОБОРОТ
ВЫЗЫВАЮТ
ЦАПЛЯ
ИНТЕРЕС
ЛЮБОЕ
ВЕДЕТ
РАБОТА
УГОЛ
СНИЖЕНИЕ
ЧУЛОК
БАГАЖНИК
ВЕЩЬ
ПРЕДСТАВЛЯЮТ

```
И У М Р С И М И В У У Е М С И Е М
И Н С У Е Е А С С Б Ц Д Т Ф Н Р У П
У С У Д Д Ф И И О Н М Я П И Е И Р
В У Р Ц И Н О Д У П Р С Л Ж Л А Е
С П А Л И М Ы А Е Р У Е Ц Е Ю Н Д
Е Щ И Л Е Р З Й И М Н Д А Н Б М С
К О Т О Р Ы Й В Е Щ Ь Ь П И О У Т
И Р И Е Т Н Н С В Р А М Л Е Е Г А
Н А Н А О Е О Т Ы У Ж Е Я Е С О В
Ж Б Т И Е И Д Б З Л У С И Е А Л Л
А О Е О В Т А Е Ы Н Ч О С А Р К Я
Г Т Р М И Н Е И В Р Л В Н И В И Ю
А А Е И Т И Е Е А П С М Е И И П Т
Б С С Р У С Е М Ю М Е У И Б М Т Т
Н А О Б О Р О Т Т Ч У Л О К Р И У
```

Puzzle 969

```
Ф И И Т Л О Р Е О Ц Е С И Ж С Н Т
П С Н У Е И О С Т И Н В С Е З Р Ф
Р У О Т Е Л Л Е У С Р О Р Р А Л Р
О Д Ь П Л С Т И С И С Т Т Т Д Ю А
Ф Р Т Е А В И Ж Р Е Д Ы В В А Б Г
Е У И Д З С Е Т М О П Е И У Ч О М
С Г Т Р А И Н М А Е М У Я С А В Е
С У Я Т К Я М О Х Р М А Н А Р Ь Н
О Я В И О У О С О М У Т Ы Р С А Т
Р Р С Р П Н Е К Р О В А Т Ь Т О
С О О Л Е И М Е Т И У Б С Б У Н Т
И Н П П И С Ы Р П Р О Г У Л К А И
А Л Ф Л Н Д У С Р Е И Т П Л У М Т
А У С Й А Щ О Р П Е Е Р Н С К Д С
М М Н М У У У Р В Ы Р А С Т И Т Ь
```

ОПАСНО
КЛУБ
ПОСВЯТИТЬ
ФРАГМЕНТ
ЛЮБОВЬ
ПРОГУЛКА
ДРУГ
ХОМЯК
ПУСТЫНЯ
ВЫДЕРЖИВАЕТ
ЗАДАЧА
СЫР
ЛЕТО
ВЫРАСТИТЬ
РОДИЛСЯ
ПРОЩАЙ
КРОВАТЬ
ПОКАЗАЛ
ПРОФЕССОР
ЖЕРТВУ

Puzzle 970

БАРАБАН
ОРУЖИЕ
УТЕЧКА
ФУНДАМЕНТАЛЬНЫЕ
РЕЗУЛЬТАТ
РАСШИРЬТЕ
БЛОК
ЗНАЧИТЕЛЬНЫЕ
ЛЕСТНИЦУ
СПУСКАЮТСЯ
ПОЛА
АНАНАС
ПОЛИТИКИ
ЗАКЛЮЧЕНИЕ
ПУТЕШЕСТВИЕ
ШПИНАТ
ПРЕДОТВРАТИТЬ
ГЕОГРАФИЯ
НЕСЧАСТНАЯ
ПОСТАВИТЬ

```
П Р Б П И И У О С Р Т И Б П Е А Е
О Е Л О Д Р Е А И У И С Т У У О Е
С З О Л Н Т А А Е У Ц И Н Т С Е Л
Т У К А Н Я А Н Т С А Ч С Е Н П З
А Л С Е С Р Т Е Ь И Г О У Ш Н С Н
В Ь О Ь Т И Т А Р В Т О Д Е Р П А
И Т М Е И К И Т И Л О П У С Р У Ч
Т А Н И П Ш Т Д Ш И В Т Л Т И Т И
Ь Т С В Е А О У С И Л А О В И Е Т
Б А Р А Б А Н Б А А О Ц У И Ф Ч Е
И У Л М Т О О А Р И Н М С Е А К Л
И И Т Л У Т Г Е О Г Р А Ф И Я А Ь
Ф У Н Д А М Е Н Т А Л Ь Н Ы Е Н Н
С П У С К А Ю Т С Я Р С Е А У И Ы
О Р У Ж И Е З А К Л Ю Ч Е Н И Е Е
```

Puzzle 971

```
И Е Е К Р У С Я О Н Н Т Й Т И Т Р
А Л А Р Е С А Т И Е Е Е Ы Н С И Е
Ц Ь Т А В И Ж Л А Д О У Н П Р П А
И Е Р С Ы Р Л У Т И С Ь Д А А Е Р
Д Р М Н Н У Р И Я С Ь Т А Г И В Д
П О Т Ы И Д Е Р С Т Т Е П С А О Т
Р О С Й Н И Е С Ь М И Р А У И Р А
Д А Д Т В С О Е Т С Е Т З А Б О Р
И Р С А А Н Е Л А П И О Ф М Е А С
В У О Е Р Т Е Р Щ Р С М Т Р П Т Т
Ы Р Е Т Б К О Л Б П И С У А Р Н А
Ж Л С Е Т Е И Ч О О С Р И М Е С Р
И В У Б О Е Е С Н Е П Л Р Т Е С Ш
Т О У У О В Т С Й О К О П С Е Б И
Ь Р А З Р Е Ш Е Н И Е Т А Й Н А Й
```

ЕЕ
ДВИГАТЬСЯ
ТАЙНА
КРАСНЫЙ
ВЫЖИТЬ
ОБЩАТЬСЯ
ТЕСТ
СЕБЕ
БЕСПОКОЙСТВО
ОБУВИ
ПОДАРКИ
ЗАБОР
РАЗРЕШЕНИЕ
СМОТРЕТЬ
РАВНИНЫ
СРЕДИ
СТАРШИЙ
ДОСТАТОЧНО
ОДАЛЖИВАТЬ
ЗАПАДНЫЙ

Puzzle 972

СМЕСЬ
ТОЧНОСТЬ
БОЛЬНО
ФОТОГРАФИЯ
ИЗБЕЖАТЬ
ВПЕРЕДИ
СРОК
ХОККЕЙ
РАССМОТРИМ
ГОТОВ
СОДЕРЖАТЬ
УСТАЛЫЕ
ПРАВИТЕЛЬСТВО
ОСЕЛ
ЧЕТКО
ГУБЫ
СЦЕНАРИЙ
УРОВЕНЬ
ЖЕСТКАЯ
НАПРАВЛЕНИЕ

```
Р С И О О Т П И Е М Е О Н Р С С Т
Н О Н М Т Г О Л З Ы А Л И И Р У У
О Д Б Л О И Н Т И Б И Е Л И О И Е
Й Е К К О Х А П И У Е Е О Р К Д С
О Р Т Р Т У С Г У Ж О Л Т Е А
С Ж Ф О Т О Г Р А Ф И Я Я А Я Н Р Р
Л А С Ц Е Н А Р И Й Я А К Т С Е Ж
О Т Р А С С М О Т Р И М А А Ь П И
У Ь М Н П Р А В И Т Е Л Ь С Т В О
Р В С О Я У И О Н С М Т Е Т Т М Р
О К Т Е Ч В Е Т Д Н У Р Р С Н М Т
В Я И Т М Е Е О В М И Р У Е О И Н
Е Ы Л А Т С У Г Б О Л Ь Н О Т П О
Н Н А П Р А В Л Е Н И Е А С О П В
Ь Т С О Н Ч О Т С С Д Р С О О П У
```

Puzzle 973

```
В Н О А У У У И М Н Т М У Р П П Ф
М Ы Л Я В О Л Н А Б В И Ь Т У Р П
Е Р Д О М Т Ы Ц И Н А Р Т С Т И В
М Е В Р З В Е З Д У И Р И П Е С Ы
З Т А Р А Б Ь Д А В С Р Н О Ш У Д
А В О З В Р А Щ Е Н И Е Ч Л Е Т А
П З Н А М Е Н А Т Е Л Я О О С С Ю
А Д Э У О У Р С Е И И Е Т С Т Т Щ
С О Е К Н И А Ф У С У О У А В В И
Д Ж М Р С Ф О Д Д Е И Н С И И О Й
Е Д Р Т И П А Н У Е Л Ч С О Я В С
С Ь И О А Е Е Ы Н Т С Е М Н И А Я
Я Ф О И А У С Р И Л У Н Т У Е Т Р
Т М Я И Н Е Ч Е Т О В О Р К Т Ь И
Ь Л Е Е У М А О Н О А К И У И О С
```

ВОЛНА
УТОЧНИТЬ
ДОЖДЬ
ПОЛОСА
ПРИСУТСТВОВАТЬ
СТРАНИЦЫ
МЕСТНЫЕ
КРОВОТЕЧЕНИЯ
БАР
ВЫДАЮЩИЙСЯ
ЗАПАС
ДЕСЯТЬ
КОНЕЧНО
СВАДЬБА
ЭКСПЕРТ
ВОЗВРАЩЕНИЕ
ВЫДРА
ЗНАМЕНАТЕЛЯ
ЗВЕЗДУ
ПУТЕШЕСТВИЯ

Puzzle 974

ОБЯЗАТЕЛЬСТВА
ДОСТИЖЕНИЯ
ДАВАЛИ
ГЛУБОКИЙ
НАЗНАЧИТЬ
ЗИМА
БЛУЗКА
ОТЛОЖИТЬ
СПОСОБ
БЕССМЫСЛЕННО
БУДЕТ
ВОЗМОЖНОСТЬ
КНИЖНЫЙ
БЫВШЕГО
ВНУТРЕННЯЯ
БОЛЬ
ВЕС
ГОРЫ
НОРМУ
ОЖИДАЕМЫЙ

```
С Т О Р Б О С О П С И И Р Е Р И Н
И А Ж А И Е И С Г Е Е Й М А Е Д У
В В И У Т Ц С С Е Р П И И Д Б О И
Н У Д Е Й С Р С А Н О К М Р Т С Е
Е М А Н Ы В Т И М О У О У Т С Т Е
У А Е О Н Т О О И Ы Т Б Е Т Л И Н
И П М Е Ж О Е З З О С У Н С Т Ж И
Л Т Ы П И Г Р Е М И Ь Л О Б П Е И
А Т Й Г Н Е С М М О Е Г Е Т О Н У
В Е С О К Ш Л Т У И Ж Д Т Н М И Б
А С У Р Д В Ь Т И Ч А Н З А Н Я У
Д У С Ы Ы Л И Ь Т И Ж О Л Т О Д
М Р Е М А Б Б Л У З К А Е С У Т Е
Л М Ц В Н У Т Р Е Н Н Я Я И Т М Т
О Б Я З А Т Е Л Ь С Т В А Е Ф Ь И
```

Puzzle 975

М	У	Д	В	З	А	Я	В	Л	Е	Н	И	Е	О	Р	А	У
И	А	О	Е	Е	Ы	Н	С	У	К	В	У	М	С	И	А	П
И	М	А	Ы	С	Р	Т	Г	П	М	Н	У	С	А	П	У	Р
Ф	С	А	Н	Л	Я	С	Д	О	Н	Ь	Е	Н	Е	С	Е	А
С	Р	С	Ч	У	С	Т	И	Н	Д	Т	Ш	У	М	Д	Р	В
Р	П	И	И	О	Д	Н	И	Я	Е	И	Ь	Р	Р	У	И	Л
А	М	Т	Л	А	А	У	Р	Л	Н	В	Т	Е	Т	С	К	Е
Г	А	Л	С	Т	У	К	С	Т	Е	А	А	Д	Е	Н	Ь	Н
Н	Д	О	С	Л	Т	Р	Т	Е	Т	Т	В	С	М	И	Л	И
Б	Г	В	У	А	Е	М	И	Т	Т	С	И	Р	О	П	У	Е
Т	О	И	П	Е	О	М	Т	И	С	О	Ж	Е	М	В	С	Т
И	К	И	Н	Ж	Е	Н	С	Д	О	П	Л	Ф	Р	А	О	О
М	О	Л	О	Т	О	К	Л	Е	Л	И	А	С	Е	Ш	С	Т
И	А	С	Е	И	А	С	С	В	Р	И	Д	И	Т	Л	Р	И
О	Р	Т	Д	Я	И	Ц	А	В	И	Т	О	М	А	Е	Е	Р

ГАЛСТУК
ДЕСЯТИЛЕТИЕ
ТЕРМОМЕТР
ВАШ
МОЛОТОК
ДЕНЬ
ВЕРСИЯ
ГОД
ШУМ
КОГДА
ПОДСНЕЖНИКИ
УПРАВЛЕНИЕ
ВКУСНЫЕ
МОТИВАЦИЯ
СОСУЛЬКИ
ЗАЯВЛЕНИЕ
ВВЕДИТЕ
ЛИЧНЫЕ
ПОСТАВИТЬ
ОДАЛЖИВАТЬ

Puzzle 976

ОТХОДЫ
МУЖЧИНЫ
СТОРОНЫ
ЗАРЯД
БОБ
ТРАДИЦИОННЫЕ
ЮРИДИЧЕСКОЕ
ФЕРМЕР
КРИК
ХОЧУ
МНОГО
ТЮЛЕНЬ
СЛАБЫЙ
ПАРЕНЬ
СМЫСЛ
ВМЕСТО
ПРЫГНУЛ
ВЫБРАТЬ
ВСТАВИТЬ
КОЛИЧЕСТВО

Ь	Т	А	Р	Б	Ы	В	С	М	Р	Е	Л	Р	В	М	Н	М
О	Ю	У	Н	Е	С	И	Л	У	Н	П	И	Е	С	У	О	Д
Р	Л	У	Е	Е	И	Р	А	С	Л	О	О	Р	Т	Ж	Б	С
О	Е	Е	И	Н	Т	А	Б	У	М	И	Г	Е	А	Ч	И	Р
И	Н	М	И	Е	Е	С	Ы	У	Т	Т	Е	О	В	И	Т	Е
Ф	Ь	Л	Н	Е	Л	Н	Й	Д	Я	Р	А	З	И	Н	У	О
А	Е	Р	П	И	О	Р	Н	С	О	Е	Е	У	Т	Ы	У	Е
К	О	Л	И	Ч	Е	С	Т	В	О	Х	И	И	Ь	Ф	У	О
Ю	Р	И	Д	И	Ч	Е	С	К	О	Е	Т	Л	Л	Е	Ь	С
П	Р	Ы	Г	Н	У	Л	Е	И	А	С	Т	О	Р	О	Н	Ы
А	С	М	Ы	С	Л	Х	Е	Р	С	А	У	Р	Е	Е	Е	И
Т	У	М	Б	Е	Р	О	У	К	И	Т	Я	У	М	Е	Р	О
И	У	И	Б	О	Л	Ч	В	М	Е	С	Т	О	Р	М	А	И
Г	С	П	С	А	Б	У	Н	У	М	С	Е	С	Е	Л	П	Т
Т	Р	А	Д	И	Ц	И	О	Н	Н	Ы	Е	Н	Ф	И	М	С

Puzzle 977

```
Т С Й И Щ Я Т С Е Л Б У Д У В У М
Н Т П А Р Т Н Е Р А А О И Ц Т У Л
М О А К О Р О Т К И Й У Л Е Д И С
О И О Н Ц О П Д П К Р А И Ь Н Н И
Р М Ь Т И Т Е В Т О И И А У Ш А Л
О О Д У Н В Р А Л Е Л П Л О У О М
З С С Т Р Т Т Ж О М О Е Я С Ц Е Й
О Т Р И И Л М Д М И Ф В Т Т Т И Я
З Ь И Р Т И М Ы Н О Р Л И Е И Е Р
Е И З А Р Б О О Н З А Р Л Е Р Т О
Р Р А Н У Т Г Р А Н И Ц Ы Е Л Р Ь
О О Г Р У Б О С М Е Я Л А С Ь В Я
Т А О В Е Е Ф О Л Ь К Л О Р Н М И
Л Е С С Х У Д О Ж Н И К А М О О Е
Т А Б Л Е Т К И С Б Т Н П И Р Н С
```

RAЗНООБРАЗИЕ
ОЗЕРО
ХУДОЖНИК
СМЕЯЛАСЬ
ТАБЛЕТКИ
БОЛЬШОЙ
КИПЯТИТЬ
ОТВЕТИТЬ
МОРОЗ
ГРАНИЦЫ
ПОЛЕТ
ДВАЖДЫ
ПАРТНЕР
ФОЛЬКЛОР
СТОИМОСТЬ
ГРУБО
ЛЕС
СИДЕЛ
КОРОТКИЙ
БЛЕСТЯЩИЙ

Puzzle 978

ПРИНЕС
ТЕТЯ
УЛИЧНЫЕ
ПЕРСОНАЛ
ОТДЕЛЬНЫЙ
ОБЫЧНЫЕ
КАТЕГОРИЯ
ШКАФ
ОПЕРАЦИЯ
ДОСТИЖЕНИЕ
ПЕРЕЦ
РИСК
РАССВЕТ
ХОЛОДНО
ВЫГЛЯДЕЛ
ОЩУЩАЕТСЯ
ПЯТНИСТЫЙ
ШЕСТОЕ
РОСКОШЬ
ГРАФ

```
Б Р М А П И М Н У Й Р О М Е М Р У
О А Е М У Е О У О Ы И О У М У У Н
С С Е Н И Р П Р П Т Н О С И И И М
С С О Р Е Л Д Д Ф С Д С Т К С И Р
Г В А А Р И С С О И Д Е П В О Т И
Л Е Д Я Л Г Ы В Е Н У О Л С А Ш В
Я Т Ш К А Ф О П Я Т Е Т А Ь И С Ь
И С А Т Х Л Щ Р И Я Ы С Н С Н Ц Е
Р В Р Е О Т У Р Ц П Н Е О С М Ы Н
О А Т Р Л У Щ Е А И Ч Ш С М У Т Й
Г Р С А О Н А Е Р О И М Р Т Е С В
Е Р А И Д Ц Е Р Е П Л У Е В М Т Т
Т Т А Р Н Т М П М У И П О Т Н А
А И С Ф О А С И О И О Б Ы Ч Н Ы Е
К О Е С М И Я Д О С Т И Ж Е Н И Е
```

Puzzle 979

Р	Б	П	Н	Я	Е	Р	С	М	А	Й	И	Ш	Р	А	Т	С
А	П	Е	Р	Т	С	Н	О	М	О	Р	Н	Т	П	К	Е	У
С	О	Р	С	И	И	А	Р	В	С	Т	Т	С	И	Л	В	Т
С	Ф	Н	О	П	В	Р	Е	Р	Р	Н	Е	М	Т	Е	С	С
Ч	И	Н	Л	Д	Л	Ы	Ж	Е	Л	Е	Р	Л	О	Д	М	У
И	И	Й	П	Р	А	А	Ч	Т	Н	И	Е	Ф	Е	Т	И	Б
Т	Т	Ы	И	С	У	В	Т	К	Г	Ц	С	З	Е	О	И	О
А	Е	В	Т	Е	Е	А	Ц	Н	А	А	Н	А	М	У	А	В
Т	К	О	Ш	Р	О	Г	Т	А	Ы	П	Ы	Д	И	Е	У	Т
Ь	С	Т	Ч	А	С	Т	О	А	И	Й	Е	Н	М	Т	Н	И
И	Л	Е	М	О	Т	Ы	Л	Е	К	А	Н	Ю	Е	С	У	И
О	Е	Л	Р	С	С	Р	Н	Ф	С	Я	О	Ю	И	Т	А	П
У	Р	О	В	Е	Н	Ь	С	У	Ч	И	Н	А	Р	Г	О	Е
А	М	И	Ь	Ч	И	Л	О	Р	К	Т	У	Р	П	И	О	И
А	Н	Ф	А	Е	Т	Е	Т	А	Т	О	М	Н	О	Й	У	У

БЕСПЛАТНЫЙ
ПРИВЫЧКА
ЗАДНЮЮ
ГОРШОК
ЖЕЛЕ
ИНТЕРЕСНЫЕ
АТОМНОЙ
РАССЧИТАТЬ
ПАЦИЕНТ
ОТДЕЛКА
ФИОЛЕТОВЫЙ
МОТЫЛЕК
КРОЛИЧЬИ
ОГРАНИЧУСЬ
ЧАСТО
ПРОДАВЦА
СВЕТ
МОНСТР
СТАРШИЙ
УРОВЕНЬ

Puzzle 980

КОРИЦА
РЕЗУЛЬТАТ
ПОЗДРАВЛЯЮ
МЫЛЬНОЙ
МОРЕ
ЛИМОН
СТАЛКИВАТЬСЯ
ПОЛЕВКА
ГОРНОСТАЙ
УЧИЛ
БРЮКИ
УКУС
ЛОСЬ
ТКАНЬ
МИНУТА
СПРОС
ЖЕНА
НАБЛЮДАЕМЫЕ
ЗВОНИТЕ
ОХОТА

Б	С	П	Н	М	Е	Т	И	Н	О	В	З	А	Т	Л	Ж	Р
Р	Т	Т	О	М	Ы	Л	Ь	Н	О	Й	Л	Т	У	У	Е	Е
Ю	А	Л	М	Л	М	Т	И	У	Т	И	И	О	С	Н	Н	З
К	Л	К	И	С	Е	Р	О	М	Н	И	Ч	Х	С	Е	А	У
И	К	О	Л	Р	А	В	А	А	Е	И	У	О	С	Ь	Т	Л
С	И	Р	Т	Е	Д	Т	К	Р	Т	А	О	Е	И	Н	У	Ь
Я	В	И	Е	П	Ю	О	А	А	С	П	Р	О	С	А	Н	Т
Е	А	Ц	Р	Г	Л	Я	Е	И	Е	М	Т	Д	И	К	И	А
Р	Т	А	И	О	Б	У	М	А	П	У	Р	Н	П	Т	М	Т
М	Ь	М	М	У	А	Т	В	У	С	Е	П	С	С	Т	О	И
А	С	Т	Т	С	Н	Н	Ф	Т	К	С	С	Н	У	Т	Р	Л
Ю	Я	Л	В	А	Р	Д	З	О	П	У	У	Е	Т	Л	М	А
У	М	Т	М	А	У	М	Т	Й	А	Т	С	О	Н	Р	О	Г
И	Р	Е	Е	Е	О	М	И	С	Е	Т	У	Т	Т	О	Л	Т
Т	С	Р	У	Е	Е	П	И	Н	О	Р	Р	П	И	Т	А	Ц

Puzzle 981

```
И О Й Ь И И Н Е Т П Р И У Т И Р Л
К Р И Т И К А И Е Р М М И Е Р У А
П Р К И Т М У Д У И А Р И А Е Ч Г
Р Л О Т О Л Ь Т Я Н И В Б О Р И Е
И Е С С Р Е Т И Т А В Х А З Д Т Р
З Л Ы А Т У Е Е И Д М Л А П О Ы Ь
Р А В Р М Р Ч Р О Л О И Р М В В М
А Ч Н Ы Ч Е А К В Е Л С М Ф О А И
Ч Л Е В А О С В А Ж М Е Е У Л Я М
Н Т У Л С И И Е А А У П Т Р Ь У М
Ы М О С О Л О Г Ь Т И П У К Н В В
Е И О Е П В П Н И И С М У Н О М С
И В Т Л О С Е У С П Е Ш Н Ы Й Е И
У У И Л Ф И В К Ч И С Л И Т Е Л Ь
О Б Е С П Е Ч И Т Ь Т Ц М Т Г И И
```

ЧИСЛИТЕЛЬ
ДОВОЛЬНО
КРИТИКА
ЛАГЕРЬ
ВЫСОКИЙ
УСПЕШНЫЙ
УЧИТЫВАЯ
ГОЛОСОМ
ЛЕВ
КУПИТЬ
ЧАС
ЧЕЛОВЕК
ОБЕСПЕЧИТЬ
ЗАХВАТИТЕ
ТРАВА
ПРИНАДЛЕЖАТ
РУЧКА
ПРИЗРАЧНЫЕ
ОБВИНЯТЬ
ВЫРАСТИТЬ

Puzzle 982

СЕРЕБРО
СТРАДАТЬ
ГРАФИК
КОЛЬЦО
СОСТРАДАНИЕ
ГДЕ
СМЕШНО
СТРАТЕГИЯ
СВОБОДА
ДЫШУ
ЕЖ
АМБИЦИИ
НАСИЛИЕ
ШЕРСТЬ
ЗАЧЕМ
ПРОЦЕСС
КРАСКА
ДОКТОР
ДЕРЖАЛИ
ЗАДАЧА

```
Е С Д М Е С З А А Ф Л О А З С Е С
Е И М Е И Ь Т А Д А Р Т С А Т А В
П И М У С И У П Д Я О П Е Ч Р С О
У О А Г О А Ш Р С А Т И Ж Е А Е Б
С У П Ь О М Ы С Е Е Ч И Т М Т Г О
С О С Т Р А Д А Н И Е А Е Г Е Р Д
Е А М С Б К К Р Н С Д И Т Д Г А А
Б Н М Р Е С О М О Ф Р Л Л Е И Ф А
А М М Е Р А Л У Е И А Т М И Я И У
Р М У Ш Е Р Ь Д Е Р Ж А Л И С К Ф
Р М Б Т С К Ц П Р О Ц Е С С Т А У
Р М И И М А О Д О К Т О Р Ф А С Н
Р Н И С Ц Е О С Л О О Л И У Е Е Н
У Р Т А М И С М Е Ш Н О О И Е И И
Т Р У П О С И И М У М Е Н О Т Р И
```

Puzzle 983

```
Ш Д М Д Д К Ц О Р С Т Е Т С И М Н
А С Г М У О М Т И И О Е Е Л Е А Е
Т Ч О У С М Т Н Ф Ц А С Д Т Б Т С
К П Л Е И П О А В А С А Е Е Ь Ь М
И В О Е Я А И Р Е Н У И С Д Т И О
Й О Т Ц Н К Р У К О Я Т К А И С Т
О И А И И Т С Т Р А Н Н А Я Б П Р
А А М К А Н Е Я Р Л Е В Р Е Р О Я
М Т О Л М Ы П О К А З А Т Ь Я В Р
П Т Т Е О Й И И М Т Е П И Т Д Е Т
Л Р С С Г П О Р Т Р Е Т А А М Д Р
С И В О О Д А Л Е К О У Я Л М Ь Е
Р О С М Ж У Б А Л Т У А Т П У О О
В Т Р Ы О Б Е С П О К О Е Н Н Ы Й
Е Т Е П Р Е Д О Т В Р А Т И Т Ь С
```

СОСЕДИ
ЦИКЛ
СТОМАТОЛОГ
МАТЬ
ОБЕСПОКОЕННЫЙ
СТРАННАЯ
ОЖОГОМ
ПЛАТЬЕ
ПОКАЗАТЬ
ШАТКИЙ
ДАЛЕКО
ИСПОВЕДЬ
РУКОЯТКА
КОМПАКТНЫЙ
БИТЬ
НЕСМОТРЯ
ЧЛЕН
ПОРТРЕТ
ЛИСЫ
ПРЕДОТВРАТИТЬ

Puzzle 984

ПЛАН
УДАЧЛИВЫМИ
УЧЕНИЕ
ПРОТИВ
ХОРЕК
БРАТ
НЮХАТЬ
ЗАВТРАШНИЙ
НАДЕЖДА
ОСНОВНЫЕ
СЕТЬ
ЯЗЫКОВОЙ
НОС
ПЕРВЫЙ
ОБЕЩАНИЕ
ЖИВОПИСЬ
СВЕТЛЯЧОК
ЛЕОПАРД
СТРАХ
ХОККЕЙ

```
П Р О Т И В И Х Е И Р Х О К К Е Й
Ц У Я А И У Н О У Р У О С О К С С
О С М Р И Т Т Р Л Р Н Я Ц А О А Р
И Б Е Б Т С С Е Е Т О Е О М Ч М Г
У Л Е В Р Я М К Т Н У С Д О Я У Л
С Ч Т Щ У Л Ц О А Й Ц Т М У Л Д Е
М Е Е П А О Е Е И И Е У Н Й Т А П
С И Л Н Е Н Е О С Н О В Н Ы Е Ч О
И У С Т И С И С О Ш Б В Т В В Л П
И Е И И О Е Е Н А И О И Р С И О
Я З Ы К О В О Й Д Р А П О Е Л В И
Ц Ь С И П О В И Ж Т Н Т У П О Ы М
С Т У Н С Л У Е Ц В С Т Р А Х М Н
Р Е Т Д И М А Ь Т А Х Ю Н Е В И И
А С Р И Е О И Н Т З Н А Д Е Ж Д А
```

Puzzle 985

```
У И Л Ц И О Т Е О Т Е Ш Е У Е Т Д
У Ч Е Н И К У Р С Е Е В О В У У И
А Т А П Н Т П У А М Т Е С И Р И С
Г О Л О Д Н О Е У Т Я Д Т Д У П И
С Н Ф А И Р О Л Д И А А Е Ф С М
Л Н С С Р У О Т У Ф Ц Т Т Т Л Л У
Н О Е Т О С Р И Т Б Р Е Ь Ь О Т Е
А Ф Т Р Л Ь Т И Ж О Т Ч И Н У В
Д Е В Я Т Ь В Е Н Е П Л Л Р Т О А
У Л Т Д О Т Н Л Е Т М И Е И С Я Ж
Н Е Е Я Р И П И Е Ф С Т Р З Т А Н
П Т Е Д М А Л О Т К М Ц И Л Н И О
Т Р С Н С С Й Ы Н П А З Е Н В И Е
О И М Е О Р О И П Е М Е Р С И Л А
П Р И Е М С П Р Е С С Е Т Б А М Т
```

ИРИС
ТРАТИТЬ
ОТВЛЕКАЕТ
ДЕВЯТЬ
РАД
УВИДЕТЬ
УЧЕНИК
УНИЧТОЖИТЬ
РОТ
ШВЕД
ПОРЦИЯ
ТЕЛЕФОН
МАЛО
ГОЛОДНОЕ
ВАЖНО
ВНЕЗАПНЫЙ
БОЛЕЗНИ
ПРИЕМ
ДЯДЯ
ПРЕСС

Puzzle 986

ЗАХОТЕЛ
СОПРОВОЖДАТЬ
ВЕДЬМА
АВТОМАТИЧЕСКИЙ
МУЗЫКУ
ТРЕВОЖНО
БЕЛКА
УЧАСТНИК
ВЕТЕР
ПОПРОБОВАТЬ
НОСОРОГ
КОПЫТО
УТРОМ
УВОЛИТЬ
ПОЛИЦЕЙСКИЙ
ЧИСТАЯ
ТРАГИЧЕСКИЙ
ИСКАТЬ
НЕБЕСА
ДОСТАТОЧНО

```
И У У С Р У Т Т Ь Т А К С И Н Т М
З Т Л Ь Т А В О Б О Р П О П Р Р У
А Р Й К О П Ы Т О И М И П Ц У Е З
Х О Л И М М С С Е У О О Р Р У В Ы
О М И О К И Н Т С А Ч У О Н Т О К
Т Н Е Б Е С А Б Е Ф Л Е В О Р Ж У
Е Ч У Р И Р Й И Е А П У О С А Н У
Л Е И А М Ь Д Е В Л Р Н Ж О Г О У
Л Т У С О С У У Ц Л К О Д Р И О В
Ц С Ф У Т Т Е Н У И У А А О Ч В О
О Н Ч О Т А Т С О Д Л И Т Г Е М Л
В Е Т Е Р Т Я И И Р Я О Ь Е С С И
Б Л Ф П У Т У Т Н А Н Е П О К О Т
А В Т О М А Т И Ч Е С К И Й И У Ь
А Е Р В М Т С М Е О С Ф У Л Й Г Т
```

Puzzle 987

С	Т	Г	И	М	И	Н	Д	А	В	П	О	П	И	И	С	О
И	К	О	Р	С	Е	А	С	С	Н	Ы	Р	Т	С	Н	М	И
М	С	С	Е	М	В	И	У	Р	О	А	Ш	Х	С	Т	О	И
З	И	У	У	П	С	Ц	О	О	И	С	Н	Е	О	А	Е	Л
Е	А	Д	Ь	Р	А	Т	Е	Р	К	Е	С	А	Р	Б	А	О
М	С	А	А	А	Н	А	Н	Е	М	О	Н	В	С	С	Б	Д
Л	С	Р	А	Ч	Й	Д	Е	Л	А	Ю	Т	М	Д	Т	Т	И
Я	Е	С	И	Е	А	Б	О	Л	Ь	Н	О	Е	О	А	Р	А
Л	Й	Т	Ф	Ч	Т	У	Ч	И	Т	Ь	В	С	Б	Л	Т	О
Е	Ч	В	И	Н	Н	И	М	Е	И	С	Т	А	Ь	И	М	
У	А	О	Р	А	О	С	П	Н	М	И	У	Е	В	Б	Е	З
С	С	У	М	Я	Р	Я	П	И	У	Н	А	У	И	Е	Д	У
М	Н	С	А	И	Д	П	С	Т	Ц	Т	С	Е	Т	И	С	Т
С	Г	И	И	Р	Р	П	А	М	Т	Е	Т	Л	Ь	У	А	Н
М	Е	Т	О	Д	М	Е	Р	О	О	С	Т	М	А	А	Л	Н

УЧИТЬ
СТАЛЬ
ГОСУДАРСТВО
СЕЙЧАС
ПРАЧЕЧНАЯ
ВЫШЕ
ДОБАВИТЬ
ЗЕМЛЯ
АНЕМОН
ДЕЛАЮТ
МЕТОД
ХОББИ
БЕЗ
ВМЕСТЕ
ФИРМА
СЕКРЕТАРЬ
АНАНАС
ТАЙНА
СРОК
БОЛЬНО

Puzzle 988

ПОМИДОР
ПЛАТИТЬ
ФУНКЦИЮ
ОБРАТНАЯ
ГРУСТНО
ПОТОМУ
ЗАКЛИНАНИЕ
МЕСТО
НАПОМИНАЕТ
ИДЕНТИЧНЫЕ
СТАДИЯ
КОЛЕСА
ЖЕЛАНИЕ
КАЧЕСТВО
ЛУКОВИЦЕ
ВЕСЕЛЬЕ
МЕСЯЦ
СВЕДЕНИЯ
РАБОТА
ПОКАЗАЛ

Г	И	А	М	И	Н	З	Е	Т	А	И	С	И	У	Я	П	Е
М	Р	М	И	И	О	С	А	Е	У	М	О	Т	О	П	А	В
С	О	У	Г	А	П	Р	С	К	А	Ь	С	Л	А	И	У	М
П	Д	С	С	И	Д	И	Е	П	Л	Т	Е	Р	П	Д	И	У
Ф	И	У	М	Т	У	Т	Л	О	Л	И	Ы	С	Т	П	И	Ц
В	М	И	Е	М	Н	О	О	К	У	Т	Н	Я	Е	Р	Л	Я
У	О	И	Т	М	Т	О	К	А	К	А	Ч	А	А	В	Е	С
С	П	Р	А	Б	О	Т	А	З	О	Л	И	Н	Н	И	Ь	Е
Ж	Е	Л	А	Н	И	Е	В	А	В	П	Т	Т	И	И	Л	М
С	В	Е	Д	Е	Н	И	Я	Л	И	У	Н	А	М	Д	Е	Н
Ф	У	Н	К	Ц	И	Ю	Е	С	Ц	М	Е	Р	О	У	С	И
К	А	Ч	Е	С	Т	В	О	Е	Е	И	Д	Б	П	И	Е	Ц
Н	И	У	О	У	Р	Л	У	И	Е	Я	И	О	А	С	В	О
И	У	Р	М	А	С	П	И	И	Н	В	Е	Н	Н	Р	Е	У
М	Е	С	Т	О	Р	М	М	У	И	У	У	У	Р	Т	П	Н

Puzzle 989

```
Т Е Т И Р О Т В А Д О Р Р И П У Р
С О С И С К И А В А Т Е И Е Р О Д
Д П Е И Е Р И Д Н У Р А Л Н О С Е
Р Р О Р Д А Ж Е И У В У С И В Л В
У Т Л О Ы М Н У М И Е Д О О О О О
Ж В А В М С Т Т А Е Н У О Н Д В Ч
Е Т Е О Е Ь У Н П М У Е Л А О К
Л О С Г А О Е Н И О Т И Т Р Ь Н И
Ю Р Л З Е Ы Н Н Е В Т С Е Щ Б О Л
Б О А А К Л У Г О Р П И Я Т Я С И
Н Е М Р Ч А С Т Н О С Т И Р Т Р П
Ы Т П Л И О А Р С Н К О П Е Й К И
Й Т А Е Г У Е С С И Р Ф П Т Г И И
У Н Т Е А Е А М Т Р И Н О Р А Е Т
С И Е О А С И С О Г Л А С Е Н В П
```

РЫСЬ
ВДОЛЬ
ДЕВОЧКИ
ДАЖЕ
ДРУЖЕЛЮБНЫЙ
ДА
РАЗГОВОР
ОБЩЕСТВЕННЫЕ
ПРОВОДА
СОСИСКИ
ВНИМАНИЕ
АВТОРИТЕТ
ЛАМПА
ЧАСТНОСТИ
СОГЛАСЕН
ВТОРОЕ
СЛОВО
КОПЕЙКИ
ОТ
ПРОГУЛКА

Puzzle 990

ВЕСНА
УГОЛЬ
ОБЩИЙ
ПОТРАЧЕНО
ВЫМЕРЛИ
НЕДЕЛЯ
ЛАСТИК
ЦИТАТА
ДЖЕНТЛЬМЕН
ИМИТИРОВАТЬ
УВЕЛИЧЕНИЕ
ДЕРЕВО
УШЕЛ
СКУДНЫЕ
ШАРФ
АНГЕЛ
ПОИСК
ПОТЕРЯТЬ
ВЫДЕРЖИВАЕТ
БЕСПОКОЙСТВО

```
М Т О Т Л В Т О М А К Н О Н Ф Т Т
М И Г Р И У Ы Ф У У И П В Е С Н А
Д У О О Ф Н Е М Ь Л Т Н Е Ж Д И В
П С К У Д Н Ы Е Е Ф С В Р П Р М Ы
О Ц И Т А Т А Р Н Р А С Е П И И Д
И С С Л Н Е О М С А Л И Д О Т Т Е
С У Л У Т Г Г М Р Ш Ф И И Т И И Р
К Б Е С П О К О Й С Т В О Р С Р Ж
А Н О Е Т А О Б Щ И Й П Р А Т О И
У Н Е У Г О Л Ь О Ф Ф Т М Ч М В В
С М Г Д П О Т Е Р Я Т Ь М Е У А А
Т Е Д Е Е С А Р Б Т С М Е Н Ш Т Е
Е Е А О Л Л М Р О У Е У У У О Е Ь Т
Л У И У О М Я И О И У В У Н Л И Е
У В Е Л И Ч Е Н И Е М Е У П А Р Т
```

Puzzle 991

```
Я Р О С Т Н А Я С П П А Г У К Э О
Й Ы Н Н О И Ц А Е Р К Е Р П У К К
Й М Е Т Е Е Й Б О И Ф Е Е Е Л О Р
Ы Б У Г И О Ы А Е Л И Е Б Л Ь Н У
Н У К А Л И Т К И Г Н М Е Е Т О П
Т С Т М Е С С Е А Р Е Е Н Н У М Н
К Т Е Е Е И В С Р И М Ь А Р И Е
А У Щ Т Е Р В О В О Н С О И Н К Й
Т Х И С О Т О Л И И А У Е Т Ы А Ш
Н О С И С Л К Е Н И В Е В П Е Ч Е
О Д И С Т Т Л Ч Ь У А И А Ф Л Е Е
К Д Ф Р У У Е Т Я И Л А И И О Р Л
Ф А У Б Р С Ш Т П Н П О Н У И В У
О Л Е Н А П Р А В Л Е Н И Е О Ь И
О С Т Е П С Т П Р Е Д Л О Ж И Т Ь
```

ПЛАВАНИЕ
КРУПНЕЙШЕЕ
КАЛИТКИ
СИСТЕМА
ЧЕЛОВЕКА
РЕКРЕАЦИОННЫЙ
ПРЕДЛОЖИТЬ
ЯРОСТНАЯ
ШЕЛКОВИСТЫЙ
ЩЕТКУ
БЕГЕМОТ
ГРЕБЕНЬ
КОНТАКТНЫЙ
КУЛЬТУРНЫЕ
УХОД
ЭКОНОМИКА
ЧЕРВЬ
СВИНЬЯ
НАПРАВЛЕНИЕ
ГУБЫ

Puzzle 992

СРОКОВ
ВЫЙТИ
ПОСЛЕ
ШОССЕ
ПРИСУТСТВУЕТ
СКЛАДКУ
ЕГО
ЗЕЛЕНЫЙ
НАЧАТЬ
ТЕПЛЫЙ
БЫЛО
РАДОСТНО
ДОВЕРИЕ
БОЛЬШАЯ
АРЕНДА
СДЕЛАНО
СИРЕНЕВЫЙ
ИДЕАЛЬНАЯ
ИМБИРЬ
СМОТРЕТЬ

```
Е И Р Е П Т У Н Л Т У И А М Н О Р
М А Н П Н Р Е Е Т А К Р Ф С А И Р
В Ы Й Т И М И Д Т Т Д П Р Т О Л А
О С Ы У Л Р И С Т Е А О Т Л Р О С
К О Н Я Г С А А У У Л С М Н Л Н У
О Т Е А Р Е Н Д А Т К Л Е Г О Ф С
Р О Л Ш Р И Л Ф И А С Е У Р У Е М
С Л Е Ь У Р Ш И Т У Ь Т А Ч А Н О
С Т З Л Т Е И О М Т М Т В О П Р Т
П С У О М В И Л С Б А О Е У В М Р
У И И Б Л О М Ы М С И Е Т Е Е И Е
О Н А Л Е Д С Б М И Е Р А Т У Т Т
Р У Е Р А Д О С Т Н О И Ь У У С Ь
М Я Е Р И Д Е А Л Ь Н А Я А А Т И Т
У Т Е П Л Ы Й С И Р Е Н Е В Ы Й С
```

Puzzle 993

```
О Н А И С М П Е О Н П П Г С Р Е Н
Н А С Т Р О И Т Ь Е У И О И Л А Е
О У К И Р Л У С И З С Д Р С Ф О
П И И О Г С Т Т Л А Т Е Л Т Ы Л С
П Ь Н Е П Е Т С Р В О И И О Н В Т
О И И Т М Р С Ц И И Й Д Т Б Ц У О
Н С Л Е Т К С Е Л С К О Ж А И Е Р
Е Т Е А У А Л Н Т И Ц С Г Р И Б О
Н Р Е В А Т Ю А Е М С М А К А А Ж
Т М И И О Е Б Р У О И Л Н Р Р А Н
И П Н А У С О И Ч С П И В О К Т О
Л Ф Е Р М А В Й Е Т И С У И Т М Е
Т Ф Д Т Е М Ь У Т Ь Т Д Р М П Р Т
В М И С Е И П П К С Ь Т Ф У С П И
И М С У Р Р О Н О Н Е С В И Я Т Е
```

ГРИБ
НАСТРОИТЬ
КРАБ
СИДЕНИЕ
КОЖА
ОППОНЕНТ
КРЕСЛО
НЕЗАВИСИМОСТЬ
УСТРАИВАЕТ
ПИТЬ
ПОРЫВ
НЕОСТОРОЖНОЕ
СТЕПЕНЬ
ФЕРМА
ПУСТОЙ
КРАСКИ
ПОКА
ЛЮБОВЬ
СЦЕНАРИЙ
ЧЕТКО

Puzzle 994

ПОДАЛЬШЕ
КРОКОДИЛ
ЖИТЬ
ХАРАКТЕРИСТИКА
ПРАВОПИСАНИЕ
СТАДО
АНТИЧНЫЙ
ПЛЕЕР
КОРА
НЕТ
СЛУЖИТЬ
ЖУК
ИНДЕЙКА
НОЧЬ
ШТОРЫ
ПОВЕРХНОСТЬ
БОГАТЫЙ
СЛОМАЛ
КРОВАТЬ
ЛЕСТНИЦУ

```
К У Ж Л П Н Е Т У В Р Х Т Л Т С И
Р Н С Е Р О А Е Ш Ь Л А Д О П Л Н
О Е Т С А Р О К Р Е М Р Ж Е С У Д
К О А Т В А Е П У П А А И Ф Д Ж Е
О Е Д Н О Р О Е О И Н К Т У Ф И Й
Д О О И П Е Е Т Л М Т Т Ь М Е Т К
И И У Ц И Л Н Л У П И Е Е Л Н Ь А
Л И Е У С Л М Т Е Т Ч Р У У Т С И
У Й Ы Т А Г О Б П Д Н И Г Е А Ф С
Е У И Т Н Р Т И Р В Ы С Н У Е И П
Л Т Е М И Е Д У О А Й Т Ш О Р Е Ф
Р А А Т Е С Л О М А Л И У Т Ч П И
П О В Е Р Х Н О С Т Ь К С Я О Ь Т
Е Е К Р О В А Т Ь С Т А П П Е Р И
И Т Е Е М П П П Т С О П Т Н У С Ы
```

Puzzle 995

```
Т О Ч Н О С Т Ь Е Р Р С И А О Е Е
М Д Е М М Т У Т Р У У А Л В Т И Е
А И Ф И М Р А Т Н Е И М Т А К Р Е
П Р И В Л Е К А Т Ь Я М А Р Р В С
О С И Т О П И В Х О Д И Р И Ы Р М
Е Е К М Х Р Т Р П Е О Т О И В М П
Ю Р Т П С У И Й Э Л Ь Ф И С А Е О
Ь А О О М И Л У Ы С И Я Л И Л Н Н
Т Я Б Л И Е О Е И Н Е Д А П К И С
С Р А А Т И П Ь Т И Ч У З И А Т П
О Е Р К О Р Е Н С Р Т И Н В А Е С
Н А З Р З А В О Е В А Л Л А Н О Л
Л Т А Е Л И Е У Н М Е О А З И Д Т
О Н Р З А М Н Е В Т Т Г В М А У Т
П Р Е К Р А С Н Ы Й Е У С Р И Р И
```

ПАДЕНИЕ
РАЗРАБОТКИ
ЗЕРКАЛО
ХОЛМ
РАЗЛИЧНЫЙ
ЗАВОЕВАЛ
ОТКРЫВАЛКА
АВАРИИ
ПОЛНОСТЬЮ
САММИТ
НИЗКАЯ
ПРИВЛЕКАТЬ
ЭЛЬФ
ПОЛИТИКА
ВНЕСТИ
ИЗУЧИТЬ
ПРЕКРАСНЫЙ
ВХОД
УГОЛ
ТОЧНОСТЬ

Puzzle 996

ДУРАК
НАЗВАНИЕ
ДЕТИ
МЕДСЕСТРА
КЕКС
ПАРУС
КАРМАННЫЙ
КРОВЬ
ЖЮРИ
ШЕСТЬ
СТАНЦИЯ
ЛЮДИ
СМИ
РОДИТЕЛЬ
ПУТЬ
ВЕСИТ
РАССТОЯНИЯ
КРЫТАЯ
КУРИТЬ
БРАК

```
К А Р Б П В Т Т А Ш У Т Н О К У М
С У Р А П У Е А И Е Е М Е У Р И Е
У М Р И С Е У С К Е К С Л Р О О Д
Р Т П И С Т П Я И Ц Н А Т С В Н С
Е Б Я М Т М А Т Е Т Т У И Ь Ь А Е
Е Т И С У Ь Т И И М М Л У Т Л З С
К А Р М А Н Н Ы Й М С М У У Е В Т
О Е Т В О И Д У Р А К У И П Т А Р
М А Ц Т У С Т Р Е Р И И С И И Н А
Т Т Л Е У П Т У И Р Л Ю Д И Д И У
О О И М Р С Т С Д Е Т И С О О Е У
Е С А О И Ж Ю Р И Е И У Е Е Р Л Р
Р Ц Т М С И Т У Н И Ц О Р Е С И О
К Р Ы Т А Я И Н Я О Т С С А Р Р Е
О Н О С Т С Р У У Я Т О И С И Т И
```

Puzzle 997

```
Е Ы Р Т Е И О У М Е А З У Т Т Л Б
О Ц Р М У Т О К И Ч Ь Л А М Е А Е
Ф Н Л Н Е Т О У О И О М С Б А О Й
И Е С А П Н О Б А И У Е Р У О Н С
Д Л Е Е Ь Л Е Т А Г И В Д О Т Р Б
О Е В И У И Н У М М Н Е М С О Ц О
С С Ш Н Ж И Й О Л И Н Г П Н Т Ы Л
М О У Е И Л И Н М Л Е И С О Ч П У
О П У Л В Т М М М Е И И У В О Л И
С Е И Е А Ы А М С Т С И С Н Н Е С
У К Н Д Н Д Е Е Е О Т Н М О И Н Р
И Н О Е Е И М П О Р Т У Е Й А О И
У Е Д Р Н Н Р У Р И Н Т У Л В К Ф
Е О О П О Т Е Н Ь Х Л О П О К И М
А С И О К О Л Ы Б Е Л Ь А Е С Р А
```

КОЛЫБЕЛЬ
ЦЫПЛЕНОК
ИМПОРТ
ЧТОТО
НОУТБУК
ХЛОПОК
ПОСЕЛЕНЦЫ
ОПРЕДЕЛЕНИЕ
ДЕШЕВЫЕ
ТЕНЬ
ГНИЛОЙ
МАЛЬЧИК
БЕЙСБОЛ
СКОРО
ОСНОВНОЙ
ДВИГАТЕЛЬ
НЕНАВИЖУ
РИФМА
ЛЕТО
ЗАБОР

Puzzle 998

МЫШЛЕНИЕ
СЕДЬМОЙ
ИНДИВИДУАЛЬНЫЙ
ШИРИНУ
БРОККОЛИ
ШЕЯ
СОПРОТИВЛЯТЬСЯ
БЕДНЫЙ
ЛИШИТЬ
ТИХИЙ
ИГРИВЫЙ
СЛИВЫ
ЗМЕЯ
САЛАТОМ
НЕЖНЫЙ
КУЛЬТУРА
СКАЗАЛ
МЕРУ
УЖЕ
ПОДАРКИ

```
И Н Д И В И Д У А Л Ь Н Ы Й Ш Р Н
С О П Р О Т И В Л Я Т Ь С Я И О А
М И У С С О Д Р О С И У И У Р Р Т
Е Т Л Е К У Т Н О М Ш О А У И С У
Т П А М Е А У П И О И У У А Н Р Н
Ф П И Р С О З Ц А Т Л Р Е Б У М Н
Ш П Д И Л У Е А Л А Р У Т Ь Л У К
Е Ж У Е И Е Г Ф Л Л О И Т И Х И Й
Я Е М З В У И К Р А Д О П А Р Т О
Б Т С Л Ы А Е Н Е С Н И В С Е Т М
Ф Е А О Т О М Т Е М И М О Н Ф Е Ь
П Р Д Б Р О К К О Л И П С А М У Д
Е Т Ф Н В И М Е Р У Ш В Е И Р У Е
Р Р У О Ы П У Е У П Й Ы Н Ж Е Н С
И Т Е Я Й Й Ы В И Р Г И М У И С И
```

Puzzle 999

```
Н М С И М Д С Р Е А И М Р И С Р Т
Н Е Е Ш Ь Н Е М Р Ю З Н У Н У О А
Р О Т Л М Р Н И У А Н И Ч И Р П Й
И Н П Е Ь И Ы С О Л О В Н И С Е Н
С Р Т И Р Н Т Т Р Е Ш П О М А О Ы
У Е Л Н П П И Р Е Ж Е Е Г У И Е Р
И В У Е П Р Е Ц А Е Н Е О У С П В
У А Д Ж С Т Т Л А Е Н Т О Л Ч О К
Р Н Г Я О П Л О И Д Ы С Т Т П М Т
Э Т С Р Е У Е Р Н В Й П Р О П О Е
Е Т Т П М О А Н У Ы Т С Е М М Х
С И И А П Ш Е Н И Ц Ы Е П В А Е Н
А Р М Н У О О Н О Т М В Ф Т Е Н И
О С Т О Р О Ж Н Ы Й Ф Т Д И О Т К
Р А С П И С А Н И Е П О Ч Т И О У
```

ОТВЕТ
ТЕХНИКУ
ПОЧТИ
ТАЙНЫ
ПРИЧИНА
РАСПИСАНИЕ
ЖЕЛАЮ
ТОЛЧОК
МОМЕНТ
МЕНЬШЕ
МЕЛЬНИЦА
НАВЕРНОЕ
ОСТОРОЖНЫЙ
ИЗНОШЕННЫЙ
НЕТЕРПЕЛИВЫЕ
ВОЛОСЫ
НАПРЯЖЕНИЕ
ПШЕНИЦЫ
ЭТИ
РУЧНОГО

Puzzle 1000

ФРЕСКА
ПРЕРВАТЬ
МАКСИМУМ
ЗОЛОТО
ПОДРЯД
ТЕПЛОВОЙ
ШЛЯПА
РАССТРОЙСТВО
СУЩЕСТВО
ВЕЛОСПОРТ
СПАТЬ
САРАЙ
КРАТКОЕ
ЗАЩИТИТЬ
ВАГОН
КОЙОТ
ИМЕЕТ
ОБУЧЕНИЕ
ЛОШАДЬ
КОМБАЙН

```
Р А С С Т Р О Й С Т В О Л М М П О
Л Е И О П О Д Р Я Д У Е Н Ф А Е И
Т О З О Л О Т О В Т С Е Щ У С С Л
У Т Ш В С Р О Р Е О К Т А Р К О М
Н У Т А И У Й У М М Е Е О Н Л Н В
М Т С Д Д С О С Т Р О П С О Л Е В
Т А И У И Ь К И Д Е О Л С А Р А Й
П И К Т С О В А Г О Н О А Е В П У
И Р И С Ф Р Е С К А Т В Ш Л Я П А
В М Е Е И Н Е Ч У Б О О И М Е Е Т
У У Т Р Е М М Т Е П Н Й А Б М О К
Р Е С П В С У З А Щ И Т И Т Ь И А
А И Е В А А Е М Р С Е М Д Е Т Р Е
Т Е П С И Н Т М А И М Д В Т Д М И
Е Е Е И Е Д Л Ь Т А П С И Н С В И
```

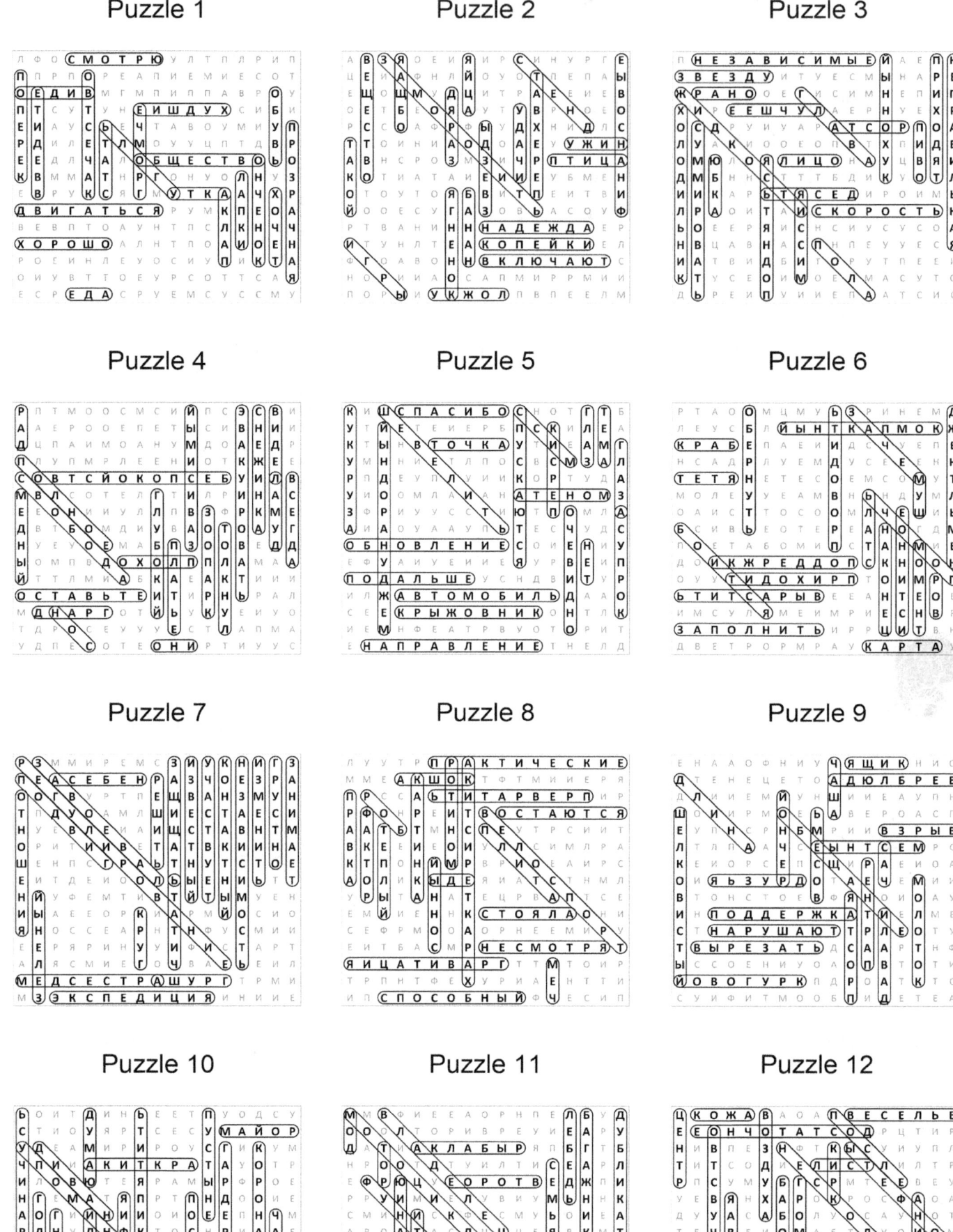

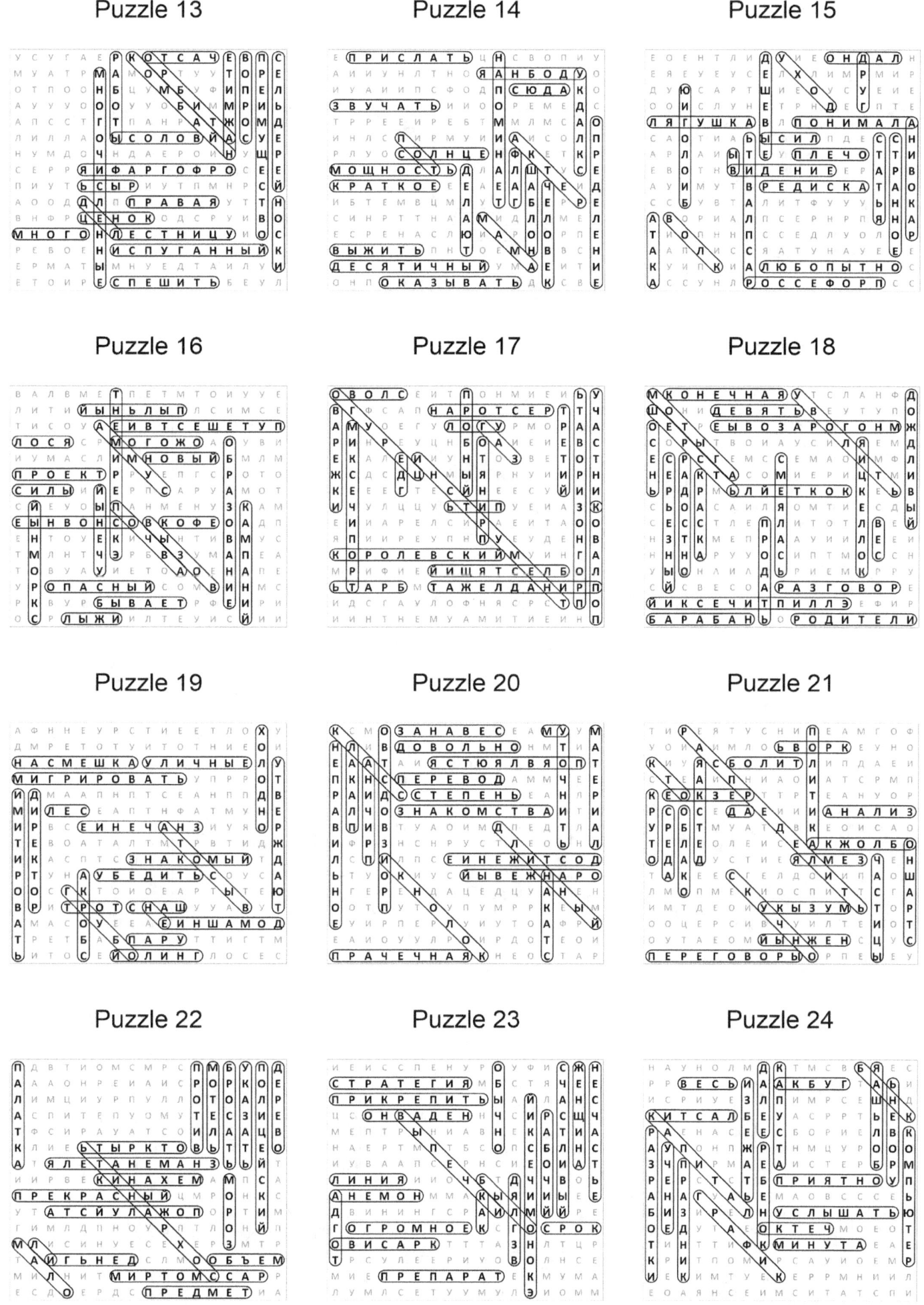

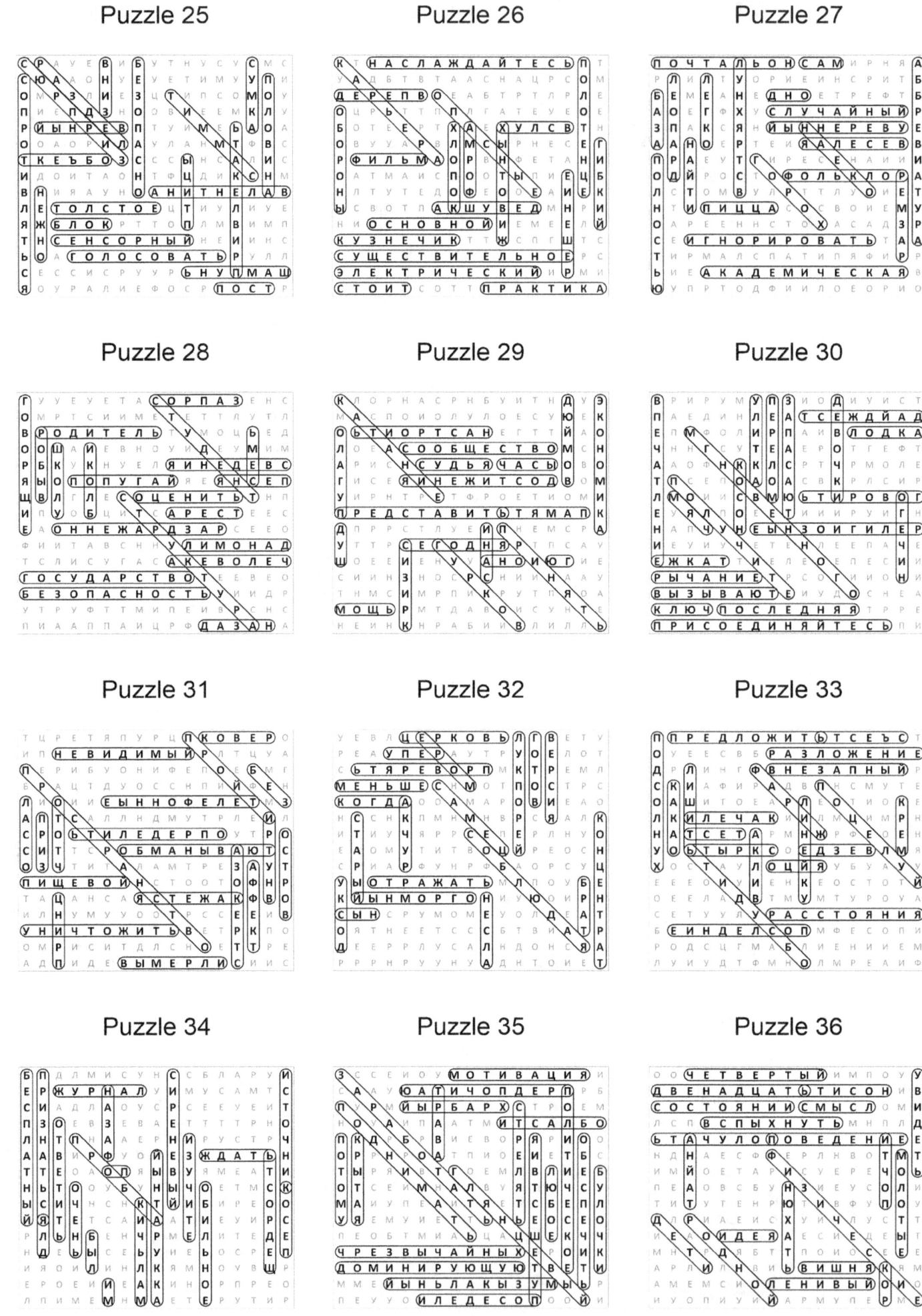

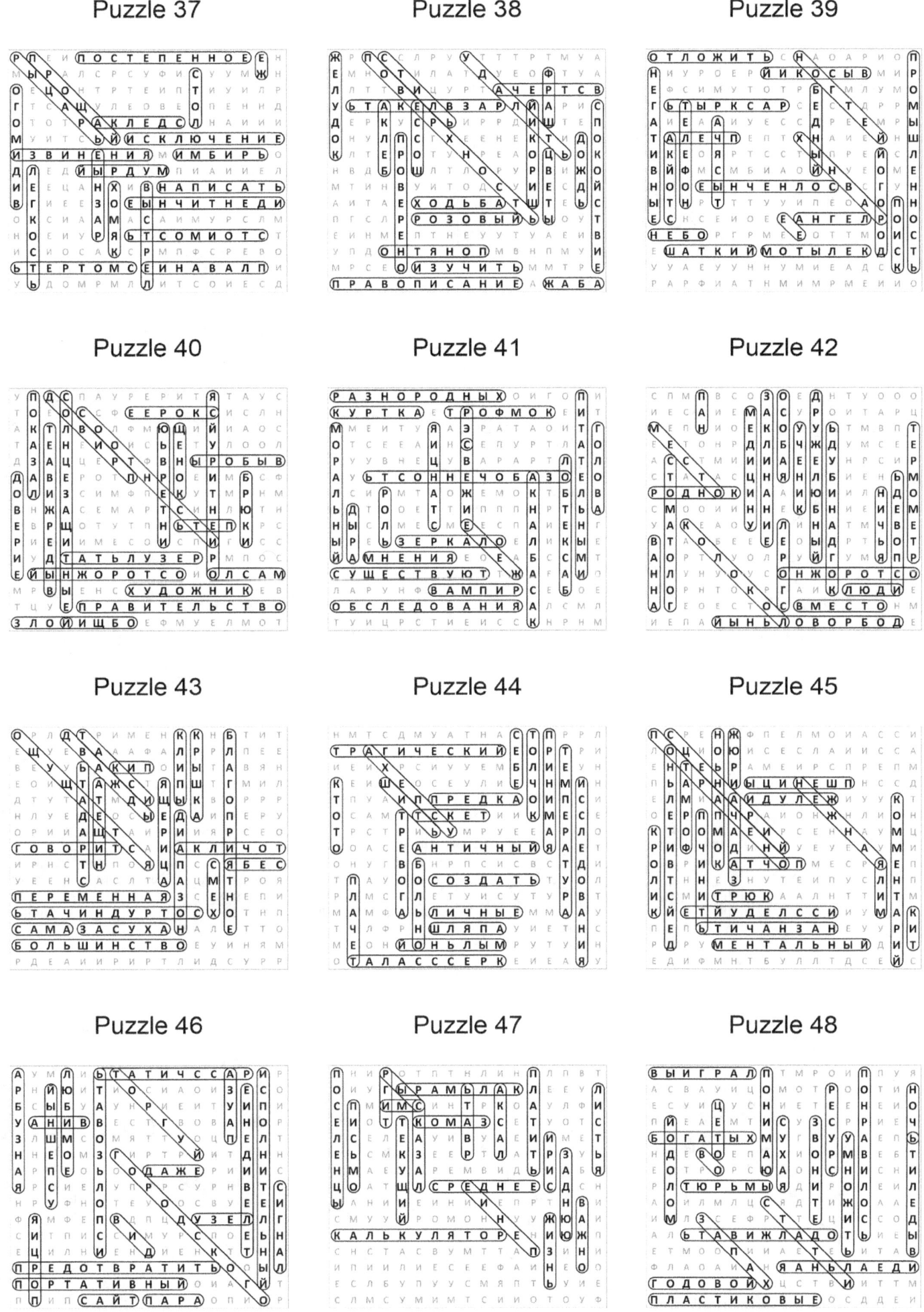

Puzzle 37

Puzzle 38

Puzzle 39

Puzzle 40

Puzzle 41

Puzzle 42

Puzzle 43

Puzzle 44

Puzzle 45

Puzzle 46

Puzzle 47

Puzzle 48

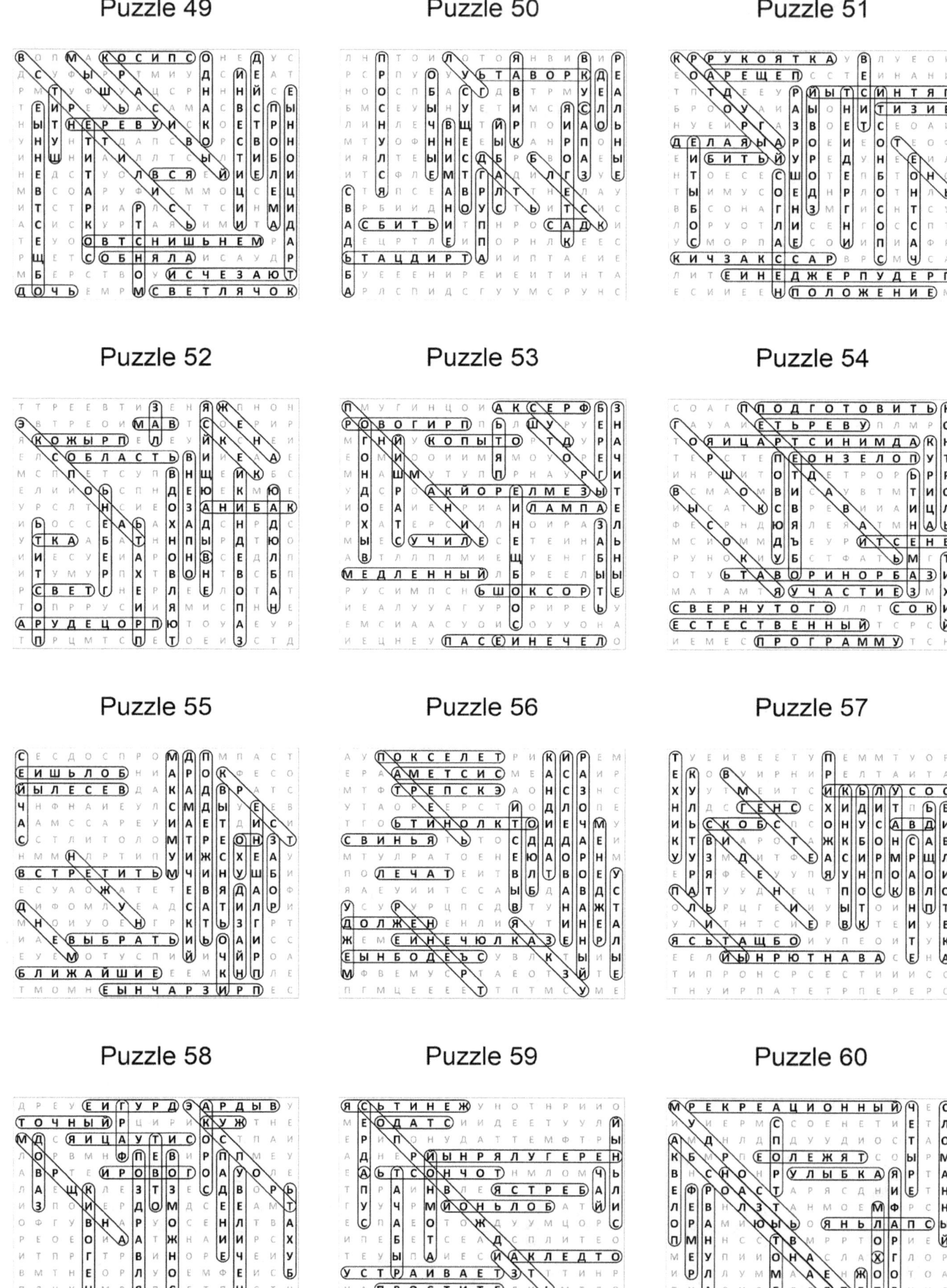

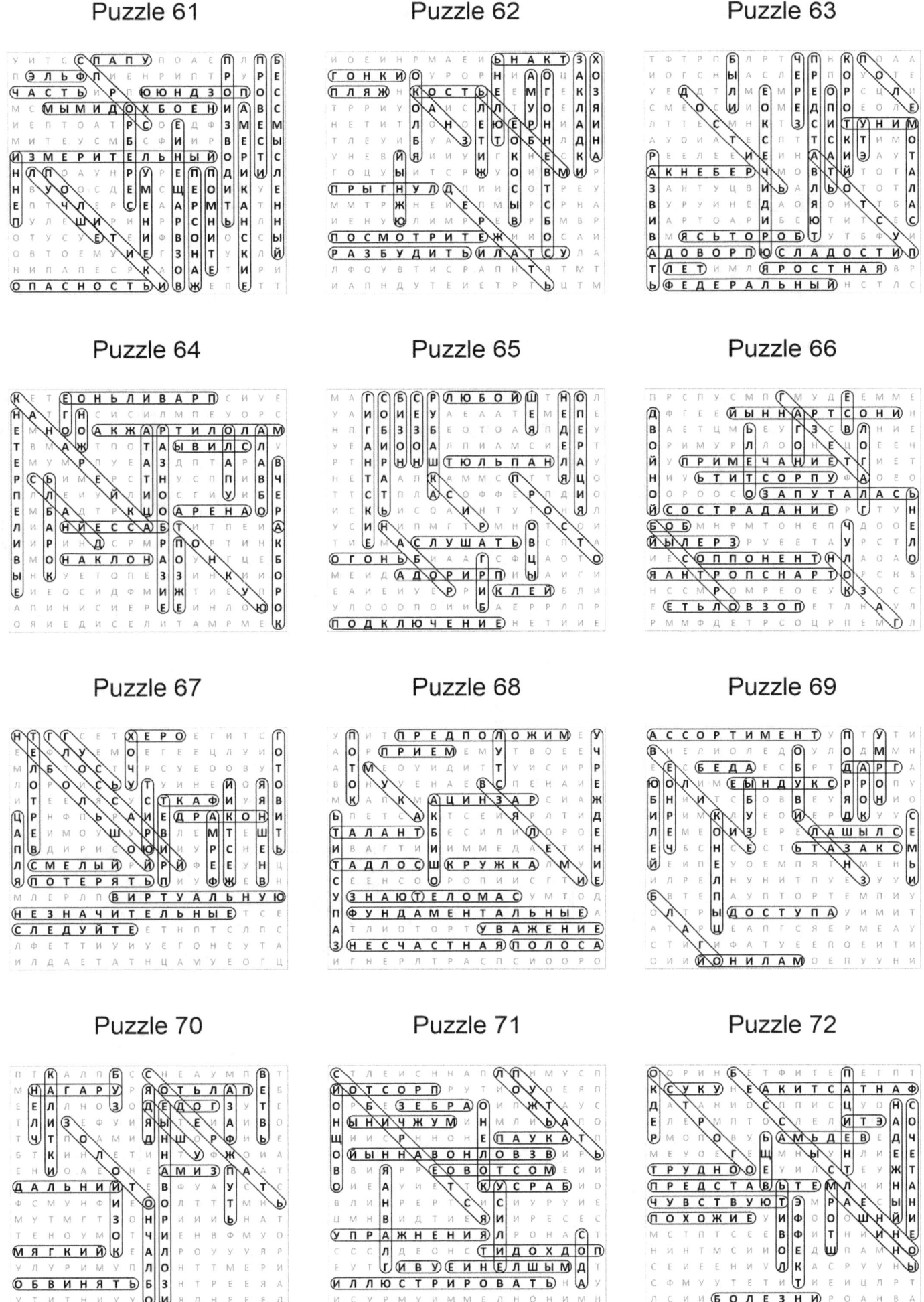

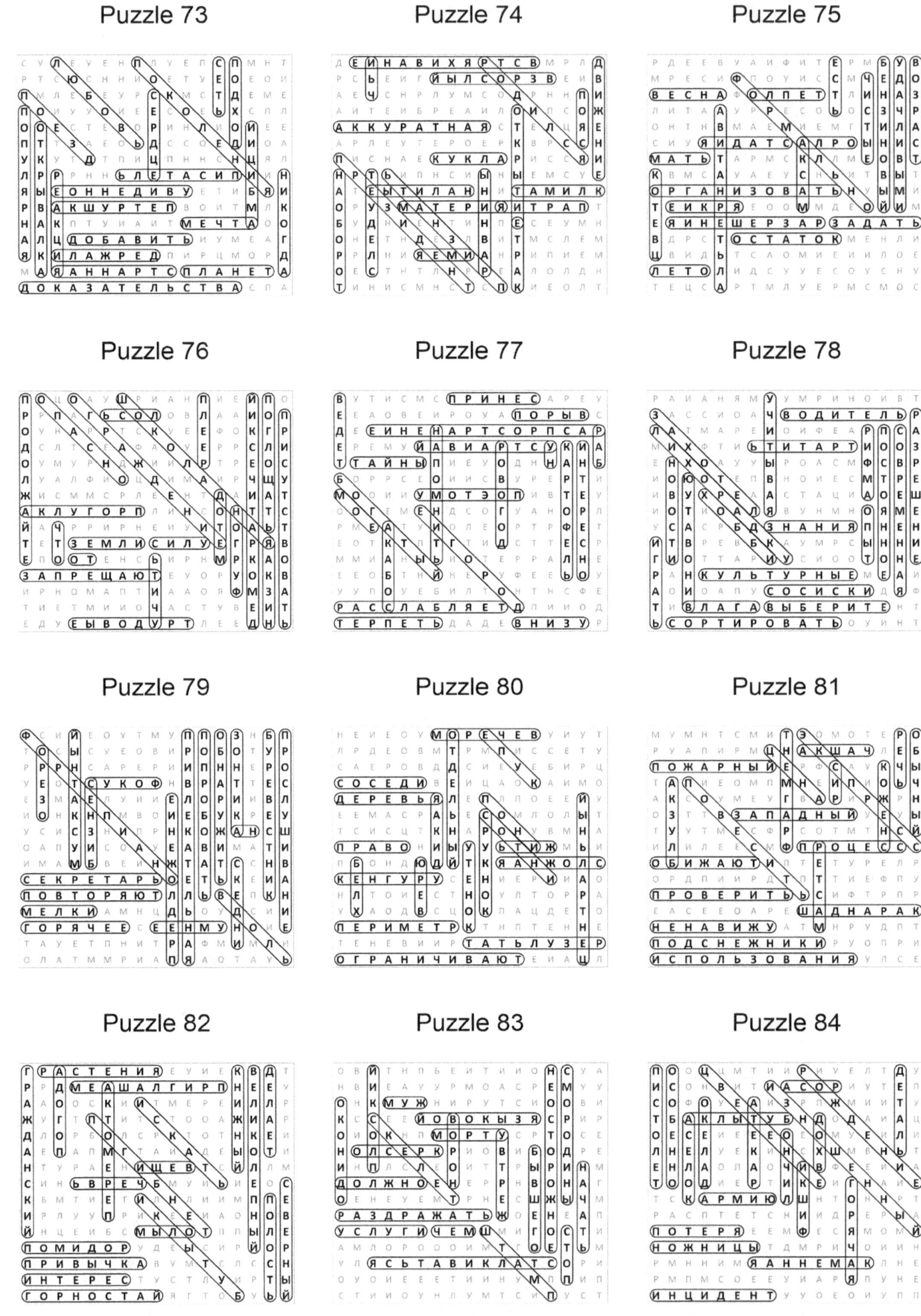

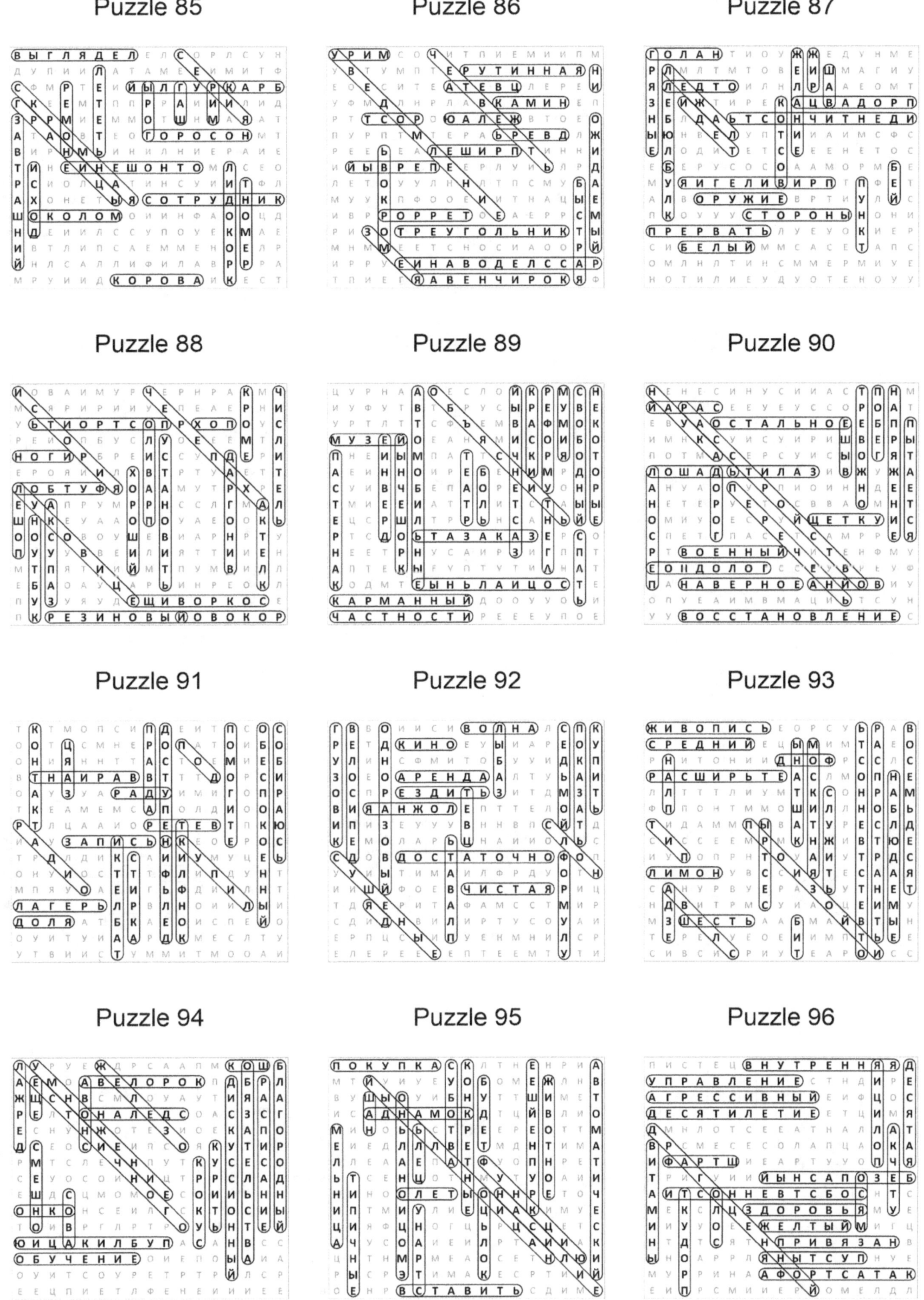

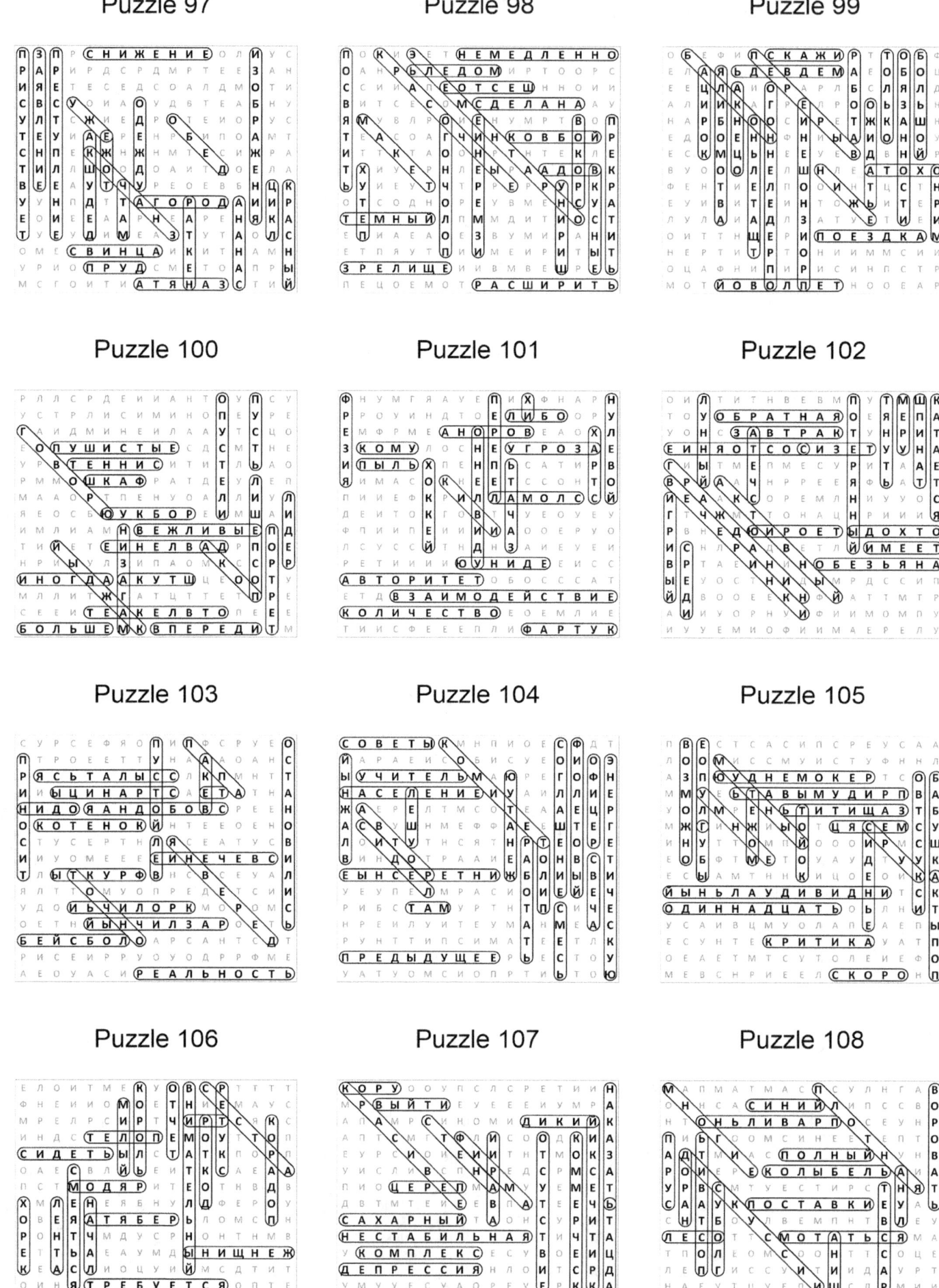

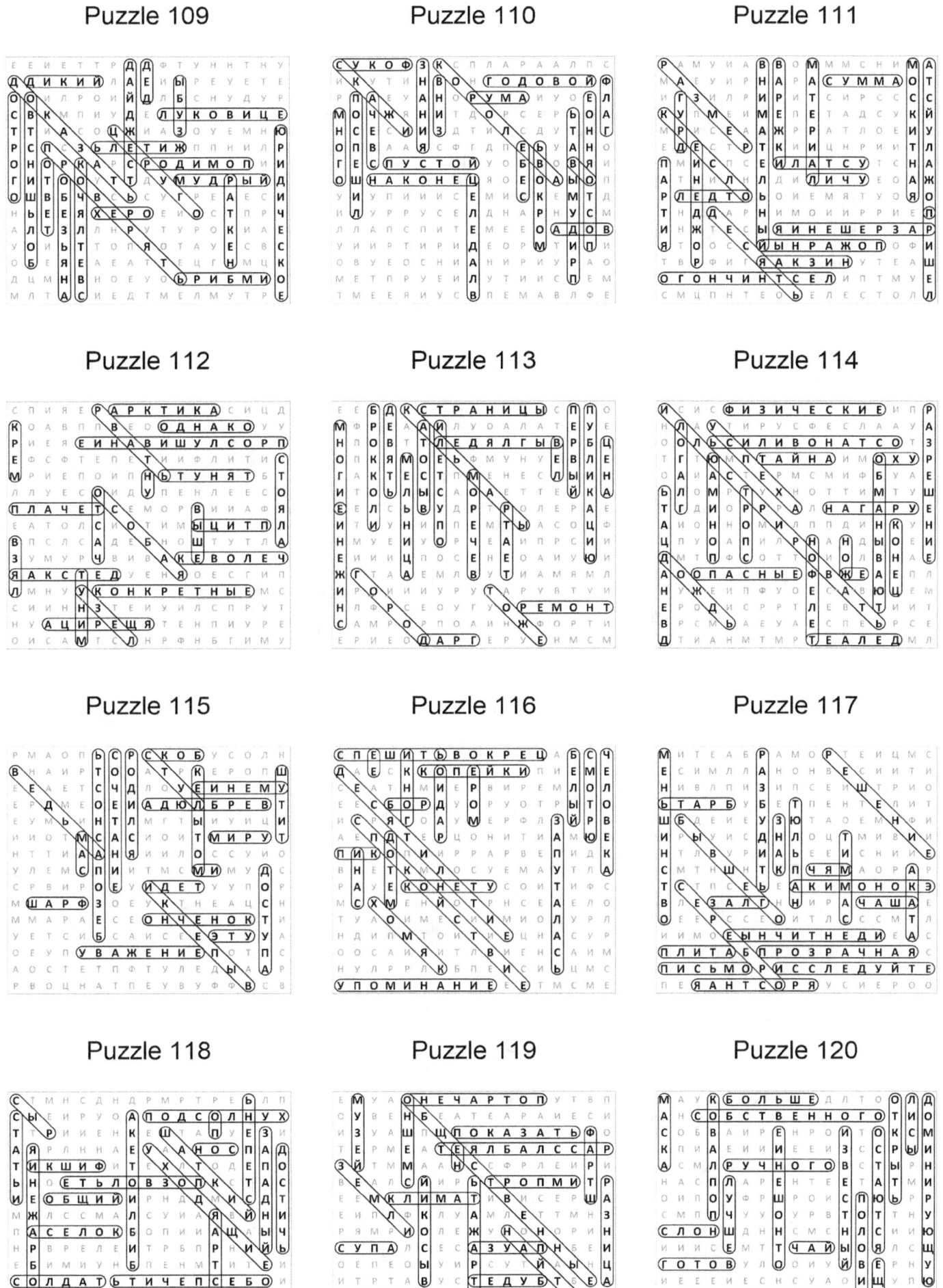

Puzzle 109

Puzzle 110

Puzzle 111

Puzzle 112

Puzzle 113

Puzzle 114

Puzzle 115

Puzzle 116

Puzzle 117

Puzzle 118

Puzzle 119

Puzzle 120

Puzzle 121

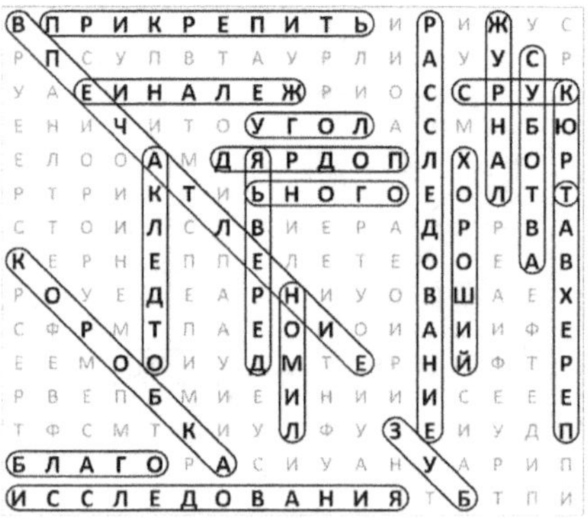

Puzzle 122

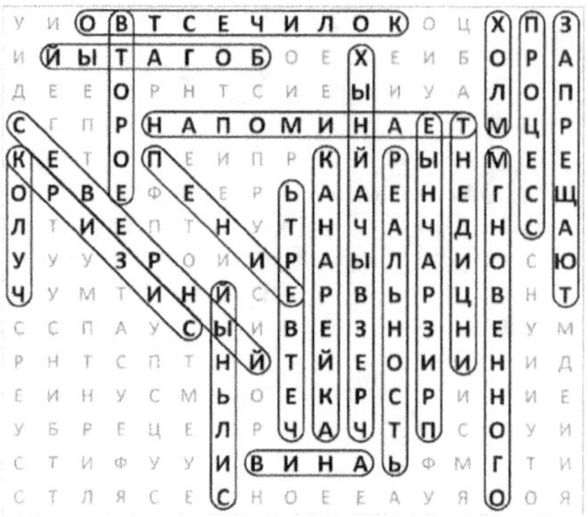

Puzzle 123

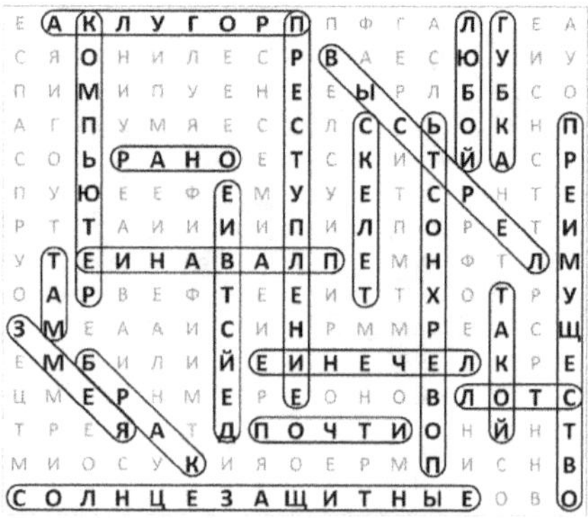

Puzzle 124

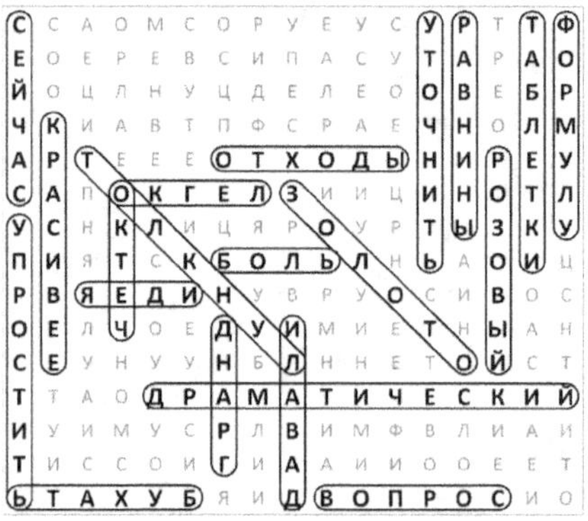

Puzzle 125

Puzzle 126

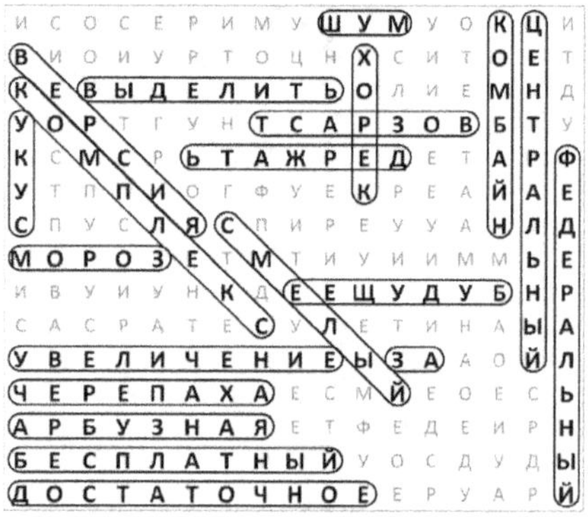

Puzzle 127

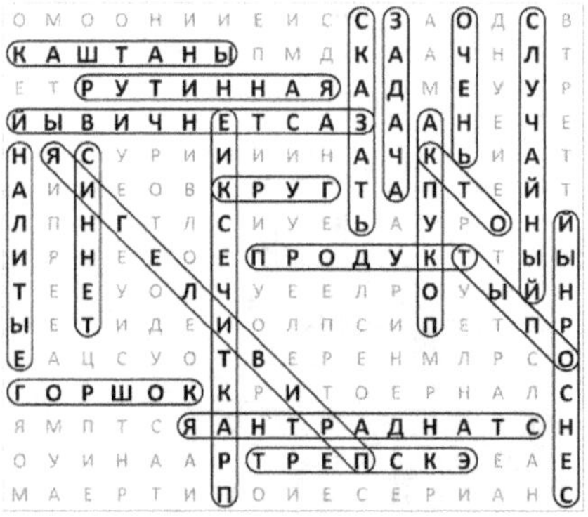

Puzzle 128

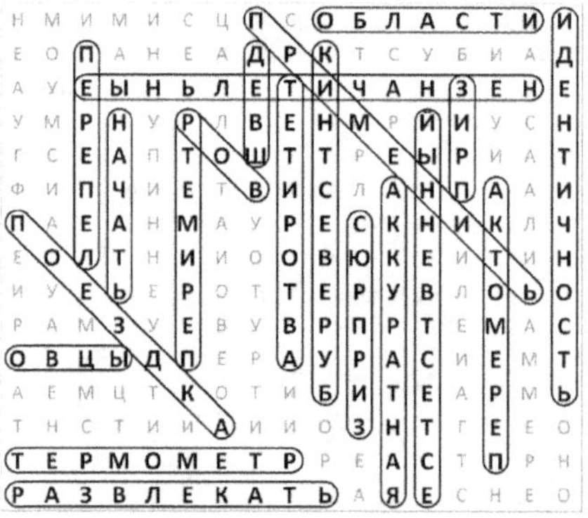

Puzzle 129

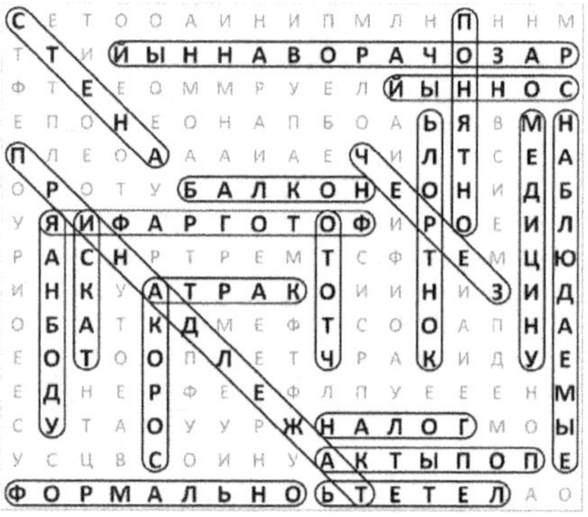

Puzzle 130

Puzzle 131

Puzzle 132

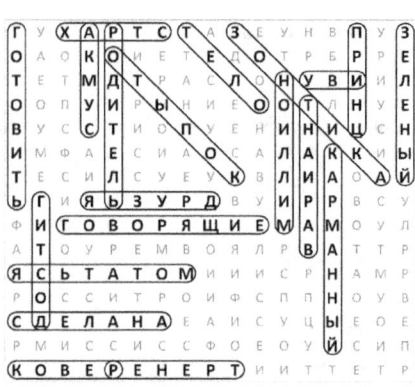
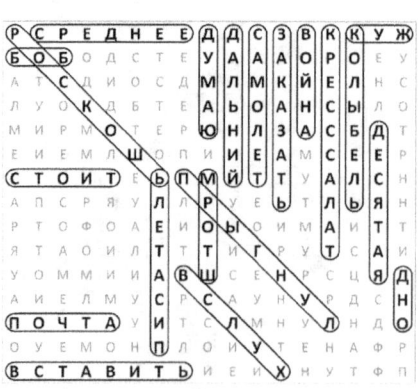
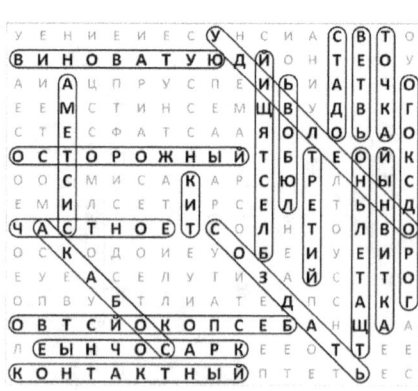

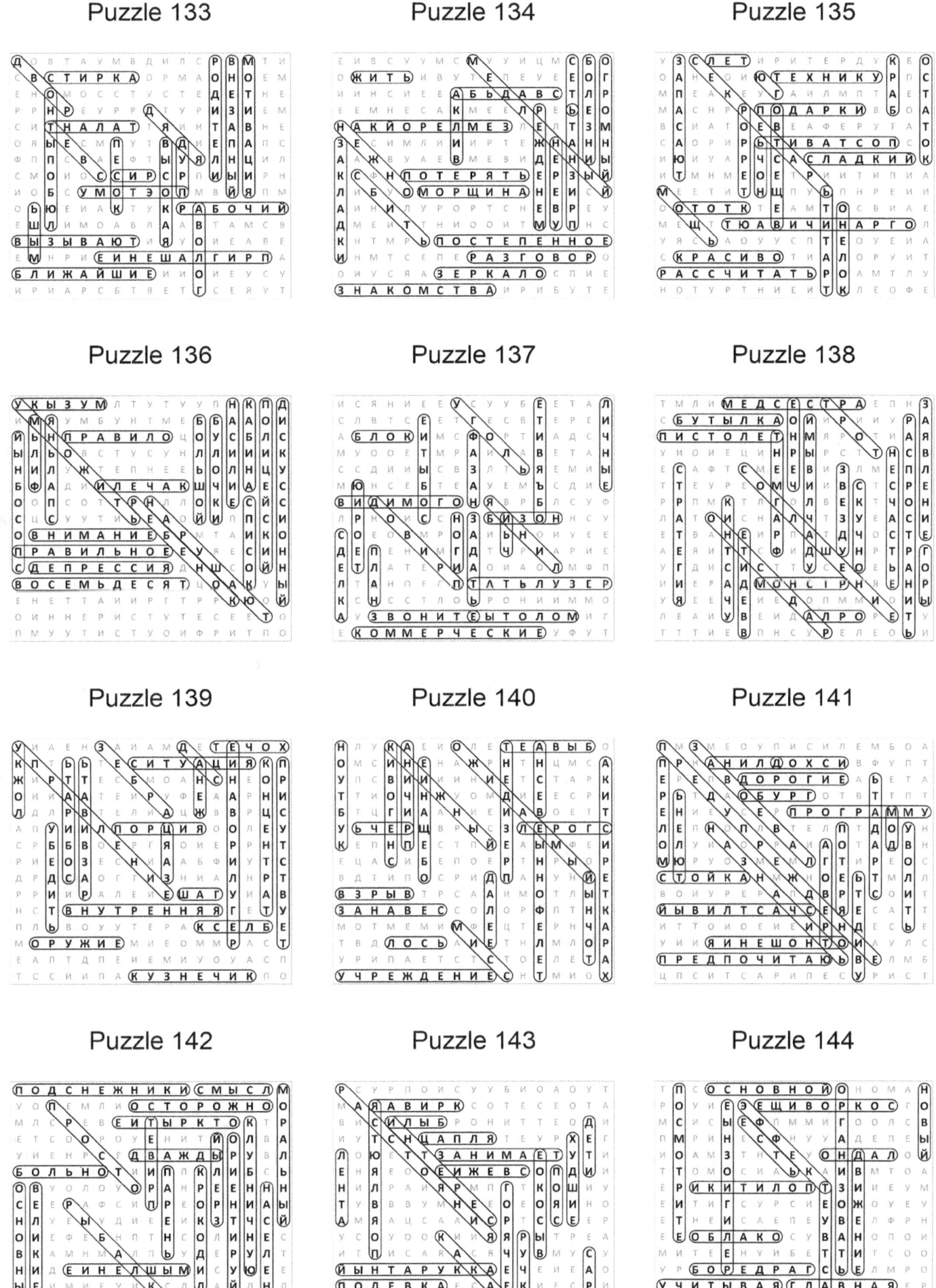

Puzzle 133

Puzzle 134

Puzzle 135

Puzzle 136

Puzzle 137

Puzzle 138

Puzzle 139

Puzzle 140

Puzzle 141

Puzzle 142

Puzzle 143

Puzzle 144

Puzzle 145

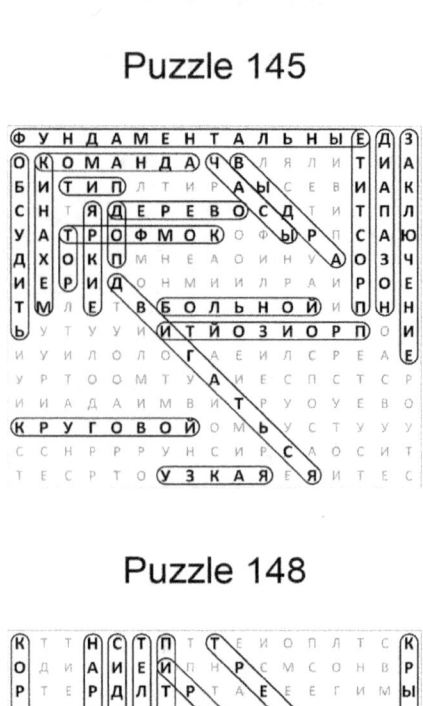

Puzzle 146

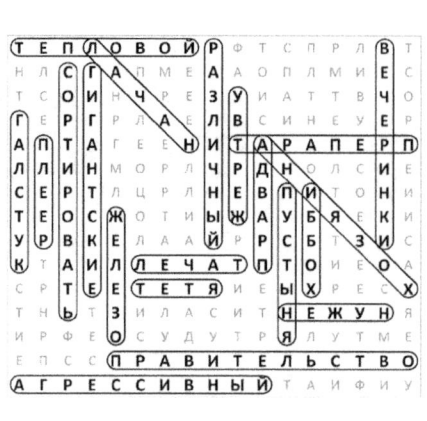

Puzzle 147

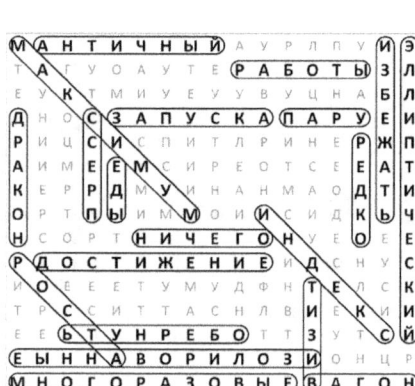

Puzzle 148

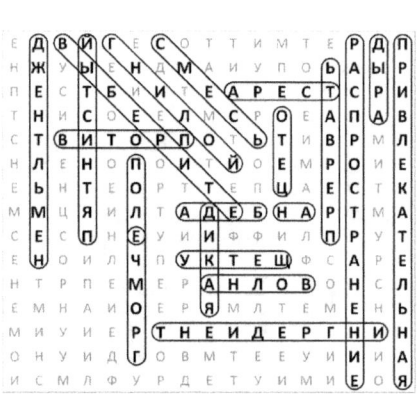

Puzzle 149

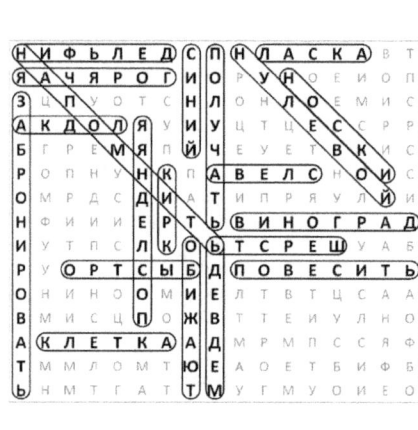

Puzzle 150

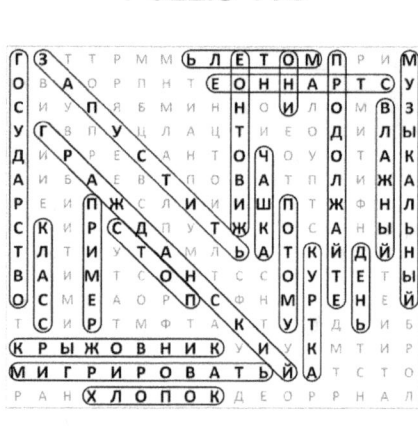

Puzzle 151

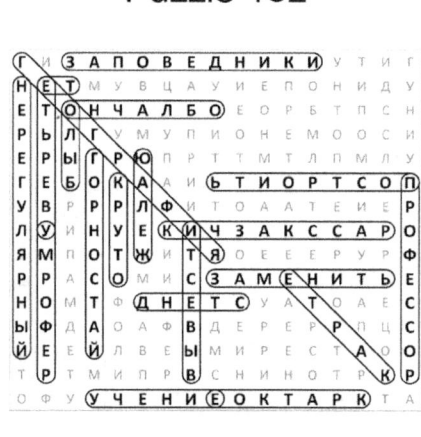

Puzzle 152

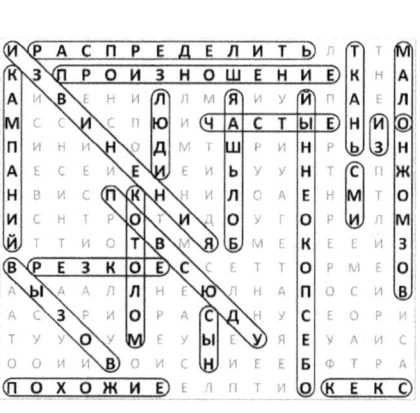

Puzzle 153

Puzzle 154

Puzzle 155

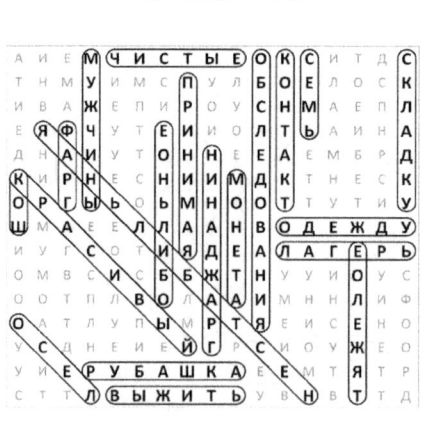

Puzzle 156

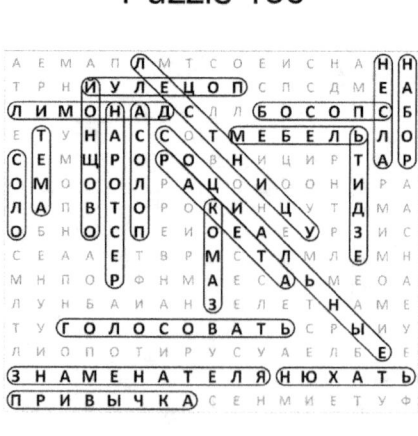

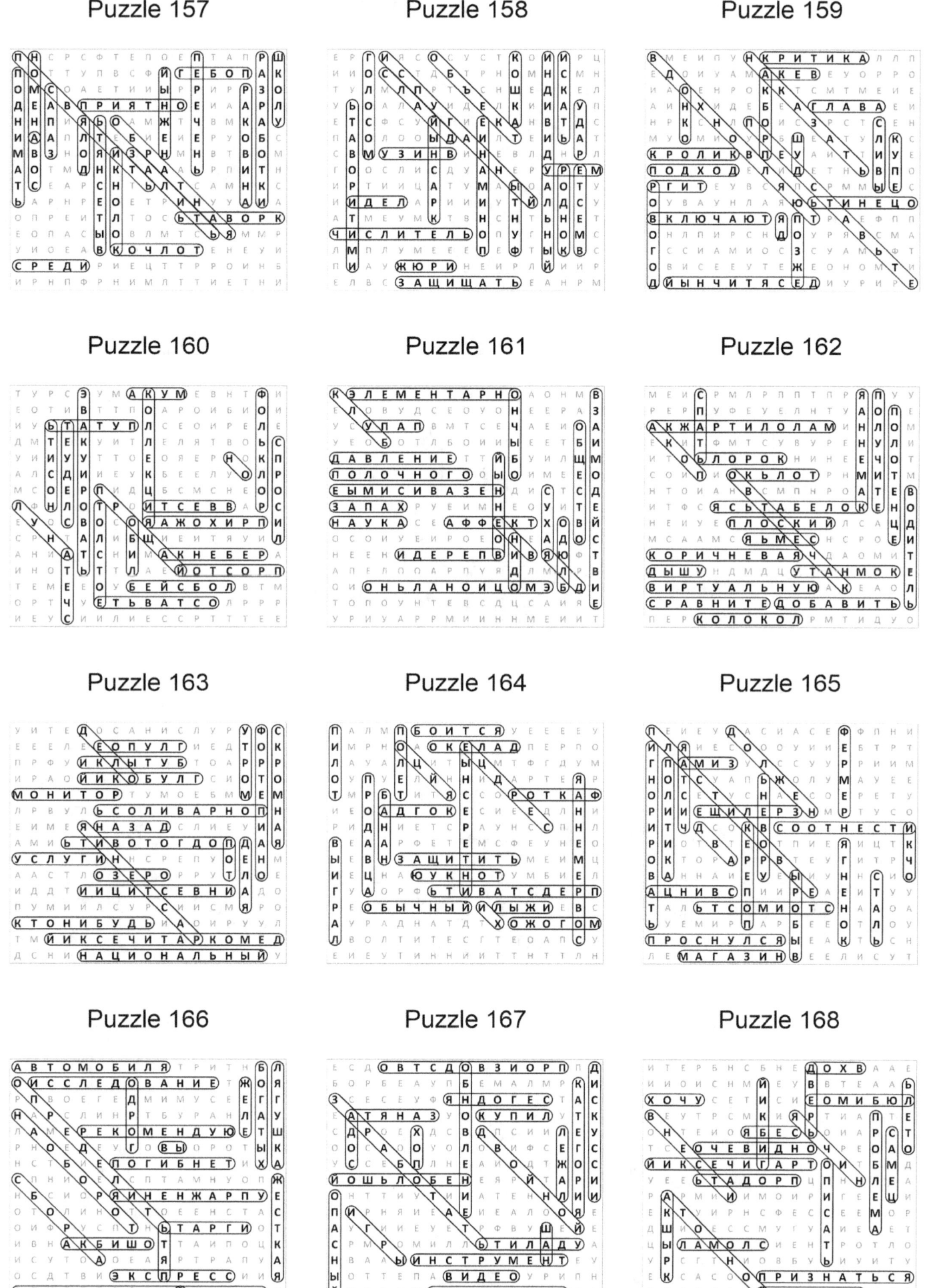

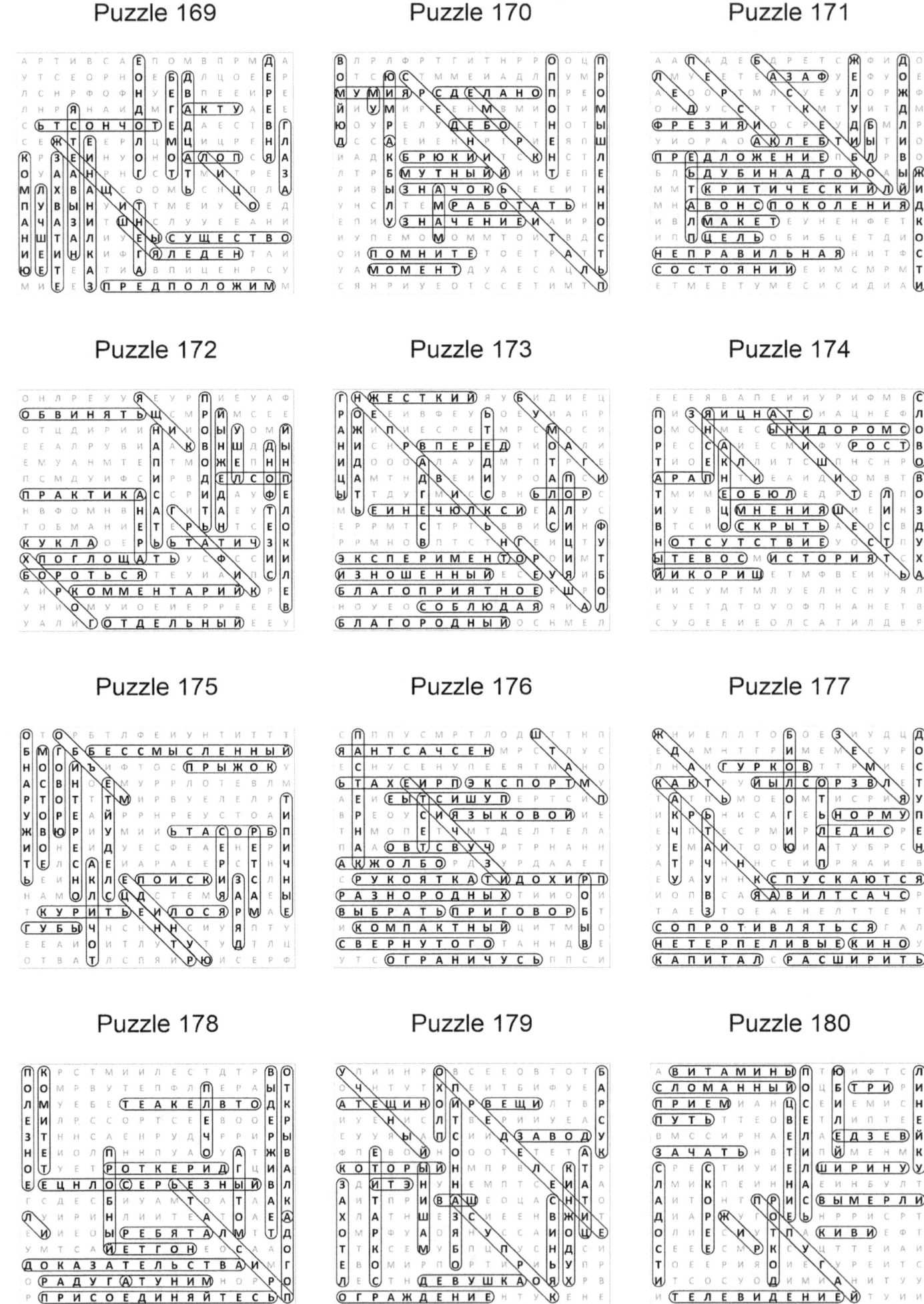

Puzzle 169

Puzzle 170

Puzzle 171

Puzzle 172

Puzzle 173

Puzzle 174

Puzzle 175

Puzzle 176

Puzzle 177

Puzzle 178

Puzzle 179

Puzzle 180

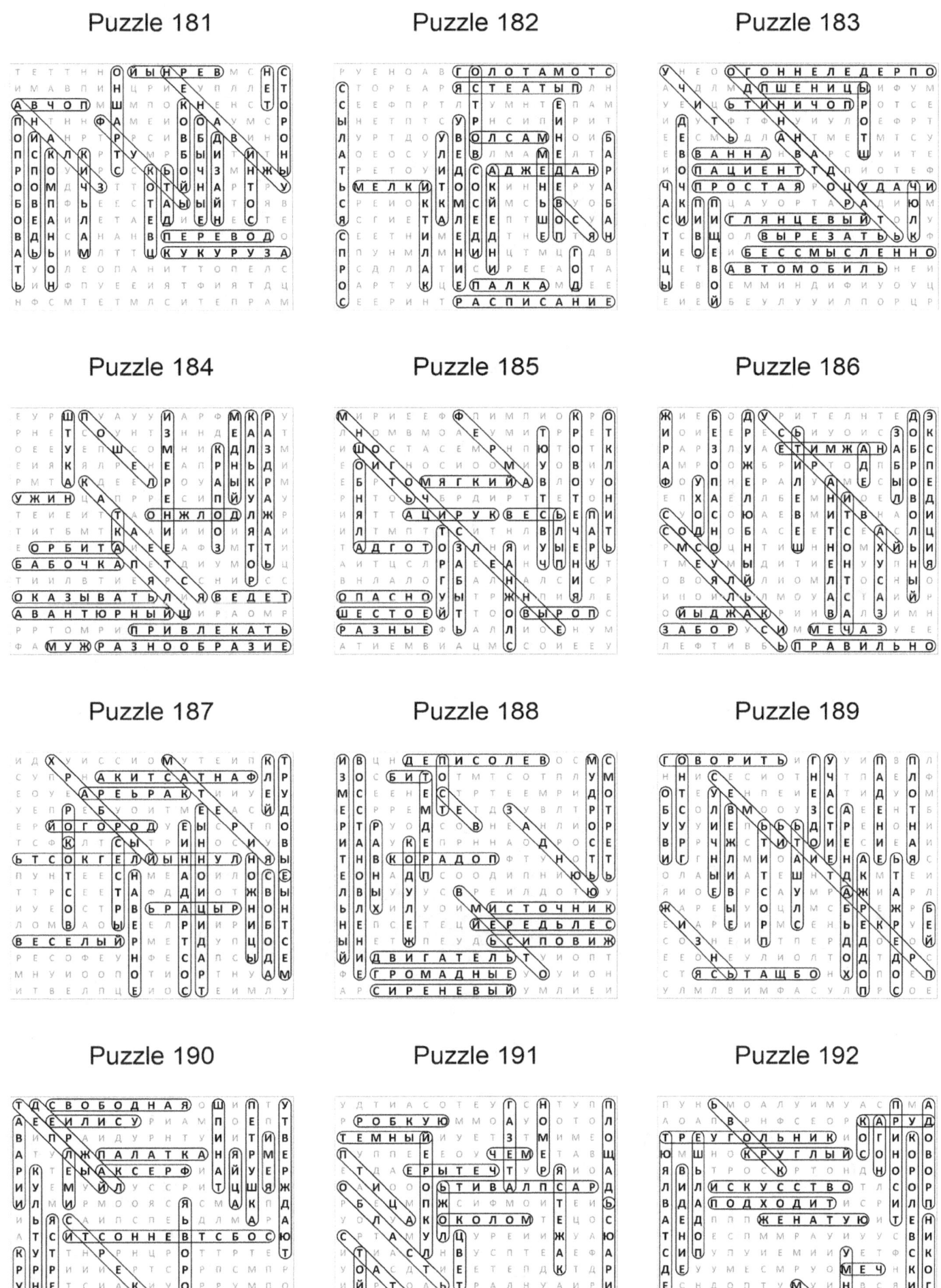

Puzzle 181

Puzzle 182

Puzzle 183

Puzzle 184

Puzzle 185

Puzzle 186

Puzzle 187

Puzzle 188

Puzzle 189

Puzzle 190

Puzzle 191

Puzzle 192

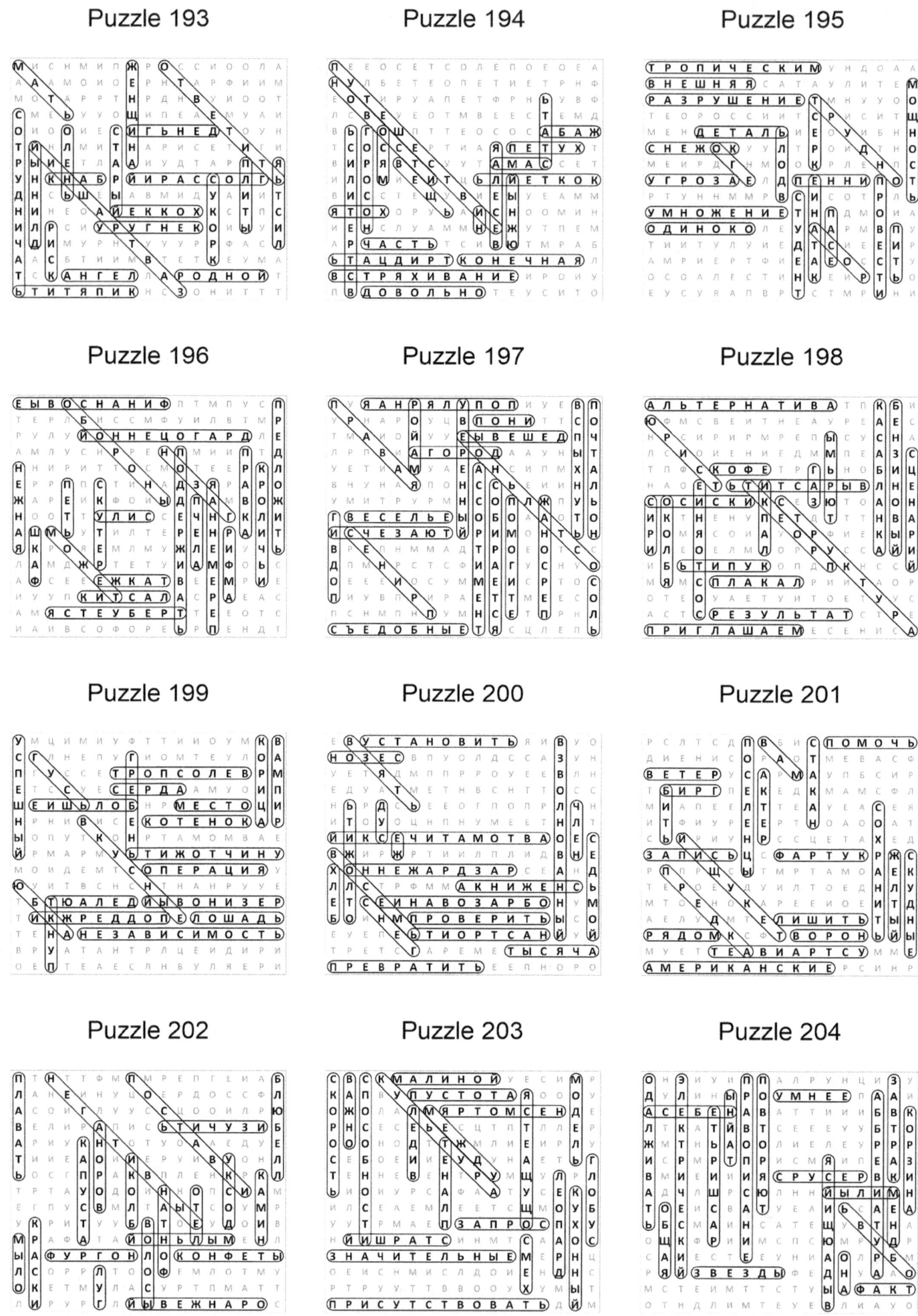

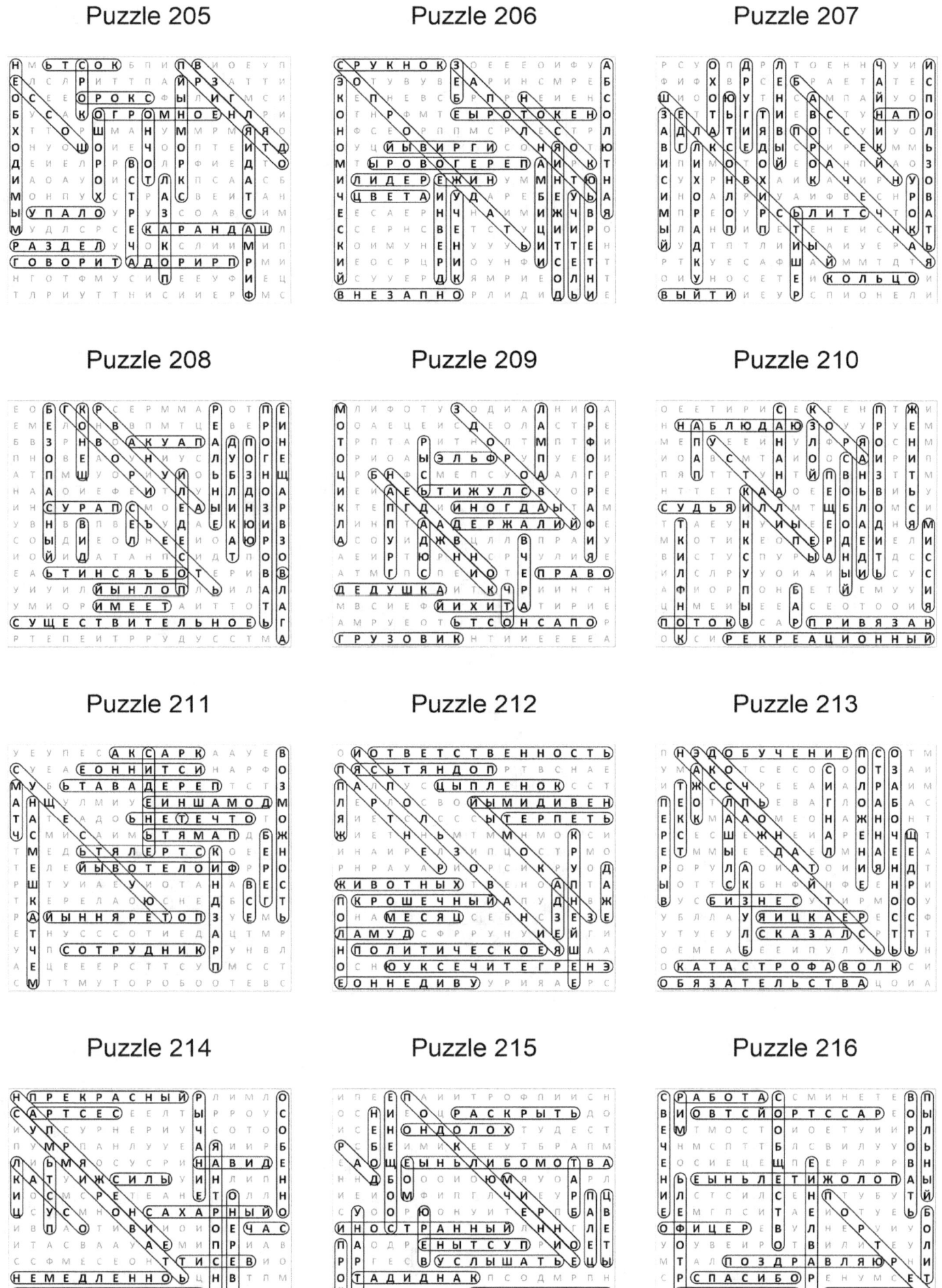

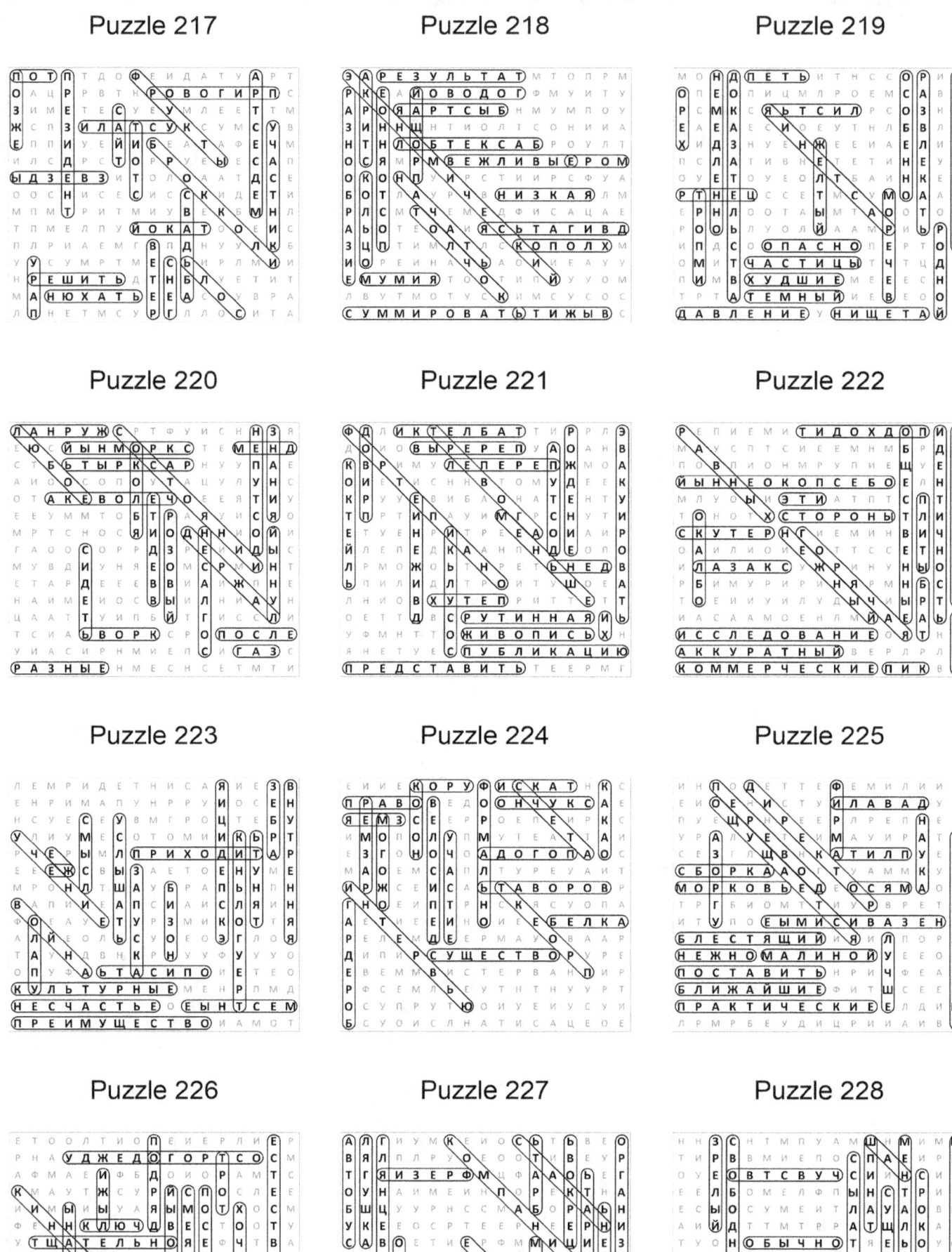

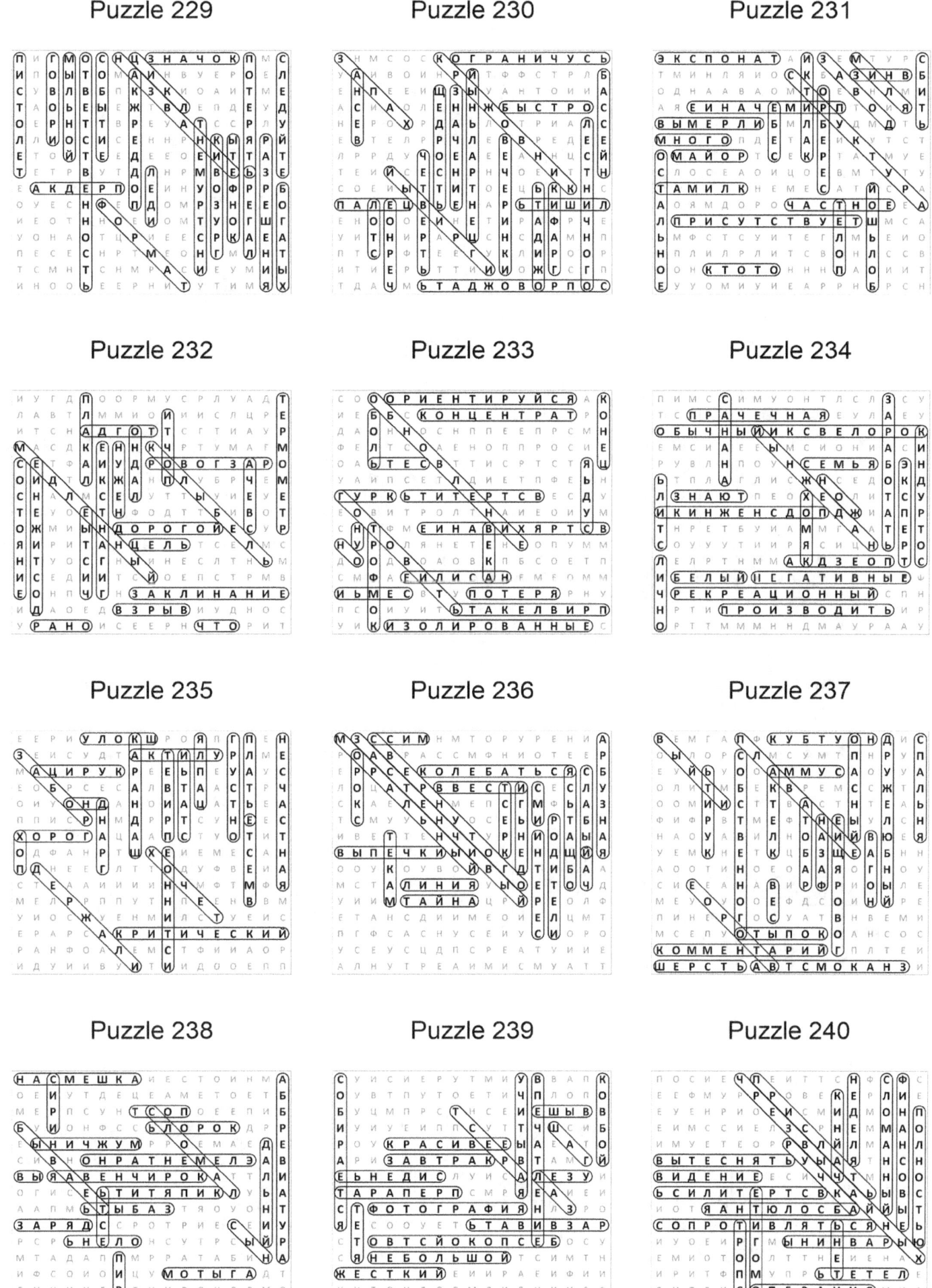

Puzzle 229

Puzzle 230

Puzzle 231

Puzzle 232

Puzzle 233

Puzzle 234

Puzzle 235

Puzzle 236

Puzzle 237

Puzzle 238

Puzzle 239

Puzzle 240

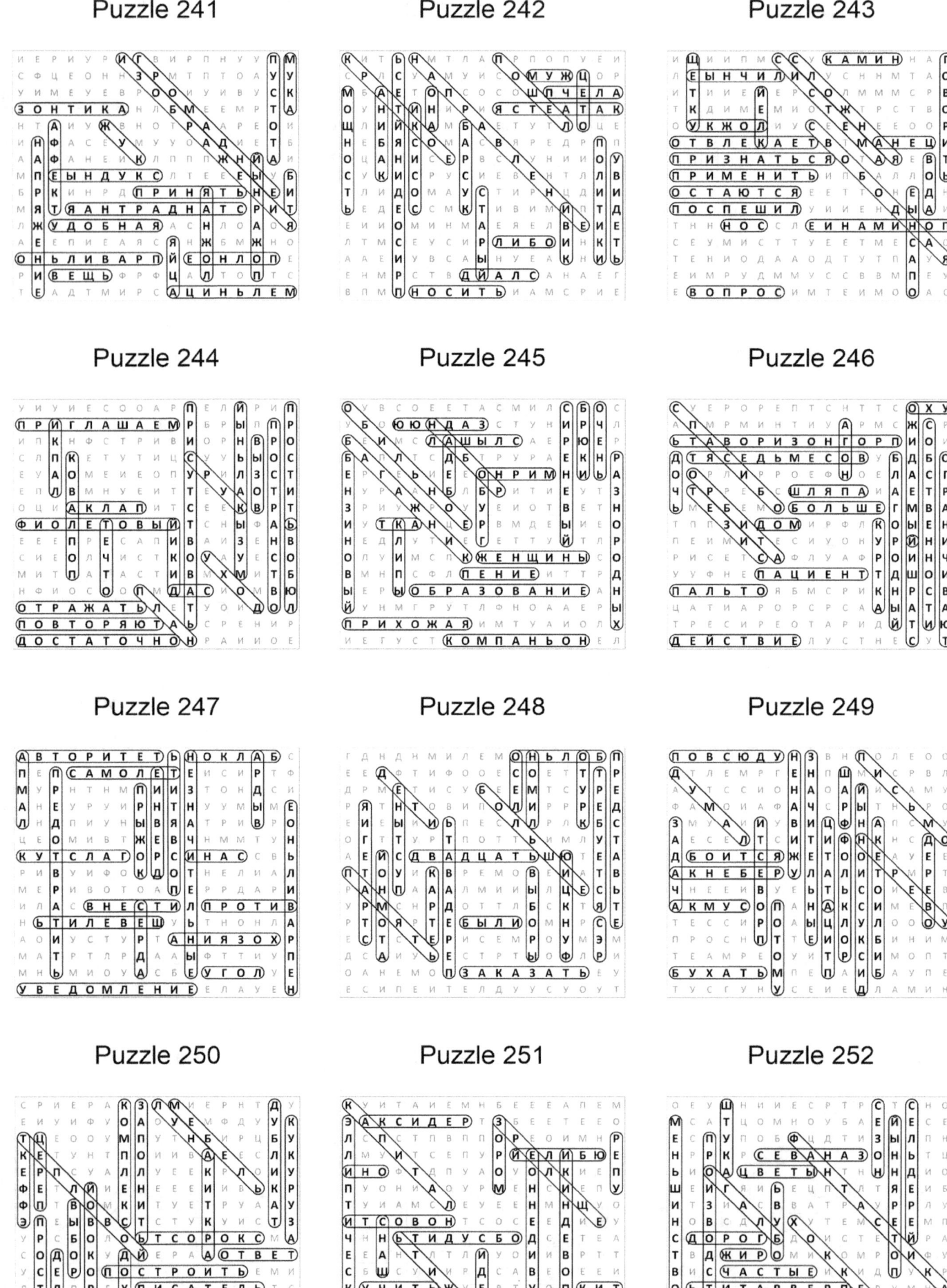

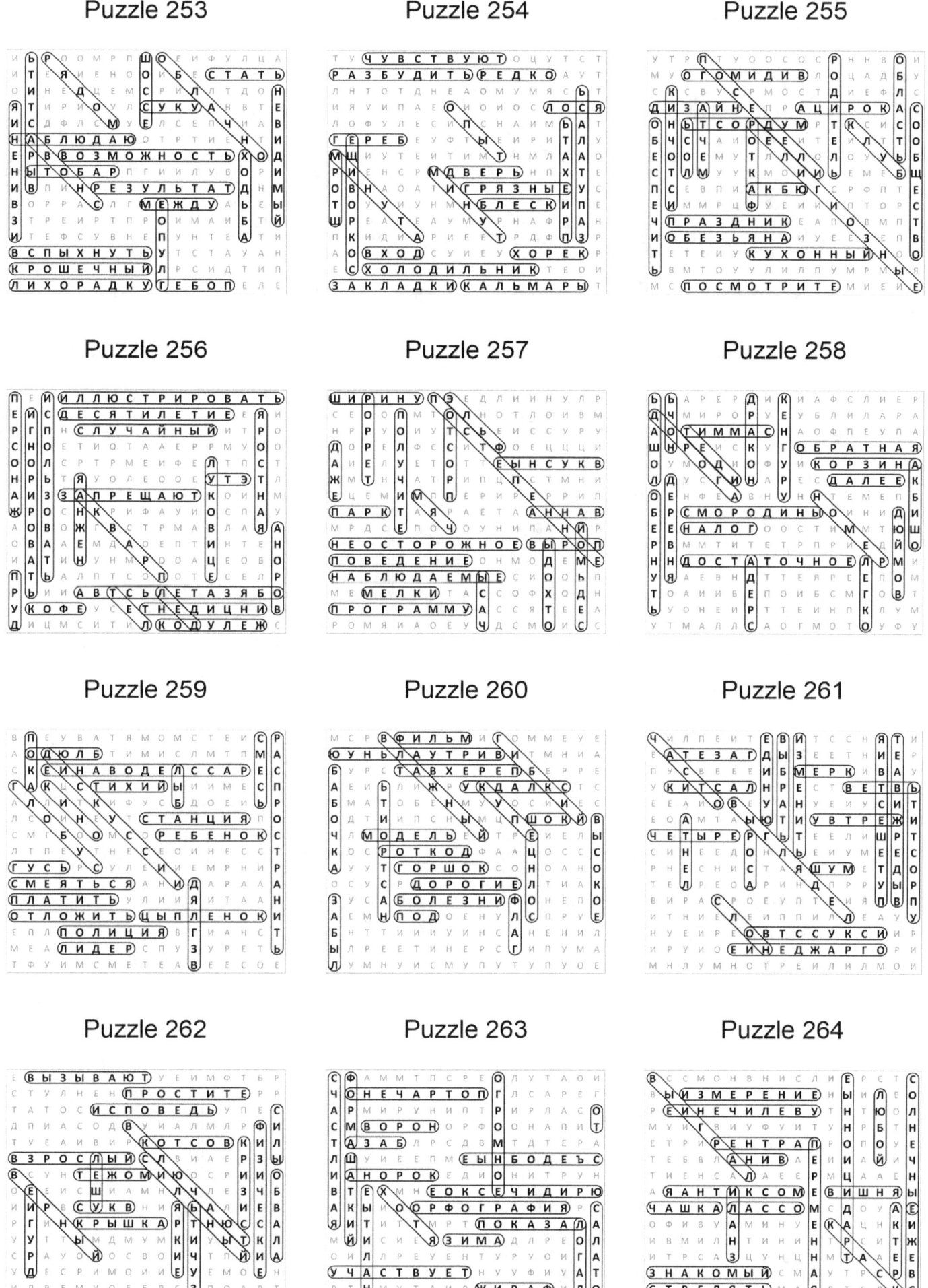

Puzzle 253

Puzzle 254

Puzzle 255

Puzzle 256

Puzzle 257

Puzzle 258

Puzzle 259

Puzzle 260

Puzzle 261

Puzzle 262

Puzzle 263

Puzzle 264

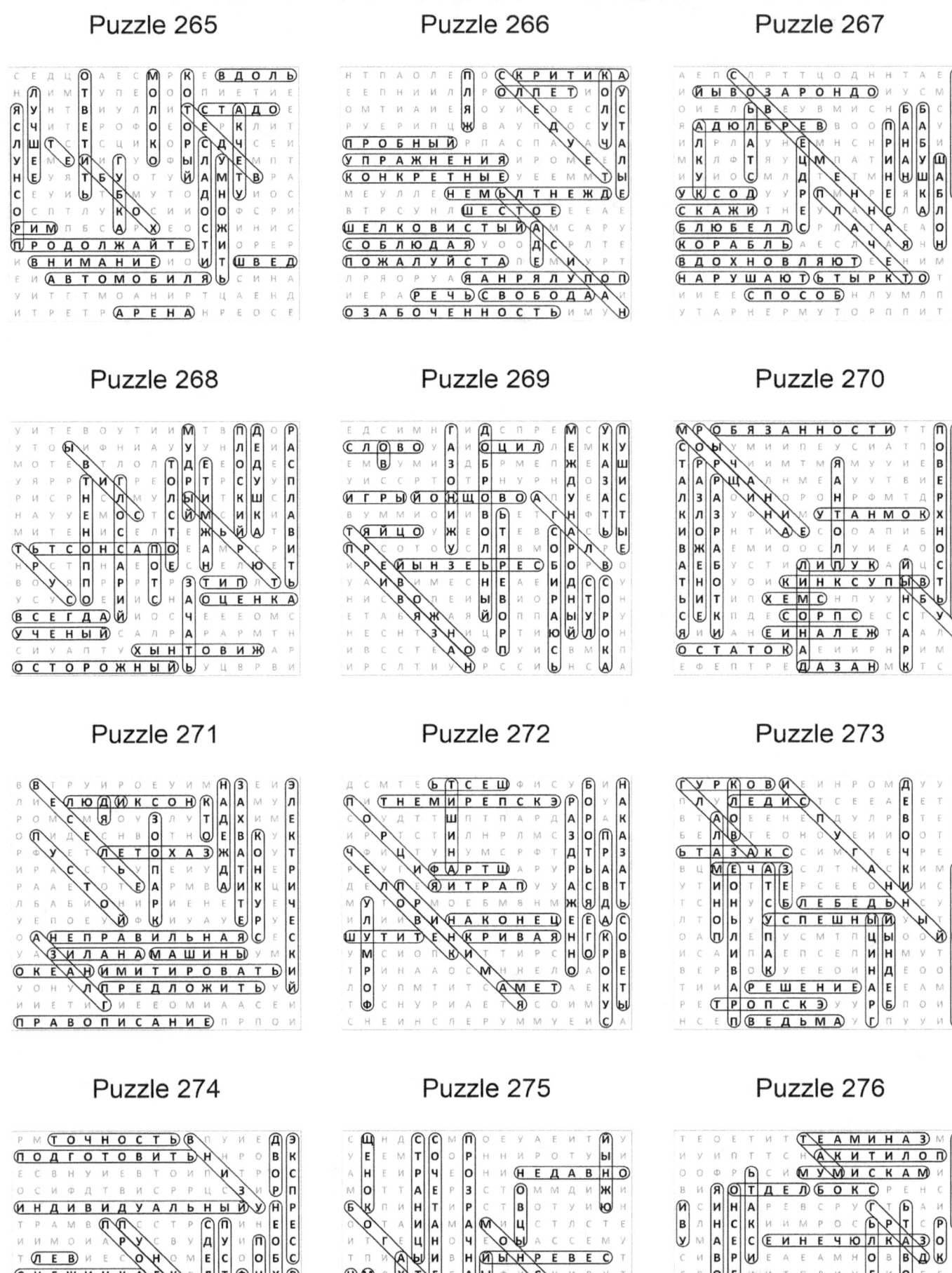

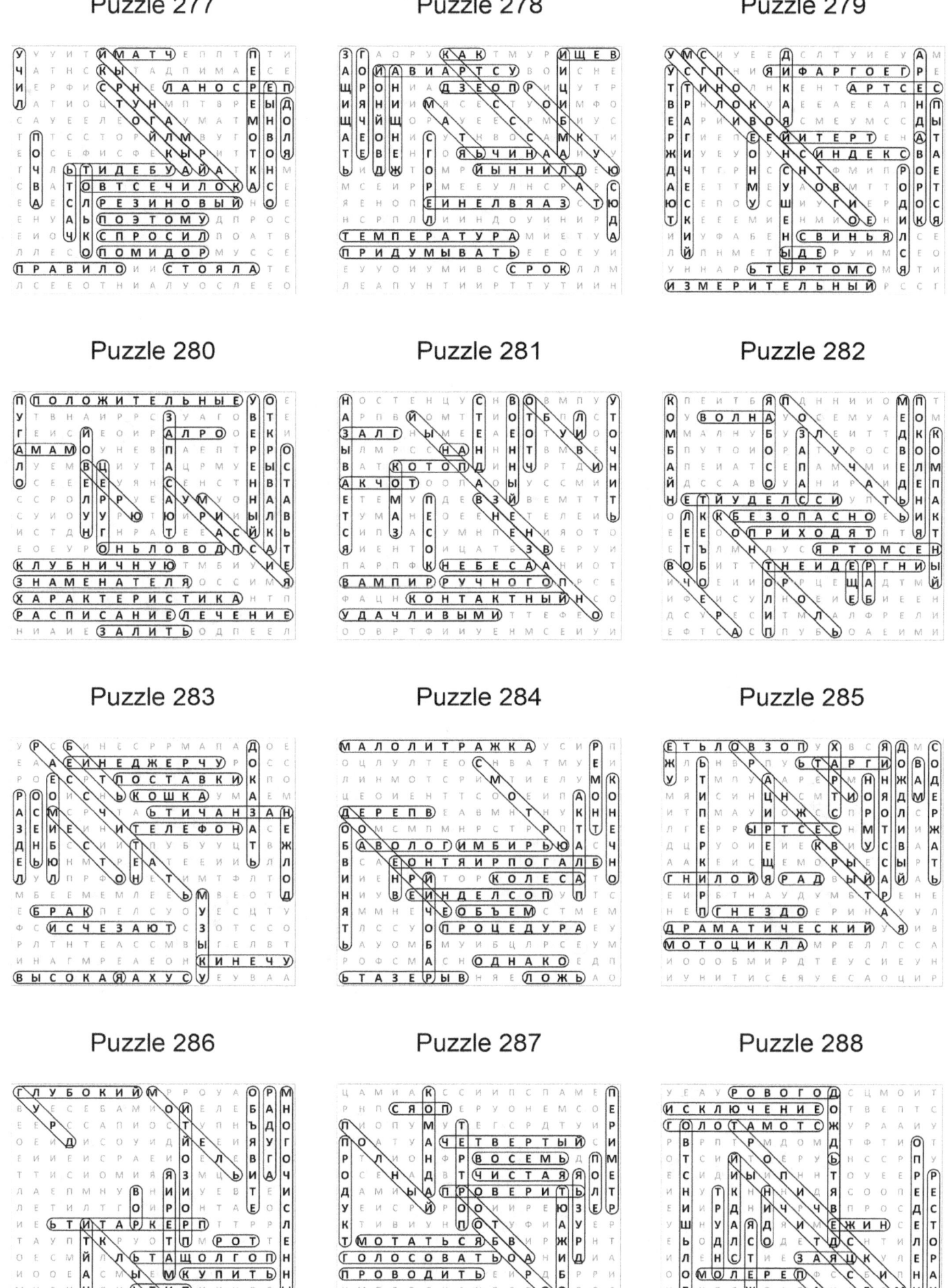

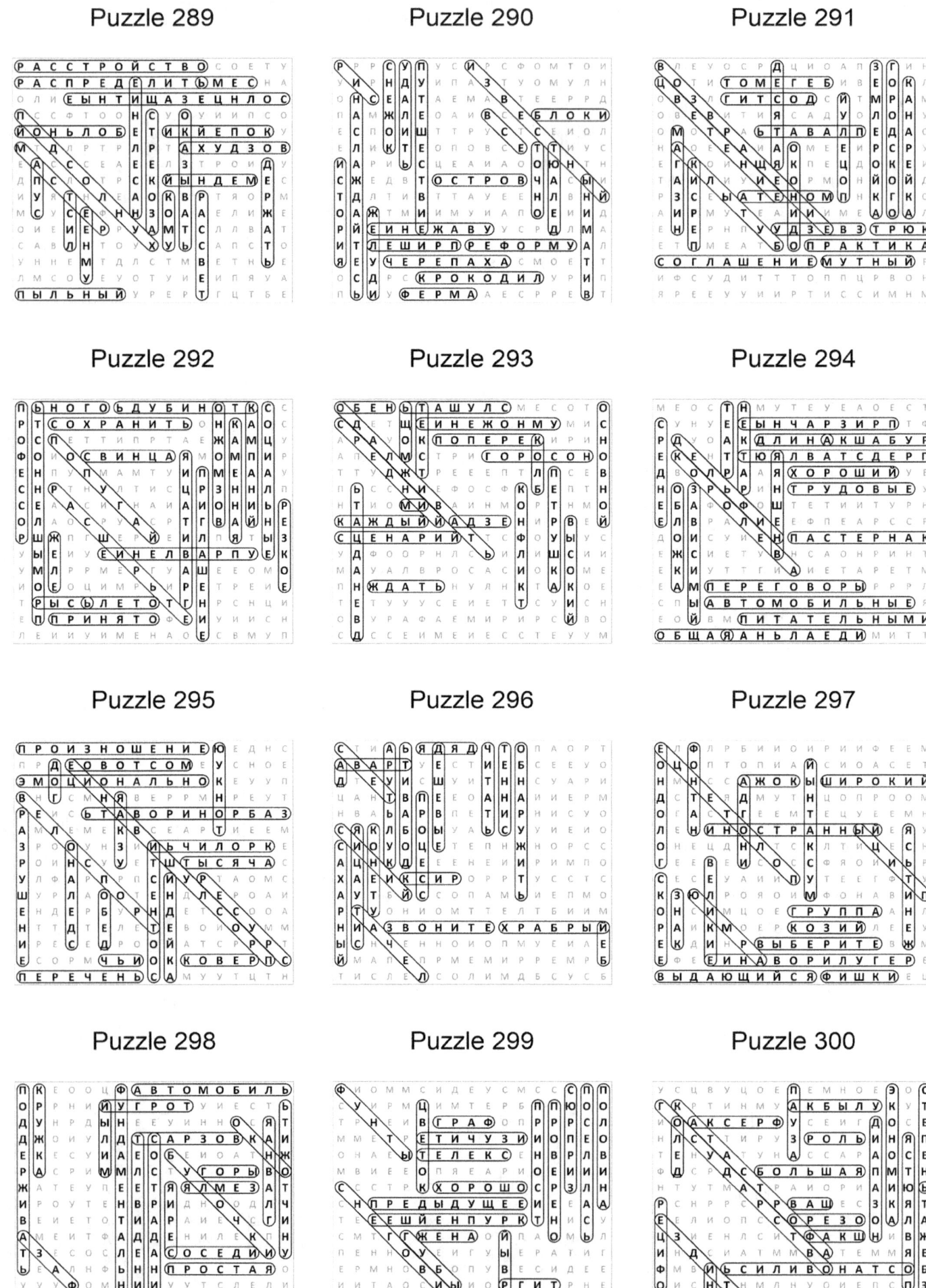

Puzzle 289

Puzzle 290

Puzzle 291

Puzzle 292

Puzzle 293

Puzzle 294

Puzzle 295

Puzzle 296

Puzzle 297

Puzzle 298

Puzzle 299

Puzzle 300

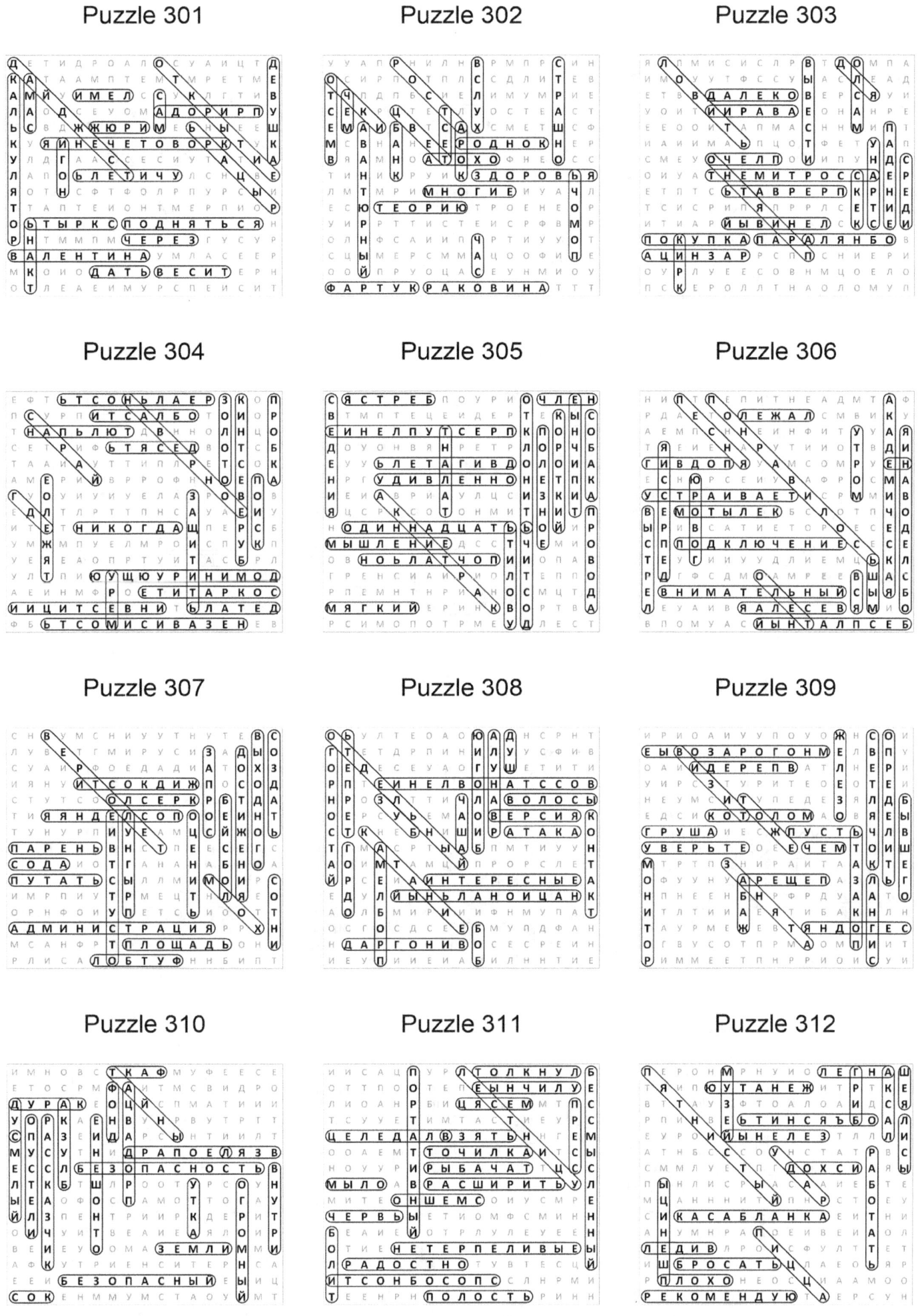

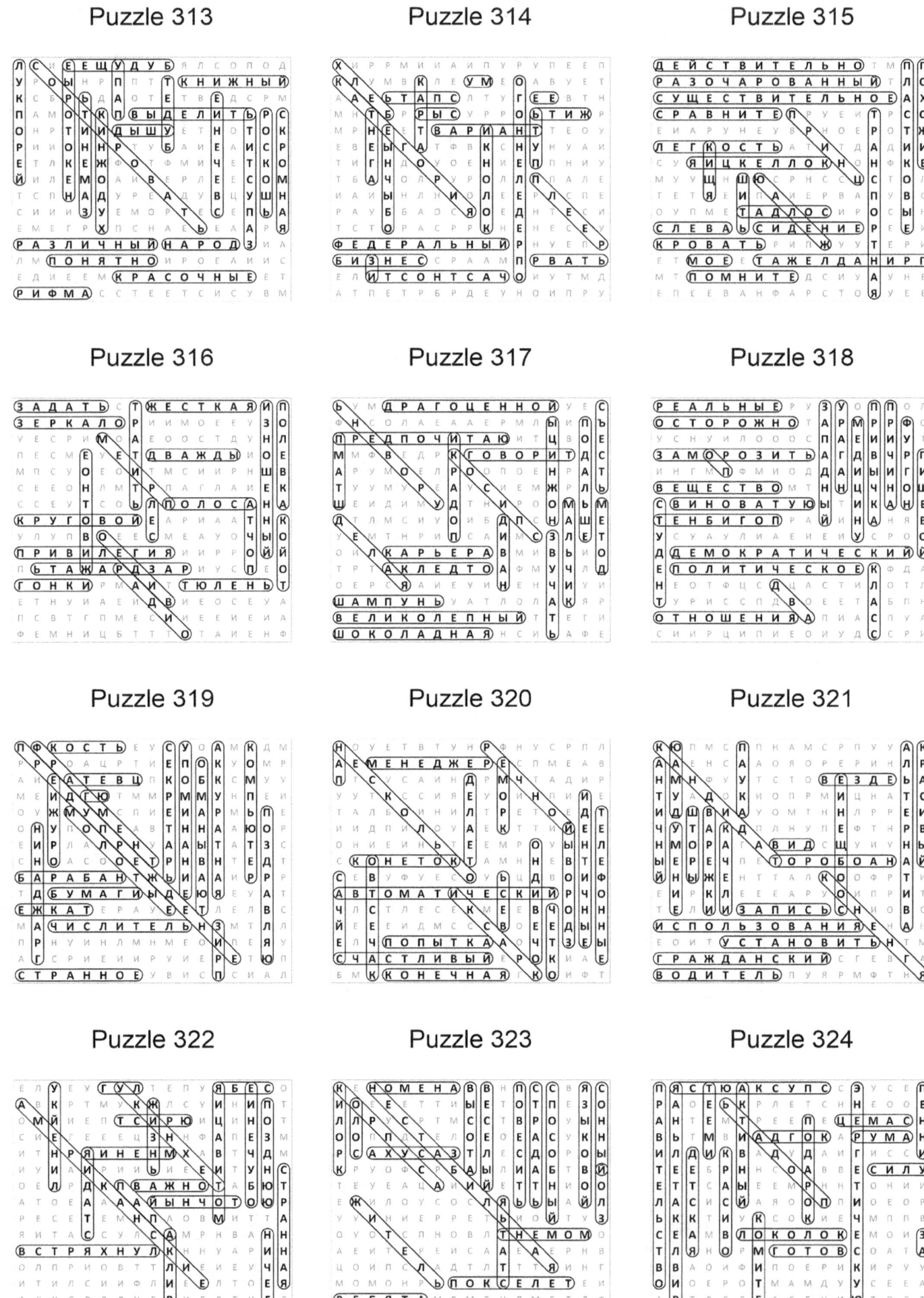

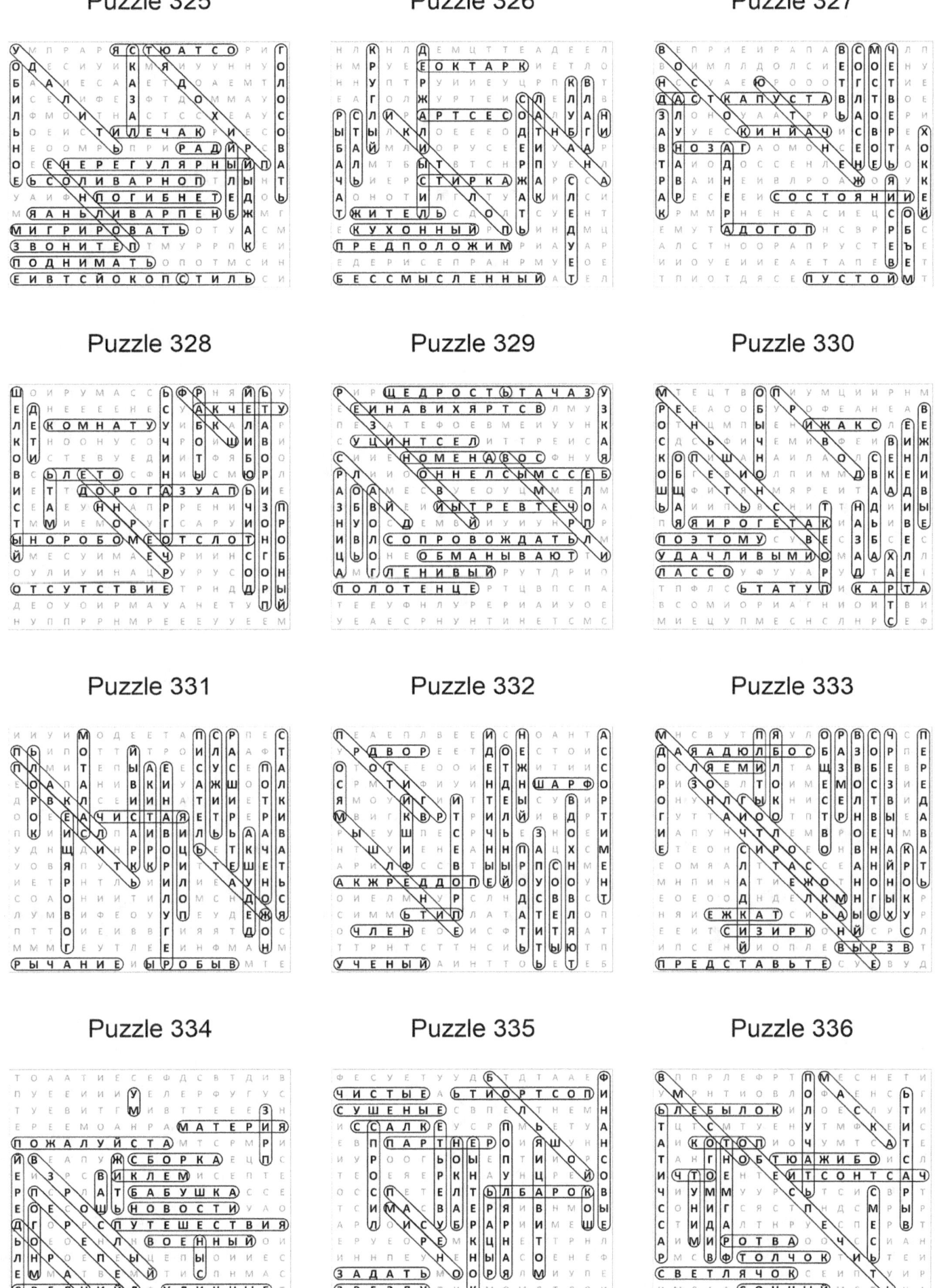

Puzzle 325

Puzzle 326

Puzzle 327

Puzzle 328

Puzzle 329

Puzzle 330

Puzzle 331

Puzzle 332

Puzzle 333

Puzzle 334

Puzzle 335

Puzzle 336

Puzzle 337

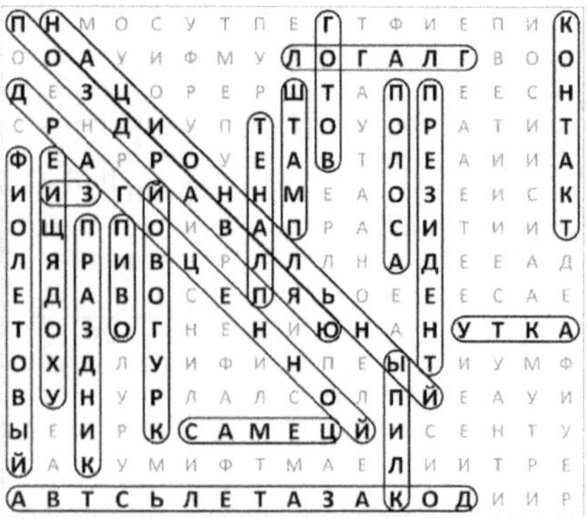

Puzzle 338

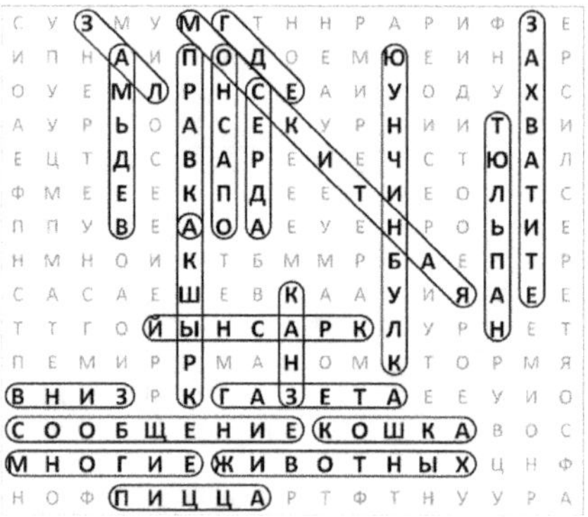

Puzzle 339

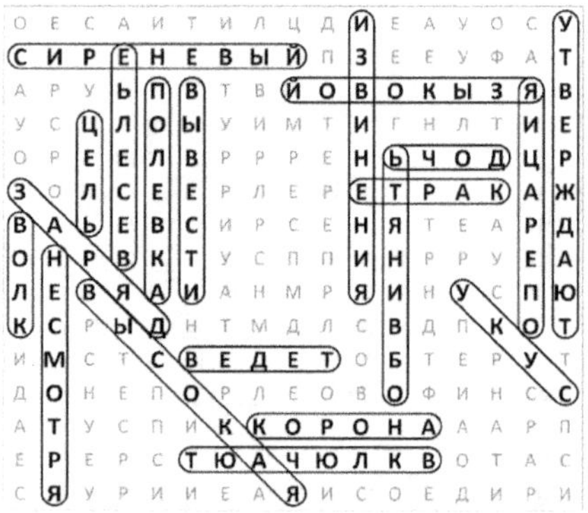

Puzzle 340

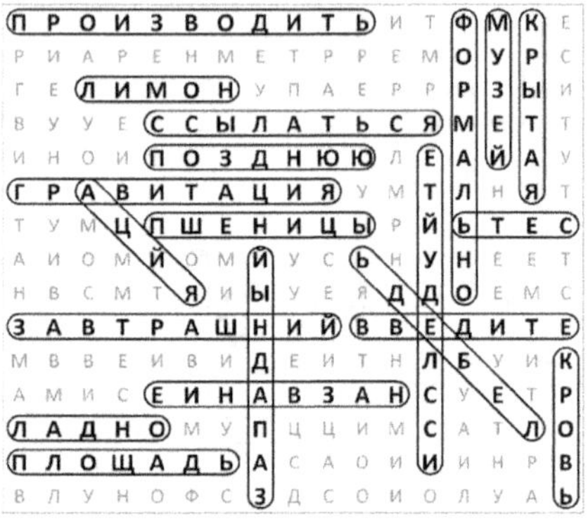

Puzzle 341

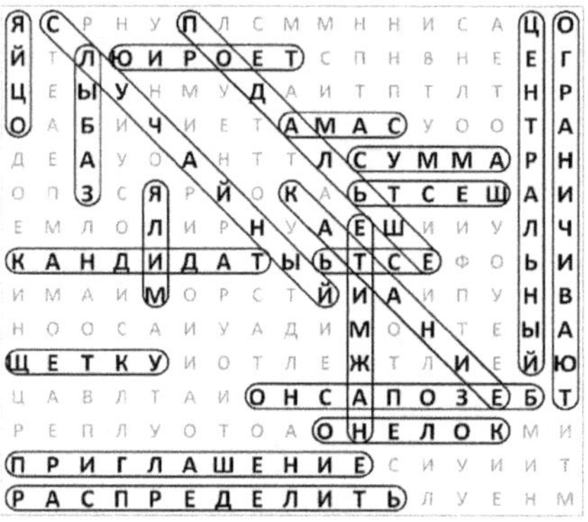

Puzzle 342

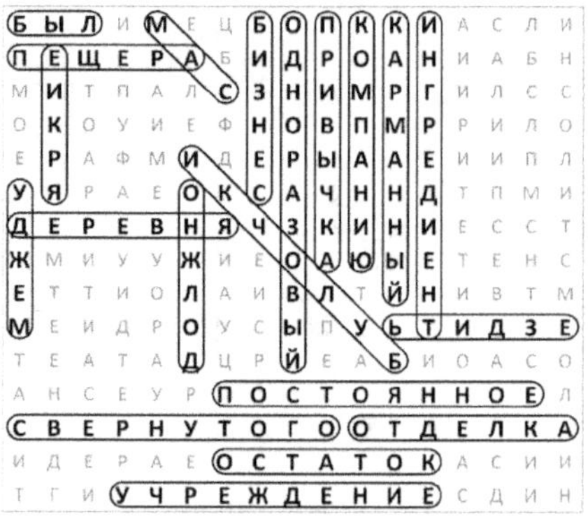

Puzzle 343

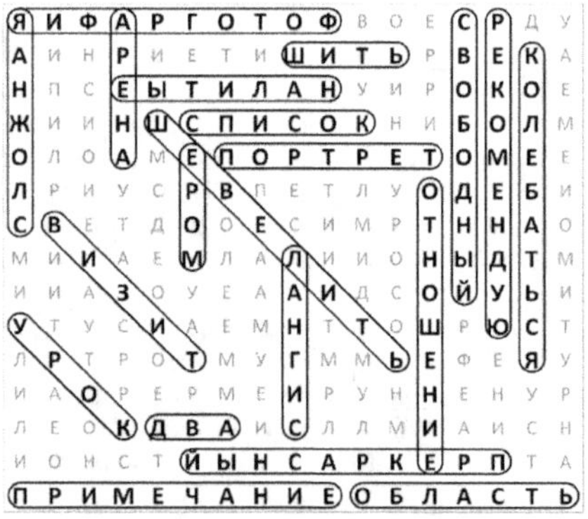

Puzzle 344

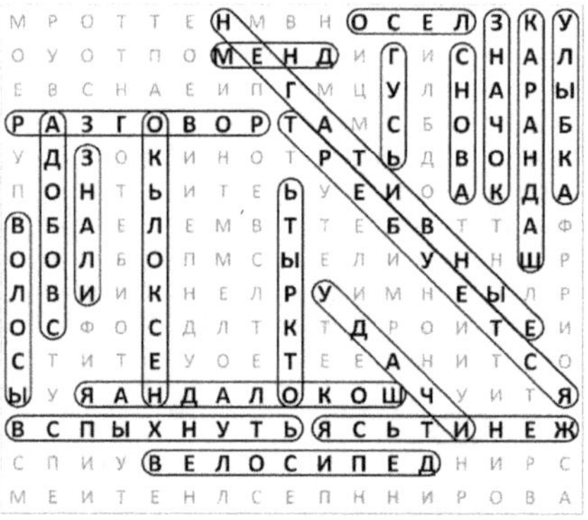

Puzzle 345

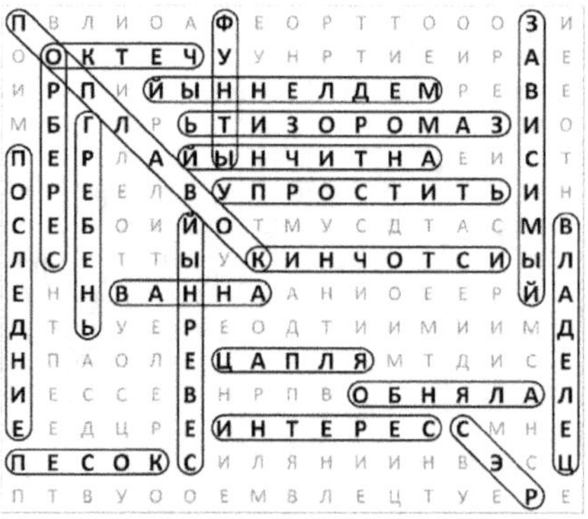

Puzzle 346

Puzzle 347

Puzzle 348

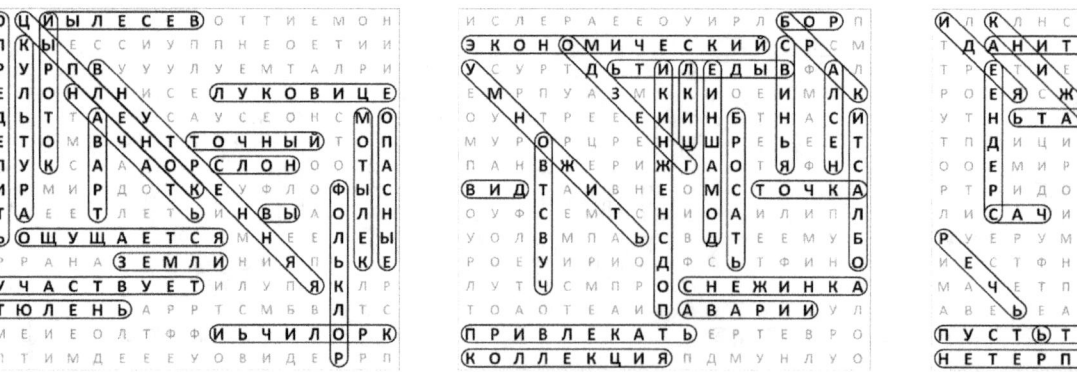
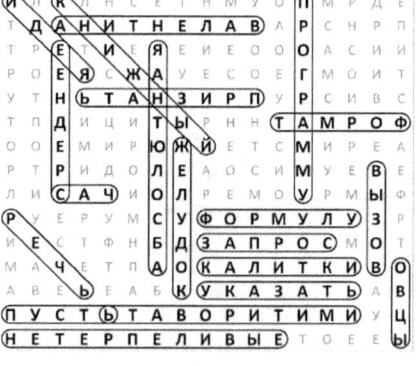

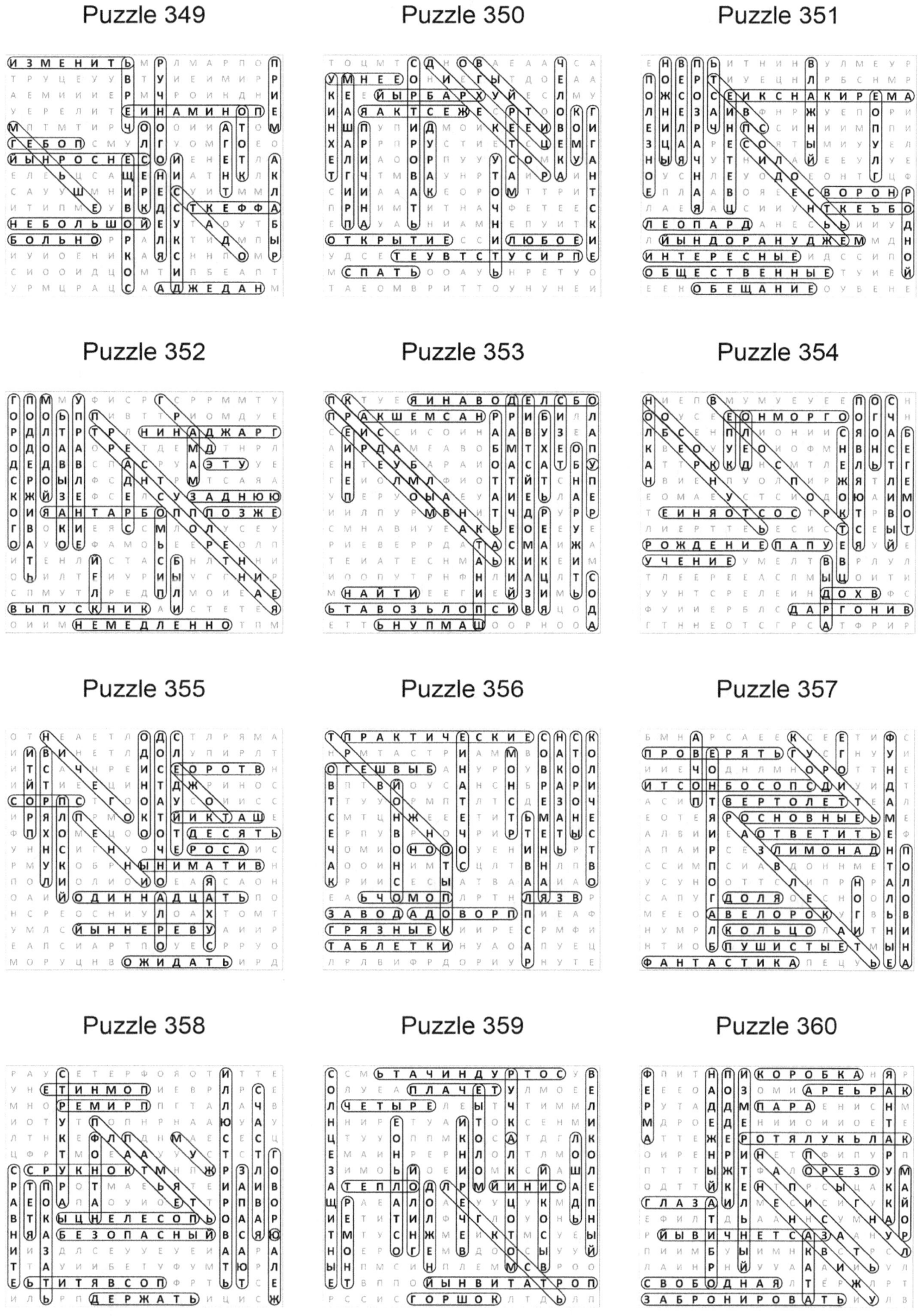

Puzzle 349

Puzzle 350

Puzzle 351

Puzzle 352

Puzzle 353

Puzzle 354

Puzzle 355

Puzzle 356

Puzzle 357

Puzzle 358

Puzzle 359

Puzzle 360

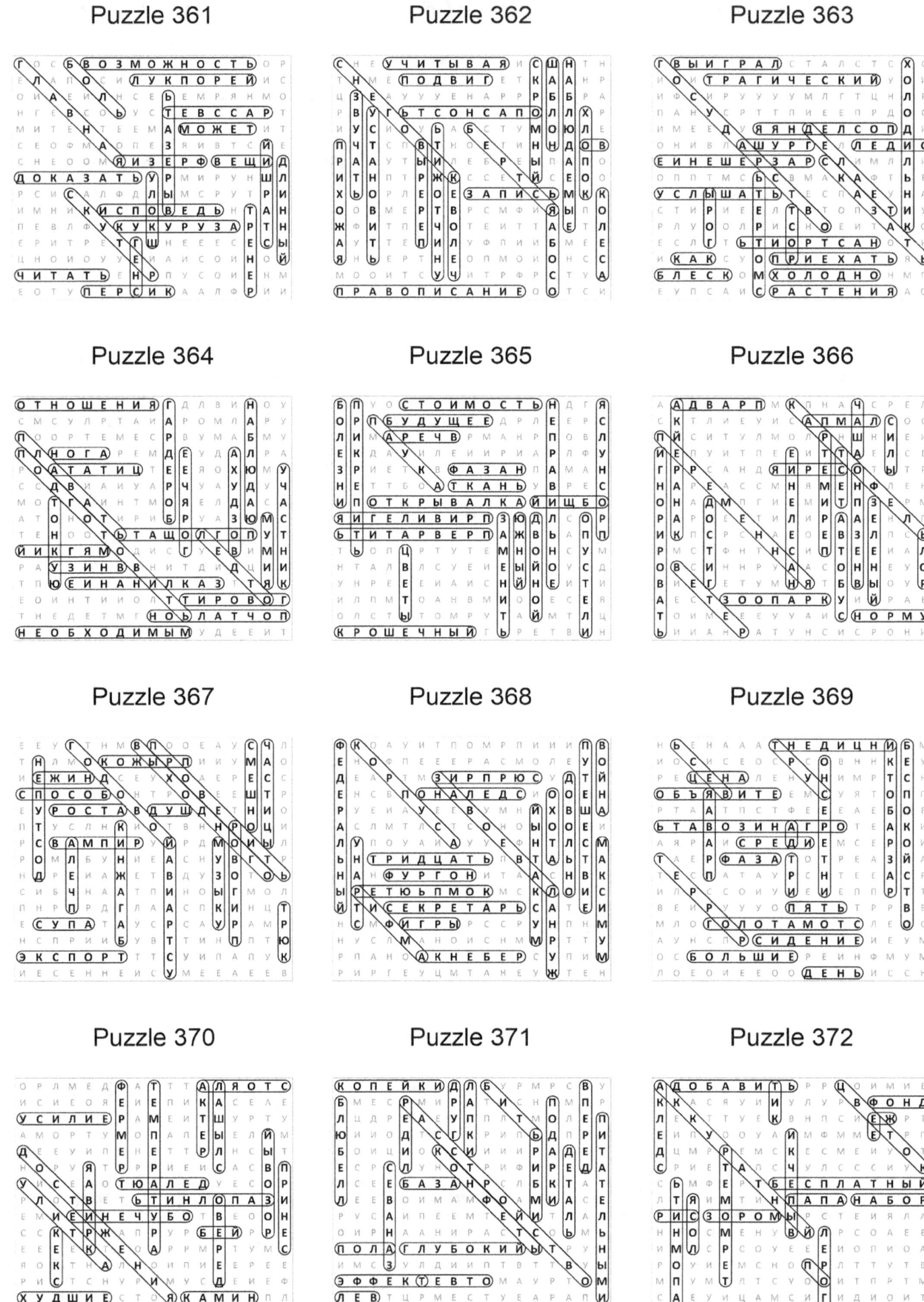

Puzzle 361

Puzzle 362

Puzzle 363

Puzzle 364

Puzzle 365

Puzzle 366

Puzzle 367

Puzzle 368

Puzzle 369

Puzzle 370

Puzzle 371

Puzzle 372

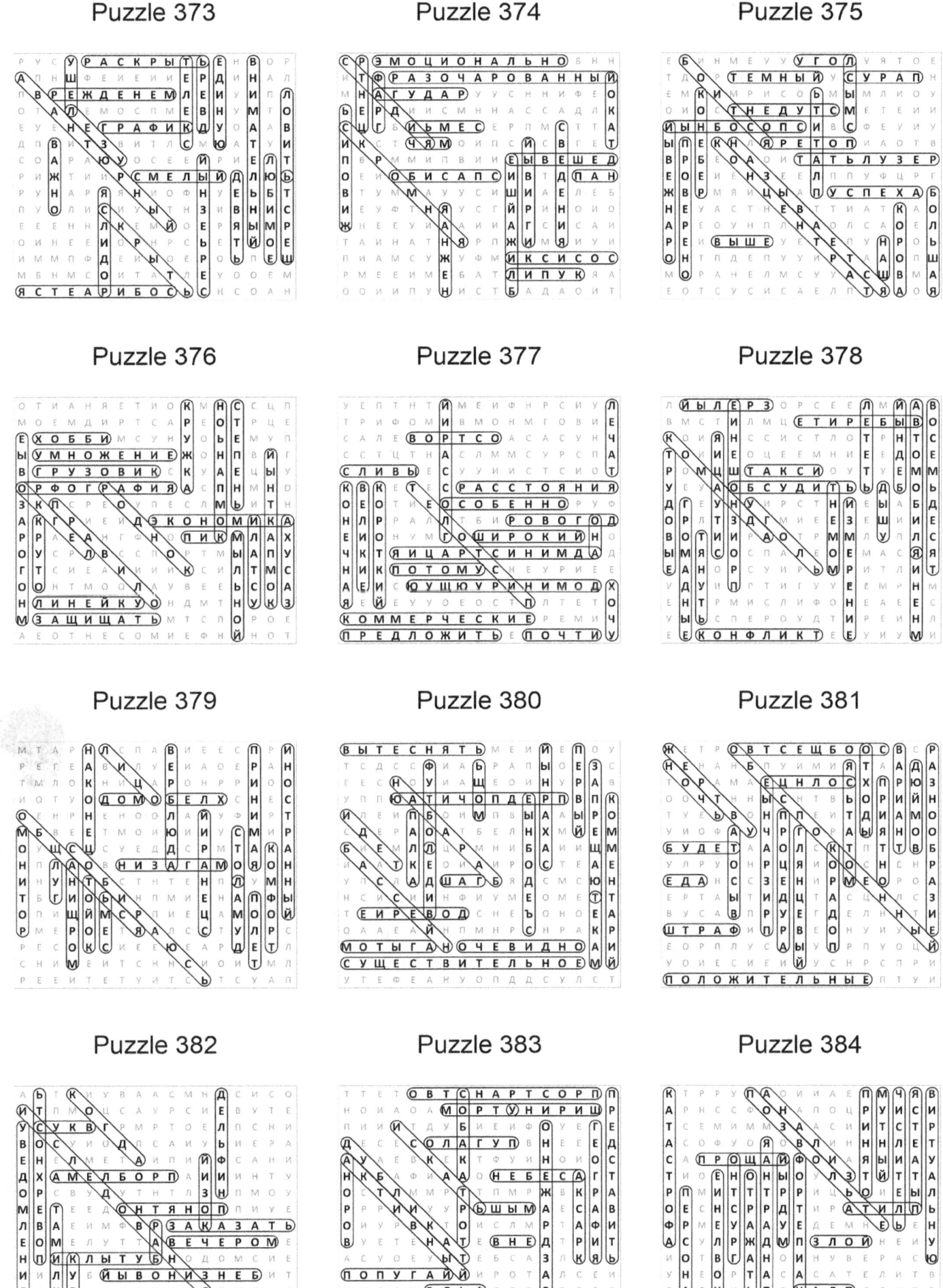

Puzzle 373

Puzzle 374

Puzzle 375

Puzzle 376

Puzzle 377

Puzzle 378

Puzzle 379

Puzzle 380

Puzzle 381

Puzzle 382

Puzzle 383

Puzzle 384

Puzzle 385

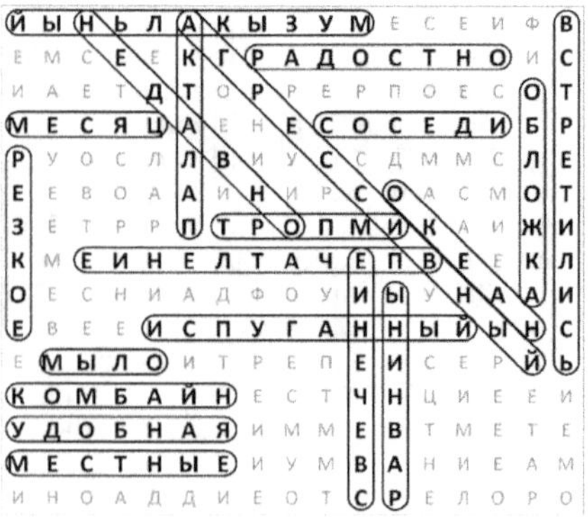

Puzzle 386

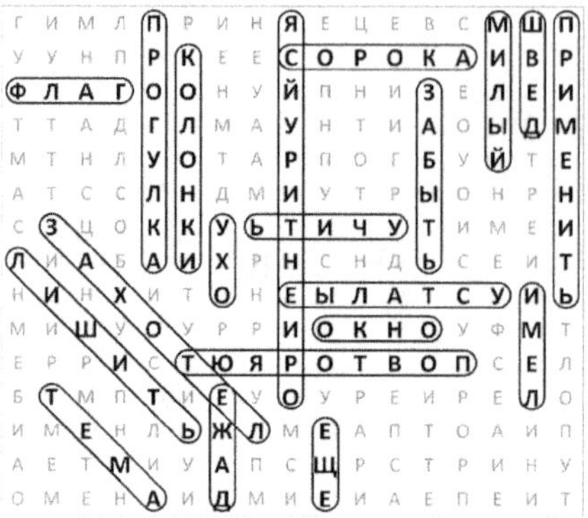

Puzzle 387

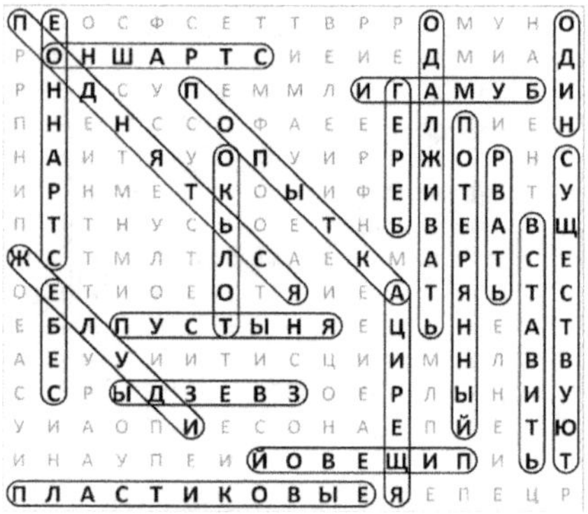

Puzzle 388

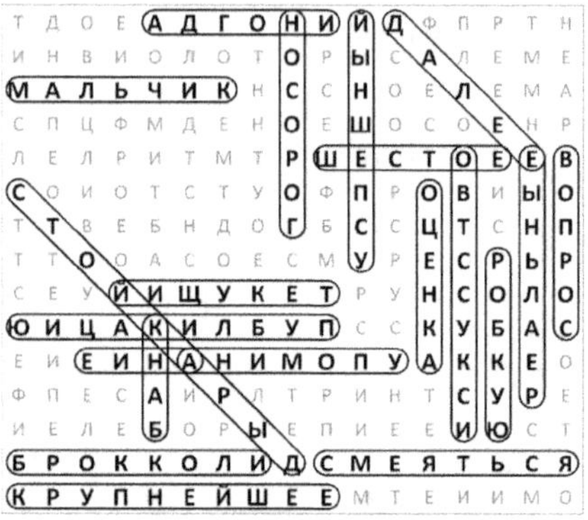

Puzzle 389

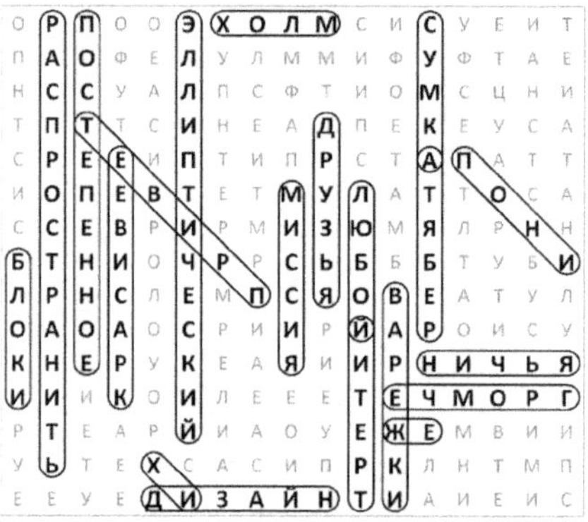

Puzzle 390

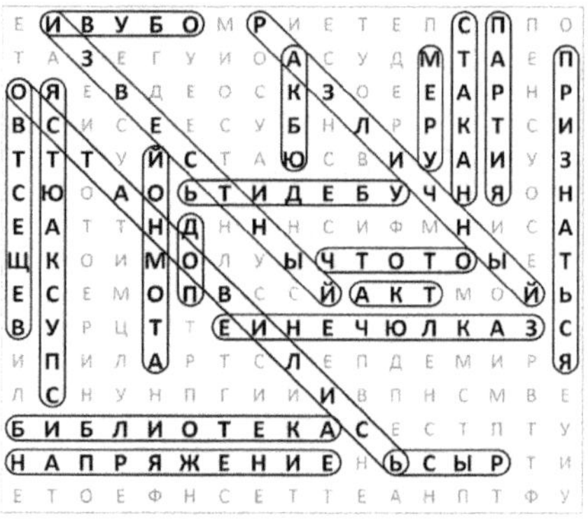

Puzzle 391

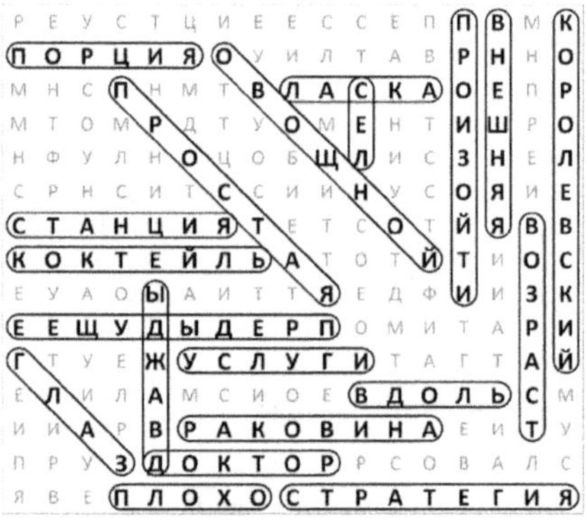

Puzzle 392

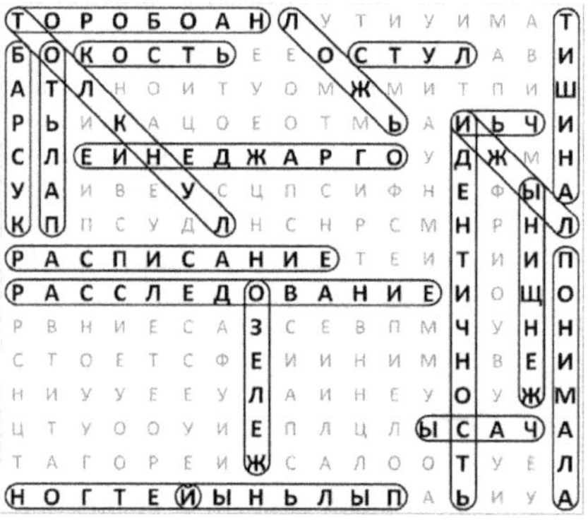

Puzzle 393

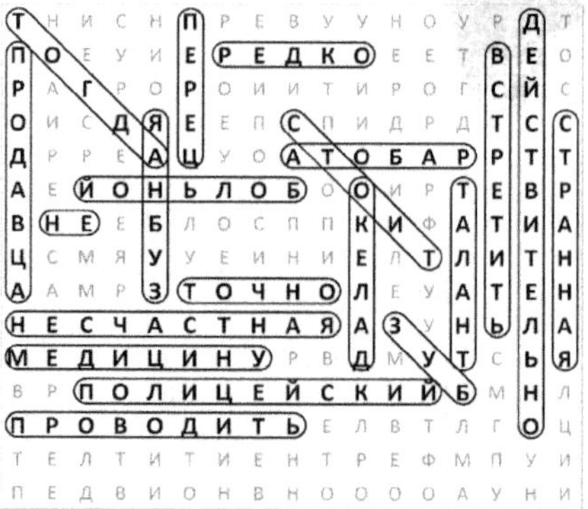

Puzzle 394

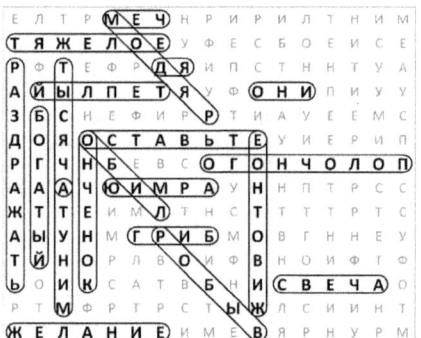

Puzzle 395

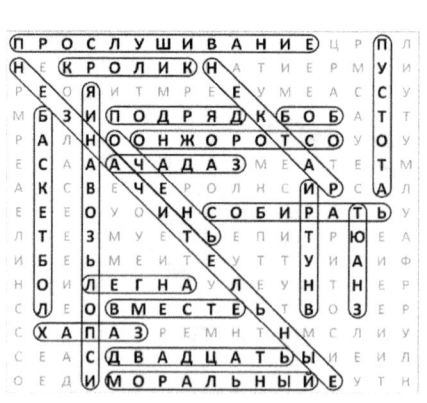

Puzzle 396

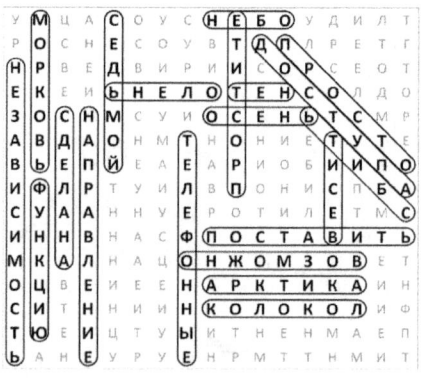

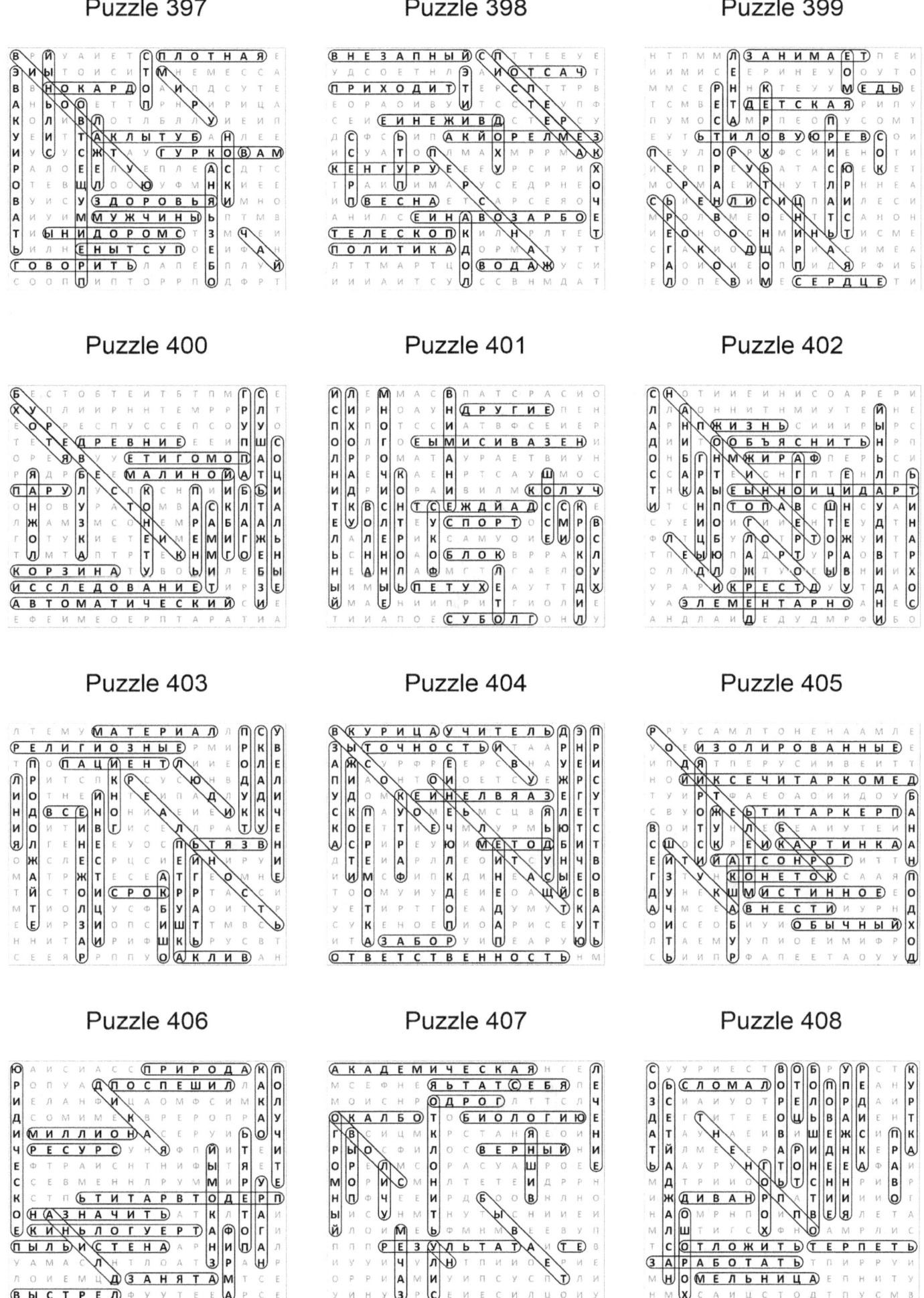

Puzzle 397

Puzzle 398

Puzzle 399

Puzzle 400

Puzzle 401

Puzzle 402

Puzzle 403

Puzzle 404

Puzzle 405

Puzzle 406

Puzzle 407

Puzzle 408

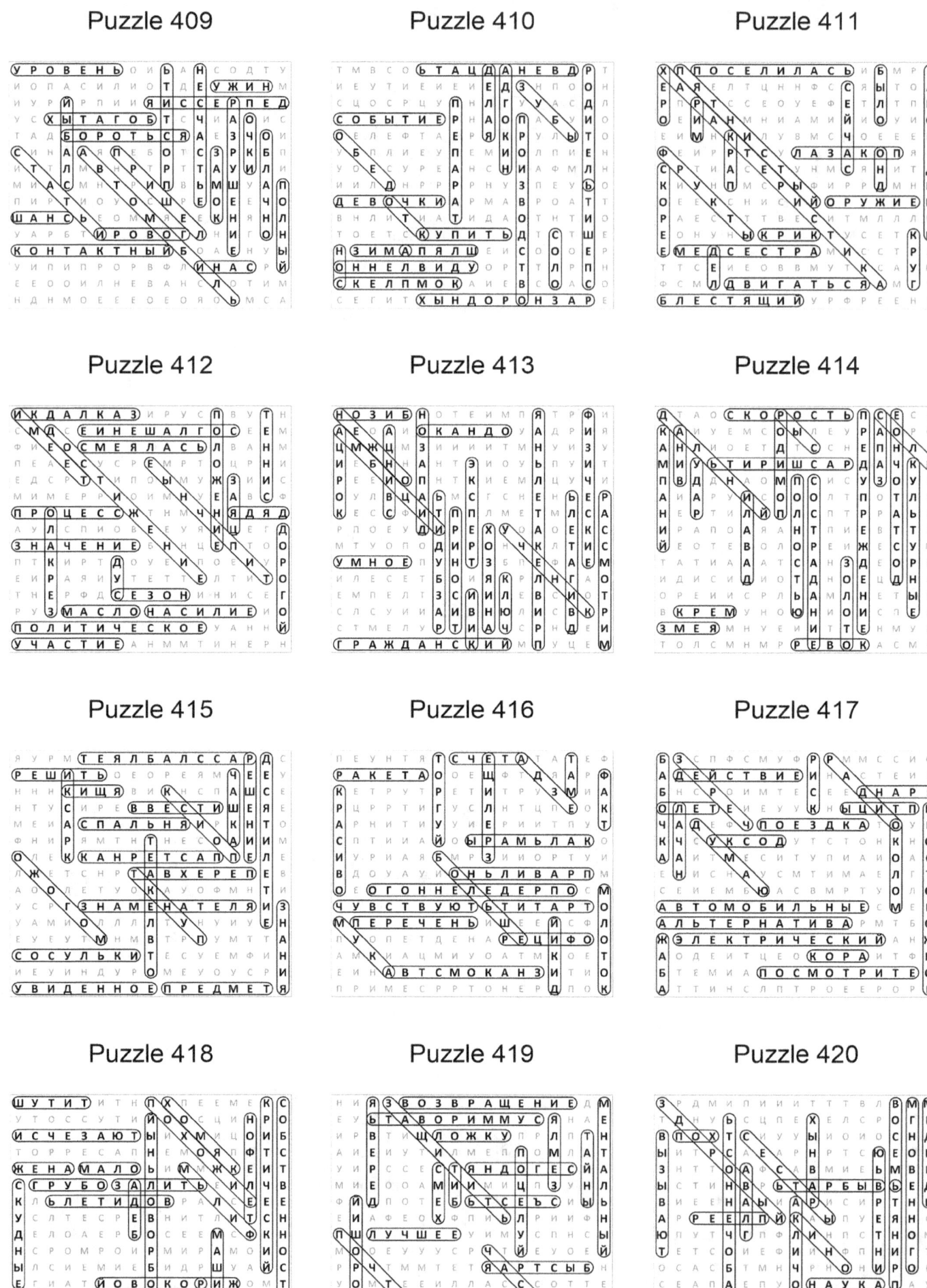

Puzzle 409

Puzzle 410

Puzzle 411

Puzzle 412

Puzzle 413

Puzzle 414

Puzzle 415

Puzzle 416

Puzzle 417

Puzzle 418

Puzzle 419

Puzzle 420

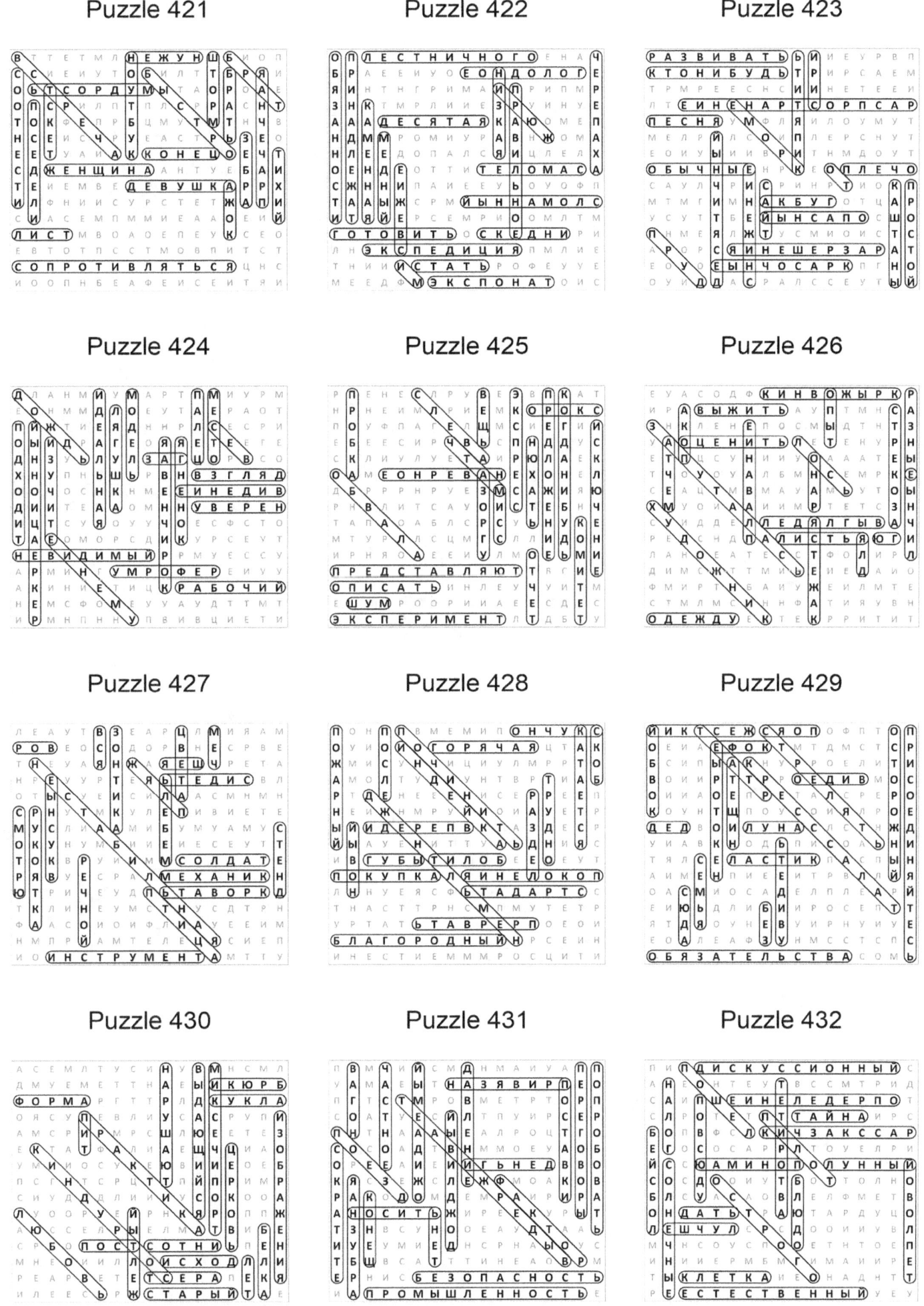

Puzzle 433

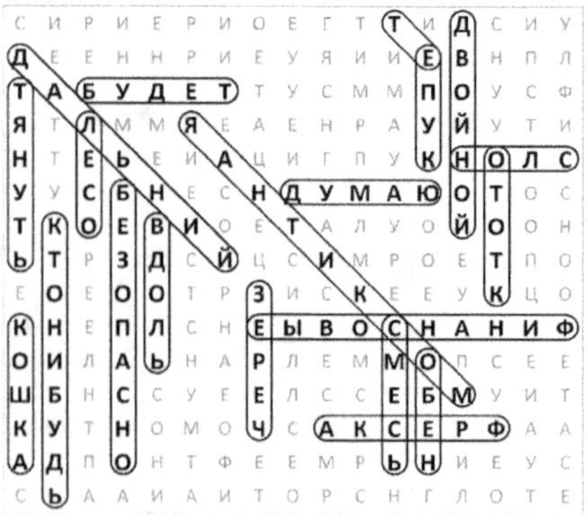

Puzzle 434

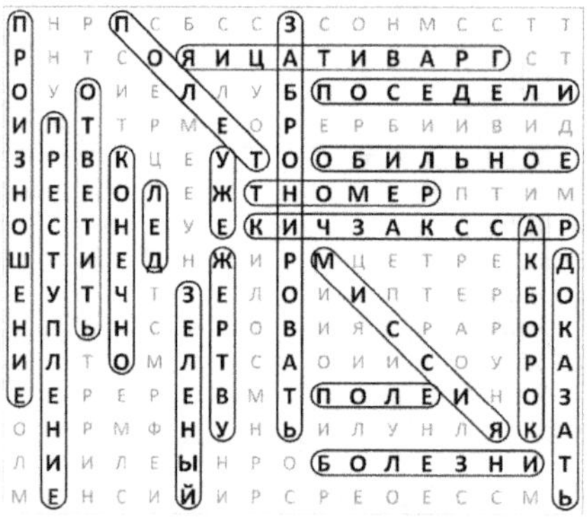

Puzzle 435

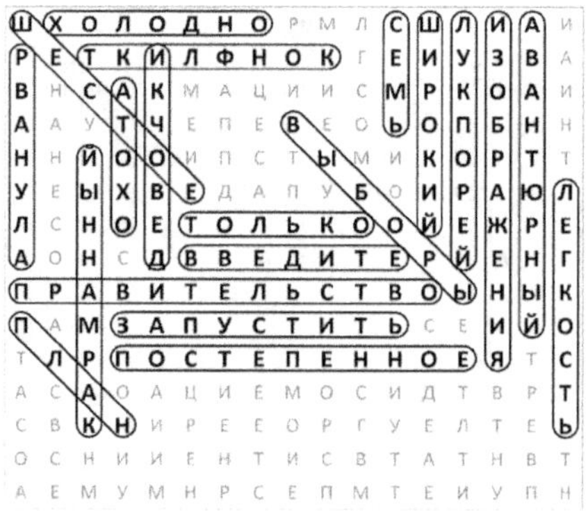

Puzzle 436

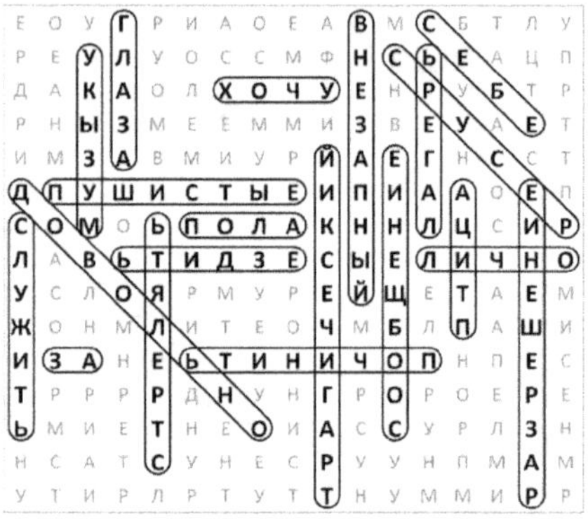

Puzzle 437

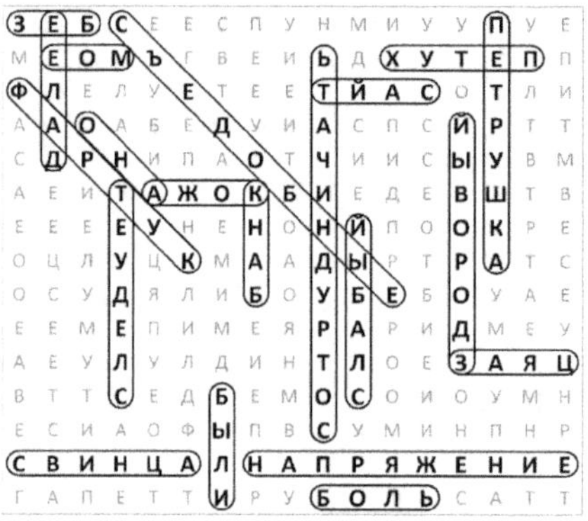

Puzzle 438

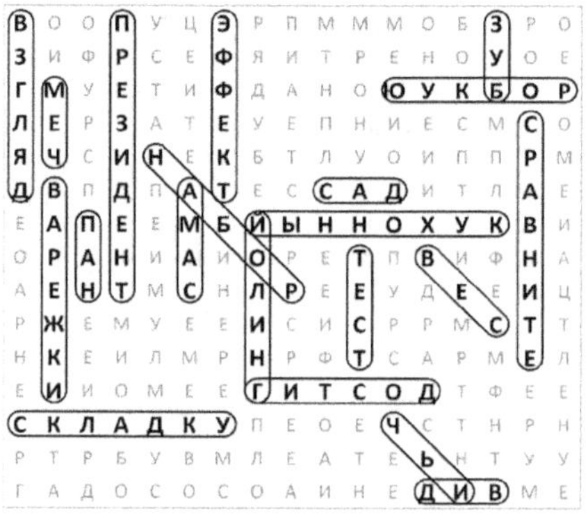

Puzzle 439

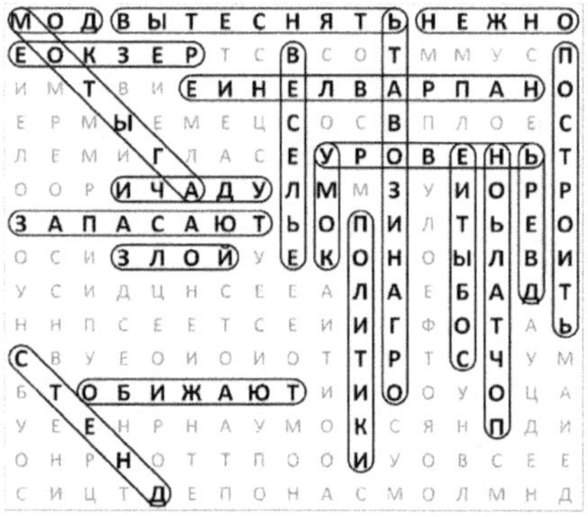

Puzzle 440

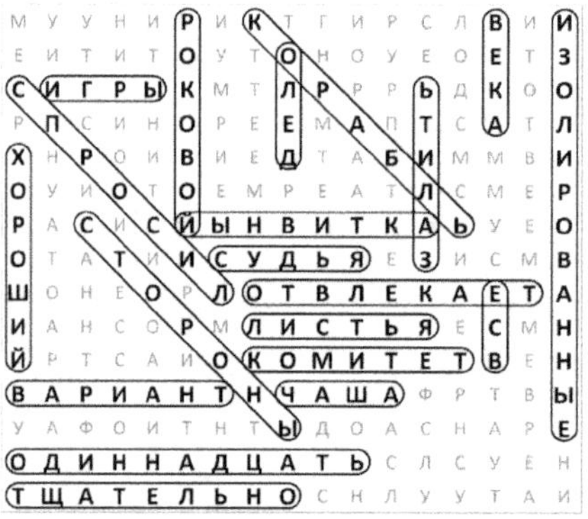

Puzzle 441

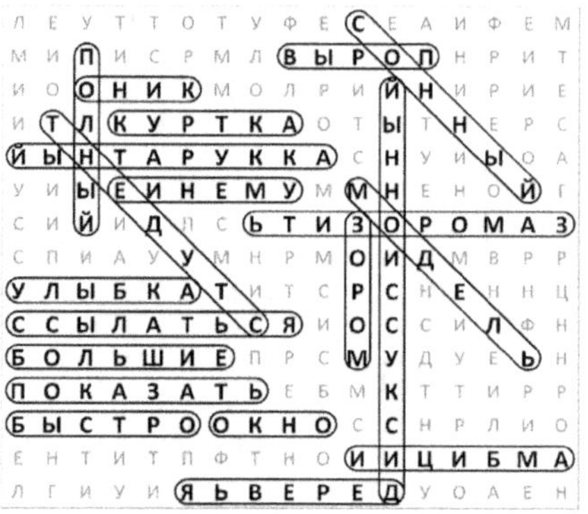

Puzzle 442

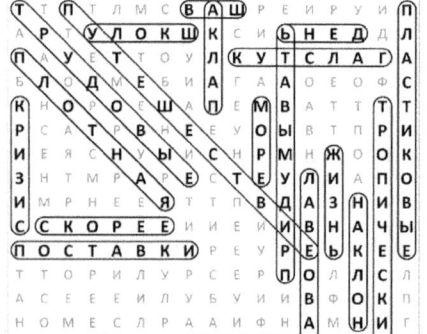

Puzzle 443

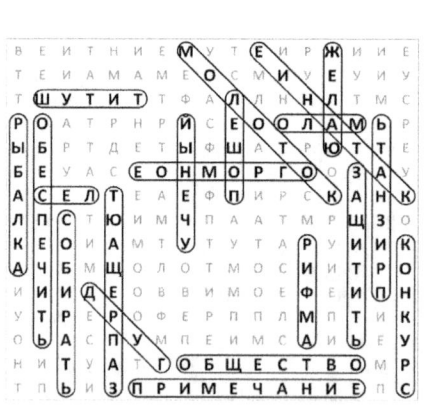

Puzzle 444

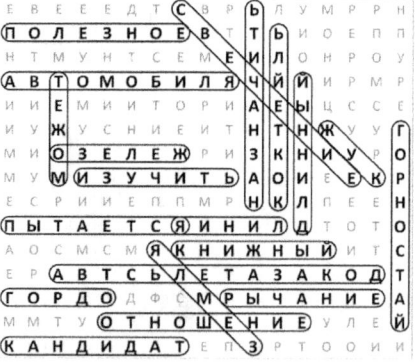

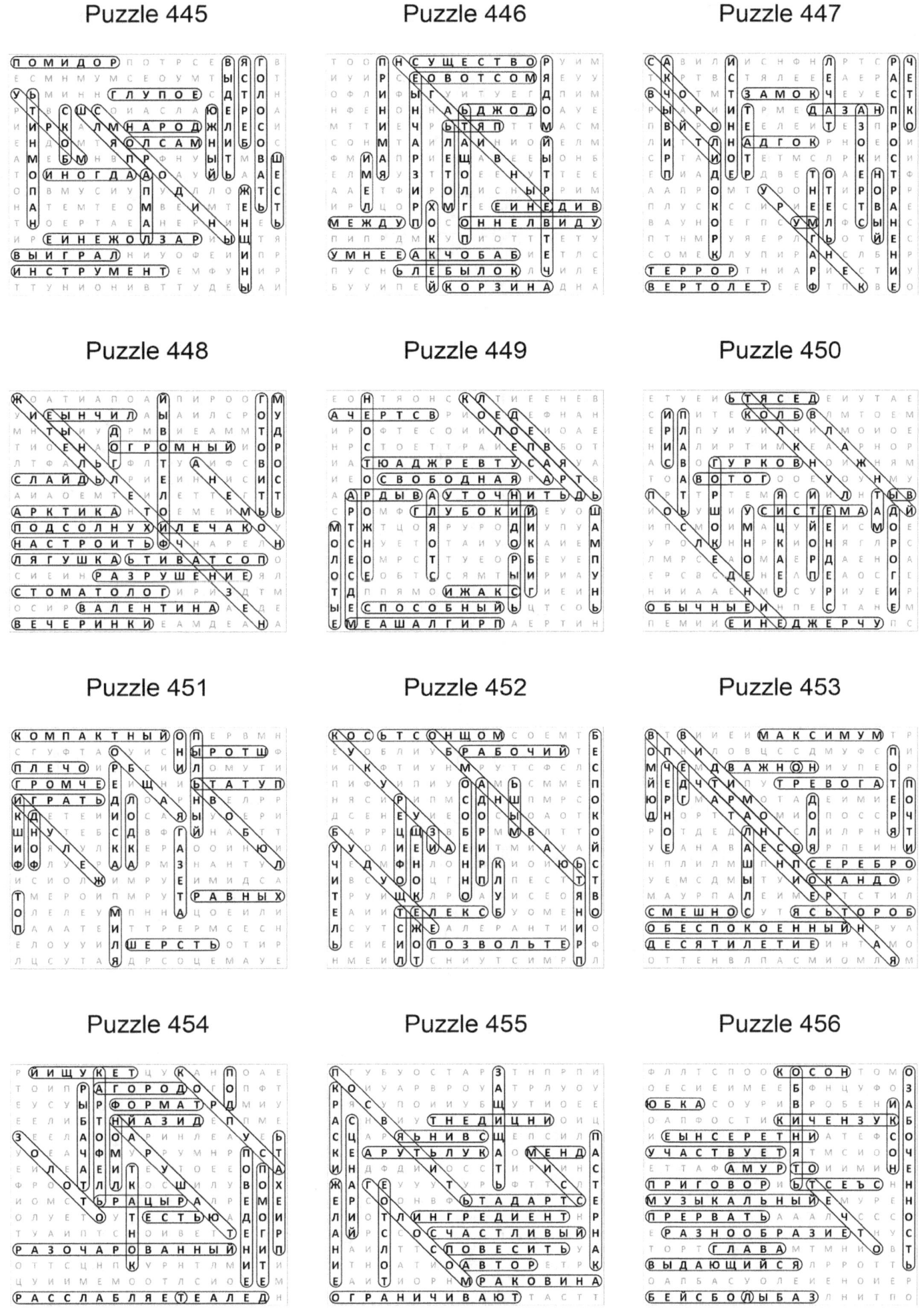

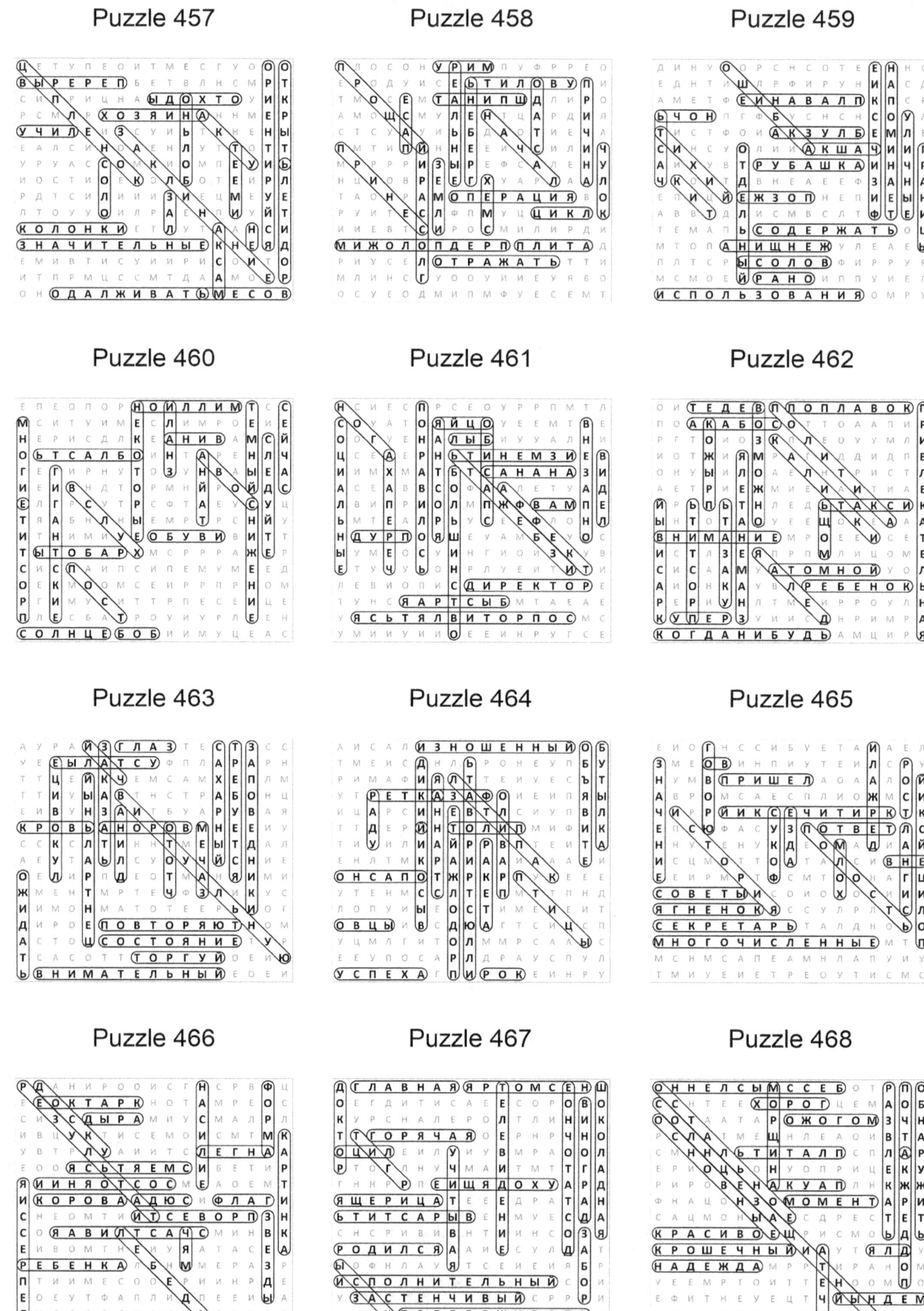

Puzzle 457

Puzzle 458

Puzzle 459

Puzzle 460

Puzzle 461

Puzzle 462

Puzzle 463

Puzzle 464

Puzzle 465

Puzzle 466

Puzzle 467

Puzzle 468

Puzzle 469

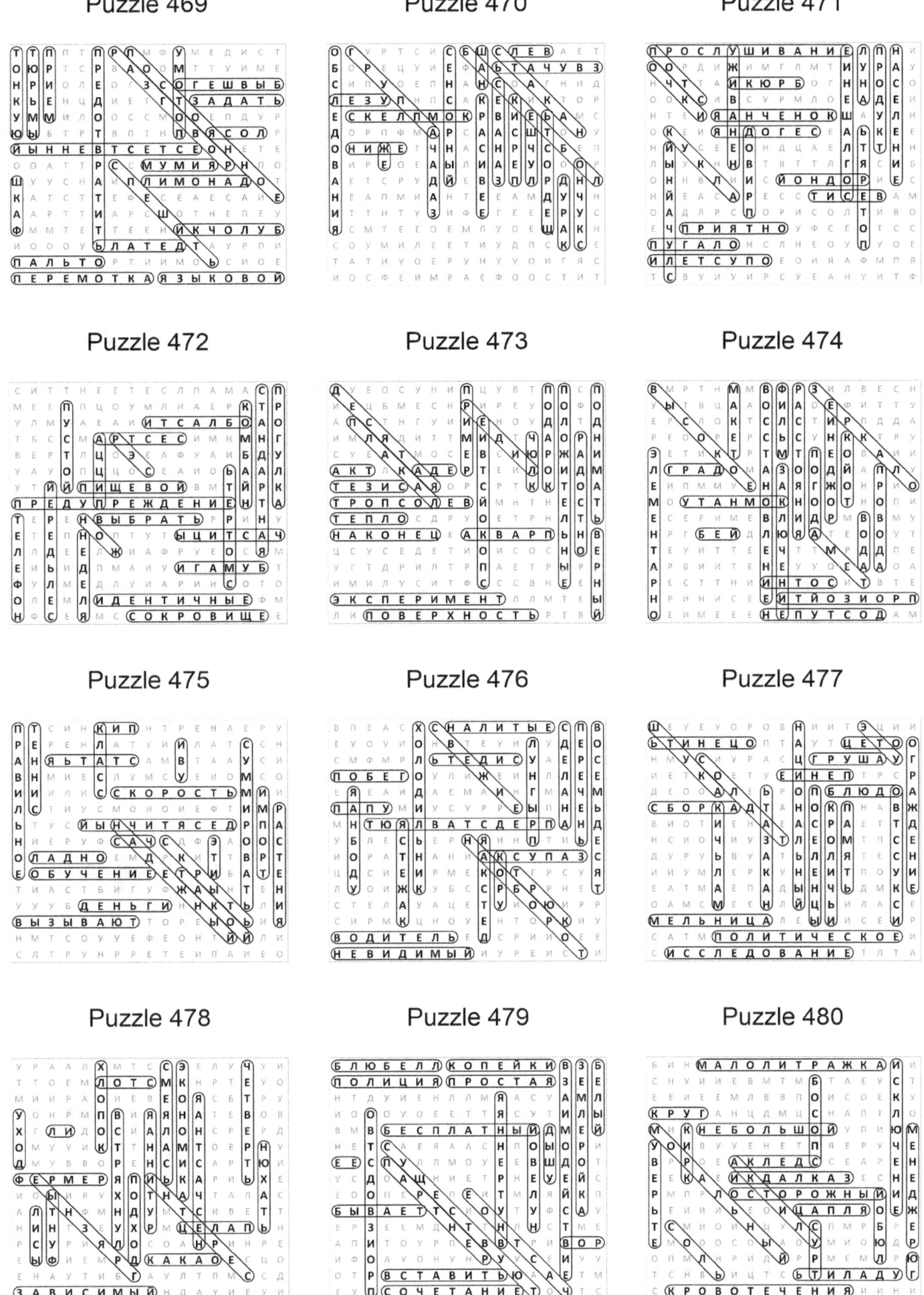

Puzzle 470

Puzzle 471

Puzzle 472

Puzzle 473

Puzzle 474

Puzzle 475

Puzzle 476

Puzzle 477

Puzzle 478

Puzzle 479

Puzzle 480

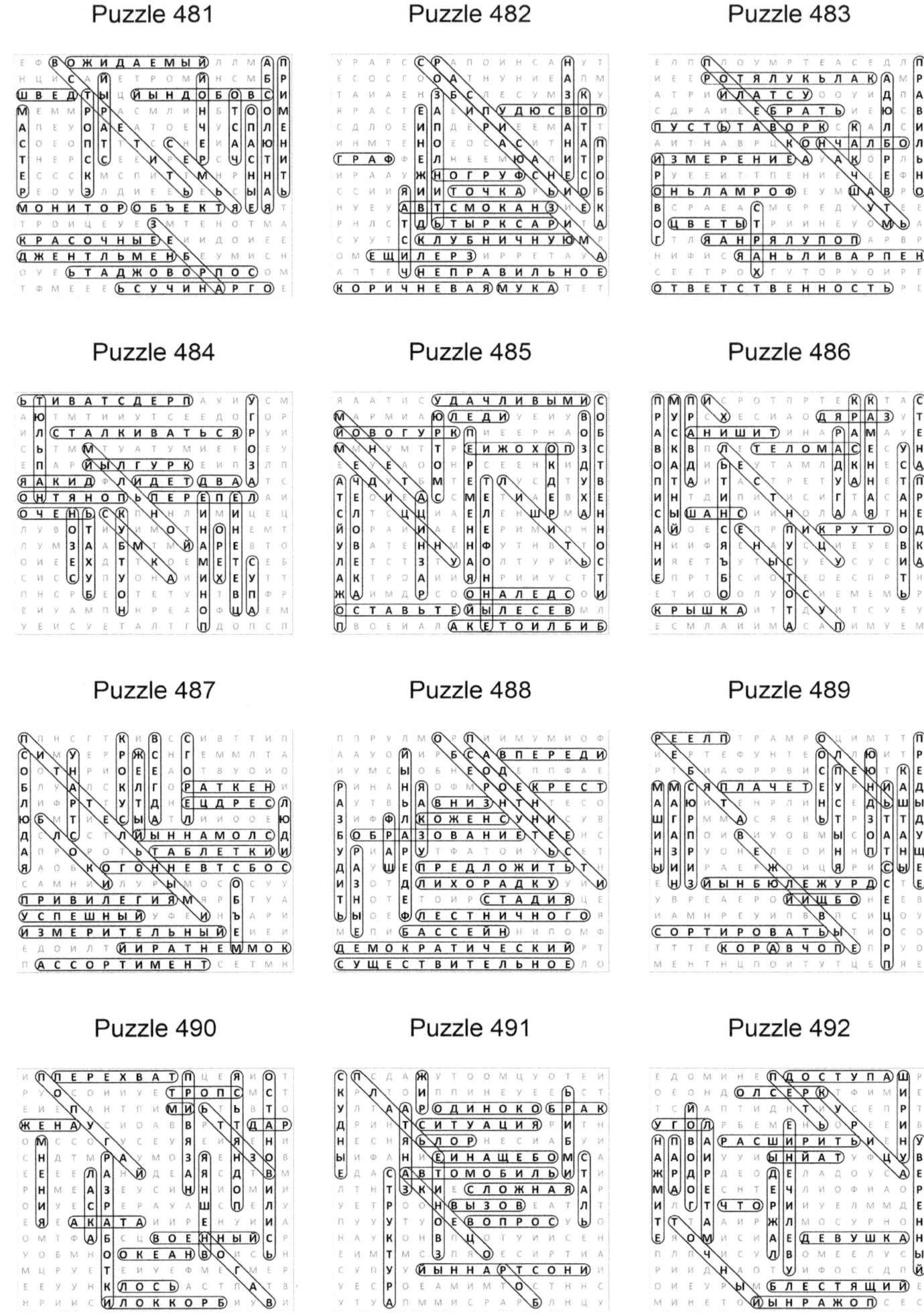

Puzzle 481

Puzzle 482

Puzzle 483

Puzzle 484

Puzzle 485

Puzzle 486

Puzzle 487

Puzzle 488

Puzzle 489

Puzzle 490

Puzzle 491

Puzzle 492

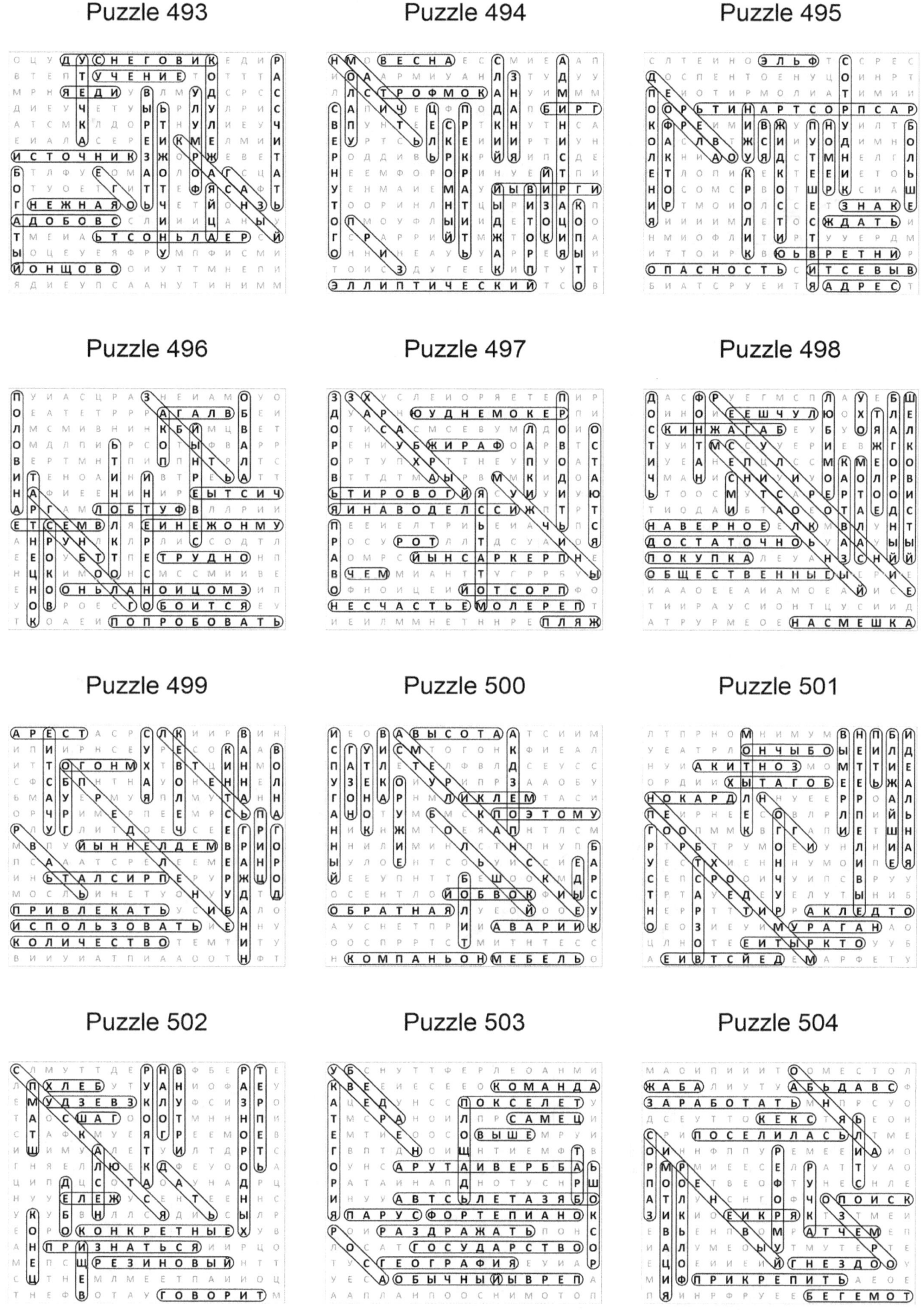

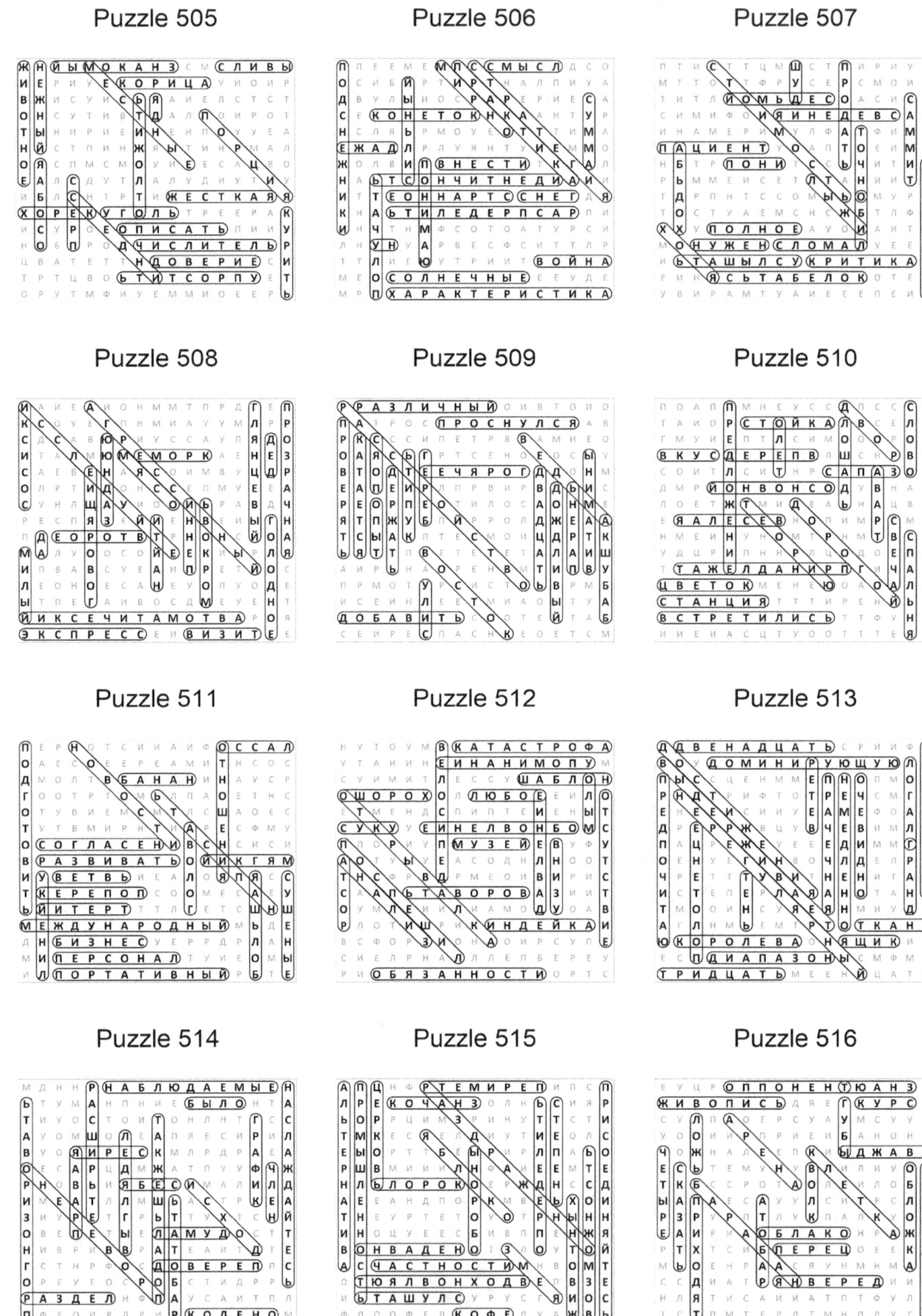

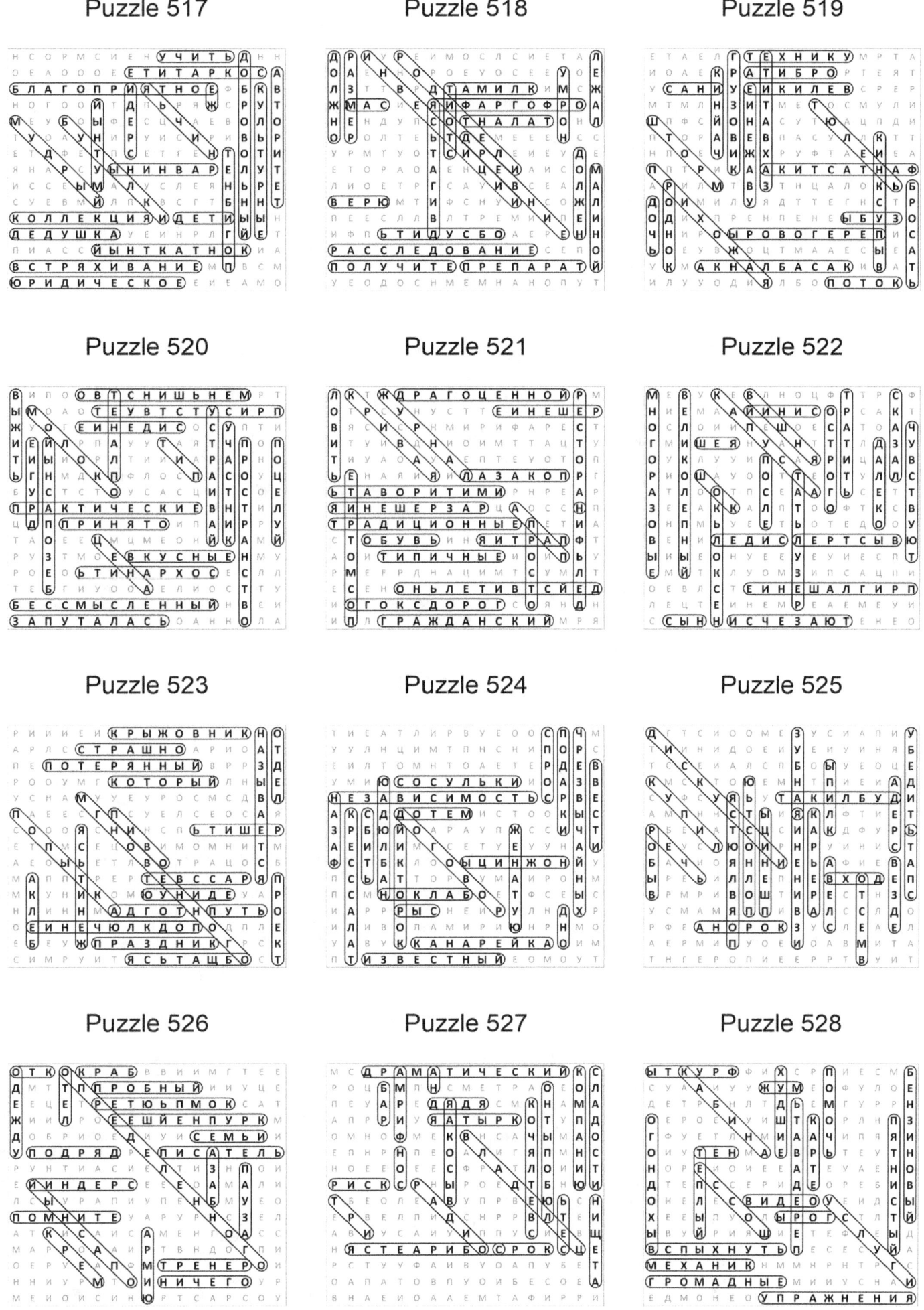

Puzzle 517

Puzzle 518

Puzzle 519

Puzzle 520

Puzzle 521

Puzzle 522

Puzzle 523

Puzzle 524

Puzzle 525

Puzzle 526

Puzzle 527

Puzzle 528

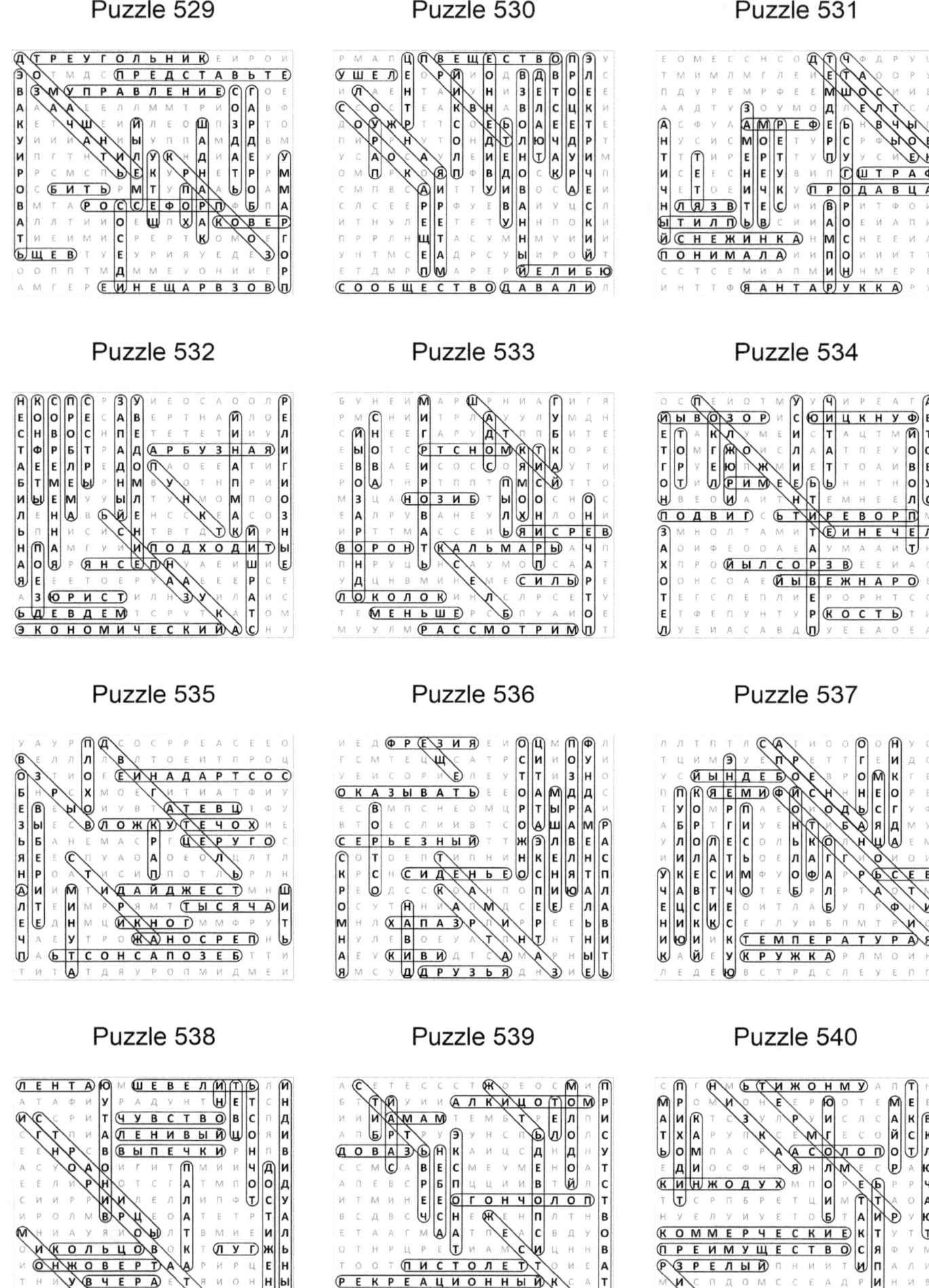

Puzzle 529

Puzzle 530

Puzzle 531

Puzzle 532

Puzzle 533

Puzzle 534

Puzzle 535

Puzzle 536

Puzzle 537

Puzzle 538

Puzzle 539

Puzzle 540

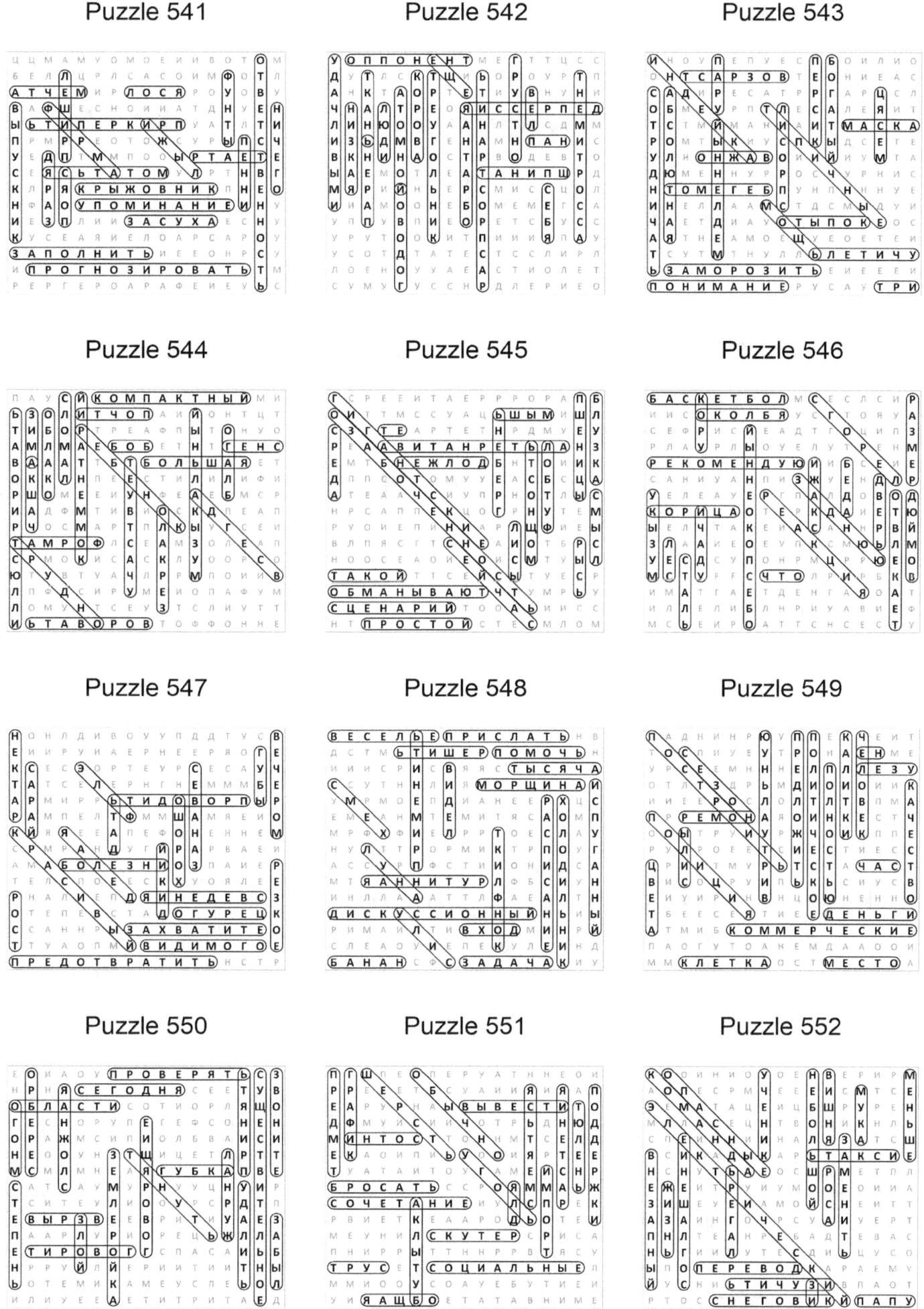

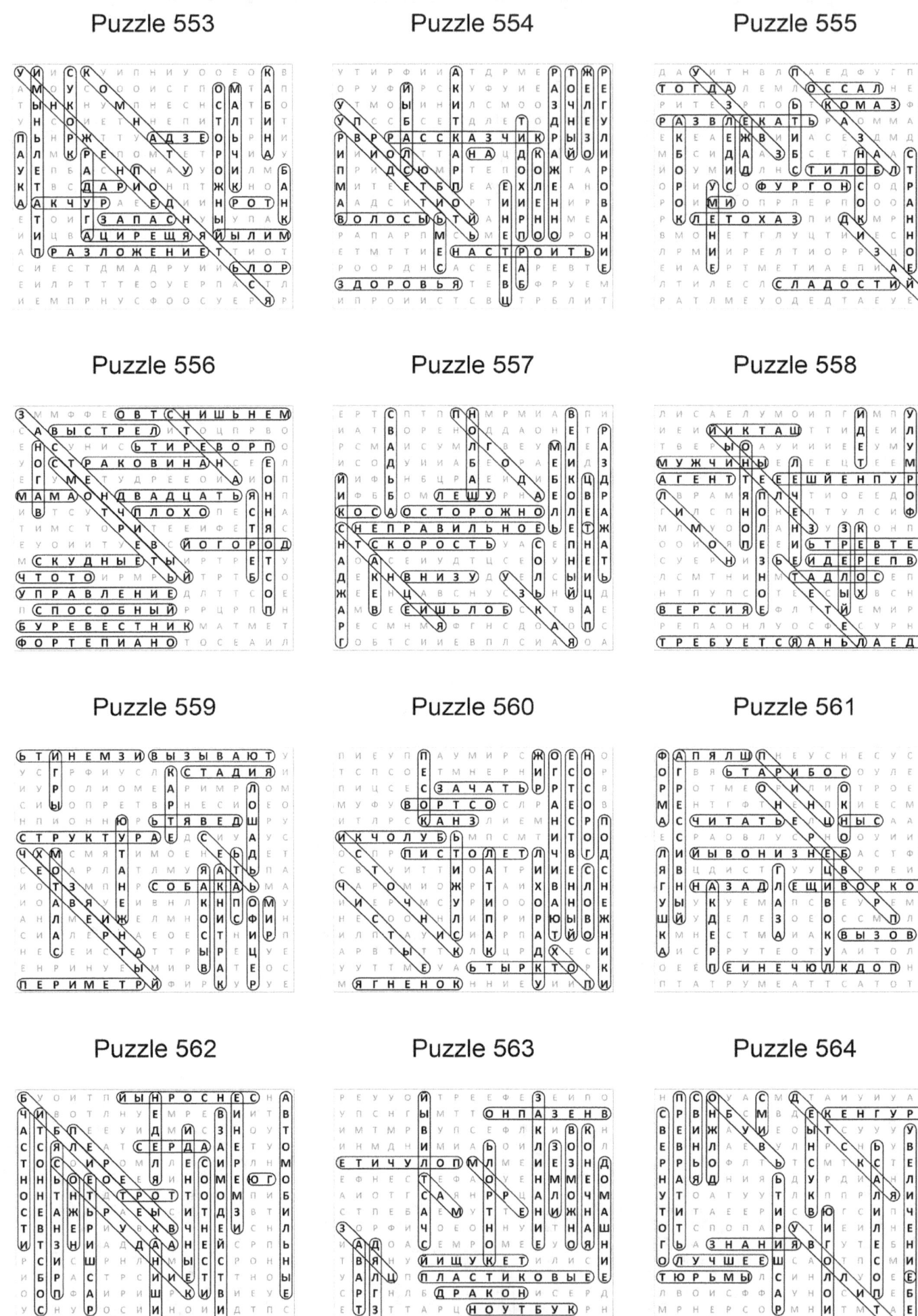

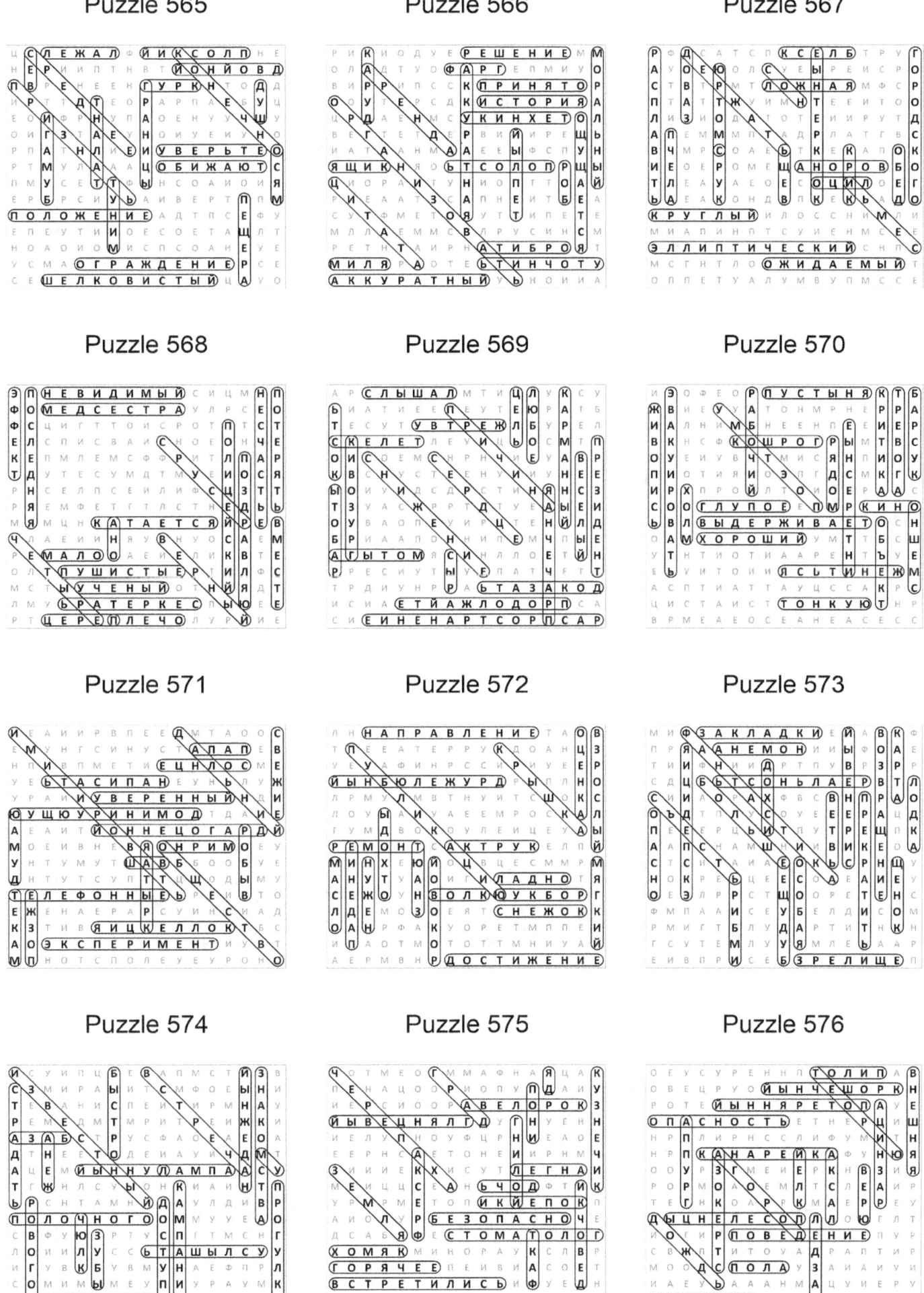

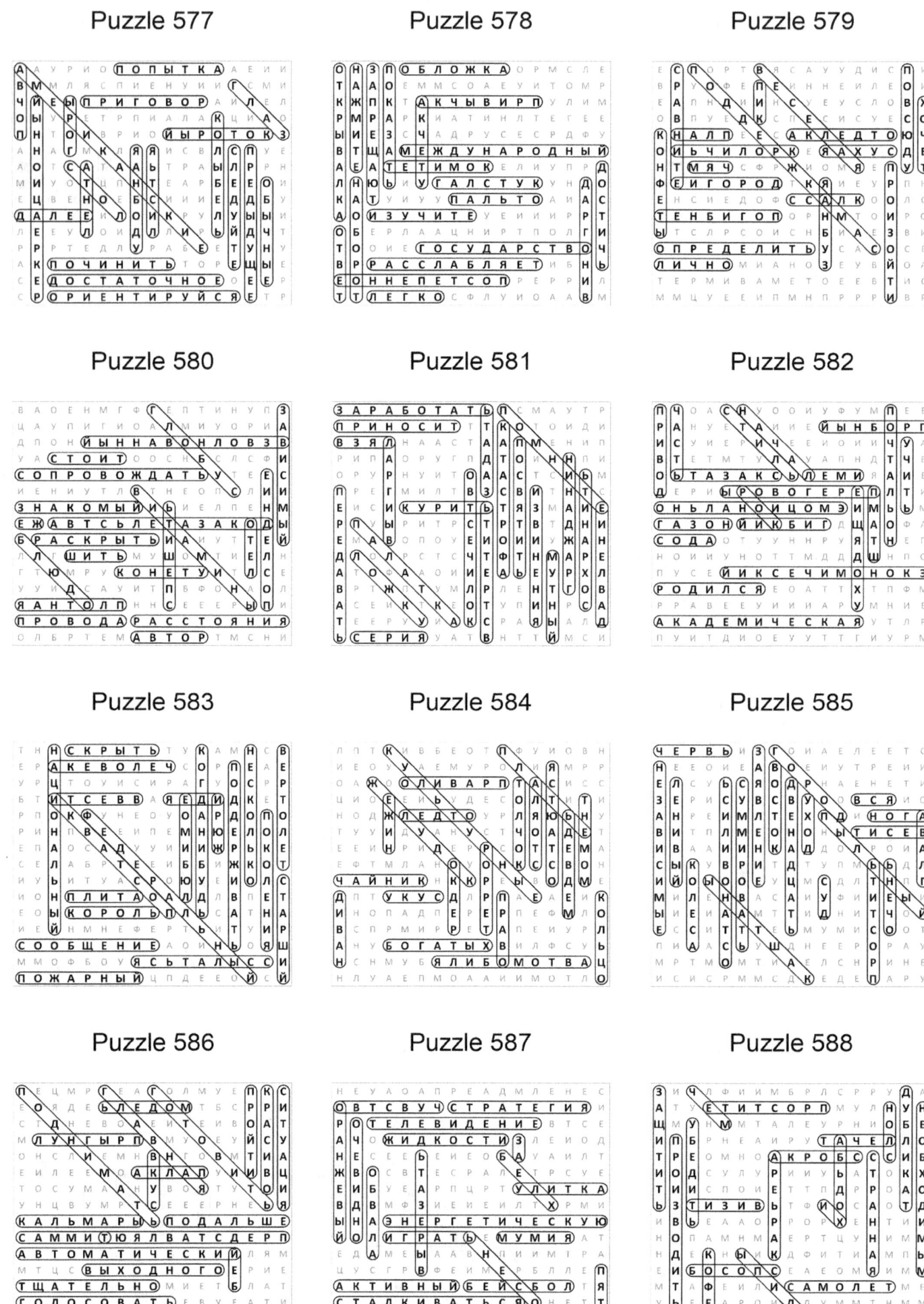

Puzzle 577

Puzzle 578

Puzzle 579

Puzzle 580

Puzzle 581

Puzzle 582

Puzzle 583

Puzzle 584

Puzzle 585

Puzzle 586

Puzzle 587

Puzzle 588

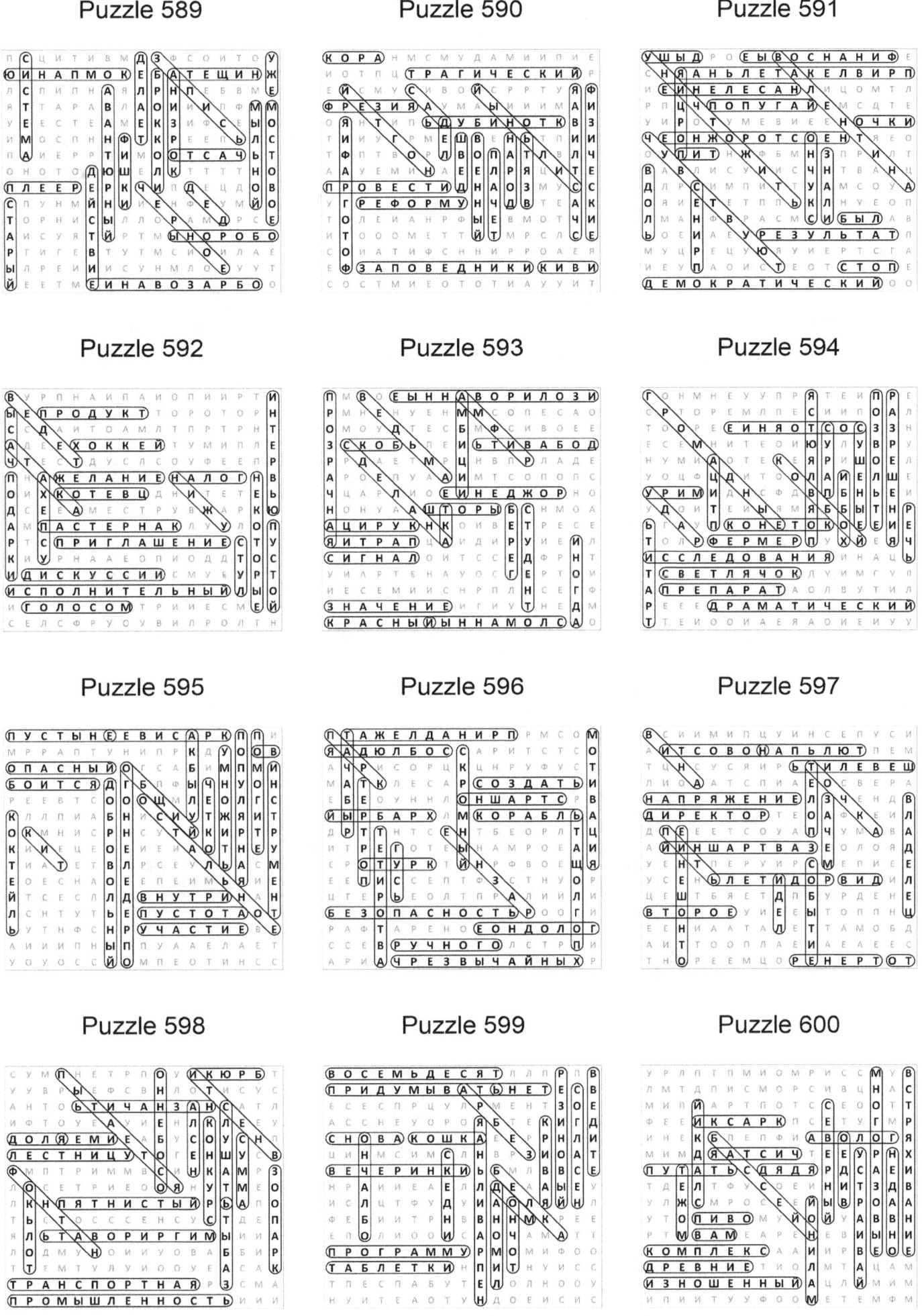

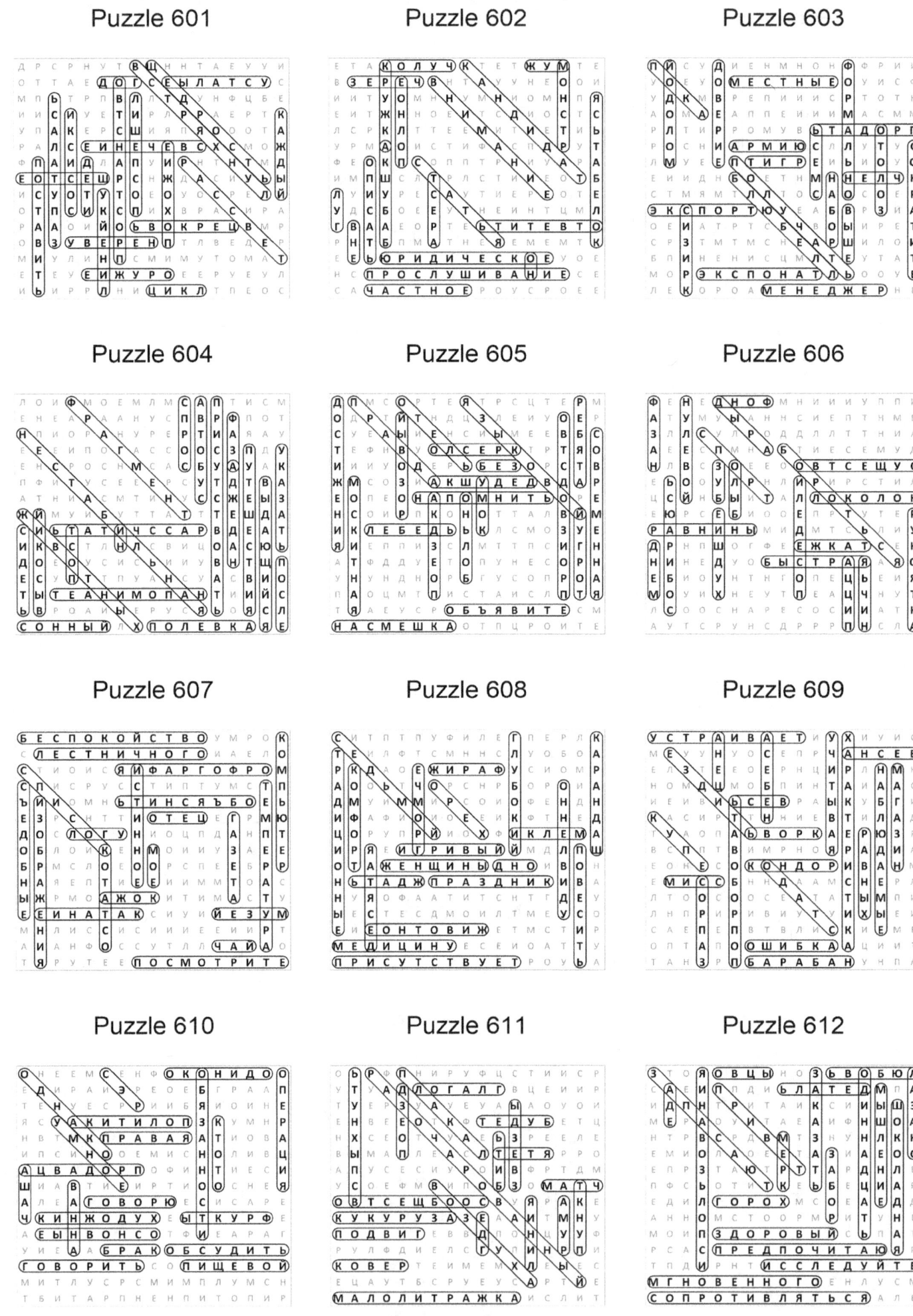

Puzzle 613

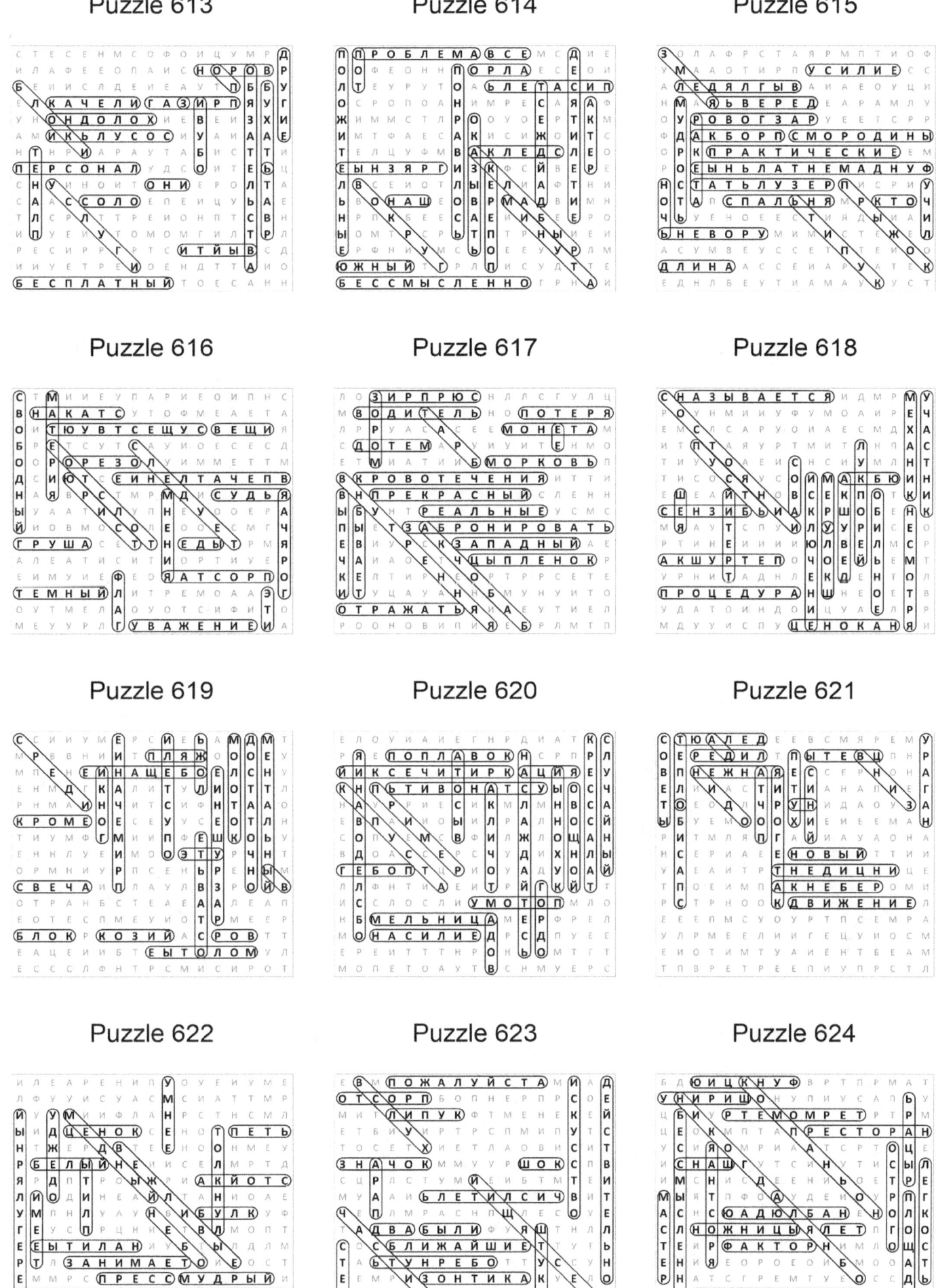

Puzzle 614

Puzzle 615

Puzzle 616

Puzzle 617

Puzzle 618

Puzzle 619

Puzzle 620

Puzzle 621

Puzzle 622

Puzzle 623

Puzzle 624

Puzzle 625

Puzzle 626

Puzzle 627

Puzzle 628

Puzzle 629

Puzzle 630

Puzzle 631

Puzzle 632

Puzzle 633

Puzzle 634

Puzzle 635

Puzzle 636

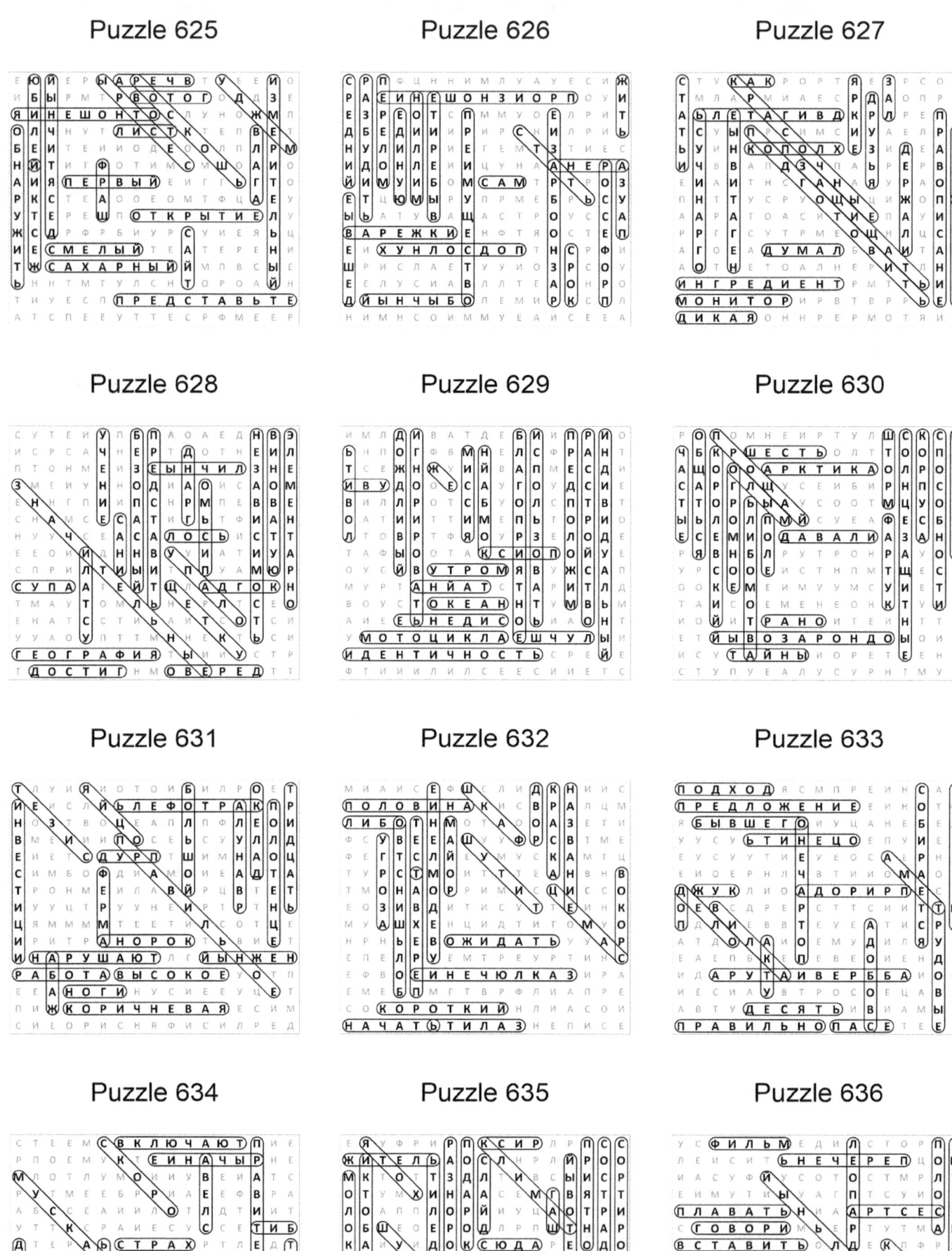

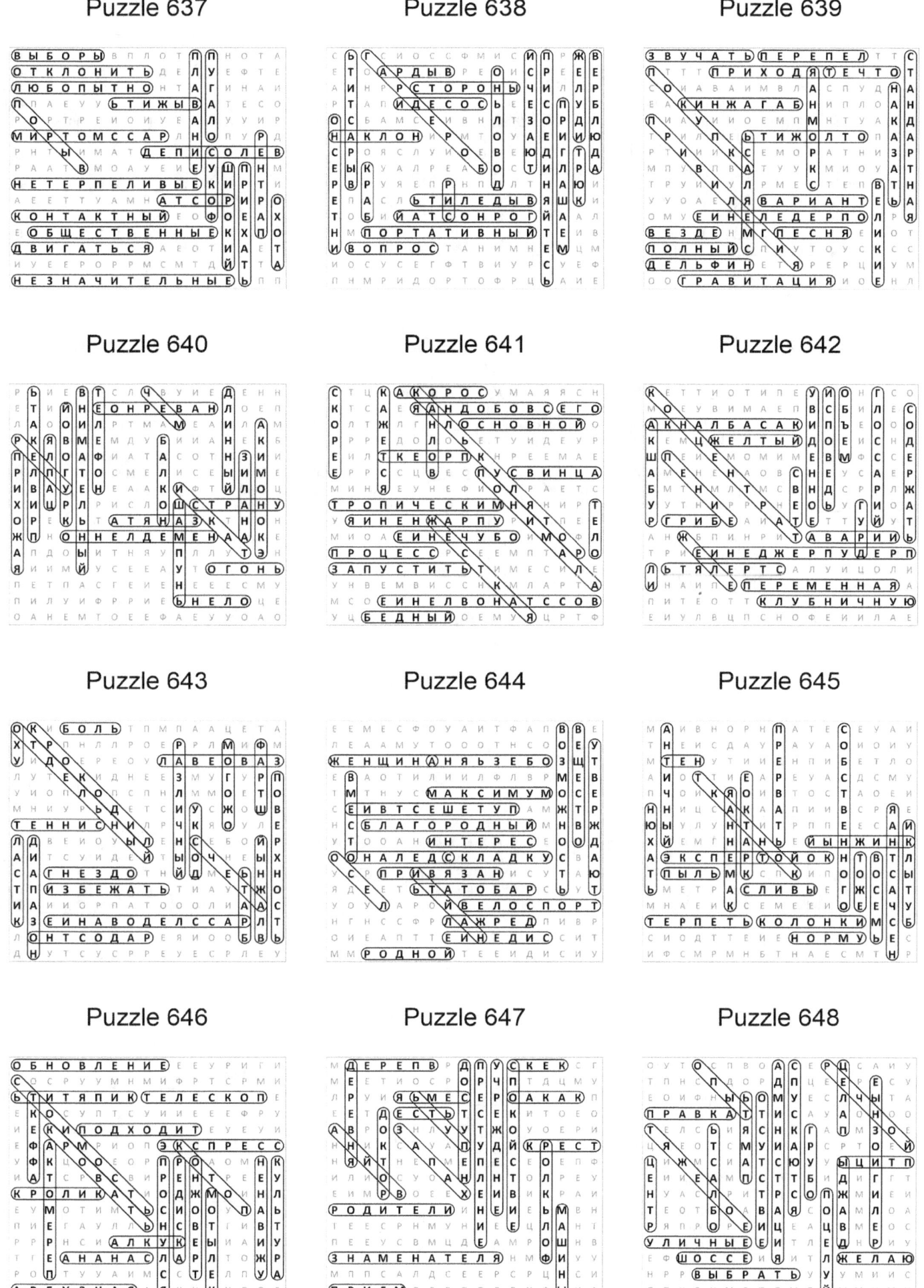

Puzzle 637

Puzzle 638

Puzzle 639

Puzzle 640

Puzzle 641

Puzzle 642

Puzzle 643

Puzzle 644

Puzzle 645

Puzzle 646

Puzzle 647

Puzzle 648

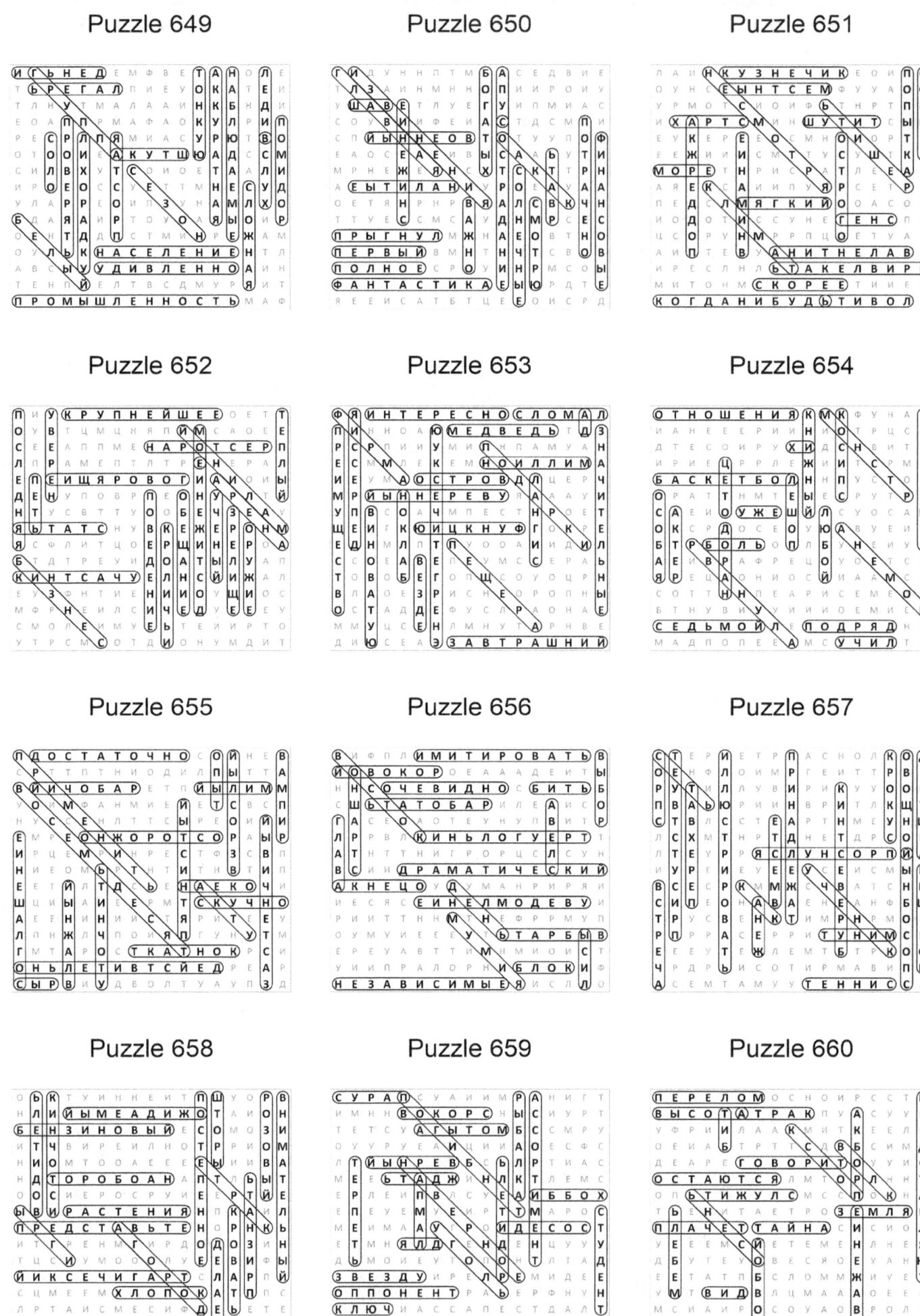

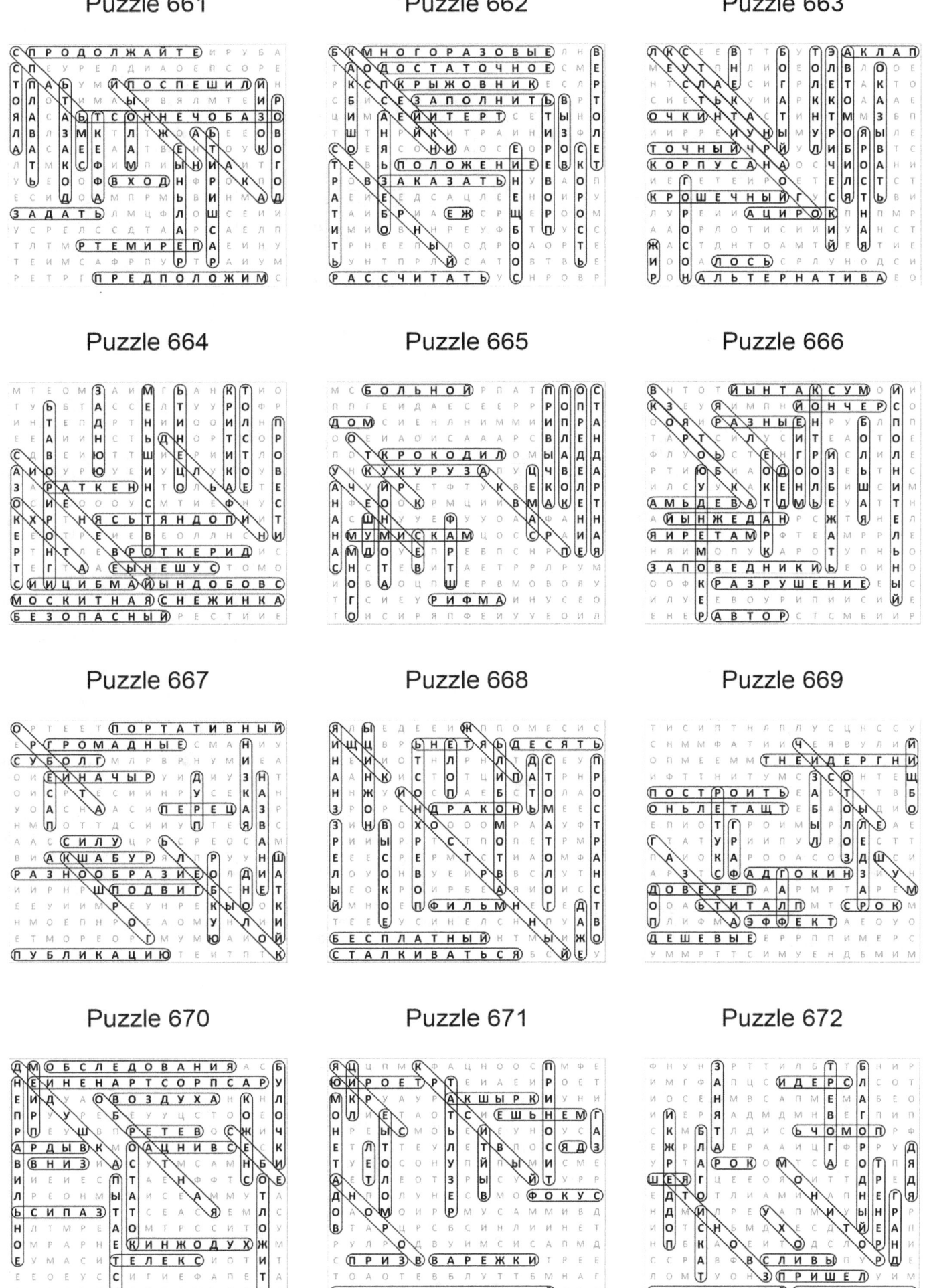

Puzzle 661

Puzzle 662

Puzzle 663

Puzzle 664

Puzzle 665

Puzzle 666

Puzzle 667

Puzzle 668

Puzzle 669

Puzzle 670

Puzzle 671

Puzzle 672

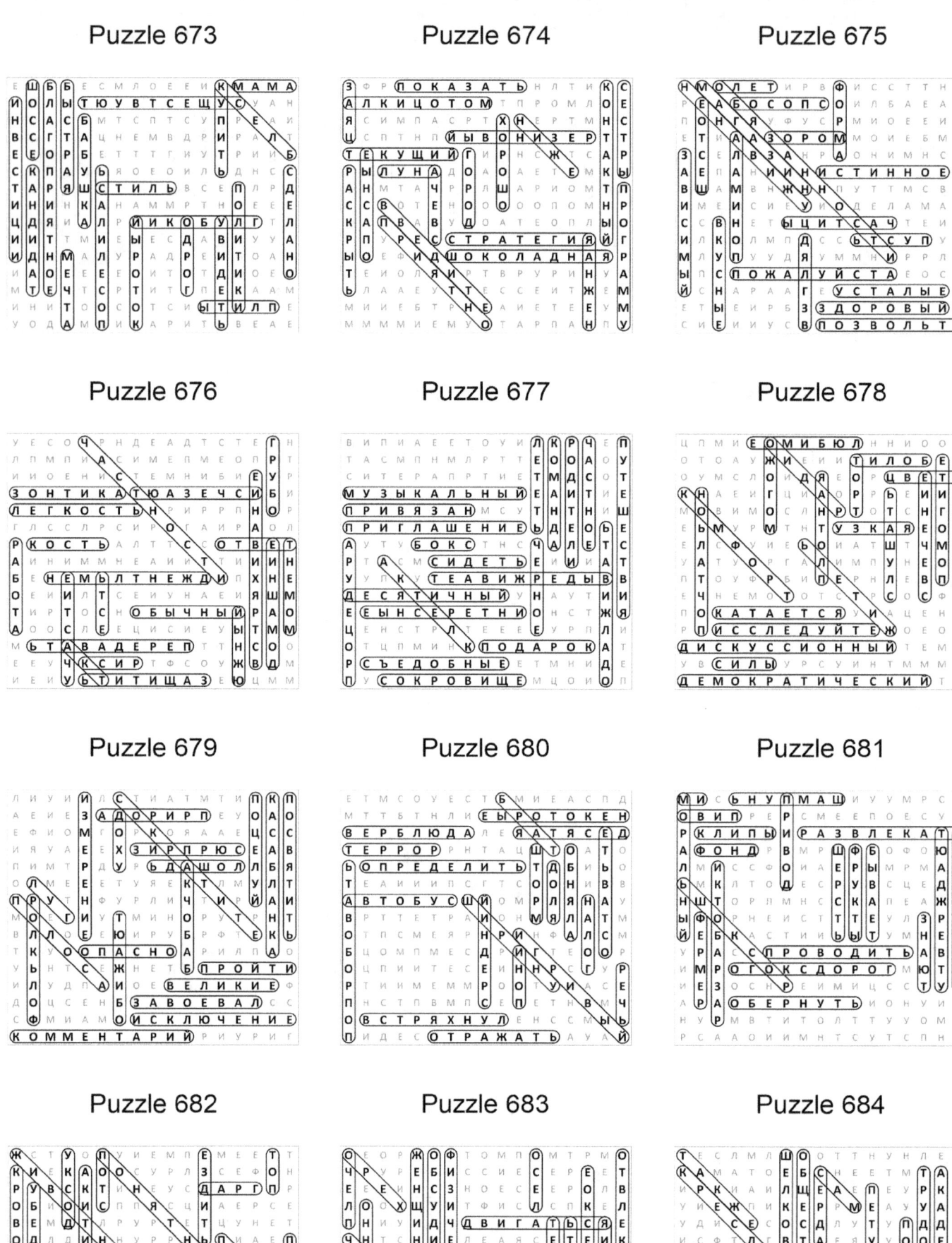

Puzzle 673

Puzzle 674

Puzzle 675

Puzzle 676

Puzzle 677

Puzzle 678

Puzzle 679

Puzzle 680

Puzzle 681

Puzzle 682

Puzzle 683

Puzzle 684

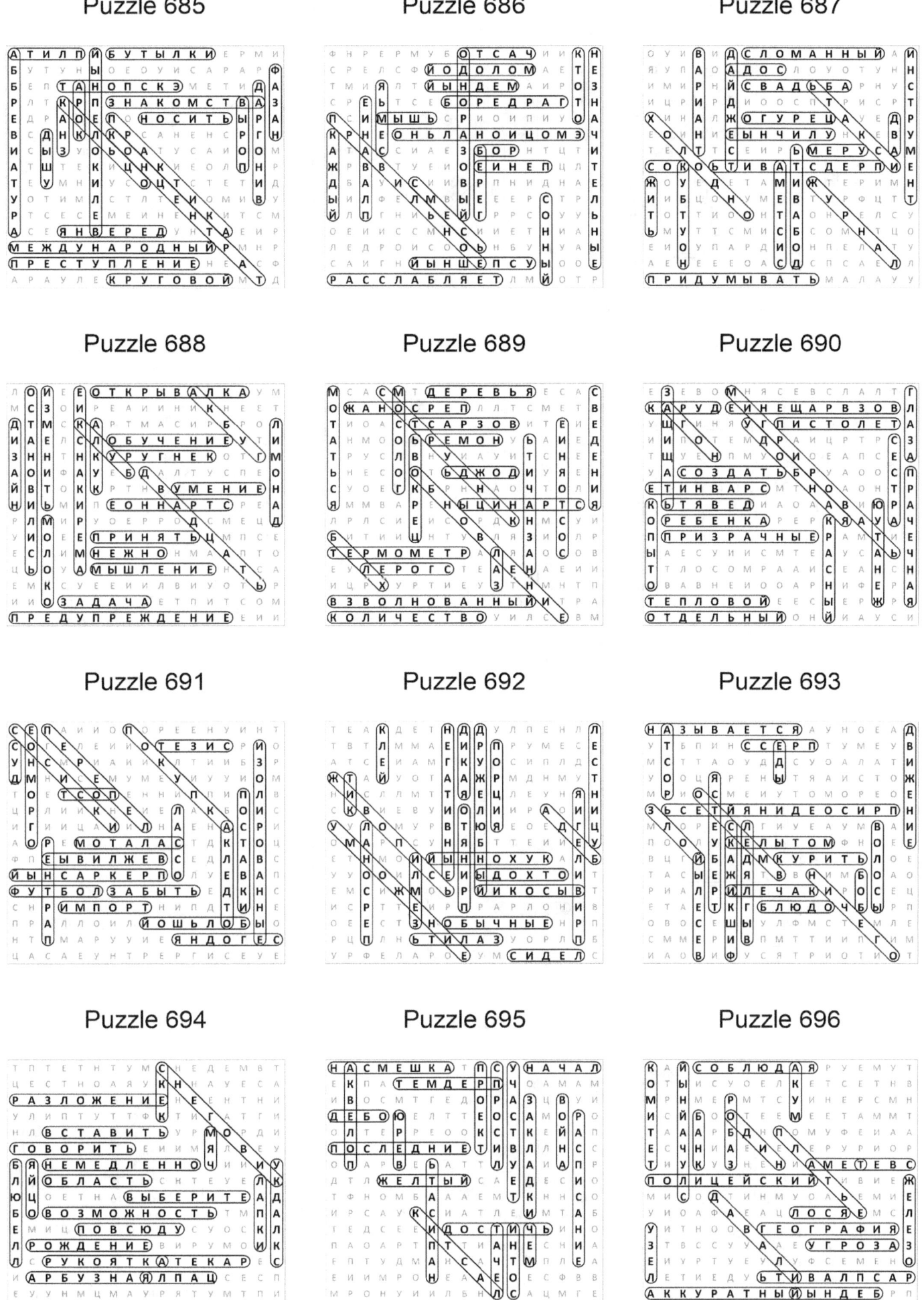

Puzzle 685

Puzzle 686

Puzzle 687

Puzzle 688

Puzzle 689

Puzzle 690

Puzzle 691

Puzzle 692

Puzzle 693

Puzzle 694

Puzzle 695

Puzzle 696

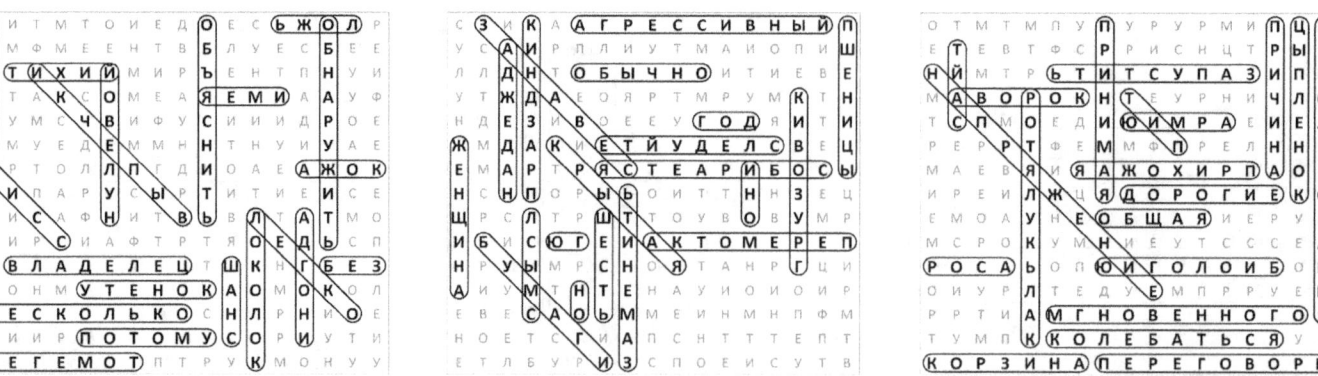

Puzzle 697

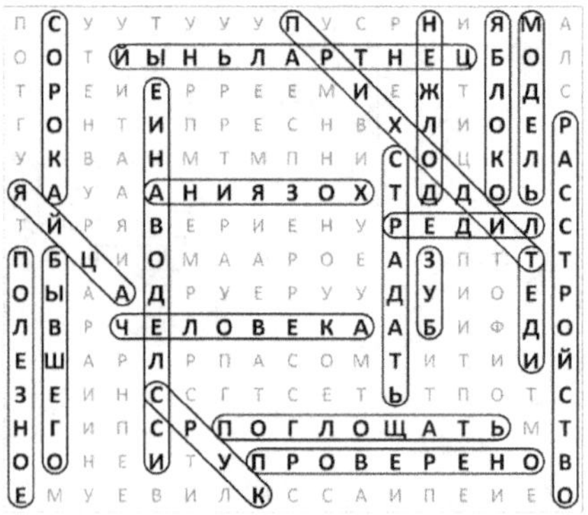

Puzzle 698

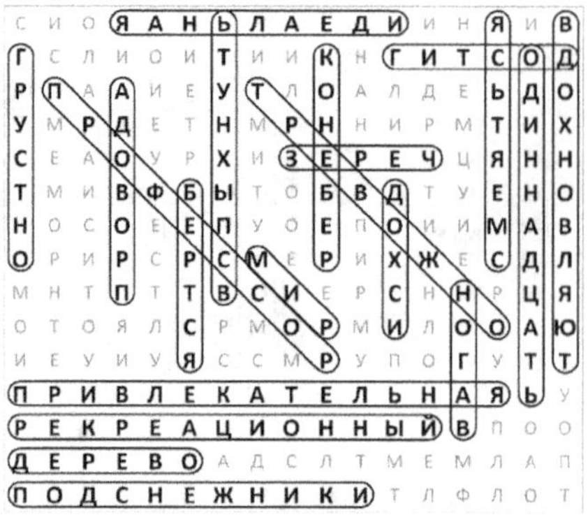

Puzzle 699

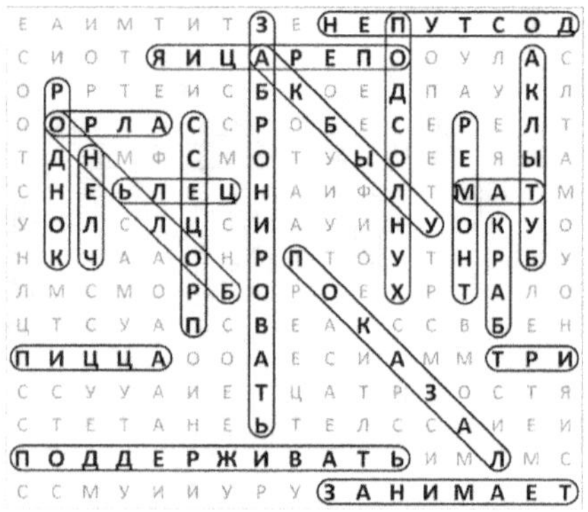

Puzzle 700

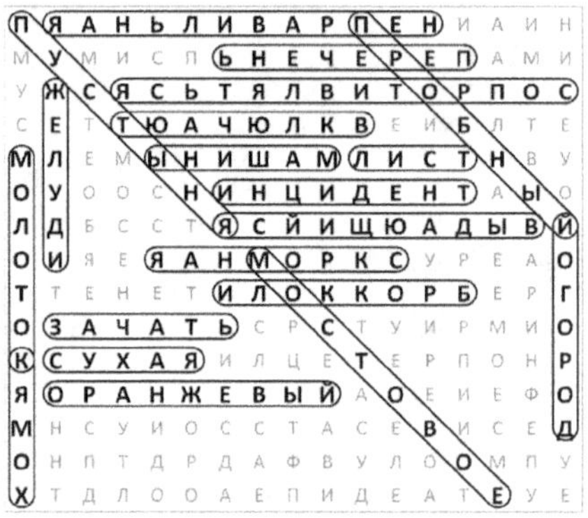

Puzzle 701

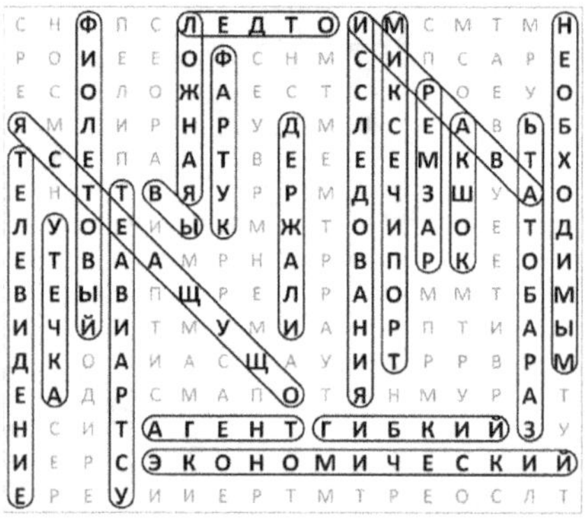

Puzzle 702

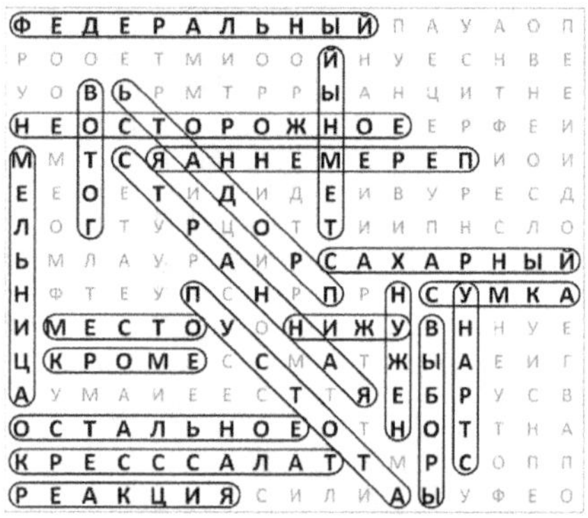

Puzzle 703

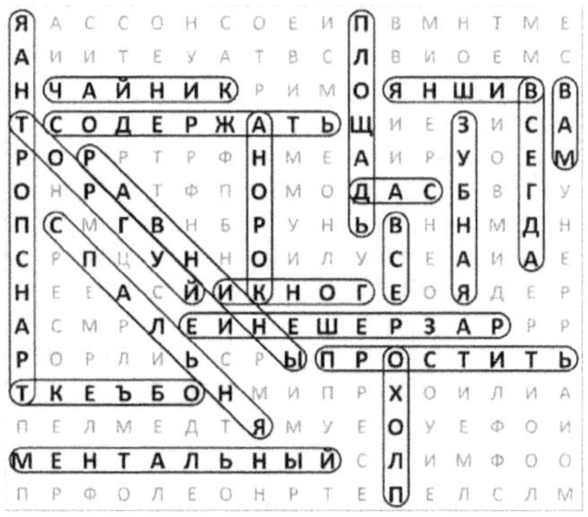

Puzzle 704

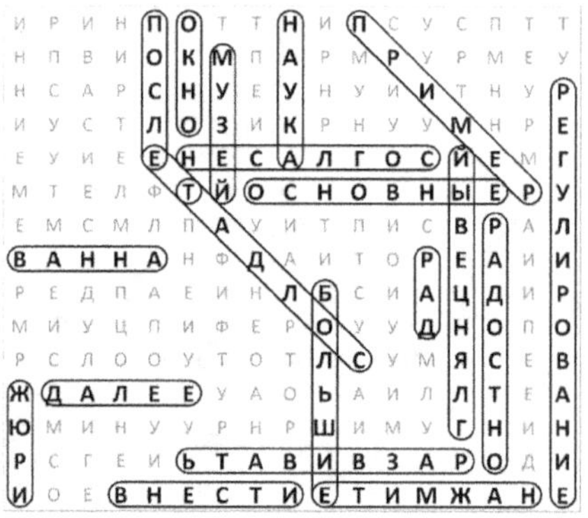

Puzzle 705

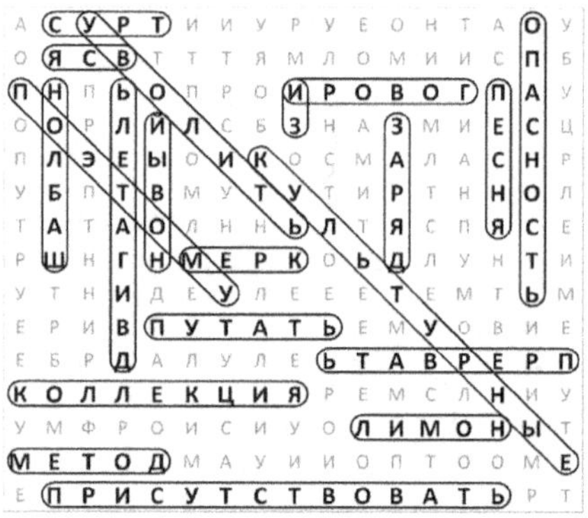

Puzzle 706

Puzzle 707

Puzzle 708

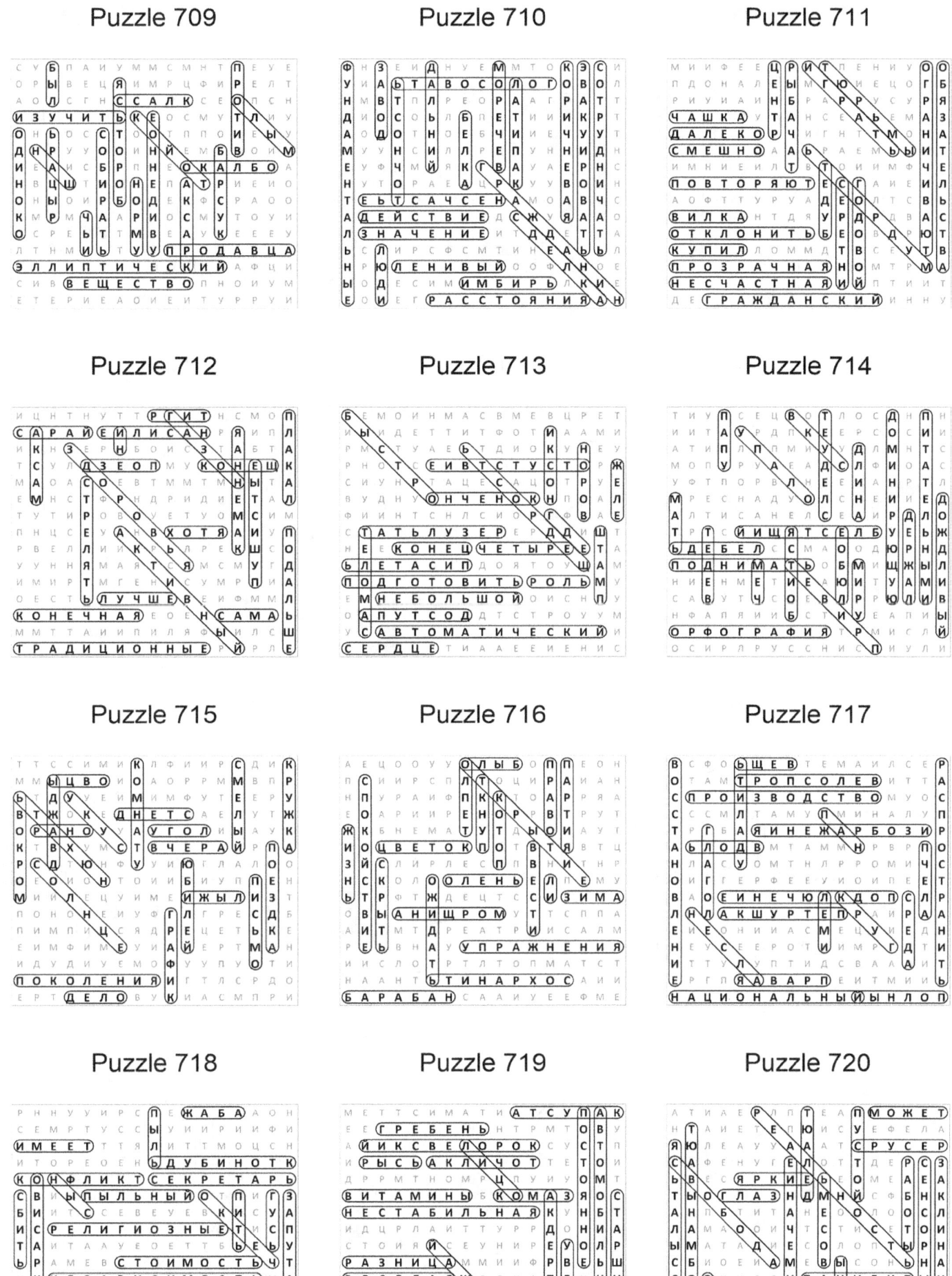

Puzzle 709

Puzzle 710

Puzzle 711

Puzzle 712

Puzzle 713

Puzzle 714

Puzzle 715

Puzzle 716

Puzzle 717

Puzzle 718

Puzzle 719

Puzzle 720

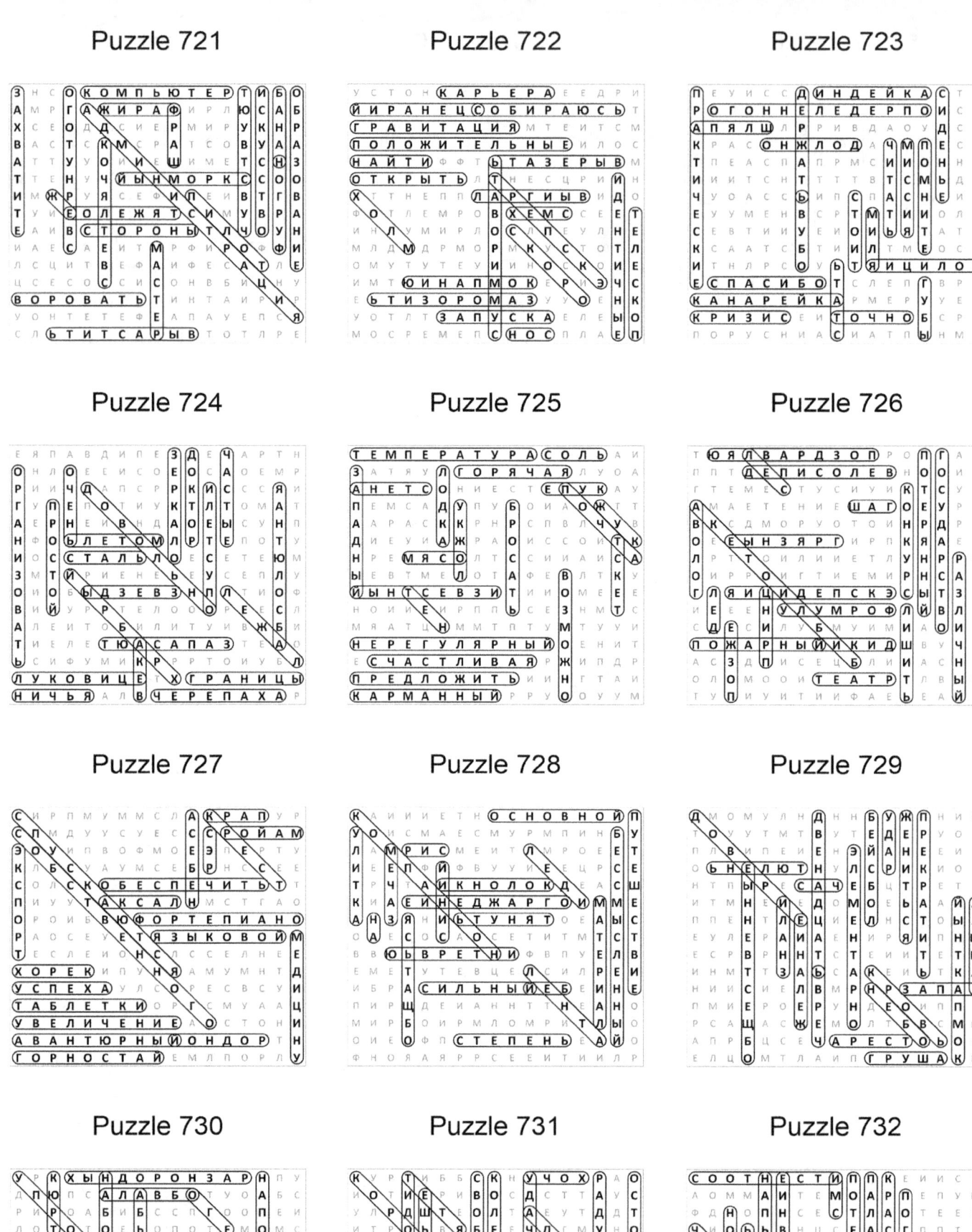

Puzzle 721

Puzzle 722

Puzzle 723

Puzzle 724

Puzzle 725

Puzzle 726

Puzzle 727

Puzzle 728

Puzzle 729

Puzzle 730

Puzzle 731

Puzzle 732

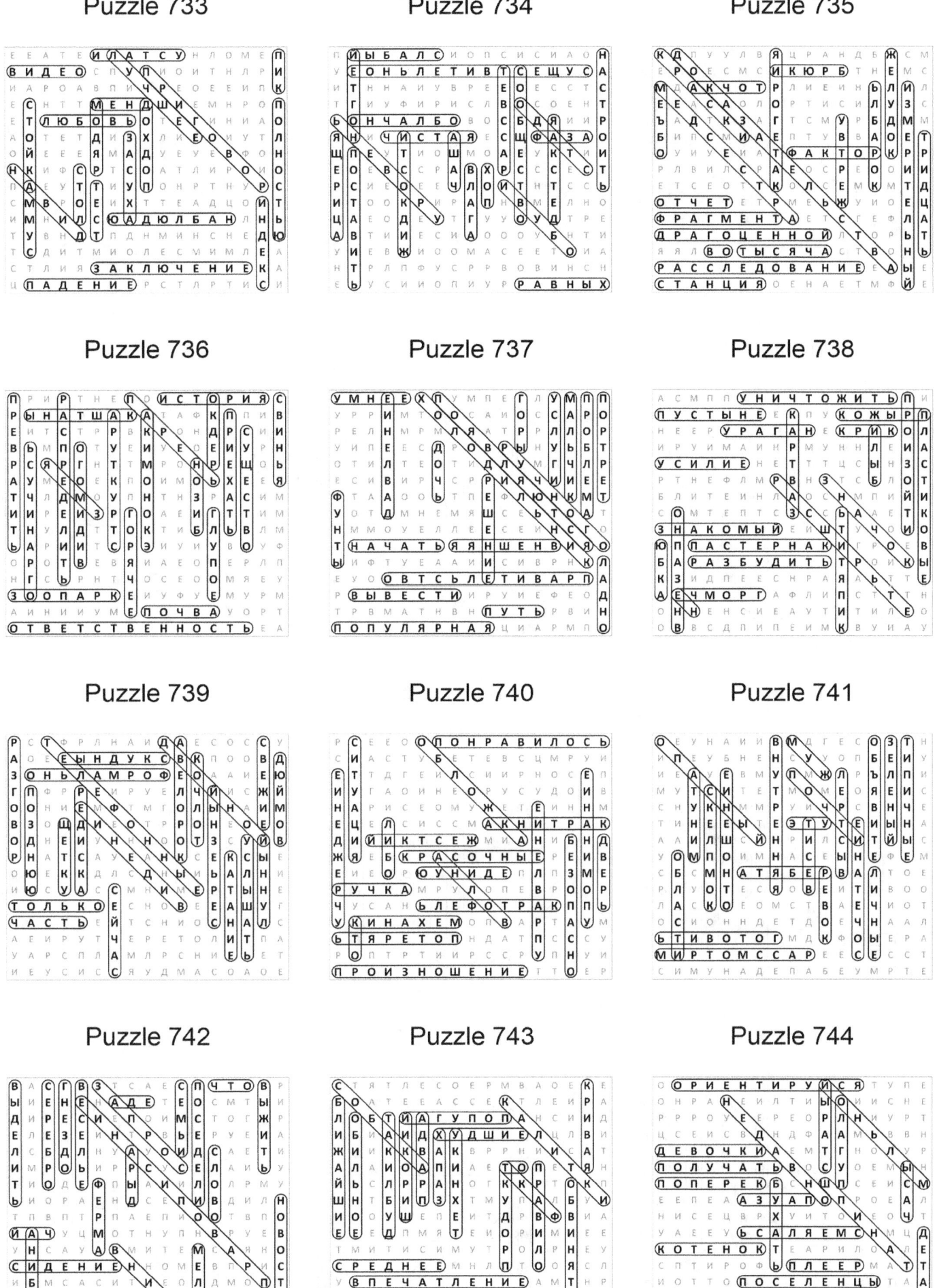

Puzzle 733

Puzzle 734

Puzzle 735

Puzzle 736

Puzzle 737

Puzzle 738

Puzzle 739

Puzzle 740

Puzzle 741

Puzzle 742

Puzzle 743

Puzzle 744

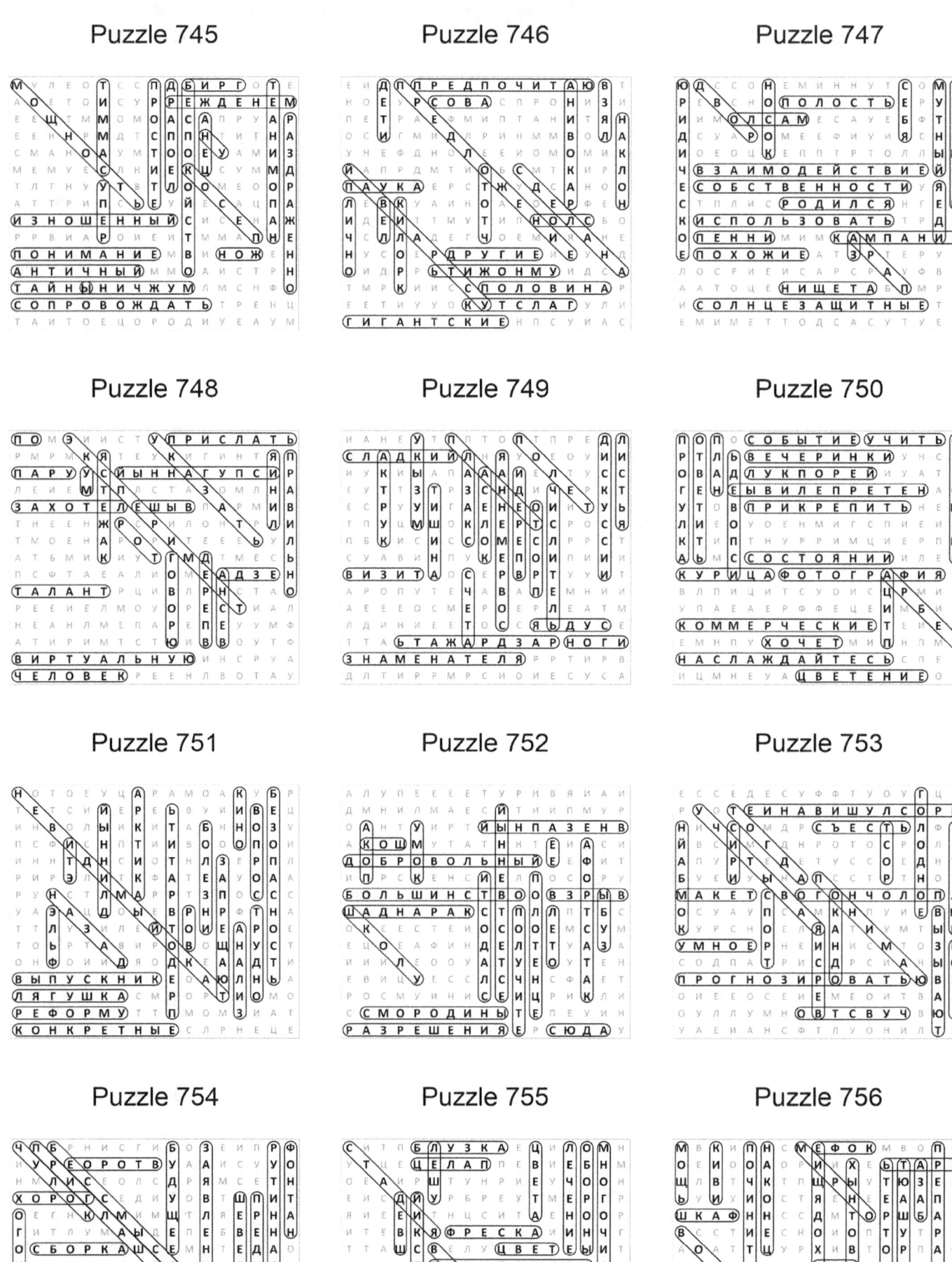

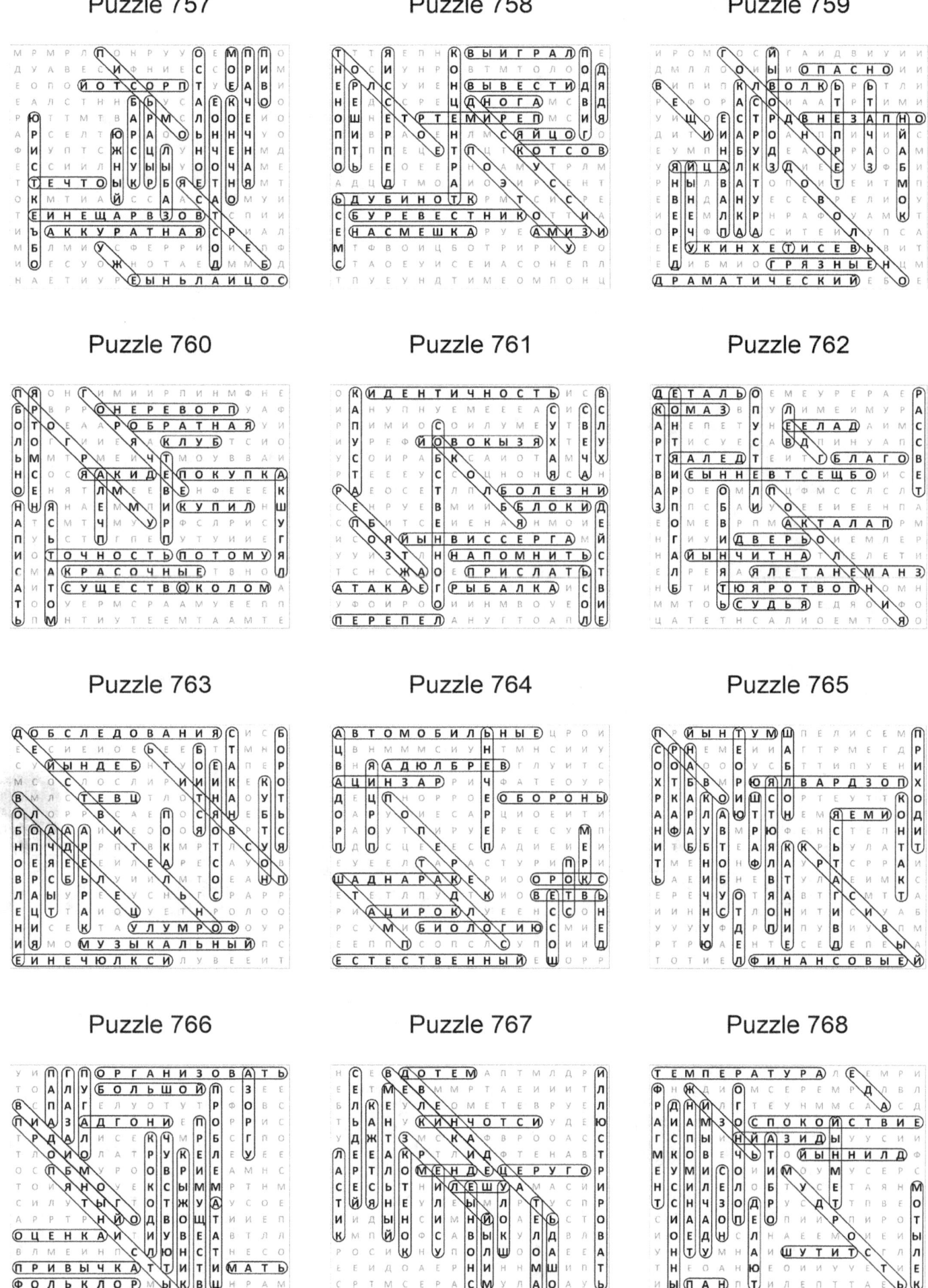

Puzzle 757

Puzzle 758

Puzzle 759

Puzzle 760

Puzzle 761

Puzzle 762

Puzzle 763

Puzzle 764

Puzzle 765

Puzzle 766

Puzzle 767

Puzzle 768

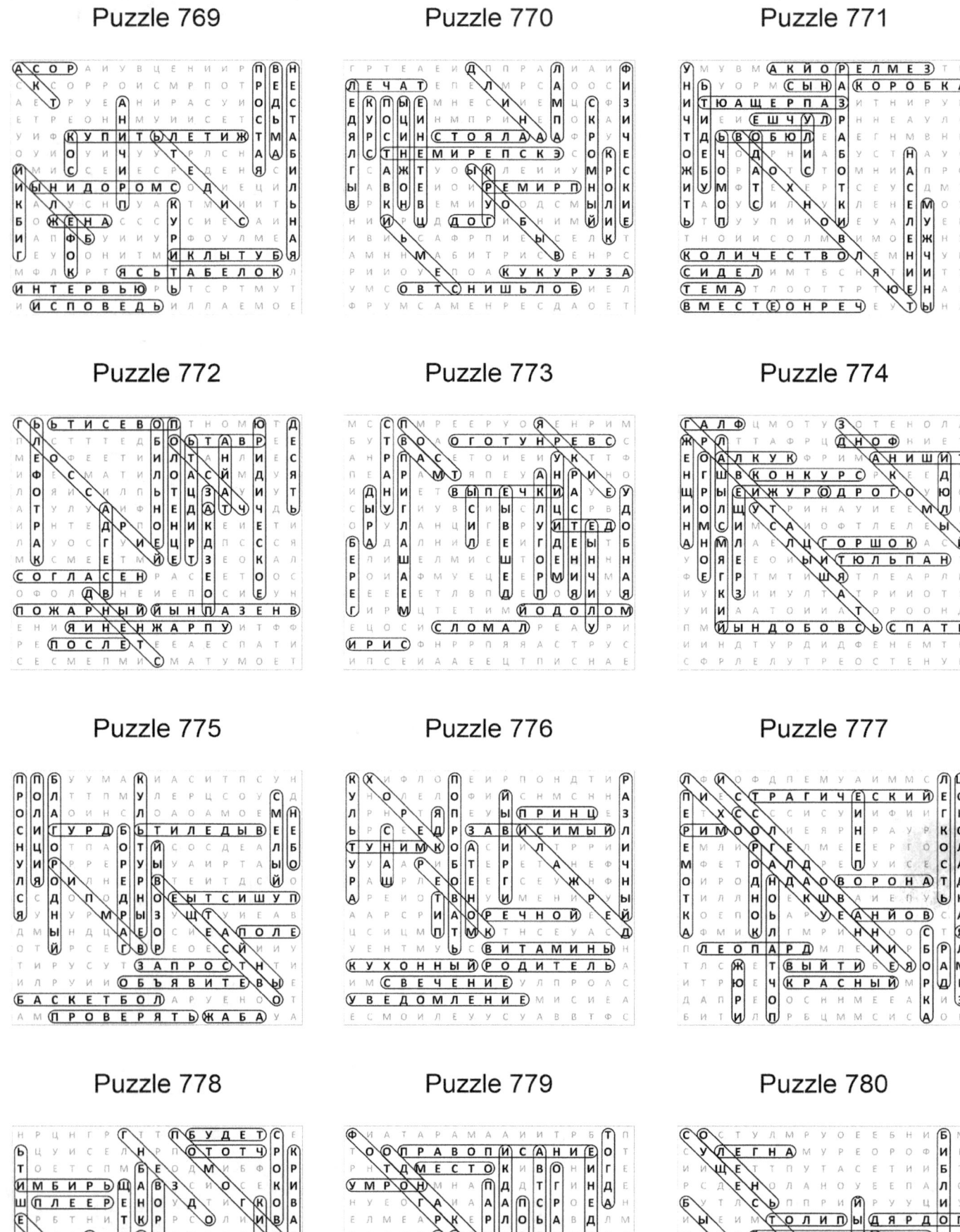

Puzzle 769
Puzzle 770
Puzzle 771
Puzzle 772
Puzzle 773
Puzzle 774
Puzzle 775
Puzzle 776
Puzzle 777
Puzzle 778
Puzzle 779
Puzzle 780

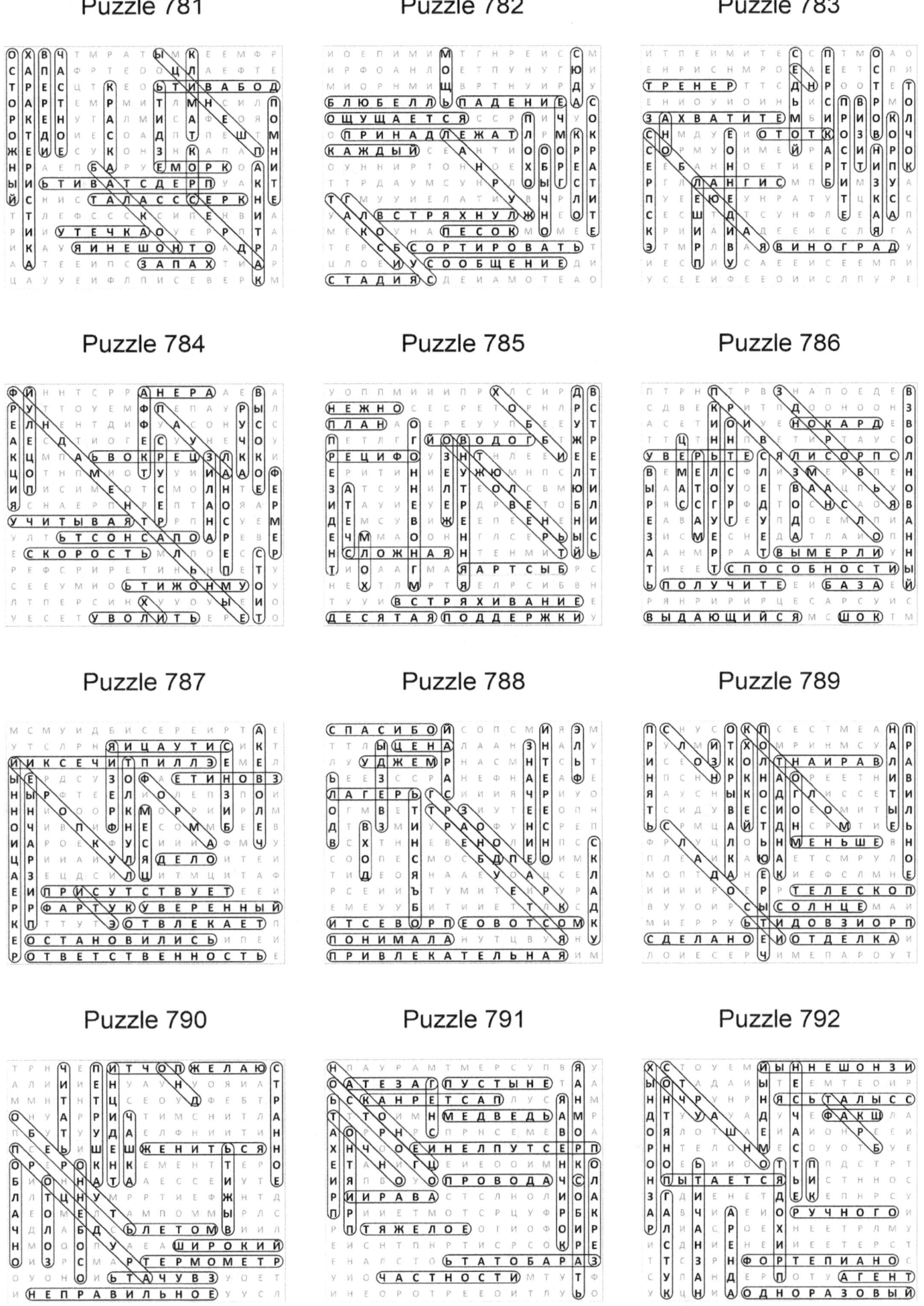

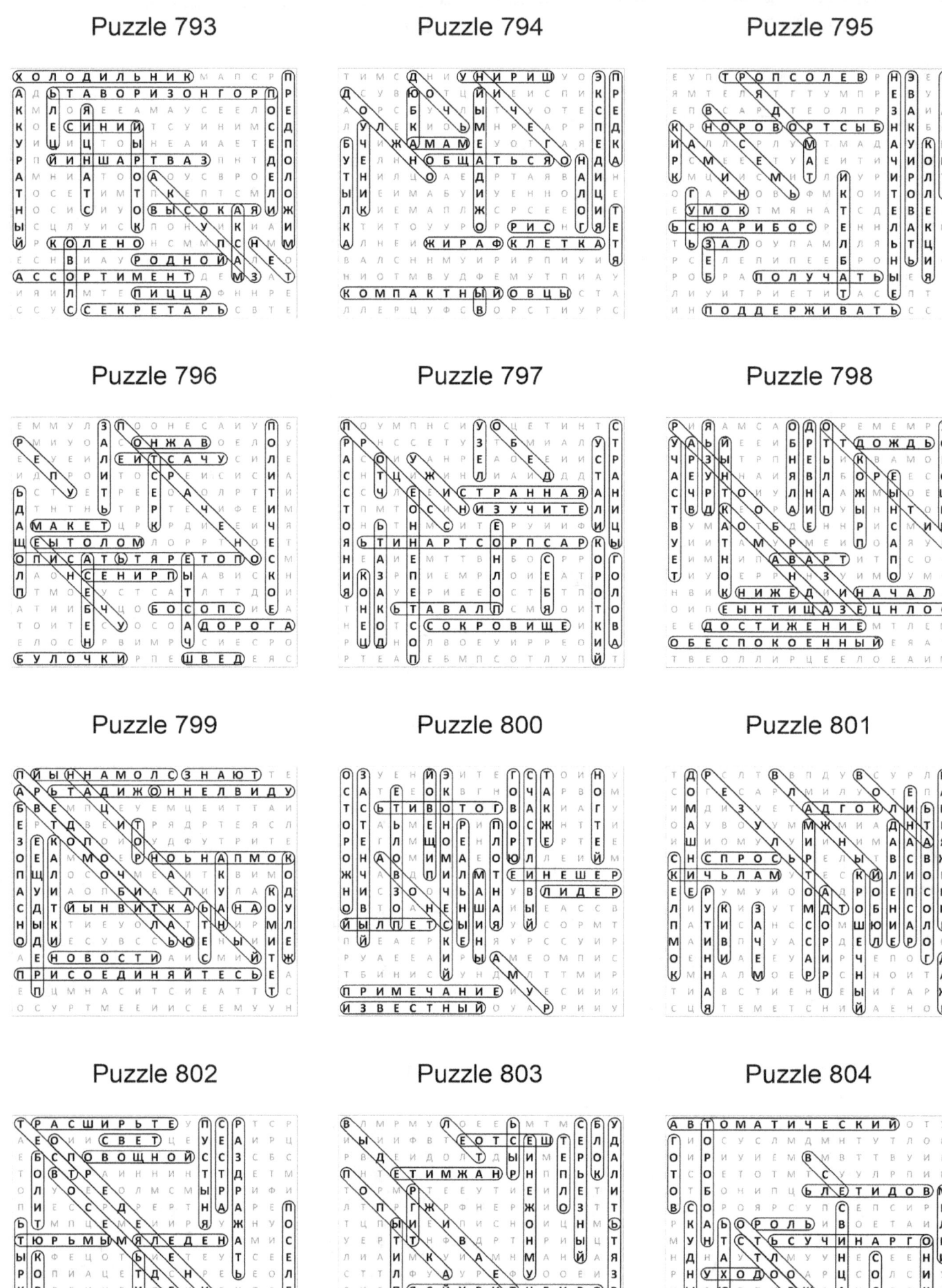

Puzzle 793

Puzzle 794

Puzzle 795

Puzzle 796

Puzzle 797

Puzzle 798

Puzzle 799

Puzzle 800

Puzzle 801

Puzzle 802

Puzzle 803

Puzzle 804

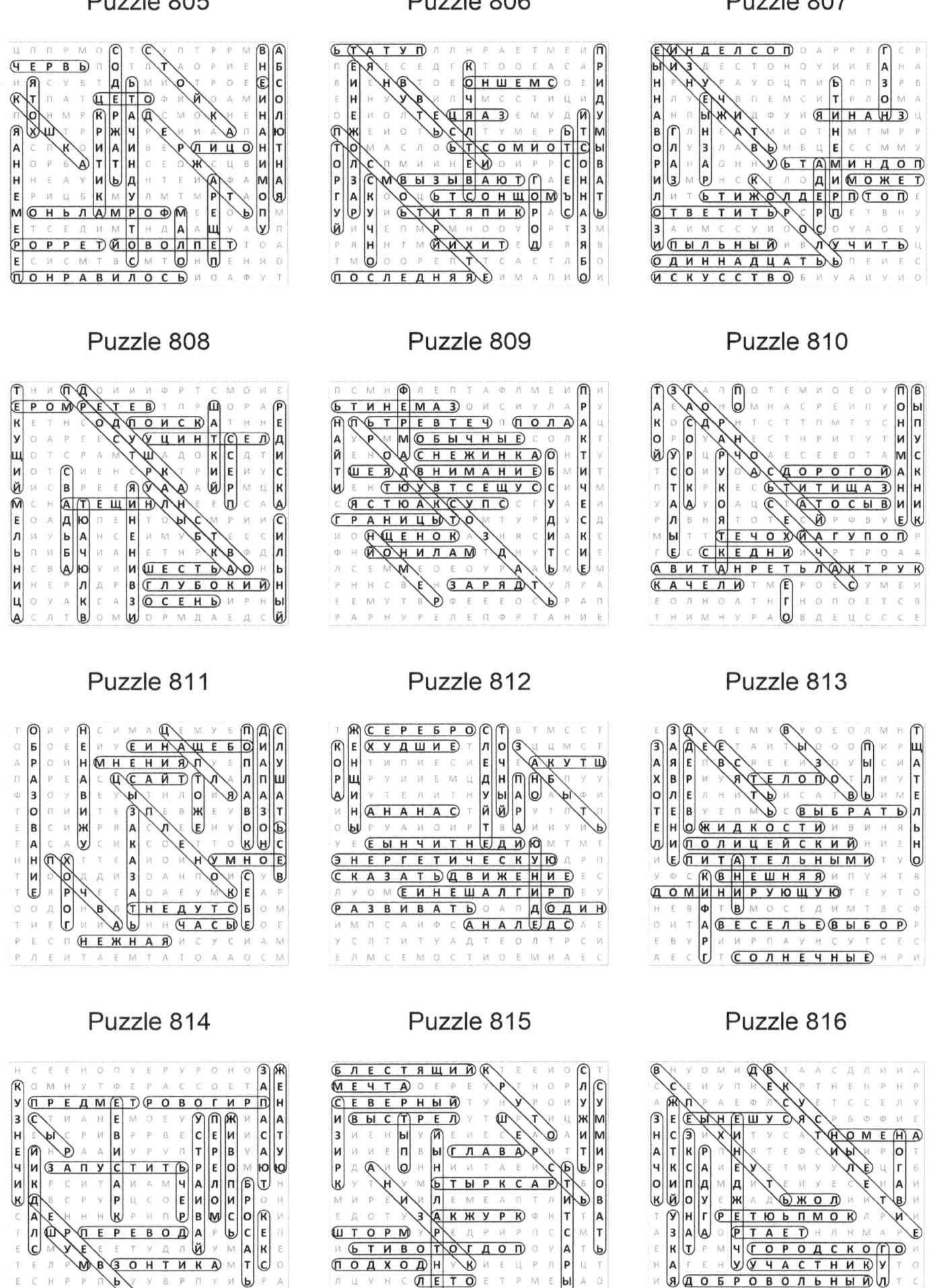

Puzzle 817

Puzzle 818

Puzzle 819

Puzzle 820

Puzzle 821

Puzzle 822

Puzzle 823

Puzzle 824

Puzzle 825

Puzzle 826

Puzzle 827

Puzzle 828

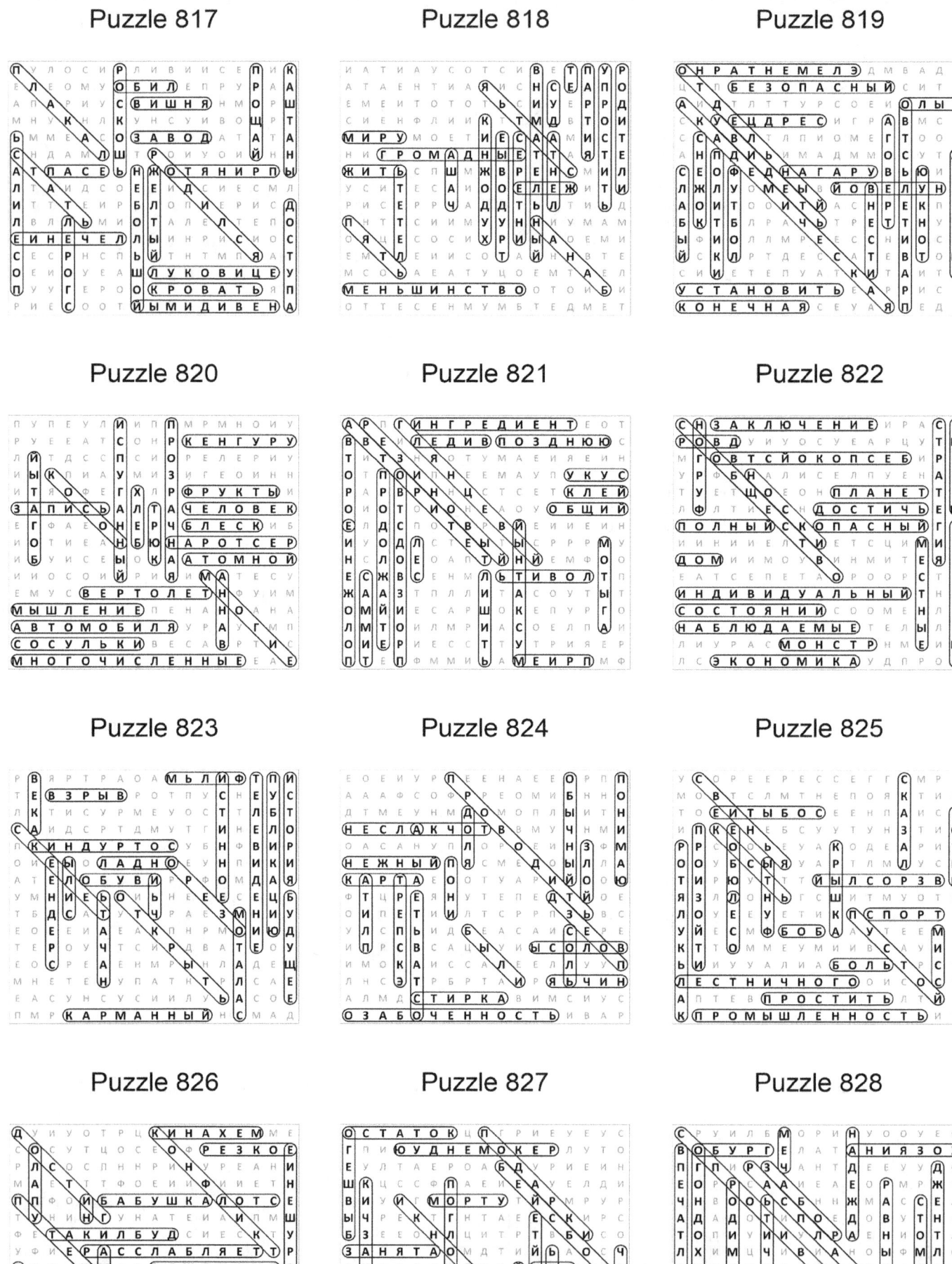

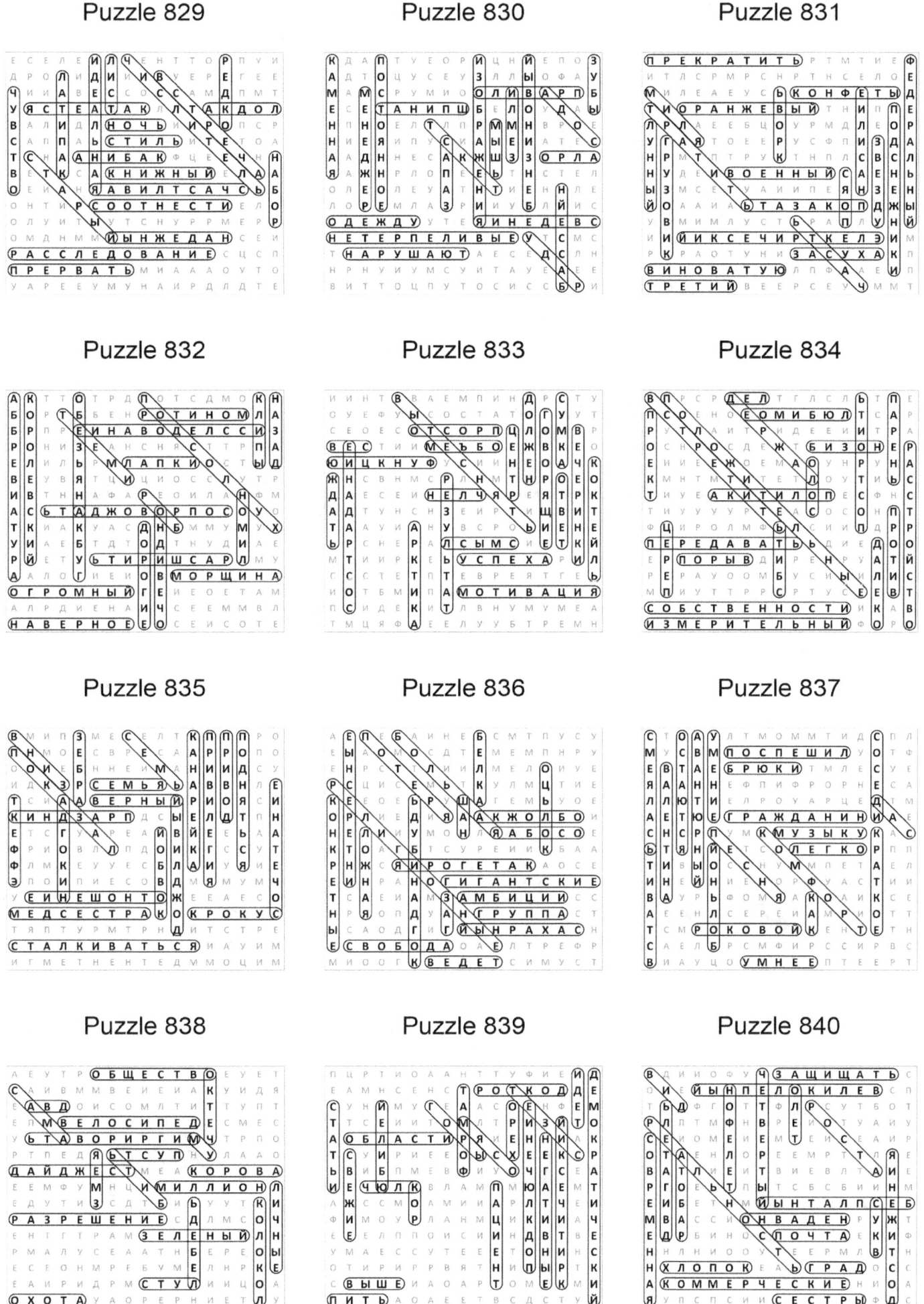

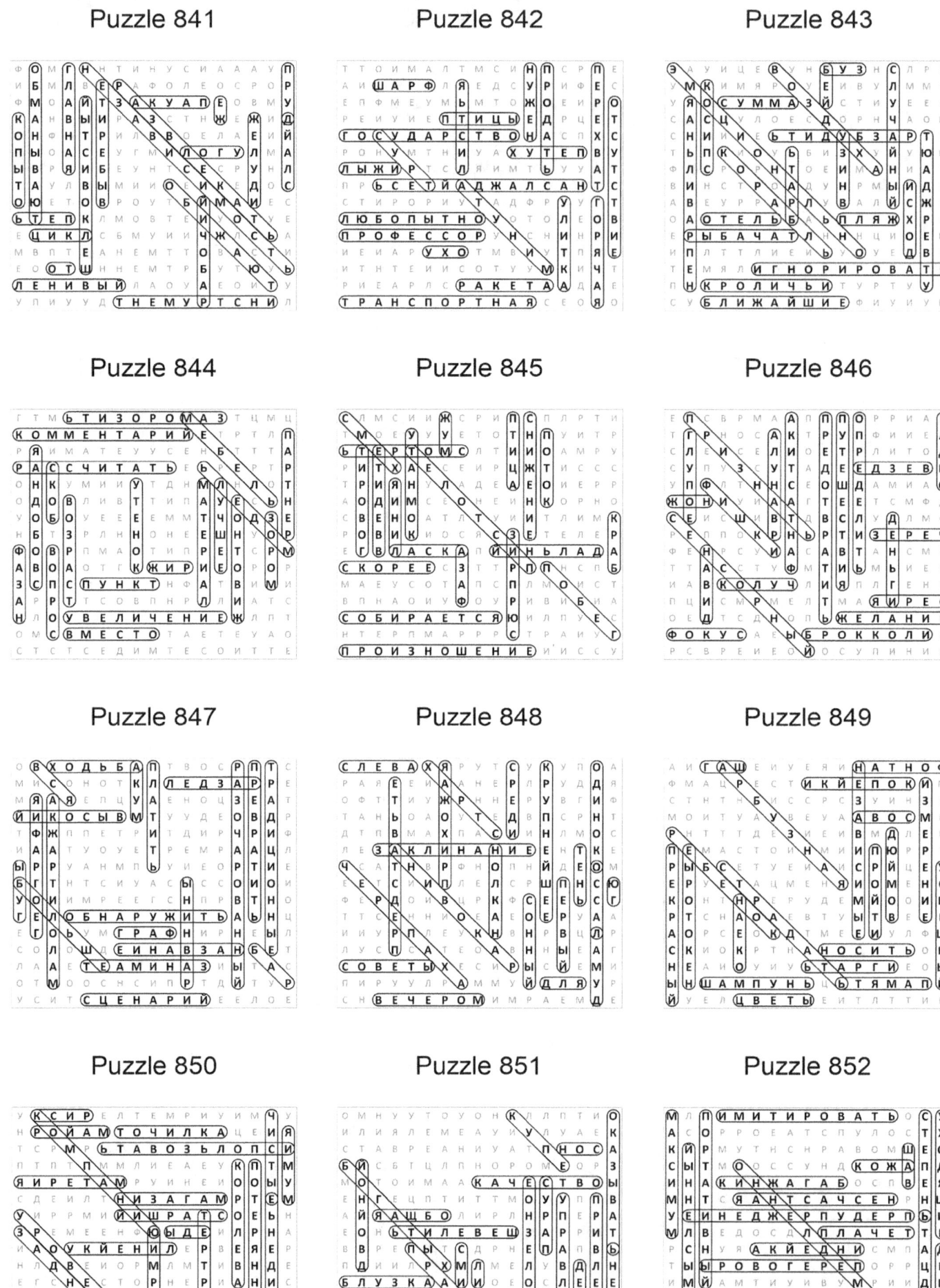

Puzzle 841

Puzzle 842

Puzzle 843

Puzzle 844

Puzzle 845

Puzzle 846

Puzzle 847

Puzzle 848

Puzzle 849

Puzzle 850

Puzzle 851

Puzzle 852

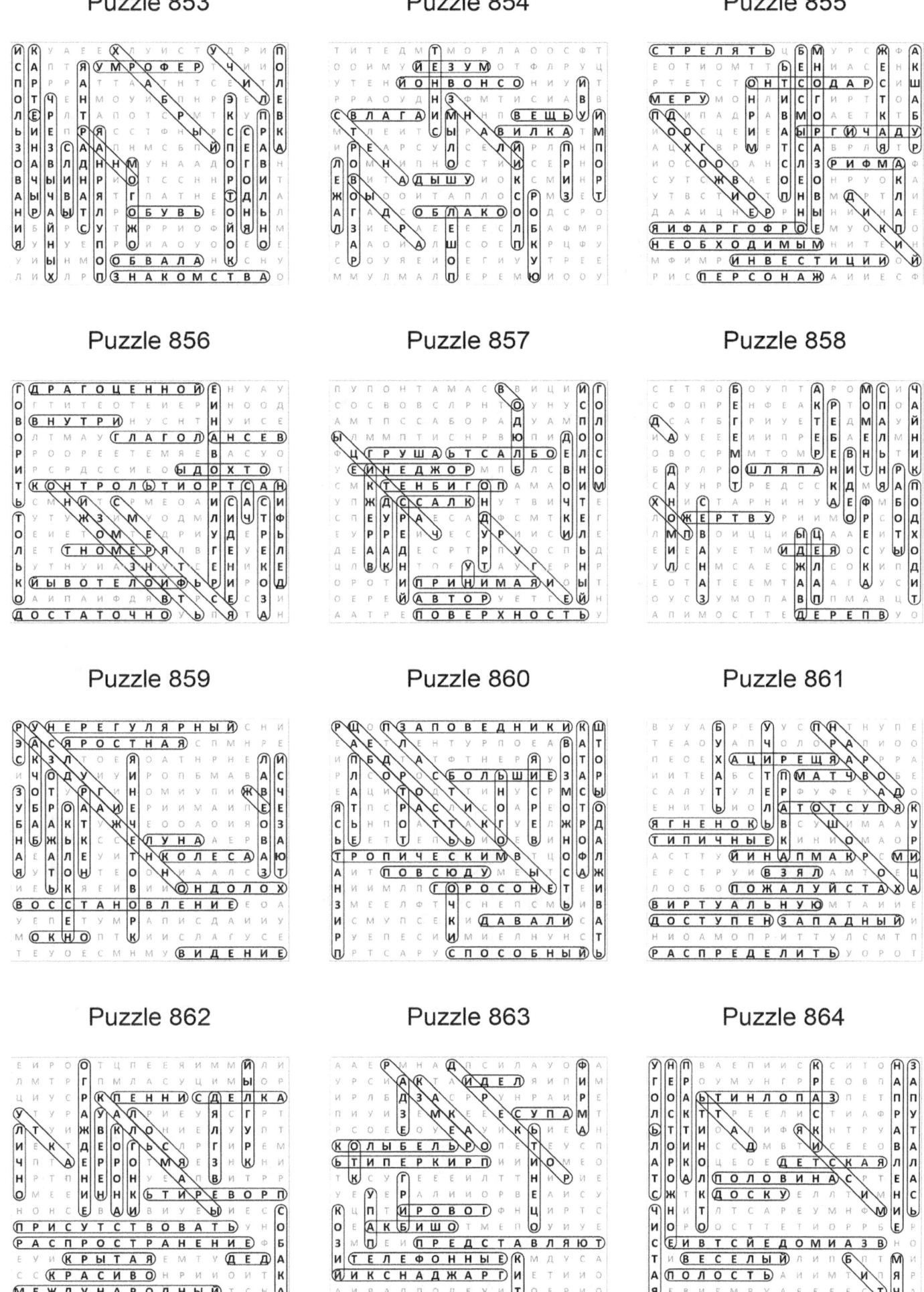

Puzzle 853

Puzzle 854

Puzzle 855

Puzzle 856

Puzzle 857

Puzzle 858

Puzzle 859

Puzzle 860

Puzzle 861

Puzzle 862

Puzzle 863

Puzzle 864

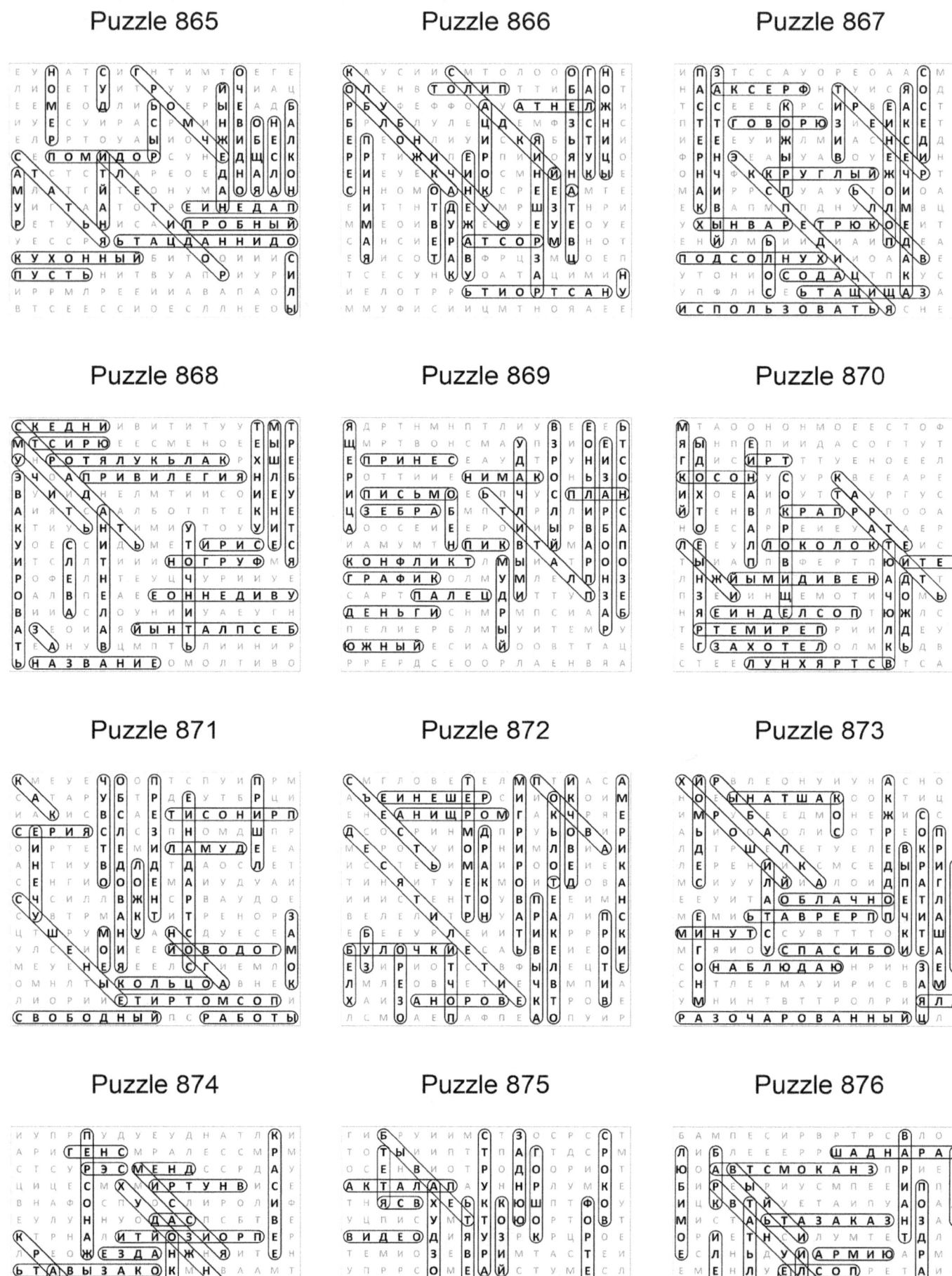

Puzzle 865

Puzzle 866

Puzzle 867

Puzzle 868

Puzzle 869

Puzzle 870

Puzzle 871

Puzzle 872

Puzzle 873

Puzzle 874

Puzzle 875

Puzzle 876

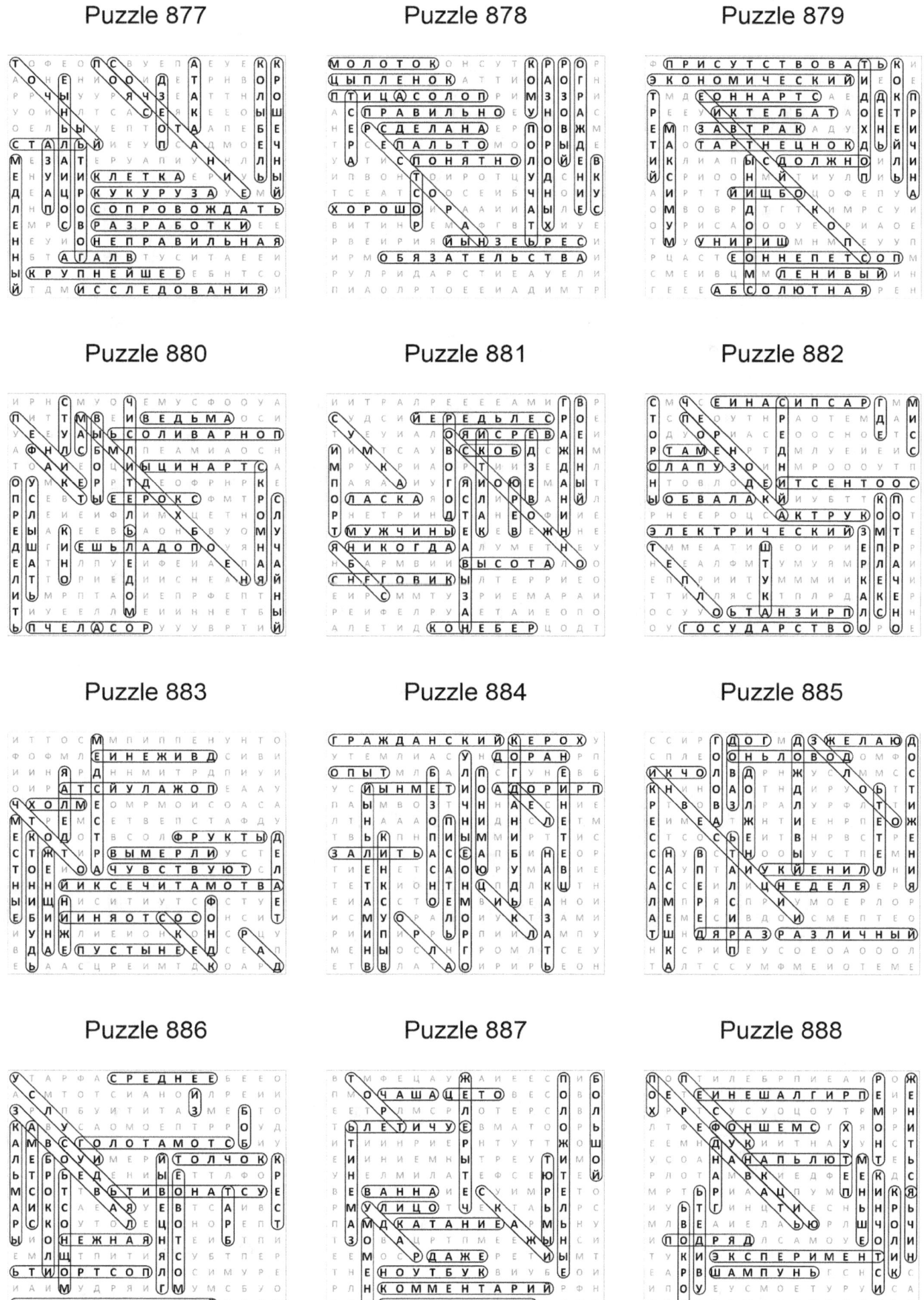

Puzzle 877

Puzzle 878

Puzzle 879

Puzzle 880

Puzzle 881

Puzzle 882

Puzzle 883

Puzzle 884

Puzzle 885

Puzzle 886

Puzzle 887

Puzzle 888

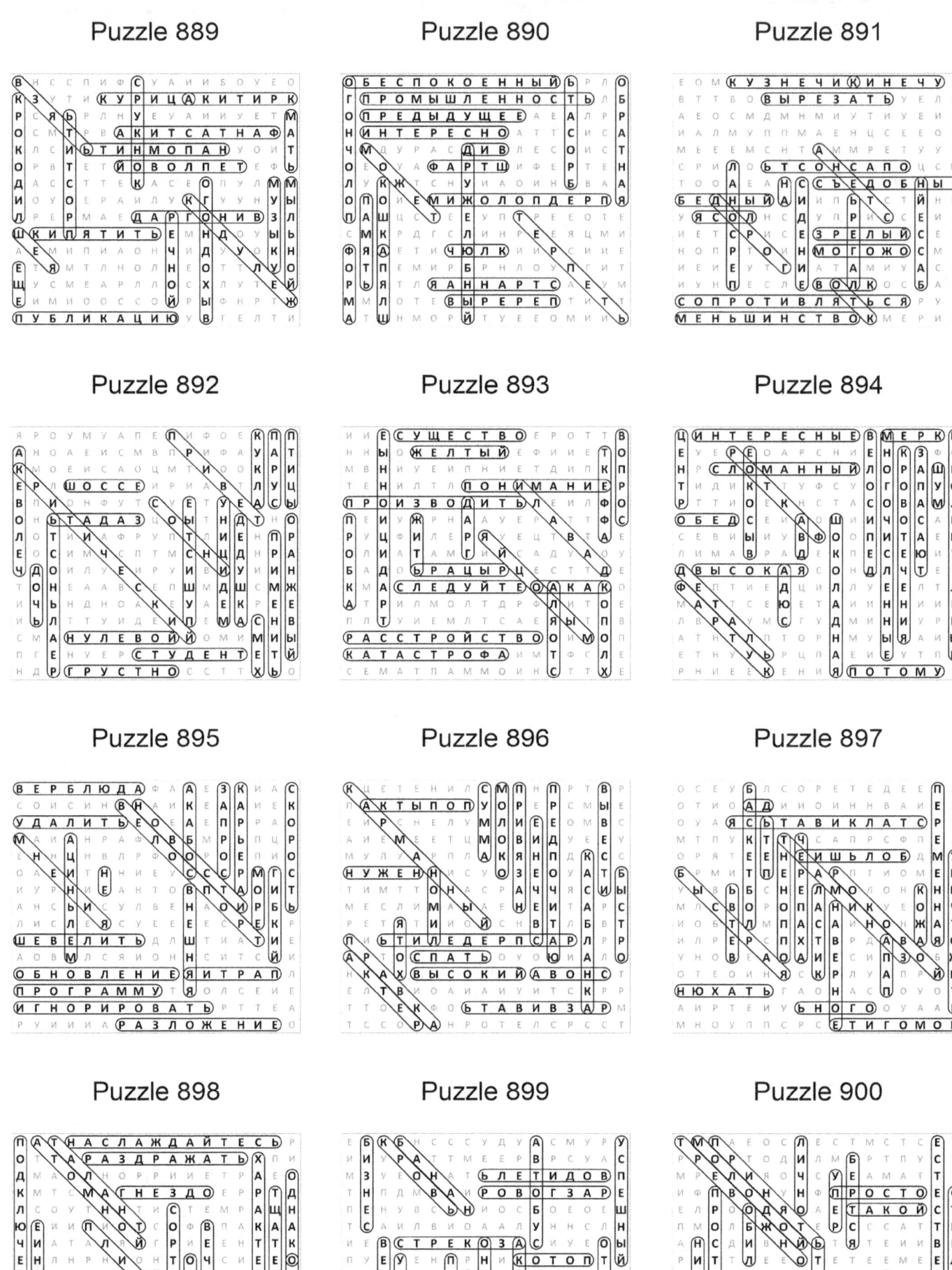

Puzzle 889

Puzzle 890

Puzzle 891

Puzzle 892

Puzzle 893

Puzzle 894

Puzzle 895

Puzzle 896

Puzzle 897

Puzzle 898

Puzzle 899

Puzzle 900

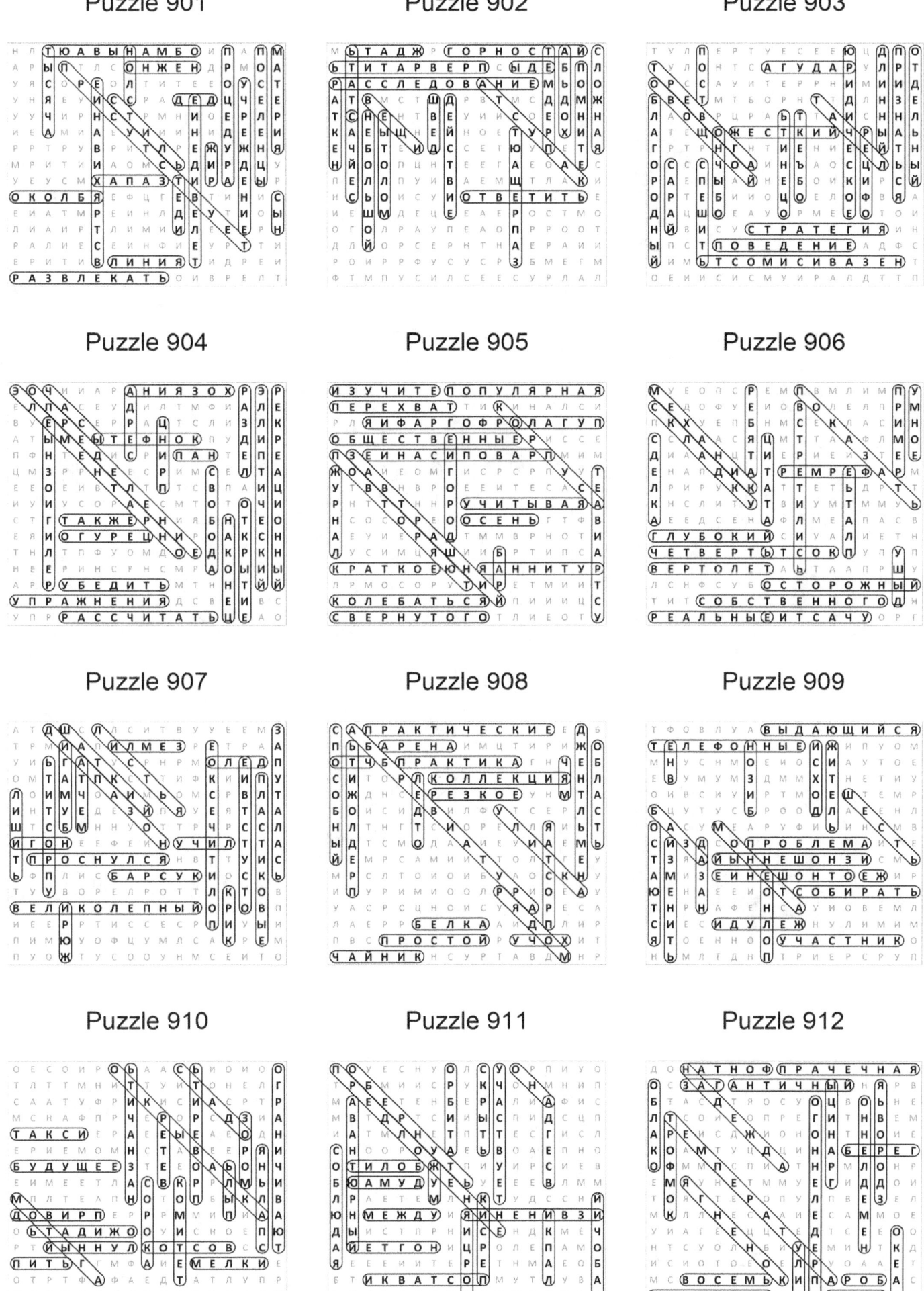

Puzzle 901

Puzzle 902

Puzzle 903

Puzzle 904

Puzzle 905

Puzzle 906

Puzzle 907

Puzzle 908

Puzzle 909

Puzzle 910

Puzzle 911

Puzzle 912

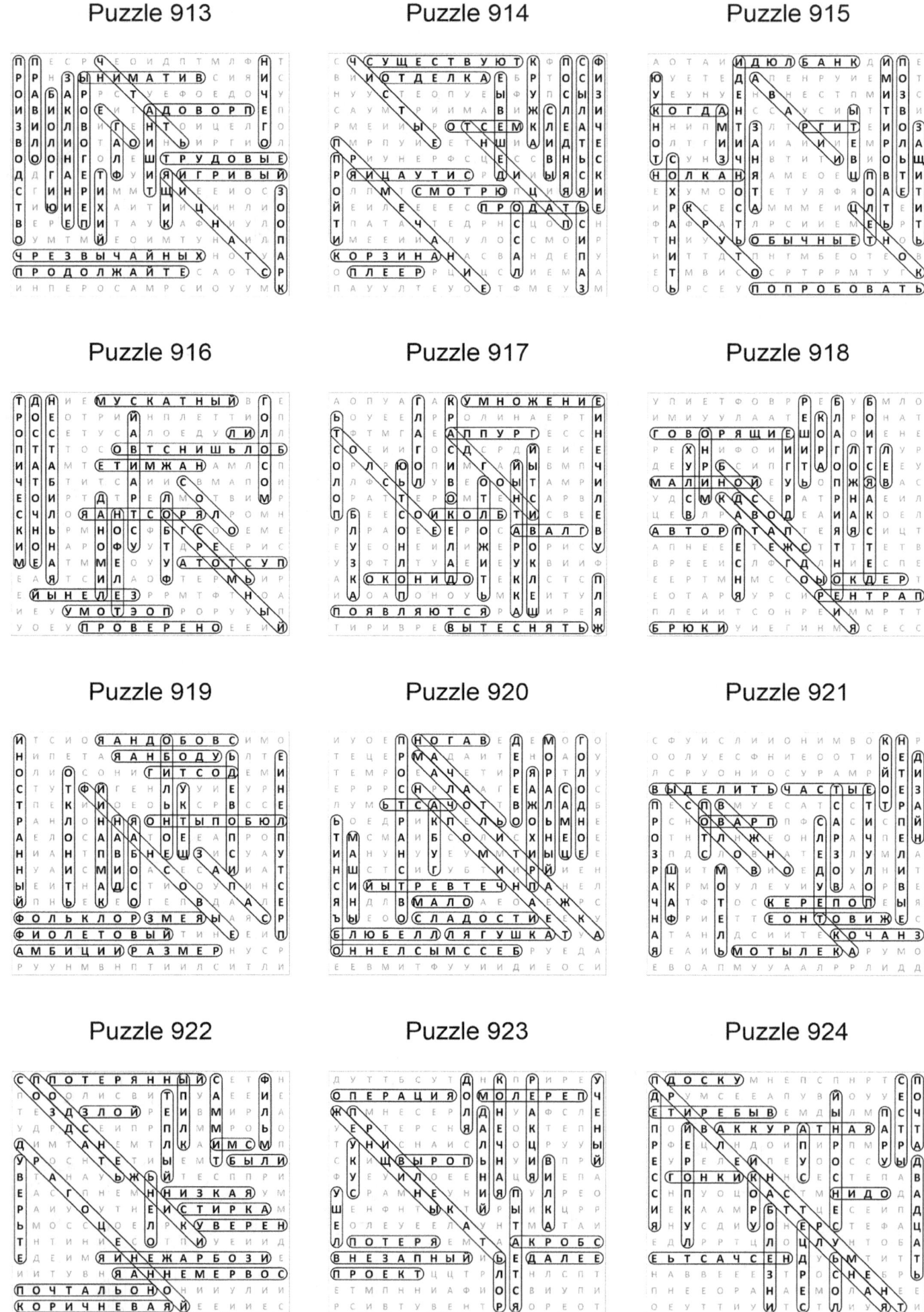

Puzzle 913

Puzzle 914

Puzzle 915

Puzzle 916

Puzzle 917

Puzzle 918

Puzzle 919

Puzzle 920

Puzzle 921

Puzzle 922

Puzzle 923

Puzzle 924

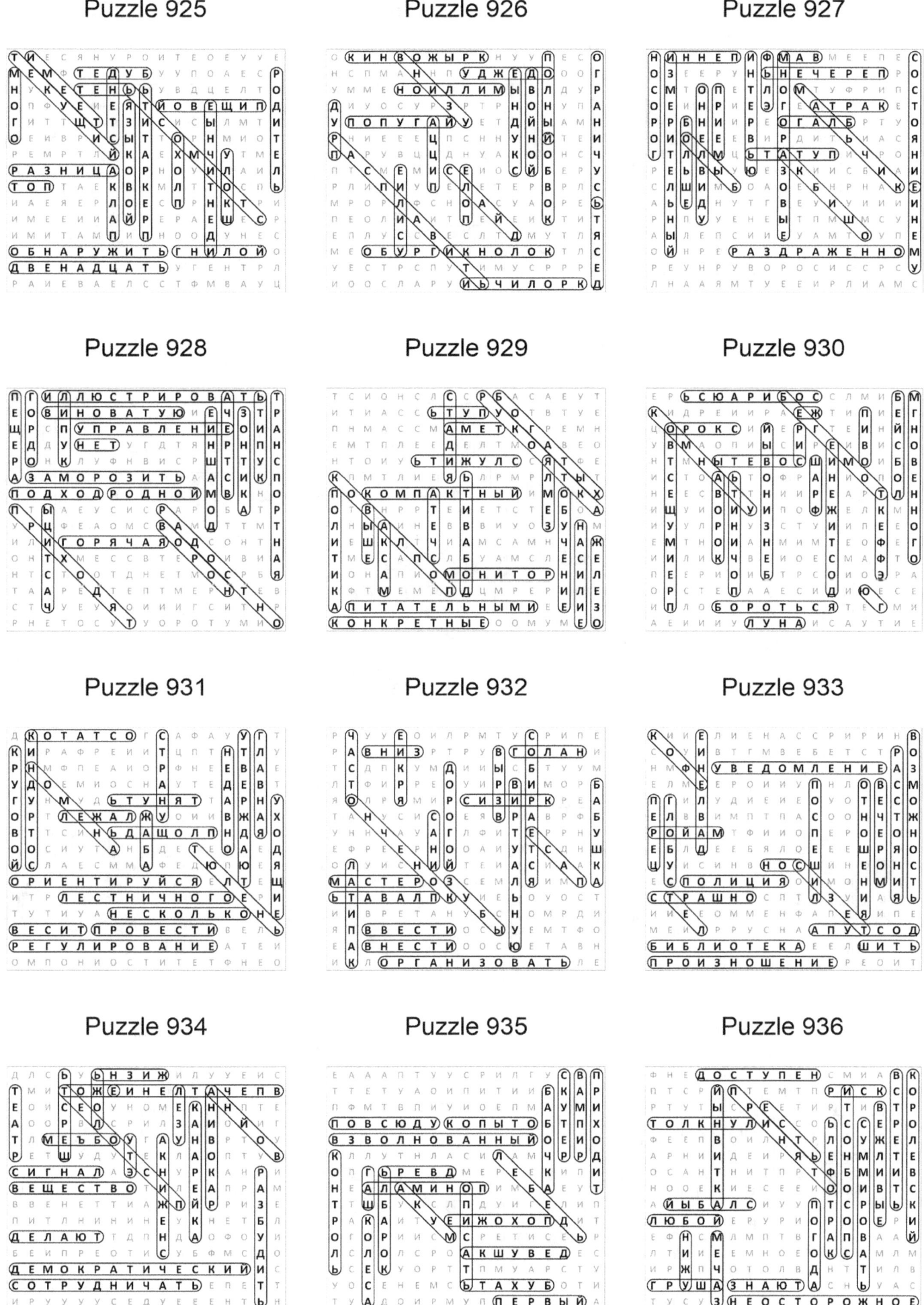

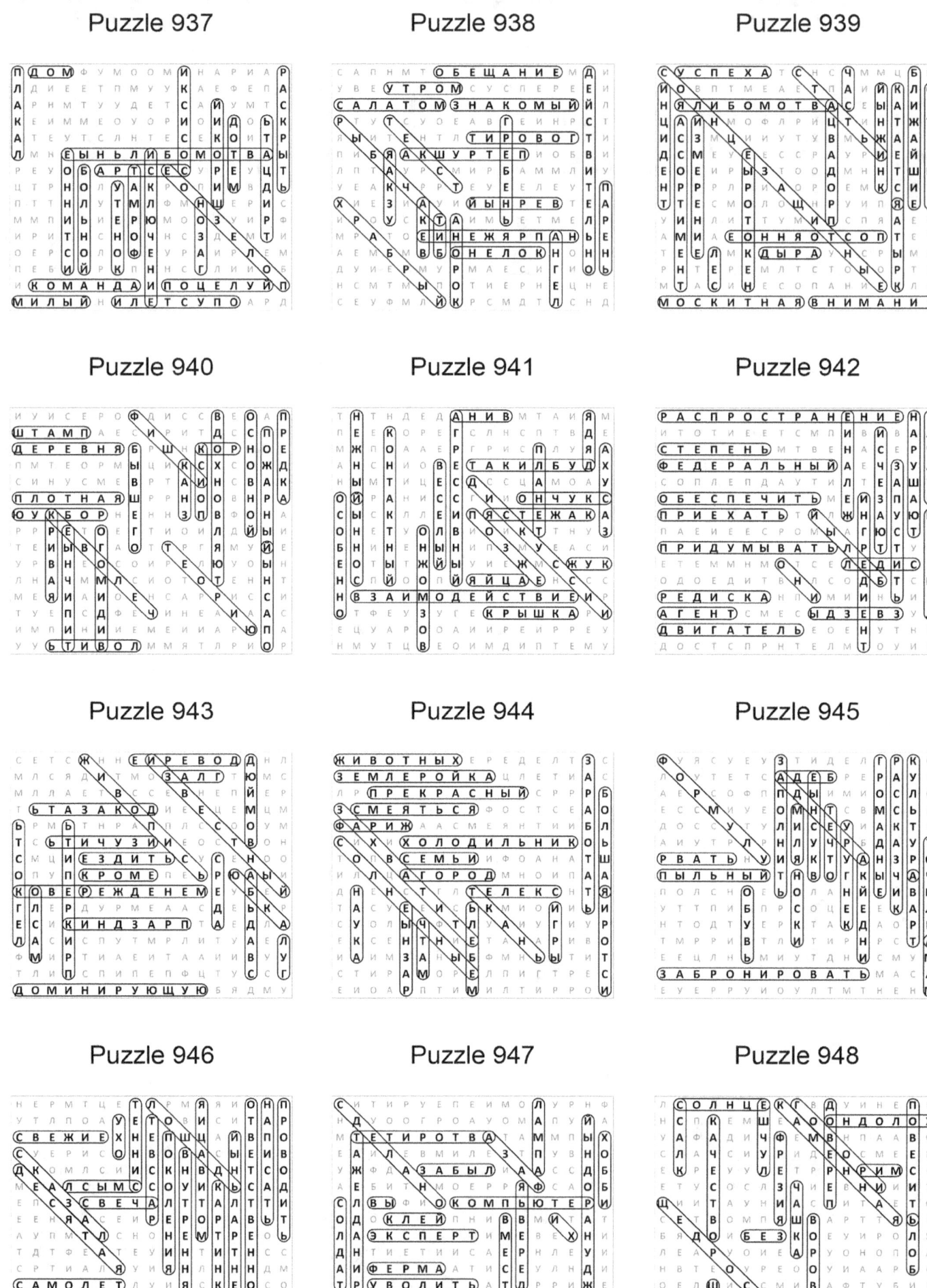

Puzzle 937
Puzzle 938
Puzzle 939
Puzzle 940
Puzzle 941
Puzzle 942
Puzzle 943
Puzzle 944
Puzzle 945
Puzzle 946
Puzzle 947
Puzzle 948

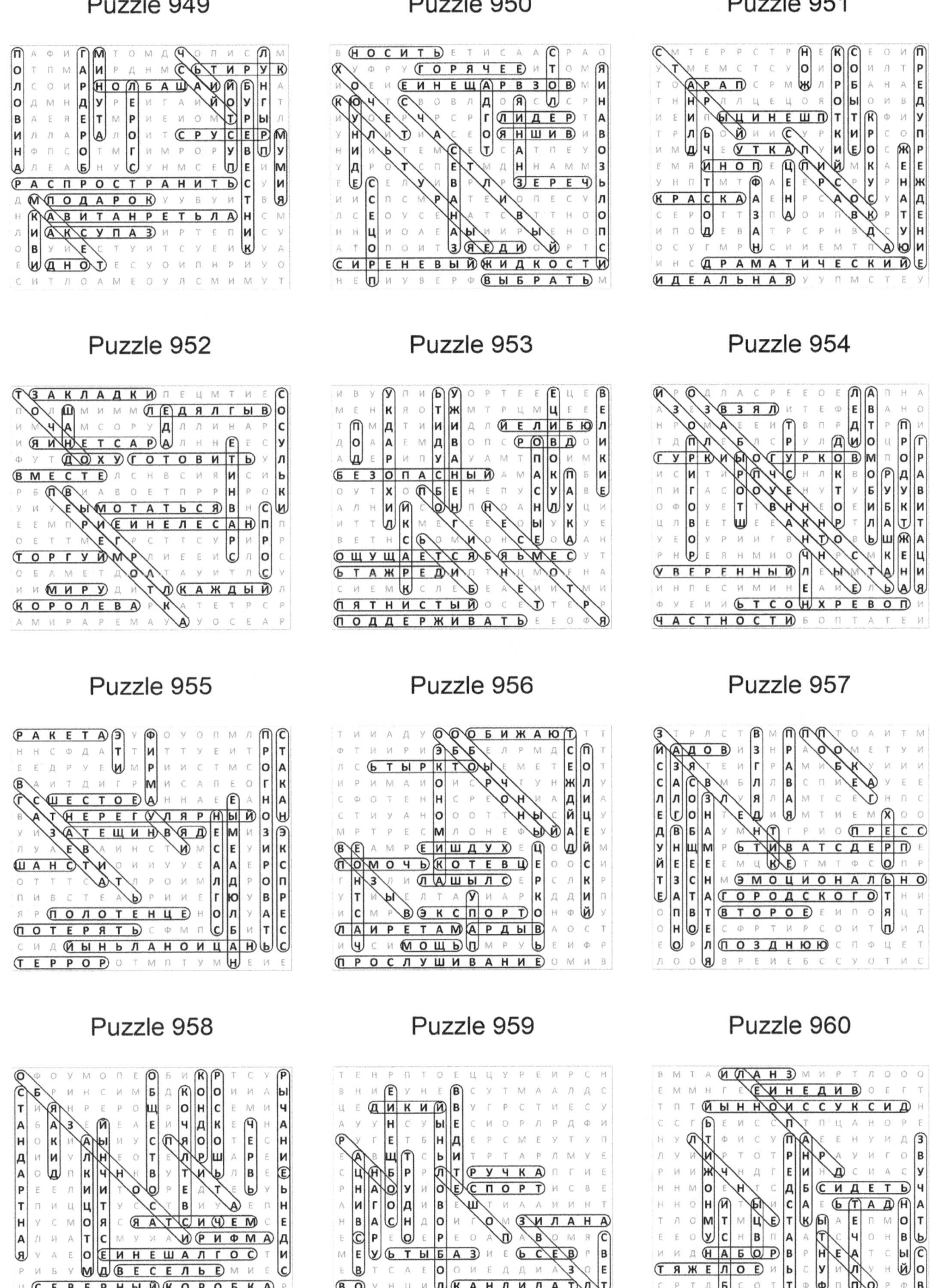

Puzzle 949

Puzzle 950

Puzzle 951

Puzzle 952

Puzzle 953

Puzzle 954

Puzzle 955

Puzzle 956

Puzzle 957

Puzzle 958

Puzzle 959

Puzzle 960

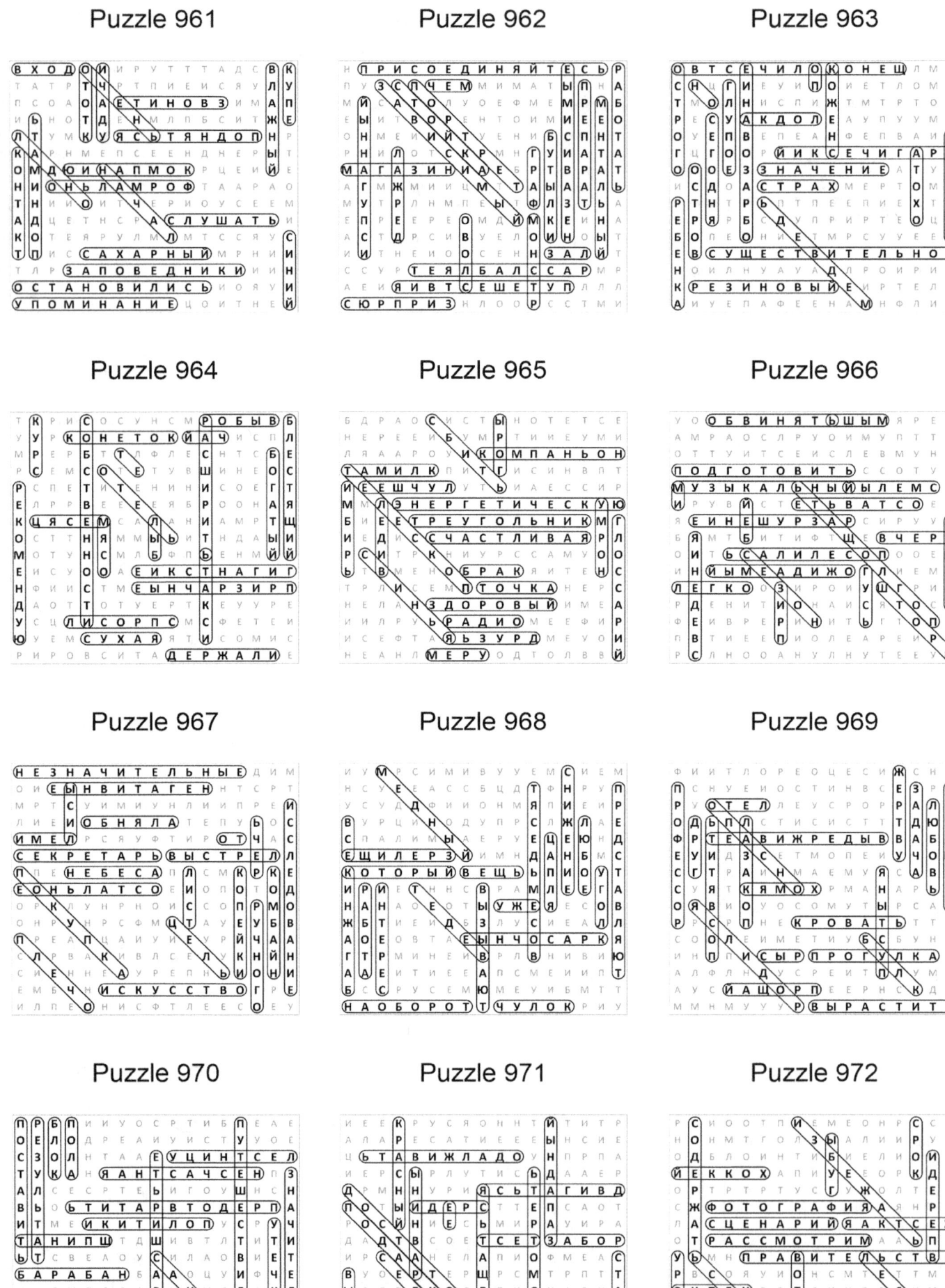

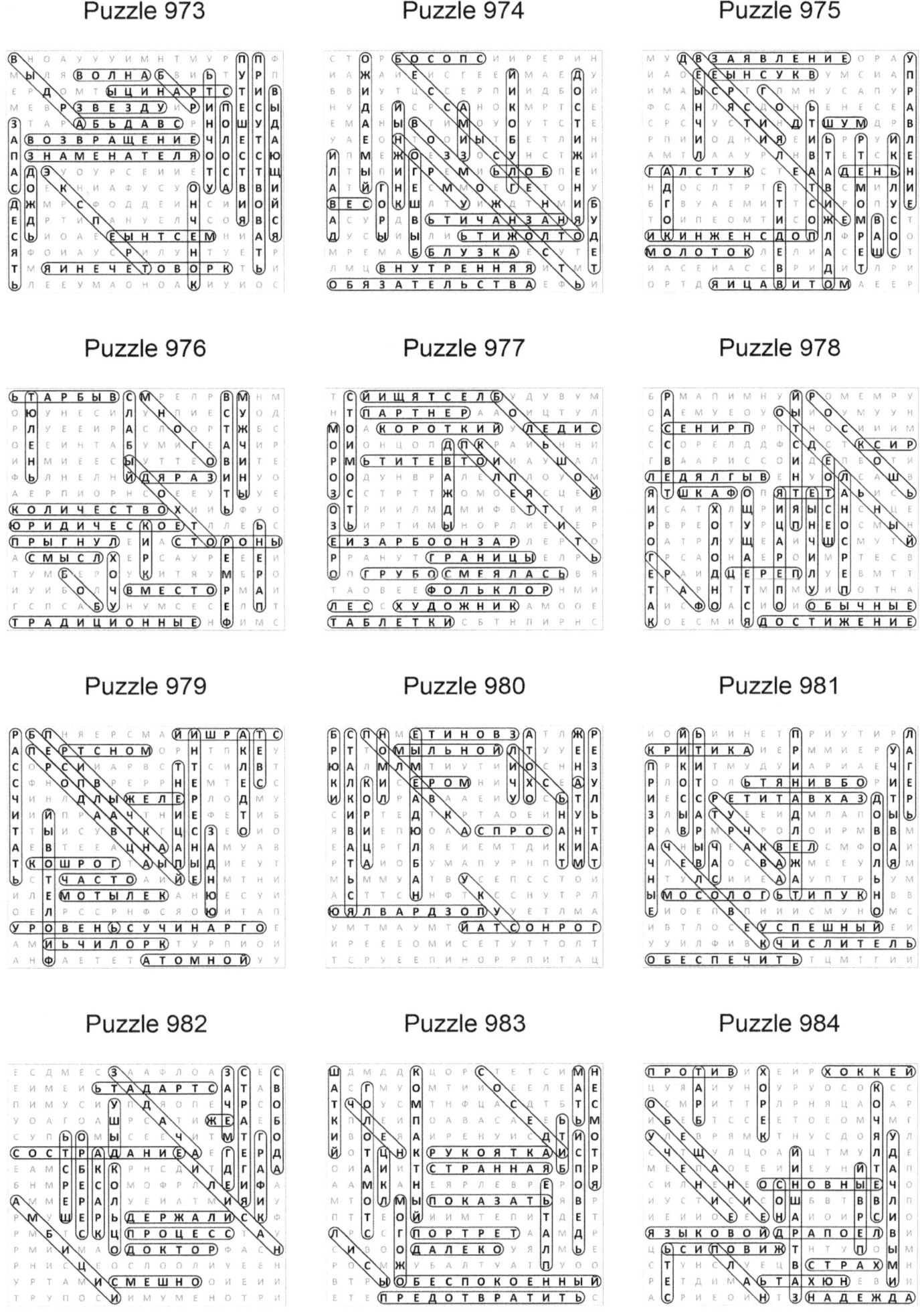

Puzzle 985

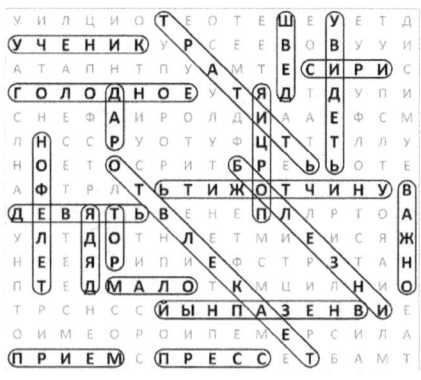

Puzzle 986

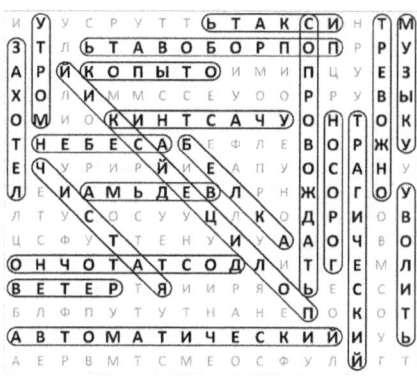

Puzzle 987

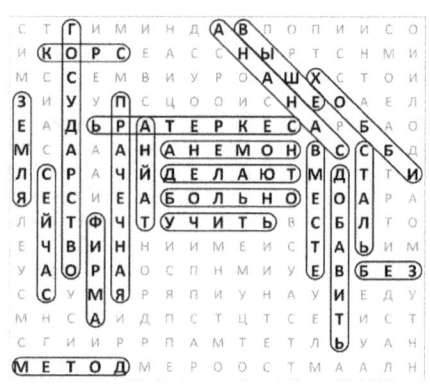

Puzzle 988

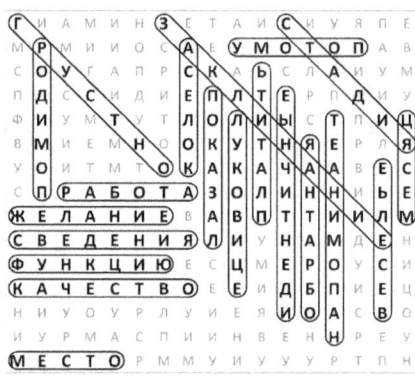

Puzzle 989

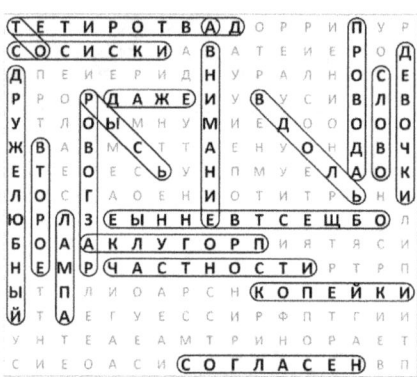

Puzzle 990

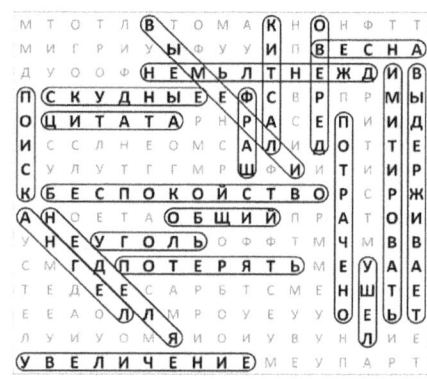

Puzzle 991

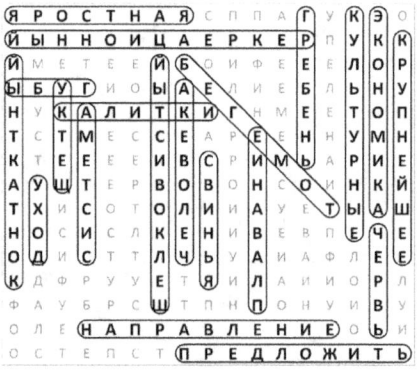

Puzzle 992

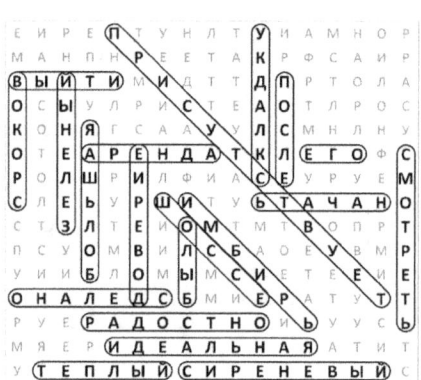

Puzzle 993

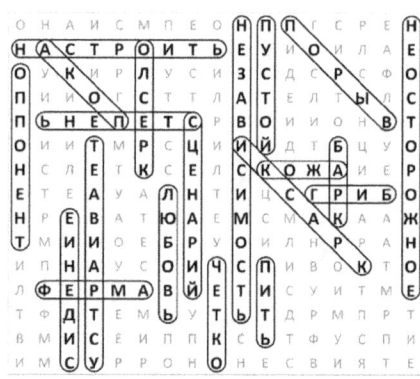

Puzzle 994

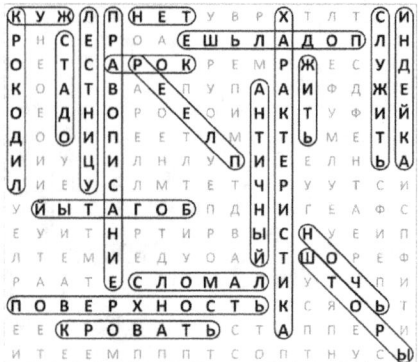

Puzzle 995

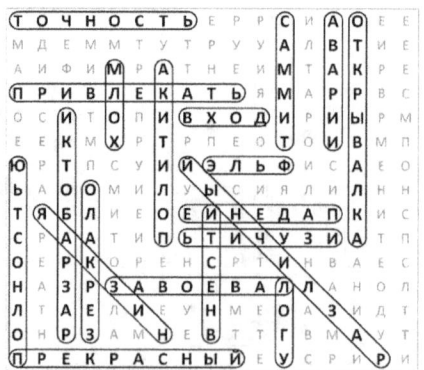

Puzzle 996

Puzzle 997

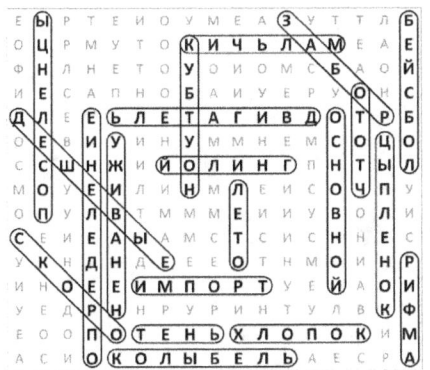

Puzzle 998

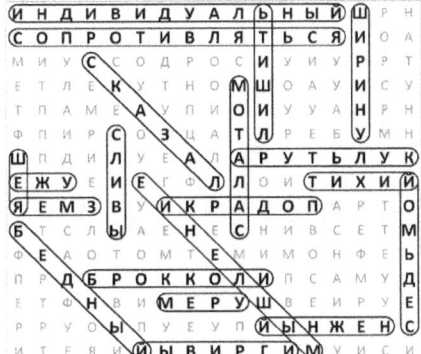

Puzzle 999

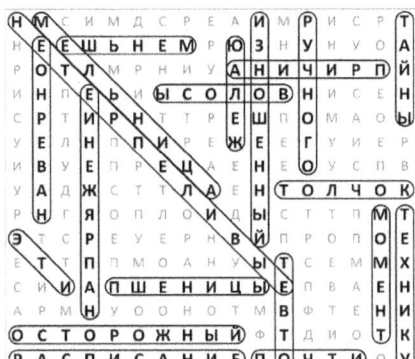

Puzzle 1000

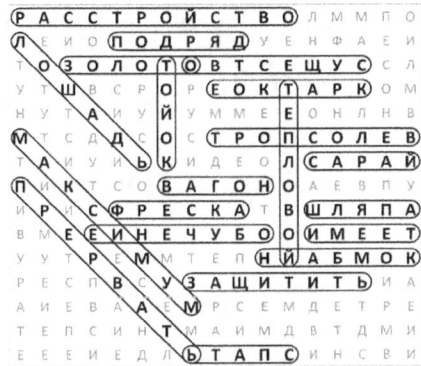

Congratulations

You made it!

We hope you enjoyed this book as much as we enjoyed making it. We do our best to make high quality games.

These puzzles are designed in a clever way to actively spark the brain and make it sharp and quick!
Did you love them?

A Simple Request

Our books exist thanks to the reviews you post on Amazon. Could you help us by leaving a review now?

Here is a short link which will take you to your Amazon orders review page.

BestBooksActivity.com/Review50

SEE YOU SOON!

Delta Classics Team

BESTACTIVITYBOOKS.COM/FREEGAMES